Die Neuregelung des Internationalen Verbrauchervertragsrechts
in Art. 29a EGBGB

Internationalrechtliche Studien

Beiträge zum Internationalen Privatrecht, zum Einheitsrecht und zur Rechtsvergleichung

Herausgegeben von Ulrich Magnus

Band 23

PETER LANG
Frankfurt am Main · Berlin · Bern · Bruxelles · New York · Oxford · Wien

Klaus Bitterich

Die Neuregelung des Internationalen Verbrauchervertragsrechts in Art. 29a EGBGB

PETER LANG
Europäischer Verlag der Wissenschaften

Bibliografische Information Der Deutschen Bibliothek
Die Deutsche Bibliothek verzeichnet diese Publikation in der Deutschen Nationalbibliografie; detaillierte bibliografische Daten sind im Internet über <http://dnb.ddb.de> abrufbar.

Zugl.: Hamburg, Univ., Diss., 2003

D 18
ISSN 0947-0395
ISBN 3-631-39897-2

www.peterlang.de

für Christina

Vorwort

Die vorliegende Arbeit wurde im Wintersemester 2002/2003 von der rechtswissenschaftlichen Fakultät der Universität Hamburg als Dissertation angenommen. Rechtsprechung und Literatur konnten noch bis Ende November 2002 berücksichtigt werden. Unterdessen befindet sich die Diskussion um den kollisionsrechtlichen Verbraucherschutz in Europa weiter im Fluss. Die EU-Kommission hat mit ersten Vorbereitungen für ein Grünbuch zur Reform des Europäischen Schuldvertragsübereinkommens (EVÜ) begonnen. Auch die Literatur hat hierzu bereits Vorschläge gemacht, die im abschließenden 5. Teil der Arbeit noch berücksichtigt wurden. Wie schon zur Zeit der Schaffung des EVÜ sorgt im Rahmen der Reformdiskussion neben der Problematik der Eingriffsnormen (Art. 7 EVÜ) vor allem der kollisionsrechtliche Verbraucherschutz (Art. 5 EVÜ) für Kontroversen, zumal unter dem Eindruck der zunehmenden Bedeutung des Herkunftslandprinzips für das Internationale Privatrecht. Am Ende des Reformprozesses wird das EVÜ aller Voraussicht nach in eine EG-Verordnung (sog. Rom-I-Verordnung) überführt werden, die auch ihr Verhältnis zum Richtlinienkollisionsrecht und aus nationaler Sicht zu Art. 29a EGBGB klären muss. Festzuhalten bleibt daher, dass das europarechtliche Regelungsumfeld des Art. 29a EGBGB auf absehbare Zeit nicht zur Ruhe kommen und weiter Fragen der Auslegung und Anwendung des Art. 29a EGBGB aufwerfen wird.

Mein besonderer Dank gilt Prof. Dr. Magnus, der das Thema der Arbeit angeregt und mich in vielen Gesprächen in freundschaftlicher Atmosphäre motiviert und unterstützt hat. Ihm danke ich auch für die Aufnahme der Arbeit in die Schriftenreihe „Internationalrechtliche Studien. Beiträge zum Internationalen Privatrecht, zum Einheitsrecht und zur Rechtsvergleichung“. Herrn Prof. Dr. Mankowski danke ich für die sehr zügige Erstellung des Zweitgutachtens. Auch der Hamburgischen Graduiertenförderung schulde ich für die Gewährung eines großzügigen Stipendiums Dank.

Meine Eltern haben meinen Ausbildungsweg vom ersten Studientag an mit viel Interesse begleitet und mich in vielfältiger Weise unterstützt. Immer wieder fand auch mein Bruder Joerg in entscheidenden Phasen motivierende Worte, meine Besuche in seinen Theaterstücken ließen mich neue Energie tanken. Der Anteil meiner Familie an dem erfolgreichen Abschluss der vorliegenden Arbeit kann nicht überschätzt werden.

Stuttgart, im Dezember 2002 *Klaus Bitterich*

Inhaltsübersicht

Inhaltsverzeichnis

Abkürzungsverzeichnis:

a.A.	anderer Ansicht
a.a.O.	am angegebenen Ort
BAG	Bundesarbeitsgericht
Bd.	Band
BGH	Bundesgerichtshof
Bsp.	Beispiel
BT-Drs.	Bundestagsdrucksache
BVerfG	Bundesverfassungsgericht
CML Rev	Common Market Law Review
CR	Computer und Recht
Ders.	Derselbe
Dies.	Dieselbe(n)
ERPL	European Revies of Private Law
EuGVÜ	Europäisches Gerichtsstands-Vollstreckungsübereinkommen
EuGVVO	Verordnung (EG) Nr. 44/2001 über die gerichtliche Zuständigkeit und die Anerkennung und Vollstreckung von Entscheidungen in Zivil- und Handelssachen
EVÜ	Europäisches Vertragsrechtsübereinkommen
FernAbsG	Fernabsatzgesetz
Fn.	Fußnote
FS	Festschrift
GS	Gedächtnisschrift
h.M.	herrschende Meinung
IPR	Internationales Privatrecht
JbItalR	Jahrbuch für italienisches Recht
JbJZivRwiss	Jahrbuch Junger Zivilrechtswissenschaftler
JBl	Juristische Blätter
MMR	Multimedia und Recht
m.w.N.	mit weiteren Nachweisen
NJ	Neue Justiz
o. Fn.	obere Fußnote
REDC	Revue européenne de droit de la consommation
Rdn.	Randnummer
Rev. crit. dr. internat. privé	Revue critique de droit international privé
Riv. dir. internazionale	Rivista di diritto internazionale
Riv. dir. int. priv. e proc.	Rivista di diritto internazionale privato e processuale

RL	Richtlinie
Tz.	Teilziffer
TzWrG	Teilzeitwohnrechtegesetz
vgl.	vergleiche
wbl	wirtschaftsrechtliche Blätter
z.B.	zum Beispiel
ZfRV	Zeitschrift für Rechtsvergleichung
ZVglRWiss	Zeitschrift für vergleichende Rechtswissenschaft

Vgl. im Übrigen *Hildebert Kirchner*, Abkürzungsverzeichnis der Rechtssprache, 4. Aufl., Berlin u.a., 1993

1. Teil Einführung

Am 30. Juni 2000 ist das „Gesetz über Fernabsatzverträge und andere Fragen des Verbraucherrechts sowie zur Umstellung von Vorschriften auf Euro“ in Kraft getreten, das gem. Art. 3 Abs. 2 Nr. 1 einen neuen Art. 29a EGBGB in das Einführungsgesetz zum BGB einfügt.[1] Anlass zur Neuregelung bot die Richtlinie 97/7/EG des Europäischen Parlaments und des Rates vom 20. Mai 1997 über den Verbraucherschutz bei Verträgen im Fernabsatz[2] (FernabsatzRL), die den Mitgliedstaaten in Art. 12 Abs. 2 aufgibt, unter dort näher aufgeführten Voraussetzungen das Schutzniveau der Richtlinie kollisionsrechtlich abzusichern. Der deutsche Gesetzgeber hat die Gelegenheit genutzt, im Wege einer „Paketlösung“ daneben auch die beiden bisherigen auf Richtlinien beruhenden und außerhalb des EGBGB stehenden kollisionsrechtlichen Regelungen der §§ 12 AGBG, 8 TzWrG im neuen Art. 29a EGBGB zusammenzufassen.[3] Dieser enthält nun das auf der Richtlinie 93/13/EG über missbräuchliche Klauseln in Verbraucherverträgen[4] (KlauselRL), der Richtlinie 94/47/EG zum Schutz der Erwerber im Hinblick auf bestimmte Aspekte von Verträgen über den Erwerb von Teilzeitnutzungsrechten[5] (TimesharingRL), der FernabsatzRL und – seit 1.1.2002 – das auf Art. 7 Abs. 2 der Richtlinie 1999/44/EG zu bestimmten Aspekten des Verbrauchsgüterkaufs und der Garantien für Verbrauchsgüter[6] (VerbrauchsgüterkaufRL) beruhende Umsetzungskollisionsrecht.

Nachdem die grundsätzliche Notwendigkeit eines kollisionsrechtlichen Verbraucherschutzes im Zuge der „Materialisierung des IPR“ längst erkannt[7] und dem auf europäischer Ebene insbesondere in Art. 5 des Europäischen Schuldvertragsübereinkommens (EVÜ), dem im deutschen IPR Art. 29 EGBGB entspricht, Rechnung getragen war, treten im Bereich des zivilrechtlichen Verbraucherschutzes seit Anfang der 90er Jahre daneben verstärkt ausdrückliche[8] kolli-

---

1 BGBl. 2000 I 897, 901.

2 ABlEG 1997 L 144/19.

3 Zur Forderung nach einer Zusammenfassung der bestehenden kollisionsrechtlichen verbraucherschützenden Normen, *Imping*, WiB 1997, 337, 338.

4 ABlEG 1993 L 95/29.

5 ABlEG 1995 L 280/83. Vgl. auch die Entschließung des Europäischen Parlaments zur Beobachtung der Gemeinschaftspolitik im Bereich des Schutzes der Erwerber von Teilnutzungsrechten an Immobilien (Richtlinie 94/47/EG), abgedr. in NZM 2002, 983.

6 ABlEG 1999 L 171/12.

7 *Rudisch*, in: Schnyder/Heiss/Rudisch (Hrsg.), 191, 195 f.; kritisch *Junker*, IPRax 1993, 1, 2 f.

8 Zur Frage, ob auch andere verbraucherschützende Richtlinien ihren räumlichen Geltungsanspruch implizit regeln, vgl. *Meerfeld*, 165-171 (am Beispiel der Richtlinie 85/577/EWG betreffend den Verbraucherschutz im Falle von außerhalb von Geschäftsräumen geschlossenen Verträgen (HaustürgeschäfteRL), ABlEG 1995 L 372/31). Die Frage ist

sionsrechtliche Regelungsgebote in EG-Richtlinien in Erscheinung. Den Beginn der Entwicklung markierten in den Jahren 1993 und 1994 zunächst Art. 6 Abs. 2 Klausel- und Art. 9 TimesharingRL, im Jahr 1997 kam Art. 12 Abs. 2 FernabsatzRL hinzu. Die Tendenz, neben dem auf staatsvertraglicher Ebene vereinheitlichten Kollisionsrecht der Schuldverträge im Bereich des Verbraucherschutzes ein „Richtlinien-IPR" zu etablieren, setzt sich seitdem fort, wie Art. 11 Abs. 3 des Geänderten Vorschlags einer Richtlinie über den Fernabsatz von Finanzdienstleistungen[9] zeigt.

Die Implementierung solcher IPR-Klauseln in verbraucherschützende Richtlinien ist auf ein Anfang der 90er Jahre gewachsenes Problembewusstsein der Kommission[10] zurückzuführen. Dabei dürften die sog. Gran Canaria- und Isle of Man-Fälle, die in Deutschland erhebliches Aufsehen erregt hatten, eine Rolle gespielt haben[11], auch wenn sie wohl nicht konkreter Anlass zur Einbeziehung kollisionsrechtlicher Bestimmungen in Verbraucherschutzrichtlinien waren.[12] Jedenfalls haben diese Fälle gezeigt, dass ein einziger (in der Regel in Allgemeinen Geschäftsbedingungen enthaltener) Satz ausreicht, alle Bemühungen um einen gemeinschaftsweit einheitlichen vertragsrechtlichen Verbraucherschutz auszuhebeln.[13]

---

infolge der „*Ingmar*"-Entscheidung des EuGH neuerdings wieder aktuell, dazu unten 4. Teil F.

9 Geänderter Vorschlag für eine Richtlinie über den Fernabsatz von Finanzdienstleistungen an Verbraucher und zur Änderung der Richtlinien 97/7EG und 98/27/EG, ABlEG 2000 C 177/21 = KOM (1999) 385 endg.; vgl. nunmehr Art. 12 Abs. 2 der Richtlinie 2002/65/EG vom 23.9.2002 über den Fernabsatz von Finanzdienstleistungen, ABlEG 2002 L 271/16.

10 Vgl. *Wägenbaur*, in: Lagarde/v. Hoffmann (Hrsg.), Diskussionsbericht, 141.

11 Nach *Rauscher*, EuZW 1996, 650, 651, hat man mit der Schaffung des Art. 9 TimesharingRL erkennbar Konsequenzen aus den Erfahrungen mit der HaustürgeschäfteRL gezogen. Vgl. auch *Freitag/Leible*, EWS 2000, 342; *Wagner*, IPRax 2000, 249, 250.

12 *Jayme/Kohler*, IPRax 1993, 357, 358. In den Gran Canaria-Fällen war ja das Recht Spaniens, also das eines EG-Mitgliedstaats, anwendbar. Das Problem lag allein in der Verletzung der Umsetzungspflicht durch Spanien. Dennoch a.A. *Rühl*, 253.

13 Vgl. *Tenreiro/Karsten*, in: Schulte-Nölke/Schulze (Hrsg), 223, 247.

A. Die Entstehungsgeschichte der Art. 29a EGBGB zugrunde liegenden IPR-Klauseln

Die rechtlichen und tatsächlichen Umstände waren in der Zeit, in die die Geburtsstunde der IPR-Klauseln fällt, für grenzüberschreitende Verbraucherverträge vom sog. Gran-Canaria-Syndrom[14] geprägt, dem folgende Situation zugrunde lag:

Seit Mitte der 80er Jahre schrieb die HaustürgeschäfteRL gemeinschaftsweit ein Widerrufsrecht für außerhalb von Geschäftsräumen geschlossene Verträge mit Verbrauchern vor. Gleichwohl bestand die Möglichkeit, auch innerhalb der Gemeinschaft dieses Widerrufsrecht unter Ausnutzung des Kollisionsrechts, namentlich durch die Wahl eines Mitgliedstaatenrechts, das noch keine Umsetzung der HaustürgeschäfteRL enthielt, zu „umgehen". Dieser Schachzug von meist in bei deutschen Staatsbürgern beliebten Urlaubsgebieten Wollwaren und Ähnliches anbietenden Unternehmer wurde konkret dadurch ermöglicht, dass Spanien die HaustürgeschäfteRL erst mit großer Verzögerung umgesetzt hat. Man musste sich daher die Frage stellen, ob der kollisionsrechtliche Verbraucherschutz „nicht zu kurz gestrickt" war.[15]

In den ebenso berühmt-berüchtigten sog. Isle of Man-Fällen[16] zeigte sich dann die zweite Variante solcher Umgehungsversuche, indem nicht das Recht eines säumigen Mitgliedstaats, sondern gleich das eines Territoriums gewählt wurde, in dem die Richtlinie gar nicht umgesetzt werden musste. Während die dadurch angestoßene Debatte um Schutzmöglichkeiten nach dem geltenden Kollisionsrecht in Rechtsprechung und Wissenschaft[17] entbrannt war, leitete die Kommission die oben erwähnte, für das Verbrauchervertragsrecht angleichende Richtlinien neue Tendenz ein, das materielle Angleichungs- und Schutzziel durch kollisionsrechtliche Bestimmungen abzusichern.

Dass Problembewusstsein noch nicht zu einem schlüssigen Konzept führen muss, zeigt jedoch die sogleich kurz darzustellende wechselvolle Entstehungsgeschichte der IPR-Klauseln. So fanden insbesondere die Frage, ob auch die objektive Anknüpfung geregelt werden und wie der räumlich-territoriale Anwendungsbereichs der Richtlinien ausgestaltet werden soll, in den Vorschlägen und teilweise auch im endgültigen Richtlinientext wiederholt unterschiedliche Antworten, ohne dass hierfür ein sachlicher Grund erkennbar wäre.

---

14 Zum typischen Sachverhalt der Gran Canaria-Fälle, *Nemeth*, 49 f.; *Lagarde*, 13 f.

15 Vgl. den Titel des Aufsatzes von *Coester-Waltjen*, in: FS Lorenz (1991), 297 (a.a.O., 309 ff. speziell zur Gran Canaria-Konstellation).

16 Zum typischen Sachverhalt *Mäsch*, IPRax 1995, 371; *Lagarde*, 15; *Rauscher*, IPR, 237. Auch die Insel Jersey musste bisweilen herhalten, vgl. *Schomerus*, ZMR 1998, 70, 74.

17 Nachweise bei Palandt - *Heldrich*, Art. 29 EGBGB, Rdn. 5 a.E.; vgl. *Kronke*, RIW 1996, 985, 987: „Freistil-Rechtsprechung"; *Leible*, in: Martiny/Witzleb (Hrsg.), S. 53, 61: „Wildwuchs"; *Schomerus*, ZMR 1998, 70, 74: „Schleichwege".

I. Art. 6 Abs. 2 KlauselRL

Den Anfang machte insoweit die KlauselRL: Während der ursprüngliche Richtlinienvorschlag von 1990[18] noch keine kollisionsrechtliche Regelung enthielt, sah der Geänderte Vorschlag von 1992[19] vor, dass die Verwendung von missbräuchlichen Klauseln von den Mitgliedstaaten unabhängig vom anwendbaren Recht verhindert werden müsse.[20] Dabei fällt auf, dass nach dem Wortlaut des Vorschlags sowohl die objektive als auch die subjektive Anknüpfung erfasst sind, sowie scheinbar keinerlei räumliche Anwendungsvoraussetzungen vorzuliegen brauchen. Die endgültige Fassung des Art 6 Abs. 2 KlauselRL enthält dann jedoch die präzisierte Aufforderung an die Mitgliedstaaten,

> „ ... die erforderlichen Maßnahmen zu treffen, damit der Verbraucher den durch diese Richtlinie gewährten Schutz nicht verliert, wenn das Recht eines Drittlandes als das auf den Vertrag anwendbare Recht gewählt wurde und der Vertrag einen engen Zusammenhang mit dem Gebiet der Mitgliedstaaten aufweist."

Charakteristika der Vorschrift sind nunmehr die Regelung allein der Rechtswahl, und zwar nur bezüglich der Rechtsordnungen von Drittstaaten, sowie die erforderliche Lokalisierung des Vertrags im Gemeinschaftsgebiet ohne weitere Spezifizierung, welcher Art der Zusammenhang sein muss und welches mitgliedstaatliche Recht anwendbar sein soll.

II. Art. 9 TimesharingRL

Der ebenfalls aus dem Jahr 1992 stammende erste Vorschlag[21] der Kommission für eine Richtlinie betreffend das Timesharing unterschied in Art. 9 Abs. 2 ausdrücklich zwischen der Rechtswahl und der Anknüpfung kraft objektiver Kriterien. Der gelegentlich geäußerte Vorwurf[22], dem europäischen Richtliniengesetzgeber sei dieser Unterschied nicht bekannt, muss insoweit wohl relativiert werden.

---

18 ABlEG 1990 C 243/2.

19 ABlEG 1992 C 73/7.

20 Vgl. *Tenreiro/Karsten*, in: Schulte-Nölke/Schulze (Hrsg.), 223, 247; *Jayme/Kohler*, Rev. crit. dr. internat. privé (84) 1995, 1, 7.

21 KOM (92) 220 endg.; ABlEG 1992 C 222/5; dazu *Roth*, IPRax 1995, 165, 170. Der Wortlaut des Art. 9 in der Fassung des ersten Entwurfs ist auch bei *Wegner*, 169 Fn. 547, und *Lurger*, in: FS Posch (1996), 179, 183, abgedruckt.

22 Vgl. *Jayme*, in: FS Trinkner (1995), 575, 577; *Ders.*, IPRax 1995, 60; im Anschluss daran auch *Thorn*, IPRax 1999, 1, 6; MüKo - *Sonnenberger*, Einl. IPR, Rdn. 170; ferner *Siehr*, IPR, 158.

Der räumliche Bezug sollte nach dem Vorschlag entweder durch die Belegenheit der Immobilie oder durch an Art. 5 Abs. 2 EVÜ orientierte, an der Vertragsanbahnung anknüpfende Kriterien hergestellt werden.[23] Im zweiten Entwurf[24] ließ die Kommission diese ausdifferenzierte Fassung fallen und stellte in Art. 9 Abs. 2 eine dem Art. 6 Abs. 2 KlauselRL ähnelnde, sich also nur gegen eine Rechtswahl durchsetzende Kollisionsregel auf; allerdings unter Verzicht auf jegliche Bestimmung der erforderlichen räumlichen Beziehung zur Gemeinschaft.

Eine erneute Wende leitete insoweit der Rat ein, der in dem von ihm festgelegten Gemeinsamen Standpunkt[25] formulierte, dass die IPR-Klausel „unabhängig von dem jeweils anwendbaren Recht" Geltung beanspruche, setzte sich allerdings mit der Begründungserwägung Nr. 14 in Widerspruch, wonach die Vorkehrungen nur für den Fall gelten sollten, dass das Recht eines Drittlands als das auf den Vertrag anwendbare Recht „bestimmt wird", was auf eine Rechtswahl hindeutet[26]. Außerdem blieb es bei dem Anschein, Art. 9 TimesharingRL gelte auch in den Fällen, in denen das Recht eines Mitgliedstaats anwendbar ist.[27] Den im zweiten Entwurf enthaltenen Verzicht auf jedes räumliche Nähekriterium kritisierte der Rat als zu weitgehend und definierte den räumlichen Anwendungsbereich in der Folge – mit fragwürdiger Begründung[28] – nur noch durch die Belegenheit. Ein Ergänzungsvorschlag des Europäischen Parlaments[29], wonach ein Art. 9 Abs. 1 lit. a) zur Schaffung eines verbraucherschützenden Gerichtsstands eingeführt werden sollte, ist nicht angenommen worden. Die endgültige Fassung[30] trat sodann unverändert in Kraft:

> „Die Mitgliedstaaten ergreifen die erforderlichen Maßnahmen, damit dem Erwerber unabhängig von dem jeweils anwendbaren Recht der durch diese Richtlinie gewährte Schutz nicht vorenthalten wird, wenn die Immobilie in dem Hoheitsgebiet eines Mitgliedstaates belegen ist."

Der oben erwähnte Widerspruch zur 14. Begründungserwägung sowie der gegenüber dem ersten Vorschlag als unzureichend kritisierte räumliche Geltungs-

---

23 Vgl. *Jayme/Kohler*, Rev. crit. dr. internat. privé (84) 1995, 1, 8; grundsätzlich positiv zu diesem Vorschlag *Dies.*, IPRax 1993, 357, 359.

24 ABlEG 1993 C 299/8. Vgl. auch dazu *Roth*, IPRax 1995, 165, 170,

25 ABlEG 1994 C 137/42.

26 *Jayme/Kohler*, Rev. crit. dr. internat. privé (84) 1995, 1, 18.

27 Vgl. *Wagner*, IPRax 2000, 249, 257.

28 Es sei „illusorisch und irreführend vorzugeben, diesen Schutz universell gewährleisten zu können", vgl die Begründung in ABlEG 1994 C 137/49 f. Kritisch dazu *Jayme/Kohler*; IPRax 1994, 405, 407; Grabitz/Hilf - *Martinek*, Bd. III, A 13, Art. 9, Rdn. 214; Hildenbrand/ Kappus/*Mäsch*, 2. Kap., Rdn. 14; § 8 TzWrG, Rdn. 28.

29 ABlEG 1995 C 176/95.

30 ABlEG 1994 L 280/83.

bereich erfuhren somit keine Korrektur mehr. Daneben blieb das Problem der internationalen Zuständigkeit im Zusammenhang mit Timesharingverträgen, was das EuGVÜ[31] angeht, weiter zwischen Art. 13 ff. und Art. 16 Nr. 1 EuGVÜ in der Schwebe.[32] Eine Gerichtsstandsregelung wurde denn auch z.B. vom französischen und italienischen Umsetzungsgesetzgeber vermisst, die entsprechende – in ihrem Verhältnis zum EuGVÜ und zum LugÜ problematische – Bestimmungen in Art. L 121-73 Code de la Consommation bzw. Art. 10 des italienischen Gesetzesdekrets Nr. 427 vom 9.11.1998 autonom eingeführt haben.[33]

III. Art. 12 Abs. 2 FernabsatzRL

Der Vorschlag einer Richtlinie betreffend Fernabsatzverträge[34] enthielt in Art. 16 Abs. 2 wiederum wie der Geänderte Vorschlag zur KlauselRL von 1992 eine IPR-Klausel ohne Bestimmung des räumlichen Anwendungsbereichs.[35] Im Gemeinsamen Standpunkt[36] fand sich sodann in Art. 12 Abs. 2 ebenfalls entsprechend zur Genese des Art. 6 Abs. 2 KlauselRL die Generalklausel des „engen Zusammenhangs“, allerdings jetzt bezogen auf das Gebiet „eines oder mehrerer“ Mitgliedstaaten. Art. 12 Abs. 2 FernabsatzRL trat ohne weitere Änderung in Kraft und lautet:

> „Die Mitgliedstaaten ergreifen die erforderlichen Maßnahmen, damit der Verbraucher den durch diese Richtlinie gewährten Schutz nicht verliert, wenn das Recht eines Drittlands als das auf den Vertrag anzuwendende Recht gewählt

---

31 Brüsseler EWG-Übereinkommen über die gerichtliche Zuständigkeit und die Vollstreckung gerichtlicher Entscheidungen in Zivil- und Handelssachen vom 27. September 1968, BGBl. 1972 II 774, in der Fassung des 4. Beitrittsübereinkommens vom 29.11.1996, BGBl. 1998 II 1412.

32 Vgl. *Jayme/Kohler*, IPRax 1996, 377, 381; Bsp.: OLG Koblenz, v. 8.9.2000, 11 U 288/00, VuR 2001, 257, mit Anm. *Mankowski*. Art. 15 der am 1.3.2002 in Kraft tretenden Verordnung (EG) Nr. 44/2001 über die gerichtliche Zuständigkeit und die Anerkennung und Vollstreckung von Entscheidungen in Zivil- und Handelssachen, ABlEG 2001 L 12/1, hat dieses Problem jedoch entschäft, vgl. *Micklitz/Rott*, EuZW 2001, 325, 330.

33 Wenn der Verbraucher seinen Wohnsitz oder gewöhnlichen Aufenthalt in Frankreich hat oder die Immobilie bzw. eine der Immobilien einem Vertragsstaat des EuGVÜ oder LugÜ belegen ist, kann gem. Art. L 121-73 nur der Gerichtsstand eines Vertragsstaats dieser Konventionen vereinbart werden, vgl. *Lagarde*, Rev. crit. dr. internat. privé 87 (1998), 741, 745 f.; dt. Text abgedr. in NZM 1999, 359, 360; kritisch dazu *Neises*, NZM 1999, 338, 340. Zur italienischen Regelung (abgedr. in NZM 1999, 1084, 1085) kritisch *Neises*, NZM 1999, 1078, 1080.

34 ABlEG 1993 C 308/18, 29 f.

35 Siehe *Jayme/Kohler*, Rev. crit. dr. internat. privé (84) 1995, 1, 5; kritisch dazu *Dies.*; a.a.O., 27; *Dies.*, IPRax 1994, 405, 407.

36 ABlEG 1995 C 288/6.

> wurde und der Vertrag einen engen Zusammenhang mit dem Gebiet eines oder mehrerer Mitgliedstaaten aufweist."

IV. Art. 7 Abs. 2 VerbrauchsgüterkaufRL

Die VerbrauchsgüterkaufRL enthält in Art. 7 Abs. 2 eine IPR-Klausel, die wiederum keinen Unterschied zwischen Rechtswahl und objektiver Anknüpfung macht und auch den räumlichen Anwendungsbereich wie Art. 6 Abs. 2 KlauselRL bestimmt, also einen Bezug zum Gebiet „der Mitgliedstaaten" fordert.[37] Erstaunlicherweise beriefen sich die Erwägungsgründe insoweit gleichermaßen auf Art. 6 Abs. 2 Klausel- und Art. 9 TimesharingRL, obwohl nur letzterer eine Regelung objektiv angeknüpfter Verträge enthält, was den sorglosen Umgang des Gemeinschaftsgesetzgebers mit der kollisionsrechtlichen Frage bestätigt.[38] Der Geänderte Vorschlag[39] passte sich Art. 6 Abs. 2 KlauselRL und Art. 9 TimesharingRL an, indem er nur noch auf die Wahl eines Drittstaatenrechts abstellte. Die endgültige Regelung[40] trat sodann mit einer leichten Umformulierung als Art. 7 Abs. 2 in Kraft:

> „Die Mitgliedstaaten treffen die erforderlichen Maßnahmen, damit dem Verbraucher der durch diese Richtlinie gewährte Schutz nicht dadurch vorenthalten wird, dass das Recht eines Nichtmitgliedstaates als das auf den Vertrag anzuwendende Recht gewählt wird, sofern dieser Vertrag einen engen Zusammenhang mit dem Gebiet der Mitgliedstaaten aufweist."

Die Ersetzung des Begriffs „Drittstaat" durch „Nichtmitgliedstaat" ist zu begrüßen, da mancher Mitgliedstaat bislang seine Umsetzungsgesetze schlicht gegenüber jeglichem, auch EU-ausländischem Recht durchsetzte.[41] Vor allem ist aber auf die Wendung „dadurch (...), dass" hinzuweisen. Bislang ist nämlich streitig, ob der Schutzverlust im Richtlinien-IPR kollisions- oder materiellrechtlich aufzufassen ist. Träfe die erste Auslegungsalternative zu, müsste man eine „Abwahl" des Richtlinienstandards verlangen, das heißt, ohne Rechtswahl müsste das Recht eines Mitgliedstaats auf den Vertrag anwendbar sein, um den Schutz der IPR-Klauseln auszulösen. Die Neuformulierung könnte nun darauf hindeuten, dass die Rechtswahlvereinbarung tatsächlich in diesem Sinne ursächlich für den kollisionsrechtlichen Verweis auf ein Drittstaatenrecht sein muss.[42]

---

37 Kritisch *Jayme/Kohler*; IPRax 1997, 385, 388.

38 Sehr kritisch auch *Junker*, IPRax 1998, 65, 73.

39 ABlEG 1998 C 148/12.

40 ABlEG 1999 L 171/12 mit Erwägungsgrund Nr. 22 auf S. 13.

41 Nicht zuletzt traf dies für § 12 AGBG in der Fassung von 1996 zu.

42 Nach der hier vertretenen Auffassung ist der Verlust des Schutzes der Richtlinie aber ungeachtet der Neuformulierung der IPR-Regelung in Art. 7 Abs. 2 Verbrauchsgüter-

B. Die weitere Entwicklung des Richtlinienkollisionsrechts

Der Vollständigkeit halber soll hier noch kurz auf die weitere Entwicklung des Richtlinienkollisionsrechts eingegangen werden. Denn der Gemeinschaftsgesetzgeber verfolgt die Linie der kollisionsrechtlichen Absicherung von privatrechtsangleichenden Richtlinien unverändert weiter. Mit Blick auf den im Gesetzgebungsverfahren befindlichen Art. 11 Abs. 3 des Geänderten Vorschlags einer Richtlinie über den Fernabsatz von Finanzdienstleistungen ist der manche Unsicherheiten in der Formulierung des Richtlinienkollisionsrechts aufdeckende Befund zu den drei älteren IPR-Klauseln leider zu bestätigen

I. Art. 11 Abs. 3 des Geänderten Vorschlags einer Richtlinie über den Fernabsatz von Finanzdienstleistungen

Der Vorschlag[43] einer Richtlinie über den Fernabsatz von Finanzdienstleistungen enthält ebenso wie der Geänderte Vorschlag[44] in Art. 11 Abs. 3 eine Kollisionsregel, die in der Formulierung wiederum Abweichungen von den bisherigen IPR-Klauseln enthält:

> „Dem Verbraucher darf der durch diese Richtlinie gewährte Schutz nicht vorenthalten werden, wenn das auf den Vertrag anzuwendende Recht das Recht eines Drittstaates ist, der Verbraucher seinen Wohnsitz in einem der Mitgliedstaaten der Europäischen Gemeinschaft hat und der Vertrag eine enge Verbindung mit ihr aufweist."

Auf die Wendung „Die Mitgliedstaaten ergreifen die erforderlichen Maßnahmen..." wurde verzichtet; wiederum findet sich eine auch die objektive Anknüpfung des Verbrauchervertrags umfassende Regelung; der klarstellende Begriff des „Nichtmitgliedstaats wird wieder gegen den „Drittstaat" ausgetauscht und schließlich findet sich ein den räumlichen Anwendungsbereich erstmals zusätzlich einschränkendes, auf das Gemeinschaftsgebiet bezogenes Wohnsitzerfordernis, das zusätzlich neben dem engen Zusammenhang vorliegen muss. Interessant ist ferner, dass der Richtlinienvorschlag vom Prinzip der Vollharmonisierung ausgeht[45], so dass jedenfalls hier eine strengere Umsetzung des Richtlinien-IPR nicht möglich ist und umgekehrt das Problem der Anknüpfung

---

kaufRL sachrechtlich zu verstehen, zumal die englische und französische Textfassung der Richtlinie im Gegensatz zur deutschen gegen ein Verständnis der Norm im Sinne des kollisionsrechtlichen Schutzverlustes sprechen. Vgl. *Rusche*, IPRax 2001, 420, 421, und eingehend unten 3. Teil C II 3.

[43] KOM (1998) 468 endg. = ABlEG 1998 C 385/10.

[44] ABlEG 2000 C 177/21 = KOM (1999) 385 endg.

[45] Vgl. *Reich/Nordhausen*, 125 (No. 156).

von nationalen Schutzverstärkungen im Umsetzungssachrecht zum Nachteil EU-ausländischer Anbieter nicht auftritt.[46]

II. Erste Bewertung

Die bisherige Entwicklung des Richtlinienkollisionsrechts zeigt, dass sich die Rechtsetzungsorgane der EU noch nicht endgültig darüber im Klaren sind, ob sie eine spezifische Absicherung des Harmonisierungs- und Schutzzwecks der einschlägigen Richtlinien nur im Bereich der subjektiven oder auch im Rahmen der objektiven Vertragsanknüpfung vorsehen sollen. Offenbar hat man sich auch nicht mit der auf europäischer Ebene schon existenten Schutznorm des Art. 5 EVÜ auseinandergesetzt, die ja bereits einen kollisionsrechtlichen Schutz (auch) des europäischen Verbrauchers vorsieht. Ansonsten fällt die weite Formulierung des Regelungsauftrags an die Mitgliedstaaten auf. Weder der „enge Zusammenhang" noch die Frage, welches mitgliedstaatliche Umsetzungsrecht dem Verbraucher den Schutzstandard der Richtlinie erhalten soll, wird angesprochen, was einige Probleme bei der Umsetzung bereitet hat, die sich bei der richtlinienkonformen Auslegung und der Anwendung der Umsetzungskollisionsnormen fortsetzen.

46 Zu den kollisionsrechtlichen Aspekten der Mindestschutzklauseln 2. Teil E 4., 3. Teil B IV. 3. b).

C. Gang der Untersuchung

Um dem gemeinschaftsrechtlichen Hintergrund des Art. 29a EGBGB Rechnung zu tragen, bedürfen vorab die europarechtlichen Grundlagen der Ausgestaltung und Anwendung des Art. 29a EGBGB einer näheren Betrachtung. So fragt es sich, ob Art. 29a EGBGB als Beschränkung der Parteiautonomie mit den Grundfreiheiten des EG-Vertrages in Konflikt geraten kann, sowie – auf der Rechtsfolgenseite – ob das von ihm berufene Verbrauchervertragsrecht auch nach der „*Keck*"-Entscheidung des EuGH noch eine unzulässige Beschränkung der Waren- oder Dienstleistungsverkehrsfreiheit gem. Art. 28, 49 EG darstellen kann. Ferner sind der Grundsatz der richtlinienkonformen Auslegung, die innerstaatlichen Wirkungen von Verbraucherschutzrichtlinien sowie das Verhältnis der IPR-Klauseln zum EVÜ zu nennen.

Nach dieser Grundlegung gilt es, das Regelungsprogramm der IPR-Klauseln zu konkretisieren, da jene auch in der Zusammenschau mit den Begründungserwägungen der einzelnen Richtlinien nur sehr grobe Vorgaben machen. Erst, wenn man den Inhalt der IPR-Klauseln ermittelt hat, lässt sich beurteilen, ob überhaupt ein Transformationsbedarf in Deutschland bestand, sowie ob Art. 29a EGBGB die Richtlinienvorgaben erfüllt. Zentraler Gegenstand der Untersuchung ist die Neuregelung des Internationalen Verbrauchervertragsrechts in Art. 29a EGBGB im Hinblick auf Richtlinienkonformität, die Klärung einzelner Auslegungsprobleme sowie das Verhältnis zu den Art. 27 ff. EGBGB. Dabei wird immer wieder ein Seitenblick auf die Umsetzungen anderer Mitgliedstaaten erfolgen, um sodann im abschließenden Kapitel die Entwicklung in den Mitgliedstaaten seit Inkrafttreten des Art. 6 Abs. 2 KlauselRL als ältester IPR-Klausel näher zu betrachten. Denn die IPR-Klauseln müssen sich als Bestandteil des Harmonisierungskonzepts auf dem Gebiet des vertragsrechtlichen Verbraucherschutzes auch an ihrem Vereinheitlichungserfolg messen lassen.

2. Teil Europarechtliche Grundlagen der Ausgestaltung und Anwendung des Art. 29a EGBGB

Gegenstand des Internationalen Verbrauchervertragsrechts sind Verträge zwischen einem kommerziell handelnden Anbieter und einem Verbraucher, die einen Auslandsbezug aufweisen. Mit Blick auf den enger zusammenwachsenden Binnenmarkt machen grenzüberschreitende Transaktionen zwischen Anbietern und Verbrauchern aus verschiedenen Mitgliedstaaten einen Großteil der denkbaren Anwendungsfälle des Art. 29a EGBGB aus. Zugleich unterstehen solche Transaktionen den Grundfreiheiten des EG-Vertrags, und zwar mit Blick auf den sachlichen Anwendungsbereich der von Art. 29a EGBGB erfassten Verbraucherschutzrichtlinien vor allem der Waren- und Dienstleistungsverkehrsfreiheit. Auf diese Marktfreiheiten können sich die aktiv am Markt auftretenden Unternehmer ebenso wie der passiv nachfragende Verbraucher berufen.

Art. 29a EGBGB tritt somit in ein Spannungsverhältnis zu den Art. 28, 49 EG, womit ein noch nicht vollständig geklärtes Problemfeld betreten[47] und für die folgende Betrachtung zunächst eine Vergewisserung über die Reichweite der Grundfreiheiten notwendig wird (A.).

Der stärkste denkbare Einfluss des EG-Rechts auf das IPR wäre dessen Verdrängung durch vorrangige, im Wege der Auslegung aus den Grundfreiheiten zu ermittelnde Kollisionsnormen, wie es in der Literatur verschiedentlich vertreten wird (B.).

Möchte man nicht so weit gehen, so wirkt das Gemeinschaftsrecht über die Bindung der Mitgliedstaaten an die Ziele der IPR-Klauseln und das übrige Vorrang beanspruchende primäre und sekundäre Gemeinschaftsrecht aber jedenfalls als Schranke für nationales IPR. Es stellt sich also die Frage nach der Vereinbarkeit des Art. 29a EGBGB mit dem EG-Recht, vor allem mit dem allgemeinen Diskriminierungsverbot aus Art. 12 EG sowie den Grundfreiheiten[48] (C.).

Zu den europarechtlichen Grundlagen, die für die Anwendung des Art. 29a EGBGB von Bedeutung sind, gehören schließlich noch die Grundsätze der Auslegung von EG-Sekundärrecht sowie die innerstaatlichen Wirkungen von Richtlinien, zumal die Diskussion um die unmittelbare Wirkung von Richtlinien in genuin privatrechtlichen Rechtsverhältnissen jüngst wieder in Bewegung geraten ist (D.).

---

47 Vgl. *Gounalakis/Radtke*, ZVglRWiss 98 (1999), 1; *Schwimann*, IPR, 14; Staudinger - *Magnus* (2002), Vorbem zu Art. 27 - 37 EGBGB, Rdn. 4; *Wilderspin/Lewis*, Rev. crit. dr. internat. privé 91 (2002), 1 ff.

48 Die Geltung des Art. 12 EG für das nationale IPR wirft allerdings aus europarechtlicher Sicht keine grundsätzlichen Probleme auf, so dass hierauf im Rahmen der Klärung der europarechtlichen Grundlagen des Art. 29a EGBGB nicht näher eingegangen zu werden braucht.

Schließlich ist zu beachten, dass das Richtlinienkollisionsrecht in den Mitgliedstaaten auf ein Internationales Schuldvertragsrecht trifft, das bereits durch einen Staatsvertrag vereinheitlicht ist. Es tritt daher als zweite, die Harmonisierung des nationalen IPR der Schuldverträge anstrebende Rechtsquelle in ein Spannungsverhältnis zum EVÜ, so dass es zu einer „Kollision der Kollisionsrechte“[49] kommen kann (E.).

[49] *Rudisch*, 78.

A. Die Reichweite der Grundfreiheiten[50] des EG-Vertrags im Hinblick auf das materielle und das Internationale Vertragsrecht der Mitgliedstaaten

Das IPR der Mitgliedstaaten wird verdrängt, wenn es unmittelbar anwendbaren Kollisionsnormen im Primär- oder Sekundärrecht entgegensteht. Kollisionen zwischen dem Gemeinschaftsrecht und nationalem Recht werden über einen Anwendungsvorrang der EG-rechtlichen Bestimmungen gelöst.[51] Da den Verbraucherschutzrichtlinien einschließlich ihrer IPR-Bestimmungen keine unmittelbare Wirkung zukommt[52], wird das nationale IPR nur verdrängt, soweit das Primärrecht oder EG-Verordnungen vorrangige Kollisionsnormen enthalten, was bislang aber kaum der Fall ist[53], insbesondere nicht im Hinblick auf das Internationale Verbrauchervertragsrecht. Allerdings finden sich Literaturstimmen, die ausgehend vom sog. Herkunftslandprinzip den Grundfreiheiten eine kollisionsrechtliche Aussage dergestalt entnehmen, dass auf eine grundfreiheitlich geschützte Transaktion grundsätzlich das Recht des Herkunftsstaats der Ware oder Dienstleistung anwendbar sein müsse.

Dabei handelt es sich um einen neueren Aspekt einer noch relativ jungen[54] Diskussion um das Verhältnis der Grundfreiheiten zum nationalen IPR. Sie ist letztlich eine Folge des Ausbaus der Grundfreiheiten von speziellen Diskriminierungs- hin zu Beschränkungsverboten durch die Rechtsprechung des EuGH, leidet daher aber auch unter den nach wie vor bestehenden Unklarheiten über die Reichweite der Warenverkehrs- und der Dienstleistungsfreiheit.[55]

---

[50] Die Verbraucherschutzrichtlinien im Sinne des Art. 29a Abs. 4 EGBGB berühren die Waren-, Dienstleistungs- sowie die Kapitalverkehrsfreiheit.

[51] Das Gemeinschaftsrecht geht nationalem Recht als autonome, von den Mitgliedstaaten unabhängige Rechtsordnung auf allen Ebenen vor (EuGH, v. 15.7.1964, Rs. 6/64 (*Costa/E.N.E.L.)*, Sgl. 1964, 1251, 1269 f.; *Oppermann*, Europarecht, Rdn. 616; *Seif*, JbJZivRWiss 1997, 225, 243). Es handelt sich um einen Anwendungs-, keinen Geltungsvorrang (*Oppermann*, Europarecht, Rdn. 633), so dass die Fortgeltung einer gegen Europarecht verstoßenden Norm außerhalb dessen Anwendungsbereichs unproblematisch zu begründen ist.

[52] Siehe dazu unten 2. Teil D II 2.

[53] Vgl. für das Primärrecht *Martiny*, in: Reithmann/Martiny (Hrsg.), Rdn. 29; *Kegel/ Schurig*, IPR, § 4 II., 191; *Schwimann*, IPR, 12; MüKo - *Sonnenberger*, Einl. IPR, Rdn. 133; für Verordnungen vgl. *Martiny*, in: Reithmann/Martiny (Hrsg.), Rdn. 33.

[54] Vgl. *Roth*, in: GS Lüderitz (2000), 635; *Remien*, CML Rev . 2001, 53, 81 m.w.N., auch zur im europäischen Ausland geführten Diskussion; einen aktuellen Überblick geben *Jayme/Kohler*, IPRax 2001, 501 ff.

[55] Vgl. *Sonnenberger*, ZVglRWiss 95 (1996), 3, 22; *Roth*, in: GS Lüderitz (2000), 635.

I. Die Rechtsprechung des EuGH zur Waren- und Dienstleistungsverkehrsfreiheit

Zur Waren- und Dienstleistungsverkehrsfreiheit existiert eine beachtliche Zahl von EuGH-Entscheidungen.[56] Die Entwicklung ist insgesamt von einer Konvergenz in der Auslegung der Art. 28, 49 EG, zunehmend aber auch der anderen Grundfreiheiten gekennzeichnet.[57] Da bislang aber noch nicht geklärt ist, ob der EuGH die sog. „*Keck*"-Rechtsprechung zum Warenverkehr, die gerade im Hinblick auf den Einfluss der Grundfreiheiten auf das nationale Privatrecht für viel Verwirrung gesorgt hat, auf Art. 49 EG übertragen hat, erfolgt hier dennoch eine getrennte Darstellung:

1. Die Grundsätze der EuGH-Rechtsprechung zu Art. 28 EG

Die Warenverkehrsfreiheit in Gestalt der Einfuhrfreiheit[58] gem. Art. 28 EG verbietet Maßnahmen[59] gleicher Wirkung wie mengenmäßige Einfuhrbeschränkungen, soweit eine Binnenmarkttransaktion betroffen ist. Sie gilt für einen innergemeinschaftlichen Warenverkehr, also nicht für reine Inlands- bzw. Drittstaatensachverhalte. Waren aus Drittländern, die sich in den Mitgliedstaaten im freien Verkehr befinden, sind aber ebenfalls erfasst.[60]

Seit der Entscheidung des EuGH im Fall „*Dassonville*" kommen als Maßnahmen gleicher Wirkung alle Handelsregelungen in Betracht, die geeignet sind, den innergemeinschaftlichen Handel unmittelbar oder mittelbar, tatsächlich oder potentiell zu behindern.[61] Verboten sind demnach einerseits formell diskriminie-

---

[56] Siehe etwa die Urteilsliste zur Warenverkehrsfreiheit bei Grabitz/Hilf - *Leible*, Bd. I, vor Art. 28 - 31, Rdn. 12.

[57] *Behrens*, EuR 1992, 145, 151; *Grundmann*, Schuldvertragsrecht, § 2 Rdn. 56.

[58] Der EuGH beurteilt die Ausfuhrfreiheit gem. Art. 29 EG nur als Diskriminierungsverbot und damit weit weniger streng, vgl. EuGH, v. 8.1.1979, Rs. 15/79 (*Groenveld/Produktschaap voor Vee en Vlees*), Slg. 1979, 3409, 3415, Tz. 7. Kritisch hierzu *v. Wilmosky*, S. 20 - 24; *Lurger*, Regulierung, 63; *Roth*, ZEuP 1994, 5, 8.

[59] Damit sind in erster Linie staatliche Maßnahmen erfasst. Inwieweit den Grundfreiheiten auch unmittelbare Drittwirkung in Privatrechtsverhältnissen zukommt, ist umstritten. Vgl. die Anmerkung von *Streinz/Leible*, EuZW 2000, 459, zur Entscheidung des EuGH im das spezielle Diskriminierungsverbot des Art. 39 EG betreffenden Fall „*Angonese/ Cassa di Risparmio di Bolzano*". Im Bereich der Warenverkehrsfreiheit lehnt der EuGH (nach anfänglichen Unsicherheiten) eine unmittelbare Drittwirkung ausdrücklich ab und verweist für handelsbeschränkende Maßnahmen Privater auf die Wettbewerbsregeln der Art. 81 ff. EG, vgl. *Streinz/Leible*, EuZW 2000, 459, 460; *Leible*, in: Martiny/Witzleb (Hrsg.), 53, 63.

[60] Grabitz/Hilf - *Leible*, Bd. I, vor Art. 28 - 31, Rdn. 1.

[61] EuGH, v. 11.7.1974, Rs. 8/74 (*Dassonville*), Slg. 1974, 837, 852, Tz. 5.

rende, das heißt unmittelbar oder mittelbar[62] auf die Staatsangehörigkeit des Herstellers bzw. die nationale Herkunft des Produkts abstellende Regelungen, soweit sie nicht durch die speziellen Vorbehaltsklauseln des Art. 30 S. 1 EG bzw. der Art. 55 i.V.m. Art. 46 Abs. 1 EG gerechtfertigt sind.[63]

Andererseits können auch unterschiedslos auf inländische und importierte Produkte anwendbare Vorschriften, die den grenzüberschreitenden Handel nur volumenmäßig beschränken, eine verbotene Maßnahme gleicher Wirkung darstellen[64] Letztere unterliegen als nicht diskriminierende handelsbeschränkende Maßnahmen allerdings einer anderen, in der *„Cassis de Dijon"*-Entscheidung entwickelten Rechtfertigungsprüfung: Sie fallen danach nicht unter Art. 28 EG, wenn sie notwendig sind, um zwingenden Erfordernissen des Allgemeininteresses gerecht zu werden, wozu auch der Verbraucherschutz gehört.[65] Es muss ein

---

62 Die Einordnung versteckter Diskriminierungen ist umstritten. Gemeint sind neutral anmutende Maßnahmen, die zum selben Ergebnis führen, wie eine unmittelbar marktabschottende Regelung, vgl. EuGH, v. 27.1.2000 (*Graf/Filzmoser Maschinenbau GmbH*), EuZW 2000, 252, 253, Tz. 18, 23, Tz.14. Zum Teil ordnet man sie mit den entsprechenden Konsequenzen für die Schrankensystematik den unmittelbar diskriminierenden Vorschriften zu, zum Teil den unterschiedslos anwendbaren Handelsbeschränkungen, vgl. *Klutz*, in: Callies/Ruffert (Hrsg.), Art. 50, Rdn. 56 f.). Der EuGH tendiert in jüngster Zeit möglicherweise zu einer Auflösung der Differenzierung zwischen unterschiedslos anwendbaren und mittelbar diskriminierenden Maßnahmen, indem er in beiden Bereichen die Rechtfertigung über „zwingende Erfordernisse" im Sinne der *„Cassis"*-Rechtsprechung zulässt. Vgl. *Hakenberg*, ZEuP 1999, 849, 851. Ausführlich dazu *Nowak/Schnitzler*, EuZW 2000, 627, 629-631; für die Warenverkehrsfreiheit eine solche Tendenz bejahend und ihr zustimmend: *Roth*, WRP 2000, 979, 983.

63 Das Art. 28 EG immanente Diskriminierungsverbot geht Art. 12 EG vor, EuGH, v. 10.12.1991, Rs. 149/90 (*Merzi Convenzionali*), Slg. 1991 - I, 5889, 5927, Tz. 11.

64 Z.B. EuGH v. 13.3.1984, Rs. 16/83 (*Prantl*), Slg. 1984, 1299, 1327, Tz. 21. Dort lehnt der EuGH auch eine Spürbarkeitsgrenze ab, nur rein hypothetische Auswirkungen auf den innergemeinschaftlichen Handel bleiben außer Betracht, vgl. *Lurger*, Regulierung, 52, die selbst aber für eine Beschränkung auf substantielle Nachteile im Gleichlauf mit dem Wettbewerbsrecht der Art. 85 ff. EGV (Art. 81 ff. EG) eintritt, a.a.O., 53. Nach *Fezer*, JZ 1994, 318, 324, hat der EuGH in seiner *„Keck"*-Entscheidung der Sache nach ein solches Erfordernis aufgestellt; ähnlich *Ders.*, JZ 1994, 623, 624, zur Entscheidung *CMC Motorradcenter*. Für eine solche Grenze scheint der Wortlaut des Art. 28 EG zu sprechen, denn eine Maßnahme ohne spürbare Effekte, „wirkt" nicht. A.A. aber z.B. *Grundmann*, Schuldvertragsrecht, § 2, Rdn. 117: eine solche Grenze vertrage sich nicht mit der Einräumung subjektiver Rechte der Marktbürger.

65 EuGH, v. 20.2.1979, Rs. 120/78 (*„Cassis de Dijon"*), Slg. 1979, 649, 664, Tz. 14. Gerechtfertigte Regelungen stellen in teleologischer Reduktion des Art. 30 EGV (Art. 28 EG) keine Maßnahme gleicher Wirkung dar, vgl. *Fezer*, JZ 1994, 317, 320. Nach der EuGH-Rechtsprechung ist der Ausnahmetatbestand des Art. 36 EGV (Art. 30 EG) abschließend (EuGH, v. 17.6.1981, Rs. 113/80 (*Kommission/Irland*), Slg. 1981, 1625, 1638, Tz.7), so dass der Verbraucherschutz allein als „zwingendes Erfordernis" berücksichtigt werden kann, vgl. *Fezer*, a.a.O., 320, der das vom EuGH statuierte Verhältnis seiner *„Cassis"*-Rechtsprechung zu Art. 36 EGV allerdings teilweise kritisch beurteilt.

anerkennenswertes Interesse an der nationalen Regelung vorliegen, zu dessen Verwirklichung geeignete und erforderliche Maßnahmen ergriffen worden sind, die auch unter Abwägung mit dem Interesse an der ungehinderten Ausübung der Grundfreiheiten verhältnismäßig im engeren Sinne sind.[66] Die Rechtfertigung durch solche zwingenden Erfordernisse unterliegt daher verschiedenen Grenzen. So kann sie scheitern, wenn das betreffende Rechtsgebiet Gegenstand von Harmonisierungsmaßnahmen war[67] oder bereits im Herkunftsland äquivalente Schutzmaßnahmen existieren.

a) Rückführung des Art. 28 EG auf ein weit gefasstes Diskriminierungsverbot für sog. Verkaufsmodalitäten

Der EuGH hat sich trotz der weiten Auslegung der Warenverkehrsfreiheit als Beschränkungsverbot bemüht, den eben skizzierten sehr weit verstandenen Tatbestand des Art. 28 EG nicht ausufern zu lassen. Diese Rechtsprechung, die etwa eine Maßnahme gleicher Wirkung deshalb verneinte, weil eine Regelung „in Wahrheit“ in keinem Zusammenhang mit der Einfuhr stehe und daher auch nicht geeignet sei, den innergemeinschaftlichen Handel zu beschränken oder weil deren Auswirkungen „zu ungewiss und zu mittelbar“[68] seien, führte zu Rechtsunsicherheit und stieß daher auf Kritik und die Forderung, eine klare Grenzlinie zwischen Maßnahmen, die noch als Handelsbeschränkung angesehen

---

Teilweise wird die „Erfindung“ der zwingenden Erfordernisse zur Rechtfertigung von handelsbeschränkenden Maßnahmen ganz abgelehnt, vgl. *Schwintowski*, RabelsZ 64 (2000), 38, 54 f.; *Nowak/Schnitzler*, EuZW 2000, 627, 628.

66 Z.B. EuGH, v. 11.5.1989, Rs. 25/88 (*Wurmser*), Slg. 1989, 1105, 1128 f., Tz. 13, 16. Zur Verhältnismäßigkeitskontrolle auch *Steindorff*, JZ 1994, 95, 97; *Roth*, VersR 1993, 129, 133 ff. Der EuGH geht beim Vorliegen solcher Erfordernisse von einer tatbestandsimmanenten Schranke des Art. 28 EG aus, vgl. *Grundmann*, Schuldvertragsrecht, § 2 Rdn. 61.

67 EuGH, v. 26.2.1991, Rs. C-180/89 (*Kommission/Italien*), Slg. 1991 - I, 709, 721, Tz. 11 - 14. Dort prüft der EuGH, ob der Gegenstand der italienischen Regelung bereits unter die Richtlinie 75/368/EWG (ABlEG 1975 L 157/22) fällt, verneint dies und prüft „deshalb“, ob die Maßnahme in Ermangelung einer gemeinschaftsrechtlichen Harmonisierung mit Art. 59 und 60 EWG-Vertrag vereinbar ist. Fraglich ist aber, ob dieser Ansatz auch für Richtlinien, die nur Mindeststandards festlegen, gilt; vgl. *Dougan*, CML Rev. 2000, 853, 866.

68 Vgl. Dauses - *Dauses*, Bd. 1, C I., Rdn. 123, 125; Grabitz/Hilf - *Leible*, Bd. I, vor Art. 28 - 31, Rdn. 27: *Klauer*, 71, 88 ff.; Groeben/Thiesing/Ehlermann - *Müller-Graff*, Art. 30, Rdn. 238. Beispiele hierfür bieten das kurz vor „*Keck*“ ergangene Urteil des EuGH, v. 13.10,1993, Rs. C-93/92 (*CMC Motorradcenter GmbH/Baskiciogullari*), Slg. 1993 - I, 5009, 5021, Tz. 12, sowie EuHG, v. 7.3.1990, Rs. C-69/88 (*Krantz*), Slg. 1990 - I, 594, 597, Tz. 8. Überblick hierzu bei *Lang*, 69 ff.

werden können und solchen, die schon nicht unter den Tatbestand des Art. 28 EG fallen, zu ziehen.[69]

Einen Versuch, dieser Kritik gerecht zu werden, unternahm der EuGH mit der Entscheidung in der Rechtssache „*Keck und Mithouard*“.[70] Während bislang unterschiedslos anwendbare handelshemmende Regelungen aus dem Begriff der Maßnahmen gleicher Wirkung erst dann herausfielen, wenn sie durch zwingende Erfordernisse des Allgemeininteresses gerechtfertigt waren, gilt dies seit „*Keck*“ für die Regelung „bestimmter Verkaufsmodalitäten"[71], ohne dass eine Prüfung solch zwingender Erfordernisse notwendig wäre. Voraussetzung ist allerdings, dass die Absatzregelung einen doppelten Diskriminierungstest besteht, denn der EuGH begrenzt die Bereichsausnahme für Verkaufsmodalitäten auf solche Bestimmungen, die für alle Wirtschaftsteilnehmer, die ihre Tätigkeit im Inland ausüben, gelten und den Absatz der inländischen wie der importierten Produkte rechtlich und tatsächlich in gleichem Maße betreffen.[72] Damit wird eine Abgrenzung von produktbezogenen Vorschriften, die sich auf die Ware selbst beziehen und „Verkaufsmodalitäten“, die sich auf die Rahmenbedingungen des Vertriebs einer Ware beziehen, notwendig.[73]

---

[69] Vgl. Grabitz/Hilf - *Leible*, Bd. I, vor Art. 28 - 31, Rdn. 27; *Leible*, in: Martiny/Witzleb (Hrsg.), 53, 69.

[70] EuGH, v. 23.11.1993, Rs. 267 u. 268/91 (*Keck und Mithouard*), Slg. 1993 - I, 6097.

[71] Dazu zählen: ein Verbot des Verkaufs von Waren unter Einstandspreis (*Keck*); eine Werbeverbot für Apotheker bzgl. Pharmaprodukte außerhalb von Apotheken (EuGH, v. 15.12.1993, Rs. C-292/92 (*Hünermund*), Slg. 1993 - I, 6787); Vorschriften über nationale Ladenöffnungszeiten (EuGH, v. 2.6.1994, Rs. C-258/93 (*Punto Casa*), Slg. 1994 - I, 2355); das Verbot der Fernsehwerbung für bestimmte Erzeugnisse (EuGH, v. 9.2.1995, Rs. C - 412/93 (*Leclerc-Siplec*), Slg. 1995 - I, 179); ein Apothekenmonopol für bestimmte Säulingsnahrung (EuGH, v. 29.6.1995, Rs. C - 391/92 (*Kommission/Griechenland*), Slg. 1995 - I, 1621); das Verbot, Tabakwaren außerhalb bestimmter Stellen zu verkaufen (EuGH, v. 14.12.1995, Rs. C-387/93 (*Banchero*), Slg, 1995 - I, 4663). Produktregelungen sind nach Keck hingegen z.B. Vorschriften hinsichtlich der Bezeichnung, Form, Zusammensetzung, Aufmachung, Etikettierung, Gewicht, Abmessung oder Verpackung. Beispiele: § 3 UWG, soweit er eine Produktbezeichnung verbietet, weil dadurch zusätzliche Verpackungs- und Werbekosten in Deutschland entstehen (EuGH, v. 2.2.1994, Rs. C-315/92 (*Clinique*), Slg. 1994 - I, 317); eine Verordnung, wonach für Arzneimittel nur noch der 30.6. und 31.12. eines Jahres in Betracht kommt, weil dadurch das importierte Produkt in Deutschland ggf. kürzer verkauft werden kann (EuGH, v. 1.6.1994, Rs. C-317/92 (*Kommission/Bundesrepublik Deutschland*), Slg. 1994 - I, 2039); Bestimmungen über die Höchstmenge des Salzgehalts von Brot (EuGH, v. 14.7.1994, Rs. C-17/93 (*Van der Veldt*), Slg. 1994 - I, 3537); die Untersagung eines Produktaufdrucks wegen befürchteter Verbrauchertäuschung (EuGH, v. 6.7.1995, Rs. C-470/93 (*Mars*), Slg. 1995 - I, 1923).

[72] EuGH, v. 23.11.1993, Rs. 267 u. 268/91 (*Keck und Mithouard*), Slg. 1993 - I, 6097, 6131, Tz.16.

[73] Vgl. das Prüfungsschema bei Grabitz/Hilf - *Leible*, Bd. I, Art. 28 EGV, Rdn. 31. Allerdings greift der EuGH neuerdings auch wieder auf die oben erwähnte Vorläufer-

b) Reaktionen auf die „*Keck*"-Rechtsprechung

Das Urteil löste eine Vielzahl kontroverser Stellungnahmen aus. Während man in Reaktionen kurz nach seiner Veröffentlichung unter Hinweis auf den fehlenden bzw. sehr schwachen Auslandsbezug zunächst keine Kurskorrektur des EuGH festzustellen vermochte[74], sieht die Gegenmeinung in der vom EuGH selbst als Überprüfung und Klarstellung[75] bezeichneten Rechtsprechung einen Wendepunkt in der Grundfreiheitenkontrolle durch Schaffung einer weitreichenden Bereichsausnahme in echtem Gegensatz zu früheren Entscheidungen.[76] Die bis heute nicht ganz geklärten Folgen des „*Keck*"-Urteils provozieren auch immer wieder Stellungnahmen, die eine Abkehr von der herkömmlichen Grundfreiheitendogmatik fordern und die „*Dassonville*"-Formel für überholt halten.[77]

In der Tat sprechen vor allem zwei Argumente gegen den Weg, den der EuGH zur Einschränkung des Tatbestands des Art. 28 EG genommen hat: Zum einen teilt er ein einheitliches Marktgeschehen künstlich in einen produkt- und einen vertriebsbezogenen Teil auf, was z.B. dann nicht durchführbar erscheint, wenn ein unzulässiger Werbeaufdruck auf dem Produkt selbst und auf einem Werbeplakat zu finden ist.[78] Zum anderen verschwimmen die Grenzen zwischen Produkt und Vertrieb, wenn es sich um rechtlich geprägte Produkte, wie vor allem im Dienstleistungsbereich die Versicherungen, handelt[79], was eine einheitliche Auslegung der Waren- und Dienstleistungsverkehrsfreiheit verhindert und zu nicht gerechtfertigten Ungleichbehandlungen von Waren und Dienstleistungen führt.

---

rechtsprechung zu „*Keck*" zurück, so z.B EuGH, v. 21.9.1999, Rs. C-44/98 (*BASF/ Präsident des Deutschen Patentamtes),* Slg. 1999 - I, 6269; dazu *Kohler/Knapp*, ZEuP 2001, 116, 127.

74 *Basedow*, RabelsZ 59 (1995), 1, 10; ähnlich *Fezer*, JZ 1994, 322; kritisch auch *Gebauer*, IPrax 1995, 152, 153. Im Keck-Urteil sollte das Produkt von Inländern am inländischen Markt abgesetzt werden. Überspitzt formuliert bedeutete dies: Mangels Binnenmarktbezugs war der EuGH nicht zuständig, daher gilt das Urteil für Fälle mit Auslandsbezug nicht, vgl. dazu *Lurger*, Regulierung, 40. Eine solche Schlussfolgerung träfe meines Erachtens aber schon deshalb nicht zu, weil der EuGH in der Sache über die Vorlage entschieden und daher seine Zuständigkeit implizit und zugleich bindend bejaht hat. Ausdrücklich keine Kurskorrektur sieht ferner z.B. *Staudinger*, VersR 1999, 401, 410.

75 EuGH o. Fn. 70 (*Keck*), Slg. 1993 - I, 6097, 6131, Tz.14.

76 *Remien,* JZ 1994, 349, 352 („*Yves Rocher* ist ... falsch entschieden..."); *Ders.*, RabelsZ 62 (1998), 627, 635; *Schwintowski*, RabelsZ 64 (2000), 38, 41 („... Abkehr von der Dassonville-Formel ..."); vgl. auch *Kreuzer*, in: Müller-Graff (Hrsg.), 457, 513.

77 *Schwintowski*, RabelsZ 64 (2000), 38, 45 f.; *Mülbert*, ZHR 159 (1995), 2, 20.

78 Dauses - *Dauses*, Bd. 1, C I., Rdn. 130; kritisch hierzu auch *Klauer*, 79.

79 *Lurger*, Regulierung, 43 f.; *Schwintowski*, RabelsZ 64 (2000), 38, 47; Staudinger - *Fezer* (2000), IntWirtschR, Rdn. 445.

Da der EuGH bisher an der „*Keck*"-Rechtsprechung festgehalten hat, ist sie aber ungeachtet dessen weiterhin zugrunde zu legen. Der EuGH ist für den Teilbereich der „bestimmten Verkaufsmodalitäten" zu einem Diskriminierungsverbot zurückgekehrt, so dass im Ergebnis nunmehr für Produktregelungen die „*Dassonville*"-Formel mit der Einschränkung durch die „*Cassis*"-Rechtsprechung gilt, für Vertriebsregelungen hingegen zusätzlich die Restriktion des „*Keck*"-Urteils greift.[80] Die genauen Konsequenzen dieser Rechtslage hängen jedoch im Ergebnis davon ab, wie streng man den schon erwähnten doppelten Diskriminierungstest durchführt.[81] Eine strenge Auslegung des Erfordernisses rechtlich und tatsächlich gleicher Wirkungen auf den Warenabsatz führt dazu, dass die durch Einführung der Kategorie „bestimmter Verkaufsmodalitäten" geschaffene Bereichsausnahme kleiner ausfällt und umgekehrt. Jedenfalls stellt der EuGH im Hinblick auf die diskriminierende Wirkung erhöhte Anforderungen an denjenigen, der sich auf Art. 28 EG beruft. Sind marktzugangsbeschränkende Wirkungen, die inländische Produkte nicht gleichermaßen betreffen, nicht offensichtlich, so hat sie derjenige nachzuweisen, der Art. 28 EG geltend macht.[82]

c) Die Bedeutung der „*Keck*"-Entscheidung für das Privatrecht

Für die Frage, ob das Privatrecht danach noch unter Art. 28 EG fallen kann, ist als Ausgangspunkt festzuhalten, dass zunächst einmal jede Regelung als Prüfungsgegenstand der Warenverkehrsfreiheit in Betracht kommt, die geeignet ist, den innergemeinschaftlichen Warenverkehr einzuschränken. Da es auf die Wirkung einer Vorschrift ankommt, ist die Einordnung einer Norm als zivil- oder öffentlichrechtlich kein relevantes Kriterium.[83] Im Übrigen sind vor allem zwei

80 *Fezer*, JZ 1994, 317, 320.

81 Für das Verständnis der „*Keck*"-Formel als weit gefasstes Diskriminierungsverbot spricht sich z.B. Dauses - *Dauses*, Bd. 1, C I., Rdn. 131 a.E. aus. Die Abgrenzungskriterien werden auf diese Weise nur verschoben, das Abgrenzungsproblem aber nicht beseitigt, Groeben/Thiesing/Ehlermann - *Müller-Graff*, Art. 30, Rdn. 249.

82 EuGH, v. 9.7.1997, verb. Rs. C-34 bis 36/95 (*de Agostini*), Sgl. 1997 - I, 3843, 3891, Tz. 44.

83 Vgl. Grabitz/Hilf - *Leible*, Bd. I, Art. 28 Rdn. 43; *Roth*, RabelsZ 55 (1991), 623, 641; *Ders.*, VersR 1993, 129, 133. Auch eine Totalausnahme des Privatrechts aufgrund seiner Aufgabe, private Interessen gerecht auszugleichen (vgl. *Taupitz*, ZEuP 1997, 986, 993 (ablehnend)) bzw. dessen sog. Ermöglichungsfunktion wird in der Literatur zu Recht abgelehnt. Nach letzterem Argument fehle dem Privatrecht der interventionistische Charakter, denn es stelle dem Bürger verschiedene Gestaltungsformen erst zur Verfügung und vergrößere so seine Freiheit, vgl. dazu *Steindorff*, 223; *Leible*, in: Martiny/Witzleb (Hrsg.), 53, 66. Das Privatrecht verweigere also gegebenenfalls nur eine ihm sonst ohnehin nicht zur Verfügung stehende Gestaltungsform, vgl. *v. Wilmowsky*, JZ 1996, 590, 592. Auf dieser Linie argumentiert *Sonnenberger*, ZVglRWiss 96 (1996), 3, 23 f., wenn er einen Verstoß der kollisionsrechtlichen Anknüpfung der rechtsgeschäftlichen Vertretung schon mit dem Argument verneint, die Möglichkeit, sich vertreten zu lassen,

Aspekte von Bedeutung. Zum einen fallen unter die Regelungen „bestimmter Verkaufsmodalitäten" nur Vorschriften, die die ausländische Ware weder rechtlich noch tatsächlich diskriminieren. Sind solche Vorschriften von ausländischen Wirtschaftsteilnehmern wesentlich schwerer zu erfüllen als von inländischen, so behindern sie den Marktzugang für ausländische Produkte in ungleicher Weise und fallen daher unter Art. 28 EG.[84] Zum zweiten legt die Formulierung des EuGH nahe, dass es neben den „bestimmten" noch „sonstige" Verkaufsmodalitäten geben kann. In diesem Zusammenhang diskutiert man vor allem das sog. Euro-Marketing, also Fälle, in denen Unternehmen, die in mehreren Mitgliedstaaten oder gar europaweit tätig sind, aufgrund einer nationalen (nur) vertriebsbezogenen Regelung von einer einheitlichen Marketingstrategie für ein Produkt Abstand nehmen müssen und dadurch mit Mehrkosten belastet sind.[85]

Solche Konstellationen können aufgrund der Unterschiedlichkeit der mitgliedstaatlichen Rechtsordnungen auch außerhalb des Werberechts häufig eintreten. Faktische Erschwernisse bezüglich europaweiter Absatzstrategien durch Verteuerung der Importware, die der EuGH beispielsweise in der „*Oosthoek*"-Entscheidung[86] unter Art. 28 EG gefasst hat, sind daher weiterhin relevant.[87] Für diese Interpretation spricht auch, dass sich der EuGH in „*Clinique*" und „*Mars*", also nach dem Urteil in der Rechtssache „*Keck*", weiterhin auf das Argument einer Kostenbelastung europaweiter Absatzstrategien bezogen hat.[88] Indem nationale Vermarktungsregelungen die in das Vertriebskonzept involvierten in- oder ausländischen Verkäufer zu Anpassungen bezüglich ausländischer Produkte für den betroffenen Inlandsmarkt zwingen, führen sie eine faktische Ungleichbehandlung herbei, die in der Literatur auch mit einem Zwang zur Veränderung der Aktionsparameter[89] bzw. mit dem Begriff Diversifikationszwang[90] umschrieben wird.

Der Streit um die Konsequenzen des „*Keck*"-Urteils setzt sich abgesehen von diesen grundsätzlichen Deutungsproblemen an der Frage fort, inwieweit gerade das nationale Vertragsrecht nun noch der Grundfreiheitenkontrolle unterfallen

---

sei eine Vergünstigung, die den innergemeinschaftlichen Handel nicht beeinträchtigen könne, auch wenn sie in den Mitgliedstaaten unterschiedlich ausgestaltet sei.

84 Grabitz/Hilf - *Leible*, Bd. I, Art. 28 EG, Rdn. 28.

85 Grabitz/Hilf - *Leible*, Bd. I, Art. 28 EG, Rdn. 28.

86 EuGH, v. 15.12.1982, Rs. 286/81, Slg. 1982, 4575.

87 *Staudinger*, VersR 1999, 401, 410; *Basedow*, RabelsZ 59 (1995), 1, 9f.; *Lang*, 83 f.; Groeben/Thiesing/Ehlermann - *Müller-Graff*, Art. 30, Rdn. 258 f.; zur Bedeutung von Rechtsunterschieden in diesem Zusammenhang unentschieden Grabitz/Hilf - *Leible*, Bd. I, Art. 28 EGV, Rdn. 43. Eine Aufgabe der „*Oosthoek*"-Rechtsprechung sehen hingegen *Mülbert*, ZHR 159 (1995), 2, 27; *Franzen*, 160.

88 *Staudinger*, VersR 1999, 401, 410 mit Rdn. 164; a.A. *Franzen*, 158-160.

89 *Lurger*, Regulierung, 41, im Anschluss an *Steindorff*, ZHR 159 (1994), 149, 162 ff. Auch *Helmberg*, wbl 1997, 137, 141.

90 *Klauer*, 97.

kann, ob es also eine Produktregelung oder eine Regelung „bestimmter Verkaufsmodalitäten" darstellt, im letzteren Falle ergänzt durch die Frage, ob es zu einer faktischen Schlechterstellung ausländischer Produkte hinsichtlich des Marktzugangs führen kann, oder ob es in eine eigenständige dritte Kategorie von Maßnahmen fällt. Der EuGH hat bislang sehr selten, und soweit ersichtlich seit „*Keck*" nicht mehr, Gelegenheit gehabt, zum hier relevanten Vertragsrecht Stellung zu nehmen. Ältere Urteile zur strengen französischen Rechtsprechung betreffend die Freizeichnung von der Haftung für Sachmängel[91], zur Befristung von Arbeitsverträgen[92] und zu vorvertraglichen Aufklärungspflichten[93] brachten keine endgültige Klarheit.

Da der EG-Vertrag von Anfang an auf eine privatautonome Verwirklichung des Gemeinsamen Marktes und des Binnenmarktes gesetzt hat und dem Privatrecht daher eine Grundlagenrolle im Gemeinschaftsrecht zukommt[94], ist heute aber weitgehend anerkannt, dass die Grundfreiheiten auch Anforderungen an die Ausgestaltung des nationalen Schuldvertragsrechts stellen können, solche Vorschriften somit Gegenstand der Grundfreiheitenkontrolle als potentielle Maßnahmen gleicher Wirkung (vor allem) wie Einfuhrbeschränkungen sein können.[95]

---

91 Vgl. EuGH, v. 24.1.1991, Rs. C-339/89 (*Alsthom Atlantique S.A./Comp. de Construction Sulzer S.A.*), Slg. 1991 - I, 107, 122, Tz. 4. Dieser Fall betraf die vom EuGH ohnehin enger ausgelegte Ausfuhrfreiheit nach Art. 29 EG. Interessant ist die Entscheidung vor allem vor dem Hintergrund, dass der EuGH darauf hingewiesen hatte, dass die Parteien der strengen Haftung nach französischem Recht durch Rechtswahl hätten ausweichen können. Auch in der „*Ingmar*"-Entscheidung (vgl. im 4. Teil F.) hat der EuGH den Grundsatz der freien Rechtswahl für das Internationale Vertragsrecht anerkannt, *Nemeth/Rudisch*, ZfRV 2001, 179, 181.

92 Vgl. EuGH, v. 2.8.1993, C- 259, 331 u. 332/91 (*Allué II*), Slg. 1993 - I, 4309, 4330, Tz. 3. Das Urteil könnte insofern, als es eine Arbeitsverträge ausgestaltende Norm der Grundfreiheitenkontrolle unterzieht Ausgangspunkt für eine solche Kontrolle hinsichtlich Privatrechtsnormen allgemein sein, *Steindorff*, JZ 1994, 95, 97; *v. Wilmowsky*, JZ 1996, 590, 594.

93 EuGH, v. 13.10,1993, Rs. C-93/92 (*CMC Motorradcenter GmbH/Baskiciogullari*), Slg. 1993 - I, 5009, 5021, Tz. 12. Hier rekurriert der EuGH wieder darauf, dass die handelsbeschränkenden Wirkungen einer vorvertraglichen Aufklärungspflicht zu fernliegend seien.

94 Vgl. nur *Müller-Graff*, in: Ders. (Hrsg.), 1999, 9, 14.

95 Grabitz/Hilf - *Leible*, Bd. I, Art. 28, Rdn. 43; *Grundmann*, Schuldvertragsrecht, § 2 Rdn. 65, 66; ebenso z.B. *Franzen*, 157; *v. Wilmowsky*, JZ 1996, 590, 596; *Klauer*, 73; *v. Hoffmann*, ZfRV 1995, 45, 46; *Remien*, JZ 1994, 349, 352, *Roth*, ZEuP 1994, 2, 24 ff.; *Mülbert*, ZHR 159 (1995), 2, 3, 12; *Taupitz*, ZEuP 1997, 986, 993; *Steindorff*, JZ 1994, 95, 97. Nicht selten sieht man die Möglichkeit einer Grundfreiheitenkontrolle des Privatrechts allerdings als wenig begrüßenswert an, da dessen Kohärenz gefährdet sei (vgl. *Mülbert*, ZHR 159 (1995), 2, 6 ff., zur „systemsprengenden Wirkung der <Grundfreiheitenkontrolle>"). Angesichts der Rechtssache „*Bachmann*" (EuGH, v. 28.1.1992, Rs. C-204/90 *(Bachmann/Belgischer Staat)*, Slg. 1992 - I, 249, 282, Tz. 21, scheint diese Sorge jedoch übertrieben. Dort betont der EuGH ausdrücklich die „Notwendigkeit, die

Die Einzelheiten sind jedoch noch ungeklärt. Streitig ist etwa geblieben, ob dieser Befund auch für dispositives Recht gelten kann[96] und ob im Bereich des zwingenden Rechts die Möglichkeit zur parteiautonomen Rechtswahl die beschränkende Wirkung nationaler Privatrechtsnormen entfallen lassen kann.[97] Beide Aspekte brauchen hier jedoch nur angedeutet zu werden, da Art. 29a EGBGB zum einen durchweg zwingendes Verbraucherschutzrecht zur Anwendung bringt, zum anderen gerade selbst Ausdruck des kollisionsrechtlichen Verbraucherschutzes im Wege der Beschränkung der Rechtswahlfreiheit ist.

d) Verbrauchervertragsrecht als Beschränkung der Warenverkehrsfreiheit

Die restriktivste Literaturmeinung zur Bedeutung der Grundfreiheiten für das Schuldvertragsrecht kommt zu dem Ergebnis, dass unterschiedslos geltende Regelungen aus diesem Bereich nie in den Schutzbereich fallen.[98] Entscheidende Bedeutung kommt danach nicht einmal der einschränkenden Rechtsprechung des EuGH seit „*Keck*" zu, sondern vielmehr der Erwägung des EuGH im Fall „*Alsthom Atlantique*", dass Art. 3 EVÜ den Parteien gemeinschaftsweit Rechtswahlfreiheit einräume und so die Vermeidung eines als nachteilig empfundenen nationalen Rechts erlaube.[99] Daraus folge, dass nicht das materielle Schuldrecht, sondern die Kollisionsnorm, die die Rechtswahlfreiheit durch eine zwingende Anknüpfung bestimmter Regelungen einschränke, an Art. 28 EG zu messen sei.[100] Diese Meinung erscheint allerdings schon deswegen zu eng, weil – wie eben erwähnt – die Rechtswahlfreiheit gerade im Schuldvertragsrecht zugunsten des Verbraucherschutzes häufig eingeschränkt wird. Man kann den zwingenden sachrechtlichen Verbraucherschutznormen dann gerade nicht ausweichen.

Kohärenz der Steuerregelung zu wahren", vgl. *Leible*, in: Martiny/Witzleb (Hrsg.), 53, 70 f.

96 Eine Beschränkung durch dispositives Recht halten für möglich: *v. Wilmowsky*, JZ 1996, 590, 596; wohl auch *Reich/Nordhausen*, 133 (No, 165). A.A. *Roth*, ZEuP 1994, 5, 25; *Ders.*, VersR 1993, 129, 133; *Leible*, in: Martiny/Witzleb (Hrsg.), 53, 69 Fn. 82; *Schwartze*, in: Martiny/Witzleb (Hrsg.), 33, 47. Analog zur Argumentation mit der Rechtswahlfreiheit im Rahmen des zwingenden Rechts verweist man hier auf die Möglichkeit, dem dispositiven Recht durch eine abweichende Vertragsgestaltung auszuweichen, vgl. *Grundmann*, EWS 1990, 214, 216.

97 Vgl. *Roth*, VersR 1993, 129, 133; Grabitz/Hilf - *Pfeiffer*, Bd. III, A 5 Vorbem., Rdn. 90.

98 *Armbrüster*, RabelsZ 60 (1996), 72, 78.

99 *Armbrüster*, RabelsZ 60 (1996), 72, 75 f. Zur „*Alsthom Atlantique*"-Entscheidung siehe Fn. 91.

100 *Armbrüster*, RabelsZ 60 (1996), 72, 76 f. In diese Richtung auch *Basedow*, RabelsZ 59, 1995, 1, 12; *Remien*, RabelsZ 62 (1998), 627, 635. Danach hätte der EuGH im Fall „*GB-INNO*" (EuGH, v. 7.3.1990, Rs. C-362/88, Slg. 1990 - I, 667) die lauterkeitsrechtliche Marktanknüpfung, d.h. die Anwendung luxemburgischen Rechts auf die aus Belgien stammende Werbung, prüfen müssen.

Mülbert hält infolge einer von ihm bevorzugten engen Auslegung des doppelten Diskriminierungstests den bloßen Anpassungs- bzw. Diversifikationszwang des ausländischen Anbieters nicht für ausreichend. Er stellt eine wertende Betrachtung darüber an, welche Kostensteigerungen als relevant anzusehen sind, um dann solche Regelungen auszuscheiden, die die Gewinnchancen im Zusammenhang mit einem EG-ausländischen Produkt in anderer Weise als durch die unternehmerische Leistung selbst determinierende Anforderungen einschränken.[101] Er kommt sodann zu dem Ergebnis, dass nur schuldrechtliche Regelungen, die die primären Leistungspflichten betreffen, in den Anwendungsbereich des Art. 28 EG fallen können[102], womit die typischen Verbraucherschutzinstrumente, die an der Informiertheit der Verbraucherentscheidung (Informationspflichten, Vertragslösungsrechte) oder dem Inhalt der Nebenabreden (Inhaltskontrolle) ansetzen, im Ergebnis keiner Grundfreiheitenkontrolle unterliegen.

Franzen weist darauf hin, dass sich eine ungleiche tatsächliche Belastung aus solchen Vorschriften ergeben kann, die im grenzüberschreitenden Verkehr häufiger als im innerstaatlichen Handel vorkommende Vertriebsformen beschränken und so eine spezifische Schlechterstellung des grenzüberschreitenden Waren- bzw. Dienstleistungsverkehrs zum Vorteil inländischer Wettbewerber bewirken.[103]

Wer hingegen einen tatsächlichen kostenbelastenden Anpassungszwang für ausreichend hält, sieht in der „*Keck*"-Rechtsprechung keinen weitgehenden Rückzug des EuGH aus dem Konzept der Grundfreiheiten als Beschränkungsverbote[104], denn auch Regelungen des allgemeinen Vertragsrechts rufen einen kostenrelevanten Anpassungs- bzw. Diversifikationszwang für den Anbieter von Waren und Dienstleistungen hervor. „*Keck*" hatte demnach nur den Sinn, Fallgruppen aus dem Anwendungsbereich des Art. 28 EG auszuschließen, in denen die spezifisch für den Grenzübertritt anfallenden Transaktionskosten gering sind und daher die Mehrzahl der Transaktionen dennoch stattfinden wird.[105] Im Übrigen wird man auch für schuldvertragliche Regelungen nicht selten einen Produkt- bzw. Leistungsbezug feststellen können, so dass die „*Keck*"-Ausnahme dann ohnehin nicht greift.[106]

---

101 Vgl. *Mülbert*, ZHR 159 (1995), 2, 22.

102 Bsp. Haftungsregeln und die Rechtsprechung zum Wegfall der Geschäftsgrundlage des Leasingvertrags bei Mangelhaftigkeit des Leasingguts, *Mülbert*, ZHR 159 (1995), 2, 24 f. Eher betroffen ist das Schuldrecht danach im Bereich der Dienstleistungsfreiheit, vgl. a.a.O., 2, 30 f.

103 *Franzen*, 161. Ein relevanter Kostenvorteil wäre jedenfalls bei prohibitiv hohen Kosten infolge des Grenzübertritts zu bejahen, a.a.O., 157.

104 Vgl. *Lurger*, Regulierung, 137; *Dies.*, Vertragliche Solidarität, 93; *Drasch*, 209; *Grundmann*, Schuldvertragsrecht, 1. Teil, Rdn. 60 a.E.; im Ergebnis auch *Klauer*, 73.

105 *Grundmann*, Schuldvertragsrecht, 1. Teil, Rdn. 69.

106 Vgl. *Luger*, Vertragliche Solidarität, 95; *Steindorff*, 68, 224. Besonders deutlich *Ders.*, a.a.O., 107, wonach die Regelung der primären und sekundären Leistungspflichten ein-

Im Ergebnis ist daher nicht ausgeschlossen, dass die unter Art. 29a EGBGB fallenden Bereiche des Verbrauchervertragsrechts auf den Prüfstand des Art. 28 EG zu stellen sind.[107]

2. Die Grundsätze der EuGH-Rechtsprechung zu Art. 49 EG

Die oben skizzierte Rechtsprechung gilt im Grundsatz entsprechend für die Dienstleistungsfreiheit, die in der hier interessierenden Einfuhrkomponente ebenfalls früh als Beschränkungsverbot mit Rechtfertigungsmöglichkeit durch zwingende Erfordernisse ausgelegt wurde.[108] Erfasst sind Regelungen, die die Erbringung der Dienstleistung oder die Empfangnahme solcher Leistungen unmittelbar oder mittelbar erschweren.[109]

Nicht ganz klar ist hingegen, ob der EuGH auch seine „*Keck*“-Rechtsprechung auf die Dienstleistungsfreiheit übertragen hat. Jedenfalls erwähnte er die „*Keck*"-Formel in der Entscheidung „*Alpine Investments BV*“, die einen Exportsachverhalt betraf[110], anders als zuvor im Fall eines unterschiedslos geltenden britischen Werbeverbots.[111] Allerdings kam es im Fall „*Alpine Investment BV*“ letztlich darauf nicht an, so dass die Frage als offen anzusehen ist[112] und man jedenfalls bis zu einer gegenteiligen Entscheidung des EuGH Art. 48 EG als echtes Beschränkungsverbot ansehen muss.

Schuldvertragsrecht ist daher ohne Rücksicht auf die unklare „*Keck*“-Rechtsprechung jedenfalls insoweit möglicher Kontrollgegenstand, als es Dienstleist-

---

schließlich der Nebenpflichten zu den Produktregelungen gezählt werden müssen. Ebenso im Ergebnis *Reich/Nordhausen*, 132 f. (No. 164) für zwingendes Vertragsrecht im Bereich des elektronischen Geschäftsverkehrs, das regelmäßig als Beschränkung der Dienstleistungsfreiheit in Betracht komme. A.A. aber *Franzen*, 130.

107 So (ohne Bezugnahme auf Art. 29a EGBGB): Grabitz/Hilf - *Pfeiffer*, Bd. III, A 5, Art. 8 RL, Rdn. 22, auch wenn „die praktische Wirkweite im Verbrauchervertragsrecht noch unsicher“ sei, a.a.O, Rdn. 23; ähnlich *Schwartze*, in: Martiny/Witzleb (Hrsg.), 33, 47.

108 Vgl. *Basedow*, RabelsZ 59 (1995), 1, 10 f. Vgl. z.B. EuGH, v. 25.7.1991, Rs. C - 76/90 (*Säger*), Slg. 1991 - I, 4221, 4243, Tz. 12. Zur Abgrenzung von Waren- und Dienstleistungsverkehrsfreiheit, Dauses - *Roth*, Bd. 1, E I, Rdn. 9, zur Ausgestaltung des Beschränkungsverbots und den Art. 28 EG im Grundsatz entsprechenden Kontrollstandards, vgl. Dauses - *Roth*, Bd. 1, E I., Rdn 118, 120.

109 Dauses - *Roth*, Bd. 1, E I, Rdn. 105.

110 EuGH, v. 10.5.1995, Rs. C-384/93, Slg. 1995 - I, 1141, 1178, Tz. 38 ; dazu *Lurger*, Regulierung, 34, 55.

111 EuGH, v. 24.3.1994, Rs. C - 275/92 (*Schindler*), Slg. 1994 - I, 1039, 1093, Tz. 43 f.

112 Vgl. *Sack*, WRP 2000, 269, 283; Grabitz/Hilf - *Leible*, Bd. I, Art. 28 EGV, Rdn. 29 a.E.; *v. Wilmowsky*, Kreditsicherungsrecht, 26 f., und zum Ganzen *Staudinger*, VersR 1999, 401, 410. A.A. aber z.B. Staudinger - *Fezer* (2000), IntWirtschR, Rdn. 444; *Lurger*, Regulierung, 64, die die „*Keck*“-Formel durch die „*Alpine Investments*"-Entscheidung auf Art. 49 EG übertragen sehen.

ungsverträge betrifft.[113] Da sich Art. 29a EGBGB auch auf die Klausel- und FernabsatzRL bezieht, die ihrerseits Dienstleistungsverträge erfassen, ist es somit auch abgesehen vom insoweit problematischen Art. 28 EG jedenfalls unter diesem Aspekt möglich, dass Art. 29a EGBGB und das von ihm berufene Sachrecht als Prüfungsgegenstände in Betracht kommen.

3. Die Auffassung der Gemeinschaftsorgane zum Verhältnis von Grundfreiheiten und Privatrecht

Davon, dass die Grundfreiheiten grundsätzlich Anforderungen an vertragsrechtliche Vorschriften der Mitgliedstaaten stellen können, gehen nunmehr auch die europäischen Gesetzgebungsorgane aus: Bezüglich auf elektronischem Wege erbrachter Dienstleistungen sieht Art. 9 Abs. 1 der Richtlinie über den elektronischen Geschäftsverkehr[114] zum Zwecke der Durchsetzung der Grundfreiheiten in diesem Segment vor:

> „Die Mitgliedstaaten stellen sicher, dass ihr Rechtssystem den Abschluss von Verträgen auf elektronischem Wege ermöglicht. Die Mitgliedstaaten stellen insbesondere sicher, dass ihre für den Vertragsabschluss geltenden Rechtsvorschriften weder Hindernisse für die Verwendung elektronischer Verträge bilden noch dazu führen, dass diese Verträge aufgrund des Umstandes, dass sie auf elektronischem Wege zustande gekommen sind, keine rechtliche Wirksamkeit oder Gültigkeit haben."

Daraus resultiert eine Überprüfungs- und Änderungspflicht solcher Vorschriften, und zwar in Bezug auf alle Phasen bis zum Vertragsschluss.[115] Die Erwägungsgründe 34 bis 37 machen nochmals die Auffassung des Richtliniengesetzgebers deutlich, dass rechtliche Anforderungen an Verträge im elektronischen Geschäftsverkehr eine Grundfreiheitenbeschränkung darstellen können. Auch Erwägungsgrund Nr. 25 impliziert dies:

> „Nationale Gerichte, einschließlich Zivilgerichte, die mit privatrechtlichen Streitigkeiten befasst sind, können im Einklang mit den in dieser Richtlinie festgelegten Bedingungen Maßnahmen ergreifen, die von der Freiheit zur Erbringung von Diensten der Informationsgesellschaft *abweichen*." (Hervorhebung nicht im Original)

---

[113] Dauses - *Roth*, Bd. 1, E I, Rdn. 105; im Ergebnis auch *Franzen*, 151. Für die Kontrolle Allgemeiner Versicherungsbedingungen (AVB) nachgewiesen von *Staudinger*, VersR 1999, 401, 409 f.

[114] ABlEG 2000 L 178/1.

[115] Erwägungsgrund Nr. 34 der Richtlinie über den elektronischen Geschäftsverkehr (ABlEG 2000 L 178/1). Vgl. zu Art. 9 der Richtlinie auch *Reich/Nordhausen*, 134 f. (No. 166-167).

Wenn auch genauere Aussagen dazu, wann eine solche nationale Vorschrift elektronisch geschlossene Verträge behindert (vor allem Formvorschriften kommen hier in Betracht), fehlen und nicht verkannt wird, dass der Gemeinschaftsgesetzgeber das Privatrecht auch unterhalb der Schwelle einer Verletzung von Grundfreiheiten harmonisieren darf[116], ist der Richtliniengesetzgeber mit diesen Ausführungen meines Erachtens der Auffassung, dass auch das Vertragsrecht im Grundsatz der Grundfreiheitenkontrolle unterliegt.[117]

4. Ergebnis

Im Ergebnis bleibt festzuhalten, dass privatrechtliche Regelungen der Mitgliedstaaten – einschließlich des Vertragsrechts[118] – Grundfreiheiten des EG-Vertrags verletzen können. Ist ein Warenverkehr betroffen, setzt dies das Vorliegen einer Produktregelung, einer tatsächlich oder rechtlich diskriminierenden „bestimmten“ Verkaufsmodalität im Sinne des „*Keck*“-Urteils oder einer „sonstigen“ Verkaufsmodalität voraus, die nicht durch zwingende Erfordernisse des Allgemeininteresses gedeckt ist. Eine „sonstige“ Verkaufsmodalität, für die sich der Diskriminierungstest im Sinne der „*Keck*“-Rechtsprechung erübrigt, kann vorliegen, wenn ein in mehreren Mitgliedstaaten oder gemeinschaftsweit aktives Unternehmen durch Absatzregelungen in den Mitgliedstaaten an der Verfolgung einer einheitlichen Vertriebsstrategie gehindert wird. Ist ein Dienstleistungsverkehr betroffen, so gilt die allgemeine Formel, wonach eine handelsbeschränkende Regelung durch zwingende Erfordernisse des Allgemeininteresses gerechtfertigt sein muss.

Dieses erste Ergebnis erlangt zunächst bei der Anwendung des Art. 29a EGBGB auf der Rechtsfolgenebene Bedeutung: Der Richter muss prüfen, ob die von Art. 29a EGBGB berufene Sachnorm eine Grundfreiheit unverhältnismäßig beeinträchtigt, was aufgrund des Mindestschutzcharakters der einschlägigen Richtlinien durchaus nicht ausgeschlossen ist.

---

116 Die Kommission hat im Sommer 2001 eine umfassende Debatte zum Thema „Europäisches Vertragsrecht“ angestoßen (Mitteilung der Komission an den Rat und das Europ. Parlament zum Europäischen Vertragsrecht, KOM (2001), 398 endg.), in deren Verlauf das „Störungspotential“ von Vertragsrecht ermittelt und weitere Harmonisierungsmaßnahmen erörtert werden sollen. Damit hat sie auf entsprechende Anregungen des Europäischen Parlaments und des Rates reagiert, vgl. a.a.O., 10.

117 A.A. aber *Sonnenberger*, ZVglRWiss 100 (2001), 107, 127 (zu Art. 3 Abs. 1 *e*-Commerce-RL).

118 *v. Wilmowsky*, RabelsZ 62 (1998), 1, 3; *Leible*, in: Martiny/Witzleb (Hrsg.), 53, 69 f.; *Grundmann*, Schuldvertragsrecht, 1. Teil, Rdn. 66.

II. Folgerungen für das Verhältnis der Grundfreiheiten zum nationalen IPR

Im Folgenden wird weiter zu prüfen sein, ob internationalprivatrechtliche Regelungen selbst überhaupt handelsbeschränkende Wirkungen zeitigen können oder ob dies nur in Zusammenschau mit dem Inhalt des berufenen Sachrechts möglich ist. Nur im ersteren Fall lässt sich die Frage nach der Grundfreiheitenkonformität des Art. 29a EGBGB ohne Rücksicht auf konkrete Rechtsanwendungsergebnisse im Einzelfall stellen.

Der EuGH hat bislang nicht ausdrücklich dazu Stellung genommen, ob es die Auslegung einer Grundfreiheit gebieten kann, eine bestimmte nationale Kollisionsnorm nicht oder in einer bestimmten Weise anzuwenden, eine Tatsache, die zum großen Teil auf Besonderheiten des Vorabentscheidungsverfahrens zurückzuführen ist.[119] Gleichwohl werden einige seiner Entscheidungen in diesem Zusammenhang diskutiert, insbesondere zwei Urteile zu Fragen des Internationalen Gesellschaftsrechts.[120] Jedenfalls hat er der Durchsetzung nationaler Sachnormen als sog. international zwingendes Recht gegenüber anderen Mitgliedstaaten in den zum Arbeitnehmerschutz ergangenen Entscheidungen „*Arblade*" und „*Mazzoleni*" Grenzen gesetzt, denn solche Normen müssen sich der in der „*Cassis*"-Rechtsprechung entwickelten Rechtfertigungsprüfung stellen.[121] Im Übrigen spricht er die kollisionsrechtliche Frage in seinen Vorabentscheidungen zu

---

119 Vgl. unten 2. Teil B II 1.

120 Es handelt sich dabei um die Entscheidungen EuGH, v. 27.9.1988, Rs. 81/87 (*Daily Mail*), Slg. 1988, 5483, und EuGH, v. 3.9.1999, Rs. C-212/97 (*Centros Ltd./Erhvervs-og Selskabsstyrelsen*), JZ 1999, 669; die Konsequenzen der *Centros*-Entscheidung werden auf Vorlage des BGH alsbald vom EuGH erläutert werden, vgl. EuGH GA, Schlussanträge v. 4.12.2001, Rs. C-208/2000 (*Überseering BV/NCC Baumanagement GmbH*), Generalanwalt *Colomer*, ZIP 2002, 75 ff. Die nach Fertigstellung des Manuskripts veröffentlichte Entscheidung des EuGH in der Rechtssache „*Überseering*" konnte nicht mehr berücksichtigt werden. Sie deutet möglicherweise darauf hin, dass der EuGH die Anwendung der Sitztheorie für mit der Niederlassungsfreiheit unvereinbar ansieht, vgl. *Leible/Hoffmann*, RIW 2002, 925.
Aus anderen Rechtsgebieten, vgl. u.a. EuGH, v. 24.10.1978, Rs. 15/78 (*Société alsacienne de banque SA/Walter Koestler*), Slg. 1978, 1971; EuGH, v. 30.4.1996, C-214/94 (*Ingrid Boukhalfa/Bundesrepublik Deutschland*), Slg. 1996-I, 2253; EuGH, o. Fn. 100 (*GB-INNO*, Slg. 1990 - I, 667. Die einschlägige Rechtsprechung wurde bereits ausführlich analyisiert, worauf hier verwiesen werden kann: Vgl. z.B. *Drasch*, 25 - 205, insb. 35 ff., 53 ff., 123 ff., 141 ff., 151 ff. ; *Freitag*, 267 - 285.

121 EuGH, v. 23.11.1999, Rs. C-369 u. 376/96 (*Arblade*), Slg. 1999 - I, 8453; dazu *Jayme*, in: Mansel (Hrsg.), Vergemeinschaftung, 31 ff.; *Jayme/Kohler*, IPRax 2000, 454, 455; *Nemeth*, wbl 2000, 341, 344; vgl. ferner *Heiss/Mayr*, IPRax 1999, 305, 310; *Martiny*, ZEuP 2001, 308, 329; *Kohler/Knapp*, ZEuP 2001, 116, 129; ferner EuGH, v 15.3.2001, Rs. C-165/98 (*Mazzoleni*), Slg. 2001-I, 2189; dazu *Jayme/Kohler*, IPRax 2001, 501, 511; *Schnyder*, in: Baur/Mansel, Systemwechsel, 89, 92 ff.

Privatrechtsvorschriften aber bislang mit Ausnahme eines obiter dictums in *„Daily Mail"* nicht an.[122]

Die Vorgehensweise des EuGH erklärt sich zunächst einmal daraus, dass das vorlegende Gericht seinerseits die anwendbare Rechtsordnung nach dem IPR der lex fori bestimmt hat und in diesem Sinne regelmäßig eine Sachnorm zur Überprüfung vorlegt.[123] Ähnlich der Situation im Bereich des materiellen Privatrechts lassen sich daher der Rechtsprechung des EuGH keine eindeutigen Aussagen zur Grundfreiheitenkontrolle von Kollisionsnormen entnehmen und entsprechend umstritten ist jeweils die Frage, ob sich den in Fn. 120 zitierten Urteilen überhaupt Folgerungen für das Verhältnis des IPR zu den Grundfreiheiten entnehmen lassen. Am ehesten kommt dies noch für die Entscheidungen *„Daily Mail"* und *„Centros"* im Hinblick auf die Sitztheorie des deutschen Internationalen Gesellschaftsrechts in Betracht, die insbesondere bei grenzüberschreitenden Sitzverlegungen von Gesellschaften zu erheblichen Erschwernissen für die Wahrnehmung der Niederlassungsfreiheit führen kann. Selbst wenn man aus Art. 46, 48 EG in der Auslegung des EuGH die Konsequenz einer versteckten primärrechtlichen Anordnung der Geltung der Gründungstheorie ziehen wollte[124], wären die Auswirkungen für das übrige IPR aber nicht zu über-

---

122 Vgl. *Freitag*, S. 263; *Remien*, CML Rev. 2001, 53, 80. Auch in der Rechtssache *„Arblade"* spielte das Vertragsstatut keine Rolle, vgl. *Jayme/Kohler*, IPRax 2000, 454, 455; kritisch dazu *Jayme*, in: Mansel (Hrsg.), Vergemeinschaftung, 31, 32. Ebenso vermied es der EuGH, in der *„Centros"*-Entscheidung (o. Fn. 120), zum IPR Stellung zu nehmen, vgl. die Anm. *Nemeths* zu OGH, v. 15.7.1999, 6 Ob 123/99b, CML Rev. 2000, 1277; *Kohler/Knapp*, ZEuP 2001, 116, 132. Vgl. aber auch die Entscheidung in der Rechtssache *„Ingmar"* unten 4. Teil F.

123 So auch *Kreuzer*, in: Müller-Graff (Hrsg.), 457, 512; *Bernhard*, EuZW 1992, 437, 440; *Remien*, JZ 1994, 349, 350 f.; *Roth*, RabelsZ 55 (1991), 623, 671. Auch im Fall *„Centros"* hat der EuGH die internationalprivatrechtliche Einordnung durch das vorlegende dänische Gericht hingenommen (EuGH, o. Fn. 120 (*Centros*), JZ 1999, 669, Tz. 4). Ein weiteres Beispiel, in dem der EuGH die IPR-Anwendung des vorlegenden Gerichts ausdrücklich erwähnt und ohne Weiteres zugrunde legt, liefert EuGH, v. 25.7.1991, Rs. C-76/90 (*Säger*), Slg. 1991-I, 4221, 4242, Tz. 10. Andererseits entnimmt *Drasch*, 251, den Urteilen *„Koestler"* und *„Alsthom Atlantique"*, dass der Gerichtshof die IPR-Frage mitgeprüft habe.). Kürzlich hat allerdings der BGH die Sitztheorie des deutschen Internationalen Gesellschaftsrechts in einem Vorlageersuchen ausdrücklich auf den Prüfstand des Gemeinschaftsrechts gestellt, vgl. EuGH GA, Schlussanträge v. 4.12.2001, Rs. C-208/2000 (*Überseering BV/NCC Baumanagement GmbH*), Generalanwalt *Colomer*, ZIP 2002, 75, 76.

124 Der österreichische OGH (o. Fn. 122) hat die Sitztheorie als Folge von *„Centros"* für europarechtswidrig erklärt, *Nemeth*, CML Rev. 2000, 1278, 1280; dazu aus österreichischer Sicht, *Lurger*, IPRax 2001, 346, 352; *Nemeth*, a.a.O., 1281 ff. In Deutschland ist die weitere Entwicklung noch nicht abzusehen, vgl. z.B. die Entscheidungen OLG Hamm, v. 1.2.2001, 15 W 390/00, u. OLG Düsseldorf, v. 26.3.2001, 3 Wx 88/01, beide z.T. abgedr. in IPRax 2001, 343 ff.; ferner *Thorn*, IPRax 2001, 102 ff.; weitere Nachweise bei EuGH GA, Schlussanträge v. 4.12.2001 (vorige Fn.), ZIP 2002, 75 Fn. 3. Das

schätzen. Denn eine dem Art. 48 EG vergleichbare Vorschrift, die immerhin mit dem Verwaltungssitz, dem satzungsmäßigen Sitz und der Hauptniederlassung drei kollisionsrechtlich relevante Anknüpfungskriterien verwendet und mit der „Anerkennung"[125] solchermaßen in der Gemeinschaft verorteter Gesellschaften eine originär kollisionsrechtliche Fragestellung anspricht, findet sich im übrigen Primärrecht nicht. Daher ist sie als Sonderregelung anzusehen, so dass der „*Daily Mail*"- sowie der „*Centros*"-Entscheidung keine Aussagekraft für die übrigen Grundfreiheiten zukommt.[126]

1. IPR außerhalb des Anwendungsbereichs der Grundfreiheiten?

In Ermangelung einschlägiger EuGH-Entscheidungen haben sich in der Literatur verschiedene Auffassungen zur Einwirkung der Grundfreiheiten auf das nationale IPR herausgebildet. Die Diskussion weist zunächst mit derjenigen um das Verhältnis zum Verfassungsrecht, speziell zu den Grundrechten, einen gemeinsamen Ausgangspunkt auf, nämlich die Frage, ob aus der rechtstechnischen Besonderheit des Kollisionsrechts, eine lediglich koordinierende Funktion gegenüber den Geltungsansprüchen verschiedener Rechtsordnungen wahrzunehmen, die Folgerung zu ziehen ist, es biete damit keine Angriffsfläche für Anforderungen des höherrangigen Rechts.[127]

a) IPR als kontrollfreie „Vorfrage"?

Mit Bezug auf diese Koordinierungsfunktion könnte man das IPR als der Grundfreiheitenkontrolle vorgelagert ansehen und so eine „friedliche Koexistenz"[128]

---

letztgenannte Verfahren behandelt ein Vorlageersuchen des BGH (im Rahmen der Revision gegen die Entscheidung des OLG Düsseldorf) zu den Folgen der „*Centros*"-Entscheidung. GA *Colomer* kommt zum Schluss, dass die Art. 43, 48 EG das nationale IPR nicht selbst umgestalten, a.a.O., ZIP 2002, 75, 79 (Tz. 40, 43).

125 Hinter der Frage der Anerkennung verbirgt sich nach in Deutschland vertretener Auffassung letztlich nichts anderes als die Frage nach dem Gesellschaftsstatut selbst. Denn eine Gesellschaft, die nach dem maßgeblichen Gesellschaftsstatut wirksam errichtet wurde, gilt im Inland ohne Weiteres als rechtsfähig. Vgl. MüKo - *Kindler*, IntGesR, Rdn. 227. Die Terminologie des EG-Vertrags basiert auf einer im romanischen Rechtskreis vertretenen Auffassung, wonach von einer territorial begrenzten Existenz von juristischen Personen ausgegangen wird, weshalb außerhalb dieses Territoriums eine besondere Anerkennung erfolgen muss, vgl. *Drobnig*, in: v. Bar (Hrsg.), 185, 189 ff.

126 *Freitag*, 277; zu „*Daily Mail*" auch *Brödermann*, MDR 1992, 89, 90.

127 Vgl. *Pfeiffer*, NJW 1997, 1207, 1208; zum Verfassungsrecht siehe *Kropholler*, IPR, § 5 III, 34 f.

128 *Bernhard*, EuZW 1992, 437, 440. In diese Richtung tendiert auch die Äußerung *Gebauers* zum Verhältnis des IPR zu den Grundfreiheiten, wonach das Gemeinschaftsrecht nur eine Lücke reißen kann, indem es zu beschränkten Sachnormen führt:

von IPR und Primärrecht konstatieren. Ein Verstoß gegen die Verkehrsfreiheiten führt zunächst nur dazu, dass die entsprechende Norm auf ausländische Produkte bzw. deren Absatz fördernde Umfeldmaßnahmen nicht mehr angewendet werden darf, und zwar nur, soweit kein reiner Drittstaatensachverhalt vorliegt.[129] Die Herkunft eines Produkts ist nach herkömmlichem IPR jedoch kein relevantes Anknüpfungsmerkmal, so dass die Aussage nicht falsch erscheint, die Grundfreiheitenkontrolle führe auch nicht zur räumlichen Beschränkung des Anwendungsbereichs, sondern nur dazu, dass eine Regelung schlicht sachlich auf bestimmte Produkte nicht mehr anwendbar ist.[130]

Auch der aus der verfassungsrechtlichen Diskussion bekannte[131] Gedanke, dass das IPR schon per se kein Handelshemmnis darstellen könne, da nicht die Berufung einer Rechtsordnung, sondern erst die Anwendung einer dieser Rechtsordnung angehörenden Sachnorm zur Beschränkung einer Grundfreiheit führen könne, erscheint auf den ersten Blick nicht fern liegend.[132] Im Zusammenhang mit der Zweitregister-Entscheidung des BVerfG ist hinsichtlich der Grundrechtsprüfung einer IPR-Norm (§ 21 Abs. 4 FlaggenRG) moniert worden, das Gericht hätte nicht auf die Auswirkungen des berufenen Sachrechts abstellen dürfen, da es schlechterdings nicht sämtliche möglicherweise als Schuldstatut in Betracht kommende Rechtsordnungen berücksichtigen könne.[133]

Es liegen auch Äußerungen der Kommission vor, die in diese Richtung tendieren, so etwa in einer Mitteilung zur 2. Bankenrichtlinie[134]:

> „Diese kollisionsrechtlichen Regelungen stellen jedoch für sich genommen keine Beschränkungen dar. Grundsätzlich stellt nicht der Mechanismus der Be-

---

„Das Kollisionsrecht wird durch das Gemeinschaftsrecht selbst nicht abgeändert oder verdrängt.“, *Ders.*, IPRax 1995, 152, 156.

129 Vgl. *Gebauer*, IPRax 1995, 152, 154.

130 Darauf weist *Roth*, ZEuP 1994, 5, 10, hin.

131 Vgl. *Pfeiffer*, NJW 1997, 1207, 1208; *Kropholler*, IPR, § 5 III, 35; *Rauscher*, IPR, 16.

132 So *Rohe*, RabelsZ 61 (1997), 1, 58 f.; im Ergebnis auch *Franzen*, 145. Zu dieser Argumentation auch *Sonnenberger*, ZVglRWiss 96 (1996), 3, 22, der aber sogleich darauf hinweist, dass eine Grundfreiheitenbeschränkung in diesem Fall zumindest auch auf die IPR-Norm zurückzuführen ist. Ablehnend daher z.B. auch *Pfeiffer*, NJW 1997, 1207, 1208; *Rauscher*, IPR, 16 f. Gegen einen Ansatz der Grundfreiheitenkontrolle im IPR auch *Kegel/Schurig*, IPR, § 4 II, 191; *Langner*, RabelsZ 65 (2001), 222, 230, sowie unter Hinweis auf das Subsidiaritätsprinzip *Kindler*, AcP 199 (1999), 695, 698.

133 *Puttfarken*, RIW 1995, 617, 620, der allerdings eine Verfassungswidrigkeit auch der IPR-Norm selbst – z.B. aufgrund des verwendeten Anknüpfungspunkts – für möglich hält. Die Entscheidung ist auch vor dem Hintergrund problematisch, dass eine gesetzliche Konkretisierung des Art. 6 EVÜ (Art. 30 EGBGB) vorgesehen ist, ohne durch Bestimmungen des EVÜ gedeckt zu sein, vgl. *Jayme/Kohler*, IPRax 1995, 343, 353. Zur Entscheidung auch *Magnus*, IPrax 1994, 178 ff.

134 Mitteilung zu Auslegungsfragen über den freien Dienstleistungsverkehr und das Allgemeininteresse in der Zweiten Bankenrichtlinie v. 20.6.1997, ABlEG 1997 C 209/6, 20.

> stimmung des geltenden Rechts eine Behinderung dar, sondern das Ergebnis, zu dem er hinsichtlich des materiellen Rechts führt."[135]

Die Organe der Gemeinschaft scheinen sich aber nicht einig zu sein: Im 6. Erwägungsgrund zur Richtlinie über Unterlassungsklagen zum Schutz der Verbraucherinteressen[136] findet sich nämlich die Aussage, dass das Fehlen einer IPR-Bestimmung in der Richtlinie das Kollisionsrecht nicht davon entbinde, die sich aus dem Binnenmarkt ergebenden Vorgaben zu beachten.

b) Die Austauschbarkeit von Sach- und Kollisionsrecht aus Sicht des Gemeinschaftsrechts

Gegen die Freistellung des IPR von der Grundfreiheitenkontrolle spricht zunächst, dass es aus Sicht des Gemeinschaftsrechts nur auf das Ergebnis der Anwendung nationalen Rechts auf einen konkreten Fall ankommt.[137] So lag es im Fall „*Koestler*" nahe, die Vorlagefrage dahin formulieren, ob die Niederlassungsfreiheit so auszulegen sei, dass sie der Durchsetzung einer deutschen Regelung zum Differenzeinwand über den ordre public-Vorbehalt entgegensteht.[138] Denn auf das Börsengeschäft war französisches Recht anwendbar. Wäre auf den grenzüberschreitenden Fall deutsches Recht anwendbar gewesen, hätte es nicht überrascht, wäre der Vorlagebeschluss von der sachrechtlichen Regelung ausgegangen, da die Besonderheit der ordre public-Situation dann nicht ins Auge sticht. Noch deutlicher tritt dies im Fall „*Boukhalfa*"[139] hervor, da dort bereits umstritten ist, ob die im Ausgangsverfahren streitige Vorschrift dem IPR oder dem Sachrecht angehört.[140]

Den EuGH braucht all dies zumindest solange nicht zu interessieren, wie das vorlegende Gericht nicht ausdrücklich eine IPR-Norm im Vorlageverfahren zur Disposition stellt. Die Tatsache, dass sich der EuGH nicht zu den gemeinschaftsrechtlichen Vorgaben für das nationale Kollisionsrecht äußert, ist daher im Ergebnis mit der Besonderheit des Vorabentscheidungsverfahrens zu erklären, wonach der EuGH nur über die Auslegung des Gemeinschaftsrechts, wenn

---

135 Vgl. auch die Prüfungsreihenfolge, die sie aus dem gemeinschaftsrechtlichen Anerkennungsprinzip ableitet: 1. Bestimmung des anwendbaren Rechts nach dem EVÜ 2. Prüfung ob das Ergebnis dieser Rechtsanwendung ein Hindernis für die gegenseitige Anerkennung darstellt 3. Wenn ja, Anwendung des Rechts des Bestimmungsstaats nur, wenn im Sinne der EuGH-Rechtsprechung aus Gründen des Allgemeininteresses gerechtfertigt, Entwurf einer Mitteilung „Freier Dienstleistungsverkehr und Allgemeininteresse in der Zweiten Bankenrichtlinie, ABlEG 1995 C 291/7, 18 f.

136 ABlEG 1998 L 166/51.

137 Zu diesem Ausgangspunkt der Problematik auch *Jayme/Kohler*, IPRax 1992, 346, 348; *Remien*, CML Rev. 2001, 53, 82.

138 So ist die Vorlagefrage wohl zu verstehen, vgl. *Freitag*, 279.

139 EuGH, v. 30.4.1996, Rs. C-214/94 (*Boukhalfa*), Slg. 1996 - I, 2253.

140 Vgl. *Kohler*, ZEuP 1997, 1030, 1043; *Freitag*, 279-282.

auch anhand eines konkreten Falles, entscheidet, es aber dem nationalen Gericht überlässt, eine gemeinschaftskonforme Lösung herbeizuführen.[141]

Zugleich ist die Möglichkeit zu verwerfen, mit der Begründung, das Sachrecht könne ja nur über das vorgeschaltete IPR zur Anwendung kommen, *allein* das IPR an Vorgaben der Marktfreiheiten zu messen. Wie eben dargestellt, kommt es auf das Ergebnis der Rechtsanwendung an, das durch die Rechtsfolge einer kollisionsrechtlichen Verweisungsnorm ebenso bewirkt wird wie durch die Sachnorm, die Ziel der Verweisung ist.[142] Das scheint auch die Rechtsauffassung des Richtliniengesetzgebers zu sein, wenn er im Erwägungsgrund Nr. 23, 2. HS der Richtlinie über den elektronischen Geschäftsverkehr folgende Forderung formuliert:

> „*Vorschriften des anwendbaren Rechts, die durch Regeln des Internationalen Privatrechts bestimmt sind*, dürfen die Freiheit zur Erbringung von Diensten der Informationsgesellschaft im Sinne dieser Richtlinien nicht einschränken."[143]

Es bleibt also festzuhalten, dass auch das Kollisionsrecht als Rechtsanwendungsrecht Anteil an möglichen grundfreiheitenwidrigen Ergebnissen hat und daher eine Bereichsausnahme im Hinblick auf die Grundfreiheiten abzulehnen ist.

2. Die Grundfreiheitenrelevanz des Internationalen Vertragsrechts

Allgemein gesprochen ist ein Ansatzpunkt für den Einfluss der Grundfreiheiten auf das Kollisionsrecht überall dort gegeben, wo in die Schaffung und Anwendung von Kollisionsnormen materielle Kriterien hineinspielen und daher von einem strikt ergebnisneutralen Verweisungsrecht keine Rede sein kann.

Beispielhaft lassen sich etwa die Figur der akzessorischen Anknüpfung, der Alternativ- oder Kumulativanknüpfung, der Sonderanknüpfung von Eingriffsnormen und der ordre public-Vorbehalt sowie im Zusammenhang mit dem kollisionsrechtlichen Verbraucherschutz vor allem die gesonderte Anknüpfung von Schutznormen nennen, während die Auswahl der Systembegriffe durch den Gesetzgeber bzw. die Qualifikation durch den Rechtsanwender in aller Regel „unverdächtig" ist.

---

[141] Vgl. *Martiny*, in: v.Bar (Hrsg.), 211, 236; *Sonnenberger*, ZVglRWiss 96 (1996), 3, 23.

[142] So auch *Pfeiffer*; NJW 1997, 1207, 1208. Vgl. auch unten 2. Teil C I.

[143] Richtlinie 2000/31/EG des Europäischen Parlaments und des Rates vom 8. Juni 2000 über bestimmte rechtliche Aspekte der Dienste der Informationsgesellschaft, insbesondere des elektronischen Geschäftsverkehrs, im Binnenmarkt, ABlEG 2000 L 178/1 (Hervorhebung nicht im Original).

a) Qualifikation als gemeinschaftsrechtsneutraler Vorgang

Kollisionsnormen enthalten bestimmte Systembegriffe, unter die der internationale Sachverhalt subsumiert wird. Hat man so eine einschlägige Kollisionsnorm gefunden, führt die Subsumtion über die verwendeten Anknüpfungsmomente zu einer zur Lösung der Rechtsfrage berufenen Rechtsordnung. In diesen Bereich fallen auch besondere Anknüpfungen wie Art. 29, 29a EGBGB, da sie dem klassischen Aufbau entsprechen und nur Teilfragen besonders behandeln. Vor dem Hintergrund dieses Schemas wird man zunächst zu dem Ergebnis kommen, dass jedenfalls der Vorgang der Qualifikation als solcher wohl keine handelsbeschränkende Wirkung entfalten kann, da er nur der Vorauswahl der anzuwendenden Kollisionsnorm dient.[144]

b) Die Anknüpfungspunkte zur Auswahl der maßgeblichen Rechtsordnung

Um den unter einen Systembegriff subsumierten Sachverhalt mit einer bestimmten Rechtsordnung in Verbindung bringen zu können, verwendet eine Kollisionsnorm einen oder mehrere Anknüpfungspunkte. Solange die Grundfreiheiten nur als Diskriminierungsverbote ausgelegt wurden, ging man davon aus, dass sie grundsätzlich nur fremdenrechtlichen Regelungen Grenzen setzen, nicht jedoch dem IPR.[145] Europarechtlich sensibilisiert muss man hier jedenfalls bei der Verwendung des Kriteriums „Staatsangehörigkeit" aufhorchen, da nach Art. 12 EG eine Diskriminierung nach der Staatsangehörigkeit untersagt ist.[146]

Seit die Waren- und Dienstleistungsverkehrsfreiheit auch als Beschränkungsverbote ausgelegt werden, eröffnet sich ein noch größeres „Potential". Hier werden sachrechtliche Interessen wie solche des Verbraucherschutzes, die mit einem beschränkungsfreien innergemeinschaftlichen Handel in Konflikt geraten können, über das IPR berücksichtigt. Die Grundfreiheiten können deshalb Anforderungen an die Wahl der Anknüpfungspunkte stellen[147], im Rahmen des

---

144 *Freitag*, 374 f.; für den Regelfall auch *Brödermann*, MDR 1992, 89, 91.

145 Vgl. *Drobnig*, RabelsZ 34 (1970), 636, 637.

146 So bezweckte Art. 38 EGBGB offensichtlich eine Besserstellung deutscher Staatsangehöriger, vgl. *Martiny*, in: v. Bar (Hrsg.), 211, 236, und war daher gemeinschaftsrechtswidrig, *Roth*, RabelsZ 55 (1991), 623,642. Zu einem ähnlichen Beispiel *Hackspiel*, NJW 1989, 2166, 2167 ff. Zur Anknüpfung des Personalstatuts an die Staatsangehörigkeit, vgl. MüKo - *Sonnenberger*, Einl IPR, Rdn. 110; *Ders.*, ZVglRWiss 95 (1996), 3, 15 ff.; *Roth*, RabelsZ 55 (1991), 623, 643. Zum Ganzen *Helmberg*, wbl 1997, 137 f. Pauschalierungen verbieten sich aber, es dürfte vielmehr darauf ankommen, ob zwischen Anknüpfungsgegenstand und Anknüpfungskriterium ein sachlicher Bezug vorliegt, *Freitag*, 405. Vgl. auch das neue Diskriminierungsverbot gem. Art. 36 Abs. 2 b) der Verordnung (EG) Nr. 1347/2000 (EuGVVO), ABlEG 2000 L 160/19.

147 Im Ergebnis auch *Seif*, JbJZivRWiss 1997, 225, 242; *Roth*, in: GS Lüderitz (2000), 635, 641 f.; *Ders.*, in: Baur/Mansel, Systemwechsel, 47, 62; *Schaub*, RabelsZ 66 (2002), 18, 26. Vgl. auch *Sonnenberger*, ZVglRWiss 95 (1996), 3, 23.

Art. 29a EGBGB also vor allem an die Auslegung des Begriffs „enger Zusammenhang".

c) Sonderanknüpfung von Eingriffsnormen und ordre public

Art. 34 und Art. 6 EGBGB dienen dazu, bestimmte nationale Wertvorstellungen gegen das im Übrigen ermittelte Vertragsstatut durchzusetzen. Hier wird der Bezug zu sachrechtlichen Interessen, die im Widerspruch zu den Grundfreiheiten stehen können, besonders deutlich. Dementsprechend findet seit langem eine Diskussion darüber statt, ob die Grundfreiheiten auch insoweit beschränkend auf den nationalen ordre public einwirken können, als es um die Durchsetzung eigener Vorstellungen gegenüber dem Recht anderer Mitgliedstaaten überhaupt bzw. zumindest gegenüber dem durch Mindestrichtlinien teilharmonisierten Recht anderer Mitgliedstaaten geht.[148] So hätte die Anwendung des ordre public auf den französischem Recht unterstehenden Bankvertrag im Fall „*Koestler*" zugespitzt formuliert dazu führen können, dass ausländische Banken mit vorübergehend in ihrem Sitzstaat ansässigen Kunden fremder Staatsangehörigkeit faktisch auf Differenzgeschäfte verzichten müssen, was einem Importverbot in den jeweiligen Heimatstaat des Verbrauchers entspricht.[149] Entsprechendes gilt im Bereich des Art. 7 Abs. 2 EVÜ (Art. 34 EGBGB) für die Durchsetzung von Eingriffsnormen gegen das Recht anderer Mitgliedstaaten, wo der EuGH die gemeinschaftsrechtlichen Grenzen bereits betont hat.[150]

d) Rechtswahlbeschränkungen als „bestimmte" Verkaufsmodalität im Sinne der „*Keck*"-Formel?

Überlässt man die Wahl des auf den Vertrag anwendbaren Rechts den beteiligten Vertragsparteien, so scheidet hingegen mangels jeglicher staatlicher Intervention eine Grundfreiheitenbeschränkung aus. Vielmehr stellt sich die Frage, ob die Grundfreiheiten nicht sogar die Einräumung von Rechtswahlfreiheit und die Befolgung der parteiautonomen Verweisung verlangen. In den Vordergrund treten daher Sonderregelungen, die dem Gericht ein Abweichen von der gewählten Rechtsordnung gestatten.[151]

Unter der Geltung der „*Dassonville*"-Formel steht jede auch nur potentiell handelsbeschränkende Regelung auf dem Prüfstand der Warenverkehrsfreiheit. Da schon die Geltung unterschiedlicher Rechtsordnungen den Warenabsatz zwi-

---

[148] Vgl. *Roth*, RabelsZ 55 (1991), 623, 660 f.; *Freitag*, 409 ff.

[149] Vgl. *Drasch*, 248.

[150] *Heiss*, in: Reichert-Facilides (Hrsg.), 91, 100; Jayme/Kohler, IPRax 2000, 454, 455 (zu EuGH, o. Fn. 121 (*Arblade*), Slg. 1999, I – 8453); *Martiny*, ZEuP 2001, 308, 329.

[151] Vgl. zur grundsätzlichen Garantie der Rechtswahlfreiheit durch die Produktfreiheiten, unten 2. Teil C I 2.

schen den Mitgliedstaaten erschwert, war insoweit auch das IPR der Schuldverträge von Art. 28 EG erfasst. Infolge der Einschränkung des Art. 28 EG in der „*Keck*"-Entscheidung ist die Rechtslage nun wie gesehen weniger klar. Vieles spricht aber dafür, das Internationale Schuldvertragsrecht weder als Produktregelung noch als „bestimmte", sondern als „sonstige" Verkaufsmodalität anzusehen, soweit es eine den Fällen des Euro-Marketing entsprechende, Anbieter aus anderen Mitgliedstaaten benachteiligende Wirkung zeitigt.[152]

Da die „*Keck*"-Formel bislang nicht in eindeutiger Weise auf die Dienstleistungsfreiheit aus Art. 49 EG übertragen worden ist und die Art. 29a EGBGB zugrunde liegenden Richtlinien zum Teil auch den innergemeinschaftlichen Dienstleistungsverkehr erfassen, ist aber jedenfalls Art. 49 EG auch abgesehen von dieser Problematik anwendbar. Denn Art. 29a EGBGB steuert die Anwendung zwingenden Verbrauchervertragsrechts auf grenzüberschreitende Dienstleistungen, wirkt über das Anpassungserfordernis für die anbietenden Unternehmen an die jeweiligen nationalen Rechtsordnungen insoweit potentiell als Handelsbeschränkung und muss daher grundsätzlich als Prüfungsgegenstand des Art. 49 in Betracht kommen.

3. Ergebnis

Wird über Art. 29a EGBGB ein grundfreiheitenwidriges Ergebnis erzielt, so könnte dieses *auch* durch Änderung der Kollisionsnorm vermieden werden, jedenfalls insoweit ist daher ein Einfluss der Grundfreiheiten zu bejahen. Die Grundfreiheitenkontrolle kann sowohl an der Kollisionsnorm, hier in der Regel an den für maßgeblich erklärten Anknüpfungspunkten[153], als auch am durch die Kollisionsnorm berufenen Sachrecht ansetzen. Diese Sichtweise entspricht auch dem Vorgehen des EuGH, der die IPR-Entscheidung des vorlegenden Gerichts akzeptiert und sogleich das Rechtsanwendungsergebnis als Ganzes überprüft, denn darin kommt nur zum Ausdruck, dass es aus Sicht des Gemeinschaftsrechts unerheblich ist, wie ein Mitgliedstaat gemeinschaftsrechtswidrige Ergebnisse vermeidet. Der These, das IPR bleibe von den Grundfreiheiten unbeinflusst,

---

152 Im Ergebnis ebenso *v. Wilmowsky*, RabelsZ 62 (1998), 1, 10, der zwar eine „bestimmte" Verkaufsmodalität annimmt, aber Rechtswahlbeschränkungen als den Absatz ausländischer Waren in tatsächlicher Hinsicht stärker belastend ansieht, so dass der Diskriminierungstest der „*Keck*"-Formel versagt. Eine Übertragbarkeit dieser Rechtsprechung auf das IPR bejaht auch *Roth*, VersR 1993, 129, 133.

153 Im Internationalen Produkthaftungsrecht könnte im eingeschränkten Ubiquitätsprinzip des Art. 40 Abs. 1 S. 2 EGBGB ein Grundfreiheitenverstoß aber auch allein aus der gewählten Anknüpfungstechnik resultieren, denn weder das Sachrecht des Handlungs-, noch das des Erfolgsorts, sondern erst das Wahlrecht zugunsten des schutzintensiveren Rechts enthält die besondere Belastung ausländischer Anbieter, vgl. *Roth*, in: GS Lüderitz (2000), 635, 641.

kann nach alldem nicht gefolgt werden.[154] Es ist jedenfalls auch der räumlich-territoriale Anwendungsbefehl, der gegebenenfalls zu einem Grundfreiheitenverstoß führt.[155] Die unterschiedliche Behandlung von Waren aus dem In- und Ausland durch das IPR ist denn auch in der Literatur bereits vor dem Hintergrund des der Warenverkehrsfreiheit immanenten Diskriminierungsverbots zu Recht auf den Prüfstand des EG-Rechts gestellt worden.[156] Eine Bereichsausnahme von den Grundfreiheiten ist damit auch für verbraucherschützende Normen des IPR wie Art. 29a EGBGB abzulehnen.[157]

Wie der Einfluss der Grundfreiheiten auf das IPR aber genau aussieht, ist Gegenstand einer wissenschaftlichen Kontroverse. Zum Teil entnimmt man den hier relevanten Produktfreiheiten eine selbstständige, das nationale IPR verdrängende Kollisionsnorm, die auf das Recht der Herkunftslands einer Ware oder Dienstleistung verweist (B.). Lehnt man eine solche verdrängende Wirkung ab, stellt sich die Frage nach der Vereinbarkeit der Regeln des Internationalen Vertragsrechts mit den Grundfreiheiten (C.).

---

[154] Zum auch für das IPR geltenden Gebot der Gemeinschaftsrechtskonformität, vgl. *Jayme/Kohler,* IPRax 2000, 454, 455; *Kreuzer*, in: Müller-Graff (Hrsg.), 457, 503, 510; *Martiny*, in: v.Bar (Hrsg.), 211, 236; *Reich*, in: Lagarde/v.Hoffmann (Hrsg.), 109, 112; *Roth*, RabelsZ 55 (1991), 623, 640; *Heiss*, in: Reichert-Facilides (Hrsg.), 91, 95; *Brödermann*, MDR 1992, 89, 90.

[155] *Basedow*, RabelsZ 59 (1995), 1, 12, sieht in diesem Anwendungsbefehl sogar die primäre Ursache eines Grundfreiheitenverstoßes; differenzierend *Lurger*, IPRax 2001, 346, 351; *Roth*, in: GS Lüderitz (2000), 635, 642.

[156] Beispiel: Die nach alter Rechtslage geltende Ubiquitätsregel im Produkthaftungsrecht kann dazu führen, dass für ein ausländisches Produkt strenger gehaftet wird als für ein inländisches. Einen Grundfreiheitenverstoß dennoch ablehnend *Sonnenberger*, ZVglRWiss 95 (1996), 3, 17 f. Zur Neuregelung in Art. 40 Abs. 1 EGBGB, *Freitag*, 382-387 (einen Primärrechtsverstoß verneinend; z.T. a.A. *Roth*, in: GS Lüderitz (2000), 635, 657).

[157] *Höpping*, 32; *Nemeth*, 6; vgl. auch *Radicati di Brozolo*, in: Lagarde/v.Hoffmann (Hrsg.), 87, 96; im Ergebnis auch EuGH GA, Schlussanträge v. 4.12.2001, Rs. C-208/2000 (*Überseering BV/NCC Baumanagement GmbH*), Generalanwalt *Colomer*, ZIP 2002, 75, 82 (Tz. 69), wenn er betont, dass die Auswirkungen des IPR mit dem Gemeinschaftsrecht vereinbar sein müssen.

B. Die Grundfreiheiten des EG-Vertrags als selbstständige Kollisionsnormen?

Bejaht man den grundsätzlichen Einfluss des Gemeinschaftsrechts auf das IPR, gilt es zu klären, ob das Primärrecht selbst allgemeine internationalprivatrechtliche Normen enthält, die das nationale IPR in ihrem Anwendungsbereich verdrängen, oder ob es nur im negativen Sinn bestimmten nationalen IPR-Regelungen entgegenstehen kann.

Mangels ausdrücklicher Regelungen im EG-Vertrag wäre erstere Frage nur zu bejahen, wenn man versteckte Kollisionsnormen[158] durch Auslegung der Grundfreiheiten ermitteln könnte.[159] In diesem Fall dürfte der Umsetzungsgesetzgeber von der primärrechtlichen Anknüpfungsregel nur aufgrund zwingender Erfordernisse des Allgemeininteresses abweichen.[160] Verwiese Art. 29a EGBGB also auf das Recht des Bestimmungslandes und wäre diese abweichende Anknüpfungsregel nicht rechtfertigungsfähig, so wäre Art. 29a EGBGB kraft Primärrechts verdrängt und das Herkunftslandrecht anwendbar.

I. Kollisionsrechtliche Bedeutung des Herkunftslandsprinzips

Im Gefolge der „*Cassis de Dijon*“ - Entscheidung des EuGH hat die Kommission in ihrem Weißbuch „Vollendung des Binnenmarkts“[161] angekündigt, den Schwerpunkt bei der Verwirklichung der Binnenmarktziele auf das Prinzip der gegenseitigen Anerkennung und die Gleichwertigkeit nationaler Regelungen zu legen. Gegenseitige Anerkennung und Gleichwertigkeit beziehen sich dabei auf

[158] Allgemein zur Unterscheidung von offenen und versteckten Kollisionsnormen: MüKo - *Sonnenberger*, Einl. IPR, Rdn. 432-435.

[159] Zunächst stand in der wisssenschaftlichen Diskussion der Einfluss der Art. 58 i.V.m. Art. 52 EGV (Art. 43, 48 EG) auf das Internationale Gesellschaftsrecht im Vordergund, vgl. *Gounalakis/Radke*, ZVglRWiss 98 (1999), 1, 11 f; *Basedow*, RabelsZ 59 (1995), 1, 2, mit Nachw. zum Streitstand: Eine versteckte Kollisionsnorm bejaht etwa *Drobnig*, in: v. Bar (Hrsg.), 192, 195f.; a.A. z.B. MüKo - *Sonnenberger*, Einl. IPR, Rdn. 136. Die Diskussion konzentrierte sich seither vor allem aufgrund der Urteile „*Cassis de Dijon*“ (o. Fn. 65, Slg. 1979, 649), „*GB-INNO*“ (o. Fn. 100, Slg. 1990 - I, 667) und „*Yves Rocher*“ (EuGH, v. 18.5.1993, Rs. C-126/91, Slg. 1993 - I, 2361) auf die Waren- und Dienstleistungsverkehrsfreiheit gem. Art. 28, 49 EG (Art. 30, 59 EGV), vgl. MüKo - *Sonnenberger*, Einl. IPR, Rdn. 133. Aufgrund des „*Centros*“-Urteils (o. Fn. 120) ist das Internationale Gesellschaftsrecht aber wieder in den Mittelpunkt gerückt.

[160] So *Basedow*, RabelsZ 59 (1995), 1, 15. Die Abschneidung der üblichen Rechtfertigungsmöglichkeiten aus Art. 28, 29 EG (so der meines Erachtens unzutreffende, z.B. bei *Gebauer*, IPRax 1995, 152, 155 f. und Staudinger - *Fezer* (2000), IntWirtschR, Rdn. 435, zu findende Vorwurf) beabsichtigen auch die Vertreter des kollisionsrechtlichen Herkunftslandprinzips nicht.

[161] KOM (1985), 310 endg.

das Recht des Herkunfts- und dasjenige des Aufnahmestaats, da die gemeinschaftsrechtlich brisante Situation diejenige ist, dass der Aufnahmestaat strengere Anforderungen an die EG-ausländische Leistung stellen will, also gerade nicht anerkennt, dass der Herkunftsstaat andere oder gegebenenfalls auch überhaupt keine Regelungen zu der streitigen Frage aufgestellt hat. Das Herkunftslandprinzip besagt daher, dass eine Ware oder Dienstleistung, die nach dem Recht ihres Herkunftsstaats rechtmäßig ist, grundsätzlich in der gesamten Gemeinschaft frei zirkulieren kann.[162]

Bezogen auf das auf Timesharingverträge anwendbare Recht, bedeutet dies beispielsweise, dass sich der Timesharing-Anbieter darauf berufen können muss, dass der Vertrag den vertragsrechtlichen Verbraucherschutzbestimmungen in dem Mitgliedstaat seiner Herkunft genügt. Kollisionsrechtlich folgt daraus im Ergebnis, dass eine Anknüpfung an strengere Schutzstandards beispielsweise des Rechts des Aufenthaltsstaats des Timesharing-Erwerbers, des Belegenheitsrechts oder gar der lex fori nicht in Betracht kommt, es sei denn, eine solche Anknüpfung wäre durch zwingende Erfordernisse des Allgemeininteresses gerechtfertigt.[163]

---

162 Vgl. z.B. *Helmberg*, wbl 1997, 137, 139. Diese Aussage ist jedoch ungenau: unter den Schutz der Marktfreiheiten fallen auch Waren, die im Herkunftsland nicht verkauft werden dürften, vgl. *v. Wilmowsky*, RabelsZ 62 (1998), 1, 14, mit Beispielen.

163 Noch weitergehende Ansätze sollen hier nur kurz erwähnt werden: Zum einen vertritt *Wolf*, WM 1990, 1941, 1943 ff., 1952, aufgrund von Art. 18 der Zweiten Bankrichtlinie, dass die Dienstleistungsfreiheit in Verbindung mit der Harmonisierung des Bankrechts in der EG dazu führe, dass eine Bank ihre Dienstleistung ohne jede Zwischenschaltung des IPR nach dem Sachrecht ihres Heimatstaates erbringen dürfe. Im Hinblick auf die Konvergenz der Grundfreiheiten ließe sich dieser Ansatz auch auf die Warenverkehrsfreiheit übertragen, da auch hier zahlreiche Harmonisierungsmaßnahmen existieren (zur Übertragbarkeit des Ansatzes auch *Sonnenberger*, ZVglRWiss 95 (1996), 3, 9). Vor dem Hintergrund, dass sich *Wolf* zur Begründung auf rein verwaltungs- und aufsichtsrechtliche Vorschriften der Bankrechtsharmonisierungsrichtlinie stützt, wird sein Ansatz jedoch wohl einhellig abgelehnt (z.B. *Sonnenberger*, a.a.O., 3, 10; *Roth*, Rabels 55 (1991), 667 Fn. 205, 669; *Ders.* ZEuP 1994, 5, 28. Fn. 130.). Im Ergebnis ähnlich hat *Reich*, in: Lagarde/v. Hoffmann (Hrsg.), 109, 115, den Gedanken ins Spiel gebracht, soweit die vertragsrechtlichen Harmonisierungsrichtlinien ordnungsgemäß umgesetzt seien, komme es auf das IPR nicht mehr an, jeder Mitgliedstaat könne ohne Weiteres die lex fori anwenden. Der nicht dem geltenden IPR entsprechende Ansatz könne über den Vorrang des Gemeinschaftsrechts durchgesetzt werden. Dieser an die Lehre vom „false conflict" erinnernde Ansatz ist meines Erachtens aber nicht vorzugswürdig, denn er versagt schon dann, wenn ein Umsetzungsdefizit oder auch nur eine nationale Schutzverstärkung vorliegt, mithin die Frage, welche Rechtsordnung anwendbar ist, durchaus fallentscheidend sein kann.

1. Gründe für die Annahme versteckter primärrechtlicher Kollisionsnormen

Die Befürworter einer in Art. 28, 49 EG versteckten Kollisionsregel gehen von der Frage aus, ob das oben beschriebene Konzept der gegenseitigen Anerkennung nicht die Auswahl der einschlägigen Rechtsordnung durch das nationale Kollisionsrecht determinieren muss.[164] Das bejaht man mit der Begründung, der Integrationsansatz der gegenseitigen Anerkennung impliziere eine Pflicht der Mitgliedstaaten, in den von den Grundfreiheiten betroffenen Rechtsfragen auf das Recht des Herkunftslands zu verweisen.[165] „Anerkennen" bedeute im Zivilrecht letztlich die Anwendung des fremden Rechts.[166]

Dies wird sodann ausgehend von der „*Cassis*"-Entscheidung mit der Rechtsprechung des EuGH untermauert. Der EuGH habe die Anwendung liberaleren Rechts des Ursprungslands der Ware angeordnet, wenn die strengeren Regelungen des Bestimmungslands nicht anhand zwingender Erfordernisse des Allgemeininteresses zu rechtfertigen sind.[167] Eine solche Kollisionsregel sei unbedenklich, weil einerseits das mit dem Prinzip der gegenseitigen Anerkennung verbundene Konzept der Mindestharmonisierung eine weitgehende Annäherung der Wertungen herbeiführe, so dass es für die Mitgliedstaaten erträglich sei, die fremde Rechtsordnung als gleichwertig anzuerkennen.[168] Zudem betone der EuGH, dass nur eine Ware oder Dienstleistung, die im Herkunftsstaat rechtmäßig sei, in diesem Sinne vom Herkunftslandprinzip erfasst werde.[169]

Allerdings schränkt man die so gewonnene Kollisionsnorm anhand der Grundsätze ein, die der EuGH im Zusammenhang mit der Verhältnismäßig-

---

164 *Basedow*, RabelsZ 59 (1995), 1, 5. Die Diskussion konzentrierte sich zunächst auf das Internationale Wettbewerbsrecht mit seiner Marktauswirkungsregel. Auswirkungen der „*GB-INNO*"-Entscheidung (o. Fn. 100) auf die Bestimmung der anwendbaren Rechtsordnung bejahen: *Drasch*, 321; *Chrocziel*, EWS 1991, 173, 177ff.; vorsichtiger, aber in der Tedenz ähnlich: *Jayme/Kohler*; IPRax 1991, 361, 369; IPRax 1993, 357, 371; *Remien*, JZ 1994, 349, 352. Ablehnend z.B. *v. Hoffmann*, IPR, Rdn. 109. *Jayme/Kohler*, IPRax 2000, 454, 456, erwägen, das Herkunftslandprinzip für das Problem der Substitution notarieller Formen fruchtbar zu machen.

165 *Basedow*, RabelsZ 59 (1995), 1, 4.

166 *Basedow*, RabelsZ 59 (1995), 1, 15.

167 *Drasch*, 314 f.; auch *v. Hoffmann*, IPR, § 1 Rdn. 107 und *Bernhard*, EuZW 1992, 437, 441, die daraus allerdings selbst keine unmittelbaren kollisionsrechtlichen Schlüsse ziehen wollen.

168 *Basedow*, RabelsZ 59 (1995), 1, 4. In diese Richtung geht auch das Argument von *Staudinger*, VersR 1999, 401, 410, wonach ein Produkt, das sich nicht nur am Heimatrecht, sondern auch an einer dort geltenden Richtlinienumsetzung orientiere, eine Art europäisches Gütesiegel erhalte, das dem Produkt in der Gemeinschaft uneingeschränkte Verkehrsfähigkeit sichere, so dass § 12 AGBG (1996) eine tatbestandliche Beschränkung der Dienstleistungsfreiheit für Versicherungsunternehmen sei.

169 *Basedow*, RabelsZ 59 (1995), 1, 14.

keitsprüfung nationaler Schutzmaßnahmen anspricht.[170] Um erhöhte Rechtssicherheit zu erzielen, sei es daher auch erforderlich, dem Herkunftslandprinzip entsprechende Kollisionsnormen auf nationaler Ebene zu formulieren, um nicht davon abweichende Anknüpfungen in jedem Einzelfall vor dem EuGH auf den Prüfstand stellen zu müssen.[171]

2. Anknüpfung an das Recht des Herkunfts- oder des Empfängerlands?

Bevor auf die Kritik dieses Ansatzes einzugehen ist, soll noch die Frage nähere Beachtung finden, welche Rechtsordnung die postulierte versteckte Kollisionsnorm beruft. Ausgangspunkt ist die Feststellung, dass der EuGH die Grundfreiheiten als aktive Anbieter- und zugleich als passive Nachfragerfreiheiten ansieht. Auch liegt es auf der Hand, dass aus der Sicht des Anbieters eine Anknüpfung an das Recht des sein Produkt aufnehmenden Staates in der Regel unerwünscht sein wird, umgekehrt dasselbe aber aus Verbrauchersicht für die Anknüpfung an das Herkunftsland gilt. Garantieren die Grundfreiheiten also auch eine ungehinderte Nachfrage, könnte man vertreten, jede andere Anknüpfung als die an das Recht des Aufenthaltsstaats des Verbrauchers, würde dessen Nachfragefreiheit behindern. Die Aussage des Herkunftslandprinzips bezieht sich jedoch auf den Anbieter der Leistung. Mit dem Argument, der anbietende Unternehmer trage den hauptsächlichen Anteil an der Binnenmarktintegration wird daher vertreten, es komme nur auf die Sicht des Anbieters an.[172] Verträge mit grenzüberschreitendem Bezug wären danach grundsätzlich dem Heimatrecht des Leistungserbringers zu unterstellen, entgegenstehende Anknüpfungen des nationalen IPR wären primärrechtswidrig und müssten nach dem Vorranggrundsatz außer Anwendung bleiben.

Aber auch unter Anerkennung einer solchen „Bevorzugung“ des Anbieters durch die Grundfreiheiten ist die Gleichsetzung des Herkunftslandsprinzips mit einer Kollisionsregel des genannten Inhalts unzutreffend, denn es ist leicht möglich, dass das Recht des Aufnahmestaats für den anbietenden Unternehmer günstiger ist als sein Heimatrecht. Vor diesem Hintergrund würde eine Anknüpfung an sein strengeres Heimatrecht den innergemeinschaftlichen Handeln stärker beschränken als eine solche an das günstigere Recht des Aufnahmestaats. Mithin wäre die kollisionsrechtliche Ausprägung des Herkunftslandprinzips dahingehend zu konkretisieren, dass an die jeweils günstigere der beiden in Frage

---

170 *Basedow*, RabelsZ 59 (1995), 1, 19 ff. Diese Einschränkungen nimmt *Basedow* auch in seinen Vorschlag zur Ausformulierung des kollisionsrechtlichen Herkunftslandprinzips auf, a.a.O., 25. Das übersieht die Kritik von *v. Wilmowsky*, RabelsZ 62 (1998), 1, 17; *Gebauer*, IPRax 1995, 152, 155 f. und Staudinger - *Fezer* (2000), IntWirtschR, Rdn. 435.

171 *Basedow*, NJW 1996, 1921, 1929.

172 *Basedow*, RabelsZ 59 (1995), 1, 18 f. Zustimmend *Otte*, RabelsZ 62 (1998), 405, 434.

kommenden mitgliedstaatlichen Rechtsordnungen anzuknüpfen ist[173] oder genauer, dass eine nationale Kollisionsregel, die auf irgendein günstigeres Recht verweist, nicht gegen die primärrechtliche Kollisionsregel verstößt.

Folgt man dem, so stellen die Art. 28, 49 EG in ihrer hier relevanten kollisionsrechtlichen Ausprägung im obigen Timesharingbeispiel folgenden Grundsatz auf: Ein als innergemeinschaftliche Transaktion anzusehender Timesharingvertrag unterliegt, vorbehaltlich zwingender Erfordernisse des Allgemeininteresses, dem Timesharingvertragsrecht des Herkunftslands, wenn nicht das nationale IPR auf ein dem Anbieter günstigeres Recht verweist.

3. Gesamt- oder Sachnormverweisung?

Ergänzend ist noch darauf hinzuweisen, dass die Vertreter einer primärrechtlichen Verweisung auf das Recht des Herkunftslands wohl von einer Sachnormverweisung ausgehen. Denn angenommen, das IPR des Niederlassungsstaats eines EU-weit agierenden Unternehmens mit günstigerem Sachrecht spräche eine Rückverweisung auf den Aufnahmestaat aus, wäre aus Sicht der Grundfreiheiten nichts gewonnen.

4. Formulierung der primärrechtlichen Kollisionsregel

Basedow hat seine Sicht des kollisionsrechtlichen Gehalts der Produktfreiheiten in Gesetzesform wie folgt zusammengefasst[174]:

> „(1) Die Vermarktung von Waren und Dienstleistungen in den Mitgliedstaaten der Europäischen Union unterliegt, soweit sie in den Anwendungsbereich der Artt. 30 oder 59 EGV fällt, dem Recht des Herkunftslandes oder dem Recht des Bestimmungslandes, je nachdem welches für den Anbieter das günstigere ist. (...)
> (2) Die Gerichte des Empfangsstaates müssen das Recht des Herkunftslandes nicht anwenden, wenn und soweit zwingende Gründe des Allgemeininteresses, (...), dies erfordern und soweit das Recht des Herkunftslandes keine Vorschriften enthält, die für einen gleichwertigen Schutz sorgen. (...)"

Existiert das hier postulierte Prinzip, würde Art. 29a EGBGB in Binnenmarktsachverhalten durch die primärrechtliche Kollisionsregel ersetzt, soweit er nicht auf das Recht des Herkunftslands verweist.

---

[173] So *Jayme/Kohler*, IPRax 1993, 357, 371; *Basedow*, RabelsZ 59 (1995), 1, 16, 25. Verweist der Bestimmungsstaat auf strengeres Herkunftsrecht, anstatt sein eigenes milderes Recht anzuwenden, bejaht *Roth*, IPRax 1994, 165, 171, eine Diskriminierung.

[174] *Basedow*, RabelsZ 59 (1995), 1, 25.

II. Kritik

Die Kritik an der Annahme versteckter Kollisionsnormen setzt an mehreren Punkten an. Zunächst dürfte darüber Einigkeit bestehen, dass der Wortlaut der Art. 28, 49 EG hinsichtlich der postulierten Kollisionsregeln nicht aussagekräftig ist.[175] Daher kommt es entscheidend auf die Interpretation der einschlägigen EuGH-Entscheidungen an, namentlich der Urteile in den Rechtssachen *„Cassis de Dijon"*, *„GB-INNO"* und *„Yves Rocher"*. Den ersten Vorwurf könnte man daher mit der Aussage zusammenfassen, diese Rechtsprechungslinie werde über- und fehlinterpretiert.

1. Kollisionsrechtliche Aussage zugrunde liegender EuGH-Urteile?

Zunächst bedarf es einer Klarstellung zu dem Gesichtspunkt der Rechtmäßigkeit der Ware oder Dienstleistung im Herkunftsstaat. Man unterscheidet in der Literatur das Herkunftsland als denjenigen Staat, in dem sich das Produkt zuletzt rechtmäßig in Verkehr befand, bevor sie in das Einfuhrland importiert wurde, vom Ursprungsland als denjenigen Staat, in dem das Produkt hergestellt wird, ohne dass es sich dort notwendigerweise in Verkehr befunden haben muss.[176] Die Gegner des kollisionsrechtlichen Herkunftslandprinzips weisen nun zu Recht darauf hin, dass auch Ware, deren Vermarktung im Herkunftsland verboten ist, in den Anwendungsbereich der Grundfreiheiten fällt, so etwa Pflanzenschutzmittel deutscher Hersteller, die die deutschen Normen nicht erfüllen.[177] In so einem Fall wäre es sinnlos, auf das Recht des Ursprungslands zu verweisen, will man entsprechenden Standards nicht von vornherein die Wirkung eines Importverbots in andere Mitgliedstaaten zuweisen.

Festzuhalten ist auch, dass der EuGH der Warenverkehrsfreiheit niemals ausdrücklich den Gehalt einer Kollisionsnorm gegeben hat, vielmehr hat er in der Rechtssache *„Dansk Supermarket"* darauf hingewiesen, dass das Gemeinschaftsrecht einer Anwendung der Vermarktungsregeln des Bestimmungslands grundsätzlich nicht entgegenstehe.[178] Mag der EuGH auch hier keine Stellung

---

175 *Sonnenberger*, ZVglRWiss 95 (1996), 3, 11.

176 *Freitag*, 292, im Anschluss an *Sack*, WRP 1994, 281, 288.

177 Vgl. *v. Wilmowsky*, RabelsZ 62 (1998), 1, 14. Besonders deutlich wurde dies anhand einer früheren Regelung im deutschen Weingesetz, wonach nur solcher Wein importiert werden dürfe, der den Anforderungen im Herstellungsland genügt. Der EuGH sah hierin eine verbotene Schlechterstellung der Importeure aus Ländern mit höheren Standards, da sie Anforderungen unterlägen, die das Weingesetz deutschen Produzenten nicht abverlangte. Vgl. EuGH, v. 20.4.1983, Rs. 59/82 (Schutzverband gegen Unwesen in der Wirtschaft/ Weinvertriebs-GmbH), Slg. 1983, 1217, 1226, Tz. 9.

178 EuGH, v. 22.1.1981, Rs. 58/80 (*Dansk Supermarket*), Slg. 1981, 181, 194, Tz. 15: „(...), dass das Gemeinschaftsrecht grundsätzlich nicht verhindert, das in einem Mitgliedstaat

zur Frage der zwingenden Anknüpfung vertragsrechtlicher Fragen an das Recht des Bestimmungslands genommen haben, so steht seine Aussage jedenfalls mit seiner Vorgehensweise bei der Grundfreiheitenkontrolle im Übrigen in Einklang. Der Gerichtshof nimmt im Vorabentscheidungsverfahren die internationalprivatrechtliche Einordnung des vorlegenden Gerichts hin und ermittelt zunächst den Inhalt des ihm auf diese Weise zur Beurteilung unterbreiteten Rechtssatzes, bevor er die Gesamtnorm aus kollisionsrechtlicher Verweisung und Sachnorm darauf überprüft, ob sie mit einer Grundfreiheit in Konflikt steht.[179] Erst im Rahmen dieser zweiten Frage spielt das Herkunftsrecht eine Rolle: ist es nämlich milder als das angewendete Recht des Bestimmungslands, so kann darin ein Indiz dafür liegen, dass die Maßnahme des Bestimmungslands unverhältnismäßig und damit verboten ist.[180] Im Anschluss an die Feststellung einer Verletzung der Grundfreiheiten gibt der EuGH dem vorlegenden Gericht jedoch nicht auf, ein bestimmtes Recht anzuwenden, auch nicht das des Herkunftslands. Denn grundsätzlich kann der Verstoß auf der Ebene des Sachrechts oder des Kollisionsrechts ausgeräumt werden.[181] Im ersteren Fall besteht etwa die Möglichkeit, die Umstände im Herkunftsstaat als Auslandssachverhalt besonders zu berücksichtigen[182] oder die inkriminierte Norm nicht anzuwenden bzw. durch gemeinschaftsrechtskonforme Auslegung Abhilfe zu schaffen.[183]

Die kollisionsrechtliche Relevanz der Grundfreiheiten in der Auslegung durch den EuGH lässt sich zudem unproblematisch anhand bekannter Institute des IPR bewältigen[184]: Einerseits gibt es Vorschriften, die zur Berücksichtigung ausländischen Rechts führen, ohne dieses generell oder in Teilen als Sachstatut zu be-

---

die in diesem Staat geltenden Vermarktungsvorschriften auf die aus anderen Mitgliedstaaten eingeführten Waren angewandt werden." Weitere Entscheidungen nennt *Sack*, WRP 2000, 269, 281 ff.

179 Zum Ganzen *Freitag*, 308 f.; *Sonnenberger*, ZVglRWiss 95 (1996), 3, 11; *Helmberg*, wbl 1997, 137, 139; *Gebauer*, IPRax 1995, 152, 155. Eine solche Gesamtnorm bildet GA *Colomer* im Rahmen eines Vorlageverfahrens, das die Sitztheorie des deutschen Internationalen Gesellschaftsrechts berührt, EuGH GA, Schlussanträge v. 4.12.2001, Rs. C-208/2000 (*Überseering BV/NCC Baumanagement GmbH*), Generalanwalt *Colomer*, ZIP 2002, 75, 79 (Tz. 46). Entscheidend sei das Rechtsanwendungsergebnis: „Die deutsche Rechtsordnung verneint die Klagemöglichkeit ausländischer Gesellschaften, deren tatsächlicher Verwaltungssitz sich (...) in Deutschland befindet." Die nach Fertigstellung des Manuskripts veröffentlichte Entscheidung in der Sache „*Überseering*" vom 5.11.2002 (RIW 2002, 945) könnte jedoch darauf hindeuten, dass der EuGH eine Verletzung der Niederlassungsfreiheit in der Anwendung der Sitztheorie selbst sieht, vgl. dazu z.B. *Leible/Hoffmann*, RIW 2002, 925

180 *v. Wilmowsky*, RabelsZ 62 (1998), 1, 15.

181 *Sonnenberger*, ZVglRWiss 95 (1996), 3, 11, 15; *Roth*, RabelsZ 55 (1991), 623, 671 f.

182 *v. Hoffmann*, IPR, § 1 Rdn. 109, 129.

183 Dazu auch *Sonnenberger*, ZVglRWiss 95 (1996), 3, 27.

184 Dazu *Freitag*, 316-318.

rufen, etwa Art. 32 Abs. 2 EGBGB oder das Rechtsinstitut der Anpassung. Davon sind andererseits Vorschriften zu unterscheiden, die bestimmte Fragen gesondert an eine andere Rechtsordnung anknüpfen. Der EuGH ersetzt die inkriminierte Norm des Bestimmungslands nun nicht im Sinne des letztgenannten Normtyps durch eine Anknüpfung an das Recht des Herkunftslands. Einer solchen Sichtweise steht schon der Umstand entgegen, dass auch das Herkunftslandrecht selbst gegen die Grundfreiheiten bzw. gegen sonst höherrangiges EG-Recht verstoßen kann und daher eine Berufung desselben nicht in Betracht kommt.[185] Zudem kann der EuGH eine grundfreiheitenwidrige Norm des Bestimmungslands nicht absegnen, nur weil das Herkunftsland in derselben Weise gegen das Gemeinschaftsrecht verstößt.[186]

Die einschlägige EuGH-Rechtsprechung kann danach im Ergebnis eher im Sinne des erstgenannten Normtyps interpretiert werden, dass erst bei der Anwendung des Sachstatuts die Rechts- und Sachlage im Herkunftsstaat berücksichtigt werden muss, mithin keine kollisionsrechtliche Regel vorliegt.

2. Kollisionsrechtliche Bevorzugung der Anbieterseite

Abgesehen von unzureichenden Anhaltspunkten in der Rechtsprechung des EuGH zu den Grundfreiheiten weist die Ableitung einer kollisionsrechtlichen Aussage aus dem Herkunftslandprinzip jedoch auch in sich Schwächen auf. Nicht von der Hand zu weisen ist etwa das Argument, das kollisionsrechtlich verstandene Herkunftslandprinzip führe zu einer ungerechtfertigten Bevorzugung des Anbieters.[187] Ungerechtfertigt deswegen, weil die Grundfreiheiten gleichermaßen die Anbieter- wie die Nachfragerfreiheit schützen.

Man hat versucht, dies mit einer größeren Integrationsleistung der grenzüberschreitend anbietenden Unternehmen zu rechtfertigen[188], was aber auf Ablehnung gestoßen ist: Eine Auslegung der Grundfreiheiten, wonach diese denjenigen stärker schützen wollen, der größere Verdienste um die Integration erwerbe, erscheine befremdlich.[189] Zudem ist schon die Prämisse in Marktsegmenten angreifbar, in denen Nachfrager von Kapital oder Arbeit ebenfalls großen Anteil an der Binnenmarktintegration haben.[190] Vor diesem Hintergrund müssen sich die gegensätzlichen Rechtsanwendungsinteressen[191] von Anbietern und Verbrauchern primärrechtlich gegenseitig aufheben.

---

185 Staudinger - *Fezer* (2000), IntWirtschR, Rdn. 435; *Freitag*, 319.

186 *v. Wilmowsky*, RabelsZ 62 (1998), 1, 13.

187 *Freitag*, 320 ff.; *v. Wilmowsky*, RabelsZ 62 (1998), 1, 18.

188 *Basedow*, RabelsZ 59 (1995), 1, 18; vgl. auch *Otte*, RabelsZ 62 (1998), 405, 434.

189 *v. Wilmowsky*, RabelsZ 62 (1998), 1, 18.

190 *v. Wilmowsky*, RabelsZ 62 (1998), 1, 18.

191 Auf diesen Interessengegensatz weisen auch hin: *Sonnenberger*, ZVglRWiss 95 (1996), 3, 14; *Roth*, RabelsZ 55 (1991), 623, 668.

3. Vom Herkunftslandprinzip verursachte Wettbewerbsverzerrungen

Die primärrechtliche Günstigkeitsregel versagt, wenn man den Blick auf eine Konstellation richtet, in der mehrere Anbieter auf einem Markt konkurrieren. Ausgehend von einem gedachten Schutzniveau von 100% möge der Heimatstaat des Wettbewerbers A 80% Schutz bieten, der des Wettbewerbers B 60% und der Bestimmungsstaat 70%. Auch die Korrektur über das Günstigkeitsprinzip hilft hier im Vergleich der Wettbewerber nicht weiter. Denn der Anbieter mit dem strengsten Heimatrecht, hier A, kann sein Angebot nur auf das Niveau des Bestimmungsstaats, also 70%, herunterfahren, während Anbieter B bei den 60% seines Herkunftsstaats bleiben darf. Das Herkunftslandprinzip verursacht so erhebliche Wettbewerbsverzerrungen.[192]

In diesem Zusammenhang kommt erschwerend hinzu, dass das als Kollisionsregel verstandene Günstigkeitsprinzip den Mangel aufweist, dass aus der Sicht der Grundfreiheiten kein Grund für die Anknüpfung an das günstigere Recht besteht, wenn beide in Frage kommenden Rechtsordnungen grundfreiheitenkonform sind.[193]

4. Mangelnde Übertragbarkeit der kollisionsrechtlichen Argumentation vom Internationalen Wettbewerbs- auf das Internationale Vertragsrecht

Schließlich weisen auch Stimmen aus dem Lager der Befürworter eines kollisionsrechtlichen Herkunftslandprinzips darauf hin, dass Folgerungen aus der Rechtsprechung des EuGH zum Internationalen Wettbewerbsrecht, so sie denn zu ziehen wären, nicht ohne Weiteres auf das IPR der Schuldverträge übertragbar sind.[194] Im Unlauterkeitsrecht geht es um punktuelle Verhaltensweisen, während das Vertragsrecht die Durchführung und Abwicklung eines Vertrags zum Gegenstand hat. Schon daher kann eine primärrechtliche Kollisionsnorm im letzteren Falle, nicht die gesamte Beurteilung des Sachverhalts dem Recht des Bestimmungslands entziehen.[195] Zudem ist die Interessenlage im Vertragsrecht durch divergierende rechtsgeschäftliche Zielvorstellungen gekennzeichnet, die einen angemessenen Ausgleich verlangen und sich insoweit im Internationalen Vertragsrecht im Gegensatz zur Lage im Lauterkeitsrecht in sich widersprechenden Rechtsanwendungsinteressen fortsetzen.[196]

---

192 Vgl. das Beispiel bei *v. Hoffmann*, IPR, § 1 Rdn. 108; *Freitag*, 325; ferner *Sack*, WRP 2000, 269, 283.

193 *Gebauer*, IPRax 1995, 152, 156; zur Unstimmigkeit eines primärrechtlich angeordneten Günstigkeitsprinzips vgl. auch Staudinger - *Fezer* (2000), IntWirtschR, Rdn. 435.

194 *Drasch*, 314 ff.; ebenso aus dem Lager der Gegenmeinung, *Freitag*, 301 ff.

195 *Drasch*, 314.

196 *Drasch*, 316. Vgl. zu den gegensätzlichen Rechtsanwendungsinteressen auch *Sonnenberger*, ZVglRWiss 95 (1996), 3, 14. Nach *Roth* hindert der Umstand, dass das

Auch die Tatsache, dass es im Wettbewerbsrecht zu einem nicht geringen Teil um die Wahrnehmung öffentlicher Interessen geht, die manche Mitgliedstaaten mit öffentlich- oder strafrechtlichen Sanktionen ebenso verfolgen wie andere mit Mitteln des Zivilrechts, spricht gegen eine Übertragbarkeit möglicher kollisionsrechtlicher Implikationen, die aus den Grundfreiheiten für das Wettbewerbsrecht folgen mögen.[197]

III. Stellungnahme

Die hier dargestellte Kritik zeigt, dass das Raster des in eine Kollisionsregel gegossenen Herkunftslandprinzips zu grob ist. Einerseits können Schwierigkeiten im Recht des Herkunftslands selbst auftreten, wenn es grundfreiheitenwidrige Regelungen enthält[198], aber auch, wenn es die Vermarktung bestimmter im Inland hergestellter Produkte im Inland nicht gestattet. Die Grundfreiheiten sind auf Inlandsfälle nicht anwendbar, erlauben also eine solche Regelung ohne Weiteres. Müsste ein Importstaat aber auf eben dieses restriktive Herkunftslandrecht verweisen, würde ein Konflikt mit den Grundfreiheiten gerade dadurch erst verursacht.

Andererseits hat sich gezeigt, dass ein strikt durchgeführtes Herkunftslandprinzip im Kollisionsrecht zu Wettbewerbsverzerrungen führt und zudem gegebenenfalls eine Hilfskonstruktion über die Anknüpfung des nationalen IPR an günstigeres Bestimmungslandrecht notwendig macht, was bei der Betrachtung einer Wettbewerbssituation mit Anbietern aus verschiedenen Staaten jedoch schnell ebenfalls nicht mehr weiterhilft.

Auch das Argument der Kritiker, eine kollisionsrechtliche Bevorzugung der Anbieterseite sei nicht zu rechtfertigen, lässt sich vor dem Hintergrund der bipolaren Interpretation der Grundfreiheiten als positive Anbieter- und negative Nachfragerfreiheiten im Bereich des Internationalen Verbrauchervertragsrechts nicht aus der Welt schaffen. Die Anwendung der Rechtsordnung des Herkunfts-

---

IPR nicht nur sachrechtliche Regulierungs- und Schutzinteressen, sondern auch spezifisch internationalprivatrechtliche Parteiinteressen berücksichtigen muss, von vornherein eine das nationale IPR verdrängende primärrechtlich angeordnete Geltung des Herkunftslandrechts (vgl. *Roth*, RabelsZ 55 (1991), 623, 668.).

197 *Freitag*, 304 f.; Staudinger - *Fezer* (2000), IntWirtschR, Rdn. 434. Das gilt auch für die Ableitung solcher Implikationen aus dem Prinzip gegenseitiger Anerkennung, das zunächst für öffentlich-rechtliche Verbote im Rahmen der Wirtschaftsaufsicht gedacht war (*Roth*, RabelsZ 55 (1991), 623, 666), denen wettbewerbsrechtliche Unterlassungsansprüche sehr nahe kommen können, *Ders.*, a.a.O., 329. Der vertragsrechtliche Verbraucherschutz stellt dem vergleichbare Handelshemmnisse hingegen in der Regel nicht auf, kann allerdings bei rechtlich geprägten Produkten erhebliche Abschreckungswirkung haben, vgl. *Sonnenberger*, ZVglRWiss 95 (1996), 3, 25.

198 So auch *Fezer/Koos*, IPRax 2000, 349, 351.

lands stellt ohne Zweifel für den Verbraucher ebenso eine Beeinträchtigung dar wie die Anwendung des Aufenthaltsrechts des Verbrauchers für den Anbieter. Die Regelanknüpfung an das Anbieterrecht damit zu begründen, in erster Linie trügen die Unternehmer den wirtschaftlichen Integrationsprozess erscheint schon angesichts der zunehmenden Emanzipierung der Verbraucherpolitik gegenüber der Binnenmarktpolitik[199] problematisch. In tatsächlicher Hinsicht widerspricht dem die zunehmende Bedeutung der privaten Binnenmarktnachfrage im beginnenden Zeitalter des *e*-Commerce. Denn ein starkes Nachfragepotential Millionen an das Internet angeschlossener Haushalte kann durchaus auch ein grenzüberschreitendes und damit binnenmarktintegrierendes Angebot hervorrufen oder intensivieren.

Damit ist aber eine wesentliche Prämisse der eine versteckte Kollisionsnorm bejahenden Auffassung ins Wanken gebracht. Ein strikt durchgeführtes Herkunftslandprinzip im IPR erlaubt keine ausreichende Berücksichtigung von möglicherweise entgegengesetzten Rechtsanwendungsinteressen der Parteien und überzeugt daher nicht. Da im Verbrauchervertragsrecht das Verbraucherinteresse grds. auf Regulierung, das des Anbieters auf Deregulierung gerichtet ist, ist es nicht möglich, kollisionsrechtliche Anwendungsinteressen bereits auf Primärrechtsebene endgültig abzuwägen und in eine Formel zu gießen. Vielmehr ist davon auszugehen, dass die Grundfreiheiten sowohl vor übermäßiger Regulierung als auch Deregulierung schützen und sich so ein bestimmtes Anforderungsschema an das nationale Kollisionsrecht ermitteln lässt, von dem nur zur Wahrung zwingender Erfordernisse des Allgemeininteresses abgewichen werden darf, innerhalb dessen aber ein Spielraum für nationale Regelungen besteht. Nicht zuletzt sieht man sich im Lager der Vertreter einer primärrechtlichen Kollisionsregel dazu veranlasst, die gesamte Rechtfertigungsprüfung anhand der speziellen Vorbehaltsklauseln und der immanenten Schranke der zwingenden Erfordernisse in diese Kollisionsregel mit aufzunehmen.[200]

Zu den bereits dargelegten zahlreichen Mängeln der These von den versteckten Kollisionsnormen, kommt damit aber erschwerend hinzu, dass der Grundsatz der Rechtssicherheit, der gerade im IPR in Gestalt der Vorhersehbarkeit der anwendbaren Rechtsordnung große Bedeutung hat, vernachlässigt wird. Es gibt eben in aller Regel nicht nur eine einzige gemeinschaftsrechtskonforme Ausgestaltung einer Kollisionsnorm.[201]

Da weder der Wortlaut der Grundfreiheiten noch die Rechtsprechung des EuGH Hinweise auf eine versteckte, an das Herkunftslandrecht anknüpfende, Kollisionsnorm enthalten, bliebe nur noch das Prinzip gegenseitiger Anerkennung, das die Kommission im Anschluss an die „*Cassis de Dijon*"-Rechtspre-

---

199 Vgl. den Überblick über die Entwicklung bei *Stuyck*, CML Rev. 2000, 367, 377-384; *Reich*, in: Grundmann (Hrsg.), Systembildung, 481, 482 ff.

200 Vgl. *Basedow*, RabelsZ 59 (1995), 1, 25.

201 *Seif*, JbJZivRWiss 1997, 225, 255.

chung seit Mitte der 80er Jahre verfolgt, als Begründung für eine dahingehende Auslegung der Grundfreiheiten. Das Anerkennungsprinzip vermag eine solche Auslegung jedoch nicht zu tragen: Dass ihm auch auf sachrechtlicher Ebene Rechnung getragen werden kann, wurde bereits erwähnt. Bereits deshalb vermag es alleine keine kollisionsrechtlichen Gestaltungen der Mitgliedstaaten zu erzwingen. Letztlich handelt es sich um eine bloße Methode der Rechtsangleichung, die der näheren Ausgestaltung im Sekundärrecht bedarf.[202] Erst durch Auslegung von Richtlinien oder aber aufgrund einer ausdrücklichen Regelung hierzu, lässt sich feststellen, ob der Tätigkeits- bzw. Bestimmungsstaat noch Regelungskompetenzen haben soll und inwieweit diese aufgrund von auch im Herkunftsstaat umzusetzenden Richtlinienbestimmungen und dort ausgeübter Kontrolle modifiziert werden.[203] Dafür spricht auch der Umstand, dass ansonsten zahlreiche in Richtlinien vorgesehene Anknüpfungen selbst in Konflikt mit den Grundfreiheiten geraten würden, etwa die Anknüpfung an den Ort der Risikobelegenheit in Art 7 Abs. 1 der Zweiten Schadensversicherungsrichtlinie.[204] Eine solch weitreichende Konsequenz hätte der EuGH sicherlich nicht derart subtil in seinen wettbewerbsrechtlichen Entscheidungen zum Ausdruck gebracht.

Als letztes, die genannte Kritik ergänzendes Argument gegen unmittelbare Folgerungen aus dem Herkunftslandprinzip für das Kollisionsrecht soll hier dessen Handhabung durch die *e*-Commerce-RL dienen. Einmal weil sie ein aktuelles Beispiel für die Ausgestaltung des Herkunftslandprinzips im Sekundärrecht bietet und zum anderen, weil sie ausdrücklich davon ausgeht, dass privatrechtliche Regelungen in den Anwendungsbereich der Grundfreiheiten fallen und damit für das hier behandelte Problem allgemein von Bedeutung ist. Die *e*-Commerce-RL verpflichtet die Mitgliedstaaten in Art. 3 Abs. 1 zunächst dazu sicherzustellen, dass Dienstleistungen im elektronischen Geschäftsverkehr (*e*-Commerce[205]), die von in ihrem Hoheitsgebiet niedergelassenen Anbietern erbracht werden, den innerstaatlichen Vorschriften entsprechen, die in den durch die Richtlinie koordinierten Bereich fallen. Abs. 2 zieht die Konsequenz, dass

---

202 *Roth*, RabelsZ 55 (1991), 623, 672; *v. Wilmowsky*, RabelsZ 62 (1998), 1, 11 f.

203 *Roth*, RabelsZ 55 (1991), 623, 669 ff. Ein Beispiel für eine das Herkunftslandprinzip ausgestaltende Richtlinie ist die sog. Fernsehrichtlinie 89/552/EWG (ABlEG 1989 L 298/23); dazu *Sack*, WRP 2000, 269, 284. Aber auch hier bleibt offen, ob das nationale IPR auch im koordinierten Bereich nicht doch Vorkehrungen für den Fall treffen darf, dass der Herkunftsstaat seinen Verpflichtungen aus der Richtlinie nicht nachkommt; dazu *Ders.*, IPRax 1994, 165, 171.

204 Richtlinie 88/357/EWG, AGlEG 1988 L 172/1. Zu weiteren Richtlinien, die selbst positiv bestimmen, dass der Anbieter das Recht des Bestimmungslands zu beachten habe, vgl. *Roth*, IPRax 1994, 165, 170 f.

205 Unter *e*-Commerce wird vor allem die Vertriebsform von digitalen, aber auch nicht digitalen Güter- und Dienstleistungen vor allem über das Internet verstanden, vgl. die Stellungnahme des Wirtschafts- und Sozialausschusses über die „Auswirkungen des elektronischen Handels auf den Binnenmarkt (BBS)“, ABlEG 2000 C 123/1, unter 2.5.

andere Mitgliedstaaten, in denen die Dienstleistung abrufbar ist, den freien Verkehr von solchen Dienstleistungen nicht aus Gründen beschränken dürfen, die in den koordinierten Bereich fallen. Die Bestimmung des anwendbaren Rechts fällt jedoch nach Art. 3 Abs. 3 i.V.m. dem Anhang zur Richtlinie ausdrücklich nicht unter das Herkunftslandprinzip.[206] Dementsprechend zielt die Richtlinie auch nicht auf Angleichung von Regelungen des IPR ab.[207] Solche Klarstellungen erübrigten sich offensichtlich, wenn das Herkunftslandprinzip kraft Primärrechts ohnehin schon verwirklicht wäre, so dass letztlich auch der Richtliniengesetzgeber von einem solchen Inhalt der Marktfreiheiten nicht ausgeht.[208] Eine in den Grundfreiheiten „versteckte" Verweisung auf das Herkunftslandrecht ist daher abzulehnen.[209]

IV. Ergebnis

Die Grundfreiheiten enthalten jedenfalls im Bereich des Internationalen Verbrauchervertragsrechts keine eigenständige versteckte Kollisionsnorm. Zum sel-

---

206 *Reich/Nordhausen*, 128 (No. 159); *Spindler*, MMR-Beilage 7/2000, 4, 8, 12; *Mankowski*, ZVglRWiss 100 (2001), 137, 154. Der Anhang nimmt auch das materielle Verbrauchervertragsrecht ausdrücklich aus.

207 Vgl. Art. 1 Abs. 4 sowie den 23. Erwägungsgrund zur Richtlinie über den elektronischen Geschäftsverkehr (ABlEG 2000 L 178/1); *Wilderspin*, in: Baur/Mansel, Systemwechsel, 77, 85; *Jayme*, in: Mansel (Hrsg.), Vergemeinschaftung, 31, 39 f.; *Jayme/ Kohler*, IPRax 2000, 454, 456; Staudinger - *Fezer* (2000), IntWirtschR, Rdn. 447; *Fezer/Koos*, IPRax 2000, 349, 352; *Sonnenberger*, ZVglRWiss 100 (2001), 107, 126; Grabitz/ Hilf - *Marly*, Bd. III, A 4, Art. 3, Rdn. 20; a.A. z.B. *Thünken*, IPRax 2001, 15, 20; *Mankowski*, ZVglRWiss 100 (2001), 137, 179; *Ders.*, EWS 2002, 401, 403 ff. Unklar ist allerdings, ob das Herkunftslandprinzip in Art. 3 der *e*-Commerce-RL, so man ihm kollisionsrechtlichen Gehalt zuspricht, auch auf das Kollisionsrecht des Niederlassungstaats verweist (vgl. *Spindler*, MMR-Beilage 7/2000, 4, 9) oder ob nur die Sachvorschriften anzuwenden sind, vgl. *Gierschmann*, DB 2000, 1315, 1316; *Mankowski*, ZVglRWiss 100 (2001), 137, 180; *Ders.*, EWS 2002, 401, 410, die Letzteres befürworten.

208 Zutreffend geht *Reich* davon aus, dass die Bedeutung des Herkunftslandprinzips nur durch Auslegung der jeweiligen Richtlinie zu ermitteln ist, *Reich*, in: Lagarde/v. Hoffmann (Hrsg.), 109, 125.

209 *Gebauer*, IPRax 1995, 152, 156; *Franzen*, 145; *Roth*, IPRax 1994, 165, 171; *Ders.*, in: GS Lüderitz (2000), 635, 644; *Fezer/Koos*, IPRax 2000, 349, 350 f.; *Thünken*, IPRax 2001, 15, 19; *Sack*, WRP 1994, 281, 288 (für das int. Wettbewerbsrecht); *Lurger*, IPRax 2001, 346, 351 (nur wenn eine Grundfreiheit die Anknüpfung an das Recht des Bestimmungsstaats in einem sehr hohen Prozentsatz von Fällen, also quasi generell verbietet, bestehe die Notwendigkeit, die Kollisionsnorm zu ersetzen); *v. Wilmowsky*, RabelsZ 62 (1998), 1, 11; *Sonnenberger*, ZVglRWiss 95 (1996), 3, 13; vgl. auch *Wilderspin/Lewis*, Rev. crit. dr. internat. privé 91 (2002), 1, 2.

ben Ergebnis ist kürzlich GA *Colomer* für das Internationale Gesellschaftsrecht gekommen[210]:

> „Solange es keine Harmonisierung gibt, steht es den Mitgliedstaaten weiterhin frei, ihre entsprechenden Vorschriften des internationalen Privatrechts – die allerdings, was ihre praktischen Auswirkungen angeht, mit dem Gemeinschaftsrecht vereinbar sein müssen – zu gestalten, und ihre nationalen Gerichte können sie auslegen."

Die Bedeutung des Herkunftslandprinzips erschöpft sich damit im Rahmen der Grundfreiheitenkontrolle darin, dass einerseits auf der Rechtfertigungsebene nationale Schutzmaßnahmen, die schon im Herkunftsland getroffen sind, Berücksichtigung finden müssen und dass andererseits eine ungerechtfertigte Schutzmaßnahme im Aufnahmestaat unanwendbar ist und im Ergebnis das im Herkunftsland rechtmäßig hergestellte oder in Verkehr gebrachte Produkt damit auch im Aufnahmestaat akzeptiert werden muss. Im Übrigen bedarf es für eine positive Wirkung des Herkunftslandprinzips aber einer Konkretisierung im Sekundärrecht, die sich bisher schon verschiedentlich nachweisen lässt.[211]

Auch soweit Art. 29a EGBGB eine Verweisung ausspricht, die nicht zum Recht des Heimatstaats des Anbieters bzw. dem günstigeren Bestimmungslandrecht führt, wird er damit nicht durch eine vorrangige versteckte Kollisionsnorm aus Art. 28 EG oder Art. 49 EG ersetzt. Die zwingende objektive Anknüpfung bestimmter Fragen, die sich für einen Verbrauchervertrag im Sinne des Art. 29a EGBGB stellen, kann jedoch aus anderen Gründen eine verbotene Handelsbeschränkung darstellen. Denkbar wäre dies etwa, wenn sich eine ungleiche Belastung in- und ausländischer Anbieter daraus ergibt, das Erstere infolge des Art. 29a Abs. 3 EGBGB die deutschen §§ 481 ff. BGB auch dann beachten müssen, wenn sie mit deren Geltung aufgrund der Umstände des Vertragsschlusses nicht hätten rechnen müssen.[212]

---

210 Vgl. EuGH GA, Schlussanträge v. 4.12.2001, Rs. C-208/2000 (*Überseering BV/NCC Baumanagement GmbH*), Generalanwalt *Colomer*, ZIP 2002, 75, 82 (Tz. 69).

211 Dazu ausführlich *Drasch*, 212 ff.

212 Dazu unten 4. Teil D IV 3.

C. Die Vereinbarkeit des Internationalen Vertragsrechts mit den Grundfreiheiten

Mit der Ablehnung einer primärrechtlichen Kollisionsnorm steht fest, dass die Art. 28, 49 EG keinen Verweis auf das Herkunftslandrecht bzw. das günstigere Bestimmungslandrecht vornehmen.

Es wäre aber auch daran zu denken, dass die Grundfreiheiten im Grundsatz die Einräumung von Rechtswahlfreiheit verlangen. Voraussetzung wäre, dass die objektiven Anknüpfungen im Internationalen Verbrauchervertragsrecht überhaupt relevante handelsbeschränkende Wirkungen auslösen können.[213] Da Art. 29a Abs. 1 EGBGB eine zwingende besondere Anknüpfung bestimmter Fragen der Vertragsanbahnung, des Vertragsschlusses und des Vertragsinhalts zum Schutz des Verbrauchers an das Recht des Mitgliedstaats, zu dessen Gebiet der Vertrag einen engen Zusammenhang aufweist, vorsieht, ist somit zu prüfen, ob allein diese Einschränkung der Rechtswahlfreiheit eine Handelsbeschränkung darstellen kann. Ist das zu bejahen, so ist weiter zu fragen, ob eine solche Handelsbeschränkung aufgrund zwingender Erfordernisse des Allgemeininteresses gerechtfertigt sein kann. Dabei wird es vorrangig um die Sicht der Anbieterseite gehen, da der kollisionsrechtliche Verbraucherschutz zur Einschränkung der Nachfragerfreiheit wohl selten geeignet sein wird.

I. Grundfreiheiten und Rechtswahlfreiheit

Die Frage, ob in einer Rechtswahlbeschränkung auch unabhängig vom Inhalt des zwingend objektiv angeknüpften Rechts eine Grundfreiheitenbeschränkung liegen kann, wird in der Literatur nicht einheitlich beurteilt.[214] Dass kollisionsrechtliche Rechtsanwendungsinteressen wie die Sicherheit und Leichtigkeit des internationalen Rechtsverkehrs gerade auch für den Binnenmarkt von Bedeutung sind, liegt auf der Hand.[215] Ausgangspunkt muss also die Frage sein, ob objektive Anknüpfungen den innergemeinschaftlichen Verkehr von Waren und Dienstleistungen beschränken können und ob diese Beschränkungen durch die Einräumung von Rechtswahlfreiheit überhaupt beseitigt werden können.[216]

---

213 *v. Wilmowsky*, RabelsZ 62 (1998), 1, 4.

214 Auch die umgekehrte Frage, ob die Rechtswahlfreiheit einen Grundfreiheitenverstoß von materiellem Privatrecht ausräumen kann, ist umstritten. Vgl. Grabitz/Hilf - *Pfeiffer*, Bd. III, A 5 Vorbem., Rdn. 90; *Langner*, RabelsZ 65 (2001), 222, 230.

215 *Pfeiffer*, NJW 1999, 3674, 3681.

216 Vgl. *Wachter*, WM 1999, 49, 54, der die letztere Frage für die Situsregel des Internationalen Sachenrechts verneint.

1. Argumente gegen einen „isolierten" Verstoß von Kollisionsrecht gegen die Grundfreiheiten des EG-Vertrags

Aufbauend auf den Erkenntnissen zur oben beschriebenen Reichweite der Grundfreiheiten, wird das Verhältnis des IPR zu den Grundfreiheiten in weiten Teilen der Literatur sinngemäß wie folgt beschrieben: Die Grundfreiheiten gelten auch für das Privatrecht, sie enthalten im Wesentlichen ein Beschränkungsverbot. Relevante Handelsbeschränkungen können von (zwingenden) Sachnormen ausgehen, die Kollisionsnorm, die auf solche Sachnormen verweist, nimmt an dieser Beschränkung teil; eine *Möglichkeit*, solche Beschränkungen auszuräumen, besteht in der Einräumung von Rechtswahlfreiheit; daneben steht auch der Weg offen, die betreffende Sachnorm zu ändern oder nicht anzuwenden.[217]

Diese Sichtweise impliziert, dass allein in der Verweisung ohne Rücksicht auf den Inhalt der Sachnorm kein Grundfreiheitenverstoß zu sehen sein kann.[218] Zur Begründung wird angeführt, dass es dem betroffenen Mitgliedstaat grundsätzlich freistehe zu entscheiden, ob er den Verstoß durch gemeinschaftskonforme Auslegung des nationalen Rechts, durch Nichtanwendung der inkriminierten Norm, durch Änderung des Sach- oder durch Änderung des Kollisionsrechts heilt.[219]

---

217 Vgl. *Kropholler*, IPR, § 10 I 2., 73 f. (die von ihm noch angeführte Möglichkeit, stets auf das Herkunftslandrecht zu verweisen, ist hier bereits verworfen worden); der Sache nach auch: *Gebauer*, IPRax 1995, 152, 156; *Helmberg*, wbl 1997, 137, 139; *Steindorff*, S. 83; *Sonnenberger*, ZVglRWiss 95 (1996), 3, 15; MüKo - *Sonnenberger*, Einl. IPR, Rdn. 155, 158; im Ausgangspunkt auch Staudinger - *Fezer* (2000), IntWirtschR, Rdn. 433, am Beispiel des Internationalen Wettbewerbsrechts, der sich dann aber für eine Korrektur gemeinschaftsrechtswidriger Ergebnisse allein auf der Ebene des Sachrechts ausspricht, a.a.O., Rdn. 434. Vgl. auch den Entwurf einer Mitteilung „Freier Dienstleistungsverkehr und Allgemeininteresse in der Zweiten Bankenrichtlinie", ABlEG 1995 C 291/7, 18 f.:" (...) sollte daher nach Auffassung der Kommission in drei Schritten vorgegangen werden: – 1. Schritt: Bestimmung des geltenden Rechts auf der Grundlage des Übereinkommens von Rom; – 2. Schritt: Stellt das Ergebnis ein Hindernis für die gegenseitige Anerkennung dar?; – 3. Schritt: Ist dies nicht der Fall: Anwendung des Rechts des Aufnahmestaats. Ist dies der Fall: Anwendung des Rechts des Aufnahmestaats nur in den Fällen, in denen dies durch ein Ziel des Allgemeininteresses gerechtfertigt werden kann und falls die Bedingungen des Gerichtshofs erfüllt werden (...).". Danach sollen also die kollisionsrechtlichen Verweisungen auf der Sachnormenebene korrigiert werden (so die zutreffende Interpretation von *Jayme/Kohler*, IPRax 1996, 377, 388).

218 So im Ergebnis *Fezer/Koos*, IPRax 2000, 349, 350.

219 Der Einwand, eine sachrechtliche Korrektur sei bei der Berufung des Rechts eines anderen Mitgliedstaats nicht möglich, greift nicht durch. Denn der der nationale ordre public in seiner europäischen Dimension hindert den deutschen Richter daran, eine grundfreiheitenwidrige Norm des fremden Vertragsstatuts anzuwenden, vgl. *Sonnenberger*, ZVglRWiss 96 (1996), 3, 23, 26 f.

Auch die Entscheidung des EuGH in der Sache „*Alsthom Atlantique*“[220] könnte man hierfür in Anspruch nehmen, wenn man sie auf die Aussage beschränkt, die Rechtswahlfreiheit sei (nur) insoweit grundfreiheitenrelevant, als sie einen Verstoß des Sachrechts „heilen“ könne, weil der Anbieter der Sachnorm hätte ausweichen können. Die erwähnte Praxis des EuGH, die IPR-Entscheidung des vorlegenden Gerichts zu akzeptieren und nur das Rechtsanwendungsergebnis der Gesamtnorm aus kollisions- und sachrechtlicher Bestimmung zu überprüfen, mag ebenfalls ein Argument hierfür sein.

2. Die Garantie der Rechtswahlfreiheit durch die Grundfreiheiten

Nach der Gegenmeinung kann eine verbotene Handelsbeschränkung hingegen auch schon in der bloßen Einschränkung der Rechtswahlfreiheit liegen, da sie die Prämisse, dass die Grundfreiheiten das Recht der Parteien schützen, das auf den Vertrag anwendbare Recht selbst zu bestimmen, für zutreffend erachtet.[221] Es belastet die Parteien danach unabhängig vom Inhalt des anwendbaren Rechts, sich ein geeignetes Recht nicht selbst aussuchen zu können.[222] Der EG-Vertrag setze nicht nur die grundsätzliche Zulässigkeit privatautonomer Ausgestaltung von Verträgen, die Binnenmarkttransaktionen tragen, in den mitgliedstaatlichen Rechtsordnungen voraus, sondern darüber hinaus die Freiheit der Parteien, den grenzüberschreitenden Elementen ihres Vertrags insgesamt durch eine Rechtswahlvereinbarung Rechnung zu tragen. Man nennt im Wesentlichen drei Argumente hierfür.

a) Rechtswahlfreiheit als Ergänzung zur Vertragsfreiheit

Ausgangspunkt ist der Schluss von der im EG-Vertrag vorausgesetzten materiellen Vertragsfreiheit auf die Garantie der Rechtswahlfreiheit als deren kollisi-

---

220 Vgl. o. Fn. 91

221 *v. Wilmowsky*, RabelsZ 62 (1998), 1, 19; *Freitag*, 369; *Freitag/Leible*, RIW 2001, 287, 292 (gemeinschaftsrechtlicher acquis); *Heiss*, in: Reichert-Facilides (Hrsg.), 91, 96; *Seif*, JbJZivRWiss 1997, 225, 244, Fn. 111; *Grundmann*, IPRax 1992, 1, 4; *Martiny*, in: v. Bar (Hrsg.), 211, 219; Hildenbrand/Kappus/*Mäsch*, § 8 TzWrG, Rdn. 33; sowie im Ergebnis alle, die einen selbstständigen Grundfreiheitenverstoß einer Kollisionsnorm für möglich halten, z.B. Grabitz/Hilf - *Leible*, Bd. I, Art. 28 EGV, Rdn. 43; *Roth*, VersR 1993, 129, 133; *Ders.*, in: GS Lüderitz (2000), 635, 657; *Rudisch*, 105; vgl. auch *Radicati di Brozolo*, in: Lagarde/v. Hoffmann (Hrsg.), 87, 93-95. Auch für andere Kollisionsregeln hält man einen Verstoß gegen die Grundfreiheiten ohne Rücksicht auf das berufene Sachrecht für möglich: vgl. *Remien*, RabelsZ 62 (1998), 627, 632 f. (zum Lauterkeitsrecht); *Seif*, JbJZivRWiss 1997, 225, 244 (Geschäfts- und Deliktsfähigkeit, für Versicherungs- und Arbeitsverträge, für das Gesellschaftsrecht und das Sachenrecht) und a.a.O., 245 (Zessionstatut).

222 *v. Wilmowsky*, RabelsZ 62 (1998), 1, 4 f.

onsrechtliches Gegenstück.[223] Der EG-Vertrag setzt mit der Gewährung wirtschaftlicher Freiheitsrechte auf die Verwirklichung des Binnenmarkts durch grenzüberschreitende Privatinitiative. Ihm wird daher das Prinzip der Vertragsfreiheit entnommen[224], deren kollisionsrechtliches Korrelat die Parteiautonomie darstellt. Die vorrangige Anknüpfung an den Parteiwillen bei der Bestimmung des anwendbaren Rechts ist auch keine Verlegenheitslösung. Vielmehr kann niemand die Kosten und sonstigen Nachteile, die aus der Anwendung einer zumindest einer der Parteien unbekannten Rechtsordnung erwachsen, besser berücksichtigen, als die Vertragsparteien selbst.[225]

b) Rechtswahlfreiheit und Rechtssicherheit

Auch der gemeinschaftsrechtlich anerkannte Grundsatz der Rechtssicherheit, dessen Geltung der EuGH im Zusammenhang mit Entscheidungen zum EuGVÜ betont hat, spricht für die Garantie der Rechtswahlfreiheit durch den EG-Vertrag.[226] Die dort betonte Vorhersehbarkeit des international zuständigen Gerichts lässt sich durchaus auf das Interesse der Parteien, auch die anwendbare Rechtsordnung vorhersehen zu können, übertragen.[227]

Die Ausgangslage für die Parteien eines Schuldvertrags mit grenzüberschreitenden Bezügen ist von einer Unsicherheit darüber gekennzeichnet, welche Rechtsordnung im Falle einer gerichtlichen Auseinandersetzung auf ihren Vertrag für anwendbar angesehen werden wird, denn da jedes Gericht das IPR der lex fori anwendet, hängt dies nicht zuletzt davon ab, wo eine der Parteien Klage erhebt.[228] Diese Unsicherheit ließe sich auf prozessualer Ebene durch die Geltung ausschließlicher Gerichtsstände oder der Zulassung von Gerichtsstandvereinbarungen stark vermindern, wenn nicht ganz beseitigen. Allerdings entspricht die lex lata diesem Zustand auch insoweit nicht, als vereinheitlichtes Kollisionsrecht in Europa existiert. Die Zuständigkeitsregeln der Art. 13 ff. EuGVÜ (Art. 15 ff. EuGVVO) erfassen nur bestimmte Verbraucherverträge, das Timesharing an Immobilien unterfällt keineswegs immer Art. 16 Nr. 1a EuGVÜ (Art. 22 Nr.

---

223 Vgl. *Heiss*, in: Reichert-Facilides (Hrsg.), 91, 97 ff.

224 Einschränkungen der Vertragsfreiheit als materielles, den Binnenmarkt tragendes Grundprinzip zur Sicherung von Verbraucherinformation, Entscheidungsfreiheit und Kompensation sonstiger Asymmetrien sind daher vor den Grundfreiheiten rechtfertigungsbedürftig, siehe Grabitz/Hilf - *Pfeiffer*, Bd. III, Vorbem. A 5, Rdn. 18.

225 Dazu Soergel - *v. Hoffmann*, Art. 27 EGBGB, Rdn. 5.

226 *v. Wilmowsky*, RabelsZ 62 (1998), 1, 4 f.

227 Beispiel bei *Seif*, JbJZivRWiss 1997, 225, 246 ff.: Nach Art. 33 Abs. 2 EGBGB ist das Forderungsstatut für die Verfügung über die Forderung maßgeblich. Diese zwingende objektive Anknüpfung der Forderungszession führt dazu, dass grenzüberschreitende Forderungstransaktionen etwa zur Kreditsicherung durch Rechtsanwendungsunsicherheit gefährdet sind, a.a.O., 248.

228 *Roth*, RabelsZ 55 (1991), 623, 638.

1 EuGVVO).[229] Die Möglichkeit einer Gerichtsstandsvereinbarung wird durch Art. 15 EuGVÜ (Art. 23 EuGVVO) stark eingeschränkt. Damit bleibt zumindest in begrenztem Maße das sog. forum shopping möglich, so dass für ein und denselben Vertrag das IPR verschiedener Mitgliedstaaten als lex fori relevant werden kann.

Im Rahmen des EVÜ bestehen hier zwar einheitliche Anknüpfungen, so dass man Handelserschwernisse mit dem Hinweis verneinen könnte, unabhängig vom Forum innerhalb der Gemeinschaft, komme jedes Gericht zur Anwendbarkeit derselben Rechtsordnung. Auch wenn dies in der Tat einer der Beweggründe zur Vereinbarung des EVÜ war, bestehen aber weiterhin Unsicherheiten, zumal die Auslegungsprotokolle zum EVÜ nach wie vor nicht in Kraft getreten sind und daher eine einheitliche Auslegung nicht gesichert ist.

Solche Rechtsanwendungsunsicherheit trifft ein inländisches Unternehmen, das mit inländischen Verbrauchern Verträge abschließt, nicht.[230] Die Frage der anwendbaren Rechtsordnung stellt sich dort nicht, denn der Sachverhalt weist keine Verbindung zum Recht eines ausländischen Staates auf, wie es Art. 3 Abs. 1 S. 1 EGBGB im Einklang mit dem EVÜ formuliert.[231] Daraus ergibt sich ein Nachteil für ausländische Anbieter allein aufgrund der Tatsache, dass sein Produkt die Grenze zwischen zwei Mitgliedstaaten überschreitet. Der ausländische Anbieter wird also, wenn ihm ein erheblicher Kostennachteil entsteht, nicht im Sinne der „*Keck*"-Formel in rechtlich und tatsächlich gleicher Weise von einer Rechtswahlbeschränkung betroffen wie sein inländischer Wettbewerber.

In objektiven Anknüpfungen kann daher im Hinblick auf die den Parteien gewährte Rechtssicherheit eine diskriminierende Wirkung zum Nachteil ausländischer Anbieter liegen. Diese könnte allein durch die Einräumung von Rechtswahlfreiheit ausgeräumt werden, da sich grenzüberschreitend anbietende Unternehmen durch Rechtswahl in eine für im Inland tätige Unternehmen vergleichbare „rechtssichere" Ausgangslage versetzen können.

c) Rechtswahlfreiheit und unionsweit- oder mitgliedstaatenübergreifend tätige Anbieter

Schließlich lässt sich auch das aus der „*Oosthoek*"-Rechtsprechung und den sog. Euro-Marketing-Fällen bekannte Argument der kostenträchtigen Anpassung von

---

229 Vgl. zur immer noch aktuellen Problematik, OLG Koblenz, v. 8.9.2000, 11 U 288/00, VuR 2001, 257, mit Anm. *Mankowski*, a.a.O., 259 ff.

230 *v. Wilmowsky*, RabelsZ 62 (1998), 1, 10.

231 Ob die IPR-Frage in reinen Inlandssachverhalten dennoch zu stellen ist, beurteilt die Literatur nicht einheitlich. Die bejahende Auffassung weist darauf hin, dass schon die Verneinung eines grenzüberschreitenden Elements eine Entscheidung darüber voraussetze, welche Elemente überhaupt als wesentlich anzusehen sind. Diese Frage dürfte jedoch für die Masse der im Inland unter Inländern geschlossenen Verträge von rein theoretischer Bedeutung bleiben.

Aktionsparametern eines Unternehmens heranziehen. Nur die Einräumung von Rechtswahlfreiheit ermöglicht es unionsweit bzw. in mehreren Mitgliedstaaten tätigen Anbietern wie Versandhäusern, Versicherungen oder Anbietern von Fernunterricht, ihre vertraglichen Beziehungen zu den Verbrauchern aus verschiedenen Mitgliedstaaten einer einheitlichen Rechtsordnung zu unterstellen, widrigenfalls es mit erhöhten Transaktionskosten belastet wird.[232] Kleine Unternehmen können so möglicherweise sogar von der Erschließung anderer mitgliedstaatlicher Märkte abgehalten werden.

3. Stellungnahme

Dass schon die bloße Unterschiedlichkeit der nationalen Rechtsordnungen bei Fehlen einheitlicher Kollisionsnormen zu Beschränkungen der Grundfreiheiten führen kann, war nach dem Bericht von *Giuliano/Lagarde* einer der Gründe für die Schaffung des EVÜ.[233] Insbesondere der Grundsatz der Rechtssicherheit sowie das Argument, dass bei fehlender Rechtswahlfreiheit zum Teil prohibitiv hohe Transaktionskosten entstehen können, machen deutlich, dass es zur Beurteilung handelsbeschränkender Wirkungen des IPR nicht nur auf das berufene Sachrecht ankommen kann. Der Aussage, eine zwingende Sonderanknüpfung könne nur dann eine unzulässige Handelsbeschränkung darstellen, wenn das berufene Sachrecht seinerseits nicht grundfreiheitenkonform ist, ist daher nicht zu folgen. Der Verstoß gegen eine Grundfreiheit kann hier vielmehr durchaus darin liegen, dass sich der Anbieter ohne rechtfertigenden Grund auf die zwingenden Sachnormen des Bestimmungs- oder eines anderen Lands einstellen muss. In diesem Fall ist die Unterschiedlichkeit der Rechtsordnungen der Mitgliedstaaten entscheidend, wenn ihr der Anbieter nicht durch Rechtswahl ausweichen kann.[234] Im Sinne der „*Oosthoek*"-Entscheidung und der Rechtslage beim sog. Euro-Marketing hindert dies beispielsweise die Verwendung einheitlicher Vertragsbedingungen, erhöht so den Bedarf an Information und Rechtsberatung und führt letzten Endes zu einer erhöhten Kostenbelastung.

Da solche Belastungen nach der hier vertretenen Auffassung nicht durch ein kollisionsrechtliches Herkunftsland- bzw. Günstigkeitsprinzip ausgeräumt werden können und ein einheitliches Sachrecht auf dem Gebiet des Verbrauchervertragsrechts in den Mitgliedstaaten schon infolge des Mindestschutzcharakters der entsprechenden Richtlinien nicht existiert, ist es allein der Grundsatz freier

---

232 *v. Wilmowsky*, RabelsZ 62 (1998), 1, 5; *Roth*, VersR 1993, 129, 133; *Staudinger*, VersR 1999, 401, 409 f. (zu § 12 AGBG (1996)).

233 *Giuliano/Lagarde*, 33, 36.

234 Daneben ist es auch denkbar, dass der Rechtsanwendungsbefehl an sich gerechtfertigt ist, die zwingend angeknüpfte Sachnorm aber etwa in ungerechtfertigter Weise in die Vertragsfreiheit eingreift und dabei den ausländischen Unternehmer benachteiligt. In diesem Fall ist der Inhalt der berufenen Rechtsordnung maßgeblich.

Rechtswahl, der zur Vermeidung handelsbeschränkender Belastungen beitragen kann. Die Grundfreiheiten verlangen mithin grundsätzlich die Einräumung der Freiheit zur Wahl irgendeiner Rechtsordnung, die den Parteien geeignet erscheint, um zu verhindern, dass sich ein Anbieter im Extremfall an sämtlichen Rechtsordnungen der Mitgliedstaaten orientieren muss, um sein Produkt gemeinschaftsweit anbieten zu können.

Ein Grundfreiheitenverstoß liegt aber erst dann vor, wenn die übrigen tatbestandlichen Voraussetzungen erfüllt sind. So wird die Berufung auf Art. 28, 49 EG gegenüber einer Rechtswahlbeschränkung bei Unternehmen, die ausschließlich in ihrem Heimatstaat und einem weiteren Mitgliedstaat tätig sind, möglicherweise am Erfordernis einer konkret zu belegenden Benachteiligung gegenüber Inlandsprodukten oder an dem vom EuGH bisweilen in Vorabentscheidungsverfahren mit privatrechtlichem Gegenstand aufgestellten Erfordernis, dass eine Beeinträchtigung des innergemeinschaftlichen Handels nicht zu fern liegend sein dürfe, scheitern.[235] Davon abgesehen bleibt aber festzuhalten: Ein verbotenes Handelshemmnis kann bereits in der Nichtbeachtung der Rechtswahl selbst liegen.[236] Ein in einem grenzüberschreitenden Sachverhalt mit einem grundfreiheitenwidrigen Rechtsanwendungsergebnis konfrontiertes Gericht kann daher durchaus zu dem Schluss kommen, die IPR-Norm selbst enthalte bereits das Handelshemmnis.[237]

Im Grundsatz ist die Rechtslage nicht anders aus Sicht des Verbrauchers zu beurteilen, der die Grundfreiheiten ebenfalls in seiner passiven Funktion als Nachfrager geltend machen kann.[238] Die oben genannten Argumente gelten für eine nicht kommerziell handelnde Person zwar sicherlich nur in abgeschwächter Form. So schließt ein Verbraucher nur vereinzelt grenzüberschreitende Verträge ab und steht von vornherein nicht unter einem vergleichbaren Zwang, seine Rechtsgeschäfte einheitlich und rationell abzuwickeln. Auch ist es nicht die Unterschiedlichkeit der Rechtsordnungen an sich, die ihn in seiner grenzüberschreitenden Nachfrage beeinträchtigt, sondern es ist in der Regel der Umstand entscheidend, welche Rechte ihm eine mitgliedstaatliche Rechtsordnung einräumt. Allerdings gewähren die Grundfreiheiten dem Verbraucher das Recht, sich an ausländische Anbieter zu wenden und zu den dort geltenden Bedingungen Waren und Dienstleistungen zu erwerben.[239] Es muss dem Verbraucher daher grundsätzlich möglich sein, bewusst darauf einzugehen, dass der Vertrag einer Rechtsordnung mit einem niedrigeren Schutzstandard unterstellt wird, etwa

---

235 Vgl. dazu 2. Teil A I 1. a), b).

236 *v. Wilmowsky* RabelsZ 62 (1998), 1, 20.

237 So der OGH zu § 10 des österreichischen IPRG, vgl. obere Fn. 122.

238 *Behrens*, EuR 1992, 145, 159 f.; EuGH, v. 31.1.1984, Rs. 286/82 u. 26/83 (*Luisi und Carbone*), Slg. 1984, 377, 401, Tz. 10 (zur Dienstleistungsfreiheit), EuGH, o. Fn. 100 (*GB INNO*), Slg. 1990 - I, 667, 686, Tz. 8 (zur Warenverkehrsfreiheit).

239 Vgl. EuGH, o. Fn. 100 (*GB INNO*), Slg. 1990 - I, 667, 686, Tz. 8.

um billigere Produkte erwerben zu können. Letztlich spricht daher auch die Sicht des Nachfragers dafür, dass schone jede Rechtswahlbeschränkung an sich die Grundfreiheitenkontrolle auslösen kann.[240]

II. Rechtfertigung von Rechtswahlbeschränkungen durch das Allgemeininteresse

Ist in der zwingenden Anknüpfung von Verbrauchervertragsrecht mithin unter den weiteren Voraussetzungen des Tatbestands einer der Grundfreiheiten eine potentielle Maßnahme gleicher Wirkung zu sehen, so fragt es sich, wie der internationale Anwendungsbereich von Verbrauchervertragsrecht gemeinschaftskonform ausgestaltet werden kann. Da endgültige Aussagen zur Vereinbarkeit des Art. 29a EGBGB mit den Grundfreiheiten erst getroffen werden können, wenn dessen Inhalt und Auslegung geklärt sind, soll hier die Bemerkung genügen, dass in Anwendung der sog. „*Cassis*"-Formel des EuGH[241] zu prüfen ist, ob die Rechtswahlbeschränkung dem Schutz zwingender Erfordernisse des Allgemeinwohls dient, konkret ob sie zum Schutz der Verbraucher geeignet, erforderlich und angemessen ist.

III. Ergebnis

Beschränkungen der Rechtswahlfreiheit, wie sie Art. 29a EGBGB anordnet, können gegen die Produktfreiheiten verstoßen.[242] Die Rechtswahlfreiheit ist in den Grundfreiheiten verankert, so dass Verträge, die eine unter eine Grundfreiheit fallende Transaktion tragen, nur dann zwingenden objektiven Anknüpfungen unterworfen werden dürfen, wenn hierfür ein zwingendes Erfordernis des Allgemeininteresses spricht. Auf den Inhalt des berufenen Sachrechts kommt es insoweit nicht an.[243]

---

240 *Roth*, VersR 1993, 129, 137 (für das Internationale Versicherungsvertragsrecht); *Kreuzer*, in: Müller-Graff (Hrsg.), 457, 510.

241 *Nemeth*, wbl 2000, 341, 344; *Staudinger*, VersR 1999, 401, 412; *Jayme/Kohler*, IPRax 2000, 454, 455. Art. 3 Abs. 4 der Richtlinie über den elektronischen Geschäftsverkehr hat diese Rechtsprechung im Zusammenhang mit dem dort ausgestalteten Herkunftslandprinzip für elektronische Dienste kodifiziert.

242 *Basedow*, RabelsZ 59 (1995), 1, 28; *Sonnenberger*, ZVglRWiss 95 (1996), 3, 24; *v. Wilmowsky* RabelsZ 62 (1998), 1, 3, 5; *Pfeiffer*, NJW 1997, 1207, 1209; *Roth*, RabelsZ 55 (1991), 623, 652; *Ders.*, VersR 1993, 129, 133; *Grundmann*, IPRax 1992, 1, 4; *Martiny*, in: v. Bar (Hrsg,), 211, 219; Hildenbrand/Kappus/*Mäsch*, § 8 TzWrG, Rdn. 33; *Seif*, JbJZivRWiss 1997, 225, 244 Fn. 111.

243 *v. Wilmowsky*, RabelsZ 62 (1998), 1, 20; *Pfeiffer*, NJW 1997, 1207, 1209.

Art. 29a EGBGB darf daher auf eine grundfreiheitlich geschützte Transaktion nicht in einer Weise angewendet werden, die nicht zum Schutz der Verbraucher geeignet, erforderlich und auch im Lichte der betreffenden Grundfreiheit angemessen ist. Sowohl die Anbieter als auch die Verbraucher können sich in diesem Fall dagegen wehren, von der Vereinbarung eines Drittstaatenrechts abgehalten zu werden.

D. Auslegung und innerstaatliche Wirkungen von Verbraucherschutzrichtlinien

Art. 29a EGBGB beruht auf in verschiedenen Richtlinien enthaltenen kollisionsrechtlichen Rechtsetzungsaufträgen. Er ist damit richtlinienkonform auszulegen, was wiederum die Ermittlung des Regelungsprogramms der einschlägigen Richtlinienbestimmungen voraussetzt. Gem. Art. 220 EG sichert der EuGH die Wahrung des Rechts bei der Auslegung und Anwendung des EG-Vertrags. Er ist damit zur autoritativen Interpretation des Gemeinschaftsrechts berufen und hat dementsprechend ausgehend von völkerrechtlichen Auslegungsgrundsätzen und unter Einbeziehung der in den Mitgliedstaaten angewandten Methoden der Verfassungsinterpretation eigenständige gemeinschaftsrechtliche Auslegungsgrundsätze entwickelt.[244]

I. Die europäisch-autonome Auslegung von EG-Richtlinien

Um eine einheitliche Anwendung von Gemeinschaftsrechtsnormen zu erreichen, versucht der EuGH, grundsätzlich eine autonome Bestimmung der in Rechtsakten der Gemeinschaft verwendeten Begriffe vorzunehmen und verweist nur in besonderen Fällen auf das nationale Recht.[245] Dabei ist auch im Gemeinschaftsrecht der Wortlaut Ausgangspunkt der Interpretation[246], während im Übrigen keine Hierarchie der Auslegungsmethoden besteht, diese in der Rechtsprechung des EuGH vielmehr ineinander übergreifen.[247]

1. Auslegungsmethoden

Folgende, aus dem nationalen Recht bekannte, hier aber in ihrer europäischen Ausprägung relevante Auslegungsmethoden lassen sich unterscheiden.

---

244 *Oppermann*, Europarecht, Rdn. 680. Auf die grundsätzlichen Unterschiede zwischen der europarechtlichen und der völkerrechtlichen Methodik weist *Schmidt*, RabelsZ 59 (1995), 569, 573, hin.

245 *Franzen*, JbJZivRWiss 1997, 285, 287. Beispielsweise legt er den Begriff Arbeitnehmer in Art. 39 EG autonom aus, im Rahmen der Betriebsübergangsrichtlinie 77/187/EWG hingegen anhand der nationalen Maßstäbe des betroffenen Mitgliedstaats, vgl. a.a.O., 289.

246 *Meyer*, Jura 1994, 455, 456; *Grundmann/Riesenhuber*, JuS 2001, 529. Allerdings hat der EuGH z.B. die dem Primärrecht zuzuordnenden allgemeinen Rechtsgrundsätze ohne Rückgriff auf einen konkreten Wortlaut im EG-Vertrag entwickelt, Dauses - *Bleckmann/ Pieper*, Bd. 1, B I. Rdn. 9.

247 *Oppermann*, Europarecht, Rdn. 685.

a) Die Wortlautinterpretation

Das Verhältnis der Wortlautinterpretation zu den anderen Methoden scheint der EuGH grundsätzlich in einer aus dem nationalen Recht bekannten Weise zu bestimmen: Ein eindeutiger Wortlaut ist in der Regel verbindlich[248], im Übrigen muss sich die Interpretation im Rahmen der möglichen Bedeutungsvarianten halten, während ein Zurückbleiben hinter dem möglichen Wortsinn aus teleologischen und systematischen Gründen möglich ist.[249] Wichtig ist auch, dass jedenfalls im Rahmen des Sekundärrechts eine Überschreitung des Wortlauts im Wege der Analogie in der Regel nicht statthaft sein dürfte.[250] Gewisse Schwierigkeiten verursacht im Rahmen der Wortlautinterpretation allerdings der Umstand, dass sowohl für das Primärrecht (vgl. Art. 314 EG) als auch für Sekundärrechtsakte die Amtssprachen sämtlicher EU-Mitglieder verbindlich sind, es also um einen gemeinschaftsrechtlichen Wortlaut geht, der nicht allein anhand nationaler Vorstellungen ermittelt werden darf.[251]

b) Systematische Auslegung

Führt die Erfassung der Sinnbedeutung des Wortlauts noch nicht zu einem eindeutigen Ergebnis, so ist die Systematik des Sekundärrechtsakts – insbesondere die Berücksichtigung des Kontextes und der Stellung der einzelnen Bestimmung im Gesamtgefüge[252] – heranzuziehen[253], wobei der EuGH auch auf allgemeine Rechtsgrundsätze wie z.B. das Prinzip der Einheit des EG-Rechts, der Rechtssi-

---

248 *Grundmann/Riesenhuber*, JuS 2001, 529, 530, 534: „Faustregel".

249 Dauses - *Bleckmann/Pieper*, Bd. 1, B I. Rdn. 7. Es darf aber nicht auf den Wortlaut der einzelnen sprachlichen Fassung als Auslegungsgrenze abgestellt werden, vgl. *Lutter*, JZ 1992, 593, 599. Siehe *Schmidt*, RabelsZ 59 (1995), 569, 576, zu zwei Beispielen, in denen der EuGH eine erweiternde Auslegung gegen den eindeutigen Wortlaut in allen Sprachfassungen vorgenommen hat.

250 Dauses - *Bleckmann/Pieper*, Bd. 1, B I. Rdn. 7.

251 Vgl. Dauses - *Bleckmann/Pieper*, Bd. 1, B I. Rdn. 53; *Schmidt*, RabelsZ 59 (1995), 569, 575 f.; *Meyer*, Jura 1994, 455, 456; *Lutter*, JZ 1992, 593, 599, der das Problem der Ermittlung des Wort*lauts* von dem der Ermittlung des Wort*sinns* unterscheidet. Zur Sprachenregelung der EU aufgrund Art. 290 EG, vgl. *Oppermann,* Europarecht, Rdn. 179 ff. Die Wortlautauslegung kann an Grenzen stoßen, wenn die sprachlichen Fassungen voneinander abweichen, vgl. *Ders.,* a.a.O., Rdn. 683; zum Rückgriff auf die Arbeitssprache, *Grundmann/Riesenhuber*, JuS 2001, 529, 530. Ausführlich *Schulte-Nölke*, in: Schulze (Hrsg.), 143 ff.

252 *Lutter*, JZ 1992, 593, 602.

253 Dazu Dauses - *Bleckmann/Pieper*, Bd. 1, B I. Rdn. 28 ff. Ein anschauliches Beispiel liefert die Begründung des EuGH dafür, dass die KlauselRL die amtswegige Prüfung von Gerichtsstandsklauseln auf Missbräuchlichkeit verlangt, die neben teleologischen Argumenten maßgeblich auf das Schutzsystem der Richtlinie abstellt, vgl. EuGH, v. 27.6.2000, Rs. C-240 bis C-244/98 (*Océano Grupo Editorial/R.M. Quintero u.a.*), DB 2000, 2056, 2057, Tz. 27f., mit Anm. *Staudinger.*

cherheit und der Gleichheit rekurriert[254] und im Rahmen systematischer Erwägungen bisweilen ergänzend auf die Rechtslage in den Mitgliedstaaten abstellt.[255] Im Hinblick auf die Einheitlichkeit des Sekundärrechts ist es angebracht, gegebenenfalls auch andere auf dem Gebiet des Verbrauchervertragsrechts ergangene Richtlinien in die Betrachtung mit einzubeziehen.[256]

c) Teleologische Auslegung

Die teleologische Methode untersucht, welchen Sinn und Zweck der Rechtssatz des Gemeinschaftsrechts verfolgt. Diese Methode ist bei der Interpretation von Gemeinschaftsrecht von besonderer Bedeutung[257], da sie eine dynamische, den Integrationsgedanken fördernde Auslegung ermöglicht. Zu beachten sind dabei in erster Linie die Zielformulierungen in Art. 2 EUV und Art. 2, 3 EG[258], die durch die einschlägigen Rechtsgrundlagen für Sekundärrechtsakte im EG-Vertrag noch konkretisiert werden[259], so dass für die Verbraucherschutzrichtlinien im Sinne des Art. 29a Abs. 4 EGBGB die durchweg herangezogene Grundlage in Art. 100a EGV (Art. 95 EG) maßgeblich ist.

Die Auslegung von Richtlinien kann sich dabei insbesondere auf die Präambel, die den normativen Regelungen vorangestellt ist, stützen, da die dort aufgeführten Erwägungsgründe Rückschlüsse auf die im Rahmen der Rechtsangleichung konkret verfolgten Ziele erlauben.[260] Man wird also den jeder Rechtsangleichung innewohnenden Zweck des Abbaus von Handelshemmnissen und Wettbewerbsverzerrungen ebenso im Auge behalten müssen wie die Schutzzwecke, die von dem anzugleichenden nationalen Recht und damit auch von der teils begleitenden teils initiativen EG-Rechtspolitik verfolgt werden, namentlich das Ziel, die wirtschaftlichen Verbraucherinteressen im Binnenmarkt zu wahren und zu fördern. In diesem Rahmen greift der EuGH ferner auf

---

254 Dauses - *Bleckmann/Pieper*, Bd. 1, B I. Rdn. 50 f.

255 Siehe *Grundmann/Riesenhuber*, JuS 2001, 529, 531; *Schmidt*, RabelsZ 59 (1995), 569, 578.

256 Vgl. z.B. Grabitz/Hilf - *Pfeiffer*, Bd. III, Vorbem. A 5, Rdn. 82 ff., nach dem bei der Auslegung der KlauselRL auch andere Richtlinien, die Anforderungen an Vertragsbedingungen stellen, zu beachten seien. Der EuGH ist jüngst bei der Auslegung der VerbraucherkreditRL so vorgegangen, vgl. EuGH, v. 23.3.2000, Rs. C-208/98 (*Berliner Kindl Brauerei AG/Siepert*), EuZW 2000, 339, mit. Anm. *Rosenfeld*. Allg. *Lutter*, JZ 1992, 593, 603; *Grundmann/Riesenhuber*, JuS 2001, 529, 531, die diesen Aspekt als Teil der teleologischen Methode betrachten.

257 *Schmidt*, RabelsZ 59 (1995), 567, 579, 582; *Grundmann/Riesenhuber*, JuS 2001, 529, 531; *Meyer*, Jura 1994, 455, 456.

258 Dauses - *Bleckmann/Pieper*, Bd. 1, B I. Rdn. 16.

259 Vgl. zu letztgenanntem Gesichtspunkt Grabitz/Hilf - *Pfeiffer*, Bd. III, Vorbem. A 5, Rdn. 22; *Lutter*; JZ 1992, 593, 602 f.

260 *Lutter*, JZ 1992, 593, 600. Dauses - *Bleckmann/Pieper*, Bd. 1, B I. Rdn. 17; *Meyer*, Jura 1994, 455, 457; *Schmidt*, RabelsZ 59 (1995), 569, 579.

spezielle Auslegungsfiguren wie den Effektivitätsgrundsatz („effet utile“)[261] zurück.

Ferner spielt die wertende Rechtsvergleichung eine Rolle, indem der EuGH versucht, eine Lösung aus verschiedenen mitgliedstaatlichen Rechtsordnungen zu entwickeln, die mit den Zielen des EG-Vertrags möglichst gut vereinbar ist.[262] Schließlich sind stets die positivrechtlich in Art. 5 EG verankerten Grundsätze der Verhältnismäßigkeit und der Subsidiarität zu beachten, die gegenüber den genannten, eine dynamische Rechtsprechung erlaubenden Methoden begrenzend wirken können.

d) Historische Auslegung

Im Auslegungsvorgang kommt der (nur im Sekundärrecht praktizierten[263]) historischen Methode hingegen im Allgemeinen nur begrenzte Bedeutung zu.[264] Sie kann insbesondere bei der Erfassung des Wortsinns Hilfe leisten, wenn abweichende Fassungen eines Rechtsakts vorliegen oder einem Rechtsakt verschiedene Entwurfsfassungen zugrunde liegen, weicht aber im Übrigen hinter die Ermittlung des objektiven Sinngehalts einer Norm zurück.[265] Ihr wird daher nur eine anhand der übrigen Methoden gefundene Ergebnisse bestätigende Wirkung zukommen können.[266]

e) Primärrechtskonforme Auslegung

Sekundärrechtsakte der Gemeinschaft dürfen ihrerseits schon aus Gründen der Einheit und Widerspruchsfreiheit des Rechts das Primärrecht nicht verletzen. Der EuGH legt daher das Sekundärrecht auch unter Rückgriff auf die Ziele des

---

[261] Dauses - *Bleckmann/Pieper*, Bd. 1, B I. Rdn. 19; *Meyer*, Jura 1994, 455, 457; *Krebber*; ZVglRWiss 97 (1998), 124, 129.

[262] Dazu *Meyer*, Jura 1994, 455, 457 f. Im Rahmen privatrechtsangleichender Richtlinien spielt diese Methode aber bisland selten eine Rolle, vgl. *Grundmann/Riesenhuber*, JuS 2001, 529, 533.

[263] Vgl. *Franzen*, JbJZivRWiss 1997, 285, 286; Dauses - *Bleckmann/Pieper*, Bd. 1, B I. Rdn. 40.

[264] *Schmidt*, RabelsZ 59 (1995), 569, 582.

[265] Vgl. Dauses - *Bleckmann/Pieper*, Bd. 1, B I. Rdn. 40; *Lutter*, JZ 1992, 593, 602. Es dürfen ferner nur Äußerungen solcher Organe berücksichtigt werden, die gemäß dem jeweils einschlägigen Normsetzungsverfahren den Rechtsakt verantworten, vgl. dazu ausführlich *Lutter*, JZ 1992, 593, 600 f. Äußerungen anderer Stellen sind nur relevant, wenn die entscheidenden Organe sie in ihren Willen aufgenommen haben, *Grundmann/Riesenhuber*, JuS 2001, 529, 530.

[266] *Lutter*, JZ 1992, 593, 599.

EG-Vertrags aus.[267] Die Untersuchung des Verhältnisses von nationalem IPR zu den Grundfreiheiten des EG-Vertrags in den Abschnitten A bis C hat ergeben, dass für das Kollisionsrecht keine Bereichsausnahme anzunehmen ist, sondern es wie alles nationale Recht dem Gebot der Gemeinschaftsrechtskonformität unterliegt. Daher darf auch das Internationale Verbrauchervertragsrecht keine verbotenen Handelshemmnisse im Sinne der Waren- und Dienstleistungsverkehrsfreiheit bewirken. Das bedeutet zugleich, dass das Richtlinienkollisionsrecht nicht in einer Weise ausgelegt werden darf, die eine Grundfreiheitenbeschränkung darstellen würde.[268]

2. Justiziabilität des Tatbestandsmerkmals „enger Zusammenhang"

Eine Generalklausel zeichnet sich durch Unbestimmtheit und Abstraktion in einem Umfang aus, der die Herausbildung eines eindeutig belegbaren und subsumtionsfähigen Begriffskerns unmöglich macht[269], worin sie sich von sonstigen unbestimmten Rechtsbegriffen unterscheidet.[270] Die Vielzahl der vertretenen Auffassungen zur Konkretisierung des „engen Zusammenhangs" sowie die bereits aufgetretenen Schwierigkeiten bei der Bestimmung des vergleichsweise präziseren Begriffs der „engsten Verbindung" nach Art. 28 Abs. 1 EGBGB sprechen dafür, auch das Merkmal des „engen Zusammenhangs" als Generalklausel zu bezeichnen.[271]

Generalklauseln kommt im positiven Recht eine doppelte Funktion zu: Sie sollen den Gerichten einerseits an der Forderung nach Einzelfallgerechtigkeit orientierte Entscheidungen ermöglichen und andererseits zugleich dem Bedürfnis nach einer gewissen Anpassungsfähigkeit des Rechts genügen, indem sie eine Grundlage für richterliche Rechtsfortbildung bilden.

Als Generalklauseln werfen die kollisionsrechtlichen Regelungen der Verbraucherrichtlinien besondere Probleme bei der Umsetzung, der Anwendung des Umsetzungsrechts sowie – dazu sogleich die folgenden Ausführungen – im Rahmen der Kontrolle der richtigen Anwendung des Gemeinschaftsrechts durch

---

267 Dauses - *Bleckmann/Pieper*, Bd. 1, B I. Rdn. 49. Vgl. auch *Lutter*, JZ 1992, 593, 603; *Meyer*, Jura 1994, 455, 457. Eine primärrechtswidrige Regelung ist nichtig, vgl. *Grundmann/Riesenhuber*, JuS 2001, 529, 532.

268 Vgl. Grabitz/Hilf - *Pfeiffer*, Bd. III, A. 5, Art. 6 RL, Rdn. 25. In der Literatur ist insbesondere die Vereinbarkeit der Anknüpfungskriterien „enger Zusammenhang mit dem Gebiet der Mitgliedstaaten" und „Belegenheit" mit den Grundfreiheiten bezweifelt worden. Vgl. dazu *v. Wilmowsky*, ZEuP 1995, 735, 761 f.

269 MüKo - *Roth*, § 242 BGB, Rdn. 20.

270 *Franzen*, JbJZivRWiss 1997, 285, 298.

271 So z.B. *Leible*, in: Schulte-Nölke/Schulze (Hrsg.), 353, 380; *Staudinger*, IPRax 1999, 414, 415; *Thorn*, IPRax 1999, 1, 7; *Wegner*, VuR 2000, 227, 228; *Roth*, in: FS Drobnig (1998), 135, 137.

den EuGH auf. In jüngerer Zeit ist nämlich die Reichweite der Kompetenz des EuGH zur Auslegung sekundärrechtlicher Generalklauseln verstärkt diskutiert worden.[272]

a) Kein Beurteilungsspielraum für Umsetzungsgesetzgeber und Rechtsanwender

Schon aus der Zielverbindlichkeit der Richtlinien gem. Art. 249 Abs. 3 EG folgt, dass das Tatbestandsmerkmal des „engen Zusammenhangs" in Art. 6 Abs. 2 KlauselRL und Art. 12 Abs. 2 FernabsatzRL der letztverbindlichen Auslegung durch den EuGH unterliegt.[273] Anderenfalls stünde die von der Richtlinie angeordnete kollisionsrechtliche Absicherung des materiellen durch die Richtlinie gewährten Schutzstandards größtenteils im Ermessen der Mitgliedstaaten. Weder das Verbraucherschutzziel noch ein Angleichungseffekt wären mit ausreichender Sicherheit zu realisieren. Die Konkretisierung der Generalklausel des „engen Zusammenhangs" durch die nationalen Gerichte findet also nicht etwa „unter blauem Himmel" statt, ein kontrollfreier Beurteilungsspielraum besteht nicht.

b) Die Umsetzung von Generalklauseln

Im Vorgriff auf eine nähere Darstellung des Inhalts der Umsetzungsverpflichtung soll schon an dieser Stelle eine Besonderheit erwähnt werden, die die Mitgliedstaaten bei der Umsetzung von Generalklauseln in Richtlinien beachten müssen, nämlich die Weitergabe von Konkretisierungsspielraum an den Rechtsanwender. Konkretisierungsspielraum bedeutet dabei – in Abgrenzung zum Beurteilungsspielraum – die Befugnis, den von der Generalklausel abgedeckten Anwendungsbereich gleichsam durch Herausbildung neuer, präziserer Obersätze näher auszugestalten.

Im Übrigen ist auch für die Umsetzung von Generalklauseln Ausgangspunkt die Aussage des EuGH, dass es eine Pflicht zur wörtlichen Umsetzung von Richtlinienbestimmungen nicht gibt.[274] Andererseits ist der Gesetzgeber natürlich auch nicht gehindert, die Generalklausel wörtlich oder sinngemäß zu übernehmen oder diese mit Regelbeispielen zu kombinieren. Eine Grenze besteht dann aber jedenfalls darin, dass der Umsetzungsgesetzgeber dem Rechtsanwender einen gewissen Spielraum überlassen muss, da anderenfalls das Richtlinienziel der Ermöglichung einer flexiblen Entscheidung von Einzelfällen

---

[272] Vgl. *Leible*, RIW 2001, 422, 425 m.w.N.; *Franzen*, JbJZivRWiss 1997, 285, 301; ausführlich *Ders.*, 536-574.

[273] Grabitz/Hilf - *Pfeiffer*, Bd. III, A. 5, Art. 6 RL, Rdn. 22.

[274] EuGH, v. 28.2.1991, Rs. C-131/88 (*Kommission/BRD*), Slg. 1991 - I, 825, 867, Tz. 6, *Wagner*, IPRax 2000, 249, 251.

(das in Übereinstimmung mit den Anforderungen der Rechtssicherheit zu bringen ist) nicht zu erreichen ist. Der Vorgang der Konkretisierung der Generalklausel bleibt somit, auch wenn der Gesetzgeber durch Regelbeispiele eine eigene Typisierung vorgenommen hat, offen für die Bildung neuer Fallgruppen durch Analyse der den Entscheidungen in ähnlichen Sachverhalten zugrunde liegenden Wertungen.[275] Eine Umsetzung, die – wie der französische Art. L 135-1 Code de la Consommation im Hinblick auf Art. 6 Abs. 2 KlauselRL – ungeachtet der Verwendung einer Generalklausel in der Richtlinie eine abschließende gesetzgeberische Fallgruppenbildung enthält, ist daher richtlinienwidrig.[276]

c) Generalklauseln im Vorabentscheidungsverfahren

In diesem Zusammenhang stellt sich auch die Frage nach der möglichen und wünschenswerten Kontrolldichte im Hinblick auf die Auslegung der Generalklausel im Vorabentscheidungsverfahren. Doch auch hier hilft der Aspekt der Weitergabe von Konkretisierungsspielraum weiter: Auf mögliche Vorlagefragen aus Deutschland, ob Art. 6 Abs. 2 KlauselRL (oder Art. 12 Abs. 2 FernabsatzRL) einer Auslegung des Art. 29a Abs. 1 EGBGB entgegensteht, wonach ein Verbrauchervertrag unter bestimmten Umständen keinen[277] engen Zusammenhang zum Gebiet der Gemeinschaft aufweist, dürfte der EuGH nicht in einer Weise antworten, die ein *abschließendes* Fallgruppensystem für die Konkretisierung des engen Zusammenhangs bedeuten würde. Der dem EuGH eingeräumte Konkretisierungsspielraum kann nicht größer sein als der, den die Richtlinie dem Umsetzungsgesetzgeber eingeräumt hat, der ihn nach dem oben Gesagten wiederum an die nationalen Gerichte weitergeben musste.[278]

---

275 Vgl. *Franzen*, JbJZivRWiss 1997, 285, 299.

276 *Freitag/Leible*, EWS 2000, 343, 345. Zur französischen Umsetzung in Art. L 135-1 Code de la Consommation vgl. *Jayme/Kohler*, IPRax 1995, 343, 345. A. A. ist Wolf/Horn/Lindacher - *Wolf*, Art. 6 RL, Rdn. 12 (zu Art. 6 Abs. 2 KlauselRL); wohl auch *Sonnenberger*, ZEuP 1996, 382, 393 f., der aber immerhin verlangt, dass der Gesetzgeber den Spielraum dann auch umfassend ausschöpfen muss.

277 Nimmt das mitgliedstaatliche Gericht einen engen Zusammenhang an und schützt damit den Verbraucher kollisionsrechtlich, so ist eine Vorlage an den EuGH nur notwendig, wenn man die Mindestschutzklauseln nicht auch auf das Umsetzungs-IPR bezieht. Sonst wäre die Bejahung kollisionsrechtlichen Schutzes z.B. über Art. 29a EGBGB ja immer zumindest als Schutzverstärkung zulässig, auch wenn die IPR-Klauseln enger wären. Angesichts der umstrittenen Auslegung der Mindestschutzklauseln muss aber etwa ein deutsches Gericht, das eine Umsetzungskollisionsnorm in die Richtlinienvorgaben überschreitender Weise anwenden will (z.B. § 8 Nr. 2 TzWrG, jetzt in Art. 29a Abs. 1 EGBGB enthalten), bei Vorliegen der übrigen Voraussetzungen die Frage zur Vorabentscheidung dennoch vorlegen.

278 Vgl. allgemein *Roth*, in: FS Drobnig (1998), 135, 142; *Franzen*, JbJZivRWiss 1997, 285, 302; für Zurückhaltung bei der Auslegung von Generalklauseln auch *Kindler*, AcP 199

Generalklauseln haben zwei grundsätzliche Funktionen. Zum einen sollen sie die Verwirklichung von Einzelfallgerechtigkeit ermöglichen.[279] Wenn also die IPR-Klauseln den räumlich-territorialen Anwendungsbereich von Richtlinien mit einer Generalklausel beschreiben, so erfordert Ihre Anwendung eine Berücksichtigung der konkret beteiligten kollisionsrechtlichen Interessen, insbesondere der Rechtsanwendungsinteressen, aber im Rahmen des im geltenden IPR Möglichen und Gebotenen auch materiellrechtlicher Interessen. Der EuGH entscheidet gem. Art. 234 EG aber lediglich über die *Auslegung* des Gemeinschaftsrechts, er ist also zur *Anwendung* des Gemeinschaftsrechts auf den konkreten Einzelfall nicht befugt.[280] Aus dieser zwischen dem Gerichtshof und den mitgliedstaatlichen Gerichten bestehenden Aufgabenverteilung zur Lösung von Einzelfällen folgt, dass die Anwendung des Umsetzungsrechts in einer richtlinienkonformen Weise auf den Einzelfall Sache des vorlegenden Gerichts bleibt.[281]

Die aus alldem abzuleitende eigenständige Konkretisierungszuständigkeit der mitgliedstaatlichen Gerichte entspricht auch dem Subsidiaritätsprinzip sowie generell dem Harmonisierungsinstrument „Richtlinie“, das im Vergleich zur in all ihren Teilen verbindlichen Verordnung eben einen – bei der Wahl von Generalklauseln sogar besonders großen – Gestaltungsspielraum lässt.[282] Damit ist dem EuGH letztlich die Konkretisierung der Generalklausel durch *abschließende* Fallgruppenbildung, und damit auch die Wahrnehmung der zweiten, in der Rechtsfortbildung durch Regelbildung liegenden Funktion von Generalklauseln[283] nur eingeschränkt möglich.[284] Bedeutung erlangt der eigenständige Kon-

---

(1999), 695, 703. Zum Problem im Hinblick auf die Generalklausel des Richtlinien-IPR, *Leible*, in: Schulte-Nölke/Schulze (Hrsg.), 353, 380. Bezüglich der Missbrauchskontrolle nach Art. 3 Abs. 1 KlauselRL a.A. ist *Hau*, IPRax 2001, 96, 97, dessen Hinweis, dass nur der EuGH selbst die Grenzen seiner Auslegungskompetenz letztverbindlich festlegen kann, zutrifft, vgl. *Ders.*, a.a.O., 98; a.A. auch *Freitag*, EWiR 2000, 783, 784.

279 Vgl. *Roth*, in: FS Drobnig (1998), 135, 140.

280 *Schmidt*, RabelsZ 59 (1995), 569, 592.

281 Daher für entsprechende Zurückhaltung des EuGH in das Privatrecht betreffenden Vorabentscheidungsverfahren, *Schmidt*, RabelsZ 59 (1995), 569, 592, 594 f. (allerdings ohne das Problem der Generalklauseln ausdrücklich zu erwähnen).

282 Vgl. *Schmidt*, RabelsZ 59 (1995), 569, 594 f.; *Roth*, in: FS Drobnig (1998), 135, 145 f.

283 *Roth*, in: FS Drobnig (1998), 135, 140.

284 So deutlich *Roth*, in: FS Drobnig (1998), 135, 153. Die Befürchtung *Leibles*, dass auch der EuGH der durch die Richtlinien verursachten bzw. noch drohenden Rechtszersplitterung im Verbrauchervertrags-IPR nicht wirksam wird entgegensteuern können, erscheint daher nicht unbegründet, vgl. *Leible*, in: Schulte-Nölke/Schulze (Hrsg.), 353, 380, wobei natürlich bislang völlig offen ist, wie sich der EuGH zukünftig verhalten wird.

A.A. sind diejenigen, die einen Ausbau des europäischen Privatrechts durch den EuGH in Auslegung zivilrechtlicher Generalklauseln in Richtlinien befürworten, vgl. dazu *Roth*, in: FS Drobnig (1998), 135, 138, m.w.N; speziell für die Klauselkontrolle auch *Remien*,

kretisierungsspielraum nicht zuletzt vor dem Hintergrund, dass die Mindestschutzklauseln nach zutreffender Ansicht keine kollisionsrechtlichen Schutzverstärkungen erlauben[285], ein mitgliedstaatliches Gericht also nicht unter Hinweis etwa auf Art. 8 KlauselRL den „engen Zusammenhang" großzügiger beurteilen dürfte als der EuGH.[286]

d) Konsequenzen

Für die einheitliche Auslegung des in Richtlinien enthaltenen europäischen Verbrauchervertragsrechts ist es daher einerseits besonders wichtig, die Anwendung von Generalklauseln in den Mitgliedstaaten im Blick zu behalten, wobei wie gesehen problematisch bleibt, inwieweit der EuGH hier detaillierte Vorgaben entwickeln kann und soll.[287] Aufgrund der dargestellten Schwierigkeit, die Besonderheiten des Vorabentscheidungsverfahrens mit der notwendigen aus Einzelfällen zu entwickelnden Konkretisierung von Generalklauseln in Einklang zu bringen, wird man im Ergebnis eine Zurückhaltung des EuGH im Zusammenhang mit der Konkretisierung des Merkmals „enger Zusammenhang" verlangen müssen, auch wenn dies vor dem Hintergrund einer erstrebenswerten (Wieder-)Herstellung der infolge der Einführung sekundärrechtlicher IPR-Klauseln seit 1993 aufgeweichten Einheit des Internationalen Verbrauchervertragsrechts bedauerlich erscheint. Die von den Richtlinien ausdrücklich gewollte Offenheit der IPR-Klauseln verbietet es dem EuGH, die (noch zu zeigende[288]) durch unterschiedliche mitgliedstaatliche Umsetzungen eingetretene Zersplitterung des Kollisionsrechts aufgrund rechtspolitischer Argumente durch eine

---

RabelsZ 62 (1998), 627, 643. Auch *Ehricke*, RabelsZ 59 (1995), 598, 602, weist darauf hin, dass sich die Europäisierung des Privatrechts mehr und mehr auf die Judikative, womit er auch den EuGH meint, verlagert.

285 Siehe 2. Teil E IV.

286 Im Bereich sachrechtlicher Mindestharmonisierung muss sich der EuGH hingegen darauf beschränken, eine Anwendung der Generalklauseln zu unterbinden, die den Mindestschutz noch unterschreitet, während er umgekehrt erst einschreiten darf, wenn die Anwendung des Umsetzungsrechts zu einer verbotenen Handelsbeschränkung im Sinne der Produktfreiheiten führt, vgl. dazu *Howells*, in: Schulze (Hrsg.), 115, 118 ff. (kritisch zur Intensität der Vorgaben des EuGH zum Merkmal „irreführend" im Lauterkeitsrecht). Vgl. auch *Brandner*, in: Schulze (Hrsg.), 131, 141.

287 Vgl. *Howells*, in: Schulze (Hrsg.), 115 f. Aufgrund der Wahlfreiheit der Mitgliedstaaten bzgl. rechtstechnischer Umsetzungsfragen sowie aufgrund des Konzepts der Mindestharmonisierung kann es nach Dauses - *Lecheler*, Bd. 2, H V, Rdn. 42 a.E. kein „europäisches" Verbrauchervertragsrecht geben. Demgegenüber sollen im Folgenden die Richtlinien, die Rechtsverhältnisse betreffen, an denen Verbraucher beteiligt sind und ihnen unmittelbar Rechte einräumen (vgl. Grabitz/Hilf - *Wolf*, Bd. III, A 1, Rdn. 12 f.), sowie das zugehörige Umsetzungsrecht als „europäisches Verbrauchervertragsrecht" bezeichnet werden.

288 Vgl. unten 5. Teil B.

richtlinienwidrige Zementierung des Merkmals „enger Zusammenhang“ wieder rückgängig zu machen.

Umso mehr wird man aber verlangen müssen, dass die nationalen Gerichte dem EuGH im Vorfeld ihrer Anwendung der Generalklausel auf den konkreten Einzelfall Gelegenheit zur Formulierung von Orientierung bietenden Grundsätzen geben.[289] Da Teile des Kollisionsrechts bereits gemeinschaftsweit vereinheitlicht sind und die Entwicklung seit dem Amsterdamer Vertrag weiter voranschreitet, stellen sich die Probleme insoweit auch nicht mit der von Art. 3 Abs. 1 KlauselRL bekannten Schärfe.[290] Der EuGH kann zur Auslegung des Merkmals „enger Zusammenhang“ auf bestehende Konventionen, zunehmend auch auf positive gemeinschaftsrechtliche Regelungen sowie auf weitgehend gemeinsame Grundsätze der Mitgliedstaaten zurückgreifen.

Er wird daher einen europäisch-autonom[291] definierten Rahmen ermitteln können, innerhalb dessen Grenzen es Sache der mitgliedstaatlichen Gerichte bleibt, die Voraussetzungen eines „engen Zusammenhangs“ zum Europäischen Wirtschaftsraum näher zu präzisieren. Eine Vorlage an den EuGH kommt dabei meines Erachtens insbesondere im Hinblick auf die noch näher zu diskutierenden Fragen in Betracht, ob ein „enger Zusammenhang“ auch bei Beteiligung eines Verbrauchers mit gewöhnlichem Aufenthalt in einem Drittstaat vorliegen kann, ob der „enge Zusammenhang“ durch die Art. 3, 4 EVÜ abschließend konkretisiert wird sowie ob die Vertragsanbahnung bzw. die

---

289 So allgemein zu generalklauselartigen Richtlinienbestimmungen: *Brandner*, in: Schulze (Hrsg.), 131, 142; *Franzen*, JbJZivRWiss 1997, 285, 302; *Roth*, in: FS Drobnig (1998), 135, 142 f.; ebenso *Magnus*, JZ 1990, 1100, 1103, wonach der EuGH die Grenzen des Beurteilungsspielraums der nationalen Gerichte im Hinblick auf unbestimmte Rechtsbegriffe in Richtlinien festlegt.

290 Siehe z.B. *Nasall*, JZ 1995, 689, 691. Die KlauselRL enthält aber immerhin in Art. 4 Abs. 1 und im Anhang einige Hilfskriterien, die einer gemeinschaftsrechtlich-autonomen Auslegung zugänglich sind, vgl. *Grundmann*, Schuldvertragsrecht, § 5, 2.10, Rdn. 22. Auch der 16. Erwägungsgrund enthält einige Aussagen zur Konkretisierung. Ferner mag man weitere Hilfskriterien aus dem Transparenzgebot oder aus anderen Harmonisierungsrichtlinien entnehmen können, *Ders.*, a.a.O., Rdn. 26. Die Prognose *Roths*, in: FS Drobnig (1998), 135, 139, Fn. 28, der EuGH werde mit Blick auf den Anhang einzelne Klauselverbote ableiten, ohne zur Konkretisierungsbefugnis der Generalklausel Stellung zu nehmen, hat sich inzwischen gleich im ersten Urteil des EuGH zur KlauselRL als zutreffend erwiesen, vgl. EuGH, v. 27.6.2000, Rs. C-240/98 (*Océano Grupo/Quintero u.a)*, JZ 2001, 245, Tz. 21-24, mit Anm. *Schwartze*, 246, 248, wonach der EuGH die Klauseln des Anhangs als „Anregung“ zu einer näheren Überprüfung anhand des Art. 3 Abs.1 KlauselRL versteht; vgl. dazu auch *Hau*, IPRax 2001, 96. Weitergehend *Freitag*, EWiR 2000, 783, 784, wonach der EuGH implizit die generelle Befugnis beansprucht habe, sekundärrechtliche Generalklauseln auszulegen; zurückhaltender *Ders.*, RIW 2001, 422, 426, 431.

291 Zur europäisch-autonomen Auslegung des Merkmals „enger Zusammenhang“: *Krebber*, ZVglRWiss 97 (1998), 124, 145; unten 4. Teil C III 2. a).

ausschließliche Erfüllung eines Vertrags in einem Drittstaat der Annahme eines „engen Zusammenhangs" entgegenstehen kann.

II. Innerstaatliche Wirkungen der Verbraucherschutzrichtlinien

Da Art. 29a EGBGB selbst auf Richtlinienvorgaben beruht und darüber hinaus nur solche Gesetze beruft, die der Umsetzung einer der in Art. 29a Abs. 4 EGBGB genannten Richtlinien dienen, sind im Rahmen der europarechtlichen Grundlagen der Anwendung des Art. 29a EGBGB die Wirkungen von besonderer Bedeutung, die Richtlinien im Hinblick auf das nationale Recht der Mitgliedstaaten zukommen. An erster Stelle ist hier der Grundsatz der richtlinienkonformen Auslegung zu nennen, denn er gilt jedenfalls nach Ablauf der Umsetzungsfrist unabhängig davon, ob ein Mitgliedstaat eine Richtlinie pflichtgemäß umgesetzt hat oder nicht (1.). Eine unmittelbare Wirkung nicht umgesetzter Verbraucherschutzrichtlinien in reinen Privatrechtsverhältnissen lehnt der EuGH hingegen grundsätzlich ab (2.) und verweist damit auf das allgemeine Sanktionsinstrumentarium des Primärrechts (3.), wenn ein Mitgliedstaat zum Nachteil eines Verbrauchers seiner Umsetzungsverpflichtung nicht nachgekommen ist. Gerade die fehlende sog. horizontale Direktwirkung von Richtlinien war infolge des Gran Canaria-Syndroms der Auslöser einer bis heute andauernden Diskussion[292], ob und wie das Kollisionsrecht reagieren kann bzw. muss, wenn es auf das Recht eines solchen „säumigen" Mitgliedstaats verweist.

1. Richtlinienkonforme Auslegung des nationalen Rechts

Art. 224 Abs. 3 EG definiert die Richtlinie als für die Mitgliedstaaten der EG hinsichtlich des zu erreichenden Ziels verbindlichen Rechtsakt, der dem Umsetzungsgesetzgeber jedoch die Wahl der Form und Mittel überlässt, also ein gestuftes Rechtsetzungsverfahren[293] vorsieht. Aus dieser Vorschrift[294] folgt zugleich, dass die Mitgliedstaaten zur Umsetzung verpflichtet sind sowie die Pflicht zur richtlinienkonformen Auslegung des nationalen Rechts[295], die der

---

292 Aus der umfangreichen Literatur sei hier beispielhaft auf *Jayme*, IPRax 1990, 220; *Rauscher*, EuZW 1996, 650, und *Nemeth*, 49 f., verwiesen.

293 *Hilf*, EuR 1993, 1, 4.

294 Zum Teil (so auch der EuGH in älteren Entscheidungen, z.B. EuGH, v. 10.4.1984, Rs. 14/83 (*von Colson und Kamnn*), Slg. 1984, 1891, 1909, Tz. 26) wird noch ergänzend auf Art. 5 EGV (Art. 10 EG) abgestellt. Vgl. Grabitz/Hilf - *von Bogdany*, Bd. 1, Art. 5 EGV (alt), Rdn. 55; *Steindorff*, 449; *Zuleeg*, in: Schulze (Hrsg.), 163, 167.

295 *Lutter*, JZ 1992, 593, 604. A.A. *Nettesheim*, AöR 119 (1994), 261, 268, der ausschließlich auf Art. 5 Abs. 2 EGV (Art. 10 Abs. 2 EG) im Vernehmen mit dem nationalen Gebot der Normerhaltung abstellt. Ein Teil der Literatur unterscheidet hingegen das

EuGH in mehreren Entscheidungen konkretisiert hat.[296] Danach haben alle Träger öffentlicher Gewalt der Mitgliedstaaten[297], also auch die nationalen Gerichte[298], das nationale Recht, insbesondere Umsetzungsrecht, im Lichte von Wortlaut und Zweck der Richtlinie auszulegen.[299] Zu beachten ist dabei, dass das richtlinienkonform gewonnene Auslegungsergebnis sowohl im Staat-Bürger-Verhältnis zu Lasten des Bürgers[300] als auch in reinen Privatrechtsverhältnissen[301] Geltung beansprucht.

a) Gegenstand der richtlinienkonformen Auslegung

Mittlerweile geklärt ist, dass das gesamte nationale Recht und nicht lediglich das Transformationsrecht richtlinienkonform interpretiert werden muss[302], unabhängig davon, ob es vor oder nach Erlass einer einschlägigen Richtlinie

---

„Gebot" der richtlinienkonformen Auslegung nach Gemeinschaftsrecht von der „Pflicht" hierzu, die durch den Transformationsakt entstehe, das gemeinschaftsrechtliche „Gebot" ersetze und ihren Ursprung im nationalen Recht habe, vgl. *Ehricke*, RabelsZ 59 (1995), 598, 614 f.; *Ders.*, EuZW 1999, 553, 554. Der dogmatische Streit wirkt sich allerdings nur auf die Begründung der Pflicht nationaler Gerichte zur richtlinienkonformen Auslegung aus, wenn ein Mitgliedstaat die Richtlinie vor Ablauf der Umsetzungsfrist umgesetzt hat, vgl. *Ehricke* a.a.O., 622.

296 Vgl. zur Rechtsprechung des EuGH z.B. die Entscheidungen: EuGH, v. 10.4.1984, Rs. 14/83 (*v. Colson und Kamann*), Slg. 1984, 1891; EuGH, v. 10.4.1984, Rs. 79/83 (*Harz/ Deutsche Tradax GmbH*), Slg. 1984, 1921; EuGH, v. 8.10.1987, Rs. 80/86 (*Kolpinghuis Nijmegen*), Slg. 1987, 3969; EuGH, v. 4.2.1988, Rs. 157/86 (*Murphy/An Bord Telecom*), Slg. 1988, 673; EuGH, v. 13.11.1990, Rs. C-106/89 (*Marleasing*), Slg. 1990 - I, 4135.

297 Dieser Durchgriff ergibt sich auch aus der Verwendung des Begriffs der innerstaatlichen Stellen in Art. 189 EGV (Art. 224 EG), *Hilf*, EuR 1993, 1, 4.

298 *Jarass*, EuR 1991, 211, 216.

299 EuGH, o. Fn. 296 (*v. Colson und Kamann*), Slg. 1984, 1891, 1909, Tz. 26; EuGH, o. Fn. 296 (*Marleasing*), Slg. 1990 - I, 4135, 4159, Tz. 8; *Magnus*, JZ 1990, 1100, 1102 f. Kritisch dazu, dass der EuGH nicht zwischen gemeinschaftsrechtskonformer Auslegung und Rechtsfortbildung unterscheidet: *Nettesheim*, AöR 119 (1994), 261, 265.

300 Anders ist die Rechtslage bei der unmittelbaren Wirkung von Richtlinien, die nur zu Lasten des Staates gehen darf, vgl. *Oppermann*, Europarecht, Rdn. 556; EuGH, v. 8.10.1987, Rs. 80/86 (*Kolpinghuis Nijmegen*), Slg. 1987, 3969, 3986, Tz. 10 (zu einem privaten Arbeitsvertrag).

301 Vgl. EuGH, o. Fn. 296 (*Harz/Deutsche Tradax GmbH*), Slg. 1984, 1921, 1942, Tz. 26; Grabitz/Hilf - *von Bogdany*, Bd. , Art. 5 EGV (alt) Rdn. 55; *Nettesheim*, AöR 119 (1994), 261, 275 f.; *Vogenauer*, ZEuP 1997, 158, 162. Dies wiederum im Unterschied zur die horizontale Direktwirkung von Richtlinien verneinenden Rechtsprechung des EuGH, vgl. EuGH, v. 26.2.1986, Rs. 152/84 (*Marshall/Health Authority*, Slg. 1986, 723, 749, Tz. 48, EuGH, v. 14.7.1994, Rs. C- (*Faccini Dori*), Slg. 1994 - I, 3325, 3356, Tz. 25; EuGH, v. 7.3.1996, Rs. C.192, /94 (*El Corte Inglés*), Slg. 1996 - I, 1281, 1303, Tz. 15; EuGH, v. 4.12.1997, Rs. C-97/96 (*Daihatsu*), Slg. 1997 - I, 6843, 6865 f., Tz. 24 .

302 EuGH, o. Fn. 296 (*Kolpinghuis/Nijmegen*, Slg. 1987, 3969, 3986, Tz. 12; *Zuleeg*, in: Schulze (Hrsg.), 163, 170.

geschaffen worden ist.[303] Diese weite Auffassung ist schon deshalb richtig, weil es nach der Rechtsprechung des EuGH zum Inhalt der Umsetzungsverpflichtung auch ausreichen kann, wenn ein Mitgliedstaat eine ausdrückliche Umsetzung deshalb unterlässt, weil schon vorhandene nationale Normen das Richtlinienziel verwirklichen.[304]

b) An der Richtlinie selbst ansetzende Voraussetzungen der richtlinienkonformen Auslegung

Für die Darstellung der Voraussetzungen (und damit der Grenzen) richtlinienkonformer Auslegung bietet sich eine Unterscheidung nach solchen, die sich auf die Richtlinien beziehen und solchen, die im nationalen Recht wurzeln, an.

(1) Vereinbarkeit der Richtlinie mit Primärrecht

Schon aus der Normenhierarchie im Gemeinschaftsrecht folgt, dass eine Richtlinie mit höherrangigem Gemeinschaftsrecht vereinbar sein muss.[305] Daraus ergibt sich insbesondere eine Bindung an die Erfordernisse der Rechtsgrundlagen im Primärrecht[306], an die Grundfreiheiten sowie an die allgemeinen Rechtsgrundsätze des Gemeinschaftsrechts. Soweit die richtlinienkonforme Auslegung im Privatrechtsverhältnis betroffen ist, wird im letztgenannten Bereich eine eigenständige Bedeutung des Grundsatzes der Rechtssicherheit und – ausnahmsweise – des Rückwirkungsverbots angenommen.[307]

(2) Inhaltliche Anforderungen an die Richtlinienbestimmungen?

Größere Bedeutung hat die Streitfrage, ob es wie bei der unmittelbaren (vertikalen) Wirkung von Richtlinien erforderlich ist, dass die Richtlinie inhaltlich

303 Vgl. die Entscheidung *Marleasing* (o. Fn. 296), Slg. 1990 - I, 4135, 4159, Tz. 8; EuGH, v. 27.6.2000, Rs. C-240 bis C-244/98 (*Océano Grupo Editorial SA/R.M. Quintero u.a.*), DB 2000, 2056, 2057, Tz. 30, mit Anm. *Staudinger*; Ulmer/Brandner/Hensen - *Ulmer*, Einl, Rdn. 73; *Schmidt*, RabelsZ 59 (1995), 569, 583. Auch das englische House of Lords hat in der Entscheidung v. 19.10.1995 (Webb vs. EMO Air Cargo (UK) Ltd. (No. 2), abgedruckt in (1995) 4 All England Law Report (All E.R.), 577, seine gegenteilige Rechtsprechung inzwischen aufgegeben, vgl. *Vogenauer*, ZEuP 1997, 158, 162.

304 Vgl. 3. Teil E I 1.

305 Dies gilt selbstverständlich allgemein für das Sekundärrecht, *Oppermann*, Europarecht, Rdn. 688.

306 Vgl. EuGH, v. 5.10.2000, Rs. C-376/98, EuZW 2000, 694, 699, Tz. 89, mit Anm. *Wägenbaur* (zur Tatbakwerbungs-Richtlinie).

307 Vgl. *Staudinger*, 71; EuGH, v. 13.12.2001, Rs. C-481/99 (*Heininger*), EuZW 2002, 84 (Tz. 49 ff.).

unbedingt und hinreichend präzise gefasst ist.[308] Die zivilrechtliche Literatur vertritt diesen Standpunkt teilweise im Hinblick darauf, dass andernfalls ein Eingriff durch die Rechtsprechung in die von der Richtlinie eingeräumten Gestaltungsspielräume des nationalen Gesetzgebers stattfinde.[309]

Damit wird aber übersehen, dass zwischen der Heranziehung der Richtlinie als Auslegungsmaßstab für das nationale Recht und der Zuerkennung subjektiver Rechte durch Annahme einer vertikalen Direktwirkung im Bürger-Staat-Verhältnis ein erheblicher Unterschied besteht.[310] Der Gestaltungsspielraum des Gesetzgebers ist zudem nicht tangiert: Hat er bereits umgesetzt, so ist dieser Spielraum ausgeschöpft, hat er nach Ablauf der Umsetzungsfrist noch nicht umgesetzt, so ist hierin eine bewusste Nichtausschöpfung des Spielraums zu sehen. Vor Ablauf der Umsetzungsfrist kann hingegen eine richtlinienkonforme Auslegung ohnehin nur im Rahmen der nationalen Auslegungsmethoden erfolgen, so dass nur Ergebnisse erzielt werden können, die auch ohne die Richtlinie möglich gewesen wären.[311] Die unmittelbare Anwendbarkeit ist somit keine Voraussetzung der richtlinienkonformen Auslegung.[312]

(3) Die Bedeutung der Umsetzungsfrist

Den Zeitpunkt, ab welchem der nationale Richter zur richtlinienkonformen Auslegung verpflichtet ist, beurteilt die Literatur nicht einheitlich. Der EuGH scheint hingegen nunmehr endgültig auf den Ablauf der Umsetzungsfrist abzustellen.[313] Während manche Literaturstimmen den Erlass der Richtlinie für entscheidend halten[314], nimmt auch die überwiegende Zahl der Autoren eine

---

308 So *M. Schmidt*, RabelsZ 59 (1995), 569, 586; *Scherzberg*, Jura 1993, 225, 232; vgl. *Staudinger*, 61 m.N. A.A. *Grundmann*, ZEuP 1996, 399, 410. Auch der EuGH hat dieses Erfordernis nicht aufgestellt: EuGH, v. 20.5.1976, Rs. 111/75 (*Mazzalai*), Slg. 1976, 657, 666, Tz. 7/11.

309 *Scherzberg*, Jura 1993, 225, 232, der ferner auf den fehlenden Rechtsschutz des Bürgers gegen Richtlinien verweist. A.A. z.B. *Steindorff*, 450; *Baumert*, 27.

310 Vgl. *Nettesheim*, AöR 119 (1994), 261, 276.

311 Vgl. *Lutter*, JZ 1992, 593, 605; BGH, v. 5.2.1998, I ZR 211/95, WM 1998, 1693, 1697.

312 Dauses - *Stettner*, Bd. 1, A. IV., Rdn. 24; *Zuleeg*, in: Schulze (Hrsg.), 163, 174.

313 Vgl. Grabitz/Hilf - *v. Bogdany*, Bd. 1, Art. 5 EGV (alt), Rdn. 55. Vgl. EuGH, v. 27.6.2000, Rs. C-240 bis C-244/98 (*Océano Grupo Editorial SA/R.M. Quintero u.a.*), DB 2000, 2056, 2058, Tz. 31, mit Anm. *Staudinger*.

314 *Lenz*, DVBl. 1990, 903, 908; Dauses - *Stettner*, Bd. 1, A. IV. Rdn. 24; *Sack*, WRP 1998, 241, 243 unter Berufung auf EuGH, v. 18.12.1997, Rs. C-129/96 (*Inter-Envrionment Wallonie ASBL/Région Wallone*), EuZW 1998, 167; *Kiendl*, JbJZivRWiss 1995, 195, 203 f. möchte auf den Zeitpunkt der Veröffentlichung der Richtlinie im Amtsblatt abstellen.

Verpflichtung erst mit dem Ablauf der Umsetzungsfrist an.[315] Die Frage ist für Art. 29a EGBGB insoweit relevant, als eine richtlinienkonforme Auslegung des bestehenden Kollisionsrechts schon vor seinem Inkrafttreten ab Erlass der jeweiligen Verbraucherschutzrichtlinie in Betracht zu ziehen wäre.[316]

Gegen die erstgenannte Auffassung spricht jedoch, dass ein Gleichlauf der nationalen Umsetzungspflicht mit der Pflicht zur richtlinienkonformen Auslegung erforderlich erscheint. Wenn schon die Mitgliedstaaten selbst nicht vorher tätig werden müssen, bedürfte es eines besonderen Grundes, warum dies für einzelne seiner Organe anders sein sollte. Aus Sicht des Gemeinschaftsrechts besteht ein solcher Grund nicht, denn der für den Eintritt der Harmonisierungswirkung wünschenswerte Zeitraum ist bereits in die Bemessung der Umsetzungsfrist eingeflossen. Auch die praktische Wirksamkeit des Gemeinschaftsrechts wird nicht gefährdet, wenn die Mitgliedstaaten die Umsetzungsfrist ausschöpfen. Aus Sicht des nationalen Rechts ergeben sich hingegen erhebliche Bedenken gegen eine solche Vorverlegung der Pflicht zur richtlinienkonformen Auslegung. Denn während die Umsetzungsfrist läuft, macht die Legislative in legitimer Weise von ihrem Gestaltungsspielraum Gebrauch, indem sie eben noch nicht umsetzt.[317] Eine vorpreschende Rechtsprechung würde daher einen ihr nicht zustehenden Spielraum der Legislative in Anspruch nehmen.

Allerdings sind sogleich zwei Einschränkungen zu machen. Zum einen entsteht die Pflicht zur richtlinienkonformen Auslegung mit Umsetzung der Richtlinie, auch wenn die Umsetzungsfrist noch nicht abgelaufen ist.[318] Denn der Umsetzungsgesetzgeber hat das Transformationsgebot in diesem Fall eben vorzeitig akzeptiert. Zum anderen stellt es keinen Übergriff auf legislative Entscheidungsspielräume dar, wenn nationale Gerichte nach nationalen Auslegungsmethoden bestehende Interpretationsspielräume zur vorweggenommenen Anpassung des Rechts an zukünftig zu transformierende Richtlinien ausnutzen, jedenfalls soweit diese keine Umsetzungsspielräume lassen.[319]

---

315 *Jarass*, EuR 1991, 211, 221; *Nettesheim,* AöR 119 (1994), 261, 277; Ulmer/Brandner/ Hensen - *Ulmer,* Einl, Rdn. 74; *Götz,* NJW 1992, 1849, 1854; *Brandner*, in: Schulze (Hrsg.), 131, 133; *Zuleeg*, in: Schulze (Hrsg.), 163, 170.

316 So ist die Fernabsatzrichtlinie mit Veröffentlichung im Amtsblatt der EG am 4.6.1997 in Kraft getreten. Bis zum Ablauf der Umsetzungsfrist dürften dabei nicht wenige grenzüberschreitende Fernabsatzgeschäfte getätigt worden sein, so dass die praktische Bedeutung des Problems hier nicht ganz von der Hand zu weisen ist.

317 Vgl. auch *Brandner*, in: Schulze (Hrsg.), 131, 133 f.

318 *Ehricke*, EuZW 1999, 553, 554.

319 BGH, o. Fn. 311, WM 1998, 1693, 1697 f. (wo die Richtlinie 97/55/EG zur vergleichenden Werbung schon vor Ablauf der Umsetzungsfrist im Rahmen der „guten Sitten" nach § 1 UWG Berücksichtigung findet), mit Anm. *Leible/Sosnitza*, NJW 1998, 2507; *Lutter*, JZ 1992, 593, 605. Ablehnend *Ehricke*, EuZW 1999, 553, 557; *Staudinger*, JR 1999, 198, 200. Vgl. auch *Brandner*, in: Schulze (Hrsg.), 131, 133; *Franzen*, 403.

c) Im nationalen Recht ansetzende Voraussetzungen der richtlinienkonformen Auslegung – nationale Auslegungsmethoden als Schranke richtlinienkonformer Auslegung?

Die Pflicht, im Regelungsbereich einer Richtlinie liegende nationale Normen richtlinienkonform auszulegen, wirkt sich besonders auf die teleologische Interpretation aus: Das Auslegungsergebnis muss die Ziele der Richtlinie verwirklichen, zugleich muss das Harmonisierungsziel selbst beachtet, das heißt ein einheitliches Auslegungsergebnis in den Umsetzungsstaaten angestrebt werden[320].

Eigens erwähnt wird in der Literatur jedoch zunächst das Erfordernis, das nationale Recht müsse eine auslegungsfähige Norm aufweisen.[321] Wenn der EuGH die volle Ausschöpfung des nach nationalem Recht bestehenden Beurteilungsspielraums fordere[322], folge daraus, dass die Verpflichtung zur richtlinienkonformen Auslegung nicht so weit gehe, den Richter an die Stelle der Legislative treten zu lassen.[323] Nun erscheint es als selbstverständlich, dass Auslegung als Sinnerschließung[324] etwas voraussetzt, dessen Sinn erschlossen werden soll. Angesichts zahlreicher unbestimmter Rechtsbegriffe und Generalklauseln im deutschen Recht dürfte sich die daraus ergebende Einschränkung des Grundsatzes der richtlinienkonformen Auslegung allerdings von vornherein in Grenzen halten.[325] Mit der auslegungsfähigen Norm als Ausgangspunkt ist

---

320 *Magnus*, JZ 1990, 1100, 1102. Zu formalistisch ist daher wohl die Aussage, es müsse zunächst nach den nationalen Methoden ausgelegt und sodann unter den richtlinienkonformen Ergebnissen das den nationalen Auslegungsgrundsätzen am ehesten entsprechende Ergebnis herangezogen werden (so *Rusche*, IPRax 2001, 420, im Hinblick auf die Beachtlichkeit der Umsetzungen anderer Mitgliedstaaten aber zutreffend, *Ders.*, a.a.O., 420, 421); vgl. demgegenüber auch *Hommelhoff*, AcP 192 (1992), 71, 96: „Dieser Grundsatz ist bei jedem der Savigny'schen Auslegungskriterien von Anbeginn anzuwenden und nicht erst im Nachhinein als fünftes Kriterium".

321 *M. Schmidt*, RabelsZ 59 (1995), 569, 585; *Staudinger*, 60.

322 EuGH v. 10.4.1984, Rs. 14/83 (*v. Colson und Kamann/Land Nordrhein-Westfalen*), Slg. 1984, 1891, 1909, Tz. 28; EuGH v. 10.4.1984, Rs. 79/83 (*Harz/Deutsche Tradax* GmbH), Slg. 1984, 1921, 1942 f., Tz. 28.

323 *M. Schmidt*, RabelsZ 59 (1995), 569, 585; im Ergebnis auch: *Dänzer-Vanotti*, RIW 1991, 754.

324 *Ehricke*, RabelsZ 59 (1995), 598, 609; vgl. auch *Larenz/Canaris*, 134; *Zippelius*, § 10 I., 48.

325 So konnte das ArbG Hamm den vom EuGH (EuGH, o. Fn. 322 (*Harz/Deutsche Tradax* GmbH), Slg. 1984, 1921) in der Rechtsfolge für nicht richtlinienkonform erklärten § 611a BGB unangewendet lassen und die richtlinienkonforme Rechtsfolge auf der Grundlage des § 823 BGB aussprechen, ArbG Hamm, DB 1984, 2700. Gegen die Nichtanwendung in solchen Fällen: *Di Fabio*, NJW 1990, 647, 952. Bedenken auch bei *Scherzberg*, Jura 1993, 225, 229, jeweils unter Verneinung des Richtlinienvorrangs bei fehlender unmittelbarer Anwendbarkeit. Das BAG segnete diese Vorgehensweise jedoch ab, BAG, v. 14.3.1989, 8 AZR 447/87, BAGE 61, 209; BAG, v. 14.3.1989, 8 AZR 351/86, BAGE 61, 219, vgl. auch *Müller-Graff*, in: Ders. (Hrsg.), 9, 51. Ein weiteres Bsp.

aber zugleich ein anderes Problem angesprochen, nämlich das der Grenzen der richtlinienkonformen Auslegung[326], mit anderen Worten das Verhältnis der richtlinienkonformen Auslegung zum Kanon nationaler Auslegungsmethoden.

Im Mittelpunkt der Diskussion[327] steht denn auch seit längerem die Frage, ob der Grundsatz der richtlinienkonformen Auslegung eine Vorrang- oder nur eine Vorzugsregel enthalte, im englischsprachigen Schrifttum als „hard" bzw. „soft interpretation" bezeichnet[328]. Anders formuliert lautet das Problem, ob sich ein richtlinienkonform gewonnenes Ergebnis im Rahmen der nationalen Auslegungsmethoden[329] halten muss[330] oder ob es diese Grenzen überschreiten darf.[331] Zu denken wäre vor allem an die Grenze des äußersten Wortsinns[332] bei gleichzeitiger Unzulässigkeit einer Rechtsfortbildung mangels feststellbarer

---

bot § 8 AGBG, dessen Richtlinienkonformität im Hinblick auf Art. 4 Abs. 2 KlauselRL umstritten war. Sollte sich durch Auslegung des § 8 AGBG wegen dessen Wortlauts eine Kongruenz nicht herstellen lassen (so aber Palandt - *Heinrichs*, § 8 AGBG, Rdn. 1a) wäre hierfür noch die Generalklausel des § 242 BGB in Betracht gekommen, vgl. *Basedow*, in: Schulte-Nölke/Schulze (Hrsg.), 277, 282. Die Frage hat sich nunmehr aufgrund § 307 Abs. 3 S. 2 BGB aber wohl erledigt.

326 So rekurriert *Staudinger*, 60 auf den Auslegungsspielraum, und *M. Schmidt*, RabelsZ 59 (1995), 569, 586, betont die Entscheidungsspielräume der nationalen Gesetzgeber sowie den Gesetzesvorbehalt.

327 Einen Überblick über die zahlreichen Zweifelsfragen im Zusammenhang mit der richtlinienkonformen Auslegung geben *Jarass*, EuR 1991, 211, 213, und *Müller-Graff*, in: Ders. (Hrsg.), 9, 50 f.

328 Dazu *Steindorff*, 451.

329 Diesen Rahmen beschreibt für das deutsche Recht: BVerfG, v. 11.6.1958, 1 BvL 149/52, BVerfGE 8, 28, 34 f. Vgl. auch *Larenz/Canaris*, 163 ff.

330 Bejahend *Ehricke*, RabelsZ 59 (1995), 598, 610 f.; *Di Fabio*, NJW 1990, 947; *Jarass*, EuR 1991, 211, 217 f.; *Nemeth*, wbl 2000, 341, 349; *Dänzer-Vanotti*, RIW 91, 754; *Müller-Graff*, in: Ders. (Hrsg.), 9, 52.

331 So *Lutter*, JZ 1992, 593, 605; *Staudinger*, VersR 1999, 401, 413. Für den Großteil der Fälle auch der „Mittelweg" von *Grundmann*, Schuldvertragsrecht, 1. Teil, Rdn. 163; *Ders.*,, JZ 1996, 274, 281; *Ders.*, ZEuP 1996, 399, 420 ff. Der Vorrang vor allen nationalen Auslegungsmethoden ist im Fall der unmittelbaren Anwendbarkeit einer Richtlinienbestimmung hingegen unstreitig, vgl. *Lutter*, JZ 1992, 593, 606; *Grundmann*, ZEuP 1996, 399, 409. Dies hat auch der EuGH bereits ausgesprochen: EuGH, 4.2.1988, Rs. 157/86 *(Murphy)*, Slg. 1988, 673, 690. In den hier problematischen Privatrechtsverhältnissen fehlt es jedoch generell an der unmittelbaren Anwendbarkeit der Verbraucherschutzrichtlinien, vgl. 2. Teil D II 2.

332 Vgl. *Zippelius*, § 9 II., 46 f.; *Larenz/Canaris*, 143. Ein Bsp. bildet möglicherweise § 306 Abs. 3 BGB, der entgegen Art. 6 Abs. 1 KlauselRL die Aufrechterhaltung des Vertrags in Fällen der Unzumutbarkeit für den Verwender ausdrücklich ausschließt, vgl. dazu Ulmer/Brandner/Hensen - *Ulmer*, Einl, Rdn. 75 (zu § 6 Abs. 3 AGBG).

planwidriger Unvollständigkeit der Regelung[333] sowie an Fälle einer offensichtlich ihrem Regelungszweck entgegenstehenden Anwendung einer Norm.[334]

Die nationalen Rechte unterscheiden sich hinsichtlich der Gewichtung einzelner Auslegungstopoi nicht unerheblich.[335] Anerkennt man eine solche Grenze, wird der judikative Harmonisierungseffekt[336] in der EG mithin beträchtlich geschmälert. Zudem ergeben sich im Zusammenhang mit der sog. Nichtumsetzungsproblematik umso größere Probleme, je restriktiver das Institut der richtlinienkonformen Auslegung gehandhabt wird.[337]

(1) Richtlinienkonforme Auslegung (nur) als Vorzugsregel

Der Meinungsstreit hat letztlich die Integration der richtlinienkonformen Auslegungsmethode in die nationale Methodik zum Gegenstand. Die Vorzugsregel besagt hierzu, dass die Auslegung einer Norm anhand der nationalen Methoden erfolgen muss, wobei dasjenige Auslegungsergebnis unter den möglichen zu bevorzugen ist, das dem Konformitätsgebot entspricht.[338] Die Verwirklichung der Richtlinienziele ist somit in die einzelnen Auslegungsschritte wie etwa die Frage nach der Entstehungsgeschichte oder dem Sinn und Zweck der Norm zu integrieren.[339]

Ein Überspielen der nationalen Auslegungsregeln ist nach dieser Ansicht aber solange unzulässig, wie der EuGH eine einschlägige Richtlinienbestimmung nicht für unmittelbar anwendbar erklärt hat, das nationale Gericht müsse die

---

333 Siehe zur Überwindung der Wortsinngrenze in solchen Fällen *Larenz/Canaris*, 166, 191, 245.

334 In der englischen Praxis ist etwa eine Regelung virulent geworden, der der englische Gesetzgeber offensichtlich selbst eine diskriminierende Wirkung beigemessen hatte. Durften bzw. mussten die englischen Gerichte nun ein mit der Richtlinie 76/207/EWG (ABlEG 1976 L 39/40) übereinstimmendes Ergebnis entgegen diesem Regelungszweck erzielen? Vgl. dazu *Vogenauer*, ZEuP 1997, 158, 165.

335 *Magnus*, RabelsZ 53 (1989), 116, 123 f.

336 Dazu *Ehricke*, RabelsZ 59 (1995), 598, 600 f.

337 Dazu 3. Teil C I 1. b), C IV 2. und 4. Teil C V.

338 Dass es damit sein Bewenden haben soll und die nationalen Auslegungsgrenzen nicht überschritten werden dürfen, vertreten mit Abweichungen in Einzelheiten etwa: Ulmer/Brandner/Hensen - *Ulmer*, Einl, Rdn. 75; *M. Schmidt*, RabelsZ 59 (1995), 569, 584; *Dänzer-Vanotti*, RIW 1991, 754; *Brechmann*, 266-273; *di Fabio*, NJW 1990, 947, 953; *Zöckler*, in: JbJgZivRwiss 1992, 141, 150; *Franzen*, JbJZivRWiss 1997, 285, 288; *Baumert*, 30; *Zuleeg*, in: Schulze (Hrsg.), 163, 172; *Ehricke*, EuZW 1999, 553, 554. Ferner das BAG, v. 5.3.1996, 1 AZR 590/96, BAGE 82, 211, 225 f.

339 *Dänzer-Vanotti*, RIW 1991, 754: Teil der allgemeinen Auslegungsmethode, insb. als Ausfluss der systematischen und teleologischen Methode, a.a.O., 755; auch *Franzen*, 347.

Frage gegebenenfalls vorlegen.[340] Der Durchgriff nach Art. 224 Abs. 3 EG, wonach alle staatlichen Organe dazu beitragen müssen, dass der Umsetzungsverpflichtung nachgekommen wird, verpflichte die mitgliedstaatlichen Gerichte nur im Rahmen ihrer Zuständigkeiten.[341] Ein Übergriff in die Legislative sei zu vermeiden.[342]

Die Maßgeblichkeit nationaler Methodik ergebe sich weiterhin aus dem Charakter des Umsetzungsrechts als nationales Recht.[343] Ferner werde andernfalls entgegen der Rechtsprechung des EuGH zur fehlenden horizontalen Direktwirkung doch einem der an einem Privatrechtsverhältnis Beteiligten ein Nachteil zugefügt, da das ihm ungünstigere, nach nationalem Recht unzulässige Auslegungsergebnis erzielt werde.[344] Letztlich entstehe auch Rechtsunsicherheit, da richtlinienwidriges nationales Recht unangewendet bleibe, während neues, richtlinienkonformes Recht noch nicht gelte.[345]

Nach dieser Auffassung werden mangels horizontaler Direktwirkung der Verbraucherschutzrichtlinien die Voraussetzungen für eine Verdrängung der nationalen Methodik in Privatrechtsverhältnissen, um deren Beurteilung es im Zusammenhang mit Art. 29a EGBGB ja geht, im Ergebnis nie gegeben sein.

(2) Richtlinienkonforme Auslegung als Vorrangregel

Die gegenteilige Auffassung vertritt hingegen einen strikten Vorrang der richtlinienkonformen Auslegung, der vor allem mit dem Argument begründet wird, die Richtlinie nehme als Sekundärrecht am Vorrang des Gemeinschaftsrechts

---

340 So mit einer verfassungsrechtlichen Argumentation zum Verhältnis des sekundären Gemeinschaftsrechts zum innerstaatlichen Recht auf der Grundlage des Art. 24 GG, *Di Fabio*, NJW 1990, 947, 952 f. Noch enger *Scherzberg*, Jura 1993, 225, 232, der die unmittelbare Anwendbarkeit überhaupt zur Voraussetzung der richtlinienkonformen Auslegung macht. Das ist nach hier vertretener Auffassung jedoch nicht der Fall, oben 2. Teil D II 1. b) (2).

341 Dem Wortlaut nach hat der EuGH in der Tat die Vorrangregel nicht bestätigt, indem er auf die Ausschöpfung des Beurteilungsspielraums abstellt, der den nationalen Gerichten zur Verfügung steht, vgl. 2. Teil D II 1. c) (4). Der Meinungsstreit entzündet sich daher an dem Schluss, der aus diesen Entscheidungen zu ziehen ist. Vgl. hierzu *Grundmann*, ZEuP 1996, 399, 413.

342 *Jarass*, EuR 1991, 211, 218; *Müller-Graff*, in: Ders. (Hrsg.), 9, 52.

343 *Dänzer-Vanotti*, RIW 1991, 754, 755, der allerdings den Wortsinn nicht als Grenze ansieht, da die richtlinienkonforme Rechtsfortbildung anhand des Umsetzungsgesetzes nicht ausgeschlossen sei. A. A. *Nettesheim*, AöR 119 (1994), 261, 275.

344 So im Ergebis *Jarass*, EuR 1991, 211, 218; Ulmer/Brandner/Hensen - *Ulmer*, Einl, Rdn. 75; *Klauer*, 51, die dieses Argument zudem gegen die Ablehnung der horizontalen Direktwirkung ins Feld führt. Es komme nicht darauf an, ob der Private den Rechtsstreit durch Anwendung der Richtlinie oder durch richtlinienkonfome Auslegung verliere, a.a.O., 55.

345 *Scherzberg*, Jura 1993, 225, 229. Dagegen *Nettesheim*, AöR 119 (1994), 261, 275.

teil, so dass die richtlinienkonforme Auslegung gleichfalls Vorrang vor nationalen Interpretationsmethoden genießen müsse.[346] Angesichts der noch nicht abschließend geklärten Frage, ob Sekundärrecht der EG Vorrang vor nationalem Verfassungsrecht zukommt[347], sich die nationalen Grenzen der Auslegung aber aus verfassungsrechtlichen Grundsätzen ableiten, ist diese Begründung jedoch allein nicht ausreichend.[348] Gegen dieses Argument wird ferner vorgebracht, der Vorrang des Gemeinschaftsrechts befasse sich mit Normenkollisionen, die aber bei Widersprüchen zwischen nationalem Recht und nicht unmittelbar anwendbarem Richtlinienrecht nicht gegeben seien.[349]

(3) Die vermittelnde Auffassung

Zur Entscheidung des Streits, zu dem keine höchstrichterliche Rechtsprechung aus Deutschland vorliegt[350], ist der Hinweis nützlich, dass die Frage, welche Anstrengungen der nationale Richter zur Erzielung eines richtlinienkonformen Ergebnisses machen muss, nach der Rechtsprechung des EuGH zu beurteilen ist, denn dieser gestaltet den gemeinschaftsrechtlichen Anwendungsbefehl im Hinblick auf die Richtlinien insoweit aus.[351] Hierzu liegen Entscheidungen vor, in denen der EuGH trotz der Einschätzung der vorlegenden Gerichte, das nationale Recht erlaube keine richtlinienkonforme Auslegung, zumindest faktisch die

---

346 *Staudinger*, VersR 1999, 401, 413. Im Gegensatz dazu hält *Staudinger* die richtlinienkonforme Rechtsfortbildung nur in den Grenzen der nationalen Interpretationsmethoden für zulässig, a.a.O., 407.

347 EuGH, v. 15.7.1964, Rs. 6/64 (*Costa/ENEL*), Slg. 1964, 1251, hält den Vorrang für umfassend. Gegenläufige Tendenz bei BVerfG, v. 22.10.1986, 2 BvR 197/83, BVerfGE 73, 339 (Solange-II). Jedenfalls kann man sich auch nach der Rechtsprechung des BVerfG praktisch nicht unter Berufung auf die Grundrechte des GG gegen Sekundärrecht wehren, da der EuGH einen im Wesentlichen gleichwertigen Grundrechtsschutz gewährt. Entsprechende Verfassungsbeschwerden und Vorlageverfahren nach Art. 100 GG sind unzulässig.

348 Vgl. *Nettesheim*, AöR 119 (1994), 261, 278 f.

349 *Nettesheim*, AöR 119 (1994), 261, 280. A.A. wohl *M. Schmidt*, RabelsZ 59 (1995), 569, 584, der der Entscheidung im Fall *Marleasing* die Verpflichtung zur partiellen Nichtanwendung einer spanischen Norm wegen Richtlinienwidrigkeit entnimmt, mithin einen Normenkonflikt gegeben sieht.

350 Vgl. *Vogenauer*, ZEuP 1997, 158, 170: eine echte contra legem-Entscheidung wurde bisher nicht getroffen, man konnte sich immer mit einem Rückgriff auf unbestimmte Rechtsbegriffe behelfen und innerhalb der nationalen Methodik richtlinienkonforme Ergebnisse erzielen.

351 *Grundmann*, ZEuP 1996, 399, 413. Zur Unterscheidung zwischen Anwendungserlaubnis, die das nationale Recht erteilt (Art. 24 GG, jetzt auch Art. 23 GG) und Anwendungsbefehl, den das Gemeinschaftsrecht in Ausnutzung dieser Erlaubnis erteilt, *Grundmann*, ZEuP 1996, 399, 407.

Herbeiführung eines solchen Ergebnisses verlangt hat.[352] Problematisch erscheint dies, weil die Auslegung der nationalen Regelungen für den EuGH bindend ist[353], eine Missachtung dieser Bindung jedoch auch dann anzunehmen wäre, wenn der EuGH von den vorlegenden Gerichten Unmögliches verlangte.

Ein Weg, diesen Widerspruch aufzulösen, besteht darin, die Grenzlinie richtlinienkonformer Auslegung entlang des historischen Willens des Umsetzungsgesetzgebers zu ziehen, wie dies vor allem *Grundmann* vertritt.[354] Die Verneinung einer horizontalen Direktwirkung von Richtlinien sowie des absoluten Vorrangs der richtlinienkonformen Auslegung vor den nationalen Interpretationsmethoden lässt sich mit der Achtung der Souveränität der Mitgliedstaaten erklären.[355] Art. 224 Abs. 3 EG räumt diese Souveränität hinsichtlich Form und Mittel zur Erreichung des verbindlichen Ziels ein, was ein wesentlicher Grund für die Bevorzugung von Richtlinien vor anderen Harmonisierungsinstrumenten im Rahmen der Rechtsangleichung ist. Lassen sich nun Anhaltspunkte dafür ermitteln, dass der Gesetzgeber die Richtlinie korrekt transformieren wollte und erzielen die Gerichte in diesem Fall ein richtlinienkonformes Ergebnis, so kann man schwerlich einen Übergriff in die Kompetenz der Legislative statuieren.[356] Dabei wird man den Willen zur korrekten Umsetzung vermuten können, wenn ein Mitgliedstaat ein Umsetzungsgesetz geschaffen hat[357], aber auch, wenn er die Richtlinie nicht eigens umgesetzt hat, jedoch Anhaltspunkte dafür vorliegen, dass der Gesetzgeber die bestehende Rechtslage als den Richtlinienvorgaben genügend ansieht. Ein Souveränitätsvorbehalt wäre hingegen vor allem in dem Fall zu bejahen, dass ein Mitgliedstaat nach Inkrafttreten der Richtlinie bewusst Vorschriften geschaffen hat, die deren Vorgaben widersprechen.[358]

Der EuGH hat dementsprechend eine richtlinienkonforme Lösung ungeachtet der Ansicht des vorlegenden Gerichts über die Auslegungsfähigkeit der streitigen Norm nur in Fällen eines fehlenden Souveränitätsvorbehalts ver-

---

352 Vgl. *Nettesheim,* AöR 119 (1994), 261, 284 unter Hinweis auf die EuGH-Entscheidung in der Sache *Marleasing* und *Harz* (o. Fn. 296); *Steindorff*, 451. Eine versteckte unmittelbare Anwendung der Richtlinie sieht hierin *Kiendl*, JbJZivRWiss 1995, 195, 203.

353 Vgl. *Jarass*, EuR 1991, 211, 217 m. w. N.

354 *Grundmann*, ZEuP 1996, 399, 420 f.; *Ders.*, NJW 2000, 14, 16; ähnlich *Steindorff*, 451 f.; vgl. ferner die Darstellung des Streitstands bei *Posch*, ZEuP 1998, 521, 536.

355 *Grundmann*, ZEuP 1996, 399, 420 f.

356 *Grundmann*, ZEuP 1996, 399, 421; ebenfalls den Willen des Umsetzungsgesetzgebers betonend: *Zuleeg*, in: Schulze (Hrsg.), 163, 166; *Hommelhoff*, AcP 192 (1992), 71, 95; *Lutter*, JZ 1992, 593, 598. Dieses Argument findet seine Bestätigung in der zunehmenden Praxis der Mitgliedstaaten, aus Angst vor der Staatshaftung wegen fehlerhafter Umsetzung den Richtlinientext schlicht zu kopieren, anstatt die Vorgaben der Richtlinie in das nationale Recht zu integrieren, vgl. *Howells*, in: Schulze (Hrsg.), 115.

357 *Lutter*, JZ 1992, 593, 598; vgl. *Ehricke*, RabelsZ 59 (1995), 598, 638.

358 Zu einem Bsp. aus dem österreichischen Recht, vgl. *Faber*, ZEuP 1998, 521, 534 Fn. 64. Siehe zur Bedeutung einer solchen „Verweigerungshaltung“ auch *Franzen*, 399.

langt.[359] Mit dem Kanon der deutschen Auslegungsmethoden lässt sich diese Forderung jedenfalls erfüllen.[360] Mit Hilfe der teleologischen Auslegung kann Richtlinienkonformität bereits dann hergestellt werden, wenn der Gesetzgeber eine ordnungsgemäße Umsetzung der Richtlinie bezweckt hatte.[361]

(4) Bestätigung der Vorzugsregel durch den EuGH?

Die Vertreter der Vorzugsregel scheinen demgegenüber den EuGH auf ihrer Seite zu haben, wenn dieser betont, die Auslegung sei

> „(...) *so weit wie möglich* am Wortlaut und Zweck der Richtlinie auszurichten, (...)“[362]

und kürzlich in seiner ersten Entscheidung zur KlauselRL feststellt[363]:

> „Das Erfordernis einer richtlinienkonformen Auslegung verlangt insbesondere, dass das nationale Gericht der Auslegung *den Vorzug gibt*, die es ihm ermöglicht, seine Zuständigkeit von Amts wegen zu verneinen ... .“

In dem Verfahren ging es um die Missbräuchlichkeit einer Gerichtsstandsklausel gem. Art. 3 KlauselRL i.V.m. Nr. 1 q) des Anhangs, wobei fraglich war, ob die Richtlinie verlangt, dass das nationale Gericht die Missbräuchlichkeit von Amts wegen prüft. Dabei war das vorlegende Gericht jedoch keineswegs davon ausgegangen, das nationale Zivilprozessrecht erlaube eine solche Auslegung nicht. Ganz im Gegenteil hatte das spanische Tribunal Supremo solche Klauseln bereits mehrfach für missbräuchlich gehalten. Die Vorlage erfolgte vielmehr

---

359 Nachweise bei *Grundmann*, ZEuP 1996, 399, 415 Fn. 41; *Ders.*, NJW 2000, 14, 16 Fn. 12 f. Vgl. auch das Urteil in der Rechtssache „*Miret*“, sogleich im Text.

360 Dazu *Grundmann*, ZEuP 1996, 399, 419 f.

361 *Grundmann*, ZEuP 1996, 399, 419: dies gilt auch dann, wenn der Gesetzgeber der Meinung war, das bestehende Recht beinhalte bereits einen der Richtlinie entsprechenden Rechtszustand. Die Frage, ob der eindeutige Wortlaut eine Grenze bildet, relativiert sich, da sich angesichts der starken Literaturmeinung, die einen Vorrang vor den nationalen Auslegungsmethoden annimmt, eine Umsetzungsnorm wohl häufig nicht mehr als in diesem Maße eindeutig darstellen wird, a.a.O., 423. Ein aktuelles Beispiel (zu § 355 Abs. 3 BGB) für diese Lösung bieten *Reich/Rörig*, Anm. zu EuGH, v. 13.12.2001, Rs. C-481/99 (*Heininger/Bayerische Hypo- und Vereinsbank AG*), EuZW 2002, 84, 88 (hilfsweise gehen sie von einer „indirekten horizontalen Direktwirkung“ der HaustürgeschäfteRL aus, a.a.O., 88 f.); a.A. aber *Rott*, VuR 2002, 49, 52.

362 Z.B. EuGH, v. 5.5.1994, Rs. C-421/92 (*Habermann-Beltermann/Arbeiterwohlfahrt*), Slg. 1994 - I, 1657, 1673, Tz. 10 (Hervorh. nicht im Original).

363 EuGH, v. 27.6.2000, Rs. C-240 bis C-244/98 (*Océano Grupo Editorial SA/R.M. Quintero u.a.*), DB 2000, 2056, 2058, Tz. 32, mit Anm. *Staudinger* (Hervorhebung nicht im Original). Ähnlich EuGH, v. 16.12.1993, Rs. C-334/92 (*Miret,*), Slg. 1993 - I, 6911, 2. Leitsatz und 6932, Tz. 20.

aufgrund von der Juzgado de Primera Instancia erkannten unterschiedlichen Handhabung der Frage in der nationalen Rechtsprechung[364] sowie in den Mitgliedstaaten.[365] Der EuGH hatte daher keinen Grund, auf den Streit um das Verhältnis der nationalen Auslegungsmethoden zur richtlinienkonformen Auslegung einzugehen.

Zudem lässt die Formulierung, dass die Vorzugslösung „insbesondere" anzuwenden sei, die Möglichkeit offen, dass der Grundsatz der richtlinienkonformen Auslegung in anderen Fällen auch ein Mehr verlangen könnte. Jedenfalls lässt sich die vermittelnde Auffassung mit der EuGH-Rechtsprechung in Einklang bringen, wonach die nationale Rechtsvorschriften „so weit wie möglich" richtlinienkonform auszulegen sind und einer Auslegung der Vorzug zu geben ist, die das Richtlinienziel verwirklicht, denn auch die vermittelnde Auffassung stellt ja auf das nationale Recht ab, indem sie nach einem möglichen Souveränitätsvorbehalt fragt. In der Rechtssache „*Miret*" hat der EuGH den Willen des nationalen Gesetzgebers auch ausdrücklich angesprochen:

> „Dieser Grundsatz der richtlinienkonformen Auslegung [gemeint ist die dem obigen Zitat entsprechende Aussage, dass das nationale Gericht die Auslegung soweit wie möglich an Wortlaut und Zweck der Richtlinie ausrichten muss] gilt für ein nationales Gericht besonders dann, wenn der Mitgliedstaat der Ansicht war, dass die bereits geltenden Vorschriften seines nationalen Rechts den Anforderungen der betreffenden Richtlinie genügen."[366]

Zu den nationalen Auslegungsgrenzen selbst wird sich der EuGH allerdings aufgrund seiner auf die Auslegung des Gemeinschaftsrechts beschränkten Kompetenz kaum präziser als durch solche allgemeinen Hinweise äußern können. Er könnte lediglich ausdrücklich feststellen, dass das Gemeinschaftsrecht eine richtlinienkonforme Auslegung ungeachtet nationaler methodischer Grenzen erfordert oder dies eben nicht der Fall ist. Im Ergebnis stützt die EuGH-Rechtsprechung damit weder die Vertreter der Vorrang-, noch die der Vorzugsregel in eindeutiger Weise.[367]

---

364 *Leible*, RIW 2001, 422, 425.

365 Vgl. den bei EuGH (o. Fn. 363), 2056 f. mitgeteilten Sachverhalt. So hatte der französische Kassationsgerichtshof die amtswegige Berücksichtigung der Missbräuchlichkeit einer Vertragsklausel im Revisionsverfahren beanstandet, Cass. civ., v. 16.2.1994 - INC Nr. 3326 - CLAB FR000524.

366 EuGH, o, Fn, 363 (*Miret,*), Slg. 1993 - I, 6911, 2. Leitsatz. Auf dieses Urteil weist auch *Zuleeg*, in: *Schulze* (Hrsg.), 163, 165, hin.

367 A.A. *Gundel*, EuZW 2001, 143, 144, wonach der EuGH in letzter Zeit die Bedeutung der Auslegungsgrenzen wieder stärker betone. Vgl. auch *Scherzberg*, Jura 1993, 225, 229, der a.a.O., 232, Fn. 103, der darauf verweist, dass der EuGH in der Entscheidung v. 8.10.1987, Rs. 80/86 (*Kolpinghuis Nijmegen*), Slg. 1987, 3969, eine strafrechtliche Belastung Privater infolge richtlinienkonformer Auslegung des nationalen Rechts bei fehlender Umsetzung ausgeschlossen habe. Allerdings war hier das Rückwirkungs- und

(5) Stellungnahme

Der Meinungsstreit hat zum einen erhebliche dogmatische Bedeutung, berührt er doch Grundfragen des Verhältnisses von Sekundärrecht zum nationalen Recht, insbesondere zum Verfassungsrecht. Auch die ökonomischen Auswirkungen sind nicht zu übersehen: Mit der Festlegung der Grenzen richtlinienkonformer Auslegung erfolgt zugleich die Verteilung des Haftungsrisikos für gemeinschaftswidriges Privatrecht zwischen den betroffenen Privatrechtssubjekten und dem jeweiligen Mitgliedstaat. Denn kommt man zu dem Ergebnis, das nationale Recht lasse ein richtlinienkonformes Ergebnis nicht zu, greift die Rechtsprechung des EuGH zur Staatshaftung wegen fehlerhafter Umsetzung von Richtlinien.[368]

Die Fälle, in denen die Vertreter der Vorzugsregel zur Verneinung der Möglichkeit richtlinienkonformer Auslegung kommen[369], dürften im Privatrecht in der Praxis eher selten sein. Denn die durch das Richtlinienziel maßgeblich bestimmte[370] teleologische Auslegung kann einmal dazu führen, eine nationale Norm gegenläufiger Tendenz restriktiv zu interpretieren, so dass eine planwidrige Lücke entsteht, die ihrerseits unter Rückgriff auf die allgemeinen Methoden der Auslegung und Fortbildung des Rechts geschlossen werden kann.[371] Auch die Grenze des äußersten Wortsinns, die ohnehin nicht immer streng beachtet wird[372], mag sich verschieben, nimmt man die Richtlinienziele in seine Erwägungen hierzu auf.[373] Versperrt der Wortsinn einer Regelung einmal tatsäch-

---

Analogieverbot entscheidend (vgl. EuGH a.a.O., 3986, Tz. 13), beides Aspekte, die im Zivilrecht grundsätzlich eine geringere bzw. keine Rolle spielen.

368 Das wird anhand des Lösungsvorschlags von *Klauer* deutlich, die eine Umkehrung dieser Rechtsprechung in der Weise befürwortet, dass eine horizontale Direktwirkung von Richtlinien anerkannt werden solle, der Staatshaftungsanspruch dann aber der Partei zuzusprechen sei, zu deren Lasten die Direktwirkung geht. Vgl. *Klauer*, 57 - 60, 105.

369 Hauptsächlich dürfte die Auslegung contra legem, insbesondere entgegen dem eindeutigen Wortlaut relevant sein.

370 *Ehricke*, RabelsZ 59 (1995), 598, 636; *Lutter*, JZ 1992, 593, 597.

371 Ähnlich *Klauer*, 52; *Behrens*, EuZW 1994, 289. Vgl. auch *Ehricke*, RabelsZ 59 (1995), 598, 636 f., wonach die Richtlinienziele im Rahmen der ratio legis zu beachten sind und der nationalen Norm so einen neuen Sinngehalt geben können; oder *Franzen*, 381, wonach die Wortsinngrenze bestehen bleibt, allerdings richtlinienwidrige Zwecke der innerstaatlichen Norm in der Regel eliminiert werden. Zum Begriff der Gesetzeslücke sowie zum zur Verfügung stehenden Instrumentarium wie etwa der Analogie, der teleologischen Reduktion, der gesetzesimmanenten und -übersteigenden Rechtsfortbildung vgl. *Larenz/Canaris*, 193, 198, 202, 210, 245.

372 Palandt - *Heinrichs*, Einleitung, Rdn. 40.

373 Ein Beispiel einer flexiblen Handhabung der Wortsinngrenze durch das House of Lords, nachdem es festgestellt hatte, dass der englische Gesetzgeber seiner Pflicht zur Umsetzung mit einer bestimmten Norm nachkommen wollte, *Vogenauer*, ZEuP 1997, 158, 167.

lich den Weg, kommt immer noch der Rückgriff auf Generalklauseln in Betracht.[374]

Davon abgesehen spricht der Grundsatz der Rechtssicherheit aber für die vorgeschlagene Mittellösung. Denn man wird in der Regel vermuten können, dass der Umsetzungsgesetzgeber sich nicht zu den Richtlinienzielen in Widerspruch setzen wollte[375] bzw. umgekehrt verlangen müssen, dass ein solcher Souveränitätsvorbehalt deutlich im Gesetzgebungsverfahren oder auch im Rahmen der Stellungnahme zu einem Vorabentscheidungsverfahren zum Ausdruck kommen muss.[376] Solange solche Anhaltspunkte nicht vorliegen, kann das nationale Gericht ohne Verstoß gegen den Gewaltenteilungsgrundsatz, zu dessen Schutz die Grenzen der Auslegung und Rechtsfortbildung ja letztlich postuliert werden, ein richtlinienkonformes Ergebnis erzielen.

Ein weiterer Vorteil der vermittelnden Auffassung liegt darin, dass eine gleichmäßige Anwendung des Instruments der richtlinienkonformen Auslegung in den Mitgliedstaaten und damit eine Gleichbehandlung der Unionsbürger möglich wird. Denn anhand verschiedener Interpretationsmethoden werden Gerichte verschiedener Mitgliedstaaten die Frage der Auslegungsfähigkeit im Sinne einer Kongruenz mit den Richtlinienvorgaben nicht selten unterschiedlich beurteilen[377], was eine gleichmäßige Durchsetzung der Richtlinien in der Gemeinschaft gefährdet. In einem Mitgliedstaat mit tendenziell engeren Auslegungsgrenzen wird öfter der Staatshaftungsanspruch in Frage kommen, während sich in anderen Mitgliedstaaten durch eine großzügigere Auslegung das Richtlinienziel selbst verwirklichen lässt.

Methodisch mag die vermittelnde Auffassung in ihrer starken Betonung des subjektiven Gesetzgeberwillens auf den ersten Blick exotisch erscheinen, da nach allgemeiner Auffassung die Ermittlung des objektiven Sinngehalts gesetzlicher Bestimmungen heute im Vordergrund steht.[378] Der Schein trügt

---

374 Ist nach der herkömmlichen Auslegung nach nationalen Methoden zweifelhaft, ob ein unbestimmter Rechtsbegriff oder eine Generalklausel den nach Richtlinie anzustrebenden Normzweck mit aufzunehmen vermag, so kommt der Methode der richtlinienkonformen Auslegung hier zweifelüberwindende Wirkung zu, *Müller-Graff*, in: Ders. (Hrsg.), 9, 52.

375 Vgl. *Steindorff*, 434, nach dem diese Vermutung aber nicht immer zutrifft, vgl. a.a.O., 435. Auf den Gedanken, dass der nationale Gesetzgeber korrekt umsetzen wollte, rekurriert auch BGH, v. 16.1.1996, IX ZR 56/95, NJW 1996, 930, 932.

376 Zu einem Bsp. aus dem deutschen Recht im Bereich der Gebäudeversicherung (Umsetzung des Art. 3 RL 92/94/EWG, ABlEG 1992 L 228/1), vgl. *Steindorff*, 452 f. Ein Indiz kann meines Erachtens – soweit es um Bundesgesetze geht – auch das Abstimmungsverhalten des Mitgliedstaats im Rechtsetzungsverfahren zum Erlass der Richtlinie sein, auch wenn insoweit im Rat die nationalen Parlamente nicht unmittelbar repräsentiert werden.

377 Die Vertreter der Vorzugsregel akzeptieren dies, vgl. *Steindorff*, 451: „Die Frage nach dem Verhältnis nationaler Auslegungsregeln zu den Geboten einer Richtlinie kann nur für jede Rechtsordnung gesondert beantwortet werden."

378 *Zippelius*, § 4 II., 23 f.; Palandt - *Heinrichs*, Einleitung, Rdn. 34; *Larenz/Canaris*, 139.

jedoch. Denn bei der richtlinienkonformen Auslegung steht spätestens nach der Vorabentscheidung des EuGH jeweils fest, welcher objektive Sinngehalt der Umsetzungsnorm zukommen muss, um die gemeinschaftsrechtliche Umsetzungspflicht nicht zu verletzen. Die Berücksichtigung des historischen Willens des Gesetzgebers soll lediglich den Weg frei machen, eine missglückte Umsetzung entsprechend dem vorhandenen Willen zu gemeinschaftskonformem Verhalten zu „retten“.

Auch praktisch ist der Vorschlag gut handhabbar, indem man eine Vermutung gemeinschaftskonformen Verhaltens mit der Berücksichtigung der Äußerungen der betroffenen Regierung im Vorabentscheidungsverfahren kombiniert. Erst eine klare gegenteilige Äußerung vermag die Vermutung zu widerlegen und hindert das nationale Gericht, sich bei der Fortsetzung des Verfahrens über den Wortlaut der Umsetzungsbestimmung hinwegzusetzen. Nicht ganz von der Hand zu weisen ist jedoch der Nachteil, dass der Umsetzungsgesetzgeber selbst im Vorabentscheidungsverfahren nicht zu Wort kommt, dem Verhalten der Regierung daher die nötige Legitimation fehlen könnte. Hier wird man es aber als ausreichend erachten müssen, dass die Legislative nach Maßgabe der mitgliedstaatlichen Verfassungen die Regierung notfalls zu einem bestimmten Verhalten im Rahmen des Vorabentscheidungsverfahrens auffordern muss.

d) Ergebnis

Als zwischen der Vorzugs- und der Vorrangregel vermittelnde Lösung ist eine richtlinienkonforme Auslegung auch ohne Rücksicht auf nationale Auslegungsgrenzen immer dann vorzunehmen, wenn der Umsetzungsgesetzgeber keinen Souveränitätsvorbehalt signalisiert hat. Dabei gilt jedenfalls, wenn überhaupt zwecks Umsetzung geschaffene Regelungen existieren, solange die Vermutung, dass der Gesetzgeber seiner Verpflichtung zur Richtlinienumsetzung in vollem Umfang nachkommen wollte, wie sich nicht eindeutige Hinweise darauf ergeben, dass ein bestimmtes Defizit im nationalen Recht bewusst in Kauf genommen worden ist.[379] Damit wird in der Mehrzahl der Fälle über im nationalen Recht vorhandene Generalklauseln, unbestimmte Rechtsbegriffe oder auch durch die Nichtanwendung von Sanktionsnormen ein richtlinienkonformes Ergebnis zu erzielen sein.

Für die Anwendung des Art. 29a EGBGB bedeutet dies, dass das Problem der fehlenden oder fehlerhaften Umsetzung einer Verbraucherschutzrichtlinie in einem Mitgliedstaat – die sog. Gran Canaria-Konstellation –, eher selten

---

379 Auch die englische Literatur sieht seit der „*Marleasing*“-Entscheidung eine Akzentverschiebung in Richtung auf einen Vorrang der richtlinienkonformen Auslegung vor der nationalen Methodik, vgl. *Vogenauer*, ZEuP 1997, 158, 163.

auftreten wird, da eine bewusste Nichtumsetzung in einem so sensiblen Gebiet wie dem Verbraucherschutz in der Praxis kaum mehr vorkommen dürfte.[380]

2. Fehlende horizontale Direktwirkung von Verbraucherschutzrichtlinien

Liegt allerdings infolge eines Souveränitätsvorbehalts einmal ein echtes Nichtumsetzungsproblem vor, könnte man an eine unmittelbare Anwendung der in Frage stehenden Richtlinienregelung denken. Eine Richtlinie ist im Gegensatz zur EG-Verordnung allerdings nur an die Mitgliedstaaten gerichtet, erlangt also erst durch Transformation in das nationale Recht Bedeutung für den einzelnen Unionsbürger. Fraglich ist, ob Richtlinienbestimmungen dennoch unter der Voraussetzung „rechtlicher Perfektion“ im Verhältnis zwischen Privatpersonen unmittelbare Anwendung finden können.

a) Unterscheidung zwischen horizontalen und vertikalen Rechtsverhältnissen

Der EuGH unterscheidet in der Frage der Direktwirkung von Richtlinien in ständiger Rechtsprechung[381] zwischen vertikalen und horizontalen Rechtsverhältnissen. Räumt eine Richtlinie in inhaltlich unbedingter und hinreichend bestimmter Art und Weise einem Kreis von Personen bestimmte Rechte ein, so können sich diese nach Ablauf der Umsetzungsfrist gegenüber dem säumigen Staat unmittelbar auf die Richtlinienbestimmung berufen.[382] Während der EuGH dies anfangs auch mit dem Gedanken des effet utile begründet hat, sieht er heute das Rechtsmissbrauchsargument als maßgeblich an. Der säumige Mitgliedstaat als Adressat der Richtlinie darf demnach den Bürgern eine Rechtsposition nicht mit der Begründung verweigern, dass er es versäumt habe, diese Rechtsposition entsprechend seiner gemeinschaftsrechtlichen Verpflichtung einzuräumen. Ebenso wenig darf er sich aber umgekehrt in einem solchen Fall zu seinem Vorteil gegenüber dem Bürger auf die Richtlinie berufen.

Das Rechtsmissbrauchsargument greift jedoch nicht im Verhältnis zwischen Privatpersonen ein, da diese eben nicht Adressaten der Richtlinie sind.[383] Erlaubte man etwa einem Verbraucher, sich auf die unterstelltermaßen nicht umgesetzte FernabsatzRL zu berufen, um einen über das Internet geschlossenen Kaufvertrag widerrufen zu können, so nähme man dem Anbieter seine Rechte aus dem Vertrag, obwohl er mit der Verletzung der Umsetzungspflicht nichts zu

---

[380] Zur Handhabung der Nichtumsetzungsproblematik im Zusammenhang mit Art. 29a EGBGB, vgl. 4. Teil C V.

[381] Vgl. die Nachweise bei *Helmberg*, wbl 1997, 89, 91 f., Fn. 29.

[382] *Gundel*, EuZW 2001, 143 m.w.N.; zur Entwicklung der EuGH-Rechtsprechung, vgl. *Willms*, 250 f.

[383] *Kindler*, AcP 199 (1999), 695, 700.

tun hat.[384] In seiner „*Unilever*"-Entscheidung[385] hat der EuGH zwar die Berufung auf eine nicht umgesetzte Richtlinie[386] in einem Rechtsstreit zwischen Privaten zugelassen, allerdings ging es um einen Fall, in dem der anderen Partei durch die Unanwendbarkeit richtlinienwidriger nationaler Verbotsgesetze kein kollidierendes eigenes Recht aberkannt wurde.[387]

Die Verbraucherschutzrichtlinien zeichnen sich hingegen dadurch aus, dass sie den kommerziell handelnden Anbieter zugunsten des „schwächeren" Verbrauchers belasten, so dass sich gegenläufige Rechte Privater gegenüberstehen und man dem Anbieter einen materiellen Rechtsverlust zumuten müsste, obwohl er ebenso wenig wie der Verbraucher an der Nichtumsetzung der Richtlinie „schuld" ist. Eine im nationalen Recht (wenn auch richtlinienwidrig) nicht vorgesehene zivilrechtliche Sanktion kann dem Anbieter daher nicht auferlegt werden.[388] Eine horizontale Direktwirkung von Verbraucherschutzrichtlinien ist in Übereinstimmung mit dem EuGH zu verneinen[389] und der dadurch belastete Verbraucher auf den gemeinschaftsrechtlichen Staatshaftungsanspruch zu verweisen.

---

384 So die Problematik in den Entscheidungen *Faccini Dori* und *El Corte Inglés* (o. Fn. 301). Vgl. auch *Gundel*, EuZW 2001, 143, 148.

385 EuGH, v. 26.9.2000, Rs. C-448/98 (*Unilever Italia*), EuZW 2001, 153.

386 Richtlinie 83/189/EWG über ein Informationsverfahren auf dem Gebiet der technischen Normen und Vorschriften, ABlEG 1983 L 109/8, neugefasst durch die Richtlinie 98/34/EG, ABlEG 1998 L 204/37.

387 Vgl. *Gundel*, EuZW 2001, 143, 146.

388 *Steindorff*, 443. Die Ablehnung der horizontalen Direktwirkung von Verbraucherschutzrichtlinien hat daher weiter Bestand, zumal der EuGH die „*Unilever*"-Entscheidung ersichtlich auf die Besonderheit der Informationsrichtlinie gestützt hat, dass sie nur das Verfahren betreffe und nicht den materiellen Inhalt einer Rechtsnorm festlege, vgl. EuGH, v. 26.9.2000, Rs. C-448/98 (*Unilever*), EuZW 2001, 153, Tz. 51; ebenso *Gundel*, EuZW 2001, 143, 149. Auch die „*Ingmar*"-Entscheidung (siehe im 4. Teil F I.) kann trotz der missverständlichen Terminologie des EuGH nicht ernstlich als Hinweis auf eine horizontale Direktwirkung von Richtlinien verstanden werden, vgl. *Nemeth/Rudisch*, ZfRV 2001, 179, 181.

389 Aus dem Schrifttum: *Kindler*, AcP 199 (1999), 695, 700; Ulmer/Brandner/Hensen - *Ulmer*, 8. Aufl., Einl., Rdn. 71, *Nemeth*, 107. Aus der Rechtsprechung des EuGH: bzgl der HaustürgeschäfteRL, EuGH, o. Fn. 301 (*El Corte Inglés*), Slg. 1996 - I, 1281; EuGH, o. Fn. 301 (*Faccini Dori*), Slg. 1994 - I, 3325; allg. zuletzt EuGH, v. 13.7.2000, Rs. C-456/98, (*Centrosteel*), NJW 2000, 3267, 3268. Anfang der 90er Jahre hatten deutsche Gerichte versucht, in den Gran Canaria-Fällen über eine solche Direktwirkung zu helfen, vgl. OLG Celle, v. 28.8.1990, 20 U 85/89, IPRax 1991, 334, 335 f.; ferner die Nachw. bei *Willms*, 252, Fn. 28; *Martiny*, in: Reithmann/Martiny (Hrsg.), Rdn. 35, Fn. 167. Es liegen auch verschiedene höchstrichterliche Urteile aus Spanien vor, die die KlauselRL zwischen Privaten direkt angewendet haben, vgl. *Leible*, RIW 2001, 422, 424.

b) Schnittstelle Verwaltungsprivatrecht

Die Ablehnung einer horizontalen Direktwirkung betrifft nur „genuin" privatrechtliche Streitigkeiten. Ist der Staat an einem Privatrechtsverhältnis beteiligt, handelt es sich – wie in der Rechtssache *„Marshall"*[390] – in Wirklichkeit um einen Anwendungsfall der vertikalen Direktwirkung. Für die Feststellung, ob ein Vertikal- oder ein Horizontalverhältnis vorliegt, kommt es nach allgemeinen Grundsätzen nicht darauf an, ob sich der Staat öffentlich- oder privatrechtlicher Handlungsformen bedient.[391] Sowohl im rein fiskalischen Bereich als auch in dem Fall, dass der Staat öffentliche Aufgaben privatrechtlich erfüllt (Verwaltungsprivatrecht), greift daher die Direktwirkung von Richtlinienbestimmungen zu Lasten des säumigen Mitgliedstaats ein.[392] Das kann etwa bei der Verwendung von AGB relevant werden, da Art. 2 lit. c) KlauselRL ausdrücklich auch Anbieter aus dem öffentlichen Bereich erfasst.[393]

c) Kritik an der Rechtsprechung des EuGH

Die strikte Trennung zwischen der Richtlinienwirkung im Falle vertikaler und horizontaler Rechtsverhältnisse stößt in der Literatur vielfach auf Kritik.[394] Zunächst einmal erscheint das Ergebnis schwer begründbar, dass gegenüber öffentlichrechtlichen Unternehmen, die privatrechtlich handeln, eine horizontale Direktwirkung eintritt, während ein Richtlinienverstoß in genuin privatrechtlichen Rechtsbeziehungen folgenlos bleibt[395], insbesondere, wenn es – wie z.B. im Arbeitsrecht –, um vergleichbare Rechtsverhältnisse geht. Moniert wird ferner, eine solche Unterscheidung trage dem effet utile des Gemeinschaftsrechts nicht Rechnung[396], zudem sei die Grenze zwischen Direktwirkung und richtlinienkonformer Auslegung fließend. Im letztgenannten Fall werde eine Partei ohne Weiteres trotz fehlender Umsetzung zu Lasten der anderen be-

---

[390] EuGH, v. 26.2.1986, Rs. 152/84 (*Marshall/Health Authority*), Slg. 1986, 723, 749, Tz. 49.

[391] Vgl. *Helmberg*, wbl 1997, 89, 91.

[392] Etwa, wenn der Staat als Arbeitgeber privatrechtlich auftrat, vgl. EuGH, v. 26.2.1986, Rs. 152/84 (*Marshall/Health Authority*), Slg. 1986, 723, 749, Tz. 49.

[393] *Kiendl*, JbJZivRWiss 1995, 195, 209. Vgl. auch *Grundmann*, Schuldvertragsrecht, § 5, 2.10, Rdn. 18, der darauf hinweist, dass die Abgrenzung zum nicht mehr erfassten hoheitlichen Bereich vom EuGH voraussichtlich autonom entsprechend der Grundsätze zur Arbeitnehmerfreizügigkeit ausgelegt werden wird.

[394] Vgl. *Kiendl*, JbJZivRWiss 1995, 195, 209. *Steindorff*, 446, spricht sich dafür aus, eine nicht umgesetzte Richtlinie wenigstens als Grundlage einer Einwendung anzuerkennen und eine horizontale Direktwirkung nur zu verneinen, wenn die Richtlinie als Anspruchsgrundlage dienen soll.

[395] So für die KlauselRL, *Kiendl*, JbJZivRWiss 1995, 195, 209; allg. Vgl. *Helmberg*, wbl 1997, 89, 92; *Kindler*, AcP 199 (1999), 695, 700.

[396] *Kiendl*, JbJZivRWiss 1995, 195, 209.

günstigt, obwohl die Unterscheidung danach, ob dieses Ergebnis aus einer Direktwirkung der Richtlinie oder aus dem richtlinienkonform ausgelegten nationalen Recht abgeleitet sei, angesichts der Anstrengungen, die der EuGH den nationalen Gerichten abverlangt, nur formaler Natur und in der Praxis nicht durchzuhalten sei.

d) Stellungnahme

Meines Erachtens ist es dennoch nicht angebracht, die Unterschiede zwischen den Harmonisierungsinstrumenten Richtlinie und Verordnung noch weiter zu verwischen. Ungeachtet der genannten Kritik ist, solange der EuGH seine Rechtsprechung nicht ändert, und dafür bestehen keinerlei Anzeichen[397], für die Auslegung und Anwendung auch des Art. 29a EGBGB vom Fehlen einer horizontalen Direktwirkung der erfassten Verbraucherschutzrichtlinien auszugehen. Der Gemeinschaftsgesetzgeber legt diese Rechtslage ebenfalls zugrunde, wenn er in Art. 12 Abs. 1 FernabsatzRL anordnet, dass der Verbraucher auf die *aufgrund der Umsetzung durch das innerstaatliche Recht gewährten Rechte* nicht verzichten kann.[398] Eine ähnliche Formulierung verwendet Art. 8 Timesharing-RL, wonach die Mitgliedstaaten dafür Sorge tragen, dass von der Richtlinie abweichende Vereinbarungen den Erwerber *nach den Bedingungen ihrer innerstaatlichen Rechtsvorschriften* nicht binden.

e) Ergebnis

Eine horizontale Direktwirkung der von Art. 29a Abs. 4 EGBGB erfassten Verbraucherschutzrichtlinien besteht nach dem derzeitigen Stand der Rechtsprechung des Gerichtshofs nicht.

3. Gemeinschaftsrechtliche Sanktionen bei Umsetzungsverstößen

Damit bleibt es bei dem Sanktionsinstrumentarium, das der EG-Vertrag im Fall der Verletzung von Umsetzungspflichten teils ausdrücklich vorsieht, teils vom EuGH mit seiner Rechtsprechung zum gemeinschaftsrechtlichen Staatshaftungsanspruch abgeleitet worden ist.

---

397 Nachweise bei *Helmberg*, wbl 1997, 89, 91 f. Fn. 29. Das gilt jedenfalls für Verbraucherschutzrichtlinien, da sich hier widersprechende Rechte Privater gegenüberstehen (vgl. zu dieser Fallgruppe und weiteren Differenzierungen des EuGH: *Gundel*, EuZW 2001, 143, 149).

398 Vgl. *Grundmann*, Schuldvertragsrecht, § 5, 2.02, Rdn. 14; Grabitz/Hilf - *Micklitz*, Bd. III, A 3, Rdn. 118, wonach die Mitgliedstaaten mit dieser Formulierung offenbar (vergeblich) versuchen, eine eventuelle Staatshaftung wegen Nichtumsetzung zu umgehen.

a) Vertragsverletzungsverfahren

Das Vertragsverletzungsverfahren gem. Art. 226 ff. EG ermöglicht in erster Linie der Kommission die Erfüllung ihrer Aufgabe, für die einheitliche Beachtung und Durchsetzung des Gemeinschaftsrechts in den Mitgliedstaaten zu sorgen, aber auch die Mitgliedstaaten können es (regelmäßig nach Befassung der Kommission mit dem geltend gemachten Vertragsverstoß) einleiten.[399] Es hat damit den Charakter eines objektiven Beanstandungsverfahrens, kann aber mittelbar auch eine individualschützende Funktion wahrnehmen, wenn es der Vorbereitung eines Haftungsprozesses zugunsten eines Gemeinschaftsbürgers dient.[400]

b) Staatshaftung wegen defizitärer Umsetzung einer Richtlinie

Im Gegensatz zum Grundsatz der richtlinienkonformen Auslegung und zum Vertragsverletzungsverfahren dient die Staatshaftung der Mitgliedstaaten für Umsetzungsverstöße nicht unmittelbar der Durchsetzung der Umsetzungspflicht, sondern ersetzt dem betroffenen Bürger nur das geldwerte Interesse hieran.[401] Grundlage der Haftung des Mitgliedstaats ist ein in der Rechtsprechung des EuGH entwickelter gemeinschaftsrechtlicher Staatshaftungsanspruch, den der EuGH methodisch auf die Pflicht zur Gemeinschaftstreue gem. Art. 10 EG, den Gedanken des effet utile und seine Befugnis zur Feststellung allgemeiner Rechtsgrundsätze gem. Art. 288 Abs. 2 EG (Art. 215 Abs. 2 EGV) stützt.[402]

Voraussetzung ist, dass ein qualifizierter Rechtsverstoß vorliegt, der aus der Verletzung einer individualschützenden Regel resultiert und kausal für den eingetretenen Schaden ist.[403]

Die ersten beiden Voraussetzungen sind bei der Nichtumsetzung von Verbraucherschutzregelungen in aller Regel gegeben: Nach der hier vertretenen Auffassung wird die Vorgabe einer Richtlinie nur dann auch angesichts des Grundsatzes der richtlinienkonformen Auslegung nicht erfüllt, wenn der betreffende Mitgliedstaat einen Souveränitätsvorbehalt geltend macht, also eine Richtlinienbestimmung bewusst nicht oder defizitär umgesetzt hat. Dann dürfte aber zugleich ein qualifizierter Rechtsverstoß vorliegen.[404] Zweitens zielen Verbraucherschutzrichtlinien neben der Vervollkommnung des Binnenmarkts durch Abbau von Wettbewerbsverzerrungen auch auf die Verbesserung des in-

---

399 Dazu Dauses - *Borchardt*, Bd. 2, P I., Rdn. 1, 2, 7.

400 Dauses - *Borchardt*, Bd. 2, P I., Rdn. 8.

401 *Grundmann*, Schuldvertragsrecht, 1. Teil, Rdn. 164. Z.B. EuGH, v. 19.11.1991, Rs. C-6/90 u. 9/90 (*Francovich I*), Slg. 1991 - I, 5357, 5414.

402 *Grundmann*, Schuldvertragsrecht, 1. Teil, Rdn. 165.

403 *Grundmann*, Schuldvertragsrecht, 1. Teil, Rdn. 167; *Martiny*, in: Reithmann/Martiny (Hrsg.), Rdn. 35; Grabitz/Hilf - *Micklitz*, Bd. III, A 3, Rdn. 119.

404 Vgl. *Grundmann*, Schuldvertragsrecht, 1. Teil, Rdn. 169.

dividuellen Verbraucherschutzes, indem sie dem einzelnen nicht kommerziell handelnden Unionsbürger mehr Rechte gegenüber der Anbieterseite garantieren wollen. Problematisch ist daher allenfalls das Erfordernis der haftungsbegründenden Kausalität sowie Art und Umfang des Schadens.[405]

[405] Grabitz/Hilf - *Micklitz*, Bd. III, A 3, Rdn. 119; *Grundmann*, Schuldvertragsrecht, 1. Teil, Rdn. 171. Im Bereich der Vertragslösungsrechte als zentralem Instrument vieler Verbraucherschutzrichtlinien dürften aber keine Schwierigkeiten auftreten, da es vom Verbraucher hätte einseitig ausgeübt werden können.

E. Das Verhältnis des Richtlinienkollisionsrechts zum Europäischen Schuldvertragsübereinkommen (EVÜ)

Zum europarechtlichen Umfeld des Art. 29a EGBGB gehört neben den genannten primär- und sekundärrechtlichen Aspekten schließlich noch das EVÜ, das in Ergänzung des EuGVÜ als Staatsvertrag zwischen den Mitgliedstaaten abgeschlossen wurde. Es ist in Deutschland infolge der sog. Inkorporationslösung bzw. Kopiermethode[406] nicht unmittelbar anwendbar, vielmehr erfolgte im Wesentlichen in den Art. 27 ff. EGBGB[407] im Zuge der IPR-Reform von 1986 eine Umsetzung der staatsvertraglichen Kollisionsnormen in nationales Recht. Die kollisionsrechtlichen Regelungsgebote in EG-Verbraucherschutzrichtlinien treten nun als zweite Rechtsquelle aufgrund von sachlichen Überschneidungen sowie von Unterschieden im Regelungsansatz in ein Spannungsverhältnis zum EVÜ und den entsprechenden EGBGB-Regelungen.

I. Rechtsnatur und Zweck des EVÜ

Die Bedeutung der Rechtsangleichung auf dem Gebiet des Kollisionsrechts war bereits bei Gründung der Europäischen Wirtschaftsgemeinschaften erkannt worden, was sich etwa aus der Schaffung des Art. 220 EWG-Vertrag vom 25.3.1957 ergibt (Art. 293 EG). Die Bestimmung sieht in Ergänzung zur „echten" gemeinschaftsrechtlichen Harmonisierung den Abschluss völkerrechtlicher Verträge zwischen den Mitgliedstaaten in solchen Bereichen vor, die wegen ihrer Komplexität aktuell für eine Maßnahme nach den heutigen Art. 94 ff. EG nicht geeignet erscheinen oder in denen keine EG-Kompetenz zur Privatrechtssetzung gegeben ist. Der 4. Spiegelstrich dieser Vorschrift nennt „die Vereinfachung der Förmlichkeiten für die gegenseitige Anerkennung und Vollstreckung richterlicher Entscheidungen und Schiedssprüche" als einen der Bereiche, in denen die Rechtsharmonisierung auf völkerrechtlicher Grundlage erfolgen soll.

In Erfüllung dieser Aufgabe haben die Mitgliedstaaten das Brüsseler EWG-Übereinkommen über die gerichtliche Zuständigkeit und die Vollstreckung

---

[406] Staudinger - *Magnus* (2002), Vorbem zu Art. 27 - 37 EGBGB, Rdn. 29; *Meyer-Sparenberg*, 39, 47 ff. Andere Vertragsstaaten haben des EVÜ durch ein einfaches Ratifikationsgesetz (z.B. Frankreich) oder durch Transformationsgesetz (z.B. Belgien) übernommen, vgl. *Rudisch*, 83. Italien verweist in Art. 57 des ital. IPR-Gesetzes auf das EVÜ, vgl. *Pocar*, IPRax 1997, 145, 157.

[407] Art. 27 ff. EGBGB enthalten die eigentlichen Anknüpfungsregeln. Außerhalb der schuldvertragsrechtlichen Kollisionsnormen sind Art. 9, 11 EVÜ umgesetzt worden, vgl. dazu und zu weiteren Details der Umsetzung *Grundmann*, Schuldvertragsrecht, § 3, 1.01, Rdn. 44 f.

gerichtlicher Entscheidungen in Zivil- und Handelssachen vom 27. September 1968 abgeschlossen (EuGVÜ).[408] Die Wahrnehmung vor allem der Waren- und Dienstleistungsverkehrsfreiheit des EG-Vertrags setzt unabdingbar voraus, dass Ansprüche aus entsprechenden Transaktionen gegen Angehörige anderer Mitgliedstaaten einfach und effektiv verfolgt und durchgesetzt werden können.[409] Zu diesem Zweck sieht das EuGVÜ in Titel II ein einheitliches Zuständigkeitssystem und in Titel III ein einfaches Verfahren zu Anerkennung und Vollstreckung von Titeln aus anderen Mitgliedstaaten vor.

1. Das EVÜ als gemeinschaftsrechtsnaher Staatsvertrag

Das EVÜ ist hingegen nicht auf der Grundlage des Art. 220 EGV (Art. 293 EG) geschlossen worden, obwohl es nach seiner Entstehungsgeschichte zunächst dieser gemeinschaftsrechtlichen Rechtsgrundlage zugeordnet worden war.[410] Dementsprechend ist umstritten, ob das EVÜ letztlich Art. 220 EGV zuzuordnen ist oder nicht[411], während der Umstand, dass das EVÜ in engem Zusammenhang zum EG-Vertrag steht, allgemein anerkannt ist.[412] Es ist eine „natürliche Ergänzung“[413] des auf der Grundlage des Art. 220 EGV geschaffenen EuGVÜ und, da es der Verwirklichung der Ziele des EG-Vertrags und des heutigen Art. 293 EG dient, auch als Ergänzung des sekundären Gemeinschaftsrechts anzusehen. Der enge Bezug zum Gemeinschaftsrecht ergibt sich ferner daraus, dass die Mitgliedstaaten das EVÜ ausweislich der Präambel als „Hohe Vertragsparteien des Vertrags zur Gründung der Europäischen Wirtschaftsgemeinschaft“ geschlossen haben, aus der erwähnten ursprünglichen Zuordnung des Übereinkommens zu Art. 220 EGV, aus der Schaffung neuer Kompetenzen auf dem Ge-

---

408 Die Verordnung (EG) Nr. 44/2001 über die gerichtliche Zuständigkeit und die Anerkennung und Vollstreckung von Entscheidungen in Zivil- und Handelssachen vom 22.12.2000 (ABlEG 2001 L 12/1) ersetzt das EuGVÜ seit dem 1.3.2002. Eine Revision des EVÜ im Rahmen einer EG-Verordnung wird derzeit ebenfalls angedacht, vgl. *Jayme/Kohler*, IPRax 2000, 454, 463.

409 *v. Hoffmann*, IPR, § 3, Rdn. 182.

410 *Rudisch*, 34 f.

411 Zuordnung zu Art. 220 EGV z. B. bei *Roth*, RabelsZ 55 (1991), 623, 634; *Rauscher*, IPR, 21; a.A. z.B. *Pirrung*, in: v. Bar (Hrsg.), 21, 36; *Dutoit*, in: v. Hoffmann (Hrsg.), 39; *Junker*, IPRax 1998, 65, 70.

412 Der deutsche Gesetzgeber hat dazu ausgeführt: „Das vorliegende Übereinkommen steht mit den Europäischen Gemeinschaften in einem engen Zusammenhang, ohne jedoch ausdrücklich an eine Rechtsgrundlage aus den Gründungsverträgen der Gemeinschaften anzuknüpfen. In dem Übereinkommen ist insbesondere von einer Bezugnahme auf Art. 220 EGV abgesehen worden.“, Denkschrift zum EVÜ, BT-Drs. 10/503, 21. Vgl. auch *Dutoit*, in: v. Hoffmann (Hrsg.), 39; *Rudisch*, 34 mit Nachw.; *Klauser*, 30; *Basedow*, NJW 1996, 1921, 1923; *Junker*, IPRax 1998, 65, 70; *v. Hoffmann*, ZfRV 1995, 45, 48.

413 Denkschrift zum EVÜ, BT-Drs. 10/503, 21; *Lando*, CML Rev. 24 (1987), 159, 160.

biet des Kollisionsrechts einschließlich des Internationalen Vertragsrechts durch Art. 65 lit. b EG[414], aus dem Ausschluss der Ratifikation durch Nichtmitgliedstaaten gem. Art. 27 EVÜ[415] und nicht zuletzt aus der Einbindung des Generalsekretärs des Rates der Europäischen Gemeinschaften unter anderem in das Konsultationsverfahren nach Art. 23 EVÜ. Zutreffend erscheint daher die Bezeichnung des EVÜ als gemeinschaftsrechtsbegleitender Staatsvertrag.[416]

2. Zweck des EVÜ

Das EVÜ dient der Verwirklichung des Gemeinsamen Markts durch Beseitigung von Behinderungen der Grundfreiheiten infolge von Rechtsunterschieden zwischen den Mitgliedstaaten bei gleichzeitigem Fehlen einheitlicher Kollisionsnormen[417], die infolge der Zunahme des grenzüberschreitenden Handels deutlich spürbarer wurden und eine Ergänzung des EuGVÜ notwendig machten. Auch angesichts vereinheitlichter internationaler Gerichtsstände konnten sich die Parteien über das auf ihren Vertrag anwendbare Recht nicht sicher sein, darüber hinaus war die Beeinflussung des anwendbaren Rechts durch die zuerst klagende Partei nach wie vor möglich (sog. forum shopping) und schließlich wollte man allgemein eine Auseinanderentwicklung des IPR der Mitgliedstaaten vermeiden.[418] Die Bestimmung einzelner Gerichtsstände nach dem EuGVÜ, die wie z.B. der des Erfüllungsorts nach Art 5 Nr. 1 EuGVÜ auf das nationale Recht verweisen, ist zudem auf einheitliche nationale Kollisionsnormen für Schuldverträge angewiesen, da die Gerichte der Vertragsstaaten sonst unterschiedliche Rechtsordnungen zugrunde legen.[419]

Dem internationalen Entscheidungseinklang, ohnehin eines der „Ideale“ des IPR, kommt im Binnenmarkt damit eine zentrale Bedeutung zu. Die einheitlichen Kollisionsnormen des EVÜ im Zusammenspiel mit dem Gebot der einheitlichen Auslegung und Anwendung gem. Art. 18 EVÜ stellen neben dem EuGVÜ (und seit 1.3.2002 der EuGVVO) den zweiten wesentlichen Beitrag des Kollisionsrechts zur Integration der Gemeinschaft dar.[420] Das einmal erreichte Vereinheitlichungsniveau soll dabei durch das Konsultationsverfahren nach Art. 23-25 EVÜ abgesichert werden.

---

414 Vgl. *Rudisch*, 51 f.

415 Vgl. dazu *Grundmann,* Schuldvertragsrecht, § 4, 1.01, Rdn. 6.

416 Zum Begriff des begleitenden Gemeinschaftsrechts, *Kreuzer*, in: Müller-Graff (Hrsg.), 457, 534.

417 *Giuliano/Lagarde*, 33, 36; vgl. auch *Dutoit*, in: v. Hoffmann (Hrsg.), 39.

418 *Giuliano/Lagarde*, 33, 37; *Rudisch*, 41 f.; *Czernich/Heiss*, ÖJZ 1998, 681, 682 f.; *Dies.*, EVÜ, Einl., Rdn. 6 f.; *Kessedjian*, in: Basedow et al. (Hsrg.), 329, 330; *Nemeth*, 21; vgl. ferner die Denkschrift zum EVÜ, BT-Drs. 10/503, 21.

419 *Basedow*, NJW 1996, 1921, 1923.

420 Vgl. *v. Hoffmann*, ZfRV 1995, 45, 48.

II. Vorrang des Umsetzungskollisionsrechts vor dem EVÜ

Das EVÜ geht den Regelungen des EGBGB als völkerrechtlicher Vertrag im Ergebnis vor, auch wenn die Begründung hierfür durch die Entscheidung des Gesetzgebers für die sog. Inkorporationslösung verkompliziert wurde. Gem. Art. 3 Abs. 2 S. 1 EGBGB genießen Regelungen in völkerrechtlichen Verträgen dann Vorrang, wenn sie unmittelbar anwendbares innerstaatliches Recht geworden sind. Genau das ist gem. Art. 1 Abs. 2 des Zustimmungsgesetzes zum EVÜ jedoch nicht der Fall.[421] Verletzt der deutsche Gesetzgeber durch Erlass vom EVÜ abweichender Kollisionsnormen seine völkerrechtlichen Pflichten, bleibt dies innerstaatlich somit ohne Folgen.[422] Allerdings ist den Materialien zu entnehmen, dass der Gesetzgeber das EVÜ korrekt umsetzen wollte, so dass sich – soweit Abweichungen zwischen den Umsetzungen im EGBGB und den Vorschriften des EVÜ bestehen – jedenfalls im Ergebnis die Kollisionsnormen des EVÜ durchsetzen.[423]

Auch was später geschaffenes Kollisionsrecht angeht, ist möglichst eine Auslegung zu wählen, die mit dem EVÜ in Einklang steht, denn auch insoweit ist mangels gegenteiliger Anhaltspunkte anzunehmen, dass sich der Gesetzgeber völkerrechtsfreundlich verhalten wollte.[424] Anders ist die Rechtslage, wenn der Gesetzgeber in Umsetzung von Regelungsgeboten aus EG-Richtlinien handelt, wie es bei Art. 29a EGBGB und zuvor schon bei § 12 AGBG (1996) und § 8 TzWrG der Fall war. Wie gesehen, hat man den grundsätzlichen Bedarf an einheitlichem Kollisionsrecht innerhalb der Gemeinschaft schon früh erkannt, so dass die Verfasser des EVÜ mit dem Hinzutreten von in Gemeinschaftsrechtsakten enthaltenen Kollisionsnormen rechnen mussten.[425] Der Vorrang des Gemeinschaftsrechts gilt im Grundsatz auch gegenüber völkerrechtlichen Verträgen, die ein Mitgliedstaat auf einem Gebiet abschließt, das in den Anwendungsbereich des Gemeinschaftsrechts fällt, denn er kann sich nicht unter Berufung auf völkerrechtliche Pflichten von seinen europarechtlichen Bindungen befreien.[426] Dies stellt Art. 20 EVÜ unter der Überschrift „Vorrang des Gemeinschaftsrechts" klar:

---

421 Gesetz zu dem Übereinkommen vom 19.6.1980 über das auf vertragliche Schuldverhältnisse anzuwendende Recht vom 25.7.1986, BGBl. II 809.

422 *Kegel/Schurig*, IPR, § 1 IV 1. a), 13; *Leible*, in: Schulte-Nölke/Schulze (Hrsg.), 353, 368.

423 Vgl. *Grundmann*, Schuldvertragsrecht, § 4, 1.01, Rdn. 11; *Rauscher*, IPR, 23; *Kegel/Schurig*, IPR, § 18 I 1. b), 565. Unter Hinweis auf Art. 36 EGBGB, *v. Hoffmann*, IPR, § 1, Rdn. 80.

424 Zum Grundsatz völkerrechtsfreundlichen Verhaltens, vgl. BVerfG, v. 23.6.1981, 2 BvR 1107/77 u.a., BVerfGE 58, 1, 34 (Eurocontrol); *v. Hoffmann*, IPR, § 1, Rdn. 75.

425 Vgl. *Rudisch*, 79; *Kessedjian*, in: Basedow et al. (Hrsg.), 329, 331.

426 *Sonnenberger*, ZEuP 1996, 382, 385.

„Dieses Übereinkommen berührt nicht die Anwendung der Kollisionsnormen für vertragliche Schuldverhältnisse auf besonderen Gebieten, die in Rechtsakten der Organe der Europäischen Gemeinschaften oder in dem in Ausführung dieser Akte harmonisierten innerstaatlichen Recht enthalten sind oder enthalten sein werden."

Damit genießt das gesamte EG-Primär- und Sekundärrecht einschließlich mitgliedstaatlicher Umsetzungsnormen Vorrang vor dem EVÜ.[427] Wie weit dieser Vorrang geht, ist jedoch in Art. 20 EVÜ nicht geregelt, sondern eine Frage der Auslegung des jeweiligen Gemeinschaftsrechtsakts. Überschreitet der Gesetzgeber etwa den im kollisionsrechtlichen Regelungsprogramm der IPR-Klauseln enthaltenen Transformationsauftrag, so handelt er nicht mehr in Umsetzung einer Richtlinie, sondern schafft autonomes Recht, das am Vorrang des Gemeinschaftsrechts gegenüber dem EVÜ nicht teilnimmt.[428] Vorbehaltlich der gleich unter III. zu erörternden kollisionsrechtlichen Bedeutung der Mindestschutzklauseln in den Verbraucherschutzrichtlinien begeht er damit zugleich einen Völkerrechtsverstoß.

Art. 20 EVÜ ist in das EGBGB allerdings nur unvollständig übernommen worden. Gem. Art. 3 Abs. 2 S. 2 EGBGB bleiben Regelungen in Rechtsakten der Gemeinschaft vom EGBGB unberührt, was nach dem Wortlaut nationales Richtlinienumsetzungsrecht nicht erfasst. Der Gesetzgeber wollte aber Art. 20 EVÜ auch insoweit umsetzen, er hielt eine Klarstellung für Kollisionsrecht, das auf Richtlinien beruht, lediglich für überflüssig.[429]

Da auch Art. 3 Abs. 2 S. 2 EGBGB angesichts des Vorrangs des Gemeinschaftsrechts vor nationalem Recht ohnehin nur deklaratorische Wirkung zukommt, genießt Art. 29a EGBGB im Ergebnis als Umsetzungskollisionsrecht Vorrang, soweit er im Einklang mit den Richtlinienvorgaben einen solchen gegenüber den Regelungen des EVÜ bzw. den darauf beruhenden Regelungen des EGBGB beansprucht.[430] Inwieweit das der Fall ist, wird mangels ausdrücklicher Regelung durch Auslegung zu klären sein.[431]

---

427 *Grundmann,* Schuldvertragsrecht, § 4, 1.01, Rdn. 10; *Jayme/Kohler*, IPRax 1993, 357, 358; *Junker*, IPRax 1998, 65, 70; Grabitz/Hilf - *Pfeiffer*, Bd. III, A 5, Art. 6 RL, Rdn. 48; einschränkend aber Staudinger - *Magnus* (2002), Vorbem zu Art. 27 - 37 EGBGB, Rdn. 8, unter Hinweis darauf, dass das EVÜ von den Mitgliedstaaten bewusst außerhalb des originären Gemeinschaftsrechts geschaffen wurde; es sei aber möglichst im Einklang mit dem Gemeinschaftsrecht auszulegen, a.a.O., Rdn. 9.

428 *Leible*, in: Schulte-Nölke/Schulze (Hrsg.), 353, 367 f.; *Fallon/Francq*, in: Basedow et al. (Hrsg.), 155, 170.

429 *Jayme*, in: Hommelhoff/Jayme/Mangold (Hrsg.), 35, 47 Fn. 71.

430 Grabitz/Hilf - *Pfeiffer*, Bd. III, A 5, Art. 6 RL, Rdn. 49; *Staudinger*, 141 f., der zu Recht betont, dass es keinen automatischen Vorrang einer Transformationsnorm vor dem EVÜ bzw. dem EGBGB geben kann.

431 Sieh dazu 4. Teil H I-IV.

III. „Erforderlichkeit“ im Sinne der IPR-Klauseln

In diesem Zusammenhang ist ferner der Umstand von Bedeutung, dass die IPR-Klauseln der Verbraucherschutzrichtlinien regelmäßig nur von „erforderlichen“ Maßnahmen zur Erreichung ihres Schutzziels sprechen. Der Begriff der „Erforderlichkeit“ findet auch sonst im Gemeinschaftsrecht Verwendung und bedeutet etwa im Zusammenhang mit dem in Art. 5 EG verankerten Subsidiaritätsprinzip, dass die Gemeinschaft auch im Rahmen bestehender Ermächtigungsgrundlagen nur unter bestimmten Voraussetzungen tätig werden darf und auch bei Vorliegen dieser Voraussetzungen eine Einschränkung des Regelungsermessens auf verhältnismäßige, das heißt zur Erreichung des Regelungszwecks geeignete, erforderliche und angemessene Maßnahmen anzunehmen ist.[432]

Fraglich ist allerdings, ob die Richtlinien hier eine eigenständige, den Gestaltungsspielraum für den Umsetzungsgesetzgeber begrenzende Voraussetzung für die Einschränkung der Rechtswahlfreiheit aufstellen wollen oder ob es sich nicht vielmehr um einen deklaratorischen Hinweis auf die Verhältnismäßigkeitskontrolle im Rahmen der Grundfreiheitenprüfung handelt. Einen ähnlichen klarstellenden Zusatz enthalten auch die Mindestklauseln der Verbraucherschutzrichtlinien, wenn sie auf die Vereinbarkeit von Schutzverstärkungen mit dem EG-Vertrag hinweisen. Eigenständige Bedeutung könnte der Erforderlichkeit der Schutzmaßnahme folglich dann zukommen, wenn man für das IPR eine Bereichsausnahme im Anwendungsbereich der Marktfreiheiten konstatiert. Die IPR-Klauseln würden dem EuGH in diesem Fall konstitutiv die Möglichkeit eröffnen, überzogene Transformationen wegen Sekundärrechtswidrigkeit zu korrigieren. Nach der weit überwiegenden und auch hier vertretenen Auffassung existiert eine solche Bereichsausnahme aber nicht.[433] Die Transformationsnorm zu den IPR-Klauseln unterliegt vielmehr wie alles nationale Recht der Grundfreiheitenkontrolle.

Das spricht dafür, an die Umsetzung einen eigenständigen sekundärrechtlichen Erforderlichkeitsmaßstab[434] anzulegen, indem man in den IPR-Klauseln in diesem Punkt mehr als nur einen deklaratorischen Hinweis auf das Primärrecht sieht. Anders als das Subsidiaritätsprinzip bezeichnet der Erforderlichkeitsgrundsatz im Richtlinien-IPR aber nicht die Abgrenzung von Regelungszuständigkeiten zwischen der EG und den Mitgliedstaaten. Angesichts der Präambel zum EVÜ und der für den Binnenmarkt wünschenswerten Einheitlichkeit des Kollisionsrechts der Schuldverträge in Europa ist hier vielmehr eine Grenzziehung in Richtung auf das Anknüpfungssystem des EVÜ „störende“ Maßnahmen anzunehmen. Die IPR-Klauseln wollen dem Umsetzungsgesetz-

---

432 Vgl. *Oppermann*, Europarecht, Rdn. 518, 521. Auch im Rahmen des Art. 308 EG spielt die Erforderlichkeit eine Rolle, *Ders.*, a.a.O., Rdn. 525.

433 Vgl. oben 2. Teil A II.

434 So wohl auch *Rühl*, RIW 1999, 321, 325.

geber nur solche vom EVÜ abweichenden Maßnahmen gestatten, die zu einem den Richtlinienvorgaben entsprechenden effektiven Schutz des Rechtsangleichungs- und Harmonisierungszwecks auf kollisionsrechtlicher Ebene notwendig sind.[435] Damit sind nicht erforderliche Maßnahmen der Umsetzungsgesetzgeber sekundärrechtswidrig.

IV. Die kollisionsrechtliche Bedeutung der Mindestschutzklauseln (I)

Die Bundesrepublik Deutschland konnte ihrer Umsetzungsverpflichtung aus den IPR-Klauseln nicht bereits durch die bestehenden kollisionsrechtlichen Schutzinstrumente nachkommen, wie es auch ganz herrschende Meinung in der Literatur, der sich der Umsetzungsgesetzgeber angeschlossen hat, ist.[436]

Der bei der Umsetzung bestehende Gestaltungsspielraum ist nun nicht zuletzt davon abhängig, wie man die einschlägigen Mindestschutzklauseln der Verbraucherrichtlinien auslegt. Neben dem noch anzusprechenden zweiten Aspekt der kollisionsrechtlichen Bedeutung von Mindestklauseln, der Frage nach der Durchsetzung von nationalen Schutzverstärkungen im Sachrecht gegenüber Anbietern aus dem EG-Ausland über das Umsetzungskollisionsrecht[437], ist damit die Frage, ob die Mindestklauseln eine Schutzintensivierung, die in der aufgrund der IPR-Klauseln geschaffenen Umsetzungskollisionsnorm selbst enthalten ist, erlauben, aufgeworfen. Dieser Aspekt der kollisionsrechtlichen Bedeutung von Mindestschutzklauseln bezeichnet also nicht das Problem, ob als Rechtsfolge des festgestellten engen Zusammenhangs des Vertrags zum Gebiet der Gemeinschaft auch schutzstärkeres mitgliedstaatliches Recht berufen werden darf, sondern ob die in den IPR-Klauseln vorgegebenen tatbestandlichen Voraussetzungen für eine derartige Rechtswahlbeschränkung oder auch die

---

435 *v. Hoffmann*, ZfRV 1995, 45, 48 f., weist auf den gemeinschaftsnahen Charakter des EVÜ hin, das unmittelbar auf die Verwirklichung des Binnenmarktes ziele, weshalb das Kollisionsrecht der Gemeinschaft und das EVÜ ein möglichst kohärentes System bilden müssen (was auch die Gemeinsame Erklärung der Mitgliedstaaten zum Verhältnis von EG-Recht und EVÜ (ABlEG 1980 L 266/14) unterstreicht). *Kronke*, RIW 1996, 985, 992, leitet aus dem Prinzip der Einheit des Gemeinschaftsrechts und Art. 100a EGV (Art. 95 EG) ab, dass ein einmal erreichtes Vereinheitlichungsniveau nicht wieder verringert werden dürfe. Mit dem klarstellenden Zusatz, dass dies gilt, soweit nicht der Schutzzweck der Richtlinie zwingend eine Erweiterung und damit Abweichung vom EVÜ erfordert, ist dem zuzustimmen; in diese Richtung auch Grabitz/Hilf - *Pfeiffer*, Bd. III, A 5, Art. 8 RL, Rdn. 19. *Baumert*, EWS 1995, 57, 68, leitet (in anderem Zusammenhang) das Postulat des möglichst schonenden Eingriffs in das EVÜ aus Art. 20 EVÜ ab.

436 Dazu ausführlich unten 3. Teil E.

437 Siehe 3. Teil C IV 3. b).

Ausgestaltung der Rechtsfolge selbst im Umsetzungskollisionsrecht eine für den Verbraucher noch vorteilhaftere Ausgestaltung erfahren dürfen.

1. Strengere kollisionsrechtliche Schutzstandards

Der Wortlaut der Mindestschutzklauseln gibt auch in der Zusammenschau mit den IPR-Klauseln hier keine Antwort. Stellvertretend für die entsprechenden[438] anderen Bestimmungen sei hier Art. 11 TimesharingRL wiedergegeben:

> „Diese Richtlinie lässt das Recht der Mitgliedstaaten unberührt, unbeschadet der ihnen aus dem Vertrag erwachsenden Verpflichtungen vorteilhaftere Vorschriften zum Schutz des Erwerbers in dem unter die Richtlinie fallenden Bereich zu erlassen oder beizubehalten."

Die Bedeutung solcher Regelungen liegt darin, dass sie die sonst bisweilen schwierig zu beantwortende Frage, ob eine Richtlinie oder einzelne ihrer Bestimmungen eine Voll- oder lediglich eine Teilharmonisierung vorsehen, wovon die Befugnis der Mitgliedstaaten zu Abweichungen vom Richtlinienstandard abhängt, ausdrücklich im ersteren Sinne beantworten.[439] Insbesondere sind Voraussetzungen und Reichweite des Schutzklauselverfahrens nach Art. 95 Abs. 4 EG (Art. 100a Abs. 4 EGV) gerade im Bereich des Verbraucherschutzrechts umstritten. Als Öffnungsklauseln stellen Bestimmungen wie Art. 11 TimesharingRL daher klar, dass strengeres nationales Recht auch im angeglichenen Rechtsbereich unabhängig von diesem Verfahren zulässig ist.[440]

An der Formulierung selbst fällt zunächst auf, dass die Mindestklausel mit dem Verweis auf den „unter die Richtlinie fallenden Bereich" die Abgrenzung zwischen den echten, im Anwendungsbereich der Richtlinie liegenden, und den sonstigen Schutzverstärkungen anspricht.[441] Soweit eine abweichende nationale Vorschrift den Regelungsbereich der Richtlinie überhaupt nicht berührt, verbleibt die Regelungskompetenz nämlich ohne Weiteres bei den Mitgliedstaaten.[442]

Die Mindestklauseln stellen ferner klar, dass nicht nur bestehende strengere Vorschriften beibehalten werden dürfen, sondern der Richtlinie auch für die Zukunft keine Sperrwirkung zukommt. Die Mitgliedstaaten dürfen also eine strengere Kollisionsnorm auch erst anlässlich der Umsetzung der IPR-Klauseln

---

438 Art. 8 KlauselRL spricht wie Art. 14 S. 1 FernabsatzRL von strengeren Bestimmungen, um ein höheres Schutzniveau für die Verbraucher zu gewährleisten.

439 Vgl. Grabitz/Hilf - *Pfeiffer*, Bd. III, A 5, Art. 8 RL, Rdn. 1.

440 Wolf/Horn/Lindacher - *Wolf*, Art. 8 RL, Rdn. 1; Grabitz/Hilf - *Pfeiffer*, Bd. III, A 5, Art. 8 RL, Rdn. 3.

441 Vgl. dazu noch unten 4. Teil C VI 3. c).

442 Wolf/Horn/Lindacher - *Wolf*, Art. 8 RL, Rdn. 1.

oder sogar noch später einführen. Deutlich wird auch die Einseitigkeit der Schutzrichtung: Nur für den Verbraucher vorteilhaftere Regelungen kommen in Betracht, die Interessen des Anbieters sind hingegen als in der Richtlinie abschließend berücksichtigt anzusehen. Andererseits besteht natürlich keine Verpflichtung, über die Standards der Richtlinien hinauszugehen.[443] Auffällig ist schließlich noch der Hinweis auf die Bindung der Mitgliedstaaten an den EG-Vertrag. Da weder der Sekundärrechts- noch der Umsetzungsgesetzgeber vom Primärrecht abweichen dürfen, hätte man diesen Zusatz auch weglassen können. Er hat daher nur deklaratorischen Charakter.[444]

Im Übrigen bleiben die Konsequenzen der Mindestschutzklauseln für das Kollisionsrecht aber unklar. Schon die Voraussetzung, dass die abweichende nationale Regelung strenger bzw. vorteilhafter für den Verbraucher sein muss, bedarf einer näheren Betrachtung.

a) Was bedeutet „strenger“?

Zunächst einmal können Umsetzungsregelungen nur dann strenger sein, wenn sie sich dem Vergleichsmaßstab in der Richtlinie überhaupt stellen. Das heißt, es kommen nur Regelungen in Betracht, die gegenüber dem von der Richtlinie in den IPR-Klauseln gewählten Ansatz kein Aliud regeln.[445] Man darf den Verbraucher also besser, aber nicht anders schützen, als in der Richtlinie vorgesehen. Das grundlegende Regelungskonzept darf nicht verlassen werden, auch wenn die Abgrenzung zwischen einer qualitativen Verbesserung und einem abweichenden Regelungskonzept gerade im Kollisionsrecht nicht immer einfach sein wird.

(1) Unzulässigkeit eines Aliuds

Ein eindeutiges Beispiel eines unzulässigen Aliuds bietet sich im Zusammenhang mit dem Unterschied im kollisionsrechtlichen Ansatz der Klausel- und FernabsatzRL auf der einen und der TimesharingRL auf der anderen Seite. Wenn der Gemeinschaftsgesetzgeber hier die internationalprivatrechtliche Differenzierung zwischen parteiautonomer und objektiver Bestimmung des Vertragsstatuts aufgreift, kann eine Überschreitung dieser Grenzziehung, indem der Umsetzungsgesetzgeber beide Anknüpfungswege einfach gleichbehandelt, keine strengere Regelung mehr sein.[446] Es war daher von der Mindestschutzregel

---

443 *Dreher*, JZ 1997, 167, 176.

444 Grabitz/Hilf - *Pfeiffer*, Bd. III, A 5, Art. 8 RL, Rdn. 20.

445 Wolf/Horn/Lindacher - *Wolf*, Art. 8 RL, Rdn. 1; Grabitz/Hilf - *Pfeiffer*, Bd. III, A 5, Art. 8 RL, Rdn. 2; *Steindorff*, 420; *Kapnopoulou*, 162.

446 Eine solche Regelung hält auch *Staudinger*, IPRax 1999, 414, 415, ausdrücklich für ein „aliud“.

des Art. 8 KlauselRL unabhängig vom hier besprochenen Auslegungsproblem keinesfalls gedeckt, dass § 12 AGBG (1996) eine ergänzende Anknüpfung des AGBG auch dann vorsah, wenn der Vertrag aufgrund *objektiver* Anknüpfung einem ausländischem Recht unterlag.[447]

(2) Günstigkeitsvergleich

Liegt kein Aliud vor, so sind die Regelungsvorgaben der IPR-Klauseln[448] mit den Ergebnissen zu vergleichen, die eine Anwendung der Umsetzungsnorm erbringt. Keines dieser Ergebnisse darf auch nur eine Vorgabe der IPR-Klauseln unterschreiten, muss aber in wenigstens einem Punkt den Verbraucher besser stellen.[449] Es genügt nicht, wenn die Umsetzungsnorm den Verbraucher zwar in einem Punkt schlechter stellt, sie selbst oder eine andere Bestimmung des nationalen IPR aber eine Besserstellung in einem anderen Punkt vorsieht. Auf diese Weise würde man nicht nur Rechtsunsicherheit schaffen, sondern auch vom Regelungskonzept der IPR-Klauseln insgesamt abweichen. Ein globaler, auf die Gesamtregelung abstellender Günstigkeitsvergleich zur Feststellung, ob eine Umsetzung günstiger für den Verbraucher ist als der Richtlinienstandard, ist daher abzulehnen.[450] Eine Saldierung von Vor- und Nachteilen ist in diesem Zusammenhang unzulässig.[451]

(3) Beispiel für eine strengere Regelung

Soweit eine Richtlinie staatliches grundfreiheitenbeschränkendes Recht angleicht, ist die Identifizierung von strengerem Recht theoretisch einfach: strenger ist eine Regelung, die die in Frage stehende Marktfreiheit stärker einschränkt als dies in der Richtlinie vorgesehen ist.[452] Eine strengere Regelung im Sinne der Mindestschutzklauseln wäre es daher, wenn ein Mitgliedstaat bei der Umsetzung der IPR-Klauseln auf das Kriterium des „engen Zusammenhangs" verzichtete.[453] Der räumlich-territoriale Anwendungsbereich ist Gegenstand der Regelung in den IPR-Klauseln, sie schränken ihn durch das genannte

---

447 Vgl. *Staudinger*, VersR 1999, 401, 408.

448 Vgl. den 3. Teil und die Zusammenfassung unter 3. Teil F.

449 Vgl. dazu allgemein Grabitz/Hilf - *Micklitz*, Bd. III, vor A 2, Rdn. 30; MüKo - *Micklitz*, Vor §§ 13, 14 BGB, Rdn. 34; Grabitz/Hilf - *Pfeiffer*, Bd. III, A 5, Art. 8 RL, Rdn. 9, allerdings auf sachrechtliche Schutzverstärkungen bezogen, da *Pfeiffer* die Mindestschutzklausel zutreffend nicht auf kollisionsrechtliche Regelungen bezieht.

450 Grabitz/Hilf - *Pfeiffer*, Bd. III, A 5, Art. 8 RL, Rdn. 9.

451 Grabitz/Hilf - *Pfeiffer*, Bd. III, A 5, Art. 8 RL, Rdn. 9. A.A. Wolf/Horn/Lindacher - *Wolf*, Art. 8 RL, Rdn. 4, wonach vereinzelte oder geringfügige Nachteile nicht schaden sollen, da es auf einen Gesamtvergleich ankomme.

452 *Steindorff*, 420.

453 *Wägenbaur*, in: Lagarde/v. Hoffmann (Hrsg.), 129, 137.

Merkmal ein. Ein Verzicht auf jegliche Nähebeziehung, so kurios und bedenklich er internationalprivat- und gemeinschaftsrechtlich auch wäre, würde diese Beschränkung aufheben. Es könnte auch dann kein Drittstaatenrecht mehr gewählt werden, wenn es an signifikanten, einen hinreichenden Zusammenhang mit dem Gemeinschaftsgebiet begründenden Umständen fehlt. Zugleich würde der Richtlinienstandard durch mitgliedstaatliche Gerichte weltweit garantiert. Eine solche Umsetzung wäre daher jedenfalls als strengere Regelung im Anwendungsbereich der Richtlinien anzusehen.

b) IPR-Klauseln als Mindeststandards?

Liegt eine strengere sachrechtliche Regelung im Sinne der Mindestschutzklauseln vor, so gilt nach allerdings nicht unumstrittener Auffassung[454], dass sie auch international gegenüber Anbietern aus anderen Mitgliedstaaten durchgesetzt werden kann, sich aber der Grundfreiheitenkontrolle stellen muss. Fraglich ist, ob sich das in den Mindestschutzbestimmungen zum Ausdruck kommende Konzept der Mindestharmonisierung auch auf die kollisionsrechtliche Richtlinienumsetzung erstreckt.

Dies wird in der Literatur nicht einheitlich beurteilt. Als überwiegende Meinung scheint sich allerdings die Ansicht herauszukristallisieren, dass auch kollisionsrechtliche Schutzverstärkungen aus Sicht der Richtlinien erlaubt sind, weil sie von den Mindestschutzklauseln ebenso erfasst werden.[455]

---

454 Siehe 3. Teil C IV 3.b).

455 *Lagarde*, Rev. crit. dr. internat. privé 87 (1998), 741, 747; *Nemeth*, wbl 2000, 341, 347; *Wägenbaur*, in: Lagarde/v. Hoffmann (Hrsg.), 129, 137, der Sache nach auch *Leible*, in: Schulte-Nölke/Schulze (Hrsg.), 353, 367 f.; wohl auch Wolf/Horn/Lindacher - *Wolf*, Art. 8 RL, Rdn. 7; *Heinrichs*, NJW 1996, 2190, 2195; *v. Westphalen*, BB 1996, 2101, 2105; *v. Schwaller*, S. 158; *Otte*, RabelsZ 62 (1998), 405, 435; *Wegner*, VuR 2000, 227, 230; Grabitz/Hilf - *Martinek*, Bd. III, A 13, Art. 9, Rdn. 216; *v. Wilmosky*, ZEuP 1995, 735, 759; *Grundmann*, Schuldvertragsrecht, § 5, 2.10, Rdn. 38; § 7, 4.02, Rdn. 25; *Cannada-Bartoli*, ERPL 1995, 347, 351. Einige Autoren nehmen jedoch einen Verstoß gegen das EVÜ an, da eine Abweichung vom Regelungsprogramm nicht mehr als Umsetzung im Sinne des Art. 20 EVÜ anzusehen sei, z.B. *Rusche*, IPRax 2001, 420, 424; *Wegner*, VuR 2000, 277, 230; *Mäsch*, EuZW 1995, 8, 14; *Kappus*, EWS 1996, 273, 276; *Grundmann*, Schuldvertragsrecht, § 5, 2.10, Rdn. 38; *Leible*, in: Schulte-Nölke/Schulze (Hrsg.), 353, 367 f.; *Heiss/Mayr*, IPRax 1999, 305, 310; aus diesem Grund den Streit zu den Mindestschutzklauseln offenlassend *Freitag/Leible*, ZIP 1999, 1296, 1297 f.; *Dies.*, EWS 2000, 342, 349; *Heiss*, in: Reichert-Facilidies (Hrsg.), 91, 107. Andere verneinen einen Verstoß gegen das EVÜ, da die Öffnungsklausel des Art. 7 Abs. 2 EVÜ (Art. 34 EGBGB) eine Abweichung trage: so *Rühl*, RIW 1999, 321, 324; angedeutet bei *Fallon/Francq*, in: Basedow et al. (Hrsg.), 155, 170. Auch der deutsche Gesetzgeber rechtfertigte § 8 Nr. 2 TzWrG mit diesem Argument, vgl. dazu *Otte*, RabelsZ 62 (1998), 405, 429; *Jayme*, IPRax 1997, 233, 234; kritisch zur Auffassung des Gesetzgebers *Mäsch*, DNotZ 1997, 180, 208. A.A. und damit für eine Beschränkung des Anwendungsbereichs der

Soweit die Gegenmeinung eine Begründung für den Ausschluss kollisionsrechtlicher Schutzverstärkungen gibt, findet sich häufig das Argument, mit einer solch weiten Auslegung der Mindestklauseln würde die Einheit des Kollisionsrechts in Europa in diesem Bereich letztlich ganz aufgegeben.[456] Gerade wenn auf der Sachrechtsebene nur eine Teilharmonisierung vorgenommen werde, müsse wenigstens das IPR einheitlich sein, um den internationalen Entscheidungseinklang herzustellen und das Funktionieren des Binnenmarkts beeinträchtigende „hinkende" Vertragsverhältnisse zu vermeiden.[457]

Die überwiegende Meinung kann sich hingegen auf den scheinbar eindeutigen Wortlaut stützen. Legt man sie zugrunde, bleiben aber andere Beschränkungen des Gestaltungsspielraums bei der Umsetzung der IPR-Klauseln weiterhin zu beachten: Auch der überschießende Teil der Umsetzungskollisionsnorm darf die Grundfreiheiten nicht verletzen und auf völkerrechtlicher Ebene ist die Bindung an das EVÜ zu beachten.

2. Stellungnahme

Die meisten Stellungnahmen der Literatur zum hier behandelten ersten Aspekt der kollisionsrechtlichen Bedeutung von Mindestschutzklauseln sind nur knapp begründet worden. Letztlich kann aber nur eine eingehendere, anhand der gemeinschaftsrechtlichen Auslegungsmethoden vorgenommene Interpretation die Antwort liefern.

a) Wortlaut

Der Wortlaut der Mindestklauseln ist – für sich betrachtet – nicht ergiebig. Denn der Hinweis auf den „unter die Richtlinie fallenden Bereich" ist mehrdeutig. Er kann einmal nach dem Wortsinn unproblematisch auch die Kollisionsregeln der Richtlinien umfassen. Genauso wäre es möglich, dass mit dem „Bereich" nur die sachrechtlichen Regelungen gemeint sind.

Mindestschutzklauseln auf materiellrechtliche Regelungen, MüKo - *Basedow*, Ergänzungsband, § 12, Rdn. 4; *Micklitz*, ZEuP 1999, 875, 902; *Staudinger*, VersR 1999, 401, 408; *Ders.*, IPRax 1999, 414 f.; *Rühl*, RIW 1999, 321, 324; Wolf/Horn/Lindacher - *Lindacher*, § 12 AGBG, Rdn. 5; Grabitz/Hilf - *Pfeiffer*, Bd. III, A 5, Art. 8 RL, Rdn. 19.

456 *Micklitz*, ZEuP 1999, 875, 902; Grabitz/Hilf - *Micklitz*, Bd. III, A 3, Rdn. 197; Grabitz/Hilf - *Pfeiffer*, Bd. III, A 5, Art. 8 RL, Rdn. 19.

457 Grabitz/Hilf - *Pfeiffer*, Bd. III, A 5, Art. 8 RL, Rdn. 19; auf solche Binnenmarkthindernisse stellt wohl auch *Staudinger* ab, nach dessen Ansicht sich der Ausschluss kollisionsrechtlicher Schutzverstärkungen aus „primärrechtskonformer Auslegung" ergibt, *Staudinger*, IPRax 1999, 414.

b) Systematik

Anders stellt sich das Bild aber dar, wenn man den Wortlaut der IPR-Klauseln und denjenigen der Mindestschutzklauseln zusammen betrachtet. Sieht man genau hin, ergibt sich nämlich, dass die beiden Regelungen inhaltlich nicht zueinander passen: Sinngemäß lautet z.B. die aus Art. 6 Abs. 2 und Art. 8 KlauselRL zusammengezogene Regelung: 1. Die Mitgliedstaaten treffen die *erforderlichen* Maßnahmen, um den Verbraucher bei engem Zusammenhang zum Gemeinschaftsgebiet vor dem Verlust des Richtlinienstandards zu schützen. 2. Sie können im Anwendungsbereich der Richtlinie *strengere* Vorschriften zum Schutze der Verbraucher erlassen. Erforderlichkeit bedeutet auch im europäischen Recht in aller Regeln eine Begrenzung des Regelungsermessens nach oben hin. Jedenfalls im Bereich rechtlich garantierter Handlungsfreiheit, hier der Parteiautonomie, gilt: ist eine gesetzgeberische Maßnahme nicht erforderlich, um ein legitimes Ziel zu erreichen, so hat sie als unverhältnismäßig zu unterbleiben.[458] Nach hier vertretener Auffassung kommt dem Erforderlichkeitsgrundsatz der IPR-Klauseln auch eigenständige Bedeutung zu.[459]

Mit dieser den IPR-Klauseln immanenten Begrenzung des Regelungsermessens des Umsetzungsgesetzgebers wäre es aber unvereinbar, wenn die Mindestschutzklauseln auch insoweit Schutzverstärkungen zuließen. Man kann nicht die Erforderlichkeit von Maßnahmen verlangen und gleichzeitig doch strengere, also nicht „erforderliche“ Regelungen zulassen. Eine widerspruchsfreie Auslegung der Richtlinien erfordert es somit, die Mindestschutzklauseln nicht auf kollisionsrechtliche Regelungen zu beziehen. Dabei ist das Phänomen, dass sich die Auslegung einer sachlichen Richtlinienbestimmung auf die Auslegung der zugehörigen Mindestschutzklausel auswirken kann, nicht neu. Auch der strengere nationale Regeln zulassende Art. 7 der Richtlinie über irreführende Werbung soll seine Grenze am von der Richtlinie festgelegten Irreführungsbegriff finden.[460]

Das Erfordernis inhaltlicher Folgerichtigkeit einer Regelung kann durch eine „räumliche“ Betrachtung des Aufbaus der einschlägigen Bestimmungen nicht entkräftet werden. Die systematische Stellung der IPR-Klauseln könnte zwar eher für die gegenteilige Auslegung der Mindestklauseln sprechen, wenn man deren Stellung in Beziehung zur gesamten Richtlinie und der Stellung der IPR-Klauseln setzt. Denn die Mindestklauseln finden sich jeweils am Ende des normativen Teils der Richtlinien und erfassen somit „räumlich betrachtet“ alle vorstehenden Regelungen. Auch hätte der Gemeinschaftsgesetzgeber, wenn er schon auf einen ausdrücklichen Hinweis verzichtet, seinen Willen, im kollisionsrechtlichen Teil der Richtlinie eine Vollharmonisierung vorzusehen,

---

458 Vgl. auch *Steindorff*, 395.
459 Siehe 2. Teil E III.
460 Vgl. *Steindorff*, 457, 460.

dadurch leicht zum Ausdruck bringen können, dass er die IPR-Klauseln jeweils hinter den Mindestschutzklauseln einordnet. Allein die Stellung der betreffenden Vorschriften kann aber inhaltliche Erfordernisse wie die Widerspruchsfreiheit der Gesamtregelung nicht überspielen.

Berücksichtigt man ferner, dass jedenfalls bislang in allen das Verbrauchervertragsrecht angleichenden Richtlinien Mindestklauseln vorgesehen sind[461], verliert sogar diese räumliche Betrachtung wieder an Gewicht. Denn die älteren Richtlinien wie die Haustürgeschäfte- und die VerbraucherkreditRL weisen keine IPR-Klauseln auf, ihre Mindestschutzklauseln sind aber im Wesentlichen identisch für die neue, eine eigene kollisionsrechtliche Absicherung durch IPR-Klauseln enthaltende Generation von Verbrauchervertragsrichtlinien übernommen worden. Es liegt daher eher nahe, dass der Gemeinschaftsgesetzgeber an das Problem des Mindestschutzes im kollisionsrechtlichen Bereich gar nicht gedacht, sondern die bisherigen Formulierungen einschließlich ihrer Stellung am Ende der jeweiligen Richtlinie einfach übernommen hat.

Im Ergebnis führt die systematische Auslegung bei regelungsübergreifender Betrachtung also zu dem Ergebnis, dass die Mindestschutzklauseln keine strengeren Kollisionsnormen erlauben. Dieses Ergebnis ist nun noch durch teleologische Erwägungen abzusichern.

c) Teleologische Auslegung

Die Frage ist, wie weit es der Zweck der IPR-Klauseln erfordert, dem Umsetzungsgesetzgeber strengere kollisionsrechtliche Regelungen zu erlauben, die regelmäßig das Kollisionsrecht des EVÜ abändern würden. Bejaht man die Möglichkeit kollisionsrechtlicher Schutzintensivierungen, wäre noch das Verhältnis dieser Erlaubnis zum EVÜ zu thematisieren. Einerseits könnte man annehmen, die IPR-Klauseln sperrten den Weg für nationale Schutzverstärkungen gegenüber dem EVÜ frei, während sie selbst (auch) in kollisionsrechtlicher Hinsicht nur einen Mindeststandard festlegen. Lehnt man einen solchen „erweiterten" Vorrang ab, wäre der Umsetzungsgesetzgeber hingegen an das EVÜ völkerrechtlich gebunden.

Ausgangspunkt ist das Verbraucherschutz- und Binnenmarktziel der einschlägigen Richtlinien. Einerseits erlauben die Richtlinien höhere nationale Schutzstandards, andererseits verlangt der Binnenmarkt, gerade wenn aufgrund einer Teilharmonisierung erhebliche nationale Rechtsunterschiede verbleiben, nach internationalem Entscheidungseinklang innerhalb der Gemeinschaft. Auch

[461] Vgl. zu den älteren Richtlinien: Art. 8 HaustürgeschäfteRL, Art. 8 PauschalreiseRL, Art. 15 VerbraucherkreditRL und allg. *Micklitz*, in: Krämer/Micklitz/Tonner (Hrsg.), 245, 266. Keine Mindestschutzklausel enthalt dagegen z.B. die HandelsvertreterRL. Ebenfalls vom Prinzip der Vollharmonisierung geht der Vorschlag einer Richtlinie zum Fernabsatz von Finanzdienstleistungen aus, vgl. *Reich/Nordhausen*, 125, No. 156.

das Verbrauchervertragsrecht vermag erhebliche Transaktionskosten zu verursachen, die diskriminierende Wirkung entfalten können. Wendet hingegen jeder Mitgliedstaat gleichförmig einheitliche Kollisionsnormen an, so ist im Ergebnis die anwendbare Rechtsordnung vorhersehbar und alle Anbieter müssen sich deren Verbraucherschutzbestimmungen stellen.

Das schon aus allgemeinen internationalprivatrechtlichen Gerechtigkeitsvorstellungen heraus zu vermeidende forum shopping ist mit dem Binnenmarkt hingegen nicht vereinbar. Es würde aber provoziert und gefördert, wenn die Umsetzungskollisionsnorm des Mitgliedstaats A nur dem Richtlinienstandard entspricht, die des Mitgliedstaats B jedoch den Verbraucher durch strengere Bestimmungen bevorzugt.

Ein strikter Vorrang der Kollisionsrechtseinheit vor dem Interesse der Mitgliedstaaten, eine eigene Abwägung der beteiligten Interessen vorzunehmen und dementsprechend strengere Kollisionsnormen zu schaffen, ergibt sich hier zusätzlich aus der Gemeinsamen Erklärung der Vertragsstaaten zum EVÜ: Danach erstrebt man,

> „ (...) die Aufteilung der Kollisionsnormen auf zahlreiche Rechtsinstrumente und Unterschiede zwischen diesen Normen soweit irgend möglich zu vermeiden, (...)",

und wünscht,

> „ (...) dass sich die Organe der Europäischen Gemeinschaften in Ausübung der ihnen aufgrund der Verträge zur Gründung der Europäischen Gemeinschaften gegebenen Zuständigkeiten bemühen, gegebenenfalls Kollisionsnormen anzunehmen, die soweit wie möglich mit denen des Übereinkommens in Einklang stehen; (...)".[462]

Nun sind die Gemeinschaftsorgane hieran zwar nicht im positiven Sinne gebunden[463], gerade wenn das den Rechtsangleichungskompetenzen, die auch den IPR-Klauseln zugrunde liegen, innewohnende Ziel, Handelshemmnisse abzubauen, in die gleiche Richtung weist, ist aber nicht anzunehmen, dass sie den Vorrang des Art. 20 EVÜ weitergehend, als ausdrücklich im Richtlinien-IPR formuliert, zugunsten eines Regelungsspielraums der Mitgliedstaaten, aushebeln wollen. Immerhin steht das EVÜ in engem Zusammenhang mit dem Gemeinschaftsrecht, auch wenn es formal auf keine gemeinschaftsrechtliche Rechts-

---

462 BT-Drs. 10/503, S. 19, vgl. auch *Giuliano/Lagarde*, 33, 71.

463 *Jayme/Kohler*, Rev. crit. dr. internat. privé (84) 1995, 1, 15 f., gehen daher meines Erachtens zu weit, wenn sie aus der zitierten Erklärung der Vertragsstaaten eine Interpretationsmaxime für die IPR-Klauseln selbst ableiten wollen. Die Vorgabe, möglichst mit dem EVÜ kompatible Umsetzungskollisionsnormen zu schaffen bezieht sich vielmehr auf Freiräume, die die IPR-Klauseln lassen.

grundlage gestützt wurde.[464] Insbesondere ist es eine „natürliche Ergänzung“[465] des EuGVÜ bzw. der EuGVVO, deren maßgebliche Aufgabe ebenfalls die Vermeidung des forum shopping ist. Nimmt man die Gedanken des Abbaus von Wettbewerbsverzerrungen, der Verwirklichung der Grundfreiheiten und der grundsätzlich auch von Richtlinien angestrebten Rechtseinheit hinzu, die schon per se für eine restriktive Auslegung von Mindestschutzklauseln sprechen[466], findet sich die hier vorgenommene systematische und teleologische Auslegung nochmals bestätigt.

Es ist daher davon auszugehen, dass die IPR-Klauseln im Gegensatz zum sachrechtlichen Teil der jeweiligen Richtlinien dem Prinzip der Vollharmonisierung folgen.

d) Die aktuelle Entwicklung im europäischen Internationalen Privatrecht

Diese Auslegung der Mindestschutzklauseln ist durch die aktuelle Entwicklung der weiteren Europäisierung des IPR gleichsam nachträglich bestätigt worden. Die Harmonisierungsbemühungen im Bereich des IPR sind von der sog. dritten auf die erste Säule des EG-Vertrags verlagert worden.

Gem. Art. 65 lit. b EG hat die Gemeinschaft nunmehr weit reichende Rechtsangleichungskompetenzen für das IPR.[467] Sie ist dabei – jedenfalls nach Auffassung der Gemeinschaftsorgane – auch nicht auf die Richtlinie als Harmonisierungsinstrument beschränkt. Vielmehr hat man bereits wiederholt auf die EG-Verordnung zurückgegriffen, die keiner Umsetzung bedarf, sondern unmittelbar in allen[468] Mitgliedstaaten gilt.

Damit hat der Gemeinschaftsgesetzgeber zu erkennen gegeben, dass er eine echte Vereinheitlichung des IPR anstrebt und sich zugleich der unter anderem von *Kreuzer* ausführlich begründeten Einsicht nicht verschlossen, dass dieses Ziel mit dem Instrument der Richtlinie nicht zu erreichen ist.

Rückblickend bestätigt diese Entwicklung mithin ein Verständnis der IPR-Klauseln in dem Sinne, dass insbesondere durch die Verwendung einer Generalklausel zwar ein Gestaltungsspielraum für die Umsetzungsgesetzgeber geschaffen wurde, man jedoch eine unnötige Rechtszersplitterung durch die zu-

---

464 Denkschrift zum EVÜ, BT-Drs. 10/503, 21; *v. Hoffmann*, ZfRV 1995, 45, 48 f.

465 Denkschrift zum EVÜ, BT-Drs. 10/503, 21.

466 So *Steindorff*, 420, unter Verwendung des Obegriffs „Öffnungsklausel“.

467 Die Gemeinschaftsorgane halten das Kollisionsrecht für nunmehr vollständig vergemeinschaftet, vgl. *Jayme*, IPRax 2000, 165, 167. Kritisch vor dem Hintergrund des Verhältnisses der neuen Rechtsgrundlage zu Art. 95 EG *Jayme/Kohler*, IPRax 1999, 401, 413. Vgl. auch *Thorn*, IPRax 2002, 349 m.w.N.; ferner *v. Hoffmann*, in: Ders. (Hrsg.), 19, 29-31, der bezweifelt, dass die EG nunmehr berechtigt ist, allseitige Kollisionsnormen zu schaffen, die auch zur Anwendung eines Drittstaatenrechts führen können, a.a.O., 34.

468 Ausnahmen sind hinsichtlich Großbritannien, Irland und Dänemark möglich, vgl. *Basedow*, CML Rev. 37 (2000), 687, 695 f.

sätzliche Anwendung der Mindestschutzklauseln auf die IPR-Regelungen der Richtlinien vermeiden sollte.

3. Konsequenzen

Damit bezwecken die IPR-Klauseln im Ergebnis eine vollständige Harmonisierung[469], was für die Umsetzung bedeutet, dass Abweichungen von den Art. 3 ff. EVÜ, die die Richtlinien so nicht vorsehen, weder von Art. 20 EVÜ noch den Mindestschutzklauseln gedeckt sind.[470] Ferner ist die völkerrechtliche Bindung an das EVÜ auch dann zu beachten, wenn die Richtlinien aus Sicht des Gemeinschaftsrechts einen Umsetzungsspielraum gewähren. Eine solcher Spielraum ist so weit wie möglich im Einklang mit den Wertungen des EVÜ zu nutzen. Nach erfolgter Umsetzung setzt sich diese Bindung bei der Rechtsanwendung fort.

Eine Auslegung des Art. 29a EGBGB, die vom EVÜ und damit von den Art. 27 ff. EGBGB in von den IPR-Klauseln nicht sanktionierter Weise abweicht, ist aufgrund der Vermutung völkerrechtsfreundlichen Verhaltens des Gesetzgebers ausgeschlossen, solange nicht eindeutig ersichtlich ist, dass er in einem bestimmten Punkt die völkerrechtlich Bindung nicht beachten wollte.[471] Gerade im Zusammenhang mit dem EVÜ hat der Gesetzgeber diesen Grundsatz selbst ausdrücklich bestätigt, wenn er es in der Begründung zum IPR-Reformgesetz von 1986 als einen der Leitgedanken ansieht,

> „dass internationale Bindungen dem Gesetzgeber Grenzen setzen und dass im Interesse einer praktikablen Anwendung des IPR möglichst weit gehende Übereinstimmung der innerstaatlichen Kollisionsnormen mit wichtigen völkerrechtlichen Rechtsgrundlagen gesucht werden muss“.[472]

---

469 Dass einzelne Bestimmungen einer Mindestschutzrichtlinie eine Vollharmonisierung anstreben, ist nicht ungewöhnlich, die Mindestschutzklauseln präjudizieren den Umfang des Gestaltungsspielraums hinsichtlich anderer Richtlinienbestimmungen nicht, so Grabitz/Hilf - *Pfeiffer*, Bd. III, Art. 8 RL, Rdn. 4 (zu Art. 8 KlauselRL). Eine Vollharmonisierung wird z.B. auch für Art. 10 FernabsatzRL vertreten, Grabitz/Hilf - *Micklitz*, Bd. III, A 3, Rdn. 179.

470 *Pfeiffer*, NJW 1999, 3674, 3679 mit Fn. 80; Grabitz/Hilf - *Micklitz*, Bd. III, A 3, Rdn. 197; *Ders.*, ZEuP 1999, 875, 902; *Heiss/Mayr*, IPRax 1999, 305, 310; zustimmend im Hinblick auf Art. 20 EVÜ auch *Kronke*, RIW 1996, 985, 992; *Leible*, in: Schulte-Nölke/Schulze (Hrsg.), 353, 367 f.; *Nemeth*, wbl 2000, 341, 347; auch *Jayme/Kohler*, IPRax 1997, 385, 389, die aber darauf hinweisen, dass strengeres Kollisionsrecht über Art. 7 Abs. 2 EVÜ aufrechterhalten werden könnte. A.A. implizit *Lurger*, in: FS Posch (1996), 179, 201.

471 Allgemein dazu BVerfG, v. 31.3.1987, 2 BvR 2/86, BVerfGE 75, 1, 18.

472 BT-Drs. 10/504, 20, 29; der Gesetzgeber wollte seinen Verpflichtungen aus dem EVÜ ausdrücklich voll und ganz nachkommen, vgl. a.a.O., 76.

Strengeres Kollisionsrecht, das von den Anknüpfungsregeln des EVÜ abweicht, ist daher völkerrechtswidrig. Als autonom gesetztes Recht[473] nimmt es am Vorrang des Richtlinienrechts gem. Art. 20 EVÜ nicht teil.[474]

Die Gefahr, dass es zumindest zeitweise wieder zu einer Absenkung des Vereinheitlichungsniveaus gegenüber dem im EVÜ erreichten Standard kommt – in der Literatur unter dem Schlagwort der „Erosion" des EVÜ diskutiert[475] –, lässt sich dennoch nicht von der Hand weisen. Denn Richtlinien bedürfen der Umsetzung in das nationale Recht der Mitgliedstaaten und bewirken schon allein deshalb potentiell eine Zersplitterung der Rechtslage in den Mitgliedstaaten: Es besteht zum einen die – bei 15 EU-Mitgliedstaaten 15-fache – Möglichkeit dass Richtlinien überhaupt nicht, nicht gleichzeitig oder inhaltlich fehlerhaft umgesetzt werden.[476] Abgesehen von möglichen Verstößen gegen die Umsetzungspflicht lassen die relevanten Richtlinien ohnehin einen Gestaltungsspielraum. Auch ein sich gemeinschaftsrechtskonform verhaltender Mitgliedstaat kann daher in Umsetzung eines sekundärrechtlichen Regelungsgebots eine von anderen Mitgliedstaaten abweichende Rechtslage schaffen. *Jayme* und *Kohler* bemerken dazu, dass einige Mitgliedstaaten die IPR-Klauseln als „Appell an die Phantasie des Gesetzgebers"[477] verstanden haben.

Auf der Ebene der Rechtsanwendung tritt, wenn auch weniger schwerwiegend, die Gefahr hinzu, dass der Rechtsanwender die einschlägige Umsetzungsnorm nicht auffindet und dass das Umsetzungsrecht trotz richtlinienkonformer Auslegung und Vorlageverfahren einer unterschiedlichen Ausbildung und Fortentwicklung unterliegt und so der einheitliche Standard mit der Zeit aufgeweicht wird.[478]

Unter all dem leidet wiederum die Rechtssicherheit in Form der Vorhersehbarkeit des anwendbaren Rechts, es wird ein Anreiz zum forum shopping geschaffen und das Ziel des innergemeinschaftlichen Entscheidungseinklangs wird gefährdet. Eine Rechtszersplitterung infolge eines Quellenpluralismus auf dem Gebiet des Internationalen Vertragsrechts lag aber gerade nicht in der Absicht der Vertragsstaaten des EVÜ, wie sich aus der oben zitierten Gemeinsamen Erklärung ergibt.

Vor diesem Hintergrund ist es erstaunlich, dass die Verbraucherschutzrichtlinien, die eine eigenständige Kollisionsregel enthalten, den Art. 5 EVÜ nicht

---

473 Vgl. *Michaels/Kamann*, JZ 1997, 601, 604.

474 *Leible*, in: Schulte-Nölke/Schulze (Hrsg.), 353, 367 f.; *Castelli*, JbItalR 13 (2000), 147, 160; *Ahrens*, in: Karlsruher Forum 1997, 89, 92.

475 *Jayme*, in: FS Trinkner (1995), 575, 582; *Martiny*, ZEuP 1997, 107, 128 f.

476 Dazu *Kreuzer*, in: Müller-Graff (Hrsg.), 457, 521; die Untauglichkeit von Richtlinien zur Kollisionsrechtsharmonisierung monieren auch *Jayme*, in: FS Trinkner (1995), 575, 583; *Jayme/Kohler*, IPRax 1995, 343, 353.

477 *Jayme/Kohler*, IPrax 1997, 385, 389.

478 *Kreuzer*, in: Müller-Graff (Hrsg.), 457, 521.

einmal erwähnen.[479] *Jayme,* der die Entwicklung des Richtlinienkollisionsrechts von Anfang an sehr kritisch begleitet hat, kam schon angesichts des Art. 6 Abs. 2 KlauselRL zu dem Schluss: „ Das europäische Kollisionsrecht ist dabei, seine Einheit aufzugeben."[480] Im abschließenden Kapitel dieser Arbeit wird daher anhand der gefundenen Ergebnisse zum Inhalt des Regelungsprogramms der IPR-Klauseln sowie zur Auslegung des Art. 29a EGBGB auch untersucht werden, inwieweit eine solche Rechtszersplitterung in den Mitgliedstaaten infolge der IPR-Klauseln eingetreten ist[481] und ob die Fortschritte, die man im Hinblick auf die Verwirklichung des Binnenmarkts im Bereich der Allgemeinen Geschäftsbedingungen, des Timesharing, der Fernabsatzverträge und der Verbraucherkaufverträge beabsichtigt, nicht „zu teuer erkauft" werden.

V. Ergebnis

Der Gemeinschaftsgesetzgeber muss sich wegen des Vorrangs des EG-Rechts vor dem EVÜ nicht an dort maßgebliche Wertungen halten. Daraus folgt, dass sich die Aufweichung des einheitlichen Anknüpfungssystems des EVÜ im Regelungsbereich des Richtlinienkollisionsrechts als rechtspolitisches Problem darstellt. Dem Gemeinschaftsgesetzgeber steht es frei, vom EVÜ abweichende Vorgaben für die Mitgliedstaaten zu schaffen. Auch die Gemeinsame Erklärung der Vertragsstaaten des EVÜ bindet ihn nicht.

Außerhalb des Regelungsprogramms der IPR-Klauseln muss der Umsetzungsgesetzgeber hingegen seine Bindung an das EVÜ beachten. Er wäre hiervon nur dann befreit, wenn sich der Umstand, dass sämtliche Verbraucherschutzrichtlinien im Sinne des Art. 29a Abs. 4 EGBGB nur Mindeststandards aufstellen, auch in kollisionsrechtlicher Hinsicht auswirkt. Das ist nach der hier vertretenen Auffassung jedoch zu verneinen.

---

479 Siehe *Junker*, IPRax 1998, 65. *Jayme/Kohler*, IPRax 1994, 405, 415, hatten noch die Hoffnung geäußert, dass sich der Gemeinschaftsgesetzgeber auf die Gemeinsame Erklärung besinnen wird. Vgl. jetzt aber den 8. Erwägungsgrund zur Richtlinie 2002/65/EG vom 23.9.2002 über den Fernabsatz von Finanzdienstleistungen, ABlEG 2002 L 271/16, wonach das EVÜ von der Richtlinie unberührt bleibe. Zutreffend weisen *Jayme/Kohler*, IPRax 2002, 461, 463, darauf hin, dass der IPR-Klausel in Art. 12 Abs. 2 der Richtlinie demnach zwar weiterhin Vorrang vor dem EVÜ zukomme, jedoch Spannungen mit dem EVÜ weitestmöglich zu vermeiden seien.

480 *Jayme*, in: FS Trinkner (1995), 575, 584.

481 Siehe 5. Teil B.

F. Zusammenfassung des 2. Teils

Das Europarecht trägt infolge des nach wie vor in den Details ungeklärten Anwendungsbereichs der Waren- und Dienstleistungsverkehrsfreiheit im Hinblick auf vertragsrechtliche Regelungen erhebliche Unsicherheiten in die Anwendung des Art. 29a EGBGB.

Entgegen ersten Äußerungen in der Literatur, die der EuGH mit seiner „*Keck*"-Entscheidung provoziert hat, ist heute aber ganz überwiegend wenigstens ein gemeinsamer Ausgangspunkt akzeptiert, wonach für vertragsrechtliche Regelungen einschließlich des Kollisionsrechts keine Bereichsausnahme von den Grundfreiheiten besteht. Materiell verbrauchervertragsrechtliche Regelungen, die über Art. 29a EGBGB zur Anwendung kommen, können also durchaus eine Beschränkung der Waren- oder Dienstleistungsverkehrsfreiheit beinhalten.

Für das Verhältnis der Grundfreiheiten zu Art. 29a EGBGB ist ferner von Bedeutung, dass die Art. 28, 49 EG selbst keine versteckte, das Recht des Herkunftsstaats berufende Kollisionsnorm enthalten, die Kollisionsnormen des Internationalen Verbrauchervertragsrechts aber – auch ohne Rücksicht auf den Inhalt der berufenen sachrechtlichen Regelung – diese Grundfreiheiten verletzen können, indem sie die Rechtswahlfreiheit im Internationalen Vertragsrecht unverhältnismäßig einschränken.

Neben den genannten primärrechtlichen Aspekten sind für die Anwendung des Art. 29a EGBGB die innerstaatlichen Wirkungen der ihm zugrunde liegenden EG-Verbraucherschutzrichtlinien von Bedeutung. Hier ist zum einen die Pflicht zur richtlinienkonformen Auslegung des nationalen Rechts zu nennen, deren Verhältnis zu den nationalen Auslegungsgrenzen umstritten ist. Zwischen dem Erfordernis praktischer Wirksamkeit der Richtlinie in den Mitgliedstaaten und der Achtung der Souveränität des Umsetzungsgesetzgebers vermittelnd, erscheint es hier nahe liegend, die Grenze dort zu ziehen, wo der Umsetzungsgesetzgeber einen Souveränitätsvorbehalt gegen eine Richtlinienbestimmung zum Ausdruck gebracht hat. Zum anderen ist die fehlende horizontale, also genuin privatrechtliche Rechtsverhältnisse betreffende, Direktwirkung der dem Art. 29a EGBGB zugrunde liegenden Verbraucherschutzrichtlinien festzuhalten.

Zu den europarechtlichen Grundlagen im weiteren Sinne zählt schließlich das Verhältnis des Richtlinien-IPR und des Art. 29a EGBGB zum EVÜ. Soweit das Regelungsprogramm der IPR-Klauseln in den Richtlinien reicht, ist der Umsetzungsgesetzgeber von der völkerrechtlichen Bindung an das Anknüpfungssystem und die Wertungen des EVÜ befreit. Anders als die sachrechtlichen Vorgaben der jeweiligen Richtlinie enthalten die Mindestschutzklauseln der Verbraucherrichtlinien nach zutreffender Auffassung aber keine Erlaubnis, auf nationaler Ebene strengeres Recht einzuführen. Eine vom Richtlinien-IPR nicht gedeckte Abweichung vom EVÜ ist daher richtlinien- und völkerrechtswidrig und auch nach dem Grundsatz völkerrechtsfreundlichen Verhaltens auch bei der Auslegung des Art. 29a EGBGB möglichst zu vermeiden.

3. Teil Das Regelungsprogramm der IPR-Klauseln

Voraussetzung einer zweckmäßigen und vollständigen Umsetzung der IPR-Klauseln ist die präzise Ermittlung ihrer kollisionsrechtlichen Regelungsvorgaben.[482] Das Regelungsprogramm ist zugleich nach erfolgter Umsetzung als Maßstab für die richtlinienkonforme Auslegung von zentraler Bedeutung. Die Wirkung einer Richtlinie im nationalen Recht erschöpft sich nicht im Umsetzungsbefehl, sondern verlangt darüber hinaus die Gewährleistung ihrer vollen Wirksamkeit auch bei der Auslegung und Anwendung des Umsetzungsrechts.[483]

Was die inhaltlichen Vorgaben der IPR-Klauseln angeht, sind – worauf im 5. Teil noch zurückzukommen sein wird – die Gesetzgebungsorgane der Mitgliedstaaten zu durchaus unterschiedlichen Auffassungen gelangt. In der Tat lassen die kollisionsrechtlichen Rechtsetzungsaufträge der Verbraucherschutzrichtlinien aufgrund ihrer fragmentarischen und an vielen Stellen unklaren Regelung viele Fragen offen.[484]

---

482 Vgl. allg. *Stabentheiner*, JBl. 1997, 65, 79.

483 *Krebber*; ZVglRWiss 97 (1998), 124, 132 f.

484 Resigniert z.B. im Hinblick auf die Bezugnahme der IPR-Klauseln auf das Gemeinschaftsgebiet *Fallon/Francq*, in: Basedow et al. (Hrsg.), 155, 165: „ When referring to the territory of the Community (...) a directive makes it almost impossible for the State to implement it correctly.“ Eine kurze Darstellung des Verständnisses des Art. 6 Abs. 2 KlauselRL in anderen Mitgliedstaaten m.w.N. findet sich bei *Stijns/van Gerven,* in: Grundmann/Bianca (Hrsg.), EU-Kaufrechts-Richtlinie, Art. 7 Rdn. 69-73.

A. Systematische Einordnung und Regelungszweck der IPR-Klauseln

Der Richtliniengesetzgeber kann die internationale Durchsetzung des harmonisierten Rechts durch bestimmte Regelungsvorgaben steuern. Hinsichtlich des Gestaltungsspielraums, den er dem Umsetzungsgesetzgeber dabei einräumt, lassen sich drei Kategorien von Richtlinien unterscheiden[485].

I. Die Bestimmung des internationalen Anwendungsbereichs des Umsetzungsrechts durch kollisionsrechtliche Regelungsvorgaben in privatrechtsangleichenden Richtlinien

Selten geblieben sind bislang Richtlinien, die ihren räumlichen Geltungsanspruch gleichsam „unmittelbar" selbst festlegen, indem sie ihren Anwendungsbereich durch bestimmte räumliche Kriterien bestimmen (1.). Seit dem Geänderten Vorschlag zur KlauselRL aus dem Jahr 1992 nähert man sich hingegen der kollisionsrechtlichen Frage über weit gefasste Umsetzungsaufträge an die Mitgliedstaaten. Solche Richtlinien[486] bestimmen ihren internationalen Anwendungsbereich zwar nicht selbst, weisen jedoch die Mitgliedstaaten an, einen Teilaspekt hiervon – in der Regel die Frage der Durchsetzung des Richtlinienstandards im Rahmen der subjektiven Anknüpfung gegen Drittstaatenrecht – bei der Umsetzung zu regeln (2.). Im Übrigen hat der Gemeinschaftsgesetzgeber die kollisionsrechtliche Frage innerhalb der Verbraucherschutzrichtlinien wie etwa der Haustürgeschäfte- und der VerbraucherkreditRL überhaupt nicht behandelt.[487] (3.).

1. Eigenständige ausdrückliche Bestimmung des internationalen Anwendungsbereichs

Den in der Literatur im Zusammenhang mit der drohenden Zersplitterung des Kollisionsrechts vorgetragenen Bedenken gegen die Methode, die Absicherung des Richtlinienstandards im Verhältnis zu Drittstaatenrecht bis auf grobe Vor-

---

[485] Einen Überblick über die einschlägigen Richtlinien geben *Roth*, IPRax 1994, 165 ff.; *Jayme/Kohler*, Rev. crit. dr. internat. privé (84) 1995, 1, 5 ff.

[486] Art. 6 Abs.2 KlauselRL, Art. 9 TimesharingRL, Art. 12 Abs. 2 FernabsatzRL, Art. 6 VerbrauchsgüterkaufRL, Art. 11 des Vorschlags für eine Richtlinie über den Fernabsatz von Finanzdienstleistungen.

[487] Zum Problem *Krebber*, ZVglRWiss 97 (1998), 124 ff.; neuerdings auch EuGH, v. 9.11.2000, Rs. C-381/98 (*Ingmar*), BB 2001, 10 (zur HandelsvertreterRL), dazu noch unten 4. Teil F II.

gaben den nationalen Umsetzungsgesetzgebern zu überlassen[488], ist im Bereich vertragsrechtsangleichender Richtlinien bislang kaum Rechnung getragen worden. Präzisere Vorgaben machen hier einige Richtlinien[489] aus anderen Bereichen. So definiert Art. 4 Abs. 1 lit. a), b) der Datenschutzrichtlinie[490] den internationalen Anwendungsbereich durch eine eigenständige Kollisionsnorm, nach der an den Sitz des Verantwortlichen der Datenverarbeitung anzuknüpfen ist.[491] Da die Mitgliedstaaten in diesem Fall die Rechtsanwendungsnorm vorgegeben erhalten und sie ohne eigenen Spielraum umsetzen müssen, handelt es sich nur formal um mitgliedstaatliche Kollisionsnormen.

Darin besteht der wesentliche Unterschied zu den sogleich zu besprechenden IPR-Klauseln in Verbraucherschutzrichtlinien, die nur eine Zielvorgabe für den internationalen Anwendungsbereich enthalten und so die Gefahr unterschiedlicher Umsetzungen heraufbeschwören.

2. Einbeziehung kollisionsrechtlicher Fragen in den Regelungsauftrag der Richtlinie

Die IPR-Klauseln der Verbraucherschutzrichtlinien im Sinne des Art. 29a Abs. 4 EGBGB[492] lassen einen erheblichen Umsetzungsspielraum. Sie zielen nicht darauf ab, den internationalen Anwendungsbereich ihrer sachrechtlichen Vorschriften unmittelbar festzulegen[493], sondern verlangen nur eine Ausgestaltung des mitgliedstaatlichen Kollisionsrechts, die verhindert, dass dem Verbraucher der Schutz der Richtlinie durch die Wahl des Rechts eines Drittstaats verloren geht, obwohl der Vertrag einen engen Zusammenhang mit dem Gebiet der EU aufweist.

Im Fall des Art. 29a EGBGB besteht die Zielvorgabe der einschlägigen Verbraucherschutzrichtlinien im Wesentlichen im Schutz vor der Abwahl des EG-Standards im Bereich des vertragsrechtlichen Verbraucherschutzes. Dazu, wie dieses Ziels erreicht werden soll, machen die Richtlinien jedoch in wesent-

---

488 Z.B. *Kronke*, RIW 1996, 985, 992 zu Art. 12 Abs. 2 FernabsatzRL; *v. Hoffmann*, ZfRV 1995, 45, 54, der es für vorzugswürdig hält, „...wenn Richtlinien selbst ihren Anwendungsbereich präzise regeln.“.

489 Überblick bei *Kreuzer*, in: Müller-Graff (Hrsg.), 457, 494. Vgl. auch *Roth*, IPRax 1994, 168 f.; *Krebber*, ZVglRWiss 97 (1998), 124, 139 - 143.

490 ABlEG 1995 L 281/31.

491 *Gounalakis/Radke*, ZVglRWiss 98 (1999), 1, 26. Weitere Beispiele nennen *Kreuzer*, in: Müller-Graff (Hrsg.), 457, 476 f. und *v. Hoffmann*, ZfRV 1995, 45, 47 f.; vgl. ferner *Pfeiffer*, NJW 1999, 3674, 3680; *Siehr*, IPR, 163 (beide zur Richtlinie über grenzüberschreitende Überweisungen).

492 Siehe auch Art. 11 Abs. 3 des Vorschlags einer Richtlinie über den Fernabsatz von Finanzdienstleistungen hinzugekommen. Näher dazu oben 1. Teil B.

493 Grabitz/Hilf - *Pfeiffer*, Bd. III, Art. 6 RL, Rdn. 19.

lichen Punkten keine oder nur sehr ungenaue Vorgaben an die nationalen Umsetzungsgesetzgeber, was die Gefahr fehlerhafter Umsetzung auch dann birgt, wenn die Mitgliedstaaten das Ziel des Richtlinienkollisionsrechts im Grundsatz richtig erkannt haben. Gerade im Falle des Art. 6 Abs. 2 KlauselRL hat sich zudem gezeigt, dass schon die Zielformulierung in der Richtlinie in wichtigen Detailfragen nicht hinreichend klar war. Die weite Formulierung des Regelungsauftrags in den Verbraucherschutzrichtlinien bot denn auch Anlass zu heftiger Kritik am Vorgehen der Gemeinschaft, die vor dem Hintergrund der erstrebenswerten Einheitlichkeit des IPR innerhalb der EU zu sehen ist und auf die im 5. Teil noch zurückzukommen sein wird.

3. Bestimmung des internationalen Geltungsbereichs von Richtlinien durch Auslegung

Lässt sich mangels ausdrücklicher Regelung durch Auslegung ermitteln, dass eine Norm auch international Geltung beansprucht, spricht man von versteckten Kollisionsnormen.[494] Da die älteren Verbraucherschutzrichtlinien keine IPR-Klauseln enthalten, stellt sich die Frage, ob und in welchen Fällen man einen solchermaßen „versteckten" internationalen Geltungsanspruch des Umsetzungsrechts im Wege richtlinienkonformer Auslegung ermitteln kann.[495]

Obwohl sämtliche von Art. 29a EGBGB erfassten Richtlinien eine eigene ausdrückliche Kollisionsregel enthalten, spielt dieses Problem hier nur scheinbar keine Rolle. Denn seit der EuGH jüngst der HandelsvertreterRL eine ungeschriebene Vorgabe entnommen hat, wonach die Mitgliedstaaten in bestimmten Fällen eine Durchsetzung des Richtlinienstandards gegenüber der Wahl eines Drittstaatenrechts gewährleisten müssen, fragt es sich aufgrund der strukturellen Ähnlichkeit des Ausgangsproblems im zugrunde liegenden Fall „*Ingmar*" mit dem Regelungsanliegen der IPR-Klauseln, ob diese Rechtsprechung nicht auf Verbraucherschutzrichtlinien wie die HaustürgeschäfteRL übertragbar ist. In diesem Fall wäre durchaus an eine analoge Anwendung des Art. 29a Abs. 1, 4 EGBGB zu denken.[496]

---

494 Vgl. *v. Hoffmann*, IPR, § 4, Rdn. 14, 16.

495 *Rudisch*, 191, Rdn. 986, bejaht dies für die VerbraucherkreditRL. Ausführlich *Krebber*, ZVglRWiss 97 (1998), 124, 147-154. Da Richtlinienbestimmungen erst umgesetzt werden müssen, könnte man hier von einem versteckten Durchsetzungsauftrag an den nationalen Gesetzgeber bzw. Richter sprechen.

496 Vgl. unten 4. Teil F II 2. b).

II. Der Regelungszweck der IPR-Klauseln

Der Zweck der IPR-Klauseln liegt schon ihrem Wortlaut nach darin, den Verbraucher davor zu bewahren, dass er im Fall einer Rechtswahlvereinbarung, die ein drittstaatliches Recht für anwendbar erklärt, den Schutz der Richtlinien verliert. Der europäische Verbraucherschutz soll damit gegenüber Drittstaaten „rechtswahlfest"[497] gemacht werden.

1. Die Verwirklichung des Binnenmarkts für Verbraucher

Alle drei hier relevanten Richtlinien beruhen auf der Rechtsgrundlage des Art. 100a EGV (Art. 95 EG). Daraus folgt, dass die Rechtsangleichung zum Zwecke der Verwirklichung des Binnenmarkts durch Abbau von Wettbewerbsverzerrungen im Vordergrund stehen muss, um die Gemeinschaftskompetenz zu begründen.[498]

Zugleich muss sich der Gemeinschaftsgesetzgeber aber die materiellen Regelungszwecke des anzugleichenden Rechts der Mitgliedstaaten bis zu einem gewissen Grad zu eigen machen, um sich auf dieser Basis für ein bestimmtes Schutzniveau, das er der Rechtsangleichungsmaßnahme zugrunde legen will, entscheiden zu können. Gem. Art. 100a Abs. 3 EGV (Art. 95 Abs. 3 EG) muss die Angleichungsmaßnahme von einem hohen Verbraucherschutzniveau ausgehen. Das Harmonisierungsniveau ist daher nicht frei wählbar, vielmehr muss kraft Gemeinschaftsrechts ein substantieller Verbraucherschutz gewährleistet sein. Folgerichtig nennen die Verbraucherschutzrichtlinien in ihren Erwägungsgründen die Verwirklichung des Binnenmarkts durch den Abbau von Wettbewerbsverzerrungen bei gleichzeitigem Schutz der wirtschaftlichen Interessen der Verbraucher als Regelungsmotiv.[499]

a) Abbau von Wettbewerbsverzerrungen

Das klassische Regelungsziel von auf Art. 100a EGV (Art. 95 EG) gestützten Harmonisierungsmaßnahmen ist der Abbau von Wettbewerbsverzerrungen in-

---

497 *Staudinger*, NJW 2001, 1974, 1977; *Czernich/Heiss*, Art. 5 EVÜ, Rdn. 1 a.E., 66.

498 Die Kompetenz der Gemeinschaft zum Erlass der Verbraucherschutzrichtlinien wird in der Literatur immer wieder in Zweifel gezogen, so etwa jüngst im Hinblick auf das Urteil des EuGH zur Tabakwerberichtlinie (siehe EuGH, v. 5.10.2000, Rs. C-376/98, DB 2000, 2115 = JZ 2001, 32 mit Anm. *Götz*), von *Roth*, JZ 2001, 475, 477 f.; ebenso *von Sachsen-Gessaphe*, RIW 2001, 721, 724, im Hinblick auf die VerbrauchsgüterkaufRL; allgemein weitgehendere Kompetenzen räumt der Gemeinschaft *Basedow*, in: FS Mestmäcker (1996), 347, 358 f., aufgrund des Marktbezugs des Privatrechts ein.

499 *Pützhoven*, EWS 1999, 447, 449, siehe zu den teils in Konflikt stehenden Zwecken der Verbraucherschutzrichtlinien auch *v. Hoffmann*, ZfRV 1995, 45, 49.

folge der Unterschiede in den Rechtsordnungen der Mitgliedstaaten. Die negativen Auswirkungen einer unterschiedlich strengen Klauselkontrolle auf den Binnenmarkt[500] liegen auf der Hand, wenn man bedenkt, dass nahezu allen grenzüberschreitenden Transaktionen Allgemeine Geschäftsbedingungen (AGB) zugrunde liegen dürften. Ähnliche Behinderungen ergeben sich für den Fernabsatz von Waren und Dienstleistungen und den Vertrieb von Teilzeitnutzungsrechten aus den unterschiedlichen Regelungen für diese auf Internationalität geradezu angelegten Sektoren. Insoweit steht also das Interesse der Anbieter an einem möglichst behinderungsfreien, das heißt deregulierten Markt im Vordergrund. Sie sollen idealerweise mit ihren Produkten nur noch den im Sekundärrecht festgelegten Anforderungen genügen müssen. In der Praxis begnügt man sich bisher in der Regel allerdings mit einem Mindeststandard[501], den die Mitgliedstaaten durchaus überschreiten dürfen. Unter dem Aspekt der Wettbewerbsgleichheit wird somit nur verhindert, dass sich bestimmte Anbieter Vorteile verschaffen, indem sie unter der Geltung eines Rechts, dessen Schutzniveau sogar den Mindeststandard noch unterschreitet, Waren und Dienstleistungen anbieten.

Seit einiger Zeit, besonders infolge der Entscheidung in der Rechtssache „*GB-INNO*“[502], ist in der Binnenmarktpolitik der Gemeinschaft auch die private Nachfragerseite in den Blickpunkt gerückt.[503] Der EuGH hat festgestellt, dass die Grundfreiheiten in ihrer „passiven“ Funktion den Unionsbürgern erlauben, in einem anderen Mitgliedstaat Waren und Dienstleistungen zu denselben Bedingungen nachzufragen, denen die ortsansässigen Verbraucher unterliegen. Im vertragsrechtlichen Verbraucherschutz dürfte allerdings in aller Regel das Interesse der Verbraucher nicht auf die deregulierende Wirkung der Grundfrei-

---

500 Dazu Grabitz/Hilf - *Pfeiffer*, Bd. III, Vorbem. A 5, Rdn. 4.

501 *Micklitz/Reich*, EuZW 1992, 593, stellen die These in den Raum, im Bereich des Verbraucherschutzes *dürfe* die EG nur Mindeststandards aufstellen, vgl. dazu (kritisch), *Heiss*, ZEuP 1996, 625, 632 ff. Umgekehrt ist auch die Vereinbarkeit der Mindestharmonisierung mit dem EG-Vertrag nicht ganz unzweifelhaft, *Heiss*, a.a.O., 638 ff.; *Nemeth*, 16 ff. Die Kommission scheint nunmehr von der Mindestharmonisierung abrücken zu wollen, vgl. das Grünbuch Verbraucherschutz, KOM (2001) 531 endg., 13.

502 Vgl. obere Fn. 100.

503 *Tauptiz*, ZEuP, 1997, 986, 1004 f.; *Heiss*, ZEuP 1996, 625, 641; *Ders*, in: Schnyder/Heiss/Rudisch (Hrsg.), 87, 89; *Nemeth*, wbl 2000, 341, 342; *Dies.*, 9 f.; *Rudisch*, in: Schnyder/ Heiss/Rudisch (Hrsg.), 191, 196; *Roth*, JZ 2001, 475, 481; *Czernich/Heiss*, Art. 5 EVÜ, Rdn. 1 a.E. Sie wird z.B. im 2. Erwägungsgrund der FernabsatzRL direkt angesprochen. Besonders deutlich auch im Bericht der Kommission zum „verbraucherpolitischen Aktionsplan 1999-2001“ und zum „allgemeinen Rahmen für die Gemeinschaftstätigkeiten zugunsten der Verbraucher 1999-2003“, KOM (2001) 486 endg., 12, und im Grünbuch zum Verbraucherschutz in der Europäischen Union, KOM (2001) 531 endg., 11. Kritisch demgegenüber z.B. *Roth*, JZ 2001, 475, 481.

heiten gerichtet sein. Entscheidend ist vielmehr, wie viel Schutz ihnen bei einer Transaktion mit Anbietern aus anderen Mitgliedstaaten zukommt.[504]

Untersuchungen der Kommission haben ergeben, dass die Ungewissheit über den Inhalt fremder Rechtsordnungen und die Sorge, eigene Rechte nicht durchsetzen zu können, ein wesentliches Hindernis auf dem Weg zu einer realen Verwirklichung des Binnenmarkts für die europäischen Verbraucher ist.[505] Es ist daher notwendig, das Vertrauen der Verbraucher in den Binnenmarkt durch die Schaffung eines gemeinschaftsweit einheitlichen Mindestschutzniveaus zu stärken.[506] Das Konzept der Mindestharmonisierung ist unter diesem Aspekt zu begrüßen, denn ein höheres Schutzniveau ist aus Sicht der Verbraucher zumindest so lange willkommen, wie nicht übertriebene Standards zu einer spürbaren Verteuerung oder Verknappung des Angebots führen.

Ein Ziel des EG-Verbraucherrechts ist es mithin, die Dynamik des Binnenmarkts durch Mobilisierung der Nachfragemacht auf Seiten der Verbraucher zu unterstützen.[507] Gleichzeitig dient es auch der tatsächlichen Wettbewerbsgleichheit der Anbieter, wenn die Verbraucher aufgrund der Mindestharmonisierung nicht mehr vor der Nachfrage von Waren und Dienstleistungen im Ausland zurückschrecken.[508] Dieser letzte Aspekt wird z.B. in der KlauselRL deutlich, deren Erwägungsgründe betonen, dass den Anbietern der Absatz ihrer Produkte im eigenen und in anderen Mitgliedstaaten erleichtert wird, wenn die Verbraucher auf die Geltung bestimmter Standards vertrauen können.[509]

---

504 Dementsprechend ist die KlauselRL das Ergebnis einer Abwägung zwischen wettbewerbsfördernden und wettbewerbsbeschränkenden Regulierungswirkungen, Grabitz/Hilf - *Pfeiffer*, Bd. III, Vorbem. A 5, Rdn. 4 a.E.

505 Grabitz/Hilf - *Pfeiffer*, Bd. III, Vorbem. A 5, Rdn. 1. So haben 1993 31% der Verbraucher Ungewissheiten im Zusammenhang mit AGB in grenzüberschreitenden Verträgen als Grund gegen Einkäufe im Ausland angegeben, a.a.O., Rdn. 2. Das Problem wird im 5. Erwägungsgrund zur KlauselRL auch ausdrücklich angesprochen. Zu den nachteiligen Effekten unterschiedlicher Schutzstandards auch *Heiss*, in: Schnyder/Heiss/Rudisch (Hrsg.), 87, 88.

506 Vgl. z.B. jeweils den 5. Erwägungsgrund der Klausel- und der VerbrauchsgüterkaufRL; Grabitz/Hilf - *Wolf*, Bd. III, A 1, Rdn. 2. Dementsprechend ist das Leitbild des mündigen und informierten Verbrauchers noch um den Aspekt des sich aktiv den Binnenmark zunutze machenden Verbrauchers zu ergänzen, vgl. zur FernabsatzRL Grabitz/Hilf - *Micklitz*, Bd. III, Vor A 2, Rdn. 25. Kritisch zur Heranziehung der Nachfragerfreiheit unter kompetenzrechtlichen Aspekten jedoch *Roth*, JZ 2001, 475, 478, und allg. *Ders.*, a.a.O., 481.

507 *Pfeiffer*, in: Schulte-Nölke/Schulze (Hrsg.), 21, 26.

508 *Nemeth*, wbl 2000, 341, 342; *Heiss*, ZEuP 1996, 625, 639.

509 *Heiss*, ZEuP 1996, 625, 640; zur VerbrauchsgüterkaufRL, *Roth*, JZ 2001, 475.

b) Das Verbraucherschutzziel

Rechtsangleichende Maßnahmen auf dem Gebiet des vertragsrechtlichen Verbraucherschutzes bezwecken parallel die Herstellung vergleichbarer Absatzbedingungen für die Anbieter wie auch die reale Verwirklichung der Nachfragerfreiheiten.[510] Es bedarf daher eines eigenständigen Verbraucherschutzkonzepts der Gemeinschaft auf dem Gebiet der wirtschaftlichen Verbraucherinteressen, zu dem der Schutz vor unangemessen benachteiligenden vorformulierten Vertragsklauseln, der Schutz im Zusammenhang mit dem Fernabsatz als „gefährlicher" Vertriebstechnik sowie im Zusammenhang mit dem Timesharing als „gefährlichem" Vertragstyp gehört.[511] Der Inhalt der zugehörigen Richtlinien einschließlich der nationalen Umsetzungen bildet den Schutzstandard, auf den der europäische Verbraucher vertrauen können soll.

Die IPR-Klauseln rechtfertigen sich deshalb aus Sicht des europäischen Verbrauchers durch die Gefahr, dass die nach den Grundsätzen des IPR anwendbare Rechtsordnung eines Drittstaats inhaltlich hinter dem Richtlinien- bzw. Umsetzungsrecht als Umfeldrecht des Verbrauchers zurückbleibt. So kann namentlich eine Rechtswahlvereinbarung dazu führen, dass eine Rechtsordnung mit niedrigen Schutzstandards Anwendung findet. Art. 29 Abs. 1 EGBGB betont in solchen Fällen das sachrechtliche Schutzbedürfnis[512], da er die Anwendung einer fremden Rechtsordnung akzeptiert, wenn diese für den Verbraucher günstiger ist. Wie sich noch zeigen wird, gilt Entsprechendes für die IPR-Klauseln.[513]

2. Kollisionsrechtliche Absicherung der Verbraucherschutzrichtlinien – die Marktabgrenzungsfunktion der IPR-Klauseln

Das Ziel der Verbraucherschutzrichtlinien, den Binnenmarkt durch den Schutz des Verbrauchers im vertragsrechtlichen Bereich bei gleichzeitigem Abbau von Rechtsunterschieden zwischen den Mitgliedstaaten zu fördern, verlangt nach einer Abstimmung mit dem Internationalen Vertragsrecht. Dass im Bereich dem

---

510 *Heiss*, ZEuP 1996, 625, 645; Grabitz/Hilf - *Pfeiffer*, Bd. III, Vorbem. A 5, Rdn. 3.

511 Die Schutzbedürftigkeit resultiert dem Ansatz der Richtlinien zufolge aus bestimmten Situationen oder besteht allgemein bei bestimmten Vertragstypen, vgl. *Eckert*, in: FS Söllner (2000), 239, 250; *Pfeiffer*, in: Schulte-Nölke/Schulze (Hrsg.), 21, 29.

512 In der Theorie des kollisionsrechtlichen Verbraucherschutzes unterscheidet man das sachrechtliche vom kollisionsrechtlichen Schutzbedürfnis. Ausgangspunkt ist die Überlegung, dass die Anwendbarkeit einer für den Verbraucher fremden Rechtsordnung vor allem unter dem Aspekt der Unkenntnis oder eines sachlich niedrigeren Schutzniveaus fremder Rechtsordnungen unerwünscht sein kann, vgl. *Roth*, RabelsZ 55 (1991), 623, 654.

513 Zum Günstigkeitsvergleich als Regelungsvorgabe der IPR-Klauseln: 3. Teil B V 5., C III 2. b).

„Schwächerenschutz" dienender Sachnormen die Rechtswahl nicht grenzenlos zugelassen werden kann, vielmehr eine dem Verbraucherschutzzweck entsprechende Anknüpfung gefunden werden muss[514], liegt auf der Hand und stellt kein Spezifikum der Verbraucherschutzrichtlinien dar. Neu ist nur, dass sich die Richtlinien selbst dieser Frage annehmen.

Dabei wirft das Konzept der Mindestharmonisierung im Verbraucherschutzrecht zunächst die das Verhältnis der Mitgliedstaaten untereinander betreffende Frage auf, ob sich die verbleibenden Rechtsunterschiede im innergemeinschaftlichen Rechtsverkehr noch auswirken dürfen. Das Gemeinschaftsrecht muss entscheiden, in welchem Umfang vom Richtlinienstandard abweichendes Recht noch gegenüber den anderen Mitgliedstaaten durchgesetzt werden kann. Umgekehrt wäre es denkbar, dass das in den Mitgliedstaaten auch in Ansehung der Harmonisierungsrichtlinien weiterhin bestehende Schutzgefälle nicht zum Nachteil der Verbraucher durch die Wahl des Rechts eines Mitgliedstaatenrechts mit niedrigem Schutzniveau ausgenutzt werden darf, die Richtlinien also die Durchsetzung günstigeren mitgliedstaatlichen Rechts, das ohne die Rechtswahl anwendbar gewesen wäre, verlangen. Mit Blick auf den Wortlaut der IPR-Klauseln, die regelmäßig von der Gefahr der Nichtgeltung des Richtlinienstandards infolge der Anwendbarkeit des Rechts eines *Drittstaats* sprechen, erscheint allerdings die Annahme nahe liegend, dass sich das Richtlinienkollisionsrecht mit solchen EU-internen Fragen nicht befasst.[515]

Im Mittelpunkt steht daher eine zweite Auswirkung der Rechtsangleichung auf das IPR: das Erfordernis der internationalprivatrechtlichen Absicherung des Binnenmarkts. Die Richtlinien stellen in den IPR-Klauseln samt den zugehörigen Begründungserwägungen durchweg die EU als „einheitlichen" Rechtsraum dem Recht der Drittstaaten gegenüber[516] und deuten so die Notwendigkeit an, die Richtlinienziele im Rahmen von in diesem Rechtsraum lokalisierten Vertragsverhältnissen kollisionsrechtlich abzusichern.

a) Die Abgrenzung des europäischen Verbrauchervertragsrechts gegenüber Drittstaatenrecht

Soweit die Gemeinschaft einen Mindeststandard auf der Basis zwingender Regelungen aufstellt – wie es im Verbrauchervertragsrecht durchweg der Fall ist – kann sie es nicht mehr den einzelnen Mitgliedstaaten überlassen, ob diese ihr

---

514 Vgl. *Martinek*, in: Grundmann (Hrsg.), Systembildung, 511, 549.

515 Ebenso im Ergebnis *Basedow*, NJW 1996, 1921, 1925; *Krebber*, ZVglRWiss 97 (1998), 124, 138; a.A. Grabitz/Hilf - *Martinek*, Bd. III, A 13, Rdn. 206 a.E; Grabitz/Hilf - *Pfeiffer*, Bd. III, A 5, Art. 6 RL, Rdn. 20. Siehe allgemein zu den Folgen der Mindestharmonisierung für das IPR, *Basedow*, in: Schnyder/Heiss/Rudisch (Hrsg.), 11, 17 f. Zu den Schutzverstärkungen, die nach der hier vertretenen Auffassung im Rahmen der Grundfreiheiten auch gegenüber Mitgliedstaaten durchgesetzt werden, siehe 3. Teil C IV 3.

516 Vgl. 3. Teil B V 1.

harmonisiertes Sachrecht gegenüber Drittstaaten durchsetzen oder die Anwendung von Drittstaatenrecht zulassen, ohne damit zugleich den Erfolg der Rechtsangleichung wieder in Frage zu stellen[517]: Da eine kollisionsrechtliche Rechtswahl die intern zwingenden Sachnormen der objektiv anwendbaren Rechtsordnung ausschaltet, wäre es grundsätzlich auch in reinen Binnenmarktfällen möglich, mit einem einzigen Satz in den AGB des Anbieters den Richtlinienstandard abzubedingen. Es liegt auf der Hand, dass dies aus Sicht des Verbrauchers im Hinblick auf sein sachrechtliches Schutzbedürfnis und damit mittelbar auch im Hinblick auf die Verwirklichung des Binnenmarkts für den privaten Nachfrager äußerst misslich wäre.

Vor allem wäre aber schon das in der einschlägigen Rechtsgrundlage des Art. 95 EG zum Ausdruck kommende Ziel des Abbaus von Wettbewerbsverzerrungen nicht erreichbar. Das haben *Basedow* am Beispiel der Handelsvertreter-RL[518] und *Leible* am Beispiel der FernabsatzRL[519] nachgewiesen und ist mittlerweile vom EuGH in seiner Entscheidung in der Rechtssache „*Ingmar*“[520] bestätigt worden. Jedenfalls bei Nichtvorliegen der Voraussetzungen des Art. 5 EVÜ wäre die Geltung einer Richtlinienumsetzung bei Wahl eines Drittstaatenrechts im Ergebnis davon abhängig, ob ein Gericht das jeweilige nationale Umsetzungsrecht als international zwingend im Sinne des Art. 7 EVÜ ansieht bzw. eher fern liegende Wege wie den eines europäisch „aufgeladenen“ ordre public einschlägt. Damit würde die Entscheidung zudem in nicht geringem Maße davon abhängen, wo in der Gemeinschaft geklagt wird, so dass sich nicht mehr alle europäischen Anbieter in vergleichbaren Fällen an den europäischen Schutzstandard halten müssten.

---

517 Grabitz/Hilf - *Martinek*, Bd. III, A 13, Rdn. 205; *Basedow*, in: Schnyder/Heiss/Rudisch (Hrsg.), 11, 19, der anschaulich vom „Spaltkeil der Rechtswahl“ spricht, a.a.O., 34; *Nemeth*, wbl 2000, 341, 343; *Leible*, in: Schulte-Nölke/Schulze (Hrsg.), 353, 368 f. Das EVÜ unterscheidet nicht zwischen nationalem Recht, das auf Gemeinschaftsrecht beruht, und sonstigem Recht sowie nicht zwischen EU-Mitglied- und Drittstaaten. Es ist schon aus diesem Grund zur kollisionsrechtlichen Absicherung der Rechtsangleichung nicht geeignet.

518 *Basedow*, in: Schnyder/Heiss/Rudisch (Hrsg.), 11, 29 f., der vor allem das Unvermögen des Art. 7 Abs. 1, 2 EVÜ herausstellt, im Binnenmarkt für gleiche Wettbewerbsbedingungen zu sorgen.

519 *Leible*, in: Schulte-Nölke/Schulze (Hrsg.), 353, 369. Im Verbraucherschutzrecht kommt hinzu, dass die Bedeutung des Art. 7 EVÜ insoweit äußert umstritten ist und daher (außerhalb des Art. 5 EVÜ) letztlich nur noch der ordre public-Vorbehalt einem den Richtlinienstandard unterschreitenden Drittstaatenrecht entgegengehalten werden könnte, vgl. *Siehr*, in: FS Zäch (1999), 593, 595.

520 Dazu unten 4. Teil F.

b) Vermeidung von Wettbewerbsnachteilen für EU-Anbieter

Ein weiteres Argument dafür, den infolge der Verankerung einheitlicher Mindeststandards einen homogenen Rechtsraum darstellenden Binnenmarkt nicht in beliebigem Umfang drittstaatlichem Recht „preiszugeben", liegt in der Vermeidung von Wettbewerbsnachteilen von EU-Anbietern gegenüber Drittstaatenanbietern, die im Binnenmarkt konkurrieren. Soweit ausreichende Bezüge zum Gebiet des Binnenmarkts bestehen, ist es legitim, auch drittstaatliche Anbieter an die geltenden europäischen Standards zu binden, zumal im Verbrauchervertragsrecht nicht erwartet werden kann, dass sich die wirtschaftlich „schwächeren" Verbraucher die Nichtgeltung dieser Standards durch andere Vorteile kompensieren lassen können.[521] Der drittstaatliche Anbieter wird also auch nicht durch andere Zugeständnisse im Ergebnis gleichermaßen wie der EU-Anbieter belastet.

c) Berechtigte Erwartungen der Verbraucher im Hinblick auf die Geltung des europäischen Schutzstandards

Schließlich verlangt auch das Ziel der Verwirklichung der passiven Nachfragerfreiheit durch Schaffung bestimmter Verbraucherschutzstandards eine kollisionsrechtliche Flankierung. Der Verbraucher soll nach dem oben skizzierten Verbraucherschutzkonzept aus eigener Initiative am Binnenmarkt partizipieren, sich also selbst zu einer grenzüberschreitenden Nachfrage von Waren und Dienstleistungen entschließen. Seine ihn davon abhaltende Unkenntnis über das in anderen Mitgliedstaaten geltende Recht gilt es durch die Harmonisierung des Verbrauchervertragsrechts auf einem Mindestniveau zu kompensieren. Der Verbraucher soll auf dieses Mindestniveau vertrauen können, wenn er im Binnenmarkt Waren oder Dienstleistungen nachfragt. Die Schutzerwartungen des Verbrauchers richten sich demnach auf die Geltung (irgend)einer Richtlinienumsetzung[522] und sind berechtigt, wenn er Verträge mit einem engen Bezug zum Binnenmarkt abschließt.

Solche legitimen Schutzerwartungen dürfen infolge der Anwendung des Kollisionsrechts nicht enttäuscht werden, soll die Effektuierung der Nachfragefreiheit durch die Harmonisierungsrichtlinien wirklich gefördert werden.

---

521 Zu diesem Argument (wieder im Hinblick auf die HandelsvertreterRL) *Basedow*, in: Schnyder/ Heiss/Rudisch (Hrsg.), 11, 32.

522 Das kollisionsrechtliche Schutzbedürfnis des Verbrauchers wird daher von den IPR-Klauseln im Vergleich zu Art. 5 EVÜ modifiziert: es geht nicht um den Schutz durch die eigene Rechtsordnung, vielmehr wird dem Verbraucher aufgrund der Harmonisierung des Verbrauchervertragsrechts in der Gemeinschaft zugemutet, auch den Schutz durch die Rechtsordnung eines anderen Mitgliedstaats zu akzeptieren. Dieser Umstand wird im Rahmen der Rechtsfolge des Art. 29a Abs. 1, 2 EGBGB noch von Bedeutung sein, vgl. 4. Teil C IV 2. c) (1).

Zweck der IPR-Klauseln ist es daher auch zu verhindern, dass das europäische Verbrauchervertragsrecht ins Leere läuft, indem die Parteien ihre vertraglichen Beziehungen einem Recht außerhalb der EU unterstellen, das von den EG-Richtlinien naturgemäß unbeeinflusst bleibt.[523] Den IPR-Klauseln liegt dementsprechend (im Gegensatz zu Art. 5 EVÜ) das Leitbild des aktiven Verbrauchers zugrunde[524], der den Schutz der europäischen Standards auch dann nicht verliert, wenn er außerhalb seines Heimatstaats Produkte nachfragt.

d) Die Marktabgrenzungsfunktion als Auslegungsleitlinie für den „engen Zusammenhang"

Ob die IPR-Klauseln die ihnen zugedachte Aufgabe, die Rechtsangleichung im Binnenmarkt kollisionsrechtlich abzusichern und dabei zugleich Wettbewerbsnachteile der EU-Anbieter gegenüber Drittstaatenanbietern zu verhindern sowie den Verbraucher zu schützen, soweit er berechtigtermaßen auf die Geltung des Richtlinienstandards vertrauen darf, erfüllen können, hängt maßgeblich von der Auslegung des Tatbestandsmerkmals „enger Zusammenhang" ab. Der EuGH hat in seiner grundlegenden Entscheidung zur kollisionsrechtlichen Absicherung der Rechtsangleichung gegenüber Drittstaaten in der Rechtssache „*Ingmar*" entsprechend auf einen „starken Gemeinschaftsbezug" abgestellt.[525] Entscheidend ist, wann ein Vertragsverhältnis ausreichend im Binnenmarkt lokalisiert ist, um den Schutz der Richtlinien entgegen einer Wahl von Drittstaatenrecht auszulösen. In der „*Ingmar*"-Entscheidung weist der EuGH darauf hin, dass dies „etwa" dann der Fall sei, wenn der Handelsvertreter im Hoheitsgebiet der Gemeinschaft tätig werde. Eine hinreichende Lokalisierung im Binnenmarkt scheint daher jedenfalls dann vorzuliegen, wenn ein Vertrag ohne Rechtswahl dem Recht eines Mitgliedstaats unterworfen gewesen wäre.[526]

Die entscheidende Frage lautet aber, ob die Marktabgrenzungsfunktion immer nur dann zum Tragen kommt, wenn die objektive Anknüpfung nach dem EVÜ zu einem Mitgliedstaatenrecht führt, also gleichsam akzessorisch ausgestaltet ist.

---

523 Grabitz/Hilf - *Martinek*, Bd. III, A 13, Rdn. 206.

524 Wolf/Horn/Lindacher - *Wolf*, Art. 6 Abs. 2 RL, Rdn. 10; Grabitz/Hilf - *Pfeiffer*, Bd. III, A 5, Art. 6 RL, Rdn. 21. Kritisch aber *Mankowski*, MMR-Beilage 7/2000, 22, 37 (zu Art. 29a EGBGB).

525 EuGH, o. Fn. 487 (*Ingmar*), BB 2001, 10, 11, Tz. 25, mit Anm. *Kindler*. Vgl. zu dieser Entscheidung noch unten 3. Teil E II 3. b) (2) sowie 4. Teil F.

526 Der Handelsvertreter erbringt die charakteristische Leistung (*v. Hoffmann*, IPR, § 10 Rdn. 46), so dass nach Art. 28 Abs. 2 EGBGB an den Ort seiner Niederlassung anzuknüpfen ist bzw. nach anderer Ansicht an sein Tätigkeitsgebiet (vgl. *Emde*, MDR 2002, 190, 194; Palandt - *Heldrich*, Art. 28 EGBGB, Rdn. 15; MüKo - *Martiny*, Art. 28 EGBGB, Rdn. 158 m.w.N.). Im Fall „*Ingmar*" lagen beide Anknüpfungspunkte in der EU. Dem beschriebenen Verständnis folgt auch der Vorschlag eines neuen Art. 3 Abs. 3 EVÜ-E der *Europäischen Gruppe für IPR*, vgl. unten 5. Teil B II 4. b) (1).

Übertragen auf das Internationale Verbraucherschutzrecht bedeutete dies eine Vorabprüfung der Art. 3 Abs. 3, Art. 4 und 5 EVÜ. Wer die Frage bejaht, wahrt insoweit die Einheit des Kollisionsrechts der Schuldverträge, wer sie verneint, fordert eine autonome Festlegung des notwendigen Bezugs zur Gemeinschaft ohne Rücksicht auf die Kriterien vor allem des Art. 5 EVÜ. Den Ausschlag wird hier geben, welche Lösung die Wahrung der unter a) bis c) beschriebenen Zwecke verspricht[527], denn im Anwendungsbereich der IPR-Klauseln ist das Argument der Kollisionsrechtseinheit und der Wahrung von Kohärenz mit dem EVÜ nur ein rechtspolitisches (Art. 20 EVÜ), dem die Zweckverwirklichung der IPR-Klauseln nicht „geopfert" werden darf.

3. Zusammenfassung

Die Verbraucherschutzrichtlinien im Sinne des Art. 29a Abs. 4 EGBGB dienen in erster Linie der Verwirklichung des Binnenmarkts. Wettbewerbsverzerrungen sollen wenigstens insoweit abgebaut werden, als sich alle Anbieter an den in den Richtlinien festgelegten Mindeststandard halten müssen. Zugleich sollen die Mindeststandards die europäischen Verbraucher ermutigen, grenzüberschreitend und aktiv am Binnenmarkt zu partizipieren. Indem die Richtlinien aber im Einklang mit dem Verbraucherschutzkonzept der Gemeinschaft den Verbraucher in Situationen schützen wollen, in denen die Wahrnehmung der Vertragsfreiheit auf seiner Seite gefährdet ist, verfolgen sie daneben auch ein originäres Verbraucherschutzziel.

Die IPR-Klauseln haben daher die Aufgabe, einerseits spezifische Verbraucherschutzziele und andererseits den Binnenmarkt einschließlich der Grundfreiheiten verwirklichen zu helfen.[528] Der Rechtsangleichungszweck der Verbraucherschutzrichtlinien im Sinne des Art. 29a Abs. 4 EGBGB erfordert es zu verhindern, dass innergemeinschaftliche Rechtsbeziehungen auf dem Gebiet des Verbrauchervertragsrechts einem Drittstaatenrecht unterstellt werden, denn andernfalls würden Wettbewerbsverzerrungen innerhalb des Binnenmarkts fortbestehen. Darüber hinaus ist es aber zur Vermeidung von Wettbewerbsnachteilen der EU-Anbieter sowie aus Gründen eines sachgerechten kollisionsrechtlichen Schutzes der europäischen Verbraucher auch erforderlich, den Richtlinienstandard gegenüber Drittstaatenanbietern in geeigneten Fällen sicherzustellen.

---

527 Dazu ausführlich im 3. Teil C II 3.

528 *Rudisch*, RabelsZ 63 (1999), 70, 104.

B. Der sachliche und persönliche Anwendungsbereich der IPR-Klauseln

Ihren sachlichen und persönlichen Anwendungsbereich legen die IPR-Klauseln durch die Verwendung des Begriffs „Vertrag“ indirekt fest, denn es kann nur ein Vertrag gemeint sein, der unter die einschlägigen Regelungen der Fernabsatz-, der Klausel-, der Timesharing- oder der VerbrauchsgüterkaufRL fällt.

I. Persönlicher Anwendungsbereich

Die Verbraucherschutzrichtlinien setzen nicht an persönlichen Eigenschaften[529] der Vertragsparteien an, vielmehr stimmen die Richtlinien darin überein, dass die Eröffnung des persönlichen Anwendungsbereichs von dem jeweils mit dem Geschäft verfolgen Zweck abhängt. Es wird daher weniger die Verbrauchereigenschaft als vielmehr in Verflechtung des persönlichen mit dem sachlichen Anwendungsbereich der Verbrauchervertrag definiert.

1. Verbraucher

Der Verbraucher[530] ist demnach eine natürliche Person, die das unter die Richtlinie fallende Geschäft zu einem Zweck abschließt, der nicht ihrer gewerblichen oder beruflichen Tätigkeit zugerechnet werden kann.[531] Damit haftet die Verbrauchereigenschaft nicht der Person an, sondern auch ein Unternehmer kann durchaus einmal Verbraucher sein, wenn er das konkrete Geschäft zu einem Zweck abschließt, der nicht in seinen Geschäftsbereich fällt.[532] Da die Verbraucherschutzrichtlinien im Sinne des Art. 29a Abs. 4 EGBGB nur natürliche Personen[533] als Verbraucher erfassen, fallen Idealvereine, Stiftungen

---

529 Allerdings findet nach der hier vertretenen Auffassung eine Ausgrenzung von Verbrauchern aus Drittstaaten im Wege einer teleologischen Reduktion statt, vgl. unten 3. Teil C II 2.

530 Die TimesharingRL spricht vom „Erwerber“.

531 Art. 2 lit. b KlauselRL, Art. 2 3. Spiegelstrich TimesharingRL, Art. 2 Nr. 2 FernabsatzRL; Art. 1 Abs. 2 lit. a VerbrauchsgüterkaufRL. Vgl. zu den teils abweichenden Formulierungen der Verbraucherschutzrichtlinien, des EVÜ, des EuGVÜ und einiger nationaler Schutzgesetze: *Faber*, ZEuP 1998, 854, 856 f.

532 *Grundmann*, Schuldvertragsrecht, § 5, 2.10, Rdn. 18.

533 EuGH, v. 22.11.2001, verb. Rs. C-541/99 u. C-542/99 (*Cape Snc/Idealservice Srl)*, EuZW 2002, 32.

und sonstige rechtsförmige Zusammenschlüsse heraus[534], während Personengemeinschaften ohne eigene Rechtspersönlichkeit „Verbraucher" sein können[535].

Des Weiteren muss die natürliche Person einen Zweck verfolgen, der nicht ihrer gewerblichen oder beruflichen Tätigkeit zugerechnet werden kann. Eine Abgrenzung zwischen Gewerbe und Beruf ist dabei nicht erforderlich, wenn die Richtlinie beide Begriffe nennt (so die Fernabsatz- und die KlauselRL) bzw. wie die TimesharingRL mit dem Abstellen auf die „Berufsausübung" das gewerbliche Element mit umfasst, da der Gemeinschaftsgesetzgeber in den Verbraucherschutzrichtlinien insoweit nicht differenziert.[536]

Allgemein sind Vertragsschlüsse der Geschäftssphäre zuzurechnen, die der Durchführung oder Ausübung der Erwerbstätigkeit oder der Erhaltung und Stärkung der Betriebsmittel dienen oder in sonstiger Weise die Erwerbstätigkeit ermöglichen oder fördern.[537] Von einem privaten Geschäftszweck wird man hingegen bei einem beabsichtigten „Gebrauch im Haushalt"[538] auszugehen haben.

Ferner ist die restriktive Rechtsprechung des EuGH zur Grenzziehung zwischen beruflicher bzw. gewerblicher und privater Zwecksetzung zu beachten, wonach auch nur mittelbar mit einem Geschäftszweck in Zusammenhang stehende Tätigkeiten ausgenommen sind (sog. enger Verbraucherbegriff[539]). Auch der Gemeinschaftsgesetzgeber scheint bisher einer „strengen" Auffassung zur Abgrenzung von Privat- und Geschäftssphäre zu folgen, denn die weiter gefasste Definition im ersten Vorschlag zur VerbrauchsgüterkaufRL, die nur „unmittelbar" der Erwerbs- oder Geschäftstätigkeit zurechenbare Vertragszwecke ausscheiden wollte, ist später bewusst fallengelassen worden.[540]

Daher stellen etwa branchenfremde Nebengeschäfte und Geschäfte mit Ausnahmecharakter[541] sowie Vorbereitungsgeschäfte und Existenzgründungen[542]

---

534 Dies gilt auch, wenn sie nichtwirtschaftliche Zwecke verfolgen, vgl. MüKo - *Micklitz*, § 13 BGB, Rdn. 12; *Faber*, ZEuP 1998, 854, 863, der die formale Abgrenzung der Richtlinien kritisiert, a.a.O., 864; kritisch auch *Kiendl*, JbJZivRWiss 1995, 195, 198.

535 MüKo - *Micklitz*, § 13 BGB, Rdn. 15 (das gilt auch für die BGB-Gesellschaft trotz Teilrechtsfähigkeit, a.a.O., Rdn. 16; BGH, v. 23.10.2001, XI ZR 63/01, JZ 2002, 455); *Grundmann*, Schuldvertragsrecht, § 5, 2.10, Rdn. 18, Fn. 43; *Faber*, ZEuP 1998, 854, 862 f. Zum Erwerb gesellschaftsrechtlicher Beteiligungen, die nicht mit einer unternehmerischen Position verbunden sind, vgl. *Imping*, WiB 1997, 337, 339.

536 Vgl. *Faber*, ZEuP 1998, 854, 874 f.

537 *Faber*, ZEuP 1998, 854, 866, unter Hinweis auf EuGH, v. 4.3.1991, Rs. C-361/89 (*di Pinto*), Slg. 1991 - I, 1206.

538 MüKo - *Micklitz*, § 13 BGB, Rdn. 32 (unter Hinweis auf Art. 2 lit. a CISG).

539 EuGH, v. 3.7.1997, Rs. C-269/95 (*Benincasa/Dentalkrit*), Slg. 1997 - I, 3767, 3795, Tz. 16; *Pfeiffer*, in: Schulte-Nölke/Schulze (Hrsg.), 21, 24 f.; Dauses - *Lecheler*, Bd. 2, H V, Rdn. 32.

540 Vgl. *Faber*, ZEuP 1998, 854, 867.

541 EuGH, o. Fn.. 537 (*di Pinto*), Slg. 1991 - I, 1206, 1211, Tz. 15, 19; im Ergebnis zustimmend *Pfeiffer*, in: Schulte-Nölke/Schulze (Hrsg.), 21, 33; Wolf/Horn/Lindacher - *Wolf*,

grundsätzlich keine Verbraucherverträge im Sinne des Art. 29a EGBGB i.V.m. den einschlägigen Richtlinienbestimmungen dar. Zudem wird der Zessionar einer Forderung aus einem Verbrauchervertrag nicht geschützt.[543] Bei Sicherungsgeschäften ist regelmäßig erforderlich, dass der Sicherungsgeber selbst zu privaten Zwecken handelt und nach der einschlägigen Verbraucherschutzrichtlinie schutzwürdig ist.[544]

Die Entscheidung dieser und weiterer[545] Grenzfälle – zur sog. dual use-Problematik sogleich – hängt nicht zuletzt von der kontrovers diskutierten Frage ab, welches Verbraucherleitbild[546] und welches Schutzkonzept[547] man den einschlägigen Richtlinienbestimmungen entnimmt. Daher sind durchaus unterschiedliche Antworten in den Mitgliedstaaten zu erwarten.[548] Daran und an den, auch was Schutzverstärkungen angeht, zum Teil erheblich untereinander abweichenden Umsetzungen der Richtlinienbestimmungen über den persönlichen

---

Art. 2 RL, Rdn. 8. Anders das französische Konzept des „non-professionnel", das auch dem insoweit bewusst gegenüber der KlauselRL weiter gezogenen Art. L 132-1 Code de la Consommation zugrunde liegt, dazu *Brenner*, 285, 295). Zur dt. Rechtslage vgl. MüKo - *Micklitz*, Vor §§ 13, 14 BGB, Rdn. 18.

542 EuGH, v. 3.7.1997, Rs. C-269/95 (*Benincasa/Dentalkrit*), Slg. 1997 - I, 3767, 3795, Tz. 17 (zu Art. 13 EuGVÜ), wonach schon ein künftiger gewerblicher Zweck die Verbrauchereigenschaft entfallen lasse. A. A. Wolf/Horn/Lindacher - *Wolf*, Art. 2 RL, Rdn. 7; *Pfeiffer*, in: Schulte-Nölke/Schulze (Hrsg.), 21, 26; differenzierend *Faber*, ZEuP 1998, 854, 890.

543 EuGH, v. 19.1.1993, Rs. C-89/91 (*Shearson, Lehmann, Hutton*), Slg. 1993 - I, 139, 189, Tz, 24.

544 Vgl. EuGH, v. 23.3.2000, Rs. C-208/98 (*Berliner Kindl Brauerei AG/Siepert*), EuZW 2000, 339, 340, Tz. 22 (im Hinblick auf die VerbraucherkreditRL), mit Anm. *Rosenfeld*, 341 (was das Akzessorietätsargument im Hinblick auf Bürgschaften angeht, liegt darin eine Korrektur der Rspr. im Fall *„Dietzinger"* (EuGH, v. 7.3.1998, Rs. C-45/96, Slg. 1998 - I, 1199, vgl. EuGH a.a.O., 341, Tz. 26, sowie *Rosenfeld*, a.a.O, 341, 342; zur vernichtenden Kritik am *„Dietzinger"*-Urteil vgl. *Pfeiffer*, in: Schulte-Nölke/Schulze (Hrsg.), 21, 41).

545 Vgl. z.B. das Problem, ob die Richtlinien entgegen ihrem Wortlaut auch den unselbstständig beruflich Handelnden als Verbraucher ansehen, wie es in Deutschland in den §§ 13, 14 BGB vorgesehen ist. Bejahend: MüKo - *Micklitz*, § 14 BGB, Rdn. 25; Palandt - *Heinrichs*, § 13 BGB, Rdn. 3. A.A. Wolf/Horn/Lindacher - *Wolf*, Art. 2 RL, Rdn. 15; *Roth*, JZ 2000, 1013, 1014.

546 Vgl. *Faber*, ZEuP 1998, 854; Dauses - *Lecheler*, Bd. 2, H V, Rdn. 34-36.

547 Zur Bedeutung der Unterscheidung zwischen einem rein rollenbezogenen und einem durch situative Elemente ergänzten Schutzansatz, *Pfeiffer*, in: Schulte-Nölke/Schulze (Hrsg.), 21, 33; gegen *Damm*, VersR 1999, 129, 135.

548 Vgl. etwa *Pfeiffer*, in: Schulte-Nölke/Schulze (Hrsg.), 21, 38, zum englischen Recht, wonach Verträge mit gemischter Zwecksetzung praktisch immer als Verbrauchervertrag angesehen werden; sowie *Brenner*, 285, 294 f., wonach der französische Cour de Cassation im Einklang mit der in Art. 132 - 1 Code de la Consommation zum Ausdruck gekommenen Auffassung des französischen Umsetzungsgesetzgebers in nicht geringen Umfang auch Gewerbetreibende für schutzwürdig gehalten werden.

und sachlichen Anwendungsbereich[549] zeigt sich zugleich die Notwendigkeit einer strengen Ausrichtung der Auslegung des Vertragsbegriffs in Art. 29a Abs. 1 EGBGB an den Richtlinienvorgaben, um eine weitere Rechtszersplitterung im Internationalen Verbrauchervertragsrecht zu vermeiden.[550] Streitige Fragen zum Anwendungsbereich der Richtlinie kann der EuGH letztverbindlich klären und damit zur Kollisionsrechtseinheit beitragen.

2. Gemischt privat-beruflicher Verwendungszweck (dual use)

Das Problem der Geschäfte mit einem gemischt privat-geschäftlichen („dual use“) Hintergrund ist von den Richtlinien nach dem Wortlaut offen gelassen worden. Man kann die Zurechenbarkeit zur Privatsphäre so verstehen, dass sie schon bei nur teilweise privater und im Übrigen beruflicher Nutzung zu bejahen ist.[551] Möglich wäre auch eine engere, qualitative Auslegung des Zurechenbarkeitserfordernisses dahingehend, dass in der privaten Nutzung der Schwerpunkt liegen muss, um den Anwendungsbereich der Richtlinie zu eröffnen.[552] Für diese Meinung könnten auch die Ausführungen zu Art. 5 EVÜ im Bericht von *Giuliano/Lagarde* sprechen.[553] Schließlich wäre es denkbar, eine ausschließlich private Nutzung zu fordern.[554]

Es ist zu erwarten[555], das der EuGH im Sinne seiner bisherigen strengen Rechtsprechung die Frage dahingehend beantworten wird, dass eine rein private Verwendung zu verlangen ist[556]. Dafür spricht, dass der Gemeinschafts-

---

549 Vgl. z.B. den Vergleich zwischen der deutschen und französischen Umsetzung der TimesharingRL bei *Neises*, NZM 1999, 338 f.; zur österreichischen Umsetzung *Stabentheiner*, ZMR 1998, 61, 62; zur italienischen *Neises*, NZM 1999, 1078 f.; zur spanischen *Schomerus*, NZM 1999, 329 ff.; *Trejo/Vestweber*, RIW 1999, 516 ff.

550 Vgl. zur europäisch-autonomen Auslegung des Vertragsbegriffs in Art. 29a EGBGB im 4. Teil C I.; siehe zu den negativen Auswirkungen des Richtlinienkollisionsrechts auf die Einheit des IPR der Verbraucherverträge in Europa im 5. Teil B.

551 Vgl. *Bodewig*, DZWir 1997, 447, 449, wonach nur eine ganz geringfügig private Nutzung noch nicht zur Bejahung eines Verbrauchervertrages ausreichen soll.

552 *Imping*, WiB 1997, 337, 338; *Schwartze*, ZEuP 2000, 544, 551 f.; ebenso *Kamanabrou*, WM 2000, 1417, zu §§ 13, 14 BGB.

553 Vgl. (zu Art. 29 EGBGB) *Faber*, ZEuP 1998, 854, 886; *Pfeiffer*, in: Schulte-Nölke/Schulze (Hrsg.), 21, 37.

554 Grabitz/Hilf - *Micklitz*, Bd. III, A 3, Rdn. 12; Wolf/Horn/Lindacher - *Wolf*, Art. 2 RL, Rdn. 8: alle Geschäfte mit einem objektiven Bezug zum Gewerbe fallen heraus; ebenso *Schurr*, ZfRV 1999, 222, 225 (zu Art. 1 Abs. 2 lit. a der VerbrauchsgüterkaufRL. A.A. z.B: *Magnus*, in: Grundmann/Medicus/Rolland (Hrsg.), 79, 85.

555 MüKo - *Micklitz*, § 13 BGB, Rdn. 35. Vgl. dazu jetzt das Vorabentscheidungsersuchen des österreichischen OGH v. 8.11.2001, 6 Ob 56/01f, zu Art. 13 EuGVÜ, abgedr. in IPRax 2002, Heft 2, VII.

556 So auch *Faber*, ZEuP 1998, 854, 888; a.A. Wolf/Horn/Lindacher - *Wolf*, Art. 2 RL, Rdn. 8, der einen Vorrang der gewerblichen Nutzung nur im Zweifel annimmt.

gesetzgeber in Art. 9 lit. b) ii) ProdukthaftungsRL wie auch in Art. 1 Nr. 2 des ersten Vorschlags zur VerbraucherkreditRL[557] das in Teilen der Literatur propagierte Prinzip der überwiegenden Zwecksetzung ausdrücklich erwähnt hat[558] und ihm daher dort, wo dies nicht der Fall ist, wohl auch nicht folgen wollte.

Einen rein privaten Verwendungszweck zu fordern, erscheint mir auch vor dem Hintergrund des Schutzzwecks der Richtlinien vorzugswürdig, denn die dem Verbrauchervertragsrecht zugrunde liegende Annahme, ein besonderer Schutz sei bei professionell handelnden Personen nicht notwendig, ist nicht für ein und denselben Vertragsgegenstand teilbar.[559] Wer als Anwalt eine Bürosoftware erwirbt, die er beruflich und privat nutzt, setzt nach der gesetzlichen Typisierung seine Geschäftserfahrung für diesen Vertrag ein. Auch die praktische Handhabbarkeit der Regelung spricht hierfür, vermeidet sie doch die streitanfällige Ermittlung der überwiegend beabsichtigten Nutzung des Vertragsgegenstands, die nicht zuletzt Beweisschwierigkeiten ausgesetzt wäre[560] und zudem Abgrenzungsprobleme[561] schafft.

3. Anbieter

Das Gegenüber des Verbrauchers – im Folgenden soll einheitlich vom „Anbieter“ gesprochen werden – erhält in den Richtlinien die Bezeichnung „Gewerbetreibender“ bzw. „Lieferer“, in der Timesharing- und der VerbrauchsgüterkaufRL „Verkäufer“. Spiegelbildlich zur Definition des Verbrauchers handelt die Vertragspartei hier also im Rahmen ihrer gewerblichen oder beruflichen Tätigkeit, zudem werden naturgemäß auch juristische Personen erfasst.

Den vertriebsbezogenen Richtlinien ist eine ausdrückliche Einschränkung auf Erwerbsgeschäfte des Verbrauchers und Absatzgeschäfte des Anbieters zu entnehmen, was die TimesharingRL unzweideutig durch die Bezeichnungen „Verkäufer“ und „Erwerber“ und die FernabsatzRL durch das Begriffspaar

---

[557] Vorschlag für eine Richtlinie des Rates zur Angleichung der Rechts- und Verwaltungsvorschriften der Mitgliedstaaten über den Verbraucherkredit, ABlEG 1979 C 80/4.

[558] Dazu *Faber*, ZEuP 1998, 854, 885.

[559] So auch *Pfeiffer*, in: Schulte-Nölke/Schulze (Hrsg.), 21, 38.

[560] Vgl. zum Problem auch die Ausführungen zu Art. 2 lit. a CISG sowie zur entsprechenden Problematik im Rahmen des Art. 13 EuGVÜ *Rudisch*, in: Schnyder/Heiss/Rudisch (Hrsg.), 191, 216. In der Literatur wird auch vorgeschlagen, sich in den „dual use“ Fällen mit einer Zweifelsregel zu behelfen, wonach im Zweifel vom Vorliegen eines Verbrauchergeschäfts auszugehen sein soll, vgl. *Imping*, WiB 1997, 337, 338 (ablehnend); vgl. dazu auch das Vorabentscheidungsersuchen des österreichischen OGH v. 8.11.2001, 6 Ob 56/01f, zu Art. 13 EuGVÜ, abgedr. in IPRax 2002, Heft 2, VII.

[561] Wieviele Privatbriefe soll ein Rechtsanwalt auf der Bürosoftware schreiben dürfen, um noch als Verbraucher zu gelten?

„Verbraucher“ und „Lieferer“ zum Ausdruck bringen. Damit sind Veräußerungsgeschäfte von Personen, die zu privaten Zwecken handeln, nach diesen beiden Richtlinien nicht erfasst.[562] Die KlauselRL verwendet hingegen die insoweit neutralen Begriffe „Verbraucher“ und „Gewerbetreibender“, so dass es nicht darauf ankommt, wer Leistungen anbietet und wer sie in Anspruch nimmt, der Verbraucher also auch als Veräußerer auftreten kann.[563]

4. Ermittlung des Geschäftszwecks und Beweislast

Die Frage, ob ein Verbrauchergeschäft vorliegt, beurteilt sich wie bei Art. 29 EGBGB und Art. 2 lit. a) CISG anhand des Vertragsinhalts sowie der für die andere Vertragspartei im Zeitpunkt des Vertragsschlusses[564] erkennbaren Begleitumstände.[565] Für einen verständigen Beobachter muss sich aus diesen Umständen der nichtwirtschaftliche Zweck des Geschäfts ergeben.[566] Fraglich ist, ob der Verbraucher das Vorliegen eines Verbrauchergeschäfts insgesamt darlegen und gegebenenfalls beweisen, oder ob nicht jede Vertragspartei die Beweislast für die Umstände tragen muss, die ein Verbrauchergeschäft begründen bzw. ausschließen. Der Verbraucher müsste dann die Zugehörigkeit des Geschäfts zu seiner Privatsphäre beweisen, sein Vertragspartner müsste beweisen, dass er nicht zu kommerziellen Zwecken gehandelt hat.

Abgesehen von Art. 11 Abs. 2 lit. a) FernabsatzRL enthalten die Richtlinien keine Vorgaben zur Verteilung der Beweislast. Die Anwendung des Art. 29a EGBGB ist jedoch allein für den Verbraucher günstig, so dass er nach allgemeinen Grundsätzen die Beweislast für dessen Anwendungsvoraussetzungen insgesamt trägt. Anders als in Art. 2 lit. a) CISG deutet die Formulierung des persönlichen Anwendungsbereichs in den Richtlinien, die nach hier vertretener Auffassung ja alleine maßgeblich ist, auch nicht auf ein Regel-

---

562 *Bodewig,* DZWir 1997, 447, 448 f.

563 So ausdrücklich der Bericht der Kommission v. 27.04.2000 über die Anwendung der Richtlinie 93/13/EG, KOM (2000), 248 endg., 8 Fn. 19; Wolf/Horn/Lindacher - *Wolf,* Art. 1 RL, Rdn. 22.

564 Vgl. den Hinweis auf den Zeitpunkt des Vertragsschlusses in Art. 1 Nr. 2 FernabsatzRL sowie Art. 4 KlauselRL, die etwas andere Formulierung in Art. 2, 4. Spiegelstrich TimesharingRL bedeutet keine inhaltliche Abweichung (*Faber*, ZEuP 1998, 854, 866 Fn. 61). Die typisierende Betrachtung der Schutzwürdigkeit des Verbrauchers steht einer nachträglichen „Umwidmung“ des Handlungszwecks ebenso wie der Heranziehung subjektiver Kriterien entgegen, vgl. MüKo - *Micklitz*, § 13 BGB, Rdn. 28, 30. Vgl. auch *Bodewig,* DZWir 1997, 447, 449, der darauf hinweist, dass die Informationspflichten in der Anbahnungs- und Abschlussphase zu erfüllen sind.

565 *Faber*, ZEuP 1998, 854, 865; Palandt - *Heinrichs*, § 24a AGBG, Rdn. 3. Siehe dazu das Vorabentscheidungsersuchen des österreichischen OGH v. 8.11.2001, 6 Ob 56/01f, zu Art. 13 EuGVÜ, abgedr. in IPRax 2002, Heft 2, VII.

566 Wolf/Horn/Lindacher - *Wolf,* Art. 2 RL, Rdn. 6.

Ausnahme-Verhältnis hin.[567] Schwierigkeiten können etwa dann auftreten, wenn der Kunde zugleich unternehmerisch tätig ist oder wenn die Zugehörigkeit zur Privatsphäre zwar objektiv eindeutig, dem Anbieter aber nicht erkennbar war, oder umgekehrt der Kunde von einem kommerziellen Geschäft des Anbieters ausgegangen ist, dieser aber tatsächlich zu privaten Zwecken gehandelt hat[568]. Soweit ein Vertragspartner ein Unternehmen betreibt, kann man auf den Rechtsgedanken des § 344 HGB zurückgreifen, also im Zweifel die Zugehörigkeit des Vertrags zum Unternehmen bejahen.[569] Im Übrigen bleibt es beim allgemeinen Grundsatz, wonach der Verbraucher das (ihm günstige) Vorliegen eines Verbrauchergeschäfts darlegen und gegebenenfalls beweisen muss.[570]

II. Sachlicher Anwendungsbereich der KlauselRL

Der sachliche Anwendungsbereich der KlauselRL ist in Art. 3 Abs. 1 sehr weit definiert, indem danach alle Klauseln, die nicht bindende Rechtsvorschriften wiedergeben (Art. 1 Abs. 2 KlauselRL) und die nicht im Einzelnen ausgehandelt wurden, unter die Richtlinienbestimmungen fallen. Aus Art. 3 Abs. 2 KlauselRL folgt, dass diese Voraussetzung gegeben ist, wenn die Klausel vorformuliert wurde und der Verbraucher daher keinen Einfluss auf ihren Inhalt nehmen konnte. Die Anzahl beabsichtigter Verwendungen ist daher nach der Richtlinie nicht erheblich.[571] Allerdings lassen sich begrifflich vorformulierte Individualverträge von vorformulierten Standardverträgen unterscheiden, was jedoch nur hinsichtlich der Beweislastverteilung und der Verbandsklage Auswirkungen hat.[572] Ausgenommen sind nur Klauseln, die dispositivem oder zwingendem Recht des Vertragsstatuts entsprechen oder die die Hauptleistung selbst bzw. deren Äquivalenz betreffen.[573]

---

567 Vgl. Art. 2 lit. b und c KlauselRL, Art. 2, 4. und 5. Spiegelstrich TimesharingRL und Art. 2 Nr. 2 und 3 FernabsatzRL.

568 Vgl. *Bodewig*, DZWir 1997, 447, 449.

569 Wolf/Horn/Lindacher - *Wolf*, Art. 2 RL, Rdn. 8; *Faber*, ZEuP 1998, 854, 866; Palandt - *Heinrichs*, § 13 BGB, Rdn. 3.

570 *Faber*, ZEuP 1998, 854, 891; Wolf/Horn/Lindacher - *Wolf*, Art. 2 RL, Rdn. 8.

571 Vgl. *Kiendl*, JbJZivRWiss 1995, 195, 198.

572 *Grundmann*, Schuldvertragsrecht, § 5, 2.10, Rdn. 19.

573 Vgl. *Grundmann*, Schuldvertragsrecht, § 5, 2.10, Rdn. 1. Im erstgenannten Punkt liegt zugleich ein zentrales Problem der Rechtsangleichung in diesem Bereich: denn die harmonisierten materiellen Anforderungen an AGB treffen mit den mitgliedstaatlichen Rechten auf nicht harmonisierte Referenzpunkte, *Grundmann*., a.a.O., Rdn. 12 f., der im hier revanten Verbrauchervertragsrecht aber aufgrund weitgehender Harmonisierung kein Problem sieht. Dem wäre aber nur uneingeschränkt zu folgen, wenn man der These folgt, wonach Schutzverstärkungen in der EU grenzüberschreitend nicht mehr geltend gemacht

Wie sich aus einer fehlenden Einschränkung im normativen Teil der Richtlinie sowie aus dem 10. Erwägungsgrund ergibt, sollen grundsätzlich alle Verträge erfasst sein. Die an dieser Stelle in der Präambel aufgeführten Ausnahmen für Verträge auf dem Gebiet des Arbeitsrechts[574], des Familien- und Erbrechts sowie des Gesellschaftsrechts erklären sich unmittelbar aus dem persönlichen Anwendungsbereich der Richtlinie.[575]

III. Sachlicher Anwendungsbereich der TimesharingRL

Gem. Art. 1 TimesharingRL findet der Abschluss von Timesharingverträgen über Immobilien nur in zwei Aspekten[576] eine Regelung: zum einen hinsichtlich bestimmter Informationen über die Vertragsinhalte sowie der Übermittlung dieser Informationen, zum anderen hinsichtlich des Verfahrens und Einzelheiten des Vertragslösungsrechts. Damit bleibt es angesichts der vielfältigen Gestaltungsmodelle, die im Timesharing-Bereich anzutreffen sind, ganz überwiegend bei der Maßgeblichkeit der nationalen Rechtsordnungen zur Lösung materiell vertragsrechtlicher Probleme wie der Sittenwidrigkeit oder etwa der Leistungsstörungen.

Konsequent stellt die Richtlinie denn auch nur auf das Vorliegen eines Vertrags über den unmittelbaren oder mittelbaren Erwerb von Teilzeitnutzungsrechten an einer oder mehreren Immobilien ab, ohne dass es auf die Ausgestaltung der Berechtigung als dingliche, schuldrechtliche, gesellschafts-, vereins- oder genossenschaftsrechtliche ankäme; zudem erfasst die Richtlinie auch das flexible Timesharing im Zusammenhang mit einem Pool von Immobilien.[577] Den Vertragsgegenstand spezifiziert Art. 2, 1. Spiegelstrich Time-

---

werden können (dazu 3. Teil C IV 3. b)). Ansonsten bleiben nämlich unterhalb der Eingriffsschwelle der Grundfreiheiten möglicherweise doch erhebliche Abweichungen in den nationalen Rechten bestehen.

574 Offenbar wird das Handeln des Arbeitnehmers als beruflich in einem die Verbrauchereigenschaft ausschließenden Sinne verstanden. Hier ist die deutsche Umsetzung in § 13 BGB über die Richtlinie hinausgegangen, indem dort nur die selbstständige berufliche Tätigkeit ausgenommen ist. Allerdings hatte der Gesetzgeber Arbeitsverträge gem. § 23 Abs. 1 AGBG ausdrücklich ausgeschlossen, so dass aus § 13 BGB im Bereich der Arbeitsverträge keine Schutzverstärkung resultierte. Vgl. jetzt aber § 310 Abs. 4 S. 2 BGB, wonach nur noch die Einbeziehungskontrolle ausgenommen ist.

575 Näheres bei *Grundmann*, Schuldvertragsrecht, § 5, 2.10, Rdn. 20; *Bunte*, DB 1996, 1389, 1391.

576 Die Richtlinie hat im Gesetzgebungsverfahren einen Großteil ihrer ursprünglich angestrebten Regelungsdichte eingebüßt, so etwa die Regelung von Erfüllungsansprüchen, von Garantien sowie von Vorkehrungen gegen die Insolvenz des Anbieters, vgl. *Grundmann*, Schuldvertragsrecht, § 7, 4.02, Rdn. 5; *Mäsch*, EuZW 1995, 8, 11.

577 Vgl. *Grundmann*, Schuldvertragsrecht, § 7, 4.02, Rdn. 9; *Lagarde*, Rev. crit. dr. internat. privé 87 (1998), 741, 743. Allerdings ist zu kritisieren, dass viele Vorschriften der

sharingRL näher: entscheidende Merkmale sind eine Mindestlaufzeit des Vertrags von drei Jahren, die Zahlung eines Gesamtpreises für die Nutzung im Voraus sowie eine Nutzungsdauer von mindestens einer Woche im Jahr.[578]

IV. Sachlicher Anwendungsbereich der FernabsatzRL

Art. 2 Nr. 1 FernabsatzRL formuliert zunächst einmal umfassend, dass unter einem Vertragsschluss im Sinne der Richtlinie jeder eine Ware oder eine Dienstleistung betreffende Vertrag zu verstehen ist. In Art. 3 Abs. 1 FernabsatzRL finden sich jedoch sodann umfangreiche Ausnahmen, von denen die Finanzdienstleistungen, die im Anhang II nicht abschließend aufgezählt werden, die größte Gruppe darstellen.[579] Auch Immobilien betreffende Verträge sind, wiederum mit einer Unterausnahme für die Vermietung, vom Anwendungsbereich ausgenommen.[580] Ferner zählt Art. 3 Abs. 2 FernabsatzRL Verträge auf, die zwar grundsätzlich unter die Richtlinie fallen, aufgrund der besonderen Umstände der Leistungserbringung aber von Informationspflichten und Widerrufsrecht gem. Art. 4 - 6 ausgeschlossen sind, etwa im Fernabsatz geschlossene Verträge über die Lieferung von Haushaltsgegenständen des täglichen Bedarfs

Richtlinie erkennbar auf Verträge zugeschnitten sind, die nur eine einzige Immobilie betreffen, *Mäsch*, EuZW 1995, 8, 14. Das gilt nicht zuletzt auch für Art. 9 TimesharingRL, vgl. unten 3. Teil D II 2. e).

578 Die nationalen Umsetzungen weichen (auch) hier erheblich untereinander ab: siehe *Schomerus*, NZM 1999, 329 ff.; *Trejo/Vestweber*, RIW 1999, 516 ff. (Spanien); *Neises*, NZM 1999, 339 ff. (Frankreich); *Ders.*, NZM 1999, 1078 ff. (Italien); *Stabentheiner*, ZMR 1998, 61 ff. (Österreich). Zugleich bietet die TimesharingRL hier einen Angriffspunkt für „Umgehungen", die in der Praxis bereits aufgetreten sind, vgl. *Kappus*, NZM 1999, 452, sowie das Grünbuch Verbraucherschutz, KOM (2001) 531 endg., 6. Zur nach wie vor aktuellen Problematik der „schwarzen Schafe" der Timesharing- Branche vgl. *Süddeutsche Zeitung* v. 1.6.2001 (Nr. 125), V2/1.

579 *Bodewig*, DZWir 1997, 447, 450. Kritisch dazu *Reich*, EuZW 1997, 581, 583. Differenzierte Betrachtung dieser Ausnahme bei *Grundmann*, Schuldvertragsrecht, § 5, 2.02, Rdn. 12. Daneben sind u.a. Immobiliengeschäfte ausgenommen, weil hier bereits die Formvorschriften im Fernabsatz nicht eingehalten werden können sowie Versteigerungen (kritisch *Roth/Schulze*, RIW 1999, 924, 925 f.).

580 Verträge über Immobilien fallen unter den sehr weiten europäischen Dienstleistungsbegriff, der – wie sich auch aus Art. 50 EG ergibt – eine Auffangfunktion gegenüber den anderen Grundfreiheiten wahrnimmt. Damit wäre der Anwendungsbereich gem Art. 2 Nr. 1 FernabsatzRL eigentlich eröffnet gewesen. Vgl. dazu *Thorn*, IPRax 1999, 1, 5.

im Rahmen regelmäßiger Fahrten[581] oder sog. Platzgeschäfte[582] mit Pizza-Lieferdiensten, Beförderungsunternehmen etc.[583]

Der Abschluss eines unter die Richtlinie fallenden Vertrags muss ferner unter ausschließlicher Verwendung von Fernkommunikationsmitteln erfolgt sein, Art. 2 Nr. 1 FernabsatzRL. Zunächst muss sich der Anbieter ausschließlich einer oder mehrerer Fernkommunikationstechniken, die in Art. 2 Nr. 4 FernabsatzRL definiert[584] und im Anhang I beispielhaft aufgeführt sind, bedient haben, was die Verwendung traditioneller Vertriebsformen ebenso wie den *e*-Commerce erfasst; ein „Verwenden" dieser Technik liegt dann vor, wenn das Verhalten des Anbieters aus Sicht eines Durchschnittsverbrauchers auf Vertragsabschlüsse abzielt.[585] Darüber hinaus muss diese Verwendung von Fernkommunikationstechnik aber auch im Rahmen eines für den Fernabsatz organisierten Vertriebs- bzw. Dienstleistungssystems erfolgen, Art. 2 Nr. 1 FernabsatzRL. Entscheidend ist danach, dass ein Anbieter sich des Fernabsatzes systematisch, also nicht nur gelegentlich, bedient, wobei es unschädlich ist, wenn daneben noch andere Vertriebsformen Anwendung finden.[586]

V. Sachlicher Anwendungsbereich der VerbrauchsgüterkaufRL

Die VerbrauchsgüterkaufRL regelt gem. Art. 1 Abs. 1 bestimmte Aspekte des Verbrauchsgüterkaufs und der Garantien für Verbrauchsgüter. Erfasst sind somit Kaufverträge einschließlich Verträge über die Lieferung herzustellender oder zu erzeugender Verbrauchsgüter (Art. 1. Abs. 4 VerbrauchsgüterkaufRL). Das Verbrauchsgut ist in Art. 1 Abs. 2 lit. b) VerbrauchsgüterkaufRL als beweglicher körperlicher Gegenstand mit Ausnahme von Gütern, die aufgrund von Zwangsvollstreckungsmaßnahmen veräußert werden sowie von nicht abgefülltem Wasser, Gas sowie von Strom definiert. Art. 1 Abs. 3 VerbrauchsgüterkaufRL räumt schließlich die Option ein, gebrauchte Güter, die in einer Versteigerung, der der Verbraucher beiwohnen kann, veräußert werden, im Umsetzungsgesetz nicht als Verbrauchsgut anzusehen.[587]

---

581 Kritisch im Hinblick auf die fehlende Informationspflicht: *Roth/Schulze*, RIW 1999, 924, 925.

582 *Martinek*, NJW 1998, 207.

583 Vgl. *Bodewig*, DZWir 1997, 447, 450; *Roth*, JZ 2000, 1013, 1016; *Reich*, EuZW 1997, 581, 583.

584 Das Merkmal „ohne gleichzeitige körperliche Anwesenheit" dient dabei der Abgrenzung zur HaustürgeschäfeRL. Zu Abgrenzungsproblemen, vgl. *Reich*, EuZW 1997, 581, 583.

585 *Reich*, EuZW 1997, 581, 582 f.

586 *Reich*, EuZW 1997, 581, 583. Kritisch zu diesem Erfordernis *Grundmann*, Schuldvertragsrecht, § 5, 2.02, Rdn. 10.

587 Der deutsche Gesetzgeber hat hiervon in § 474 Abs. 1 BGB Gebrauch gemacht.

VI. Unterschiede gegenüber Art. 29 EGBGB

Wie die vorangehenden Ausführungen gezeigt haben, ergeben sich gegenüber dem sachlichen und persönlichen Anwendungsbereich des Art. 29 EGBGB einige wesentliche Unterschiede. Zunächst einmal entfallen die sachlichen Beschränkungen des Art. 29 EGBGB. So sind Timesharingverträge von Art. 29a EGBGB eindeutig erfasst, auch die Klausel- und die FernabsatzRL erweitern den kollisionsrechtlichen Verbraucherschutz in sachlicher Hinsicht.

Des Weiteren sind infolge der zweiseitig-funktionalen Definition des Verbrauchervertrags in den Verbraucherschutzrichtlinien Verträge zwischen Verbrauchern von Art. 29a EGBGB nicht erfasst[588], während die Frage im Rahmen des Art. 29 EGBGB umstritten[589] ist. Entsprechendes gilt für den Ausschluss juristischer Personen aus dem Art. 29a EGBGB zugrunde liegenden Verbraucherbegriff[590] sowie die Frage der Einbeziehung von Verträgen mit gemischter Zwecksetzung.

---

588 *Freitag/Leible*, EWS 2000, 342, 344; mit anderer Begründung auch *Staudinger*, IPRax 1999, 414, 416 (zum Referentenentwurf).

589 Ja: *Rauscher*, IPR, 229; a.A. etwa *v.Hoffmann*, IPR, § 10, Rdn. 69.

590 Im Rahmen des Art. 29 EGBGB können nach umstrittener Auffassung auch juristische Personen „Verbraucher" sein. Vgl. zu den Unterschieden im sachlichen und persönlichen Anwendungsbereich auch 3. Teil E II 1. a) und b).

C. Das Regelungsprogramm der Art. 6 Abs. 2 Klausel- und Art. 12 Abs. 2 FernabsatzRL[591]

Die mittlerweile vier dem Art. 29a EGBGB zugrunde liegenden IPR-Klauseln beruhen insoweit auf demselben Modell, als sie durchweg die Abgrenzung des angeglichenen Rechts der Mitgliedstaaten von Drittstaatenrecht bezwecken.[592] Allerdings finden sich in Art. 9 TimesharingRL gegenüber den anderen Bestimmungen erhebliche Abweichungen, auf die noch gesondert einzugehen sein wird.[593] So erfasst Art. 9 TimesharingRL auch objektiv angeknüpfte Verträge und enthält mit dem Kriterium der Belegenheit im Gebiet der Gemeinschaft eine konkrete Bestimmung zur erforderlichen Nähebeziehung. Soweit diese Abweichungen nicht betroffen sind, gelten die nachfolgenden Ausführungen aber im Grundsatz auch für Art. 9 TimesharingRL.

Der Überblick über die wechselvolle Entstehungsgeschichte der einzelnen Art. 29a EGBGB zugrunde liegenden IPR-Klauseln hat gezeigt, dass es der Richtliniengesetzgeber bislang bei kurzen und programmatischen Formulierungen belässt, die wenig Anhaltspunkte für die Auslegung geben können.[594] Zugleich hat er aber nicht einmal in diesem weiten Rahmen konsistente Bestimmungen geschaffen, was die Mitgliedstaaten vor erhebliche Schwierigkeiten[595] bei der Umsetzung stellt. Während für manchen Irrweg bei der Umsetzung die Mitgliedstaaten selbst verantwortlich zeichnen, weist das Konzept des Gemeinschaftsgesetzgebers insbesondere hinsichtlich der Frage der Abstimmung des Umsetzungskollisionsrechts mit dem EVÜ sowie der Konkretisierung des für das Eingreifen der Schutzklauseln erforderlichen engen Zusammenhangs erhebliche Unklarheiten auf.

Die anlässlich der erstmaligen Umsetzung des Art. 6 Abs. 2 KlauselRL in § 12 AGBG (1996) in Gang gesetzte Debatte zeigt denn auch, dass Anwendungsbereich und Rechtsfolge der IPR-Klauseln in vielen Einzelheiten umstritten sind. Es überrascht daher nicht, dass der Bericht der Kommission über die Anwendung der KlauselRL die Umsetzung des Art. 6 Abs. 2 zu den „wenig zufrieden stellenden" Punkten zählt.[596]

---

591 Da Art. 7 Abs. 2 Verbrauchsgüterkauf- mit Art. 6 Abs. 2 Klausel- und Art. 12 Abs. 2 FernabsatzRL nahezu übereinstimmt und vom Gesetzgeber ohne Weiteres durch die Ergänzung des Art. 29a Abs. 4 EGBGB umgesetzt wurde, soll zur Vereinfachung im Folgenden grundsätzlich nur auf die älteren IPR-Klauseln näher eingegangen werden.

592 *Wagner*, IPRax 2000, 249, 250.

593 Vgl. unten 3. Teil C II.

594 Dieser Befund trifft nach *Stabentheiner*, JBl. 1997, 65, 79, auf Richtlinien allgemein zu, zumal der EuGH dies vor dem Hintergrund der Begründungspflicht aus Art. 253 EG billigt.

595 So auch das Fazit von *Freitag/Leible*, ZIP 1999, 1296, 1301.

596 Bericht der Kommission v. 27.04.2000 über die Anwendung der Richtlinie 93/13/EG, KOM (2000) 248 endg., 8.

Im Folgenden soll das Regelungsprogramm der IPR-Bestimmungen vor allem im Hinblick auf Auslegungsprobleme skizziert werden, die die Literatur bislang unter anderem in der Definition des „engen Zusammenhangs", in der Frage der Zulässigkeit des Verweises auf unzureichend umgesetztes Mitgliedstaatenrecht und in der Frage des Günstigkeitsvergleichs erblickt hat.[597] Hinzu kommt das Problem des Verhältnisses der IPR-Klauseln zum objektiven Vertragsstatut nach dem EVÜ sowie die Frage, ob auch Verbraucher aus Drittstaaten in den Anwendungsbereich des Richtlinienkollisionsrechts fallen.

I. Anwendbarkeit drittstaatlichen Rechts aufgrund einer Rechtswahl

Der Tatbestand der IPR-Klauseln setzt ausdrücklich voraus, dass auf den Verbrauchervertrag infolge einer Rechtswahl das Recht eines Drittstaats anwendbar ist. Entsprechend der Marktabgrenzungs-, aber auch der Verbraucherschutzfunktion der IPR-Klauseln wäre eine Verdrängung von mitgliedstaatlichem Recht, in dem die Richtlinie ja umgesetzt sein muss, auch nicht legitimiert. Angesichts des insoweit klaren Wortlauts erstaunt es, dass einige Mitgliedstaaten ausgerechnet eine der eindeutigen Vorgaben des Richtlinienkollisionsrechts ignoriert und ihre Umsetzungskollisionsnorm auf den Fall der Wahl eines fremden Mitgliedstaatenrechts erstreckt haben.[598] Im Gegensatz zu Art. 9 TimesharingRL beschränken sich die kollisionsrechtlichen Regelungen der Fernabsatz- und der KlauselRL auch darauf, den Verbraucher vor dem Verlust des der Richtlinie entsprechenden Schutzstandards infolge einer Rechtswahl zu schützen. Damit wird zunächst auf die subjektiven Anknüpfungsregeln des IPR der Mitgliedstaaten verwiesen, die gem. Art. 3 ff. EVÜ vereinheitlicht sind. Vorab jedoch einige Bemerkungen zur Charakterisierung eines „Drittstaats".

1. Der Begriff des Drittstaats

Die Rechtswahl muss gem. Art. 6 Abs. 2 KlauselRL, Art. 12 Abs. 2 FernabsatzRL zugunsten des Rechts eines Drittstaats erfolgt sein. Welche Staaten

---

[597] Siehe *Pfeiffer*, NJW 1997, 1207, 1212.

[598] Vgl. § 12 AGBG (1996), ferner die erste griechische Umsetzung des Art. 6 Abs. 2 KlauselRL (Art. 2 Nr. 9 des Gesetzes Nr. 2251 v. 16.11.1994 über den Verbraucherschutz (Amtsblatt der Griechischen Republik, Erster Teil, Nr. 191; (dazu *Jayme/Kohler*, IPRax 1995, 343, 345; zustimmend *Alexandridou,* ERPL 1997, 173, 179); dem Wortlaut nach auch die portugiesische Regelung (Decreto-Lei No. 249/99 do 7.7.1999 modificando o Decreto-Lei 446/85, Diario da Republica la Serie Nr. 156, 4202 (dazu *Jayme/Kohler*, IPRax 2000, 454, 464), sowie die italienische Umsetzung des Art. 12 Abs. 2 FernabsatzRL im Gesetzesdekret Nr. 185 vom 25.5.1999 (Gazzetta Ufficiale Nr. 143 v. 21.6.1999), vgl. *Castellli*, JbItalR 13 (2000), 147, 160.

hiermit gemeint sind, erschließt sich zunächst aus dem Gegensatz zum in den IPR-Klauseln ebenfalls verwendeten Begriff der Mitgliedstaaten. Drittstaaten sind daher aus Sicht der Richtlinien alle Staaten, die nicht der EU angehören. Nach dem Zweck der Regelung sind ferner Gebietsteile von Mitgliedstaaten gemeint, die – wie die Isle of Man – insoweit nicht dem Gemeinschaftsrecht unterworfen sind.

a) Einbeziehung von EWR-Staaten

Nun haben allerdings mehrere EG-Staaten in ihren Umsetzungsgesetzen auch die Staaten ausgenommen, die dem EWR angehören[599], was die Richtlinien nach ihrem Wortlaut nicht fordern. Schon weil nicht die EU selbst, sondern ihre Mitgliedstaaten Vertragsstaaten des EWR sind, kann sich auch aus den IPR-Klauseln keine Anordnung ergeben, EWR-Staaten nicht als Drittstaaten anzusehen.[600]

Andererseits dürften die Richtlinien eine solche Vorgehensweise jedenfalls erlauben. Denn nach ihrem Sinn und Zweck wollen sie die Wahl des Rechts eines Staats einschränken, der nicht zur Umsetzung der betreffenden Richtlinien verpflichtet ist. Die Erweiterung auf die EWR-Staaten (dies sind neben den Mitgliedstaaten der EU Island, Liechtenstein und Norwegen) steht daher dann in Einklang mit den Richtlinien, wenn diese aufgrund des EWR-Abkommens[601] zur Transformation verpflichtet sind. Hier ist der in Art. 7 EWR-Abkommen verankerte Mechanismus zu beachten, wonach in den Anhängen zum Übereinkommen enthaltene Rechtsakte der EG für die Vertragsstaaten verbindlich sind, so dass für dort aufgeführte Richtlinien eine Umsetzungsverpflichtung besteht. Gem. Art. 72 EWR-Abkommen ist auf dem Gebiet des Verbraucherschutzes der Anhang XIX maßgeblich, der die Timesharing-, die Fernabsatz-, die Klausel- und inzwischen auch die VerbrauchsgüterkaufRL aufführt.[602]

---

599 Vgl. Art. 29a EGBGB. Ebenso sind Dänemark, Finnland, die Niederlande, Österreich, Schweden und Großbritannien im Hinblick auf Art. 9 TimesharingRL vorgegangen, vgl. Bericht der Kommission über die Anwendung der Richtlinie 94/47EG, SEC (1999), 1795 endg., 22.

600 Zutreffend weist die Begründung zu § 8 TzWrG darauf hin, dass man „insoweit über die Richtlinie hinausgehend" Wohngebäude in EWR-Staaten denen in EU-Staaten gleichgestellt habe, BT-Drs. 13/4185, 14.

601 Abkommen über den Europäischen Wirtschaftsraum v. 2.5.1992 (BGBl. 1993 II 267) in der Fassung des Anpassungsprotokolls v. 17.3.1993 (BGBl. 1993 II 1294) in Kraft getreten am 1.1.1994.

602 Vgl. dazu *Freitag/Leible*, EWS 2000, 342, 343 f.; *Nemeth*, 78; *Jayme/Kohler*, IPRax 1995, 343, 344; speziell zur TimesharingRL, Grabitz/Hilf - *Martinek*, Bd. III, A 13, Art. 9, Rdn. 215; zur VerbrauchsgüterkaufRL vgl. den Beschluss des Gemeinsamen EWR-Ausschusses Nr. 12/2000 vom 28.1.2000 über die Änderung des Anhangs XIX (Verbraucherschutz) des EWR-Abkommens (ABlEG 2000 L 103/24). Kritisch zur Einbeziehung der EWR-Staaten aber Sonnenberger, ZEuP 1996, 382, 393.

Diese Vorgehensweise ist auch vor dem Hintergrund des Erfordernisses der einheitlichen Anwendung und Auslegung der Richtlinienbestimmungen statthaft, auch wenn nach Unterzeichnung des EWR-Abkommens erlassene EuGH-Entscheidungen die Gerichte der EWR-Staaten, die nicht der EU angehören, nicht unmittelbar binden. Denn das EWR-Abkommen enthält zahlreiche Vorkehrungen zur Sicherung einer einheitlichen Anwendung des für die EWR-Staaten verbindlichen Gemeinschaftsrechts sowie zur Gewährleistung der Homogenität des Rechtsraums aus EU und EWR.[603]

b) Die Nichtumsetzungsproblematik (I)

Der Verbraucher kann, auch wenn der Vertrag einem Mitgliedstaatenrecht unterliegt, den Schutz der Richtlinien verlieren, wenn dort die Richtlinie (noch) nicht umgesetzt worden ist. Welche Konsequenzen sich aus dem räumlichen Geltungsanspruch von Richtlinien im Zusammenhang mit Verletzungen der Umsetzungspflicht durch andere Mitgliedstaaten allgemein für das IPR ergeben, ist dabei durchaus zweifelhaft.[604]

Das Problem berührt auch die IPR-Klauseln. Einerseits ist das schon erwähnte Gran Canaria-Syndrom, die Möglichkeit des Schutzverlustes aufgrund der Wahl des Rechts eines Nichtumsetzerstaats, angesprochen. Es stellt sich im Rahmen der IPR-Klauseln (und damit auch des Art. 29a EGBGB) auf der Ebene des Tatbestands, da die Voraussetzung, dass der Vertrag aufgrund einer Rechtswahl einem Drittstaatenrecht unterliegt, nicht gegeben ist. Dem eindeutigen Wortlaut nach erfassen die IPR-Klauseln diese Konstellation nicht. Entsprechend ihrer Funktion, das angeglichene Recht in der Gemeinschaft von Drittstaatenrecht abzugrenzen, setzen sie ausdrücklich die Wahl eines Drittstaatenrechts voraus.[605]

In der Literatur wird allerdings vorgeschlagen, das Gran Canaria-Problem über die Gleichsetzung von Nichtumsetzerstaaten mit Drittstaaten zu lösen[606], was im deutschen Recht eine analoge Anwendung des Art. 29a EGBGB im

603 Vgl. dazu Dauses - *Hummer*, Bd. 2, K III., Rdn. 102 f., 227 ff. Grabitz/Hilf - *Martinek*, Bd. III, A 13, Art. 9, Rdn. 215, geht ohne Weiteres davon aus, dass die Mitgliedstaaten der EU die EWR-Staaten in ihren Richtlinienumsetzungen nicht als Drittstaaten behandeln dürfen; ebenso *Lurger*, in: FS Posch (1996), 179, 185 Fn. 17.

604 Vgl. *Krebber*, ZVglRWiss 97 (1998), 124, 125.

605 Umsetzungen, die etwa die lex fori gegen jegliches ausländische Recht durchsetzen, sind daher richtlinienwidrig, was insbesondere auf § 12 AGBG (1996) zutraf Die Regelung verstößt nach *Staudinger*, 217, auch gegen Primärrecht.

606 So hat *Nemeth*, 110 f.; Dies., wbl 2000, 341, 349, vorgeschlagen, im Wege eines Größenschlusses eine Absicherung des Richtlinienstandards erst recht dann zu fordern, wenn nicht das Recht eines Drittstaats, sondern eines Nichtumsetzerstaats gewählt ist; ebenso schon *Cannada-Bartoli*, ERPL 1995, 347; *Ders.*, Riv. di diritto internazionale 1995, 324, 333 f.; *Fumagalli*, Riv. di Dir. internat. priv. e proc. 1994, 15, 30 Fn. 34.

Falle der Wahl des Rechts eines Nichtumsetzerstaats bedeuten würde. Bereits die Vergleichbarkeit der Sachverhalte als Analogievoraussetzung lässt sich allerdings nicht leicht begründen. Während man bei einer ganz unterbliebenen Umsetzung die Analogie „Drittstaat/Staat, der nicht umgesetzt hat“ wohl vertreten könnte, da im Ergebnis in beiden Staaten kein Umsetzungsrecht existiert, ist das im Falle einer bloß fehlerhaften Umsetzung zweifelhaft.

Die Lösung, den Nichtumsetzerstaat als Drittstaat zu behandeln, wäre ja konsequenterweise auf Staaten zu erstrecken, die die Richtlinien auch nur in einem einzigen Punkt inhaltlich falsch umgesetzt haben. Man müsste also einen Drittstaat mit einem Staat gleichsetzen, der die Richtlinie umgesetzt hat, dabei aber einen Fehler beging. Das ist mit der generalisierend auf die grundsätzlich bestehende Umsetzungspflicht in den EU- und EWR-Staaten abstellenden Sicht der IPR-Klauseln kaum zu vereinbaren. Allgemein sprechen gegen die vorgeschlagene Analogie neben dem Wortlaut der IPR-Klauseln zudem weitere Argumente, die weiter unten im Zusammenhang mit dem zweiten Aspekt der Nichtumsetzungsproblematik[607] dargestellt werden.

2. Vorliegen einer wirksamen Rechtswahl

Voraussetzung für das Eingreifen der IPR-Klauseln ist, dass das Recht eines Drittstaats wirksam zum Vertragsstatut gewählt wurde. Diese Frage ist allein nach den Art. 3 ff. EVÜ bzw. Art. 27 ff. EGBGB zu prüfen. Die in Art. 4, 1. Spiegelstrich TimesharingRL enthaltene Verpflichtung, die im Anhang unter lit. b) und l) vorgesehenen Angaben im Vertrag aufzuführen, führt zwar faktisch dazu, dass sich der Anbieter über das anwendbare Recht äußern muss. Jedoch ist dieser Gesichtspunkt den Informationspflichten und den insoweit einschlägigen Sanktionen zuzuordnen. Ein Abweichen von Art. 3 EVÜ sieht diese Bestimmung nicht vor. Eigene Wirksamkeitserfordernisse enthält das Richtlinienkollisionsrecht mithin nicht.

Teile der Literatur stellen allerdings eine Missbrauchskontrolle der in AGB getroffenen Rechtswahl nach der lex fori-Umsetzung zur KlauselRL ausgehend vom Anhang Punkt 1 lit. q) der KlauselRL in den Raum.[608] Dagegen spricht aber, dass mit Art. 6 Abs. 2 KlauselRL die Rechtswahlproblematik ausdrücklich geregelt und kein Grund ersichtlich ist, warum man Art. 3 KlauselRL dann ebenfalls internationalprivatrechtlichen Charakter zusprechen sollte. Es er-

---

[607] Der berüchtigte Nichtumsetzerstaat taucht nochmals in der Rechtsfolge der IPR-Klauseln (sowie des Art. 29a EGBGB) auf, denn auch das zum Schutz des Verbrauchers berufene Recht kann dasjenige eines Nichtumsetzerstaats sein. Im Ergebnis ist der materielle Schutz der Richtlinie auch in diesem Fall nicht sichergestellt. Siehe 3. Teil C IV 2; 4. Teil C V, H III 2., 3.

[608] *Heiss*, RabelsZ 65 (2001), 634, 647 f. Ähnlich zuvor Grabitz/Hilf - *Pfeiffer*, Bd. III, A 5, Anhang Nr. 1 lit. q, Rdn. 160, 162.

scheint meines Erachtens zu weitgehend, dem Gemeinschaftsgesetzgeber neben Art. 6 Abs. 2 KlauselRL noch weitere kollisionsrechtliche Regelungen unterstellen zu wollen. Ist der räumliche Geltungsanspruch einer Richtlinie ausdrücklich auf bestimmte Voraussetzungen beschränkt, so rechtfertigt dies grundsätzlich den Schluss, dass ein weitergehender kollisionsrechtlicher Schutz nicht beabsichtigt war.[609] Auch der Hinweis auf das „geltende Recht" in Anhang Nr. 1 lit. q) dürfte nur deklaratorisch in dem Sinne zu verstehen sein, dass sich die Erschwerung der Rechtsverfolgung nach der lex causae beurteilt.

3. Beachtlichkeit anderer Rechtswahlbeschränkungen

Unterliegt der Vertrag aufgrund einer wirksamen Rechtswahl einem Drittstaatenrecht, ist weiter erforderlich, dass das Drittstaatenrecht gerade in den von der Klausel- , der Fernabsatz- oder der VerbrauchsgüterkaufRL geregelten Fragen die lex causae stellt, denn das Richtlinienkollisionsrecht hat mit den sachrechtlichen materiellen Regelungen der Richtlinien gleichzulaufen.

Die IPR-Klauseln wenden sich somit entgegen dem bei unbefangener Lektüre möglicherweise entstehenden ersten Eindruck nicht gegen das drittstaatliche Vertragsstatut insgesamt, sondern gehen von der Voraussetzung aus, dass der von den Richtlinien gewährte Schutz im konkreten Fall nicht besteht. Kommt also aufgrund der allgemeinen Anknüpfungsregeln schon ein mitgliedstaatliches Umsetzungsgesetz der relevanten Richtlinie zur Anwendung, so greifen die IPR-Klauseln nicht ein.[610] Das folgt auch daraus, dass die Mitgliedstaaten nur „erforderliche" Maßnahmen gegen den Schutzverlust treffen müssen. Führt aber schon die Anknüpfung nach dem EVÜ zu einem Umsetzungsgesetz, so ist keine weitere Maßnahme erforderlich.[611] Die nach dem EVÜ bestehenden Rechtswahlbeschränkungen insbesondere des Art. 3 Abs. 3 und des Art. 5 EVÜ sind daher zu beachten, was auch Auswirkungen auf die Frage nach dem Verhältnis des Art. 29a EGBGB zu den übrigen internationale Verbraucherverträge betreffenden Regelungen im EGBGB hat.[612]

---

609 Vgl. dazu in anderem Zusammenhang *Krebber*, ZVglRWiss 97 (1998), 124, 151.

610 Grabitz/Hilf - *Pfeiffer*, Bd. III, Art. 6 RL, Rdn. 52. Zum Verhältnis von Art. 29 EGBGB zu § 12 AGBG (1996) auch *Mankowski*, BB 1999, 1225, 1230; *Rühl*, RIW 1999, 321, 325.

611 *Rühl*, RIW 1999, 321, 325; siehe auch 2. Teil E III.

612 Art. 29 EGBGB ist vor Art. 29a EGBGB zu prüfen. Dazu unten 4. Teil H II.

II. Räumlich-territorialer Anwendungsbereich: Der „enge Zusammenhang“ im Sinne der IPR-Klauseln

Gem. Art. 6 Abs. 2 KlauselRL und Art. 12 Abs. 2 FernabsatzRL greift der dort vorgesehene kollisionsrechtliche Verbraucherschutz ein, wenn der Vertrag einen „engen Zusammenhang“ mit dem Gebiet der bzw. eines oder mehrerer Mitgliedstaaten aufweist. Die zugehörigen Erwägungsgründe erklären hierzu lediglich, dass „in bestimmten Fällen“ die Gefahr bestehe, dass dem Verbraucher durch die Wahl des Rechts eines Drittstaats der durch die jeweilige Richtlinie aufgestellte Schutz entzogen wird und dass die Richtlinie diese Gefahr mit ihren IPR-Klauseln ausräumen will.[613]

In welchen Fällen die Richtlinien von einem „Entzug“ des Schutzes ausgehen, erschließt sich daraus nur teilweise. Klar ist, dass hier die Wahl einer Rechtsordnung gemeint ist, in der die Richtlinie nicht umgesetzt werden muss (1.). Diese „Abwahl“ des Richtlinienstandards soll aber allein nicht ausreichen, denn die Richtlinien gehen ja nur „in bestimmten Fällen“ davon aus, dass dem Verbraucher der durch die Richtlinien gewährte Schutz im Falle einer Wahl von Drittstaatenrecht entzogen wird. Eine nähere Bestimmung, wie dieser Zusammenhang auszusehen habe, findet sich hingegen nicht.[614] Die drängendsten Fragen lauten hier, ob auch Verbraucher aus Drittstaaten geschützt sind (2.), ob der „enge Zusammenhang“ nur vorliegen kann, wenn ohne Rechtswahl ein Mitgliedstaatenrecht das objektive Vertragsstatut stellen würde (3.) und schließlich, wie der „enge Zusammenhang“ im Übrigen näher zu konkretisieren ist (4.).

1. Erstreckung auf die EWR-Staaten

Bezüglich der Erweiterung des Territoriums, zu dem der Vertrag einen engen Zusammenhang aufweisen muss, auf die EWR-Staaten gilt das oben Gesagte entsprechend. Das Richtlinienkollisionsrecht meint mit dem Begriff Mitgliedstaaten naturgemäß nur die Mitgliedstaaten der EU. Allerdings verbietet es das Richtlinien-IPR nicht, die EWR-Staaten aus dem Begriff der Drittstaaten auszunehmen und entsprechend einen Bezug zum Gebiet eines EWR-Staats ausreichen zu lassen, um den Schutz der Richtlinien auszulösen.[615]

---

[613] Vgl. Erwägungsgrund Nr. 23 zur FernabsatzRL dem die Formulierung in der KlauselRL fast wörtlich entspricht. Erwägungsgrund Nr. 22 zur VerbrauchsgüterkaufRL verwendet die genannte Formulierung hingegen nicht mehr.

[614] Neben der Einseitigkeit der Anknüpfungsmethode wird vor allem die Unbestimmtheit der IPR-Klauseln in der Literatur kritisiert, vgl. *Jayme/Kohler*, Rev. crit. dr. internat. privé (84) 1995, 1, 37 f.

[615] Vgl. oben 3. Teil C I 1. a).

2. Schutz auch von Verbrauchern aus Drittstaaten?

Das den erforderlichen räumlich-territorialen Bezug beschreibende Merkmal des engen Zusammenhangs konkretisiert indirekt auch den persönlichen Anwendungsbereich der IPR-Klauseln. Denn das Sachrecht der Richtlinien unterscheidet nicht danach, ob an dem Vertrag ein Staatsangehöriger eines Drittstaats als Verbraucher bzw. ein außerhalb der EU niedergelassenes Unternehmen beteiligt ist, so dass es allein darauf ankommt, ob der „enge Zusammenhang“ im Sinne der IPR-Klauseln auch dann vorliegen kann, wenn der Verbraucher[616] seinen gewöhnlichen Aufenthalt in einem Drittstaat hat. Drittstaatenverbraucher wären daher nur dann nicht erfasst, wenn man den gewöhnlichen Aufenthalt im Gemeinschaftsgebiet zur (Mindest-)Voraussetzung für das Vorliegen eines engen Zusammenhangs macht.

Überwiegend behandelt die Literatur diese Frage nicht gesondert, sondern verneint einen Ausschluss von Drittstaatenverbrauchern meist implizit, indem sie bestimmte Nähekriterien zur Konkretisierung der Generalklausel herausarbeitet, wovon der gewöhnliche Aufenthalt nur ein Kriterium darstellt, das nicht als Mindestvoraussetzung aufgefasst wird.[617] Da es jedoch keineswegs selbstverständlich erscheint, dass die EU ihren gemeinsamen Mindeststandard auch Verbrauchern aus Nichtmitgliedstaaten garantieren will, bedarf dieser Punkt einer näheren Erörterung

Fraglich ist also, ob infolge einer einschränkenden Auslegung Drittstaatenverbraucher aus dem Anwendungsbereich des Richtlinienkollisionsrechts auszunehmen sind. Aufgrund der Weite der Formulierung lässt sich aus dem Wortlaut der IPR-Klauseln insoweit keine eindeutige Antwort ableiten. Die Umsetzungen der Mitgliedstaaten bieten wiederum Beispiele für beide Auffassungen.[618]

a) Unbeachtlichkeit der Staatsangehörigkeit im Rahmen der IPR-Klauseln

Für die Konkretisierung des engen Zusammenhangs zum Gemeinschaftsgebiet ist die Staatsangehörigkeit des Verbrauchers in der Regel nicht relevant. Zum einen ist dieses Anknüpfungskriterium im Internationalen Schuldvertragsrecht

---

616 Die Einbeziehung von Drittstaatenanbietern in den Anwendungsbereich der IPR-Klauseln ist unproblematisch, vgl. *Staudinger*, NJW 2001, 1974, 1977; ferner unten bei Fn. 637.

617 Z.B. *Kapnopoulou*, 158.

618 Das erste griechische Umsetzungsgesetz zu Art. 6 Abs. 2 KlauselRL stellte nur darauf ab, dass Abschluss- oder Erfüllungsort des Vertrags in Griechenland liegen. Vgl. *Jayme/ Kohler*, IPRax 1995, 343, 345. Danach waren Drittstaatenverbraucher eindeutig erfasst. Hingegen sieht der französische Art. L 135-1 Code de la Consommation (Text bei *Sonnenberger*, ZEuP 1996, 382, 398; und unten 5. Teil B I 1.) vor, dass der Verbraucher bzw. Nichtgewerbetreibende seinen Wohnsitz im Gebiet der Mitgliedstaaten haben muss. Vgl. *Berger-Walliser*, RIW 1996, 459, 463.

allgemein und auch im EVÜ von geringem Gewicht[619], zum anderen stellt das Richtlinienkollisionsrecht im Rahmen der Lokalisierung auf den Vertrag und nicht auf die Vertragsparteien ab.[620] Wenn im Folgenden von Drittstaatenverbrauchern die Rede ist, sind somit durchweg Verbraucher gemeint, die ohne Rücksicht auf ihre Staatsangehörigkeit ihren gewöhnlichen Aufenthalt in einem Nichtmitgliedstaat haben.

b) Fehlende Eindeutigkeit der Intention des Gemeinschaftsgesetzgebers

Aus der Entstehungsgeschichte der Art. 6 Abs. 2 Klausel-, Art. 12 Abs. 2 Fernabsatz- und Art. 7 Abs. 2 VerbrauchsgüterkaufRL folgt zunächst nur, dass der Gemeinschaftsgesetzgeber das Problem weder im Normtext noch im Entwurfs - bzw. Vorschlagsstadium noch in den Erwägungsgründen thematisiert hat. Im Unterschied hierzu enthielt der Vorschlag eines Art. 9 Abs. 2 TimesharingRL unter lit. b) die Voraussetzung, dass der Erwerber seinen gewöhnlichen Aufenthalt in einem Mitgliedstaat hat.[621] Wie erwähnt fand diese Einschränkung jedoch keinen Eingang in die endgültige Fassung. Die historische Auslegung hilft daher auch hier nicht weiter.

c) Systematische Argumente pro und contra

Der Blick auf andere Verbraucherschutzrichtlinien liefert kein eindeutiges Indiz für die Richtigkeit der einen oder anderen Auslegung. Ein Argument dafür, dass auch Drittstaatenverbraucher vom Schutzzweck des Richtlinienkollisionsrechts erfasst sind, ergibt sich möglicherweise zunächst aus der Zusammenschau mit Art. 9 TimesharingRL. Denn wenn dort allein auf die Belegenheit der Immobilie im Gemeinschaftsgebiet abgestellt wird, bleibt scheinbar keine Möglichkeit, den Schutz der TimesharingRL einem Erwerber aus einem Drittland vorzuenthalten.[622] Dagegen spricht allerdings, dass die Belegenheitsanknüpfung Ausdruck spezieller internationalprivatrechtlicher Wertungen ist[623] und daher im

---

[619] Vgl. Grabitz/Hilf - *Pfeiffer*, Bd. III, A. 5, Art. 6 RL, Rdn. 29. Palandt - *Heldrich*, 59. Aufl., § 12 AGBG, Rdn. 5, möchte die Staatsangehörigkeit immerhin mit in die Betrachtung einbeziehen. Nach *v. Hoffmann*, IPR, § 10, Rdn. 30, ist sie auch kein einen für Art. 27 Abs. 3 EGBGB relevanten Auslandsbezug begründendes Merkmal (str.).

[620] Grabitz/Hilf - *Pfeiffer*, Bd. III, A. 5, Art. 6 RL, Rdn. 24.

[621] Vgl. oben 1. Teil A II.

[622] *Jayme/Kohler*, IPRax 1995, 343, 344, meinen, dass Art. 9 TimesharingRL in erster Linie Drittstaatenverbraucher schütze. Ähnlich *Jayme*, in: Hommelhoff/Jayme/Mangold (Hrsg.), 35, 40 f.

[623] Vgl. Soergel - *v. Hoffmann*, Art. 28 EGBGB, Rdn. 73.

Hinblick auf das vorliegende Auslegungsproblem nicht überbewertet werden darf.

Von Bedeutung ist ferner, dass die Begründung zur PauschalreisenRL[624] im 3. Satz des 7. Erwägungsgrunds neben den „Bürgern der Gemeinschaft" auch „Reisende aus Drittstaaten" ausdrücklich[625] erwähnt, was für die von Art. 29a EGBGB erfassten Richtlinien nicht gilt. Zudem stellt auch die Komplementärregelung zur FernabsatzRL, nämlich der Richtlinienvorschlag zum Fernabsatz von Finanzdienstleistungen in Art. 11 Abs. 3 ausdrücklich auf den Wohnsitz des Verbrauchers in der Gemeinschaft ab.[626]

Die Befürworter der Einbeziehung von Drittstaatenverbrauchern leiten aus dem Umstand, dass die IPR-Klauseln auf eine Nähebeziehung des Vertrags selbst und nicht der Vertragsparteien abstellen, jedoch ab, dass dem gewöhnlichen Aufenthalt in einem Drittstaat insoweit auch keine „Vetofunktion" zukommen könne. Es komme allein auf die Gesamtumstände des Vertrags – also Vertragsanbahnung, Vertragsschluss und gegebenenfalls Vertragsdurchführung – an.[627] Demgegenüber trete der gewöhnliche Aufenthalt in den Hintergrund, da die Richtlinien im Zusammenhang mit dem engen Bezug zur Gemeinschaft die Vertragsparteien nicht erwähnen.[628]

Damit ist meines Erachtens aber noch nicht geklärt, ob der gewöhnliche Aufenthalt nur innereuropäisch bedeutungslos sein soll oder ob die Richtlinien nicht stillschweigend vom Schutz nur der in der EU ansässigen Verbraucher ausgehen. Auch systematische Argumente geben daher über das hier diskutierte Problem keinen endgültigen Aufschluss.[629]

d) Angleichungs- und Schutzzweck der Richtlinien

Entscheidend ist daher, ob die IPR-Klauseln nach ihrem Sinn und Zweck auch in Drittstaaten ansässige Verbraucher vor der Anwendung eines Drittstaatenrechts, womöglich sogar des Rechts ihres eigenen Aufenthaltsstaats schützen wollen, wenn der Vertrag sonstige enge Bezüge zum Gemeinschaftsgebiet aufweist.

---

624 Richtlinie des Rates vom 13. Juni 1990 über Pauschalreisen (90/314/EG), ABlEG 1990 L 158/59.

625 Darauf weist *Staudinger*, 35, hin.

626 Vgl. oben 1. Teil B II.

627 Grabitz/Hilf - *Pfeiffer*, Bd. III, A. 5, Art. 6 RL, Rdn. 24, 55; Wolf/Horn/Lindacher - *Wolf*, Art. 6 RL, Rdn. 13.

628 Vgl. *Diamond*, in: Lagarde/v. Hoffmann (Hrsg.), 141, 144. Eine Ausnahme bilden die bereits erwähnten, dem Entwurfsstadium angehörenden Textfassungen der Timesharing-RL und des Richtlinienvorschlags zum Fernabsatz von Finanzdienstleistungen.

629 Nach *Jayme*, in: FS Trinkner (1995), 575, 578, lässt Art. 6 Abs. 2 KlauselRL die Frage offen.

(1) Wettbewerbsaspekt

Dafür könnte zunächst der Aspekt der Wettbewerbsgleichheit sprechen.[630] Wenn alle Verbraucherverträge, die einen substantiellen Bezug zur Gemeinschaft aufweisen, auch den EU-Verbraucherschutzstandards genügen müssen, auch wenn sie mit einem nicht in der EU ansässigen Verbraucher geschlossen werden, schafft dies gleiche Wettbewerbsbedingungen unter den EU-Anbietern. Es fragt sich aber, ob die Richtlinie wirklich verhindern will, dass ein EU-Anbieter in erster Linie Verbraucher aus Drittstaaten in der Hoffnung anspricht, dann nicht dem EU-Verbraucherschutz zu unterliegen, wenn er eine Wahl des Rechts eines Nichtmitgliedstaats vereinbart, zumal in diesem Fall nicht selten das Drittstaatenrecht des Verbrauchers selbst gem. Art. 5 EVÜ zur Anwendung kommen wird. Die Nichtgeltung des EU-Rechts etwa gegenüber in den USA beheimateter Verbraucher erscheint mir unter dem Aspekt eines funktionierenden Binnenmarkts trotz engen Gemeinschaftsbezugs hinnehmbar.

Umgekehrt würde es aber auf EU-ausländischen Märkten eine Benachteiligung der EU-Anbieter bedeuten, müssten sie sich im Gegensatz zu ihren heimischen Konkurrenten an den EU-Standard halten.[631] Das läuft dem von der Richtlinie ausweislich ihrer Ermächtigungsgrundlage in Art. 100a EGV (Art. 95 EG) sowie ausdrücklicher Zielformulierungen in den Erwägungsgründen und beispielsweise in Art. 1 Abs. 1 KlauselRL vorrangig verfolgen Ziel der Marktintegration[632] jedoch zuwider. Mit dem Ziel der Richtlinien, Wettbewerbshindernisse und -verzerrungen im Binnenmarkt abzubauen, ist die Aufbürdung von Wettbewerbsnachteilen von EU- gegenüber Drittstaatenanbietern unvereinbar.[633] Der Wettbewerbsaspekt spricht daher insgesamt eher gegen eine Einbeziehung von Drittstaatenverbrauchern in den persönlichen Schutzbereichs des Richtlinienkollisionsrechts.[634]

(2) Schutz der wirtschaftlichen Verbraucherinteressen im Binnenmarkt

Zudem ist es ein maßgebliches Ziel der EG-Verbraucherpolitik im Bereich der wirtschaftlichen Verbraucherinteressen, die private Nachfrage im Binnenmarkt dadurch zu fördern, dass das Vertrauen des Verbrauchers in einen funktionieren-

630 Vgl. *Jayme*, in: FS Trinkner (1995), 575, 578; Grabitz/Hilf - *Pfeiffer*, Bd. III, A. 5, Art. 6 RL, Rdn. 24.

631 Darauf weist auch *Staudinger*, IPRax 1999, 414, 416, hin.

632 Ausführlich dazu und zum Verhältnis Marktintegration und Verbraucherschutz *Staudinger*, 35 ff. Auf den dort postulierten Vorrang des Integrations- vor dem Verbraucherschutzziel kommt es nach hier vertretener Auffassung nicht an, da die europäische Verbraucherpolitik grundsätzlich nur auf die Unionsbürger abzielt. Vgl. sogleich unter (2).

633 *Staudinger*, 36.

634 Ähnlich *Kronke*, RIW 1996, 985, 989.

den Verbraucherschutz sowie in die Möglichkeit, seine Rechte aus Verbraucherverträgen auch in innergemeinschaftlich grenzüberschreitenden Fällen wahren zu können, gestärkt wird. Es geht dem Richtlinienprivatrecht ausdrücklich um den Schutz des aktiven, seine Vorteile aus dem EU-Binnenmarkt ausnutzenden Unionsbürger[635], um so die reale Verwirklichung des Binnenmarkts auch von der Nachfragerseite her voranzutreiben. Verbraucher aus Drittstaaten können sich hingegen nicht auf die passive Nachfragerfreiheit des EG-Vertrags berufen. Ihre kollisionsrechtlichen Schutzinteressen sind auf die Erhaltung der Schutzstandards ihres Umfeldrechts sowie auf die Vermeidung einer Konfrontation mit fremdem Recht gerichtet, nicht jedoch auf die Anwendung des EU-Rechts.[636] Dessen Geltung mögen sie zwar bei einem Vertragsschluss mit einem in der EU ansässigen Anbieter erwarten, jedoch nicht als besonderes Schutzrecht, sondern aufgrund der objektiven Kriterien, die sich in Art. 4 EVÜ finden.

Auch in den Präambeln der einschlägigen Richtlinien wird jeweils auf die Erleichterung von Binnenmarkttransaktionen abgestellt, also auf einen Vertrag zwischen einem EU-Anbieter und einem EU-Verbraucher, was ebenfalls gegen die Einbeziehung von Drittstaatenverbrauchern spricht.[637]

(3) Fortentwicklung des Rechtsgedankens aus Art. 3 Abs. 3 EVÜ

Für die Herausnahme von Drittstaatenverbrauchern aus dem kollisionsrechtlichen Schutz der IPR-Klauseln spricht ferner, dass diese auch als Fortentwicklung des Rechtsgedankens aus Art. 3 Abs. 3 EVÜ angesehen werden können.[638] Danach lässt eine Rechtswahl die zwingenden Bestimmungen des

---

635 Vgl. *Nemeth*, 79; ferner z.B. den 4. Erwägungsgrund zur VerbrauchsgüterkaufRL. Dazu steht auch nicht etwa die PauschalreisenRL (90/314/EWG, ABlEG 1990 L 158/59), die ausweislich des 7. Erwägungsgrunds auch Reisende aus Drittstaaten erfasst, im Widerspruch. Denn dieser Schutz wird primär mit der Stärkung der Nachfrage aus Drittstaaten zum Wohle der EU-Anbieter begründet und nicht mit einem selbstständigen Schutzziel zugunsten der Drittstaatenverbraucher.

636 Zu Recht fragt *v. Wilmowsky*, ZEuP 1995, 735, 752 Fn. 80, welchen Nutzen etwa ein Kanadier aus Informations-, Widerrufs- und Anzahlungsregelungen der TimesharingRL ziehen soll, wenn er von einem Amerikaner Teilzeiteigentum an einer bretonischen Ferienwohnung erwirbt. Die Konsequenz Drittstaatenverbraucher auszuschließen, zieht er allerdings nicht. Dieser Ausschluss ist zugegebenermaßen für das Timesharing auch schwerer zu begründen, da Art. 9 TimesharingRL nicht auf den „engen Zusammenhang" abstellt, sondern nur von der Belegenheit der Immobilie spricht. Vgl. dazu aber unten 3. Teil D III 1.

637 *Rigaux*, in: Lagarde/v. Hoffmann (Hrsg.), 141, 144. Vgl. den 2. Satz des 6. Erwägungsgrunds zur KlauselRL: „Damit wird der Wettbewerb gefördert und den *Bürgern der Gemeinschaft* in ihrer Eigenschaft als Verbraucher eine größere Auswahl zur Verfügung gestellt." (Hervorhebung nicht im Original).

638 Vgl. *Basedow*, in: Schnyder/Heiss/Rudisch (Hrsg.), 11, 31; *Leible*, in: Schulte-Nölke/Schulze (Hrsg.), 353, 369.

Rechts, in dem alle sonstigen Teile des Sachverhalts belegen sind[639], unberührt, um so der künstlichen Internationalisierung von Verträgen entgegenzuwirken. Bezieht man den Umstand ein, dass gemeinschaftsweit zwingendes Verbrauchervertragsrecht gilt, so bedeutet dieser Gedanke nichts anderes, als dass auf einen Vertrag, der nur Bezüge zum Gemeinschaftsgebiet aufweist, auch der zwingende Richtlinienstandard von einer Rechtswahl unberührt bleiben muss. Sind etwa Werbemaßnahmen in der EU durchgeführt worden, hat der Verbraucher dort seinen gewöhnlichen Aufenthalt und fand der Vertragsschluss auf dem Gebiet der EU statt, so muss auch der Standard der Richtlinie gelten.[640]

Der gewöhnliche Aufenthalt des Verbrauchers in einem Drittstaat ist nun aber zweifellos ein substantieller Auslandsbezug, der Art. 3 Abs. 3 EVÜ unanwendbar macht[641], so dass man von keinem reinen Binnenmarktsachverhalt mehr sprechen kann und auch der Rechtsgedanke des Art. 3 Abs. 3 EVÜ nicht mehr eingreift.[642]

(4) Einbruch in das Anknüpfungssystem des EVÜ nur im von den Richtlinien unbedingt geforderten Rahmen

Der ungenügende Schutz der wirtschaftlichen Verbraucherinteressen im Binnenmarkt durch das EVÜ wird als Grund dafür angesehen, in Richtlinien kollisionsrechtliche Annexregelungen aufzunehmen, zumal eine Revision des EVÜ als Staatsvertrag schwierig und nicht durchsetzbar schien.[643] Da sich die EU aber nur der wirtschaftlichen Interessen von Unionsbürgern annehmen muss, erscheint es im Hinblick auf das Erfordernis einer Auslegung der IPR-Klauseln, die einen möglichst geringen Eingriff in das EVÜ bewirkt[644], nicht geboten, den

---

639 Die abweichende Formulierung in Art. 27 Abs. 3 EGBGB („nur mit einem Staat verbunden") bedeutet inhaltlich dasselbe, vgl. Staudinger - *Magnus* (2002), Art. 27 EGBGB, Rdn. 7.

640 Bsp. nach *v. Hoffmann*, ZfRV 1995, 45, 50. Es ist sogar versucht worden, dieses Ergebnis über eine analoge Anwendung des Art. 3 Abs. 3 EVÜ bzw. Art. 27 Abs. 3 EGBGB herbeizuführen; siehe *Michaels/Kamann*, JZ 1997, 601, 604; ferner *Lando*, CML Rev. 24 (1987), 159, 181 f.; *Ders.*, RabelsZ 57 (1993), 155, 163.

641 *v. Hoffmann*, IPR, § 10, Rdn. 30.

642 Zwar ist auch der ausländische Sitz – und damit auch der Sitz eines Unternehmens in einem Drittstaat – wohl als auf die Austauschleistung bezogenes und damit einen Auslandsbezug nach Art. 3 Abs. 3 EVÜ begründendes Merkmal anzusehen (vgl. *v. Hoffmann*, IPR, § 10, Rdn. 30), so dass gleichermaßen Verträge mit Drittstaatenanbietern nicht zur Fortentwicklung des Art. 3 Abs. 3 EVÜ passen. Das von den Richtlinien primär verfolgte Verbraucherschutzziel rechtfertigt jedoch eine Ausdehnung auf Verträge von EU-Verbrauchern mit Drittstaaten*anbietern*, vgl. *Staudinger*, NJW 2001, 1974, 1977. Vgl. dazu auch die grundsätzlichen Ausführungen von GA Léger in den Schlussanträgen zur Rechtssache „*Ingmar*" (o. Fn. 487), Tz. 23 ff.

643 Vgl. *Tenreiro/ Karsten*, in: Schulte-Nölke/Schulze (Hrsg.), 223, 252.

644 Dazu schon oben 2. Teil E III.

Schutz von Drittstaatern über das Maß des Art. 5 EVÜ hinaus auszudehnen. In der Literatur ist der Schutz von Drittstaatenverbrauchern denn auch als am äußersten Rand der Kompetenzen der EU liegend bezeichnet worden.[645] Er sollte dem Art. 5 EVÜ überlassen bleiben.

e) Ergebnis

Eine Mindestvoraussetzung für die Lokalisierung des Verbrauchervertrags in der Gemeinschaft dergestalt, dass der Verbraucher notwendig seinen gewöhnlichen Aufenthalt in der Gemeinschaft haben muss, ergibt sich somit aus einer restriktiven Auslegung des Tatbestands[646] der IPR-Klauseln, die aufgrund ihres Schutzzwecks, ihres vorrangigen Ziels der Marktintegration sowie des Erfordernisses einer weitest möglichen „Schonung" des EVÜ geboten ist.[647]

Lässt sich bei einem Verbraucher kein gewöhnlicher Aufenthalt feststellen, so genügt ein Wohnsitz innerhalb der EU nur dann, wenn der Schwerpunkt der Lebensbeziehungen im Rahmen einer Gesamtbetrachtung in der EU liegt, die Bestimmung des gewöhnlichen Aufenthalts innerhalb der EU also nur scheitert, weil der Verbraucher dort verschiedene Schwerpunkte[648] seines beruflichen oder sozialen Lebens geprägt hat.[649] Im Vorgriff auf spätere Ausführungen zur Rechtsfolge der IPR-Klauseln lässt sich daher schon hier sagen, dass der Ausschluss von Drittstaatenverbrauchern auf eine innereuropäisch allseitige, im Verhältnis zu Drittstaaten jedoch einseitige Kollisionsnorm hinausläuft.[650]

---

645 *Lurger*, in: FS Posch (1996), 179, 200.

646 Methodisch handelt es sich um eine (auch im Bereich des Gemeinschaftsrechts mögliche, vgl. Dauses - *Bleckmann/Pieper*, Bd. 1, B. I. Rdn. 7) teleologische Reduktion, da der Tatbestand mit dem Merkmal „enger Zusammenhang" weit formuliert ist, anhand der Richtlinienzwecke aber einschränkend auszulegen ist.

647 Im Ergebnis ebenso *Lurger*, in: FS Posch (1996), 179, 202, Fn. 102; *Siehr*, in: FS Zäch 1999, 593, 603; *Staudinger*, 39, 221; *Ders.*, IPRax 1999, 414, 416; *Thorn*, IPRax 1999, 1, 7f, 9; *Rigaux*, in: Lagarde/v. Hoffmann (Hrsg.), 141, 144; in der Tendenz auch *Kronke*, RIW 1996, 985, 989; ferner der Umsetzungsvorschlag zu Art. 6 Abs. 2 KlauselRL bei *v. Hoffmann*, ZfRV 1995, 45, 54; implizit auch *Nemeth*, 88 ff., die den in der EU ansässigen Verbraucher als Ausgangspunkt ihrer Überlegungen zu den IPR-Klauseln nimmt; implizit ferner *Freitag/Leible*, EWS 2000, 343, 350; *Dies*, ZIP 1999, 1296, 1297; wohl auch *Mankowski*, MMR - Beilage 7/2000, 22, 37; *Roth/Schulze*, RIW 1999, 924, 930. Vgl. auch: Grabitz/Hilf - *Martinek*, Bd. III, A 13, Art. 9, Rdn. 214, zu Art. 9 TimesharingRL: „es geht um den Schutz des europäischen Verbrauchers." Nach *Krebber*, ZVglRWiss 97 (1998), 124, 147, soll demgegenüber auch der schlichte Aufenthalt in der EU ausreichen können.

648 Vgl. zur umstrittenen Möglichkeit eines doppelten gewöhnlichen Aufenthalts, MüKo-*Sonnenberger*, Einl IPR, Rdn. 667.

649 Weitergehend aber *Krebber*, ZVglRWiss 97 (1998), 124, 147.

650 Vgl. *Roth*, IPRax 1995, 165, 170, zu Art. 9 des Vorschlags zur TimesharingRL.

Dass der Gemeinschaftsgesetzgeber den Vorrang vor dem Übereinkommen gem. Art. 20 EVÜ auch insoweit in Anspruch nehmen wollte, als dies für die Erreichung der Ziele der Richtlinien gar nicht erforderlich war, ist hingegen nicht anzunehmen. Nationale Umsetzungen, die Drittstaatenverbraucher nicht ausdrücklich ausschließen, sind aber nicht per se richtlinienwidrig, denn man wird in aller Regel über eine richtlinienkonforme Auslegung helfen können, insbesondere wenn die Generalklausel übernommen wurde.[651] Umgekehrt bedeutet die hier vertretene Auslegung allerdings auch nicht, dass der gewöhnliche Aufenthalt des Verbrauchers im Gebiet der Mitgliedstaaten schon alleine ausreicht, um einen „engen Zusammenhang" zu begründen.

3. Das Verhältnis des objektiv ermittelten Vertragsstatuts zu den IPR-Klauseln: Verlust des Richtlinienschutzstandards im kollisions- oder im sachrechtlichen Sinn?

Eine weitere Präzisierung der Generalklausel ergibt sich aus der Frage, in welchem Verhältnis das Merkmal „enger Zusammenhang" zum objektiven Vertragsstatut nach dem EVÜ steht.

Zum Teil versteht die Literatur – in Übereinstimmung mit den Umsetzungsgesetzen mancher Mitgliedstaaten[652] – die IPR-Klauseln als Schutzvorkehrung gegen einen Verlust des Richtlinienstandards im kollisionsrechtlichen Sinne, das heißt, die Rechtswahl muss ursächlich dafür sein, dass sich der Verbraucher nicht auf die Rechte berufen kann, die ihm die Richtlinien gewähren wollen (These vom kollisionsrechtlichen Schutzverlust). Eine solche Ursächlichkeit bzw. konstitutive Wirkung der Rechtswahl lässt sich nur bejahen, wenn ohne Rechtswahl das Recht eines EU-Mitgliedstaats anwendbar wäre, was sich nach

---

651 So ist meines Erachtens auch im Rahmen des Art. 29a Abs. 1 EGBGB vorzugehen, vgl. 4. Teil C III 3. a). Als kollisionsrechtliche Schutzverstärkung wäre die Einbeziehung von Drittstaatenverbrauchern nicht rechtfertigungsfähig, da die Mindestklauseln nur das Sachrecht betreffen, oben 2. Teil E IV.

652 Vgl. Art. 11 des belgischen Umsetzungsgesetzes vom 3.4.1997 (Moniteur belge 1997, 14236 (30.5.1997): „Eine Klausel, welche das Recht eines nicht der Europäischen Union angehörenden Staates auf den Vertrag für anwendbar erklärt, gilt als nicht geschrieben in bezug auf die in diesem Gesetz geregelten Materien, *wenn ohne diese Klausel das Recht eines Mitgliedstaates der Europäischen Union anwendbar wäre* und dieses Recht dem Kunden in den genannten Materien einen besseren Schutz verschafft" (Hervorhebung durch den Verf.), zitiert nach *Jayme/Kohler*, IPRax 1997, 385, 398. Ebenso § 38d des dänischen Vertragsgesetzes, vgl. *Jayme/Kohler*, IPRax 1995, 343, 345 Vgl. ferner die österreichische Regelung in § 13a Abs. 1 S. 2 KSchG: „Dies gilt nur, wenn ohne die Rechtswahl das Recht eines Staates anzuwenden wäre, der Vertragsstaat des EWR-Abkommens ist." (öBGBl. 1998, 119), dazu *Nemeth*, 90. Palandt - *Heldrich*, Art. 29a EGBGB, Rdn. 4 a.E. spricht diese Frage nicht an.

dem IPR der lex fori, mithin nach dem vereinheitlichten Kollisionsrecht der Art. 3 ff. EVÜ richtet.[653]

Die Gegenmeinung geht hingegen davon aus, dass die IPR-Klauseln den Verlust des richtlinienentsprechenden Schutzes sachrechtlich auffassen, es also nicht darauf ankommt, ob bei objektiver Anknüpfung ein Mitgliedstaatenrecht anwendbar gewesen wäre, sondern bereits der Umstand ausreicht, dass ein Drittstaatenrecht, das naturgemäß keine Richtlinienumsetzung enthält, gewählt ist (These vom sachrechtlichen Schutzverlust).[654]

Die Konsequenzen der erstgenannten Auffassung sind nicht zu unterschätzen. Hält man eine konstitutive Abwahl des Richtlinienstandards für eine von den IPR-Klauseln statuierte Anwendungsvoraussetzung, so müsste zunächst geprüft werden, welchem Recht der Verbrauchervertrag ohne Rechtswahl unterliegen würde. Hier wäre die Anknüpfungsregel des Art. 4 EVÜ maßgebend, nach dessen Absatz 1 Satz 1 es auf die engste Verbindung ankommt. Regelmäßig wird die engste Verbindung eines Vertrags zu der Rechtsordnung des Staats vermutet, in dem der vertragscharakteristisch Leistende seine Niederlassung hat, Art. 4 Abs. 2 S. 1 EVÜ. Besonderheiten bestehen unter anderem für grundstücksbezogene Verpflichtungsgeschäfte (Art. 4 Abs. 3 EVÜ) sowie für Fälle, in denen die in Art. 4 EVÜ aufgestellten Vermutungsregeln durch anderweitige Umstände widerlegt sind (Art. 4 Abs. 5 S. 2 EVÜ). Die Unterschiede soll ein Fallbeispiel verdeutlichen:

> Ein Verbraucher aus Frankreich schließt einen in Belgien angebahnten Verbrauchervertrag ab, der eine Rechtswahlklausel zugunsten des Rechts eines Drittstaats aufweist. In *Variante A* soll der Anbieter seinen Sitz im EU-Staat Spanien haben, in *Variante B* in einem Drittstaat.

Da der Vertragsanbahnungs- und der Aufenthaltsstaat auseinander fallen, greift Art. 5 EVÜ in beiden Fällen nicht ein. Nach der engeren Auffassung vom kollisionsrechtlichen Schutzverlust fordern auch die IPR-Klauseln nur in Variante A einen weitergehenden Schutz, denn nur hier führt Art. 4 Abs. 2 EVÜ

---

[653] Dafür *Jayme/Kohler*, IPRax 1997, 385, 398; *Dies.*, IPRax 1998, 417, 426; *Dies.*, Rev. crit. dr. internat. privé (84) 1995, 1, 20 f.; *Baumert*, EWS 1995, 57, 67; *Cannada-Bartoli*, ERPL 1995, 347, 350; *Nemeth*, 88; *Siehr*, IPR, 157 f.; wohl auch *Castelli*, JbItalR 13 (2000), 147, 160 (zu Art. 12 Abs. 2 FernabsatzRL). Danach brächten die IPR-Klauseln nur eine Erweiterung im Hinblick auf die sachlich erfassten Verträge, zum Teil erwägt man daneben aber auch eine an Art. 3 Abs. 3 EVÜ (Art. 27 Abs. 3 EGBGB) angelehnte räumlich-territoriale Erweiterung des Verbraucherschutzes, soweit ausschließlich Bezüge zum Gebiet der Gemeinschaft vorliegen, vgl. *Cannada-Bartoli*, ERPL 1995, 347, 351.

[654] Z.B. *Freitag/Leible*, EWS 2000, 343, 345; *Fallon/Francq*, in: Basedow et al. (Hrsg.), 155, 169; implizit auch *Mäsch*, EuZW 1995, 8, 13: die Schutzvorschriften zugunsten des Timesharing-Erwerbers sollen „nicht durch Rechtswahl oder *andere kollisionsrechtliche Mechanismen*" umgangen werden können (Hervorhebung nicht im Original).

zum Recht des Mitgliedstaats Spanien, so dass der Verlust des Richtlinienstandards konstitutiv auf der Rechtswahl beruht. Anders in Variante B, wo ohne Rechtswahl gem. Art. 4 Abs. 2 EVÜ das Recht eines Drittstaats zur Anwendung kommt.

Nach der weiteren Auffassung vom materiellrechtlichen Schutzverlust erfassen die IPR-Klauseln hingegen auch die Variante B, da gewöhnlicher Aufenthalt und Vertragsanbahnung regelmäßig einen „engen Zusammenhang" zum Gebiet der Gemeinschaft begründen.[655] Dabei lassen sich für beide Ansichten gute Argumente finden, so dass eine Klärung der Frage durch den EuGH wünschenswert wäre.

a) Mehrdeutigkeit von Wortlaut und Erwägungsgründen

Art. 6 Abs. 2 KlauselRL und Art. 12 Abs. 2 KlauselRL formulieren jeweils, dass der Verbraucher den Schutz der Richtlinie nicht verlieren darf, *wenn* das Recht eines Drittlands als das auf den Vertrag anzuwendende Recht gewählt wurde.

Es ist darauf hingewiesen worden, dass man etwas nur „verlieren" könne, wenn es ohne die Rechtswahl vorhanden gewesen wäre. Schon deswegen sei vom Richtlinien-IPR vorausgesetzt, dass der Schutz der Richtlinie ohne Rechtswahl bestanden hätte.[656] Diese Überlegung greift jedoch zu kurz. Entscheidend ist doch, worauf der Schutzverlust nach den IPR-Klauseln beruhen muss. Will man dem Wortlaut hierfür überhaupt etwas entnehmen, so weist die konditionale Verbindung durch das Wörtchen „wenn" eher darauf hin, dass Rechtswahl und Schutzverlust in keinerlei innerer Beziehung zueinander stehen müssen. Das Erfordernis einer von den Parteien getroffenen Rechtswahlvereinbarung erscheint vielmehr als bloße Bedingung, deren Eintreten ohne Weiteres den Schutz der IPR-Klauseln auslösen soll. Festzuhalten bleibt daher, dass der deutsche Wortlaut des Art. 6 Abs. 2 KlauselRL, Art. 12 Abs. 2 FernabsatzRL keine Kausalverknüpfung zwischen Schutzverlust und Rechtswahl fordert, diese aber durch die weite konditionale Formulierung auch nicht ausschließt.

Die englische Textfassung lässt die Frage ebenfalls offen, wenn dort der Schutzverlust „...by virtue of the choice..." (also „...auf Grund der Rechtswahl...") eintreten muss.[657] Denn es bleibt auch hier ungeklärt, ob dieser Grund schon allein in der parteiautonomen Anknüpfung des Drittstaatenrechts liegt, es also nur auf die Art und Weise der Berufung dieses Rechts ankommt, oder ob ein Mitgliedstaatenrecht „abgewählt" worden sein muss.

---

[655] Siehe dazu noch unten 4. Teil C III 1.

[656] *Nemeth*, wbl 2000, 341, 346; *Dies.*, 89; ähnlich *Roth*, IPRax 1994, 165, 169, der dieses Ergebnis aber für ein Versehen hält und durch Auslegung korrigieren will. Insoweit auch *Staudinger*, 34.

[657] Ähnlich die französische Fassung mit der Formulierung „...du fait du choix...".

Daher ist auf die weiteren Auslegungsmethoden zurückzugreifen. Während bei der Wortlautinterpretation von Richtlinien von deren normativem Teil auszugehen ist, kommt den Erwägungsgründen Bedeutung im Rahmen der Ermittlung des historischen Willens des Gemeinschaftsgesetzgebers zu. Sie geben für das hier behandelte Problem allerdings ebenfalls keine große Hilfestellung.

So scheinen der Erwägungsgrund Nr. 23 der FernabsatzRL und die entsprechende Erläuterung zur KlauselRL einerseits die These von der kausalen Verknüpfung zwischen Schutzverlust und Rechtswahl zu stützen, wenn es dort heißt, es bestehe die Gefahr, dass es zum Verlust des Schutzes der Richtlinie kommt, *indem* das Recht eines Drittlands gewählt wird. Auch die Formulierung des 3. Satzes des 22. Erwägungsgrunds zur VerbrauchsgüterkaufRL, wonach der aufgrund der Richtlinie gewährte Schutz nicht *dadurch* geschmälert werden dürfe, *dass* das Recht eines Drittstaats gewählt wird, lässt sich der Sache nach so verstehen. Zugleich entkräftet jedoch der 14. Erwägungsgrund zur TimesharingRL diese Überlegung, denn dort befürchtet der Gemeinschaftsgesetzgeber den Schutzverlust, indem das Recht eines Drittstaats zum anwendbaren Recht „bestimmt wird". Damit ist auch die objektive Anknüpfung erfasst[658], was wiederum den Schluss zulässt, dass hier die Gefahr eines Schutzverlusts auch darin gesehen wird, dass die Anknüpfungen des EVÜ selbst aus dem Anwendungsbereich des Gemeinschaftsrechts hinausführen. Das spricht wiederum deutlich gegen die Annahme, dass der Gemeinschaftsgesetzgeber den Schutz nur akzessorisch zum EVÜ ausgestalten wollte, so dass die IPR-Regelungen nicht zur Anwendung kommen sollen, wenn auch nach dem EVÜ das Gemeinschaftsrecht keine Anwendung fände. Denn ebenso gut könnte man annehmen, der Gemeinschaftsgesetzgeber sei (fälschlicherweise[659]) davon ausgegangen, dass ohne Rechtswahl alle Verbraucherverträge, die einen engen Zusammenhang zum Gemeinschaftsgebiet aufweisen, auch dem Recht eines Mitgliedstaats unterliegen.[660]

Die Inkonsistenz der vom Gemeinschaftsgesetzgeber für das Richtlinienkollisionsrecht gewählten Formulierungen gebietet ohnehin Vorsicht bei dem

---

658 *Rauscher*, EuZW 1996, 650, 651; *Junker*, IPRax 1998, 65, 72; *Leible*, in: Schulte-Nölke/Schulze (Hrsg.), 353, 366; *Tenreiro/Karsten*, in: Schulte-Nölke/Schulze (Hrsg.), 223, 250; *Roth*, IPRax 1994, 165, 170; *Otte*, RabelsZ 62 (1998), 405, 424; *Nemeth*, 92. A.A. ohne Begründung *Lindner*, VuR 1995, 122, 124.

659 *Roth*, IPRax 1994, 165, 169, meint man müsse Art. 6 Abs. 2 KlauselRL eigentlich im Sinne des Schutzes vor kollisionsrechtlichem Verlust des Richtlinienstandards verstehen und spricht daher von einem „Geburtsfehler". Der Gemeinschaftsgesetzgeber habe schlicht übersehen, dass die objektive Anknüpfung von Verbraucherverträgen häufig ohnehin zu einem Drittstaatenrecht führe. Vgl. zu den erheblichen Einschränkungen im sachlichen und räumlichen Anwendungsbereich des Art. 29 EGBGB (Art. 5 EVÜ) unten 3. Teil E II.

660 Vgl. *Tenreiro/Karsten*, in: Schulte-Nölke/Schulze (Hrsg.), 223, 250.

Versuch, die Lösung komplizierter Detailfragen aus dem reinen Wortlaut der IPR-Klauseln sowie den zugehörigen Erwägungsgründen zu entwickeln. Das zeigt in aller Deutlichkeit die weitere Entwicklung seit dem Erlass der FernabsatzRL. Denn während Art. 7 Abs. 2 VerbrauchsgüterkaufRL erstmals die „dadurch ... dass"-Formulierung, die auf den ersten Blick für die These vom kollisionsrechtlichen Schutzverlust sprechen könnte, auch in den normativen Teil der Richtlinie übernommen hat, ohne das hier diskutierte Problem überhaupt zu erwähnen[661], verwendet Art. 11 Abs. 3 des Vorschlags einer Richtlinie zum Fernabsatz von Finanzdienstleistungen wieder den alten, aus der Klausel- und der FernabsatzRL bekannten Wortlaut. Da beide jüngeren IPR-Regelungen in der Tradition des dem Art. 29a EGBGB zugrunde liegenden Richtlinienkollisionsrechts stehen[662], ist nicht anzunehmen, dass aus solchen Formulierungsvarianten größere Unterschiede in der Auslegung der IPR-Klauseln abgeleitet werden können.

Festzuhalten bleibt daher, dass die Erwägungsgründe selbst zwar auch so verstanden werden könnten, dass sie die These, das Richtlinien-IPR schütze bloß vor kollisionsrechtlichem Verlust des Richtlinienstandards, stützen, dass sie aber aufgrund der Inkonsistenz untereinander und im Verhältnis zu den zugehörigen Richtlinienbestimmungen keinen eindeutigen Schluss auf den Willen des Gemeinschaftsgesetzgebers zulassen.

b) Systematische Argumentation pro und contra

Ein erstes systematisches Argument für die These vom sachrechtlichen Schutzverlust ergibt sich daraus, dass die IPR-Klauseln einen „engen" Zusammenhang mit dem Gebiet der bzw. eines oder mehrerer Mitgliedstaaten als erforderlich aber auch ausreichend erachten.[663] Während Art. 9 TimesharingRL im Vorschlagsstadium noch eine „Kopie" des Art. 5 Abs. 2 EVÜ enthielt, definieren die IPR-Klauseln in ihren endgültigen Fassungen nunmehr durchgängig die erforderliche Nähebeziehung ohne Rückgriff auf Art. 5 EVÜ, indem sie den räumlich-territorialen Anwendungsbereich nicht durch eng umgrenzte Tatbestände enumerativ, sondern in Anlehnung an das Prinzip der „engsten" Verbindung nach Art. 4 EVÜ durch einen eigenen generalklauselartigen Begriff des „engen Zusammenhangs" mit dem Gebiet der Mitgliedstaaten bestimmen. Die IPR-Klauseln lassen es zudem genügen, wenn die Bezüge zu mehreren verschiedenen Mitgliedstaaten bestehen und erst zusammen den hinreichenden

[661] Der Wortlaut der englischen und französischen Fassung („as a result of opting for the law"; „par le choix de droit") ist ohnehin wiederum neutral, vgl. *Rusche*, IPRax 2001, 420, 421, Fn. 18.

[662] Vgl. *Staudenmayer*, NJW 1999, 2393, 2397; *Wagner*, IPRax 2000, 249, 257 (jeweils zu Art. 7 Abs. 2 VerbrauchsgüterkaufRL).

[663] *Rusche*, IPRax 2001, 420, 422.

engen Zusammenhang ausmachen.[664] Ein solche Kumulation für sich genommen nicht ausreichender Kontakte ist aber über Art. 5 Abs. 2 EVÜ nicht möglich.[665]

Die bereits angesprochene Regelung in Art. 9 TimesharingRL kann man ebenfalls als Argument für die These vom sachrechtlichen Schutzverlust anführen. Denn indem Art. 9 TimesharingRL die objektive Anknüpfung von Drittstaatenrecht bei Belegenheit innerhalb der Gemeinschaft dadurch modifiziert, dass er den Umsetzungsbestimmungen zur TimesharingRL zwingende Geltung zuspricht, korrigiert er in bestimmten Fällen die Anknüpfungsregeln des EVÜ.[666] Das muss daher auch für die subjektive Anknüpfung gelten, denn es wäre wenig sinnvoll, wollte man Art. 9 TimesharingRL in der Weise „gespalten" anwenden, dass er gegenüber einer Rechtswahl nicht eingreift, wenn die Anwendung der Art. 3 ff. EVÜ ohnehin aus dem Gemeinschaftsrecht hinaus geführt hätte, während er in Ermangelung einer Rechtswahl auch in solchen Fällen grundsätzlich Geltung beansprucht. Da Art. 9 TimesharingRL den Schutz im Vergleich zu Art. 6 Abs. 2 KlauselRL und Art. 12 Abs. 2 FernabsatzRL lediglich auf die objektive Anknüpfung von Verbraucherverträgen erweitert, kann man zudem nicht annehmen, dass er in der Regelung von subjektiv angeknüpften Verträgen von Art. 6 Abs. 2 KlauselRL und Art. 12 Abs. 2 FernabsatzRL abweicht. Vielmehr spricht diese richtlinienübergreifende Betrachtung dafür, dass der „enge Zusammenhang" auch im Rahmen der Art. 6 Abs. 2 Klausel- und Art. 12 Abs. 2 FernabsatzRL nicht allein durch die Art. 3. ff. EVÜ definiert ist.

Gerade in dem Umstand, dass letztgenannte IPR-Regelungen die objektive Anknüpfung von Verbraucherverträgen nicht erfassen, sehen sich jedoch auch die Befürworter der These vom Kausalzusammenhang zwischen Rechtswahl und Schutzverlust bestätigt: Liege keine Rechtswahl vor, akzeptierten es die Richtlinien folglich, wenn die Art. 4, 5 EVÜ zur Anwendbarkeit des Rechts

---

664 Vgl. unten 3. Teil B III 4. d).

665 Grabitz/Hilf - *Pfeiffer*, Bd. III, A. 5, Art. 6 RL, Rdn. 35.

666 Darauf weist im hier diskutierten Zusammenhang auch *Lurger*, in: FS Posch (1996), 179, 187, hin. *Fischer*, in: FS Großfeld (1999), 277, 291, erklärt die Anknüpfung an die Belegenheit in der Gemeinschaft damit, dass der Gemeinschaftsgesetzgeber das Belegenheitsrecht als objektives Vertragsstatut ansah, dessen Schutz nicht abgewählt werden dürfe. Wenn dies zuträfe, spräche das zwar dafür, dass der Richtliniengesetzgeber den Verbraucher doch (nur) vor dem kollisionsrechtlichen Verlust des Schutzes der Richtlinie bewahren wollte. Einem dahingehenden Argument wäre jedoch kein großes Gewicht zuzumessen, denn ein solcher Standpunkt der Verfasser der Richtlinie wäre unzutreffend: einerseits kann es Fälle geben, in denen die zum Belegenheitsrecht führende Vermutung des Art. 28 Abs. 3 EGBGB nicht passt und sie durch die Anknüpfung an das Sitzrecht des Anbieters gem Art. 28 Abs. 2 EGBGB zu ersetzen ist (*Fischer*, a.a.O., 291; *Pfeiffer*, NJW 1997, 1207, 1213), etwa wenn mehrere teilzeitgenutzte Immobilien in verschiedenen Staaten belegen sind, andererseits führt jedenfalls die Anknüpfung gesellschafts- oder vereinsrechtlicher Timesharing-Modelle (vgl. unten 4. Teil D IV 2. a)) häufig zum Sitzrecht der Gesellschaft bzw. des Vereins.

eines Drittstaats führen. Im Umkehrschluss ergebe sich daraus, dass die Richtlinien nur eingreifen wollen, wenn die objektiven Kriterien des EVÜ zum Recht eines Mitgliedstaats führen.[667] Dann müsse es doch verwundern, wenn der Schutz der IPR-Bestimmungen auch dann gelten sollte, wenn dieses objektiv anwendbare Drittstaatenrecht zusätzlich gewählt ist. Die Rechtswahl sei dann nicht nur nicht kausal für den fehlenden Schutz nach der Richtlinie, sondern umgekehrt würde sie diesen Schutz für den Verbraucher erst auslösen. Zudem sei es unverständlich, warum die Möglichkeit zur Abwahl des Rechts eines Drittstaats zugunsten eines zweiten Drittstaatenrechts beschränkt sein sollte.[668]

Die Vertreter der These vom kollisionsrechtlichen Schutzverlust weisen außerdem noch darauf hin, dass nur ihre Auslegung der IPR-Klauseln eine Abstimmung mit dem EVÜ leisten kann.[669] In der Tat führt die vorgeschaltete Prüfung, ob denn die objektive Anknüpfung überhaupt zum Recht eines Mitgliedstaats geführt hätte, dazu, dass letztlich die Nähekriterien des Art. 5 Abs. 2 EVÜ den „engen Zusammenhang" konkretisieren. Ein für das positive Recht zwingendes Argument für diese Auslegung ergibt sich hieraus jedoch nicht, denn das Verhältnis des Richtlinien- und des Umsetzungskollisionsrechts ist in Art. 20 EVÜ dahingehend geregelt worden, dass Kollisionsnormen in EG-Rechtsakten bzw. zur Umsetzung solcher Rechtsakte erlassene nationale Kollisionsnormen Vorrang vor dem Übereinkommen genießen.[670] Art. 3 Abs. 2 S. 2 EGBGB bestätigt diesen Vorrang, wenn auch mit etwas unklarer Formulierung.[671] Das bedeutet, dass das Richtlinienkollisionsrecht keine Rücksicht auf die Anknüpfungsregeln nehmen muss, sondern dies allenfalls rechtspolitisch im Sinne der Einheitlichkeit des Schuldvertrags-IPR in Europa wünschenswert wäre.

Überhaupt muss man sehen, dass die Abweichung vom objektiven Vertragsstatut im Namen des kollisionsrechtlichen Verbraucherschutzes auch dem EVÜ nicht unbekannt ist. In Art. 5 EVÜ werden durchaus Kriterien zur Herstellung der territorialen Verknüpfung verwendet, die allein keine objektive Anknüpfung nach Art. 4 EVÜ rechtfertigen würden.[672] Auch die Wertungsgrundlagen des EVÜ sprechen daher letztlich nicht gegen eine Erweiterung des kol-

---

667 *v. Hoffmann*, ZfRV 1995, 45, 51, der allerdings gewisse Erweiterungen gegenüber Art. 5 Abs. 2 EVÜ für möglich hält, wenn wertungsmäßig vergleichbare Umstände vorliegen.

668 Zu diesen Argumenten, vgl. *Siehr*, IPR, 158, 164; *Grundmann*, Schuldvertragsrecht, § 5, 2.10, Rdn. 38. In der Tat decken diese Hinweise einen Wertungswiderspruch im Richtlinienkollisionsrecht auf, auf den noch zurückzukommen sein wird, vgl. unten 3. Teil C II 3. c) und f), III 4. a).

669 *Jayme/Kohler*, IPRax 1998, 417, 426.

670 Grabitz/Hilf - *Pfeiffer*, Bd. III, A. 5, Art. 6 RL, Rdn. 35. Vgl. auch oben 2. Teil E II.

671 Der in Art. 20 EVÜ angeordnete Nachrang der Konvention auch gegenüber innerstaatlichem Recht, das auf einer Richtlinie beruht, fehlt in Art. 3 Abs. 2 S. 2 EGBGB, vgl. *Jayme/Kohler*, IPRax 1990, 353.

672 Darauf weisen *Freitag/Leible*, EWS 2000, 343, 345, hin.

lisionsrechtlichen Verbraucherschutzes im Sinne der These vom sachrechtlichen Schutzverlust.

c) Teleologische Auslegung – Marktabgrenzungsfunktion

Da Wortlaut und Systematik kein eindeutiges Ergebnis liefern, müssen die von den IPR-Klauseln verfolgten Zwecke für die vorliegende Frage ausschlaggebend sein. Hier lässt sich das Interesse an der Sicherung des Angleichungseffekts der Richtlinien[673], um in einem funktionierenden Binnenmarkt die Wettbewerbsgleichheit der EU-Anbieter untereinander und ansatzweise auch im Verhältnis zu Drittstaatenanbietern herzustellen, von dem originären Verbraucherschutzziel der Richtlinien unterscheiden.

Die Richtlinien erstreben den Abbau von Wettbewerbsverzerrungen für den innergemeinschaftlichen Handel, indem gemeinschaftsweit ein einheitlicher Mindeststandard von Verbraucherschutzregeln gelten soll.[674] Ein weiterer Aspekt der Sicherung des Rechtsangleichungseffekts ist der Umstand, dass jegliche Bemühungen zur Rechtsangleichung verpuffen, wenn die Anbieter in der EU regelmäßig mittels ihrer AGB die Wahl eines Drittstaatenrechts herbeiführen, da dann für innergemeinschaftliche Transaktionen nicht das eigens hierfür geschaffene harmonisierte europäische Privatrecht gilt.

Für EU-Anbieter führt nun die objektive Anknüpfung nach Art. 28 Abs. 2 EGBGB, Art. 4 Abs. 2 EVÜ zu ihrem Niederlassungsrecht, das heißt in jedem Falle zu einem mitgliedstaatlichem Recht. Die nach der engeren Auffassung vom kollisionsrechtlichen Schutzverlust erforderliche Kausalität der Rechtswahl für den Schutzverlust ist also im Falle der Wahl eines Drittstaatenrechts immer zu bejahen. Der Aspekt der innergemeinschaftlichen Wettbewerbsgleichheit als Bestandteil der Absicherung des Angleichungseffekts erlangt aber dennoch für die hier zu entscheidende Frage eine gewisse Bedeutung. Denn es lässt sich nicht ausschließen, dass EU-Anbieter zu Umgehungshandlungen veranlasst würden, wenn sie – wie nach der These vom kollisionsrechtlichen Schutzverlust der Fall – schon durch Gründung von Niederlassungen in Drittstaaten (vgl. Art. 28 Abs. 2 S. 2 EGBGB) die Chance erhielten, den Schutzstandard der Richtlinien zu vermeiden[675], man denke nur an die Isle of Man-Fälle. Nur die These vom sachrechtlichen Schutzverlust erlaubt es, auch in diesen Fällen noch den gemeinschaftsrechtlichen Schutzstandard durchzusetzen.

---

[673] *Basedow*, in: Schnyder/Heiss/Rudisch (Hrsg.), 11, 31; *Martiny*, ZEuP 1997, 107, 109; *Freitag/Leible*, ZIP 1999, 1296, 1297.

[674] Vgl. etwa den 2. Erwägungsgrund der KlauselRL und oben 3. Teil A II 1 a).

[675] Die Gefahr, dass der Geschäftssitz in einen Drittstaat verlegt wird, Lager, Inkasso und Kundenservice jedoch innerhalb der EU verbleiben, ohne als Zweigniederlassung ausgestaltet zu sein, sehen *Reich/Nordhausen*, 83 f. (No. 104), vor allem im *e*-Commerce für gegeben. Ebenso *Neises*, NZM 2000, 1033, 1036, für das Timesharing.

Ein weiteres Argument ergibt sich aus dem Aspekt der Gleichbehandlung von EU- und Drittstaatenanbietern. Der Angleichungseffekt der Richtlinien führt dazu, dass sich EU-Anbieter gemeinschaftsweit an die EU-Standards halten müssen. Diese Belastung mutet ihnen der Gemeinschaftsgesetzgeber im Namen des Verbraucherschutzes zu. Es ist jedoch nicht anzunehmen, dass die Richtlinien die EU-Anbieter damit gegenüber Anbietern aus Drittstaaten benachteiligen wollen. Art. 28 Abs. 2 EGBGB, Art. 4 Abs. 2 EVÜ führen nun aber regelmäßig zum Recht des Drittstaats, in dem der EU-fremde Anbieter ansässig ist. Wird nun dieses oder ein anderes Drittstaatenrecht zusätzlich gewählt, so ist diese Wahl nicht kausal für den Verlust des Schutzes der Verbraucherrichtlinien. Die Nähekriterien des Art. 5 Abs. 2 EVÜ liegen, abgesehen von dessen begrenztem sachlichen Anwendungsbereich, schon dann nicht vor, wenn sich die Marketingaktivität des Anbieters bzw. erforderliche Abschlusshandlungen des Verbrauchers nicht auf den Heimatstaat des Verbrauchers konzentrieren.

Die engere Auffassung kommt also nur dann zur Gleichbehandlung von EU- und Drittstaatenanbietern, wenn der Verbrauchervertrag die traditionellen Nähekriterien des Art. 5 EVÜ erfüllt.[676] Man könnte nun sagen, diese Benachteiligung der EU-Anbieter sei kein speziell durch die Richtlinien zum Verbrauchervertragsrecht ausgelöstes Problem, die Rechtslage nach dem EVÜ werde durch sie nicht nachteilig verändert. Damit erläge man aber einer petitio principii, denn es ist ja gerade die Frage, ob die Richtlinien die Geltung des Verbraucherschutzstandards der Gemeinschaft nicht auch weitergehend als bisher gegenüber Drittstaatenanbietern durchsetzen wollen. Denn neben dem Aspekt der Vermeidung von Wettbewerbsnachteilen für EU-Anbieter ergäbe sich so auch ein besserer kollisionsrechtlicher Verbraucherschutz für in der EU ansässige Konsumenten.

Die auf die lediglich sachrechtliche Nichtgeltung des Richtlinienstandards abstellende Auffassung hat hier einen größeren Spielraum, indem sie das Nähekriterium des engen Zusammenhangs zum Gebiet der Gemeinschaft als flexibles Instrument dazu nutzen kann, dem Verbraucher in geeigneten Fällen auch gegenüber Drittstaatenanbietern den EG-Schutzstandard zu bewahren. Die Tatsache, dass es bei der Benachteiligung von EU-Wettbewerbern dann bleibt, wenn diese keine Rechtswahlklauseln in ihre Verträge aufnehmen[677], erscheint

---

[676] *Cannada-Bartoli,* Riv. di diritto internazionale 1995, 324, 336, hat daher darauf hingewiesen, dass man Art. 6 Abs. 2 KlauselRL nach allgemeinen Auslegungsgrundsätzen nicht in einer Weise interpretieren dürfe, die sie letztlich überflüssig erscheinen lasse. Aufgrund des unstreitig weitergehenden sachlichen Anwendungsbereichs wäre Art. 6 Abs. 2 KlauselRL aber auch nach der engeren Auffassung nicht ganz überflüssig.

[677] Dass der Verbraucher eine solche Klausel vorschlägt, wird in der Praxis wohl nicht vorkommen.

hier zwar als Wertungswiderspruch, der allerdings nicht Folge eines zu weiten Verständnisses der IPR-Klauseln ist, sondern darauf beruht, dass diese mit Ausnahme des Art. 9 TimesharingRL die objektive Anknüpfung von Verbraucherverträgen vernachlässigen und daher nur eine (ergänzungsbedürftige) Teilregelung darstellen.

d) Teleologische Auslegung – Harmonisierungsziel

Gegen die These vom kollisionsrechtlichen Schutzverlust spricht auch das Ziel der Verbraucherschutzrichtlinien, das Verbrauchervertragsrecht innerhalb der Gemeinschaft im Hinblick auf Mindeststandards zu harmonisieren. Dies setzt voraus, dass die Frage, in welchen Fällen das Richtlinienkollisionsrecht eingreift, europaweit einheitlich beurteilt wird. Nun ist zwar das Internationale Schuldvertragsrecht durch Art. 4, 5 EVÜ europaweit vereinheitlicht, jedoch bestehen teilweise erhebliche Unsicherheiten in der Auslegung (auch) dieser Bestimmungen – man denke nur an die Auslegung der Ausweichklausel in Art. 4 Abs. 5 S. 2 EVÜ (Art. 28 Abs. 5 EGBGB) –, die zu keiner gemeinschaftsweit einheitlichen Handhabung führen[678], zumal das Gebot einheitlicher Auslegung in Art. 18 EVÜ ohne Auslegungszuständigkeit des EuGH für das EVÜ ineffektiv ist. Im Bereich der Fernabsatzverträge im Internet kommt hinzu, dass die Voraussetzungen des Art. 4 Abs. 2 EVÜ nur schwer zu ermitteln sind, da der tatsächliche Sitz des Anbieters auf der Website möglicherweise nicht ersichtlich ist, was wiederum die Heranziehung der Ausweichklausel des Art. 4 Abs. 5 EVÜ nahe legen kann.[679]

Ein Verweis im Rahmen des Richtlinienkollisionsrechts auf das EVÜ könnte also trotz dessen gemeinschaftsweiter Geltung dazu führen, dass die Anwendungsvoraussetzungen der IPR-Klauseln in den Mitgliedstaaten nicht einheitlich beurteilt werden und der EuGH insoweit nicht einmal eingreifen könnte, obwohl ihm die Auslegungskompetenz für die IPR-Klauseln als Richtlinienrecht zukommt. Denn es dürfte dem Richtliniengesetzgeber kaum die Absicht zu unterstellen sein, die fehlenden Ratifizierungen der EVÜ-Auslegungsprotokolle dadurch zu überspielen, dass er innerhalb der IPR-Klauseln auf das EVÜ verweist. Der EuGH wäre also an die Entscheidung der mitgliedstaatlichen Gerichte über die Vorfrage, ob der Verbraucher den Schutz der Richtlinie infolge der Rechtswahl verloren hat, gebunden. Eine gemeinschaftsweit

[678] *Czernich/Heiss*, Art. 4 EVÜ, Rdn. 23. Zu Auslegungsproblemen in den Vertragsstaaten des EVÜ, vgl. *Wilderspin*, in: Lagarde/v. Hoffmann (Hrsg.), 47 ff.; *Ders.*, in: Baur/Mansel, Systemwechsel, 77, 82 f.

[679] Dazu Grabitz/Hilf - *Micklitz*, Bd. III, A 3, Rdn. 189.

einheitliche Wirkung der Richtlinien in internationalen Sachverhalten wäre nicht mehr gewährleistet.[680]

Hinzu kommt, dass die These vom kollisionsrechtlichen Schutzverlust über ihre vorgeschaltete Prüfung (neben Art. 4 EVÜ auch) des Art. 5 EVÜ dessen Beschränkung auf bestimmte Vertragstypen sowie die Ausnahme für Auslandsdienstleistungen in Art. 5 Abs. 4 EVÜ in die IPR-Klauseln hineintragen würde, obwohl die Richtlinien insoweit keine Einschränkungen vorsehen.[681]

e) Teleologische Auslegung – Verbraucherschutzaspekt

Wie eben gesehen liefen die IPR-Klauseln als Rechtswahlbeschränkungen bei Verbraucherverträgen mit Drittstaatenanbietern letztlich leer, wenn sie eine Vorabprüfung der objektiven Anknüpfung nach dem EVÜ erforderten. Sie wären neben der Regelung des Art. 5 Abs. 2 EVÜ nur insoweit von Bedeutung, als die Umsetzungsgesetzgeber dessen Anwendungsbereich um die dort nicht erfassten Vertragstypen ergänzen müssten.

Das Merkmal des engen Zusammenhangs wäre dann aber weitgehend überflüssig[682], da es ja weiterreicht als die tatbestandlich engen Nähekriterien des Art. 5 Abs. 2 EVÜ. Im Hinblick auf die von Art. 5 Abs. 4 lit. b) EVÜ ausgenommenen reinen Auslandsdienstleistungen hätte das Kriterium des engen Zusammenhangs zwar noch einen eigenen Anwendungsbereich, insoweit wäre es aber erstaunlich, warum man dann gerade hier nicht auf Art. 5 Abs. 2 EVÜ verweisen sollte. Warum hätte der Richtliniengesetzgeber den kollisionsrechtlichen Verbraucherschutz mit dem Merkmal „enger Zusammenhang" ausgerechnet nur in den Fällen erweitern sollen, in denen der Verbraucher einen Vertrag über eine Dienstleistung abschließt, die ausschließlich in einem anderem Staat als dem, in welchem er seinen gewöhnlichen Aufenthalt hat, zu erbringen ist?

Im Bereich des *e*-Commerce, der – neben dem traditionellen Distanzvertrieb – von der FernabsatzRL im Hinblick auf die Vertragsschlussphase eine eingehende Regelung erfährt, wäre bei anderer Auslegung des Art. 12 Abs. 2 FernabsatzRL zudem eine weitreichende Schutzlücke zu befürchten. Denn die

680 Vgl. auch *Krebber*; ZVglRWiss 97 (1998), 124, 134 f., der ebenfalls eine dem nationalen Recht akzessorische räumliche Wirkung von Gemeinschaftsrecht ablehnt (vgl. dort auch zur ähnlich gelagerten Diskussion um den räumlichen Anwendungsbereich der Grundrechte).

681 *Krebber*; ZVglRWiss 97 (1998), 124, 146. Die Vertreter der Gegenmeinung sehen eine ergänzende Anwendung des Art. 7 EVÜ als ausreichend an; vgl. aber 3. Teil E II 3.

682 *Fallon/Francq*, in: Basedow et al. (Hrsg.), 155, 169; vgl. auch Grabitz/Hilf - *Pfeiffer*, Bd. III, A. 5, Art. 6 RL, Rdn. 34, der daraus zugleich die Konsequenz ziehen will, das eine analoge Anwendung des Art. 6 Abs. 2 KlauselRL auf Verträge ohne Rechtswahl geboten ist. Zu letzterem Problem vgl. unten 3. Teil C III. *Nemeth*, 89, nimmt diese Konsequenz ausdrücklich hin.

Frage, ob ein Angebot auf einer Website im Internet unter Art. 5 Abs. 2, 1. Spiegelstrich EVÜ fällt, ist in der Literatur höchst umstritten.[683] Sollten sich die Gerichte der restriktiveren Auslegung anschließen, die bei weltweit verfügbaren Internetangeboten das Merkmal der Werbung oder geschäftlichen Tätigkeit „im" Verbraucherstaat in der Regel verneint, so wäre Art. 12 Abs. 2 FernabsatzRL für diesen in seiner Bedeutung ständig zunehmenden Sektor wirkungslos. Denn die Voraussetzung, dass mangels Rechtswahl das Recht eines Mitgliedstaats anwendbar gewesen wäre, läge im *e*-Commerce bei Beteiligung von Anbietern aus Drittstaaten regelmäßig nicht vor. Mangels Auslegungskompetenz für das EVÜ könnte der EuGH hier auch nicht gegensteuern. Damit spricht auch die unklare Rechtslage im *e*-Commerce für eine selbstständige Erweiterung des kollisionsrechtlichen Verbraucherschutzes neben den Anknüpfungen des EVÜ.[684]

Schließlich streitet der Aspekt der Stärkung des vertraglichen Verbraucherschutzes, die sämtliche in diesem Zusammenhang relevanten Richtlinien bezwecken, für die weite, vom EVÜ emanzipierte Auslegung. Denn wie die Einführung des Art. 153 EG durch den Vertrag von Amsterdam zeigt, bekennt sich die Gemeinschaft zunehmend dazu, den Verbraucherschutz nicht mehr nur als Annex zum Ziel der Binnenmarktverwirklichung anzusehen, sondern unabhängig davon einen selbstständigen Beitrag auf dem Gebiet des Verbraucherschutzes zu leisten. Die reale Verwirklichung des Binnenmarkts im Privatbereich ist stärker in das Blickfeld gerückt, der Verbraucher soll als aktiver Nachfrager an den Vorteilen der Marktintegration in der Gemeinschaft teilhaben. Die Verbraucherschutzrichtlinien wollen hierfür notwendiges Vertrauen schaffen, was eine Erweiterung des kollisionsrechtlichen Verbraucherschutzes gegenüber Art. 5 EVÜ, der bekanntlich nur den „passiven" Verbraucher schützt, nahe legt.[685]

---

683 Dazu noch unten 4. Teil C III 1. c) (1).

684 Vgl. *Staudenmayer*, in: Schulte-Nölke/Schulze (Hrsg.), 63, 71.

685 Vgl. *Fallon/Francq*, in: Basedow et al. (Hrsg.), 155, 169. Dies mag zwar zeitweilig zu Friktionen mit dem EVÜ führen, das ja seinerzeit als Rechtsanwendungsrecht die Zuständigkeits- und Vollstreckungsregeln des EuGVÜ komplettieren sollte, um so die Gemeinschaft auf ihrem Weg zu einem gemeinsamen Binnenmarkt zu unterstützen. Diese Friktionen sind aber hinzunehmen, gewinnen sie doch nur deshalb Gewicht, weil die Richtlinien selbst zur Schaffung einheitlichen Kollisionsrechts nur bedingt geeignet sind, andererseits aber aus Gründen der Subsidiarität (*Staudenmayer*, in: Schulte-Nölke/ Schulze (Hrsg.), 63, 71) zur Privatrechtsangleichung herangezogen werden mussten. Aufgrund der bisher zweifelhaften Kompetenz zur umfassenden IPR-Angleichung hat die Gemeinschaft die internationalprivatrechtliche Absicherung daher gezwungenermaßen als Annex zu den sachrechtlichen Regelungen aufgefasst und ebenfalls in den jeweiligen Richtlinien behandelt (vgl. jetzt aber Art. 65 lit. b) EG).

f) Ergebnis

Der Gemeinschaftsgesetzgeber hat den kollisionsrechtlichen Verbraucherschutz im Vergleich zur bisherigen Rechtslage erweitern wollen, indem er den eigenständigen Begriff des „engen Zusammenhangs" einführte, der mit seiner generalklauselartigen Weite zur Schließung von Lücken im kollisionsrechtlichen Verbraucherschutz geradezu einlädt.[686] Es ist unerheblich, ob die Rechtswahl in dem Sinne ursächlich für den Verlust des Schutzes der Richtlinie ist, dass mangels einer Rechtswahl das Recht eines Mitgliedstaats auf den Vertrag anwendbar gewesen wäre.[687]

Der Gemeinschaftsgesetzgeber hat zum Ausdruck gebracht, dass die Verbraucher immer dann auf den gemeinschaftsrechtlichen Schutzstandard sollen vertrauen dürfen, wenn der Vertrag einen „engen Zusammenhang" mit dem Gebiet der Mitgliedstaaten aufweist. Im Richtlinienkollisionsrecht geht es dagegen nicht um einen spezifischen Schutz des Verbrauchers vor inhaltlich als missbräuchlich empfundenen Rechtswahlklauseln.[688] Entscheidend ist die aufgrund typischer Überlegenheit in wirtschaftlicher und rechtlicher Hinsicht als gegeben unterstellte Macht des Anbieters, die Wahl eines Drittstaatenrechts auch dann durchzusetzen, wenn ein enger Zusammenhang mit dem Gebiet der EU besteht.

Das Interesse an einer Einheit von EVÜ und Richtlinienkollisionsrecht muss dem Verbraucherschutzziel der Richtlinien wegen Art. 20 EVÜ weichen.[689] Die

---

686 Vgl. *Micklitz/Reich*, BB 1999, 2093, 2098; *Fallon/Francq*, in: Basedow et al. (Hrsg.), 155, 169.

687 Im Ergebnis ebenso *Kronke*, RIW 1996, 985, 991; *Roth*, IPRax 1994, 165, 169; Grabitz/Hilf - *Pfeiffer*, Bd. III, A. 5, Art. 6 RL, Rdn. 21, 32; *Freitag/Leible*, EWS 2000, 343, 345; wohl auch *Rusche*, IPRax 2001, 420, 421; *Staudinger*, VersR 1999, 401, 405; *v. Wilmowsky*, ZEuP 1995, 735, 759; *Reich*, in: Lagarde/v. Hoffmann (Hrsg.), 109, 121; implizit auch *Martiny*, ZEuP 1999, 246, 249, der feststellt, dass dem EVÜ durch die IPR-Klauseln Materien entzogen werden, die ihm sonst unterfielen. So auch *Krebber*; ZVglRWiss 97 (1998), 124, 138, mit der Einschränkung, dass eine Richtlinie ihren räumlichen Geltungsanspruch durchaus ausdrücklich davon abhängig machen kann, dass der Sachverhalt nach dem Recht eines Mitgliedstaats zu beurteilen ist, vgl. zu einem Bsp., a.a.O., 138, Fn. 70, was aber für Art. 6 Abs. 2 KlauselRL nicht zutrifft, vgl. *Ders.*, a.a.O., 145.

688 So aber *Staudenmayer*, in: Schulte-Nölke/Schulze (Hrsg.), 63, 71, wenn er meint, der Verbraucher solle vor solch einem Missbrauch, nicht aber vor der Anwendung des IPR geschützt werden; *Ders.*, NJW 1999, 2393, 2397. Ferner *Rühl*, RIW 1999, 321, 324. Offen bleibt nach dieser Ansicht aber, worin der „Missbrauch" zu sehen wäre. Nur in der Abwahl des nach EVÜ anwendbaren Mitgliedstaatenrechts oder in der Wahl eines Drittstaatenrechts trotz engen Zusammenhangs mit dem Gemeinschaftsgebiet unabhängig vom EVÜ? Kritisch dazu auch *Krebber*; ZVglRWiss 97 (1998), 124, 151.

689 Vgl. Ulmer/Brandner/Hensen - *Schmidt*, § 12 AGBG a.F., Rdn. 3. Darauf, dass die Bestimmung des für die Geltung der Richtlinie erforderlichen Nähebezugs durchaus anderen Kriterien folgen kann als das an der wertneutralen Bestimmung des Sitzes eines Rechtsverhältnisses orientierte nationale IPR, weist *Krebber*; ZVglRWiss 97 (1998), 124, 136,

von der Gegenmeinung geltend gemachten Widersprüche der hier vertretenen Auffassung beruhen auf dem Umstand, dass der Gemeinschaftsgesetzgeber bisher mit Ausnahme der TimesharingRL nur eine Teilregelung der Problematik des kollisionsrechtlichen Verbraucherschutzes im Bereich harmonisierten Verbraucherrechts getroffen hat. Solange die vor allem für Verträge mit Drittstaatenanbietern relevante objektive Anknüpfung von Verbraucherverträgen keine Regelung erfährt, sind diese Widersprüche hinzunehmen.[690]

4. Konkretisierung des engen Zusammenhangs

Die oben vorweggenommenen Überlegungen zur Konkretisierung der Generalklausel des „engen Zusammenhangs" haben gezeigt, dass das Richtlinienkollisionsrecht im Hinblick auf den kollisionsrechtlichen Schutz von Drittstaatenverbrauchern nicht in das EVÜ eingreifen will. Andererseits ergibt sich eine offensichtliche Erweiterung des kollisionsrechtlichen Schutzes von Verbrauchern mit gewöhnlichem Aufenthalt in der EU schon daraus, dass die Richtlinien einen gegenüber Art. 5 EVÜ (Art. 29 EGBGB) weitergehenden sachlichen Anwendungsbereich aufweisen.[691]

Es ist in der Literatur hingegen bestritten worden, dass die IPR-Klauseln auch in räumlich-territorialer Hinsicht eine Konkretisierung anhand über den Art. 5 Abs. 2 EVÜ hinausgehender Nähekriterien fordern bzw. erlauben.[692] Diese restriktive These zum räumlichen Anwendungsbereich der IPR-Klauseln ist unter 3. bereits widerlegt worden. Die Konsequenzen sollen im Folgenden aufgezeigt werden, während es sich anbietet, auf Detailfragen erst im Zusammenhang mit Art. 29a EGBGB einzugehen, da der deutsche Umsetzungsgesetzgeber die Generalklausel in dessen Abs. 1 übernommen hat.[693]

a) Erweiterung der räumlichen Nähekriterien des Art. 5 EVÜ

Zunächst einmal wird man sagen müssen, dass der (kollisionsrechtliche) Schutz der Richtlinien dann nicht erforderlich ist, wenn schon die Anwendung des Art.

hin. So verfolgen die Vermutungsregeln des Art. 4 EVÜ die wertneutrale Anknüpfung von Schuldverträgen und nicht den Rechtsangleichungs- und Verbraucherschutzzweck der Richtlinien, *Ders.*, a.a.O., 145.

690 Im Ergebnis ebenso *Rusche*, IPRax 2001, 420, 424.

691 *Freitag/Leible*, EWS 2000, 342, 343; vgl. oben 3. Teil B V. Zu den Unterschieden gegenüber Art. 29 EGBGB auch 3. Teil E II 1. b).

692 So für Art. 12 Abs. 2 FernabsatzRL, *Borges*, ZIP 1999, 565, 573; generell *Siehr*, in: FS Zäch (1999), 593, 600 f.

693 Vgl. unten 4. Teil C III 2.

5 EVÜ bzw. in Deutschland Art. 29 EGBGB zur Geltung eines Mitgliedstaatenrechts als Vertragsstatut führt.[694]

Interessant sind daher die Erweiterungen, die das Richtlinien-IPR gegenüber Art. 5 EVÜ einführt.[695] Was die inhaltliche Bedeutung dieser Erweiterungen angeht, weist man in der Literatur auf den „aktiven“ Verbraucher hin, der sich aus eigener Initiative an Anbieter aus anderen Mitgliedstaaten wendet[696], um für sich Vorteile aus dem Binnenmarkt zu ziehen. Denn die Generalklausel erlaubt es, ihn vor einer „Abwahl“ des Richtlinienstandards zu schützen, auch wenn der Vertragsanbahnungsstaat mit dem gewöhnlichen Aufenthaltsstaat des Verbrauchers nicht übereinstimmt. Wichtig kann die mit der Generalklausel geschaffene Flexibilität wie gesehen auch für die Anknüpfung von über das Internet geschlossenen Verbraucherverträgen werden[697], also in einem vor allem von der FernabsatzRL angesprochenen Bereich. Hier ist bislang stark umstritten, ob das Nähekriterium des Art. 5 Abs. 2, 1. Spiegelstrich EVÜ (Art. 29 Abs. 1 Nr. 1 EGBGB) erfüllt wird, wenn der Verbraucher den Vertrag geschlossen hat, nachdem er die Website des Anbieters aufgerufen hat.[698] Schließlich wird die Möglichkeit eines erweiterten kollisionsrechtlichen Verbraucherschutzes in den Isle of Man-Konstellationen, also bei exorbitanter Wahl eines Drittstaatenrechts, obwohl sonst nur Gemeinschaftsbezüge vorliegen, Bedeutung erlangen.[699]

Indem der Gemeinschaftsgesetzgeber mit dem Merkmal des „engen Zusammenhangs“ überhaupt eine Grenze für die Durchsetzung des EG-Standards gegenüber Drittstaatenrecht vorsieht, bringt er aber zugleich zum Ausdruck, dass eine überzogene Zurückdrängung des Drittstaatenrechts – im

---

694 Vgl. oben 3. Teil C I 3. So der Sache nach auch *Kapnopoulou*, 157 f.; *v. Wilmowsky*, ZEuP 1995, 735, 759. Zum Verhältnis insbesondere des Art. 29 zu Art. 29a EGBGB unten 4. Teil H II.

695 Diejenigen, die den Verlust des Richtlinienschutzes kollisionsrechtlich auffassen und daher zunächst prüfen, ob ein Mitgliedstaatenrecht objektives Vertragsstatut wäre, kommen konsequent zu dem Ergebnis, dass der „enge Zusammenhang“ letztlich durch die Anknüpfungen des EVÜ, vor allem Art. 5 Abs. 2 EVÜ, konkretisiert wird. Vgl. z.B. *Jayme/Kohler*, IPRax 1997, 385, 398. Dann wäre an eine Ausdehnung des kollisionsrechtlichen Verbraucherschutzes nur gegenüber dem sachlichen Anwendungsbereich des Art. 5 EVÜ zu denken, vgl. *Grundmann*, Schuldvertragsrecht, § 5, 2.10, Rdn. 37 f.; *Jayme*, in: FS Trinkner (1995), 575, 577 f; *Ders.*, in: Hommelhoff/Jayme/Mangold (Hrsg.), 35, 45 f.; *Baumert*, EWS 1995, 57, 66. Zum Ganzen auch *Krebber*; ZVglRWiss 97 (1998), 124, 145 f.

696 Vgl. *Tonner*, BB 2000, 1413, 1418 F.; *Rühl*, RIW 1999, 321, 322; *Staudenmayer*, in: Schulte-Nölke/Schulze (Hrsg,), 63, 71; Grabitz/Hilf - *Pfeiffer*, Bd. III, A. 5, Art. 6 RL, Rdn. 21.

697 *Staudenmayer*, in: Schulte-Nölke/Schulze (Hrsg,), 63, 71.

698 Vgl. dazu *Mankowski*, MMR-Beilage 7/2000, 22 ff.; *Kronke*, RIW 1996, 985, 988.

699 *v. Wilmowsky*, ZEuP 1995, 735, 759, mit Fn. 71.

Sinne der von *Jayme*[700] befürchteten *weltweiten* Sicherung von EU-Standards – nicht gewollt ist.[701]

(1) Objektive Anknüpfungskriterien

Als objektive, auf den Leistungsaustausch bezogene[702] Nähekriterien kommen zunächst alle Umstände aus der Phase der Vertragsanbahnung, des Vertragsabschlusses und der Vertragserfüllung in Betracht[703], also etwa Werbung oder sonstige Vermarktungsmaßnahmen, der Abschlussort, die Vertragssprache, aber auch sozio-ökonomische, kulturelle und wirtschaftliche Aspekte. Hier (wie auch im Bereich der subjektiven Umstände) lässt der Gemeinschaftsgesetzgeber einen Spielraum der unter Berücksichtigung zweier Grenzen auf nationaler Ebene ausgefüllt werden muss.

Die erste ergibt sich aus der Berücksichtigung internationalprivatrechtlich relevanter Interessen, wie sie insbesondere im EVÜ zum Ausdruck kommen. So muss die Vorhersehbarkeit der anwendbaren Rechtsordnung ebenso wie ein berechtigtes Vertrauen auf die Geltung einer bestimmten Rechtsordnung[704] beachtet werden. Ein Abstellen auf international schuldvertragsrechtlich irrelevante Umstände ist daher ausgeschlossen.[705]

Die zweite Grenze bildet das Primärrecht der Gemeinschaft, hier insbesondere die Waren- und Dienstleistungsverkehrsfreiheit. Denn die gesonderte Anknüpfung von Verbrauchervertragsrecht kann im Einzelfall eine unverhältnismäßige Beschränkung einer solchen Marktfreiheit beinhalten.[706] Nach einer in der Literatur vertretenen Auffassung erlauben die Grundfreiheiten bei Verträgen, die eine Binnenmarkttransaktion betreffen, als bestmöglichen Schutz „nur" die Anknüpfung an das Recht des Staats, in dem der Vertrag angebahnt wurde; danach wäre in Binnenmarktsachverhalten eine weitere ungeschriebene Mindestvoraussetzung zu bejahen, wonach ein enger Zusammenhang nur dann

---

700 *Jayme*, in: Hommelhoff/Jayme/Mangold (Hrsg.), 35, 49.

701 *Leible*, in: Schulte-Nölke/Schulze (Hrsg.), 353, 376.

702 Zur Unterscheidung von objektiven und subjektiven Kriterien insoweit MüKo - *Martiny*, Art. 28 EGBGB, Rdn. 93.

703 Jeweils zur KlauselRL: *Sonnenberger*, ZEuP 1996, 382, 394; Wolf/Horn/Lindacher - *Wolf*, Art. 6 RL, Rdn. 13; enger Grabitz/Hilf - *Pfeiffer*, Bd. III, A. 5, Art. 6 RL, Rdn. 29, der im Hinblick auf die Vertragsdurchführung nur die Erbringung vertragscharakteristischer Leistungen in einem Mitgliedstaat für relevant hält, a.a.O, Rdn. 30, was schon angesichts Art. 4 Abs. 2 S. 1 EVÜ richtig sein dürfte. Es kann nicht darauf ankommen, wo der Leistungsort beispielsweise für die Kaufpreisschuld liegt. Ein Abstellen auf den Erfüllungsort wird z.T. auch insgesamt abgelehnt, *Thorn*, IPRax 1999, 1, 8. Vgl. sogleich im Text und unten 4. Teil C III 2. c) (3).

704 *Kapnopoulou*, 158.

705 *Grundmann*, Schuldvertragsrecht, § 5, 2.10, Rdn. 38.

706 Siehe oben 2. Teil C.

anzunehmen ist, wenn zumindest die Vertragsanbahnung innerhalb der EU erfolgt ist.[707]

(2) Subjektive Anknüpfungskriterien

In Übereinstimmung mit Art. 5 EVÜ kommen als subjektive, auf die Vertragsparteien bezogene Anknüpfungskriterien vor allem der gewöhnliche Aufenthalt des Verbrauchers, der nach hier vertretener Auffassung in der EU liegen muss, sowie der Ort der Niederlassung des Anbieters in Betracht.[708] So weist ein Vertrag zwischen in der EU ansässigen Parteien grundsätzlich einen engen Zusammenhang zur EU auf.

Umgekehrt schließt der Umstand, dass der Anbieter nicht in der EU sitzt, einen engen Zusammenhang nicht aus. Im Unterschied zur Frage der Einbeziehung von Drittstaatenverbrauchern verlangt der Schutzzweck der Richtlinien gerade die Einbeziehung der nicht in der EU ansässigen Anbieter, auch um Wettbewerbsnachteile der EU-Anbieter zu vermeiden[709]

(3) Maßgeblichkeit der Umstände des Einzelfalls

Ob ein „enger Zusammenhang" vorliegt, ist jeweils durch eine Würdigung der gesamten Umstände des Einzelfalls zu entscheiden.[710] Die relevanten Bezüge zur Gemeinschaft müssen ein hinreichendes Gewicht erreichen, das es rechtfertigt, der Rechtswahl im Hinblick auf Verbraucherschutzvorschriften nicht zu folgen. Dabei kommt verschiedenen Kriterien per se ein geringeres Gewicht zu, so dass sie nur im Zusammenwirken mit stärkeren Kriterien zur Bejahung des engen Zusammenhangs führen können.

In der Literatur wird vertreten, dass beim Vorliegen zweier relevanter Kriterien aus dem objektiven und/oder subjektiven Bereich der Schutz der

---

707 So *v. Wilmowsky*, ZEuP 1995, 735, 759 f. A.A. Wolf/Horn/Lindacher - *Wolf*, Art. 6 Abs. 2 RL, Rdn. 13; *Sonnenberger*, ZEuP 1996, 382, 394; *Staudinger*, VersR 1999, 401, 406. Siehe unten 4. Teil C V 2. b) (5).

708 Vgl. Grabitz/Hilf - *Pfeiffer*, Bd. III, A. 5, Art. 6 RL, Rdn. 29.

709 Vgl. zur Rechtfertigung des Verbraucherschutzes auch bei substantiellem Drittstaatenbezug, *Leible*, in: Schulte-Nölke/Schulze (Hrsg.), 353, 370; *Basedow*, in: Schnyder/Heiss/Rudisch (Hrsg.), 11, 32. In Erwägungsgrund Nr. 4 der VerbrauchsgüterkaufRL stellt der Gemeinschaftsgesetzgeber zudem ausdrücklich fest, dass es die neuen Kommunikationstechniken ermöglichen, den Verbraucher viel leichter mit Angeboten aus anderen Mitgliedstaaten *und Drittstaaten* zu erreichen. Vgl. ferner *Nemeth*, 91; zu Art. 9 TimesharingRL auch *Fallon/Francq*, in: Basedow et al. (Hrsg.), 155, 160. A.A. (allerdings ohne Begründung) *Lindner*, VuR 1995, 122, 124, wonach Art. 9 TimesharingRL voraussetze, dass sowohl der Anbieter als auch der Erwerber in der Gemeinschaft ansässig ist.

710 Erman - *Hefermehl/Werner*, § 12 AGBG, Rdn. 6; *Rauscher*, IPR, 237, jeweils zu § 12 AGBG (1996).

Richtlinien ausgelöst wird, so dass etwa der gewöhnliche EU-Aufenthalt bei Vertragserfüllung in der Gemeinschaft ausreichen soll.[711] Dem ist als Faustregel zuzustimmen, wenn es sich um zwei gewichtige Umstände handelt, die den Schwerpunkt der Nähebeziehungen des Vertrags in der Gemeinschaft beschreiben, wobei in jedem Einzelfall darauf zu achten ist, dass eine ausgewogene Berücksichtigung der beteiligten internationalprivatrechtlichen Interessen erfolgt und gleichzeitig eine Verletzung der Marktfreiheiten des EG-Vertrags durch eine zu weitgehende Einschränkung der Rechtswahl unterbleibt.

Allein auf den gewöhnlichen Aufenthalt des Verbrauchers in der EU abzustellen, ginge hingegen zu weit, da dieses Kriterium nicht vertragsbezogen ist und international als „exorbitant“ empfunden würde.[712] Denn damit würden ausnahmslos auch Verträge erfasst, die vollständig in einem Drittstaat abgeschlossen und abgewickelt werden.[713]

b) Argumentum a maiore ad minus aus Art. 4 EVÜ (von der engsten zur engen Verbindung)

Wie sich schon aus einem Vergleich des Wortlauts von Art. 4 Abs. 1 EVÜ und Art. 6 Abs. 2 Klausel- sowie Art. 12 Abs. 2 FernabsatzRL ergibt, definieren letztere den räumlich-territorialen Anwendungsbereich großzügiger, so dass a maiore ad minus zu folgern ist, dass in dem Fall, in dem sogar die „engste“ Verbindung einschließlich der Vermutungsregeln in Art. 4 EVÜ zum Gebiet eines Mitgliedstaats weist, grundsätzlich auch ein „enger“ Zusammenhang nach den IPR-Klauseln zu bejahen sein wird.[714] Die von der Rechtsprechung und Lehre in diesem Zusammenhang entwickelten Kriterien können daher zur Konkretisierung herangezogen werden.[715]

---

711 Grabitz/Hilf - *Pfeiffer*, Bd. III, A. 5, Art. 6 RL, Rdn. 30.

712 Wolf/Horn/Lindacher - *Lindacher*, § 12 AGBG, Rdn. 26. Zu letztgenanntem Gesichtspunkt auch Grabitz/Hilf - *Martinek*, Bd. III, A 13, Art. 9, Rdn. 216. Eine unverhältnismäßige Einschränkung der Grundfreiheiten des Anbieters sieht hierin Grabitz/Hilf - *Pfeiffer*, Bd. III, A 5, Art. 6 RL, Rdn. 25. A.A. *Reich*, in: Lagarde/v. Hoffmann (Hrsg.), 109, 121, wonach der ständige Aufenthalt in der EU schon alleine ausreichen soll, da hierin eine Umsetzung der Unionsbürgerschaft im zivilrechtlichen Bereich vorliege.

713 *Thorn*, IPRax 1999, 1, 7.

714 So zu § 12 AGBG (1996), *Imping*, WiB 1997, 337, 338; *Mankowski*, BB 1999, 1225, 1228. Zu Art. 6 Abs. 2 KlauselRL, Grabitz/Hilf - *Pfeiffer*, Bd. III, A. 5, Art. 6 RL, Rdn. 26.

715 *Heinrichs*, NJW 1996, 2190, 2195; Erman - *Hefermehl/Werner*, § 12 AGBG, Rdn. 6.

c) Enger Zusammenhang mit anderen Mitgliedstaaten

Eindeutig ist der Wortlaut des Art. 6 Abs. 2 KlauselRL und Art. 12 Abs. 2 FernabsatzRL insoweit, als es den von der Richtlinie verlangten kollisionsrechtlichen Verbraucherschutz unterschreiten würde, einen engen Zusammenhang zum Territorium des Forums zu verlangen, wie es etwa im ersten griechischen Umsetzungsgesetz zu Art. 6 Abs. 2 KlauselRL[716] und in § 12 AGBG (1996) der Fall war.[717] Ausreichend ist nach den Richtlinienvorgaben ein enger Zusammenhang zum Gebiet der Mitgliedstaaten bzw. eines oder mehrerer Mitgliedstaaten.

Das Argument, der Umsetzungsgesetzgeber müsse nur Vorsorge für Fälle treffen, in denen ein Gericht seines Staates entscheidet[718], greift daher zu kurz. Auch wird so die Frage nach dem anwendbaren Recht mit der nach dem international zuständigen Gericht in unzulässiger Weise gleichgesetzt, denn ein internationalzuständigkeitsrechtlicher Zusammenhang muss für die Feststellung hinreichender räumlicher Beziehungen des Vertrags zum Territorium des Forums nicht ausreichen, zumal die internationale Zuständigkeit ja auch allein aufgrund eines Wohnsitzwechsels des Beklagten zu bejahen sein kann.[719]

d) Herstellung des Bezugs durch Verbindungen zu mehreren Staaten

Für die rechtswahlergänzende Anknüpfung von Verbraucherverträgen in Art. 5 EVÜ (Art. 29 EGBGB) ist Voraussetzung, dass Vertragsanbahnung und gewöhnlicher Aufenthalt des Verbrauchers im selben Staat liegen. Art. 3 Abs. 3 EVÜ (Art. 27 Abs. 3 EGBGB) stellt ebenfalls auf einen einzelnen Staat ab, regelt also den reinen Inlands-, nicht aber den reinen Binnenmarktfall. Demgegenüber formuliert das Richtlinienkollisionsrecht weitergehend, dass ein Bezug zu dem „Gebiet der Mitgliedstaaten“ bzw. „eines oder mehrerer Mitgliedstaaten“ vorliegen muss. Dabei erscheint die in Art. 12 Abs. 2 FernabsatzRL verwendete Formulierung lediglich als Präzisierung des undifferenziert auf das Gemeinschaftsterritorium insgesamt abstellenden Art. 6 Abs. 2 KlauselRL.[720]

---

716 Das griechische Umsetzungskollisionsrecht ist aber inzwischen durch Gesetz vom 28.9.1999 der Richtlinienvorgabe angepasst worden, Vgl. den Bericht der Kommission über die Anwendung der Richtlinie 93/13/EWG, KOM (2000), 248 endg., 8 Fn. 14.

717 Vgl. statt aller *Wagner*, IPRax 2000, 249, 253; MüKo - *Basedow,* Ergänzungsband, § 12 AGBG, Rdn. 3, und den Bericht der Kommission über die Anwendung der Richtlinie 93/13/EWG, KOM (2000), 248 endg., 7 f.

718 Dazu (ebenfalls ablehnend) *Wagner*, IPRax 2000, 249, 253.

719 Vgl. *Wagner*, IPRax 2000, 249, 253.

720 Die englische Fassung der KlauselRL spricht von einer „close connection with the territory of the Member States“, die französische von einem „lien etroit avec le territorie des Etats membres“. Die variierenden Formulierungen der IPR-Regelungen in den Richtlinien („Gebiet der Mitgliedstaaten“, „Gebiet eines oder mehrerer Mitgliedstaaten“),

Schon aus der Verwendung der Pluralform folgt, dass der enge Zusammenhang nicht notwendig nur zu *einem* Mitgliedstaat bestehen muss, was der Zweck der Richtlinie, deren Schutzstandard und nicht einen bestimmten nationalen Standard durchzusetzen[721], bestätigt.[722] Die IPR-Klauseln sehen das Gemeinschaftsgebiet als Einheit an, da in allen Mitgliedstaaten eine Umsetzungsverpflichtung besteht. Der Verbraucher soll zudem den Schutz der Richtlinien nicht nur deshalb verlieren, weil er sich aktiv im Binnenmarkt „bewegt", um seinen Bedarf an Waren und Dienstleistungen zu decken.

Daher werden die typischen Isle of Man-Konstellationen, in denen Urlauber in einem Mitgliedstaat wie Spanien angesprochen werden, um unter der Wahl eines Drittstaatenrechts einen Timesharingvertrag abzuschließen, nunmehr erfasst, ungeachtet des Umstands, dass sie ihren gewöhnlichen Aufenthaltsstaat nicht aufgrund einer Initiative des Anbieters verlassen haben. Ist aus dieser Sicht nicht entscheidend, welche nationale Umsetzung letztlich zur Anwendung kommt, so kann es von vornherein nicht darauf ankommen, dass der enge Zusammenhang gerade zu einem bestimmten Mitgliedstaat besteht. Vielmehr reicht es aus, wenn etwa gewöhnlicher Aufenthalt, Vertragsanbahnung und Abgabe der erforderlichen Willenserklärung des Verbrauchers in je verschiedenen Mitgliedstaaten liegen.[723]

Auch wenn mehrere Bezüge zur Gemeinschaft vorliegen, die erst in ihrer Addition als enger Zusammenhang zu werten sind, ist dies ausreichend.[724] Dabei wird man aber die Frage, zu welchen Mitgliedstaaten Verbindungen bestehen und wie diese im Vergleich zueinander zu gewichten sind, nicht offen lassen können. Denn der Rechtsanwender ist auf objektive Kriterien angewiesen, um aus den verschiedenen berührten mitgliedstaatlichen Rechtsordnungen diejenige bestimmen zu können, deren Richtlinienumsetzung im konkreten Fall zur Anwendung kommen soll.[725]

---

die laut *Thorn*, IPRax 1999, 1, 6, auf einem redaktionellen Versehen beruhen dürften, bedeuten inhaltlich dasselbe, nämlich dass ein Bezug zu *mindestens* einem Mitgliedstaat gegeben sein muss, vgl. *Leible*, in: Schulte-Nölke/Schulze (Hrsg.), 353, 366. Die dem widersprechende italienische Richtlinienfassung, die von einem „legame stretto con il territorio *di uno* stato membro" (Hervorhebung nicht im Original) spricht, scheint hingegen auf einem Übersetzungsfehler zu beruhen.

721 Vgl. zur Diskussion um die sog. lex fori - Anknüpfung als Umsetzungsmöglichkeit, unten 4. Teil A II 4.

722 Vgl. Grabitz/Hilf - *Pfeiffer*, Bd. III, A. 5, Art. 6 RL, Rdn. 31.

723 *Thorn*, IPRax 1999, 1, 8.

724 *Staudinger*, EWS 2000, 416; *Pfeiffer*, NJW 1997, 1207, 1212 (zu Art. 6 Abs. 2 KlauselRL).

725 Vgl. 3. Teil C IV 4.; 4 Teil C IV 2.

III. Regelung auch der objektiven Anknüpfung?

Die IPR-Klauseln der Verbraucherschutzrichtlinien sprechen mit Ausnahme des Art. 9 TimesharingRL nicht den Fall an, dass ein Verbrauchervertrag keine Rechtswahlklausel enthält, er aber gleichwohl trotz engen Zusammenhangs mit dem Gebiet der Gemeinschaft aufgrund der Anknüpfungsregeln des EVÜ einem Drittstaatenrecht unterliegt. Sie greifen also bei objektiver Anknüpfung des Verbrauchervertrags nicht ein.[726]

Das ist vor dem Hintergrund beider von diesen Richtlinien verfolgter Ziele zu bedauern. Sowohl der Rechtsangleichungs- als auch der Verbraucherschutzeffekt werden geschmälert, wenn im Binnenmarkt lokalisierte Verträge gleichwohl nicht dem dort geltenden harmonisierten Recht unterliegen, nur weil sie keine Rechtswahl enthalten und die Anknüpfung nach Art. 4, 5 EVÜ nicht zum Recht eines Mitgliedstaats führt. Die Vermutung des Art. 4 Abs. 2 EVÜ verweist bei Verbraucherverträgen mit Anbietern aus Drittstaaten regelmäßig auf deren Niederlassungsrecht, in dem der Richtlinienstandard nicht gilt und auch nicht unbedingt ein gleichwertiger Schutz vorhanden sein muss.[727] Die Verbraucher verlieren daher, auch wenn sie in einem EU-Mitgliedstaat massiv umworben werden[728], im Ergebnis in diesen Fällen den Schutzstandard der Richtlinien.

---

726 MüKo - *Basedow*, Ergänzungsband, § 12 AGBG, Rdn. 4; *Micklitz/Reich*, BB 1999, 2093, 2099; *Grundmann*, Schuldvertragsrecht, § 5, 2.10, Rdn. 36; *Jayme*, in: FS Trinkner (1995), 575, 577; *Staudinger*, VersR 1999, 401, 408; *Rühl*, RIW 1999, 321, 323; *Leible*, in: Schulte-Nölke/Schulze (Hrsg.), 353, 366; *Staudenmayer*, in: Schulte-Nölke/Schulze (Hrsg.), 63, 71; *Kronke*, RIW 1996, 985, 991; *Sonnenberger*, ZEuP 1996, 382, 392; *Baumert*, EWS 1995, 57, 59, 66. A.A. ohne Begründung *Imping*, WiB 1997, 337; *v. Westphalen*, BB 1996, 2101, 2105; *v. Wilmosky*, ZEuP1995, 735, 759. Die entsprechende, über die Richtlinien hinausgehende Regelung auch der objektiven Anknüpfung in § 12 AGBG (1996) hatten *Eckert*, ZIP 1996, 1238, 1241, und Erman - *Hefermehl/Werner*, § 12 AGBG, Rdn. 1, dennoch begrüßt.

727 Die Niederlassung bestimmt sich nach qualitativen Kriterien wie Art, Umfang und Dauer der wirtschaftlichen Tätigkeit an einem bestimmten Ort. Verlegt ein Unternehmen den Geschäftssitz in einen Drittstaat, behält aber Inkasso, Lager und Service innerhalb der EU, so führt die objektive Anknüpfung zum Drittstaatenrecht, was eine Umgehung der EU-Standards ermöglicht, vgl. *Reich/Nordhausen*, 83 f. (No. 104).

728 Die Voraussetzungen des Art. 5 EVÜ sind – wie gesehen – wesentlich restriktiver als die Richtlinienvorgaben, so dass Art. 5 Abs. 2 EVÜ (Art. 29 Abs. 1 Nr. 1-3 EGBGB) oft nicht greift.

1. Wortsinngrenze und Analogie im Gemeinschaftsrecht

Es überrascht daher nicht, dass Teile der Literatur eine analoge Anwendung vorschlagen[729] und sich einige Mitgliedstaaten entschlossen haben, in ihrer Umsetzungskollisionsnorm auch die objektive Anknüpfung von Verbraucherverträgen zu modifizieren.[730].

Voraussetzung einer Analogie wäre die Planwidrigkeit der Regelungslücke[731] sowie die wertungsmäßige Entsprechung des nicht geregelten mit dem geregelten Fall, so dass auch für letzteren die an sich nicht einschlägige Regelung gelten soll. Zudem bestehen im Gemeinschaftsrecht Besonderheiten. So gilt für den Gemeinschaftsgesetzgeber das Prinzip der enumerativen Einzelermächtigung sowie das seit dem Maastrichter Vertrag positivierte Subsidiaritätsprinzip (Art. 5 EG). Das heißt, dass auch der im Wege der Analogie gebildete erweiterte Rechtssatz sich im Rahmen der Ermächtigungsgrundlage halten muss[732], sowie dass darauf zu achten ist, ob der Gemeinschaftsgesetzgeber nicht der Meinung war, der nicht geregelte Aspekt könne auf der Ebene der Mitgliedstaaten ausreichend berücksichtigt werden (vgl. Art. 5 Abs. 2 EG). Er mag die (vermeintlich) fehlende Regelung sogar für nicht erforderlich gehalten haben (vgl. Art. 5 Abs. 3 EG). Der klare Wortlaut ist bei der Auslegung von Sekundärrecht somit eine bedeutsame Grenze, so dass eine Analogie schon von vornherein nur unter engen Voraussetzungen in Betracht kommt.[733]

2. Planwidrige Lücke?

Die bereits mehrfach erwähnten Inkonsistenzen bei der Formulierung des Richtlinien-IPR haben in der Vergangenheit dazu geführt, dass man dem Gemeinschaftsgesetzgeber unterstellt hat, er kenne den Unterschied zwischen objektiver und subjektiver Anknüpfung nicht.[734] Dieser Verdacht schien sich anhand Art. 6 Abs. 2 des Entwurfs zur VerbrauchsgüterkaufRL zu bestätigen, der wie Art. 9 TimesharingRL auch die objektive Anknüpfung berücksichtigte, in der Begründung jedoch auf die Gleichwertigkeit der Regelung mit Art. 6 Abs. 2

---

[729] Z.B. Grabitz/Hilf - *Pfeiffer*, Bd. III, A. 5, Art. 6 RL, Rdn. 33; Wolf/Horn/Lindacher - *Wolf*, Art. 6 RL, Rdn. 11; *Reich*, Anm. zu EuGH v. 9.11.2000, Rs. C381/98 (*Ingmar*), EuZW 2001, 50, 52. Andere wollen die Lücke über Art. 7 EVÜ, Art. 34 EGBGB schließen, soweit das EVÜ das zulässt, vgl. dazu z.B. *Rühl*, RIW 1999, 321, 324 f.

[730] So z.B. die erste deutsche Umsetzung in § 12 AGBG (1996). Ebenso die erste griechische Umsetzungsregelung, vgl. *Jayme/Kohler*, IPRax 1995, 343, 345.

[731] *Grundmann/Riesenhuber*, JuS 2001, 529, 535; allgemein zum Umgang mit Regelungslücken in Richtlinien vgl. *S. Heß*, 130 ff.

[732] *Grundmann/Riesenhuber*, JuS 2001, 529, 535 (mit Kritik an der Praxis des EuGH).

[733] Vgl. auch oben 2. Teil D I 1. a).

[734] *Jayme*, in: FS Trinkner (1995), 575, 577.

KlauselRL, der bekanntlich nur die subjektive Anknüpfung betrifft, verwies.[735] Abgesehen davon, dass dieser Fehler in der endgültigen Fassung durch Angleichung des Textes des Art. 7 Abs. 2 VerbrauchsgüterkaufRL an Art. 6 Abs. 2 KlauselRL behoben worden ist, kann man aber wohl schon angesichts der jahrelangen Diskussion in der Literatur nicht davon ausgehen, dass der Gemeinschaftsgesetzgeber dieses Problem schlicht nicht gesehen hat.[736]

Vielmehr ist zu beobachten, dass es fast schon ein zur Gewohnheit werdendes Kuriosum der Genese von IPR-Klauseln ist, im Vorschlagsstadium noch die objektive Anknüpfung mitzuregeln, um diesen Teil sodann in der endgültigen Fassung unter den Tisch fallen zu lassen.[737] Schon weil die drei neuesten einschlägigen Regelungen (Art. 12 Abs. 2 FernabsatzRL, Art. 7 Abs. 2 VerbrauchsgüterkaufRL, Art. 11 Abs. 3 des Vorschlags einer Richtlinie zum Fernabsatz von Finanzdienstleistungen) in Kenntnis der rechtspolitischen Kontroverse um die weitergehende Regelung in Art. 9 TimesharingRL geschaffen wurden, ist an eine *planwidrige* Regelungslücke eher nicht zu denken.[738]

Auch der Hinweis, dieses Argument gelte ja für die älteste einschlägige IPR-Bestimmung der KlauselRL nicht, könnte nicht überzeugen. Immerhin hat der entsprechende Geänderte Vorschlag von 1992 noch eine die objektive und subjektive Anknüpfung gleichermaßen umfassende Regelung vorgesehen.[739] Auch der aus demselben Jahr stammende Vorschlag für eine TimesharingRL differenzierte insoweit ausdrücklich. Während in der Folge die 1993 erlassene KlauselRL auf die Rechtswahl „gestutzt“ wurde, übernahm man für die 1994 erlassene TimesharingRL die Formulierung des Gemeinsamen Standpunkts, wonach Art. 9 TimesharingRL „unabhängig von dem jeweils anwendbaren Recht“ Geltung beanspruchte.[740] Aus der Entstehungsgeschichte der IPR-Bestimmungen lässt sich mithin jedenfalls nicht ableiten, dass der Richtliniengesetzgeber die Kategorie der objektiven Anknüpfung insgesamt übersehen hat.

---

[735] Dazu Grabitz/Hilf - *Pfeiffer*, Bd. III, A. 5, Art. 6 RL, Rdn. 37; *Leible*, in: Schulte-Nölke/Schulze (Hrsg.), 353, 367; *Thorn*, IPRax 1999, 1, 6.

[736] Vgl. auch *Staudenmayer*, NJW 1999, 2393, 2397, wonach Rat und Europäisches Parlament die Regelung in Art. 7 Abs. 2 VerbrauchsgüterkaufRL „bewusst“ auf die Fälle der Rechtswahl beschränkt haben; ebenso *Kronke*, RIW 1996, 985, 991, zu Art. 12 Abs. 2 FernabsatzRL. A.A. *Rusche*, IPRax 2001, 420, 424.

[737] Neuestes Beispiel: Art. 11 Abs. 3 des Vorschlags einer Richtlinie über den Fernabsatz von Finanzdienstleistungen, vgl. oben 1. Teil B II.

[738] *Kronke*, RIW 1996, 985, 991.

[739] Vgl. oben 1. Teil A I.

[740] Vgl. oben 1. Teil A II.

3. Vergleichbarkeit des geregelten mit dem nicht geregelten Sachverhalt

Es bleibt dann der Vorwurf, man habe jedenfalls die Möglichkeit übersehen, dass ein Vertrag trotz engen Zusammenhangs zum Gebiet der Gemeinschaft auch ohne Rechtswahl nicht dem Recht eines Mitgliedstaats unterliegen kann.[741] Auch dies würde bedeuten, dass ein vergleichbarer Sachverhalt versehentlich nicht mitgeregelt worden wäre. Diese Auffassung zieht als Vergleichskriterium somit den Umstand heran, dass der Richtlinienstandard trotz engen Zusammenhangs des Vertrags zum Gemeinschaftsgebiet nicht gilt.

In der Tat stellt das Richtlinien-IPR nach der hier vertretenen Auffassung nur darauf ab, dass der Schutz der Richtlinien im Falle einer Rechtswahl nicht besteht, ohne Rücksicht darauf, ob das Drittstaatenrecht nicht ohnehin auch nach objektiven Kriterien anwendbar gewesen wäre (These vom sachrechtlichen Schutzverlust[742]). Dennoch kann man bei der Beurteilung der Vergleichbarkeit eines Verbrauchervertrags, der eine auf ein Drittstaatenrecht verweisende Klausel enthält, mit einem Vertrag der kraft der objektiven Anknüpfung nach dem EVÜ einem solchen Recht unterliegt, nicht allein auf das Ergebnis der kollisionsrechtlichen Verweisung abstellen. Dafür sind die Unterschiede zwischen der in Art. 4 EVÜ zum Ausdruck kommenden typisierten objektiven Bewertung der internationalprivatrechtlichen Interessen der Parteien internationaler Schuldverträge und der Anknüpfung solcher Verträge allein aufgrund des übereinstimmenden Willens der Parteien zu groß.

a) Bestimmung des Vertragsstatuts durch Rechtswahl

Die Möglichkeit zur Bestimmung des Vertragsstatuts durch die Parteien selbst, die Art. 3 EVÜ als vorrangige Anknüpfungsregel eröffnet, ist keine Notlösung, sondern trägt dem Umstand Rechnung, dass die Parteien einerseits nur so – vorbehaltlich etwaiger Mängel des Verweisungsvertrags oder bestehender Rechtswahlbeschränkungen – über das anwendbare Recht sicher sein können und sie andererseits ihren privatautonom erzielten Interessenausgleich auf kollisionsrechtlicher Ebene viel besser als der Gesetzgeber zu Ende denken können.[743]

Wie auf der sachrechtlichen Ebene besteht jedoch auch hier die Gefahr, dass der die Rechtswahl enthaltende Verweisungsvertrag auf der Seite des Verbrauchers nicht unter den Bedingungen tatsächlicher Entscheidungsfreiheit zustande kommt. Vielmehr impliziert die auf der Sachebene festgestellte

---

741 Dazu *Jayme/Kohler*, IPRax 1996, 377, 378 Fn. 12; *Roth*, IPRax 1994, 165, 169.

742 Siehe 3. Teil C II 3.

743 Dazu *Junker*, IPRax 1993, 1, 2; Staudinger - *Magnus* (2002), Art. 27 EGBGB, Rdn. 23. Die Rechtswahl wird in den meisten Staaten der Welt beachtet, vgl. den ausführlichen Überblick bei *Vischer/Huber/Oser*, Rdn. 41 ff.

Gefährdungssituation für einen materiell freien Entscheidungsvorgang bei gleichzeitigem Versagen des Konditionenwettbewerbs, die Anlass für die jeweiligen Verbraucherschutzrichtlinien war[744], dass auch der kollisionsrechtliche Teil des Vertrags möglicherweise von der Anbieterseite „diktiert" wird. Damit verwirklicht die Privat- und ergänzend die Parteiautonomie ihren Zweck, die Chance für den Abschluss inhaltlich ausgeglichener Verträge zu bieten, nicht mehr ausreichend, so dass ein staatliches Eingreifen zum Schutz der in diesem Sinne „schwächeren" Partei geboten erscheint. Eines der hier zur Verfügung stehenden Schutzinstrumente liegt in der Beschränkung der Wirkungen der Rechtswahl, die vom EVÜ und in der Regel auch von den Umsetzungsgesetzgebern im Hinblick auf die IPR-Klauseln in den Mitgliedstaaten favorisiert wird.[745]

b) Rechtsanwendungsinteressen und objektives Vertragsstatut

In Ermangelung einer parteiautonomen Entscheidung für das auf den Vertrag anwendbare Recht muss der Gesetzgeber Kriterien vorsehen, die den Postulaten räumlicher Rechtsanwendungsgerechtigkeit entsprechen. Seit Inkrafttreten des EVÜ gilt in allen Vertragsstaaten, mithin in allen Mitgliedstaaten der EU[746], das Prinzip der engsten Verbindung. Hierfür werden Regelvermutungen aufgestellt, die in erster Linie an das Heimatrecht desjenigen anknüpfen, der die vertragscharakteristische Leistung erbringt. Damit sind die vom Gesetzgeber für relevant erklärten Anknüpfungskriterien nicht ohne Weiteres zu beeinflussen.[747] So wird man die Standortentscheidung für den Unternehmenssitz oder eine Niederlassung wohl nicht an dem Einfluss ausrichten, den diese auf das anwendbare Recht haben kann, sondern vielmehr in erster Linie an betriebswirtschaftlichen oder kulturellen Gesichtspunkten, zumal ja mit Ausnahme vom Handel mit privaten Endkunden weitgehende Rechtswahlfreiheit besteht.

Vor dem Hintergrund des Verbraucherschutzziels der Richtlinien liegt also ein erheblicher Unterschied zwischen der parteiautonomen und der objektiven Anknüpfung. Nur erstere ist anfällig für eine einseitige Interessendurchsetzung. Zwar sind im Bereich spezieller Branchen wie dem Timesharing „Manipu-

---

744 Zum fehlenden Konditionenwettbewerb im Bereich von AGB, vgl. *Wackerbarth*, AcP 200 (2000), 45, 69 ff.

745 Anders wohl Art. 25 della Legge N° 52 vom 6.2.1996 (Gazetta Ufficiale della Repubblica Italiana No. 34, 1996), Art. 1469-quinquies Cod. civ.: „Unwirksam ist jede Vertragsklausel (...)", vgl. dazu *Brinker*, 32 Fn. 137; *Cian*, JbItalR 10 (1997), 55, 65 f., 74. Auch Art. 120 Abs. 2 des schweizer IPRG geht für Verbraucherverträge von einem Rechtswahlverbot aus, vgl. *Vischer/Huber/Oser*, Rdn. 756.

746 Neue Mitgliedstaaten der EU sind zum Beitritt verpflichtet, vgl. *Rudisch*, 86 ff.

747 *Wagner*, IPRax 2000, 249, 253. Siehe zu entsprechenden Befürchtungen im Bereich des *e*-Commerce bzw. des Timesharing aber *Reich/Nordhausen*, 83 f. (No. 104); *Neises*, NZM 2000, 1033, 1036.

lationsversuche" vor allem über gesellschaftsrechtliche Modelle denkbar – man denke an den Unternehmenssitz auf der Isle of Man –, doch spricht das als Ausnahme nicht gegen den Grundsatz. Zudem hat die Gemeinschaft ja mit Art. 9 TimesharingRL gerade in diesem Bereich die objektive Anknüpfung mit berücksichtigt.

Auch das zweite Richtlinienziel, der Abbau von Handelshemmnissen in der Gemeinschaft, spricht nicht für eine Vergleichbarkeit der beiden in Frage stehenden Sachverhalte. Denn die Anknüpfungen des EVÜ führen in erster Linie in dem Fall aus dem Gemeinschaftsrecht hinaus, in dem der Vertrag mit einem Drittstaatenanbieter geschlossen wird. Dieser kann sich jedoch auf die Marktfreiheiten des EG-Vertrags ohnehin nicht berufen.

Es bleibt daher allein das Argument der Vermeidung von Wettbewerbsnachteilen für EU-Anbieter. Es hat jedoch schon ausweislich der Ermächtigungsgrundlage in Art. 100a EGV (Art. 95 EG) geringere Bedeutung. Verbraucherschutz und Handelserleichterung im Binnenmarkt sind eindeutig vom EG-Vertrag legitimierte Ziele, während die Vermeidung von Wettbewerbsnachteilen gegenüber EU-ausländischen Anbietern eher ein unterstützendes Argument bei bestimmten Auslegungsfragen sein kann. Die Rechtsangleichungskompetenzen sprechen diesen Aspekt naturgemäß nicht an. Sie erlauben ja nicht die Schaffung neuen, die EU-Anbieter benachteiligenden Rechts, sondern harmonisieren Rechtsvorschriften, die regelmäßig in einigen, nicht notwendig in allen, Mitgliedstaaten schon bestehen und gehen dabei naturgemäß von einem bestimmten Schutzniveau aus. Allein die Vermeidung von Wettbewerbsnachteilen für Anbieter aus dem Gemeinschaft vermag daher die Vergleichbarkeit der in Frage stehenden Sachverhalte nicht zu begründen. Eine analoge Anwendung der IPR-Klauseln auf Verbraucherverträge, die keine Rechtswahl enthalten, ist abzulehnen.

4. Ergebnis und Konsequenzen

Auf die oben genannten europarechtlichen Spezifika[748] bei der Analogiebildung kommt es daher schon mangels Vorliegen der allgemeinen Analogievoraussetzungen nicht an. Im Ergebnis bleibt für die hier besprochenen IPR-Klauseln festzuhalten, dass sie nur eine Teilregelung der Anknüpfung von Verbraucherverträgen mit engem Bezug zum Gebiet der EU beinhalten, indem sie eine Rechtswahlvereinbarung voraussetzen.[749] Eine analoge Anwendung auf objektiv

[748] Das Fehlen der Regelung objektiv angeknüpfter Verbraucherverträge ist allerdings auch mit dem Subsidiaritätsprinzip erklärt worden, vgl. *Staudenmayer*, in: Schulte-Nölke/Schulze (Hrsg.), 63, 71, was einer Analogie ebenfalls entgegenstehen würde.

[749] *Wagner*, IPRax 2000, 249, 253; *Staudinger*, IPRax 1999, 414; im Ergebnis auch *Rusche*, IPRax 2001, 420, 424.

angeknüpfte Verträge ist abzulehnen.[750] Diese Selbstbeschränkung des Gemeinschaftsgesetzgebers führt allerdings zu bedauerlichen Wertungswidersprüchen sowie zu Schutzlücken im kollisionsrechtlichen Verbraucherschutz.

a) Wertungswiderspruch bei Übereinstimmung von Rechtswahl und objektivem drittstaatlichem Vertragsstatut

Sollte nämlich das nach objektiven Kriterien des EVÜ anwendbare Drittstaatenrecht zusätzlich gewählt sein und besteht ein enger Zusammenhang zum Gebiet der Gemeinschaft, so greift der Richtlinienstandard nur aufgrund dieser zusätzlichen Rechtswahl ein, obwohl ansonsten kein wertungsmäßiger Unterschied zwischen objektiver und subjektiver Anknüpfung besteht.[751] Der Anbieter, der etwa von einem Drittstaat mit niedrigerem Schutzniveau unter die Richtlinien fallende Verträge mit Verbrauchern abschließt, würde besser stehen, wenn er seine größere Verhandlungsmacht dazu ausnutzte, gerade keine Rechtswahl in den Vertrag aufzunehmen.[752]

Da der räumliche Geltungsanspruch der Verbraucherschutzrichtlinien allein von der Art des Zusammenhangs des Vertrags mit dem Gebiet der Gemeinschaft abhängen sollte, ist diese Rechtslage bedauerlich. Der genannte Wertungswiderspruch ist aber als Folge der bislang auf Gemeinschaftsebene bestehenden Teilregelung und als Konsequenz des Nebeneinanders von EVÜ und Richtlinienkollisionsrecht hinzunehmen.

b) Kollisionsrechtliche Schutzlücke

Es ist systematisch und aus Sicht der Parteien ferner nur schwer verständlich, warum bei einem engen Bezug zum Gemeinschaftsgebiet ein Schutz nur bei vorliegender Rechtswahl gewährt wird.[753] Insbesondere, wenn die von Art. 5 Abs. 2, 1. Spiegelstrich EVÜ vorausgesetzte Kumulation der Anknüpfungspunkte fehlt, diese aber alle in der Gemeinschaft liegen, greifen sowohl der

---

[750] *Grundmann*, Schuldvertragsrecht, § 5, 2.10, Rdn. 38; *Kronke*, RIW 1996, 985, 991; *Sonnenberger*, ZEuP 1996, 382, 392; *Wagner*, IPRax 2000, 249, 253; *Freitag/Leible*, EWS 2000, 343, 348, Fn. 54 a.E.; *Thorn*, IPRax 1999, 1, 8. A.A. Grabitz/Hilf - *Pfeiffer*, Bd. III, A. 5, Art. 6 RL, Rdn. 33; Wolf/Horn/Lindacher - *Wolf*, Art. 6 Abs. 2 RL, Rdn. 11 (alle zu Art. 6 Abs. 2 KlauselRL); tendenziell a.A. auch *Krebber*; ZVglRWiss 97 (1998), 124, 151 f. Ulmer/Brandner/Hensen - *Schmidt*, 8. Aufl., § 12 AGBG, Rdn. 7, sah die weitergehende Regelung in § 12 AGBG (1996) aber als durch Art. 8 KlauselRL gedeckt an.

[751] Darauf weist Grabitz/Hilf - *Pfeiffer*, Bd. III, A. 5, Art. 6 RL, Rdn. 36, hin.

[752] *Krebber*; ZVglRWiss 97 (1998), 124, 151.

[753] *Thorn*, IPRax 1999, 1, 8; kritisch auch *Krebber*; ZVglRWiss 97 (1998), 124, 151; *Fallon/Francq*, in: Basedow et al. (Hrsg.), 155, 160.

Aspekt des Verbraucherschutzes als auch der Wettbewerbsgleichheit in genau der von den Richtlinien vorausgesetzten Weise ein.

Im Ergebnis verbietet sich jedoch aus den dargelegten Gründen eine Auslegung bzw. Analogie, die das Konzept des Richtlinien-IPR vervollständigen würde. Der Umsetzungsgesetzgeber wird daher möglicherweise versucht sein, wenigstens sein nationales Gesetz entsprechend abzurunden. Nach der hier vertretenen Auffassung erlauben die Mindestschutzklauseln eine solche Vorgehensweise jedoch nicht[754], so dass das Anknüpfungssystem des EVÜ mangels gemeinschaftsrechtlicher Legitimation (vgl. Art. 20 EVÜ) in diesem Punkt nicht verändert werden darf.

IV. Rechtsfolge

Unterliegt ein Verbrauchervertrag aufgrund einer Rechtswahl dem Recht eines Drittstaats und weist er einen engen Zusammenhang zum Gebiet der Gemeinschaft auf, so haben die Mitgliedstaaten gem. Art. 6 Abs. 2 Klausel- und Art. 12. Abs. 2 FernabsatzRL sicherzustellen, dass dem Verbraucher der *durch* die jeweilige Richtlinie gewährte Schutz nicht entzogen wird. Damit ist zunächst klargestellt, dass es zu keiner unmittelbaren Geltung der Richtlinienbestimmungen kommt. Die IPR-Klauseln fordern in Übereinstimmung mit der Rechtsprechung des EuGH zur fehlenden horizontalen Direktwirkung von Richtlinien ausdrücklich Maßnahmen der Mitgliedstaaten[755], beziehen sich also auf in das nationale Recht umgesetzte Bestimmungen der Richtlinien.[756]

Das Internationale Schuldvertragsrecht kennt verschiedene Möglichkeiten, solch ein materielles Schutzziel auf kollisionsrechtlicher Ebene zu berücksichtigen. In Betracht kommen zunächst die an der Parteiautonomie ansetzenden Instrumente eines Rechtswahlverbots, wie es die Schweiz kennt, einer Rechtswahlbeschränkung im Sinne des Art. 3 Abs. 3 EVÜ oder in Form einer gesonderten Anknüpfung bestimmter Schutzgesetze und zwar gegebenenfalls alternativ im Sinne eines Günstigkeitsvergleichs, wie er dem Art. 5 EVÜ zugrunde liegt. Denkbar ist auch eine Ausgestaltung der Umsetzungsgesetze als unabhängig vom Vertragsstatut Anwendung beanspruchende international zwingende Normen oder schließlich – als Kehrseite solch einer positiven Durch-

---

754 Zum Streit, ob die Mindestschutzklauseln der Richtlinien auch strengeres Kollisionsrecht erlauben, vgl. 2. Teil E IV. Gerade die Ergänzung des Richtlinien-IPR um eine Regelung der objektiven Anknüpfung wird man jedoch nicht als strengere Regelung, sondern schlicht als Aliud ansehen müssen, so dass jedenfalls diese Abweichung ohne Rücksicht auf den Meinungsstreit unzulässig ist, *Staudinger*, IPRax 1999, 414, 415; *Ders.*, VersR 1999, 401, 408.

755 Wolf/Horn/Lindacher - *Wolf*, Art. 6 Abs. 2 RL, Rdn. 15; *Heinrichs*, NJW 1996, 2190, 2195; *Wagner*, IPRax 2000, 249, 250 f.

756 *Thorn*, IPRax 1999, 1, 6.

setzung – die Ausgestaltung als Konkretisierung des ordre public-Vorbehalts im Sinne einer Abwehr von Rechtsanwendungsergebnissen, die dem Richtlinienstandard nicht entsprechen.

1. Unklare Formulierung im Hinblick auf den Richtlinienstandard

Das Richtlinienkollisionsrecht äußert sich zur Frage, wie der Richtlinienstandard durchzusetzen ist, nicht unmittelbar. Ganz dem Charakter des Angleichungsinstruments Richtlinie entsprechend formuliert es nur das Ziel, überlässt die Form und die Wahl der Mittel zur Zielerreichung jedoch den Mitgliedstaaten. Den einzigen Hinweis zur Vorgehensweise kann man der Einleitung der IPR-Klauseln entnehmen, wonach die Mitgliedstaaten die „erforderlichen" Maßnahmen ergreifen. Denn danach ist eine Abweichung vom EVÜ nur legitimiert, wenn ein Richtlinienziel anders nicht zu verwirklichen ist.[757] Um feststellen zu können, welche Rechtsfolge die IPR-Klauseln vorsehen, gilt es daher zunächst, das Richtlinienziel selbst noch zu präzisieren: Die Verhinderung des Verlusts des Richtlinienstandards ist nur auf den ersten Blick eine klare Aufgabenstellung.

a) Kritik an der Formulierung

An der Formulierung, der Verbraucher solle „den durch diese Richtlinie gewährten Schutz" nicht verlieren, ist kritisiert worden, dass die Richtlinie selbst ja keinen Schutz gewähren könne, sondern nur die mitgliedstaatlichen Umsetzungsgesetze.[758] Vor dem Hintergrund der vom EuGH in ständiger Rechtsprechung abgelehnten horizontalen Direktwirkung von Verbraucherschutzrichtlinien zwischen Privatpersonen ist dem zuzustimmen. Hinter der terminologisch unsauberen Formulierung steckt zugleich eines der großen Probleme, die das Regelungsprogramm des Richtlinien-IPR aufweist.

Fraglich ist nämlich, ob aufgrund dieser Formulierung von einem Regelungsauftrag an die Mitgliedstaaten des Inhalts auszugehen ist, auch Schutzvorkehrungen gegenüber der Berufung defizitären, also (noch) nicht oder inhaltlich fehlerhaft umgesetzten Mitgliedstaatenrechts vorzusehen.[759] Denn der Verbraucher verliert den Schutz der Richtlinie nicht nur, wenn überhaupt kein Mitglied-

---

757 Siehe oben 2. Teil E III.

758 Vgl. *Wagner*, IPRax 2000, 249, 250f.; Grabitz/Hilf - *Pfeiffer*, Bd. III, A 5, Art. 6 RL, Rdn. 40. Die englische und französische Fassung lautet entsprechend („... la protection accordée par la présente directive..." bzw. „... the protection granted by this directive...").

759 Vgl. *Sonnenberger*, ZVglRWiss 95 (1996), 3, 37.

staatenrecht anwendbar ist, sondern auch wenn das Recht eines Mitgliedstaats berufen wird, der die Richtlinie nicht[760] oder nicht korrekt umgesetzt hat.

Umgekehrt kann man sich fragen, ob die Richtlinie auch eine Durchsetzung der sachrechtlichen Schutzverstärkungen verlangt oder wenigstens erlaubt. Denn strenggenommen handelt es sich auch dann nicht um den durch die Richtlinie gewährten Schutz, wenn das Umsetzungsrecht im Rahmen der Mindestschutzklauseln einen strengeren Standard vorsieht.

b) Die EU als einheitlicher Bezugspunkt in Tatbestand und Rechtsfolge

Für die Auslegung des Richtlinien-IPR im Hinblick auf diese Probleme, ist es hilfreich, sich zunächst den Grund dafür zu vergegenwärtigen, dass der Gemeinschaftsgesetzgeber ausschließlich auf den von der Richtlinie vorgesehenen Schutz rekurriert, ohne darauf einzugehen, dass der Schutz tatsächlich ja erst von der nationalen Umsetzung eines Mitgliedstaats gewährt wird.

Dass der Gemeinschaftsgesetzgeber hier scheinbar auf halbem Wege stehen bleibt, hängt mit der gemeinschaftsweit bestehenden Umsetzungsverpflichtung zusammen, die zumindest theoretisch im Zusammenspiel mit der Sperrwirkung von Richtlinien sowie dem Grundsatz der richtlinienkonformen Auslegung für die praktische Wirksamkeit der Richtlinie in jedem Mitgliedstaat sorgt. Aus Sicht der Richtlinien ist es daher unter dem Aspekt der Harmonisierung gleichgültig, welches Mitgliedstaatenrecht zur Anwendung kommt.[761] Ihm geht es in erster Linie um die Abgrenzung und Absicherung der Rechtsangleichungsmaßnahme gegenüber dem Drittstaatenrecht.

In Tatbestand und Rechtsfolge der IPR-Klauseln ist daher folgerichtig das Gebiet, in welchem die Angleichungsmaßnahme Geltung beansprucht, also das Gebiet der Mitgliedstaaten der EU in seiner Gesamtheit, Bezugspunkt der kollisionsrechtlichen Schutzmaßnahme.[762]

2. Die Nichtumsetzungsproblematik (II)

Verbieten die IPR-Klauseln den Verweis auf defizitäres Umsetzungsrecht? Ausgeschlossen erscheint dies nicht. In der Tat hat der belgische Gesetzgeber im Hinblick auf Art. 9 TimesharingRL die ersatzweise Anwendung des belgischen Timesharingrechts zugunsten in Belgien ansässiger Verbraucher vorgesehen, wenn das Wohngebäude in einem anderen Mitgliedstaat liegt, dort aber die

---

760 Das war das Problem der berühmten Gran Canaria-Konstellation, da damals Spanien die HaustürgeschäfteRL noch nicht umgesetzt hatte, vgl. oben Fn. 14.

761 Vgl. *Staudenmayer*, in: Schulte-Nölke/Schulze (Hrsg.), 63, 70; *Otte*, RabelsZ 62 (1998), 405, 430 (zu Art. 9 TimesharingRL); *Basedow*, NJW 1996, 1921, 1925.

762 Vgl. auch Grabitz/Hilf - *Pfeiffer*, Bd. III, A 5, Art. 6 RL, Rdn. 40.

TimesharingRL nicht umgesetzt ist.[763] Eine ähnliche Regelung gilt – ebenfalls im Hinblick auf Art. 9 TimesharingRL – in Frankreich.[764]

Der Wortlaut spricht zunächst für diese Sichtweise, denn man kann den Richtlinienstandard auch verlieren, indem defizitäres Mitgliedstaatenrecht berufen wird. Wie gesehen ist die Formulierung der IPR-Klauseln jedoch damit zu erklären, dass die Richtlinien darauf angelegt sind, in jedem Mitgliedstaat einen ihren Standards entsprechenden oder besseren Schutz zu etablieren. Sie gehen davon aus, dass aufgrund der Rechtsangleichungsmaßnahme ein gemeinschaftsweit einheitlicher Schutz besteht und legen damit stillschweigend die Prämisse zugrunde, dass auch gemeinschaftsweit eine rechtzeitige und korrekte Umsetzung erfolgt und die mitgliedstaatlichen Rechtsordnungen insoweit gleichwertig sind.[765] Entscheidend ist damit die Frage, was gelten soll, wenn dieser gemeinschaftskonforme Zustand nicht überall besteht.

Grundsätzlich steht hier das gemeinschaftsrechtliche Sanktionsinstrumentarium bereit, das – in weitestem Sinne verstanden – von der richtlinienkonformen Auslegung des nationalen Rechts über den Anwendungsvorrang von unmittelbar geltendem Gemeinschaftsrecht[766] bis hin zur Staatshaftung wegen Verletzung der Umsetzungspflicht und nicht zuletzt dem Vertragsverletzungsverfahren reicht. Dabei geht es hier um Fälle, in denen die Herstellung eines richtlinienkonformen Ergebnisses anhand der Rechtsordnung, die durch eine Umsetzungskollisionsnorm zu Art. 6 Abs. 2 Klausel- bzw. Art. 12 Abs. 2 FernabsatzRL berufen wurde, nicht möglich ist. Nur dann stellt sich ja die Frage, ob eine Regelung, die die Berufung defizitären Umsetzungsrechts erlaubt, gegen die IPR-Klauseln verstößt.[767] Es geht letztlich um eine „Heilung" von Gemeinschaftsrechtsverstößen anderer Mitgliedstaaten über das nationale IPR.

a) Lösung über das IPR?

Ob und wie eine solche Aufgabe vom nationalen IPR übernommen werden kann, ist seit längerem Gegenstand der wissenschaftlichen Diskussion, allerdings bislang beschränkt auf den ersten Aspekt der Nichtumsetzungsprob-

---

763 *Domont-Naert*, R.E.D.C. 1999, 170.

764 Art. L 121-74 Code de la Consommation, vgl. *Lagarde*, Rev. crit. dr. internat. privé 87 (1998), 741, 747; *Neises*, NZM 1999, 338, 340; deutscher Text abgedruckt in NZM 1999, 359, 360.

765 Vgl. *Reich*, EuZW 1997, 581, 587; *Kapnopoulou*, 153.

766 Dieser Anwendungsvorrang hilft allerdings bei der unterlassenen oder fehlerhaften Umsetzung von Verbrauchervertragsrichtlinien nicht weiter, da diese im Privatrechtsverhältnis ja keine horizontale Direktwirkung zwischen den Parteien entfalten kann. Eine unmittelbare Wirkung von Richtlinienbestimmungen ist aber Voraussetzung einer Rangkollision, was *Krebber*, ZVglRWiss 97 (1998), 124, 140, übersieht.

767 Ähnlich *Reich*, VuR 1995, 1, 6.

lematik, der wie gesehen der Ebene des Tatbestands der IPR-Klauseln zuzuordnen ist.[768]

Soweit eine kollisionsrechtliche Lösung für notwendig erachtet wird[769], finden sich Vorschläge, über eine Inhaltskontrolle der Rechtswahlvereinbarung[770], eine Analogie zu Art. 29 EGBGB[771] oder zu § 12 AGBG (1996)[772], über die Berufung der richtlinienkonformen lex fori bzw. des Umsetzungsrechts eines Mitgliedstaats, zu dem sonst ein enger Zusammenhang besteht, als international zwingendes Recht (Art. 34 EGBGB, Art. 7 Abs. 1 EVÜ)[773], über Art. 6 EGBGB[774] sowie über eine direkte Anwendung der Richtlinie[775] zu helfen. Ein anderer Vorschlag zielt auf die Gleichbehandlung von Nichtumsetzer- und Drittstaaten.[776]

---

768 Siehe oben 3. Teil C I 1. b).

769 So z.B. *Krebber*; ZVglRWiss 97 (1998), 124, 154 ff.; *Heinrichs*, NJW 1996, 2190, 2195; *Nemeth*, 99; Grabitz/Hilf - *Pfeiffer*, Bd. III, A 5, Art. 6 RL, Rdn. 42. Das Instrument der verschuldensunabhängigen Staatshaftung hält hingegen *Grundmann*, Schuldvertragsrecht, § 7, 4.02, Rdn. 27 für ausreichend. Dagegen *Nemeth*, 99, da die Durchsetzung dieses Anspruchs mit großem Aufwand verbunden sei und er dem Verbraucher im Verhältnis zu seinem Vertragspartner ohnehin nichts nütze; ebenso *Steindorff*, 441. Vor dem Hintergrund, dass die Staatshaftung einen hinreichend qualifizierten Verstoß (vgl. *Hakenberg*, AnwBl 1997, 56, 57) voraussetzt, dürfte dem Verbraucher damit in der Tat nicht geholfen sein. Der Mitgliedstaat muss seine Befugnisse offenkundig und erheblich überschritten haben, was man angesichts des in vielen Punkten umstrittenen Regelungsprogramms der IPR-Klauseln wird kaum annehmen können, vgl. *Freitag/Leible*, EWS 2000, 343, 347.

770 Vgl. zu den vertretenen Lösungsansätzen *Reich*, in: Lagarde/v. Hoffmann (Hrsg.), 109, 116 f.

771 *Baumert*, EWS 1995, 57, 62.

772 *Heinrichs*, NJW 1996, 2190, 2195.

773 Vgl. *Pfeiffer*, NJW 1997, 1207, 1209, 1213; *Nemeth*, wbl 2000, 341, 344; ähnlich *Sonnenberger*, ZVglRWiss 95 (1996), 3, 39 (zeitlich begrenzte Sonderanknüpfung an die lex fori). Zum Teil wird in Anspielung auf die positive Komponente des Konzepts des ordre public (vgl. dazu Staudinger - *Blumenwitz* (1996), Art. 6 EGBGB, Rdn. 22) auch von der Durchsetzung eines gemeinschaftsrechtlichen ordre public über Art. 7 Abs. 2 EVÜ gesprochen, *Reich*, in: Lagarde/v. Hoffmann (Hrsg.), 109, 117. Andere sprechen in Anschluss an *Jayme*, IPRax 1990, 220, 222, von einer mittelbaren horizontalen Direktwirkung von Richtlinien über Art. 34 EGBGB, z.B. Grabitz/Hilf - *Pfeiffer*, Bd. III, A 5, Art. 6 RL, Rdn. 46; *Kronke*, RIW 1996, 985, 992; *Langenfeld*, IPRax 1993, 155, 157; *Willms*, 259 ff.

774 Vgl. *Willms*, 258 f.; *Baumert*, 58.

775 Vgl. zu diesem Vorgehen *Freitag/Leible*, EWS 2000, 343, 348; *Mankowski*, RIW 1995, 364, 368 f.; *Martiny*, ZEuP 1995, 67, 80; LG Hildesheim, v. 11.12.1991, 7 S 236/91, IPRax 1993, 173, 175; OLG Celle, v. 28.8.1990, 20 U 85/89, RIW 1991, 421, 422.

776 *Nemeth*, wbl 2000, 341, 349; vgl. auch *Cannada-Bartoli*, ERPL 1995, 347. Offen bleibt, ob auch der Mitgliedstaat, der eine Richtlinie fehlerhaft umgesetzt hat, als Nichtumsetzerstaat anzusehen ist.

Hier stellen sich zahlreiche Probleme, die es zweifelhaft erscheinen lassen, dass sich eine allgemeingültige Antwort im IPR überhaupt finden lässt. Beispielhaft sei hier nur darauf verwiesen, dass schon die Eingriffsnormqualität von Verbrauchervertragsrecht sehr umstritten ist, dass das Verbrauchervertragsrecht wohl nicht zum nationalen ordre public gehören dürfte, dass sowohl Art. 7 Abs. 2 EVÜ (Art. 34 EGBGB) als auch der ordre public-Vorbehalt nach Art. 16 EVÜ (Art. 6 EGBGB) einen Bezug gerade zum Forumstaat verlangen sowie dass sich der – zugegebenermaßen extreme – Fall eines Vertrags denken lässt, der nur zu solchen Mitgliedstaaten eine internationalprivatrechtlich relevante Verbindung aufweist, die die Richtlinie nicht korrekt umgesetzt haben.[777]

Der Rechtsanwender steht daher letztlich vor der Alternative, die Europarechtswidrigkeit einzelner Ergebnisse oder einzelne dogmatische Systembrüche hinzunehmen.[778] Übertragen auf die Frage, ob das Regelungsprogramm der IPR-Klauseln selbst eine spezielle Lösung dieser Problematik verlangt, lässt sich daraus meines Erachtens eine erste Schlussfolgerung ziehen: Schon die komplizierte und umstrittene Rechtslage, die sich aufgrund der einheitlichen Geltung des EVÜ in allen Mitgliedstaaten in ähnlicher Weise darstellen dürfte, spricht dagegen, dass die IPR-Bestimmungen der Richtlinien selbst Vorkehrungen gegen Umsetzungsverstöße anderer Mitgliedstaaten verlangen, ohne insoweit auch nur eine einzige inhaltliche Vorgabe zu machen.

b) Argumente gegen eine Regelung der Nichtumsetzungsproblematik in den IPR-Klauseln

Weitere Argumente sprechen gegen eine solche Sichtweise:

(1) Unmöglichkeit einer umfassenden Lösung über das IPR

Man wird schon aus Gründen der Gleichbehandlung verlangen müssen, dass eine Korrektur der Verweisung auf das Recht von Nichtumsetzerstaaten in allen denkbaren Fällen gelingt. Das Recht des Forums hilft hier einerseits dann nicht weiter, wenn es selbst defizitär ist[779], andererseits kann es auch an einem sowohl

---

[777] Beispielsweise könnten sowohl der Forumstaat als auch die Staaten, in denen die Vertragsanbahnung bzw. der gewöhnliche Aufenthalt des Verbrauchers liegen, jeweils nicht korrekt umgesetzt haben.

[778] So das Fazit *Pfeiffers*, vgl. *Ders.*, NJW 1997, 1207, 1209. Ähnlich *Krebber*; ZVglRWiss 97 (1998), 124, 156: Um den gemeinschaftsrechtlichen Vorgaben genügen zu können, müssen danach eben im Einzelfall nicht alle Voraussetzungen erfüllt sein, die das nationale Recht an sich an ein bestimmtes Rechtsinstitut stellen würde.

[779] Weitere Probleme liegen vor allem in der Charakterisierung des Verbraucherschutzrechts als „Eingriffsnormen“ im Sinne des Art. 7 Abs. 2 EVÜ, vgl. 3. Teil D II 3.

für Art. 34 EGBGB[780] als auch für Art. 6 EGBGB[781] notwendigen Inlandsbezug fehlen, da die internationale Zuständigkeit eigenen Wertungen folgt und etwa ein nach Abschluss des Vertrags erfolgter Wohnsitzwechsel hierfür ausreichen kann. Die Berufung des Umsetzungsrechts eines anderen Mitgliedstaats, zu dem ein räumlicher Bezug besteht, hilft dann nicht mehr weiter, wenn alle vom Sachverhalt berührten Rechtsordnungen Umsetzungsdefizite im streitentscheidenden Punkt aufweisen, so selten diese Konstellation auch sein mag. Der Sonderanknüpfung an die Richtlinienregelungen selbst steht die fehlende horizontale Direktwirkung in reinen Privatrechtsverhältnissen entgegen.

Das IPR stößt daher bei der Heilung von Umsetzungsverstößen relativ schnell an seine Grenzen. Eine Gleichbehandlung einschlägiger Fälle wäre nicht gewährleistet, vielmehr hinge es letztlich vom Zufall ab, ob der europäische Verbraucher vor den Folgen einer defizitären Umsetzung in der „an sich" berufenen mitgliedstaatlichen Rechtsordnung bewahrt werden kann.

(2) Schutzverstärkungen und die Notwendigkeit „fiktiver" Umsetzungsnormen

Im Bereich von Mindestschutzrichtlinien liegt ein weiteres Problem darin, dass einem gegen seine Umsetzungspflicht verstoßenden Mitgliedstaat nur der Mindeststandard entgegengehalten werden kann. Enthält die lex fori oder ein anderes zur „Heilung" des Verstoßes herangezogenes Mitgliedstaatenrecht zulässige Schutzverstärkungen, so wäre deren Durchsetzung nicht mehr von der gemeinschaftsrechtlichen Umsetzungspflicht gedeckt. Der betroffene Mitgliedstaat hätte seiner Pflicht ja auch durch eine 1:1-Umsetzung der Verbraucherschutzrichtlinie Genüge getan.

In der Konsequenz müsste ein Umsetzungsgesetzgeber, der selbst Schutzverstärkungen vorsehen möchte, daneben eine 1:1-Umsetzung der Richtlinie für den Fall eines Umsetzungsverstoßes des an sich berufenen Mitgliedstaatenrechts bereithalten, die dann über Art. 7 Abs. 2 EVÜ (Art. 34 EGBGB) durchgesetzt werden könnte. Wäre eine solche „Ausweichumsetzung" nicht vorhanden, müsste ein Gericht die zur „Heilung" herangezogene Umsetzung auf den Richtlinienstandard reduzieren[782] und so fiktive Normen schaffen, die einzig in dem

[780] Zu diesem Lösungsvorschlag *Willms*, 259 ff.; im Anschluss an *Jayme*, IPRax 1990, 220, 222, spricht man auch von einer mittelbaren horizontalen Direktwirkung, vgl. z.B. Grabitz/Hilf - *Pfeiffer*, Bd. III, A 5, Art. 6 RL, Rdn. 46; *Kronke*, RIW 1996, 985, 992. Vgl. auch oben 3. Teil E II 4.

[781] Verschiedentlich ist vorgeschlagen worden, das Nichtumsetzungsproblem über den ordre public-Vorbehalt des Art. 6 EGBGB zu lösen. Danach soll auch das Recht eines Mitgliedstaats abzuwehren sein, wenn es den von der Richtlinie aufgestellten Mindeststandard nicht einhält (vgl. *Willms*, 258 f.; *Baumert*, 58).

[782] So in der Tat der Vorschlag von *Michaels/Kamann*, JZ 1997, 601, 604 (im Rahmen einer analogen Anwendung des Art. 27 Abs. 3 EGBGB auf die Gran Canaria-Fälle).

Fall gelten, dass das IPR auf einen Mitgliedstaat verweist, der seine Umsetzungspflicht verletzt hat. Das wirft einerseits erhebliche praktische Probleme auf, andererseits bewegt man sich dann sehr nahe an der gemeinschaftsrechtlich untersagten horizontalen Direktwirkung von Verbraucherschutzrichtlinien zwischen Privatrechtssubjekten[783].

(3) Die Abgrenzungsfunktion der IPR-Klauseln

Auch der Zweck der IPR-Klauseln, das harmonisierte Verbraucherschutzrecht von Drittstaatenrecht, das die europäischen Standards nicht erfüllt, abzugrenzen, spricht gegen die Annahme, die IPR-Klauseln befassten sich auch mit dem Verhältnis der mitgliedstaatlichen Rechtsordnungen untereinander.[784]

(4) Widerspruch zur fehlenden horizontalen Direktwirkung von Verbraucherschutzrichtlinien

Man muss ferner bedenken, dass im rein nationalen Sachverhalt der richtlinienwidrige Zustand nach dem gegenwärtigen Stand des Gemeinschaftsrechts hingenommen wird. Der EuGH lehnt in Auslegung der einschlägigen primärrechtlichen Vorgaben im reinen Privatrechtsverhältnis eine horizontale Direktwirkung von Verbraucherschutzrichtlinien ab. Die Geltung der Richtlinie in einem Staat, der nicht oder nicht korrekt umgesetzt hat, hinge – nimmt man eine Verpflichtung der Mitgliedstaaten zur „Heilung“ fremder Umsetzungsverstöße an – mithin davon ab, ob ein Inlandsfall vorliegt, oder ob seine Rechtsordnung aufgrund internationaler Bezüge über den Zwischenschritt des IPR eines anderen Mitgliedstaats berufen wird. Der Umstand, dass die Auswahl mehrerer mitgliedstaatlicher Rechtsordnungen – also gleichsam ein Problem des interlokalen Privatrechts[785] – im Raum steht, mag eine solche Differenzierung wohl nicht rechtfertigen. Es wäre vielmehr schwer einzusehen, warum eine Richtlinie im Forumstaat stärkere Wirkung haben soll als in dem Staat, der nicht oder fehlerhaft umgesetzt hat.[786]

---

[783] So auch *Lagarde*, Rev. crit. dr. internat. privé 87 (1998), 741, 747, zur französischen Umsetzung des Art. 9 TimesharingRL in Art. L 121-74 Code de la Consommation. Dazu auch unter (4).

[784] In der von *Basedow*, in: Schnyder/Heiss/Rudisch (Hrsg.), 11, 13 f., vertretenen Einteilung handelt es sich neben den Kollisionsnormen des vollendeten Binnenmarkts (Herkunftslandprinzip) und des unvollkommenen Binnenmarkts (Bestimmungslandprinzip) um Kollisionsnormen der dritten Art, die sich allein mit der Abgrenzung des als Einheit aufgefassten Binnenmarktrechts vom Drittstaatenrecht befassen. Nur die beiden erstgenannten Typen von Kollisionsnormen befassen sich mit den Anwendungsansprüchen der verschiedenen mitgliedstaatlichen Rechtsordnungen untereinander.

[785] So *Peiffer*, NJW 1997, 1207, 1209.

[786] *Martiny*, ZEuP 1995, 67, 81.

Es wäre zudem erstaunlich, wenn der Gemeinschaftsgesetzgeber nun faktisch eine Direktwirkung der mit einer IPR-Klausel versehenen Richtlinien in grenzüberschreitenden Sachverhalten durch einen Sekundärrechtsakt einführen wollte, ohne das Problem auch nur zu erwähnen, zumal weiterhin die älteren Verbraucherschutzrichtlinien keine eigene internationalprivatrechtliche Absicherung aufweisen. Die europarechtlich fehlende horizontale Direktwirkung von Richtlinien kann folglich auch nicht über das nationale (Umsetzungs-)IPR eingeführt werden.

(5) Abschließendes Sanktionensystem im Primärrecht

Schließlich käme eine Verpflichtung zur Sicherung des sachrechtlichen Schutzstandards der Richtlinien einer (stillschweigenden) Ergänzung des gemeinschaftsrechtlichen Sanktionsinstrumentariums durch die IPR-Klauseln gleich; ebenfalls ein eher fern liegendes Verständnis des Richtlinien-IPR. Der EG-Vertrag selbst sieht in erster Linie das Vertragsverletzungsverfahren vor, um eine Umsetzung der Richtlinie im säumigen Mitgliedstaat zu erzwingen. Bis dahin besteht die Verpflichtung zur richtlinienkonformen Auslegung des nationalen Rechts sowie die Drohung eines Staatshaftungsanspruchs. Andere Sanktionen sind auf der Ebene des einzelnen Privatrechtsverhältnisses nicht vorgesehen. Allerdings enthält Art. 227 EG die Befugnis der Mitgliedstaaten, sich – nach dreimonatiger Untätigkeit der Kommission sogar unmittelbar – an den Gerichtshof zu wenden, wenn sie der Auffassung sind, ein anderer Mitgliedstaat habe gegen gemeinschaftsrechtliche Pflichten verstoßen. Da das Vertragsverletzungsverfahren nicht auf Individualrechtsschutz zugeschnitten ist, liegt darin aber keine Aussage über die Befugnis eines Mitgliedstaats, über sein nationales IPR in einem konkreten Rechtsstreit die Anwendung eines an sich berufenen, aber gemeinschaftswidrigen mitgliedstaatlichen Rechts zu verhindern.

Richtlinien sind eben keine Verordnungen, die in den Mitgliedstaaten unmittelbar wirken. Die Gefahr der inhaltlich unterschiedlichen, der unterlassenen, der fehlerhaften und der verspäteten Umsetzung tragen sie in sich, sie ist hinzunehmen, soweit an dem streitigen Rechtsverhältnis nicht der säumige Staat selbst beteiligt ist. Dass der Staatshaftungsanspruch in der Praxis wohl selten verfolgt werden wird, kann daran nichts ändern, zumal er bei der Bündelung von Verbraucheransprüchen bei gleichzeitiger Durchführung von Musterprozessen durchaus Wirkung zeitigen kann.

Mangels unmittelbarer Wirkung der Verbraucherschutzrichtlinien verstößt auch nicht etwa der Mitgliedstaat, der über sein IPR – hier über Art. 29a EGBGB – auf ein defizitäres Umsetzungsrecht verweist, gegen das Gemeinschaftsrecht, sondern allein der säumige Mitgliedstaat. Es ist ihm daher nicht unzumutbar, es bei dem Verweis auf den säumigen Mitgliedstaat zu belassen, vielmehr kann ein Mitgliedstaat aus der Säumnis eines anderen, eine Richtlinie umzusetzen, keine eigene Sanktionsbefugnis herleiten.[787]

c) Ergebnis

Es erscheint insgesamt nahe liegender, dass der Richtliniengesetzgeber von einem gemeinschaftstreuen Verhalten der Mitgliedstaaten und damit vom Normalfall der rechtzeitigen und inhaltlich korrekten Umsetzung der Richtlinien ausgeht.[788] In der Wendung, dem Verbraucher dürfe der Schutz der Richtlinien nicht entzogen werden, ist unter dem Aspekt der Verletzung der Umsetzungspflicht durch einen vom Sachverhalt berührten Mitgliedstaat ein Verweis auf das allgemeine gemeinschaftsrechtliche Sanktionsinstrumentarium zu sehen.

Dieses setzt in grenzüberschreitenden Fällen an zwei Stellen an: Einerseits kann der gemeinschaftswidrig handelnde Staat einem Vertragsverletzungsverfahren unterzogen bzw. von einem geschädigten Verbraucher im Wege der Staatshaftung in Anspruch genommen werden, andererseits hat das Gericht in Anwendung der Umsetzungskollisionsnorm der lex fori eine richtlinienkonforme Auslegung des berufenen mitgliedstaatlichen Rechts, gegebenenfalls unter Einschluss einer Vorlage an den EuGH, vorzunehmen. Dies gilt sogar im Falle fehlender Umsetzung, da sich die Umsetzungspflicht dann in der richtlinienkonformen Auslegung des übrigen nationalen Rechts auswirkt.

Das Richtlinien-IPR verlangt für die Nichtumsetzungsproblematik auf der Rechtsfolgenseite ebenso wenig eine Lösung wie auf der Tatbestandsseite[789], es

---

787 Vgl. *Sonnenberger*, ZEuP 1996, 382, 388: ein Mitgliedstaat könne aus der Säumnis des anderen keine Befugnis herleiten, dessen Recht durch eine Sonderanknüpfung auszuschalten. Zurückhaltend auch MüKo-*Martiny*, Art. 29 EGBGB, Rdn. 32; *Martiny*, ZEuP 1995, 67, 81; *Ebke*, IPRax 1998, 263, 265; *Ders.*, in: v. Bar (Hrsg.), 97, 100; *Tonner*, VuR 1997, 399, 401; *Staudinger*, RIW 2000, 416, 417: das Kollisionsrecht dürfe nicht als Mittel der Disziplinierung anderer säumiger Mitgliedstaaten eingesetzt werden, da eben hier nur das Vertragsverletzungsverfahren nach Art. 226 ff EG vorgesehen sei. Anders *Krebber*; ZVglRWiss 97 (1998), 124, 129, 158 Fn. 175; ferner *Nemeth*, wbl 2000, 341, 349.

788 So auch *Backert*, 164.

789 Ebenso *Nemeth*, 92, 97, die bzgl. des Nichtumsetzungsproblems auf Tatbestandsseite aber a.A. ist; *Dies.*, wbl 2000, 341, 349 (aufgrund eines argumentum a maiore (Drittstaat) ad minus (Nichtumsetzerstaat); *Wagner*, IPRax 2000, 249, 253; *Sonnenberger*, ZVglRWiss 95 (1996), 3, 38; *Reich*, in: Lagarde/v. Hoffmann (Hrsg), 109, 116; in diese Richtung auch *Freitag/Leible*, EWS 2000, 343, 347 f. mit Fn. 47; *Staudinger*, EWS 2000, 416, 417. A.A. *Schauer*, 249 (zu Art. 12 Abs. 2 FernabsatzRL); Grabitz/Hilf - *Pfeiffer*, Bd. III, A 5, Art. 6 RL, Rdn. 39, 42, 43 (da ein Mitgliedstaat nicht von seiner Verpflichtung aus Art. 6 Abs. 2 KlauselRL freigestellt werde, weil ein anderer Mitgliedstaat nicht umgesetzt hat und a.a.O. Rdn. 46: die Lücke sei über die Lehre von der mittelbaren horizontalen Direktwirkung über Art. 34 EGBGB zu schließen). Fraglich ist doch aber schon, ob die IPR-Klauseln überhaupt eine solche Verpflichtung vorsehen.

regelt das Verhältnis der Mitgliedstaaten untereinander nicht[790]. Vielmehr genügt es, wenn der Umsetzungsgesetzgeber dafür sorgt, dass überhaupt ein Mitgliedstaatenrecht zur Anwendung kommt.[791] Eine spezielle Verpflichtung aus den IPR-Klauseln, die Abwehr defizitären Umsetzungsrechts in die Umsetzungskollisionsnorm selbst mit aufzunehmen, ergibt sich vor dem Hintergrund dieser Rechtslage folglich nicht.[792] Die kollisionsrechtlichen Rechtsetzungsaufträge der Verbraucherrichtlinien fordern den Umsetzungsgesetzgeber daher nicht auf, ein eigenständiges „Binnenmarktkollisionsrecht"[793] zu entwickeln.[794]

Die dargestellten Argumente gegen eine Lösung der Nichtumsetzungsproblematik im Richtlinien-IPR sprechen auch dagegen, es dem Umsetzungsgesetzgeber freizustellen, Vorsorge gegen ein gemeinschaftsrechtswidriges Verhalten anderer Mitgliedstaaten zu treffen. Zudem wäre in diesem, von den IPR-Klauseln nicht abgedeckten Regelungsbereich auf die Bindung an das EVÜ zu achten. Soweit es weder primäres noch sekundäres Gemeinschaftsrecht fordert,

---

Auch *Pfeiffer* stellt fest, dass ein solcher Regelungsauftrag möglicherweise nicht zu erfüllen ist, wenn etwa zur umgesetzten lex fori gar kein enger Zusammenhang besteht. Ohne einen solchen könne ein Mitgliedstaat sein Recht nicht gegen ein anderes durchsetzen, vgl. *Ders.*, a.a.O. Rdn. 42 a.E. Auch Grabitz/Hilf - *Martinek*, Bd. III, A 13, Art. 9 RL, Rdn. 205, entnimmt dem Art. 9 TimesharingRL offenbar eine Pflicht, wenn möglich die Berufung richtlinienwidrigen Umsetzungsrechts zu vermeiden.

790 So auch *Grundmann*, Schuldvertragsrecht, § 5, 2.10, Rdn. 39 (zu Art. 6 Abs. 2 KlauselRL) ; Wolf/Horn/Lindacher - *Wolf*, Art. 6 Abs. 2 RL, Rdn. 11.

791 Insoweit auch *Nemeth*, wbl 2000, 341, 348, für die kollisionsrechtliche Verweisung; *Kronke*, RIW 1996, 985, 992; Wolf/Horn/Lindacher - *Wolf*, Art. 6 Abs. 2 RL, Rdn. 15; wohl auch *Baumert*, EWS 1995, 57, 69, der zugleich darauf hinweist, dass auch der ordre public-Vorbehalt zur Sanktionierung allein des Umsetzungsverstoßes eines anderen Mitgliedstaates nicht in Betracht kommt, *Ders.*, 57. A.A. *Roth*, IPRax 1995, 165, 170, zu Art. 9 des Vorschlags einer TimesharingRL.

792 *Staudinger*, EWS 2000, 416, 417.

793 Zum Begriff, *Grundmann*, RabelsZ 64 (2000), 457, 458. Er versteht darunter eine Verfassung für das Zusammenspiel der Rechtsordnungen im Binnenmarkt., die vor allem aus der Wirkungsweise der Grundfreiheiten abzuleiten ist. Dabei unterscheidet er zwischen harmonisierten und nicht harmonisierten Rechtsbereichen. Vgl. auch die Ausführungen zur Behandlung von Schutzverstärkungen im Richlinienkollisionsrecht und im Rahmen des Art. 29a EGBGB, 3. Teil C IV 3. und 4. Teil C VI.

794 *Martiny*, ZEuP 1999, 246, 250; infolge der Entscheidungen *„Arblade"* und *„Mazzoleni"* anders im Hinblick auf Art. 6 EVÜ: *Jayme/Kohler*, IPRax 2001, 501, 511. Die Wahl zwischen den verschiedenen Umsetzungsrechten ist daher nach dem klassischen IPR zu treffen, vgl, MüKo - *Sonnenberger*, Einl. IPR, Rdn. 329. Demgegenüber fordert *Grundmann* zwar die Ausbildung eines eigenständigen Binnenmarktkollisionsrechts zur Auflösung der Umsetzungsdivergenzen gerade im von Mindestrichtlinien harmonisierten Schuldvertragsrecht, allerdings nicht als Folge der ohnehin nur in den neueren Richtlinien enthaltenen kollisionsrechtlichen Regelungsgebote, vgl. *Grundmann*, RabelsZ 64 (2000), 457, 463.

ist der Gesetzgeber von dieser Bindung nicht gem. Art. 20 EVÜ dispensiert. Sieht man es mit der auch hier vertretenen Auffassung nicht als Teil des Regelungsauftrags der Verbraucherschutzrichtlinien an, ihre Geltung über das IPR auf solche Mitgliedstaaten zu erstrecken, die gegen ihre Umsetzungsverpflichtung verstoßen haben, bleibt es mithin dabei, dass das Problem der Nichtgeltung von Richtlinien in grenzüberschreitenden Sachverhalten infolge von Umsetzungsverstößen auf der Ebene des berufenen Sachrechs zu lösen ist.[795]

3. Sicherung des Richtlinienstandards und nationale Schutzverstärkungen

Nach der hier vertretenen Auffassung ergibt sich die europarechtliche „Untergrenze" des kollisionsrechtlichen Verbraucherschutzes im Hinblick auf die Gewährleistung des Richtlinienstandards somit allein aus den europarechtlich vorgesehenen allgemeinen Instrumenten, die eingreifen, wenn ein Mitgliedstaat seine Umsetzungsverpflichtung verletzt. Abweichungen vom Richtlinienstandard sind jedoch auch in die andere Richtung möglich. Damit stellt sich die Frage, ob dem Umsetzungsauftrag des Richtlinien-IPR eine „Obergrenze" zu entnehmen ist.

a) Differenzierung zwischen Mindeststandard und Schutzverstärkungen?

Isoliert betrachtet scheinen die IPR-Klauseln insoweit eine klare Aussage zu treffen. Sie sprechen von dem durch die Richtlinien gewährten Schutz. Das bedeutet in wörtlicher Interpretation, dass auch die Mitgliedstaaten in ihrer das EVÜ ergänzenden Umsetzungskollisionsnorm zwischen Mindestschutz und Schutzverstärkungen differenzieren müssten: Während die IPR-Klauseln für die Anknüpfung von nationalen, das Sachrecht der Richtlinien 1:1 umsetzenden Bestimmungen den Rahmen vorgeben, würden für die Schutzverstärkungen die allgemeinen Anknüpfungsregeln des EVÜ gelten.[796] Der niederländische Gesetzgeber hat den Regelungsauftrag des Art. 9 TimesharingRL offenbar[797] so interpretiert.

---

[795] Vgl. *Mankowski,* RIW 1995, 364, 369: „ (...) die richtige Ebene, um europarechtliche Vorgaben zu berücksichtigen, ist allein die Ebene des anwendbaren Sachrechts,(...)".

[796] So *Jayme/Kohler*, IPRax 1997, 385, 388; *Dies.*, IPRax 1999, 401, 412. Enger *Grundmann*, Schuldvertragsrecht, § 2, Rdn. 115, der den sogleich unter b) zu besprechenden Grundsatz der Nichtdurchsetzbarkeit von Schutzverstärkungen gegenüber anderen Mitgliedstaaten auf das EVÜ erstreckt. Wieder etwas anders *Nemeth*, wbl 2000, 341, 347, wonach die berufenen Umsetzungsbestimmungen auf den Richtliniengehalt zu reduzieren seien, interessanterweise im Gegensatz zu *Grundmann* aber nur im Verhältnis zu Drittstaaten, jedoch nicht im Verhältnis der Mitgliedstaaten untereinander.

[797] Vgl. *Jayme/Kohler*; IPRax 1996, 377, 381; *Dies.*, IPRax 1997, 385, 399 Fn. 135.

b) Die kollisionsrechtliche Bedeutung der Mindestschutzklauseln (II)

Eine solche Auslegung des Richtlinien-IPR führt zu einer starken Verkomplizierung der Anknüpfung von Verbraucherverträgen und ist damit dem Verbraucherschutzziel der Richtlinien eher abträglich.[798] Sie ist aber nicht zwingend, denn die IPR-Klauseln schweigen sich über gegenüber dem Richtlinienstandard zulässigerweise strengere nationale Normen aus.[799] Insbesondere vernachlässigt eine solche Auslegung aber den Charakter der Verbrauchervertragsrichtlinien, der ihnen als Teil des Konzepts der Mindestharmonisierung zukommt: Sie stellen einen gemeinschaftsweiten Mindeststandard auf, zeigen sich aber offen gegenüber nationalen Schutzverstärkungen.[800] Während somit über die grundsätzliche Befugnis der Mitgliedstaaten, auch im Anwendungsbereich der Richtlinien – und nur um solche „echten" Schutzverstärkungen geht es hier[801] – strengere Regeln vorzusehen, weitgehend Einigkeit bestehen dürfte[802], beurteilt man die Durchsetzungsfähigkeit solch strengeren Rechts gegenüber anderen Mitgliedstaaten in der Literatur sehr unterschiedlich.

Mit der Zulässigkeit der Berufung schutzintensiveren Rechts ist zugleich der zweite Aspekt der kollisionsrechtlichen Bedeutung von Mindestschutzbestimmungen in Richtlinien angesprochen.[803]

---

798 *Jayme/Kohler*; IPRax 1997, 385, 388.

799 Insoweit zutreffend *Nemeth*, wbl 2000, 341, 347.

800 Grabitz/Hilf - *Martinek*, Bd. III, A 13, Art. 9 RL, Rdn. 206. Vgl. auch die Mindestschutzklauseln in Art. 8 KlauselRL, Art. 14 FernabsatzRL, Art. 11 TimesharingRL, Art. 8 Abs. 2 VerbrauchsgüterkaufRL.

801 Soweit eine Richtlinie bestimmte Fragen nicht, also auch nicht durch ihr Schweigen indirekt regelt (vgl. dazu *Grundmann*, RabelsZ 64 (2000), 457, 474), ist die Rechtsetzungskompetenz der Mitgliedstaaten ohnehin nicht eingeschränkt (Grabitz/Hilf - *Pfeiffer*, Bd. III, A 5, Rdn. 6). Man kann hier von Schutzergänzungen im Gegensatz zu Schutzverstärkungen sprechen. Innerhalb des Anwendungsbereichs von Richtlinien entfalten deren Regelungen grundsätzlich eine Sperrwirkung gegenüber abweichenden Vorschriften. Vorliegend geht es um den zwischen diesen Extremen angesiedelten Fall, dass die Richtlinien eine Frage zwar regeln, jedoch auch innerhalb dieses Regelungsbereichs Abweichungen (Schutzverstärkungen) gestatten.

802 Auch angesichts des S. 2 von Art. 14 FernabsatzRL, der die übliche Formulierung in S. 1 ergänzt, indem er unter bestimmten Voraussetzungen auch ein totales Verbot des Fernabsatzes etwa von Arzneimitteln ermöglicht, ergibt sich nichts anderes. Eine Beschränkung der nach S. 1 möglichen Schutzverstärkungen auf solche speziellen Verbote folgt daraus nicht. Ebenso die Begründung des Referentenentwurfs zum FernabsatzG, BMJ, Referat I B 2, 3420/12-4, 67, sowie die Begründung zum Gesetzentwurf der Bundesregierung, BT-Drs. 14/2658, 29, die im Hinblick auf den S. 2 ausführt, dass „insbesondere" der Fernabsatz von Arzneimitteln eingeschränkt werden könne.

803 Der erste Aspekt bezeichnet das Problem, ob sich die Mindestschutzklauseln nur auf sachrechtliche Regelungen der Richtlinie beziehen oder auch auf das Kollisionsrecht der IPR-Klauseln.

(1) Beachtlichkeit der Schutzverstärkungen nur im Inlandssachverhalt?

Eine vor allem von *Grundmann* vertretene Auffassung möchte die Wirkung nationaler Schutzverstärkungen in Binnenmarktsachverhalten[804] grundsätzlich[805] auf den jeweiligen Mitgliedstaat selbst beschränken, soweit sie eine grundfreiheitenrelevante Handelsbeschränkung darstellen können. Ist ein Mitgliedstaat danach der Auffassung, dass er den Verbraucher in stärkerem Maße schützen müsse, so kann er seine strengeren Regelungen nur in reinen Inlandssachverhalten durchsetzen, also etwa für Verträge zwischen im Inland niedergelassenen Unternehmen und dort ansässigen Verbrauchern.[806]

Die Begründung dieser Ansicht beruht zunächst auf der nach der hier vertretenen Auffassung zutreffenden[807] Prämisse, dass das Schuldvertragsrecht auch nach dem Urteil in Sachen „*Keck*" weiterhin in den Anwendungsbereich der Grundfreiheiten fällt. Da eine nationale Schutzverstärkung gegenüber einem Anbieter aus einem anderen Mitgliedstaat, dessen Heimatrecht „nur" den von der jeweiligen Richtlinie vorgeschriebenen Mindeststandard wahrt, bestimmte Anpassungsleistungen notwendig macht, stellt sie nach der allgemeinen Grundfreiheitendogmatik eine Handelsbeschränkung dar. Sie ist somit als Maßnahme gleicher Wirkung verboten, wenn sie nicht anhand – hier nicht einschlägiger – spezieller Vorbehalte im Gemeinschaftsrecht oder dadurch, dass sie einem zwingenden Erfordernis des Allgemeininteresses wie dem Verbraucherschutz entspricht, gerechtfertigt ist. Der weitere Argumentationsstrang verläuft im Wesentlichen folgendermaßen[808]:

Eine Rechtfertigung der nationalen Schutzverstärkung scheitert, da der Gemeinschaftsgesetzgeber in der Richtlinie das Allgemeininteresse in Form des

---

804 Aus dem Erfordernis, dass eine Handelsbeschränkung im Sinne der Marktfreiheiten vorliegen muss, folgt, dass die Durchsetzung von Schutzverstärkungen auch in reinen Drittstaatensachverhalten zulässig sein muss.

805 Ausgenommen sollen die Fälle sein, in denen der Gemeinschaftsgesetzgeber die Regelungskompetenz dem Bestimmungsland der Ware oder Dienstleistung zuweist, *Grundmann*, RabelsZ 64 (2000), 457, 474.

806 Vgl. *Grundmann*, Schuldvertragsrecht, § 2, Rdn. 110; *Ders.*, JZ 1996, 274, 278. Ähnlich *Steindorff*, 419, zum harmonisierten Gesellschaftsrecht. *Steindorff* folgt für Richtlinien, die ausdrückliche Mindestschutzklauseln beinhalten, der Auffassung *Grundmanns* jedoch im Ergebnis nicht, wenn er betont, dass die Festlegung des Allgemeininteresses eine rein primärrechtliche, dem EuGH übertragene Aufgabe sei, vgl. *Steindorff*, 424, 426. Das Verbot, nationale Schutzverstärkungen international durchzusetzen leitet *Baumert*, EWS 1995, 57, 66, hingegen aus Art. 6 Abs. 2 KlauselRL selbst ab. *Schlechtriem*, in: FS Lorenz (2001), 565, 568, erreicht das Ergebnis *Grundmanns* im Bereich des EG-Verbraucherschutzrechts, indem er Art. 29 EGBGB durch Art. 29a EGBGB verdrängt sieht; vgl. unten 4. Teil H II 1.

807 Siehe oben 2. Teil A I 4.

808 Vgl. *Grundmann*, JZ 1996, 274, 278 ff.; *Ders.*, IPRax 1992, 1, 4 ; *Ders.*, Schuldvertragsrecht, § 2, Rdn. 110-120.

Mindeststandards abschließend definiert hat, so dass für ein mitgliedstaatliches Allgemeininteresse kein Raum bleibt.[809] Der Mitgliedstaat kann somit seine strengere Verbraucherschutznorm gegenüber Anbietern aus anderen Mitgliedstaaten nicht durchsetzen. Die Richtigkeit dieses Ansatzes, dem auch die Praxis des EuGH folge[810], soll sich zunächst historisch aus dem Willen des Gemeinschaftsgesetzgebers und speziell der Kommission ergeben, nur noch eine Mindestharmonisierung unter Anerkennung der verbleibenden mitgliedstaatlichen Rechtsunterschiede anzustreben.[811] Zu den anzuerkennenden Vorschriften anderer Mitgliedstaaten gehören nach erfolgter (Mindest-)Harmonisierung gerade diejenigen, die den Mindeststandard umsetzen.

Das soll sich auch aus einem Vergleich von Art. 100b mit Art. 100a EGV ergeben. Ersterer erlaube es nicht, den als gleichwertig anerkannten Regelungen eines Mitgliedstaats eigene strengere Regelungen unter Berufung auf das Allgemeininteresse entgegenzuhalten. Da Art. 100b EGV schon vor Erlass von Harmonisierungsmaßnahmen galt, muss diese Frage nach Ansicht *Grundmanns* aber für Art. 100a EGV, also nach Erlass von Harmonisierungsmaßnahmen, ebenso entscheiden werden.[812] Auch die Systematik des Art. 100a EGV (Art. 95 EG) selbst, soll auf dieses Ergebnis schließen lassen. Daraus, dass die Abs. 4 und 5 (Art. 95 Abs. 4, 10 EG) ein besonderes Schutzklauselverfahren enthalten, lasse sich im Umkehrschluss entnehmen, dass nationale Alleingänge außerhalb dieses Verfahrens verboten seien, zumal wirtschaftliche Verbraucherinteressen

---

809 *Staudinger*, 211-213, folgt dem im Ergebnis, indem er sich auf die strukturelle Vergleichbarkeit des ordre public-Vorbehalts mit dem primärrechtlichen Vorbehalt der zwingenden Erfordernisse beruft. Im Rahmen des Art. 6 EGBGB vertrete die h.M., dass auch im Bereich von Mindestrichtlinien mitgliedstaatliches Recht nicht mehr über den ordre public abgewehrt werden dürfe. Das müsse man auf den primärrechtlichen Vorbehalt übertragen. Die Bundesrepublik Deutschland könne sich also nicht mehr auf den Gesichtspunkt des Verbraucherschutzes berufen, um das AGBG (heute §§ 305 ff. BGB) gegen das Recht eines Mitgliedstaats durchzusetzen. Differenzierend *Dougan*, CML Rev. 2000, 853, 876 f., wonach eine allgemeine Antwort auf die Frage nicht möglich sei. *Dougan* erwägt vielmehr auf der Rechtfertigungsebene das gemeinschaftsrechtliche Regelungsumfeld der Mindestrichtlinie zu berücksichtigen, also etwa, ob das mit der strengeren Regel geschützte Interesse in der Rechtsgrundlage der einschlägigen Mindestrichtlinie für relevant erklärt wird.

810 *Grundmann*, JZ 1996, 274, 280, unter Hinweis auf die Versicherungsurteile des EuGH, a.a.O., 280 in Fn. 70. *Ders.*, RabelsZ 64 (2000), 457, 473.

811 *Grundmann*, RabelsZ 64 (2000), 457, 472. Ausführlich zum seit Mitte der 80er im Anschluss an die „*Cassis*"-Rspr des EuGH verfolgten neuen Ansatz im historischen Kontext der Entwicklung der Gemeinschaft, *Basedow*, in: Schnyder/Heiss/Rudisch (Hrsg.), 11, 15-19 (17 f.).

812 *Grundmann*, Schuldvertragsrecht, § 2, Rdn. 114. Das Argument verliert aber dadurch an Überzeugungskraft, dass in der Amsterdamer Fassung des EG-Vertrages Art. 100b ersatzlos entfallen ist.

nicht zu den Rechtsgütern zählten, für die das Schutzklauselverfahren gedacht gewesen sei.[813]

Der Vorteil dieser Ansicht liegt auf der Hand. Es wird ein Kompromiss[814] zwischen den Erfordernissen des Binnenmarkts und dem nach Ansicht der einzelnen Mitgliedstaaten notwendigen Verbraucherschutz hergestellt, der parallel zum Anwendungsbereich der Grundfreiheiten verläuft. Die Nachteile des Konzepts der Mindestharmonisierung für den grenzüberschreitenden Handel in der Gemeinschaft werden vermieden, indem sich wettbewerbsverzerrende Unterschiede[815] im Schutzniveau nur noch auf nationaler Ebene auswirken. Damit liefern die nationalen Schutzintensivierungen zugleich keinen Anreiz zum sog. forum shopping mehr.[816]

Von den Vertretern dieser Auffassung nicht angesprochen wird die Konsequenz, dass dann auch ein Günstigkeitsvergleich der nationalen Umsetzungen mit dem gewählten Drittstaatenrecht ausscheiden muss. Denn ein Mitgliedstaat, der über sein IPR im Vergleich zur Richtlinie schutzintensiveres Sachrecht eines Drittstaats über einen Günstigkeitsvergleich zur Anwendung bringt, negiert den Angleichungseffekt der Richtlinie letztlich in gleicher Weise, wie wenn er schutzintensiveres mitgliedstaatliches Recht beruft.

(2) Gegenargumente aus europarechtlicher Sicht

Die Literatur folgt dem überwiegend nicht. Soweit sie nicht ohne Weiteres von der Zulässigkeit nationaler Schutzverstärkungen auch im grenzüberschreitenden Binnenmarktverkehr ausgeht[817] oder die Frage gar nicht anspricht[818], wirft sie

---

[813] *Grundmann*, Schuldvertragsrecht, § 2, Rdn. 114; zum neuen Art. 95 EG, *Ders.*, RabelsZ 64 (2000), 457, 472.

[814] Das Fehlen dieses Kompromisses wirft denn auch *Grundmann*, RabelsZ 64 (2000), 457, 476, der Gegenmeinung explizit vor.

[815] Vgl. *Grundmann*, RabelsZ 64 (2000), 457, 475, der daneben noch auf den dadurch ermöglichten Systemwettbewerb innerhalb der Gemeinschaft hinweist; zum Gedanken eines Wettbewerbs der Rechtsordnungen *Lurger*, Regulierung, 83 ff. Siehe auch Staudinger - *Magnus* (2002), Vorbem Art. 27 - 37 EGBGB, Rdn. 12: „Als Ziel ist dem [der Auffassungs Grundmanns] uneingeschränkt zuzustimmen."

[816] Dazu auch *Staudinger*, IPRax 1999, 414, 417, der selbst zur Lösung des Problems ein „modifiziertes lex fori - Modell" vorschlägt, das im Gegensatz zum „strikten" lex fori-Prinzip (a.a.O., 419) das nationale Recht des Forums in auf den Richtlinienstandard reduzierter Form anwenden will. Vgl. *Ders.*, 221. Kritisch zu dieser Lösung *Wagner*, IPRax 2000, 249, 256 f.

[817] *Neises*, NZM 1999, 294, 296; *Freitag/Leible*, EWS 2000, 343, 346; *Wagner*, IPRax 2000, 249, 256; *Heinrichs*, NJW 1996, 2190, 2195; *Ulmer*, EuZW 1993, 337, 338; v. *Westphalen*, BB 1996, 2101, 2105; *Reich*, in: Lagarde/v. Hoffmann (Hrsg.), 109, 114; *Roth/Schulze*, RIW 1999, 924, 931; Grabitz/Hilf - *Pfeiffer*, Bd. III, A 5, Art. 8 RL, Rdn. 3, 20, 23; *Martinek*, NJW 1997, 1393, 1397. Daneben implizit alle, die einen Günstigkeitsvergleich auch innerhalb der mitgliedstaatlichen Rechtsordnungen befürworten, zu

der Gegenauffassung vor allem vor, das Prinzip der Mindestharmonisierung zu verkennen. Die Tatsache, dass sich die Mitgliedstaaten nur auf Mindeststandards einigen konnten, zeige gerade, dass über das Allgemeininteresse kein Einvernehmen erzielt worden und daher eine solche Konkretisierung durch den Richtlinienstandard abzulehnen sei.[819]

Diesem, auf den faktischen Ablauf des Rechtsetzungsverfahrens nach Art. 95 EG[820] Bezug nehmenden Argument, kommt durchaus Gewicht zu, wie zum Beispiel[821] der Blick auf die Entstehungsgeschichte der TimesharingRL zeigt. Im Streit um die Länge der Widerrufsfristen, deren Durchschlagskraft und Auswirkungen im Zusammenhang mit dem Anzahlungsverbot von den Mitgliedstaaten offenbar unterschiedlich beurteilt wurden, bildete sich schließlich eine Sperrminorität, gegen die sich eine Verlängerung der Fristen nicht mehr durchsetzen ließ.[822] Überhaupt verfolgt die Richtlinie nur einen „minimalistischen Ansatz".[823] Man kann daher wohl nicht behaupten, eine immerhin von der Mehrheit der Mitgliedstaaten favorisierte längere Frist als die in der Richtlinie vorgesehenen zehn Tage, die sich in einem die Schutzverstärkungsklausel ausnutzenden Umsetzungsgesetz finden mag, sei aufgrund einer abschließenden Definition des Allgemeininteresses in der Richtlinie nicht rechtfertigungsfähig. Das hieße im Fall der TimesharingRL zugespitzt formuliert, dass die Minderheit der Mitgliedstaaten, die längere Fristen blockiert hatte, das Allgemeininteresse definieren könnte, obwohl sie sich mit einer Mindestschutzklausel in der Richtlinie abgefunden hat.

Dass der Vorschlag *Grundmanns* dem europäischen Recht allenfalls de lege ferenda entspricht, zeigt auch der Blick auf Art. 4 des Geänderten Vorschlags einer Richtlinie über den Fernabsatz von Finanzdienstleistungen[824]. Dort ist

---

denen ein enger Zusammenhang besteht, wie Wolf/Horn/ Lindacher - *Wolf*, Art. 6 Abs. 2 RL, Rdn. 15; *Ders.*, a.a.O., Art. 8 RL, Rdn. 1.

818 Z.B. *Otte*, RabelsZ 62 (1998), 405, 430 (zu Art. 9 TimesharingRL); *Möllers*, 15.

819 *Roth*, ZEuP 1994, 5, 32; *v. Wilmowsky*, ZEuP 1995, 735, 756, Fn. 52; der Zusammenhang mit dem Gesichtspunkt fehlender Durchsetzbarkeit einer Totalangleichung klingt auch bei *Steindorff*, 422, an.

820 Er verweist auf das Mitentscheidungsverfahren nach Art. 251 EG, wonach der Rat mit qualifizierter Mehrheit entscheidet, allerdings vom Europäischen Parlament am Erlass des Rechtsaktes unter bestimmten Voraussetzungen gehindert werden kann.

821 Zum Streit um die Mindestharmonisierung im Gesetzgebungsverfahren zur FernabsatzRL, vgl. Grabitz/Hilf - *Micklitz*, Bd. III, A 3, Rdn. 175 f.

822 Dazu *Martinek*, NJW 1997, 1393, 1397.

823 So die zuständige EU-Kommissarin *Scrivener*, zitiert nach *Kappus*, EWS 1996, 273, Fn. 18. Eine erheblich längere Widerrufsfrist bei Timesharinggeschäften, die ohne ordnungsgemäße Belehrung geschlossen wurden, mahnt denn auch *Mankowski*, JZ 2001, 745, 751, an (3 bis 5 Jahre an Stelle von 3 Monaten).

824 Geänderter Vorschlag für eine Richtlinie über den Fernabsatz von Finanzdienstleistungen an Verbraucher und zur Änderung der Richtlinien 97/7EG und 98/27/EG, ABlEG 2000 C 177/21 = KOM (1999) 385 endg.

vorgesehen, dass die Mitgliedstaaten ein Widerrufsrecht von 14 bis 30 Tagen einführen. Der Anbieter ist allerdings nach dem Richtlinienvorschlag an eine längere Frist als 14 Tage nur insoweit gebunden, als sie auch in seinem Sitzstaat gilt.[825] Damit wird eine der Auffassung *Grundmanns* entsprechende Rechtslage herbeigeführt. Der Gemeinschaftsgesetzgeber hält es daher offenbar für erforderlich, die fehlende internationale Durchsetzbarkeit nationaler Schutzverstärkungen im Binnenmarkt als Ausnahmefall ausdrücklich gesetzlich zu regeln.

Der Gegenmeinung wirft man ferner vor, sie verwische die Grenzen zwischen der Vollharmonisierung durch abschließende Regelungen und der Teilharmonisierung in Form von Mindestrichtlinien, denn im internationalen Anwendungsbereich wären dann die Mindestregeln zugleich Höchstregeln.[826] Auch dem ist zuzustimmen. Durch die Wahl der Mindestrichtlinie als Harmonisierungsinstrument hat der Gemeinschaftsgesetzgeber zum Ausdruck gebracht, dass er Abweichungen in den nationalen Schutzniveaus weiterhin akzeptiert und ihre binnenmarktschädliche Wirkung zunächst nur teilweise beseitigt, indem er eine gemeinsame Schutzuntergrenze festlegt. In den positiven Rechtsakten selbst kommt dieser Wille ebenfalls zum Ausdruck: Der Hinweis in den Mindestschutzklauseln, dass das schutzintensivere Recht mit dem EG-Vertrag vereinbar sein muss, wäre nicht verständlich, wenn sie ohnehin nur in Inlandssachverhalten Geltung beanspruchen könnten.[827] Denn die in diesem Zusammenhang in erster Linie bedeutsamen Grundfreiheiten regeln keine reinen Inlandsfälle. Die Gegenauffassung führt daher dazu, dass die einschränkende Bezugnahme der IPR-Klauseln auf den EG-Vertrag größtenteils nicht nur überflüssig, sondern sogar widersprüchlich wäre.

Dass der Gemeinschaftsgesetzgeber eine abschließende Definition des Allgemeininteresses nicht beabsichtigt hat[828], steht ferner mit der Grundfreiheitenrechtsprechung des EuGH in Einklang, wonach eine Berufung auf zwingende Erfordernisse nur von vornherein ausscheidet, wenn das Gemeinschaftsrecht eine *abschließende* Regelung des Problems enthält.[829] Eine solche abschließende

---

825 Vgl. *Reich/Nordhausen*, 126, No. 157.

826 *Lurger*, Regulierung, 119; *Leible*, in: Schulte-Nölke/Schulze (Hrsg.), 353, 373. Für den Fall, dass eine Richtlinie die Einführung oder Beibehaltung strengerer Verbraucherschutzstandards ausdrücklich erlaubt, auch *v. Hoffmann*, ZfRV 1995, 45, 46 f.

827 *Leible*, in: Schulte-Nölke/Schulze (Hrsg.), 353, 374.

828 So auch die Begründung der Bundesregierung zum Entwurf eines Gesetzes über Fernabsatzverträge und andere Fragen des Verbraucherrechts, BT-Drs. 14/2658, 25 (zur Beibehaltung der sog opt-in-Lösung entgegen der wettbewerbsrechtlichen Regelung in Art. 10 FernabsatzRL); *Leible*, in: Schulte-Nölke/Schulze (Hrsg.), 353, 374.

829 Vgl. diesen Aspekt der *Cassis*-Formel in EuGH, v. 20.2.1979, Rs. 120/78, Slg. 1979, 649, 662, Tz. 8: *Steindorff*, 446 f. Die Entscheidung *Mazzoleni* zu international zwingenden Arbeitnehmerschutzvorschriften (EuGH, v. 15.3.2001, Rs. C-165/98, Slg. 2001-I, 2189) bringt für diese Frage leider keine Klärung, da die an sich einschlägige Mindestschutzrichtlinie (vgl. Erwägungsgrund Nr. 17 und Art. 3 Abs. 7 der Arbeitnehmer-

Regelung liegt aber in der Teilharmonisierung naturgemäß noch nicht. Der EuGH hat dieses Verständnis des Verhältnisses in Umsetzung von Mindestrichtlinien erlassener mitgliedstaatlicher Normen zu den Grundfreiheiten in einer Entscheidung zur Richtlinie über irreführende Werbung auch bestätigt.[830] Deutlich ist insofern ferner das Urteil in der Rechtssache „*Buet*"[831]: Dort ging es um das französische Verbot der Kundenwerbung an der Haustüre für den Verkauf von pädagogischem Material, das das vorlegende Gericht in einem Strafverfahren gegen einen Unternehmer anwenden wollte. Dieser hatte sich darauf berufen, dass er Erzeugnisse aus anderen Mitgliedstaaten unter Verwendung dieser Verkauftechnik anbiete, das genannte Verbot daher die Warenverkehrsfreiheit einschränke. Angesprochen ist damit die HaustürgeschäfteRL, die den Gefahren der Werbung an der Haustüre nur mit einem Rücktrittsrecht begegnen will, aber in Art. 8 eine Mindestschutzklausel enthält. Im Hinblick auf die strengere strafrechtliche Sanktion führt der EuGH aus:

> „Ferner ist darauf hinzuweisen, (...), dass sie [die Richtlinie] den Mitgliedstaaten aber darüber hinaus in Art. 8 erlaubt, noch günstigere Verbraucherschutzbestimmungen zu erlassen oder beizubehalten."[832]

Eine Einschränkung dergestalt, dass sich die strengere Regelung nur auf Produkte aus dem Inland beziehen dürfte, erwähnt der EuGH nicht. Im Gegenteil, er bezieht die zitierte Aussage auch auf die Veräußerung von pädagogischem Material aus anderen Mitgliedstaaten.

Entsenderichtlinie 96/71/EG vom 16.12.1996, ABlEG 1997 L 18/1) zeitlich noch nicht anwendbar war.

830 Vgl. *Staudinger*, VersR 1999, 401, 412; *Ders.*, 209 f., unter Bezugnahme auf EuGH, v. 13.12.1990, Rs. C-238/89 (*Pall Corp/PJ Dahlhausen & Co.)*), Slg. 1990 - I, 4827, 4850, Tz. 22. Dort zog der EuGH die *Cassis*-Formel heran (vgl. Tz. 15), obwohl in Art. 7 Richtlinie über irreführende Werbung (ABlEG 1984 L 250/17) eine Mindestschutzklausel enthalten war. Vgl. dazu auch *Steindorff*, 424. Das von *Grundmann*, Schuldvertragsrecht, § 2, Rdn. 112, angeführte Versicherungsurteil EuGH, v. 4.12.1986, Rs. 220/83, Slg. 1986, 3702, 3710, Tz. 23, dürfte daher ebenfalls nur bedeuten, dass der EuGH im entschiedenen Fall die Schutzverstärkung angesichts der aufgrund der Mindestrichtlinie im Herkunftsstaat ergriffenen Maßnahmen im konkreten Einzelfall für unverhältnismäßig gehalten hat, vgl. Tz. 24 f. Zudem rekurriert der EuGH ausdrücklich auf die Besonderheit der Existenz staatlicher Aufsichtsbehörden im Versicherungsvertragsrecht. Umgekehrt spricht das von *Reich*, in: Lagarde/v. Hoffmann (Hrsg.), 109, 114, herangezogene Urteil des EuGH, v. 14.3.1991, Rs. C-361/89 (*Di Pinto*), Slg. 1991 - I, 1189, nicht gegen *Grundmann*. Dort lag keine echte Schutzverstärkung vor, sondern der EuGH ging davon aus, dass die Erstreckung des Schutzes im Rahmen von Haustürgeschäften auf Gewerbetreibende außerhalb des Anwendungsbereichs der Richtlinie liege, vgl. EuGH, a.a.O., Tz. 22.

831 So auch *Dougan*, CML Rev. 2000, 853, 870.

832 EuGH, v. 16.5.1989, Rs. 382/87 (*Buet*), Slg. 1989, 1235, Tz. 16.

Auch die These, der Gemeinschaftsgesetzgeber könne einerseits nur eine Teilregelung vornehmen und dennoch gleichzeitig sekundärrechtlich die Berufung eines Mitgliedstaats auf zwingende Erfordernisse des Allgemeininteresses unterbinden, auf die *Grundmanns* Auffassung hinausläuft, ist abzulehnen.[833] Die Rechtfertigung nationaler Regelungen anhand der Grundfreiheiten ist ein Thema des vorrangigen Primärrechts. Die genannte Gestaltung in einer Richtlinie wäre daher letztlich eine versteckte Abänderung des EG-Vertrags, indem dem EuGH die Befugnis genommen würde, noch selbst über die Auslegung der Grundfreiheiten in den von der Richtlinie nicht abschließend geregelten Fällen zu entscheiden.[834] Daher stellt *Steindorff* am Beispiel der Richtlinie über irreführende Werbung zu Recht fest, dass jene nicht von den Aussagen des EuGH zum Tatbestand der Irreführung im Rahmen des Art. 28 EG abweichen kann.[835] Dem entspricht es ferner, dass dem Begriff des Allgemeininteresses in der Dritten Versicherungsrichtlinie nur deklaratorische Bedeutung zuerkannt wird.[836]

Schließlich greift auch die Argumentation mit dem besonderen Verfahren für das Ausscheren einzelner Mitgliedstaaten nach erfolgter Harmonisierung, das nunmehr gegenüber der alten Regelung modifiziert in Art. 95 Abs. 4 - 10 EG enthalten ist, nicht durch. Wenn in den Abs. 4 und 5 von mitgliedstaatlichen Maßnahmen die Rede ist, die durch zwingende Erfordernisse im Sinne des Art. 30 EG, des Arbeits- oder des Umweltschutzes gerechtfertigt sind, so geht das Primärrecht offensichtlich davon aus, dass es auch nach Erlass einer Richtlinie mit dem EG-Vertrag vereinbare Schutzintensivierungen geben kann. Denn eine grundfreiheitenwidrige Maßnahme könnte doch wohl auch die Kommission nicht durch eine fehlerhafte Billigung nach Art. 95 Abs. 6 EG „heilen“.[837] Dies wäre faktisch eine Abänderung des EG-Vertrags durch die Kommissionsentscheidung.

Ferner findet im Schutzklauselverfahren nach Art. 95 EG die Besonderheit von Mindestschutzrichtlinien, nur einen gemeinsamen Mindeststandard festzulegen, keine Erwähnung. Es ist zweifelhaft, ob man aus der fehlenden Erwähnung des Verbraucherschutzes in Abs. 4 schließen kann, dass nicht nur das

---

833 So auch Grabitz/Hilf - *Pfeiffer*, Bd. III, A 5, Art. 8 RL, Rdn. 1; *Lurger*, Regulierung, 120; ohne Erörterung der Auffassung *Grundmanns* auch *Steindorff*, 447; im Ergebnis auch *Taupitz*, ZEuP 1997, 986, 1003 f.

834 *Remien*, RabelsZ 62 (1998), 627, 641. Der EuGH betont, dass auch nach einer Angleichungsmaßnahme die Grundfreiheiten weiterhin anwendbar sind: ein Rückgriff auf das Primärrecht ist auch dann geboten, wenn es durch eine Richtlinie konkretisiert werden soll, vgl. *Steindorff*, 427, mit Bsp.

835 *Steindorff*, 424.

836 Siehe *Roth*, VersR 1993, 129, 131 f.

837 Für das Sekundärrecht hat der EuGH entschieden, dass die Organe der Gemeinschaft auch keine vorübergehenden Abweichungen, die im Sekundärrechtsakt nicht vorgesehen sind, gestatten können, EuGH, v. 12.11.1992, Rs. C-134/91 (*Kerafina*), Slg. 1992 - I, 5699.

Schutzklauselverfahren nicht einschlägig ist, sondern auch außerhalb dieses Verfahrens jegliche Schutzverstärkung in diesem Bereich ausgeschlossen sein soll. Eine solche Auslegung würde insbesondere Art. 153 EG diametral zuwiderlaufen, der ja die Maßnahmen nach Art. 95 EG gerade als Mittel zur Förderung der wirtschaftlichen Verbraucherinteressen ansieht. Dieses Bild wird durch Art. 153 Abs. 5 EG abgerundet, der die sekundärrechtlichen Mindestschutzklauseln für binnenmarktunabhängige Maßnahmen auf dem Gebiet der Verbraucherpolitik nach Art. 153 Abs. 3 lit. b), Abs. 4 EG auf primärrechtlicher Ebene widerspiegelt. Auch danach können die Mitgliedstaaten mit dem Vertrag vereinbare strengere Schutzmaßnahmen beibehalten. Die gegenüber *Grundmanns* Ansicht umgekehrte Argumentation, dass außerhalb des Verfahrens nach Art. 95 Abs. 4 ff. EG gerade die allgemeinen Regeln zur Grundfreiheitenkontrolle gelten sollen, ist demnach durchaus denkbar und nach dem Gesagten auch richtig.[838]

(3) Gegenargumente aus Sicht des kollisionsrechtlichen Verbraucherschutzes

Zusätzlich zur genuin europarechtlichen Kritik, die sich ja auf Binnenmarktsachverhalte beschränken muss, weist *Leible* noch darauf hin, dass das Konzept der Gegenmeinung, die Geltung der Schutzverstärkungen auf den rein nationalen Sachverhalt zu beschränken, auch mit dem Grundgedanken des kollisionsrechtlichen Verbraucherschutzes nicht zu vereinbaren ist. Dieser umfasst bekanntlich zwei Komponenten: Der Verbraucher soll infolge des internationalen Bezugs des abgeschlossenen Vertrags nicht ohne Weiteres den in seinem Aufenthaltsstaat vorgesehen materiellrechtlichen Schutz verlieren (sachrechtlicher Aspekt). Er soll aber unabhängig davon auch möglichst vor den mit der Anwendung fremden Rechts verbundenen Informationsdefiziten und -kosten geschützt werden (kollisionsrechtlicher Aspekt). Da der Anbieter die Lasten, die mit der Ermittlung fremden Rechts einhergehen, rationeller und damit besser tragen kann als der Verbraucher, ist die Schutzwürdigkeit unabhängig vom Inhalt des sonst anwendbaren Rechts zu bejahen; der Verbraucher ist daher in geeigneten Fällen[839] durch Anwendung seines Umfeldrechts zu schützen, zu dem eben auch die gegenüber dem Anbieterrecht strengeren Schutzregeln

---

[838] Einen Umkehrschluss zu Art. 100a Abs. 4 EGV (Art. 95 Abs. 4 EG) lehnt auch *Lurger*, Regulierung, 118, ab. In diesem Sinne auch *Steindorff*, 420, 422, der Art. 100a Abs. 4 EGV nur für anwendbar hält, wenn eine Richtlinie keine eigene Öffnungsklausel beinhaltet.

[839] Das heißt, wenn die kollisionsrechtliche Interessenabwägung unter Einschluss der aus den Grundfreiheiten abzuleitenden Grenzen zu dem Ergebnis führt, dass die Anwendung des Umfeldrechts des Verbrauchers internationalprivatrechtlich geboten und europarechtskonform ist, vgl. dazu den 4. Teil C IV 2. und VII 3. d).

gehören.[840] Auch deswegen ist einer Auslegung des Richtlinien-IPR dahingehend, dass allein dem Richtlinienstandard genau entsprechende nationale Regelungen von der zu schaffenden Umsetzungskollisionsnorm erfasst werden dürfen[841], nicht zu folgen.

(4) Durchsetzung des erweiterten Schutzkonzepts auch gegenüber dem EVÜ

Die völkerrechtliche Bindung der Mitgliedstaaten an das EVÜ spricht nicht gegen die hier befürwortete internationale Durchsetzung von Schutzverstärkungen. Zwar erfüllt ein Mitgliedstaat selbstverständlich seine Umsetzungspflicht, wenn er lediglich den Mindeststandard international durchsetzt. Die eben beschriebene Rechtslage nach primärem Gemeinschaftsrecht, der Umstand, dass die Richtlinien dem Konzept der Mindestharmonisierung folgen sowie der Gedanke der Ausweitung des kollisionsrechtlichen Verbraucherschutzes sprechen aber zugleich dafür, dass die IPR-Klauseln die Zulässigkeit von Schutzverstärkungen auch insoweit flankieren, als sie den Weg hier für die an das EVÜ gebundenen Mitgliedstaaten „freisperren".

Wieweit der Vorrang der Richtlinie gegenüber dem EVÜ reicht, ist ja auch angesichts des Art. 20 EVÜ eine Frage der Auslegung der jeweiligen Richtlinienbestimmung. Es wäre nun aber widersinnig, wenn die IPR-Klauseln einerseits – wie eben dargelegt – international wirkende Schutzverstärkungen zulassen, sich aber andererseits gegenüber dem EVÜ zurücknehmen würden, so dass die Mitgliedstaaten, die von der Option der Schutzverstärkungsklausel auch im grenzüberschreitenden Verkehr Gebrauch machen, zugleich gegen ihre völkerrechtlichen Pflichten verstießen. Ein Mitgliedstaat, der in seiner Umsetzungsnorm auf eine mitgliedstaatliche Rechtsordnung einschließlich der Schutzverstärkungen verweist, setzt sich daher nicht in Widerspruch zu seiner völkerrechtlichen Bindung an das EVÜ.[842]

---

840 *Leible*, in: Schulte-Nölke/Schulze (Hrsg.), 353, 374 f.

841 So *Jayme/Kohler*, IPRax 1997, 385, 388; in diese Richtung auch *Nemeth*, 96.

842 In der Literatur wird teilweise danach differenziert, ob eine nationale Regelung auf einem Umsetzungsgebot oder nur auf einer Umsetzungserlaubnis beruhe. Im letztere Falle handele es sich um autonom gesetztes Recht, das nicht am Vorrang des Gemeinschafts- und Umsetzungsrechts gem Art. 20 EVÜ teilnehme, vgl. *Freitag/Leible*, ZIP 1999, 1296, 1298. Gemeint sind hier aber *kollisionsrechtliche* Schutzverstärkungen im Rahmen der Mindestschutzklauseln, während das Problem der Durchsetzung nationaler sachrechtlicher Schutzverstärkungen als Rechtsfolge der IPR-Klauseln innerhalb deren Regelungsprogramm liegt. Verweist ein Mitgliedstaat auf ein Umsetzungsrecht inklusive der dort vorhandenen Schutzintensivierungen, so handelt er nach wie vor aufgrund der Regelungsanweisung der IPR-Klauseln, also aufgrund eines den Vorrang gegenüber dem EVÜ begründenden Gebots.

(5) Praktische Probleme der Gegenmeinung und Fazit

Die These von der Nichtdurchsetzbarkeit von Schutzverstärkungen innerhalb der Gemeinschaft trifft somit im Ergebnis nicht zu.[843] Vielmehr bleibt es dabei, dass sich ein Mitgliedstaat nur im Bereich abschließender Regelungen auf Gemeinschaftsebene nicht auf das Allgemeininteresse berufen kann, solche Regelungen aber im Verbrauchervertragsrecht (bislang[844]) nicht existieren.

Damit lässt sich auch eine unterschiedliche Beurteilung praktisch zusammengehörender Fragen vor dem Hintergrund vermeiden, dass Richtlinien nicht selten nur einen Teilaspekt eines Problems regeln. So müsste nach der hier abgelehnten Auffassung eine Verlängerung der Widerrufsfristen in grenzüberschreitenden Transaktionen zwischen zwei Mitgliedstaaten ohne Weiteres unbeachtlich bleiben, wenn sie Behinderungswirkung entfaltet, während die nur fragmentarisch bis überhaupt nicht geregelte Frage der Fristberechnung[845] nicht in den Anwendungsbereich der Richtlinien fällt und daher hierzu ergangene nationale Regelungen im Gegensatz zur Fristlänge selbst rechtfertigungsfähig wären. Auf die Spitze getrieben könnte ein Mitgliedstaat dann formal dieselbe Frist wie die Richtlinie vorsehen, aber die Berechnungsregel ändern, um insgesamt sodann eine rechtfertigungsfähige Abweichung von der Richtlinie zu erhalten. Ein – zugegebenermaßen konstruiertes – aber doch kurioses Ergebnis, das man allenfalls mit einer extensiven Auslegung des Regelungsbereichs der Richtlinie vermeiden könnte.

Doch auch in der alltäglichen Rechtsanwendung stieße die Gegenauffassung auf praktische Schwierigkeiten[846]: Man müsste bei jeder noch so unbedeutenden Schutzverstärkung eine Möglichkeit finden, die in Umsetzung der IPR-Klauseln berufene Rechtsordnung auf den Mindeststandard der Richtlinie zu reduzieren, ohne diese selbst direkt anzuwenden, was ja mangels unmittelbarer Wirkung der

---

843 *Remien*, RabelsZ 62 (1998), 627, 641; *Leible*, in: Schulte-Nölke/Schulze (Hrsg.), 353, 374; *Freitag*, 420, Fn. 311; *Lurger*, Regulierung, 119 f.; *Günther*, CR 1999, 172, 178; *Steindorff*, 447; *Höpping*, 226 f.; im Ergebnis ebenso, wenn auch im Zusammenhang mit der Durchsetzung von Schutzverstärkungen über den ordre public: *Baumert*, 234. Ebenso die Begründung des Referentenentwurfs eines Fernabsatzgesetzes, BMJ, Referat I B 2, 3420/12 -4, S. 59 f. zur sog. „opt-in" Lösung im deutschen Wettbewerbsrecht, die gegenüber der Regelung der FernabsatzRL, die ein „opt-out" vorsieht, strenger ist, aber ausdrücklich als von der Mindestschutzklausel in Art. 14 FernabsatzRL gedeckt angesehen wird.

844 Vgl. aber den Vorschlag einer Richtlinie zum Fernabsatz von Finanzdienstleistungen, der eine Vollharmonisierung vorsieht (oben 1. Teil B II) und für eine neue Tendenz in der Verbraucherpolitik der Kommission steht (Grünbuch Verbraucherschutz, KOM (2001) 531 endg., 13).

845 So kann die nationale Definition des Begriffs „Werktag" bereits zu Differenzen in der Fristberechnung führen, vgl. *Thorn*, IPRax 1999, 1, 6 Fn. 44.

846 *Steindorff*, 423, weist in anderem Zusammenhang ebenfalls auf solche Schwierigkeiten hin.

Richtlinie im horizontalen Rechtsverhältnis zwischen Privaten ausgeschlossen ist.[847]

Es bleibt daher festzuhalten, dass strengere Regelungen der Mitgliedstaaten auch in Sachverhalten, die in den Anwendungsbereich einer Grundfreiheit fallen, grundsätzlich international durchsetzbar sind. Sie können aber auf den Prüfstand der Verhältnismäßigkeitskontrolle gestellt werden, unabhängig davon, ob sie außerhalb einer abschließenden Richtlinienregelung ergangen sind oder im Anwendungsbereich der Richtlinie eine Schutzverstärkungsklausel ausgenutzt haben.[848]

4. Verweisungsziel

Der Umstand, dass das harmonisierte Privatrecht der Mitgliedstaaten aufgrund der IPR-Klauseln eine besondere Absicherung gegenüber Drittstaatenrecht erfahren muss, führt zu einer für das IPR neuen Schwierigkeit. Denn der Umsetzungsgesetzgeber – bzw. der Rechtsanwender unter Beachtung der Umsetzungskollisionsnorm – kann nicht direkt auf die Richtlinie zurückgreifen, sondern muss eine mitgliedstaatliche Rechtsordnung auswählen, die das

---

847 Für den Teilbereich derjenigen Fälle, in denen nur Bezüge zur Gemeinschaft bestehen, vertreten *Michaels/Kamann*, JZ 1997, 601, 604 f.; *Dies.*, EWS 2001, 301, 308, die analoge Anwendung des Art. 3 Abs. 3 EVÜ (Art. 27 Abs. 3 EGBGB), wobei sie die EU mit einem „Staat" gleichsetzen und das auf den Richtlinienstandard reduzierte Recht des Vertragsanbahnungsstaats zu dem Recht dieses „EU-Staats" erklären. Allerdings beziehen sie sich auf die HaustürgeschäfteRL, die bekanntlich keine eigene Kollisionsregel enthält. Zudem ist der Analogieschluss auch aus anderen Gründen abzulehnen, vgl. unten 3. Teil E II 2. a).

848 Streitig ist, ob aus der Existenz einer Mindestrichtlinie Folgerungen für die Aussicht auf Rechtfertigung einer strengeren Verbraucherschutzbestimmung zu ziehen sind. *Roth*, ZEuP 1994, 5, 33, geht davon aus, dass jedenfalls vertriebsbezogene Regelungen grundsätzlich gerechtfertigt sein werden, da das Regelungsinteresse an sich ja schon durch die Mindestrichtlinie anerkannt worden ist, zumal für privatrechtliche Vermarktungsregelungen ohnehin ein reduzierter Prüfungsmaßstab gelte. *Leible*, in: Schulte-Nölke/Schulze (Hrsg.), 353, 374, verweist im Gegensatz dazu darauf, dass im Bereich existierender Mindeststandards eine strengere Schutzvorschrift eher unverhältnismäßig sein werde, da man andernfalls den Richtlinien implizit vorwerfe, sie gewährten schon kein hohes Verbraucherschutzniveau im Sinne des Art. 95 Abs. 3 EG. In diese Richtung auch *Staudinger*, 216, im Hinblick darauf, dass Maßnahmen dann nicht erforderlich sind, wenn im Herkunftsstaat äquivalente Schutzinstrumente bestehen. Differenzierend auch *Dougan*, CML Rev. 2000, 853, 878. Man darf aber nicht übersehen, dass es gerade aufgrund des grenzüberschreitenden Elements sogar notwendig sein kann, einen internationalen Vertrag strengeren Sachvorschriften zu unterwerfen. So sah der Erste Kommissionsentwurf zur TimesharingRL noch eine Widerrufsfrist von 28 Tagen für grenzüberschreitende und von 14 Tagen für innerstaatliche Verträge vor, vgl. *Martinek*, NJW 1997, 1393, 1397; *Mäsch*, EuZW 1995, 8, 12.

jeweilige Umsetzungsgesetz zu Klauselkontrolle, Timesharing, Fernabsatz oder Verbrauchsgüterkauf bereithält.

a) Offenheit der IPR-Klauseln

Nach der hier vertretenen Auslegung der IPR-Klauseln gehören Vorkehrungen dagegen, dass das berufene Mitgliedstaatenrecht eine Richtlinie nicht oder fehlerhaft umgesetzt hat, nicht zum Regelungsprogramm. Die IPR-Klauseln gehen in Tatbestand und Rechtsfolge von der EU als Gesamtheit aus und bezwecken alleine eine Abgrenzung des harmonisierten Rechts von Drittstaatenrecht. Demgemäß genügt es aus Sicht des Richtlinien-IPR, wenn der Umsetzungsgesetzgeber bei Vorliegen der übrigen Anwendungsvoraussetzungen überhaupt auf eine mitgliedstaatliche Rechtsordnung verweist.[849] Der Gemeinschaftsgesetzgeber hatte keinen Grund, sich mit der Frage des konkret anwendbaren mitgliedstaatlichen Rechts zu befassen, weshalb die Ansicht abzulehnen ist, es sei bereits dem Richtlinien-IPR eine Anknüpfung an das Recht desjenigen Mitgliedstaats zu entnehmen, zu dem der enge Zusammenhang besteht.[850] Insbesondere verlangen die Richtlinien auch nicht, gerade das Recht des Forums zur Anwendung kommen zu lassen, wenn überhaupt kein hinreichender Inlandsbezug vorliegt.[851] Jedenfalls die Art. 6 Abs. 2 Klausel- und Art. 12 Abs. 2 FernabsatzRL lassen das Verweisungsziel daher offen.[852]

b) Auswahl der mitgliedstaatlichen Rechtsordnung unter Beachtung der allgemeinen Vorgaben für die Schaffung von Kollisionsnormen im Binnenmarkt

Die Auswahl der Rechtsordnung im konkreten Fall hat daher nach einer internationalprivatrechtlichen Interessenabwägung zu erfolgen, also nach den üblichen, die Verteilung des Rechtsanwendungsrisikos steuernden Grundsätzen

---

849 Insoweit auch *Krebber*; ZVglRWiss 97 (1998), 124, 138.

850 So aber *Sonnenberger*, ZVglRWiss 95 (1996), 3, 38. Vgl. auch *Junker*, IPRax 1998, 65, 73.

851 Vgl. *Mäsch*, DNotZ 1997, 180, 206, wonach der deutsche Gesetzgeber den Art. 9 TimesharingRL insoweit missverstanden habe.

852 *Leible*, in: Schulte-Nölke/Schulze (Hrsg.), 353, 381; *Staudinger*, 33; *Ders.*, IPRax 1999, 414, 416; *Ders.*, RIW 2000, 416, 417; *v. Wilmowsky*, ZEuP 1995, 735, 760; *Nemeth*, 98; *Otte*, RabelsZ 62 (1998), 405, 429 (zu Art. 9 TimesharingRL), 431 (zu Art. 6 Abs. 2 KlauselRL); *Tenreiro/Karsten*, in: Schulte-Nölke/Schulze (Hrsg.), 223, 249; *Thorn*, IPRax 1999, 1, 9. Für Art. 9 TimesharingRL nimmt man teilweise an, er ziele auf eine Anknüpfung an das Belegenheitsrecht ab, z.B. *Mäsch*, DNotZ 1997, 180, 207. Auch die französische Umsetzung stellt in erster Linie auf das Belegenheitsrecht ab, vgl. Art. L 121-74 Code de la Consommation, abgedr. NZM 1999, 359, 360. Vgl. auch unten 3. Teil D III 2. a).

wie der Vorhersehbarkeit des anwendbaren Rechts und der Schaffung zurechenbarer Verbindungen zu einer Rechtsordnung durch den Anbieter oder den Verbraucher.[853]

Man wird hier außerdem wiederum das Prinzip eines möglichst schonenden Eingriffs in das EVÜ beachten und daher dessen in Art. 5 EVÜ zum Ausdruck kommende Wertungen berücksichtigen müssen, zumal die Mitgliedstaaten mangels Vorgaben in den Richtlinien in dieser Frage nicht gem. Art. 20 EVÜ von der Bindung an das Schuldvertragsübereinkommen dispensiert sind.[854]

Ist eine Binnenmarkttransaktion betroffen, kommen primärrechtliche Anforderungen hinzu. Denn die Rechtswahlfreiheit der Parteien ist im Kern von den Grundfreiheiten garantiert, Einschränkungen aus Gründen des vertragsrechtlichen Verbraucherschutzes müssen verhältnismäßig sein.

5. Günstigkeitsvergleich

Ein weiteres zentrales Problem des Regelungsprogramms der IPR-Klauseln liegt in der Frage, ob sie einen Günstigkeitsvergleich zwischen der gewählten drittstaatlichen und der in Ergänzung der Rechtswahl berufenen Rechtsordnung eines Mitgliedstaats verlangen. Dann wäre die ergänzende Anknüpfung von Verbraucherverträgen als bedingte zu formulieren, wie es auch in Art. 5 EVÜ der Fall ist. Zugleich wäre es dem Umsetzungsgesetzgeber nicht möglich, auf die in der Literatur teilweise vorgeschlagene Transformationsvariante eines Rechtswahlverbots[855] zurückzugreifen.

Die Frage, wie die Kollisionsregeln der Verbrauchervertragsrichtlinien zu einem Günstigkeitsvergleich stehen, ist umstritten. Alle denkbaren Varianten finden in der Literatur Anhänger. Man interpretiert die IPR-Bestimmungen teilweise im Sinne eines Ausschlusses eines Günstigkeitsvergleichs[856], teilweise im Sinne des Offenlassens dieser Frage[857]. Es überwiegt aber wohl die Auffassung,

---

853 Das nationale Verfassungsrecht dürfte jedenfalls willkürlichen Anknüpfungen entgegenstehen, vgl. *Rühl*, RIW 1999, 321, 323; offenlassend *Freitag/Leible*, ZIP 1999, 1296, 1298.

854 *Staudinger*, RIW 2000, 416, 418. Im Ergebnis ebenso *Otte*, RabelsZ 62 (1998), 405, 433.

855 Vgl. Hildenbrand/Kappus/*Mäsch*, § 8 TzWrG, Rdn. 28 und unten 4. Teil A II 1.

856 *Kapnopoulou*, 154, zu Art. 6 Abs. 2 KlauselRL; *Schauer*, 249 (zu Art. 12 Abs. 2 FernabsatzRL).

857 *Wegner*, 180; *Tonner*, BB 2000, 1413, 1419 Fn. 53, wonach die IPR-Klauseln einen Günstigkeitsvergleich jedenfalls nicht verlangen; *Mankowski*, BB 1999, 1225, 1227; Grabitz/Hilf - *Pfeiffer*, Bd. III, A 5, Art. 6 RL, Rdn. 44, der eine Verpflichtung zur Durchsetzung des Richtlinienstandards nur unter Günstigkeitsvorbehalt aber aus dem EVÜ ableitet; unentschieden *Junker*, IPRax 1998, 65, 72; sehr zurückhaltend auch *Wagner*, IPRax 2000, 249, 254 f. Zu Art. 9 TimesharingRL auch: Hildenbrand/Kappus/*Mäsch*, § 8 TzWrG, Rdn. 28; *Otte*, RabelsZ 62 (1998), 405, 423 f. *Rauscher*, EuZW 1996, 650, 651.

das Richtlinienkollisionsrecht beinhalte eine Verpflichtung der Mitgliedstaaten, einen Günstigkeitsvergleich vorzusehen[858]. Wenig überraschend ist, dass die mitgliedstaatlichen Umsetzungsgesetzgeber auch in diesem Punkt Kollisionsnormen mit und ohne Günstigkeitsvergleich als Anschauungsmaterial liefern.[859]

a) Fehlende Eindeutigkeit des Wortlauts

Aus dem Wortlaut der IPR-Klauseln folgt nur, dass der Richtlinienstandard auch im Falle der Wahl eines Drittstaatenrechts in vollem Umfang erhalten bleiben muss. Es genügt daher nicht, diesen Mindestschutz bei der Anwendung des Drittstaatenrechts nur zu „berücksichtigen"[860], weil dann eine Verschlechterung des Verbraucherschutzes nicht ausgeschlossen wäre.[861] Es muss somit ein mitgliedstaatliches Umsetzungsrecht zur *Anwendung* berufen werden. Das ist auch der Grund, warum aus der Wendung, der „durch diese Richtlinie" gewährte Schutz sei durchzusetzen, nicht geschlossen werden kann, die Richtlinie meine nur ihren eigenen und keinen äquivalenten Schutz in einem Drittstaatenrecht.[862] Denn sie gewährt dem Verbraucher selbst mangels horizontaler Direktwirkung ohnehin keine Rechtspositionen, so dass der Wortlaut eine solche Argumentation nicht trägt.

Umgekehrt dürfte es zu weit gehen, schon aus der Formulierung, der Verbraucher dürfe den Schutz der Richtlinie nicht „verlieren" die Notwendigkeit eines Günstigkeitsvergleichs zu folgern.[863] Denn sollte ein Drittstaatenrecht

---

[858] *Micklitz/Reich*, BB 1999, 2093, 2098; *Leible*, in: Schulte-Nölke/Schulze (Hrsg.), 353, 364; *Jayme/Kohler*, IPRax 1995, 343, 345 (für Art. 6 Abs. 2 KlauselRL, a.a.O., 346 (für Art. 9 TimesharingRL); *Dies.*, IPRax 2000, 454, 456 (für Art. 12 Abs. 2 FernabsatzRL); *Jayme*, in: Hommelhoff/Jayme/Mangold (Hrsg.), 35, 46; *Staudinger*, VersR 1999, 401, 406; *Ders.*, IPRax 1999, 414, 417; *Ders.*, RIW 2000, 416, 418; *Roth/Schulze*, RIW 1999, 924, 931; *Freitag/Leible*, EWS 2000, 343, 347; *Dies.*, ZIP 1999, 1296, 1299; *Thorn*, IPRax 1999, 1, 8; Grabitz/Hilf - *Martinek*, Bd. III, A 13, Art. 9 RL, Rdn. 211; *Sonnenberger*, in: FS Fikentscher (1998), 283, 295.

[859] Keinen Günstigkeitsvergleich sieht die englische Umsetzung des Art. 6 Abs. 2 KlauselRL vor, vgl. *Jayme/Kohler*, IPRax 1995, 343, 345; *Wagner/Althen*, RIW 1995, 546, 548; *Fischer*, in: FS Großfeld (1999), 277, 283. Anders z.B: die österreichische Umsetzung in § 13a Abs. 1 S. 1 KSchG, vgl. *Jayme/Kohler*, IPRax 1998, 417, 426; *Nemeth*, 90.

[860] Ebenso *Grundmann*, Schuldvertragsrecht, § 5, 2.10, Rdn. 36.

[861] Allerdings ist im deutschen Recht das „Berücksichtigen" im Ergebnis wie ein Günstigkeitsvergleich gehandhabt worden, vgl. *v. Westphalen*, BB 1996, 2101, 2105.

[862] So *Kapnopoulou*, 154. Dagegen implizit *Tenreiro/Karsten*, in: Schulte-Nölke/Schulze (Hrsg.), 223, 249.

[863] Wie hier *Wagner*, IPRax 2000, 249, 254. Hingegen maßgeblich auf den Wortlaut abstellend: *Jayme*, in: Hommelhoff/Jayme/Mangold (Hrsg.), 35, 46; wohl auch *Lurger*, in: FS Posch (1996), 179, 184. Grabitz/Hilf - *Pfeiffer*, Bd. III, A 5, Art. 6 RL, Rdn. 44, zieht den Wortlaut als ergänzendes Argument dafür heran, dass Art. 6 Abs. 2 KlauselRL

durch schutzschwächeres, aber immer noch richtlinienkonformes Recht eines Mitgliedstaats verdrängt werden, verliert der Verbraucher den Schutz der Richtlinie auch ohne Günstigkeitsvergleich nicht. Ob stets ein Umsetzungsrecht anzuwenden ist oder ob dies nur unter der Bedingung der Fall ist, dass das gewählte Drittstaatenrecht keinen gleichwertigen oder sogar besseren Schutz als die einschlägige Richtlinie vorsieht, erschließt sich aus dem Wortlaut der IPR-Klauseln daher nicht.

b) Erforderlichkeit der Schutzmaßnahme

Die IPR-Klauseln selbst enthalten einen ersten Hinweis auf den Günstigkeitsvergleich, indem sie den Mitgliedstaaten nur „erforderliche" Maßnahmen erlauben.

(1) Eigenständige Erforderlichkeitskontrolle aufgrund der IPR-Klauseln

Der Einschränkung auf „erforderliche" Maßnahmen kommt durchaus eigenständige Bedeutung zu.[864] Es soll nur dort vom EVÜ abgewichen werden, wo dies unbedingt für die Verwirklichung der Richtlinienziele notwendig ist. Maßstab für die Erforderlichkeitsprüfung ist also auch der europaweit in Art. 3 Abs. 1 EVÜ verankerte Grundsatz der Parteiautonomie. Den Parteien soll das Recht zur eigenverantwortlichen Bestimmung des auf ihren Vertrag anwendbaren Rechts nur dann entzogen werden, wenn dies aus Gründen des Verbraucherschutzes oder des von der Richtlinie ebenfalls verfolgten Rechtsangleichungszwecks zwingend notwendig ist.

(2) Einschränkung der Rechtswahl auch bei gleichwertigem oder günstigerem Drittstaatenrecht?

Die aus dem Wettbewerbsaspekt der Rechtsangleichung abgeleiteten Ziele der realen Herstellung des Binnenmarkts durch Förderung des grenzüberschreitenden Handels mit privaten Endverbrauchern und des Abbaus von Wettbewerbsverzerrungen bei gleichzeitiger Vermeidung von Wettbewerbsnachteilen für EU-Anbieter gegenüber Drittstaatenanbietern fordern die unbedingte Durchsetzung eines Umsetzungsgesetzes nicht. Denn soweit man der Parteiautonomie Raum gibt und der Rechtswahl Folge leistet, findet ja gerade kein regulativer Eingriff durch staatliche Stellen statt.

Auch sind die Verbraucherrichtlinien als Mindestrichtlinien generell offen für Schutzverstärkungen. Letztlich ist die Wahl eines Drittstaatenrechts mit

---

jedenfalls auf einen Günstigkeitsvergleich abzielt. Er verweist auch auf die französische Fassung, die mit Art. 5 EVÜ weitgehend übereinstimmt.

864 Siehe 2. Teil E III.

höherem Verbraucherschutzniveau nichts anderes, als eine von den Parteien selbst herbeigeführte Schutzintensivierung. Sie nicht zu beachten, setzte sich daher auch in Widerspruch zur Einstellung der Richtlinien gegenüber vom mitgliedstaatlichen Gesetzgeber vorgesehen Verbesserungen des Schutzniveaus. Mit dem Argument, der Günstigkeitsvergleich führe doch zur Geltung von Drittstaatenrecht im Anwendungsbereich der Richtlinien, laufe also dem Ziel der Rechtsangleichung zuwider, kann daher eine Einschränkung der Parteiautonomie nicht gerechtfertigt werden.

Die Frage, ob ein Günstigkeitsvergleich mit dem gewählten Drittstaatenrecht durchzuführen ist, ist somit allein vor dem Hintergrund des Verbraucherschutzziels der Richtlinien zu untersuchen. Es besteht darin, dem Verbraucher den in den Richtlinien vorgesehenen Schutzstandard – soweit „erforderlich" – zu gewährleisten. Erforderlich ist grundsätzlich das mildeste, das vorgegebene Ziel noch effektiv erreichende Mittel. Ist nun aber ein schutzäquivalentes oder -intensiveres Drittstaatenrecht gewählt, so besteht das mildeste Mittel schlicht darin, der Rechtswahl Folge zu leisten. Denn der schwächere nach der Richtlinie bestehende Schutz ist dann im Drittstaatenrecht gleichsam mit enthalten. Für den Verbraucher ist die Günstigkeitslösung vorteilhaft. Er erhält so die Chance, über den Mindeststandard und gegebenenfalls sogar über den schutzintensivierten Standard eines sonst vom Sachverhalt berührten Mitgliedstaatenrechts hinausgehende Rechtspositionen zu erhalten. Vereinbaren die Parteien eine Rechtsordnung, die strengere Verbraucherschutzstandards aufweist als das sonst berufene Mitgliedstaatenrecht, wäre es eine internationalprivatrechtliche Schutzbeschränkung, wenn man der Rechtswahl dennoch nicht Folge leisten würde, mithin eine Verkehrung des Schutzgedankens in sein Gegenteil.[865] Das sachrechtliche Schutzinteresse des Verbrauchers entfällt nicht nur, es richtet sich vielmehr gerade auf die Geltung des für ihn fremden Rechts. Das wird deutlich, wenn eine Klage gegen den Verbraucher bei Anwendung seines Umfeldrechts erfolgreich wäre, bei Anwendung des gewählten Drittstaatenrechts hingegen abgewiesen werden müsste. Auch die mit der Anwendung fremden Rechts verbundenen Informationsrisiken und -nachteile rechtfertigen dann keine Einschränkung der Rechtswahlfreiheit mehr.[866]

Der Verbraucherschutzgedanke gebietet es in solchen Fällen also nicht, die Wirkungen der Rechtswahl im Hinblick auf die in den Verbraucherrichtlinien enthaltenen Regelungen einzuschränken. Da das Richtlinien-IPR aber nur „erforderliche" Einschränkungen der Rechtswahlfreiheit erlaubt, ist ein Günstigkeitsvergleich im Einklang mit der h.M. als im Regelungsprogramm der IPR-Klauseln selbst angelegtes Prinzip anzusehen. Dies um so mehr, als der EuGH in der Rechtssache „*Ingmar*" im Zusammenhang mit dem internationalen

---

865 *Staudinger*, 30; *Ders.*, IPRax 1999, 414, 417.

866 Das Schutzbedürfnis entfällt auch nach *Staudinger*, VersR 1999, 401, 406, insgesamt (zu Art. 6 Abs. 2 KlauselRL); *Ders.*, RIW 1999, 915, 922 (zu Art. 9 TimesharingRL).

Anwendungsbereich der HandelsvertreterRL, die keine ausdrückliche Kollisionsregel enthält, wohl ebenfalls von einem Günstigkeitsvergleich ausgeht.[867]

c) Kohärenz mit dem EVÜ

Für die Verankerung des Günstigkeitsvergleichs im Regelungsprogramm der IPR-Klauseln spricht schließlich auch[868], dass Art. 5 EVÜ ebenfalls nur eine bedingte, unter Günstigkeitsvorbehalt stehende besondere Anknüpfung vorsieht. Denn die IPR-Klauseln gehen im Tatbestand in sachlicher und räumlicher Hinsicht über Art. 5 EVÜ hinaus, so dass es nahe liegt, dass sie in der Rechtsfolge zumindest nicht hinter jenem zurückstehen.[869]

d) Ergebnis

Die IPR-Klauseln wollen eine nach dem gewählten Recht bestehende bessere Rechtsposition des Verbrauchers nicht antasten.[870] Die Mitgliedstaaten dürfen Art. 6 Abs. 2 Klausel- und Art. 12 Abs. 2 FernabsatzRL nicht im Wege eines Rechtswahlverbots oder einer unbedingten Anknüpfung der Umsetzungsgesetze neben dem Vertragsstatut durchsetzen. Diese Einschränkung des Umsetzungsspielraums ergibt sich aus den Richtlinien selbst und ist damit sekundärrechtlich begründet. Weichen die Umsetzungsgesetzgeber hiervon ab, so ist das nationale Recht wegen Unterschreitung des Richtlinienstandards gemeinschaftswidrig. Zusätzlich liegt ein Verstoß gegen die völkerrechtliche Bindung an das EVÜ vor, weil die Abweichung von dessen Anknüpfungssystem nicht durch Art. 20 EVÜ i.V.m. den IPR-Klauseln gedeckt ist.

---

867 *Staudinger*, NJW 2001, 1974, 1976; vgl. zur „Ingmar"-Entscheidung unten 3. Teil E II 3. b) (2), 4. Teil F.

868 A.A. aber *Wagner*, IPRax 2000, 249, 254.

869 Vgl. Grabitz/Hilf - *Pfeiffer*, Bd. III, A 5, Art. 6 RL, Rdn. 44.

870 *Jayme/Kohler*, IPRax 1995, 343, 346; *Leible*, in: Schulte-Nölke/Schulze (Hrsg.), 353, 364; *Roth/Schulze*, RIW 1999, 924, 931.

D. Das Regelungsprogramm des Art. 9 TimesharingRL

Vergleicht man das Regelungsprogramm des Art. 9 TimesharingRL mit dem der beiden oben behandelten IPR-Regelungen, so ergeben sich sowohl grundlegende Gemeinsamkeiten als auch Unterschiede. Innerhalb der Gemeinsamkeiten lassen sich die eindeutig identisch geregelten Fragen (I.) von denjenigen Auslegungsproblemen unterscheiden, die zwar im Ergebnis wie bei Art. 6 Abs. 2 Klausel- und Art. 12 Abs. 2 FernabsatzRL zu handhaben sind, allerdings eine nähere Begründung der übereinstimmenden Auslegung erfordern (III.). Besonderes Augenmerk liegt im folgenden Abschnitt auf den Auslegungsfragen, die sich für Art. 6 Abs. 2 KlauselRL und Art. 12 Abs. 2 FernabsatzRL so nicht stellen oder aber eine abweichende Antwort erfahren.

I. Eindeutige Gemeinsamkeiten

Zu den eindeutigen Gemeinsamkeiten im Regelungsprogramm gehören der identische Regelungszweck[871], der Umstand, dass auch Art. 9 TimesharingRL die Durchsetzung nationaler Schutzverstärkungen durch die Umsetzungskollisionsnorm nicht verbietet sowie dass er das Problem der fehlenden oder fehlerhaften Umsetzung von Richtlinien in den Mitgliedstaaten nicht behandelt.

1. Gemeinsamer Regelungszweck

Die IPR-Klauseln der von Art. 29a EGBGB erfassten Verbraucherschutzrichtlinien verfolgen im Ausgangspunkt den gemeinsamen Zweck, bei hinreichend engem Bezug zum Gemeinschaftsgebiet einen „Einbruch“ von Drittstaatenrecht in angeglichenes Mitgliedstaatenrecht zu verhindern. Auf Verbraucherverträge, die einen solchen Bezug zur EU aufweisen, soll das gemeinschaftsweit angeglichene Recht der Klauselkontrolle, des Fernabsatzes, des Timesharing und des Verbrauchsgüterkaufs Anwendung finden. Damit ist das Ziel des Art. 9 TimesharingRL formuliert, die Wahl der hierzu erforderlichen Mittel überlässt der Gemeinschaftsgesetzgeber wie im übrigen Richtlinien-IPR den Mitgliedstaaten. Ebenso richtet sich auch Art. 9 TimesharingRL damit nur gegen die Anwendung eines Drittstaatenrechts.[872] Die Formulierung „unabhängig von dem jeweils anwendbaren Recht“ ist insoweit missverständlich[873], in teleologischer Reduktion aber den anderen IPR-Klauseln anzupassen. Auch

[871] *Nemeth*, 92.
[872] *Staudinger*, RIW 1999, 915, 921.
[873] Vgl. *Wagner*, IPRax 2000, 249, 257.

Art. 9 TimesharingRL setzt daher voraus, dass der Timesharingvertrag einem drittstaatlichen Vertragsstatut unterliegt.

2. Sonstige Auslegungsfragen

Gleichzubehandeln sind die Fragen im Zusammenhang mit der Unter- oder Überschreitung des Richtlinienstandards durch das berufene Mitgliedstaatenrecht: Auch Art. 9 TimesharingRL regelt das Verhältnis der Mitgliedstaatenrechte untereinander nicht[874]. Die Gleichsetzung von Nichtumsetzer- mit Drittstaaten ist daher abzulehnen[875], das gemeinschaftsrechtliche Sanktionsinstrumentarium für Verletzungen der Umsetzungspflicht ergänzt auch Art. 9 TimesharingRL nicht[876]. Ferner ist es den Mitgliedstaaten auch hier nicht verwehrt, die im Rahmen der Mindestschutzklauseln geschaffenen sachrechtlichen Schutzintensivierungen gegen andere Mitgliedstaaten durchzusetzen.[877]

II. Unterschiede

Im Gegensatz zu diesen Gemeinsamkeiten gibt es eindeutige Unterschiede im Regelungsprogramm des Art. 9 TimesharingRL. Der erste liegt in der unterschiedlichen Regelungsbreite. Wie oben gesehen hat der Gemeinschaftsgesetzgeber in den kollisionsrechtlichen Regelungen der Klausel- und der FernabsatzRL lediglich eine Teilregelung getroffen, indem er nur Verträge berücksichtigt, die infolge einer Rechtswahl einem Drittstaatenrecht unterliegen, eine Zurückhaltung, die teilweise erhebliche Wertungswidersprüche provoziert. Von diesem Ansatz, nur eine exorbitante „Abwahl" des gemeinschaftsrechtlich verbürgten Verbraucherschutzstandards durch Rechtswahlklauseln zugunsten von Rechtsordnungen dritter Staaten zu verhindern, lässt sich das Regelungsmodell des Art. 9 TimesharingRL unterscheiden.[878]

1. Regelung auch der objektiven Anknüpfung

Denn nahezu unstreitig[879] und im Gegensatz zur italienischen Umsetzung[880] regelt Art. 9 TimesharingRL auch internationale Timesharingverträge, die keine

---

874 *Grundmann*, Schuldvertragsrecht, § 7, 4.02, Rdn. 25.
875 Vgl. oben 3. Teil C I 1. b).
876 Vgl. oben 3. Teil C IV 2.
877 Vgl. oben 3. Teil C IV 3. b).
878 Dazu *Micklitz/Reich*, BB 1999, 2093, 2098.
879 *Rauscher*, EuZW 1996, 650, 651; *Junker*, IPRax 1998, 65, 72; *Leible*, in: Schulte-Nölke/Schulze (Hrsg.), 353, 366; *Tenreiro/Karsten*, in: Schulte-Nölke/Schulze (Hrsg.),

Rechtswahl zugunsten eines Drittstaatenrechts aufweisen, aber gleichwohl einem solchen kraft objektiver Anknüpfung unterliegen. Das ergibt sich eindeutig aus dem Wortlaut („unabhängig von dem jeweils anwendbaren Recht").

Die irreführende Erläuterung im 14. Erwägungsgrund („als das auf den Vertrag anwendbare Recht bestimmt wird"), die auch auf Regelung bloß der Rechtswahl hindeuten könnte, ist schon angesichts der Entstehungsgeschichte unbeachtlich.[881] Denn die ausdrücklich auf die subjektive Anknüpfung beschränkte Fassung der Kollisionsregel im zweiten Entwurf hat man im Gemeinsamen Standpunkt und der späteren Endfassung wieder dem ersten Entwurf angepasst, der ebenfalls auch bei objektiver Anknüpfung gelten sollte. Damit entspricht der die subjektive und objektive Anknüpfung von Timesharingverträgen gleichermaßen erfassende Wortlaut des Art. 9 TimesharingRL durchaus dem klaren Willen des Gemeinschaftsgesetzgebers, der sich zudem in der Abweichung vom in der Begründung bewusst herangezogenen Art. 6 Abs. 2 KlauselRL zeigt[882]. In diesem umfassenderen Regelungsansatz liegt zugleich der zentrale Unterschied zur Kollisionsregel der Klausel-, der Fernabsatz- und der VerbrauchsgüterkaufRL.

a) Berufung eines Drittstaatenrechts kraft objektiver Anknüpfung

Unter welchen Voraussetzungen Timesharingverträge einem Drittstaatenrecht unterliegen können, soll nachfolgend kurz untersucht werden. Angesichts der Vielgestaltigkeit der existierenden Timesharingmodelle ist eine einheitliche Anknüpfung nicht möglich. Ausgangspunkt ist vor dem Hintergrund der bloßen Teilharmonisierung die Prämisse, dass es allein um die schuldrechtlichen, von der TimesharingRL geregelten Fragen geht, nicht etwa um dingliche Wirkungen eines Timesharingvertrags[883], um Leistungsstörungen bei der Vertragsabwicklung oder Ähnliches. Im Regelfall wird sich der Verbraucher aufgrund seines Widerrufsrechts vom Vertrag lösen wollen. Die Erfüllung der

---

223, 250; *Roth*, IPRax 1994, 165, 170 (zum Gemeinsamen Standpunkt); *Wegner*, 170 f.; *Otte*, RabelsZ 62 (1998), 405, 424; *Nemeth*, 92. A.A. soweit ersichtlich nur *Lindner*, VuR 1995, 122, 124, allerdings ohne Begründung; *Meerfeld*, 209.

880 Art. 11 des Gesetzesdekrets Nr. 427 v. 9.11.1998, abgedr. in NZM 1999, 1084, 1085; dazu *Neises*, NZM 1999, 1078, 1080.

881 Zur Entstehungsgeschichte, vgl. 1. Teil A II. Von der „Bestimmung" des anwendbaren Rechts war im ersten Entwurf auch im Zusammenhang mit der *objektiven Anknüpfung* die Rede, vgl. *Wegner*, 171. Man kann schon deshalb der Wortwahl im 14. Erwägungsgrund keine große Bedeutung im Hinblick auf die Differenzierung zwischen Rechtswahl und objektiver Anknüpfung beimessen.

882 *Wegner*, 171.

883 Hier bleibt es bei der lex rei sitae, Staudinger - *Magnus* (2002), Art. 28 EGBGB, Rdn. 231; MüKo - *Martiny*, Art. 28 EGBGB, Rdn. 125a. Vgl. Art. 43 Abs. 1 EGBGB.

Informationspflichten kann dann vor allem im Rahmen der Berechnung der Widerrufsfrist eine Rolle spielen.

Bei schuldrechtlich und dinglich ausgestalteten Modellen einschließlich Treuhandgestaltungen führt die Regelvermutung des Art. 28 Abs. 3 EGBGB zum Belegenheitsrecht, jedenfalls soweit eine bestimmte Immobilie Gegenstand des Vertrags ist.[884] Drittstaatenrecht ist danach grundsätzlich[885] dann anwendbar, wenn auch die betreffende Immobilie in einem Drittstaat liegt. Allerdings fallen aufgrund seiner kritikwürdigen[886] Selbstbeschränkung auf in der EU belegene Immobilien gerade solche Verträge aus dem Anwendungsbereich des Art. 9 TimesharingRL heraus. Im Bereich des schuldrechtlichen und dinglichen Timesharings kommt Art. 9 TimesharingRL im Rahmen der objektiven Anknüpfung daher kaum Bedeutung zu.[887]

Ist das Timesharing-Modell mitgliedschaftsrechtlich ausgestaltet und liegt ihm ein kausaler Schuldvertrag, beispielsweise ein Kauf von Gesellschaftsanteilen, zugrunde, so führt Art. 28 Abs. 2 EGBGB zum Niederlassungsrecht des Anbieters.[888] Bei originärem Erwerb der Mitgliedschaft gilt dasselbe aufgrund der im Internationalen Gesellschaftsrecht in Deutschland immer noch der h.M. entsprechenden Sitztheorie.[889] Da nicht wenige Anbieter z.B. aus steuerlichen Gründen in Drittstaaten sitzen werden, eröffnet sich hier ein beachtlicher Anwendungsbereich für Art. 9 TimesharingRL, denn Timesharingimmobilien innerhalb der Gemeinschaft, etwa in Spanien einschließlich der Kanarischen Inseln sind durchaus beliebt[890], so dass die zentrale Anwendungsvoraussetzung der Belegenheit in der Gemeinschaft nicht selten vorliegen wird.

---

884 Hildenbrand/Kappus/*Mäsch*, § 8 TzWrG, Rdn. 8.

885 Nach Soergel - *v. Hoffmann*, Art. 28 EGBGB, Rdn. 167, 164, sollen kurzfristige Timesharingverträge ebenso wie kurzfristige Mietverträge nicht unter Abs. 3, sondern unter Abs. 2 fallen. Hier kommt es dann auf den Sitz des Anbieters an, da er die vertragscharakteristische Leistung erbringt. Ebenso *Kegel/Schurig*, IPR, § 18 I 1. d), 580, für die Miete von Ferienwohnungen m.w.N. Für den Fall, dass beide Vertragspartner eines Mietvertrags über eine Ferienwohnung ihren gewöhnlichen Aufenthalt in einem anderen Staat als dem der Belegenheit haben, vertreten der BGH, Urt. v. 9.7.1992 VII ZR 7/92 (BGHZ 119, 152, 157f.) und der überwiegende Teil der Lehre eine Abweichung von der Regelvermutung gem. Art. 28 Abs. 5 EGBGB, vgl. *Wegner*, 88 f. m.w.N. Auch beim flexiblen Timesharing hilft die auf eine bestimmte Immobilie abstellende Regelvermutung des Art. 28 Abs. 3 EGBGB nicht weiter, angedeutet bei *Wegner*, 181; *Nemeth*, 93 Fn. 585.

886 Dazu sogleich im 3. Teil D II 2.

887 *Nemeth*, 93.

888 Soergel - *v. Hoffmann*, Art. 28 EGBGB, Rdn. 168; MüKo - *Martiny*, Art. 28 EGBGB, Rdn. 125 f.; Staudinger - *Magnus* (2002), Art. 28 EGBGB, Rdn. 229.

889 *Wegner*, 76, 95; *Kappus*, in: v. Westphalen (Hrsg.), Time-Sharing-Verträge, Rdn. 34.

890 Spanien liegt mit ca. 430 Anlagen bei 1,45 Millionen Timesharing-Reisenden (1996) weltweit auf Platz 2 und ist innerhalb Europas das erstrangige Belegenheitsland, vgl. *Schomerus*, NZM 1999, 329 mit Fn. 6.

b) Bewertung

Der umfassendere Ansatz des Art. 9 TimesharingRL ist durchaus zu begrüßen. Er vermeidet die aufgezeigten Wertungswidersprüche[891], die eine Beschränkung auf subjektiv angeknüpfte Verbraucherverträge immer mit sich bringt. Zugleich schließt er eine kollisionsrechtliche Schutzlücke, weil Verbraucherverträge auch ohne Rechtswahl aufgrund der Anknüpfungsregeln des EVÜ und des Internationalen Gesellschaftsrechts einem Drittstaatenrecht unterliegen können, obwohl sie einen engen Bezug zur Gemeinschaft aufweisen. Allerdings hat der Gemeinschaftsgesetzgeber diese lobenswerte Stärkung des kollisionsrechtlichen Verbraucherschutzes wieder stark relativiert, indem er den erforderlichen Zusammenhang mit dem Gemeinschaftsgebiet abweichend von den beiden anderen IPR-Klauseln zu eng definierte.

2. Gemeinschaftsbezug und Belegenheit der Timesharingimmobilie

Damit ist der zweite, ebenfalls auf den ersten Blick ersichtliche Unterschied angesprochen, der darin besteht, dass Art. 9 TimesharingRL auf die Generalklausel des engen Zusammenhangs verzichtet. Statt dessen konkretisiert Art. 9 TimesharingRL das erforderliche Nähekriterium mit der Belegenheit der Immobilie im Gemeinschaftsgebiet selbst. Die im Rechtsetzungsverfahren noch vorgesehene, dem Art. 5 Abs. 2 EVÜ angenäherte alternative Festlegung des Gemeinschaftsbezugs durch eine marktbezogene Anknüpfung an das Recht des Staats, in dem der Verbraucher seinen gewöhnlichen Aufenthalt hat, ist bekanntlich fallengelassen worden.[892] Das ist aus verschiedenen Gründen zu bedauern.

a) Kritik am Belegenheitskriterium in Art. 9 TimesharingRL

Die Belegenheitsanknüpfung, die im IPR vor allem im Internationalen Sachenrecht gilt[893], spielt auch im Internationalen Schuldvertragsrecht eine Rolle. So vermutet Art. 28 Abs. 3 EGBGB, dass ein Vertrag, der unmittelbar ein dingliches Recht an einem Grundstück oder eine schuldrechtliche Befugnis zur Nutzung eines Grundstücks zum Gegenstand hat, die engste Verbindung zu dem Staat aufweist, in dem das Grundstück belegen ist. Damit zieht Art. 28 Abs. 3 EGBGB die Konsequenz aus der besonderen Betroffenheit des Sachenrechtsstatuts[894] bzw. verfolgt, was die schuldrechtlichen Nutzungsrechte angeht, wie

[891] Oben 3. Teil C II 3. c) und f), III 4. a).

[892] Vgl. oben 1. Teil A II.

[893] Art. 43 Abs. 1 EGBGB.

[894] Ein Gleichlauf von Vertrags- und Sachenrechtsstatut ist wünschenswert, weil damit eine Sonderanknüpfung etwa von Form- oder Publizitätsfragen vermieden wird, für die viele Staaten zwingend ihr eigenes Recht anwenden, wenn sich das Grundstück auf ihrem

auch Art. 16 Nr. 1 lit. a EuGVÜ (jetzt Art. 22 Nr. 1 der Verordnung (EG) Nr. 44/2001[895]) den Gedanken des Mieterschutzes. Es sollen die vor Ort für die Gebrauchsüberlassung geltenden Schutzbestimmungen zur Anwendung kommen und das sach- und beweisnächste Gericht entscheiden.[896]

Es läge daher auf den ersten Blick nahe, auf das Recht des Mitgliedstaats abzustellen, in dem die Immobilie belegen ist.[897] Damit ist aber keine Begründung dafür gegeben, warum im Tatbestand allein die Belegenheit der Immobilie eine ausreichende Nähebeziehung zur Gemeinschaft soll herstellen können. Es geht bei der kollisionsrechtlichen Absicherung der TimesharingRL ja nicht um die Auswahl der insgesamt als Schwerpunkt des Vertrags anzusehenden Rechtsordnung, sondern um die besondere Anknüpfung spezifischer, in den Umsetzungsgesetzen enthaltener Regelungen zu einzelnen Aspekten des für das Timesharing relevanten Vertragsrechts. Eine besondere Verbindung mit sachenrechtlichen Fragen besteht angesichts der Tatsache, dass die Richtlinie insoweit gerade keine Regelungen vorsieht, nicht. Die Schutzvorschriften, die die Vermutungsregel des Art. 28 Abs. 3 EGBGB und der ausschließliche Gerichtsstand nach Art. 16 Nr. 1 lit. a EuGVÜ (Art. 22 Nr. 1 EuGVVO) im Auge haben, beziehen sich in erster Linie auf die Immobilie selbst, betreffen also vorwiegend die Vertragsdurchführung, mithin wiederum einen Aspekt, den die TimesharingRL nicht regelt. Die alleinige Anknüpfung an den Lageort des Wohngebäudes in Art. 9 TimesharingRL befremdet daher.

Der Gemeinschaftsgesetzgeber sah sich denn auch offenbar aus einem anderen Grund an einer weitergehenden Regelung gehindert: Wenn er darauf hinweist, man könne den Schutz des Timesharing-Erwerbers ohnehin nicht weltweit garantieren, bezieht er sich wohl auf praktische Hindernisse im Zusammenhang mit den Regeln der internationalen Zuständigkeit sowie der Vollstreckung ausländischer Urteile.[898]

Territorium befindet, vgl. *Vischer/Huber/Oser*, Rdn. 679. Zu den Verkehrs- und staatlichen Interessen, *Otte*, RabelsZ 62 (1998), 405, 425.

895 Verordnung (EG) Nr. 44/2001 über die gerichtliche Zuständigkeit und die Anerkennung und Vollstreckung von Entscheidungen in Zivil- und Handelssachen, ABlEG 2001 L 12/1, in Kraft seit 1.3.2002 (EuGVVO).

896 Vgl. *Rauscher*, IPR, 225 f.; *v. Hoffmann*, IPR, § 10, Rdn. 54 und § 3, Rdn. 237; Hildenbrand/Kappus/*Mäsch*, § 8 TzWrG, Rdn. 68; *Mankowski*, VuR 1996, 392, 393.

897 Eine im Vergleich zu Mietverträgen über Ferienwohnungen stärkere und damit für die Regelanknüpfung in Art. 28 Abs. 3 EGBGB ausreichende Lokalisierung des Timesharingvertrags im Staat der Belegenheit bejaht *Wegner*, 89-91.

898 Vgl. *Mäsch*, EuZW 1995, 8, 14; *Grundmann*, Schuldvertragsrecht, § 7, 4.02, Rdn. 25, Fn. 55. *Grundmann* vermutet ferner, man habe bei der Schaffung des Art. 9 TimesharingRL das dinglich ausgestaltete Timesharing-Modell vor Augen gehabt, a.a.O., Rdn. 25. *Mankowski*, RIW 1995, 364, 368, hält die gegebene Begründung für „nicht nachvollziehbar“.

b) Internationales Zivilverfahrensrecht und Timesharing

Die Argumentation des Gemeinschaftsgesetzgebers zielt offenbar darauf ab, dass mitgliedstaatliche Gerichte über Streitigkeiten, die in Drittstaaten belegene Immobilien betreffen, ohnehin nicht entscheiden könnten. Das dürfte in dieser Absolutheit jedoch nicht zutreffen.

Festzuhalten ist dabei zunächst, dass der ausschließliche Gerichtstand nach Art. 16 Nr. 1 EuGVÜ (Art. 22 Nr. 1 EuGVVO)[899] bei der von Art. 9 TimesharingRL vorausgesetzten Belegenheit der Immobilie in einem Drittstaat nicht anwendbar ist.[900] Der ebenfalls ausschließliche Gerichtsstand des Art. 16 Nr. 2 EuGVÜ (Art. 22 Nr. 2 EuGVVO) liegt schon deshalb nicht vor, weil Klagen eines Vereins oder einer Gesellschaft gegen ein Mitglied bzw. einen Gesellschafter auf Zahlung von Aufnahmegebühren oder Beiträgen von dieser Regelung nicht erfasst sind.[901] Die internationale Zuständigkeit der Gerichte am Wohnsitz des europäischen Verbrauchers folgt dann aus Art. 2 Abs. 1 EuGVÜ (Art. 2 Abs. 1 EuGVVO).[902]

Auch nach dem autonomen deutschen Internationalen Zivilprozessrecht bestehen keine ausschließlichen Gerichtsstände. Vor dem Hintergrund, dass aufgrund des Wohnsitzes der Erwerber in der Gemeinschaft Zahlungsklagen der Anbieter häufig vor einem mitgliedstaatlichen Gericht erhoben werden, ist es somit aus zuständigkeitsrechtlichen Gründen nicht nachvollziehbar, von vorn-

---

899 Soweit das EuGVÜ anwendbar ist, beurteilt die Literatur die Frage der ausschließlichen Belegenheitszuständigkeit uneinheitlich. Es wird jedenfalls nicht in jedem Fall eine Klage betreffend die Miete oder Pacht von Immobilien vorliegen (die Zuordnung von Timesharingverträgen zu Art. 16 Nr. 1 lit.a und lit. b EuGVÜ ist im einzelnen umstritten, vgl. *Staudinger*, RIW 1999, 915, 923; *Kropholler*, Europ. Zivilprozessrecht, Art. 16, Rdn. 17; *Geimer/Schütze*, Art. 16, Rdn. 112. Auch in Art. 22 Nr. 1 der das EuGVÜ ab 1.3.2002 ersetzenden EG-Verordnung Nr. 44/2001 ist die Frage jedenfalls nicht ausdrücklich geklärt worden. Vgl. aber *Micklitz/Rott*, EuZW 2001, 325, 330.) Vor allem im Zusammenhang mit der Anwendbarkeit des Art. 29 EGBGB auf Timesharingverträge wird darauf hingewiesen, dass es Verträge mit prägenden Dienstleistungselementen geben kann, die somit nicht unter die Regelung des Art. 16 Nr. 1 EuGVÜ fallen (es kommt darauf an, ob neben der Überlassung des Gebrauchs an der Immobilie vertragsprägende Zusatzserviceleistungen geschuldet werden, vgl. zu Art. 29 EGBG, Hildenbrand/Kappus/*Mäsch*, § 8 TzWrG, Rdn. 10, *Ders.*, a.a.O., Rdn. 70 zu Art. 16 Nr. 1 EuGVÜ; a.A. *Neises*, NZM 1999, 294, 295, der die Zusatzleistungen in aller Regel für nicht relevant hält). *Jayme*, IPRax 1996, 87, 88, nimmt für die Ablehnung des mietähnlichen Charakters ausreichende Zusatzleistungen etwa an, wenn der Anbieter für Wäscheservice, Bewachung, Reinigung, Verpflegung, medizinische Versorgung und Kinderbetreuung sorgen muss; allgemein dazu, *Ders.*, IPRax 1997, 233, 234).

900 Vgl. *Jayme*, IPRax 1997, 233, 234; Hildenbrand/Kappus/*Mäsch*, § 8 TzWrG, Rdn. 72.

901 Hildenbrand/Kappus/*Mäsch*, § 8 TzWrG, Rdn. 73.

902 *Jayme*, IPRax 1997, 233, 235.

herein auf den kollisionsrechtlichen Verbraucherschutz zu verzichten, wenn die betreffende Immobilie in einem Drittstaat liegt.

Geht es um Klagen des Erwerbers gegen den Anbieter, etwa auf Rückzahlung einer (entgegen dem Anzahlungsverbot der TimesharingRL) geleisteten Vorauszahlung, so kann bereits nach Art. 14 Abs. 2, 13 Abs. 1 Nr. 3 EuGVÜ (Art. 16 Abs. 1, 15 Abs. 1 lit. c) EuGVVO) der Verbraucherklägergerichtsstand, nach Art. 5 Nr. 1 EuGVÜ (Art. 5 Nr. 1 EuGVVO) der Gerichtsstand des Erfüllungsortes[903] oder nach Nr. 5 derjenige der Niederlassung gegeben sein. Auch eine Gerichtsstandsvereinbarung ist trotz Beteiligung eines Verbrauchers[904] nach Art. 17 EuGVÜ (Art. 23 EuGVVO) nicht ausgeschlossen.[905]

Es ist somit durchaus möglich, vor einem mitgliedstaatlichen Gericht ein Erkenntnisverfahren über einen Timesharingvertrag durchzuführen, der ein in einem Drittstaat belegenes Wohngebäude betrifft.

c) Systematischer Widerspruch

War somit die Konkretisierung des Gemeinschaftsbezugs durch die Belegenheit der Immobilie jedenfalls aus praktischen Gründen nicht zwingend, so spricht in rechtlicher Hinsicht zunächst die Systematik der Richtlinie, die in all ihren Regelungen auch auf die Vertragsabschlussphase abstellt, dagegen, für die IPR-Regelung in Art. 9 TimesharingRL die Umstände der Vertragsanbahnung völlig außer Acht zu lassen.[906]

Der einzelne Vertragsschluss als Ansatzpunkt der Regelung entspricht in der gesamtwirtschaftlichen Betrachtung dem Vertragsabschlussmarkt.[907] Vor dem Hintergrund, dass die EG-Verbraucherpolitik die wirtschaftlichen Interessen der Verbraucher im vertraglichen Bereich in erster Linie durch Information, Transparenz und damit allgemein durch die Herstellung der Chance zu rationalen Konsumentscheidungen schützen will und die TimesharingRL sich in dieses Koordinatensystem nahtlos einfügt, ist es unverständlich, warum Umstände des Lebenssachverhalts, an denen die sachrechtlichen Richtlinienbestimmungen

903 Beide Gerichtsstände helfen aber häufig nicht weiter, sei es, dass kein Dienstleistungsvertrag vorliegt, sei es dass die Nähebeziehung nach Art. 13 Abs. 1 Nr. 3 EuGVÜ fehlt oder der Anbieter seinen Sitz im Ausland hat, so dass im Regelfall der Gerichtststand des Erfüllungsorts in diesem Sitzstaat begründet sein wird, vgl. *Jayme*, IPRax 1997, 233, 235.

904 Vgl. *Neises*, NZM 1999, 294, 297.

905 Vgl. zu den möglichen Begründungen der internationalen Zuständigkeit, Hildenbrand/Kappus/*Mäsch*, § 8 TzWrG, Rdn. 74 - 77. Zu den autonomen deutschen Vorschriften insoweit *Ders.*, a.a.O., Rdn. 79 f. Auch § 7 HaustürWG kann im Einzelfall einen Gerichtsstand am Wohnsitz oder gewöhnlichen Aufenthalt des Verbrauchers begründen, vgl. *Martinek*, NJW 1997, 1393, 1399.

906 *Otte*, RabelsZ 62 (1998), 405, 424.

907 *Mankowski*, RIW 1995, 364, 368.

ansetzen, bei der kollisionsrechtlichen Lokalisierung des Timesharingvertrags im Gemeinschaftsgebiet, keine Rolle spielen sollen.

d) Lückenhafter Verbraucherschutz

Auch die Rechtsanwendungsinteressen der Parteien hängen beim Immobilien-Timesharing im Hinblick auf den Erwerb des Teilzeitwohnrechts nicht mit der Belegenheit des Wohnobjekts zusammen. Während die Lebensumstände des Mieters mit dem Lageort des Wohnraums eher verbunden sind, trifft dies auf den Timesharer schon wegen der kurzen jährlichen Wohnperiode nicht zu. Diesen Wertungsunterschied erkennt Art. 16 Nr. 1 lit. b EuGVÜ (Art. 22 Nr. 1 S. 2 EuGVVO) seit dem 3. Beitrittsübereinkommen[908] in Reaktion auf die entsprechende Kontroverse[909] in Rechtsprechung und Literatur durchaus an.[910]

Für die Bestimmung des anwendbaren Rechts ist ein Abweichen von im Internationalen Verbrauchervertragsrecht sonst gültigen Wertungen, die in standardisierter Abwägung der relevanten Interessen beispielsweise in Art. 5 Abs. 2 EVÜ zum Ausdruck kommen, also nicht gerechtfertigt. Der Verbraucher muss danach nicht nur mit der Geltung des Rechts des Staats rechnen, in dem die in Aussicht genommene Immobilie liegt, sondern wird allgemein zumindest auch mit der Anwendung der Rechtsordnung des Staats rechnen dürfen, in dem die Vertragsanbahnung stattgefunden hat.[911] Denn die Absatzaktivitäten des Anbieters treffen an dem Ort auf die Erwerbsaktivitäten des Verbrauchers, an dem jener die relevanten Informationen erhält und mit der Entscheidungsbildung beginnt. Dennoch erlaubt die Richtlinie einen Schutz des Verbrauchers selbst dann nicht, wenn außer der Belegenheit alle relevanten Verbindungselemente des Sachverhalts in der Gemeinschaft liegen.[912]

Art. 9 TimesharingRL weist daher erhebliche Schutzlücken auf, die angesichts der unzutreffenden zugrunde liegenden Erwägungen des Gemeinschaftsgesetzgebers umso bedauerlicher sind.[913]

---

908 Vom 26.5.1989, BGBl. 1994 II 519.

909 Vgl. dazu *Rauscher*, IZVR, 49; *v. Hoffmann*, IPR, § 3, Rdn. 240. Der EuGH hat den Anwendungsbereich des Art. 16 Nr. 1 EuGVÜ etwa für einen Vertrag über die Überlassung eines Ferienhauses durch einen Reiseveranstalter verneint, EuGH v. 26.2.1992, Rs. C-280/90, IPRax 1993, 31.

910 Vgl. *Otte*, RabelsZ 62 (1998), 405, 425 f.

911 *Mäsch*, DNotZ 1997, 180, 208.

912 Grabitz/Hilf - *Martinek*, Bd. III, A 13, Art. 9 RL, Rdn. 214.

913 Kritisch z.B. auch *Kappus*, EWS 1996, 273, 276; *Mäsch*, EuZW 1995, 8, 14; Grabitz/Hilf- *Martinek*, Bd. III, A 13, Art. 9 RL, Rdn. 214.; *Mankowski*, RIW 1995, 364, 368; *Otte*, RabelsZ 62 (1998), 405, 424; *Grundmann*, Schuldvertragsrecht, § 7, 4.02, Rdn. 25.

e) Ungeeignetes Nähekriterium bei flexiblem Timesharing

Nicht zuletzt setzt sich auf diese Weise in Art. 9 TimesharingRL ein auch für die sachrechtlichen Regelungen der TimesharingRL kritisiertes[914] Manko im Hinblick auf flexibles Timesharing fort. Denn hat der Vertrag einen (womöglich wechselnden) Bestand an Immobilien zum Gegenstand oder hat der Erwerber die Möglichkeit, sein Wohnrecht gegen das an einer anderen Immobilie einzutauschen, so steht im Zeitpunkt des Rechtsstreits häufig noch gar nicht fest, um welche Immobilie es geht, so dass ein bestimmter Lageort nicht feststellbar ist.[915] Art. 9 TimesharingRL soll zwar einerseits flexible Formen des Timesharing erfassen, andererseits enthält er aber keine adäquate Regelung hierfür. Diese Situation kann man als Normlücke bezeichnen, da der Anwendungsbereich des Art. 9 TimesharingRL im Hinblick auf flexibles Timesharing offensichtlich unvollständig ist.[916] Es gilt daher, auch beim flexiblen Timesharing dem durch die Belegenheit einzelner Immobilien in der Gemeinschaft geschaffenen Bezug durch richtlinienkonforme Auslegung Rechnung zu tragen. Je nach Ausgestaltung des konkreten Vertrags ist dann in erweiternder Auslegung des Merkmals „Belegenheit der Immobilie" im Einzelfall festzustellen, ob ein hinreichender, einem Timesharingvertrag über eine einzige, in der Gemeinschaft belegene Immobilie vergleichbarer Bezug vorliegt. In der Literatur wird zur Lösung der Problematik etwa vorgeschlagen, Art. 9 TimesharingRL in den Fällen eingreifen zu lassen, in denen der überwiegende Teil der vom Timesharingvertrag erfassten Wohngebäude innerhalb der EU belegen ist.[917]

Auch wegen solcher Auslegungsschwierigkeiten wäre es aber besser gewesen, wie in Art. 6 Abs. 2 Klausel- und Art. 12 Abs. 2 FernabsatzRL Raum für eine flexiblere Beurteilung des räumlichen Zusammenhangs zwischen Timesharingvertrag und Gemeinschaftsgebiet zu schaffen.

f) Wortsinngrenze und Konsequenzen

Angesichts des klaren Wortlauts lässt sich ein Merkmal wie das des „engen Zusammenhangs" aber nicht in Art. 9 TimesharingRL hineinlesen. Eine Einbeziehung von Verträgen über ausschließlich in Drittstaaten belegene

---

914 Obwohl die Richtlinie ausdrücklich alle Formen des Timesharing erfassen will, sind namentlich die Regelungen zu den Informationspflichten und zwingenden Vertragsinhalten auf Verträge zugeschnitten, die eine bestimmte Immobilie zum Gegenstand haben, vgl. *Kappus*, EWS 1996, 273, 276 f.; *Mäsch*, EuZW 1995, 8, 14; *Spörer*, in: Paschke/Iliopoulos (Hrsg.), 213, 225 f.

915 *Otte*, RabelsZ 62 (1998), 405, 426; ebenso für das flexible Timesharing, Grabitz/Hilf-*Martinek*, Bd. III, A 13, Art. 9 RL, Rdn. 214; *Spörer*, in: Paschke/Iliopoulos (Hrsg.), 213, 226.

916 Vgl. zu Normlücken *Rüthers*, Rdn. 847.

917 So *Grundmann*, Schuldvertragsrecht, § 7, 4.02, Rdn. 25.

Immobilien im Wege der Auslegung ist nicht zu bewerkstelligen. Auch eine – im Sekundärrecht ohnehin mit Vorsicht zu handhabende – Korrektur im Wege der Analogie zu den insoweit weitergehenden Vorschriften der Klausel- und der FernabsatzRL scheidet aus.[918] Denn eine Regelung der kollisionsrechtlichen Problematik fehlt in der TimesharingRL nicht etwa. Das Problem der Drittstaatenimmobilien hat der Gemeinschaftsgesetzgeber vielmehr durchaus gesehen, was sich mittelbar aus der Streichung des Art. 9 Abs. 2 des Vorschlags[919] zur TimesharingRL sowie aus der zugehörigen Begründung, man könne den Schutz der Richtlinie nicht weltweit garantieren, ergibt.

Angesichts des klaren Regelungsbedürfnisses überrascht es aber nicht, dass beispielsweise der deutsche Umsetzungsgesetzgeber schon im Rahmen der ersten Umsetzung in § 8 Nr. 2 TzWrG eine zusätzliche marktbezogene Anknüpfung vorgesehen und den Regelungsauftrag der TimesharingRL damit bewusst überschritten hat.[920]

III. Auslegungsfragen, die im Ergebnis wie bei Art. 6 Abs. 2 Klausel- und Art. 12 Abs. 2 FernabsatzRL zu beantworten sind

Neben den eindeutigen Gemeinsamkeiten und Unterschieden im Regelungsprogramm bedarf es bei einigen der oben angesprochenen Auslegungsfragen einer näheren Untersuchung, ob insoweit Übereinstimmung im Richtlinien-IPR zu erzielen ist. Dazu gehört das Problem der Einbeziehung von Drittstaatenverbrauchern und im Bereich der Rechtsfolge die Frage, ob auch Art. 9 TimesharingRL das Verweisungsziel offen lässt sowie ob er ebenfalls einen Günstigkeitsvergleich mit dem auf den Vertrag an sich anwendbaren Drittstaatenrecht verlangt.

1. Ausschluss der Drittstaatenverbraucher auch im Rahmen des Art. 9 TimesharingRL

Die Ausgestaltung der erforderlichen Nähebeziehung des Verbrauchervertrags zum Gemeinschaftsgebiet bestimmt in Ermangelung einer ausdrücklichen Regelung dieser Frage auch die Einbeziehung von Verbrauchern mit gewöhnlichem Aufenthalt in Drittstaaten.

---

918 A.A. *Neises*, NZM 2000, 1033, 1036 mit Fn. 29, der unter Hinweis auf den Schutzgedanken der Richtlinie sowie Erwägungsgrund Nr. 14 eine Korrektur des Art. 9 TimesharingRL befürwortet.

919 Vgl. oben 1. Teil A II.

920 Frankreich, Luxemburg und Belgien sehen eine ähnliche Erweiterung vor, vgl. Bericht der Kommission über die Anwendung der Richtlinie 94/47/EG, SEC (1999), 1795 endg., 22.

a) Ausgangslage

Der Gemeinschaftsgesetzgeber hat im bisher geltenden Richtlinien-IPR zur Frage des persönlichen Anwendungsbereichs nicht ausdrücklich Position bezogen. Lediglich Art. 11 Abs. 3 des Vorschlags einer Richtlinie zum Fernabsatz von Finanzdienstleistungen schließt Drittstaatenverbraucher ausdrücklich aus. Die sachrechtliche Definition des Verbrauchers, die in den Richtlinien aus der Umschreibung des Verbrauchervertrags folgt, enthält hierzu ebenfalls keine Hinweise.

Die obigen Ausführungen zur entsprechenden Problematik in Art. 6 Abs. 2 Klausel- und Art. 12 Abs. 2 FernabsatzRL haben zum Ergebnis geführt, dass das Merkmal des „engen Zusammenhangs" dahingehend teleologisch zu reduzieren ist, dass ein enger Zusammenhang nicht vorliegt, wenn auf der Verbraucherseite eine Person mit gewöhnlichem Aufenthalt außerhalb der EU auftritt. Es werden dadurch Tatbestände, die vom Wortlaut her in den räumlichen Anwendungsbereich fallen könnten, von vornherein in erster Linie aus systematischen und teleologischen Erwägungen heraus ausgeschieden.

Art. 9 TimesharingRL verfolgt dasselbe Ziel wie das übrige Richtlinien-IPR. Auch er soll aus Wettbewerbs- und Verbraucherschutzgründen eine Abgrenzung des angeglichenen Rechts in der Gemeinschaft von Drittstaatenrecht leisten. Auch er steht dabei in einem Spannungsverhältnis zu existierenden Regelungen des EVÜ, wenn auch in relativierter Form, da Timesharingverträge in der Regel nicht in den sachlichen Anwendungsbereich des Art. 29 EGBGB fallen[921] bzw. durch Art. 29 Abs. 4 Nr. 2 EGBGB ausgeschlossen werden.

Fraglich ist angesichts der identischen Ausgangslage also nur, ob der Umstand, dass Art. 9 TimesharingRL allein auf die Belegenheit der Immobilie abstellt, die Einbeziehung von Drittstaatenverbrauchern entgegen der Teleologie der Richtlinie erzwingt, wie dies *Jayme* und *Kohler* annehmen, wenn sie angesichts der alleinigen Maßgeblichkeit des Lageorts in Art. 9 TimesharingRL sogar zu dem Ergebnis kommen, dass die Richtlinie im Ergebnis *vor allem* Verbraucher aus Drittstaaten schütze.[922]

---

921 Streitig, vgl. MüKo - *Martiny*, Art. 28 EGBGB, Rdn. 125e; Staudinger - *Magnus* (2002), Art. 28 EGBGB, Rdn. 232; Palandt - *Heldrich*, 59. Aufl., § 8 TzWrG, Rdn. 1; Soergel - *v. Hoffmann*, Art. 28 EGBGB, Rdn. 169.

922 *Jayme/Kohler*, IPRax 1995, 343, 344. Weniger pointiert in dem Sinne, dass Art. 9 TimesharingRL Verbraucher, die ihren Wohnsitz nicht in der EU haben jedenfalls *auch* erfasst, *Wegner*, 176; *Grundmann*, Schuldvertragsrecht, § 7, 4.02, Rdn. 25. Ebenso jetzt der Bericht der Kommission über die Anwendung der Richtlinie 94/47/EG, SEC (1999), 1795 endg., 23.

b) Teleologische Reduktion des Art. 9 TimesharingRL

Meines Erachtens sind die Voraussetzungen einer teleologischen Reduktion aber auch hier gegeben. Das Belegenheitskriterium tritt in Art. 9 TimesharingRL an die Stelle des „engen Zusammenhangs", mit dem die IPR-Klauseln sonst die notwendige Lokalisierung des Verbrauchervertrags in der Gemeinschaft beschreiben. Es erscheint daher nahe liegend und vor dem Hintergrund der identischen Ausgangslage auch geboten, davon auszugehen, dass die Mindestvoraussetzung eines engen Zusammenhangs, die im gewöhnlichen Aufenthalt des Verbrauchers in der Gemeinschaft besteht, auch für das konkretisierende Merkmal der Belegenheit gilt.

Für Timesharingverträge soll allein der Lageort den Schutz der Richtlinie auslösen. Der Gemeinschaftsgesetzgeber sieht hierin eine starke Verankerung des Vertrags im Gebiet der EU und möchte gleichzeitig keine geringeren Bezüge gelten lassen. Erstaunlich wäre es angesichts dieser im Vergleich zu den anderen IPR-Klauseln restriktiven Tendenz, wollte man dem Belegenheitskriterium im Hinblick auf den persönlichen Anwendungsbereich des Art. 9 TimesharingRL eine Erweiterung entnehmen, zumal das Aufenthaltskriterium in der Regelung überhaupt keine Rolle spielt[923].

Art. 9 TimesharingRL ersetzt nicht den Schutz des europäischen Verbrauchers durch ein „in der Luft" hängendes anderes Nähekriterium, sondern schränkt vielmehr den nach wie vor allein beabsichtigten Schutz der europäischen Verbraucher im Vergleich zur Rechtslage bei der Klauselkontrolle, bei Fernabsatzgeschäften und beim Verbrauchsgüterkauf räumlich ein. Er soll mit anderen Worten nicht eine andere Gruppe von Verbrauchern, sondern nur einen kleineren Teil derselben – Verbraucher aus Drittstaaten nicht einschließenden – Gruppe schützen.

2. Verweisungsziel

Im Rahmen der von Art. 9 TimesharingRL vorgesehenen Rechtsfolge ist fraglich, ob die Konkretisierung des engen Zusammenhangs zum Gemeinschaftsgebiet allein durch das Kriterium der Belegenheit zugleich das Verweisungsziel determiniert. Wäre das zu bejahen, müsste die Umsetzungskollisionsnorm in jedem Fall das Recht des Mitgliedstaats, in dem die Timesharingimmobilie liegt, zur Anwendung berufen.

---

923 Vgl. *Otte*, RabelsZ 62 (1998), 405, 423.

a) Berufung des Belegenheitsrechts als von Art. 9 TimesharingRL vorgesehene Rechtsfolge?

In der Literatur geht man davon teilweise in der Tat aus[924], auch der französische Gesetzgeber wählte diesen Weg in Art. L 121-74 Code de la Consommation[925]. Es ist allerdings nicht ersichtlich, worin in dieser Frage der Unterschied zu den anderen beiden IPR-Klauseln liegen soll. Es geht dem Gemeinschaftsgesetzgeber auch hier nur um die Abgrenzung des angeglichenen Rechts der Mitgliedstaaten von Drittstaatenrecht. Der Bereich der Timesharingverträge weist keine Besonderheit gegenüber den im Fernabsatz geschlossenen Verträgen oder gegenüber dem Regelungsbereich der Klauselkontrolle auf, die es rechtfertigen würde, dem Gemeinschaftsgesetzgeber zu unterstellen, er wolle gerade für Timesharingverträge selbst festlegen, welches mitgliedstaatliche Recht neben dem Vertragsstatut ergänzend zur Anwendung kommt.

Gegen die Ansicht, Art. 9 TimesharingRL schreibe eine Anknüpfung an die Rechtsordnung des Mitgliedstaats vor, in dem die Immobilie belegen ist, spricht ferner, dass Art. 9 TimesharingRL den Verbraucher kollisionsrechtlich schützen will, dessen Schutzbedürfnis aber auf die Geltung des vertrauten Umfeldrechts gerichtet ist und das EVÜ insoweit eine Anknüpfung an Vertriebs- und Marketingaktivitäten des Anbieters vornimmt.[926] Auch hier greift wieder der Gesichtspunkt der möglichst weitgehenden Kohärenz mit dem Anknüpfungssystem des EVÜ ein.

Soweit es zur Erreichung der Richtlinienziele nicht notwendig ist, kann man danach nicht davon ausgehen, dass die Richtlinie den Mitgliedstaaten Abweichungen von den Wertungen des EVÜ vorschreibt. Solche Fragen lassen die IPR-Klauseln vielmehr offen. Es liegt am Umsetzungsgesetzgeber, eine das Angleichungs- und Schutzziel verwirklichende Kollisionsnorm zu schaffen, die zugleich internationalprivatrechtliche Interessen wie auch die völkerrechtliche Bindung an das EVÜ berücksichtigt. Art. 9 TimesharingRL selbst lässt das Verweisungsziel mithin ebenfalls offen.[927]

---

924 Grabitz/Hilf - *Martinek*, Bd. III, A 13, Rdn. 210; wohl auch *Grundmann*, Schuldvertragsrecht, § 7, 4.02, Rdn. 25; nach *Mäsch*, DNotZ 1997, 180, 207, zielt Art. 9 TimesharingRL auf eine Belegenheitsanknüpfung ab; nach *Nemeth*, 93, bietet sich das Belegenheitsrecht als das durchzusetzende Recht an.

925 Text abgedruckt in NZM 1999, 359, 360.

926 *Otte*, RabelsZ 62 (1998), 405, 425; vgl. auch *Mäsch*, DNotZ 1997, 180, 207 f.

927 So auch *Wegner*, 178; *Otte*, RabelsZ 62 (1998), 405, 429; *Krebber*; ZVglRWiss 97 (1998), 124, 143. Der Sache nach auch *v. Wilmowsky*, ZEuP 1995, 735, 761 f., der das Verweisungsziel in primärrechtskonformer Auslegung des Art. 9 TimesharingRL ermitteln will.

b) Günstigkeitsvergleich

Auch die Frage, ob Art. 9 TimesharingRL einen Günstigkeitsvergleich vorsieht, ist wie bei den anderen beiden IPR-Klauseln positiv zu beantworten.[928] Die Gegenmeinung, die in der Regel im Anschluss an die hier abgelehnte These, Art. 9 TimesharingRL verlange die Berufung des mitgliedstaatlichen Belegenheitsrechts, annimmt, die Richtlinie erlaube auch eine unbedingte Anknüpfung an das Belegenheitsrecht[929], überzeugt nicht. Es ist kein Grund ersichtlich, warum Art. 9 TimesharingRL ein Drittstaatenrecht überlagern sollte, das im Vergleich zur Richtlinie gleichwertige oder bessere Schutzstandards für Timesharingerwerber vorsieht. Die oben genannten Argumente gegen die Annahme einer unbedingten Anknüpfung mitgliedstaatlichen Umsetzungsrechts gelten hier entsprechend.

---

928 So auch *Jayme*, IPRax 1997, 233, 234; *Jayme/Kohler*, IPRax 1995, 343, 346; Grabitz/Hilf - *Martinek*, Bd. III, A 13, Art. 9 RL, Rdn. 211; *Lagarde*, Rev. crit. dr. internat. privé 87 (1998), 741, 744; *Nemeth*, 93; *Staudinger*, RIW 1999, 915, 922

929 Vgl. *Mäsch*, EuZW 1995, 8, 13; Hildenbrand/Kappus/*Mäsch*, § 8 TzWrG, Rdn. 28: *Rauscher*, EuZW 1996, 650, 651; *Schomerus*, ZMR 1998, 70, 74; *Otte*, RabelsZ 62 (1998), 405, 423 f.; *Wegner*, 180.

E. Analyse des Transformationsbedarfs

Das kollisionsrechtliche Regelungsprogramm der IPR-Klauseln konnte in den vorigen Abschnitten so weit präzisiert werden, dass nunmehr eine Untersuchung der Frage möglich ist, ob im deutschen Recht überhaupt ein Umsetzungsbedarf bestand. Obwohl der Umsetzungsgesetzgeber diese Frage längst positiv beantwortet hat – vor dem Hintergrund, dass bereits Art. 29 EGBGB und der § 12 AGBG a.F. einen kollisionsrechtlichen Schutz des Verbrauchers bereitstellten, war dies durchaus nicht selbstverständlich –, ist sie nicht lediglich von theoretischem Interesse. Die folgende Untersuchung liefert vielmehr auch Erkenntnisse für die Einordnung des Art. 29a EGBGB in sein kollisionsrechtliches Umfeld sowie als Grundlage für die später noch zu klärende Frage, wie sich Art. 29a EGBGB zu den allgemeinen Instituten des deutschen IPR verhält.[930]

So ist der Anwendungsbereich des Art. 29a EGBGB umso kleiner, je mehr Vorgaben der IPR-Klauseln bereits von Art. 29 EGBGB erfüllt werden[931], zumal die Abgrenzung beider Normen angesichts unterschiedlicher Rechtsfolgen sowie der nur für Art. 29a EGBGB bestehenden Pflicht zur Vorlage an den EuGH wichtig ist. Schließlich kann die Frage der Durchsetzung von Richtlinienbestimmungen über das sonstige nationale Kollisionsrecht im Rahmen der richtlinienkonformen Auslegung relevant werden, wenn Art. 29a EGBGB bestehende oder künftige IPR-Bestimmungen aus Richtlinien unzureichend umsetzen sollte.[932]

I. Allgemeine Anforderungen an die Umsetzung von Richtlinien

Die unter C. und D. ermittelten Interpretationsergebnisse[933] sind gem. Art. 249 Abs. 3 EG verbindlich, die darin zum Ausdruck kommenden Regelungsziele muss die nationale Umsetzungsnorm vollständig verwirklichen, strengere Regelungen sind hingegen nach der hier vertretenen Auffassung nicht zulässig.[934] Ausgangspunkt der inhaltlichen Präzisierung des Umsetzungserfordernisses ist Art. 249 Abs. 3 EG, wonach die Richtlinienziele für die Mitgliedstaaten

---

930 Vgl. auch MüKo-*Sonnenberger*, Einl. IPR, Rdn. 180: „Die Ausführungen zum Umsetzungsbedarf sind wegen ihres methodischen Charakters auch nach erfolgter Umsetzung des Art. 6 Abs. 2 von Bedeutung."

931 Zur vorrangigen Prüfung des Art. 29 EGBGB, vgl. 4. Teil H II.

932 So stellte sich für § 12 AGBG (1996) die Frage, ob man seine gemeinschaftsrechtswidrige Einschränkung auf im Gebiet der Bundesrepublik lokalisierte Verträge durch einen Rückgriff auf Art. 34 EGBGB heilen konnte, vgl. *Staudinger*, VersR 1999, 401, 407 f. (ablehnend). Nach der hier vertretenen Auffassung erfüllt Art. 29a Abs. 1, 2 EGBGB die Richtlinienvorgaben allerdings voll und ganz, vgl. 4. Teil I.

933 Siehe auch unten die Aufstellung im 3. Teil unter F.

934 Siehe oben 2. Teil E IV.

verbindlich sind. Es gilt das Gebot der vollständigen Umsetzung der Richtlinie in das nationale Recht.[935]

1. „Effet utile“ als Leitlinie der Umsetzung

Leitlinie der Transformation muss immer die praktische, das heißt nicht nur rechtliche, sondern auch tatsächliche Wirksamkeit der Umsetzungsregelungen sein („effet utile“).[936] Sie müssen die Ziele der Richtlinie effektiv verwirklichen, wobei dem Grundsatz der Rechtssicherheit ausreichend Rechnung zu tragen ist. Denn der Bürger, dem die Richtlinien konkrete Schutzpositionen gewähren wollen, muss seine Rechte einfach erkennen und durchsetzen können.[937] Daher setzen die Grundsätze der Rechtsklarheit und der Rechtssicherheit dem Ermessen des Umsetzungsgesetzgebers bereits bei der Wahl der Form der Umsetzung Grenzen.

a) Die Form der Umsetzung und der Grundsatz der Rechtssicherheit

Verbraucherrichtlinien der hier besprochenen Art dienen dem Schutz der wirtschaftlichen Interessen privater Endkonsumenten im vertragsrechtlichen Bereich. Sie möchten den Anbietern in der Vertragsanbahnungs- und abschlussphase bestimmte Pflichten und Obliegenheiten auferlegen, denen auf der anderen Seite zum Teil echte Ansprüche der Verbraucher korrelieren, zum Teil sehen sie auch einseitige Schutzinstrumente, z.B. Widerrufsrechte, vor. Im Interesse der betroffenen Wirtschaftskreise sowie des geschützten Kreises von Endkunden bedarf es einer eindeutigen Festlegung der von den Richtlinien vorgesehenen Rechte und Pflichten im nationalen Recht.

Die Transformation der Verbraucherrichtlinien im Sinne des Art. 29a EGBGB muss daher – wie allgemein die Umsetzung privatrechtsangleichender Richtlinien[938] – hohen Anforderungen genügen. Eine bloße Rechtsprechungsänderung zum Zwecke der Umsetzung genügt hier nicht[939], jedenfalls, solange eine sichere Durchsetzung der Richtlinienziele nicht in jedem von ihr erfassten Einzelfall gewährleistet ist. Gerade im Bereich des Verbraucherschutzes ist nach der jüngsten Judikatur des EuGH auch zweifelhaft, ob es eine ausreichende

---

935 *Oppermann*, Europarecht, Rdn. 552.
936 *Steindorff*, 430; *Oppermann*, Europarecht, Rdn. 552.
937 Dazu *Steindorff*, 431 f.; *Ulmer*, EuZW 1993, 337, 339; *Roth*, JZ 2001, 475, 482.
938 *Steindorff*, 432.
939 Allgemein dazu *Kiendl*, JbJZivRWiss 1995, 195, 204 m.N. zur EuGH-Rechtsprechung.

„Umsetzung" darstellen kann, wenn das bestehende nationale Recht lediglich in *richtlinienkonformer Auslegung* die Anforderungen der Richtlinie erfüllt.[940]

Diese Frage wird sich nicht abstrakt beantworten lassen.[941] Es kommt vielmehr darauf an, wie detailliert die Richtlinienvorgaben sind und inwieweit die richtlinienkonform auszulegende nationale Vorschrift diese Vorgaben den Bedürfnissen der Rechtssicherheit und -klarheit entsprechend durchzusetzen vermag. So sind die sachrechtlichen Regelungsvorgaben etwa der Timesharing- und FernabsatzRL im Hinblick auf die Informationspflichten derart umfangreich und differenziert, dass eine Umsetzung ins deutsche Recht mittels (vor-) vertraglicher Aufklärungspflichten oder gar des allgemeinen Auskunftsanspruchs aus § 242 BGB nicht denkbar wäre. Hier bedurfte es also eines speziellen förmlichen Umsetzungsgesetzes. Andererseits enthält das hier relevante Richtlinienkollisionsrecht nur recht ungenaue und lückenhafte Vorgaben. Es erscheint daher keineswegs von vornherein ausgeschlossen, eine „Umsetzung" der IPR-Klauseln über die richtlinienkonforme Auslegung bestehender Instrumente des IPR, die eine Berücksichtigung sachrechtlicher Interessen erlauben, zu bejahen.

b) Inhaltliche Anforderungen an die Umsetzung

Die Regelungsziele der Richtlinie sind verbindlich. Der nationale Gesetzgeber darf daher grundsätzlich keine eigenen, abweichenden Zwecke mit dem Umsetzungsgesetz verfolgen. Er darf auch nicht unter Hinweis auf drohende systematische Brüche im nationalen Recht Abweichungen vorsehen.[942] Soweit die Richtlinie im Hinblick auf die Verwirklichung der vorgegebenen Ziele einen Gestaltungsspielraum belässt, haben die Mitgliedstaaten die zur Zielerreichung notwendigen Mittel selbst auszuwählen. Aus dem Umstand, dass die Mitgliedstaaten gem. Art. 249 Abs. 3 EG in der Wahl von Form und Mittel zur Erreichung der Richtlinienziele frei sind, folgt außerdem, dass eine wörtliche Übernahme des Richtlinientextes nicht geboten ist.[943] Allerdings führt eine Änderung von Wortlaut oder Systematik gegenüber den Richtlinienvorgaben

---

940 EuGH, v. 10.5.2001, Rs. C-144/99 (*Kommission/Niederlande*), EuZW 2001, 437, 438, Tz. 21, mit Anm. *Leible*; allg. kritisch auch *Steindorff*, 433; *Ehricke*, EuZW 1999, 553, 558.

941 So auch *Leible*, Anm. zu EuGH (vorige Fn.), 438, 439; a.A. offenbar *S. Heß*, S. 36, wenn er für die Umsetzung privatrechtsangleichender Richtlinien immer ein förmliches Gesetz bzw. eine Rechtsverordnung verlangt. Aber auch die richtlinienkonforme Auslegung eines bestehenden förmlichen Gesetzes könnte man doch als förmliche Umsetzung ansehen. Einschränkend dann auch *Ders.*, a.a.O., 104.

942 *Grundmann*, JZ 1996, 274, 282, m.N. zur Gegenmeinung, die z.T. eine Art Verhältnismäßigkeitsgrundsatz zugunsten des nationalen Gesetzgebers annimmt.

943 *Ulmer*, EuZW 1993, 337, 339; *Steindorff*, 431.

möglicherweise schon dann zu einem Umsetzungsfehler, wenn nur ein Anwendungsergebnis hinter dem Richtlinienstandard zurückbleibt.[944]

Auch zusätzliche Tatbestandsmerkmale, zumal einschränkende, sind vorsichtig zu handhaben.[945] Gerade im Zusammenhang mit Art. 6 Abs. 2 KlauselRL hat die Kommission in ihrem Bericht über die Anwendung der KlauselRL moniert, dass einige mitgliedstaatliche Umsetzungen den internationalen Verbraucherschutz von zusätzlichen Bedingungen abhängig machen.[946]

2. Vergleich der bestehenden Rechtslage mit den Richtlinienzielen

Zur Feststellung des Transformationsbedarfs bedarf es einer Gegenüberstellung der bestehenden Rechtslage mit den Vorgaben der Richtlinie. Nur wenn sich diese in einer dem Gebot der Rechtssicherheit und -klarheit entsprechenden Weise bereits de lege lata verwirklichen lassen, ist eine Umsetzung durch neue Vorschriften nicht notwendig. In der Diskussion um die Transformation der IPR-Klauseln in Deutschland spielten die angesprochenen Fragen der Notwendigkeit eines eigenständigen Umsetzungsgesetzes eine große Rolle. Vor dem Hintergrund der Möglichkeiten, die das EVÜ zum kollisionsrechtlichen Schutz der Verbraucher bietet, hat man den Umsetzungsbedarf für alle drei Richtlinien im Hinblick auf die Kollisionsregel bestritten.[947] Dies allerdings zu Unrecht, wie auch der deutsche[948] und die meisten anderen mitgliedstaatlichen[949] Umsetzungsgesetzgeber befanden.

---

944 *Grundmann*, JZ 1996, 274, 283. Beispiele für Wortlautänderungen: *Ders.*, a.a.O., 285. Ein Beispiel aus dem zweiten Bereich könnte der dem § 310 Abs. 4 S. 1 BGB entnehmbare Ausschluss auch eines Anlegers sein, der in eine Publikums-KG investiert, da er nach der KlauselRL in den persönlichen Anwendungsbereich fallen kann, *Ders.*, a.a.O., 284 (zu § 23 Abs. 1 AGBG).

945 *Grundmann*, JZ 1996, 274, 285 f.

946 Bericht der Kommission über die Anwendung der Richtlinie 93/13/EWG, KOM (2000), 248 endg., 8 Fn. 19.

947 Bzgl. Art. 6 Abs. 2 KlauselRL: *Jayme*, in: FS Trinkner (1995), 575, 576; *Jayme/Kohler*, IPRax 1993, 357, 359; bzgl. Art. 9 TimesharingRL, *Jayme/Kohler*, IPRax 1994, 405, 408; *Dies.*, Rev. crit. dr. internat. privé (84) 1995, 1, 31; bzgl. Art. 12 Abs. 2 FernabsatzRL: *Waldenberger*, K&R 1999, 345, 353; *Jayme/Kohler*, Rev. crit. dr. internat. privé (84) 1995, 1, 28; *Borges*, ZIP 1999, 565, 573; wohl auch *Härting*, Rdn. 154.

948 Vgl. die Begründung zum Regierungsentwurf, BT-Drs. 14/2658, 28.

949 Nur vereinzelt hat man (zunächst) auf eine Umsetzung verzichtet. So haben Belgien und Finnland den Art. 6 Abs. 2 KlauselRL zunächst nicht umgesetzt, dies aber 1998 bzw. 1999 nachgeholt, vgl. den Bericht der Kommission über die Anwendung der Richtlinie 93/13/EWG, KOM (2000), 248 endg., 7 Fn. 10, 13. Irland hat Art. 9 TimesharingRL bisher nicht umgesetzt, Bericht der Kommission über die Anwendung der Richtlinie 94/47/EG, SEC (1999), 1795 endg., 23.

3. Vollharmonisierung und Bindung an das EVÜ

Schließlich ist noch zu beachten, dass sich nach der hier vertretenen Auffassung die Mindestschutzklauseln der Richtlinien nur auf sachrechtliche Regelungen beziehen, das kollisionsrechtliche Regelungsprogramm hingegen auch „nach oben hin“ abschließend ist. Im Ergebnis sollen die IPR-Klauseln also idealerweise eine Vollharmonisierung erreichen, auch wenn dieses Ziel angesichts der Entwicklung in den Mitgliedstaaten in weite Ferne gerückt ist.[950]

Soweit sich Umsetzungsspielräume ergeben oder einzelne Fragen von den IPR-Klauseln nicht angesprochen sind, ist der Gesetzgeber ferner an die Wertungen des EVÜ gebunden, denn der Vorrang des Richtlinienkollisionsrechts, auf den Art. 20 EVÜ hinweist, geht nur soweit, wie eine Verdrängung des EVÜ aus Sicht der Richtlinien unbedingt notwendig ist.[951]

II. Der aus den IPR-Klauseln erwachsende Transformationsbedarf

Bei der Untersuchung der Frage, ob die bestehenden Instrumente des IPR den kollisionsrechtlichen Schutz des Verbrauchers in all den Fällen durchsetzen, in denen die IPR-Klauseln dies verlangen, geht es zunächst um die von allen IPR-Klauseln erfasste subjektive Anknüpfung. Das die Vorgaben des EVÜ im Wesentlichen identisch übernehmende Anknüpfungssystem der Art. 27 ff. EGBGB geht hier vom Grundsatz der Parteiautonomie aus. Die Vertragsparteien sollen die auf ihren Vertrag anwendbare Rechtsordnung selbst bestimmen können. Die Rechtswahlfreiheit wird aber mehrfach eingeschränkt. Bei einem reinen Inlandssachverhalt kommt ihr gem. Art. 27 Abs. 3 EGBGB nur die Wirkung einer materiellrechtlichen Verweisung zu, alle im Inland geltenden zwingenden Bestimmungen bleiben unberührt.

Besteht eine in einzelnen Tatbeständen näher umschriebene enge Beziehung des Vertrags zum Heimatstaat des Verbrauchers, so sieht Art. 29 Abs. 1 EGBGB eine rechtswahlergänzende besondere Anknüpfung[952] solcher zwingender Schutzbestimmungen des Heimatrechts des Verbrauchers vor, die gegenüber dem gewählten Recht günstiger sind. Da Art. 9 TimesharingRL auch die objektive Anknüpfung erfasst, ist daneben an Art. 29 Abs. 2 EGBGB zu denken,

---

950 Siehe zur Entwicklung seit Inkrafttreten des Art. 6 KlauselRL unten 5. Teil B.

951 Vgl. dazu oben 2. Teil E.

952 Zur Unterscheidung der grundsätzlich im Anknüpfungssystem des EVÜ verbleibenden *besonderen Anknüpfung* von Verbraucherschutzrecht durch Art. 29 EGBGB bzw. Art. 5 EVÜ und der außerhalb stehenden *Sonderanknüpfung*, vgl. *Junker*, IPRax 2000, 65, 70; *Ebke*, in: v. Bar (Hrsg.), 97, 99. Häufig wird in der Literatur aber sowohl für Art. 29 EGBGB als auch für Art. 34 EGBGB der Begriff „Sonderanknüpfung“ verwendet, z.B. *Felke*, RIW 2001, 30, 31.

der in Ermangelung einer Rechtswahl unter den Voraussetzungen des Abs. 1 das Heimatrecht des Verbrauchers insgesamt als Vertragsstatut beruft.

In diesen Zusammenhang gehört auch die Rechtsfigur der Gesetzesumgehung, die es möglicherweise erlaubt, auf eine Manipulation des kollisionsrechtlichen Sachverhalts zwecks Ausschaltung des Art. 29 EGBGB zu reagieren.

Soweit Lücken gegenüber dem Regelungsprogramm der IPR-Klauseln verbleiben, werden daneben sonstige Rechtsinstitute des geltenden IPR auf eine mögliche Ergänzungsfunktion zu Art. 29 EGBGB zu untersuchen sein. Dabei geht es einerseits um Art. 34 EGBGB, wonach sog. international zwingende Vorschriften, die unabhängig von dem auf den Vertrag anwendbaren Recht zwingend Geltung beanspruchen, von den Art. 27 ff. EGBGB unberührt bleiben und damit einer Sonderanknüpfung unterliegen. Andererseits könnte auch der ordre public-Vorbehalt des Art. 6 EGBGB zur Abwehr eines richtlinienwidrigen Ergebnisses aufgrund der Anwendung drittstaatlichen Rechts herangezogen werden.

1. Kollisionsrechtlicher Verbraucherschutz durch Art. 29 EGBGB

Einer den Verbraucher benachteiligenden Rechtswahl tritt in erster Linie Art. 29 Abs. 1 EGBGB entgegen. Sein Schutzkonzept ist jedoch eng gefasst, indem es von der Wertung ausgeht, dass (nur) der passive, in seinem Heimatstaat mit den in Abs. 1 Nr. 1-3 beschriebenen Aktivitäten des Anbieters konfrontierte Verbraucher auf die Geltung der zwingenden Schutzvorschriften seines Umfeldrechts trotz abweichender Rechtswahl vertrauen darf.[953] Allein das Vorliegen eines Verbrauchervertrags löst den Schutz des Art. 29 Abs. 1 EGBGB daher noch nicht aus. Der Anbieter muss vielmehr zusätzlich durch die Akquisition des Verbrauchers in dessen Heimatstaat – genauer in dem Staat des gewöhnlichen Aufenthalts des Verbrauchers – eine enge räumliche Verbindung im Sinne der in Abs. 1 Nr. 1-3 genannten situativen, der Vertragsanbahnungsphase zuzuordnenden Voraussetzungen hergestellt haben.

Nur dann sieht es der Gesetzgeber als gerechtfertigt an, von der Rechtswahl (bzw. vom Prinzip der engsten Verbindung gem. Art. 28 EGBGB im Falle des Art. 29 Abs. 2 EGBGB) abzuweichen. Selbst dieser räumliche Zusammenhang reicht jedoch nicht aus, wenn es um eine Dienstleistung geht, die ausschließlich außerhalb des Heimatstaats des Verbrauchers zu erbringen ist, Art. 29 Abs. 4 Nr. 2 EGBGB. Insgesamt führt das Bild vom passiven Verbraucher zu einer erheblichen Selbstbeschränkung des Art. 29 EGBGB, die eine Anpassung an das

[953] Denkschrift zum EVÜ, BT-Drs. 10/503, 21, 26; *Leible*, in: Schulte-Nölke/Schulze (Hrsg.), 353, 359; *Bröcker*, 129. Nach Staudinger - *Magnus* (2002), Art. 29 EGBGB, Rdn. 65, ist das Abstellen auf den „passiven Verbraucher“ hingegen zu eng.

vom aktiven Verbraucher ausgehende Regelungsprogramm der IPR-Klauseln erschwert, wenn nicht unmöglich macht.

a) Teilweise Übereinstimmung des Art. 29 Abs. 1 EGBGB mit den Richtlinienvorgaben

Es bestehen allerdings durchaus gewisse Gemeinsamkeiten zwischen dem von Art. 29 EGBGB vorgesehenen kollisionsrechtlichen Verbraucherschutz und den IPR-Klauseln. So sind beide Ausdruck der Materialisierung des IPR, indem sie die Verweisung mit Rücksicht auf materielle Schutzzwecke bestimmen.[954] Konkret erfüllt Art. 29 EGBGB die Regelungsvorgaben der Richtlinien im Hinblick auf seinen persönlichen Anwendungsbereich und seine Rechtsfolgenanordnung.

(1) Persönlicher Anwendungsbereich

Die Richtlinien erfassen nur Verträge zwischen einem Verbraucher und einem Unternehmer und greifen daher nicht ein, wenn auf beiden Seiten ein zu privaten Zwecken handelnder Verbraucher auftritt.[955] Im Rahmen des Art. 29 EGBGB ist die Herausnahme solcher nicht kommerzieller Verträge aus dem Anwendungsbereich hingegen weniger eindeutig, da er nur von Verträgen spricht, die zu einem privaten Zweck geschlossen werden, ohne sich zur Art der Zwecksetzung der Gegenseite zu äußern. Dementsprechend ist die Frage, ob Art. 29 EGBGB Verträge zwischen zwei Verbrauchern erfasst, umstritten[956], was hier aber nicht weiter zu problematisieren ist. Denn auch bei einer negativen Antwort stimmt Art. 29 EGBGB insoweit immer noch mit den Vorgaben des Richtlinien-IPR überein.

Das zweite Problem des persönlichen Anwendungsbereichs stellt sich bei Verträgen mit gemischter Zwecksetzung, also etwa dem Kauf eines Pkw durch einen Rechtsanwalt zur sowohl beruflichen als auch privaten Nutzung. Hier werden sowohl für den Anwendungsbereich der Richtlinien als auch im Rahmen des Art. 29 EGBGB alle denkbaren Varianten vertreten. Wohl überwiegend stellt man in der Literatur auf den Schwerpunkt der beabsichtigten Nutzung ab[957], während nach der hier vertretenen Auffassung eine rein private Zwecksetzung erforderlich ist[958]. Unabhängig davon, wie man sich im einzelnen ent-

---

954 *Leible*, in: Schulte-Nölke/Schulze (Hrsg.), 353, 356, 364.

955 Die Richtlinien nehmen auch Verträge aus, deren Zweck einer unselbstständigen beruflichen Tätigkeit zugeordnet werden kann. Insoweit ist Art. 29 EGBGB (vgl. MüKo - *Martiny*, Art. 29 EGBGB, Rdn. 4) wie auch das deutsche Umsetzungsrecht in § 13 BGB weiter. Vgl. 3. Teil B I 1.

956 Vgl. *Leible*, in: Schulte-Nölke/Schulze (Hrsg.), 353, 357; *Vischer/Huber/ Oser*, Rdn. 723. Bejahend: MüKo - *Martiny*, Art. 29 EGBGB, Rdn. 7; *Rudisch*, 148 f.

957 *Vischer/Huber/Oser*, Rdn. 720.

958 Siehe oben 3. Teil B I 2.

scheidet, ist es insoweit angesichts des offenen Wortlauts des Art. 29 Abs. 1 EGBGB aber leicht möglich, den Anwendungsbereich von Richtlinien und Art. 29 EGBGB durch Auslegung in Einklang zu bringen.

(2) Übereinstimmung der Rechtsfolge des Art. 29 Abs. 1 EGBGB mit den Richtlinienvorgaben

In der Rechtsfolge ermöglicht es Art. 29 Abs. 1 EGBGB, dass für den Verbraucher günstigere zwingende Schutzbestimmungen seines Heimatrechts zur Anwendung kommen und damit die einen geringeren Schutz bietenden Regelungen des gewählten Rechts überlagern. Darunter fallen nicht nur spezifisch verbraucherschützende Bestimmungen, sondern alle Vorschriften, die den Schutz der schwächeren Vertragspartei bezwecken[959]. Der vorgesehene Günstigkeitsvergleich ist im Hinblick auf die sich im Rechtsstreit konkret stellende Rechtsfrage vorzunehmen.[960]

Insoweit geht Art. 29 EGBGB mit den Richtlinienvorgaben konform. Die IPR-Klauseln sehen nur den Schutz solcher Verbraucher vor, die ihren gewöhnlichen Aufenthalt in der EU haben. Ist Art. 29 Abs. 1 EGBGB bei Beteiligung eines solchen in den EU ansässigen Verbrauchers anwendbar, kommt somit – wie vom Richtlinien-IPR gefordert – immer das Umsetzungsrecht eines Mitgliedstaats zur Anwendung, denn bei den Umsetzungen der Verbraucherschutzrichtlinien handelt es sich unzweifelhaft um Schutzbestimmungen im Sinne des Art. 29 Abs. 1 EGBGB.

Auch die Konstruktion über eine rechtswahlbeschränkende, durch einen Günstigkeitsvergleich bedingte besondere Anknüpfung des heimischen Verbraucherschutzrechts ist richtlinienkonform. Wie gesehen verlangen diese keine unbedingte Durchsetzung des Umsetzungsrechts, sondern begnügen sich mit der Sicherung eines äquivalenten Schutzes durch das gewählte Drittstaatenrecht. Damit ist von der Rechtsfolge des Art. 29 Abs. 1 EGBGB her betrachtet, ein Umsetzungsbedarf zu verneinen. Die Schutzlücken liegen vielmehr – mit Ausnahme des persönlichen Anwendungsbereichs – im Tatbestand des Art. 29 EGBGB.

b) Engerer sachlicher Anwendungsbereich des Art. 29 EGBGB

Erste Differenzen ergeben sich im sachlichen Anwendungsbereich. Art. 29 EGBGB erfasst nur Verträge über die Lieferung beweglicher Sachen oder die Erbringung von Dienstleistungen sowie Verträge zur Finanzierung solcher

---

959 Vgl. *Leible*, in: Schulte-Nölke/Schulze (Hrsg.), 353, 360; MüKo - *Martiny*, Art. 29 EGBGB, Rdn. 25.

960 *Vischer/Huber/Oser*, Rdn. 762; *Coester-Waltjen*, in: FS Lorenz (1991), 297, 302 m.w.N. zu den umstrittenen Einzelheiten; MüKo - *Martiny*, Art. 29 EGBGB, Rdn. 30.

Geschäfte. Diese Definition überschneidet sich zwar weitgehend mit dem sachlichen Anwendungsbereich der einschlägigen Richtlinien, letztlich bleiben aber doch Schutzlücken.[961]

(1) KlauselRL

Die KlauselRL differenziert zunächst einmal nicht nach bestimmten Vertragstypen. Bereichsausnahmen ergeben sich nur mittelbar aus der Definition des Verbrauchers für das Arbeits-, das Familien-, das Erb- und das Gesellschaftsrecht.[962] Im Übrigen erstreckt sich der Anwendungsbereich der KlauselRL auf alle Schuldverträge und erfasst damit auch die von Art. 29 EGBGB ausgenommenen sog. ungebundenen Kreditverträge und reine Gebrauchsüberlassungen ohne Dienstleistungselement[963], Leasingverträge, Finanzierungsverträge über Immobilien, Wertpapiergeschäfte[964] sowie die in Art. 29 Abs. 4 Nr. 1 EGBGB ausgenommenen Beförderungsverträge[965]. Der sachliche Anwendungsbereich der KlauselRL und damit auch des Art. 6 Abs. 2 KlauselRL ist daher erheblich weiter als derjenige des Art. 29 EGBGB.

(2) FernabsatzRL

Die FernabsatzRL erfasst grundsätzlich jeden auf die Lieferung einer Ware oder die Erbringung einer Dienstleistung gerichteten Vertrag.[966] Sie stellt in diesem Rahmen nicht weiter auf verschiedene Vertragstypen, sondern auf die besondere Modalität des Vertragsschlusses über ein Fernabsatzsystem ab. Damit erfasst sie im Unterschied zu Art. 29 EGBGB insbesondere auch Mietverträge und Kaufverträge über Wertpapiere. Auch der sachliche Anwendungsbereich des Art. 12 Abs. 2 FernabsatzRL ist damit im Vergleich zu Art. 29 EGBGB weiter.

---

961 Vgl. *Sonnenberger*, ZVglRWiss 95 (1996), 3, 38; *Fischer*, in: FS Großfeld (1999), 277, 278; *Baumert*, EWS 1995, 57, 61; *Tenreiro/Karsten*, in: Schulte-Nölke/Schulze (Hrsg.), 223, 248; Grabitz/Hilf - *Pfeiffer*, Bd. III, A 5, Art. 6 RL, Rdn. 53 (zu Art. 6 Abs. 2 KlauselRL). So auch die Begründung zur Neufassung des § 12 AGBG, BT-Drs. 13/2713, 6. Mit der Alternative „Lieferung beweglicher Sachen" erfasst Art. 29 EGBGB hingegen Kaufverträge über bewegliche körperliche Gegenstände einschließlich solcher, die erst noch hergestellt oder erzeugt werden müssen, also alle Kaufverträge im Sinne des Art. 1 VerbrauchsgüterkaufRL.

962 Siehe oben 3. Teil B I 2. Art. 29 EGBGB erfasst das speziell in Art. 30 EGBGB geregelte Arbeitskollisionsrecht nicht. Die übrigen genannten Rechtsgebiete fallen schon nicht unter das EVÜ bzw. die Art. 27 ff. EGBGB, vgl. Art. 37 S. 1 EGBGB.

963 *Grundmann*, Schuldvertragsrecht, § 5, 2.10, Rdn. 37.

964 Sie sind keine beweglichen Sachen, vgl. *Vischer/Huber/Oser*, Rdn. 728; *Kegel/Schurig*, IPR, § 18 I 1. f), 586.

965 *Roth*, IPRax 1994, 165, 169; *Ders.*, in: Schnyder/Heiss/Rudisch (Hrsg.), 35, 39; *Baumert*, EWS 1995, 57, 61.

966 Vgl. oben 3. Teil B IV. (auch zu Ausnahmen).

(3) TimesharingRL

Sehr fraglich ist es, ob Timesharingverträge als Dienstleistungs- oder als von Art. 29 EGBGB nicht erfasste Gebrauchsüberlassungsverträge anzusehen sind. Ausgangspunkt ist die unstreitig weite Auslegung des Dienstleistungsbegriffs im EVÜ.[967] Die maßgeblichen Eckpunkte gibt Art. 29 EGBGB selbst vor, indem auf der einen Seite Mietverträge eindeutig ausscheiden, andererseits aber Hotelunterkunftsverträge unter die Bestimmung des Art. 29 Abs. 4 Nr. 2 EGBGB, also grds. in den Anwendungsbereich von Art. 29 EGBGB, fallen sollen.[968] Der entscheidende Unterschied besteht darin, dass nur im letzteren Fall ein erhebliches Dienstleistungselement vorliegt.

Angesichts der komplexen Gestaltungsmöglichkeiten für Timesharingverträge verbietet sich wohl eine pauschale Zuordnung.[969] Man wird bei zusätzlich vereinbarten Serviceleistungen zunächst danach differenzieren müssen, ob sie wirklich über die im Rahmen jedes schlichten Mietvertrags geschuldeten Instandhaltungspflichten hinausgehen.[970] Ist das der Fall, so wird man einen Dienstleistungsvertrag annehmen können, wenn der Wert der Zusatzdienstleistungen den des Wohnrechts deutlich übersteigt, so dass der Schwerpunkt des Vertrags nicht mehr in der Gebrauchsüberlassung liegt.[971] Letztere Ansicht hat kürzlich durch die Rechtsprechung des EuGH zusätzliches Gewicht erhalten.[972] Der sachliche Anwendungsbereich des Art. 29 EGBGB stimmt daher immerhin für einen Teil der relevanten Fallgestaltungen mit dem des Art. 9 TimesharingRL überein. Nicht erfasst sind jedoch schuldrechtliche Timesharingverträge ohne wesentliches Dienstleistungselement sowie mitgliedschaftsrechtlich ausgestaltete Modelle wegen Art. 37 EGBGB.

---

[967] Vgl. MüKo - *Martiny*, Art. 29 EGBGB, Rdn. 10, unter Hinweis auf die ebenfalls weite Auslegung desselben Begriffs in Art. 13 EuGVÜ.

[968] Vgl. *Giuliano/Lagarde*, 33, 57; Denkschrift zum EVÜ, BT-Drs. 10/503, 21, 27; Begründung zum IPR-Reformgesetz von 1986, BT-Drs. 10/504, 20, 80.

[969] Zu Recht differenzierend MüKo - *Martiny*, Art. 29 EGBGB, Rdn. 11a. In der Literatur trifft man aber durchaus auf die Aussage, Timesharingverträge fielen nie unter Art. 29 EGBGB, so *Roth*, IPRax 1994, 165, 170. Ebenso findet sich die gegenteilige Aussage, Timesharingverträge fielen regelmäßig unter Art. 29 EGBGB, so *Rauscher*, EuZW 1996, 650, 652; *Kegel/Schurig*, IPR, § 18 I 1. f), 586. Da der Begriff „Dienstleistung" in europäischer Auslegung sehr weit zu verstehen sei, will auch *Jayme* die Mehrzahl der Timesharingverträge unter Art. 29 EGBGB subsumieren, vgl. *Jayme*, in: Hommelhoff/Jayme/Mangold (Hrsg.), 35, 39 f.; *Ders.*, in: FS Trinkner (1995), 575, 579.

[970] Hildenbrand/Kappus/*Mäsch*, § 8 TzWrG, Rdn. 10; differenzierend auch *Vischer/Huber/Oser*, Rdn. 728; Staudinger - *Magnus* (2002), Art. 28 EGBGB, Rdn. 232.

[971] Vgl. *Pfeiffer*, NJW 1997, 1207, 1213 („vertragsprägende Dienstleistung").

[972] EuGH, v 22.4.1999, Rs. C-423/97 (*Travel Vac/Sanchis*), Slg. 1999 - I, 2195, 2226, Tz. 26; dazu *Jayme/Kohler*, IPRax 1999, 401, 402 f.

c) Begrenzter räumlich-territorialer Anwendungsbereich

Ein weiteres Defizit gegenüber den Anforderungen der IPR-Klauseln ergibt sich daraus, dass Art. 29 Abs. 1 EGBGB mit dem bereits angesprochenen, vom passiven Verbraucher ausgehenden Schutzkonzept den sich aktiv in der Gemeinschaft bewegenden Unionsbürger vernachlässigt, obwohl es das Ziel der realen Verwirklichung des Binnenmarkts erfordert, die Nachfragerseite zur Wahrnehmung ihrer Grundfreiheiten zu animieren.[973] Mit der Betonung der Grundfreiheiten als Nachfragerfreiheiten hat sich das Verbraucherbild in Europa insoweit geändert.[974] Dem sollen nicht zuletzt die IPR-Klauseln Rechnung tragen[975], indem sie bei grenzüberschreitenden Transaktionen das berechtigte Vertrauen des Verbrauchers auf die Geltung der europaweit vereinheitlichten Mindeststandards[976] schützen.

(1) Eng umgrenzte Tatbestände des Art. 29 Abs. 1 Nr. 1-3 EGBGB

Der Gemeinschaftsgesetzgeber hält ein solches Vertrauen auf die europäischen Schutzstandards immer schon dann für berechtigt, wenn der Vertrag einen engen Zusammenhang mit dem Gebiet der Gemeinschaft aufweist. Die Nähekriterien des Art. 29 Abs. 1 EGBGB, die bei dem nach hier vertretener Auffassung vom Richtlinien-IPR vorausgesetzten gewöhnlichen Aufenthalt des Verbrauchers in der EU immerhin auch einen Bezug zur Gemeinschaft beschreiben, sind somit schon aus normstrukturellen Gründen nicht ausreichend:

Während das Richtlinienkollisionsrecht auf eine Generalklausel abstellt, enthält Art. 29 EGBGB klar umrissene, enumerativ aufgezählte abschließende Tatbestände zur Bestimmung des räumlich-territorialen Anwendungsbereichs zwingender Verbraucherschutzbestimmungen. Der abschließende Charakter ergibt sich daraus, dass der Gesetzgeber durchaus bewusst keinen umfassenden kollisionsrechtlichen Verbraucherschutz gewährte. Unter Bezugnahme auf die in Art. 29 Abs. 1 Nr. 1 und 2 EGBGB beschriebenen Umstände der Vertragsanbahnung heißt es in der Begründung zum IPR-Reformgesetz von 1986, der Verbraucher könne „hier" denselben Schutz erwarten, wie bei Inlandsge-

---

973 Vgl. *Tonner*, BB 2000, 1413, 1418 f.

974 Das betont *Nemeth*, wbl 2000, 341 f. Kritisch zu diesem Wertungswandel *Jayme*, in: FS Trinkner (1995), 575, 579; *Junker*, IPRax 1998, 65, 71, die dies für eine Übersteigerung des Verbraucherschutzes halten.

975 *Staudenmayer*, in: Schulte-Nölke/Schulze (Hrsg.), 63, 71; Grabitz/Hilf - *Pfeiffer*, Bd. III, A 5, Art. 6 RL, Rdn. 21; Wolf/Horn/Lindacher - *Wolf*, Art. 6 RL, Rdn. 10; *Felke*, RIW 2001, 30, 31.

976 Vgl. zu den berechtigten Erwartungen, im innereuropäischen Rechtsverkehr auch durch die europäischen Standards geschützt zu sein, *Coester-Waltjen*, in: FS Lorenz (1991), 297, 309 f.; *Rauscher*, IPR, 235, und oben 3. Teil A II 2. c).

schäften.[977] Zur Nr. 3 stellt der Gesetzgeber fest, sie greife nur ein, wenn die Reise vom gewöhnlichen Aufenthaltsstaat des Verbrauchers aus angetreten worden ist, im Übrigen bleibe es bei Art. 27, 28 EGBGB.[978] Die darin zum Ausdruck kommende gesetzgeberische Intention stimmt auch mit dem Bericht von *Giuliano/Lagarde* überein, wonach Art. 5 EVÜ zum Schutz des Verbrauchers vor einer ihm nachteiligen Rechtswahl „nur unter den Voraussetzungen Anwendung (findet), die in den drei Gedankenstrichen des Abs. 2 aufgeführt sind".[979]

Charakteristisch für den von Art. 29 EGBGB vorausgesetzten Nähebezug ist einmal die Passivität des Verbrauchers: Der Anbieter muss sich auf den Heimatmarkt des Verbrauchers begeben, indem er dort Werbemaßnahmen ergreift (Nr. 1) oder zwar der Verbraucher aktiv wird, er jedoch in seinem Heimatstaat auf den Anbieter zwecks Vertragsschluss trifft (Nr. 2). Gleichgestellt wird der Fall, dass der Anbieter selbst zwar nicht im Heimatstaat des Verbrauchers unmittelbar in der in Nr. 1 und 2 beschriebenen Weise vertriebsbezogen tätig war, er aber eine Auslandsreise des Verbrauchers selbst herbeigeführt hat, um ihn im Ausland zum Geschäftsabschluss zu veranlassen.[980] Das zweite Charakteristikum neben der Passivität des Verbrauchers besteht also darin, dass der kollisionsrechtliche Verbraucherschutz des Art. 29 EGBGB immer auf den Staat des gewöhnlichen Aufenthalts des Verbrauchers abstellt.

Demgegenüber erfasst der „enge Zusammenhang" als Generalklausel auch die aktive grenzüberschreitende Nachfrage des Verbrauchers und gibt damit das Konzept des berechtigten Vertrauens auf den Schutz des nationalen Heimatrechts des Verbrauchers auf. Was die Nachfrage im Gebiet des Binnenmarkts angeht, war deren Förderung sogar einer der Hauptgründe für den Erlass der die IPR-Klauseln beinhaltenden Richtlinien. Gleichzeitig steht damit fest, dass die Nähekriterien nicht mehr auf den gewöhnlichen Aufenthaltsstaat des Verbrauchers weisen müssen. Wie gesehen ist für die Bejahung eines engen Zusammenhangs des Vertrags zur EU neben dem gewöhnlichen Aufenthalt in einem Mitgliedstaat lediglich das Vorliegen eines oder mehrerer vertragsschluss- bzw. durchführungsbezogener[981] Elemente, die zum Gebiet der EU weisen, notwendig.

---

977 BT-Drs. 10/504, 20, 79. Zu Recht kritisch zu dieser Aussage generell *Fischer*, in: FS Großfeld (1999), 277, 288: der Verbraucher erwarte schon aufgrund der Rechtswahl nicht mehr, dass sein Recht zur Anwendung kommt; entscheidend sei der Schutz des Verbrauchers als marktschwächerer Partei. Die Art. 29 Abs. 1 Nr. 1-3 EGBGB stützen sich daher nicht im eigentlichen Sinne auf Erwartungen, sondern auf eine kollisionsrechtliche Interessenbewertung.

978 BT-Drs. 10/504, 20, 80.

979 *Giuliano/Lagarde*, 33, 56.

980 Vgl. dazu MüKo - *Martiny*, Art. 29 EGBGB, Rdn. 18.

981 Insoweit allerdings streitig, vgl. 4. Teil C III 2. c) (3) und (4).

Der „enge Zusammenhang“ geht daher über die Anbahnungsmodalitäten des Art. 29 EGBGB hinaus.[982] Das sei für die Fernabsatz- und die TimesharingRL hier noch einmal verdeutlicht:

(2) Distanzvertrieb im Sinne der FernabsatzRL von Art. 29 Abs. 1 Nr. 1, 2 EGBGB erfasst?

Art. 29 Abs. 1 Nr. 1 EGBGB deckt immerhin einen großen Teil der für die FernabsatzRL relevanten Fallgestaltungen wie etwa den klassischen Versandhandel über Kataloge und Werbeprospekte ab, sofern der Verbraucher von seinem gewöhnlichen Aufenthaltsstaat aus handelt, lässt ihn aber entgegen den Vorgaben des Art. 12 Abs. 2 FernabsatzRL schutzlos, wenn er seine Bestellung von einem anderen EU-Staat aus abgibt. Zudem deckt die Nr. 1 nach einer allerdings umstrittenen Auffassung auch den gesamten Internet-Handel nicht ab und lässt danach den künftig wohl wichtigsten dem Fernabsatz zurechenbaren Vertriebsweg außer Acht.

Aber auch, wenn man Art. 29 Abs. 1 Nr. 1 EGBGB im *e*-Commerce für anwendbar hält, steht die erforderliche Kumulation von Vertriebsaktivität und gewöhnlichem Aufenthalt des Verbrauchers[983] im selben Staat im Wege. Es ist nämlich durchaus denkbar, dass ein Verbraucher die Werbung auf der Website des Anbieters etwa in England zur Kenntnis nimmt, sodann aber auf dem Rückweg über Frankreich dort über sein WAP-Handy die Bestellung tätigt.[984]

Auch Art. 29 Abs. 1 Nr. 2 EGBGB hilft im Internet-Handel nicht. Denn bei Bestellungen per E-Mail oder direkt über eine Website eines im Ausland sitzenden Anbieters geht die elektronische Willenserklärung des Verbrauchers erst in seiner im Sitzstaat bereitgehaltenen Empfangseinrichtung und nicht im Aufenthaltsstaat des Verbrauchers zu. Das Internet selbst ist ihm hingegen nicht insgesamt als Empfangseinrichtung zurechenbar.[985] Denkbar sind schließlich auch Fälle, in denen der Verbraucher seinen Computer von einem im Ausland befindlichen zweiten Computer aus fernsteuert. Ob er dann die erforderliche Rechtshandlung überhaupt in seinem gewöhnlichen Aufenthaltsstaat abgegeben hat, ist mangels seiner dortigen physischen Präsenz durchaus fraglich.

---

982 MüKo - *Sonnenberger*, Einl. IPR, Rdn. 180; Wolf/Horn/Lindacher - *Wolf*, Art. 6 RL, Rdn. 13; *Sonnenberger*, ZVglRWiss 95 (1996), 3, 38; *Reich*, in: Lagarde/v. Hoffmann (Hrsg.), 109, 121; *Tenreiro/Karsten*, in: Schulte-Nölke/Schulze (Hrsg.), 223, 248. Insbesondere wird der enge Zusammenhang nicht durch Art. 5 Abs. 2 EVÜ, dem Art. 29 Abs. 1 Nr. 1-3 EGBGB entspricht, konkretisiert.

983 Dazu sogleich im Text.

984 Sog. M-Commerce (Mobile Commerce), der mit der Etablierung des neuen Übertragungsstandards UMTS sowie neuer Bezahlsysteme (vgl. *Die Welt* v. 15.3.2002, 14) erheblichen Zuwachs erhalten wird.

985 Vgl. *Pfeiffer*, NJW 1997, 1207, 1214.

Angesichts der sehr heftigen Diskussion um diese Fragen[986], ist eine spezielle, auch den Internet-Handel erfassende Umsetzungskollisionsnorm zu Art. 12 Abs. 2 FernabsatzRL daher unerlässlich.[987]

(3) Art. 9 TimesharingRL und der räumlich-territoriale Anwendungsbereich des Art. 29 EGBGB

Auch Art. 9 TimesharingRL ist nicht mit Art. 29 Abs. 1 Nr. 1 EGBGB in Deckung zu bringen. Der räumliche Anwendungsbereich des Art. 29 EGBGB ist zwar einerseits bei Belegenheit der Immobilie in einem Drittstaat weiter, da dem Erwerber in diesem Fall wenigstens dann Schutz zuteil wird, wenn der Vertrag in seinem Heimatstaat angebahnt wurde. Andererseits ist er aber auch enger, weil allein die Belegenheit der Timesharingimmobilie in der EU den kollisionsrechtlichen Schutz nicht auslösen kann.

(4) Kumulation der Bezüge zur EU im Aufenthaltsstaat

Entsprechend der Ausrichtung des kollisionsrechtlichen Verbraucherschutzes nach Art. 29 EGBGB auf den Heimatstaat des Verbrauchers, verlangen die Tatbestände des Art. 29 Abs. 1 Nr. 1 - 3 EGBGB eine Kumulation der relevanten räumlichen Bezüge im Aufenthaltsstaat des Verbrauchers. Schutzwürdig ist danach nur der passive Verbraucher, der vom Anbieter auf einen ausländischen Markt gelockt wird, nicht jedoch der aktive Verbraucher, der sich aus eigener Initiative auf den Auslandsmarkt begibt.[988] So greift die Nr. 3 nicht ein, wenn die „Kaffeefahrt“ nicht im Heimatstaat, sondern im europäischen Ausland, etwa dem Urlaubsland des Verbrauchers beginnt, da dem Anbieter die Urlaubsreise des Verbrauchers nicht zurechenbar ist.[989] Die Nr. 1 scheidet bereits dann aus, wenn der gewöhnliche Aufenthalt des Verbrauchers und seine vertragsbezogene Handlung nicht im selben Staat liegen.[990]

Wie gesehen ist der Ansatz des Richtlinien-IPR auch hier ein anderer, nämlich ein europäischer. Es kommt nicht auf das zwangsläufig auf einzelne Mitgliedstaaten abstellende Kriterium des gewöhnlichen Aufenthaltsstaats an,

---

986 Die Argumentation kreist um die Frage, wer das Risiko der Nutzung eines weltweit abrufbaren Mediums tragen soll. Starke Argumente sprechen hier dafür, das Rechtsanwendungsrisiko dem Anbieter zuzuweisen, der es durch Rationalisierung besser bewältigen kann, zumal es in der Praxis gar nicht so groß ist, und dem auch Selbstschutzmaßnahmen zumutbar sind. Vgl dazu unten 4. Teil C III 1. c).

987 Vgl. auch *Boele-Woelki*, 1, 14.

988 *Vischer/Huber/Oser*, Rdn. 737.

989 Vgl. *Baumert*, EWS 1995, 57, 60; *Vischer/Huber/Oser*, Rdn. 751.

990 Das konzediert auch *Jayme*, in: Hommelhoff/Jayme/Mangold (Hrsg.), 35, 45. Angesichts der Art. 29, 34 EGBGB, § 12 AGBG a.F. hat er dennoch eine Umsetzungsbedarf verneint, vgl. *Ders.*, in: FS Trinkner (1995), 575, 576.

sondern nur darauf, dass ausreichende räumliche Bezüge zum Gebiet der EU insgesamt bestehen. Art. 29 EGBGB ist also im Hinblick auf den aktiv außerhalb seines Aufenthaltsstaats im Gemeinschaftsgebiet nachfragenden Unionsbürger zu eng gefasst.[991]

(5) Auslandsdienstleistungen nach Art. 29 Abs. 4 Nr. 2 EGBGB

Gerade im Hinblick auf die sachlich immerhin partiell erfassten Timesharingverträge birgt Art 29 EGBGB eine weitere Hürde. Auch wenn ausreichend Dienstleistungselemente vorliegen, wird der Timesharing-Anbieter die daraus erwachsenden Pflichten in aller Regel ausschließlich im Ausland zu erfüllen haben, so dass die Anwendung des Art. 29 EGBGB auf Timesharingverträge in der Regel spätestens an Abs. 4 Nr. 2 scheitert.[992] So befanden sich 1997 ca. 93% der von Verträgen mit deutschen Erwerbern betroffenen Immobilien im Ausland.[993] Sehr zweifelhaft ist es, ob man zur Überwindung dieser Hürde auf einen zusätzlichen Tauschpoolvertrag abstellen kann, so er denn vorhanden sein sollte. Denn solche, dem Erwerber eine Auswahl aus einem Bestand von Immobilien in verschiedenen Urlaubsländern ermöglichende Vertragskonstruktionen sind in der Regel als eigenständige Vereinbarung zu beurteilen.[994] Selbst wenn die Tauschpooleinrichtung im Aufenthaltsstaat des Verbrauchers sitzen sollte, wäre die Anwendung des Art. 29 Abs. 4 Nr. 2 EGBGB auf den Timesharingvertrag daher nicht zu vermeiden.[995]

Aber auch die Klausel- und die FernabsatzRL erfassen Dienstleistungsverträge, die ausschließlich außerhalb des Aufenthaltsstaats des Verbrauchers zu erfüllen sind, soweit nur ein enger Zusammenhang mit dem Gemeinschaftsgebiet besteht.[996] Die Ausnahme des Art. 29 Abs. 4 Nr. 2 EGBGB, die auf der Annahme beruht, der Verbraucher könne und werde bei reinen Auslandsdienstleistungen nicht auf die Geltung seines Heimatrechts vertrauen[997], berücksichtigt wiederum nicht das berechtigte Vertrauen der Verbraucher auf die Geltung des europäischen Schutzstandards im Anwendungsbereich der privatrechtsangleichenden Richtlinien und ist daher mit dem Richtlinien-IPR nicht vereinbar.

---

991 *Rühl*, RIW 1999, 321, 322; vgl. auch *Leible*, in: Schulte-Nölke/Schulze (Hrsg.), 353, 366.

992 Vgl. Hildenbrand/Kappus/*Mäsch*, § 8 TzWrG, Rdn. 11. Anders *Rauscher*, EuZW 1996, 650, 652.

993 *Mäsch*, DNotZ 1997, 180, 205.

994 Hildenbrand/Kappus/*Mäsch*, § 8 TzWrG, Rdn. 11.

995 *Otte*, RabelsZ 62 (1998), 405, 417 f. m.N. zur Gegenmeinung.

996 Zur KlauselRL: *Eckert*, ZIP 1994, 1986, 1989; zur FernabsatzRL: *Kronke*, RIW 1996, 985, 989.

997 Vgl. *Vischer/Huber/Oser*, Rdn. 725; *Giuliano/Lagarde*, 33, 57. Dazu, dass Art. 29a EGBGB auch solche Fälle erfassen kann, vgl. 4. Teil C III 2. c) (4).

d) Schließung der Schutzlücken durch erweiternde bzw. analoge Auslegung?

In der Literatur gibt es allerdings Ansätze, die Defizite des Art. 29 EGBGB durch eine erweiternde Auslegung seiner Tatbestandsmerkmale bzw. eine analoge Anwendung zu korrigieren, so dass man die Frage nach dem aus den IPR-Klauseln entstehenden Umsetzungsbedarf möglicherweise doch hätte verneinen können. Dabei ist zwischen den Beschränkungen des sachlichen und des räumlichen Anwendungsbereichs von Art. 29 EGBGB zu unterscheiden.

(1) Erstreckung des Art. 29 Abs. 1 EGBGB auf sachlich nicht erfasste Vertragstypen

Im Hinblick auf Timesharingverträge wurde der vorgeschlagene Weg über ein weites Verständnis des Begriffs „Dienstleistung" bereits geschildert. Im Übrigen bedürfte es einer analogen Anwendung des Art. 29 EGBGB, um nicht erfasste Vertragstypen in den sachlichen Anwendungsbereich einzubeziehen. Ob das EVÜ als völkerrechtlicher Vertrag überhaupt eine Analogie zulässt, ist bereits umstritten.[998] Für die Klausel-[999] und die FernabsatzRL[1000] wurde eine derartige sachliche Erweiterung zumindest angedacht. Die Pflicht zur einheitlichen Auslegung aus Art. 18 EVÜ (Art. 36 EGBGB) würde hier dann nicht entgegenstehen, wenn man alle Vertragsstaaten des EVÜ als Mitgliedstaaten der EU aufgrund der einschlägigen Richtlinien als zu einer solchen Auslegung verpflichtet ansieht.[1001]

---

[998] Das ist im Völkerrecht allgemein und wegen des Gebots der einheitlichen Auslegung gem. Art. 36 EGBGB (Art. 18 EVÜ) besonders im Rahmen des Art. 29 EGBGB zweifelhaft, vgl. *Reich*, Verbraucherschutzrecht, 247. Bejahend: MüKo - *Martiny*, Art. 36, 24; ablehnend *Mankowski*, RIW 1993, 453, 460; Grabitz/Hilf - *Micklitz*, Bd. III, A 3, Rdn. 195. Der BGH hält eine Analogie, die feststellbaren übereinstimmenden Wertungen in den Vertragsstaaten entspricht, für möglich (BGH, v. 19.3.1997, VIII ZR 316/96, BGHZ 135, 124, 134); ebenso *Martiny*, ZEuP 1995, 67, 74.

[999] Hier schlug *Baumert*, EWS 1995, 57, 62, eine analoge Anwendung des Art. 5 EVÜ auf sachlich nicht erfasste Verträge, die unter die Richtlinien fallen, vor. *Jayme*, in: Hommelhoff/Jayme/ Mangold (Hrsg.), 35, 44 f., wies als weitere Möglichkeit auf § 12 AGBG in der Fassung vor der Neuregelung von 1996 hin. Für den sachlichen Anwendungsbereich wäre dies angesichts der Einführung des § 24a AGBG in der Tat eine Möglichkeit gewesen, Schutzlücken zu schließen. § 12 AGBG a.F. genügte dem Art. 6 Abs. 2 KlauselRL jedoch in räumlicher Hinsicht nicht, vgl. *Baumert*, EWS 1995, 57, 62; *Roth*, IPRax 1994, 165, 169.

[1000] *Borges*, ZIP 1999, 565, 573.

[1001] Ähnlich *Baumert*, 227; *Felke*, RIW 2001, 30, 34, allerdings im Zusammenhang mit Art. 34 EGBGB. Die anderen Vertragsstaaten sind tatsächlich allerdings eher gegenteiliger Auffassung, nämlich dass eine analoge Anwendung über die sachlich erfassten Vertragstypen hinaus, nicht in Betracht kommt, vgl. *Mankowski*, RIW 1993, 453, 460.

Eine analoge Anwendung des Art. 29 EGBGB scheint in dem Fall, dass ein Inlandsbezug nach Abs. 1 Nr. 1-3 vorliegt und es lediglich an einem von Art. 29 EGBGB erfassten Vertragstyp fehlt, folglich nicht völlig ausgeschlossen.[1002] Dagegen spricht allerdings der Umstand, dass man die Materialien zum EVÜ durchaus so interpretieren kann, dass die Vertragsstaaten damals die Anknüpfungskriterien des Art. 5 EVÜ (Art. 29 EGBGB) nur für die genannten Vertragstypen als sachgerecht angesehen haben.[1003] Man war sich somit durchaus bewusst, mit dem engen sachlichen Anwendungsbereich nur einen lückenhaften kollisionsrechtlichen Verbraucherschutz zu schaffen.[1004] Dass der sachliche Anwendungsbereich wohl abgewogen wurde, zeigt sich auch daran, dass man in Art. 29 Abs. 1 Nr. 3 EGBGB im Gegensatz zur allgemeinen Definition des Verbrauchergeschäfts in Abs. 1 ausdrücklich nur Verträge über Warenlieferungen erfasst und die Dienstleistungsverträge in der Gesetzesbegründung ebenso ausdrücklich ausnimmt.[1005]

Angesichts der unklaren und umstrittenen Rechtslage zum Verhältnis des sachlichen Anwendungsbereichs aller drei IPR-Klauseln zu demjenigen des Art. 29 EGBGB ist in einer analogen Anwendung aber jedenfalls keine dem Erfordernis der Rechtssicherheit genügende „Umsetzung“ zu sehen. Wer anderer Auffassung ist, müsste sich hingegen der zweiten Hürde des Art. 29 EGBGB zuwenden: dem vor dem Hintergrund des Richtlinien-IPR zu eng gefassten räumlichen Anwendungsbereich.

(2) Anwendung des Art. 29 EGBGB auf räumlich nicht erfasste Sachverhalte über die Tatbestände des Abs. 1 Nr. 1-3 hinaus?

In der Tat hat man auch hier nach Auswegen gesucht. Fraglich ist aber, ob eine analoge Anwendung des Art. 29 EGBGB über seinen eigentlichen räumlichen

---

1002 Dafür *Baumert*, 228; zurückhaltend MüKo - *Martiny*, Art. 29 EGBGB, Rdn. 8: zwar nicht ausgeschlossen, aber grds. nicht gerechtfertigt; wegen Art. 36 EGBGB ablehnend *Fischer*, in: FS Großfeld (1999), 277, 284; *Junker*, IPRax 1993, 1, 8. Der BGH hat die Frage noch nicht allgemein entschieden. Fehlt es aber am von Art. 29 EGBGB vorausgesetzten speziellen Inlandsbezug, scheidet nach seiner Auffassung eine Analogie aus, vgl. BGHZ 135, 124, 136; ihm folgend OLG Düsseldorf, v. 26.10.1999, 21 U 48/99, MDR 2000, 575, 576. Dazu auch *Otte*, RabelsZ 62 (1998), 405, 417; *Ebke*, IPRax 1998, 263, 267.

1003 *Roth*, in: Schnyder/Heiss/Rudisch (Hrsg.), 35, 40 f. So spricht die Denkschrift zum EVÜ davon, dass Art. 5 EVÜ „den Bedürfnissen eines angemessenen Verbraucherschutzes Rechnung (trage), indem er die Parteiautonomie für *bestimmte* Verbrauchergeschäfte einschränkt“, BT-Drs. 10/503, 21, 26 (Hervorhebung nicht im Original); ebenso die Begründung zum IPR-Reformgesetz von 1986, BT-Drs. 10/504, 20, 79.

1004 Ausführlich dazu *Backert*, 149-152.

1005 Begr. BT-Drs. 10/504, 20, 80.

Anwendungsbereich hinaus möglich ist.[1006] Bedenkenswert scheint etwa der Vorschlag, das Anknüpfungskriterium „gewöhnlicher Aufenthaltsstaat" in analoger Anwendung des Art. 29 Abs. 1 Nr. 1-3 EGBGB durch das Merkmal „Gebiet der EU" zu ersetzen, wenn und soweit – wie im harmonisierten Verbrauchervertragsrecht – ein einheitlicher europäischer Rechtsraum tatsächlich besteht, zumal dem Vorwurf einer versteckten horizontalen Direktwirkung durch das Erfordernis der Richtlinienumsetzung in allen Mitgliedstaaten ausgewichen wird.[1007] Diese Analogie erscheint allerdings sehr weitgehend, da sie die EU als supranationale Staatengemeinschaft mit einem Staat gleichsetzt[1008] und auf diese Weise Art. 29 EGBGB zugleich in seinen Wertungsgrundlagen erweitert. Die von Art. 29 EGBGB an die Passivität des Verbrauchers geknüpfte Schutzwürdigkeit korreliert gerade mit einem bestimmten nationalstaatlichen Territorium, nämlich dem Staat des gewöhnlichen Aufenthalts.[1009]

Die Verbindung einzelner Staaten zur Europäischen Union und damit auch die Kategorie eines Mitgliedstaats der EU im Unterschied zu Drittstaaten ist dem EVÜ unbekannt.[1010] Der innerhalb der EU aktiv grenzüberschreitend nachfragende Verbraucher wird folglich nicht dadurch wieder zum passiven, schutzwürdigen Konsumenten, dass er seine Aktivität auf die dem EVÜ unbekannte Kategorie der EU-Mitgliedstaaten beschränkt.

Zudem fehlt es hier bereits an einer planwidrigen Regelungslücke.[1011] Die Vertragsstaaten des EVÜ wollten keinen umfassenden kollisionsrechtlichen Verbraucherschutz. Die Nähekriterien, die in Art. 5 Abs. 2 EVÜ (Art. 29 Abs. 1 Nr. 1-3 EGBGB) niedergelegt sind, stellen einen beabsichtigten, ausdifferenzierten und damals für ausgewogen angesehenen Ausgleich[1012] zwischen dem Grundsatz der Parteiautonomie und den berechtigten Rechtsanwendungsinteressen des Verbrauchers dar. Die weitere Entwicklung der Gemeinschaft zu

---

1006 MüKo - *Martiny*, Art. 29 EGBGB, Rdn. 29, weist in anderem Zusammenhang explizit auf den Vorteil einer solchen Analogie hin, auch die Anwendung von Drittstaatenrecht auf Verbraucherverträge einschränken zu können.

1007 Ähnlich *Backert*, 157 f.; *Michaels/Kamann*, JZ 1997, 601, 604; a.A. *Mäsch*, EWS 1995, 57, 61.

1008 Vgl. dazu die Kritik an dem Vorschlag Art. 27 Abs. 3 EGBGB analog anzuwenden, unten 3. Teil E II 2. a).

1009 Dies zeigt deutlich das Beispiel aus der deutschen Denkschrift zum EVÜ, BT-Drs. 10/503, 21, 26, wonach Art. 29 Abs. 1 Nr. 3 EGBGB den Fall ausdrücklich nicht erfasst, dass der Verbraucher von einem anderen Staat als dem seines gewöhnlichen Aufenthalts zu einem weiteren Grenzübertritt veranlasst wird.

1010 Vgl. Art. 2 EVÜ. Vgl. auch *Staudinger*, IPRax 1999, 414, 419.

1011 *Kronke*, RIW 1996, 985, 989.

1012 Vgl. *Ebke*, in: v. Bar (Hrsg.), 97, 101: „bewusste Risikoallokation"; vgl. auch die Denkschrift zum EVÜ: „Art. 5 trägt den Bedürfnissen eines *angemessenen* Verbraucherschutzes Rechnung", BT-Drs. 10/503, 21, 26 (Hervorhebung nicht im Original); ebenso die Begründung zum IPR-Reformgesetz von 1986, BT-Drs. 10/504, 20, 79; OLG Düsseldorf, o. Fn. 1002, MDR 2000, 575, 576: „in sich geschlossene Regelung".

einem auch im privatrechtlichen Bereich immer homogeneren Rechtsraum wurde dabei keineswegs übersehen. Vielmehr hat man dem mit der Schaffung der Vorrangregel in Art. 20 EVÜ ausdrücklich Rechnung getragen und die Erkenntnis, dass spezielle Kollisionsnormen für gemeinschaftsrechtliche Sachverhalte notwendig werden können, in einer Gemeinsamen Erklärung nochmals dokumentiert.[1013]

Die in Art. 29 Abs. 1 EGBGB beschriebenen situativen Anforderungen sind daher auch in wertungsmäßig vergleichbaren Fallkonstellationen nicht analogiefähig.[1014] Insbesondere ist es nicht möglich, einzelne klar umrissene Tatbestände so weit auszudehnen, dass sie mit einer Generalklausel in Einklang stehen.[1015]

2. Ausfüllung der Schutzlücken durch andere kollisionsrechtliche Instrumente

Art. 29 EGBGB weist somit in sachlicher und räumlicher Hinsicht erhebliche Schutzlücken gegenüber den Anforderungen des kollisionsrechtlichen Regelungsprogramms der Richtlinien auf. Er genügt den Anforderungen der IPR-Klauseln nicht. Die nahe liegendste Korrekturmöglichkeit, die analoge Anwendung des Art. 29 EGBGB auf wertungsmäßig vergleichbare Sachverhalte, ist abzulehnen. Auch § 12 AGBG a.F. vermochte hier keine Abhilfe zu schaffen, da er ausdrücklich einen räumlichen Bezug des Vertrags zum Gebiet der Bundesrepublik Deutschland forderte. Allerdings kommt möglicherweise eine Schließung der Schutzlücken durch weitere kollisionsrechtliche Instrumente in Betracht, worauf nunmehr näher einzugehen ist.

a) Analoge Anwendung des Art. 27 Abs. 3 EGBGB?

Es wurde bereits erwähnt, dass man im Richtlinien-IPR durchaus die Fortentwicklung eines in Art. 27 Abs. 3 EGBGB angelegten Rechtsgedankens sehen kann. Gem. Art. 27 Abs. 3 EGBGB lässt eine Rechtswahl die zwingenden Vor-

---

1013 Vgl. Punkt I. der Gemeinsamen Erklärung, BT-Drs. 10/503, 19.

1014 Ablehnend auch OLG Celle, v. 28.8.1990, 20 U 85/89, IPRax 1991, 334, 335; *Kronke*, RIW 1996, 985, 989 f.; *Fischer*, in: FS Großfeld (1999), 277, 284; *Baumert*, EWS 1995, 57, 60; *Ders.*, 229; *Mankowski*, RIW 1993, 453, 460; *Ders.*, IPRax 1991, 305, 320 f.; *Junker*, IPRax 1993, 1, 8; Palandt - *Heldrich*, Art. 29 EGBGB, Rdn. 5; *Hüßtege*, IPR, 97; *Vischer/Huber/Oser*, Rdn. 738, 754; *Coester-Waltjen/Mäsch*, 101; etwas zurückhaltender *Coester-Waltjen*, in: FS Lorenz (1991), 297, 311; für den Fall, dass sowohl der sachliche als auch der räumliche Anwendungsbereich nicht eröffnet ist, auch BGHZ 135, 124, 133. A.A. MüKo - *Martiny*, Art. 29 EGBGB, Rdn. 32a; *Lüderitz*, IPRax 1990, 216, 219 (allerdings unter dem Aspekt der Gesetzesumgehung und unter Vorbehalt des Art. 36 EGBGB); *Klingsporn*, WM 1994, 1093, 1096; Staudinger - *Magnus* (2002), Art. 29 EGBGB, Rdn. 66; OLG Stuttgart, v. 18.5.1990, 2 U 191/89, NJW-RR 1990, 1081, 1083.

1015 *Sonnenberger*, ZVglRWiss 95 (1996), 3, 38.

schriften des Inlands unberührt, wenn der Vertrag keinerlei relevanten[1016] Auslandsbezug aufweist und ist somit in diesem Fall nur wie eine materiellrechtliche Verweisung anzusehen[1017]. Aus Sicht des Richtliniengebers ist jedoch die gesamte Gemeinschaft „Inland".

Es stellte sich daher die Frage, ob diese strukturelle Verwandtschaft der IPR-Klauseln mit Art. 27 Abs. 3 EGBGB eine analoge Anwendung begründen kann, wenn der Sachverhalt ausschließlich Bezüge zur Gemeinschaft aufweist. In der Literatur ist dies zur Lösung der sog. Gran Canaria-Fälle vorgeschlagen worden[1018], allerdings auf berechtigte Kritik unter anderem insofern gestoßen, als man die EU beim derzeitigen Stand des Gemeinschaftsrechts nicht mit einem „Staat" gleichsetzen kann, angesichts des interlokale Konflikte betreffenden Art. 19 EVÜ schon keine Regelungslücke besteht[1019] und zudem offen bleibt, welches Umsetzungsrecht Art. 27 Abs. 3 EGBGB in analoger Anwendung denn berufen soll.[1020]

Selbst wenn man diesem Lösungsweg dennoch folgen wollte, entfällt aber der Umsetzungsbedarf aufgrund der IPR-Klauseln keineswegs, und zwar nicht nur wegen des bereits erwähnten Arguments mangelnder Rechtssicherheit einer solchen „Umsetzung" durch eine umstrittene Auslegung bestehenden Rechts. Entscheidend ist vielmehr, dass auch der in dieser Weise analog angewendete Art. 27 EGBGB noch zu eng wäre.[1021] Das Richtlinien-IPR fordert nämlich nur, dass ein „enger Zusammenhang" zur Gemeinschaft vorliegen muss. Nicht notwendig ist es, dass alle oder auch nur der Schwerpunkt der räumlichen Bezüge zum Gebiet der Gemeinschaft führen müssen.

Damit versagt Art. 27 Abs. 3 EGBGB auch in der beschriebenen analogen Anwendung in Fallkonstellationen, in denen echte Drittstaatenbezüge bestehen, aber trotzdem ein enger Zusammenhang zum Gebiet der Gemeinschaft anzunehmen ist.

1016 Relevant sind Anknüpfungsmerkmale, die auch sonst zur Lokalisierung von Schuldverträgen verwendet werden, Staudinger - *Magnus* (2002), Art. 27 EGBGB, Rdn. 122.

1017 MüKo - *Martiny*, Bd. 3, Art. 27, Rdn. 79.

1018 Vgl. *Michaels/Kamann*, JZ 1997, 601, 604; *Kropholler*, IPR, § 40 IV 3. a), 292; *Cannada-Bartoli*, Riv. di diritto internazionale 1995, 324, 342; siehe auch *Lando*, CMLR 24 (1987), 159, 181 f.; *Ders.*, RabelsZ 57 (1993), 155, 163.

1019 *Jayme/Kohler*, IPRax 1997, 385, 388.

1020 Zur Kritik vgl. Staudinger - *Magnus* (2002), Art. 27 EGBGB, Rdn. 127; *Kronke*, RIW 1996, 985, 991; *Wagner*, IPRax 2000, 249, 251; *Pfeiffer*, NJW 1999, 3674, 3684; *Leible*, in: Schulte-Nölke/Schulze (Hrsg.), 353, 370; Palandt - *Heldrich*, Art. 27 EGBGB, Rdn. 4. Zustimmend hingegen *Grundmann*, Schuldvertragsrecht, § 7, 4.02, Rdn. 27.

1021 Ebenso *Kronke*, RIW 1996, 985, 991; *Czernich/Heiss*, Art. 3 EVÜ, Rdn. 51. *Michaels/Kamann*, JZ 1997, 601, 604 f., verkennen dies nicht und ergänzen diese Lösung daher um die hier abgelehnte Analogie zu Art. 29 Abs. 1 EGBGB.

b) Lückenfüllung über Art. 27 Abs. 4, 31 Abs. 1 und 2 EGBGB?

Bis zur vielzitierten Entscheidung des Bundesgerichtshof aus dem Jahre 1997 versuchten deutsche Gerichte, die Problematik der Nichtdurchsetzbarkeit des in der HaustürgeschäfteRL vorgesehenen Widerrufsrechts im internationalen Sachverhalt aufgrund der Wahl des Rechts eines Nichtumsetzer- bzw. Drittstaats unter Rückgriff auf Art. 31 Abs. 2 EGBGB zu lösen, wonach sich der Verbraucher unter bestimmten Umständen für die Behauptung, er habe dem Vertrag nicht zugestimmt, auf sein Heimatrecht berufen kann.[1022]

Übertragen auf die Prüfung des kollisionsrechtlichen Umsetzungsbedarfs, ist also zu fragen, ob auf diese Weise die internationale Durchsetzung der sachrechtlichen Regelungen der Verbraucherrichtlinien gewährleistet werden kann. Die Voraussetzung des Art. 31 Abs. 2 EGBGB, dass es nach den Umständen nicht gerechtfertigt sein darf, die Wirkung des Verhaltens einer Partei nach dem gewählten Recht zu beurteilen, könnte man ja richtlinienkonform als immer dann gegeben ansehen, wenn der Vertrag einen engen Zusammenhang zur Gemeinschaft aufweist. Doch selbst wenn man diesen Schritt geht, scheitert die Schließung von Schutzlücken des Art. 29 EGBGB.

Die Anknüpfung der im deutschen Umsetzungsrecht vorgesehen Widerrufsrechte über Art. 31 Abs. 2 EGBGB wäre nämlich schon deshalb unzutreffend, weil ein Widerrufsrecht nicht mehr die Frage der äußeren Wirksamkeit von Willenserklärungen betrifft.[1023] Vertragslösungsrechte gehören vielmehr bereits zum Bereich der endgültigen Wirksamkeit, der Art. 31 Abs. 1 EGBGB zuzuordnen ist[1024] und sich daher nach dem gewählten Recht beurteilt. Eine solche Anknüpfung wäre aber auch davon unabhängig in sachlicher Hinsicht nicht ausreichend. Die von der KlauselRL vorgesehene Inhaltskontrolle sowie die von der VerbrauchsgüterkaufRL behandelten Aspekte des Leistungsstörungsrechts und der Garantien lassen sich nicht über Art. 31 Abs. 2 EGBGB international durchsetzen. Diese Regelungskomplexe gehören nicht mehr zum Vertragsabschlusstatbestand, weil sie weder Voraussetzungen noch Umfang der vertraglichen Einigung betreffen.[1025]

c) Schutz durch das Institut der Gesetzesumgehung?

Man könnte zur Schließung von Schutzlücken schließlich noch an das Institut der Gesetzesumgehung (fraus legis) denken. Es bezeichnet die Reaktion der Rechtsordnung auf die willkürliche Veränderung eines kollisionsrechtlich

---

[1022] Siehe BGHZ 135, 124, 136 ff. (die Lösung über Art. 31 Abs. 2 EGBGB ablehnend).

[1023] *Mäsch*, IPRax 1995, 371, 373; Staudinger - *Magnus* (2002), Art. 31 EGBGB, Rdn. 14.

[1024] BGHZ 135, 124, 138; MüKo - *Martiny*, Art. 29 EGBGB, Rdn. 28; Staudinger - *Magnus* (2002), Art. 31 EGBGB, Rdn. 14.

[1025] Zum Abschlusstatbestand vgl. Staudinger - *Magnus* (2002), Art. 31 EGBGB, Rdn. 14 ff.

relevanten Sachverhalts zum Zwecke der Ausschaltung einer missliebigen Rechtsordnung bzw. Rechtsnorm.[1026]

Anstößig ist hier – im Gegensatz zum ordre public-Vorbehalt – nicht der Inhalt des anwendbaren Rechts, sondern der Weg, auf dem diese Anwendbarkeit herbeigeführt wurde[1027] bzw. die der Manipulation der Anknüpfungspunkte zugrunde liegende Intention[1028]. Als umgangene Verweisungsnorm wäre zunächst an Art. 27 Abs. 3 EGBGB unter dem Aspekt der „künstlichen Internationalisierung" des Sachverhalts zu denken. Allerdings weisen die klassischen „Umgehungsfälle" wie die Gran Canaria- und Isle of Man-Konstellationen jeweils echte Bezüge zu mehreren Staaten auf.[1029] Anfällig für Manipulationen sind aber die räumlichen Kriterien, die Art. 29 Abs. 1 Nr. 1-3 EGBGB aufstellt. Als Beispiel mag die nicht vom Aufenthaltsstaat, sondern dem Urlaubsstaat eines Verbrauchers ausgehende Kaffeefahrt dienen, wenn der Anbieter den Verbraucher zunächst in den Urlaubsstaat gelockt hat.

Ob die Rechtswahlfreiheit unter diesem Aspekt überhaupt eingeschränkt werden kann, ist aber umstritten.[1030] Dagegen spricht, dass die Art. 27 ff. EGBGB die Wahl einer Rechtsordnung ohne Rücksicht des Interesses der Parteien an deren Geltung erlauben und die Problematik der dadurch ermöglichten Ausschaltung zwingenden Rechts in den Art. 27 Abs. 3, 29, 30, 34 EGBGB regeln. Vor dem Hintergrund, dass das Gesetz mit Einräumung der im Vergleich zur Privatautonomie in diesem Punkt weitergehenden Parteiautonomie die Abwahl zwingender Schutzbestimmungen im Prinzip selbst erlaubt[1031], fällt es jedenfalls schwer, den für die Annahme der Gesetzesumgehung erforderlichen subjektiven Tatbestand zu bejahen.[1032] Eine generalisierende Betrachtung verbietet sich hier jedenfalls, womit auch das Institut der Gesetzesumgehung als Ergänzung des Art. 29 EGBGB zum Zwecke der „Umsetzung" der IPR-Klauseln nicht in Betracht kommt.

1026 MüKo - *Sonnenberger*, Einl. IPR, Rdn. 687.

1027 *Coester-Waltjen*, in: FS Lorenz (1991), 297, 310.

1028 MüKo - *Sonnenberger*, Einl. IPR, Rdn. 696.

1029 Vgl. *Rauscher*, IPR, 235, 243.

1030 In der Regel ablehnend *Kropholler*, IPR, § 23 II 3., 156; vgl. auch MüKo - *Sonnenberger*, Art. 27 EGBGB, Rdn. 10, der dies unter engen Voraussetzungen für möglich hält. Eine Gesetzesumgehung wurde auch von OLG Celle, o. Fn. 1014, IPRax 1991, 334, 335, geprüft (und abgelehnt).

1031 Vgl. *Rauscher*, IPR, 219.

1032 Staudinger - *Magnus* (2002), Art. 27 EGBGB, Rdn. 29. *Coester-Waltjen*, in: FS Lorenz (1991), 297, 318, verlangt im subjektiven Bereich, dass der Anbieter dem Verbraucher arglistig vorgespiegelt hat, er bewege sich noch im Rahmen der Geltung des Verbraucherschutzrechts seines Heimatstaats.

3. Schutz über die Sonderanknüpfung der deutschen Umsetzungsgesetze gem. Art. 34 EGBGB (Art. 7 Abs. 2 EVÜ)

Eine eher in Betracht zu ziehende Möglichkeit, Schutzlücken des Art 29 EGBGB zu schließen, ist es, die Umsetzungsvorschriften bezüglich verbraucherschützender Richtlinien als international zwingendes Recht (Eingriffsnormen)[1033] im Sinne des Art. 34 EGBGB anzusehen und sie so über eine Sonderanknüpfung unabhängig vom Vertragsstatut zur Anwendung zu bringen.[1034]

Die Frage ist von aktuellem dogmatischen Interesse, da die Einordnung des Art. 29a EGBGB in das kollisionsrechtliche System des EGBGB auch davon abhängt, ob man in den von ihm durchgesetzten Umsetzungsgesetzen international zwingendes Recht sieht oder nicht.[1035] Welchen Normen diese Eigenschaft zukommt, lässt Art. 34 EGBGB allerdings offen. Die Funktion des ihm zugrunde liegenden Art. 7 Abs. 2 EVÜ erschöpft sich darin, als Öffnungsklausel[1036] den Vertragsstaaten ein Abweichen vom Anknüpfungssystem des EVÜ zu erlauben.[1037] Ein unbedingter internationaler Geltungswille kann sich ausdrücklich aus der entsprechenden Sachnorm ergeben, er kann ihr aber auch durch Auslegung zu entnehmen sein.[1038]

a) Der Begriff der international zwingenden Norm (Eingriffsnorm)

Das Grundproblem des Art. 34 EGBGB liegt dabei in der Charakterisierung der Eingriffsnorm selbst. Theoretisch liegt der Unterschied zwischen den Art. 27 ff. EGBGB und Art. 34 EGBGB darin, dass Kollisionsnormen, die die Rechtsbeziehungen zwischen Privaten dem nach internationalprivatrechtlichen Gerechtigkeitsvorstellungen ausgewählten „räumlich besten" Recht unterstellen, um so die beteiligten privaten Interessen zum Ausgleich zu bringen, keine Aussage

---

1033 Die Begriffe „international zwingende Norm" und „Eingriffsnorm" werden in der Literatur häufig und auch im Folgenden synonym verwendet, vgl. *Junker*, IPRax 2000, 65, 66. Allerdings zählen manche Autoren nur die ausschließlich staatlichen Interessen dienenden Vorschriften, wie etwa Verbotsgesetze im Sinne des § 134 BGB, zu den Eingriffsnormen, so *v. Hoffmann*, IPR, § 10, Rdn. 94; ähnlich *Nemeth*, 61. Zu in anderen Rechtsordnungen gebräuchlichen Bezeichnungen vgl. *Siehr*, in: FS Drobnig (1998), 443, 447 f.

1034 *Jayme/Kohler*, IPRax 1994, 405, 408 (zu Art. 9 TimesharingRL); *Dies.*, IPRax 1993, 357, 359 (zu Art. 6 Abs. 2 KlauselRL).

1035 Man kann Art. 29a EGBGB als Konkretisierung des Art. 34 EGBGB ansehen, als Fortentwicklung des Art. 5 EVÜ oder als Ausprägung des ordre public-Vorbehalts. Dazu unten 4. Teil H I.

1036 *Roth*, in: Schnyder/Heiss/Rudisch (Hrsg.), 35, 46; *Sonnenberger*, in: FS Fikentscher (1998), 283, 287.

1037 Vgl. *Junker*, IPRax 2000, 65, 66.

1038 Staudinger - *Magnus* (2002), Art. 34 EGBGB, Rdn. 52; *Kropholler*, IPR, § 52 IX 1., 476.

dazu treffen können, unter welchen Voraussetzungen Normen anwendbar sind, die die Allgemeinheit betreffende Ordnungsbelange durchsetzen.[1039]

Die Lehre vom positiven ordre public hat sich in diesem Bereich zur Rechtsfigur der Sonderanknüpfung von Eingriffsnormen bzw. international zwingenden Normen verselbstständigt, ohne dass es bisher gelungen ist, abschließend zu klären, unter welchen Voraussetzungen eine Norm überhaupt international zwingend sein kann. Einigkeit besteht darin, dass entgegen dem irreführenden Wortlaut der deutschen Überschrift zu Art. 34 EGBGB nicht die zwingenden Bestimmungen im Sinne der Legaldefinition des Art. 27 Abs. 3 EGBGB gemeint sind.[1040] Andernfalls würde man die grundsätzlich in Art. 27 Abs. 1 EGBGB eingeräumte Rechtswahlfreiheit wieder aushebeln und Art. 27 Abs. 3 EGBGB wäre überflüssig.[1041]

Der Bericht von *Giuliano/Lagarde* sowie die sonstige Entstehungsgeschichte des EVÜ liefern für keine der vertretenen Auffassungen maßgeblich unterstützende Argumente: Einerseits findet gerade das Verbraucherschutzrecht im Zusammenhang mit Art. 7 Abs. 2 EVÜ Erwähnung, andererseits erfolgt auch ein Hinweis auf Art. 7 Abs. 1 EVÜ, was für eine eher engere Interpretation spricht.[1042] Letztlich ist dem Bericht zum EVÜ nur zu entnehmen, dass sich die Vertragsstaaten auf die Kriterien zur Bestimmung international zwingender Normen damals nicht einigen konnten.[1043] Eine rechtsvergleichende Auslegung des Art. 7 Abs. 2 EVÜ führt ebenfalls keine Klärung herbei, da die Frage auch im Ausland kontrovers diskutiert wird.[1044]

b) Verbraucherschutzrecht als Eingriffsrecht?

In Literatur und Rechtsprechung[1045] ist man sich inzwischen immerhin im Ausgangspunkt nahezu einig, wonach rein private Interessen berücksichtigende

---

1039 Vgl. *Sonnenberger*, in: FS Fikentscher (1998), 283, 285.

1040 Vgl. nur Staudinger - *Magnus* (2002), Art. 34 EGBGB, Rdn. 51.

1041 *Sonnenberger*, in: FS Fikentscher (1998), 283, 289.

1042 *Giuliano/Lagarde*, 60. Zur diesbezüglichen (fehlenden) Aussagekraft der Materialen zum EVÜ, vgl. auch *Felke*, RIW 2001, 30, 34; *Sonnenberger*, ZVglRWiss 100 (2001), 107, 118: „Was die Verfasser unter international zwingenden Normen verstanden haben, bleibt weiterhin ein Rätsel"; *Junker*, IPRax 2000, 65, 66 f. Vgl. dort auch zur Entstehungsgeschichte der Art. 27 ff. EGBGB, *Ders.*, a.a.O., 67.

1043 *Sonnenberger*, in: FS Fikentscher (1998), 283, 290.

1044 Dazu *Junker*, IPRax 2000, 65, 68 f. So verwendet etwa die französische Fassung des Art. 7 EVÜ den Begriff „lois de police", der traditionell Normen des privaten Interessenausgleichs nicht erfasst, vgl. *Sonnenberger*, in: FS Fikentscher (1998), 283, 291. Auch in der Rechtssache „*Ingmar*" gingen die Aufassungen der beteiligten Mitgliedstaaten über diese Frage auseinander, vgl. EuGH, o. Fn. 487 (*Ingmar*), BB 2001, 10, 11, Tz. 16.

1045 Der BGH hatte bisher Gelegenheit, sich unter diesem Aspekt mit dem HaustürWG und VerbrKrG zu befassen. Ob das HaustürWG eine international zwingende Norm im Sinne des Art. 34 EGBGB ist, hat er offengelassen, vgl. BGHZ 135, 124, 135 f. Auch seine

Normen des allgemeinen Vertragsrechts wie § 138 BGB und § 242 BGB nicht unter Art. 34 EGBGB fallen.[1046]

Voraussetzung ist vielmehr, dass die konkrete Norm auch überindividuellen Interessen des Gemeinwesens dienen soll. Welche Interessen der Allgemeinheit hier in Betracht kommen, wie spezifisch eine Rechtsnorm diesen Interessen dienen muss und welchen Einfluss es auf die Zuordnung einer Norm zu Art. 34 EGBGB hat, wenn sie neben dem privaten Interessenausgleich noch weitere Ziele verfolgt, ist hingegen unklar.[1047] Ein großer Teil der Literatur vertritt in Übereinstimmung mit der Rechtsprechung des Bundesarbeitsgerichts die Ansicht, dass privatrechtliche Normen dann generell nicht unter Art. 34 EGBGB fallen, wenn sie ausschließlich oder vorwiegend dem Individualschutz und nicht auch in starkem Maße oder gar ausschließlich einem öffentlichen, auf das Gemeinwohl gerichteten Interesse dienen.[1048]

Dem Verbrauchervertragsrecht mag man dann eine für Art. 34 EGBGB hinreichende sozialpolitische Zwecksetzung zusprechen[1049] und Art. 34 EGBGB für

---

Ausführungen in BGH, Urt. v. 3.11.1998, XI ZR 346/97, ZIP 1999, 103, 104, sind im Sinne eines Offenlassens der Frage zu verstehen, denn sowohl der vom Berufungsgericht unter Art. 34 EGBGB gefasste § 1 HaustürWG als auch die nach Ansicht des BGH statt dessen anwendbaren §§ 7, 9 Abs. 2 VerbrKrG schieden schon auf Tatbestandsebene aus, so dass die Frage ihrer Durchsetzbarkeit gegen das spanische Vertragsstatut nicht entscheidungserheblich war.

1046 Vgl. nur BGHZ 135, 124, 139; *Ebke*, IPRax 1998, 263, 266; *Rauscher*, EuZW 1996, 650, 652; Staudinger - *Magnus* (2002), Art. 34 EGBGB, Rdn. 71; Palandt - *Heldrich*, Art. 34 EGBGB, Rdn. 3; *Schlechtriem*, in: FS Lorenz (2001), 565, 570 f. A.A. *Kappus*, in: v. Westphalen (Hrsg.), Time-Sharing-Verträge, Rdn. 29.

1047 Darstellung der Problematik z.B. bei *Fischer*, in: FS Großfeld (1999), 277, 284 ff.

1048 Allg. z.B. Staudinger - *Magnus* (2002), Art. 34 EGBGB, Rdn. 68, 71; *Rauscher*, IPR, 244; *Ebke*, IPRax 1998, 263, 269; *Kropholler*, IPR, § 3 II 3., 23; *Stötzel*, EWS 1999, 212, 216. In diese Richtung weisen die Entscheidungen des BAG, v. 24.8.1989, 2 AZR 3/89, IPRax 1991, 407, mit insoweit zustimmender Anm. *Magnus*, a.a.O., 382, 385 f., sowie BAG, v. 3.5.1995, 5 AZR 5/94, SAE 1997, 31 mit Anm. *Magnus*. Zustimmend zur Linie des BAG, der die Untergerichte folgen, auch *Junker*, RIW 2001, 94, 103 f. *Roth*, in: Schnyder/Heiss/Rudisch (Hrsg.), 35, 39, weist aber auf die unterschiedliche Ausgangslage in Art. 5 (Art. 29 EGBGB) und Art. 6 EVÜ (Art. 30 EGBGB) hin. Letzterer enthält nämlich im Gegensatz zur Regelung des kollisionsrechtlichen Verbraucherschutzes für Arbeitsverträge eine in sachlicher Hinsicht lückenlose Regelung. Erfasst sind in autonomer Auslegung alle abhängigen, weisungsgebundenen Tätigkeiten gegen Vergütung, *Rauscher*, IPR, 238. Angesichts der Entscheidung des EuGH in der Rechtssache „*Ingmar*“ mahnt *Reich*, EuZW 2001, 51, allerdings allgemein eine Überprüfung der restriktiven Gerichtspraxis an.

1049 So z.B. *Jayme*, IPRax 1997, 233, 235; vgl. auch *Coester-Waltjen/Mäsch*, 104. Fraglich ist aber, ob eine primär individualschützenden Normen in der Regel *auch* zukommende ordnungspolitische Funktion ausreicht (dagegen *Felke*, RIW 2001, 30, 33; *Stötzel*, EWS 1999, 212, 216), oder ob man die Verfolgung eines wesentlichen, im überindividuellen Interesse liegenden politischen, wirtschaftlichen oder sozialen Zweck der Vorschrift einschlägig halten[1050] oder umgekehrt das Verbrauchervertragsrecht generell nicht als international zwingend im Sinne des Art. 34 EGBGB ansehen[1051]. In der Literatur findet sich allerdings auch die Auffassung, dass ausschließlich dem Privatinteresse dienende Normen des Verbraucherschutzrechts generell unter Art. 34 EGBGB fallen können.[1052]

(1) Eingriffsnormcharakter von Vorschriften ohne gemeinschaftsrechtliche Herkunft

Unter systematischen Aspekten ist es wohl richtig, Verbraucherschutzrecht grundsätzlich nicht über Art. 34 EGBGB gegen das Vertragsstatut durchzusetzen. In Art. 5 EVÜ und Art. 29 EGBGB kommt zum Ausdruck, dass der Gedanke des Schwächerenschutzes über das allgemeine Verweisungssystem, nämlich die Zuordnung von Sachfragen zu einer bestimmten Rechtsordnung und nicht ausgehend von der eine bestimmte Sachfrage entscheidenden Norm berücksichtigt werden soll.[1053] Zudem sind die heute vorkommenden Verbraucherschutzinstrumente letztlich eine Fortentwicklung aus den das streng marktliberale System des Privatrechts von Anfang an einschränkenden General-

---

fordert, vgl. *Junker*, IPRax 2000, 65, 70. Ein öffentliches Interesse an privatrechtlichem Verbraucherschutz könnte man mit dem Sozialstaatsprinzip, der Marktregulierungsfunktion von Verbrauchervertragsrecht oder, soweit es um harmonisierte Rechtsbereiche geht, mit dem Interesse an einem funktionierenden Binnenmarkt (so *Kappus*, in: v. Westphalen (Hrsg.), Time-Sharing-Verträge, Rdn. 26; anders aber *Nemeth*, 65) begründen. Die Zuordnung von Privatrechtsnormen zu Art. 34 EGBGB wird dadurch gleichsam beliebig, was eher für eine strenge Prüfung eines gewichtigen öffentlichen Interesses spricht, wie sie das BAG vornimmt. Großzügiger aber *Basedow*, RabelsZ 52 (1988), 8, 19, 28; Soergel - *v. Hoffmann*, Art. 34 EGBGB, Rdn. 7. Restriktiv dagegen *Felke*, RIW 2001, 30, 33; vgl. auch *Otte*, RabelsZ 64 (1998), 405, 419.

1050 Palandt - *Heldrich*, Art. 34 EGBGB, Rdn. 3a; *Jayme*, IPRax 1997, 233, 235; *Jayme/Kohler*, IPRax 1995, 343, 353; *Köhler/Arndt*, Rdn. 482; grds. auch *Freitag/Leible*, ZIP 1999, 1296, 1299, bei „nur sozialpolitisch" motivierten Normen aber für Zurückhaltung plädierend.

1051 So *Rauscher*, IPR, 244, da beim Verbraucherschutzrecht der Individualschutz im Vordergrund stehe.; ebenso *Kropholler*, IPR, § 52 IX 3., 479; *v. Bar*, IPR, Bd. I, Rdn. 261 f.; *Mankowski*, DZWiR 1996, 273, 280, *Ebke*, IPRax 1998, 263, 269; *Sonnenberger*, in: FS Fikentscher (1998), 283, 292 f.; MüKo - *Sonnenberger*, Einl. IPR, Rdn. 54; Staudinger - *Magnus* (2002), Art. 34 EGBGB, Rdn. 71; *Vischer/Huber/Oser*, Rdn. 765; LG Bielefeld, v. 27.5.1999, 20 S 185/98, NJW-RR 1999, 1282, 1283.

1052 *v. Hoffmann*, IPRax 1989, 261, 266; *Ders.*, in: FS Henrich (2000), 283, 285; *Ders.*, IPR, § 10, Rdn. 96, der sie dann aber auf der Konkurrenzebene teilweise wieder ausnimmt; ähnlich *Roth*, in: Schnyder/Heiss/Rudisch (Hrsg.), 35, 48, 50, der dies unter anderem mit einer verfassungsrechtlichen Argumentation aus den vom BVerfG für den Schwächerenschutz entwickelten Vorgaben des Art. 2 Abs. 1 GG sowie aus dem Willkürverbot des Art. 3 Abs. 1 GG begründet.

1053 *Vischer/Huber/Oser*, Rdn. 765.

klauseln des allgemeinen Vertragsrechts wie §§ 138, 242 BGB. Gerade die in den hier einschlägigen Richtlinien enthaltenen Instrumente der Inhaltskontrolle, der Vertragslösungsrechte und der Informations- und Aufklärungspflichten sind von den Gerichten im deutschen Recht auch aus diesen Generalklauseln entwickelt worden. Aufgrund der Verwandtschaft des Verbrauchervertragsrechts mit den zivilrechtlichen Generalklauseln erscheint eine Differenzierung zwischen den §§ 138, 242 BGB auf der einen und dem Verbrauchervertragsrecht auf der anderen Seite nicht gerechtfertigt.

Daher ist es den Gerichten meines Erachtens verwehrt, das Verbrauchervertragsrecht international über Art. 34 EGBGB durchzusetzen, solange es keinen ausdrücklichen Anwendungsbefehl enthält. Ob diese Ablehnung der Charakterisierung des Verbrauchervertragsrechts als Eingriffsrecht im Sinne des Art. 34 EGBGB auch den Gesetzgeber bindet, ist eine andere Frage. Vergegenwärtigt man sich die Folgen einer Blankettermächtigung für die Vertragsstaaten des EVÜ, jegliche Norm für international zwingend erklären zu können, sowie den Umstand, dass das Gebot der einheitlichen Auslegung gem. Art. 18 EVÜ (Art. 36 EGBGB) auch für den Begriff der „zwingenden Bestimmung" im Sinne des Art. 34 EGBGB gelten sollte[1054], spricht einiges gegen eine solche Befugnis.[1055] Allerdings sind gleichwohl ausdrücklich für international zwingend erklärte Vorschriften trotz Verstoßes gegen Art. 7 Abs. 2, 18 EVÜ in Deutschland anzuwenden.

(2) Eingriffsnormcharakter von Vorschriften, die eine zwingende EG-Richtlinie umsetzen

Für das harmonisierte EG-Verbrauchervertragsrecht stellt sich das Problem in dieser Form nicht. Wenn der Gemeinschaftsgesetzgeber kollisionsrechtliche Regelungsaufträge an die Mitgliedstaaten in das Verbrauchvertragsrecht harmoni-

---

1054 Vgl. *Martiny*, in: v. Bar (Hrsg.), 211, 234 f.; Staudinger - *Magnus* (2002), Art. 34 EGBGB, Rdn. 52.

1055 Siehe *Sonnenberger*, FS Fikentscher (1998), 283, 290; ablehnend auch *Grundmann*, Schuldvertragsrecht, § 6, 3.80, Rdn. 4; anders aber *Nemeth*, 61. Staudinger - *Magnus* (2002), Art. 34 EGBGB, Rdn. 52, weist darauf hin, dass abstrakte Anforderungen an die Normen, die unter Art. 34 EGBGB fallen können, bestehen, sieht diese Voraussetzungen beim Verbraucherschutzrecht aber offenbar als gegeben an, a.a.O., Rdn. 71. Der deutsche Gesetzgeber selbst gesteht sich diese Befugnis ebenfalls zu: Er hat in den §§ 8 TzWrG, 12 AGBG (1996) primär individualschützende Normen des Verbraucherschutzrechts unter Art. 34 EGBGB gefasst (dazu auch *Jayme*, IPRax 1997, 233, 234; kritisch zur Auffassung des Gesetzgebers *Mäsch*, DNotZ 1997, 180, 208), obwohl er sich nur teilweise innerhalb der Vorgaben der von der Bindung an das EVÜ suspendierenden IPR-Klauseln hielt. Dass der Gesetzgeber eher der erstgenannten Auffassung zuneigt, zeigt ferner Art. 15 EGVVG, der für Versicherungsverträge ausdrücklich auf Art. 34 EGBGB Bezug nimmt.

sierende Richtlinien aufnimmt und diese als Anweisung anzusehen sind, das Umsetzungsrecht international zwingend auszugestalten, so ergibt sich eine entsprechende Befugnis des nationalen Gesetzgebers schon aus dem Vorrang des Gemeinschaftsrechts sowie aus Art. 20 EVÜ. Der Ermächtigung des Art. 7 Abs. 2 EVÜ bedarf er dann ohnehin nicht. Den vorrangigen Rechtsanwendungsbefehl des Art. 6 Abs. 2 KlauselRL bzw. der anderen IPR-Klauseln müsste ein Gericht im Wege richtlinienkonformer Auslegung des Sachrechts ohne Weiteres selbst beachten.[1056]

Dem entspricht auch die jüngste EuGH-Rechtsprechung zur Frage der internationalen Durchsetzung des Ausgleichanspruchs eines Handelsvertreters aufgrund der Umsetzungsnormen zu Art. 17 und 18 der Richtlinie 86/653/EWG. Dort führt Gerichtshof (in auffälliger Übereinstimmung mit den bisherigen IPR-Klauseln in den Verbraucherrichtlinien) aus, dass es der

> „... Zweck dieser Bestimmungen erfordert (...), dass sie unabhängig davon, welchem Recht der Vertrag nach dem Willen der Parteien unterliegen soll, anwendbar sind, wenn der Sachverhalt einen starken Gemeinschaftsbezug aufweist, etwa weil der Handelsvertreter seine Tätigkeit im Gebiet eines Mitgliedstaats ausübt.“[1057]

Den Zweck der Art. 17, 18 der HandelsvertreterRL sieht der EuGH in dem Schutz des Handelsvertreters[1058], in der Verwirklichung der Niederlassungsfreiheit sowie dem Schutz eines unverfälschten Wettbewerbs im Binnenmarkt[1059]. Jedenfalls der Hinweis auf drohende Wettbewerbsverfälschungen trägt die Entscheidung des EuGH.[1060] Denn wenn Unternehmen, die ihre Produkte über Handelsvertreter in der Gemeinschaft anbieten, durch Rechtswahl den Ausgleichsanspruch des Handelsvertreters umgehen können, verschaffen sie sich einen Preis- und damit Wettbewerbsvorteil gegenüber denjenigen Unternehmen, die den Ausgleich bezahlen. Jene könnten den Nachteil nur vermeiden, indem sie ebenfalls das Recht eines Drittstaats wählen, das keinen Ausgleich vorsieht. Die Folge wäre die praktische Wirkungslosigkeit der Richtlinie. § 89b HGB

1056 Vgl. *Kronke*, RIW 1996, 985, 990, der es einerseits für möglich hält, dass auch die Gerichte zur Durchsetzung der Richtlinienumsetzungen über Art. 34 EGBGB verpflichtet sind, andererseits aber einschränkt, das nationale Kollisionsrecht müsse dies dem Richter auch ermöglichen. Soweit damit die Grenzen richtlinienkonformer Auslegung gemeint sind, ist dem zuzustimmen. Angesichts der weiten Formulierung des Art. 34 EGBGB sowie seines umstrittenen Inhalte überschritte allerdings wohl sogar eine Durchsetzung von rein individualschützendem Privatrecht über Art. 34 EGBGB diese Grenzen nicht.

1057 EuGH, o. Fn. 487 (*Ingmar*), BB 2001, 10, 11, Tz. 25, mit Anm. *Kindler*. Siehe zu den Konsequenzen der Entscheidung für Art. 29a EGBGB unten 4. Teil F.; ferner *Bitterich*, VuR 2002, 155 ff.

1058 EuGH, o. Fn. 487, (*Ingmar*), BB 2001, 10, 11, Tz. 21, mit Anm. *Kindler*.

1059 EuGH, o. Fn. 487, (*Ingmar*), BB 2001, 10, 11, Tz. 23 f., mit Anm. *Kindler*

1060 *Kindler*, BB 2001, 11, 12.

kann sich daher infolge der EuGH-Entscheidung und entgegen der bisher h.M.[1061] international durchsetzen, wenn das Recht eines Drittstaats gewählt ist, das keinen Ausgleichsanspruch vorsieht.[1062]

Der Gedanke dürfte auf die Verbraucherschutzrichtlinien zu übertragen sein. Auch wer zwingendes Verbraucherschutzrecht durch Rechtswahl ausschaltet, verschafft sich Kosten- und Wettbewerbsvorteile. Dass das EVÜ auf den vom EuGH entschiedenen Fall noch nicht anwendbar war[1063], dürfte der Einschätzung, dass der EuGH Richtlinienrecht auch unter Geltung des Art. 7 EVÜ als international zwingend einstufen würde, nicht entgegenstehen. Dies wäre zwar zu kritisieren, da es aus Sicht des Gemeinschaftsrechts unerheblich ist, wie das nationale Recht in grenzüberschreitenden Sachverhalten ein richtlinienkonformes Ergebnis herstellt[1064], müsste allerdings hingenommen werden. Um einen Einklang mit der eben beschriebenen Sichtweise, dass Rechtsnormen primär überindividuelle Interessen schützen müssen, um international zwingend sein zu können, herzustellen, mag man daher einen ausreichenden wirtschaftspolitischen Zweck der Umsetzungsnorm aus dem Binnenmarktziel einschließlich der Verwirklichung der Grundfreiheiten herleiten.

Zwingend ist dies jedoch nicht, da der räumliche Geltungsanspruch von Richtlinien und damit auch der Umsetzungsnormen eine gemeinschaftsrechtliche Frage ist[1065], die sich nicht mit den nationalen zu Art. 34 EGBGB vertretenen Kategorien erklären lassen muss. Demgemäß ist hier der sogleich noch darzustellende Weg von *Jayme*, den international zwingenden Charakter einer Norm unmittelbar aus dem Umstand, dass der nationalen Vorschrift eine zwingende EG-Richtlinienbestimmung zugrunde liegt, zu folgern, im Grundsatz ohne Weiteres gangbar[1066], ebenso wie die These *Krebbers,* der einen inter-

---

1061 *v. Hoffmann*, IPR, § 4, Rdn. 16; *Vischer/Huber/Oser*, Rdn. 447. Vgl. auch *Grundmann*, Schuldvertragsrecht, § 6, 3.80., Rdn. 7; *Stötzel*, EWS 1999, 212, 215 f.; *Michaels/ Kamann*, EWS 2001, 301, 304.

1062 *Kindler*, BB 2001, 11, 12; Staudinger - *Magnus* (2002), Art. 28 EGBGB, Rdn. 277. Kritisch zur (meines Erachtens aber vom EuGH so nicht getroffenen) Aussage, das Umsetzungsrecht (hier Sec. 1 der Commercial Agents (Council Directive) Regulations 1993, v. 7.12.1993, Statutory Instruments, 1993, No. 3053) sei international zwingendes Recht, *Freitag*, EWiR 2000, 1061, 1062, da er unnötigerweise über den Befund hinausgehe, dass Richtlinienrecht bei hinreichendem Gemeinschaftsbezug zwingend objektiv anzuknüpfen sei.

1063 Vgl. *Freitag*, EWiR 2000, 1061, 1062.

1064 Siehe auch *Krebber*, ZVglRWiss 97 (1998), 124, 158.

1065 Vgl. EuGH, o. Fn. 487, (*Ingmar*), BB 2001, 10, 11, Tz. 18, mit Anm. *Kindler*.

1066 Zur Kritik, vgl. aber unten 3. Teil D II 4. Dort auch zu dem Problem, dass im Rahmen von Richtlinien, die einen Mindeststandard aufstellen, ein international zwingender Charakter der Umsetzungsnorm aufgrund der Richtlinie streng genommen nur für den Mindeststandard selbst und nicht für nationale Schutzverstärkungen angenommen werden kann.

nationalen Geltungsanspruch des Umsetzungsrechts aus dem Grundsatz der vollen Richtlinienwirksamkeit ableitet.[1067]

(3) Folgerungen für den Umsetzungsbedarf

Man könnte nun meinen, die richtlinienkonforme Auslegung der sachlichen Umsetzungsbestimmungen, die ja zur Durchsetzung derselben gegenüber Drittstaatenrecht über Art. 34 EGBGB führe, mache eine Transformation der IPR-Klauseln überflüssig. Für die Frage des Umsetzungsbedarfs ergibt sich aus dem Gesagten jedoch lediglich Folgendes: Da die Umsetzungsbestimmungen zur Klausel-, Timesharing-, Fernabsatz- und VerbrauchsgüterkaufRL nach der hier vertretenen Auffassung in den Kategorien des EVÜ und damit der Art. 27 ff. EGBGB kein Eingriffsrecht im Sinne des Art. 34 EGBGB darstellen, eine internationale Durchsetzung aufgrund der IPR-Klauseln und in Einklang mit der „*Ingmar*"-Entscheidung des EuGH gemeinschaftsrechtlich aber vorgeschrieben ist, sollte in erster Linie der Gesetzgeber selbst tätig werden und eine ausdrückliche Klarstellung in das EGBGB oder das jeweilige Sachrecht aufnehmen. Dazu ist er schon kraft Gemeinschaftsrechts und nicht erst durch Art. 7 Abs. 2 EVÜ ermächtigt. Auch die Gerichte könnten die Umsetzungsnormen aufgrund der Regelungsanweisung der IPR-Klauseln in richtlinienkonformer Auslegung in den Anwendungsbereich von Art. 34 EGBGB „ziehen" und wären dazu auch verpflichtet, was der EuGH in der „*Ingmar*"-Entscheidung nunmehr ausdrücklich klargestellt hat.

Dabei stünden sie aber angesichts des komplexen und konkretisierungsbedürftigen Regelungsprogramms der IPR-Klauseln vor einer schwierigen Aufgabe, was eine ausdrückliche Umsetzung durch den Umsetzungsgesetzgeber geboten erscheinen lässt.

So bleibt offen, wann ein ausreichender Bezug zur EU besteht; ferner lässt sich die internationale Durchsetzungsfähigkeit einer nationalen Schutzverstärkung, wie etwa die Verlängerung einer Widerrufsfrist, nicht unter Hinweis auf den zwingenden Charakter etwa der TimesharingRL begründen. Denn diese erklärt nur die Regelfrist von 10 Tagen als europäischen Mindeststandard für

---

[1067] *Krebber*, ZVglRWiss 97 (1998), 124, 133 et passim. Den Grundsatz der effektiven Richtlinienumsetzung hält *Baumert*, EWS 1995, 57, 64, hingegen als Begründung nicht für ausreichend, soweit es um die Wahl eines Drittstaatenrechts geht. Er vertritt eine Rechtswahlfestigkeit von Richtlinienbestimmungen, soweit sie sich mit dem Mindeststandard decken und eine konstitutive Abwahl des Rechts eines Mitgliedstaats erfolgt ist (was nach hier vertretener Auffassung aber schon nicht Voraussetzung der IPR-Klauseln ist, 3. Teil C II 3.), mit dem Argument, dass dies ein notwendiges Korrektiv zur fehlenden horizontalen Direktwirkung zwischen Privaten darstelle. Er verlangt aber – wiederum nur bei konstitutiver Wahl eines Drittstaatenrechts –, zusätzlich einen ausdrücklichen kollisionsrechtlichen Eingriffsbefehl des Umsetzungsgesetzgebers (dazu *Baumert*, a.a.O., 65, 57), was der EuGH in der zitierten Entscheidung nicht für notwendig gehalten hat.

verbindlich. Der Anwendungsbefehl für die Verlängerung im nationalen Recht muss somit aus dem nationalen Recht selbst folgen. Ferner gilt es aufgrund der abweichenden bisherigen Regelungen in § 12 AGBG und § 8 TzWrG klarzustellen, dass die Richtlinien nur bei der Wahl eines Drittstaatenrechts als international zwingendes Recht anzusehen sind, nicht hingegen bei der Wahl eines Mitgliedstaatenrechts. Zu klären ist auch das Verhältnis der gemeinschaftsrechtlich begründeten zwingenden Geltung der Richtlinien gegenüber Drittstaatenrecht zu den anderen Anknüpfungsregeln des EVÜ bzw. des EGBGB. Schließlich sollte der Gesetzgeber die Durchsetzung des räumlichen Geltungsanspruchs von Richtlinien auch deswegen nicht allein den Gerichten überlassen, weil so nicht sichergestellt wäre, dass dieses Ziel unter möglichst weitgehender „Schonung" des EVÜ erreicht wird. Schafft der Gesetzgeber eine flexible Umsetzungskollisionsnorm, die eine zwingende objektive Anknüpfung des Umsetzungsrechts vorsieht, vermeidet er dogmatische Unstimmigkeiten, die sich ergeben, wenn man Umsetzungsrecht im umstrittenen Terrain des Art. 7 EVÜ oder des ordre public-Vorbehalts ansiedelt.[1068]

Nach allem kann Art. 34 EGBGB infolge der bereits auf der Ebene der Bestimmung einer Norm als international zwingend bzw. als Eingriffsnorm bestehenden Unklarheiten auch nach der „*Ingmar*"-Entscheidung des EuGH eine Ergänzungsfunktion zu Art. 29 EGBGB nicht in einer Weise zukommen, die eine ausdrückliche Transformation ins nationale Recht überflüssig machen würde.[1069] Der Vollständigkeit halber sollen hier aber weitere Fragen zur Durchsetzung von Verbraucherrichtlinien über Art. 34 EGBGB angesprochen werden.

c) Der erforderliche Inlandsbezug

Liegt eine international zwingende Norm vor, so wendet sie der deutsche Richter nur dann ohne Rücksicht darauf an, welchem Recht der Vertrag im Übrigen unterliegt, wenn der Sachverhalt einen hinreichenden Inlandsbezug aufweist.[1070] Aus letzterer Einschränkung ergibt sich, dass auch mit der (sogleich

---

1068 Einen ähnlichen Gedankengang formuliert *Krebber*, ZVglRWiss 97 (1998), 124, 158 f., allgemein für die Frage, wie die Mitgliedstaaten dem räumlichen Geltungsanspruch von Richtlinien, die keine eigene Kollisionsregel enthalten, Rechnung tragen sollen.

1069 Im Ergebnis ebenso *Baumert*, EWS 1995, 57, 65.

1070 Ein solcher Inlandsbezug ist allgemein für die Anwendung des Art. 34 EGBGB zu fordern (*Kropholler*, IPR, § 52 IX 1., 476; *Koch/Magnus/Winker von Mohrenfels*, § 5 A V 4. a), S. 107), es sei denn, eine vom Gesetzgeber für international zwingend erklärte Vorschrift verzichtet hierauf ausdrücklich, Staudinger - *Magnus* (2002), Art. 34 EGBGB, Rdn. 76. Zweifelhaft ist, ob die Aussage des deutschen Gesetzgebers zutrifft, schon die Anrufung eines deutschen Gerichts schaffe einen hinreichenden Inlandsbezug, vgl. BT-Drs. 10/503, 29, da die Anrufung eines Gerichts nicht mehr zum kollisionsrechtlich relevanten Sachverhalt gehört, wie sich auch aus Art. 27 Abs. 3 EGBGB ergibt (ebenso

unter 4. dargestellten) Lehre von der mittelbaren horizontalen Direktwirkung allenfalls ein Teilbereich der Schutzlücken des Art. 29 Abs. 1 EGBGB über Art. 34 EGBGB aufgefangen werden kann.[1071] Denn nach der Regelungsvorgabe der IPR-Klauseln, muss ein deutsches Gericht auch dann in die Lage versetzt werden, das Umsetzungsrecht eines Mitgliedstaats der EU anzuwenden, wenn der enge Zusammenhang des Verbrauchervertrags zwar nicht zum Forumstaat, aber zu einem anderen Mitgliedstaat besteht.

d) Das Verhältnis von Art. 29 EGBGB zu Art. 34 EGBGB

Aber auch bei unterstelltem hinreichenden Bezug des Vertrags zum Gebiet der Bundesrepublik Deutschland ist es zweifelhaft, ob Art. 34 EGBGB eine Ergänzungsfunktion zu Art. 29 EGBGB ausfüllen kann. Denn die Möglichkeit einer Sonderanknüpfung von Verbraucherschutzrecht über Art. 34 EGBGB hängt dann immer noch davon ab, wie das Verhältnis von Art. 29 EGBGB zu Art. 34 EGBGB zu beurteilen ist.[1072] Das Verbraucherschutzrecht wird bereits in Art. 29 EGBGB im Rahmen einer bedingten besonderen Anknüpfung behandelt, so dass es doch einiges Begründungsaufwands bedarf, um zu erklären, warum das EVÜ dieselbe Kategorie von Rechtsnormen nochmals im Rahmen einer Sonderanknüpfung berücksichtigen sollte, bei der es ja im Gegensatz zu Art. 29 EGBGB zu gar keiner Verweisung kommt.[1073]

Eine verbreitete Auffassung sieht Art. 29 EGBGB denn auch innerhalb seines sachlichen Anwendungsbereichs als eine die Anwendung des Art. 34 EGBGB

---

im Ergebnis *Backert*, 181). Es findet sich ferner die Auffassung, die Stärke des erforderlichen Inlandsbezugs beeinflusse auch den Grad der internationalen Durchsetzungsfähigkeit einer Norm, *Rauscher*, IPR, 244. Bei sehr starkem Inlandsbezug sollen sich danach auch „schwächere" Normen als Eingriffsnormen durchsetzen lassen (aA *Kropholler*, a.a.O). Nicht möglich ist es, unter Hinweis auf die nur in Art. 7 Abs. 1 EVÜ geforderte „enge Verbindung" für Abs. 2 auf eine solche Voraussetzung zu verzichten. Der Eingriff in rein ausländische Sachverhalte wäre mangels inländischen Regelungsinteresses mit dem Prinzip der Gleichwertigkeit der Rechtsordnungen nicht vereinbar.

[1071] Anders *Willms*, der die mittelbare Horizontalwirkung durch einen Verzicht auf den Inlandsbezug ergänzen will und ihn durch einen Europabezug ersetzt, *Ders.*, 264.

[1072] Auf dieses Verhältnis stützte der BGH seine beiden maßgeblichen Entscheidungen aus den Jahren 1993 und 1997 zu diesem Thema, in denen er jeweils zu einer Sperrwirkung des Art. 29 EGBGB gegenüber Art. 34 EGBGB kam, vgl. BGH, v. 26.10.1993, XI ZR 42/93, BGHZ 123, 380, 391; BGHZ 135, 124, 136; ebenso zuvor schon OLG Celle, o. Fn. 1014, IPRax 1991, 334, 335.

[1073] *Junker*, IPRax 1993, 1, 9. Vgl. auch die Begründung zum IPR-Reformgesetz von 1986, BT-Drs. 10/504, 20, 33: „... Berücksichtigung von innerstaatlichen Vorschriften ohne Rücksicht auf das Kollisionsrecht...". Auf die Inkompatibilität der Rechtsfolgen weist *Junker*, IPRax 2000, 65, 66, 71, hin: der Günstigkeitsvergleich vertrage sich nicht mit dem unbedingten Anwendungswillen von Eingriffsnormen.

sperrende Spezialregelung an[1074], während die Gegenauffassung umgekehrt Art. 34 EGBGB für spezieller hält[1075] bzw. ein Nebeneinanderstehen der beiden Vorschriften bejaht[1076]. Eine vermittelnde Meinung weist darauf hin, dass es Art. 34 EGBGB als bloße Öffnungsklausel erlaube, nationale Verbraucherschutznormen als relativ vorrangig anzusehen, das heißt, die über Art. 34 EGBGB angeknüpften international zwingenden Normen können durchaus im Sinne eines Günstigkeitsvergleichs ausgelegt werden und verdrängen das Vertragsstatut dann nicht, wenn jenes die der inländischen Eingriffsnorm zugrunde liegende Zwecksetzung besser verwirklicht.[1077]

Die beiden Entscheidungen des Bundesgerichtshofs aus den Jahren 1993 und 1997 lassen sich zu dieser Frage dahingehend zusammenfassen, dass eine Durchsetzung von Verbrauchervertragsrecht über Art. 34 EGBGB dann in Betracht kommt, wenn der erforderliche Nähebezug des Art. 29 Abs. 1 EGBGB vorliegt und es nur an einem von Art. 29 EGBGB geregelten Vertragstyp fehlt. Man könnte von einer partiellen Sperrwirkung gegenüber Art. 34 EGBGB sprechen, wodurch vermieden werden soll, dass Verbraucherschutznormen, die unter den eigentlich für den kollisionsrechtlichen Verbraucherschutz zuständigen Art. 29 EGBGB fallen gegenüber solchen, die nur unter Art. 34 EGBGB fallen, in räumlicher Hinsicht strengeren Anforderungen unterliegen. In einer jüngeren einschlägigen Entscheidung[1078] nahm der Bundesgerichtshof zum Verhältnis von Art. 29 zu Art. 34 EGBGB hingegen keine Stellung mehr.

Die Rechtsauffassung des Bundesgerichtshofs, die in der Literatur unterschiedlich aufgenommen worden ist[1079], zwingt für die Frage der „Umsetzung"

1074 *v. Hoffmann*, IPRax 1989, 261, 264; *Ders.*, IPR, § 10, Rdn. 96; *Grundmann*, IPRax 1992, 1, 4; *Roth*, in: Schnyder/Heiss/Rudisch (Hrsg.), 35, 49; *Kropholler*, IPR, § 52 V 2. a), 461; *Rauscher*, IPR, 237.

1075 Palandt - *Heldrich*, Art. 34 EGBGB, Rdn. 3.

1076 MüKo - *Sonnenberger*, Einl. IPR, Rdn. 54; *Felke*, RIW 2001, 30, 36. Die beiden letztgenannten Auffassungen ziehen zur Begründung das eben erwähnte Argument heran, eine international zwingende Norm habe einen unbedingten Geltungsanspruch, der sich mit dem Günstigkeitsvergleich des Art. 29 BGB nicht vertrage, vgl. *Ders.*, a.a.O. Allerdings gehen sie zugleich davon aus, dass das Verbraucherschutzrecht nicht unter Art. 34 EGBGB fällt, so dass nur noch Eingriffsnormen in einem engen Sinne übrig bleiben, die sich ohnehin nicht für einen Günstigkeitsvergleich eignen, vgl. zu diesem Hintergrund *Roth*, in: Schnyder/Heiss/Rudisch (Hrsg.), 35, 46.

1077 *Czernich/Heiss*, Art. 5 EVÜ, Rdn. 56; Staudinger - *Magnus* (2002), Art. 34 EGBGB, Rdn. 36; *Roth*, in: Schnyder/Heiss/Rudisch (Hrsg.), 35, 46 f.; *E. Lorenz*, RIW 1987, 569, 580.

1078 BGH, v. 3.11.1998, XI ZR 346/97, ZIP 1999, 103, 104; vgl. auch o. Fn. 1072.

1079 Kritisch dazu, weil man in den außerhalb des Kollisionsrechts stehenden Bereich der aus sich selbst heraus international durchsetzungsfähigen Eingriffsnormen kein zusätzliches Tatbestandsmerkmal einer Kollisionsnorm hineininterpretieren dürfe, *Junker*, IPRax 2000, 65, 71; ähnlich *Vischer/Huber/Oser*, Rdn. 766; *Jayme/Kohler*, IPRax 1997, 385, 400; aus systematischen Gründen ablehnend auch *Ebke*, IPRax 1998, 263, 268.

der IPR-Klauseln im Weg der Einordnung sachrechtlicher Umsetzungsnormen als international zwingendes Recht wiederum zu einer eindeutigen Antwort: Ganz abgesehen von den Meinungsverschiedenheiten der Literatur in diesem Punkt, kommt sie angesichts der restriktiven höchstrichterlichen Rechtsprechung zur Durchsetzung von Verbraucherschutzrecht über Art. 34 EGBGB nicht in Betracht.

4. Die Lehre von der mittelbaren horizontalen Wirkung verbraucherschützender Richtlinien

Im Zusammenhang mit der Nichtumsetzungsproblematik der Gran Canaria-Fälle hat *Jayme* den Vorschlag einer mittelbaren horizontalen Wirkung von Richtlinien im Privatrechtsverkehr gemacht, der infolge seiner speziell europarechtlichen Begründung von der allgemeinen Diskussion zum Verbraucherschutzrecht im Rahmen des Art. 34 EGBGB zu unterscheiden ist: Der internationale Anwendungswille des eine Richtlinie umsetzenden deutschen Verbraucherschutzgesetzes (im konkreten Fall das frühere HaustürWG) soll sich danach aus einer richtlinienkonformen Auslegung desselben unter der Voraussetzung ergeben, dass ein „Binnenmarktsachverhalt" vorliegt und die Parteien versuchen, durch Wahl des Rechts eines Nichtumsetzerstaats[1080] den zwingenden Richtlinienbestimmungen auszuweichen.[1081]

Für das hier diskutierte Problem der Ergänzung des Art. 29 EGBGB zur Erfüllung der von den IPR-Klauseln gestellten Transformationsaufgabe ist dieser Vorschlag noch etwas zu präzisieren. Denn das Regelungsprogramm der IPR-Klauseln beschränkt sich eben nicht auf Binnenmarktsachverhalte, also den Schutz vor exorbitanter Abwahl des Richtlinienstandards in Verträgen zwischen EU-Anbietern[1082] und EU-Verbrauchern, sondern erfasst nach hier vertretener Auffassung auch Drittstaatensachverhalte, das heißt Verträge zwischen dritt-

---

Zustimmend hingegen *Roth*, in: Schnyder/ Heiss/Rudisch (Hrsg.), 35, 49; *Coester-Waltjen/Mäsch*, 104 f.; wie der BGH im Ergebnis auch *Czernich/Heiss*, Art. 5 EVÜ, Rdn. 56; *Fischer*, in: FS Großfeld (1999), 277, 287, der darüber hinausgehend auch verwandte Vertragstypen dem Inlandsbezug nach Art. 5 Abs. 2 EVÜ unterstellen will.

1080 *Jaymes* Ansatz bezieht sich nur auf die Wahl des Rechts eines Mitgliedstaats der EU, der die Richtlinie mit Fristablauf nicht umgesetzt hat (Gran Canaria-Konstellation). Der Gedanke erscheint jedoch auch auf die Wahl des Rechts eines Nichtmitgliedstaats (bzw. einer offshore-jurisdiction im Gemeinschaftsgebiet, Isle of Man-Konstellation) übertragbar.

1081 *Jayme*, IPRax 1990, 220, 222; ihm folgend *Ebke*, in: v. Bar (Hrsg.), 97, 101; *Willms*, 263 f.; *Pfeiffer*, NJW 1997, 1207, 1209. Ausführlich *Deinert*, JbJZivRWiss 1997, 257, 263 ff.

1082 Wann ein Binnenmarktsachverhalt vorliegt, bestimmt sich nach der Reichweite der Grundfreiheiten. So ist z.B. ein Unternehmen mit Hauptsitz in einem Drittstaat, das seine Geschäftstätigkeit über eine Niederlassung in der EU betreibt, ebenfalls unter den hier verwendeten Begriff des EU-Anbieters zu fassen.

staatlichen Anbietern und europäischen Verbrauchern. Ein „Binnenmarktsachverhalt“ in diesem Sinne liegt daher nicht nur bei ausschließlich im Gemeinschaftsgebiet lokalisierten Verbraucherverträgen vor, sondern auch, wenn zwar ein substantieller Drittstaatenbezug besteht, aber eben immer noch auch ein enger Zusammenhang zum Gemeinschaftsgebiet.

Die mittelbare horizontale Wirkung soll nicht greifen, wenn und soweit die betreffende Richtlinie Umsetzungsoptionen einräumt. Der Vorwurf, dass der dargestellte Weg über Art. 34 EGBGB eine Umgehung der vom EuGH verneinten horizontalen Direktwirkung darstelle[1083], lässt sich so aber nicht ganz ausräumen. Denn die Verbraucherschutzrichtlinien sehen in aller Regel nur eine Mindestharmonisierung vor und sind damit im Hinblick auf den mitgliedstaatlichen Gestaltungsspielraum den in anderen Richtlinien vorgesehenen Ausscher- und Optionsrechten durchaus vergleichbar. Man kann über Art. 34 EGBGB somit nur den Mindeststandard gemeinschaftsweit durchsetzen, da es den Mitgliedstaaten freisteht, die Richtlinien ohne Schutzverstärkungen 1:1 umzusetzen. Mit der dann notwendigen Reduzierung der Umsetzung im Forumstaat auf das Schutzniveau der Richtlinie ist man aber einer direkten Anwendung derselben wieder sehr nahe.[1084]

In der Rechtssache *„Ingmar“* stellte sich dieses Problem für den EuGH hingegen nicht, da der Ausgleichsanspuch der HandelsvertreterRL keine Mindestschutzregelung darstellt und daher die streitgegenständlichen Art. 17, 18 der Richtlinie den Ausgleichsanspruch des Handelsvertreters auch „nach oben hin“ abschließend regeln.[1085]

5. Schutz durch Sonderanknüpfung der Umsetzungsgesetze eines anderen Mitgliedstaats als ausländisches international zwingendes Recht (Art. 7 Abs. 1 EVÜ)?

Das Manko, dass Art. 34 EGBGB von vornherein nur bei einem hinreichenden Inlandsbezug zum deutschen Forum als Ergänzung des Art. 29 EGBGB in Betracht kommt, wurde bereits erwähnt. Die Sonderanknüpfung von Eingriffs-

---

[1083] *Mankowski*, RIW 1995, 364, 368 f.; MüKo - *Martiny*, Art. 34 EGBGB, Rdn. 21b; a.A. *Pfeiffer*, NJW 1997, 1207, 1209.

[1084] Darauf weist *Felke*, RIW 2001, 30, 34, zu Recht hin; a.A. *Michaels/Kamann*, JZ 1997, 601, 604 (im Zusammenhang mit Art. 27 Abs. 3 EGBGB analog). Auch *Baumert*, EWS 1995, 57, 65, hält es nicht für möglich, auf eine Umsetzung des Art. 6 Abs. 2 KlauselRL unter Hinweis auf die Auffassung *Jaymes* zu verzichten, vgl. *Baumert*, EWS 1995, 57, 65.

[1085] Art. 17-19 HandelsvertreterRL räumen nur ein Wahlrecht zwischen einem Entschädigungs- und einem Ausgleichsmodell ein, vgl. *Grundmann*, Schuldvertragsrecht, § 6, 3.80, Rdn. 16. Man darf aber gespannt sein, wie der EuGH verfährt, wenn ihm ein vergleichbarer Sachverhalt im Anwendungsbereich einer Mindestrichtlinie vorliegt.

normen anderer Mitgliedstaaten zum Zwecke ihrer Durchsetzung gegen das nach Art. 27, 28 EGBGB ermittelte Vertragsstatut ist hingegen ein Thema des Art. 7 Abs. 1 EVÜ. Propagiert man unter bestimmten Voraussetzungen die Durchsetzung von Verbraucherschutzrecht über Art. 7 Abs. 2 EVÜ bzw. Art. 34 EGBGB, so wäre es nur folgerichtig, dass der deutsche Richter in die Lage versetzt wird, eine mitgliedstaatliche Umsetzung auch dann anzuwenden, wenn kein Inlands- aber ein EU-Bezug vorliegt – vor allem handelt es sich dabei aber um eine verbindliche Forderung der IPR-Klauseln.[1086]

Über den Weg des Art. 7 Abs. 1 EVÜ eine Kompensation von Schutzlücken gegenüber dem Richtlinienkollisionsrecht zu betreiben, ist aber dennoch ausgeschlossen: Art. 7 Abs. 1 EVÜ stellt die Anwendung weder zum Forumrecht noch zum Vertragsstatut gehöriger Eingriffsnormen in das Ermessen des Gerichts, das im Rahmen seiner Entscheidung auch eine Folgenabwägung vornehmen muss. Schon das ist angesichts des Gebots einer effektiven und Rechtssicherheit verbürgenden Umsetzung problematisch, auch wenn man an eine Einschränkung dieses Anwendungsermessens denken könnte.[1087] Noch schwerer wiegt aber, dass die Bundesrepublik Deutschland einen nach Art. 22 Abs. 1 lit. a) EVÜ zulässigen Vorbehalt gegen Art. 7 Abs. 1 EVÜ eingelegt hat, und zwar gerade wegen dessen Unbestimmtheit.[1088] Daher bleibt es bei den in den Einzelheiten umstrittenen[1089] allgemeinen Grundsätzen zur Durchsetzung „fremder" Eingriffsnormen. Gleichzeitig fehlt es an einer gefestigten gerichtlichen Praxis hierzu, da sich die Rechtsprechung meist mit der Berücksichtigung solcher Normen auf der Ebene des berufenen materiellen Rechts behilft.[1090] Art. 7 Abs. 1 EVÜ respektive den entsprechenden deutschen Grundsätzen kann daher keine Ergänzungsfunktion neben Art. 29 EGBGB zukommen.[1091]

6. Schutz durch den ordre public-Vorbehalt

Da keine allgemeine Kollisionsnorm und auch nicht der Weg über international zwingende Sachnormen über die Schutzlücken des Art. 29 EGBGB hinweghilft, bleibt noch der ordre public-Vorbehalt. Schon sein Ausnahmecharakter spricht allerdings dagegen, in ihm die gesuchte Ergänzung des Art. 29 EGBGB zu sehen. Nur der Vollständigkeit halber sei dies kurz begründet. Dabei muss man

---

[1086] Siehe dazu den Hinweis von *Roth*, in: Schnyder/Heiss/Rudisch (Hrsg.), 35, 50 mit Fn. 60.

[1087] So angedeutet von *Roth*, in: Schnyder/Heiss/Rudisch (Hrsg.), 35, 50. Eine Pflicht zur Anwendung mitgliedstaatlicher Eingriffsnormen wird in der Literatur zunehmend für möglich gehalten, vgl. MüKo - *Sonnenberger*, Einl. IPR, Rdn. 183.

[1088] Staudinger - *Magnus* (2002), Art. 34 EGBGB, Rdn. 6.

[1089] Vgl. dazu Staudinger - *Magnus* (2002), Art. 34 EGBGB, Rdn. 110 ff.; *Kropholler*, IPR, § 52 X, 480 ff.

[1090] *Junker*, IPRax 2000, 65, 72.

[1091] Im Ergebnis ebenso *Kronke*, RIW 1996, 985, 990.

zwei Wege unterscheiden, die über den ordre public zur Anwendung eines Umsetzungsrechts führen können.

a) Nationaler ordre public

Zunächst einmal geht es um die nationale Dimension des ordre public, also um die Frage, ob das deutsche auf Richtlinien beruhende Verbraucherschutzrecht zu den tragenden Grundsätzen der deutschen Rechtsordnung gezählt werden kann, so dass gem. Art. 6 EGBGB entgegenstehende Rechtsanwendungsergebnisse des berufenen Rechts eines Nichtmitgliedstaates abgewehrt werden können. Hierzu mag man das bereits angesprochene Argument ins Feld führen, dass der Schwächerenschutz verfassungsrechtlich von Art. 2 Abs. 1 GG in der Auslegung des Bundesverfassungsgerichts gefordert wird.[1092] Die Wahrung der Grundrechte ist nämlich in aller Regel dem ordre public-Vorbehalt zugeordnet, vgl. Art. 6 S. 2 EGBGB.

Fraglich ist aber, ob die Regelungen der Verbraucherschutzrichtlinien und damit auch der mitgliedstaatlichen Umsetzungsgesetze überhaupt die Schwelle erreichen, ab der der Verbraucherschutz verfassungsrechtlich untermauert ist. Immerhin liegen der Rechtsprechungslinie zum Bürgschaftsrecht im Hinblick auf die Entscheidungssituation (Ausnutzung psychologischen Drucks in der Familie) und Belastung der schwächeren Vertragspartei (existenzbedrohende finanzielle Belastung, „Schuldturm"-Problematik) Extremfälle zugrunde. Dagegen befasst sich das europäisierte Verbraucherschutzrecht eher mit alltäglichen Vertragsschlüssen und – siehe Internetgeschäfte – mit alltäglichen Gefahren, denen jedermann gleichermaßen ausgesetzt ist.[1093] Ferner spricht das Argument, dass es sich beim Verbraucherschutzrecht durchweg um jüngere[1094] und zudem rechtspolitisch stark umstrittene Regelungen handelt, gegen eine Zurechnung dieses Rechtsbereichs zu den tragenden Grundsätzen der deutschen Rechtsordnung.[1095]

1092 Vgl. die sog. Bürgschaftsrechtsprechung des BVerfG, z.B. Beschl. v. 19.10.1993, 1 BvR 567/89 u.a., NJW 1994, 36; dazu *Rittner*, NJW 1994, 3330.

1093 Dies spricht zugleich gegen *Reich*, NJW 1994, 2128, 2129, der die genannte „Bürgschaftsrechtsprechung" zur Begründung dafür heranzieht, dass sämtliche Verbraucherschutzvorschriften als Ausprägungen des grundrechtlich abgesicherten Schwächerenschutzes in den Anwendungsbereich von Art. 34 EGBGB fallen. Dezidiert gegen *Reich* auch *Stotzel*, EWS 1999, 212, 216.

1094 So das Argument von *Coester-Waltjen*, in: FS Lorenz (1991), 297, 315; ebenso *Ebke*, IPRax 1998, 263, 270.

1095 Ablehnend auch MüKo - *Martiny*, Art. 29 EGBGB, Rdn. 32; aus österreichischer Sicht auch *Czernich/Heiss*, Art. 5 EVÜ, Rdn. 48; zweifelnd *Pfeiffer*, NJW 1997, 1207, 1209; a.A. OLG Celle, v. 28.8.1990, 20 U 85/89, IPRax 1991, 334, 336.

b) „Europäischer“ ordre public

Daher ist in der Literatur ein zweiter Weg über einen europäischen[1096] ordre public vorgeschlagen worden, um den sekundärrechtlichen Ursprung der Verbraucherschutzgesetze berücksichtigen zu können. Wiederum stand dabei die Vermeidung der Anwendung eines richtlinienwidrigen Mitgliedstaatenrechts im Vordergrund.[1097] Der Grundgedanke lässt sich aber auf richtlinienwidrige Ergebnisse, die aufgrund der Anwendung eines drittstaatlichen Rechtes drohen, theoretisch übertragen. Danach könnte der ordre public seine Abwehrfunktion auf drittstaatliches richtlinienwidriges Recht erstrecken[1098], wenn man annimmt, das richtlinienwidrige Rechtsanwendungsergebnis verstoße gegen wesentliche Grundsätze des Gemeinschaftsrechts.[1099] Eine solche Lösung wäre jedenfalls möglich, wenn die Richtlinie im Forumstaat umgesetzt ist.[1100]

Schon die europäische „Aufladung“ des ordre public stößt aber auf Vorbehalte.[1101] Als eine ausdrückliche Umsetzung der IPR-Klauseln überflüssig machende Ergänzung des Art. 29 EGBGB kommt der ordre public auch in einer etwaigen europäischen Dimension aber ohnehin nicht in Betracht. Er ist ein einzelfallbezogenes Instrument zur Korrektur bestimmter materieller

---

[1096] Die Idee eines internationalen oder auch völkerrechtlichen ordre public kommt schon früh in einer Entscheidung des BGH zur Ausfuhr nigerianischen Kulturgutes entgegen einem in Deutschland nicht geltenden UNESCO-Übereinkommen zum Ausdruck. Der BGH berücksichtigte dieses Übereinkommen über § 138 BGB und erklärte den in Zusammenhang mit der Ausfuhr stehenden Vertrag für nichtig. Vgl. BGH, v. 22.6.1972, II ZR 113/70, BGHZ 59, 82, 86; allg. dazu *Kropholler*, IPR, § 36 III 2., 243 f. Daneben ist der Einfluss des Gemeinschaftsrechts zu beachten, vgl. z.B. *Martiny*, in: v. Bar (Hrsg.), 211, 220-222, 227 ff.; *Jayme/Kohler*, IPRax 1991, 361, 364; *Pfeiffer*, NJW 1999, 3674, 3680.

[1097] Vgl. *Kropholler*, IPR, § 36 III 2. c), 244 f.; MüKo - *Sonnenberger*, Einl. IPR, Rdn. 176. Davon ist die Frage zu unterscheiden, ob das EG-Recht die Anwendung des ordre public-Vorbehalts gegenüber dem Recht eines anderen Mitgliedstaats beschränken kann, vgl. *Ders.*, a.a.O., Rdn. 187.

[1098] Vgl. *Baumert*, 53.

[1099] Meist wird dies unter dem Aspekt der Verletzung der Umsetzungspflicht diskutiert (vgl. *Baumert*, 57; *Nemeth*, wbl 2000, 341, 348, spricht sich dagegen aus, in jedem Umsetzungsverstoß eine Verletzung des ordre public zu sehen), was im hier diskutierten Zusammenhang keine Rolle spielt, da die IPR-Klauseln wie gesehen solche Gemeinschaftsrechtsverstöße nicht regeln. Aber auch abgesehen davon ist es zweifelhaft, ob das Sachrecht der Verbraucherrichtlinien überhaupt zu den fundamentalen Regelungen der Gemeinschaft zählt, *Staudinger*, RIW 2000, 416, 420, Fn. 56; ablehnend *Nemeth*, wbl 2000, 341, 348; *Dies.*, 108.

[1100] Die Richtlinie selbst gehört allenfalls in ihrer nationalen Umsetzung zu den tragenden Rechtsgrundsätzen der EG, vgl. MüKo - *Sonnenberger*, Einl. IPR, Rdn. 176, 188; *Deinert*, JbJZivRWiss 1997, 257, 270.

[1101] Nicht zuletzt wird wieder auf den Aspekt des primärrechtlich abschließend festgelegten Sanktionsinstrumentariums hingewiesen, *Staudinger*, RIW 2000, 416, 420 Fn. 56.

Rechtsanwendungsergebnisse, bei dessen Anwendung ein für die Annahme einer richtlinienkonformen Umsetzung der IPR-Klauseln ausreichendes Maß an Rechtssicherheit nicht zu erreichen ist. Auch wenn die Wahl der Mittel dem Umsetzungsgesetzgeber freisteht, ist doch offensichtlich, dass das Richtlinienkollisionsrecht auf die Schaffung einer kollisionsrechtlichen Lösung auf der Ebene der Verweisung abzielt.[1102] Schließlich muss auch bei ordre public-Widrigkeit einer berufenen Rechtsnorm die Schließung der entstandenen Lücke möglichst in Anwendung und wenigstens im Geiste des berufenen Sachrechts, hier also des Drittstaatenrechts, erfolgen.[1103] Die Anwendbarkeit des drittstaatlichen Rechts ist aber nach dem Richtlinienkollisionsrecht bei engem Zusammenhang des Vertrags mit dem Gebiet der Gemeinschaft im Anwendungsbereich der einschlägigen Richtlinien grundsätzlich auszuschließen und nur im Rahmen eines Günstigkeitsvergleichs[1104] möglich.

Auch die Anwendung des ordre public-Vorbehalts in einer Weise, die eine Umsetzung der IPR-Klauseln überflüssig machen würde, ist daher ausgeschlossen.[1105]

7. Horizontale Direktwirkung der Verbraucherschutzrichtlinien als Umsetzungsalternative?

Die horizontale Direktwirkung von Verbraucherrichtlinien zwischen Privaten lehnt der EuGH auch nach der Präzisierung seiner Rechtsprechung in der Rechtssache *Unilever Italia SpA*[1106] weiterhin ab.[1107] Allerdings kommt es darauf von vornherein im hiesigen Zusammenhang nicht an, denn es ist gemeinschaftsrechtlich unzulässig, auf die Umsetzung der IPR-Klauseln unter Berufung auf deren Direktwirkung zu verzichten.

1102 Im Zusammenhang mit der Ablehnung einer „Umsetzung" des Art. 6 Abs. 2 KlauselRL durch die Anwendung ausländischen Eingriffsrechts ebenso: MüKo - *Sonnenberger*, Einl. IPR, Rdn. 180.

1103 Vgl. zum Prinzip des geringstmöglichen Eingriffs in die lex causae, MüKo - *Sonnenberger*, Art. 6 EGBGB, Rdn. 90; *Deinert*, JbJZivRWiss 1997, 257, 273.

1104 Wer eine Umsetzung als international zwingende Norm über Art. 34 EGBGB befürwortet, muss hier eine nur relativ zwingende Wirkung annehmen, die dem äquivalenten oder intensiveren Schutz des Drittstaatenrechts Raum lässt. *Baumert* spricht im Rahmen von Art. 34 EGBGB von einer „materiellrechtlichen Rückverweisung" (*Ders.*, EWS 1995, 57, 64).

1105 Im Ergebnis ebenso *Baumert*, EWS 1995, 57, 66.

1106 EuGH, v. 26.9.2000, Rs. C-443/98 (*Unilever ItaliaSpA /Central Food SpA*), EuZW 2001, 153.

1107 Siehe dazu oben 2. Teil D II 2.

8. Zusammenfassung der Schutzdivergenzen

Somit ist der Ansicht des deutschen Umsetzungsgesetzgebers[1108] sowie der ganz überwiegenden Ansicht in der Literatur zuzustimmen, die für die IPR-Klauseln einen Umsetzungsbedarf bejaht, da Art. 29 EGBGB in sachlicher und insbesondere in räumlicher Hinsicht zu eng ist.[1109] Er erfasst einige Vertragstypen in sachlicher Hinsicht nicht, wozu – je nach Vertragsgestaltung – auch Timesharingverträge gehören. Sein räumlicher Anwendungsbereich ist mit den vom Konzept des passiven Verbrauchers getragenen abschließenden Tatbeständen des Abs. 1 Nr. 1-3 zu eng umschrieben. Weder Art. 27 Abs. 3, 31 Abs. 2 EGBGB noch das Institut der Gesetzesumgehung erlauben es, diese Schutzlücken zu schließen. Die im Hinblick auf das kollisionsrechtliche Regelungsprogramm der IPR-Klauseln notwendige Ergänzungsfunktion könnte allenfalls Art. 34 EGBGB übernehmen, was aber an den umstrittenen Einzelheiten zu seiner Reichweite und zum Verhältnis zu Art. 29 EGBGB scheitert. Zudem ließen sich aus Sicht des deutschen Forums Verträge mit einem engen Zusammenhang zu einem anderen Mitgliedstaat nur über Art. 7 Abs. 1 EVÜ erfassen, der aber selbst angesichts des den Gerichten eingeräumten Anwendungsermessens nicht richtlinienkonform und zudem in Deutschland nicht anwendbar ist.

[1108] Vgl. im Hinblick auf Art. 29a EGBGB die Begründung des Referentenentwurfs zum FernabsatzG, BMJ, Referat I B 2, 3420/12-4, 66; ebenso die Begründung zum Gesetzentwurf der Bundesregierung, BT-Drs. 14/2658, 28, 49.

[1109] Allg.: *Wagner*, IPRax 2000, 249, 251 f; *Freitag/Leible*, EWS 2000, 342, 343; *Tonner*, BB 2000, 1413, 1418 f.; *Fischer*, in: FS Großfeld (1999), 277, 278, 292. Zu Art. 12 Abs. 2 FernabsatzRL z.B.: *Gößmann*, MMR 1998, 88, 92; *Bodewig*, DZWiR 1997, 447, 451, 454; *Kronke*, RIW 1996, 985, 990; *Meerfeld*, 219 f.; *Thorn*, IPRax 1999, 1, 7; Grabitz/Hilf - *Micklitz*, Bd. III, A 3, Rdn. 194. Zu Art. 6 Abs. 2 KlauselRL: *Grundmann*, Schuldvertragsrecht, § 5, 2.10, Rdn. 37; *Pfeiffer* NJW 1997, 1207, 1212; *Roth*, IPRax 1994, 165, 169 *Rühl*, RIW 1999, 321, 322; *Sonnenberger*, ZVglRWiss 95 (1996), 3, 38; *Martiny*, ZEuP 1995, 67, 70. Zu Art. 9 TimesharingRL: *Roth*, IPRax 1994, 165, 170; *Rauscher*, EuZW 1996, 650, 653; *Eckert*, ZIR 1997, 2, 9.

F. Zusammenfassung des 3. Teils

Die IPR-Klauseln der Art. 9 Timesharing-, Art. 12 Abs. 2 Fernabsatz-, Art. 7 Abs. 2 Verbrauchsgüterkauf- und Art. 6 Abs. 2 KlauselRL gehören einer Kategorie von Richtlinien an, die ihren internationalen Anwendungsbereich nicht direkt regeln, aber im Wege eines Umsetzungsauftrags an die Mitgliedstaaten deutlich machen, dass der Schutz der Richtlinien in bestimmten Fällen nicht aufgrund der Anwendung des nationalen IPR verloren gehen darf.[1110]

Sie verfolgen damit neben dem Ziel, den kollisionsrechtlichen Verbraucherschutz zu verbessern, den Zweck, das harmonisierte Verbrauchervertragsrecht im Binnenmarkt gegenüber Drittstaatenrecht abzugrenzen, um den Harmonisierungserfolg kollisionsrechtlich zu „flankieren".[1111]

Dabei lassen sich zwei Regelungsmodelle unterscheiden: In der Klausel- und der FernabsatzRL sieht der Gemeinschaftsgesetzgeber nur einen Schutz vor der Wahl eines Drittstaatenrechts vor, wenn der Vertrag einen „engen Zusammenhang" mit dem Gebiet der Gemeinschaft aufweist. In der TimesharingRL wird hingegen zusätzlich die objektive Anknüpfung modifiziert, allerdings muss der enge Zusammenhang hier durch die Belegenheit der Immobilie in einem Mitgliedstaat zum Ausdruck kommen. Die wichtigsten Charakteristika und Vorgaben der IPR-Klauseln lassen sich in zehn Leitsätzen wie folgt zusammenfassen:

- Welchem Personenkreis der von den IPR-Klauseln geforderte Schutz zukommen muss, definieren die Richtlinien mittelbar anhand des Zwecks, den die Vertragspartner mit dem Geschäft verfolgen. Handelt eine Partei zu privaten[1112], die andere zu kommerziellen[1113] Zwecken, so kann ein Verbrauchervertrag vorliegen. Die zu privaten Zwecken handelnde Vertragspartei (der Verbraucher) muss daher kollisionsrechtlich geschützt werden. Im Rahmen welcher Vertragstypen der Verbraucher kollisionsrechtlich zu schützen ist, ergibt sich aus dem jeweiligen sachlichen Anwendungsbereich der Richtlinien.
- Alle IPR-Klauseln stellen darauf ab, dass auf den Vertrag das Recht eines Drittstaats anwendbar ist und erlauben somit nicht die Verdrängung eines anderen Mitgliedstaatenrechts, auch nicht, wenn das Recht eines Nichtumsetzerstaats gewählt ist (Gran Canaria-Problematik).

1110 Vgl. oben 3. Teil A I 2.

1111 Oben 3. Teil A II.

1112 Art. 2 lit. b KlauselRL, Art. 2, 3. Spiegelstrich TimesharingRL, Art. 2 Nr. 2 FernabsatzRL.

1113 Art. 2 lit. c KlauselRL, Art. 2, 4. Spiegelstrich TimesharingRL, Art. 2 Nr. 3 FernabsatzRL.

- Nach dem EVÜ existierende Rechtswahlbeschränkungen, die zur Anwendbarkeit eines Umsetzungsgesetzes der jeweils einschlägigen Richtlinie führen, sind beachtlich. In diesem Fall ist kein Eingreifen der Umsetzungskollisionsnorm notwendig.
- Die IPR-Klauseln stellen darauf ab, ob der Verbraucher als Vertragspartner des eine Rechtswahlklausel enthaltenden Vertrags den Schutz eines Umsetzungsgesetzes genießt. Unerheblich ist es, ob der Verbrauchervertrag auch ohne Rechtswahl einem Drittstaatenrecht unterlegen hätte, die Rechtswahl muss mit anderen Worten nicht kausal für den Schutzverlust sein (These vom sachrechtlichen Schutzverlust).
- Verbraucher mit gewöhnlichem Aufenthalt in Drittstaaten werden von den IPR-Klauseln nicht geschützt, auch nicht von Art. 9 TimesharingRL.
- Der enge Zusammenhang muss nur zum Gebiet der Mitgliedstaaten bestehen. Das heißt, dass ein Bezug gerade zum Forumstaat nicht erforderlich ist und dass auch mehrere Bezüge zu verschiedenen Mitgliedstaaten ausreichen können.
- Die Art. 6 Abs. 2 Klausel- und Art. 12 Abs. 2 FernabsatzRL regeln im Gegensatz zu Art. 9 TimesharingRL die objektive Anknüpfung von Verbraucherverträgen nicht, auch nicht in analoger Anwendung.
- Die IPR-Klauseln regeln das Verweisungsziel nicht.
- Die IPR-Klauseln sehen einen Günstigkeitsvergleich mit dem berufenen Drittstaatenrecht vor.
- Die Problematik des Verweises auf das Recht eines Mitgliedstaats der nicht oder fehlerhaft umgesetzt hat, sprechen die IPR-Klauseln selbst nicht an, sie ist nach allgemeinen europarechtlichen Grundsätzen der Sanktion von Verletzungen der Umsetzungspflicht zu lösen.

Ein Vergleich dieser Regelungsvorgaben der IPR-Klauseln mit dem geltenden Internationalen Schuldvertragsrecht vor Inkrafttreten des Art. 29a EGBGB zeigt, dass ein erheblicher Umsetzungsbedarf bestand und man die IPR-Klauseln zu Recht nicht – wie von *Jayme* vorgeschlagen[1114] – als rein narrative, das heißt, lediglich auf den durch das EVÜ gewährten kollisionsrechtlichen Verbraucherschutz hinweisende Normen verstanden hat.[1115]

1114 *Jayme*, in: FS Trinkner (1995), 575, 583. Vgl. zu diesem Gedanken auch *Kronke*, RIW 1996, 985, 987; *Cannada-Bartoli*, ERPL 1995, 347, 348.

1115 *Lurger*, in: FS Posch (1996), 179, 186.

4. Teil Das Umsetzungskollisionsrecht in Art. 29a EGBGB

Der deutsche Gesetzgeber nahm, nachdem er einen Umsetzungsbedarf zutreffend bejaht hatte, die Umsetzung der beiden älteren IPR-Klauseln durch eine Änderung der bis 1996 geltenden Fassung des § 12 AGBG und im Rahmen des Teilzeitwohnrechtegesetzes in § 8 TzWrG vor, sah sich also zur Schaffung von Sonderkollisionsnormen außerhalb des EGBGB veranlasst. Die Nachteile einer solchen Vorgehensweise hatte man aber erkannt, als Art. 12 Abs. 2 FernabsatzRL zur Umsetzung anstand.

Anstatt zu dessen Umsetzung zwei weitere Sonderkollisionsnormen im Rahmen der sachrechtlichen Umsetzung, dem FernAbsG (heute §§ 312 b ff. BGB) und dem sachlich ebenfalls betroffenen FernunterrichtsschutzG, zu schaffen, hat sich der Gesetzgeber entschlossen, die bisher vorhandenen IPR-Klauseln in den Verbraucherschutzrichtlinien in einem neuen Art. 29a EGBGB im Zusammenhang umzusetzen.[1116]

Dabei sollte allerdings ausdrücklich Kontinuität zu den bisherigen Sonderkollisionsnormen gewahrt werden, um der geplanten Überarbeitung des EVÜ auf Gemeinschaftsebene nicht vorzugreifen.[1117] Deutlich wird dies etwa anhand der Formulierung des Regelbeispiels in Art. 29a Abs. 2 EGBGB, die sich an § 12 AGBG (1996) und § 8 Nr. 2 TzWrG anlehnt sowie des Abs. 3, der die Rolle des § 8 Nr. 1 TzWrG übernehmen soll.[1118]

Die Aufsplitterung des Kollisionsrechts der Schuldverträge wird durch Art. 29a EGBGB äußerlich aufgehoben[1119], was die Literatur überwiegend begrüßt[1120], allerdings durch das Eindringen eines auf Gemeinschaftsrecht

---

1116 Staudinger - *Magnus* (2002), Art. 29a EGBGB, Rdn. 1; Roth/*Schulze,* RIW 1999, 924, 929; *Bülow/Artz*, NJW 2000, 2049, 2055; *Wegner*, VuR 2000, 227; *Freitag/Leible*, ZIP 1999, 1296; vgl. die Begründung des Regierungsentwurfs – Entwurf eines Gesetzes über Fernabsatzverträge und andere Fragen des Verbraucherrechts sowie zur Umstellung von Vorschriften auf Euro, BT-Drs. 14/2658, 28, 50. Eine solche Zusammenfassung war schon früher gefordert worden, vgl. *Imping*, WiB 1997, 337.

1117 Vgl. BT-Drs. 14/2658, 50; *Wagner*, IPRax 2000, 249, 255. Für diese Vorgehensweise spricht, dass das das Internationale Verbrauchervertragsrecht in vielen Detailfragen umstritten und das Ergebnis der Reformbemühungen nicht vorhersehbar ist, eine weitere Änderung im kollisionsrechtlichen Verbraucherschutz in naher Zukunft also nicht ausgeschlossen werden kann, *Wagner*, IPRax 2000, 249, 252. Dieser zurückhaltende Ansatz des Gesetzgebers erklärt zugleich die zahlreichen Auslegungsprobleme, die Art. 29a EGBGB zum Teil von seinen „Vorgängern" übernommen, zum Teil aber auch neu geschaffen hat, vgl. unten 4. Teil A. IV und V.

1118 Vgl. Begründung zum Regierungsentwurf, BT-Drs. 14/2658, 50.

1119 *Freitag/Leible*, EWS 2000, 342, 343, weisen allerdings darauf hin, dass der Rechtsanwender eine Sonderkollisionsnorm im Kontext der sachrechtlichen Bestimmungen besser erkennen könne. Damit kann jedoch nur ein Rechtsanwender gemeint sein, dem die Existenz eines IPR der Schuldverträge völlig unbekannt ist. Meines Erachtens überwiegt der Vorteil, nunmehr die internationalprivatrechtliche Frage insgesamt anhand der Art. 27 ff EGBGB lösen zu können.

1120 Z.B. *Kropholler*, IPR, § 52 V 6., 464; *Pfeiffer*, NJW 1999, 3674, 3679. *Kronke*, RIW 1996, 985, 992, hielt es hingegen nicht für falsch, Vertragsklauseln, Timesharingverträge und Fernabsatz jeweils eigenständig zu regeln. *Staudinger*, IPRax 1999, 414, 420, sprach sich sogar dezidiert dafür aus, die Kollisionsnormen im räumlichen Zusammenhang mit den materiellen Umsetzungsnormen zu regeln.

beruhenden Fremdkörpers[1121] in das völkervertragliche Umfeld der Art. 27 - 37 EGBGB erkauft.[1122]

Eine wesentliche Vereinfachung der Rechtsanwendung ist mit der Neuregelung dagegen wohl nicht verbunden, denn der Richter muss einen Verbrauchervertrag unter Umständen immer noch dreifach anknüpfen: es können Bestimmungen des allgemeinen Vertragsstatuts neben verbraucherschützende Normen nach Art. 29 EGBGB treten, während Art. 29a EGBGB im Extremfall auf eine dritte Rechtsordnung für Vorschriften über Informationspflichten, Widerrufsrechte, die Kontrolle Allgemeiner Geschäftsbedingungen oder Rechte des Käufers eines Verbrauchsguts verweist. Nach Teilen der Literatur und Rechtsprechung kommt außerdem eine Durchsetzung von Verbraucherschutzrecht über die Öffnungsklausel des Art. 34 EGBGB in Betracht.[1123]

Ob sich die im Gesetzgebungsverfahren angeklungene[1124] Absicht, auch die kommenden IPR-Klauseln verbraucherschützender Richtlinien durch einfache Erweiterung des Art. 29a Abs. 4 EGBGB realisieren lässt[1125], bleibt abzuwarten.

1121 Palandt - *Heldrich*, Art. 29a EGBGB, Rdn. 1; *Staudinger*, IPrax 1999, 414, 420.

1122 *Kronke*, RIW 1996, 985, 992 spricht sich deshalb zumindest nicht gegen die Regelung außerhalb des EGBGB aus, während *Wagner*, IPRax 2000, 249, 252 in diesem Aspekt keinen Hinderungsgrund für die Eingliederung in das EGBGB sieht. Für die Beibehaltung der bisherigen Methode, die Richtlinienkollisionsnorm im Zusammenhang mit der sachrechtlichen Umsetzung zu regeln, bis eine Lösung auf der Grundlagen des neuen Art. 65 lit b) EG gefunden wird, aber *Staudinger*, IPRax 1999, 414, 420 (zum Referentenentwurf). Positiver hingegen zu Art. 29a EGBGB in der Gesetz gewordenen Fassung, *Ders.*, RIW 2000, 416, 421.

1123 Vgl. zur alten Rechtslage *Sonnenberger*, ZEuP 1996, 382, 386. Zum Verhältnis des Art. 29a EGBGB zum übrigen Internationalen Verbrauchervertragsrecht, unten 4. Teil H.

1124 Vgl. auch *Staudinger*, IPRax 1999, 414, 419 Fn. 94 (zur Begründung zum Regierungsentwurf siehe BT-Drs. 14/2658, 65).

1125 Der Referentenentwurf bezieht sich auf das den IPR-Klauseln zugrunde liegende allgemeine Modell, vgl. BMJ Referat I B 2 – 3420/12-4 v. 31.5.1999, 66, 114, das nach nach der Begründung zum Regierungsentwurf auch weiterhin in Verbraucherschutzrichtlinien Anwendung finden wird, vgl. Begründung des Regierungsentwurfs, BT-Drs. 14/2658, 28, 50. Die Möglichkeit, kommende Richtlinienkollisionsnormen in den generalklauselartigen Art. 29a EGBGB einarbeiten zu können, heben auch *Wagner*, IPRax 2000, 249, 252, und *Kropholler*, IPR, § 52 V 6., 464, hervor. In der Gegenäußerung zur Stellungnahme des Bundesrates hatte die Bundesregierung allerdings angemerkt, dass Art. 29a EGBGB insofern auch bloßer Übergangscharakter zukomme, als im Aktionsplan des Rates und der Kommission zur bestmöglichen Umsetzung der Bestimmungen des Amsterdamer Vertrags über den Aufbau eines Raums der Freiheit, der Sicherheit und des Rechts (ABlEG 1999 C 19/1 = IPRax 1999, 288, 290) eine Überarbeitung des EVÜ auf Gemeinschaftsebene vorgesehen sei, BT-Drs. 14/2920, 16; ebenso auch schon die Entwurfsbegründung, BT-Drs. 14/2658, 50.

Während Art. 7 Abs. 2 der VerbrauchsgüterkaufRL keine Probleme aufwarf[1126], bestätigt der Gemeinschaftsgesetzgeber den schon bisher durchaus berechtigten Vorwurf der Inkonsistenz des Richtlinienkollisionsrechts, indem die Formulierung im Geänderten Vorschlag für eine Richtlinie über den Fernabsatz von Finanzdienstleistungen erneut vom bisherigen Bestand abweicht.[1127] Möglicherweise verkompliziert sich die Rechtslage künftig nicht mehr durch immer neue Sonderkollisionsnormen, sondern durch neue und kompliziertere Tatbestände innerhalb des Art. 29a EGBGB, was aber wohl immer noch das kleinere Übel darstellen dürfte.

I. Das Umsetzungsgesetzgebungsverfahren

Die Zusammenführung der verbraucherschützenden Sonderkollisionsnormen in einem neuen Art. 29a EGBGB war schon im Referentenentwurf[1128] vorgesehen und als solche im Gesetzgebungsverfahren nicht umstritten. Dementsprechend erfolgte die Aufhebung der §§ 12 AGBG, 8 TzWrG.[1129] Auch der Umsetzungsbedarf an sich wurde vom Gesetzgeber nicht angezweifelt.[1130] Im Folgenden finden vor allem solche Punkte kurze Erwähnung, die im Gesetzgebungsverfahren Änderungen unterlagen, bevor die endgültige Fassung im Überblick dargestellt wird.

1126 Gesetzentwurf der Bundesregierung BT-Drs. 14/6857 mit Verweis auf BT-Drs. 14/6040, 34; vgl. jetzt Art. 2 Nr. 1 des Gesetzes zur Modernisierung des Schuldrechts, BGBl. 2001 I 3138, 3170, der Art. 29a Abs. 4 EGBGB entsprechend ergänzt hat.

1127 Vgl. Art. 11 Nr. 3, KOM (1999), 385 endg. Er nennt den engen Bezug zur Gemeinschaft neben einem zusätzlichen Wohnsitzkriterium. Auch wenn dies sachlich durchaus berechtigt ist, erstaunt es, warum der im modernen IPR durchgängig verwendete Begriff des gewöhnlichen Aufenthalts keine Berücksichtigung findet. Zudem spricht die Formulierung „... das [...] anzuwendende Recht das Recht eines Drittstaates ist..." dafür, dass auch die objektive Anknüpfung erfasst ist (so *Freitag/Leible*, EWS 2000, 342, 350 Fn. 68). Angesichts der Regelung in Art. 12 Abs. 2 FernabsatzRL ein schwer erklärbarer Widerspruch. Vgl. auch 1. Teil B II, III.

1128 Referentenentwurf Fernabsatzgesetz – BMJ Referat I B 2 – 3420/12-4 v. 31.5.1999; zur Entstehungsgeschichte siehe auch *Ehle*, S. 178 ff.

1129 Die Kollisionsregel in § 11 FernUSG betraf hingegen das Recht der ehemaligen DDR und wurde schon zuvor durch Art. 6 des Gesetzes zum Internationalen Privatrecht für außervertragliche Schuldverhältnisse und für Sachen (BGBl. 1999 I 1026, 1027) aufgehoben. Als Folge der Aufhebung von § 12 AGBG mussten auch die §§ 24 S. 1, 24a Nr. 2 AGBG redaktionell geändert werden, vgl. BGBl. 2000 I 897, 903.

1130 Vgl. Begründung zum Referentenentwurf (BMJ, Referat I B 2, 3420/12-4), 66; Begründung zum Regierungsentwurf, BT-Drs. 14/2658, 28, jeweils unter Berufung auf *Kronke*, RIW 1996, 985. In der Literatur wurde der Umsetzungsbedarf hingegen bisweilen bestritten, vgl. 3. Teil E I 2.

1. Der Referentenentwurf

Der Entwurf eines Gesetzes über Fernabsatzverträge und andere Fragen des Verbraucherrechts sowie zur Umstellung von Vorschriften auf Euro enthielt in seinem Art. 2 Abs. 2 zur Umsetzung von Art. 12 Abs. 2 FernabsatzRL[1131] einen mit dem Titel „Verbraucherschutz für Sondergebiete" versehenen Art. 29a EGBGB-E, der in Abs. 1 die subjektive Anknüpfung allgemein regelte und neben der Umsetzung von Art. 12 Abs. 2 FernabsatzRL an die Stelle der §§ 12 AGBG, 8 Nr. 2 TzWrG treten sollte.

Den Richtlinienvorgaben entsprechend regelte Art. 29a Abs. 1 EGBGB-E im Gegensatz zu §12 AGBG (1996) nur die subjektive Anknüpfung. Im Hinblick auf den räumlich-territorialen Anwendungsbereich wurde die im Richtlinienkollisionsrecht enthaltene Generalklausel des engen Zusammenhangs durch ein Regelbeispiel in Abs. 1 konkretisiert. Auffällig war angesichts der schon bisher in der Literatur vielfach geäußerten Kritik[1132] die Beibehaltung lex fori-Prinzips, d.h. der schlichten Berufung der deutschen Umsetzungsnormen ohne Rücksicht auf einen hinreichenden räumlichen Bezug zum Gebiet der Bundesrepublik Deutschland. Besonders den Verweis auf das FernunterrichtsschutzG hielt man für erforderlich, da Fernunterrichtsverträge auch unter die FernabsatzRL fallen könnten, ersteres also auch als Umsetzungsgesetz anzusehen sei.[1133]

Das lex fori-Prinzip rechtfertigte man mit der Erwägung, dass ohnehin eine nahezu deckungsgleiche Umsetzung im Sachrecht der Mitgliedstaaten zu er-

---

[1131] Art. 29a EGBGB in der Fassung des Referentenentwurfs ist auch abgedruckt bei *Wagner*, IPRax 2000, 249, 253. Noch im Regierungsentwurf war daneben die Umsetzung der Richtlinie 98/27/EG des Europäischen Parlamentes und des Rates vom 19. Mai 1998 über Unterlassungsklagen zum Schutz der Verbraucherinteressen (ABlEG 1998 L 166/51) und der Richtlinie 99/34/EG des Europäischen Parlaments und des Rates vom 4. Juni 1999 zur Änderung der Richtlinie 85/347/EWG des Rates zur Angleichung der Rechts und Verwaltungsvorschriften der Mitgliedstaaten über die Haftung für fehlerhafte Produkte (ABlEG 1999 L 141/20) vorgesehen. Letztere wurde dann im weiteren Gesetzgebungsverfahren aber nicht mehr berücksichtigt, weil der Bundesrat insoweit Änderungen verlangte und eine Verzögerung der Umsetzung der FernabsatzRL wegen der drohenden Staatshaftung infolge Fristüberschreitung vermieden werden sollte, vgl. die Beschlussempfehlung des Rechtsausschusses, BT-Drs. 14/3195, 36.

[1132] Vgl. *Freitag/Leible*, EWS 2000, 342, 346; Argumente pro und contra bei *Wagner*, IPRax 2000, 249, 254, 256.

[1133] Begr. des Referentenentwurfs (BMJ, Referat I B 2, 3420/12-4), 115. Allerdings wäre so eine durch die Richtlinien nicht gebotene Abweichung vom EVÜ verursacht worden, da längst nicht alle Fernunterrichtsverträge auch unter die FernabsatzRL fallen. Zu diesem später vom Regierungsentwurf beseitigten Kritkpunkt, vgl. *Pfeiffer*, NJW 1999, 3674, 3680.

warten sei[1134], was aber auf nach hier vertretener Auffassung berechtigte[1135] Kritik[1136] stieß.

2. Der Regierungsentwurf

Der Regierungsentwurf[1137] nahm zunächst einige kosmetische Veränderungen vor: neben der Modifizierung des Titels in Verbraucherschutz „für besondere Gebiete“, was ein Hinweis auf die Formulierung in Art. 20 EVÜ sein könnte, ist hier vor allem die übersichtlichere Strukturierung der Regelung zu nennen, indem das Regelbeispiel einen eigenen Absatz erhielt. Daneben erfolgten aber auch substantielle Änderungen:

Der räumliche Anwendungsbereich wurde nicht mehr alternativ durch einen Zusammenhang „mit dem Gebiet eines *oder mehrerer*“ Mitgliedstaaten bestimmt, sondern nach dem Wortlaut nur noch auf einen Mitgliedstaat abgestellt, womit möglicherweise dem Prinzip der engsten Verbindung Rechnung getragen werden sollte.[1138] Zudem wurde das lex fori-Prinzip im Rahmen das Abs. 1 verworfen und nunmehr auf die in dem Mitgliedstaat, zu dem der enge Zusammenhang besteht, geltenden Umsetzungsbestimmungen verwiesen. Zu diesem Zweck enthält Art. 29a Abs. 4 EGBGB eine Legaldefinition des Begriffs „Verbraucherschutzrichtlinien“ sowie eine Aufzählung derselben.[1139] Das Regelbeispiel wurde insoweit leicht abgeändert, als in Nr. 2 der „Wohnsitz“ nicht mehr auftaucht, sondern allein der gewöhnliche Aufenthalt entscheidend ist.[1140]

1134 Begründung des Referentenentwurfs (BMJ, Referat I B 2, 3420/12-4), 115. In der Tat diskutiert man für die objektive Anknüpfung sogar ein „Offenlassen der Rechtswahl“ in harmonisierten Rechtsbereichen, vgl. dazu *v. Hoffmann*, ZfRV 1995, 45, 47; *Reich*, in: Lagarde/v. Hoffmann (Hrsg.), 109, 115. Ein weiteres Argument für das lex fori-Prinzip war die Eröffnung der Verbandsklage nach §§ 13 ff. AGBG (vgl. heute das UnterlassungsklagenG v. 26.11.2001, BGBl. 2001 I 3138) für den Fall, dass ein Vertrag unangemessene Klauseln enthalte, der ausländischem Recht unterliege; da die Frage der internationalen Zuständigkeit jedoch unabhängig vom Schuldvertragsstatut ist, überzeugt dieses Argument nicht, vgl. zur internationalen Zuständigkeit insoweit Staudinger - *Schlosser* (1998), § 12 AGBG, Rdn. 1 a.E. und § 14, Rdn. 3.

1135 Siehe 4. Teil A II 4. a).

1136 Zusammenfassend *Micklitz/Reich*, BB 1999, 2093, 2098 f.

1137 Abgedruckt auch bei *Wagner*, IPRax 2000, 249, 255 f.

1138 So könnte man die Aussage verstehen, man wolle hier „dem internationalprivatrechtlichen Grundprinzip der engsten Verbindung“ folgen, BT-Drs. 14/2658, 50, denn das Problem des Bezugs zu mehreren Mitgliedstaaten wurde durchaus gesehen. Vgl. zum Problem auch *Staudinger*, RIW 2000, 416 und unten 4. Teil C IV 2. b).

1139 Dadurch wird zugleich der sekundärrechtliche Hintergrund entsprechend der Verpflichtung aus Art. 10 Abs. 2 Klausel-, 12 Abs. 1 Timesharing- und Art. 15 Abs. 2 FernabsatzRL verdeutlicht; *Staudinger*, IPRax 1999, 414, 419.

1140 Dies entspricht der Forderung etwa von *Roth/Schulze*, RIW 1999, 924, 930; *Staudinger*, IPRax 1999, 414, 415 f.; *Wagner*, IPRax 2000, 249, 256, sowie der Entwicklung im

Die Regelung zur Umsetzung des Art. 9 TimesharingRL blieb hingegen in einem neuen Abs. 3, der § 8 Nr. 1 TzWrG ersetzen soll, unverändert.

Von Bedeutung ist schließlich, dass jetzt die Konsequenzen aus dem gemeinschaftsrechtlichen Hintergrund des Art. 29a EGBGB gezogen wurden, indem die Auslegungsregel völkervertraglicher Herkunft in Art. 36 EGBGB und die Einschränkung des Anwendungsbereichs in Art. 37 EGBGB jeweils für auf Art. 29a EGBGB unanwendbar erklärt werden.

3. Das weitere Gesetzgebungsverfahren

Der Bundesrat schlug in seiner Stellungnahme vor, in Anknüpfung an die ursprüngliche Fassung im Referentenentwurf wieder zum lex fori-Prinzip zurückzukehren.[1141] Dieses Heimwärtsstreben soll danach zum einen aus Gründen der Praktikabilität zu rechtfertigen sein: Wenn schon die Richtlinien in allen Mitgliedstaaten umgesetzt werden müssten, könne man den Gerichten die Mehrbelastung durch Anwendung der nahezu deckungsgleichen ausländischen Umsetzungsbestimmungen ersparen; zum anderen sei kein sachlicher Grund für die unterschiedliche Verweisung in Absatz 1 und 3 ersichtlich.[1142]

In ihrer Gegenäußerung folgte die Bundesregierung dem nicht[1143]: Ein sachlicher Grund, immer das deutsche Umsetzungsrecht anzuwenden, liege nicht vor. Praktikabilitätserwägungen könnten die internationalprivatrechtliche Bewertung nicht aushebeln, zumal aufgrund der Mindestschutzklauseln durchaus Unterschiede in den nationalen Umsetzungen zu erwarten seien. Damit rekurriert die Gegenäußerung zu Recht auf den Charakter des IPR als räumliches Verweisungsrecht sowie auf das gewichtige internationalprivatrechtliche Interesse an der Vorhersehbarkeit des anwendbaren Rechts. Die Angleichung von Absatz 1 und 3 war nach Ansicht der Bundesregierung nicht möglich, da letzterer Art. 9 TimesharingRL umsetze, der im Unterschied zu den anderen IPR-Klauseln keinen „engen Zusammenhang" voraussetze.

Der Rechtsausschuss folgte sodann dem Entwurf der Bundesregierung ohne Änderungen.[1144] Der weitere Verlauf des Gesetzgebungsverfahrens berührte Art. 29a EGBGB nicht mehr, sondern war vor allem von der Diskussion um die Kostentragungspflicht im Rahmen der Warenrücksendung bei Fernabsatzverträgen geprägt. Der Bundesrat rief hier den Vermittlungsausschuss an,

---

modernen deutschen IPR, das nur noch auf den gewöhnlichen Aufenthalt abstellt. Zugleich wird so das Problem umgangen, nach welchem Recht der Wohnsitzbegriff zu ermitteln ist.

1141 BT-Drs. 14/2920, 7; vgl. auch Staudinger - *Magnus* (2002), Art. 29a EGBGB, Rdn. 10.

1142 BT-Drs. 14/2920, 7.

1143 Zum Folgenden: BT-Drs. 14/2920, 16.

1144 Beschlussempfehlung und Bericht des Rechtsausschusses, BT-Drs. 14/3195, 11.

nachdem der Bundestag nach einem zügigen Verfahren[1145] am 13. April 2000 dem Gesetz bereits zugestimmt hatte.[1146] Dadurch kam es nur zu einer leichten Überschreitung der Umsetzungsfrist, die am 4. Juni 2000 abgelaufen war.

II. Vom Gesetzgeber nicht aufgegriffene Umsetzungsvorschläge

Der Gesetzgeber hat mit der Neuregelung des Art. 29a EGBGB schon im Hinblick auf die systematische Stellung in den Art. 27 ff. EGBGB eine an Art. 29 EGBGB „angelehnte" Sonderregelung des Vertragsstatuts geschaffen. Damit ist er verschiedenen Umsetzungsvorschlägen der Literatur wie schon bei der ersten Umsetzung des Art. 6 Abs. 2 KlauselRL und Art. 9 TimesharingRL nicht gefolgt.

1. Umsetzung durch ein partielles Rechtswahlverbot

Verschiedene Autoren haben ein (partielles) Rechtswahlverbot als mögliche Umsetzungsvariante genannt[1147], wie es in der Schweiz in Art. 120 schwIPRG vorgesehen ist, der in Abs. 1 bei hinreichendem Inlandsbezug das Recht am gewöhnlichen Aufenthalt des Verbrauchers für anwendbar und in Abs. 2 eine abweichende Rechtswahl für unbeachtlich erklärt.[1148] Diese Regelung ist jedoch zunächst einmal in ihrer Rechtsfolge für die Zwecke der Umsetzung der IPR-Klauseln insofern zu weitgehend, als jene nicht verlangen, das Recht eines Mitgliedstaats insgesamt zum Vertragsstatut zu bestimmen. Es geht vielmehr nur um die konkret als Umsetzung der einschlägigen Richtlinien anzusehenden nationalen Vorschriften.

Die schweizer Regelung zeigt zudem, dass ein Rechtswahlverbot mit einer dem materiellen Schutzziel entsprechenden Regelung der objektiven Anknüpfung einhergehen muss. Es genügt daher nicht, zum Zwecke der Umsetzung der IPR-Klauseln schlicht für die sachlich erfassten Vertragstypen die Rechtswahl

---

[1145] Die eilige Behandlung des Gesetzes im Bundestag zeigt sich daran, dass die 1. Lesung erst am 17.2.2000 stattgefunden hatte. Auch der Bundesrat behandelte den Regierungsentwurf als eilbedürftige Vorlage gem. Art. 76 Abs. 2 S. 4 GG, *Wagner*, IPRax 2000, 249, 257.

[1146] Plenarprotokoll 14/99, 9341 (D).

[1147] Hildenbrand/Kappus/*Mäsch*, § 8 TzWrG, Rdn. 28; *Ders.*, EuZW 1996, 8, 13 (jeweils zu Art. 9 TimesharingRL); *Mankowski*, RIW 1995, 364, 367 (zu Art. 9 TimesharingRL); Wolf/Horn/Lindacher - *Wolf*, Art. 6 RL, Rdn. 12 (zu Art. 6 Abs. 2 KlauselRL).

[1148] *Vischer/Huber/Oser*, Rdn. 716; *Fumagalli*, Riv. di Dir. internat. priv. e proc. 1994, 15, 26 f.; entgegen dem Wortlaut befürwortet allerdings *Siehr*, in: FS Zäch (1999), 593, 602 f., dennoch einen Günstigkeitsvergleich.

auszuschließen.[1149] Wie gesehen führt ja die objektive Anknüpfung von Verbraucherverträgen nach dem EVÜ häufig nicht zur Anwendung eines Mitgliedstaatenrechts, obwohl ein enger Zusammenhang mit dem Gebiet der Gemeinschaft besteht. Das Problem der richtlinienkonformen Ausgestaltung des kollisionsrechtlichen Verbraucherschutzes würde folglich nur auf die zu schaffende objektive Anknüpfungsregel verlagert. Ließe der Umsetzungsgesetzgeber die Frage, was an Stelle der Rechtswahl gelten soll, offen, entstünde hingegen erhebliche Rechtsunsicherheit, was sich anhand der italienischen Umsetzung des Art. 6 Abs. 2 KlauselRL in Art. 1469-quinquies Codice civile nachweisen lässt.[1150]

Entscheidend gegen die Umsetzungsvariante eines Rechtswahlverbots spricht aber der von den Richtlinien vorgesehene Günstigkeitsvergleich mit dem gewählten Recht. Die IPR-Klauseln verlangen nur die „erforderlichen" Maßnahmen zum kollisionsrechtlichen Schutz des Verbrauchers. Die Grundregel der parteiautonomen Bestimmung des anwendbaren Rechts braucht folglich dann nicht eingeschränkt zu werden, wenn die Parteien eine Rechtsordnung gewählt haben, die einen gleichwertigen oder gar einen besseren Schutz gewährleistet, als er in den Richtlinien vorgesehen ist. In diesem Fall ist kein Grund ersichtlich, der Rechtswahl nicht Folge zu leisten, zumal darin eine von den IPR-Klauseln nicht legitimierte Abweichung von Art. 3 EVÜ liegen würde. Ein Rechtswahlverbot wäre vom sekundärrechtlichen Erforderlichkeitsprinzip der IPR-Klauseln[1151] nicht mehr gedeckt. Aufgrund der Garantie der Parteiautonomie durch die Grundfreiheiten[1152] wäre es zudem mangels Erforderlichkeit bei Vorliegen der weiteren Anwendungsvoraussetzungen der Art. 28, 49 EG möglicherweise unverhältnismäßig und damit auch primärrechtswidrig.

2. Ergänzung des Art. 27 EGBGB

Vor allem im Zusammenhang mit der anstehenden Revision des EVÜ finden sich Vorschläge, Art. 3 Abs. 3 EVÜ zu ergänzen, was sich in Deutschland auf Art. 27 Abs. 3 EGBGB auswirken würde.[1153] Eine vollständige Umsetzung der

---

1149 So auch *Rauscher*, EuZW 1996, 650, 651 (zu Art. 9 TimesharingRL).

1150 Dazu *Cian*, JbItalR 10 (1997), 55, 66.

1151 Dazu schon oben 2. Teil E III.

1152 Siehe oben 2. Teil C I 2.

1153 So schlägt *Leible*, in: Schulte-Nölke/Schulze (Hrsg.), 353, 383, folgenden Wortlaut vor: *„Sind alle anderen Teile des Sachverhaltes im Zeitpunkt der Rechtswahl in der Europäischen Union belegen, so kann die Wahl des Rechts eines Staates, der nicht Mitglied der Europäischen Union ist, durch die Parteien die Bestimmungen nicht berühren, die auf Rechtsakten der Europäischen Gemeinschaft beruhen und von denen nach dem Gemeinschaftsrecht durch Vertrag nicht abgewichen werden kann."* Im Ergebnis ebenso schon der Vorschlag von *Basedow*, in: Schnyder/Heiss/Rudisch (Hrsg.), 11, 34; zustim-

IPR-Klauseln wäre darin aus zwei Gründen jedoch nicht zu sehen. Zum einen lässt sich die Regelung des Art. 9 TimesharingRL im Rahmen der subjektiven Anknüpfung des Art. 3 EVÜ nicht erfassen, soweit sie auch unabhängig von einer Rechtswahl Geltung beansprucht, zum anderen berücksichtigen diese Vorschläge nur Sachverhalte, die – wie die Gran Canaria-Fälle – ausschließlich relevante Beziehungen zum Gebiet der EU aufweisen, nicht aber solche mit substantiellem Bezug zu einem oder mehreren Drittstaaten.[1154]

3. Umsetzung der IPR-Klauseln über die Öffnungsklausel des Art. 7 EVÜ (Art. 34 EGBGB)

Es fand sich auch der Vorschlag, die IPR-Klauseln in der Weise umzusetzen, dass die sachrechtlichen Umsetzungsbestimmungen durch einen ausdrücklichen[1155] gesetzlichen Hinweis als international zwingendes Recht im Sinne des Art. 7 Abs. 2 EVÜ (Art. 34 EGBGB) ausgestaltet werden.[1156] Auch wenn man der Ansicht folgt, dass das Verbraucherschutzrecht nicht unter Art. 34 EGBGB fällt und der Gesetzgeber solche rein individualschützenden Rechtsnormen auch nicht mit einem international zwingenden Geltungsanspruch versehen darf, scheidet diese Möglichkeit nicht von vornherein aus. Denn die Befugnis, Richt-

---

mend *Rudisch*, RabelsZ 63 (1999), 70, 104; ähnlich *Michaels/Kamann*, JZ 1997, 601, 609. In dieselbe Richtung zielt ferner der neben Art. 5, 7 EVÜ auch Art. 3 Abs. 3 EVÜ betreffende Vorschlag der Europäischen Gruppe für Internationales Privatrecht: „*Le choix par les parties de la loi d'un pays tiers, assorti ou non de celui d'un tribunal d'un pays tiers, ne peut, lorsque tous les autres éléments de la situation sont localisés au moment dü choix dans un ou plusieurs Etats membres, porter atteinte aux dispositions impératives qui trouvent leur origine dans des actes de la Communauté et qui sont applicables dans un Etat membre dont la loi aurait été applicable à défaut de chiox.*", abgedruckt in IPRax 2001, 64, englisch unter http://www.drt.ucl.ac.be/gedip-documents-10pe.html (26.1.2001). Vgl. dazu *Jayme*, IPRax 2001, 65, 66.

1154 Darauf weist *Leible*, in: Schulte-Nölke/Schulze (Hrsg.), 353, 383, zutreffend hin. *Basedow* hält aufgrund der genannten Ergänzung des Art. 3 Abs. 3 EVÜ IPR-Klauseln nach Art des Art. 6 KlauselRL immerhin für „entbehrlich", aber ebenfalls erst nach Ergänzung des Art. 5 EVÜ für „gänzlich überflüssig", *Ders.*, in: Schnyder/Heiss/Rudisch (Hrsg.), 11, 34. Auch *Michaels/ Kamann*, JZ 1997, 601, 604 f., erkennen die Notwendigkeit einer Ergänzung ihres Ansatzes, allerdings durch die hier abgelehnte analoge Anwendung des Art. 29 EGBGB.

1155 Eine Umsetzung allein über die Einordnung der Umsetzungsgesetze als international zwingendes Recht ohne Eingreifen des Gesetzgebers wäre wie gesehen nicht ausreichend, vgl. 3. Teil E II 3.

1156 *Baumert*, EWS 1995, 57, 66: „*Von diesen Bestimmungen kann nicht durch Wahl der Rechtsordnung eines Staates, der nicht Mitgliedstaat der Europäischen Union ist, abgewichen werden.*" In diese Richtung auch *Kronke*, RIW 1996, 985, 990; *Balate*, ERPL 1997, 143, 147.

linienumsetzungen ohne „Eingriffsnormcharakter" für international zwingend zu erklären, ergibt sich unmittelbar aus den IPR-Klauseln i.V.m. Art. 20 EVÜ.

a) Rücknahme des Vorbehalts zu Art. 7 Abs. 1 EVÜ notwendig

Wenn man die Durchsetzung der richtlinienkonformen Umsetzung im Forumstaat ohne Rücksicht auf den Sitz des Vertragsverhältnisses für ausreichend hält, bedarf es daneben auch keiner Regelung von Sachverhalten mit Bezug zu anderen Mitgliedstaaten bzw. keiner Rücknahme des Vorbehalts zu Art. 7 Abs. 1 EVÜ.

Wer hingegen der zutreffenden Ansicht ist, dass die Durchsetzung des Forumrechts auch gegen das vom Sachverhalt enger berührte Recht eines anderen Mitgliedstaats nicht sachgerecht ist[1157], kann bei einer Umsetzung allein über Art. 34 EGBGB nicht stehen bleiben, sondern muss über eine ergänzende Rücknahme des deutschen Vorbehalts zu Art. 7 Abs. 1 EVÜ nachdenken.[1158] Denn eine Konkretisierung allein des Art. 34 EGBGB zwecks Umsetzung der IPR-Klauseln würde nur Sachverhalte mit einem Bezug zum Gebiet der Bundesrepublik Deutschland erfassen.[1159] Im Gesetzgebungsverfahren zu Art. 29a EGBGB hat denn auch in der Tat die Möglichkeit Erwähnung gefunden, den IPR-Klauseln über eine Rücknahme des Vorbehalts zu Art. 7 Abs. 1 EVÜ Rechnung zu tragen.[1160]

Die deutschen Gerichte wären dann der Bestimmung des Anwendungswillens der Umsetzungsbestimmungen anhand des Art. 7 Abs. 1 S. 2 EVÜ und insbesondere der dort vorgesehen Folgeabwägung wohl entbunden und zur Anwendung des Umsetzungsrechts anderer Mitgliedstaaten verpflichtet[1161], was man daraus hätte ableiten können, dass der deutsche Vorbehalt gerade zum Zweck der Umsetzung der IPR-Klauseln zurückgenommen würde.

1157 Vgl. *Cannada-Bartoli*, ERPL 1995, 347, 349.

1158 Z.B. *Kronke*, RIW 1996, 985, 990; vgl. auch *Jayme/Kohler*, Rev. crit. dr. internat. privé (84) 1995, 1, 22 f. Vgl. zur „Umsetzung" über Art. 7 Abs. 1 und 2 EVÜ ferner *Fumagalli*, Riv. di Dir. internat. priv. e proc. 1994, 15, 30 f.

1159 *Wagner*, IPRax 2000, 249, 252; Grabitz/Hilf - *Micklitz*, Bd. III, A 3, Rdn. 196.

1160 Vgl. die Begründung des Referentenentwurfs zum FernabsatzG, BMJ, Referat I B 2, 3420/12-4, 115. Eine Umsetzung über Art. 7 Abs. 1, 2 EVÜ ziehen auch *Roth*, IPRax 1994, 165, 169, und *Kronke*, RIW 1996, 985, 990, in Erwägung.

1161 So *Freitag/Leible*, RIW 2001, 287, 294, zu den Folgen der „*Ingmar*"-Entscheidung des EuGH (siehe dazu 4. Teil F); *Roth*, in: Schnyder/Heiss/Rudisch (Hrsg.), 35, 50 Fn. 60, erwägt im Zusammenhang mit Art. 6 Abs. 2 KlauselRL eine solche Verpflichtung auch ohne Rücknahme des Vorbehalts. Eine Pflicht zur Anwendung von gemeinschaftsrechtlich zulässigen Eingriffsnormen anderer Mitgliedstaaten wird in der Literatur in der Tat allgemein diskutiert. Siehe dazu *v. Wilmowsky*, RabelsZ 62 (1998), 1, 25-37 (insb. 33 ff.); *Höpping*, 249 - 257; *Roth*, RabelsZ 55 (1991), 623, 662-664.

b) Probleme einer solchen Umsetzungslösung

Bereits die im EVÜ fehlende Differenzierung zwischen mitglied- und drittstaatlichem Recht[1162] würde aber Probleme bereiten. Die Richtlinienumsetzungen sind eben nur im Verhältnis zu Drittstaaten international zwingend, nicht jedoch im Verhältnis der Mitgliedstaaten untereinander. Dort ist der Richtlinienstandard bereits durch die gemeinschaftsrechtliche Umsetzungspflicht bzw. bei Verletzungen dieser Umsetzungspflicht durch das gemeinschaftsrechtliche Sanktionsinstrumentarium garantiert.

Hier wird wiederum deutlich, dass die Schaffung eines Binnenmarkts mit harmonisierten Rechtsregeln zu einer neuen Kategorie von Kollisionsnormen führen muss, die berücksichtigen, dass die Zweiteilung von nationalem und ausländischem Recht durch die neue Ebene der ausländischen, aber eben gemeinschaftsweit harmonisierten Rechtsnormen aufgehoben und in eine Dreiteilung überführt worden ist. Die Umsetzungsbestimmungen eines Mitgliedstaats der EU sind, um in der Formulierung des Art. 7 Abs.1 EVÜ zu bleiben, eben nicht „ohne Rücksicht darauf anzuwenden, welchem Recht der Vertrag unterliegt", sondern nur dann, wenn der Vertrag dem Recht eines Drittstaats unterliegt. Eine richtlinienkonforme Reduzierung des Art. 7 Abs. 1 EVÜ nach Rücknahme des Vorbehalts der Rechtsprechung zu überlassen, erschiene angesichts dessen klaren Wortlauts und des schon zu § 12 AGBG (1996) entbrannten Streits um die teleologische Reduktion der Wendung „Unterliegt ein Vertrag ausländischem Recht (...)" nicht ratsam.

Man müsste außerdem darauf zu vertrauen, dass die anderen Mitgliedstaaten ihre Umsetzungsgesetze ebenfalls als international zwingendes Recht ausgestalten, da die Lösung von Fällen mit Bezügen zu anderen Mitgliedstaaten über Art. 7 Abs. 1 EVÜ sonst leer liefe.[1163]

Ein weiteres Problem der Umsetzung über Art. 7 EVÜ bestünde darin, dass die IPR-Klauseln einen Günstigkeitsvergleich verlangen, was sich wiederum nicht mit dem Charakter von Rechtsnormen als international zwingend verträgt[1164] Man müsste hier also von international „relativ" zwingenden Normen ausgehen, die im Falle günstigerer Regelungen des Vertragsstatuts dann doch keinen unbedingten Geltungsanspruch entfalten[1165], um zu verhindern, dass eventuell schutzschwächere deutsche Bestimmungen entgegen Art. 5 Abs. 2 EVÜ (Art. 29 Abs. 1 EGBGB) gegen günstigere Normen des gewählten Rechts

---

1162 Vgl. Art. 2 EVÜ. Vgl. auch *Staudinger*, IPRax 1999, 414, 419.

1163 Siehe *Baumert*, EWS 1995, 57, 69. Die Rücknahme des Vorbehalts zu Art. 7 Abs. 1 EVÜ allein stellt daher keine mögliche Umsetzungsvariante dar (ähnlich *Sonnenberger*, ZVglRWiss 95 (1996), 3, 38).

1164 Dazu in anderem Zusammenhang *Ebke*, IPRax 1998, 263, 269.

1165 Vgl. auch *Staudinger*, ZfRV 2000, 93, 94 Fn. 17.

durchgesetzt werden, oder auch insoweit wieder einen klarstellenden Hinweis in die Regelung aufnehmen[1166].

All diese Schwierigkeiten zeigen, dass die einseitige Anknüpfung ausgehend vom internationalen Geltungsanspruch einzelner Normen im Gewand des Art. 7 EVÜ wohl nicht der geeignetste Weg ist, die IPR-Klauseln umzusetzen. Berücksichtigt man alle Erfordernisse des Regelungsprogramms der Richtlinien könnte es kaum bei einer bloßen Hinweisnorm auf Art. 7 EVÜ bleiben. Auch wäre eine solche Umsetzung kaum mehr als Konkretisierung des Art. 7 EVÜ zu erkennen[1167] und würde dementsprechend nur „den Schein des Einklanges mit dem EVÜ in seiner bisherigen Form" wahren[1168].

4. Umsetzungsvorschläge zur Rechtsfolge

Ein Charakteristikum der IPR-Klauseln ist es, einerseits aufgrund des Nebeneinanders von Richtlinien und nationalen Umsetzungsgesetzen die Notwendigkeit einer Auswahl der mitgliedstaatlichen Rechtsordnung zu begründen, die dem Verbraucher im konkreten Fall Schutz gewähren soll[1169], andererseits diese Frage selbst offen zu lassen, da es aus ihrer Sicht gleichgültig ist, welches Mitgliedstaatenrecht zur Anwendung kommt. In diesem Zusammenhang ist das sog. lex fori-Modell, wonach schlicht die Umsetzungsgesetze des Forums anwendbar sein sollen, von Bedeutung.

a) Das „klassische" lex fori-Modell

In der Literatur und auch im Gesetzgebungsverfahren zu Art. 29a EGBGB ist die Ansicht vertreten worden, es reiche zur Umsetzung der IPR-Klauseln aus, auf das eigene Umsetzungsrecht zur jeweiligen Richtlinie zu verweisen.

Diese in den aufgehobenen § 12 AGBG (1996) und § 8 TzWrG verwendete Regelungstechnik, der der Gesetzgeber in Art. 29a Abs. 3 EGBGB heute noch

---

1166 *Baumert*, EWS 1995, 57, 66, möchte dies durch die Formulierung „... kann nicht ... abgewichen werden." erreichen. Vgl. *Ders.*, a.a.O., 67 („materiellrechtlicher Rückverweis").

1167 Ablehnend auch Grabitz/Hilf - *Micklitz*, Bd. III, A 3, Rdn. 196; *Cannada-Bartoli*, ERPL 1995, 347, 349; vgl. auch *Lurger*, in: FS Posch (1996), 179, 187. Demgegenüber ließ sich § 12 AGBG (1996) mit der Anwendungsvoraussetzung eines Bezugs zu Deutschland sowie der ausschließlichen Berufung deutschen Rechts ohne Weiteres dem Art. 7 Abs. 2 EVÜ (Art. 34 EGBGB) zuordnen. vgl. *v. Hoffmann*, IPR, § 10, Rdn. 96; Staudinger - *Magnus* (1998), Art. 34 EGBGB, Rdn. 39. Dass sich der Gesetzgeber aber aufgrund des Vorrangs des Gemeinschaftsrechts nicht an die Kategorien des Art. 7 Abs. 2 EVÜ halten muss, betonen zu Recht *Mankowski*, BB 1999, 1225, 1228; *Junker*, IPRax 2000, 65, 71.

1168 *Lurger*, in: FS Posch (1996), 179, 187.

1169 Zu dieser Besonderheit auch *v. Hoffmann*, in: Ders. (Hrsg.), 19, 33.

folgt, hat in der Tat auf den ersten Blick einiges für sich. Zunächst lassen sich praktische Erwägungen geltend machen, da die fehleranfällige und kostenträchtige Ermittlung und Anwendung ausländischen Rechts in diesem Fall entfällt und „einfache“ Kollisionsnormen dem Grundsatz der Rechtsklarheit entsprechen. Allerdings muss ein derart begründetes „Heimwärtsstreben“ hinter dem Grundsatz der Anerkennung berechtigter Anwendungsansprüche anderer Rechtsordnungen, die das IPR ja als gleichwertig betrachtet, sowie der Suche nach dem Sitz des Rechtsverhältnisses als Ausdruck „räumlicher“ Gerechtigkeit regelmäßig zurückstehen.

Der angesichts dieser anerkannten Leitprinzipien anachronistisch erscheinende Vorschlag, einfach die lex fori anzuwenden, könnte aber durch Besonderheiten des harmonisierten Rechts in der Gemeinschaft zu rechtfertigen sein. So regeln die Verbrauchervertragsrichtlinien in ihrem notwendigerweise punktuellen und fragmentarischen Ansatz nur kleine Ausschnitte des Vertragsstatuts, so dass ein Abrücken von allgemeinen kollisionsrechtlichen Anknüpfungsprinzipien nicht so schwer wiegt.[1170] Weist der Sachverhalt Bezüge zu mehreren Mitgliedstaaten auf, spricht auch der Gesichtspunkt der Rechtssicherheit für ein lex fori-Modell.[1171] Vor allem aber minimieren Mindestrichtlinien die Unterschiede zwischen den nationalen Rechtsordnungen in ihrem Regelungsbereich. Jedenfalls wenn alle Mitgliedstaaten die Richtlinien korrekt umsetzen, wird die Bedeutung der IPR-Frage erheblich relativiert.[1172]

Diesem an das sog. Offenlassen der Rechtswahl[1173] erinnernden Argument widerspricht jedoch die praktische Entwicklung des harmonisierten Verbrauchervertragsrechts in der Gemeinschaft. Denn die Umsetzungsgesetzgeber haben von der Möglichkeit, nationale Schutzverstärkungen vorzusehen, in nicht geringem Umfang Gebrauch gemacht.[1174] Die verbleibenden Rechtsunterschiede können auch durchaus streitentscheidende Bedeutung erlangen, man denke nur an unterschiedlich lange Widerrufsfristen. Es ist also schon deshalb nicht gleichgültig, welches Umsetzungsrecht zur Anwendung kommt.[1175]

Die Richtlinien lassen den Mitgliedstaaten ferner in der Art der Implementierung in das nationale Recht erhebliche Gestaltungsspielräume, solange die Richtlinienziele effektiv verwirklicht werden. Mit anderen Worten können die Ziele der Verbraucherrichtlinien auf unterschiedlichen Wegen erreicht werden,

---

[1170] Vgl. *Wagner*, IPRax 2000, 249, 254, der sich aber selbst eher gegen die lex fori-Anknüpfung ausspricht.

[1171] *Wagner*, IPRax 2000, 249, 254.

[1172] *Wagner*, IPRax 2000, 249, 254; *Reich*, in: Lagarde/v. Hoffmann (Hrsg.), 109, 115. Grabitz/Hilf - *Micklitz*, Bd. III, A 3, Rdn. 120, hält daher eine spezielle Kollisionsregel in Verbraucherschutzrichtlinien für überflüssig.

[1173] Diese Methode besteht im Offenlassen der Frage nach der anwendbaren Rechtsordnung, wenn alle in Betracht kommenden Rechtsordnungen die Rechtsfrage identisch lösen.

[1174] Vgl. *Sonnenberger*, JZ 1998, 982, 987.

[1175] Insoweit auch *Staudinger*, IPRax 1999, 414, 417.

deren Kenntnis für die Rechtsgestaltung und -durchsetzung für die Parteien weiter von essentieller Bedeutung ist.[1176] Der oben genannte Aspekt der Rechtssicherheit gilt für das lex fori-Modell bei genauerer Betrachtung somit nur aus Sicht des nationalen mit dem Streitfall befassten Gerichts. Den Parteien wird dagegen die Chance vorhersehen zu können, welches nationale Verbraucherschutzrecht auf ihren Vertrag anwendbar ist, genommen.[1177] Auch zufällige Entwicklungen wie eine Verlegung des Wohnsitzes bzw. der Firmenniederlassung könnten dann mittelbar über die Regeln der internationalen Zuständigkeit zur Anwendbarkeit jedes Mitgliedstaatenrechts führen, ohne Rücksicht darauf, ob überhaupt eine hinreichende räumliche Verbindung zu dieser Rechtsordnung besteht.[1178]

Man könnte daher in einem strikten lex fori-Modell einen Verstoß gegen den Gleichheitsgrundsatz gem. Art. 3 Abs. 1 GG erblicken, ebenso eine primärrechtswidrige mittelbare Diskriminierung EU-ausländischer Gewerbetreibender gem. Art. 12 S. 1 EG[1179] sowie gegebenenfalls eine unzulässige Beschränkung der Waren- und Dienstleistungsverkehrsfreiheit[1180]. Nicht zuletzt ist eine reine lex fori-Anknüpfung dem EVÜ, das dem Prinzip der engsten Verbindung folgt, fremd und, da die IPR-Klauseln das Verweisungsziel wie gesehen offen und die Bindung an das EVÜ bestehen lassen, somit auch staatsvertragswidrig[1181].

b) Das „modifizierte“ lex fori-Modell

Einen dem eben abgelehnten Ansatz im Ausgangspunkt ähnlichen Weg schlägt *Staudinger* mit seinem sog. modifizierten lex fori-Modell vor. Sein Vorschlag eines § 12 AGBG-E lautet:

> „Bei Verträgen im Sinne des § 24a, die einen engen Zusammenhang mit dem Gebiet der Mitgliedstaaten aufweisen, darf die Wahl eines Drittstaatenrechts

---

1176 Dazu, dass die Anwendung des Rechts eines anderen Mitgliedstaats unabhängig von seinem Inhalt den Anbieter z.B. aufgrund erschwerterer ex-ante-Prüfung der Wirksamkeit seiner Vertragsbedingungen benachteiligt, *Staudinger*, 171. Gleiches gilt auch für den Verbraucher, der trotz sachrechtlich vergleichbaren Schutzniveaus durch erhöhte Rechtsverfolgungskosten belastet wird, vgl. *Roth*, RabelsZ 55 (1991), 623, 654.

1177 Zu dieser Kritik vgl. *Wagner*, IPRax 2000, 249, 256.

1178 Insoweit auch *Staudinger*, IPRax 1999, 414, 417.

1179 *Staudinger*, 178, zu § 12 AGBG (1996), allerdings unter Bezugnahme darauf, dass § 12 AGBG schon die Wahl eines anderen Mitgliedstaatenrechts beschränkte und zudem nur einen Bezug zum Gebiet der Bundesrepublik Deutschland ausreichen ließ.

1180 Sieht man das Richtlinienumsetzungsrecht als „Eingriffsrecht“ an, spielt auch die in der Literatur diskutierte Pflicht zur Anwendung der Eingriffsnormen anderer Mitgliedstaaten eine Rolle, siehe *Nemeth*, 73. Vgl. zu Art. 29a Abs. 3 EGBGB unten 4. Teil D IV 3.

1181 So auch *Nemeth*, 97.

> nicht dazu führen, dass dem Verbraucher mit gewöhnlichem Aufenthalt in einem Mitgliedstaat der in diesem Gesetz gewährte Schutz entzogen wird, *soweit er dem Mindestschutz der Richtlinie 93/13/EWG über missbräuchliche Klauseln in Verbraucherverträgen entspricht.*"[1182]

Diese Rechtsfolgengestaltung erklärt sich zunächst daraus, dass *Staudinger* im Ergebnis der hier abgelehnten Auffassung *Grundmanns* folgt, dass nationale Schutzverstärkungen im Verhältnis zu anderen Mitgliedstaaten nicht durchsetzbar seien.[1183] *Staudinger* nimmt für seine Lösung in Anspruch, wie das reine lex fori-Modell eine einfache praktikable und damit prozessökonomische Rechtsanwendung zu ermöglichen.[1184] Der Anreiz für ein forum shopping innerhalb der Gemeinschaft entfalle, zudem werde in Deutschland mittels Anwendung des nationalen Umsetzungsrechts die rechtsschutzverkürzende Bestimmung des § 549 ZPO, wonach ausländisches Recht nicht revisibel ist, zugunsten des Verbrauchers ausgeschaltet.[1185]

Diese Vorgehensweise ist dennoch auf Kritik gestoßen. Ähnlich dem oben schon gegen *Grundmann* ins Feld geführten Argument steht hier besonders die Notwendigkeit im Mittelpunkt, auf den Richtlinienstandard reduziertes nationales Recht gleichsam „aus dem Nichts" zu schaffen.[1186] Auch der Hinweis, dass zunächst alle mitgliedstaatlichen Umsetzungsgesetzgeber dieser Verweisungsmethode folgen müssten, bevor sichergestellt wäre, dass sich nationale Schutzverstärkungen innerhalb der Gemeinschaft nicht mehr auswirken, ist berechtigt.[1187]

Ganz unabhängig von der sachlichen Berechtigung des modifizierten lex fori-Modells, steht aber wiederum vor allem die Bindung des Umsetzungsgesetzgebers an das EVÜ im Wege, so dass auch *Staudingers* Ansatz bei der Diskussion einer Revision des Art. 5 EVÜ besser aufgehoben wäre. Denn auch das modifizierte lex fori-Modell verstößt gegen das Prinzip der engsten Verbindung.[1188]

1182 *Staudinger*, 221 (Hervorhebung nicht im Original). Vgl. ferner *Ders.*, IPRax 1999, 414, 417.

1183 Dazu oben 3. Teil C IV 3. b).

1184 *Staudinger*, 228 f.; *Ders.*, IPRax 1999, 414, 416.

1185 *Staudinger*, 229.

1186 *Wagner*, IPRax 2000, 249, 256.

1187 *Wagner*, IPRax 2000, 249, 257.

1188 Wie hier: *Wagner*, IPRax 2000, 249, 257.

III. Die Neuregelung im Überblick

Der Gesetzgeber hat ungeachtet all dieser Vorschläge eine an Art. 29 EGBGB angelehnte Sonderregelung des Vertragsstatuts geschaffen[1189], aufgrund der mit den IPR-Klauseln gemeinsamen Strukturelemente auch zu Recht:

So geht es in Art. 29 EGBGB wie in den IPR-Klauseln jeweils nicht um Normen, über deren internationale Anwendung typischerweise außerhalb des „regulären" Anknüpfungssystems entschieden wird, also nicht um Eingriffsnormen im klassischen Sinne. Betroffen ist vielmehr in erster Linie der Interessenausgleich zweier Vertragspartner, in dessen Rahmen sich in bestimmten Fällen das Recht auf die Seite des Verbrauchers schlägt. Damit geht die zweite Gemeinsamkeit einher, die im fehlenden unbedingten Geltungswillen zu sehen ist[1190]: Das Verbraucherschutzrecht der Richtlinien lässt drittstaatlichen Regelungen dann den Vortritt, wenn diese äquivalente oder günstigere Regelungen für den Verbraucher beinhalten. Schließlich respektiert das Richtlinien-IPR wie auch Art. 29 EGBGB den Grundsatz der Gleichwertigkeit der Rechtsordnungen, indem die Durchsetzung der eigenen Vorstellung über Art und Maß notwendigen Verbraucherschutzes nur unter der Voraussetzung eines hinreichenden Bezugs zu dem Gebiet, in dem diese Vorstellungen herrschen, vorgesehen ist.[1191]

Dementsprechend wurde Art. 29a EGBGB, der in der Fassung des Regierungsentwurfs am 30. Juni 2000 in Kraft getreten ist[1192], in den die vertraglichen Schuldverhältnisse behandelnden Ersten Unterabschnitt des Fünften Abschnitts zwischen Art. 29 und Art. 30 EGBGB eingefügt. Die endgültige Gesetzesfassung lautet:

> „Verbraucherschutz für besondere Gebiete
>
> (1) Unterliegt ein Vertrag auf Grund einer Rechtswahl nicht dem Recht eines Mitgliedstaats der Europäischen Union oder eines anderen Vertragsstaats des Abkommens über den Europäischen Wirtschaftsraum, weist der Vertrag jedoch einen engen Zusammenhang mit dem Gebiet eines dieser Staaten auf, so sind die

---

1189 Zu Vorschlägen der Literatur, die teilweise als Ergänzung zu einem überarbeiteten Art. 27 Abs. 3 EGBGB (Art. 3 Abs. 3 EVÜ) gemeint waren, vgl. noch *Leible*, in: Schulte-Nölke/Schulze (Hrsg.), 353, 383; *Basedow*, in: Schnyder/Heiss/Rudisch (Hrsg.), 11, 34; *v. Hoffmann*, ZfRV 1995, 45, 54; *Staudinger*, 221; *Lurger*, in: FS Posch (1996), 179, 202 ff.

1190 *Leible*, in: Schulte-Nölke/Schulze (Hrsg.), 353, 364.

1191 Vgl. *Leible*, in: Schulte-Nölke/Schulze (Hrsg.), 353, 365.

1192 Art. 12 S. 3 des Gesetzes über Fernabsatzverträge und andere Fragen des Verbraucherrechts sowie zur Umstellung von Vorschriften auf Euro, BGBl. I 897, 909; geändert durch Art. 2 Nr. 1 des Gesetzes zur Modernisierung des Schuldrechts, BGBl 2001 I 3138, 3170.

im Gebiet dieses Staats geltenden Bestimmungen zur Umsetzung der Verbraucherschutzrichtlinien gleichwohl anzuwenden.

(2) Ein enger Zusammenhang ist insbesondere anzunehmen, wenn

1. der Vertrag auf Grund eines öffentlichen Angebots, einer öffentlichen Werbung oder einer ähnlichen geschäftlichen Tätigkeit zustande kommt, die in einem Mitgliedstaat der Europäischen Union oder einem anderen Vertragsstaat des Abkommens über den Europäischen Wirtschaftsraum entfaltet wird, und
2. der andere Teil bei Abgabe seiner auf den Vertragsschluss gerichteten Erklärung seinen gewöhnlichen Aufenthalt in einem Mitgliedstaat der Europäischen Union oder einem Vertragsstaat des Abkommens über den Europäischen Wirtschaftsraum hat.

(3) Die Vorschriften des Bürgerlichen Gesetzbuches über Teilzeit-Wohnrechteverträge sind auf einen Vertrag, der nicht dem Recht eines Mitgliedstaats der Europäischen Union oder eines anderen Vertragsstaates des Abkommens über den Europäischen Wirtschaftsraum unterliegt, auch anzuwenden, wenn das Wohngebäude im Hoheitsgebiet eines dieser Staaten liegt.

(4) Verbraucherschutzrichtlinien im Sinne dieser Vorschrift sind in ihrer jeweils geltenden Fassung:

1. die Richtlinie 93/13/EWG DES Rates vom 5. April 1993 über missbräuchliche Klauseln in Verbraucherverträgen (ABl. EG Nr. L 95 S. 29);
2. die Richtlinie 94/47/EG des Europäischen Parlaments und des Rates vom 26. Oktober 1994 zum Schutz der Erwerber im Hinblick auf bestimmte Aspekte von Verträgen über den Erwerb von Teilzeitnutzungsrechten an Immobilien (ABl. EG Nr. L 280 S, 83);
3. die Richtlinie 97/7/EG des Europäischen Parlaments und des Rates vom 20. Mai 1997 über den Verbraucherschutz bei Vertragsschlüssen im Fernabsatz (ABl. EG Nr. L 144 S. 19).
4. die Richtlinie 1999/44/EG des Europäischen Parlaments und des Rates vom 25. Mai 1999 zu bestimmten Aspekten des Verbrauchsgüterkaufs und der Garantien für Verbrauchsgüter (ABl. EG Nr. L 171 S. 12).

IV. Korrektur bisheriger Mängel der Sonderkollisionsnormen

Auch wenn der Gesetzgeber ausdrücklich keine vollständige Überarbeitung der bestehenden Regelung beabsichtigte, wurden im Zuge der Neuumsetzung von Art. 6 Abs. 2 Klausel- und Art. 9 TimesharingRL doch einige zentrale Kritikpunkte an den bisherigen Sonderkollisionsnormen bereinigt.

1. Korrektur der ersten Umsetzung des Art. 6 Abs. 2 KlauselRL im Hinblick auf den räumlichen Anwendungsbereich

Nahezu einhelliger Kritik der Literatur[1193] entsprechend, genügt nunmehr zur Eröffnung des räumlichen Anwendungsbereichs auch die Lokalisierung des Vertrags im Gebiet anderer Mitgliedstaaten, während § 12 AGBG (1996)[1194] noch auf Verträge mit einem Bezug zur Bundesrepublik Deutschland beschränkt war. Das bringt der Gesetzgeber im Regelbeispiel des Art. 29a Abs. 2 EGBGB dadurch zum Ausdruck, dass es für die Eröffnung des räumlichen Anwendungsbereichs bereits genügen kann, wenn die maßgebliche geschäftliche Tätigkeit des Anbieters in einem Mitgliedstaat der EU oder des EWR entfaltet wurde. Von einem Bezug zum Territorium der Bundesrepublik Deutschland ist nicht mehr die Rede.

2. Keine Einschränkung der Wahl des Rechts eines EG- oder EWR-Staats

Anders als nach §§ 12 AGBG (1996), 8 TzWrG, die allgemein auf die Anwendbarkeit ausländischen Rechts abstellten, findet eine gesonderte Anknüpfung von Umsetzungsgesetzen nur noch gegenüber der Wahl eines Drittstaatenrechts statt, während bislang mit dem Begriff „ausländisches Recht" auch die Umsetzungsgesetze anderer Mitgliedstaaten erfasst waren.[1195] Diese Differenzierung zwischen Drittstaaten- und Mitgliedstaatenrecht stellt wohl die größte konzeptionelle Neuerung dar, die das Gemeinschaftsrecht im Internationalen Schuldvertragsrecht ausgelöst hat.

Da der Begriff des Drittstaats im Zusammenhang mit dem Bestehen einer Umsetzungspflicht für die betreffenden Richtlinien zu sehen ist, ist es auch konsequent – wie es schon bisher in Art. 7 Abs. 1 EGVVG der Fall war – die Staaten des EWR nicht als Drittstaaten anzusehen. Nach der geltenden Rechts-

---

[1193] Vgl. *Staudinger*, 147; MünchKomm-*Sonnenberger*, Einl. IPR, Rdn. 180; MünchKomm-*Basedow*, Ergänzungsband zur 3. Auflage (1993), § 12 AGBGB Rdn. 3; Palandt-*Heldrich*, § 12 AGBG Rdn. 1; *Rühl*, RIW 1999, 321, 323; *Pfeiffer*, NJW 1999, 3674, 3679;

[1194] Vgl. z.B. *Maidl*, 10; Wolf/Horn/Lindacher - *Lindacher*, § 12 AGBG, Rdn. 8. Anders als § 8 Nr. 2 TzWrG, mit dem der deutsche Gesetzgeber geradezu umgekehrt über die Vorgaben des Art. 9 TimesharingRL hinausgegangen ist, indem er hier neben der Belegenheit ein zweites, auf das Gemeinschaftsgebiet abstellendes, Anknüpfungsmoment eingeführt hat, vgl. 4. Teil D III.

[1195] Kritisch dazu *Staudinger*, 158 ff, 178, der einen Verstoß gegen das allgemeine Diskriminierungsverbot des EG-Vertrags für gegeben, allerdings eine gemeinschaftsrechtskonforme Auslegung des § 12 AGBG für möglich hält, a.a.O., 179. Vgl. auch *Heiss*, in: Reichert-Facilides (Hrsg.), 91, 100 (zu § 11 Abs. 2 des österreichischen Teilzeitnutzungsgesetzes), der hier die Erforderlichkeit einer kollisionsrechtlichen Schutzmaßnahme verneint und daher einen Primärrechtsverstoß annimmt.

lage im EWR sind sie hinsichtlich der für Art. 29a EGBGB einschlägigen Verbraucherschutzrichtlinien nämlich zur Umsetzung verpflichtet.[1196]

3. Beschränkung der besonderen Anknüpfung in Abs. 1 auf Fälle der Rechtswahl

Ein weiterer Kritikpunkt an § 12 AGBG (1996) war, dass er entgegen dem eindeutigen Wortlaut des Art. 6 Abs. 2 KlauselRL auch solche Fälle erfasste, in denen ausländisches Recht kraft objektiver Anknüpfung zur Anwendung kam.[1197] Dies ist Art. 6 Abs. 2 KlauselRL weder durch Auslegung noch durch Analogie zu entnehmen. Art. 29a EGBGB beschränkt sich daher in Abs. 1 zu Recht auf Fälle einer Rechtswahl. Gleichwohl dürften sich alsbald Stimmen erheben, die eine analoge Anwendung des Art. 29a Abs. 1 EGBGB auf Verbraucherverträge ohne Rechtswahlvereinbarung fordern. Auf das Institut der richtlinienkonformen Auslegung könnte sich eine solche Auffassung aber mangels entsprechender Regelungsvorgaben der betreffenden IPR-Klauseln nicht stützen.[1198]

4. Teilweise Abkehr vom lex fori-Prinzip

Die Abkehr vom lex fori-Prinzip im Rahmen der Verweisung des Abs. 1 fand bereits oben Erwähnung. Sie ist in der Literatur ganz überwiegend gefordert und dementsprechend nunmehr begrüßt worden.[1199]

V. Alte und neue Auslegungsprobleme

Die Neuregelung des Internationalen Verbrauchervertragsrechts in Art. 29a EGBGB wirft allerdings auch zum Teil bekannte, zum Teil neue Auslegungsprobleme auf.

1. Anwendungsbereich des Art. 29a Abs. 1 EGBGB

Von Interesse ist zunächst die Frage, ob Art. 29a Abs. 1 EGBGB mit dem Begriff „Vertrag“ nur Verbraucherverträge im sachlichen und persönlichen An-

---

1196 Vgl. oben 3. Teil C I 1. a).

1197 Kritsch hierzu *Staudinger*, 148 ff., 157; *Junker*, IPRax 1998, 65, 71; Wolf/Horn/Lindacher - *Lindacher*, § 12 AGBG, Rdn. 5.

1198 Vgl. unten 4. Teil E.

1199 *Mankowski*, MMR - Beilage 7/2000, 22, 36.

wendungsbereich der Richtlinien erfasst, sowie das Problem, wie das Verhältnis von Art. 29a Abs. 1 zu Abs. 3 zu bestimmen ist.[1200] Bejaht man die parallele Anwendbarkeit von Abs. 1 und 3 auf Timesharingverträge, so stellt Abs. 1 eine von Art. 9 TimesharingRL nicht gedeckte Einschränkung der Rechtswahl im Rahmen von Timesharingverträgen dar.[1201]

2. Der „enge Zusammenhang“

Was die gesetzliche Beschreibung des erforderlichen Bezugs zum Gebiet der Gemeinschaft angeht, war der Umsetzungsspielraum begrenzt. Einerseits war es nicht möglich, auf eine Beschreibung des erforderlichen Zusammenhangs zwischen Vertrag und Gemeinschaftsgebiet zu verzichten, wie dies *Wägenbaur*[1202] andeutet. Es stellt eine bewusste Entscheidung des Gemeinschaftsgesetzgebers dar, das EU-Verbraucherschutzrecht nicht in die grundsätzliche Gleichwertigkeit der Rechtsordnungen missachtender Weise weltweit durchzusetzen. Der auch vom Gemeinschaftsgesetzgeber mit der Einführung des Merkmals „enger Zusammenhang“ implizit anerkannte Geltungsanspruch drittstaatlicher Rechtsordnungen verbietet es, auf die Übernahme der Generalklausel ganz zu verzichten. Die IPR-Klauseln erfordern als Ergänzung sachrechtlicher Harmonisierung und angesichts der auf EU-Bürger gerichteten Schutzintention vielmehr schon ihrer Natur nach einen Gemeinschaftsbezug.[1203] Ein Verzicht hierauf wäre auch durch die Mindestschutzklauseln nicht gedeckt.

Andererseits folgt aus dem Gebot der Weitergabe von Konkretisierungsspielraum und dem „effet utile“ der Richtlinien, dass die Generalklausel im Richtlinien-IPR nicht im Wege einer abschließenden Definition durch den nationalen Gesetzgeber transformiert werden darf. Als Einschränkung erwünschter Flexibilität würde eine solche Umsetzung das Richtlinienziel verfehlen[1204], weshalb dem Anknüpfungsvorschlag *v. Hoffmanns*[1205] zu Art. 6 Abs. 2

[1200] *Freitag/Leible*, EWS 2000, 342, 344, 348; *Wegner*, VuR 2000, 227, 228; unten 4. Teil D III.

[1201] *Wegner*, VuR 2000, 227, 229; vgl. ferner 4. Teil D III 2.

[1202] *Wägenbaur*, in: Lagarde/v. Hoffmann (Hrsg.), 129, 137.

[1203] Ebenso *Leible*, in: Schulte-Nölke/Schulze (Hrsg.), 353, 376.

[1204] Vgl. *Staudinger*, IPRax 1999, 414, 417, wonach die auf ein Kriterium abstellenden Vorschläge zu unflexibel seien. A.A. Wolf/Horn/Lindacher - *Wolf*, Art. 6 RL, Rdn. 12 (zu Art. 6 Abs. 2 KlauselRL). Für die Übernahme der Generalklausel z.B. *Reich*, VuR 1995, 1, 6; in der Tendenz auch *Waldenberger*, K&R 1999, 345, 353.

[1205] *v. Hoffmann*, ZfRV 1995, 45, 54: *„Unterliegt ein Vertrag dem Recht eines Drittstaates, so darf der von den zwingenden Bestimmungen der Richtlinie des Rates 93/13/EWG vom 5. April 1993 über missbräuchliche Klauseln in Verbraucherverträgen gewährte Schutz nicht entzogen werden, wenn a) der Vertrag auf Grund eines öffentlichen Angebots, einer öffentlichen Werbung ode einer ähnlichen geschäftlichejn Tätigkeit zustande kommt, die der Verwender in eniem Mitgliedstaat der Europäischen Union entfaltet hat, und b) der*

KlauselRL nicht zu folgen ist. In den Worten *Kronkes* „kommt man nicht daran vorbei, dass sie [die Verfasser der Richtlinie] sich nicht für die Enumerierung von Fallgruppen, sondern für eine Generalklausel entschieden haben"[1206]. Aus Gründen der Rechtssicherheit ist es aber zu begrüßen, dass Art. 29a Abs. 2 EGBGB in Form eines Regelbeispiels eine gewisse Konkretisierung der Generalklausel schon auf gesetzlicher Ebene vornimmt.[1207]

Nach dem Wortlaut des Art. 29a EGBGB bleibt allerdings offen, ob nur Verbraucher, die ihren gewöhnlichen Aufenthalt in der EU bzw. dem EWR haben, geschützt werden oder auch Drittstaatenverbraucher einbezogen sind.[1208] Auch die Problematik der Lokalisierung von Internet-Werbung[1209] im Rahmen der Generalklausel des Art. 29a Abs. 1 EGBGB dürfte trotz des Regelbeispiels in Abs. 2 weiter umstritten sein.

3. Auswahl der anwendbaren mitgliedstaatlichen Rechtsordnung

Indem Art. 29a Abs. 1 EGBGB auf den Mitgliedstaat abstellt, zu dem der enge Zusammenhang besteht, lässt er dem Wortlaut nach offen, welches Recht anwendbar ist, wenn der Vertrag Bezüge zu verschiedenen Mitgliedstaaten aufweist.[1210] Im Rahmen der Rechtsfolge des Art. 29a EGBGB gilt es nach der hier vertretenen Auffassung in besonderem Maße die Bindung an die Wertungen des EVÜ zu beachten.

4. Lex fori-Prinzip des Art 29a Abs. 3 EGBGB

Aus § 8 TzWrG hat der Gesetzgeber die lex fori-Anknüpfung in Art. 29a Abs. 3 EGBGB übernommen, was in der Literatur nach wie vor kritisiert wird.[1211]

---

andere Vertragsteil bei Abgabe seiner auf den Vertragsschluss gerichteten Erklärung seinen Wohnsitz oder seinen gewöhnlichen Aufenthalt in einem Mitgliedstaat der Europäischen Union hat."

1206 *Kronke*, RIW 1996, 985, 989.

1207 Dafür *Leible*, in: Schulte-Nölke/Schulze (Hrsg.), 353, 376 f.; vgl. *Thorn*, IPRax 1999, 1, 7.

1208 *Staudinger*, RIW 2000, 416, 418; vgl. 3. Teil C II 2.; 4. Teil C III 3.

1209 Vgl. *Härting*, Rdn. 159 f.; *Freitag/Leible*, EWS 2000, 342, 345; unten 4. Teil C III 1. c).

1210 Dazu *Staudinger*, RIW 2000, 416, 418; siehe unten 4. Teil C IV 2. Ebenso der Umsetzungsvorschlag *Basedows*, in: Schnyder/ Heiss/Rudisch (Hrsg.), 11, 34: "*Bei Verträgen, die eine Person, der Verbraucher, zu einem Zweck schließt, der nicht ihrer beruflichen Tätigkeit zugerechnet werden kann, darf die Rechtswahl nicht dazu führen, dass dem Verbraucher der durch zwingende Vorschriften der Europäischen Gemeinschaft gewährte Schutz entzogen wird, wenn der Vertrag einen engen Zusammenhang mit dem Gebiet der Mitgliedstaaten der Europäischen Gemeinschaft aufweist.*"

1211 *Wegner*, VuR 2000, 227, 230.

5. Schutzverstärkungen im Sachrecht und Art. 29a EGBGB

Auch die Behandlung von Schutzverstärkungen im nationalen Recht im Rahmen der Rechtsfolge von Art. 29a EGBGB bedarf näherer Erörterung[1212], denn die IPR-Klauseln selbst begnügen sich ja mit der internationalen Durchsetzung des Mindeststandards. Allgemein bedarf die Formulierung in Art. 29a EGBGB, wonach auf die „Bestimmungen zur Umsetzung" der betreffenden Richtlinien rekurriert wird, einer Präzisierung.[1213]

6. Offenlassen der Frage eines Günstigkeitsvergleichs

Der Umsetzungsgesetzgeber hat trotz anhaltender Diskussion in der Literatur[1214] die Frage offen gelassen, ob die Umsetzungsregelung in Art. 29a EGBGB einem Günstigkeitsvergleich Raum lässt.[1215] Insoweit hat sich die Rechtslage gegenüber § 12 AGBG (1996) und § 8 TzWrG nicht geändert. Es steht die Forderung des Richtlinien-IPR nach einem Günstigkeitsvergleich einem Wortlaut der Umsetzungskollisionsnorm gegenüber, der es dem Interpreten jedenfalls auf den ersten Blick schwer macht, ein richtlinienkonformes Ergebnis zu erzielen. Denn nach Art. 29a EGBGB sind die entsprechenden Umsetzungsgesetze „gleichwohl anzuwenden".

7. Nichtumsetzungsproblematik

Die bekannte Problematik der Behandlung von Nichtumsetzerstaaten im IPR erhält eine neue Facette, da infolge der Abkehr vom lex fori-Prinzip in Art. 29a Abs. 1 EGBGB ein solches Nichtumsetzerrecht nicht mehr nur von den Parteien gewählt, sondern bei Wahl eines Drittstaatenrechts auch über die Rechtsfolge des Art. 29a Abs. 1 EGBGB ins Spiel kommen kann.[1216]

1212 *Freitag/Leible*, EWS 2000, 342, 350; unten 4. Teil C IV 3. c).

1213 Dazu auch *Freitag/Leible*, EWS 2000, 342, 346; Ulmer/Brandner/Hensen - *Schmidt*, § 12 AGBG a.F., Rdn. 9; unten 4. Teil C IV 3.

1214 Vgl. *Freitag/Leible*, EWS 2000, 342, 347 m.w. N. zum Streitstand in Fn. 39.

1215 *Wagner*, IPRax 2000, 249, 255, der einer einschränkenden Auslegung des Art. 29a EGBGB kritisch gegenüber steht, sie aber immerhin für möglich hält; dezidiert a.A. *Freitag/Leible*, EWS 2000, 342, 347. Zum Problem auch Palandt - *Heldrich*, Art. 29a EGBGB, Rdn. 5; *Staudinger*, RIW 2000, 416, 418; *Tonner*, BB 2000, 1413, 1419; *Wagner*, IPRax 2000, 249, 255. Siehe auch unten 4. Teil C IV 4.

1216 Vgl. Palandt - *Heldrich*, Art. 29a EGBGB, Rdn. 5; *Freitag/Leible*, EWS 2000, 342, 347; *Staudinger*, RIW 2000, 416, 417.

8. Analogieschluss im Hinblick auf Verbraucherschutzrichtlinien ohne IPR-Klausel

Gerade im Hinblick auf die „*Ingmar*“-Entscheidung des EuGH dürfte auch die Möglichkeit eines Analogieschlusses zu Art. 29a Abs. 4 EGBGB für Richtlinien, die dort nicht aufgeführt sind, alsbald Anlass zu Diskussionen geben.[1217]

9. Konkurrenzen

Schließlich muss auch das Verhältnis des neuen Art. 29a EGBGB zu Art. 29 EGBGB[1218], zu Art. 34 EGBGB[1219] und Art. 6 EGBGB[1220] geklärt werden.

1217 Dazu (noch vor der „*Ingmar*“-Entscheidung) Coester-*Waltjen/Mäsch*, 102 Fn. 21.

1218 *Coester-Waltjen/Mäsch*, 103; .

1219 Palandt - *Heldrich*, Art. 29a EGBGB, Rdn. 7. Zum Verhältnis des Art. 29a EGBGB zu Art. 34 EGBGB auch Ulmer/Brandner/Hensen - *Schmidt*, Anhang § 2 AGBG, Rdn. 2c; *Coester-Waltjen/Mäsch*, 102 Fn. 21, 105 Fn. 31.

1220 *Staudinger*, RIW 2000, 416, 419.

B. Besonderheiten des Art. 29a EGBGB gegenüber dem staatsvertraglich vereinheitlichten Kollisionsrecht

Art. 29a EGBGB ist eine Kollisionsnorm mit gemeinschaftsrechtlichem Hintergrund in einem staatsvertraglich geprägten Umfeld. An dieser Stelle sollen daher zunächst die Konsequenzen verdeutlicht werden, die sich aus der Integration des Umsetzungskollisionsrechts in die Art. 27 ff EGBGB als Stammkodifikation des Internationalen Schuldvertragsrechts ergeben.

I. Gemeinschaftsrechtskonforme Auslegung des Art. 29a EGBGB

Seit dem Regierungsentwurf zu Art. 29a EGBGB[1221] sieht Art. 2 Abs. 2 Nr. 2 des Gesetzes über Fernabsatzverträge und andere Fragen des Verbraucherrechts (...)[1222] entsprechend einer Forderung in ersten Stellungnahmen zum Referentenentwurf[1223] eine Klarstellung dahingehend vor, dass die Auslegungsregel des Art. 36 EGBGB für das Zweite Kapitel des EGBGB nur mit Ausnahme des Art. 29a gilt. Dies ist eine Konsequenz daraus, dass Art. 29a EGBGB nicht staatsvertraglichen, sondern gemeinschaftsrechtlichen Ursprungs ist. Dementsprechend gilt nicht der Grundsatz der einheitlichen Auslegung staatsvertraglichen Kollisionsrechts, sondern Art. 29a EGBGB ist in den Mitgliedstaaten gemeinschaftsrechtskonform, also in Einklang mit dem Primär- und Sekundärrecht der EU, insbesondere den IPR-Klauseln, auszulegen.

1. Die Neufassung des Art. 36 EGBGB

Die Bedeutung von Interpretationsklauseln in internationalem Einheitsrecht erschließt sich vor dem Hintergrund, dass die vereinheitlichten Regelungen unabhängig von der Art, in der das Übereinkommen in das nationale Recht übernommen wurde, letztlich Bestandteil nationaler Rechtsordnungen werden und daher auch eine Auslegung nach nationalen Grundsätzen nahe zu liegen scheint.[1224] In Anlehnung[1225] an Art. 7 Abs. 1 CISG[1226] enthält daher das EVÜ in

---

1221 BT-Drs. 14/2658, 8.

1222 BGBl. 2000 I 897.

1223 *Staudinger*, IPRax 1999, 414, 419.

1224 Vgl. dazu auch *Pirrung*, in: v. Bar (Hrsg.), 21, 62 f.

1225 Vgl. *Giuliano/Lagarde*, 33, 70; *Martiny*, in: Reithmann/Martiny (Hrsg.), Rdn. 16; *Klingsporn*, WM 1994, 1093, 1100.

1226 Übereinkommen der Vereinten Nationen über Verträge über den internationalen Warenkauf, BGBl. 1989 II 588, berichtigt BGBl. 1990 II 1699. Im Folgenden soll die englische Abkürzung CISG (für Convention on the International Sale of Goods) verwendet werden. Vgl. auch das Gesetz zu dem Übereinkommen der Vereinten

Art. 18 eine ausdrückliche Vorschrift betreffend seine Auslegung und Anwendung, wonach dessen internationalem Charakter und dem Wunsch einer einheitlichen Anwendung Rechnung zu tragen ist.[1227]

In Deutschland gilt jedoch die Besonderheit, dass die Art. 1 - 21 EVÜ keine unmittelbare Anwendung finden[1228], die Interpretationsregel daher – wie in Art. 36 EGBGB geschehen – ebenfalls umzusetzen war, was wiederum spezifische Anwendungsprobleme hervorruft. Denn wenn Art. 36 EGBGB anordnet[1229], bei der Auslegung der deutschen Umsetzungsnormen zu berücksichtigen, dass diese auf staatsvertraglichen Kollisionsnormen beruhen, werden die völkerrechtliche und die nationale Ebene vermischt. Im Ergebnis kann der Richter[1230] seiner Pflicht aus Art. 36 EGBGB nur genügen, wenn er die inkorporierte deutsche Vorschrift so interpretiert, wie sie dem autonom ausgelegten Übereinkommenstext entspricht; er muss also so auslegen, als ob das Übereinkommen doch unmittelbar anwendbar wäre.[1231] Es stellt sich außerdem die Frage, wie bei Inkrafttreten der beiden Auslegungsprotokolle[1232] die Verbindlichkeit der Entscheidungen des EuGH in Deutschland sichergestellt werden könnte.[1233]

Nationen vom 11.4.1980 über den internationalen Warenkauf sowie zur Änderung des Gesetzes zu dem Übereinkommen vom 19.5.1956 über den Beförderungsvertrag im internationalen Straßengüterverkehr, BGBl. 1989 II 586.

1227 Ausführlich zu Interpretationsklauseln, die als Vorläufer von Art. 18 EVÜ angesehen werden können, *Reinhart*, RIW 1994, 445, 448. Einen Überblick über Auslegungsprobleme, zu denen Rechtsprechung aus einigen Vertragsstaaten vorliegt, gibt *Wilderspin*, in: Lagarde/v. Hoffmann (Hrsg.), 47 ff. Gerade die Gran Canaria- und die Timesharing-Fälle haben offenbart, wie wenig diesem Wunsch bisweilen Rechnung getragen wird, vgl. *Leible*, in: Martiny/Witzleb (Hrsg.), 53, 61.

1228 Art. 1 Abs. 2 des Zustimmungsgesetzes v. 25.7.1986, BGBl. 1986 II 809.

1229 Art. 36 EGBGB enthält keinen Programmsatz, sondern eine Verpflichtung, *Martiny*, in: Reithmann/Martiny (Hrsg.), Rdn. 16; *Czernich/Heiss*, ÖJZ 1998, 681, 683; *Martiny*, ZEuP 1993, 298, 304; *Reinhart*, RIW 1994, 445, 551; *Magnus*, IPRax 1991, 382, 384. Aus dem gegenüber Art. 18 EVÜ leicht modifizierten Wortlaut ergibt sich nichts anderes, denn der deutsche Gesetzgeber nahm trotz seiner Inkorporationslösung eine betont integrationsfreundliche Haltung ein. Vgl. dazu *Martiny*, in: Reithmann/Martiny (Hrsg.), Rdn. 22; *Reinhart*, RIW 1994, 445, 449.

1230 In der Literatur ist bestritten worden, dass auch der Gesetzgeber an die Vorgaben des EVÜ gebunden sei, da Art. 18 EVÜ (Art. 36 EGBGB) lediglich die Gerichte anspreche, vgl. dazu *Pfeiffer*, NJW 1997, 1207, 1208.

1231 *Junker*, RabelsZ 55 (1991), 674, 696. Dafür spricht auch, dass nach Art. 2 Abs. 1 Nr. 1 des Zustimmungsgesetzes zu den Auslegungsprotokollen (BGBl. 1995 II 914) in einem Vorlagebeschluss (auch) die zugrunde liegende EVÜ-Norm bezeichnet werden muss. Kritisch aber: *Ebke*, in: v. Bar (Hrsg.), 77, 91; *Jayme/Kohler*, IPRax 1989, 337, 343.

1232 Vgl. das erste Brüsseler Protokoll vom 19. Dezember 1988 betreffend die Auslegung des am 19. Juni 1980 in Rom zur Unterzeichnung aufgelegten Übereinkommens über das auf vertragliche Schuldverhältnisse anzuwendende Recht durch den Gerichtshof der Europäischen Gemeinschaften, ABlEG 1989 L 48/1 ff und konsolidierte Fassung, ABlEG 1998 C 27/47, und das zweite Brüsseler Protokoll vom 19. Dezember 1988 zur Über-

a) Die autonome Auslegung der inkorporierten Kollisionsnormen

Art. 18 EVÜ enthält den Grundsatz der autonomen Auslegung von Staatsverträgen.[1234] Die Autonomie der völkerrechtlichen Auslegungsgrundsätze zeigt sich darin, dass diese von nationalen Auslegungsgrundsätzen abweichen können[1235], was aber keine Alternativität zwischen beiden Instrumentarien bedeutet. Vielmehr sind die nationalen Grundsätze um die rechtsvergleichende Methode zu erweitern[1236] und auch sonst anzupassen:

So darf sich die Interpretation nicht nur an der Begrifflichkeit des nationalen Rechts der Vertragsstaaten orientieren, die systematische Auslegung ist in erster Linie am Aufbau des EVÜ selbst auszurichten und schließlich hat die teleologische Auslegung den Vereinheitlichungs- und Integrationszweck des EVÜ zu beachten.[1237] Dabei ist auf Entscheidungen der Gerichte anderer Vertragsstaaten

---

tragung bestimmter Zuständigkeiten für die Auslegung des am 19. Juni 1980 zur Unterzeichnung aufgelegten Übereinkommens über das auf vertragliche Schuldverhältnisse anzuwendende Recht durch den Gerichtshof der Europäischen Gemeinschaften, ABlEG 1989 L 48/17 ff. und konsolidierte Fassung ABlEG 1998 C 27/52. Warum zwei Auslegungsprotokolle nötig waren, erklärt *Kreuzer*, in: Müller-Graff (Hrsg.), 457, 488 Fn. 113.

1233 Vgl. Staudinger - *Magnus* (2002), Vorbem zu Art. 27 - 37 EGBGB, Rdn. 29; *Junker*, RabelsZ 55 (1991), 674, 676, 695; *Jayme/Kohler*; IPRax 1995, 343, 348. Nach *Jayme/Kohler*, IPRax 1989, 337, 343, begründet Art. 36 EGBGB keine Pflicht, die Vorschriften der Art. 27 ff. EGBGB ebenso auszulegen wie der EuGH (sollten die Auslegungsprotokolle in Kraft treten); so auch *Ebke*, in: v. Bar (Hrsg.), 77, 91.

1234 *Junker* RabelsZ 55 (1991), 674, 677. Genauer gesagt lässt Art. 18 EVÜ die Methode offen, anhand derer die einheitliche Anwendung des EVÜ erreicht werden kann (ebenso Art. 7 Abs. 1 CISG, vgl. *Magnus*, RabelsZ 53 (1989), 116, 123). Die Auslegungsgrundsätze, die sich zur Interpretation von Staatsverträgen herausgebildet haben, fasst man heute unter dem Begriff der autonomen Auslegung zusammen. Vgl. zu diesen Grundsätzen *Kropholler*, Int. Einheitsrecht, 235 ff., sowie die Art. 31 ff. der Wiener Vertragsrechtskonvention (WVK) von 1969, die zwar für das EVÜ nicht generell herangezogen werden können, da manche EVÜ-Vertragsstaaten die WVK noch nicht ratifiziert haben, aber gewohnheitsrechtlich geltenden Grundsätzen entsprechen (dazu *Rudisch*, 50 f.).

1235 Eine einheitliche Auslegung und damit Anwendung von Staatsverträgen wäre sonst angesichts nationaler Unterschiede in den Auslegungsgrundsätzen nicht zu erreichen. Solche Unterschiede bestehen vor allem hinsichtlich des Gewichts des Wortlauts, der Bedeutung des teleologischen Arguments sowie der Verwendung von Auslegungshilfen wie Entstehungsgeschichte, Gerichtsentscheidungen und Literaturmeinungen, vgl. *Magnus*, RabelsZ 53 (1989), 116, 122. Die in den nationalen Rechten unterschiedlich gehandhabte Frage, ob der Wortsinn einer Norm als Grenze der Auslegung anzusehen ist (vgl. dazu *Magnus*, RabelsZ 53 (1989), 116, 123 f.) spielt auch im Zusammenhang mit der richtlinienkonformen Auslegung eine Rolle (2. Teil D II 1.). Vgl. zu Divergenzen bei der Interpretation von Gesetzen auch, *Hondius*, in: Schulte-Nölke/Schulze (Hrsg.), 393 - 403.

1236 *Reinhart*, RIW 1994, 445, 447.

1237 *Martiny*, ZEuP 1995, 67, 72.

Rücksicht zu nehmen.[1238] Weiterhin sind alle Vertragssprachen gem. Art. 33 EVÜ gleichermaßen verbindlich, Bedeutungsunterschiede sind nach dem Sinn und Zweck des Übereinkommens zu bereinigen, wobei die Rechtsauffassungen in anderen Vertragsstaaten wiederum rechtsvergleichend einzubeziehen sind.[1239] Während die historische Auslegungsmethode bei Staatsverträgen in der Regel nur subsidiären Charakter hat[1240], weist das EVÜ die Besonderheit auf, dass mit dem Bericht von *Giuliano* und *Lagarde*[1241] eine auch aufgrund der Veröffentlichung im Amtsblatt der Gemeinschaft gleichsam authentische[1242] Auslegungshilfe vorliegt, auf die jedenfalls Rücksicht genommen werden muss.[1243] Ob auch eine Analogie im Rahmen des EVÜ in Betracht kommt, ist umstritten.[1244] Jedenfalls müsste sie nach dem bisher Gesagten mit dem Grundsatz der autonomen Auslegung vereinbar sein, insbesondere auf übereinstimmenden rechtspolitischen Wertungen in den anderen Vertragsstaaten beruhen.[1245]

b) Auslegung des EVÜ nach gemeinschaftsrechtlichen Grundsätzen?

Ob Art. 18 EVÜ darüber hinaus auch auf die vom EuGH für das Gemeinschaftsrecht entwickelten Auslegungsgrundsätze Bezug nimmt, wird in der Literatur nicht einheitlich beurteilt.[1246] Da das EVÜ eine Ergänzungsfunktion zum EuGVÜ und neuerdings zur EuGVVO wahrnimmt und der EuGH bei dessen Auslegung auf die Methoden der Auslegung von Gemeinschaftsrecht zurückgreift[1247], spricht manches dafür, auch beim EVÜ so zu verfahren.[1248] Jedenfalls

---

[1238] BGH v. 2.5.1990, XII ZR 63/89, IPRax 1991, 254, 256 (in einem zu Art. 3 MSA ergangenen Urteil); allg. *Magnus*, RabelsZ 53 (1989), 116, 123; speziell zu Art. 36 EGBGB, *Ders.*, IPRax 1991, 382, 385. Bezogen auf das EVÜ z.B. *Kegel/Schurig*, IPR, § 18 I 1. b, aa, 566; *Grundmann*, Schuldvertragsrecht, 2. Teil, § 4 Rdn. 8. Nach *Wilderspin*, in: Baur/Mansel, Systemwechsel, 77, 83, ignorieren die Gerichte der Vertragsstaaten des EVÜ jedoch ausländische Entscheidungen häufig.

[1239] Vgl. *Magnus*, RabelsZ 53 (1989), 116, 125. Auch die UNIDROIT Principles bzw. die European Principles of Contract Law können nach allerdings umstrittener Aufassung insoweit Bedeutung erlangen, vgl. *Magnus*, ZEuP 1999, 642, 648 m.w.N.; *Vischer/Huber/Oser*, Rdn. 310.

[1240] *Junker* RabelsZ 55 (1991), 674, 680, m.N. zur Gegenmeinung in Fn. 30.

[1241] Bericht über das Übereinkommen über das auf Schuldverträge anzuwendende Recht, ABlEG 1980 C 282/1 ff. = BT-Drs. 10/503, 33 ff.

[1242] *Grundmann*, Schuldvertragsrecht, 2. Teil, § 4 Rdn. 8 in Fn. 22.

[1243] Vgl. *Kropholler*, IPR, § 52 I 2., 435; *Martiny*, in: Reithmann/Martiny (Hrsg.), Rdn. 21; *Klauser*, 44; *Pirrung*, in: v. Bar (Hrsg.), 21, 62.

[1244] Bejahend: *Klingsporn*, WM 1994, 893, 1100. Vgl. zum Streitstand, *Martiny*, in: Reithmann/Martiny (Hrsg.), Rdn. 20, m.N. in Fn. 105-108; *Martiny*, ZEuP 1995, 67, 74.

[1245] BGHZ 135, 124, 134; *Martiny*, ZEuP 1999, 246, 270.

[1246] Befürwortend *Junker* RabelsZ 55 (1991), 674, 681; zurückhaltend *Nemeth*, 25.

[1247] Vgl. zur autonomen Auslegung des EuGVÜ: *Kropholler*, Europ. Zivilprozessrecht, Einl. Rdn. 45; *Geimer/Schütze*, Einl. Rdn. 55 ff.; EuGH, v. 14.10.1976, Rs. 29/76 (*LTU/Euro-*

erscheint eine integrationsfreundliche Auslegung im Einklang mit dem Gemeinschaftsrecht geboten.[1249]

2. Richtlinienkonforme Auslegung des Art. 29a EGBGB

Mit Blick auf die Herausnahme des Art. 29a EGBGB aus dem Anwendungsbereich des Art. 36 EGBGB bleibt aber festzuhalten, dass die in S. 2 vorgenommene Einschränkung des Art. 36 EGBGB, auch soweit gemeinschaftsrechtliche Grundsätze bei der Auslegung insbesondere[1250] der Art. 27 ff. EGBGB berücksichtigt werden, schon deswegen notwendig war, weil Art. 29a EGBGB eben keine Norm des EVÜ transformiert und für ihn als Umsetzungskollisionsrecht die Grundsätze der richtlinienkonformen Auslegung gelten.[1251] Schon aufgrund der Möglichkeit divergierender Auslegungsergebnisse bedurfte es einer Klarstellung, dass Art. 29a EGBGB angesichts seines gemeinschaftsrechtlichen Hintergrunds sowie aufgrund von Art. 20 EVÜ vorrangig richtlinien- und gemeinschaftsrechtskonform auszulegen ist.[1252] Praktisch bedeutsam wird dies etwa beim Tatbestandsmerkmal „enger Zusammenhang" in Art. 29a Abs. 1 EGBGB. Es macht angesichts der restriktiven Haltung des EVÜ zum kollisionsrechtlichen Verbraucherschutz einen erheblichen Unterschied, ob die in Frage kommenden räumlichen Anknüpfungskriterien in übereinkommensautonomer

---

control), Slg. 1976, 1541, 1550, Tz. 3. Seit 1.3.2002 gilt, abgesehen von Dänemark, ohnehin die EuGVVO.

1248 Dafür *Junker* RabelsZ 55 (1991), 674, 686; *Czernich/Heiss*, ÖJZ 1998, 681, 683; *Martiny*, in: v.Bar (Hrsg.), 211, 230; *Ders.*, ZEuP 1995, 67, 72. Wohl zurückhaltender: *Martiny*, in: Reithmann/Martiny (Hrsg.), Rdn. 16; *Wilderspin*, in: Lagarde/v. Hoffmann (Hrsg.), 47, 57. Für eine vergleichende Auslegung von EuGVÜ und EVÜ: *Mankowski*, RIW 1994, 421, 423; in der Tat hat der EuGH schon früh bei der Auslegung des Art. 5 Nr. 1 EuGVÜ auf das EVÜ Bezug genommen, EuGH, v. 26.5.1982, Rs. 13/81 (*Ivenel/ Schwab*), Slg. 1982, 1891, 1900, Tz. 15.

1249 *Martiny*, in: Reithmann/Martiny (Hrsg.), Rdn. 16. Nach BGHZ 123, 380, 384, ist eine übereinstimmende Auslegung zu prüfen, wenn im EuGVÜ und EVÜ gleiche Begriffe verwendet werden.

1250 Art. 36 EGBGB bezieht sich auf das gesamte 2. Kapitel des EGBGB, erfasst also auch solche Vorschriften, die an anderer Stelle umgesetzt worden sind, *Martiny*, in: Reithmann/Martiny (Hrsg.), Rdn. 17.

1251 Vgl. Staudinger - *Magnus* (2002), Art. 29a EGBGB, Rdn. 19; *Freitag/Leible*, ZIP 1999, 1296, 1298; *Dies.*, EWS 2000, 342, 349; *Staudinger*, IPRax 1999, 414, 419; *Ders.*, RIW 2000, 416, 420. Hinzu kommt, dass das vorgesehene Vorlageverfahren nach den beiden Auslegungsprotokollen zum EVÜ von demjenigen nach Art. 234 EG abweicht, indem es die Vorlage in das Ermessen des nationalen Gerichts stellt, vgl. *Martiny*, ZEuP 1997, 107, 127; *Wilderspin*, in: Lagarde/v. Hoffmann (Hrsg.), 47, 57.
Kegel/Schurig, IPR, Nachtrag (2001), 4, kann daher nicht zugestimmt werden, wenn er in der Einschränkung des Art. 36 EGBGB nur eine „redaktionelle Änderung" sieht.

1252 *Staudinger*, IPRax 1999, 414, 419.

Auslegung an den Wertungen des Art. 5 Abs. 2 EVÜ auszurichten sind oder ob man sich primär nach dem teilweise abweichenden Inhalt des Richtlinienkollisionsrechts richtet.[1253]

Die anhand des Art. 29a EGBGB erzielten Auslegungsergebnisse müssen mit dem Primär- und Sekundärrecht und damit allgemein dem Integrationsziel der EU im Einklang stehen, gleichzeitig ist eine möglichst einheitliche Beantwortung von Auslegungsfragen mit den anderen mitgliedstaatlichen Umsetzungen zu erzielen sowie aus der Richtlinie selbst übernommenen Begriffen in autonomer Auslegung ein selbstständiger Inhalt zu geben.[1254] Im Übrigen erfordert der Grundsatz möglichst weitgehender „Schonung" des EVÜ, den die IPR-Klauseln wie gesehen mit ihrer Einschränkung auf „erforderliche" Schutzmaßnahmen zum Ausdruck bringen, aber eine möglichst einheitliche Auslegung von Tatbestandsmerkmalen, die Art. 29 und 29a EGBGB gleichermaßen verwenden. Man denke an das Merkmal „gewöhnlicher Aufenthalt" oder an die dual use-Problematik.

II. Vorabentscheidungsverfahren vor dem EuGH

Sinn und Zweck des Vorabentscheidungsverfahrens ist die effektive und gleichmäßige Anwendung des Gemeinschaftsrechts in allen Mitgliedstaaten.[1255] Bestehen Zweifel über die Vereinbarkeit des Art. 29a EGBGB mit den richtlinienkollisionsrechtlichen Vorgaben der IPR-Klauseln, hat das Gericht daher unter den weiteren Voraussetzungen[1256] des Vorlageverfahrens gem. Art. 234 EG die Vorabentscheidung des EuGH einzuholen[1257], während die Auslegungskompetenz des EuGH hinsichtlich des EVÜ (und damit mittelbar hinsichtlich der Art. 27 ff. EGBGB) bisher noch nicht gegeben ist.[1258]

1253 Inwiefern sich tatsächlich Differenzen ergeben, hängt dann von der Auslegung der Richtlinien selbst ab. Geht man davon aus, dass sie keine Abweichung vom Anknüpfungskonzept des Art. 5 EVÜ beabsichtigen (*Jayme/Kohler*, IPRax 1995, 344, 345; *Jayme*, in: Hommelhoff/Jayme/ Mangold (Hrsg.), 35, 44 ff,; *v.Hoffmann*, ZfRV 1995, 45, 51 f.; a.A. meines Erachtens zu Recht z. B. *Staudinger*, 91, 93 f.), bleiben die unterschiedlichen Auslegungsansätze für den „engen Zusammenhang" ohne Wirkung. Vgl. eingehend oben 3. Teil C II 3.

1254 Vgl. auch *Magnus*, JZ 1990, 1100, 1102 f.

1255 Zur sog. Verzahnungsfunktion, vgl. *Oppermann*, Europarecht, Rdn. 757.

1256 Dazu *Oppermann*, Europarecht, Rdn. 764 - 766.

1257 *Freitag/Leible*, EWS 2000, 342, 349; *Dies.*, ZIP 1999, 1296, 1298; *Staudinger*, IPRax 1999, 414, 419; *Ders.*, RIW 2000, 416, 420.

1258 Es fehlt noch die Ratifizierung durch Belgien, vgl. *Jayme/Kohler*, IPRax 2001, 501, 511. Zum Problem der deutschen Inkorporationslösung im Hinblick auf eine zukünftige Auslegungskompetenz des EuGH, vgl. oben 4. Teil B I 1.

1. Das Vorlageverfahren im Rahmen des Art. 29a EGBGB

Dabei geht es im Vorlageverfahren gem. Art. 234 Abs. 1 EG nicht um die Auslegung innerstaatlichen Umsetzungsrechts, vielmehr entscheidet der EuGH anlässlich des konkreten Rechtsstreits über die Gültigkeit der von Art. 29a Abs. 4 EGBGB erfassten Richtlinien sowie über die Auslegung der vom Ausgangsverfahren berührten entscheidungserheblichen Richtlinienbestimmungen[1259], nicht aber über die Anwendung des Gemeinschaftsrechts auf den konkreten Einzelfall selbst.[1260] Zu prüfen ist demnach, ob eine vom Gericht in der Vorlagefrage favorisierte Auslegung und Anwendung des Art. 29a EGBGB mit der einschlägigen Richtlinie in Einklang steht.

2. Vorlageberechtigte - und verpflichtete Gerichte

Vorlageberechtigt sind gem. Art. 234 Abs. 2 EG alle mitgliedstaatlichen Gerichte. Während die unteren Instanzen über eine Vorlage grundsätzlich[1261] nach Ermessen entscheiden, besteht für letztinstanzliche Gerichte nach Art. 234 Abs. 3 EG eine Pflicht zur Vorlage.[1262]

3. Konkretisierung der möglichen Vorlagegegenstände

Vorlagefragen können sich bei Anwendung des Art. 29a EGBGB sowohl hinsichtlich seiner Anwendungsvoraussetzungen als auch im Rahmen der die Verweisung aussprechenden Rechtsfolge stellen.[1263]

1259 Vgl. allg. zum Prüfungsgegenstand und -umfang, *Oppermann*, Europarecht, Rdn. 758.

1260 *Oppermann*, Europarecht, Rdn. 766; *Brödermann/Iversen*, Rdn. 650; *M. Schmidt*, RabelsZ 59 (1995), 569, 592.

1261 Ausnahmsweise kann auch für untere Instanzen eine Vorlagepflicht bestehen, vgl. *Oppermann*, Europarecht, Rdn. 762.

1262 *Oppermann*, Europarecht, Rdn. 761. Dabei kommt es nicht auf die abstrakte Stellung des Gerichts im Instanzenzug an, sondern darauf, ob die Entscheidung im konkreten Verfahren nicht mehr mit Rechtsmitteln angefochten werden kann, vgl. a.a.O., Rdn. 761, unter Aufgabe der gegenteiligen Ansicht in der Vorauflage; *Müller-Graff*, in: Ders. (Hrsg.), 9, 55. Auch hier gibt es allerdings wiederum Ausnahmen, in denen keine Vorlage notwendig ist, so etwa u.U. im vorläufigen Rechtsschutz, EuGH, v. 21.2.1991, Rs. C-143/88 u. C-92/89 (*Zuckerfabrik Süderdithmarschen*), Slg. 1991 - I, 415, 544, Tz. 33, oder wenn die Auslegung des Gemeinschaftsrechts unter Berücksichtigung aller Sprachfassungen eindeutig ist, *Steindorff*, 469. Vgl. auch *Oppermann*, Europarecht, Rdn. 763; *Brödermann/Iversen*, Rdn. 652.

1263 Zu möglichen Vorlagegegenständen aus dem deutschen Sachrecht, vgl. Ulmer/Brandner/Hensen - *Ulmer*, Einl, Rdn. 74. Vor allem im Hinblick auf die Generalklausel des § 307 BGB (früher § 9 AGBG) wird in der Literatur versucht, die Vorlagepflicht einzugrenzen, um eine der Prozessdauer und der Effektivität des Rechtsschutzes abträgliche

a) Mögliche Vorlagefragen aus dem Tatbestand des Art. 29a EGBGB

Eine erste Eingrenzung könnte sich im Hinblick darauf ergeben, dass Art. 29a EGBGB nicht in all seinen Teilen der Umsetzung des einschlägigen Richtlinienkollisionsrechts dient. Art. 29a Abs. 1 EGBGB, der auch Timesharingverträge erfasst, ist in seiner gegenüber dem Belegenheitskriterium weitergehenden Umschreibung des notwendigen räumlichen Bezugs des Vertrags zum Gemeinschaftsgebiet nicht von Art. 9 TimesharingRL gedeckt und daher als autonom gesetztes Recht anzusehen.[1264] Insoweit wäre eine Vorlage an den EuGH allerdings nur dann nicht zulässig, wenn man in Art. 9 TimesharingRL eine Mindestregelung sähe.[1265]

Nach der hier vertretenen Auffassung stellen die IPR-Klauseln jedoch einen Fall der Vollharmonisierung dar, so dass sich die Mindestschutzklauseln der Richtlinien auf sie nicht beziehen und eine Überschreitung des kollisionsrechtlichen Richtlinienstandards sekundärrechtswidrig ist. Eine Vorlage an den EuGH bleibt daher möglich. Überschießendes nationales IPR kann zudem gegen primäres Gemeinschaftsrecht verstoßen und daher eine Vorlage im Zusammenhang mit einer möglichen Grundfreiheitenbeschränkung in Betracht kommen.

Voraussetzung einer Vorlage an den EuGH ist ferner, dass das nationale Gericht die einschlägige Richtlinienbestimmung für auslegungsbedürftig hält bzw. an deren Rechtmäßigkeit Zweifel hegt.[1266] Für eine Vorlage prädestiniert sind dabei insbesondere die noch zu behandelnde Frage der Einbeziehung von Verbrauchern aus Drittstaaten, das Problem, ob mit der Rechtswahl ein aufgrund objektiver Anknüpfung anwendbares Mitgliedstaatenrecht abbedungen worden sein muss sowie das Tatbestandsmerkmal des „engen Zusammenhangs", das der Umsetzungsgesetzgeber aus den IPR-Klauseln der Verbraucherschutzrichtlinien übernommen hat und dessen inhaltliche Konkretisierung in der Literatur sehr streitig ist.

b) Mögliche Vorlagenfragen im Zusammenhang mit der Rechtsfolge

Im Zusammenhang mit der sachrechtlichen Umsetzung der KlauselRL findet sich die Auffassung, ein Vorabentscheidungsverfahren komme nur in Betracht, wenn das nationale Gericht zu Lasten des Verbrauchers entscheiden wolle, denn strengeres, dem Unternehmer ungünstiges Recht, sei gem. Art. 8 KlauselRL zulässig, eine Kollision mit dem Richtlinieninhalt scheide insoweit aus.[1267] In

---

Vorlageflut an den EuGH zu vermeiden, vgl. dazu a.a.O., Rdn. 78 f. Zum Problem der Auslegungszuständigkeit des EuGH für Generalklauseln siehe 2. Teil D I 2. c).

1264 Siehe unten 4. Teil D III 2.

1265 Vgl. *Freitag/Leible*, EWS 2000, 342, 249 Fn. 64.

1266 Vgl. *Oppermann*, Europarecht, Rdn. 765.

1267 Ulmer/Brandner/Hensen - *Ulmer,* Einl, Rdn. 77.

dieser Allgemeinheit ist diese Aussage jedoch verkürzt, denn im grenzüberschreitenden Rechtsverkehr stellt sich bei einer Entscheidung zugunsten des Verbrauchers möglicherweise die Frage, ob hier nicht in Anwendung von Art. 29a EGBGB eine nationale Vorschrift zum Erfolg des Verbrauchers führt, die ihrerseits eine Maßnahme gleicher Wirkung im Sinne der Grundfreiheitendogmatik darstellt.

Im Hinblick auf das Primärrecht kann daher eine Vorlage bei Anwendung des Art. 29a EGBGB auch dann in Betracht kommen, wenn das Gericht zugunsten des Verbrauchers entscheiden will. Einerseits kann die berufene Sachnorm eine Maßnahme gleicher Wirkung sein, zum anderen kommt hier vor allem die strikte Anknüpfung des TzWrG (heute §§ 481 ff. BGB) durch Art. 29a Abs. 3 EGBGB in Betracht, da – wie noch zu zeigen sein wird – Fälle denkbar sind, in denen sie zum Schutz des Verbrauchers ungeeignet ist und die Dienstleistungsfreiheit der EU-Anbieter unverhältnismäßig beschränkt.

III. Gegenüber dem EVÜ erweiterter Anwendungsbereich des Art. 29a EGBGB

Ebenfalls seit dem Regierungsentwurf vorgesehen[1268] ist die Anfügung eines Satzes 2 an Art. 37 EGBGB, wonach Art. 29a EGBGB auch in den Fällen des Satzes 1 gilt.[1269] Eine solche ausdrückliche Rückausnahme zu Art. 37 S. 1 EGBGB, der in Umsetzung des Art. 1 Abs. 2 lit. c), e), f), Abs. 3 EVÜ einen Katalog vom Anwendungsbereich der Art. 27 ff. EGBGB ausgeschlossener Materien enthält, war in der Literatur eindringlich gefordert worden.[1270]

1. Die Neufassung des Art. 37 EGBGB

Indem Art. 37 EGBGB a. F. anordnet, die Art. 27 ff. EGBGB nicht auf Fragen betreffend das Gesellschaftsrecht und das Vereinsrecht (Nr. 2) sowie nicht auf Versicherungsverträge (Nr. 4) anzuwenden, stand er in Widerspruch zum Anwendungsbereich der TimesharingRL hinsichtlich grenzüberschreitendem gesellschafts- bzw. vereinsrechtlich ausgestaltetem Timesharing und der KlauselRL hinsichtlich der Kontrolle grenzüberschreitender Gesellschafts- und Versicherungsverträge.[1271] Mit Aufhebung der außerhalb des EGBGB stehenden

---

1268 BT-Drs. 14/2658, 8; vgl. *Wagner*, IPRax 2000, 249, 256.

1269 Art. 2 Abs. 2 Nr. 3 des Gesetzes über Fernabsatzverträge und andere Fragen des Verbraucherrechts, BGBl. 2000 I 897, 901.

1270 *Staudinger*, IPRax 1999, 414, 418.

1271 *Staudinger*, IPRax 1999, 414, 418; *Ders.*, RIW 2000, 416, 420; *Freitag/Leible*, EWS 2000, 342, 349.

Sonderkollisionsnormen wären somit richtlinienwidrige Schutzlücken entstanden, die die Rechtspraxis angesichts des klaren Wortlauts des Art. 37 EGBGB a. F. nur schwer hätte schließen können. Die Einführung einer entsprechenden Rückausnahme in einem neuen Satz 2 zu Art. 37 EGBGB war daher notwendig.

2. Die Bedeutung der Rückausnahme in Art. 37 S. 2 EGBGB

Im Einzelnen hat Art. 37 S. 2 EGBGB für folgende Anwendungsfälle eine den kollisionsrechtlichen Verbraucherschutz des Art. 29a EGBGB eröffnende Bedeutung.

a) Gesellschafts- und vereinsrechtliches Timesharing

Wie gesehen gilt die TimesharingRL ohne Rücksicht auf die Gestaltung des konkreten Vertrags über das Teilzeitwohnrecht. Sind relevante Vertragsbestandteile in der Satzung eines Vereins oder in einem Gesellschaftsvertrag geregelt, so gelten die Informationspflichten sowie das Widerrufsrecht der TimesharingRL auch hierfür. Diese Schutzinstrumente sind gem. Art. 9 TimesharingRL auch international durchzusetzen, was aufgrund des Satzes 2 in erster Linie Art. 29a EGBGB leisten kann.

b) Klauselkontrolle grenzüberschreitender Gesellschaftsverträge

Unter der Geltung des § 12 AGBG (1996) ergab sich ein Gleichklang zwischen dem Anwendungsbereich der besonderen Anknüpfungsnorm und der Reichweite der Klauselkontrolle in grenzüberschreitenden Gesellschaftsverträgen über die Vorschrift des § 23 Abs. 1 AGBG.[1272] Die auf der Ebene des Sachrechts entwickelten Ausnahmen vom Ausschluss der Gesellschaftsverträge in § 23 AGBG ließen sich so ohne Probleme auf § 12 AGBG übertragen.[1273] Ohne Art. 37 S. 2 EGBGB n.F. hätte man nach der Neuregelung des internationalen Anwendungsbereichs des AGBG in Art. 29a EGBGB einen Gleichklang über eine einschränkende Auslegung des Art. 37 Nr. 2 EGBGB a. F. herstellen müssen, wobei offen bleibt, ob dies gelungen wäre.[1274]

[1272] *Staudinger*, IPRax 1999, 414, 418.

[1273] Ob Ausnahmen zum Schutz von Erwerbern von Gesellschaftsanteilen ohne unternehmerische Funktion zu machen sind, ist allerdings str.: Bejahend Palandt - *Heinrichs*, § 23 AGBG, Rdn. 3. A.A. Staudinger - *Schlosser* (1998), § 23 AGBG, Rdn. 1a.

[1274] Zweifelnd *Staudinger*, IPRax 1999, 414, 418.

c) Die AVB-Kontrolle grenzüberschreitender Versicherungsverträge

Art. 6 Abs. 2 KlauselRL erfasst auch grenzüberschreitende Versicherungsverträge, die eine Wahl von Drittstaatenrecht enthalten, wie sich aus dem 19. Erwägungsgrund der Präambel ergibt.[1275] Bisher war der internationale Verbraucherschutz für Versicherungsverträge im Sinne des Art. 37 Nr. 4 EGBGB a. F.[1276] über die Art. 7 ff. EGVVG in der Weise gewährleistet, dass soweit danach ausländisches Recht anzuwenden wäre, die Art. 27 ff. EGBGB gem. Art. 15 EGVVG entsprechende Anwendung finden.[1277] Denn jedenfalls über Art. 34 EGBGB[1278] war der Rückgriff auf § 12 AGBG in solchen Fällen möglich.[1279] Letzterer „Ausweg" wäre ohne die Neufassung des Art. 37 EGBGB versperrt gewesen, so dass auch Art. 29a EGBGB nur entsprechend anwendbar gewesen wäre.[1280] Art. 37 S. 2 EGBGB stellt klar, dass Art. 29a EGBGB unmittelbar gilt, soweit nicht die Art. 7 ff. EGVVG vorgehen.

d) Übrige in Art. 37 S. 1 EGBGB ausgenommene Rechtsgebiete

Art. 29a EGBGB gilt schließlich auch für Fragen betreffend das Wechsel- und Scheckrecht[1281] (Art. 37 S. 1 Nr. 1 EGBGB), wobei hier nur der Anwendungsbereich der KlauselRL betroffen sein wird. Vertretungsfragen (Art. 37 S. 1 Nr. 3 EGBGB) regeln die Verbraucherschutzrichtlinien hingegen von vornherein nicht.

1275 Vgl. *Staudinger*, 196; *Ders.*, VersR 1999, 401, 404 Fn. 70.

1276 Also solche, die in der EG oder des EWR belegene Risiken abdecken. Für außerhalb dieses Raums liegende Risiken abdeckende Versicherungsverträge gelten die Art. 27 ff. EGBGB hingegen unmittelbar, vgl. *Staudinger,* VersR 1999, 401 mit Fn. 7.

1277 Vgl. *Staudinger*, IPRax 1999, 414, 418.

1278 Was die Anordnung entsprechender Anwendung mit Blick auf Art. 29 EGBGB bedeutet, war vor der Neufassung des § 12 AGBG sehr streitig, vgl. *Staudinger*, VersR 1999, 401, 402.

1279 So die ganz überwiegende Ansicht, vgl. Berliner Kommentar zum VVG - *Dörner*, Art. 15 EGVVG Rdn. 25; *Staudinger*, VersR 1999, 401, 406.

1280 Zudem wäre die Übertragung des Streits um die Frage, ob Art. 15 EGVVG auch auf Art. 29 EGBGB verweist, auf Art. 29a EGBGB zu befürchten gewesen, *Staudinger*, IPRax 1999, 414, 418.

1281 *Jayme/Kohler,* IPRax 2000, 454, 456.

C. Die Sonderregelung der subjektiven Anknüpfung von Verbraucherverträgen in Art. 29a Abs. 1 EGBGB

Die Normen des Internationalen Privatrechts weisen die Beantwortung von Rechtsfragen, die sich in grenzüberschreitenden Sachverhalten stellen, einer bestimmten Rechtsordnung zu, indem sie aus dem anzuknüpfenden Sachverhalt einen Bestandteil für kollisionsrechtlich relevant erklären. Der Richter vollzieht die Anknüpfung, nachdem er das Vorliegen des objektiven Anknüpfungskriteriums festgestellt hat, indem er das berufene Recht auf die Rechtsfrage anwendet.[1282] Tritt an die Stelle solcher objektiver Anknüpfungskriterien die Willensübereinkunft der Parteien, spricht man hingegen von subjektiver Anknüpfung und nur diese ist in Art. 29a Abs. 1 EGBGB geregelt.

I. Sachlicher und persönlicher Anwendungsbereich

Die Art. 29a EGBGB zugrunde liegenden Verbraucherschutzrichtlinien definieren den Verbraucher bzw. Unternehmer nicht anhand persönlicher Eigenschaften, sondern stellen im Rahmen der sachlich erfassten Vertragstypen auf den Zweck ab, den die Vertragsparteien mit dem Vertrag verfolgen.[1283] Auffällig ist, dass der Gesetzgeber in Art. 29a EGBGB nicht etwa vom „Verbrauchervertrag“ spricht und auch nicht den Unternehmer bzw. den Verbraucher definiert, sondern – wie andere mitgliedstaatliche Umsetzungen auch – schlicht das Merkmal „Vertrag“ verwendet.[1284] Anders als in Art. 29 EGBGB ist daher im Einklang mit den Regelungsvorgaben der IPR-Klauseln keine sachliche Einschränkung auf Verträge über die Lieferung von Waren oder die Erbringung von Dienstleistungen sowie Verträge zur Finanzierung solcher Geschäfte vorgesehen. Im Übrigen ist die Bedeutung dieser weiten Formulierung aber näher zu klären.

1. Die Auslegung des Begriffs „Vertrag“ in Art. 29a EGBGB

Art. 29a EGBGB ist als Bestandteil des nationalen Rechts gemeinschaftsrechtlichen Ursprungs nach nationalen Auslegungsgrundsätzen zu interpretieren, die ihrerseits wiederum durch die Kriterien der richtlinien- und gemeinschaftsrechtskonformen Auslegung beeinflusst werden. Demnach wäre ein Vertrag im Sinne des Art. 29a EGBGB zunächst einmal – Unterschiede zwischen den

[1282] Vgl. *Vischer/Huber/Oser*, Rdn. 17.
[1283] Zum sachlichen und persönlichen Anwendungsbereich der Verbraucherschutzrichtlinien siehe oben 3. Teil B.
[1284] Kritisch dazu *Freitag/Leible*, ZIP 1999, 1296, 1301.

einzelnen Qualifikationsmethoden ergeben sich insoweit nicht[1285] – jede Einigung mindestens zweier Parteien über die Herbeiführung bestimmter Rechte und Pflichten gegenüber der anderen Partei. Auch die Einschränkungen des Art. 37 S. 1 EGBGB gelten gemäß dessen S. 2 für Art. 29a EGBGB nicht.

Vorliegend besteht jedoch die Besonderheit, dass die Richtlinien ihren Anwendungsbereich mittels eines eigenen (Verbraucher-)Vertragsbegriffs definieren. Es wäre denkbar, dass die besondere Anknüpfungsregel des Art. 29a EGBGB aufgrund des Verweises in Abs. 4 nur für Verbraucherverträge im Sinne der Richtlinien gelten soll, so dass der in Art. 29a EGBGB verwendete Begriff des Vertrags schon auf der Tatbestandsebene einzuschränken wäre.

a) Teleologische Reduktion auf von den Richtlinien erfasste Verträge

Fraglich ist, ob Art. 29a EGBGB aufgrund der weiten Formulierung im Tatbestand zunächst alle denkbaren Verträge unabhängig davon erfasst, ob der sachliche und persönliche Anwendungsbereich der Richtlinien überhaupt eröffnet ist.[1286] Eine Einschränkung würde sich dann erst auf der Rechtsfolgenseite ergeben, da der entsprechende Vertrag vom Anwendungsbereich des berufenen Umsetzungsrechts erfasst sein müsste.

Möglich wäre aber auch, dass Art. 29a EGBGB von vornherein nur Verbraucherverträge im Sinne der Verbraucherschutzrichtlinien des Art. 29a Abs. 4 EGBGB meint.[1287] Letztere Variante entspricht einer europäisch-autonomen Auslegung des Vertragsbegriffs in der Bedeutung, die ihm in den maßgeblichen Richtlinien zukommt, was einer teleologischen Reduktion des Tatbestandsmerkmals „Vertrag" gleichkommt.

[1285] Mit Qualifikation ist die Subsumtion eines Sachverhalts unter den im Tatbestand der Kollisionsnorm verwendeten Anknüpfungsgegenstand gemeint. Anknüpfungsgegenstand ist regelmäßig ein auch im materiellen Recht relevanter Systembegriff, vgl. *v. Hoffmann*, IPR, § 1 Rdn. 1. Zur Qualifikation nach der lex fori, der lex causae, der rechtsvergleichenden sowie der funktionellen Qualifikation, vgl. *v. Hoffmann*, IPR, § 1 Rdn. 11-30. Zu den typischen Fallgruppen, in denen Qualifikationsprobleme auftreten, vgl. *v. Hoffmann*, IPR, § 1 Rdn. 2 - 10.

[1286] So Palandt - *Heldrich*, Art. 29a EGBGB, Rdn. 3; *Wagner*, IPRax, 2000, 249, 255 (zum Referentenentwurf); Staudinger - *Magnus* (2002), Art. 29a EGBGB, Rdn. 30; *Schlechtriem*, in: FS Lorenz (2001), 565, 567; *Neises*, NZM 1999, 338, 340, wirft die Frage anhand des französischen Art. L 121-74 Code de la Consommation auf, ohne sie zu beantworten.

[1287] So *v. Westphalen*, in: *Ders.* (Hrsg.), Vertragsrecht/Rechtswahlklauseln, Rdn. 38; Palandt - *Heinrichs*, § 13 BGB, Rdn. 5; *Freitag/Leible*, EWS 2000, 342, 344; für eine gesetzgeberische Klarstellung insoweit: *Dies.*, ZIP 1999, 1296, 1301.

b) Bedeutung des Meinungsstreits

Die beiden Auffassungen gelangen keineswegs immer zum selben Ergebnis. Vielmehr hängt die Ergebniskongruenz von der Lösung eines weiteren Auslegungsproblems des Art. 29a EGBGB ab. Es besteht in dem Verweis auf Bestimmungen „zur" Umsetzung der Verbraucherschutzrichtlinien.

Hierzu könnte man auch solche Regelungen zählen[1288], die den sachlichen oder persönlichen Anwendungsbereich der Richtlinie erweitern, wie es im deutschen Recht etwa im Hinblick auf den Verbraucherbegriff des § 13 BGB, die Einbeziehung von Versteigerungen in den Begriff des Fernabsatzgeschäfts[1289] sowie die fehlende Beschränkung auf Verträge über Waren oder Dienstleistungen im Recht der AGB (§§ 305 ff. BGB) geschehen ist. Die dann auftretenden Unterschiede soll folgender Beispielsfall verdeutlichen:

> Der angestellte Handwerker A aus Frankreich, der gerade im Urlaub seinen Bruder in Deutschland besucht und dessen PC benutzt, kauft vom schweizer Einzelhändler B über dessen Online-Shop einen Arbeitsanzug. Über die Website wird die Wahl eines drittstaatlichen Rechts in den Vertrag einbezogen, das kein Vertragslösungsrecht vorsieht. A, der inzwischen in Deutschland lebt, hat den Vertrag gem. § 312d Abs. 1 BGB i.V.m. § 355 BGB widerrufen und wird daher von B, der den Widerruf für unwirksam hält, in Deutschland verklagt.

Art. 29 Abs. 1 Nr. 1 EGBGB greift hier mangels Kumulation der relevanten Nähekriterien im gewöhnlichen Aufenthaltsstaat Frankreich nicht ein. Nach der einschränkenden Auslegung des Art. 29a EGBGB ist auf den Begriff des Verbrauchervertrags im Sinne der FernabsatzRL abzustellen. Nach deren Art. 2 Nr. 2 fallen Verträge, die zu einem beruflichen oder gewerblichen Zweck abgeschlossen werden, aus dem Anwendungsbereich heraus. Die weite Auffassung kommt hier hingegen zum Verweis auf deutsches Umsetzungsrecht (der enge Zusammenhang besteht im Beispielsfall zu Deutschland als Vertragsanbahnungsstaat[1290]). Danach sind in § 13 BGB – über die Richtlinienvorgabe hinausgehend – nur solche Verträge ausgeschlossen, die einer *selbstständigen* beruflichen Tätigkeit zugerechnet werden können[1291], so dass der Angestellte A

1288 Zum Problem der Identifizierung „zur Umsetzung" der Verbraucherschutzrichtlinien erlassener Bestimmungen, vgl. unten 4. Teil C IV 3.

1289 Umkehrschluss aus § 312d Abs. 4 Nr. 5 BGB.

1290 Vgl. 4. Teil C IV 2. c) (2).

1291 Vgl. *H. Roth*, JZ 2000, 1013, 1014. *Faber*, ZEuP 1998, 854, 873 f., sieht allerdings unter Hinweis auf das Prinzip der Eigenverantwortung, das beim unselbstständigen Arbeitnehmer fehle, diesen bereits von den Richtlinien erfasst; a.A. Wolf/Horn/Lindacher - *Wolf*, Art. 2 RL, Rdn. 9, der im Ergebnis allerdings den Kauf von Arbeitskleidung unter die Richtlinie fasst, da nur ein mittelbarer Bezug zur Erwerbstätigkeit bestehe.

in den Anwendungsbereich des § 312d BGB fällt und daher im Gegensatz zur erstgenannten Ansicht den Schutz des Art. 29a EGBGB genießt.

c) Stellungnahme

Während der Wortlaut des Art. 29a EGBGB die weite Auslegung nicht ausschließt, sprechen schon die amtliche Überschrift des Art. 29a EGBGB sowie die systematische Stellung nach Art. 29 EGBGB dafür, dass der Gesetzgeber nur Verbraucherverträge im Sinne der Richtlinien erfassen wollte.[1292] Teleologische Erwägungen stützen ebenfalls die enge Auslegung. Art. 29a EGBGB dient der Umsetzung der IPR-Klauseln der einschlägigen Verbraucherschutzrichtlinien. Deren Intention, das Internationale Verbrauchervertragsrecht in gewissem Umfang zu harmonisieren, erfordert eine einheitliche Beurteilung derjenigen Verträge, die in den Genuss der besonderen Anknüpfung kommen sollen.

Dies gilt umso mehr, als die Richtlinien den Begriff „Vertrag“ selbst verwenden, denn solche Begriffe sind grundsätzlich europäisch-autonom auszulegen[1293], wie es auch der EuGH in der Regel für das EuGVÜ vertritt. Dies erfordert schon der Grundsatz einheitlicher Auslegung von Gemeinschaftsrecht, der nicht zuletzt die Gleichbehandlung der Unionsbürger sicherstellen soll.

Abgesehen davon wäre eine Erweiterung des persönlichen oder sachlichen Anwendungsbereichs des Art. 29a EGBGB über die Richtlinienvorgaben hinaus als ergänzendes Recht autonom gesetzt und damit nicht vom Vorrang des Gemeinschaftsrechts gem. Art. 20 EVÜ gedeckt. Ein Gleichlauf von persönlichem und sachlichem Anwendungsbereich der sachrechtlichen Richtlinienbestimmungen und der Umsetzungskollisionsnorm vermeidet einen solchen Verstoß gegen das EVÜ. Auch die Vermutung völkerrechtsfreundlichen Verhaltens des deutschen Gesetzgebers stützt somit das anhand der übrigen Auslegungsmethoden ermittelte Ergebnis, dass Art. 29a EGBGB schon tatbestandlich nur solche Verträge erfasst, die in den sachlichen und persönlichen Anwendungsbereich einer der Richtlinien im Sinne des Art. 29a Abs. 4 EGBGB fallen.[1294]

2. Ergebnis

Im Tatbestand des Art. 29a EGBGB ist der richtliniengeprägte Systembegriff „Vertrag“ in Einklang mit dem sachlich-persönlichen Anwendungsbereich der

---

[1292] *Staudinger*, IPRax 1999, 414, 416, Fn. 45 (zum Referentenentwurf), der aber – insoweit ungenau – von einer Beschränkung auf Verbraucher im Sinne des Art. 29 EGBGB spricht.

[1293] *Reich*, in: Lagarde/v. Hoffmann (Hrsg.), 109, 112; Roth, RabelsZ 55 (1991), 623, 636.

[1294] Im Ergebnis ebenso: *Freitag/Leible*, EWS 2000, 342, 344; wohl auch *Wegner*, VuR 2000, 227, 228; vgl. auch *Staudinger*, RIW 2000, 416, 419, der Art. 29a Abs. 4 EGBGB entnimmt, dass Verträge zwischen Verbrauchern von Art. 29a EGBGB nicht erfasst sind.

Richtlinien auszulegen, so dass von vornherein nur die dort genannten Verbraucherverträge erfasst werden.[1295] Auf die im deutschen Sachrecht enthaltene Definition der erfassten Verbraucherverträge in §§ 13, 14 BGB i.V.m. §§ 310, 312b, 481 BGB darf nicht zurückgegriffen werden. In sachlicher Hinsicht ist somit Voraussetzung, dass der in Frage stehende Vertrag von zumindest einer der in Art. 29a Abs. 4 EGBGB aufgeführten Richtlinien geregelt wird.[1296] Der persönliche Anwendungsbereich ist nur dann eröffnet, wenn eine natürliche Person den Vertrag zu einem Zweck abschließt, der nicht ihrer gewerblichen oder beruflichen Tätigkeit zugerechnet werden kann, während der Vertragspartner umgekehrt einen solchen kommerziellen Zweck verfolgen muss.

Was die kollisionsrechtliche Absicherung der Klauselkontrolle angeht, ist der Schutz hier gegenüber § 12 AGBG (1996) also in Details zurückgenommen worden. Gleiches gilt im Hinblick auf § 8 TzWrG vor dem Hintergrund, dass in § 1 Abs. 2 TzWrG (§ 481 Abs. 1 S. 1 BGB) entgegen der Richtlinie („mindestens eine Woche“) keine Mindestdauer für die jährliche Nutzungsperiode festgelegt wurde.[1297] Timesharingverträge, die sich auf ein Wohnrecht von 6 Tagen oder weniger im Jahr beziehen, unterfallen daher der Neuregelung in Art. 29a EGBGB nicht mehr.[1298]

II. Vorliegen einer wirksamen Rechtswahlvereinbarung zugunsten des Rechts eines Drittstaats

Im Einklang mit den Richtlinienvorgaben setzt Art. 29a Abs. 1 EGBGB voraus, dass der Vertrag auf Grund einer Rechtswahl drittstaatlichem Recht unterliegt. Zulässigkeit und Wirksamkeit der Rechtswahl beurteilen sich allein anhand der allgemeinen Vorschriften der Art. 27 ff. EGBGB.[1299] Aus kollisionsrechtlicher Sicht stellen sich in diesem Zusammenhang drei Fragen. Zunächst muss die Rechtswahl an sich kollisionsrechtlich zulässig sein, was für die Vertragsstaaten des EVÜ unproblematisch zu bejahen ist[1300], da auch das Richtlinienkollisions-

---

1295 Vgl. zum Verhältnis des Qualifikationsvorgangs zu Vorgaben des Gemeinschaftsrechts allg. *Brödermann/Iversen*, Rdn. 442; speziell für Richtlinien *Reich*, in: Lagarde/v. Hoffmann (Hrsg.), 109, 113. Privatrechtliche Vorfragen wie die der Wirksamkeit, Form, Stellvertretung etc. sind aber unter Bezugnahme auf das Kollisionsrecht des Forums zu klären (zu dieser Differenzierung *Roth*, RabelsZ 55 (1991), 623, 636).

1296 *Freitag/Leible*, EWS 2000, 342, 344; *v. Westphalen*, in: *Ders.* (Hrsg.), Vertragsrecht/Rechtswahlklauseln, Rdn. 38.

1297 Gleiches gilt für die Umsetzungen von Belgien, Dänemark, Finnland, Frankreich, Luxemburg, Österreich, Schweden und dem Vereinigten Königreich, vgl. den Bericht der Kommission über die Anwendung der Richtlinie 94/47/EG, SEC (1999), 1795 endg., 10.

1298 Siehe zum sachlichen Anwendungsbereich auch 3. Teil B I 3.

1299 *Freitag/Leible*, EWS 2000, 342, 346; Palandt - *Heldrich*, Art. 29a EGBGB, Rdn. 7.

1300 Vgl. *Roth*, RIW 1994, 275, 276.

recht an der grundsätzlichen Geltung der Parteiautonomie nichts geändert hat. Der nächste Prüfungsschritt gilt sodann dem Zustandekommen der Rechtswahlvereinbarung, bevor schließlich ihre Wirksamkeit im Sinne endgültiger Rechtsbeständigkeit zu prüfen ist. Dabei ist insbesondere die Frage der Inhaltskontrolle der Rechtswahl umstritten.

1. Die Rechtswahlvereinbarung

Die Frage der Einräumung und Ausgestaltung der Parteiautonomie richtet sich nach der lex fori[1301], was auch schon vor Umsetzung des Art. 3 EVÜ durch Art. 27 EGBGB anerkannt war.[1302] Das Kollisionsrecht des Forums bestimmt darüber, ob und in welchem Umfang eine Rechtswahl zulässig ist und wie die Parteien diese Rechtswahl äußern müssen.[1303] Gem. Art. 27 EGBGB (Art. 3 EVÜ) können die Parteien jede beliebige Rechtsordnung wählen, ohne dass sie hierfür ein besonderes Interesse geltend machen müssen.[1304] Haben die Parteien eine bestimmte Rechtsordnung gewählt, ergeben sich die Grenzen dieser Wahl für die Vertragsstaaten des EVÜ ausschließlich aus Art. 3 Abs. 3 (Art. 27 Abs. 3 EGBGB), der im reinen Inlandsfall der Rechtswahl keine kollisionsrechtliche Wirkung beimisst (str.[1305]) und aus Art. 5, 7 EVÜ (Art. 29, 34 EGBGB), die den Umfang der Anwendung des gewählten ausländischen Rechts begrenzen.[1306]

Von ihrer Rechtswahlfreiheit machen die Parteien im sog. Verweisungsvertrag[1307] Gebrauch. Erste Anwendungsvoraussetzung des Art. 29a EGBGB ist somit das Vorliegen eines wirksamen Verweisungsvertrags. Gesondert anzu-

---

1301 MüKo - *Martiny*, Art. 27 EGBGB, Rdn. 83, 7; Wolf/Horn/Lindacher - *Lindacher*, Anh § 2 AGBG, Rdn. 25.

1302 *Roth*, RIW 1994, 275, 276; Wolf/Horn/Lindacher - *Lindacher*, Anh § 2 AGBG, Rdn. 25; MüKo - *Martiny*, Art. 27 EGBGB, Rdn. 7.

1303 *Vischer/Huber/Oser*, Rdn. 20, 70.

1304 Dementsprechend hat der deutsche Gesetzgeber den § 10 Nr. 8 AGBG a. F., der ein anerkennenswertes Interesse an der Wahl einer Rechtsordnung forderte, im Zuge der Umsetzung des EVÜ aufgehoben. Vgl. *Sieg*, RIW 1997, 811, 816; *Roth*, RIW 1994, 275, 277; *Mankowski*, RIW 1993, 453, 455. Wolf/Horn/Lindacher - *Lindacher*, Anh § 2 AGBG, Rdn. 33 f.; Ulmer/Brandner/Hensen - *Schmidt*, Anh. § 2 AGBG, Rdn. 2. Diese Maßnahme wurde zutreffend mit der Unvereinbarkeit des § 10 Nr. 8 AGBG mit dem Grundsatz der Parteiautonomie nach dem EVÜ begründet, vgl. BT-Drs. 10/504, 20, 95.

1305 Siehe sogleich 4. Teil C II 2. a).

1306 *Mankowski*, RIW 1995, 364, 366; *E. Lorenz* RIW 1987, 569, 571; *Baumert*, RIW 1997, 805, 809; *Brödermann/Iversen*, Rdn. 891; *Sieg*, RIW 1997, 811, 816. Für Arbeitsverträge gilt Art. 6 EVÜ (Art. 30 EGBGB). Zu früheren Versuchen, aus Art. 29 EGBGB ein Rechtswahlverbot abzuleiten, vgl. *E. Lorenz*, RIW 1987, 569, 570.

1307 *Koch/Magnus/Winker von Mohrenfels*, § 5 A V 2., 105; *Leible*, JbJZivRWiss 1995, 245, 252; *E. Lorenz*, RIW 1987, 569, 571; *Aden*, RIW 1997, 723, 724.

knüpfende Fragen etwa der Form[1308], der Geschäftsfähigkeit oder der Stellvertretung bereiten hier keine spezifischen Probleme, ebenso wenig Fragen des Konsenses oder der endgültigen Wirksamkeit von individuell getroffenen Rechtswahlvereinbarungen. Findet die Rechtswahl hingegen – wie regelmäßig in Verbraucherverträgen[1309] – durch Vereinbarung Allgemeiner Geschäftsbedingungen (AGB) statt, ist die Frage nach der Einbeziehungs- und Inhaltskontrolle aufgeworfen.

2. Zustandekommen der Rechtswahlvereinbarung

Ob und inwieweit Art. 27 Abs. 1 S. 1, 2 EGBGB autonome Voraussetzungen für das Vorliegen einer Rechtswahl aufstellt, indem er verlangt, dass diese sich mit hinreichender Sicherheit aus den Bestimmungen des Vertrags oder den Umständen ergeben müsse, und wie streng diese Voraussetzungen zu handhaben sind, wird nicht einheitlich beurteilt.[1310] Probleme können sich hier im Bereich des Rechtsbindungswillens stellen, wenn die Klausel als bloßer Hinweis formuliert ist[1311] oder schon gar nicht feststeht, dass die AGB dem Vertragspartner vorlagen bzw. er die Unterschrift unter die AGB verweigert hat[1312].

Ist eine Einigung über die die Rechtswahl enthaltenden AGB nicht von vornherein ausgeschlossen, ist aber aus anderen Gründen am Zustandekommen oder der Wirksamkeit der Rechtswahl zu zweifeln, so entscheidet hierüber nach Art. 27 Abs. 4, 31 Abs. 1 EGBGB das gewählte Recht[1313] unter Ausschluss des

[1308] Grundsätzlich können über Art. 27 Abs. 4, 11 EGBGB auch Formvorschriften auf den Rechtswahlvertrag Anwendung finden, was aufgrund der Alternativanknüpfung aber unwahrscheinlich ist; vgl. *Pfeiffer*, NJW 1999, 3674, 3683; *Jungkind*, 170 m.N. zur Gegenmeinung. Für Verbraucherverträge im Sinne des Art. 29 EGBGB gelten gem. dessen Abs. 3 die Formerfordernisse des Aufenthaltsrechts, vgl. *Leible*, JbJZivRWiss 1995, 245, 254; MüKo - *Martiny*, Art. 29 EGBGB, Rdn. 33, Art. 27 Rdn. 91. Die Rechswahlvereinbarung bedarf aber jedenfalls nicht der Form des Hauptvertrages, MüKo - *Martiny*, Art. 27 EGBGB, Rdn. 89.

[1309] *Mäsch*, 80. Für den Fernabsatz ergibt sich dies aus praktischen Gründen. Aber auch im Übrigen stellt die Rechtswahl in AGB den Regelfall dar, dazu *Rühl*, 27.

[1310] Zum Problem *Baumert*, RIW 1997, 805, 806 f. Verbreitet ist die Auffassung, dass der Anschein einer Rechtswahl genügt, um das gewählte Recht über ihr Zustandekommen entscheiden zu lassen, soweit es nicht um die in Art. 27 Abs. 1 EGBGB genannten Indizien selbst geht, vgl. Staudinger - *Magnus* (2002), Art. 27 EGBGB, Rdn. 140.

[1311] *Mankowski*, RIW 1993, 453, 454.

[1312] *Rühl*, 56. Das Problem einander widersprechender Rechtswahlklauseln, wenn beide Vertragspartner unter Verwendung von AGB handeln, stellt sich im Rechtsverkehr mit Verbrauchern hingegen nicht.

[1313] *Mankowski*, VuR 1999, 140, 141; *Ders.*, RIW 1996, 1001; OLG Düsseldorf, Urt. v. 26.5.1995, 17 U 240/95, WM 1995, 1349, 1350, allerdings unter Heranziehung des § 3 AGBG über Art. 29 EGBGB (dagegen *Mankowski*, RIW 1996, 1001); Staudinger - *Schlosser*, (1998), § 3 AGBG, Rdn. 16.

IPR (Art. 35 EGBGB). Auf die kollisionsrechtliche Beurteilung der Parteiautonomie durch die lex causae kommt es nicht an.[1314]

Im Einzelfall kann die Rechtswahlvereinbarung jedoch auch am Aufenthaltsrecht einer Vertragspartei gem. Art. 31 Abs. 2 EGBGB[1315] scheitern, wonach sich eine Partei für die Behauptung, sie habe der Rechtswahl nicht zugestimmt unter bestimmten Umständen auf ihr Aufenthaltsrecht berufen kann. Gedacht war hier in erster Linie an die für Art. 29a EGBGB nicht relevante Konstellation des Schweigens[1316] auf ein kaufmännisches Bestätigungsschreiben, wenn dieses Rechtsinstitut im Aufenthaltsrecht des anderen Teils unbekannt ist, ferner allgemein an den Schutz des Verbrauchers vor dem Fehlen des Erklärungsbewusstseins.[1317] Aus dem Wortlaut des Art. 31 EGBGB ergibt sich ferner, dass sich das Gesetz, indem es zwischen Zustandekommen und endgültiger Wirksamkeit unterscheidet, in Abs. 2 mit dem Begriff des Zustandekommens nur auf den Erklärungsakt als solchen bezieht, weshalb Widerrufsrechte des gewöhnlichen Aufenthaltsrechts nicht über Art. 31 Abs. 2 EGBGB zur Anwendung gebracht werden können.[1318]

Für das Vorliegen einer wirksamen Rechtswahl als Tatbestandsvoraussetzung des Art. 29a EGBGB spielt diese Frage jedoch keine Rolle, denn die einschlägigen Verbraucherschutzgesetze gewähren für den Verweisungsvertrag ohnehin kein Widerrufsrecht.[1319]

[1314] *Leible*, JbJZivRWiss 1995, 245, 253; *Roth*, RIW 1994, 275, 277.

[1315] Auch hierauf verweist Art. 27 Abs. 4 EGBGB. Vgl. *Meyer-Sparenberg*, RIW 1989, 347, 350; Wolf/Horn/Lindacher - *Lindacher*, Anh § 2 AGBG, Rdn. 27; MüKo - *Martiny*, Art. 27 EGBGB, Rdn. 86; Palandt - *Heldrich*, Art. 29 EGBGB, Rdn. 6; *Koch/Magnus/Winker von Mohrenfels*, § 5 A V 2., 105.

[1316] Vgl. BT-Drs. 10/504, 82; *Mankowski*, RIW 1994, 421, 422; *Sandrock*, RIW 1986, 841, 849; MüKo - *Martiny*, Art. 27 EGBGB, Rdn. 86; *Czernich/Heiss*, ÖJZ 1998, 681, 687; *Baumert*, RIW 1997, 805, 807. Bsp. in OLG Frankfurt, v. 12.10.1982, 5 U 25/82, WM 1983, 129, 130. Vgl. auch Ulmer/Brandner/Hensen - *Schmidt*, Anh. § 2 AGBG, Rdn. 5.

[1317] BGHZ 135, 124, 137.

[1318] Siehe *Mankowski*, RIW 1993, 453, 455; BGHZ 135, 124, 137 f.

[1319] Vgl. *Baumert*, RIW 1997, 805, 807, für das HaustürWG (heute § 312 f. BGB). Gleiches gilt für die §§ 312 b ff., 474 ff., 481 ff. BGB, die ebenfalls spezifische Anforderungen an den Vertragsgegenstand stellen. Die §§ 305 ff. BGB (Klauselkontrolle) gewähren von vornherein kein Widerrufsrecht. Die den Art. 31 Abs. 2 EGBGB (zu Unrecht) heranziehene Instanzrechtsprechung ging insoweit konsequent auch nur von der Widerruflichkeit des Hauptvertrags aus (z.B. LG Stuttgart, v. 13.7.1995, 19 O 21/95, RIW 1996, 424, 425, mit abl. Anm. *Mankowski*, 382; LG Koblenz, v. 23.5.1995, 4 HO 158/94, RIW 1995, 946, 947).

a) Abgrenzung zur materiellrechtlichen Verweisung und zu Art. 27 Abs. 3 EGBGB

Die Anwendungsvoraussetzung einer wirksamen Rechtswahl ist dann nicht gegeben, wenn die Parteien lediglich bestimmte Normen einer fremden Rechtsordnung in ihren Vertrag aufnehmen, was die zwingenden Bestimmungen des objektiven Vertragsstatuts im Unterschied zur kollisionsrechtlichen Verweisung, die den Vertrag der gewählten Rechtsordnung einschließlich derer zwingenden Bestimmungen unterstellt, unberührt lässt. In diesem Fall spricht man von materiellrechtlicher Verweisung.[1320] Sie ist insbesondere wegen der Möglichkeit, Teile des Vertrags gem. Art. 27 Abs. 1 S. 3 EGBGB verschiedenen Rechtsordnungen zu unterstellen, bisweilen schwer von der Rechtswahl abzugrenzen.[1321]

(1) Praktische Konsequenzen der Unterscheidung

Die Unterscheidung kann jedoch schon mit Rücksicht auf verfahrensrechtliche Konsequenzen nicht unterbleiben.[1322] Denn soweit ausländisches Recht im Wege materiellrechtlicher Verweisung in den Vertrag einbezogen wird, wird es Bestandteil der Vereinbarung und unterliegt somit als Tatfrage der Darlegungs- und Beweislast, während dies für kollisionsrechtlich berufenes Recht gem. § 293 ZPO nicht gilt.

Ferner dürften sich vor dem Hintergrund des Transparenzgebots Probleme mit einer Einbeziehung ausländischen Rechts in AGB ergeben. Sollen etwa die Normen des türkischen Obligationenrechts Bestandteil des Vertrags werden, so kann ein einfacher Hinweis hierauf für die wirksame Einbeziehung nicht genügen. Bei einer kollisionsrechtlichen Rechtswahl gelten die Anforderungen an eine vertragliche Einigung hingegen nur für die Rechtswahlklausel selbst.[1323]

1320 *Kegel/Schurig*, IPR, § 18 I 1. c), 571; *v. Hoffmann*, IPR, § 10 II 1., Rdn. 26.

1321 Vgl. *Kegel/Schurig*, IPR, § 18 I 1. c), 572 mit Beispielen.

1322 Vgl. *Mäsch*, 79 f.

1323 *Mäsch*, 83 f. Ferner können sich auch bei der Inhaltskontrolle Unterschiede ergeben, wenn man annimmt, dass das gewählte Recht im Rahmen der AGB-Kontrolle nicht an den Maßstäben des Rechts zu messen ist, dessen Umsetzungsgesetz zur KlauselRL durch Art. 29a EGBGB berufen ist, sondern anhand der Maßstäbe des gewählten Rechts (in diesem Sinne zu § 12 AGBG, Ulmer/Brandner/Hensen - *Schmidt*, § 12 AGBG, Rdn. 17). Ausländisches Recht, das die Parteien ohne Rechtswahl durch AGB zum Bestandteil ihres Vertrags gemacht haben, unterliegt hingegen eindeutig dem Kontrollmaßstab des Inlandsrechts. Gerade bei der Pauschalverweisung auf fremdes Recht durch kollisionsrechtliche Rechtswahl wäre der Schutz im Inlandsfall mithin geringer als bei materieller Einbeziehung fremden Vertragsrechts; vgl. *Mäsch*, 84 f., 94 zu Art. 29 EGBGB bzw. § 12 AGBG a.F. Zum Problem des Prüfungsmaßstabs auch Wolf/Horn/Lindacher - *Lindacher*, § 12 AGBG, Rdn. 33; Ulmer/Brandner/Hensen - *Schmidt*, Anh. § 2 AGBG, Rdn. 36 f. Ferner unten 4. Teil C IV 5.

Da in Verbraucherverträgen die Rechtswahl meist in den AGB des Anbieters zu finden sein wird, ist das Abgrenzungsproblem aber von geringer praktischer Relevanz. Schon wegen der genannten Einbeziehungsschwierigkeiten im Hinblick auf ausländische Regelwerke wird eine Rechtswahl in AGB in aller Regel als kollisionsrechtliche anzusehen sein.[1324]

(2) Rechtswahl im Inlandsfall gem. Art. 27 Abs. 3 EGBGB und Art. 29a EGBGB

Zugleich könnte die Abgrenzung zwischen materiellrechtlicher Verweisung und kollisionsrechtlicher Rechtswahl für das Verhältnis des Art. 27 Abs. 3 EGBGB zum neuen Art. 29a EGBGB Bedeutung gewinnen. Ist danach der Vertrag im Zeitpunkt der Rechtswahl nur mit einem Staat verbunden (Inlandsfall), so kann die Wahl des Rechts eines anderen Staats die zwingenden Bestimmungen des ersteren nicht berühren. Enthält also ein Verbrauchervertrag eine Rechtswahlklausel hinsichtlich eines Drittstaats und verneint man die Internationalität[1325] dieses Vertrags im Sinne des Art. 27 Abs. 3 EGBGB, so ergeben sich für die Beurteilung der von den Parteien angestrebten „Rechtswahl" zwei Möglichkeiten.

Die überwiegende Meinung erkennt ihr in dieser Situation nur die Wirkung einer materiellrechtlichen Verweisung auf die Rechtsnormen des in der Klausel genannten Rechts zu, die somit sämtliche zwingenden (im Sinne von nicht disponiblen[1326]) Vorschriften der allein betroffenen Inlandsrechtsordnung unberührt lässt.[1327] In diesem Fall ist Art. 29a EGBGB mithin nicht anwendbar: Handelt es sich bei der vom Verbrauchervertrag allein berührten Rechtsordnung

---

1324 *Rühl*, 45. Nicht zu vergessen ist die Sprachproblematik: ist die Verhandlungssprache Deutsch, so müsste der Anbieter die materiellrechtlich einzubeziehenden ausländischen Normen nicht nur komplett beifügen, sondern auch noch übersetzen. Bei einer kollisionsrechtlichen Rechtswahl genügt hingegen beispielsweise der Satz „Anwendbar ist französisches Recht", um die Geltung der französischen Bestimmungen herbeizuführen. Nur dieser eine Satz ist Bestandteil der AGB.

1325 Merkmale relevanter Auslandsbezüge ergeben sich in erster Linie aus den im IPR der lex fori verwandten Anknüpfungsmomenten, vgl. *Mankowski*, RIW 1993, 453, 454; Soergel - *v. Hoffmann*, Art. 27 EGBGB, Rdn. 87; *E. Lorenz*, RIW 1987, 569, 575; Staudinger - *Magnus* (2002), Art. 27 EGBGB, Rdn. 121 ff.; *Schlechtriem*, in: FS Lorenz (2001), 565, 574 ff. Beispiele listen *Vischer/Huber/Oser*, Rdn. 76, auf.

1326 Vgl. Soergel - *v. Hoffmann*, Art. 27 EGBGB, Rdn. 85; *v. Hoffmann*, IPR, § 10 II. 2., Rdn. 29; *Vischer/Huber/Oser*, Rdn. 75.

1327 *Kropholler*, IPR, § 40 IV 3 a), 292; Staudinger - *Magnus* (2002), Art. 27 EGBGB, Rdn. 115; *Vischer/Huber/Oser*, Rdn. 73; *Mäsch*, 94; *Mankowski*, BB 1999, 1225, 1226; *v. Hoffmann*, IPR, § 10, Rdn. 29; *Kegel/Schurig*, IPR, § 18 I Nr. 1 c), 572. Grund der Regelung ist, dass bei einem Inlandssachverhalt keine Anknüpfungsschwierigkeiten bestehen, eine dennoch getroffene Rechtswahl nur neue Probleme schaffen würde und daher kein Bedürfnis hierfür besteht, *Leible*, JbJZivRWiss 1995, 245, 254. Kritisch zur Regelung des Art. 27 Abs. 3 EGBGB, *E. Lorenz*, RIW 1987, 569, 574 f.

um diejenige eines EG-Mitgliedstaats, so finden dessen Umsetzungsgesetze zur Klauselkontrolle, zum Timesharing, zu Fernabsatz- und Verbrauchsgüterkaufverträgen, die sämtlich zwingendes Recht enthalten (müssen[1328]), Anwendung. Die Gegenmeinung nimmt eine kollisionsrechtliche, aber inhaltlich beschränkte Rechtswahl an.[1329] Diese Auffassung kommt also zu einem gespaltenen Vertragsstatut: Der Vertrag unterliegt grundsätzlich dem gewählten Recht, es gelten aber daneben all diejenigen zwingenden Normen der Rechtsordnung, mit der der Vertrag objektiv ausschließlich verbunden ist.

Weist ein Vertrag ausschließlich Verbindungen zu einem Mitgliedstaat der EU oder des EWR auf und ist dennoch ein Drittstaatenrecht gewählt, gelten nach beiden zu Art. 27 Abs. 3 EGBGB vertretenen Auffassungen somit im Ergebnis die zwingenden Normen des allein berührten Mitgliedstaats, wozu auch die Umsetzungsnormen der Verbraucherschutzrichtlinien gehören. Die h.M. begründet dies damit, dass schon keine kollisionsrechtliche Rechtswahl vorliegt, die Gegenauffassung vertritt eine Beschränkung der kollisionsrechtlichen Rechtswahl auch durch die nur intern zwingenden Normen des Inlands, wobei sich – wie gesehen – aus den Richtlinienvorgaben ergibt, dass im EVÜ vorgesehene Rechtswahlbeschränkungen im Rahmen des Art. 29a EGBGB beachtlich sind.[1330] Als eine solche sieht die Mindermeinung Art. 27 Abs. 3 EGBGB an. Der Vertrag unterliegt aufgrund der beschränkten Wirkung der Rechtswahl im Inlandssachverhalt den Sachnormen eines zur Umsetzung verpflichteten Mitgliedstaats. Den Regelungsvorgaben der IPR-Klauseln ist damit Genüge getan. Daran ändert auch der Umstand nichts, dass bei alleiniger Anwendung des Art. 27 Abs. 3 EGBGB ein Günstigkeitsvergleich mit dem gewählten Recht, der nach Art. 29a EGBGB vorzunehmen wäre[1331], ausscheidet.[1332] Die IPR-Klauseln nehmen dies als Folge der Regelung im EVÜ hin, da sie einen Eingriff in dasselbe nur dort erlauben, wo dies zur Gewährleistung der Anwendbarkeit eines Richtlinienumsetzungsrechts zum Schutze des

---

1328 Vgl. etwa Art. 6 Abs. 1 Klausel- und Art. 12 Abs. 1 FernabsatzRL.

1329 *E. Lorenz*, RIW 1987, 569; Palandt - *Heldrich*, Art. 27 EGBGB Rdn. 3; MüKo - *Martiny*, Art. 27 EGBGB Rdn. 16; Wolf/Horn/Lindacher - *Lindacher*, § 12 AGBG, Rdn. 13; implizit auch Ulmer/Brandner/Hensen - *Schmidt*, vor § 12 AGBG, Rdn. 4. Zum Streitstand vgl. *Junker*, IPrax 1989, 70; *Brödermann/Iversen*, Rdn. 895; ausführlich auch *Mäsch*, 86-94, der die Annahme einer rein materiellrechtlichen Verweisung eingehend begründet.

1330 Dazu 3. Teil C I 3.

1331 Unten 4. Teil C IV 4.

1332 Die Frage stellt sich in entsprechender Weise für Art. 29 Abs. 1 EGBGB, dem ebenfalls ein Günstigkeitsvergleich entnommen wird. Während Art. 27 Abs. 3 EGBGB auf das gewählte Recht keine Rücksicht nimmt, könnte man auch hier vertreten, dass Art. 29 Abs. 1 EGBGB neben Art. 27 Abs. 3 EGBGB anwendbar ist, wenn das Drittstaatenrecht günstiger ist, als die zwingenden Bestimmungen der einzig berührten Rechtsordnung; vgl. dazu *Mäsch*, 95. Wie bei Art. 29a EGBGB ist dies jedoch abzulehnen.

Verbrauchers im Binnenmarkt erforderlich ist. Gilt aber bereits ein solches Umsetzungsrecht, begründen die IPR-Klauseln keine Notwendigkeit, über den aus ihrer Sicht ausreichenden Schutz noch hinauszugehen.

Eine Auslegung, die Art. 29a EGBGB neben Art. 27 Abs. 3 EGBGB für anwendbar erklärt und auch im reinen Inlandsfall die Wahl eines günstigeren Drittstaatenrechts beachtet, verstieße daher gegen die völkerrechtliche Bindung an das EVÜ und ist abzulehnen. Art. 29a Abs. 1 EGBGB ist also bei Anwendbarkeit des Art. 27 Abs. 3 EGBGB nach beiden Auffassungen und damit unabhängig davon, wie man die Regelung des Art. 27 Abs. 3 EGBGB dogmatisch einordnet nicht einschlägig.[1333]

b) Zulässigkeit der Rechtswahl in AGB und Einbeziehungskontrolle über Art. 31 Abs. 1, 2 EGBGB

An der grundsätzlichen Zulässigkeit einer Vereinbarung über das anwendbare Recht in AGB bestehen heute kaum noch Zweifel.[1334] Gegen die Hinnahme von AGB aufgrund von Umständen, die nach dem Heimatrecht des Verbrauchers unbeachtlich wären, kann über Art. 31 Abs. 2 EGBGB ein kollisionsrechtlicher Schutz gegeben sein. Ein Verbraucher aus Deutschland kann sich über Art. 31 Abs. 2 EGBGB auf die der Einbeziehungskontrolle zugrunde liegenden Wertungen der §§ 305 Abs. 2, 305c Abs. 1 BGB berufen, wenn das Vertragsstatut keinen ausreichenden Schutz gegen die Einbeziehung von AGB infolge des „Schweigens" des Kunden bietet.[1335] Das wird aber selten helfen. Wenn die Rechtswahlklausel in den Vertragstext selbst aufgenommen ist, werden die Einbeziehungsvoraussetzungen in der Regel erfüllt sein. Auch die Sprachenfrage ist für den Anbieter leicht zu handhaben, da er die Rechtswahlklausel lediglich in der Vertrags- oder Verhandlungssprache bzw. einer Weltsprache, die der Kunde erkennbar beherrscht, abfassen muss[1336]. In einem grenzüberschreitenden Vertrag ist eine Rechtswahlklausel zudem regelmäßig nicht überraschend im Sinne des § 305c Abs. 1 BGB. Zu beachten ist schließlich noch, dass § 307 BGB nicht zu den Normen gehört, die über Art. 31 EGBGB berufen werden können, da sie die Wirksamkeit einer Vertragsbedingung und damit nicht mehr das Zustandekommen betreffen. Über Art. 29a Abs. 1 EGBGB kann § 305c Abs. 1 BGB hingegen nicht zur Anwendung kommen, da er eine wirksame Rechtswahl voraus-

---

[1333] A. A. zu § 12 AGBG (1996): Wolf/Horn/Lindacher - *Lindacher*, § 12 AGBG, Rdn. 13.

[1334] Siehe z.B. BGHZ 123, 380, 383; *Wagner*, WM 1995, 1129, 1135; *v. Westphalen*, in: Ders. (Hrsg.), Vertragsrecht/Rechtswahlklauseln, Rdn. 4; Staudinger - *Magnus* (2002), Art. 27 EGBGB, Rdn. 144; *Rühl*, 46. Vgl. aber *Emde*, MDR 2002, 190, 198.

[1335] Ulmer/Brandner/Hensen - *Schmidt*, Anh. §§ 9-11 AGBG, Rdn. 577; Staudinger - *Magnus* (1998), Art. 27 EGBGB, Rdn. 144; *Martiny*, ZEuP 1997, 107, 116; *Pfeiffer*, NJW 1997, 1207, 1211; *Köhler/Arndt*, Rdn. 472; *Thorn*, IPRax 1997, 98, 104; *v. Westphalen*, in: Ders. (Hrsg.), Vertragsrecht/Rechtswahlklauseln, Rdn. 23.

[1336] Dazu *v. Westphalen*, in: Ders. (Hrsg.), Vertragsrecht/Rechtswahlklauseln, Rdn. 16 f.

setzt und sich andernfalls auf diesem Weg einer seiner eigenen Anwendungsvoraussetzungen wieder berauben würde.[1337]

Im Übrigen soll aber nicht verschwiegen werden, dass die Abgrenzung der Einbeziehungs- von der nach h.M. unzulässigen Inhaltskontrolle einer Rechtswahlklausel (dazu sogleich unter 3.) besonders im Bereich des Transparenzgebots schwierig ist.

c) Rechtswahlklauseln in „elektronischen" AGB

Der Umstand, dass Schriftformerfordernisse im *e*-Commerce nach wie vor in vielen Bereichen nicht durch die „elektronische Unterschrift" ersetzt werden können[1338], steht der Rechtswahl über eine auf dem Bildschirm abgebildete Vertragsklausel nicht entgegen, da an die Rechtswahlvereinbarung in aller Regel keine Formanforderungen zu stellen sein werden.[1339]

Nimmt man die Einbeziehungskontrolle über Art. 31 Abs. 2 EGBGB nach deutschem Recht vor, so ist den Anforderungen des § 305 Abs. 2 BGB auch im Internet durch einen klaren Hinweis auf der Website sowie eine den üblichen Anforderungen entsprechende übersichtliche Gestaltung der AGB zu genügen. Besteht die Möglichkeit zum download und/oder zum Ausdruck, sind dem Kunden auch umfangreiche AGB zumutbar. Die Beschränkungen, die die Rechtsprechung für das langsame und schwerfälligere Btx-System entwickelt hat, sind auf Vertragsschlüsse im Internet nicht ohne Weiteres übertragbar.[1340] Im Zuge der Umsetzung der *e*-Commerce-Richtlinie werden allerdings neue Anforderungen hinzukommen.[1341]

3. Inhaltskontrolle der Rechtswahlvereinbarung?

Während die Einbeziehungskontrolle nach dem von Art. 31 Abs. 1 und 2 EGBGB berufenen Recht grundsätzlich anerkannt ist[1342], bestehen zu der Frage, ob die Rechtswahlvereinbarung auch einer Inhaltskontrolle unterliegen kann, Meinungsverschiedenheiten.

1337 *Mankowski*, BB 1999, 1225, 1227 (zu § 12 AGBG (1996)).

1338 Vgl. zur Neuregelung durch das Formvorschriftenanpassungsgesetz (BGBl. 2001 I 1542) *Hähnchen*, NJW 2001, 2831, 2832.

1339 Vgl. *Jayme/Kohler*, IPRax 1994, 405, 414; sowie o. Fn. 1308.

1340 Zum Ganzen, *Kamanabrou*, CR 2001, 421, 422 ff.; Grabitz/Hilf - *Micklitz*, Bd. III, A 3, Rdn. 188; *v. Bernstorff*, RIW 2000, 14, 15 f.; *Schauer*, 114 ff.; *Mankowski*, RabelsZ 63 (1999), 203, 210 ff.; *Ernst*, VuR 1997, 259, 261; *Waldenberger*, BB 1998, 2365, 2368; *Köhler*, NJW 1998, 185, 187.

1341 Vgl. Art. 10 Abs. 3 der *e*-CommerceRL, § 305b Abs. 3 BGB-E, dazu *Kamanabrou*, CR 2001, 421, 424 ff.

1342 Vgl. *Baumert*, RIW 1997, 805, 807 ff.; *Jayme*, in: FS Lorenz (1991), 435, 438.

a) Bisheriger Streitstand

Eine „freischwebende" Kontrolle anhand des § 9 AGBG (heute § 307 BGB) scheidet jedenfalls aus, denn es gilt ja erst die Anwendbarkeit des deutschen Rechts auf den konkreten Vertrag festzustellen.[1343] Es gibt daher theoretisch zwei[1344] Möglichkeiten, zu einer inhaltlichen Überprüfung der Rechtswahlklausel zu kommen, einmal über die Anwendung der kollisionsrechtlichen Verbraucherschutznormen der Art. 29, 29a EGBGB selbst, zum anderen über das von Art. 27 Abs. 4, 31 Abs. 1 EGBGB berufene Sachrecht. Beide Wege werden in der Literatur auch vertreten.

(1) Inhaltskontrolle über Art. 29, 29a EGBGB?

Wie bereits erwähnt, unterliegt die Zulässigkeit der Rechtswahl im Geltungsbereich des EVÜ abgesehen von Art. 3 Abs. 3 EVÜ (Art. 27 Abs. 3 EGBGB) keinerlei Einschränkungen.[1345] Weder muss der Sachverhalt einen Bezug zur gewählten Rechtsordnung haben, noch bedarf es eines vernünftigen Interesses an der Wahl des in der Klausel bezeichneten Rechts.[1346]

Eine Anwendung des § 307 BGB über Art. 29, 29a EGBGB scheidet aus systematischen Gründen aus.[1347] Beide Vorschriften setzen schon ihrem Wortlaut nach eine bereits getroffene Rechtswahlvereinbarung voraus, womit nur eine *wirksame* gemeint sein kann. Die Prüfung des Zustandekommens und der Wirksamkeit der Rechtswahl über Art. 31 EGBGB ist daher gegenüber Art. 29, 29a

[1343] Zur teilweise abweichenden Praxis deutscher Gerichte siehe *Rühl*, 236 mit Fn. 4; a.A. auch *Emde*, MDR 2002, 190, 198; Wolf/Horn/Lindacher - *Wolf*, Art. 6 RL, Rdn. 12 möchte § 9 AGBG über Art. 34 EGBGB anwenden.

[1344] Die inhaltliche Überprüfung der Rechtswahl an Hand der Maßstäbe des objektiven Vertragsstatuts scheidet aus. Sie ist als Ausnahmefall nur im Rahmen des Art. 10 Abs. 3 EGVVG vorgesehen, vgl. *Mankowski*, RIW 1995, 364, 366.

[1345] Vgl. *Vischer/Huber/Oser*, Rdn. 151. A.A. Grabitz/Hilf - *Pfeiffer*, Bd. III, A 5, Anhang Nr. 1 lit. q, Rdn. 159, bzgl. AGB, da die Art. 3-5 EVÜ nur Individualvereinbarungen beträfen.

[1346] Vgl. *E. Lorenz*, RIW 1987, 569, 570 f. Anders aber Grabitz/Hilf - *Pfeiffer*, Bd. III,A 5, Anhang Nr. 1 lit. q, Rdn. 160, 162, der Art. 3 Abs. 1 KlauselRL und dem Anhang Nr. 1 lit. q eine versteckte Kollisionsnorm entnehmen will, die die Missbrauchskontrolle der Rechtswahl selbst ermöglichen soll. Art. 6 Abs. 2 KlauselRL sei insoweit nicht abschließend, a.a.O., Rdn. 158; ähnlich *Heiss*, RabelsZ 65 (2001), 634, 647 f.; vgl. dazu aber oben 3. Teil C I 2.

[1347] *Coester-Waltjen/Mäsch*, 98; Ulmer/Brandner/Hensen - *Schmidt*, Anh. §§ 9-11 AGBG, Rdn. 577; *Martiny*, ZEuP 1997, 107, 117 (zu Art. 29 EGBGB); Grabitz/Hilf - *Micklitz*, Bd. III, A 3, Rdn. 187. A.A. offenbar *Freitag/Leible*, EWS 2000, 342, 348 Fn. 53; bzgl. § 12 AGBG (1996) auch *Pfeiffer*, NJW 1997, 1207, 1211, Grabitz/Hilf - *Pfeiffer*, Bd. III, A 5, Anhang Nr. 1 lit. q, Rdn. 160; Palandt - *Heldrich*, Art. 27 EGBGB, Rdn. 8.

EGBGB logisch vorrangig.[1348] Ferner wäre der von beiden Normen intendierte Günstigkeitsvergleich nicht mehr durchführbar, wenn man die Rechtswahl, die ja tatbestandliche Voraussetzung der Art. 29, 29a EGBGB ist, gerade über jene Normen wieder zu Fall brächte. Das gewählte Recht fiele als Vergleichsobjekt in diesem Fall wieder weg.

(2) Inhaltskontrolle nach der lex causae

Stellt das IPR der lex fori keine Anforderungen an die Zulässigkeit der Rechtswahl als solcher, könnte man eine Inhaltskontrolle noch über die „Hintertür" des gewählten Rechts vornehmen.[1349]

Gegen diesen Weg sprechen aber mehrere Argumente. Zum einen erscheint das Konzept des EVÜ, die Rechtswahl auch zum Schutze des Verbrauchers nur durch besondere Anknüpfungen in ihren Wirkungen, nicht aber auf der Ebene der Voraussetzungen einzuschränken, lückenlos und damit abschließend.[1350] Auch die Streichung des § 10 Nr. 8 AGBG a.F., der ein anerkennenswertes Interesse an der Wahl einer Rechtsordnung verlangte, im Zuge der Umsetzung des EVÜ spricht für diese Interpretation.[1351] Dogmatisch wiegt ferner das Argument schwer, die auf die Rechtswahl selbst bezogene Inhaltskontrolle nach dem berufenen Recht wirke sich wie eine kollisionsrechtliche Entscheidung entgegen Art. 27 EGBGB (Art. 3 EVÜ) aus, was aber gerade durch Art. 35 EGBGB ausgeschlossen sei.[1352] Schließlich muss sich die Gegenauffassung nach dem Maßstab für eine Inhaltskontrolle fragen lassen, denn eine inhaltliche Be-

---

1348 So *Mankowski*, RIW 1994, 421, 422; *Thorn*; IPRax 1997, 98, 104 (jeweils zu Art. 29 EGBGB).

1349 Diesen Weg befürworten, teilweise unter Bezugnahme auf Art. 31 Abs. 1 EGBGB, teilweise auf Abs. 2 abstellend, z. B. *Taupitz*, BB 1990, 642, 645; Ulmer/Brandner/Hensen - *Schmidt*, Anh. §§ 9-11 AGBG, Rdn. 575 f.; aus der Rspr. vgl. KG, v. 21.1.1998, 11 U 6378/97, VuR 1999, 138, mit abl. Anm. *Mankowski*; LG Limburg, v. 22.6.1988, 3 S 482/87, NJW-RR 1988, 119; die Inhaltskontrolle befürwortend ferner *Heiss*, RabelsZ 65 (2001), 634, 637 ff.

1350 *Baumert*, RIW 1997, 805, 809.

1351 Wolf/Horn/Lindacher - *Lindacher*, Anh § 2 AGBG, Rdn. 34.

1352 *v. Wilmowsky*, RabelsZ 62 (1998), 1, 34 Fn. 91; *Mankowski*, RIW 1995, 364, 366; *Rühl*, 236; ähnlich *Grundmann*, IPRax 1992, 1, 2; *Martiny*, ZEuP 1997, 107, 116; a.A. *Heiss*, RabelsZ 65 (2001), 634, 644. Die Parteien beziehen ihre Rechtswahl in aller Regel nur auf das Sachrecht, vgl. Staudinger - *Magnus* (2002), Art. 27 EGBGB, Rdn. 14, 137, so dass etwa Rechtswahlverbote nach dem gewählten Recht unbeachtlich sind.

wertung der gewählten Rechtsordnung muss ausscheiden[1353]. Das ausländische Recht kann nicht die eigene Anwendung für unangemessen halten.[1354]

Etwas anderes kann sich auch nicht daraus ergeben, dass die Grenzen zwischen der (unzulässigen) Inhaltskontrolle und der Einbeziehungskontrolle dann fließend sind, wenn in letztere materielle Kriterien mit einbezogen sind.[1355] Das eben genannte Argument zum fehlenden Bewertungsmaßstab bedeutet, dass sachrechtliche Kriterien auch für die Einbeziehungskontrolle ausscheiden müssen. Argumentiert man aber kollisionsrechtlich, besteht wieder der Konflikt mit Art. 35 EGBGB: Ist das IPR der berufenen Rechtsordnung von der Verweisung nicht erfasst, können dessen kollisionsrechtliche Wertungen auch im Rahmen materieller Elemente bei der Einbeziehungskontrolle keine Rolle spielen. Die Einbeziehungskontrolle darf damit weder auf die sachliche Nachteiligkeit der lex causae noch auf kollisionsrechtliche Wertungen gestützt werden.[1356] Sowohl eine „offene" als auch eine „versteckte" Inhaltskontrolle der Rechtswahl scheidet daher aus.[1357]

b) Ergebnis

Aufgrund des nach hier vertretener Auffassung in Art. 29a EGBGB enthaltenen Günstigkeitsvergleichs wäre die Anwendung des Art. 29a EGBGB, auch soweit ein Fall des Art. 27 Abs. 3 EGBGB vorliegt, für den Verbraucher zwar möglicherweise interessant – so könnte Art. 29a Abs. 3 EGBGB gegenüber dem Inlandsrecht die möglicherweise günstigeren §§ 481 ff. BGB berufen –, sie scheidet aber wie gesehen unabhängig von der dogmatischen Einordnung des Art. 27 Abs. 3 EGBGB aus.

1353 *Mankowski*, RIW 1996, 1001, 1002; *Rühl*, 239. Nach Grabitz/Hilf - *Pfeiffer*, Bd. III, A 5, Anhang Nr. 1 lit. q, Rdn. 161, soll man sich an Art. 5 EVÜ anlehnen und auch die Erschwerung des Rechtszugangs für den Verbraucher bedenken.

1354 *Mankowski*, RIW 1993, 453, 456; *Ders.*, VuR 1999, 140, 141; *Brödermann/Iversen*, Rdn. 882; *Jayme*, in: FS Lorenz (1991), 435, 436.

1355 So liegt es nach österreichischem Recht gem. § 864a ABGB, vgl. die Entscheidung KG, Urt. v. 21.1.1998, 11 U 6387/97, VuR 1999, 138; siehe auch *Heiss*, RabelsZ 65 (2001), 634, 641.

1356 Damit verbleibt der Einbeziehungskontrolle insgesamt nur noch ein enger Anwendungsbereich, vgl. *Baumert*, RIW 1997, 805, 808 f. Meines Erachtens ist aber sowohl die formelle wie auch die materielle Transparenz im Sinne der Verständlichkeit der Rechtswahlklausel (Beispiele intransparenter Gestaltungen bei *Heiss*, RabelsZ 65 (2001), 634, 648 ff.) eine Einbeziehungsfrage in diesem Sinne.

1357 *Mankowski*, RIW 1993, 453, 455; *Ders.*, RIW 1994, 421, 422; *Ders.*, VuR 1999, 140; *Roth*, RIW 1994, 275, 277; *Martiny*, ZEuP 1997, 107, 116; *Grundmann*, IPRax 1992, 1, 2; *Meyer-Sparenberg*, RIW 1989, 347, 350; *v. Wilmowsky*, RabelsZ 62 (1998), 1, 34 Fn. 91; *Schröder/Wenner*, Rdn. 59; Soergel - *v. Hoffmann*, Art. 31 EGBGB, Rdn. 11; *Willms*, 167.

Für die Einbeziehungs- und Inhaltskontrolle der Rechtswahl ergeben sich im Hinblick auf Art. 29a EGBGB keine Besonderheiten. Insbesondere ist eine Inhaltskontrolle der Rechtswahl über Art. 29a EGBGB abzulehnen. Nach dem geltenden IPR unterliegt die Rechtswahl allein den in den Art. 27 Abs. 3, 29 Abs. 1, 30, 34 EGBGB bestimmten Einschränkungen.

4. Der Begriff des Drittstaats

Art. 29a EGBGB umschreibt die Rechtsordnungen, deren Wahl den besonderen EG-kollisionsrechtlichen Verbraucherschutz auslösen kann, negativ dahingehend, dass der Schutz des Art. 29a EGBGB dann eingreifen soll, wenn der Vertrag aufgrund einer Rechtswahl nicht dem Recht eines Mitgliedstaats der EU bzw. des EWR unterliegt.

a) Zusammenhang mit der Umsetzungsverpflichtung

Der Begriff des Drittstaats ist dabei im Zusammenhang mit der für alle Mitgliedstaaten der EU bestehenden Pflicht zur Umsetzung von Richtlinien zu sehen. Demgemäß sind Drittstaaten im Sinne des Art. 29a EGBGB zunächst alle Staaten, die nicht Mitglied der EU sind, einschließlich solcher Gebietsteile von EU-Staaten, die dem Gemeinschaftsrecht insgesamt nicht oder zumindest nicht den Harmonisierungsrichtlinien zum Verbrauchervertragsrecht unterliegen.[1358]

b) Herausnahme der EWR-Staaten aus dem Kreis der Drittstaaten

Der deutsche Umsetzungsgesetzgeber hat in Art. 29a EGBGB wie zuvor schon in § 8 TzWrG auch Sachverhalte geregelt, die einen engen Zusammenhang mit dem Gebiet eines Vertragsstaats des EWR aufweisen.[1359] Dementsprechend soll Art. 29a EGBGB auch vor der „Abwahl" des Rechts eines EWR-Staats schützen. Die Regelung erklärt sich daraus, dass gemäß den Bestimmungen des EWR-Abkommens die in Art. 29a Abs. 4 EGBGB genannten Richtlinien auch in den Vertragsstaaten des EWR umzusetzen sind, was sich aus Art. 7, 72 EWR-Abkommen i.V.m. Anhang XIX ergibt.[1360] Damit ist diese Ausweitung entsprechend dem Regelungsgedanken der IPR-Klauseln grundsätzlich zu begrüßen.

[1358] Siehe oben 3. Teil C I 1.
[1359] Vgl. *Freitag/Leible*, EWS 2000, 342, 343; *Wagner*, IPRax 2000, 249, 255.
[1360] Siehe *Kropholler*, IPR, § 52 V 6., 464.

c) Keine Gleichsetzung von Nichtumsetzer- mit Drittstaaten

Nach der hier vertretenen Auffassung befasst sich das Richtlinien-IPR nicht mit der Lösung der Nichtumsetzungsproblematik, und zwar weder auf Tatbestandsebene im Fall einer Rechtswahl zugunsten eines defizitären Mitgliedstaatenrechts noch im Fall der Verweisung auf ein solches. Eine (analoge) Anwendung des Art. 29a EGBGB unter Gleichsetzung des Drittstaats mit einem Staat der EU bzw. des EWR, der seiner Umsetzungsverpflichtung nicht nachgekommen ist, ist daher abzulehnen.[1361]

5. Verlust des Richtlinienstandards *auf Grund* einer Rechtswahl

Art. 29a Abs. 1 EGBGB formuliert: „Unterliegt ein Vertrag *auf Grund* einer Rechtswahl nicht dem Recht eines Mitgliedstaates (...)" (Hervorhebung nicht im Original). Diese Wortwahl ist äußerst problematisch, da sie eines der großen Auslegungsprobleme, die im Richtlinien-IPR bisher aufgetreten sind, offen lässt. Man könnte einerseits meinen, es müsse eine vorgeschaltete Prüfung anhand der Art. 28, 29 Abs. 2 EGBGB erfolgen, um feststellen zu können, dass die Rechtswahl wirklich der Grund dafür ist, dass auf den Vertrag kein mitgliedstaatliches Umsetzungsrecht Anwendung findet. Dann wäre mit der Formulierung „auf Grund" ein Kausalitätserfordernis gemeint: Denkt man sich die Rechtswahlvereinbarung hinweg, müsste das Recht eines Mitgliedstaats aufgrund objektiver Anknüpfung gelten.[1362]

a) Richtlinienkonforme Auslegung

Die Materialien zu Art. 29a EGBGB schweigen zu dieser Frage, so dass die historische Auslegung nicht weiterführt. Der Wortlaut ist nicht eindeutig, da die Wendung „auf Grund" ebenso gut bedeuten kann, dass es schlicht um einen subjektiv angeknüpften Vertrag gehen muss, wie sie auch ein Hinweis auf eine echte Kausalität der Rechtswahl für die Nichtgeltung einer Richtlinienumsetzung sein könnte. Allerdings spricht der Blick auf Art. 29 EGBGB, wonach eine Rechtswahl *nicht zum Verlust* des Schutzes zwingender Vorschriften des Aufenthaltsrechts *führen* dürfe, dafür, dass der Gesetzgeber dort, wo er echte Kausalitäten meint, dies auch deutlich zum Ausdruck bringt. Die grammatikalische Auslegung weist also eher in die Richtung der These vom sachrechtlichen Schutzverlust ohne Vorschaltprüfung der Art. 28, 29 Abs. 2 EGBGB.

[1361] Siehe Staudinger - *Magnus* (2002), Art. 29a EGBGB, Rdn. 32; vgl. auch 3. Teil C I 1. b), C IV 2., 4. Teil C V.

[1362] So offenbar *v. Westphalen*, in: *Ders.* (Hrsg.), Vertragsrecht/Rechtswahlklauseln, Rdn. 38.

Angesichts der verbleibenden Unsicherheiten muss die teleologische Interpretation ausschlaggebend sein, die bei Umsetzungsnormen das hauptsächliche Einfallstor für die richtlinienkonforme Auslegung darstellt. Welche Vorgaben die IPR-Klauseln in diesem Punkt machen, ist in der Literatur aber wiederum umstritten, auch eine einheitliche Auffassung der Mitgliedstaaten hierzu hat sich nicht herausgebildet[1363]. Nach hier vertretener Auffassung sprechen die besseren Gründe für eine Auslegung im Sinne des sachrechtlichen Schutzverlustes, das heißt, es ist nicht zu prüfen, ob ohne Rechtswahl nicht ohnehin das Recht eines Drittstaats anwendbar gewesen wäre[1364], sondern es reicht ohne Rücksicht auf solche Kausalitätsüberlegungen aus, dass ein Vertrag im Wege der Rechtswahl einem Drittstaatenrecht unterstellt wurde und der Verbraucher nicht in den Genuss des sachrechtlichen Schutzes der Richtlinien kommt.[1365] Eines der Ziele der IPR-Klauseln ist die Erweiterung des kollisionsrechtlichen Verbraucherschutzes gegenüber der Rechtslage nach dem EVÜ, um die Nachfrage der Verbraucher im Binnenmarkt zu stärken und im Binnenmarkt lokalisierte Transaktionen mit Verbrauchern einheitlich dem europäischen Verbrauchervertragsrecht zu unterstellen.[1366] Eine vorgeschaltete Prüfung der Art. 28, 29 Abs. 2 EGBGB ist damit nicht vereinbar.

b) Ergebnis

In richtlinienkonformer Auslegung ist das Merkmal „auf Grund“ im Rahmen des Art. 29a Abs.1 EGBGB daher so auszulegen, dass allein maßgeblich ist, ob der Vertrag eine Rechtswahlklausel enthält, die das Recht eines Drittstaats benennt.

III. Räumlich-territorialer Anwendungsbereich des Art. 29a Abs. 1, 2 EGBGB

Art. 29a Abs. 1 EGBGB schränkt die Wirkungen einer Wahl von Drittstaatenrecht nur dann ein, wenn der Vertrag einen engen Zusammenhang zum Gebiet eines EU-Mitglied- bzw. EWR-Vertragsstaats aufweist. Der Gesetzgeber hat damit die Generalklausel der Art. 6 Abs. 2 KlauselRL und Art. 12 Abs. 2 FernabsatzRL übernommen und zugleich die noch in § 12 AGBG (1996) ver-

---

[1363] Siehe unten 5. Teil B II 1. c),

[1364] So die These vom kollisionsrechtlich aufzufassenden Schutzverlust, siehe oben 3. Teil C II 3.

[1365] So die These vom sachrechtlichen Schutzverlust, siehe auch dazu oben 3. Teil C II 3. Dem folgen für Art. 29a EGBGB auch *Thorn*, IPRax 2002, 349, 359; *v. Hoffmann*, IPR, 7. Aufl. 2002, § 10 Rdn. 73c.

[1366] Siehe auch oben 3. Teil A II. 2.

ankerte sekundärrechtswidrige Beschränkung des kollisionsrechtlichen Schutzes auf in Deutschland lokalisierte Verträge[1367] korrigiert.

Eine weite Formulierung des notwendigen räumlichen Zusammenhangs war aufgrund der Vorgabe der Richtlinien, an die Gerichte einen gewissen Konkretisierungsspielraum weiterzugeben[1368], ohnehin geboten. Um Umsetzungsdefizite insoweit von vornherein zu vermeiden, stellte die Übernahme der Generalklausel vor diesem Hintergrund in der Tat den einfachsten Weg dar. Zugleich bietet sich dem Rechtsanwender so genug Raum, eine grundfreiheitenwidrige Anwendung des Art. 29a Abs. 1, 2 EGBGB zu vermeiden, indem der „enge Zusammenhang“ in solchen Fällen ohne Weiteres verneint werden kann, in denen eine Rechtswahlbeschränkung aufgrund der gegebenen Bezüge des Sachverhalts zum Gemeinschaftsgebiet nicht zum Schutz der Verbraucher geeignet, erforderlich und angemessen wäre.[1369]

Naturgemäß birgt Art. 29a Abs. 1 EGBGB damit aber die Gefahr, von den Gerichten uneinheitlich angewendet zu werden, möglicherweise sogar einer Tendenz zum „Heimwärtsstreben“ zum deutschen Umsetzungsrecht Vorschub zu leisten. Zudem herrscht über die Umstände, die einen hinreichend engen Zusammenhang zum Gebiet der Gemeinschaft oder des EWR begründen können, keineswegs Einigkeit. So ist in der Literatur umstritten, ob dem Erfüllungsort hier eine entscheidende Bedeutung zukommen kann.[1370] Die von den Richtlinien verordnete Flexibilität muss also durch einen Verlust an Rechtssicherheit erkauft werden, zumal die Handhabung der Generalklausel durch die Umsetzungsgesetzgeber anderer Mitgliedstaaten ebenfalls uneinheitlich ist[1371].

Es ist daher zu begrüßen, dass den Gerichten für die Konkretisierung der Generalklausel im Richtlinienkollisionsrecht des Art. 29a EGBGB mit dem Regelbeispiel in Art. 29a Abs. 2 EGBGB eine gewisse Orientierung darüber, wie sich der Gesetzgeber den notwendigen räumlichen Zusammenhang vorstellt, zur Verfügung steht.[1372] Dabei beruht Art. 29a Abs. 2 EGBGB weitgehend auf

---

1367 Siehe dazu oben 3. Teil C II 4. c).

1368 Vgl. oben 2. Teil D I 2.b).

1369 Siehe zur Grundfreiheitenkontrolle im Internationalen Vertragsrecht oben 2. Teil C.

1370 Dazu 4. Teil C III 2. c) (3). Aus Sicht des kollisionsrechtlichen Postulats des internationalen Entscheidungseinklangs sowie der Förderung des Binnenmarkts durch gemeinschaftsweit einheitliche Kollisionsnormen kommt erschwerend hinzu, dass einige nationale Umsetzungen den „engen Zusammenhang“ abschließend definieren und dabei Kriterien verwenden, die die Literatur zum Teil gerade für nicht entscheidend ansieht, vgl. etwa die französische Umsetzung des Art. 6 Abs. 2 KlauselRL, unten 5. Teil B II 1. c) (2).

1371 Siehe unten 5. Teil B II 1. c).

1372 Eine Konkretisierung hielt auch *Thorn*, IPRax 1999, 1, 7, für geboten, um die Gerichte zu entlasten. Die Regelbeispieltechnik begrüßen ausdrücklich: *Freitag/Leible*, EWS 2000, 342, 345; *Mankowski*, MMR - Beilage 7/2000, 22, 37.

§ 8 TzWrG und § 12 AGBG (1996)[1373], dessen Formulierung wiederum auf das Gesetz über den Vertrieb ausländischer Investmentanteile[1374] zurückzuführen ist.

1. Das Regelbeispiel des Art. 29a Abs. 2 EGBGB

Die nicht abschließende[1375] („insbesondere") gesetzliche Definition des engen Zusammenhangs besteht aus zwei Komponenten, die kumulativ vorliegen müssen. Erstens ist eine Vertragsanbahnungsaktivität des Anbieters in der EU bzw. dem EWR erforderlich, zweitens muss der Verbraucher bei Abgabe seiner auf den Vertragsschluss gerichteten Willenserklärung seinen gewöhnlichen Aufenthalt im Gebiet der EU bzw. des EWR haben.

a) Vertragsanbahnung in einem EU- bzw. EWR-Staat

Art. 29a Abs. 2 Nr. 1 EGBGB zählt verschiedene vertriebsbezogene Aktivitäten des Unternehmers auf, mit denen er an den Verbraucher in der EU bzw. dem EWR herantritt. „Angebot" und „Werbung" sind Beispiele relevanter geschäftlicher Tätigkeiten, sofern sie „öffentlich" erfolgen. Erfasst sind ferner Aktivitäten, die der öffentlichen Werbung bzw. dem öffentlichen Anbieten „ähnlich" sind. Die genannten Aktivitäten muss der Unternehmer schließlich im Gebiet eines Mitgliedstaats „entfalten" und der konkrete Vertrag muss „auf Grund" einer solchen Aktivität zustande gekommen sein.

Drei Fragen sind bei der Prüfung des Art. 29a Abs. 1 Nr. 1 EGBGB folglich auseinander zu halten. Erstens ist zu prüfen, ob überhaupt eine relevante absatzbezogene Handlung des Unternehmers vorliegt, zweitens, ob sich diese Handlung im Binnenmarkt der EU oder im EWR lokalisieren lässt und drittens fordert das Regelbeispiel jedenfalls dem Wortlaut nach („auf Grund") eine Kausalität zwischen Absatzhandlung und konkretem Vertragsschluss.

(1) Die Vertriebsaktivität des Unternehmers

Die Tatbestandsmerkmale „Angebot" bzw. „Werbung" waren bereits in § 12 AGBG in der Fassung von 1996 sowie der vorhergehenden alten Fassung enthalten, ferner finden sie in Art. 29 Abs. 1 Nr. 1 EGBGB Verwendung. Insoweit kann auf die einschlägige Kommentierung zurückgegriffen werden.

Werbung ist danach eine absatzfördernde Handlung, die sich regelmäßig an eine Vielzahl von Personen richtet.[1376] Der Begriff ist umfassend gemeint und

---

1373 *Lagarde*, Rev. crit. dr. internat. privé 89 (2000), 925, 927.

1374 BGBl. 1986 I 986. Vgl. zum Ursprung des § 12 Nr. 1 AGBG (1996), Staudinger - *Schlosser* (1998), § 12 AGBG, Rdn. 8.

1375 *Martiny*, ZEuP 2001, 308, 323; Staudinger - *Magnus* (2002), Art. 29a EGBGB, Rdn. 42.

1376 Vgl. z.B. MüKo - *Martiny*, Art. 29 EGBGB, Rdn. 20.

schließt etwa Anzeigen bzw. Sendungen in Presse, Fernsehen, Rundfunk, Kino sowie Plakate und Prospekte mit ein.[1377] Auch inhaltlich ist der Begriff weit zu verstehen. Es genügt letztlich jede Form der Information bzw. Präsentation eines Produkts.[1378] Dabei muss sich die Werbung nicht auf das konkrete Produkt bezogen haben, das Vertragsgegenstand geworden ist, sondern es reicht aus, dass der einschlägige Produktbereich beworben wurde.[1379]

Ein Angebot ist jedenfalls in einer an eine bestimmte Person gerichteten bindenden Erklärung der Bereitschaft, das Produkt veräußern zu wollen, zu sehen. Ob auch unverbindliche Erklärungen wie die sog. invitatio ad offerendum, also die Aufforderung an andere, ihrerseits Kaufangebote abzugeben, darunter fallen, ist hingegen umstritten.[1380] Da in diesem Fall jedenfalls Werbung vorliegt, ist die Unterscheidung ohne praktische Konsequenzen.

Fraglich ist, ob dem in Art. 29 Abs. 1 Nr. 1 EGBGB nicht enthaltenen Merkmal „öffentlich" im Rahmen des Art. 29a Abs. 2 Nr. 1 EGBGB einschränkende Bedeutung zukommt.[1381] Um die sachlich nicht gerechtfertige Abweichung von Art. 29 Abs. 1 Nr. 1 EGBGB zu beseitigen, ist zu Recht gefordert worden, dieses Merkmal in Art. 29a EGBGB nicht zu übernehmen.[1382] Um es jedoch nicht völlig außer Acht zu lassen, sollen nach einer Ansicht wenigstens individuelle Zusendungen nicht als „öffentliche" Werbung anzusehen sein[1383], während Unbestimmtheit des angesprochenen Personenkreises jedenfalls nicht erforderlich sei, also auch ein bestimmte Vielzahl von Personen ausreiche.[1384] Adressierte Massenbriefe oder gezielte Werbeschreiben sind daher „öffentliche" Werbung.[1385]

Schon weil sich das Merkmal „öffentlich" nicht direkt auf den Oberbegriff der geschäftlichen Tätigkeit bezieht, ist für die Annahme einer der öffentlichen Werbung oder öffentlichen Angeboten vergleichbaren Vertriebsaktivität – der „ähnlichen geschäftlichen Tätigkeit" – erst recht nicht erforderlich, dass sie auf

---

1377 Staudinger - Reinhart (1998), Art. 29 EGBGB, Rdn. 54; *Borges*, ZIP 1999, 565, 568.

1378 *Borges*, ZIP 1999, 565, 568.

1379 Soergel - *v. Hoffmann*, Art. 29 EGBGB, Rdn. 17. Vgl. dazu jetzt aber das Vorabentscheidungsersuchen des österreichischen OGH v. 8.11.2001, 6 Ob 56/01f, zu Art. 13 EuGVÜ, abgedr. in IPRax 2002, Heft 2, VII.

1380 Ja: Soergel - *v. Hoffmann*, Art. 29 EGBGB, Rdn. 17; MüKo - *Martiny*, Art. 29 EGBGB, Rdn. 19; für Art. 29a EGBGB in der insoweit gleichlautenden Fassung des Referentenentwurfs bejahend: *Roth/Schulze*, RIW 1999, 924, 930; Staudinger - *Magnus* (2002), Art. 29a EGBGB, Rdn. 43. A.A. Staudinger - *Reinhart* (1998), Art. 29 EGBGB, Rdn. 52.

1381 Ablehnend Hildenbrand/Kappus/*Mäsch*, § 8 TzWrG, Rdn. 42; *Mankowski*, BB 1999, 1225, 1228 (zu den insoweit gleichlautenden § 8 TzWrG, § 12 AGBG (1996)).

1382 *Staudinger*, IPRax 1999, 414, 415 Fn. 27.

1383 Staudinger - *Schlosser* (1998), § 12 AGBG, Rdn. 8; a.A. Erman - *Hefermehl/Werner*, § 12 AGBG, Rdn. 8.

1384 *Roth/Schulze*, RIW 1999, 924, 930, für Art. 29a EGBGB in der insoweit gleichlautenden Fassung des Referentenentwurfs.

1385 MüKo - *Basedow*, 3. Aufl. 1993, § 12 AGBG, Rdn. 4.

einen unbestimmten Personenkreis abzielt.[1386] Die individuelle Kontaktaufnahme – auch über Vertreter oder Abschlussmittler – sowie persönliche Anschreiben stellen eine „geschäftliche Tätigkeit" dar.[1387] Da Art. 29a EGBGB dem Individualschutz dient und das Schutzbedürfnis nicht davon abhängt, wie viele Personen noch betroffen sind, ist das Vorliegen der Nr. 1 sogar dann zu bejahen, wenn es sich bei der auf das Gebiet der EU oder des EWR bezogenen Vertriebsaktivität nur um einen Einzelfall handelt.[1388] Auch der Aufbau eines Vertriebsnetzes von Handelsvertretern dürfte schon per se ausreichen[1389], ebenso wie die Herstellerwerbung, weil sie im Interesse Derjeniger erfolgt, die das Produkt anbieten.[1390] Eine geschäftliche Tätigkeit stellt ferner das Bereithalten abrufbarer Websites dar[1391], wobei hier die Problematik in der sogleich zu erörternden Lokalisierung dieser Tätigkeit liegt.

(2) Lokalisierung der Vertriebsaktivität in EU bzw. EWR

Gem. Art. 29a Abs. 2 Nr. 1 EGBGB muss sich die maßgebliche vertriebsbezogene Handlung im Gebiet der Gemeinschaft oder des EWR entfalten. Es kommt also nicht darauf an, wo diese Handlung veranlasst wurde, sondern wo sie sich auswirkt.[1392] Erstreckt sich beispielsweise eine Werbemaßnahme allein auf das Gebiet eines Drittstaats ist das Regelbeispiel nicht erfüllt.[1393] Unproblematisch erfasst sind hingegen z.B. Werbepostsendungen aus einem Drittstaat. Es kann aber auch durchaus zweifelhaft sein, ob sich eine Werbung oder ähnliche geschäftliche Tätigkeit im Gebiet der EU bzw. des EWR entfaltet hat. Man denke nur an die im Rahmen des Art. 29 Abs. 1 Nr. 1 EGBGB diskutierten Beispiele wie das der Reaktion eines Verbrauchers auf ein Inserat in einer ausländischen Zeitung, die er im Inland erworben hat, oder an das nach wie vor kontrovers diskutierte Problem der Internet-Werbung.

Überträgt man die zu Art. 29 Abs. 1 Nr. 1 EGBGB geführte Diskussion auf Art. 29a Abs. 2 EGBGB, könnte die auch im Bericht von *Giuliano/Lagarde* zu Art. 5 EVÜ vertretene Unterscheidung danach maßgeblich sein, ob die vertriebsbezogene Handlung des Unternehmers auf den Europäischen Wirtschaftsraum bzw. einen Teil davon gerichtet war, wobei bei Verwendung grenzüber-

---

[1386] Wolf/Horn/Lindacher, 3. Aufl., § 12 AGBG, Rdn. 9.

[1387] Hildenbrand/Kappus/*Mäsch*, § 8 TzWrG, Rdn. 42.

[1388] So Wolf/Horn/Lindacher, 3. Aufl., § 12 AGBG, Rdn. 9 (zu § 12 AGBG a.F.).

[1389] MüKo - *Basedow*, 3. Aufl. 1993, § 12 AGBG, Rdn. 9; a.A. Wolf/Horn/Lindacher, 3. Aufl., § 12 AGBG, Rdn. 9.

[1390] Staudinger - *Reinhart* (1998), Art. 29 EGBGB, Rdn. 56; a.A. MüKo - *Martiny*, Art. 29 EGBGB, Rdn. 19.

[1391] *Reich/Nordhausen*, 99.

[1392] Staudinger - *Schlosser* (1998), § 12 AGBG, Rdn. 8; Erman - *Hefermehl/Werner*, § 12 AGBG, Rdn. 9; ähnlich Wolf/Horn/Lindacher, 3. Aufl., § 12 AGBG, Rdn. 9.

[1393] Vgl. Palandt - *Heldrich*, Art. 29a EGBGB, Rdn. 3.

schreitender Telekommunikationsmittel teilweise darauf abgestellt wird, ob der Anbieter mit der Kenntnisnahme durch Verbraucher im konkreten Staat rechnen musste.[1394] Nach anderer Ansicht ist eine Zielgerichtetheit der Werbung oder sonstigen Aktivität nicht erforderlich, weil der Verbraucher regelmäßig nicht erkennen kann, ob ihn die Werbung nur zufällig oder zielgerichtet erreicht.[1395] Eine vermittelnde Auffassung greift das letztgenannte Argument auf, fragt aber zusätzlich danach, ob der Anbieter ein gebietsneutrales oder gar exportorientiertes Medium bewusst eingesetzt hat und rechnet ihm bejahendenfalls das gesamte tatsächliche Verbreitungsgebiet zu.[1396]

Aufgrund der weiteren Formulierung des notwendigen räumlichen Zusammenhangs in Art. 29a Abs. 1, 2 EGBGB gegenüber Art. 29 Abs. 1 Nr. 1 EGBGB wird man jedenfalls tendenziell großzügiger sein müssen. Meines Erachtens bietet die eben dargestellte vermittelnde Auffassung hier einen sachgerechten Kompromiss, so dass eine Vertriebsaktivität „in" einem zum Rechtsraum der EU bzw. des EWR gehörenden Staat „entfaltet" wird, wenn der Anbieter bewusst ein Medium eingesetzt hat, in dessen Verbreitungsgebiet der betreffende Staat liegt.[1397]

(3) Kausalität der Vertriebsaktivität für den Vertragsschluss

Der Gesetzgeber hält im Regelbeispiel des Art. 29a Abs. 2 EGBGB („auf Grund") wie schon in § 12 AGBG (1996) daran fest, dass zwischen der vertriebsbezogenen Handlung des Unternehmers und dem Vertragsschluss mit dem Verbraucher ein Kausalzusammenhang bestehen muss, obwohl weder Art. 29 Abs. 1 Nr. 1 EGBGB[1398] noch Art. 13 Abs. 1 Nr. 3a EuGVÜ bzw. die Neuregelung in Art. 15 Abs. 1 lit. a)-c) EuGVVO eine solche Anbahnungskausalität erfordern.[1399]

Die Werbemaßnahme muss eine Bedingung dafür gesetzt haben, dass der Vertrag mit dem Verbraucher zustande gekommen ist, Mitursächlichkeit reicht

---

1394 Staudinger - *Reinhart* (1998), Art. 29 EGBGB, Rdn. 54 f.

1395 MüKo - *Martiny*, Art. 29 EGBGB, Rdn. 20; Hildenbrand/Kappus/*Mäsch*, § 8 TzWrG, Rdn. 43.

1396 Soergel - *v. Hoffmann*, Art. 29 EGBGB, Rdn. 18; *Thorn*, IPRax 1999, 1, 4 (bejaht dies auch für Internetangebote).

1397 Zu den Lokalisierungsschwierigkeiten im Rahmen von Internet-Werbung siehe sogleich im Text.

1398 Staudinger - *Reinhart* (1998), Art. 29 EGBGB, Rdn. 53.

1399 Vgl. *Freitag/Leible*, EWS 2000, 342, 345; Palandt - *Heldrich*, Art. 29a EGBGB, Rdn. 3; Wolf/Horn/Lindacher, 3. Aufl., § 12 AGBG, Rdn. 12 (zu § 12 AGBG a.F.). Die Forderung nach einer Anpassung des Wortlauts an Art. 29 Abs. 1 Nr. 1 EGBGB gilt hier gleichermaßen.

mangels einer einschränkenden Formulierung dabei aus.[1400] Zu verneinen wäre die Anbahnungskausalität, wenn der Willensentschluss des Verbrauchers überhaupt nichts mit der Werbemaßnahme zu tun hatte, was natürlich in erster Linie ein Beweisproblem aufwirft. Da die vertragsschlussbezogene Erklärung des Verbrauchers nach Art. 29a Abs. 2 EGBGB nicht mehr in dem Staat der Werbeaktivität abgegeben worden sein muss, sind in Zukunft auch vermehrt Konstellationen denkbar, in denen ein Anbieter aus einem Drittstaat lediglich in einem oder einzelnen Mitgliedstaaten Werbung betreibt, ein Verbraucher aus einem anderen Mitgliedstaat davon aber etwa im Rahmen eines Urlaubs oder sogar nur von einer dritten Person, die sich im beworbenen Staat aufgehalten hat, erfährt. Denkbar wäre etwa folgender Sachverhalt:

> Ein Anbieter A aus Brasilien wirbt für sein Produkt ausschließlich in Portugal, um durch Sprachunterschiede verursachte Transaktionskosten gering zu halten. Ein Verbraucher B aus Deutschland nimmt diese Werbung im Urlaub zur Kenntnis und erzählt einem Freund C zu Hause von dem Angebot. C wendet sich daraufhin direkt an das brasilianische Unternehmen.

Dem Problem kommt im Rahmen des Art 29a Abs. 2 EGBGB deswegen im Vergleich zu § 12 AGBG (1996) eine größere Bedeutung zu, weil es nun nicht mehr um Werbung in Deutschland für Verbraucher aus Deutschland geht, sondern gegebenenfalls eine innerhalb der EU bzw. des EWR räumlich beschränkte Werbung nun bei der Kausalitätsprüfung mit einem Vertragsschluss in Verbindung gebracht werden muss, an dem ein Verbraucher aus einem anderen Mitgliedstaat beteiligt ist. Die Werbung des A ist im Beispielsfall im Gebiet der EU lokalisiert. Die Werbung des A in Portugal hat für den folgenden Vertragsschluss zwischen A und C auch eine Bedingung gesetzt, aber eben keine allein ausreichende: Es bedurfte des B als „Mittelsmann".

Ausschlaggebend muss hier der Zweck der IPR-Klauseln sein. Sie verfolgen einerseits die Absicherung der Rechtsangleichung innerhalb des Binnenmarkts, daneben wollen sie den aktiv im Binnenmarkt nachfragenden Verbraucher schützen. Aus dessen Sicht ist es aber unerheblich, auf welchem Weg ihn die im Binnenmarkt entfaltete Vertriebsaktivität letztlich erreicht hat. Er darf den Binnenmarkt als einheitlichen Rechtsraum ansehen, weshalb es auch ausreichen muss, wenn sich der Vertragsschluss auf eine irgendwo in diesem Rechtsraum entfaltete Vertriebsaktivität zurückführen lässt. Im Ergebnis genügt in richtlinienkonformer Auslegung des Merkmals „auf Grund" auch hier eine Mitursächlichkeit der vertriebsbezogenen Geschäftstätigkeit für den Vertragsschluss, so dass die Kausalität der Werbung für den Vertragsschluss im obigen Fall zu

---

1400 Erman - *Hefermehl/Werner*, § 12 AGBG, Rdn. 10 (zu § 12 AGBG (1996); Hildenbrand/Kappus/*Mäsch*, § 8 TzWrG, Rdn. 45. Großzügiger Staudinger - *Magnus* (2002), Art. 29a EGBGB, Rdn. 45: es reicht aus, wenn die Aktivität des Anbieters überhaupt zu Verträgen der abgeschlossenen Art führen konnte.

bejahen ist.[1401] Nicht ganz einfach ist die Beurteilung auch im folgenden Beispielsfall:

> Der Verbraucher A erfährt von einem Bekannten, dass ein Unternehmen B aus der Schweiz ein für ihn interessantes Produkt anbietet. B hatte in der EU noch nie geworben. A bittet B um die Zusendung von Informationsmaterial und bestellt daraufhin das Produkt bei dem schweizer Anbieter.

Ob eine Werbung eines Anbieters aus einem Drittstaat z.B. schon dann nicht mehr kausal ist, wenn sich der in der Gemeinschaft ansässige Verbraucher aus eigenem Antrieb an ihn gewendet und um Zusendung von Werbematerial gebeten hatte, ist durchaus fraglich. Die Information durch das Werbematerial hat sicherlich auch hier zum Kaufentschluss beigetragen. Art. 29a Abs. 2 EGBGB fordert wie § 12 AGBG (1996), aber im Gegensatz zu Art. 29 Abs. 1 Nr. 1 EGBGB und § 8 TzWrG nicht, dass die Werbung dem Vertragsschluss „vorausgegangen" sein muss. Lediglich die Initiative zum vertraglichen Kontakt ging hier vom Kunden aus. Da eine Mitursächlichkeit der auf Verlangen des Verbrauchers zugesandten Werbung auch hier gegeben ist, ist die Vertragsanbahnungskausalität zu bejahen.[1402]

b) Gewöhnlicher Aufenthalt des Verbrauchers in einem EU- bzw. EWR-Staat bei Abgabe seiner Willenserklärung

Art. 29a Abs. 2 Nr. 2 EGBGB setzt voraus, dass der Verbraucher, bzw. bei Einschaltung eines Vertreters in Anlehnung an Art. 11 Abs. 3 EGBGB jener[1403], bei Abgabe seiner auf den Vertragsschluss gerichteten Erklärung seinen gewöhnlichen Aufenthalt in „einem" Mitgliedstaat der EU bzw. des EWR hat. Es kommt also nicht darauf, dass dies auch der Staat ist, in dem geworben wurde.[1404]

Der Gesetzgeber hat damit im Gegensatz zu § 12 Nr. 2 AGBG (1996) auch auf das Wohnsitzkriterium verzichtet, das bisher neben dem gewöhnlichen Aufenthalt aufgeführt war.[1405] Diese Korrektur ist zu begrüßen, da der Wohnsitzbegriff keinen europaweit einheitlichen Inhalt aufweist und keine dem gewöhnlichen Aufenthalt vergleichbare kollisionsrechtliche Aussagekraft be-

---

1401 So auch Hildenbrand/Kappus/*Mäsch*, § 8 TzWrG, Rdn. 45, zu § 8 Nr. 2 TzWrG.

1402 A.A. Hildenbrand/Kappus/*Mäsch*, § 8 TzWrG, Rdn. 45, der sich auf Wolf/Horn/Lindacher - *Lindacher*, § 12 AGBG, Rdn. 12, beruft. Im Text wurde aber bereits auf den abweichenden Wortlaut des § 12 AGBG (1996) in diesem Punkt hingewiesen.

1403 Vgl. *v. Westphalen*, in: Ders. (Hrsg.), Vertragsrecht/Rechtswahlklauseln, Rdn. 30.

1404 *Siehr*, IPR, 160; *Lagarde*, Rev. crit. dr. internat. privé 89 (2000), 925, 927. Dies verkennt *Neises*, NZM 2000, 1033, 1036.

1405 Vgl. *Lagarde*, Rev. crit. dr. internat. privé 89 (2000), 925, 927 Fn. 17.

sitzt.[1406] Wer, anders als hier vertreten, im Tatbestand des Art. 29a EGBGB keine restriktive Auslegung des Merkmals „Vertrag“ entsprechend dem sachlichen und persönlichen Anwendungsbereich der Richtlinien vornimmt[1407], wird zudem feststellen, dass der Gesetzgeber anders als in Art. 28 Abs. 2 EGBGB die Niederlassung juristischer Personen nicht erwähnt. Das Regelbeispiel ist also auf Verträge mit Beteiligung von juristischen Personen oder Gesellschaften nicht anwendbar, da diese keinen gewöhnlichen Aufenthalt haben können.[1408] Der Begriff des gewöhnlichen Aufenthalts ist im Übrigen autonom unter Berücksichtigung des Art. 36 EGBGB – somit wie in Art. 29 EGBGB – auszulegen, da ihn die IPR-Klauseln selbst nicht verwenden.[1409]

Von größerer Bedeutung ist die zweite Neuerung gegenüber § 12 AGBG (1996). Nach Art. 29a Abs. 2 Nr. 2 EGBGB reicht es in Anlehnung an die Formulierung in § 8 Nr. 2 TzWrG aus, wenn der Verbraucher seinen gewöhnlichen Aufenthalt bei Abgabe der Willenserklärung überhaupt im Gebiet der EU bzw. des EWR hat. Während bisher ein im Ausland abgeschlossener Vertrag dem Regelbeispiel des § 12 S. 2 AGBG (1996) nicht unterlag[1410] und nur mit der Generalklausel des S. 1 erfasst werden konnte[1411], erweitert Art. 29a Abs. 2 Nr. 2 EGBGB den kollisionsrechtlichen Schutz des europäischen Verbrauchers schon im Regelbeispiel selbst, indem allein die Vertragsanbahnung in der EU bzw. im EWR für maßgeblich erklärt wird und der Umstand, dass der Abschlussort in einem Drittstaat liegt, den engen Zusammenhang nicht ohne

1406 Vgl. *Staudinger*, IPRax 1999, 414, 415; *Sonnenberger*, ZEuP 1996, 382, 394.

1407 Siehe dazu oben 4. Teil C I.

1408 So konsequent Palandt - *Heldrich*, Art. 29a EGBGB, Rdn. 3. Letztlich ist aber auch diese Unstimmigkeit ein Argument für die hier vertretene restriktive Interpretation des Vertragsbegriffs in Art. 29a Abs. 1 EGBGB.

1409 Staudinger - *Magnus* (2002), Art. 29a EGBGB, Rdn. 46. Lässt sich der gewöhnliche Aufenthalt des Verbrauchers in einem bestimmten Mitgliedstaat nicht feststellen, so ist Art. 29a EGBGB anwendbar, wenn die Ursache hierfür in der Verteilung der sozialen Beziehungen auf verschiedene Mitgliedstaaten liegt oder wenn wenigstens der Schwerpunkt der Lebensbeziehungen in der Gemeinschaft liegt, siehe oben 3. Teil C II 2. d) (4). Wer nur seinen Wohnsitz in der Gemeinschaft hat, fällt nicht unter Art. 29a EGBGB, vgl. auch *Roth/Schulze*, RIW 1999, 924, 930 (zum Referentenentwurf).

1410 Staudinger - *Schlosser* (1998), § 12 AGBG, Rdn. 9; Palandt - *Heldrich*, 59. Aufl., § 12 AGBG, Rdn. 6; Wolf/Horn/Lindacher, 3. Aufl., § 12 AGBGB, Rdn. 11.

1411 Das kam etwa in Betracht, wenn die auf den Vertragsschluss gerichtete Erklärung des Verbrauchers nur zufällig im Ausland erfolgt ist und dies dem AGB-Verwender unschwer erkennbar (vgl. Staudinger - *Schlosser* (1998), § 12 AGBG, Rdn. 10) oder zurechenbar war (Erman - *Hefermehl/Werner*, § 12 AGBG, Rdn. 11). Nach der Gesetzesbegründung ferner, wenn ein deutscher Anbieter mit einem deutschen Verbraucher anlässlich einer Werbeveranstaltung in einem Drittland einen Vertrag abschließt, vgl. BT-Drs. 13/2713, 6.

Weiteres wieder entfallen lässt.[1412] Dies mag man unter Hinweis darauf, dass der Verbraucher, der in einem Drittstaat kontrahiert, nicht in jedem Fall mit der Geltung des europäischen Standards rechnen darf, kritisieren[1413], ist de lege lata aber hinzunehmen.

Unproblematisch erfasst ist auch die Konstellation, dass ein Verbraucher seine auf den Vertragsschluss gerichtete Erklärung nicht von seinem gewöhnlichen Aufenthaltsstaat aus abgibt, beispielsweise ein in Deutschland lebender Verbraucher während seines Urlaubs in Frankreich den Katalog eines dortigen Versandhändlers liest und sodann von seinem luxemburgischen Arbeitsplatz aus eine Bestellung vornimmt[1414]. Eine Kumulation der durch das vertragsbezogene Handeln der Parteien begründeten Bezüge zur Gemeinschaft in einem einzigen Staat ist nicht erforderlich.[1415]

Auch vor dem Hintergrund der sogleich noch näher zu behandelnden Schwierigkeiten, die Art. 29 Abs. 1 Nr. 1 EGBGB im Rahmen von über das Internet geschlossenen Verbraucherverträgen aufwirft, ist die Neuregelung zu begrüßen.[1416] Denn wo sich der Verbraucher im Zeitpunkt seiner über das elektronische Medium abgegebenen Willenserklärung aufgehalten hat, ist in tatsächlicher und rechtlicher Hinsicht nicht immer leicht festzustellen. Wie ist es z.B. zu bewerten, wenn sich der Verbraucher aus seinem Urlaubsland über das Internet in seinen heimischen PC „einwählt" und von diesem aus sodann eine Internet-Bestellung aufgibt?[1417] Der Verbraucher mag die Bestellung auch von seinem Laptop aus in einem Hotel im Ausland aufgegeben haben. Noch deutlicher werden die Probleme, wenn man sich die absehbare Entwicklung des sog. M-Commerce[1418] vor Augen hält, die die Anbahnung und den Abschluss von Verbraucherverträgen über das Mobilfunktelefon oder ähnliche mobile Kommunikationsgeräte ermöglicht. Der physische Aufenthalt des Verbrauchers

---

1412 Vgl. Staudinger - *Magnus* (2002), Art. 29a EGBGB, Rdn. 47. Wenn allerdings auch die Anbahnung eines Vertrags, der eine grundfreiheitlich geschützte Transaktion schützt, in einem Drittstaat erfolgt ist, geht *v. Wilmowsky*, ZEuP 1995, 735, 759, davon aus, dass es eine unverhältnismäßige Einschränkung einer Grundfreiheit darstellen kann, auch hier den „engen Zusammenhang" zu bejahen.

1413 So *Thorn*, IPRax 1999, 1, 8, vor Inkrafttreten des Art. 29a EGBGB. Auch die Begründung zum Referentenentwurf ging noch davon aus, dass die Willenserklärung des Verbrauchers im Gebiet der EU bzw. des EWR abgegeben worden sein muss, vgl. BMJ Referat I B 2, 3420/12-4, 115.

1414 Beispiel nach *Thorn*, IPRax 1999, 1, 8.

1415 *Freitag/Leible*, EWS 2000, 342, 345.

1416 Ebenso *Micklitz/Reich*, BB 1999, 2093, 2099.

1417 Vgl. dazu *Mankowski*, RabelsZ 63 (1999), 203, 251 f.

1418 Es stehen neue Vertriebsformen vor der Markteinführung, etwa interaktives TV ("T-Commerce") und "Mobile Commerce" (M-Commerce), der insbesondere durch die Einführung der UMTS-Technologie eine starke Bedeutung erlangen wird, vgl. die Stellungnahme des Wirtschafts- und Sozialausschusses über die „Auswirkungen des elektronischen Handels auf den Binnenmarkt (BBS)", ABlEG 2000 C 123/1, unter 2.5.

ist in all diesen Fällen dem Anbieter nicht erkennbar und zudem aufgrund des Einsatzes nahezu weltweit verfügbarer Kommunikationsmittel ohnehin ohne kollisionsrechtliche Aussagekraft.[1419]

c) Sonderproblem: Lokalisierung der Vertragsanbahnung bei Internet-Werbung und Verbraucherverträgen im elektronischen Geschäftsverkehr

Seit einiger Zeit beschäftigt die Literatur die Frage, ob der kollisionsrechtliche Verbraucherschutz auch im Zeitalter der Vertragsanbahnung und -abschlüsse über das Internet als grenzenloses Medium durch Art. 29 EGBGB gewährleistet ist. Sie bleibt auch nach Einführung des Art. 29a EGBGB relevant, da aufgrund der vorrangigen Prüfung des Art. 29 EGBGB[1420] der Anwendungsbereich des Art. 29a EGBGB umso kleiner ist, je extensiver man Art. 29 EGBGB im Hinblick auf den *e*-Commerce auslegt. Aufgrund möglicher Unterschiede in der Rechtsfolge der beiden Zentralnormen des kollisionsrechtlichen Verbraucherschutzes sowie der nur im Rahmen des Art. 29a EGBGB bestehenden Möglichkeit einer Vorlage an den EuGH kann die Frage auch nicht offen bleiben.

Angesichts der Problem- und Meinungsvielfalt zum kollisionsrechtlichen Verbraucherschutz im Internet, erscheint zunächst ein in den entsprechenden Stellungnahmen häufig fehlender Hinweis angebracht, der die praktische Bedeutung des Problems etwas relativiert. Der Lokalisierung der Vertragsanbahnung über das Internet oder andere moderne Kommunikationskanäle wie den M-Commerce kommt nur dann entscheidende Bedeutung zu, wenn Anbieter und Verbraucher über dieses Medium den *Erstkontakt* hergestellt haben. Häufig wird es aber so sein, dass ein im Internet auftretender Anbieter auch über konventionelle Medien in der EU Werbung betreibt, so dass es auf die Relevanz des Internet-Angebots gar nicht mehr ankommt.[1421]

Liegt aber ein „virtueller" Erstkontakt ohne anderweitige vorherige Werbung vor, so war, was den besonders von der FernabsatzRL betroffenen Bereich des *e*-Commerce angeht, in Fortsetzung der oben erwähnten Diskussion über die Zielgerichtetheit von Werbung bisher im Rahmen des Art. 29 Abs. 1 Nr. 1 EGBGB[1422] umstritten, ob eine Werbung im Internet, also letztlich jede Website,

---

1419 *de Vries/Prins/Hondius*, 101; *Stone*, Information & Communications Technology Law 2000, 5, 10.

1420 Siehe unten 4. Teil H II.

1421 Vgl. *Borges*, ZIP 1999, 565, 568.

1422 Art. 29 Abs. 1 Nr. 2 EGBGB hilft bei Verträgen, die über das Internet geschlossen wurden, nach richtiger Auffassung nicht weiter, da das Internet nicht als weltweite Empfangseinrichtung des Anbieters anzusehen ist. Der Verbraucher nimmt auch nicht an, im Internet nur „Inlandsverträge" abzuschließen, da die technischen Grundlagen laienhaft weitgehend bekannt sein dürften. Lediglich, wenn der Server des Anbieters, auf dem die

über die ein Produkt zum Kauf angeboten wird, schon per se eine Werbung „in" potentiell jedem Staat der Erde darstellen kann, in dem die Website abrufbar ist. Es bleiben daher zwei problematische Fallkonstellationen[1423]:

> Ein deutscher Verbraucher wählt die Website eines US-amerikanischen Herstellers an, der sonst keine Werbe- oder sonstigen Aktivitäten in der EU bzw. dem EWR entfaltet, aber auch keinen Geschäftskontakt mit Kunden aus diesem Gebiet ausschließt. (1).
> Abwandlung: Wie oben, nur ist die Website des US-Herstellers aufgrund ihrer Gestaltung als auf den europäischen Markt ausgerichtet anzusehen (2).

(1) Verbrauchergeschäfte im Internet und Art. 29 Abs. 1 EGBGB

Art. 29 Abs. 1 Nr. 3 EGBGB scheidet bei Internetgeschäften von vornherein aus[1424], da er eine physische Fortbewegung des Verbrauchers verlangt, der „virtuelles" Reisen im Internet nicht gleichgestellt werden kann. Auch Art. 29 Abs. 1 Nr. 2 EGBGB hilft in den Beispielsfällen nicht weiter, da der Anbieter nicht physisch im Aufenthaltsstaat des Verbrauchers anwesend ist.[1425]

Es bleibt daher nur Art. 29 Abs. 1 Nr. 1 EGBGB. Das Vorliegen von Werbung[1426] und die Vornahme der entscheidenden Rechtshandlung des Verbrauchers in dessen Aufenthaltsstaat[1427] ist regelmäßig unproblematisch. Auch das Argument, die Nr. 1 greife schon deswegen nicht, weil der Verbraucher den Anbieter aktiv „ansurfe" und damit vom Schutzzweck des Art. 29 EGBGB nicht mehr erfasst werde[1428], schlägt nicht durch. Es ist der Anbieter, der den Geschäftskontakt durch das Bereitstellen der Website erst ermöglicht. Der „surfende" Verbraucher verliert also nicht schon deshalb den Schutz des Art. 29

Internet-Bestellung endgültig zur Weiterbearbeitung lagert, im Verbraucherstaat steht, könnte etwas anderes gelten; vgl. auch *Hoeren*, 240.

1423 Den Beispielen von *Borges*, ZIP 1999, 565, 568, nachgebildet.

1424 *Borges*, ZIP 1999, 565, 567.

1425 *Borges*, ZIP 1999, 565, 567; *Hoeren/Oberscheid*, VuR 1999, 371, 387; *Mankowski*, RabelsZ 63 (1999), 203, 253; Palandt - *Heldrich*, Art. 29 EGBGB, Rdn. 5; a.A. *Mehrings*, CR 1998, 613, 620; *Waldenberger*, BB 1996, 2365, 2371.

1426 Eine Produktpräsentation auf einer Website ist als Werbung im Sinne des Art. 29 Abs. 1 EGBGB anzusehen, *Borges*, ZIP 1999, 565, 568; *Mankowski*, RabelsZ 63 (1999), 203, 234.

1427 Es ist auf den Standort des PC des Verbrauchers abzustellen, wenn er dort die Bestellung aufgegeben hat, *Mankowski*, RabelsZ 63 (1999), 203, 250. Im Übrigen ist das Abstellen auf den Ort der Abgabe von Willenserklärungen im Zeitalter des Internet zwar nicht mehr aussagekräftig, in der Praxis wird sich dieses Problem aber schon deswegen nicht stellen, weil der Anbieter nicht weiß, wo sich der Verbraucher im Zeitpunkt der Bestellung aufgehalten hat, vgl. *Mankowski*, RabelsZ 63 (1999), 203, 252; *Borges*, ZIP 1999, 565, 571.

1428 *Reich/Nordhausen*, 92; *Fallon*, in: Stauder (Hrsg.), 241, 275; *Boele-Woelki*, 1, 12.

EGBGB, weil er selbst die Website eines Herstellers aufgesucht hat.[1429] Fraglich ist daher im Rahmen des Art. 29 Abs. 1 Nr. 1 EGBGB vor allem, ob die Werbung auch „im" Verbraucherstaat erfolgt ist. Hierzu werden verschiedene Ansätze vertreten:

Ein Meinungsblock sieht schon im Bereithalten einer Produktpräsentation auf einer Website, die im Verbraucherstaat abrufbar ist, eine Werbung „in" diesem Staat. Zur Begründung verweist man darauf, dass sich der Anbieter bewusst eines transnationalen Mediums bedient, dass er das Rechtsanwendungsrisiko[1430] besser tragen kann als die Verbraucher, dass ihm auch die Vorteile der Nutzung des Internets zukommen und er sich zudem durch vertriebsorganisatorische Maßnahmen gegen die Anwendung zahlloser unbekannter Rechtsordnungen schützen kann (sog. Selbstschutzargument[1431]).[1432] Danach greift Art. 29 Abs. 1 Nr. 1 EGBGB in den Beispielsfällen (1) und (2) ein, da die Website im Verbraucherstaat abrufbar ist und kein Ausschluss von Geschäftskontakten mit Kunden aus diesem Staat erklärt wurde.

Nach der Gegenauffassung greift das Selbstschutzargument unter anderem aufgrund des Täuschungsrisikos, technischer Schwierigkeiten und damit verbundener Kosten sowie aus Datenschutzgründen nicht durch. Das Rechtsanwendungsrisiko der Anbieter müsse daher begrenzt werden. Nicht die technische Betrachtung des Internet als ubiquitäres Medium, sondern inhaltliche

---

1429 *Spindler*, MMR. 2000, 18, 20; *Junker*, RIW 1999, 809, 815; *Mankowski*, MMR-Beilage 7/2000, 22, 24; *Ders.*, RabelsZ 63 (1999), 203, 240; *Sonnenberger*, ZVglRWiss 100 (2001), 107, 131.

1430 Das Rechtsanwendungsrisiko bezeichnet allg. den Umstand, dass eine Handlung nach einer Vielzahl nationaler Rechtsordnungen beurteilt werden kann, *Mankowski*, RabelsZ 63 (1999), 203, 239.

1431 Allerdings nehmen die Website-Betreiber die Möglichkeit anzugeben, welche Staaten von ihrem Angebot erfasst sein sollen, bislang nicht ausreichend war, vgl. die Studie der Organisation *Consumers International*, 7: nur 1/3 der untersuchten Websites.

1432 So mit teilweise abweichenden Begründungen: *Mankowski*, MMR-Beilage 7/2000, 22, 24 ff.; *Ders.*, RabelsZ 63 (1999), 203, 234 ff.; *Junker*, RIW 1999, 809, 816; *Thorn*, IPRax 1999, 1, 4 f.; *Scherer/Butt*, DB 2000, 1009, 1010; Grabitz/Hilf - *Micklitz*, Bd. III, A 3, Rdn. 193; Staudinger - *Magnus* (2002), Art. 28 EGBGB, Rdn. 655; vgl. auch *Reich/ Gambogi*, VuR 2001, 269, 272 f.; im Ergebnis auch *Waldenberger*, BB 1996, 2365, 2371; *Gruber*, DB 1999, 1437, 1438; *Lehmann*, EuZW 2000, 517; *Kronke*, RIW 1996, 985, 988; *Stone*, Information & Communications Technology Law 2000, 5, 11; *Hoeren*, 240 f.; Hildenbrand/Kappus/*Mäsch*, § 8 TzWrG, Rdn. 43; *Drexl*, in: Lehmann (Hrsg.), 75, 98; Palandt - *Heldrich*, Art. 29 EGBGB, Rdn. 5. Vgl. zum Selbstschutzargument auch *Stone*, Information & Communications Technology Law 2000, 5, 9. Eine technische Beschränkung des Website-Zugangs nach geographischen, sprachlichen oder persönlichen Kriterien wird teilweise als schwierig und aufwendig (vgl. *Reich/Nordhausen*, 89), teils als technisch jedenfalls nicht in allen Fällen möglich (*Mankowski*, RabelsZ 63 (1999), 203, 243 f.) bezeichnet, so dass das Selbstschutzargument richtigerweise auf vertriebsorganisatorische Maßnahmen zu beziehen ist.

Gesichtspunkte sollen danach den Ausschlag geben. Eine Gesamtschau relevanter Umstände wie Sprache, Währung, Maßeinheiten, Bezug auf technische Normen und allgemein der Charakter des Produkts und die Aufmachung des Angebots soll danach die Feststellung ermöglichen, ob die Website auf den Verbraucherstaat abzielt.[1433] Danach greift Art. 29 Abs. 1 Nr. 1 EGBGB nur im Fall (2) ein.

Die Bedeutung der genannten Gesichtspunkte im Rahmen der Prüfung, ob Werbung „im" Verbraucherstaat vorliegt, ist aber wiederum umstritten. Fraglich ist insbesondere, ob die erkennbare Absicht des Anbieters, über seine Website nur Verbraucher aus bestimmten Staaten anzusprechen, kollisionsrechtlich relevant ist[1434], ebenso wie die Bedeutung der auf der Website verwendeten Sprache, der angegebenen Währung oder des regionalen Produktcharakters offen ist.[1435]

(2) Die Neuregelung des international-zuständigkeitsrechtlichen Aspekts

In der Literatur erwartet man, dass sich die Reform des Art. 5 EVÜ an dem neuen Art. 15 EuGVVO orientieren wird.[1436] Aber auch für die Auslegung des Art. 29a EGBGB erlangt die Neuregelung der internationalen Zuständigkeit für Verbrauchersachen in Art. 15 EuGVVO eine gewisse Bedeutung[1437]: Dort heißt es in Abs. 1 lit. c), dass die Zuständigkeit der Gerichte am Wohnsitz des Verbrauchers nach Art. 16 Abs. 1, 2 EuGVVO dann besteht, wenn der Anbieter in diesem Staat eine gewerbliche oder berufliche Tätigkeit ausübt oder eine solche

---

[1433] *Spindler*, MMR 2000, 18, 23; *Borges*, ZIP 1999, 565, 569; *Moritz*, CR 2000, 61, 65; *Buchner*, EWS 2000, 147, 152 (im Hinblick auf die int. Zuständigkeit); *Reich/Nordhausen*, 92 f.; *Härting*, Rdn. 159; *Horn*, MMR 2002, 209, 213; *Köhler/Arndt*, Rdn. 479; LG Hamburg, v. 5.5.1999, 315 O 271/98, MMR 1999, 612, 613 (zur Frage der Markenrechtsverletzung duch eine Internet-Seite); ähnlich *Pfeiffer*, NJW 1997, 1207, 1214.

[1434] *Mehrings*, CR 1998, 613, 617, 619, und *Köhler/Arndt*, Rdn. 480, messen dem Bedeutung zu. A.A. *Spindler*, MMR 2000, 18, 21, dem zuzustimmen sein dürfte: Ist es erst zum Vertragsschluss gekommen, hat der Anbieter ja seinen eigenen „disclaimer" widerlegt, vgl. auch *Mankowski*, RabelsZ 63 (1999), 203, 245.

[1435] Angesichts der Dominanz des Englischen misst *Thorn*, IPRax 1999, 1, 4, der Sprache keine Unterscheidungskraft zu. Gegen die Beachtlichkeit von Sprache und Währung im Rahmen des Art. 15 Abs. 1 lit. c) EuGVVO wendet sich die Gemeinsame Erklärung von Rat und Kommission zu Art. 15 EuGVVO, abgedr. in IPRax 2001, 259, 261; ebenso *Mankowski*, RabelsZ 63 (1999), 203, 246, 247 f. Gegen den Produktcharakter als Unterscheidungsmerkmal, *Mankowski*, RabelsZ 63 (1999), 203, 247. Einen kurzen Überblick über die Problematik bietet eine im Auftrag der Kommission erarbeitete Studie von *de Vries/Prins/Hondius*, 101.

[1436] *Martiny*, ZEuP 2001, 308, 333; *Stone*, Information & Communications Technology Law 2000, 5, 11; *Moritz*, CR 2000, 65, 71.

[1437] Ebenso *Reich/Gambogi*, VuR 2001, 269, 275.

„*auf irgendeinem Wege* auf diesen Mitgliedstaat oder auf mehrere Staaten, einschließlich dieses Mitgliedstaats, *ausrichtet* und der Vertrag in den Bereich dieser Tätigkeit fällt."[1438]

Nach Art. 15 Abs. 1 lit. c) EuGVVO genießt der Verbraucher also den Schutz eines heimischen Gerichtsstands, wenn ein Verbrauchervertrag vorliegt und der andere Vertragspartner im Wohnsitzstaat des Verbrauchers eine berufliche oder gewerbliche Tätigkeit ausübt *oder* eine solche auf diesen Mitgliedstaat bzw. mehrere unter Einschluss dieses Mitgliedstaats ausrichtet *und* der Vertrag in den Bereich dieser Tätigkeit fällt.

In der Begründung zum ursprünglichen Vorschlag heißt es dazu, dass namentlich sog. „aktive" Websites erfasst sein sollen, während der Umstand allein, dass der Verbraucher durch eine „passive" Website auf das Angebot des Verbrauchers aufmerksam wird, nicht ausreiche.[1439] Daher sind jedenfalls online geschlossene Verbraucherverträge erfasst. Letztlich hilft diese Unterscheidung – abgesehen davon, dass offen bleibt, was eine „passive" Website genau ist[1440] – aber nicht weiter, denn wenn die Website etwa auf die E-Mail-Adresse des Unternehmens oder eine Telefon- bzw. Faxnummer zur Aufgabe von Bestellungen hinweist, ist sie zwar möglicherweise „passiv", bahnt jedoch ohne Zweifel dennoch den Vertragsschluss mit dem Verbraucher an.[1441] Zu Recht ist diese Sichtweise daher in einer Gemeinsamen Erklärung von Rat und Kommission zu Art. 15 EuGVVO fallengelassen worden: Voraussetzung soll jetzt sein, dass die Website zum Vertragsschluss im Fernabsatz auffordert und der Vertragsschluss auch im Fernabsatz erfolgt.[1442]

Eine solche Aufforderung kann meines Erachtens auch dann gegeben sein, wenn sich die Website im Übrigen nicht speziell an europäische Verbraucher richtet. Vielmehr muss die Website umgekehrt ersichtlich nicht auf den Wohnsitzstaat des Verbrauchers ausgerichtet sein, um nicht unter Art. 15 Abs. 1 lit. c) EuGVVO zu fallen, etwa Kontakte mit Verbrauchern aus dem betreffenden

1438 Hervorhebung nicht im Original.

1439 KOM (1999), 348 endg., 17 f.; ebenso der Bericht des Europäischen Parlaments zum Kommissionsvorschlag, A 5 - 0253/2000, 32, 37.

1440 Dazu *Micklitz/Rott*, EuZW 2001, 325, 331, die jedenfalls die Interaktivität einer Website nicht für ausschlaggebend halten (so aber implizit *de Vries/Prins/Hondius*, 102), da die Neuregelung sonst entgegen ihrer Intention hinter Art. 13 EuGVÜ zurückbleiben würde.

1441 Vgl. *de Vries/Prins/Hondius*, 102, die auch darauf hinweisen, dass die Unterscheidung von aktiven und passiven Websites nur dann aussagekräftig ist, wenn sich der Verbraucher nach Sichtung eines passiven Webangebots in den Staat des Anbieters begibt, um dort die Bestellung vorzunehmen, was so gut wie nie der Fall sein dürfte.

1442 So die Gemeinsame Erklärung von Rat und Kommission zu Art. 15 EuGVVO, abgedr. in IPRax 2001, 259, 261.

Staat ausschließen, und sich der Anbieter auch an diesen Ausschluss halten.[1443] Daher sind die Konstellationen der obigen Beispiele (1) und (2), auch wenn außer der Website keine Vertriebsaktivität im betreffenden Staat stattfindet, meines Erachtens erfasst. Sowohl der Vertragsschluss über eine Website mit Online-Bestellmöglichkeit, als auch der Vertragsschluss infolge einer konkreten Aufforderung zur Abgabe von Angeboten über eine Website, die diese Möglichkeit nicht bietet, fallen demgemäß unter Art. 15 Abs. 1 lit. c) EuGVVO.[1444]

Vor diesem Hintergrund erhält die weitergehende Meinung, die im Rahmen des Art. 29 Abs. 1 Nr. 1 EGBGB schon das Vorhalten der Website und deren Abrufbarkeit im Verbraucherstaat grundsätzlich ausreichen lässt, mithin erhebliche Unterstützung. Immerhin dient der Verbrauchergerichtsstand als Einschränkung der zuständigkeitsrechtlichen Parteiautonomie[1445] ja gerade dazu, dem Verbraucher mittelbar die Anwendung des eigenen bzw. hier des europäischen Rechts zu verschaffen.[1446]

(3) Art. 29a Abs. 1, 2 EGBGB und Verbrauchergeschäfte im Internet

Fraglich ist nun, ob man im Rahmen des Art. 29a Abs. 2 EGBGB aufgrund der dem Art. 29 Abs. 1 Nr. 1 EGBGB ähnlichen Struktur im Hinblick auf Internet-Angebote mit ähnlichen Auslegungsproblemen zu kämpfen hat, oder ob nicht der Umstand, dass Art. 29a Abs. 2 EGBGB nur ein Regelbeispiel zu einer weitergehenden Generalklausel bildet, die gerade den Art. 29 EGBGB zugrunde liegenden Art. 5 EVÜ erweitern sollte und zudem auch eine bloß „ähnliche geschäftliche Tätigkeit" erfasst, ohnehin zu einer Absenkung der Anforderungen an die Lokalisierung von Internet-Verträgen im Gemeinschaftsgebiet führen muss.

Meines Erachtens ist das Regelbeispiel in Art. 29a Abs. 2 EGBGB aufgrund des unterschiedlichen Wortlauts die Lokalisierung der Vertriebsaktivität betreffend nicht notwendig identisch mit Art. 29 Abs. 1 Nr. 1 EGBGB auszulegen. Die Regelungen unterscheiden sich nämlich nicht nur darin, dass Art. 29 EGBGB die Lokalisierung der Vertriebsaktivität im Aufenthaltsstaat des Verbrauchers voraussetzt, während Art. 29a Abs. 2 EGBGB auf das Gebiet der EU bzw. des EWR insgesamt abstellt. Art. 29 Abs. 1 Nr. 1 EGBGB spricht vielmehr von einer Vertriebsaktivität „*im*" relevanten Gebiet, was auf eine starke

---

[1443] *Micklitz/Rott*, EuZW 2001, 325, 331.

[1444] *Stone*, Information & Communications Technology Law 2000, 5, 10 (zum Kommissionsvorschlag); im Ergebnis ebenso *Reich/Gambogi*, VuR 2001, 269, 271 f.; kritisch dazu *Spindler*, MMR 2000, 18, 24.

[1445] Sie ist neben der grundsätzlichen Bevorzugung des Beklagten ein Grundprinzip des europäischen Zuständigkeitssystems, vgl. *Jayme*, in: Reichelt (Hrsg.), 33, 34.

[1446] Vgl. *Reich/Gambogi*, VuR 2001, 269, 270.

Verankerung zwischen der absatzfördernden Maßnahme des Anbieters und deren Wirkung im relevanten Gebiet hindeutet, während es Art. 29a Abs. 2 Nr. 1 EGBGB ausreichen lässt, dass sich eine solche absatzfördernde Aktivität „*entfaltet*", also demgegenüber noch stärker die Wirkungen betont.

Auch der Umstand, dass eine der öffentlichen Werbung nur ähnliche geschäftliche Tätigkeit ausreicht, spricht für eine weitere Auslegung.[1447] Es liegt daher nahe, dass der Gesetzgeber nicht erst mit der Generalklausel des Art. 29a Abs. 1 EGBGB eine Erweiterung des kollisionsrechtlichen Verbraucherschutzes in räumlicher Hinsicht vornehmen wollte, sondern bereits das Regelbeispiel in Abs. 2 über Art. 29 Abs.1 Nr. 1 EGBGB hinausgeht. Schon die räumlichen Kriterien des Art. 29a Abs. 2 EGBGB und nicht erst die Generalklausel des engen Zusammenhangs erlauben daher eine tendenziell großzügigere Beurteilung des hinreichend engen Zusammenhangs eines Vertrags mit dem Gemeinschaftsgebiet.

Für die aktuelle Problematik der Internet-Werbung folgt daraus, dass sie grundsätzlich bereits unter das Regelbeispiel des Art. 29a Abs. 2 EGBGB fällt.[1448] Nach hier vertretener Auffassung lässt sich bereits de lege lata eine Übereinstimmung zwischen der in Art. 15 EuGVVO erfolgten internationalzuständigkeits- und der internationalprivatrechtlichen Behandlung von online geschlossenen Verbraucherverträgen erreichen. Eine unangemessene Verteilung des Rechtsanwendungsrisikos liegt hierin nicht. Wer seine Produkte über das Internet bewirbt, macht sich dessen weltweite Verfügbarkeit zu Absatzzwecken zunutze. Die Erschließung neuer Kommunikationswege darf nicht dazu führen, dass Verbraucher verstärkt im Ausland gerichtspflichtig sind, bei gleichzeitiger Anwendbarkeit eines ihnen unbekannten Rechts, das zudem häufig nicht den europäischen Standards entsprechen wird. Schon allein das Erfordernis, sein Recht im Ausland suchen bzw. sich dort verteidigen zu müssen, kann in Ver-

---

1447 Vgl. *Freitag/Leible,* EWS 2000, 342, 345; ausdrücklich im Hinblick auf den *e*-Commerce ebenso *Micklitz/Reich*, BB 1999, 2093, 2099.

1448 So auch Palandt - *Heldrich*, Art. 29a EGBGB, Rdn. 3; Staudinger - *Magnus* (2002), Art. 28 EGBGB, Rdn. 660; *Freitag/Leible,* EWS 2000, 342, 345; *v. Westphalen*, in: *Ders.* (Hrsg.), Vertragsrecht/Rechtswahlklauseln, Rdn. 38; *Reich/Nordhausen*, 99. Ebenso *Köhler/Arndt*, Rdn. 475; Erman - *Hefermehl/Werner*, § 12 AGBG, Rdn. 9; *Junker*, RIW 1999, 809, 816 (alle zu § 12 AGBG (1996). Je nachdem, wie man die Bedeutung des Art. 29 Abs. 1 Nr. 1 EGBGB im *e*-Commerce mit Verbrauchern einschätzt, wird man in der Neuregelung des Art. 29a Abs. 1 EGBGB eine erhebliche Erweiterung des kollisionsrechtlichen Verbraucherschutzes sehen können oder sie für diesen Bereich eher für unspektakulär halten. A.A. hingegen *Härting*, Rdn. 160, der eine Ausrichtung auf den europäischen Verbraucher für erforderlich hält und als Beispiel eine deutschsprachige Website eines US-Unternehmens nennt.

brauchersachen mit ihren geringen Streitwerten einer Rechtsverweigerung praktisch gleichkommen.[1449]

Hingegen kann der im Internet auftretende Anbieter das Rechtsanwendungsrisiko einkalkulieren und steuern sowie entsprechende Versicherungen abschließen.[1450] Er kann den Verbraucher um Auskunft ersuchen, wo er ansässig ist, und verlangen, dass die Lieferadresse mit diesem Ort übereinstimmt, widrigenfalls einen Vertragsschluss ablehnen. Kommt es aufgrund unzutreffender Angaben des Verbrauchers zu einem Vertragsschluss wird gegebenenfalls der Einwand des Rechtsmissbrauchs zu prüfen sein.[1451] Solche Ausnahmefälle können die grundsätzlich angemessene Bevorzugung der Rechtsanwendungsinteressen des Verbrauchers im *e*-Commerce aber nicht in Frage stellen.

(4) Ergebnis

Da die eben genannten Argumente auch für Art. 29 Abs. 1 Nr. 1 EGBGB gelten und dessen Anwendung auf über das Internet angebahnte Verträge vom Wortlaut unproblematisch erfasst wird, gilt meines Erachtens Folgendes: Verbraucherverträge, die aufgrund eines Erstkontakts zwischen Anbieter und Verbraucher im Internet hergestellt wurden, und eine Rechtswahl zugunsten eines Drittstaats enthalten, unterliegen den Schutzvorschriften des gewöhnlichen Aufenthaltsstaats, wenn Art. 29 Abs. 1 EGBGB im Übrigen erfüllt ist. Ist Art. 29 EGBGB nicht einschlägig, greift das Regelbeispiel des Art. 29a Abs. 2 EGBGB ein, wonach die entsprechenden Umsetzungsnormen des Staats der engen bzw. engsten Verbindung zur Anwendung kommen. Das kann der Sitzstaat eines EU-Anbieters, der Vertragsanbahnungs- oder auch der gewöhnliche Aufenthaltsstaat des Verbrauchers sein.[1452]

1449 Dass die Rechtsverfolgungskosten in grenzüberschreitenden Verbrauchersachen angesichts niedriger Streitwerte prohibitiv hoch sind, dürfte kaum streitig sein. Eine Studie kam 1996 für Streitwerte um 2.000 ECU zu dem Ergebnis: „A rational actor would not pursue a cross-border consumer claim within Europe in court.“, *Feldtmann/von Freyhold/Vial*, 1. Das Ergebnis hat sich 1998 für Streitwerte bis zu 50.000 ECU bestätigt, a.a.O., 309; vgl. auch den Bericht des Europäischen Parlaments zum Kommissionsvorschlag einer EuGVVO, A 5-0253/2000, 32 f.; *European Consumer Law Group,* ECLG/157/98, Anhang II; *Mankowski*, MMR - Beilage 7/2000, 22, 32. Auch die durchschnittliche Prozessdauer von 30 Monaten (2 Instanzen) bis 110 Monate (alle Instanzen einschließlich möglicher Vorabentscheidungsverfahren) hält Verbraucher von Prozessen im Ausland ab, *Feldtmann/von Freyhold/Vial*, 309.

1450 Rechtstatsächlich hat sich bisher kein Abschreckungseffekt des Rechtsanwendungsrisikos manifestiert, vgl. *Mankowski*, RabelsZ 63 (1999), 203, 235.

1451 Dazu *Mankowski*, RabelsZ 63 (1999), 203, 249; *Stone*, Information & Communications Technology Law 2000, 5, 9; *Reich/Gambogi*, VuR 2001, 269, 273.

1452 Zur Rechtsfolge des Art. 29a Abs. 1, 2 EGBGB siehe 4. Teil C IV 2.

d) Beweislast

Die Beweislast für das Vorliegen der tatsächlichen Voraussetzungen für die Anwendbarkeit einer Rechtsnorm trägt grundsätzlich die Partei, für die sich die Anwendung der Norm positiv auswirken würde. Damit muss der Verbraucher darlegen und gegebenenfalls beweisen, dass der Anbieter in der EU bzw. im EWR geworben oder eine ähnliche geschäftliche Tätigkeit entfaltet hat, dass diese Tätigkeit kausal für den Vertragsschluss war und dass er bei Abgabe seiner auf den Vertragsschluss gerichteten Willenserklärung seinen gewöhnlichen Aufenthalt in der EU bzw. dem EWR hatte.[1453]

Hinsichtlich der Kausalität werden dem Verbraucher in der Literatur richtigerweise Beweiserleichterungen zugestanden.[1454] Man könnte dem Verbraucher etwa mit dem Anscheinsbeweis helfen, sofern man diesen auch für individuelle Willensentschließungen zulässt[1455], denn die in Art. 29a Abs. 2 Nr. 1 EGBGB genannten vertriebsbezogenen Aktivitäten sind nach der Lebenserfahrung geeignet, für einen späteren Vertragsschluss wenigstens mitursächlich zu sein.[1456] Auch eine tatsächliche Vermutung der Kausalität, wenn dem Vertragsschluss eine der genannten Handlungen des Anbieters vorausgegangen ist, lässt sich vertreten.[1457]

Meines Erachtens wird man die Kausalität unproblematisch dann vermuten können, wenn dem Vertragsschluss ein individuelles Angebot unter Einschluss der invitatio ad offerendum vorausgegangen ist.[1458] Der Verbraucher muss dann also nur darlegen und gegebenenfalls beweisen, dass ihm ein solches Angebot unterbreitet worden ist. Ist hingegen an eine Vielzahl von Personen gerichtete Werbung vorausgegangen, so ist die Kausalitätsvermutung jedenfalls dann berechtigt, wenn der Vertragsschluss zeitnah erfolgt ist. Der Verbraucher muss in diesem Fall darlegen und gegebenenfalls beweisen, dass er in Kontakt mit der Werbung gekommen ist und der Vertrag daraufhin zeitnah zustande gekommen ist.

1453 Hildenbrand/Kappus/*Mäsch*, § 8 TzWrG, Rdn. 46.

1454 Vgl. Staudinger - *Schlosser* (1998), § 12 AGBG, Rdn. 11; Wolf/Horn/Lindacher, 3. Aufl., § 12 AGBGB, Rdn. 12; Hildenbrand/Kappus/*Mäsch*, § 8 TzWrG, Rdn. 46.

1455 Streitig. Vgl. MüKo - *Prütting*, § 286 ZPO, Rdn. 74.

1456 Wolf/Horn/Lindacher - *Lindacher*, 3. Aufl., § 12 AGBGB, Rdn. 12. Einen entsprechenden Erfahrungssatz lehnt Hildenbrand/Kappus/*Mäsch*, § 8 TzWrG, Rdn. 46, hingegen ab, wenn sich die Absatztätigkeit des Anbieters nicht gerade auf den Aufenthaltsstaat des Verbrauchers bezogen hat.

1457 Staudinger - *Schlosser* (1998), § 12 AGBG, Rdn. 11; *Roth/Schulze*, RIW 1999, 924, 930, für Art. 29a EGBGB in der insoweit gleichlautenden Fassung des Referentenentwurfs, die bei gestreuter Werbung auch einen gänzlichen Verzicht auf die Kausalität für akzeptabel halten.

1458 Ebenso *Roth/Schulze*, RIW 1999, 924, 930, für Art. 29a EGBGB in der insoweit gleichlautenden Fassung des Referentenentwurfs.

In praktischer Hinsicht darf man diese Beweisfragen allerdings wohl nicht überbewerten, da selten streitig sein wird, dass der Anbieter in der EU bzw. dem EWR geworben hat und es zumindest auch deswegen zum Vertragsschluss mit dem Verbraucher kam, zumal wenn man Herstellerwerbung ausreichen lässt.

2. Die Konkretisierung der Generalklausel „enger Zusammenhang"

Greift das Regelbeispiel des Art. 29a Abs. 2 EGBGB nicht ein, so ist anhand einer Gesamtwürdigung der Umstände des Einzelfalls festzustellen, ob der Vertrag eine hinreichende räumliche Beziehung zum Gebiet der EU bzw. dem EWR aufweist, um einen „engen Zusammenhang" bejahen zu können.[1459]

a) Europäisch-autonome Auslegung

Da die IPR-Klauseln der Verbraucherschutzrichtlinien das Tatbestandsmerkmal „enger Zusammenhang" selbst enthalten und für einen Verweis auf mitgliedstaatliches Recht keine Anhaltspunkte vorliegen, ist eine europäisch-autonome Auslegung notwendig.[1460] Dies liegt auch im Interesse einer einheitlichen Anwendung des europäischen Verbrauchervertragsrechts auf Verträge, für die das Recht eines Drittstaats gewählt wurde.

Dabei dürfen nicht zu geringe Anforderungen gestellt werden. Der Umstand, dass die IPR-Klauseln überhaupt einen Bezug zur EU verlangen, zeigt die Absicht des Gemeinschaftsgesetzgebers, eine exorbitante Anwendung des harmonisierten europäischen Verbrauchervertragsrechts gegenüber Drittstaatenrecht zu vermeiden.[1461] Der einschlägigen Literatur lassen sich zahlreiche möglicherweise relevante Kriterien entnehmen. So sollen in subjektiver Hinsicht die Staatsangehörigkeit, der gewöhnliche Aufenthalt des Verbrauchers, der Firmensitz bzw. die Zweigniederlassung des Anbieters, in objektiver Hinsicht die Vertragssprache, der Abschlussort, der Erfüllungsort[1462] der beiderseitigen Leistungen oder die Belegenheit des Vertragsgegenstands – zu ergänzen ist hier in erster Linie noch der Ort der Vertragsanbahnung – eine Rolle spielen.[1463] Daneben

---

[1459] Palandt - *Heldrich*, Art. 29a EGBGB, Rdn. 3; *Wegner*, VuR 2000, 227, 228; Erman - *Hefermehl/Werner*, § 12 AGBG, Rdn. 6 (zu § 12 AGBG (1996)). Zum Merkmal „Gebiet" bzw. „Hoheitsgebiet" siehe Staudinger - *Magnus* (2002), Art. 29a EGBGB, Rdn. 37.

[1460] *Krebber*, ZVglRWiss 97 (1998), 124, 145 (zu den IPR-Klauseln); *Rusche*, IPRax 2001, 420, 423; Staudinger - *Magnus* (2002), Art. 29a EGBGB, Rdn. 40.

[1461] *Leible*, in: Schulte-Nölke/Schulze (Hrsg.), 353, 376.

[1462] Angemerkt sei hier, dass mit dem Erfüllungsort wohl nicht der rechtliche, sondern der Ort der tatsächlichen Vertragsdurchführung, also etwa der Ort, an den eine Ware geliefert oder an dem eine Dienstleistung erbracht wird, gemeint ist.

[1463] Palandt - *Heldrich*, Art. 29a EGBGB, Rdn. 3; vgl. auch Grabitz/Hilf - *Pfeiffer*, Bd. III, A 5, Art. 6 RL, Rdn. 29 (zu Art. 6 Abs. 2 KlauselRL). Siehe ferner oben 3. Teil B III 4.

sind allgemein die Eigenheiten des Vertrags und die Verhältnisse der Parteien[1464] von Bedeutung.

Welche Aussagekraft den einzelnen Umständen zukommt, bedarf jedoch näherer Prüfung. Einigkeit besteht in der Literatur darin, dass man sich zunächst an den Wertungen des Art. 28 EGBGB orientieren kann, der ja mit dem Prinzip der „engsten" Verbindung ein Mehr gegenüber dem von Art. 29a EGBGB geforderten „engen" Zusammenhang verlangt. Diese Orientierung an kollisionsrechtlichen Wertungen des EVÜ darf aber nicht mit der Frage verwechselt werden, ob ein enger Zusammenhang nur dann vorliegen kann, wenn die objektive Anknüpfung ohne Rechtswahl zum Recht eines Mitgliedstaats geführt hätte. Diese These vom sog. kollisionsrechtlichen Schutzverlust ist oben bereits abgelehnt worden.[1465]

Es geht hier vielmehr darum, mögliche räumliche Bezugspunkte eines Vertrags zum Gebiet der Gemeinschaft zu identifizieren und zu bewerten, um die Generalklausel des „engen Zusammenhangs" handhabbar zu machen. Eine Bindung an die Wertungen des EVÜ ist hier – anders als im Rahmen der Frage, welches Mitgliedstaatenrecht zu berufen ist[1466] – nicht im strikten Sinne gegeben, denn die IPR-Klauseln bezwecken gerade eine Ergänzung des kollisionsrechtlichen Verbraucherschutzes über Art. 5 EVÜ hinaus. Dabei geht es nicht um die Ermittlung des räumlichen Vertragsschwerpunkts als solchem, sondern darum, ob ausreichende Bezugspunkte zur Rechtsordnung eines oder mehrerer EU-Mitglied- bzw. EWR-Vertragsstaaten vorliegen, die es rechtfertigen, die Rechtswahl und den möglicherweise in einem Drittstaat belegenen objektiven Vertragsschwerpunkt insoweit zu ignorieren, als es um den EG-Verbraucherschutzstandard geht.

b) Orientierung an Art. 28, 29 Abs. Abs. 1 Nr. 1 - 3 EGBGB

Ein enger Zusammenhang ist a maiore ad minus grundsätzlich[1467] dann anzunehmen, wenn die objektive Anknüpfung gem. Art. 4 EVÜ (Art. 28 EGBGB), der auf die engste Verbindung abstellt, zu dem Recht eines Mitgliedstaats führen

[1464] Siehe MüKo - *Martiny*, Art. 28 EGBGB, Rdn. 10.

[1465] Vgl. dazu 3. Teil B II 3. b).

[1466] Diese Frage regeln die IPR-Klauseln nicht, so dass die Bindung an die Wertungen des EVÜ durchgreift, vgl. unten 4. Teil C IV 2. c) (1).

[1467] Da es immer auf die Einzelfallumstände ankommt, sind Ausnahmen möglich. So verneint *Rusche*, IPRax 2001, 420, 423, in dem Fall, dass ein in der EU ansässiger Anbieter in einem Drittstaat mit einem EU-Verbraucher eine KfZ-Diebstahlsversicherung für die Dauer des Aufenthalts im Drittstaat abschließt unter Hinweis auf Wettbewerbsnachteile der EU-Anbieter einen „engen Zusammenhang", obwohl Art. 4 Abs. 2 EVÜ zu einem Mitgliedstaatenrecht führen würde. Die vollständige Vertragserfüllung in einem Drittstaat *kann* den engen Zusammenhang in der Tat ausschließen, siehe unten 4. Teil C III 2. c) (4).

würde, von *Freitag* und *Leible* anschaulich als „Evidenzschwelle" bezeichnet.[1468] Die in der Literatur zur Generalklausel der engsten Verbindung nach Art. 28 Abs. 1 EGBGB, zu den Vermutungen der Abs. 2 - 4 sowie zur Ausweichklausel des Abs. 5 EGBGB herausgearbeiteten Prinzipien erlangen insoweit auch hier Bedeutung.

Aber auch Art. 29 Abs. 1 Nr. 1-3 EGBGB (Art. 5 Abs. 2 EVÜ) bringt Wertungen zum Ausdruck, die durchaus auf das Merkmal „enger Zusammenhang" übertragbar sind[1469], namentlich den Aspekt der marktbezogenen Anknüpfung von Verbraucherschutzrecht[1470]. Danach muss sich ein Anbieter dann die europäischen Verbraucherschutzstandards entgegenhalten lassen, wenn er eine Absatztätigkeit im Gebiet der Gemeinschaft bzw. im EWR entfaltet und dort auf das Kaufinteresse des Verbrauchers stößt. Dem ist der Umsetzungsgesetzgeber auch bei der Formulierung des Regelbeispiels in Art. 29a Abs. 2 Nr. 1 EGBGB gefolgt, in dem die Umschreibung vertriebsbezogener Aktivitäten in Art. 29 Abs. 1 Nr. 1 und 2 EGBGB im Wesentlichen aufgeht. Die „Kaffeefahrten-Variante" der Nr. 3 lässt sich z.B. dahingehend weiterentwickeln, dass ein enger Zusammenhang mit dem Gebiet der EU bzw. des EWR auch dann vorliegt, wenn der Verbraucher von dort aus zu einer Reise in einen Drittstaat veranlasst worden ist, um einen Vertrag unter der Wahl eines Drittstaatenrechts abzuschließen.

c) Einzelne relevante Anknüpfungskriterien

Die einzelnen oben unter a) aufgezählten Kriterien unterscheiden sich in ihrem kollisionsrechtlichen Aussagegehalt erheblich. Im Folgenden wird daher nach der Relevanz der genannten Umstände differenziert. In der Gerichtspraxis wird es für eine der Rechtssicherheit förderliche Anwendung des Art. 29a Abs. 1 EGBGB darauf ankommen, hier bestimmte Grundsätze zu entwickeln.

Die folgende wertende Auflistung soll es ermöglichen, eine Faustregel dafür aufzustellen, wann die Annahme eines „engen Zusammenhangs" eher zu verneinen bzw. eher zu bejahen ist. Wie bereits erwähnt, ist die Entscheidung letzten Endes aber trotz aller Bemühungen, die Generalklausel zu konkretisieren, immer unter Berücksichtigung aller Umstände des Einzelfalls zu treffen. So mag etwa trotz nur schwacher Verbindungen zum Gemeinschaftsgebiet dem Umstand entscheidende Bedeutung zukommen, dass dem Verbraucher

---

[1468] *Freitag/Leible*, EWS 2000, 342, 345. Zu § 12 AGBG (1996) auch: *Mankowski*, BB 1999, 1225, 1228; Erman - *Hefermehl/Werner*, § 12 AGBG, Rdn. 6; *Imping*, WiB 1997, 337, 338; *Heinrichs*, NJW 1996, 2190, 2195. Ferner Wolf/Horn/Lindacher - *Wolf*, Art. 6 RL, Rdn. 13; Grabitz/Hilf - *Pfeiffer*, Bd. III, A 5, Art. 6 RL, Rdn. 26 (zu Art. 6 Abs. 2 KlauselRL).

[1469] Grabitz/Hilf - *Pfeiffer*, Bd. III, A 5, Art. 6 RL, Rdn. 28 (zu Art. 6 Abs. 2 KlauselRL)

[1470] Vgl. *Thorn*, IPRax 1999, 1, 7.

bewusst der Abschluss eines Binnenmarktgeschäfts vorgetäuscht wurde[1471], um ihn „in Sicherheit zu wiegen".

(1) Kriterien mit nur eingeschränkter Aussagekraft

Zu den Kriterien mit geringerer kollisionsrechtlicher Aussagekraft zählen die Staatsangehörigkeit, das Vorliegen einer Gerichtsstandsvereinbarung, die Vertragssprache, die Vertragswährung sowie bei über Fernkommunikationsmitteln zustande gekommenen Verträgen auch der Abschlussort. Sie können nach den Wertungen des EVÜ allenfalls unterstützende Funktion im Hinblick auf anderweitige vorliegende Umstände mit stärkerer kollisionsrechtlicher Aussagekraft wahrnehmen.

GERICHTSSTANDSVEREINBARUNG:
So kann die in Art. 27 Abs. 3 EGBGB ausdrücklich für unerheblich erklärte Gerichtsstandsvereinbarung auch im Rahmen des Art. 29a Abs. 1 EGBGB nicht geeignet sein, ein Indiz für einen engen Zusammenhang mit der Rechtsordnung des Gerichtsstaats zu begründen.[1472]

VERTRAGSSPRACHE:
Die Vertragssprache findet in EVÜ und EGBGB keine Erwähnung. Sie ist als Anknüpfungskriterium somit dem Bereich des Art. 28 Abs. 1 und 5 EGBGB zuzuordnen. Da die Wahl der Sprache, in der verhandelt und/oder der Vertrag abgeschlossen wird, häufig praktischen Gesichtspunkten folgt, im Einzelfall auch auf Zufall (die aus unterschiedlichen Ländern stammenden Parteien haben zufällig gemeinsame Fremdsprachenkenntnisse) oder dem Entgegenkommen einer Vertragspartei beruhen mag, ist ihr keine große Bedeutung zuzumessen.[1473]

VERTRAGSWÄHRUNG:
Ähnlich wie mit der Vertragssprache verhält es sich auch mit der Währung, in der eine aus dem Vertrag erwachsende Zahlungspflicht vereinbarungsgemäß zu leisten ist. Ihre Bestimmung ist häufig von Überlegungen geprägt, die die Wert-

---

1471 *Leible*, in: Schulte-Nölke/Schulze (Hrsg.), 353, 376; ähnlich wohl *Kapnopoulou*, 158, wenn sie die Vorhersehbarkeit des Auslandsbezugs für den Verbraucher betont.

1472 Wolf/Horn/Lindacher - *Wolf*, Art. 6 RL, Rdn. 13 (zu Art. 6 Abs. 2 KlauselRL); allg. Staudinger - *Magnus* (2002), Art. 28 EGBGB, Rdn. 51; MüKo - *Martiny*, Art. 28 EGBGB, Rdn. 75.

1473 Ebenso OLG Düsseldorf, v. 26.10.1999, 21 U 48/99, MDR 2000, 575; Grabitz/Hilf - *Pfeiffer*, Bd. III, A 5, Art. 6 RL, Rdn. 30; allg. Soergel - *v. Hoffmann*, Art. 28 EGBGB, Rdn. 106; Staudinger - *Magnus* (2002), Art. 28 EGBGB, Rdn. 45; MüKo - *Martiny*, Art. 28 EGBGB, Rdn. 78.

beständigkeit, die Konvertibilität oder Devisenbestimmungen betreffen.[1474] Allerdings ist mit der Aussagekraft der Vertragswährung schon der Erfüllungsbereich angesprochen, der hier noch besondere Erwähnung findet, weil die Bedeutung des Erfüllungsorts für die Annahme eines engen Zusammenhangs in der Literatur sehr streitig ist.

ABSCHLUSSORT bei über moderne Kommunikationsmittel geschlossenen Verbraucherverträgen:
Der Ort des Vertragsschlusses bzw. der Ort, an dem die Parteien zum Vertragsschluss notwendige Rechtshandlungen vornehmen, wird nicht selten durch mehr oder weniger zufällige Umstände festgelegt werden, weshalb ihm allein ebenfalls kein großes Gewicht zukommen kann.[1475] Das gilt besonders für online geschlossene Verträge, aber auch bei Vertragsschlüssen über das Festnetztelefon, erst recht über Mobilfunktelefone sowie über Fax. Es geht daher auch nicht an, den „engen Zusammenhang" nur dann zu bejahen, wenn der Vertrag innerhalb der EU geschlossen wurde.

Da es bei der Bestimmung des „engen Zusammenhangs" nicht um den Vertragsschwerpunkt als solchen geht, erlangt der Abschlussort aber durchaus Bedeutung, wenn er Ausdruck einer unternehmerischen Initiative im Binnenmarkt ist. Der Anbieter schafft dann eine ausreichende räumliche Beziehung zum Territorium der Gemeinschaft, so dass die Anwendung des gemeinschaftsrechtlichen Schutzstandards in Form einer nationalen Umsetzung gerechtfertigt sein kann.[1476]

STAATSANGEHÖRIGKEIT:
Auch der Staatsangehörigkeit kommt im Internationalen Schuldvertragsrecht allgemein keine wesentliche Bedeutung zu, da sie nicht auf den Leistungsaustausch bezogen ist.[1477] Sie ist kein Ausdruck des räumlichen Schwerpunkts schuldrechtlicher Beziehungen zwischen den Parteien, zumal sie bei grenzüberschreitenden Transaktionen regelmäßig auf zwei verschiedene Staaten weisen wird und damit keine Unterscheidungskraft besitzt. Aber auch zwei in den USA lebende deutsche Staatsangehörige werden kaum annehmen, dass zwischen ihnen abgeschlossene Verträge dem deutschen Recht unterliegen, obwohl sie beide aufgrund ihres gewöhnlichen Aufenthalts stärker mit der US-

---

1474 *Martiny*, ZEuP 1997, 107, 113; ferner *Czernich/Heiss*, Art. 4 EVÜ, Rdn. 15; Staudinger - *Magnus* (2002), Art. 28 EGBGB, Rdn. 45; vgl. auch OLG Düsseldorf, o. Fn. 1473, MDR 2000, 575.

1475 Staudinger - *Magnus* (2002), Art. 28 EGBGB, Rdn. 45; *Czernich/Heiss*, Art. 4 EVÜ, Rdn. 16; Soergel - *v. Hoffmann*, Art. 28 EGBGB, Rdn. 103; MüKo - *Martiny*, Art. 28 EGBGB, Rdn. 80; a.A. *Schlechtriem*, in: FS Lorenz (2001), 565, 574.

1476 Dazu sogleich unter (2).

1477 Soergel - *v. Hoffmann*, Art. 28 EGBGB, Rdn. 104; ebenso Staudinger - *Magnus* (2002), Art. 28 EGBGB, Rdn. 44; *Czernich/Heiss*, Art. 4 EVÜ, Rdn. 14.

Rechtsordnung sowie ihrem Bundesstaatenrecht verbunden sind. So stellt eine fremde Staatsangehörigkeit zwar eine Verbindung zum Recht eines ausländischen Staats im Sinne des Art. 3 Abs. 1 S. 1 EGBGB dar und eröffnet so die Anwendbarkeit des EGBGB, ihr kommt aber beispielsweise schon keine die Rechtswahlbeschränkung des Art. 27 Abs. 3 EGBGB (Art. 3 Abs. 3 EVÜ) aufhebende Wirkung zu.

Diese Wertung ist auch im Rahmen des Art. 29a Abs. 1 EGBGB zu beachten. Die Staatsangehörigkeit spielt bei der Bestimmung des engen Zusammenhangs daher in der Regel nur eine geringe Rolle.[1478]

WEITERE KRITERIEN:
Die Generalklausel des „engen Zusammenhangs" erlaubt auch die Berücksichtigung nicht-geographischer Elemente, wobei vor allem sozio-ökonomische, wirtschaftliche und kulturelle Kriterien in Frage kommen. Es geht letztlich nicht um die Beziehung des Vertrags zu einem bestimmten Raum oder Gebiet, sondern um den Zusammenhang mit einer bestimmten Rechtsordnung.[1479] Nicht zuletzt können besondere Begleitumstände, wie sie in den Gran Canaria- oder den Isle of Man-Fällen aufgetreten sind, eine gewisse Bedeutung erlangen. So ist in diesem Zusammenhang das Stichwort von der „kulturellen Enklave" gefallen, womit eine Konstellation gemeint ist, in der gezielt Urlauber aus einem Land in ihrer Landessprache auf eine gemeinsame Verkaufsveranstaltung „gelockt" werden, um sie sodann in dieser „heimatlichen" Atmosphäre zu Vertragsabschlüssen zu veranlassen. Sind die Vertragsformulare in Landessprache abgefasst und ist die Vertragsabwicklung im Heimatland vorgesehen, liegt ein „enger Zusammenhang" nahe.[1480]

Die genannten „Verkaufstricks" schaffen aber, auch im Zusammenhang mit dem EU- bzw. EWR-Aufenthalt des Verbrauchers, wohl erst in krassen, einer Umgehung nahe stehenden Fällen einen ausreichenden Nähebezug im Sinne des Art. 29a Abs. 1 EGBGB, etwa wenn sie offensichtlich „Strohmanngeschäfte" für EU-Firmen zwecks Ausschaltung des EU-Verbraucherschutzstandards sind. In weniger eindeutigen Fällen müssen hingegen weitere, auf die EU bzw. den EWR weisende Umstände hinzukommen.

(2) Kriterien mit stärkerer Aussagekraft

Stärkeres Gewicht im Rahmen der Bestimmung des engen Zusammenhangs eines Vertrags zum Gebiet der EU bzw. des EWR kommt hingegen dem gewöhnlichen Aufenthalt des Verbrauchers, dem Sitz bzw. der Niederlassung des Anbieters, dem Ort der Vertragsanbahnung, bei Immobilientimesharingver-

---

[1478] Grabitz/Hilf - *Pfeiffer*, Bd. III, A 5, Art. 6 RL, Rdn. 30.
[1479] Vgl. MüKo - *Martiny*, Art. 28 EGBGB, Rdn. 6.
[1480] Zur Relevanz des Erfüllungsorts siehe sogleich im Text unter (3).

trägen der Belegenheit des Timesharingobjekts sowie in bestimmten Fällen dem Vertragsabschlussort zu. Das Vorliegen eines solchen Umstands kann – immer im Zusammenspiel mit dem nach hier vertretener Auffassung stets vorausgesetzten gewöhnlichen Aufenthalt des Verbrauchers in der EU bzw. im EWR – bereits ausreichen, um einen „engen Zusammenhang" zu begründen.

ABSCHLUSSORT bei physischer Präsenz des Anbieters in der EU/EWR:
Wie gesehen spielt der Abschlussort im elektronischen Geschäftsverkehr und generell bei Distanzgeschäften keine entscheidende Rolle. Anders liegt es bei auf herkömmlichem Wege geschlossenen Verträgen, wenn sich der Anbieter in das Land des Verbrauchers begeben hat. Hier ist zwischen der Abgabe auf den Vertragsschluss gerichteter Erklärungen des Verbrauchers und der Entgegennahme dieser Erklärungen zu differenzieren.

Gem. Art. 29 Abs. 1 Nr. 1 EGBGB kommt dem Ort, an dem der Verbraucher die zum Vertragsschluss erforderlichen Rechtshandlungen vorgenommen hat, durchaus Bedeutung zu. Gleiches gilt für Art. 29a Abs. 2 Nr. 2 EGBGB, hier allerdings bezogen auf das gesamte Gebiet der EU bzw. des EWR. Beide Regelungen zeigen, dass Vertragsabschlusshandlungen des Verbrauchers nur noch die Lokalisierung anhand bereits bestehender starker räumlicher Verbindungselemente wie dem Ort der Vertragsanbahnung unterstützen können, alleine also nicht entscheidend zur Bestimmung des engen Zusammenhangs beitragen können.

Etwas anderes gilt gem. Art. 29 Abs. 1 Nr. 2 EGBGB bei der Entgegennahme der Bestellung des Verbrauchers durch den Anbieter bzw. seinen Vertreter oder Abschlussmittler im Heimatstaat des Verbrauchers, übertragen auf Art. 29a EGBGB also im Gebiet der EU bzw. des EWR. Der BGH stellt hier auf den Ort der Vertragsverhandlungen und nicht auf die Absendung der Bestellung ab. Eindeutig erfasst sind Fälle, in denen eine Entgegennahme der Erklärung des Verbrauchers durch den Anbieter auf Messen oder Verkaufsveranstaltungen erfolgt. Man wird daher sagen können, dass die Entgegennahme erforderlicher Willenserklärungen des Verbrauchers durch den Vertragspartner oder seinen Vertreter bzw. Abschlussmittler innerhalb des Gemeinschaftsgebiets einschließlich der EWR-Staaten entsprechend der Wertung des Art. 29 Abs. 1 Nr. 2 EGBGB ausreicht, um einen engen Zusammenhang mit dem Gebiet der EU bzw. dem EWR zu bejahen.

Reist beispielsweise ein deutscher Verbraucher zu einer Computermesse nach Paris und schließt dort einen Vertrag am Stand eines Drittstaatenanbieters, der Drittstaatenrecht unterstellt wird, so ist der enge Zusammenhang zum Gebiet der EU zu bejahen. Ob hingegen bei Bestellungen über „aktive" Websites oder per E-Mail eine Entgegennahme der Bestellung in der EU bzw. dem EWR angenommen werden kann, ist äußerst fraglich[1481] und richtigerweise abzulehnen, da man andernfalls das gesamte Internet als Empfangseinrichtung des Anbieters ansehen würde.

GEWÖHNLICHER AUFENTHALT, HAUPTVERWALTUNG UND NIEDERLASSUNG DES ANBIETERS:
Aus Art. 28 Abs. 2 S. 1 und 2 EGBGB folgt, dass ein „enger Zusammenhang" grundsätzlich[1482] bereits dann besteht, wenn der Anbieter seine Hauptverwaltung bzw. seine die Leistung erbringende Niederlassung in einem Mitgliedstaat der EU bzw. des EWR hat. Da im Rahmen von Verbraucherverträgen nie der als Nachfrager von Waren oder Dienstleistungen auftretende Verbraucher vertragscharakteristisch[1483] leistet, führt bereits die objektive Anknüpfung zum Recht eines Mitgliedstaats, so dass die Evidenzschwelle eines engen Zusammenhangs überschritten ist.[1484] Im *e*-Commerce kann der Ort des Sitzes bzw. einer Niederlassung eines Unternehmens aber zweifelhaft sein. Allein der Standort eines Web-Servers in einem Mitgliedstaat dürfte für die Annahme einer EU-belegenen Niederlassung ebenso wenig ausreichen wie der Umstand, dass eine Website in der EU bzw. dem EWR abrufbar ist.[1485]

BELEGENHEIT DER TIMESHARINGIMMOBILIE:
Aus Art. 29a Abs. 3 EGBGB, der insoweit mit Art. 9 TimesharingRL übereinstimmt, ergibt sich, dass die Belegenheit des Timesharingobjektes in einem EU- bzw. EWR-Staat immer auch einen engen Zusammenhang begründet.[1486] Denn die Belegenheit ist als gegenüber der Generalklausel engeres Merkmal von dieser mit umfasst.

Problematisch ist, dass Art. 9 TimesharingRL wie auch Art. 29a Abs. 3 EGBGB auf flexible Timesharing-Modelle erkennbar nicht zugeschnitten sind.[1487] Im Rahmen subjektiv angeknüpfter flexibler Timesharing-Modelle fällt die Feststellung des räumlichen Schwerpunkts aber leichter, da er nicht anhand des Merkmals „Belegenheit", sondern unter der Geltung der Generalklausel „enger Zusammenhang" zu bestimmen ist.[1488] Ein solcher Schwerpunkt ist nicht nur dann anzunehmen, wenn die Mehrzahl der betroffenen bzw. der in Aussicht

---

1481 Vgl. *Reich/Nordhausen*, 95; *Hoeren*, 240; *Hoeren/Oberscheidt*, VuR 1999, 371, 387. Nach hier vertretener Auffassung ist bei „Internet-Verträgen" aber i.d.R. das Regelbeispiel erfüllt, oben 1. c).

1482 Siehe zur Grundfreiheitenproblematik aber obere Fn. 1408.

1483 Dazu Soergel - *v. Hoffmann*, Art. 28 EGBGB, Rdn. 22 ff.

1484 A.A. wohl *Krebber*, ZVglRWiss 97 (1998), 124, 147.

1485 Vgl. *Reich/Nordhausen*, 83; *Junker*, RIW 1999, 809, 818.

1486 So im Ergebnis auch *Wegner*, VuR 2000, 227, 229; *Neises*, NZM 2000, 1033, 1035.

1487 Vgl. zu Art. 9 TimesharingRL oben 3. Teil D II 2. e), im Übrigen unten 4. Teil D II.

1488 Zur Awendbarkeit des Art. 29a Abs. 1 EGBGB auf Timesharingverträge, vgl. unten 4. Teil D III.

genommenen Immobilien im Gebiet der EU bzw. des EWR liegen. Ein Übergewicht der Drittstaatenbelegenheit des Immobilienbestands kann vielmehr durch andere räumliche Bezüge des Timesharingvertrags zum Gebiet eines oder mehrer Mitgliedstaaten kompensiert werden. Liegt beispielsweise eine von drei vertragsgegenständlichen Immobilien in der EU, muss zum Mindesterfordernis des gewöhnlichen EU- bzw. EWR-Aufenthalts des Verbrauchers nicht mehr allzu viel hinzukommen, um den engen Zusammenhang bejahen zu können.

VERTRAGSANBAHNUNG:
Die Anknüpfung an den Anbahnungsmarkt[1489] ist sowohl aus kollisionsrechtlicher Sicht als auch unter dem Aspekt des Rechtsangleichungszwecks der Richtlinien von besonderer Bedeutung. Der Verbraucher soll kollisionsrechtlich geschützt werden, indem sein Heimatrecht bzw. im Falle der IPR-Klauseln ein dem europäischen Standard entsprechendes Recht zur Anwendung kommt, auch wenn er sich aufgrund seiner schwächeren Marktposition mit der Wahl eines Drittstaatenrechts einverstanden erklärt hat. Dies ist dem Anbieter dann zumutbar, wenn er sich auf den Heimatmarkt des Verbrauchers, hier wiederum die EU bzw. den EWR, begeben hat, um seine Produkte abzusetzen.[1490] Dieser Gedanke liegt auch der Regelung des Art. 29 Abs. 1 Nr. 1-3 EGBGB (Art. 5 Abs. 2 EVÜ) zugrunde. Die Richtlinien vermeiden so zugleich, dass der Angleichungseffekt innerhalb der Gemeinschaft verloren geht. Ebenso sollen die auf dem Gebiet der Gemeinschaft tätigen Unternehmen gleichen Wettbewerbsbedingungen unterliegen. Auch insoweit ist entscheidend, dass sich der Anbieter auf den Markt der EU bzw. des EWR begibt und dort auf das Nachfrageverhalten des Verbrauchers trifft.[1491]

Zu Recht betont daher auch das Regelbeispiel in Art. 29a Abs. 2 EGGBGB die Bedeutung dieses Kriteriums. Da dessen Tatbestandsmerkmale – insbesondere die „ähnliche geschäftliche Tätigkeit“ – sehr weit auszulegen sind, dürften aber kaum Fälle übrig bleiben, in denen die Vertragsanbahnungsaktivität in der EU bzw. dem EWR zu bejahen, das Regelbeispiel aber dennoch nicht erfüllt ist. Es sei hier nochmals darauf hingewiesen, dass der gewöhnliche Aufenthalt des Verbrauchers in einem EU- bzw. EWR-Staat nach der hier vertretenen Auffassung ohnehin Mindestvoraussetzung für die Bejahung des engen Zu-

---

1489 Markt im rechtlichen Sinn ist der Ort, an dem Angebot und Nachfrage zum Leistungsaustausch aufeinandertreffen, *Martiny*, in: FS Drobnig (1998), 389, 390. Um diesen Ort bestimmen zu können, bedarf es weiterer Kriterien, *Ders.*, a.a.O., 394. Im Internationalen Verbrauchervertragsrecht bieten sich vertriebsbezogene Kriterien an, so dass es nahe liegt, vom Anbahnungsmarkt zu sprechen.

1490 Vgl. dazu *Fischer*, in: FS Großfeld (1999), 277, 288. Allgemein zur Bedeutung von Zumutbarkeitserwägungen, *Martiny*, in: FS Drobnig (1998), 389, 396.

1491 Zur Bestimmung des Anbahnungsmarktes, vgl. *v. Wilmowsky*, ZEuP 1995, 735, 744 ff.

sammenhangs nach Art. 29a Abs. 1 EGBGB ist[1492], so dass in diesen Fällen zwei wesentliche Sachverhaltselemente auf EU bzw. EWR weisen,

Umgekehrt muss die Vertragsanbahnung in einem Drittstaat den engen Zusammenhang nicht ausschließen. Für eine solche Auslegung gibt es weder im Wortlaut des Art. 29a EGBGB noch dem der IPR-Klauseln einen Hinweis. Trifft ein Verbraucher in einem Drittstaat auf eine Absatzaktivität des Unternehmers, so kann die fehlende Vertragsanbahnung in der Gemeinschaft bzw. im EWR durch ein gleichwertiges oder auch mehrere schwächere Kriterien ersetzt werden.[1493]

(3) Die Bedeutung des ERFÜLLUNGSORTS für die Annahme eines engen Zusammenhangs

Umstritten ist, welche Bedeutung dem tatsächlichen Erfüllungsort im Rahmen der Konkretisierung des „engen Zusammenhangs" zukommt. Manche Autoren nennen undifferenziert den Erfüllungsort der beiderseitigen Leistungen oder allgemein die Vertragsdurchführung als mögliches Indiz für einen „engen Zusammenhang"[1494], andere beschränken diese Aussage auf die vertragscharakteristische Leistung[1495]. Die Gegenmeinung misst dem Erfüllungsort wie der Vertragsabwicklung insgesamt keine oder jedenfalls keine größere Bedeutung zu.[1496]

Die erstgenannten Auffassungen begründen die Beachtlichkeit der Vertragsabwicklung mit dem Umstand, dass die IPR-Klauseln einen Bezug des Vertrags zum Gebiet der EU fordern und nichts darauf hindeute dass die Vertragserfüllungsphase hier ausgeschlossen sein soll.[1497] Wenn der Vertrag eine Beziehung zum Gebiet der EU bzw. des EWR aufweisen muss, soll man danach auch auf

---

1492 Vgl. oben 3. Teil C II 3.; ferner unten 4. Teil C III 3. a).

1493 *Roth/Schulze*, RIW 1999, 924, 930, für Art. 29a EGBGB in der insoweit gleichlautenden Fassung des Referentenentwurfs; Wolf/Horn/Lindacher - *Wolf*, Art. 6 RL, Rdn. 13 (zu Art. 6 Abs. 2 KlauselRL). A.A. *v. Wilmowsky*, ZEuP 1995, 735, 760 (zu Art. 6 Abs. 2 KlauselRL), soweit eine grundfreiheitlich geschützte Transaktion im Raum steht, da der Anbieter nur bei der Vertragsanbahnung in der EU auch mit der Geltung von EU-Recht trotz Wahl eines Drittstaatenrechts rechnen müsse (vgl. auch 4. Teil C VII).

1494 *Staudinger*, IPRax 1999, 414, 415; *Krebber*, ZVglRWiss 97 (1998), 124, 146 f. (beide fordern zusätzlich, dass der Verbraucher in der EU ansässig sein muss, wobei nach der Regelung des Art. 29a EGBGB auch der gewöhnliche Aufenthalt in einem EWR-Staat ausreicht; nach der hier vertretenen Auffassung ist der gewöhnlichen Aufenthalt in der EU bzw. dem EWR ohnehin Mindestvoraussetzung für eine entsprechende Lokalisierung des Verbrauchervertrags, siehe oben 3. Teil C II 3.); *Rusche*, IPRax 2001, 420, 423; auch *Roth/Schulze*, RIW 1999, 924, 930, für Art. 29a EGBGB in der insoweit gleichlautenden Fassung des Referentenentwurfs.

1495 Grabitz/Hilf - *Pfeiffer*, Bd. III, A 5, Art. 6 RL, Rdn. 30.

1496 Vgl. *v. Hoffmann*, ZfRV 1995, 45, 52; *Thorn*, IPRax 1999, 1, 7 f.; *Kapnopoulou*, 158.

1497 *Staudinger*, IPRax 1999, 414, 415 (zum Referentenentwurf).

die Phasen Vertragsanbahnung, Vertragsabschluss und Vertragsdurchführung abstellen können. Das Gewicht dieses Arguments wird zwar geschmälert, soweit die einschlägigen Verbraucherschutzrichtlinien die Erfüllungsphase gar nicht regeln, sondern mit Informationspflichten und Vertragslösungsrechten in der Vertragsanbahnungs- und Abschlussphase ansetzen. Immerhin betrifft aber die Inhaltskontrolle nach der KlauselRL die Ausgewogenheit des Vertrags insgesamt und damit auch die Durchführungsphase, weshalb man wenigstens insoweit auf den Erfüllungsort abstellen könnte.[1498] Entsprechendes gilt für die FernabsatzRL, was die die Vertragsdurchführung betreffende Regelung des Art. 7 angeht, und die VerbrauchsgüterkaufRL.

Im EVÜ und dem EGBGB kommt dem Erfüllungsort keine einheitliche Bedeutung zu: Im Rahmen des Art. 28 Abs. 5 EGBGB (Art. 4 Abs. 5 EVÜ) sprechen übereinstimmende Erfüllungsorte für ein Abgehen von den Vermutungen der Abs. 2-4.[1499] Nach Art. 32 Abs. 2 BGB (Art. 10 Abs. 2 EVÜ) ist das Recht des tatsächlichen Erfüllungsorts anzuwenden, wenn es andere Erfüllungsmodalitäten vorsieht als das Vertragsstatut.[1500] Andererseits misst das EVÜ dem Erfüllungsort bei Dienstleistungsverträgen in Art. 5 Abs. 4 lit. b) EVÜ (Art. 29 Abs. 4 Nr. 2 EGBGB) schutzausschließende Wirkung bei.[1501]

Die IPR-Klauseln wollen allerdings den kollisionsrechtlichen Verbraucherschutz über die Tatbestände des Art. 5 Abs. 2 EVÜ (Art. 29 Abs. 1 Nr. 1-3 EGBGB) hinaus ausdehnen und enthalten keine dem Art. 5 Abs. 4 lit. b) EVÜ (Art. 29 Abs. 4 Nr. 2 EGBGB) vergleichbare Regelung. Daher ist meines Erachtens nicht anzunehmen, dass sie dem Erfüllungsort vertraglicher Verpflichtungen im Rahmen des „engen Zusammenhangs“ überhaupt keine Bedeutung zuerkennen wollen. Der weiten Formulierung, dass der „Vertrag“ einen engen Zusammenhang zum Gemeinschaftsgebiet aufweisen muss, kann durchaus eine kollisionsrechtliche Wertung dahingehend entnommen werden, dass die Erfüllungsphase als Anknüpfungskriterium zu beachten ist, wenn man ihr auch eine geringere Aussagekraft zumessen sollte als etwa dem Vertragsanbahnungsmarkt. Nicht allein der Regelungsbereich der Richtlinien sollte ausschlaggebend sein, sondern unter dem Aspekt des Verbraucherschutzes auch allgemein die berechtigte Erwartung der Verbraucher, dass auf bestimmte Verträge der europäische Schutzstandard Anwendung findet.[1502]

1498 So Wolf/Horn/Lindacher - *Wolf*, Art. 6 RL, Rdn. 13 (zu Art. 6 Abs. 2 KlauselRL); *Sonnenberger*, ZEuP 1996, 382, 388 f., 394; *Mankowski*, BB 1999, 1225, 1228.

1499 Soergel - *v. Hoffmann*, Art. 28 EGBGB, Rdn. 102.

1500 Staudinger - *Magnus* (2002), Art. 32 EGBGB, Rdn. 93 (str.).

1501 Vgl. *Thorn*, IPRax 1999, 1, 7 f.; *Fischer*, in: FS Großfeld (1999), 277, 282.

1502 Auf die berechtigten Verbrauchererwartungen weist Grabitz/Hilf - *Pfeiffer*, Bd. III, A 5, Art. 6 RL, Rdn. 25 (zu Art. 6 Abs. 2 KlauselRL), hin

Dem tatsächlichen Erfüllungsort und der Vertragsdurchführung allgemein kommt mithin durchaus Bedeutung bei der Bestimmung des räumlichen Schwerpunkts des Verbrauchervertrags zu.

(4) Die Behandlung von ausschließlich in Drittstaaten zu erfüllenden Dienstleistungsverträgen

Auch die Frage, ob es umgekehrt zwingend zur Ablehnung eines „engen Zusammenhangs" führt, wenn der Vertrag in einem Drittstaat zu erfüllen ist, so wie es für Dienstleistungsverträge in Art. 29 Abs. 4 Nr. 2 EGBGB (Art. 5 Abs. 4 lit. b) EVÜ) im Fall reiner Auslandsdienstleistungen vorgesehen ist, ist daher zu verneinen.[1503]

Das EVÜ geht davon aus, dass die Anwendung des am Anbahnungsmarkt geltenden Verbraucherschutzrechts dem Anbieter bei reinen Auslandsdienstleistungen nicht zumutbar sei, da das Recht am Erfüllungsort den Inhalt der Leistung stärker prägt.[1504] Diese Ratio trifft jedoch von vornherein nicht für solche Regelungen zu, die nicht die Erfüllung, sondern die Vertragsanbahnung und den Vertragsschluss betreffen.[1505] Hier ist dem Anbieter ohne Weiteres zuzumuten, seine Absatzaktivitäten an den für diese Phase geltenden Regeln auszurichten. Aber auch was die Bedeutung der Vertragserfüllung im Ausland angeht, ist die Wertung des EVÜ zweifelhaft, da Belastungen für den Anbieter aus der Anwendung des am Marktort geltenden Rechts nur bei in besonderem Maße an den (in einem Drittstaat gelegenen) Erfüllungsort gebundenen Leistungen auftreten können.[1506] Die von den IPR-Klauseln neben dem Angleichungsziel verfolgten legitimen Verbraucherschutzinteressen bedingen daher auch hier eine Abweichung von den insoweit ohnehin inhaltlich nicht überzeugenden Wertungen des EVÜ. Der Sprach- oder Segelkurs in einem Drittstaat dürfte daher bei Vorliegen eines im Übrigen ausreichenden Bezugs zur EU erfasst sein[1507], obwohl es sich um eine reine „Drittlandsdienstleistung" handelt.

Der Umstand, dass eine Dienstleistung in einem Drittstaat zu erbringen ist, führt allenfalls dann zum Ausschluss eines engen Zusammenhangs zum Gebiet der EU bzw. des EWR, wenn eine typischerweise in besonderem Maße ortsgebundene Dienstleistung zu erbringen ist. In einem solchen Fall wird man prüfen müssen, ob andere Nähebeziehungen des Dienstleistungsvertrags zum Gebiet eines Mitgliedstaats bestehen. Eine Teilerfüllung des Dienstleistungsvertrags in

1503 So wohl auch *Kronke*, RIW 1996, 985, 989 (zu Art. 12 Abs. 2 FernabsatzRL).
1504 *Fischer*, in: FS Großfeld (1999), 277, 289.
1505 *Fischer*, in: FS Großfeld (1999), 277, 289.
1506 Vgl. *Fischer*, in: FS Großfeld (1999), 277, 290.
1507 Vgl. *Kronke*, RIW 1996, 985, 989.

der EU lässt den Ausschlussgrund „Drittstaatendienstleistung“ jedenfalls entfallen.[1508]

Im Ergebnis ist auch im Bereich von ausschließlich in Drittstaaten zu erbringenden Dienstleistungen das Vorliegen eines „engen Zusammenhangs“ nicht von vornherein ausgeschlossen.

(5) Sperrt die Vertragsanbahnung in einem Drittstaat die Annahme eines engen Zusammenhangs mit der EU bzw. dem EWR?

Die Generalklausel selbst lässt keine Präferenz zugunsten einzelner räumlicher Anknüpfungskriterien erkennen. Welchen Umständen welche Bedeutung zukommt, ist vielmehr so weit wie möglich anhand der Wertungen des EVÜ zu ermitteln. Der Vertragsanbahnung kommt nach dem Konzept des Art. 5 EVÜ (Art. 29 EGBGB) bei der Begründung kollisionsrechtlichen Verbraucherschutzes dann entscheidende Bedeutung zu, wenn der Anbieter mit vertriebsbezogenen Aktivitäten an den Verbraucher herantritt, gleichsam in dessen Rechtskreis eindringt, um ihn zu einem Vertragsschluss zu veranlassen. Das Regelbeispiel des Art. 29a Abs. 2 EGBGB trägt dem auch Rechnung, indem es auf Werbung oder ähnliche geschäftliche Tätigkeiten im Gebiet der EU bzw. des EWR abstellt.

Hinweise darauf, dass umgekehrt die Vertragsanbahnung in einem Drittstaat den kollisionsrechtlichen Schutz des Verbrauchers nach Art. 29a Abs. 1 EGBGB ausschließen soll, finden sich nicht. Im Allgemeinen ist es daher nicht ausgeschlossen, einen engen Zusammenhang zu bejahen, obwohl der Vertrag in einem Drittstaat verhandelt und womöglich sogar auch dort geschlossen wurde.[1509] Allerdings dürften hier nicht zu geringe Anforderungen zu stellen sein: Das den Verbraucherschutzrichtlinien zugrunde liegende Verbraucherleitbild geht von aktiv im Binnenmarkt nachfragenden Konsumenten aus. Der Gemeinschaftsgesetzgeber spricht der privaten Nachfrageseite entscheidende Bedeutung bei der Vollendung des Binnenmarkts zu.[1510] Primäres Ziel der Richtlinien ist es daher, den Verbraucher in seinem berechtigten Vertrauen auf die Geltung der europäischen Mindeststandards zu schützen, wenn er sich auf dem Binnenmarkt bewegt.[1511]

Bei substantieller Drittstaatenberührung des Sachverhalts, wie sie insbesondere in einer Vertragsanbahnung im Gebiet eines Drittstaats liegt, wiegen diese Richtlinienziele weniger schwer. Es bedarf daher gewichtiger anderer

---

1508 Siehe auch *Fischer*, in: FS Großfeld (1999), 277, 291 (zu Art. 5 Abs. 4 lit. b) EVÜ).

1509 So auch Wolf/Horn/Lindacher - *Wolf*, Art. 6 RL, Rdn. 13 (zu Art. 6 Abs. 2 KlauselRL); Grabitz/Hilf - *Pfeiffer*, Bd. III, A 5, Art. 6, Rdn. 25. Vgl. ferner Staudinger - *Schlosser* (1998), § 12 AGBG, Rdn. 10 (zu § 12 AGBG (1996)).

1510 Siehe den Erwägungsgrund Nr. 4 zur VerbrauchsgüterkaufRL.

1511 *Staudinger*, ZfRV 2000, 93, 103; vgl. auch *Stuyck*, CML Rev. 2000, 367, 395.

Anknüpfungspunkte im Binnenmarkt bzw. im EWR, wie sie etwa in der gemeinsamen Staatsangehörigkeit der Parteien bei gleichzeitiger Erfüllung des Vertrags in deren gemeinsamem Heimatstaat oder auch in der Schaffung einer „kulturellen Enklave" zum Zwecke der Vertragsanbahnung[1512] liegen können, um den starken Drittstaatenbezug zu kompensieren. Geht eine finnische Touristin in Manila spontan zum Friseur, liegt daher kein enger Zusammenhang vor.[1513]

Ein Beispiel, in dem der „enge Zusammenhang" zu bejahen wäre, ist der in einem Drittstaat von zwei deutschen Parteien, die auch in Deutschland wohnen, angebahnte und abgeschlossene Vertrag über die Lieferung einer bestimmten Sache nach Deutschland. Hier kommt dem gemeinsamen gewöhnlichen Aufenthalt der Parteien im Vernehmen mit den anderen auf Deutschland weisenden Umständen eine so große Bedeutung zu, dass der Ort des Anbahnungsmarkts oder der leistenden Niederlassung „überspielt" wird.[1514]

(6) Gewöhnlicher Aufenthalt in EU oder EWR allein ausreichend zur Begründung des engen Zusammenhangs?

Einige Autoren messen dem GEWÖHNLICHEN AUFENTHALT des Verbrauchers in der EU eine so große Aussagekraft zu, dass das Vorliegen dieses Anknüpfungskriteriums sogar alleine ausreichen soll, um den Schutz der Richtlinien respektive des Art. 29a EGBGB auszulösen.[1515] Folgendes Beispiel[1516] mag die Tragweite dieser Auffassung verdeutlichen:

> Ein deutscher Wissenschaftler hält sich zu Forschungszwecken für einen Monat in den USA auf. Aufgrund einer Anzeige im Internet bestellt er per E-

---

1512 Siehe zur Bedeutung soziologischer und kultureller Elemente sogleich unter d).

1513 So zu Recht *Rusche*, IPRax 2001, 420, 422.

1514 Vgl. BT-Drs. 13/2713, 6; *Staudinger*, VersR 1999, 401, 406; für unter den Schutz der Grundfreiheiten fallende Transaktionen a.A. *v. Wilmowsky*, ZEuP 1995, 735, 760 (alle zu § 12 AGBG (1996)). Allg. dazu *Czernich/Heiss*, Art. 4 EVÜ, Rdn. 13 f. mit weiteren Beispielen; Soergel - *v. Hoffmann*, Art. 28 EGBGB, Rdn. 100, 104 (zu Art. 28 Abs. 5 EGBGB); Staudinger - *Magnus* (2002), Art. 28 EGBGB, Rdn. 40, 44; MüKo - *Martiny*, Art. 28 EGBGB, Rdn. 74, 84; ferner *Martiny*, in: FS Drobnig (1998), 398, 407, der darauf hinweist, dass in die Bestimmung des relevanten Markts, an den angeknüpft werden soll, zahlreiche präzisierende Kriterien einzufließen haben. Im Beispiel ist das entscheidende Kriterium eben nicht die Vertragsanbahnung, da es durch andere Umstände „überspielt" wird. Praktische Relevanz erlangen solche Konstellationen etwa infolge der Stationierung von ausländischen Soldaten in Deutschland, vgl. MüKo - *Martiny*, Art. 28 EGBGB, Rdn. 84a.

1515 So *Kappus*, EWS 1996, 273, 276; *Reich*, in: Lagarde/v. Hoffmann (Hrsg.), 109, 121. Vgl. aber oben 3. Teil C II 4. a) (3).

1516 Nach *Thorn*, IPRax 1999, 1, 7 Fn. 62.

Mail Fachbücher bei einem US-Verlag, die an seine Gastadresse geliefert werden.

Der gewöhnliche Aufenthalt des Wissenschaftlers in Deutschland bleibt durch seinen Gastaufenthalt in den USA schon aufgrund seines Rückkehrwillens unberührt. Abgesehen von der Staatsangehörigkeit des Wissenschaftlers weist kein Kriterium auf das Gebiet der EU. Dennoch kommt, wer den gewöhnlichen Aufenthalt in der EU ausreichen lässt, hier zur Anwendung deutschen Verbraucherschutzrechts. Zweifellos ließe sich das Verbraucherschutzziel auf diese Weise optimal verwirklichen.[1517]

Allerdings setzt sich eine solche Auslegung nicht nur in Widerspruch zu dem allgemeinen kollisionsrechtlichen Prinzip der Anerkennung grundsätzlicher Gleichwertigkeit der Rechtsordnungen, sondern auch zur Regelungsvorgabe der Richtlinien, die mit dem Merkmal „enger Zusammenhang" deutlich gemacht haben, dass sie eine exorbitante Durchsetzung des europäischen Standards nicht beabsichtigen.[1518] Art. 29a Abs. 2 EGBGB lässt sich entnehmen, dass sich der Gesetzgeber an diese Richtlinienvorgabe halten wollte, wenn er dort zur Begründung eines ausreichenden räumlichen Bezugs des Vertrags zum Territorium der EU bzw. des EWR *neben* dem gewöhnlichen Aufenthalt auf eine vertriebsbezogene Aktivität des Anbieters abstellt.[1519] Insoweit kommt die Leitbildfunktion des Regelbeispiels zum Tragen, die den Gerichten Orientierung bei der Konkretisierung der Generalklausel bietet. Allein der gewöhnliche Aufenthalt des Verbrauchers reicht zur Begründung des engen Zusammenhangs daher nicht aus.[1520]

d) Kumulation räumlicher Bezüge, die zu verschiedenen EU- bzw. EWR-Staaten bestehen

Gegenüber dem Referentenentwurf, der noch vom engen Zusammenhang „mit dem Gebiet eines oder mehrerer Mitgliedstaaten" sprach, verlangt Art. 29a Abs. 1 EGBGB einen solchen Zusammenhang „mit dem Gebiet eines dieser Staaten". Diese Inkonsistenz ist unglücklich und erinnert an das entsprechende Phänomen in der Entstehungsgeschichte der verschiedenen IPR-Klauseln.[1521] Dass gegenüber der Fassung des Referentenentwurfs keine Einschränkung gewollt war, ergibt sich aber aus der Begründung, die von einem Bezug des Vertrags zu „mindestens"[1522] einem EU- oder EWR-Staat spricht und zudem bei

[1517] Vgl. *Thorn*, IPRax 1999, 1, 7.
[1518] Siehe 3. Teil B III 4. a).
[1519] *Staudinger*, RIW 2000, 416, 418.
[1520] *Sonnenberger*, ZEuP 1996, 382, 394; *Thorn*, IPRax 1999, 1, 7; *Freitag/Leible*, EWS 2000, 342, 345.
[1521] Dazu oben 1. Teil B III.
[1522] Regierungsbegründung, BT-Drs. 14/2658, 50.

bestehender Verbindung zu mehreren Staaten auf den „engsten" Bezug verweist[1523]. Nur so genügt Art. 29a Abs. 1 EGBGB auch den Regelungsvorgaben der Richtlinie.[1524] In richtlinienkonformer Auslegung ist Art. 29a Abs. 1 EGBGB daher so zu lesen, dass ein Bezug zu *mindestens* einem Mitgliedstaat bestehen muss.[1525]

e) Keine Beschränkung auf geographische Merkmale

Wie bereits erwähnt muss die Prüfung, ob der Vertrag einen engen Zusammenhang mit dem Gebiet eines oder mehrer Mitgliedstaaten aufweist, unter Berücksichtigung aller Umstände des Einzelfalls erfolgen. Daher können nicht nur geographisch auf das Gebiet der EU bzw. des EWR weisende Bezüge eine Rolle spielen, sondern durchaus wirtschaftliche, soziologische und kulturelle Elemente im Rahmen einer wertenden Betrachtung mit einfließen.[1526]

Ein enger Zusammenhang kann beispielsweise auch dann zu bejahen sein, wenn dem Verbraucher das Vorliegen eines Binnenmarktgeschäfts vorgespiegelt oder jedenfalls ein solcher Eindruck erweckt wird.[1527] So zeichnen sich die Gran Canaria- aber auch die Isle of Man-Fälle dadurch aus, dass sich ein Angebot an einen bestimmten Kundenkreis bestimmter Nationalität richtet und sich die Vertriebsmethode an kulturellen Besonderheiten dieser Zielgruppe orientiert, während Einheimische und Urlauber aus anderen Staaten ausgeschlossen sind. Kommt zur Anknüpfung an eine solche „kulturelle Enklave"[1528] noch hinzu, dass etwa die Lieferung der im Gastland bestellten Ware im Heimatstaat durch ein einheimisches Unternehmen erfolgt, dem auch sämtliche Ansprüche aus dem Vertrag abgetreten werden, liegt es nahe, einen „engen Zusammenhang" zu dem Heimatstaat eines derart exklusiv umworbenen Urlaubers zu bejahen[1529], so dass die für die Gran Canaria- und Isle of Man-Fälle symptomatischen Vertriebsmethoden – sollten sie in Drittstaaten Anwendung finden – heute wesentlich einfacher anhand des gegenüber Art. 29 Abs. 1 EGBGB weiteren Anknüpfungskriteriums des „engen Zusammenhangs" zu handhaben sind.[1530]

1523 Regierungsbegründung, BT-Drs. 14/2658, 50.
1524 Vgl. oben 3. Teil C II 4. d).
1525 *Staudinger*, RIW 2000, 416; vgl. auch *Thorn*, IPRax 2002, 349, 359.
1526 So *v. Wilmowsky*, ZEuP 1995, 735, 747, im Zusammenhang mit der Ermittlung des Vertragsanbahnungsmarkts ebenso *Martiny*, in: FS Drobnig (1998), 389, 402 f.
1527 *Basedow*, in: Schnyder/Heiss/Rudisch (Hrsg.), 11, 34; *Leible*, in: Schulte-Nölke/Schulze (Hrsg.), 353, 376.
1528 *v. Wilmowsky*, ZEuP 1995, 735, 747.
1529 *Martiny*, in: FS Drobnig (1998), 389, 405.
1530 *Leible*, in: Schulte-Nölke/Schulze (Hrsg.), 353, 376.

3. Drittstaatenproblematik

Die Drittstaatenproblematik tritt im Rahmen des Art. 29a EGBGB in zwei Erscheinungsformen auf: Einmal gibt es Konstellationen, in denen der Verbraucher, zum anderen solche, in denen der Anbieter in einem Drittstaat ansässig ist. Fraglich ist, ob nur Verbraucher mit gewöhnlichem Aufenthalt in der EU bzw. im EWR geschützt sind, sowie ob umgekehrt ein Schutz ausgeschlossen ist, wenn am Vertrag ein Drittstaatenanbieter beteiligt ist. Angesprochen ist die erste Fallgruppe in Art. 29a Abs. 2 Nr. 2 EGBGB, der ausdrücklich auf den gewöhnlichen Aufenthalt des Verbrauchers in einem Mitgliedstaat abstellt. Es handelt sich bei Art. 29a Abs. 2 EGBGB aber nur um ein Regelbeispiel, nicht um eine abschließende Regelung.

a) Gewöhnlicher Aufenthalt des Verbrauchers in einem Drittstaat

Die Materialien zu Art. 29a EGBGB lassen keine Äußerung zu dem genannten Problem erkennen. Immerhin deutet die Regelung des Art. 29a Abs. 2 Nr. 2 EGBGB aber darauf hin, dass dem gewöhnlichen Aufenthalt im Gebiet der EU bzw. des EWR nach Auffassung des Gesetzgebers eine wesentliche Bedeutung zukommt.

In die teleologische Auslegung spielt wiederum maßgeblich der Aspekt der richtlinienkonformen Interpretation hinein. Dass die Richtlinien die Einbeziehung von in Drittstaaten ansässigen Verbrauchern in den erweiterten kollisionsrechtlichen Schutz der Umsetzungsgesetze nicht nur nicht verlangen, sondern dem unter anderem angesichts einer drohenden Benachteiligung von EU-Anbietern entgegenstehen, wurde bereits begründet.[1531] Daher ist eine Verallgemeinerung des Art. 29a Abs. 2 Nr. 2 EGBGB dahingehend, dass ein enger Zusammenhang überhaupt nur bestehen kann, wenn der Verbraucher seinen gewöhnlichen Aufenthalt in der EU hat, in richtlinienkonformer Auslegung – im Übrigen auch des Art. 29a Abs. 3 EGBGB – geboten.[1532]

b) Gewöhnlicher Aufenthalt, Sitz bzw. Niederlassung des Anbieters in einem Drittstaat

Unschädlich ist es hingegen, wenn der Anbieter seinen Sitz in einem Drittstaat hat oder von einer drittstaatlichen Niederlassung aus handelt. Auch das folgt bereits aus dem Erfordernis, den „engen Zusammenhang“ in Übereinstimmung mit den Vorgaben der IPR-Klauseln auszulegen, die aus Gründen des Verbraucher-

---

1531 Dazu *Staudinger*, IPRax 1999, 414, 416; *Ders.*, RIW 2000, 416, 418 Fn. 38. Siehe oben 3. Teil C II 3. A.A. z.B. Wolf/Horn/Lindacher - *Wolf*, Art. 6 RL, Rdn. 13.

1532 So auch Staudinger - *Magnus* (2002), Art. 29a EGBGB, Rdn. 50, der aber für Art. 29a Abs. 3 BGB anderer Auffassung ist, vgl. *Ders.*, a.a.O., Rdn. 62; offen lassend *Staudinger*, RIW 2000, 416, 418.

schutzes und der Wettbewerbsgleichheit eine Einbeziehung von Verträgen mit Drittstaatenanbietern verlangen.[1533]

4. Beweislast

Die Beweislast für das Vorliegen eines „engen Zusammenhangs" des Vertrags mit dem Gebiet der EU oder dem EWR trägt nach den allgemeinen Grundsätzen, derjenige, zu dessen Gunsten sich die Anwendung des Art. 29a EGBGB auswirken würde, also der Verbraucher.[1534] Dabei ist aber das Vorliegen der Anknüpfungstatsachen von der Bewertung dieser Tatsachen als Rechtsfrage zu unterscheiden. Eine Partei trägt die Darlegungs- und Beweislast nur für die Einzelumstände, aus denen sie das ihr günstige Vorliegen bzw. Nichtvorliegen des „engen Zusammenhangs" ableiten will. Die Bewertung dieser Umstände obliegt als Frage der Rechtsanwendung allein dem Gericht.[1535]

5. Ergebnis und Leitlinien zur Auslegung des Tatbestandsmerkmals „enger Zusammenhang" in Art. 29a Abs. 1 EGBGB

Aus den bisherigen Ausführungen lassen sich abschließend einige Leitlinien zur Auslegung der Merkmals „enger Zusammenhang" herausstellen, die hier schlagwortartig in sieben Grundsätzen aufgeführt sind.

- Der „enge Zusammenhang" kann auch dann vorliegen, wenn auf den Vertrag bei objektiver Anknüpfung das Recht eines Drittstaats anwendbar wäre.
- Der gewöhnliche Aufenthalt des Verbrauchers in der EU bzw. dem EWR ist eine Mindestvoraussetzung für die Lokalisierung des Verbrauchervertrags in der Gemeinschaft bzw. im EWR. Umgekehrt liegt aber nicht schon immer dann ein enger Zusammenhang vor, wenn der gewöhnliche EU/EWR-Aufenthalt des Verbrauchers gegeben ist.
- Internet-Werbung fällt grundsätzlich schon unter das Regelbeispiel des Art. 29a Abs. 2 EGBGB, nicht erst unter die Generalklausel.
- Im Übrigen ist der räumliche Schwerpunkt anhand einer umfassenden Würdigung aller auch nach dem EVÜ relevanter Umstände des Einzelfalls zu würdigen, wobei neben geographischen auch wirtschaftliche, soziologische und kulturelle Kriterien eine Rolle spielen können. An den „engen Zusammenhang" dürfen dabei keine zu geringen Anforderungen gestellt werden, um die Entscheidung des Gesetzgebers gegen eine „exorbitante" Verdrängung des

---

[1533] Vgl. *Staudinger*, NJW 2001, 1974, 1977; ferner obere Fn. 637.

[1534] Erman - *Hefermehl/Werner*, § 12 AGBG, Rdn. 17 (zu § 12 AGBG (1996)).

[1535] Dazu auch *Hepting*, in: FS Lorenz (1991), 393, 400; Staudinger - *Magnus* (2002), Art. 28 EGBGB, Rdn. 138.

Drittstaatenrechts zu respektieren. Andererseits kommt dem Fehlen eines einzelnen Anknüpfungsmoments – mit Ausnahme des EU- bzw. EWR-Aufenthalts – bzw. umgekehrt einem bestimmten auf einen Drittstaat weisenden Verbindungselement keine „Vetofunktion" zu, sondern kann durch anderweitig feststellbare Nähebeziehungen zur Gemeinschaft bzw. dem EWR kompensiert werden.[1536] Das folgt schon daraus, dass der Gemeinschafts- wie auch der deutsche Gesetzgeber von einer möglichen Kumulation der räumlichen Bezüge zu verschiedenen Mitgliedstaaten ausgegangen ist, so dass auch mehrere schwache Verbindungselemente insgesamt einen engen Zusammenhang ausmachen können.[1537]

- Der enge Zusammenhang ist, soweit der Verbraucher seinen gewöhnlichen Aufenthalt in der EU bzw. dem EWR hat, beispielsweise in folgenden Fällen regelmäßig zu bejahen: Der Anbieter bzw. sein Abschluss- oder Vermittlungsvertreter nehmen die Bestellung des Verbrauchers innerhalb eines EU- oder EWR-Staats entgegen; der Anbieter hat seinen Firmensitz oder seine Niederlassung im Gebiet eines solchen Staats und der Vertrag wurde in der EU bzw. dem EWR angebahnt sowie im Falle eines Timesharingvertrags, wenn die Immobilie in einem Mitgliedstaat belegen ist.
- Ist eine Dienstleistung ausschließlich in einem Drittstaat zu erbringen, so hindert dies die Annahme eines engen Zusammenhangs nicht. Ein hinreichender Bezug zur EU bzw. zum EWR ist allenfalls dann abzulehnen, wenn es sich um eine typischerweise ortsgebundene Dienstleistung handelt und nur soweit die einschlägige Richtlinie die Erfüllungsphase überhaupt betrifft.
- Als Faustregel, die stets der Überprüfung im Einzelfall bedarf, kann gelten, dass neben dem gewöhnlichen EU- bzw. EWR-Aufenthalt noch mindestens ein Kriterium mit starker Aussagekraft (oben c) (2)) oder ersatzweise zwei oder mehrere mit schwächerer Aussagekraft (oben c) (1)) vorliegen müssen. Dabei kommt dem Regelbeispiel des Abs. 2 eine Leitbildfunktion bei der Auslegung des „engen Zusammenhangs" zu. Die auf das Gemeinschaftsgebiet weisenden Faktoren müssen dem Regelbeispiel im Gewicht annähernd vergleichbar sein.

1536 Insoweit – abgesehen vom dort abgelehnten Erfordernis des EU- bzw. EWR-Aufenthalts – zutreffend, Grabitz/Hilf - *Pfeiffer*, Bd. III, A 5, Art. 6 RL, Rdn. 24. Auch die Vertragsanbahnung in einem Drittstaat steht dem „engen Zusammenhang" nicht per se entgegen, vgl. 4. Teil C III 2. c) (5).

1537 Vgl. auch Staudinger - *Magnus* (2002), Art. 28 EGBGB, Rdn. 130 (zu Art. 28 Abs. 5 EGBGB); *Ders.*, a.a.O, Art. 29a EGBGB, Rdn. 48.

IV. Verweisung (I) – Art. 29a Abs. 1 EGBGB als innereuropäisch allseitige Kollisionsnorm

Der Umsetzungsgesetzgeber stand vor dem Problem, dass die IPR-Klauseln zu der Frage, welches mitgliedstaatliche Umsetzungsrecht zur Anwendung kommen soll, wenn der Vertrag einen engen Zusammenhang zum Gebiet der EU aufweist, keine Vorgaben enthalten. Aus Sicht der Richtlinien genügt es, wenn überhaupt die Rechtsordnung eines Staats zur Anwendung kommt, der zur Umsetzung der Richtlinien verpflichtet ist. Die Geltung des europaweit einheitlichen Mindeststandards an Verbraucherschutz ist dann zumindest prinzipiell sichergestellt. Die Feinabstimmung[1538], welches mitgliedstaatliche Recht den Verbraucherschutz letztlich im konkreten Fall garantieren soll, ist mithin allein dem Umsetzungsgesetzgeber überlassen, eine neue Aufgabe für das nationale IPR, die sich als Folge der Kategorie des gemeinschaftsweit durch Richtlinien harmonisierten Rechts im Unterschied zu sonstigem ausländischem Recht ergibt.

Der sekundärrechtlich eingeräumte Freiraum bei der Festlegung des zu berufenden mitgliedstaatlichen Rechts ist aber in verschiedener Hinsicht beschränkt. Aus Sicht des Primärrechts ist darauf zu achten, dass die Berufung einer bestimmten mitgliedstaatlichen Rechtsordnung eine Diskriminierung von Bürgern aus anderen Mitgliedstaaten darstellen kann, wie dies namentlich für die lex fori-Anknüpfung des § 12 AGBG (1996) moniert worden ist.[1539] Ferner kann der Verweis auf das Recht eines Mitgliedstaats, zu dem der Sachverhalt einen räumlichen Bezug aufweist – etwa das Recht des Aufnahmelands einer Ware oder Dienstleistung – eine Beschränkung der Waren- oder Dienstleistungsfreiheit darstellen, da sich gemeinschaftsweit auftretende EU-Anbieter dann dem Regime aller Richtlinienumsetzungen stellen müssen, die in Mitgliedstaaten, in die sie Waren liefern bzw. in denen sie Dienstleistungen erbringen, gelten. Angesichts der Möglichkeit, dass diese Umsetzungsnormen nationale Schutzverstärkungen enthalten, ist eine Verletzung der Grundfreiheiten jedenfalls denkbar.

Eine weitere Schranke ergibt sich aus der völkerrechtlichen Bindung des Gesetzgebers an das EVÜ. Denn die Richtlinien enthalten für die Auswahl der zu berufenden Rechtsordnung keine Vorgaben außer der, dass es sich eben um ein Mitgliedstaatenrecht handeln muss. Der Umsetzungsgesetzgeber bewegt sich somit dann nicht im Bereich des dem Gemeinschafts- und Umsetzungsrecht Vorrang einräumenden[1540] Art. 20 EVÜ, wenn schon unter Zugrundelegung der

---

[1538] *Staudinger*, IPRax 1999, 414, 417.

[1539] Vgl. *Staudinger*, 178 (für den Fall der Wahl enes Mitgliedstaatenrechts). Zum neuen Art. 29a Abs. 3 EGBGB, der Timesharingverträge über in der EU bzw. dem EWR belegene Immobilien generell dem deutschen Umsetzungsrecht unterstellt, vgl. unten 4. Teil D.

[1540] Siehe dazu 2. Teil E II.

Wertungen des EVÜ ein Mitgliedstaatenrecht zur Anwendung kommt. Umsetzungsgesetzgeber wie Rechtsanwender sind insoweit nicht von den Wertungen des EVÜ dispensiert.[1541]

Im Folgenden ist auf die Ausgestaltung der Rechtsfolge des Art. 29a Abs. 1 EGBGB im Einzelnen näher einzugehen. Danach sind auf einen Vertrag im Sinne der von Abs. 4 erfassten Verbraucherschutzrichtlinien, der eine Rechtswahl zugunsten eines Drittstaatenrechts enthält, aber einen engen Zusammenhang zum Gebiet eines Mitgliedstaats der EU bzw. des EWR aufweist, die Bestimmungen zur Umsetzung dieser Richtlinien, die in diesem Staat gelten, gleichwohl anzuwenden. Mit dieser Formulierung ist der Gesetzgeber Vorschlägen der Literatur nicht gefolgt, die die Auswahl der anzuwendenden Rechtsordnung anhand eines einzelnen Kriteriums vornehmen wollten.[1542] Diese Vorgehensweise ist auch zu begrüßen, da Art. 29a Abs. 1 EGBGB so flexibel genug bleibt, um die Anknüpfungsprinzipien des EVÜ weitestgehend zu wahren und gleichzeitig sichergestellt ist, dass das sachnächste Recht zur Anwendung kommen kann.

Die Gesetz gewordene Regelung der Rechtsfolge in Art. 29a Abs. 1 EGBGB macht zunächst einen Hinweis auf den dynamischen Verweis in Abs. 4 erforderlich (1.) und wirft im Wesentlichen drei Probleme auf:

Zum einen ist die Rechtsordnung des Mitgliedstaats zu bestimmen, dessen Umsetzungsnormen zur Anwendung kommen sollen. Fraglich ist hier, was gilt, wenn der enge Zusammenhang durch mehrere Kriterien begründet wird, insbesondere, wenn diese Kriterien auf verschiedene Mitgliedstaaten weisen. Für diese Frage wird die Bindung an die Wertungen des EVÜ von zentraler Bedeutung sein (2.). Zweitens wird die Umschreibung der berufenen Regelungen als „Bestimmungen zur Umsetzung“ der in Abs. 4 genannten Verbraucherschutzrichtlinien näher zu klären sein (3.). Schließlich wirft die Anordnung des Gesetzgebers, diese Umsetzungsbestimmungen seien „gleichwohl anzuwenden“ die Frage auf, wie der Richter hier vorzugehen hat und ob trotz dieser „strengen“ Formulierung Raum für den sekundärrechtlich vorgeschriebenen Günstigkeitsvergleich bleibt (4.).

1541 *Staudinger*, RIW 2000, 416, 418 Fn. 29.

1542 Etwa *v. Wilmowksy*, ZEuP 1995, 735, 760: Vertragsanbahnungsstaat; ähnlich *Thorn*, IPRax 1999, 1, 6, 7, 9f.: Ort der Absatztätigkeit des Anbieters; *Kronke*, RIW 1996, 985, 989, 991: Aufenthaltsstaat des Verbrauchers. Eine innereuropäisch allseitige Kollisionsnorm, wie sie in Art. 29a Abs. 1 EGBGB Gesetz geworden ist, schlug z.B. *Rühl*, RIW 1999, 321, 323, vor.

1. Dynamischer Verweis in Art. 29a Abs. 4 EGBGB

Auf den Verbrauchervertrag sind unter den Voraussetzungen des Art. 29a Abs. 1 EGBGB die in dem EU- bzw. EWR-Staat, zu dem ein enger Zusammenhang besteht, geltenden Umsetzungen der Verbraucherschutzrichtlinien anzuwenden. Welche Verbraucherschutzrichtlinien gemeint sind, ergibt sich aus der in Art. 29a Abs. 4 EGBGB enthaltenen Liste. Diese Regelungstechnik bietet zunächst den Vorteil, dass sie die Einbeziehung zu erwartender weiterer Richtlinien der EU auf dem Gebiet des Verbraucherschutzes zulässt, jedenfalls wenn sich die Regelungsvorgaben der dort vorgesehen IPR-Klauseln nicht wesentlich von den bisherigen unterscheiden sollten. Da die aufgezählten Richtlinien ohne nähere Kennzeichnung in Bezug genommen werden, ist zudem von einer dynamischen Verweisung auf die jeweils geltende Richtlinienfassung auszugehen[1543], was angesichts über kurz oder lang zu erwartender Überarbeitungen der Verbraucherschutzrichtlinien zu begrüßen ist.[1544]

2. Anwendbares Recht

Bei Vorliegen eines engen Zusammenhangs zum Gebiet eines Mitgliedstaats der EU bzw. eines Vertragsstaats des EWR sind bei Vorliegen der übrigen Voraussetzungen des Art. 29a Abs. 1, 2 EGBGB die Umsetzungsbestimmungen dieses Staats anwendbar. Der Gesetzgeber verzichtet also in Abkehr von der heftig kritisierten lex fori-Anknüpfung in § 12 AGBG (1996) auf die Durchsetzung der deutschen Umsetzungsnormen ohne Rücksicht auf den räumlichen Schwerpunkt des Vertrags. Art. 29a EGBGB steht vielmehr zwischen einseitigen und allseitigen Kollisionsnormen, da er einerseits auch ausländisches Recht berufen kann, andererseits aber nur dasjenige der Mitgliedstaaten der EG bzw. Vertragsstaaten des EWR.[1545] Man spricht in solchen Fällen von „mehrseitigen“[1546] oder aufgrund des Kreises der einbezogenen Rechtsordnungen von „innereuropäisch allseitigen“[1547] Kollisionsnormen.

1543 Zum Begriff der dynamischen Verweisung, vgl. *Zippelius*, § 6 b), 35. Zur europa- und verfassungsrechtlichen Zulässigkeit dieser Methode, vgl. *Klindt*, DVBl. 1998, 373, 377 ff.

1544 *Staudinger*, ZfRV 2000, 93, 101; *Ders.*, RIW 2000, 416, 419. Vgl. z.B. die Überlegungen zur Überarbeitung der TimesharingRL im Bericht der Kommission über die Anwendung der Richtlinie 94/47/EG, SEC (1999), 1795 endg., 25 ff.

1545 *Thorn,* IPRax 1999, 1, 9.

1546 *Mankowski*, MMR - Beilage 7/2000, 22, 36.

1547 *Wegner*, VuR 2000, 227, 229; Wolf/Horn/Lindacher - *Lindacher*, § 12 AGBG, Rdn. 9.

a) Ausgangslage

In der Literatur findet sich ganz überwiegend die zutreffende Aussage, das Richtlinienkollisionsrecht regele das Verhältnis der Mitgliedstaaten untereinander überhaupt nicht.[1548] Weniger deutlich wird aber eine zwingende Konsequenz dieser Drittstaatenbezogenheit der IPR-Klauseln ausgesprochen: Sie besteht darin, dass ein Schutzbedürfnis des Verbrauchers auf die Geltung gerade seines mitgliedstaatlichen Heimatrechts nicht Thema der Richtlinien ist.

Während das geltende und im Rahmen des EVÜ völkerrechtlich verbindliche IPR mangels parteiautonomer Bestimmung des anwendbaren Rechts dem Prinzip der engsten Verbindung folgt und zum Schutz des Verbrauchers Nähekriterien definiert, deren Vorliegen eine Überlagerung des Rechts der engsten Verbindung durch die Heimatrechtsordnung des Verbrauchers rechtfertigen, gilt für die kollisionsrechtliche Absicherung des europäischen Verbrauchervertragsrechts, dass der Verbraucher „nur" auf die Geltung europäischer Standards in der Form (irgend)einer mitgliedstaatlichen Umsetzung vertrauen darf. Das besondere Vertrauen auf die Geltung gerade der Umsetzung, die in seiner Heimatrechtsordnung erfolgt ist, ist nicht Regelungsgegenstand der IPR-Klauseln und damit auch nicht des Art. 29a EGBGB.[1549] *Nemeth* formuliert treffend[1550]:

> „Die Anwendung günstigerer Verbraucherschutzbestimmungen ist im harmonisierten Bereich nicht mehr ident mit der Anwendung des Heimatrechts des Verbrauchers. Im Binnenmarkt enthält auch das Recht des Vertragspartners bzw. jedes Mitgliedstaatenrecht (...) den für notwendig erachteten Schutzstandard."

Die Schwierigkeit der Neuregelung liegt nun darin, dass der „enge Zusammenhang" im Rahmen der Beschreibung des räumlichen Anwendungsbereichs des Art. 29a EGBGB, also auf Tatbestandsseite, zulässigerweise weiterreicht als die im EVÜ verwendeten räumlichen Anwendungskriterien, angesichts der für die Auswahl der anzuwendenden mitgliedstaatlichen Rechtsordnung mangels Richtlinienvorgaben bestehenden Bindung an das EVÜ aber in der Rechtsfolge grundsätzlich die nach den Wertungen des EVÜ ermittelte Rechtsordnung zur Anwendung kommen muss, soweit dadurch eine mitgliedstaatliche Rechtsordnung bezeichnet wird.

Nur wo infolge der Orientierung an den Wertungen des EVÜ im konkreten Fall ein Drittstaatenrecht berufen würde, ist die Rechtsordnung eines Mitgliedstaats der EU bzw. eines Vertragsstaats des EWR in Abweichung von diesen

---

[1548] Siehe dazu oben 3. Teil C IV 4.

[1549] Demgegenüber meint *Mankowski*, MMR - Beilage 7/2000, 22, 37, auch innerhalb des Art. 29a EGBGB müsse der Verbraucher Schutz gerade durch die Geltung seines Umweltrechts erhalten.

[1550] *Nemeth*, 74.

Wertungen zu berufen. Die in der Literatur anzutreffende, den Gesetzeswortlaut wiederholende Aussage, maßgeblich seien die Vorschriften des Staats, zu dem der enge Zusammenhang bestehe[1551], bedarf daher weiterer Konkretisierung in all den Fällen, in denen der Vertrag Bezugspunkte zu mehreren EU- bzw. EWR-Staaten aufweist.

b) Problematik auf verschiedene Staaten weisender Bezüge

Obwohl der Wortlaut des Art. 29a Abs. 1 EGBGB einen engen Zusammenhang mit „einem" Mitgliedstaat der EU bzw. Vertragsstaat des EWR fordert, ist der räumliche Anwendungsbereich in richtlinienkonformer Auslegung auch dann eröffnet, wenn sich der enge Zusammenhang erst aus der Kumulation verschiedener Anknüpfungskriterien innerhalb der EU bzw. des EWR ergibt.[1552] In diesen Fällen und ebenso, wenn der enge Zusammenhang zwar schon im Hinblick auf die räumlichen Verbindungen zu einem Mitgliedstaat bejaht werden kann, aber noch andere signifikante Bezüge zu einem oder mehreren weiteren Mitgliedstaaten vorliegen, stellt sich die Frage, welches Umsetzungsrecht Art. 29a Abs. 1 EGBGB konkret zur Anwendung bringt.

Nach der Gesetzesbegründung gibt hier der engste Zusammenhang den Ausschlag, da dem kollisionsrechtlichen Grundsatz der engsten Verbindung zu folgen sei.[1553] Damit verweist der Umsetzungsgesetzgeber auf die Kriterien, die Art. 28, 29 EGBGB zur Bestimmung dieser engsten Verbindung bereitstellen und bestätigt zugleich die hier vertretene Bindung an das EVÜ bei der Beantwortung der Frage, welches Umsetzungsrecht zur Anwendung kommen soll.[1554] Richtigerweise ist Art. 29a Abs. 1 EGBGB in der hier interessierenden Rechtsfolgenanordnung daher wie folgt zu lesen (Korrekturen des Wortlauts im Kursivdruck): „ (...), weist der Vertrag jedoch einen engen Zusammenhang zum Gebiet *mindestens* eines dieser Staaten auf, so sind die *Bestimmungen zur*

[1551] Palandt - *Heldrich*, Art. 29a EGBGB, Rdn. 5; *Härting*, Rdn. 162; *Hoeren*, 242.

[1552] Dazu oben 4. Teil C III 2. d).

[1553] Begründung des Entwurfs der Bundesregierung für ein Gesetz über Fernabsatzverträge und andere Fragen des Verbraucherrechts, BT-Drs. 14/2658, 50 (im weiteren Gesetzgebungsverfahren erfuhr Art. 29a EGBGB keine Änderungen mehr, vgl. oben 4. Teil A I 3. und *Wagner*, IPRax 2000, 249, 258). Ebenso die Stellungnahme des Bundesrates, BT-Drs. 14/2920, 7. Vgl. auch *Wagner*, IPRax 2000, 249, 256.

[1554] Eine Bindung an das EVÜ im Rahmen der Rechtsfolge bejaht auch *Staudinger*, RIW 2000, 416, 418; *Ders.*, ZfRV 2000, 93, 101. Weitgehende Abweichungen hiervon müssen aber diejenigen befürworten, die entgegen der hier vertretenen Auffassung Art. 29a EGBGB auch die Aufgabe zuweisen, die Nichtumsetzungsproblematik zu lösen, also die Verweisung auf eine Rechtsordnung zu korrigieren, die pflichtwidrig keine oder nur eine fehlerhafte Richtlinientransformation aufweist. So z.B. Grabitz/Hilf - *Pfeiffer*, Bd. III, A 5, Art. 6 RL, Rdn. 41 ff.

Umsetzung der Verbraucherschutzrichtlinien, die im Gebiet des Staats gelten, zu dem die engste Verbindung besteht, gleichwohl anzuwenden."[1555]

c) Konsequenzen

Die Kriterien, wann eine enge bzw. die engste Verbindung zu einem Mitgliedstaat vorliegt, dürfen bei der Auswahl der mitgliedstaatlichen Rechtsordnung im Rahmen der Verweisung des Art. 29a Abs. 1 EGBGB nicht „neu erfunden" werden. Es scheidet schon deswegen aus, generell auf die Umsetzung des Staats abzustellen, in dem der Verbraucher seinen gewöhnlichen Aufenthalt hat[1556], ebenso ist es nicht möglich, innerhalb aller berührter EU- bzw. EWR-Staaten das günstigste Recht zu berufen[1557].

Vielmehr liegt eine Differenzierung danach, ob an dem Verbrauchervertrag ein Anbieter aus der EU bzw. dem EWR oder ein Drittstaatenanbieter beteiligt ist, nahe.[1558] Da die engste Verbindung möglichst im Einklang mit dem EVÜ zu ermitteln ist, lassen sich einige Leitlinien zur Präzisierung der Rechtsfolge des Art. 29a Abs. 1 EGBGB formulieren.

(1) Verträge mit in der EU bzw. dem EWR ansässigen Anbietern

Soweit der Verbrauchervertrag mit einem Anbieter aus der EU geschlossen wurde, ist nochmals zu betonen, dass Art. 29 EGBGB insoweit, als er ein auf die Geltung der *Heimatrechtsordnung* gerichtetes Schutzbedürfnis des Verbrauchers befriedigen soll und daher den einzelnen Mitgliedstaat in den Blick nimmt, nicht mit der Regelung der IPR-Klauseln übereinstimmt.

Daher dürften in diesen Fällen die Kriterien des Art. 29 EGBGB bzw. Art. 5 EVÜ im Rahmen der Rechtsfolge des Art. 29a Abs. 1 EGBGB nicht die entscheidende Rolle spielen. Geboten ist vielmehr grundsätzlich eine Orientierung an der Vermutungsregel des Art. 28 Abs. 2 EGBGB, soweit der Vertrag mit einem in der EU ansässigen Unternehmen geschlossen wurde. In der Regel ist also auf das Recht des Mitgliedstaats zu verweisen, in welchem der Vertragspartner des Verbrauchers als charakteristisch Leistender ansässig ist.

[1555] Die Verwendung des der Terminologie des Art. 4 EVÜ entsprechenden Begriffs „engste Verbindung" bringt zum Ausdruck, dass im Gegensatz zum den räumlichen Anwendungsbereich bestimmenden „engen Zusammenhang" in der Rechtsfolge eine grundsätzliche Bindung an die Prinzipien des EVÜ besteht.

[1556] So aber *Wegner*, VuR 2000, 227, 229; *Freitag/Leible*, RIW 2001, 287, 294; *v. Westphalen*, in: *Ders.* (Hrsg.), Vertragsrecht/Rechtswahlklauseln, Rdn. 39; *Mankowski*, MMR - Beilage 7/2000, 22, 37.

[1557] So offenbar Wolf/Horn/Lindacher - *Wolf*, Art. 6 RL, Rdn. 15; in diese Richtung auch Staudinger - *Magnus* (2002), Art. 29a EGBGB, Rdn. 26; angedacht auch von *Neises*, NZM 2000, 1033, 1036.

[1558] Dazu oben 4. Teil C VI 2.

Unzutreffend wäre es hingegen, hier auf den Vertragsanbahnungsmarkt abzustellen, da dies eine von den IPR-Klauseln nicht gedeckte Abweichung vom EVÜ darstellte. Das Recht des Anbahnungsmarkts wird bisher im EVÜ nur berufen, wenn dieser mit dem Aufenthaltsstaat des Verbrauchers identisch ist. Zu Recht schlägt *Leible* eine derartige Anknüpfungsregel nur im Zusammenhang mit einer möglichen Revision des EVÜ vor[1559], während *v. Hoffmanns* Umsetzungsvorschlag[1560], wonach „die zwingenden Vorschriften des Mitgliedstaates, in dem der Verwender die geschäftliche Tätigkeit entfaltet hat" maßgeblich sein sollen, nach hier vertretener Auffassung eine partiell nicht gerechtfertigte Abweichung vom EVÜ darstellt.

Besonders, wenn im Rahmen des Regelbeispiels aus Art. 29a Abs. 2 EGBGB der Anbahnungs- und Aufenthaltsstaat zusammenfallen, mag man daran denken, auch die Umsetzungsbestimmungen dieses Staats zu berufen. Damit würde man sich aber nur dann nicht über Art. 4, 5 Abs. 2 EVÜ hinwegsetzen, wenn die Vertragsanbahnung dem öffentlichen Angebot oder der öffentlichen Werbung im Verbraucherstaat im Sinne des Art. 5 Abs. 2 EVÜ entspricht und der Verbraucher seine auf den Vertragsschluss gerichtete Willenserklärung auch in diesem Staat abgeben hat. Ist letzteres nicht der Fall oder sonst kein Tatbestand des Art. 5 Abs. 2 EVÜ bzw. der Ausschluss nach Art. 5 Abs. 4 lit. b) EVÜ erfüllt, muss es dabei bleiben, unter Befolgung der Wertung des Art. 4 Abs. 2 EVÜ das Heimatrecht des EU-Anbieters zu berufen.[1561] Das folgt aus einer EVÜ-konformen Auslegung der Rechtsfolge des Art. 29a Abs. 1 EGBGB, die zwar nicht aufgrund der hier nicht anwendbaren Auslegungsregel des Art. 36 EGBGB, aber unter dem Aspekt der Vermutung völkerrechtsfreundlichen Verhaltens des deutschen Gesetzgebers geboten ist.[1562]

Dieses Ergebnis lässt sich für die Fälle verallgemeinern, in denen das Regelbeispiel nicht einschlägig ist: Ist an dem Verbrauchervertrag ein Anbieter mit Sitz oder Niederlassung in der EU bzw. dem EWR beteiligt, so führt die notwendige Orientierung an Art. 28 Abs. 2 EGBGB zum Recht des Sitz- bzw.

[1559] *Leible*, in: Schulte-Nölke/Schulze (Hrsg.), 353, 385.

[1560] *v. Hoffmann*, ZfRV 1995, 45, 54.

[1561] Ebenso *Grundmann*, Schuldvertragsrecht, § 5, 2.10, Rdn. 50: „Anwendung des Aufenthaltsrechts des Verbrauchers grundsätzlich nur nach Art. 5 EVÜ (...).". A.A. *Wegner*, VuR 2000, 227, 229; *Freitag/Leible*, RIW 2001, 287, 294; *Staudinger*, RIW 2000, 416, 418, Fn. 30; *Ders.*, ZfRV 2000, 93, 101 Fn. 100, der sich aber meines Erachtens dadurch in Widerspruch zu seiner zutreffenden Aussage setzt, die IPR-Klauseln enthielten zur Frage, welches Mitgliedstaatenrecht zur Anwendung kommen soll, keine Vorgaben, so dass die Bindung an das EVÜ fortbestehe. Warum sollten die IPR-Klauseln dann der Anwendung des Mitgliedstaatenrechts entgegenstehen, das in Anwendung des Prinzips aus Art. 4 Abs. 2 EVÜ bestimmt worden ist, wenn die Voraussetzungen des Art. 5 Abs. 2 EVÜ nicht vorliegen?

[1562] Primärrechtliche Vorgaben würden hingegen auch die Anknüpfung an das Recht des Anbahnungsmarkts erlauben. Dazu unten 4. Teil VII 3.

Niederlassungsstaats des Anbieters. Weisen andere Anknüpfungskriterien wie die Vertragsanbahnung oder der gewöhnliche Aufenthalt des Verbrauchers auf einen anderen Mitgliedstaat der EU bzw. Vertragsstaat des EWR, ist dies unbeachtlich. Nur wenn der vor Art. 29a EGBGB zu prüfende[1563] Art. 29 Abs. 1 EGBGB einschlägig ist, kommen mithin die in der Heimatrechtsordnung des Verbrauchers geltenden Umsetzungsbestimmungen zur Anwendung.

Das bedeutet, dass in bezogen auf die Vertragsparteien EU-internen Sachverhalten die kollisionsrechtlichen Lücken des Art. 29 EGBGB im Schutz gegen die Wahl eines Drittstaatenrechts nicht durch die Anwendung der Heimatrechtsordnung des Verbrauchers, sondern entsprechend der Vorgabe, das EVÜ nicht unnötig zu „beschädigen", durch die Geltung des nach den Prinzipien des EVÜ berufenen Mitgliedstaatenrechts geschlossen werden. Die durchaus sinnvolle Anknüpfung an das Vertragsanbahnungsrecht kann in EU-internen Sachverhalten daher nur über eine Revision des Art. 5 EVÜ erreicht werden.[1564]

(2) Verträge mit in Drittstaaten ansässigen Anbietern

Das Prinzip des EVÜ, die engste Verbindung anhand des Sitzes bzw. der Niederlassung des vertragscharakteristisch Leistenden zu bestimmen, kann nicht mehr aufrecht erhalten werden, wenn auf diese Weise ein Drittstaatenrecht zur Anwendung berufen sein würde. Ist der Kontrahent des Verbrauchers in einem Drittstaat ansässig, ist es nicht mehr möglich, der anhand der Wertung des Art. 28 Abs. 2 EGBGB bestimmten engsten Verbindung zu folgen, da sie regelmäßig zu dem Ergebnis führt, das die IPR-Klauseln verhindern wollen, nämlich der Geltung eines Drittstaatenrechts.

Da in solchen Fällen das gesamte Gemeinschaftsgebiet letztlich als „Heimatmarkt" des Verbrauchers anzusehen ist, scheint es geboten, die auch in Art. 29 Abs. 1 Nr. 1-3 EGBGB für maßgeblich erklärte Vertragsanbahnung zum relevanten Anknüpfungspunkt zu erklären, allerdings in einer richtlinienkonformen Offenheit der den räumlichen Zusammenhang beschreibenden Tatbestandsmerkmale. Die Wertung des Art. 29 Abs. 1 EGBGB lässt sich dahingehend sinnvoll weiterentwickeln, dass die Parteien nicht nur mit der Geltung des Rechts des Anbahnungsstaats rechnen, wenn diese Anbahnung gerade im Heimatstaat des Verbrauchers stattgefunden hat, sondern grundsätzlich eine marktbezogene Anknüpfung am Ort des Aufeinandertreffens von Vertriebsaktivität des Anbieters und Nachfrage des Verbrauchers angemessen ist.[1565] Da die IPR-Klauseln in

---

1563 Zum Verhältnis der beiden Vorschriften unten 4. Teil H II.

1564 Entsprechende Vorschläge der Europäischen Gruppe für IPR sind abgedruckt in IPRax 2001, 64, 65; vgl. ferner *Leible*, in: Schulte-Nölke/Schulze (Hrsg.), 353, 385. Zu den Reformvorschlägen vgl. auch unten 5. Teil B II 4. b).

1565 *Fischer*, in: FS Großfeld (1999), 277, 289 f., weist darauf hin, dass bei typischerweise ortsgeprägten Leistungen ein gerechter Ausgleich der Parteiinteressen auch auf das Recht

solchen Drittstaatenfällen ohnehin eine Abweichung vom EVÜ gebieten, kann die sonst nur über eine Reform zu erreichende Weiterentwicklung des Art. 5 EVÜ *in diesem Bereich* also vorweggenommen werden.

Art 29a Abs. 1 EGBGB beruft somit die Rechtsordnung des Mitgliedstaats, in dem die den engen Zusammenhang begründenden Merkmale verwirklicht worden sind, wobei es sich dabei regelmäßig um den Anbahnungsstaat handeln wird. Das führt zu dem auf den ersten Blick überraschenden Ergebnis, dass es dann leichter zur Anwendung des Heimatrechts des Verbrauchers kommen kann, wenn er einen Vertrag mit einem Drittstaatenanbieter abschließt. Denn wie eben gesehen, kann sich der EU-Verbraucher bei einem Vertragsschluss mit einem EU-Anbieter nur in den Fällen des Art. 29 Abs. 1 EGBGB des Schutzes seiner Heimatrechtsordnung sicher sein. Dies ist aber als Konsequenz des Umstands, dass die IPR-Klauseln das Verhältnis der Mitgliedstaaten zueinander nicht regeln, jedenfalls bis zu einer Überarbeitung des EVÜ hinzunehmen.

Ein in Deutschland ansässiger Hobbyprogrammierer A besucht eine Computermesse in Paris. Dort betrachtet er an einem Messestand die Präsentation eines neuen Peripheriegeräts einer US-Firma B, die bisher in Europa nicht am Markt aufgetreten ist und das Produkt dementsprechend noch nicht in Europa beworben hat. Wieder zu Hause in Deutschland bestellt A das Gerät direkt in den USA. Die Lieferung erfolgt an die Adresse eines Freundes in Österreich. In einem späteren Rechtsstreit vor einem deutschen Gericht kommt es auf die Wirksamkeit einer Vertragsklausel an.

Im Beispielsfall, in dem Art. 29 Abs. 1 Nr. 1 EGBGB mangels Kumulation der vorhandenen räumlichen Bezüge im gewöhnlichen Aufenthaltsstaat des Verbrauchers nicht eingreift, ist nach dem Gesagten gem. Art. 29a Abs. 1, 2 EGBGB die französische Umsetzung der KlauselRL anwendbar, weil der Vertrag in Frankreich angebahnt wurde.

(3) Timesharingverträge

Ist ein Timesharingvertrag mit einer Rechtswahlklausel zugunsten eines Drittstaatenrechts versehen und daher Art. 29a Abs. 1 EGBGB anwendbar[1566], so muss in Anlehnung an Art. 28 Abs. 3 EGBGB das Recht des EU- bzw. EWR-Staats Anwendung finden, in dem die Immobilie belegen ist.[1567] Insofern ergibt

---

des Erfüllungsorts weisen kann. Allein den Anbahnungsmarkt hält *v. Wilmowsky*, ZEuP 1995, 735, 760, für maßgeblich.

[1566] Zum Verhältnis von Art. 29a Abs. 1 zu Abs. 3 EGBGB, siehe 4. Teil D III 3.

[1567] *Staudinger*, ZfRV 2000, 93, 101 Fn. 100; *Freitag/Leible*, EWS 2000, 342, 345 f. Der Kritik von *Fischer*, in: FS Großfeld (1999), 277, 291, wonach die Parteiinteressen auf das Recht des Anbahnungsmarkts weisen und die Richtlinienbestimmungen zudem keinen

sich ein normimmanenter Widerspruch daraus, dass Art. 29a Abs. 3 EGBGB für objektiv angeknüpfte Timesharingverträge auf die deutsche lex fori abstellt. Die Möglichkeit, diesen Widerspruch durch alleinige Anwendung des Abs. 3 aufzulösen, weist – wie noch zu zeigen sein wird – andere Nachteile auf und ist daher abzulehnen. Vielmehr erweist sich auch hier, dass die strikte lex fori-Anknüpfung im Umsetzungskollisionsrecht generell verfehlt ist.

d) Sachnormverweisung

Gem. Art. 35 Abs. 1 EGBGB handelt sich bei dem Verweis des Art. 29a Abs. 1 EGBGB auf das Recht des Staats, zu dem der enge Zusammenhang besteht, um eine Sachnormverweisung.[1568] Rück- und Weiterverweisungen, die angesichts der unterschiedlichen Umsetzungen der IPR-Klauseln in den Mitgliedstaaten nicht ausgeschlossen sind, sind daher unbeachtlich.

e) Ergebnis und Leitlinien zur Präzisierung der Rechtsfolge des Art. 29a Abs. 1 EGBGB

Der Gesetzgeber hat sich die Kritik an der lex fori-Anknüpfung des § 12 AGBG (1996) und des Art. 29a EGBGB-E zu Herzen genommen und verzichtet darauf, weiterhin sämtliche europäischen Verbraucher ohne Rücksicht auf den räumlichen Schwerpunkt des Vertrags durch die deutschen Richtlinienumsetzungen zu schützen. Vor dem Hintergrund der nach wie vor bestehenden Unterschiede im Schutzniveau ist es weiterhin nicht unerheblich, mit der Geltung welcher Rechtsordnung die Parteien rechnen. Die Neuformulierung der Rechtsfolge in Art. 29a Abs. 1 EGBGB wahrt die notwendige Flexibilität zur Bestimmung des sachnächsten Rechts und ist daher zu begrüßen. Außerdem wahrt der Gesetzgeber mit dem Abstellen auf den Ort der engen bzw. engsten Verbindung die Chance auf eine vom Forum unabhängige einheitliche Anwendung der richtliniengeprägten europäischen Verbraucherschutznormen.[1569]

Weisen die räumlichen Beziehungen des Vertrags, die den engen Zusammenhang begründen, nur auf einen bestimmten Mitgliedstaat der EU bzw. Vertragsstaat des EWR hin, so sind die Umsetzungsbestimmungen dieses Staates anzuwenden. Weisen diese räumlichen Beziehungen auf mehrere Staaten, so ist zu prüfen, ob die vom EVÜ verwendeten Anknüpfungskriterien zum Recht eines EU- bzw. EWR-Staats führen. Ist das der Fall, so ist dessen Um-

---

Bezug zur Belegenheit der Immobilie aufweisen, könnte wiederum nur im Zuge der Reform des EVÜ begegnet werden.

1568 Palandt - *Heldrich*, Art. 29a EGBGB, Rdn. 5; Staudinger - *Magnus* (2002), Art. 29a EGBGB, Rdn. 21.

1569 *Roth/Schulze*, RIW 1999, 924, 931; zustimmend *Mankowski*, MMR - Beilage 7/2000, 22, 36.

setzungsrecht anzuwenden. Führen die Kriterien des EVÜ zur Anwendbarkeit eines Drittstaatenrechts, so gebieten die IPR-Klauseln eine Abweichung vom EVÜ. Es bietet sich an, in Weiterentwicklung des Rechtsgedankens aus Art. 5 Abs. 2 EVÜ (Art. 29 Abs. 1 EGBGB) hier auf den Vertragsanbahnungsmarkt abzustellen.

Als einen Nachteil der Abkehr des Gesetzgebers von der lex fori-Anknüpfung und der neuerdings vorgesehenen Berufung des Rechts des engen bzw. engsten Zusammenhangs mag man allerdings einen gewissen Verlust an Rechtssicherheit ansehen.[1570] *Staudinger* hat als Beispiel für die auftretenden Probleme folgenden Fall gebildet[1571]:

> Ein in Freiburg lebender Verbraucher liest in seinem Urlaubsort in Italien den Katalog eines Versandhändlers mit Sitz in Spanien und gibt später an seinem Arbeitsplatz in Straßburg eine Bestellung auf.

Bei strikter Beachtung der Vorgaben des EVÜ, die – soweit sie zur Anwendbarkeit eines Mitgliedstaaten- bzw. EWR-Vertragsstaatenrechts führen – für den Rechtsanwender bindend sind, lässt sich die Frage nach dem gem. Art. 29a Abs. 1 EGBGB anwendbaren Recht jedoch leicht lösen: Da Art. 29 Abs. 1 EGBGB nicht erfüllt ist, bleibt es nach der Wertung des Art. 28 Abs. 2 EGBGB bei der Anwendbarkeit des Rechts am Sitz des vertragscharakteristisch Leistenden, so dass im Beispiel spanisches Umsetzungsrecht anwendbar ist.

Schwieriger wird es, wenn man den Fall dahingehend abwandelt, dass nunmehr ein Anbieter aus einem Drittstaat beteiligt ist. Nach dem oben Gesagten ist hier in Weiterentwicklung des Art. 29 Abs. 1 EGBGB auf den Ort der Vertragsanbahnung abzustellen. Da die Werbung in Italien auf den Verbraucher getroffen ist und der Ort der Abgabe der Willenserklärung im Rahmen des Art. 29a Abs. 1, 2 EGBGB in der Regel keine entscheidende Rolle spielt, ist meines Erachtens italienisches Umsetzungsrecht anwendbar. Einerseits muss der Anbieter mit der Geltung der italienischen Verbraucherschutzbestimmungen rechnen, da er dort für sein Produkt geworben hat, andererseits kann der Verbraucher auf die Geltung der in seiner Heimat erfolgten Umsetzung der Verbraucherschutzrichtlinien nur dann vertrauen, wenn ein Fall des Art. 29 Abs. 1 EGBGB vorliegt.[1572]

1570 Vgl. *Staudinger*, IPRax 1999, 414, 417.

1571 *Staudinger*, IPRax 1999, 414, 417 Fn. 60.

1572 Sind allerdings entsprechende Kataloge auch in Deutschland vertrieben worden, ist auch Art. 29 Abs. 1 Nr. 1 EGBGB erfüllt, der ja keine Anbahnungskausalität voraussetzt. Aufgrund seines Vorrangs vor Art. 29a EGBGB (dazu unten 4. Teil H II) kommt dann die Umsetzung des Heimatstaats des Verbrauchers zur Anwendung.

3. Die „Bestimmungen zur Umsetzung der Verbraucherschutzrichtlinien"

Der Anwendungsbereich des Art. 29a EGBGB ist eröffnet, wenn der in Frage stehende Vertrag in den sachlichen und persönlichen Anwendungsbereich einer der Verbraucherschutzrichtlinien fällt. Während es auf dieser Prüfungsstufe ausreicht, wenn der Vertrag überhaupt von einer der Richtlinien erfasst wird, ist hier entscheidend, welche der Verbraucherschutzrichtlinien für die konkrete Rechtsfrage einschlägig ist. Es können selbstverständlich nur die Umsetzungsbestimmungen zur jeweils einschlägigen Richtlinie berufen sein.[1573] Geht es beispielsweise um einen im Rahmen einer Versteigerung geschlossenen Vertrag, so finden die Regelungen über Fernabsatzverträge in den §§ 312b ff. BGB über Art. 29a EGBGB keine Anwendung[1574], während die Inhaltskontrolle nach §§ 305 ff. BGB eingreifen kann.

Hat man festgestellt, welche Verbraucherschutzrichtlinie einschlägig ist, gilt es die von Art. 29a Abs. 1 EGBGB zur Anwendung berufenen Normen zu identifizieren, wobei durchaus Schwierigkeiten auftreten können. Art. 29a Abs. 1, 4 EGBGB ist insoweit nicht ganz eindeutig: Die Formulierung „Bestimmungen zur Umsetzung der Verbraucherschutzrichtlinien" könnte auf den ersten Blick darauf hindeuten, dass nur speziell zur Umsetzung erlassene Vorschriften gemeint sind, hier also – soweit der enge bzw. engste Zusammenhang zu Deutschland besteht – vor allem § 310 Abs. 3 BGB (Allgemeine Geschäftsbedingungen), die §§ 481 ff. BGB (Timesharing), die §§ 312b ff. BGB (Fernabsatz) und die §§ 474 ff. BGB (Verbrauchsgüterkauf). Ergänzende Regelungen wie die §§ 13, 14, 355 ff. BGB sowie die übrigen, die Richtlinien abdeckenden Vorschriften, die nicht im speziellen Umsetzungsgesetz enthalten sind, müssen aber jedenfalls mit umfasst sein, um zu einer sinnvollen Gesamtregelung zu kommen.[1575] Daraus folgt, dass eine strikte Beschränkung auf speziell zur Umsetzung von Richtlinien erlassene Transformationsgesetze nicht möglich ist. Andererseits ist gerade die Generalklausel des Art. 3 Abs. 1 KlauselRL derart vage, dass zunächst jede nationale Regelung zur inhaltlichen Kontrolle von Vertragsbedingungen als Umsetzung der KlauselRL angesehen werden könnte.[1576]

[1573] *Freitag/Leible*, EWS 2000, 342, 346.

[1574] Erweiterungen des sachlichen (z.B. Verträge, die im Rahmen einer Versteigerung geschlossen werden, sind anders als nach der Richtlinie nicht völlig, sondern nur vom Widerrufsrecht ausgeschlossen, § 312d Abs. 4 Nr. 5 BGB) oder persönlichen Schutzbereichs im deutschen Umsetzungsrecht bleiben für Art. 29a EGBGB außer Betracht, da der Begriff „Vertrag" autonom im Sinne der Richtlinien auszulegen ist, siehe oben 4. Teil C I.

[1575] *Freitag/Leible*, EWS 2000, 342, 346.

[1576] Vgl. *Grundmann*, Schuldvertragsrecht, § 5, 2.10, Rdn. 9.

a) Orientierung am Grundsatz der richtlinienkonformen Auslegung

Die in der Literatur zu findende Formulierung, der Umfang der Verweisung müsse durch einen Vergleich von Gesetz und Richtlinie erfolgen[1577], hilft bei der Konkretisierung der Rechtsfolge des Art. 29a Abs. 1 EGBGB kaum weiter. Schwierigkeiten können besonders dann auftreten, wenn ein Mitgliedstaat bereits vor Umsetzung der einschlägigen Verbraucherschutzrichtlinie deren Regelungsgegenstand betreffende Gesetze erlassen hatte. Wird die Richtlinienumsetzung hier eingearbeitet, führt dies leicht zu einer „Mixtur" aus 1:1-Umsetzungen, Schutzverstärkungen (innerhalb des Regelungsbereichs der Richtlinie) und Schutzergänzungen (außerhalb des Regelungsbereichs), die eng miteinander zusammenhängen können. So hatten z.B. vor Umsetzung der TimesharingRL Frankreich, Griechenland, Portugal und das Vereinigte Königreich bereits Regelungen zum Recht der Timesharingverträge erlassen.[1578]

Eindeutig erfasst sind zunächst solche Umsetzungsgesetze, die einen gesetzlichen Hinweis auf die zugrunde liegende Richtlinie enthalten. Eine solche Bezugnahme ist allgemein seit längerem für Richtlinienumsetzungen, so auch in Art. 10 Abs. 2 Klausel-, Art. 12 Abs. 1 Timesharing-, Art. 15 Abs. 2 Fernabsatz- und Art. 11 Abs. 2 VerbrauchsgüterkaufRL, gemeinschaftsrechtlich vorgeschrieben und wird daher regelmäßig in den einschlägigen Gesetzen selbst oder in den zugehörigen amtlichen Bekanntmachungen zu finden sein. Ferner sind die Mitgliedstaaten gem. Art. 10 Abs. 1 Klausel-, Art. 12 Abs. 1 Timesharing-, Art. 15 Abs. 1 Fernabsatz- und Art. 11 Abs. 1 VerbrauchsgüterkaufRL verpflichtet, der Kommission die erlassenen Umsetzungsvorschriften zu notifizieren. Auch dies eröffnet eine leicht zugängliche Erkenntnisquelle zur Konkretisierung der Verweisung in Art. 29a Abs. 1 EGBGB.[1579] Ferner mag die Begründung zu speziellen Umsetzungsakten hier Hinweise geben. So sieht § 1 Abs. 3 Nr. 1 FernAbsG (heute § 312b Abs. 3 Nr. 1 BGB) den Ausschluss von Fernunterrichtsverträgen vor. Aus der zugehörigen Begründung geht hervor, dass der Gesetzgeber keineswegs die FernabsatzRL für diesen Vertragstyp nicht umsetzen wollte, sondern vielmehr das aus dem Jahre 1976 stammende FernunterrichtsschutzG – nach Vornahme kleinerer Anpassungen – als Umsetzungsregelung ansieht.[1580] Nicht zuletzt findet der Rechtsanwender in Zweifelsfällen in der einschlägigen ausländischen Literatur und Rechtsprechung Hinweise darauf, welche Regelungen in dem betreffenden Staat als Umsetzungsnormen angesehen werden.

1577 Palandt - *Heldrich*, Art. 29a EGBGB, Rdn. 5 a.E.

1578 Bericht über die Anwendung der Richtlinie 94/47/EG, SEC (1999), 1795 endg., 6.

1579 Vgl. z.B. die Auflistung im Bericht der Kommission über die Anwendung der Richtlinie 93/13/EWG, KOM (2000), 248 endg., Anhang I, 42 f.; ferner die Liste im Bericht der Kommission über die Anwendung der Richtlinie 94/47/EG, SEC (1999), 1795 endg., 5.

1580 Begründung zum Entwurf der Bundesregierung, BT-Drs. 14/2658, 31; vgl. auch *Tonner*, BB 2000, 1413, 1416.

Eine weiteres Hilfsmittel zur Eingrenzung des Kreises der „Bestimmungen zur Umsetzung der Verbraucherschutzrichtlinien" vermag eine Art „umgekehrte" richtlinienkonforme Auslegung zu liefern. Während man üblicherweise ein von der Richtlinie vorgegebenes Ziel zu erreichen sucht, indem man nationale Bestimmungen teleologisch im Hinblick auf die Richtlinienvorgaben auslegt, fragt man hier von der jeweiligen nationalen Norm ausgehend, ob sie zur Erreichung einer Richtlinienvorgabe beitragen kann.[1581] Entsprechend dem Grundsatz der richtlinienkonformen Auslegung ist daher jede Regelung eine Bestimmung „zur Umsetzung", die zur Verwirklichung bindender Richtlinienziele beitragen kann, unabhängig davon, ob sie vor oder nach Erlass der Richtlinie in Kraft getreten ist.

b) Autonom geschaffenes ergänzendes oder schutzverstärktes Recht

Fraglich ist dann noch, ob Art. 29a Abs. 1 EGBGB auch im Regelungsbereich der Richtlinien liegende nationale Schutzverstärkungen bzw. sogar die Richtlinien ergänzende Bestimmungen erfasst.[1582] Denn in Ausnutzung einer Öffnungsklausel erlassenes Recht ist ebenso autonom gesetzt und nicht mehr sekundärrechtlichen Ursprungs wie das außerhalb der Richtlinie stehende ergänzende Recht. Der Wortlaut „Bestimmungen zur Umsetzung" scheint darauf hinzudeuten, dass jedenfalls ergänzendes Recht nicht zur Anwendung kommen soll.

(1) Schutzverstärkungen als „Bestimmungen zur Umsetzung"

Wie gesehen begnügen sich die IPR-Klauseln damit, den Mindeststandard der Verbraucherschutzrichtlinien kollisionsrechtlich abzusichern. Gleichzeitig erlauben die einschlägigen Richtlinien jedoch sachrechtliche Schutzverstärkungen. Die IPR-Klauseln verlangen nun weder in Binnenmarkt- noch in Drittstaatensachverhalten eine Reduktion der nationalen Regelungen auf den Richtlinienstandard. Daher entbinden sie den nationalen Gesetzgeber auch für die Durchsetzung dieser Schutzverstärkungen im internationalen Sachverhalt von der Beachtung des EVÜ.[1583] Schon weil im deutschen Recht keine „Ersatzumsetzung" für Binnenmarktsachverhalte geschaffen wurde, ist davon auszugehen, dass

---

[1581] Vgl. auch *Brandner*, in: Schulze (Hrsg.), 131, 132.

[1582] Zu Schutzverstärkungen als im Anwendungsbereich der Richtlinie vorgesehene strengere sachrechtliche Regelungen, vgl. Grabitz/Hilf - *Pfeiffer*, Bd. III, A 5, Art. 8 RL, Rdn. 8 ff., am Bsp. der KlauselRL, sowie die obere Fn. 801 zur Differenzierung zwischen Schutzergänzung und Schutzverstärkung.

[1583] Siehe oben 3. Teil C IV 3. b (4). Wer anderer Auffassung ist, muss hingegen auf Art. 7 Abs. 2 EVÜ (Art. 34 EGBGB) zurückgreifen, um die Durchsetzung von Schutzverstärkungen zu ermöglichen (so *Jayme/Kohler*, IPRax 1997, 385, 388; *Rühl*, RIW 1999, 321, 325 f.).

Schutzverstärkungen wie beispielsweise die Verlängerung der Widerrufsfrist für Timesharingverträge von Art. 29a EGBGB mit umfasst sein sollen. Davon abgesehen wäre eine Reduzierung auf den Richtlinienstandard[1584] häufig nur schwer möglich, ohne Regelungszusammenhänge zu zerreißen. Die Einheit aus Richtlinienumsetzung und Schutzverstärkung zeigt sich auch an der Rechtsprechung des EuGH, wenn er ohne Weiteres über eine Vorlagefrage betreffend einen Kreditvertrag, der nicht mehr unter die VerbraucherkreditRL, aber infolge einer strengeren nationalen Regelung unter das VerbrKrG fiel, entscheidet.[1585]

Entsprechend dem Verbraucherschutzzweck des Art. 29a EGBGB ist daher zunächst festzuhalten, dass das Schutzniveau der Verbraucherschutzrichtlinien innerhalb deren Regelungsbereich erhöhende Umsetzungsregelungen von der Verweisung des Art. 29a EGBGB erfasst sind.[1586]

(2) Schutzergänzungen

Schutzergänzungen können sich hingegen nicht auf die Mindestschutzklauseln der Richtlinien stützen. Hier bliebe nur der Rückgriff auf Art. 7 EVÜ als Rechtfertigung einer Abweichung von Art. 4, 5 EVÜ.[1587] Eine Auslegung des Merkmals „Bestimmungen zur Umsetzung" einer Verbraucherschutzrichtlinie dahingehend, dass auch ergänzende Regelungen erfasst sein sollen, würde daher bedeuten, dass sich der Gesetzgeber auf Art. 7 Abs. 2 EVÜ beruft, soweit es um eine deutsche Vorschrift geht, und dass er im Übrigen eine dem Art. 7 Abs. 1 EVÜ entsprechende Anordnung, das ausländische ergänzende Verbraucherschutzrecht zu berücksichtigen, ausspricht. Eine solche Auslegung der Rechtsfolge des Art. 29a Abs. 1 EGBGB erscheint aber schon vom Wortlaut her nicht möglich. Bestimmungen „zur" Umsetzung können nur solche sein, die ihren Ursprung in der Richtlinienregelung haben. Ein Hinweis, dass hier der Vorbehalt gegen Art. 7 Abs. 1 EVÜ nicht gelten soll, fehlt. Zudem fällt nach hier vertretener Auffassung das Verbraucherschutzrecht von vornherein nicht unter Art. 7 EVÜ. Art. 29a EGBGB beruft mithin keine die Richtlinien ergänzenden Schutzbestimmungen.

1584 Eine solche „reduzierte" Anwendung der im Forumstaat geltenden Umsetzung vertritt *Staudinger* mit seinem sog. modifizierten lex fori-Modell. Vgl. dazu oben 4. Teil A II 4. b).

1585 Siehe dazu *Rosenfeld*, EuZW 2000, 341 (Anm. zu EuGH, v. 23.3.2000, Rs. C-208/98 (*Berliner Kindl Brauerei AG/Siepert*), EuZW 2000, 339).

1586 Für die Schutzverstärkungen ebenso *Freitag/Leible*, EWS 2000, 342, 346; Staudinger - *Magnus* (2002), Art. 29a EGBGB, Rdn. 53; *Rauscher*, IPR, 2. Aufl. 2002, S. 257. Einen Überblick über die Rechtslage in den Mitgliedstaaten bezüglich der TimesharingRL unter besonderer Berücksichtigung der Schutzverstärkungen gibt der Bericht der Kommissioon über die Anwendung der Richtlinie 94/47/EG, SEC (1999), 1795 endg., 6 ff.

1587 Vgl. *Rühl*, RIW 1999, 321, 324, am Beispiel der AGB-Einbeziehungskontrolle.

(3) Die Abgrenzung von Schutzverstärkungen und Schutzergänzungen

Damit wird eine Abgrenzung der beiden Kategorien notwendig. Eine echte Schutzverstärkung liegt immer dann vor, wenn sich die nationale Bestimmung im sachlichen und persönlichen Anwendungsbereich der Richtlinie hält und auf deren Grundlage und unter Wahrung der Richtlinienziele eine Verbesserung des Verbraucherschutzes vorsieht, meines Erachtens aber auch, wenn der persönliche oder sachliche Anwendungsbereich einer Richtlinie „weiterentwickelt" wird, ohne das Regelungskonzept der Richtlinie insoweit zu verlassen.[1588] Im Ergebnis wird man in jedem einzelnen Zweifelsfall zu untersuchen haben, ob die fragliche Norm eine ausreichende Nähe und Geschlossenheit zu den eindeutigen Umsetzungsbestimmungen und den Richtlinienvorgaben aufweist, um noch als sachrechtliche Schutzverstärkung und damit als Bestimmung „zur" Umsetzung gelten zu können.

Die IPR-dogmatisch und aus Sicht des Gemeinschaftsrechts zu begrüßende Abkehr vom lex fori-Prinzip bringt also durchaus einige Schwierigkeiten mit sich. Insbesondere wird der Gewinn an Rechtssicherheit in Form der Vorsehbarkeit des anwendbaren Rechts wieder etwas gemindert. Es ist zwar im Grundsatz vorhersehbar, auf die Rechtsordnung welches EU- bzw. EWR-Staats Art. 29a Abs. 1 EGBGB verweist; welche Sachnormen von diesem Verweis genau erfasst sind, mag aber bisweilen weniger klar sein.

Einen wichtigen Anhaltspunkt kann die Begründung der betreffenden Gesetze geben. Sieht der Gesetzgeber eine Vorschrift als Umsetzungsregelung an oder hat er zu diesem Zweck den Richtlinienvorgaben nahe stehende Vorschriften beibehalten, so wird dies häufig aus den einschlägigen Materialen hervorgehen. Auch wenn das betreffende Gesetz, wie das AGBG aus dem Jahr 1977, im Zeitpunkt der Richtlinienumsetzung schon existierte, wird regelmäßig eine Stellungnahme dazu zu finden sein, inwiefern solche älteren Bestimmungen beibehalten werden sollen. Dieser Aspekt hilft jedoch dann nicht weiter, wenn solche Hinweise in der Entstehungsgeschichte des betreffenden Gesetzes fehlen, etwa weil der Umsetzungsgesetzgeber nicht daran gedacht hat, dass ein bereits vorhandenes Gesetz als Richtlinienumsetzung bzw. als Ergänzung des speziellen Umsetzungsgesetzes angesehen werden könnte. Ebenso könnte die Feststellung, was Bestimmungen zur Umsetzung sind, dann Schwierigkeiten bereiten, wenn ein Mitgliedstaat auf die Umsetzung durch einen neuen Rechtsakt verzichtet,

---

[1588] *Micklitz*, ZEuP 1999, 875, 899, sieht Erweiterungen des sachlichen und persönlichen Anwendungsbereichs als Anwendungsfall der Mindestschutzklausel des Art. 14 S. 1 FernabsatzRL, siehe auch *Rosenfeld*, EuZW 2000, 341 (Anm. zu EuGH, v. 23.3.2000, Rs. C-208/98 (*Berliner Kindl Brauerei AG/Siepert*), EuZW 2000, 339). Meines Erachtens zu Recht, soweit der nationale Gesetzgeber sich an das Schutzkonzept und Verbraucherleitbild der Richtlinie hält; vgl. demgegenüber aber Wolf/Horn/Lindacher - *Wolf*, Art. 8 RL, Rdn. 1. Solche Schutzverstärkungen schlagen allerdings wie gesehen auf den Vertragsbegriff des Art. 29a EGBGB nicht durch.

weil er existierende Bestimmungen für ausreichend hält. Zudem darf der Ansicht des Gesetzgebers, eine bestimmte Regelung stelle eine Schutzverstärkung dar, im Rahmen der Rechtsfolge des Art. 29a Abs. 1 EGBGB nicht ungeprüft gefolgt werden.

(4) Gesichtspunkt der Konnexität

Ein Aspekt der Abgrenzung von Schutzverstärkung und Schutzergänzung ist die Überlegung, dass eine nationale Regelung nur dann in Zusammenhang mit einer Richtlinie gebracht werden kann, wenn sie sich deren Zielsetzung unterordnet. Danach können „Bestimmungen zur Umsetzung" nur solche sein, die den von der jeweiligen Richtlinie verfolgten Verbraucherschutzgedanken zugrunde legen und auch inhaltlich an die Regelung der Richtlinien anknüpfen.

Konkret bedeutet das im Zusammenhang mit Art. 29a Abs. 1, 4 EGBGB, dass nur Regelungen in Betracht kommen, die die von den Verbraucherschutzrichtlinien in den Blick genommene situative oder vertragstypspezifische Gefährdung[1589] der Entscheidungsfreiheit des Verbrauchers regeln wollen, und zwar mit den dort vorgesehenen Verbraucherschutzinstrumenten. Man kann dann von einer systemkonformen Weiterentwicklung sprechen, die sinnvollerweise von der Verweisungsregel in Art. 29a Abs. 1 EGBGB mit umfasst sein muss.

Sieht eine Umsetzung etwa umfangreichere Informationspflichten vor[1590], wären diese unproblematisch als „Bestimmungen zur Umsetzung" im Sinne des Art. 29a Abs. 1 EGBGB anzusehen. Ein weiterer Bereich systemkonformer Weiterentwicklungen liegt in der Frage der Sanktionierung von Verstößen gegen die in den Richtlinien vorgesehenen Schutzmechanismen, vor allem der Informationspflichten. Die Sanktionierung von Verstößen gegen das nationale Umsetzungsrecht ist grundsätzlich Teil des Gebots praktischer Wirksamkeit der Richtlinie im nationalen Recht.[1591] In der KlauselRL heißt es dazu in Art. 6 Abs. 1, HS. 1:

> „Die Mitgliedstaaten sehen vor, dass missbräuchliche Klauseln in Verträgen (...) für den Verbraucher unverbindlich sind, und legen die Bedingungen hierfür in ihren innerstaatlichen Rechtsvorschriften fest; (...)"

1589 Zu dieser Unterscheidung im europäischen Verbraucherschutzansatz *Pützhoven*, EWS 1999, 447, 450.

1590 Der Wechsel zu einem reinen Informationsmodell wäre aber als im Vergleich zur Richtlinie partiell weniger strenge Regelung problematisch, vgl. Wolf/Horn/Lindacher - *Wolf*, Art. 8 RL, Rdn. 5. Zum Informationsmodell in der europäischen Verbraucherrechtstheorie allg. *Keßler*, VuR 1999, 415, 419 f.; *Reich*, in: Grundmann (Hrsg.), Systembildung, 481, 496; ausführlich *Fleischer*, ZEuP 2000, 772, 781 ff.; kritisch *Martinek*, in: Grundmann (Hrsg.), Systembildung, 511, 518 ff.

1591 *Grundmann*, Schuldvertragsrecht, § 3, Rdn. 180 f.

Die FernabsatzRL äußert sich noch eindeutiger in Art. 11 Abs. 1 EGBGB:

> „Die Mitgliedstaaten sorgen im Interesse der Verbraucher für geeignete und wirksame Mittel, die die Einhaltung der Bestimmungen dieser Richtlinie gewährleisten."

Eine im beschriebenen Sinne zur Richtlinienregelung konnexe nationale Sanktionsvorschrift ist daher von dem Verweis in Art. 29a EGBGB umfasst.[1592]

(5) Weitere Beispiele

Letztlich wird es aber immer schwierige Grenzfälle geben. Am Beispiel der Einbeziehungskontrolle nach §§ 305 Abs. 2, 305c Abs. 1 BGB lässt sich die Bedeutung der Konnexität illustrieren: Die Einbeziehungskontrolle ist in der endgültigen Fassung der KlauselRL nicht geregelt worden.[1593] Insbesondere § 305 Abs. 2 BGB findet keine Entsprechung in der Richtlinie. Andererseits bestehen zum einen Überscheidungsbereiche mit dem in der Richtlinie verankerten Transparenzgebot, denn bei stark intransparenten Vertragsbedingungen kann man bereits die Wirksamkeit der Einbeziehung anzweifeln. Andererseits ist in Art. 4 Abs. 1 KlauselRL ein Hinweis auf die Umstände des Vertragsschlusses als Teil der Missbrauchskontrolle enthalten. Zu diesen Umständen zählt aber auch die Einigung über die Geltung der AGB selbst. Da die Einbeziehungskontrolle letztlich auch zur Transparenz von Vertragsbedingungen beiträgt und die KlauselRL selbst Transparenzanforderungen aufstellt, gewährleisten die §§ 305 Abs. 2, 305c Abs. 1 BGB also auch, dass der Verbraucher entsprechend der Richtlinienvorgabe nur mit transparenten Klauselwerken konfrontiert wird. Es ist meines Erachtens daher in Übereinstimmung mit der Auffassung des Gesetzgebers richtig, sie als konnexe Ergänzungen zur KlauselRL als vom Verweis in Art. 29a Abs. 1 EGBGB mit umfasst anzusehen.[1594] Der Gesetzgeber ist demnach im Ergebnis zu Recht davon ausgegangen, dass das AGBG (heute

---

[1592] So sieht die französische Umsetzung unter bestimmten Voraussetzungen eine relative Nichtigkeit von Timesharingverträge vor, die belgische Umsetzung räumt dem Erwerber zusätzlich zum Widerrufsrecht ein besonderes Kündigungsrecht ein, vgl. den Bericht der Kommission über die Anwendung der Richtlinie 94/47/EG, SEC (1999), 1795 endg., 6.

[1593] *Grundmann*, Schuldvertragsrecht, § 5, 2.10, Rdn. 42; *Brandner*, in: Schulze (Hrsg.), 131, 137.

[1594] Die bisherigen Stellungnahmen zu Art. 29a EGBGB kommen ohne nähere Begründung zum selben Ergebnis: Z.B. Ulmer/Brandner/Hensen - *Schmidt*, Anhang § 2 AGBG, Rdn. 2b, § 12 a.F., Rdn. 9; offenbar auch *Härting*, Rdn. 162. Einschränkend aber *Rühl*, RIW 1999, 321, 325, nach der die Regelungen zur Einbeziehungskontrolle nur über Art. 7 Abs. 2 EVÜ (Art. 34 EGBGB) berufen werden dürfen, also nur soweit Art. 5 EVÜ keine Sperrwirkung zukommt.

§§ 305 ff. BGB) in seiner Gesamtheit, also auch hinsichtlich seiner autonom geschaffenen bzw. beibehaltenen Teile, berufen ist.[1595]

Auch anhand der TimesharingRL lassen sich Grenzfälle bilden. Sie enthält bekanntlich keine Vorkehrungen zur Absicherung des Erwerbers gegen die Insolvenz des Anbieters.[1596] Sieht ein Mitgliedstaat dennoch eine solche Absicherung des Timesharingerwerbers vor, so könnte man dies noch als konnexe, weil systemkonforme Weiterentwicklung der Richtlinienregelung ansehen.[1597] Allerdings wäre eine solche Bestimmung bei der richtlinienkonformen Auslegung nicht mehr zu berücksichtigen, denn es gehört nun einmal nicht zu den Zielen der TimesharingRL, dem Verbraucher das Insolvenzrisiko abzunehmen, vielmehr begnügt sie sich in Art. 6 mit einem Anzahlungsverbot. Eine nationale Vorschrift zur Absicherung des Erwerbers gegen Insolvenzrisiken des Anbieters wäre daher, auch wenn sie in das Umsetzungsgesetz zur TimesharingRL eingearbeitet wäre, nicht mehr als Bestimmung „zur Umsetzung" dieser Richtlinie im Sinne des Art. 29a Abs. 1 EGBGB anzusehen.

c) Zusammenfassung

Die Verweisung in Art. 29a Abs. 1 EGBGB umfasst sowohl die speziellen Umsetzungsgesetze als auch zugehörige Regelungen des allgemeinen Zivilrechts. Da echte Schutzverstärkungen im Harmonisierungskonzept der Verbraucherschutzrichtlinien angelegt und dort über die Mindestschutzklauseln auch normativ verankert sind, sind auch sie als „Bestimmungen zur Umsetzung" anzusehen. Ob eine echte Schutzverstärkung oder eine nicht erfasste ergänzende Regelung vorliegt, ist theoretisch leicht danach abzugrenzen, ob sich die nationale Regelung noch im Anwendungs- und Regelungsbereich der jeweiligen Richtlinien bewegt. Hier können aber schwierige Grenzfälle auftreten, was beispielhaft anhand der Einbeziehungskontrolle von AGB nach den §§ 305 Abs. 2, 305c Abs. 1 BGB dargestellt wurde. Im Ergebnis wird man sagen können, dass systemkonforme Weiterentwicklungen bzw. Sanktionierungen von Richtlinienregelungen als zur Richtlinienregelung konnexe nationale Bestimmungen noch als Umsetzungsrecht anzusehen sind. Zur Richtlinienregelung inkonnexe Bestimmungen scheiden hingegen – notfalls auch bei abweichender

[1595] *Coester-Waltjen/Mäsch*, 102 Fn. 21. Dementsprechend lautet die amtliche Anmerkung zum AGBG: „Dieses Gesetz dient der Umsetzung der Richtlinie 93/13/EG (...)." Vgl. auch Erman - *Hefermehl/Werner*, § 12 AGBG, Rdn. 14.

[1596] Dazu *Otte*, RabelsZ 62 (1998), 405, 420 f., der offenbar davon ausgeht, dass auch eine Insolvenzsicherung als „Umsetzung" der TimesharingRL zur Anwendung berufen wäre, a.a.O., 422.

[1597] So *Stabentheiner*, JBl 1997, 65, 80 f., für eine grundbuchrechtliche Absicherung. Die belgische Umsetzung sieht beispielsweise zusätzliche Sicherungen in Form von Versicherungen, Bankgarantien oder Kautionen vor, vgl. den Bericht der Kommission über die Anwendung der Richtlinie 94/47/EG, SEC (1999), 1795 endg., 6.

Auffassung des jeweiligen Umsetzungsgesetzgebers – aus.[1598] Soweit keine „Bestimmung zur Umsetzung“ im Sinne des Art. 29a Abs. 1 EGBGB vorliegt, richten sich alle übrigen, den schuldrechtlichen Inhalt des Vertrags betreffenden Fragen nach dem in der Rechtswahlvereinbarung berufenen Vertragsstatut.[1599]

4. Günstigkeitsvergleich

Ein zentrales Problem der alten Umsetzungsnormen in § 12 AGBG (1996) und § 8 TzWrG hat der Gesetzgeber nicht behoben. Nach wie vor ist es unklar, ob die Formulierung, die Umsetzungsbestimmungen des betreffenden Mitgliedstaats seien „gleichwohl anzuwenden“ Raum für einen Günstigkeitsvergleich lässt. In den Gesetzgebungsmaterialien wird die Frage trotz der andauernden Diskussion in der Literatur nicht angesprochen. Die Frage eines differierenden Schutzniveaus findet nur im Zusammenhang mit der Ablehnung der vom Bundesrat geforderten lex fori-Anknüpfung und auch nur hinsichtlich der unterschiedlichen Richtlinienumsetzungen in den Mitgliedstaaten Erwähnung.[1600] Auch das gewählte Drittstaatenrecht kann jedoch für den europäischen Verbraucher günstiger sein als die sonst berufene Richtlinientransformation.

a) Auslegung des Art. 29a EGBGB nach nationaler Methodik

Vor dem Hintergrund, dass Art. 29a Abs. 1 EGBGB die Formulierung des § 12 AGBG (1996) übernommen und der Gesetzgeber ausdrücklich keine weitgehenden Änderungen durch die Neuregelung beabsichtigt hat, ist die vor Inkrafttreten der Neuregelung bestehende Rechtslage von Interesse.

Geprägt wurde sie durch die Neuformulierung der Rechtsfolge des § 12 AGBG a.F. im Zuge der Umsetzung der KlauselRL durch das Gesetz zur Änderung des AGBG aus dem Jahr 1996. Während zuvor die Regelungen des AGBG nur „zu berücksichtigen“ waren, ordnete die Neuregelung in § 12 AGBG (1996) an, diese Bestimmungen „gleichwohl anzuwenden“. Hinsichtlich des „Berücksichtigens“ nahm die herrschende Auffassung an, dass für die Klauselkontrolle grundsätzlich das ausländische Vertragsstatut maßgeblich war und nur bei einer aufgrund eines konkreten Ergebnisvergleichs festgestellten Unter-

---

[1598] Zum Gedanken der Konnexität im Zusammenhang mit Richtlinienumsetzungen, vgl. *Stabentheiner*, JBl. 1997, 65, 80. Vgl. auch oben 4. Teil C VI 3. c) (4).

[1599] *Freitag/Leible*, EWS 2000, 342, 346. Ob daneben eine Sonderanknüpfung bestimmter Verbraucherschutznormen über Art. 34 EGBGB oder der ordre public-Vorbehalt des Art. 6 EGBGB eingreifen kann, wird noch erörtert werden, siehe 4. Teil H III, IV.

[1600] Vgl. die Gegenäußerung zur Forderungen des Bundesrates nach einer Rückkehr zur lex fori-Anknüpfung, BT-Drs. 14/2920, 7.

schreitung des deutschen Schutzniveaus auf das AGBG zurückzugreifen sei.[1601] Nach der Umformulierung der Rechtsfolgenanordnung in § 12 AGBG (1996) sah sich ein Großteil der Literatur an dieser Vorgehensweise aber gehindert.[1602]

In der Tat weist der Umstand, dass Art. 29a EGBGB wie die Vorgängernorm des § 12 AGBG (1996) gegenüber den beiden bisherigen, einen Günstigkeitsvergleich erlaubenden verbraucherschützenden Kollisionsnormen in Art. 29 Abs. 1 EGBGB und § 12 AGBG a.F. eine abweichende Terminologie verwendet, darauf hin, dass die abweichende Formulierung auch eine abweichende Handhabung zur Folge haben sollte. Das „Anwenden" ist auf den ersten Blick ein Mehr gegenüber dem bloßen „Berücksichtigen". Im Ergebnis dürfte es daher zutreffen, dass § 12 AGBG (1996) bei einer Interpretation nach rein nationalen Maßstäben ohne Rücksicht auf die KlauselRL keinen Günstigkeitsvergleich erlaubte.

Hätte der Gesetzgeber den Günstigkeitsvergleich in Art. 29a EGBGB nicht ausschließen wollen, so wäre dieser Wille jedenfalls nicht ausreichend zum Ausdruck gekommen. Dementsprechend hat man in der Literatur bereits den Schluss gezogen, der Wortlaut sei auch hier eindeutig und hindere eine Korrektur des Art. 29a EGBGB im Wege der Auslegung.[1603] Dennoch hält unter anderem *Wagner* das Problem des Günstigkeitsvergleichs auch im Rahmen der Neuregelung des Art. 29a EGBGB weiterhin für eine offene Frage.[1604]

b) Systematik

Die Systematik der Art. 29, 29a EGBGB spricht für einen Günstigkeitsvergleich. Da nach zutreffender Ansicht Art. 29 vor Art. 29a EGBGB zu prüfen

---

1601 Ulmer/Brandner/Hensen - *Schmidt*, 7. Aufl., § 12 AGBG, Rdn. 11; Wolf/Horn/Lindacher, 3. Aufl., § 12 AGBG a.F., Rdn. 17; *v. Westphalen*, BB 1996, 2101, 2105; *Limmer*, in: Reithmann/Martiny (Hrsg.), Rdn. 444.

1602 *Jayme/Kohler*, IPRax 1996, 377, 388; MüKo - *Basedow*, Ergänzungsband, § 12 AGBG, Rdn. 2; *Staudinger*, VersR 1999, 401, 407; *Rühl*, RIW 1999, 321 Fn. 6; *Imping*, WiB 1997, 337, 338. A.A. Wolf/Horn/Lindacher - *Lindacher*, § 12 AGBG, Rdn. 7; *Heinrichs*, NJW 1996, 2190, 2195, der eine teleologische Reduktion für möglich hält; Palandt - *Heldrich*, 59. Aufl., § 12 AGBG, Rdn. 9; Erman - *Hefermehl/Werner*, § 12 AGBG, Rdn. 7; *Junker*, IPRax 1998, 65, 73; *Mankowski*, BB 1999, 1225, 1227. Ein entsprechender Streit drehte sich um § 8 TzWrG. Einen Günstigkeitsvergleich bejahend: Palandt - *Heldrich*, 59. Aufl., § 8 TzWrG, Rdn. 3; *v. Schwaller*, 163 f.; *Pfeiffer*, NJW 1999, 3674, 3679; *Junker*, IPRax 1998, 65, 73. A.A. *Staudinger*, RIW 1999, 915, 922; MüKo - *Martiny*, Art. 28 EGBGB, Rdn. 125e; *Neises*, NZM 1999, 294, 296.

1603 *Staudinger*, ZfRV 2000, 93, 101; Staudinger - *Magnus* (2002), Art. 29a EGBGB, Rdn. 54; für § 8 TzWrG z.B. *Neises*, NZM 1999, 294, 296.

1604 *Wagner*, IPRax 2000, 249, 255, 257; ebenso *Jayme/Kohler*, IPRax 2000, 454, 456. A.A. Palandt - *Heldrich*, Art. 29a EGBGB, Rdn. 5; *Freitag/Leible*, EWS 2000, 342, 347; *Staudinger*, RIW 2000, 416, 418; *v. Westphalen*, in: *Ders.* (Hrsg.), Vertragsrecht/Rechtswahlklauseln, Rdn. 39.

ist, kann es zu der Situation kommen, dass Art. 29 EGBGB von einer Beschränkung der Rechtswahl absieht, weil das gewählte Drittstaatenrecht noch günstiger ist als das Aufenthaltsrecht des Verbrauchers. Das Verbraucherschutzziel der IPR-Klauseln erfordert es dann, dass Art. 29a EGBGB hier nicht mehr korrigierend eingreift, da bereits ein gegenüber der Richtlinienumsetzung im Aufenthaltsstaat günstigerer Standard zur Anwendung kommt, ein Eingriff in das EVÜ mithin nicht erforderlich[1605] und damit auch nicht legitimiert ist.

Wer im Rahmen des Art. 29a EGBGB einen Günstigkeitsvergleich aufgrund eines scheinbar eindeutigen Wortlauts und Gesetzgeberwillens ablehnt, muss also erklären, warum eben jener Art. 29a EGBGB bei paralleler Anwendbarkeit des Art. 29 EGBGB den Günstigkeitsvergleich nun doch akzeptiert.[1606]

c) Richtlinienkonforme Auslegung

Auch der Verbraucherschutzzweck der Richtlinien fordert einen Günstigkeitsvergleich.[1607] Er ist dem Umsetzungsgesetzgeber sekundärrechtlich vorgeschrieben und ergibt sich nicht erst aus einer Rücksichtnahme auf die Wertung des Art. 5 EVÜ. In richtlinienkonformer Auslegung – etwa in Form einer teleologischen Reduktion – wären die von Art. 29a Abs. 1 EGBGB berufenen Umsetzungsnormen daher nur zu berücksichtigen, wenn das Drittstaatenrecht nicht für den Verbraucher günstiger ist. Doch werden hiergegen die Wortsinngrenze und der eindeutige Wille des Gesetzgebers geltend gemacht.[1608] Nach den oben dargestellten Grundsätzen zur richtlinienkonformen Auslegung hindert aber auch ein eindeutiger Wortlaut eine Korrektur im Sinne der Richtlinie nicht, wenn die Umsetzungsnorm das Richtlinienziel versehentlich nicht erreicht und darin kein „Souveränitätsvorbehalt" des Gesetzgebers zu sehen ist.[1609] Eine Absicht des deutschen Umsetzungsgesetzgebers, den Günstigkeitsvergleich auszuschließen, ist jedoch nicht erkennbar, vielmehr ging er davon aus, den Rechtsetzungsauftrag der Richtlinien mit Art. 29a EGBGB voll zu erfüllen[1610].

Zunächst einmal wäre die getroffene Regelung ohne Günstigkeitsvergleich widersprüchlich: Denn „gleichwohl anzuwenden" sind auch die Vorschriften, die in Entsprechung zur jeweiligen Richtlinienvorgabe die Umsetzungsgesetze nur für halbzwingend erklären.[1611] Damit berücksichtigt der Richter im Rahmen der über Art. 29a EGBGB berufenen sachrechtlichen Regelungen günstigere Parteivereinbarungen. Hätten die Parteien zusätzlich zur Rechtswahl einige

[1605] Siehe dazu auch 2. Teil E III.
[1606] Vgl. den Erklärungsversuch bei *Freitag/Leible*, EWS 2000, 342, 346 Fn. 34.
[1607] Dazu oben 3. Teil C IV 5.
[1608] *Staudinger*, ZfRV 2000, 93, 101; *Freitag/Leible*, EWS 2000, 342, 347.
[1609] Siehe oben 2. Teil D II 1. d).
[1610] Vgl. BT-Drs. 14/2658, 50; ebenso *Rusche*, IPRax 2001, 420.
[1611] In Deutschland z.B. § 312 f S. 1 BGB.

günstigere Drittstaatennormen ausdrücklich in ihren Vertrag aufgenommen, insoweit also eine materiellrechtliche Verweisung auf günstigeres Drittstaatenrecht vorgenommen, so wären diese günstigeren Regelungen beachtlich. Es erscheint angesichts der halbzwingenden Natur der Richtlinien und der deutschen Umsetzungsbestimmungen widersprüchlich, einem kollisionsrechtlichen Verweis auf eben jenes günstigere Drittstaatenrecht diese Wirkung nicht mehr zuzuerkennen.[1612]

Auch der Umstand, dass der Gesetzgeber im Hinblick auf das Prinzip der engsten Verbindung selbst darauf hingewiesen hat, allgemeine kollisionsrechtliche Grundsätze beachten zu wollen[1613], ist ein Indiz dafür, dass er die alternative Anknüpfung mit Günstigkeitsvergleich nach Art. 5 EVÜ übernehmen wollte.

Schließlich kommt der Wille, den kollisionsrechtlichen Verbraucherschutz nicht hinter die Richtlinienvorgaben zurückzuschrauben, sondern diese eher zu überschreiten, auch in dem Umstand zum Ausdruck, dass die umstrittene Schutzerweiterung des § 8 Nr. 2 TzWrG gegen die vielfache Kritik in der Literatur in Art. 29a Abs.1 EGBGB überführt wurde. Dass der Gesetzgeber gleichzeitig den kollisionsrechtlichen Schutz vermindern wollte, indem er günstigeres Drittstaatenrecht für unbeachtlich erklärt, ist unwahrscheinlich.[1614]

Entsprechend dem Verbraucherschutzziel der Regelung ist die Rechtsfolge des Art. 29a Abs. 1 EGBGB daher teleologisch einschränkend auszulegen. Soweit dem der Wortlaut „gleichwohl anzuwenden" entgegensteht, wird diese Grenze durch die richtlinienkonforme Auslegung überwunden. Denn die den Günstigkeitsvergleich ausschließende Formulierung der Rechtsfolge des Art. 29a Abs. 1 EGBGB ist nicht Ausdruck eines Souveränitätsvorbehalts gegen die Anforderungen der IPR-Klauseln und kann daher korrigiert werden.

d) Ergebnis

In Art. 29a EGBGB ist der Zusatz *„soweit das gewählte Drittstaatenrecht nicht für den Verbraucher günstiger ist"* hineinzulesen.[1615] Art. 29a EGBGB sieht entgegen seines insoweit missverständlichen Wortlauts in richtlinienkonformer Auslegung einen Günstigkeitsvergleich vor.[1616] Dieser ist konkret einzelfallbe-

---

1612 Ähnlicher Gedanke bei *v. Schwaller*, 165 (zu § 8 TzWrG).

1613 Vgl. BT-Drs. 14/2658, 50.

1614 So auch *v. Schwaller*, 164 (zu § 8 TzWrG).

1615 So lautete auch der Umsetzungsvorschlag von *Freitag/Leible*, ZIP 1999, 1296, 1300.

1616 So im Ergebnis auch *Siehr*, IPR, 159; ebenfalls in diese Richtung tendierend *Lagarde*, Rev. crit. dr. internat. privé 89 (2000), 925, 926. A.A. *Tonner*, BB 2000, 1413, 1419; Palandt - *Heldrich*, Art. 29a EGBGB, Rdn. 5 (der seine gegenteilige Auffassung zu § 12 AGBG und § 8 TzWrG für Art. 29a EGBGB ausdrücklich nicht mehr aufrecht erhält); *Freitag/Leible*, EWS 2000, 342, 347; *Staudinger*, RIW 2000, 416, 418; *v. Westphalen*, in: *Ders.* (Hrsg.), Vertragsrecht/ Rechtswahlklauseln, Rdn. 39; zu Art. 29a EGBGB-E auch

zogen vorzunehmen, denn eine etwaige Kompensation schwächerer Schutzregeln durch im konkreten Rechtsstreit gar nicht einschlägige Besserstellungen des Verbrauchers muss schon deshalb ausscheiden, weil der Günstigkeitsvergleich auf den Zeitpunkt der Streitentscheidung bezogen ist.[1617] Ein abstrakter Vergleich ganzer Regelungskomplexe wäre auch praktisch kaum umsetzbar und mit dem Verbraucherschutzzweck nicht zu vereinbaren. Somit darf bezogen auf den konkreten Streitgegenstand das gewählte Recht zu keinem Ergebnis führen, das für den Verbraucher ungünstiger ist als das Recht des EU- bzw. EWR-Staats, zu dem Vertrag einen engen Zusammenhang aufweist. Was die praktische Umsetzung des Günstigkeitsvergleichs im Übrigen angeht, kann auf die einschlägige Literatur zu Art. 29 EGBGB verwiesen werden.[1618]

5. Exkurs: Prüfungsmaßstab für die AGB-Kontrolle

Schreibt Art. 29a EGBGB die Kontrolle vorformulierter Vertragsbedingungen anhand einer mitgliedstaatlichen Umsetzung der KlauselRL vor, so stellt sich die Frage nach dem Kontrollmaßstab. Sie war schon vor der Neufassung des § 12 AGBG umstritten. Der Vertrag unterliegt auch bei Anwendung des Art. 29a EGBGB ja weiterhin grundsätzlich dem gewählten drittstaatlichen Recht. Ist eine Vertragsklausel unwirksam, muss außerdem eine dispositive Gesetzesnorm als Ersatzrecht gefunden werden.

a) Zur Lückenfüllung heranzuziehendes Ersatzrecht

Zur Lückenfüllung infolge bejahter Unwirksamkeit oder abgelehnter Einbeziehung einer Vertragsklausel ist nach überwiegender Meinung das Vertragsstatut als Ersatzrecht heranzuziehen.[1619] Denn es soll nur die unangemessene

Roth/Schulze, RIW 1999, 924, 931; *Thorn*, IPRax 2002, 349, 359; *v. Hoffmann*, IPR, 7. Aufl. 2002, § 10 Rdn. 73d; *Rauscher*, IPR, 2. Aufl. 2002, S. 257. Offenlassend: *Wagner*, IPRax 2000, 249, 255, 257; *Jayme/ Kohler*, IPRax 2000, 454, 456. Zur entsprechenden Problematik im Rahmen des § 12 AGBG (1996) hielten einen Günstigkeitsvergleich für möglich: *Heinrichs*, NJW 1996, 2190, 2195; Palandt - *Heldrich*, 59. Aufl., § 12 AGBG, Rdn. 9; Erman - *Hefermehl/ Werner*, § 12 AGBG, Rdn. 7; *Junker*, IPRax 1998, 65, 73. Zum insoweit ebenfalls vergleichbaren § 8 TzWrG ebenso: Palandt - *Heldrich*, 59. Aufl., § 8 TzWrG, Rdn. 3; *v. Schwaller*, 163 f.; *Pfeiffer*, NJW 1999, 3674, 3679; *Junker*, IPRax 1998, 65, 73.

1617 Wolf/Horn/Lindacher - *Lindacher*, § 12 AGBG, Rdn. 30.

1618 Vgl. MüKo - *Martiny*, Art. 29 EGBGB, Rdn. 37 f. m.w.N; Wolf/Horn/Lindacher - *Lindacher*, § 12 AGBG, Rdn. 31 ff.; *Czernich/Heiss*, Art. 5 EVÜ, Rdn. 60 ff.

1619 Ulmer/Brandner/Hensen - *Schmidt*, § 12 AGBG a.F., Rdn. 11; *Mankowski*, BB 1999, 1225, 1229, m.w.N.; *Staudinger*, VersR 1999, 401, 407 (a.a.O., 403, zur Gegenmeinung)

Klausel, nicht aber das ausländische Dispositivrecht insgesamt ausgeschaltet werden.[1620]

b) Prüfung anhand der Maßstäbe des gewählten Rechts

Was den Kontrollmaßstab angeht, kommen grundsätzlich[1621] zwei Lösungen in Betracht. Soweit man bisher im Rahmen des § 12 AGBG (1996) eine Klauselkontrolle anhand der Wertungsmaßstäbe des deutschen materiellen Rechts bejahte, sollte dies aus der Formulierung, das deutsche AGBG sei „anzuwenden" und nicht mehr nur zu „berücksichtigen", folgen.[1622] Da aber eben nur das AGBG und nicht das gesamte deutsche Zivilrecht berufen war, überzeugt dieses Argument nicht. Nach Meinung zahlreicher Autoren stellt denn auch das Vertragsstatut den Prüfungsmaßstab für die Klauselkontrolle.[1623]

Dafür spricht, dass auch Art. 29a Abs. 1 EGBGB kollisionsrechtlich allein die jeweilige Umsetzung zur KlauselRL mit ihren Kontrolltatbeständen zur Anwendung beruft, nicht jedoch das gesamte dispositive Recht des betreffenden EU- bzw. EWR-Staats.[1624] Zudem muss notwendigerweise das zur Lückenfüllung infolge unwirksamer Klauseln herangezogene Ersatzrecht und das den Kontrollmaßstab liefernde Recht identisch sein, denn es ist zu untersuchen, um wie viel besser der Verbraucher stünde, wenn das gewählte Recht als Ersatzrecht anwendbar wäre.[1625] Ohne die entsprechende Vertragsklausel wäre ja nicht das Umsetzungsrecht anwendbar, auf das Art. 29a EGBGB verweist, sondern das wirksam gewählte Recht. Schließlich ist auch bei Geltung des CISG anerkannt, dass die Konvention und nicht das nach dem nationalen IPR anwendbare Recht den Vergleichsmaßstab für die Inhaltskontrolle liefert.[1626]

Im Ergebnis stellt daher das Vertragsstatut sowohl den Kontrollmaßstab als auch das Ersatzrecht im Falle der Unwirksamkeit einer Vertragsklausel.

1620 Ulmer/Brandner/Hensen - *Schmidt*, § 12 AGBG a.F., Rdn. 11.

1621 Werden AGB von internationalen Interessenverbänden oder Organisationen entworfen, so mag man an eine deren Vereinheitlichungszweck entsprechende international einheitliche Auslegung und Anwendung denken. Da der Verbraucherschutzzweck des Art. 29a EGBGB einem solchen Vereinheitlichungszweck aber ohnehin vorgehen würde, braucht dieses Problem hier nicht vertieft werden, vgl. Ulmer/Brandner/Hensen - *Schmidt*, Anh. § 2 AGBG, Rdn. 34.

1622 *Staudinger*, VersR 1999, 401, 407.

1623 Ulmer/Brandner/Hensen - *Schmidt*, § 12 AGBG a.F., Rdn. 11; *Mankowski*, BB 1999, 1225, 1229, m.w. N. (auch zur Gegenmeinung).

1624 So *Mankowski*, BB 1999, 1225, 1229 (in entsprechender Argumentation zu § 12 AGBG (1996)).

1625 *Mankowski*, BB 1999, 1225, 1229.

1626 *Mankowski*, BB 1999, 1225, 1229, unter Hinweis auf Staudinger - *Magnus* (1999), CISG, Einl., Rdn. 36.

V. Verweisung (II) – Die Nichtumsetzungsproblematik

Ein nach wie vor aktuelles Problem des Internationalen Verbrauchervertragsrechts liegt in der Frage, wie das IPR darauf reagieren soll, wenn dem Verbraucher der Schutz einer Richtlinie im Ergebnis nur deshalb entzogen wird, weil ein EU-Mitgliedstaat gegen seine Umsetzungsverpflichtung verstoßen hat. Art. 29a EGBGB berührt allerdings nur einen Ausschnitt dieser Debatte, denn die für die Nichtumsetzungsproblematik typische Gran Canaria-Konstellation zeichnet sich dadurch aus, dass das Recht eines Mitgliedstaats gewählt wird, der eine Richtlinie trotz Fristablaufs noch nicht[1627] umgesetzt hat. In diesen Fällen ist das Recht eines EU- bzw. EWR-Staats auf den Vertrag anwendbar, so dass der Tatbestand des Art. 29a EGBGB nicht erfüllt ist.[1628]

Der Nichtumsetzungsproblematik ist durch die neue Verweisungstechnik des Art. 29a Abs. 1 EGBGB aber eine weitere Facette hinzugefügt worden. Während § 12 AGBG (1996) und § 8 TzWrG stets auf die deutsche lex fori verwiesen, hat Art. 29a Abs. 1 EGBGB eine innereuropäisch allseitige Verweisung eingeführt, weshalb sich die Diskussion auf die Rechtsfolgenebene verlagert. Dem Verbraucher ist im Ergebnis nicht geholfen, wenn zwar die Anwendung eines Drittstaatenrechts abgewendet wird, das zu seinem Schutz bereitgestellte Mitgliedstaatenrecht die Richtlinie aber nicht oder fehlerhaft umgesetzt hat. Einer der Kritikpunkte, die Art. 29a EGBGB entgegengehalten werden, liegt denn auch in dem Vorwurf, die Neuregelung äußere sich nicht zur Problematik des Verweises auf das Recht eines Nichtumsetzerstaats.[1629]

Es bleibt offen, ob ein Gericht die Verweisung korrigieren darf bzw. muss, wenn sie zum Recht eines EU- bzw. EWR-Staats führt, der eine Verbraucherschutzrichtlinie nicht oder fehlerhaft umgesetzt hat. Einigkeit dürfte darüber bestehen, dass zunächst eine richtlinienkonforme Auslegung des von Art. 29a Abs. 1 EGBGB berufenen Rechts erfolgen muss und zwar unter Anwendung der jeweiligen nationalen Interpretationsmethoden.[1630] Die Feststellung, das berufene Recht genüge den Richtlinienstandards nicht, setzt voraus, dass das zur Gewährleistung praktischer Wirksamkeit der Verbraucherschutzrichtlinien gemeinschaftsrechtlich in erster Linie vorgesehene Mittel der richtlinienkonformen Auslegung voll ausgeschöpft wurde.

1627 Denkbar wäre auch, dass bewusst ein Recht gewählt wird, in dem einzelne Richtlinienbestimmungen zum Vorteil des Anbieters unzureichend umgesetzt wurden. Zum Gran Canaria-Syndrom oben 1. Teil unter A, vgl. auch *Nemeth*, 49 f.; *Lagarde*, 13 f.

1628 Siehe oben 3. Teil C I 1. b).

1629 *Pfeiffer*, NJW 1999, 3674, 3680. Als Nichtumsetzung soll im Folgenden sowohl die völlige Unterlassung der Transformation als auch die fehlerhafte Transformation, die man als partielle Nichtumsetzung ansehen kann, bezeichnet werden.

1630 *Staudinger*, RIW 2000, 416, 417; *Freitag/Leible*, EWS 2000, 342, 347.

Verfehlt das berufene Recht eine Richtlinienvorgabe dennoch, so kann der betreffende Mitgliedstaat mit einem Vertragsverletzungsverfahren nach Art. 226 ff. EG konfrontiert werden, was dem im konkreten Rechtsstreit betroffenen Verbraucher allerdings nicht weiterhilft. Im Übrigen bestehen zwei Möglichkeiten. Man kann sich einerseits mit dem richtlinienwidrigen Ergebnis abfinden und den Verbraucher auf den Staatshaftungsanspruch gegen den säumigen Mitgliedstaat verweisen. Die konträre Rechtsauffassung hält hingegen den Forumstaat für verpflichtet oder wenigstens berechtigt, den Umsetzungsverstoß eines anderen Staats über sein IPR, hier über Art. 29a EGBGB, zu „heilen". Eine Pflicht hierzu ließe sich begründen, wenn man in der Berufung eines defizitären Umsetzungsrechts einen eigenen Gemeinschaftsrechtsverstoß der Bundesrepublik Deutschland sehen würde. Eine Berechtigung hierzu wäre denkbar, wenn weder Primär- noch Sekundärrecht die Heilung des Verstoßes fordert, den Mitgliedstaaten eine solche Vorgehensweise aber erlaubt.

1. Europarechtliche Prämissen

Ausgangspunkt ist der Grundsatz des Vorrangs des Gemeinschaftsrechts, der sich bei unmittelbarer Anwendbarkeit einer gemeinschaftsrechtlichen Regelung in einem Anwendungsvorrang vor widersprechendem nationalen Recht niederschlägt. Während den Grundfreiheiten nach der Rechtsprechung des EuGH unmittelbare Wirkung auch im Privatrechtsverhältnis zukommt, ist dies jedenfalls für Verbraucherschutzrichtlinien nach wie vor nicht der Fall. Die jüngste Rechtsprechung des EuGH hat die Ablehnung einer horizontalen Direktwirkung von Richtlinien zwar abgeschwächt, allerdings auf Besonderheiten der einschlägigen Richtlinie abgestellt.[1631]

Nicht mehr zum eigentlichen Rangkollisionsrecht zugehörig, aber in diesem Zusammenhang ebenfalls relevant ist die Frage nach den Grenzen der richtlinienkonformen Auslegung. Die wohl überwiegende Meinung, wonach die nationale Auslegungsmethodik, insbesondere die äußerste Grenze des Wortsinns, zugleich der richtlinienkonformen Auslegung Schranken setzt, ist nach der hier vertretenen Auffassung zu relativieren. Solche Grenzen sind nur beachtlich, wenn sie Ausdruck eines Souveränitätsvorbehaltes des nationalen Gesetzgebers sind.[1632]

1631 Zur fehlenden horizontalen Direktwirkung von Verbraucherschutzrichtlinien vgl. 2. Teil D II 2.

1632 Zu den Grenzen richtlinienkonformer Auslegung: 2. Teil D II 1. c).

2. Art. 29a Abs. 1 EGBGB und Umsetzungsdefizite im berufenen Mitgliedstaatenrecht

Wie gesehen verweist Art. 29a Abs. 1 EGBGB bei Vorliegen räumlicher Bezüge zu nur einem EU- bzw. EWR-Staat, die einen engen Zusammenhang begründen, auf das Recht dieses Staats. Soweit solche Bezüge zu mehreren Staaten bestehen, kommt das Prinzip der engsten Verbindung zur Geltung. Verwiesen wird dann auf den Staat, zu dem nach den Wertungen des EVÜ die engste Verbindung besteht, sollten diese Wertungen zu einem Drittstaatenrecht führen, ist in der Regel hilfsweise auf den Vertragsanbahnungsstaat abzustellen.[1633] Fraglich ist, ob dies auch dann gilt, wenn der betreffende Staat die einschlägige Verbraucherschutzrichtlinie nicht oder fehlerhaft umgesetzt hat.

a) Grundsätzliche Kritik an einer Lösung über das IPR

In der Literatur sind zahlreiche Argumente gegen die „Heilung" einer richtlinienwidrigen Rechtslage in anderen Mitgliedstaaten über das IPR des Forums genannt worden.[1634] Moniert wird im Wesentlichen die Schwierigkeit, aufgrund der Tatsache, dass der europäische Verbraucherschutz im vertragsrechtlichen Bereich bislang nur ein Mindestschutz ist, „fiktive" Umsetzungsnormen bilden zu müssen, ein Konflikt mit der Rechtsprechung des EuGH zur fehlenden horizontalen Direktwirkung von Verbraucherschutzrichtlinien, ferner eine unzulässige Ergänzung des abschließenden Sanktionsinstrumentariums des Gemeinschaftsrechts sowie allgemein die Unmöglichkeit, für alle denkbaren Sachverhaltsgestaltungen eine „Heilung" von Umsetzungsverstößen über das IPR zu gewährleisten.

b) Auslegung des Art. 29a EGBGB

Dennoch wird vertreten, in solchen Fällen vom Prinzip der engsten Verbindung abzuweichen und auf das Recht eines anderen Staats mit einer korrekten Umsetzung auszuweichen, zu dem der Vertrag einen Zusammenhang aufweist.[1635] Im Wortlaut des Art. 29a EGBGB findet sich allerdings kein Hinweis darauf, dass der Gesetzgeber Vorsorge für den Fall treffen wollte, dass das berufene Recht nicht richtlinienkonform ist. Im Gegenteil kann man aus dem Umstand, dass sich Art. 29a EGBGB im Gegensatz zu § 12 AGBG (1996) und § 8 TzWrG nicht mehr gegen das gewählte Recht eines anderen Mitgliedstaats

[1633] Siehe oben 4. Teil C IV 2. c) (2).

[1634] Siehe oben 3. Teil C IV 2.

[1635] Grabitz/Hilf - *Pfeiffer*, Bd. III, A 5, Art. 6, Rdn. 57; *Rühl*, 256; einschränkend Grabitz/Hilf - *Martinek*, Bd. III, A 13, Rdn. 206 a.E.: Es ist auf das Mitgliedstaatenrecht abzustellen, das das objektive Vertragsstatut stellt, wenn es eine korrekte Umsetzung der Richtlinie enthält.

durchsetzt, schließen, dass der Gesetzgeber hiermit bewusst die Wahl des Rechts eines Mitgliedstaats in Kauf nimmt, der nicht richtlinienkonform umgesetzt hat.[1636]

(1) Systematische Argumente

Diese Hinnahme gemeinschaftsrechtswidrigen Verhaltens anderer Mitgliedstaaten im Tatbestand sollte dann aber konsequent auch für die Rechtsfolge des Art. 29a Abs. 1 EGBGB gelten. Das deutsche Umsetzungskollisionsrecht des Art. 29a EGBGB findet sich im Einklang mit den Richtlinienvorgaben mit dem Verlust von Verbraucherrechten infolge Nichtumsetzung ab, wenn ein solchermaßen defizitäres Umsetzungsrecht gewählt ist. Art. 29a EGBGB spricht hier eindeutig von der Anwendbarkeit eines Drittstaatenrechts als Tatbestandsvoraussetzung.[1637] Es wäre nun aber erstaunlich, wenn im Rahmen der Rechtsfolge derselben Regelung auf die Nichtumsetzungsproblematik reagiert werden müsste.

Enthalten etwa die AGB eines kalifornischen Betreibers eines Online-Shops, bei dem ein in Spanien ansässiger Verbraucher eine Ware bestellt, eine Rechtswahlklausel zugunsten spanischen Rechts, das – unterstelltermaßen – in einem wesentlichen Punkt die FernabsatzRL nicht zureichend umgesetzt hat, so wird der Verbraucher von Art. 29a EGBGB hiergegen nicht geschützt. Wählt derselbe Anbieter sein kalifornisches Heimatrecht, verweist Art. 29a Abs. 1, 2 EGBGB auf spanisches Recht[1638]. Der Umstand, dass nunmehr ein Drittstaatenrecht gewählt ist, für das gar keine Umsetzungsverpflichtung bestand, kann nicht dazu führen, den Verweis auf das spanische Recht zu korrigieren.

Auch der Blick auf die Gesamtregelung der Art. 29, 29a EGBGB spricht dagegen, letzterem die Lösung der Nichtumsetzungsproblematik zu entnehmen. Denn nach der zutreffenden[1639] Auffassung des Gesetzgebers ist Art. 29 EGBGB vor Art. 29a EGBGB zu prüfen. Führt also bereits Art. 29 Abs. 1 EGBGB zum Recht eines Mitgliedstaats, so greift Art. 29a Abs. 1 EGBGB nicht mehr ein. Man hat soweit ersichtlich Art. 29 Abs. 1 EGBGB bislang die Aufgabe, das Problem des Verweises auf das Recht von Nichtumsetzerstaaten zu lösen, jedoch nicht zugeordnet. Angesichts der klar formulierten Rechtsfolge, die bei entsprechendem Ausgang des Günstigkeitstests die Anwendung ausschließlich des Rechts am gewöhnlichen Aufenthalt vorschreibt, wäre dies auch nicht

[1636] In der Begründung heißt es schlicht: „Da EG-Richtlinien in allen EU-Mitgliedstaaten umzusetzen sind, muss keine Vorsorge dafür getroffen werden, dass das Recht eines EU-Mitgliedstaats gewählt worden ist.“, BT-Drs. 14/2658, 50.

[1637] *Staudinger*, RIW 2000, 416, 417; siehe ferner oben 3. Teil C I 1. b).

[1638] Zum Verweisungsziel bei Beteiligung von Anbietern aus Drittstaaten, siehe oben 4. Teil C IV 2. c) (2). Maßgeblich ist der Vertragsanbahnungsstaat, hier Spanien.

[1639] Siehe unten 4. Teil H II 5.

möglich. Ist das Aufenthaltsrecht des Verbrauchers günstiger als das gewählte (Drittstaaten-) Recht, so wird es von Art. 29 EGBGB mithin zur Anwendung berufen, auch wenn es den Richtlinienstandard unterschreitet. Würde man nun im Rahmen des Art. 29a EGBGB einen Verweis auf defizitäres Umsetzungsrecht nicht zulassen, so hinge der Schutz des Verbrauchers vor Umsetzungsverstößen anderer Mitgliedstaaten im Ergebnis von dem Zufall ab, ob der Sachverhalt die Anwendungsvoraussetzungen des Art. 29 EGBGB erfüllt und damit Art. 29a EGBGB sperrt oder nicht. Folgender Beispielsfall mag dies verdeutlichen:

Ein Anbieter A aus Deutschland veranlasst die Reise eines Italieners B mit gewöhnlichem Aufenthalt in Italien nach Frankreich, um ihm dort bestimmte Waren zu veräußern. Der zwischen A und B in Frankreich geschlossene Vertrag enthält eine Rechtswahl zugunsten eines Drittstaatenrechts. B wehrt sich gegen eine der Vertragsbedingungen, die ihn nach seiner Ansicht unangemessen benachteiligt. Nach dem gewählten Drittstaatenrecht trifft diese Rechtsauffassung nicht zu, nach den Vorgaben der KlauselRL hat B Recht. Er verklagt A in Deutschland. Es sei unterstellt, dass die deutsche und die italienische Umsetzung im streitentscheidenden Punkt richtlinienwidrig sind und B's Auffassung daher nicht stützen.
1. Abwandlung: A hat die Reise des B nach Frankreich nicht veranlasst.
2. Abwandlung: Es geht nicht um Waren, sondern um eine dem B in Italien zu erbringende Dienstleistung.

Gem. Art. 29 Abs. 1 Nr. 3 EGBGB kommt im Ausgangsfall italienisches Umsetzungsrecht zur KlauselRL zur Anwendung. Wäre dort unterstelltermaßen die einschlägige Richtlinienregelung nicht zutreffend umgesetzt, so bliebe es bei diesem Ergebnis, denn Art. 29a EGBGB greift hier neben Art. 29 EGBGB nicht ein, Art. 34 EGBGB hilft jedenfalls wegen der ebenfalls als fehlerhaft unterstellten Umsetzung in Deutschland nicht. Die Klage des B wäre abzuweisen.

In der ersten Abwandlung sind die Voraussetzungen des Art. 29 Abs. 1 Nr. 3 EGBGB hingegen nicht erfüllt, in der zweiten liegt eine Auslandsdienstleistung nach Art. 29 Abs. 4 Nr. 2 EGBGB vor. Ein enger Zusammenhang des Vertrags zum Gebiet der EU ist jedoch gegeben, so dass Art. 29a Abs. 1 EGBGB eingreift. Nutzt man die im Vergleich zu Art. 29 EGBGB weiter formulierte Rechtsfolge aus, um den Umsetzungsverstoß Italiens und Deutschlands zu heilen, könnte man hier auf das ebenfalls vom Sachverhalt berührte französische Umsetzungsrecht abstellen. Hier hätte die Klage des B Erfolg, wenn Frankreich korrekt umgesetzt hat.

Sachlich gerechtfertigt wäre eine solche Differenzierung keineswegs. Der einzige Unterschied zwischen dem Grundfall und der 1. Abwandlung liegt darin, dass der Anbieter die Reise des B nicht veranlasst hat bzw. in der 2. Abwandlung, dass anstatt einer Ware eine Dienstleistung Gegenstand des Vertrags ist.

Auch das Gleichbehandlungsgebot aus Art. 3 Abs. 1 GG spricht daher für eine in diesem Punkt dem Art. 29 Abs. 1 EGBGB entsprechende Auslegung.

(2) Bindung an das EVÜ

Auch nach dem Regelungsprogramm der IPR-Klauseln bleibt es bei dem Grundsatz, wonach sich die Richtlinienwirkungen grundsätzlich im Gebot der richtlinienkonformen Auslegung und der gemeinschaftsrechtlichen Staatshaftung erschöpfen.[1640] Damit rückt die schon öfter angesprochene Bindung an das EVÜ, soweit das kollisionsrechtliche Regelungsprogramm der Richtlinien nicht zwingend Abweichungen erfordert, in den Vordergrund: Eine Abweichung vom Prinzip der engsten Verbindung zwecks Ausschaltung eines defizitären Umsetzungsrechts bedeutet zugleich eine Verletzung der völkervertraglichen Bindungen der Bundesrepublik Deutschland.

3. Ergebnis

Art. 29a EGBGB regelt das Problem der Wahl eines Nichtumsetzerrechts, also die klassische Gran Canaria-Konstellation, nicht. Dementsprechend reagiert Art. 29a EGBGB auch nicht auf Umsetzungsverstöße, die im Rahmen der Verweisung auf das Mitgliedstaatenrecht der engsten Verbindung relevant werden. In Bezug auf Art. 29a EGBGB geht die Literatur mithin zu Recht überwiegend davon aus, die Problematik fehlender oder mangelhafter Umsetzung sei dort nicht geregelt.[1641]

Dass sich der Gesetzgeber offenbar der Nichtumsetzungsproblematik auch bewusst war und dennoch in Art. 29a EGBGB hiefür keine Vorsorge getroffen hat, spricht zugleich dagegen, über andere Institute des IPR Abhilfe zu schaffen.[1642] Es ist nicht Aufgabe des IPR, solche Verstöße gegen das Gemeinschaftsrecht zu „heilen" und so faktisch die Rechtslage herzustellen, die gälte, wenn der Gemeinschaftsgesetzgeber das Instrument der Verordnung zur Harmonisierung des Verbrauchervertragsrechts herangezogen hätte bzw. wenn der EuGH Verbraucherschutzrichtlinien eine horizontale Direktwirkung zuerkennen würde.

Die Härten, die sich aus der Nicht- sowie der fehlerhaften Umsetzung von Richtlinien für den Verbraucher ergeben können, werden dadurch abgemildert, dass nach der hier vertretenen Auffassung die Grenze der richtlinienkonformen

[1640] *Staudinger*, RIW 2000, 416, 417; siehe ferner oben 3. Teil C IV 2.

[1641] Staudinger - *Magnus* (2002), Art. 29a EGBGB, Rdn. 32; *Schlechtriem*, in: FS Lorenz (2001), 565, 566 Fn. 4; *Staudinger*, RIW 2000, 416, 417; *Ders.*, ZfRV 2000, 93, 101; *Freitag/Leible*, EWS 2000, 342, 347; *Lagarde*, Rev. crit. dr. internat. privé 89 (2000), 925, 926 f.; Palandt - *Heldrich*, Art. 29a EGBGB, Rdn. 5.

[1642] Siehe auch unten 4. Teil H III, IV.

Auslegung erst bei einem erkennbaren Souveränitätsvorbehalt des nationalen Gesetzgebers zu ziehen ist. Das bedeutet, dass die bei einem Verweis des Art. 29a EGBGB auf das Recht eines anderen Mitgliedstaats vorzunehmende richtlinienkonforme Auslegung häufig im Ergebnis doch zu einem mit den Anforderungen der Richtlinie übereinstimmenden Ergebnis führen wird.

Allein bei dieser Lösung tritt auch nicht das Problem der europarechtlich nicht legitimierten „Aufdrängung" von für den säumigen Mitgliedstaat „fremden" Schutzverstärkungen auf, denn sein nationales Recht wird durch die richtlinienkonforme Auslegung ja nur auf das Mindestniveau der Richtlinie gebracht.

4. Konsequenzen im Fall der Unterschreitung des Richtlinienstandards durch das berufene Mitgliedstaatenrecht

Welche Konsequenzen ergeben sich also, wenn Art. 29a EGBGB auf ein Mitgliedstaatenrecht verweist, das den Schutzstandard einer Verbraucherschutzrichtlinie unterschreitet?

a) Richtlinienkonforme Auslegung bei unbewusst mangelhafter oder fehlender Umsetzung

Der Richter des Forums hat das berufene ausländische Recht so auszulegen und anzuwenden, wie dies ein Gericht des jeweiligen Staates tun würde, also unter Einschluss der richtlinienkonformen Auslegung.[1643] Es sind die dort geltenden Auslegungsmethoden unter Beachtung der ausländischen Judikatur und Literatur heranzuziehen. Im Rahmen des Art. 29a Abs. 1 EGBGB betrifft dies ausschließlich die Umsetzungen zu den in Abs. 4 genannten Verbraucherschutzrichtlinien. Ist zweifelhaft, ob eine nationale Regelung mit den Vorgaben einer dieser Richtlinien noch übereinstimmt, so ist die Frage zur Klärung des genauen Inhalts dieser Regelungsvorgabe dem EuGH im Wege des Vorabentscheidungsverfahrens vorzulegen.[1644] Hat der EuGH den Inhalt der Richtlinie im streitentscheidenden Punkt schon geklärt, muss der Forumrichter versuchen, das geforderte Ergebnis über eine richtlinienkonforme Auslegung des berufenen Rechts herzustellen.

Insoweit ist der in der Literatur anzutreffende Hinweis, die Verweisung des Art. 29a Abs. 1 EGBGB ginge im Falle einer fehlenden Umsetzung „ins Leere" und es bleibe daher aus Sicht des Art. 29a EGBGB bei der Anwendung des

---

1643 *Baumert*, 36.

1644 Der EuGH bejaht die Vorlagepflicht bereits dann, wenn nicht sicher ist, dass in sämtlichen Mitgliedstaaten eine einheitliche Auslegung der Richtlinie erfolgt. Z.B. EuGH, v. 6.10.1982, Rs. 283/81, (*CILFIT*), Slg. 1982, 3415, 3430 f.

gewählten Rechts[1645], nicht zutreffend. Auch wenn ein spezielles Umsetzungsgesetz fehlt, können die Richtlinienziele über die Auslegung des allgemeinen Zivilrechts im betreffenden Mitgliedstaat ja noch erreicht werden. Der Grundsatz der richtlinienkonformen Auslegung erstreckt sich unstreitig auch auf vor Erlass der Richtlinie in Kraft getretenes nationales Recht.

Lässt sich ein richtlinienkonformes Auslegungsergebnis nach der nationalen Interpretationsmethodik etwa aufgrund eines entgegenstehenden Wortlauts nicht erreichen, so sind zwei Konstellationen zu unterscheiden: Die erste, im Verbrauchervertragsrecht praktisch aber wohl kaum relevante Fallgestaltung betrifft Verträge, an denen als Vertragspartner des Verbrauchers eine staatliche Stelle beteiligt ist, die nach deutscher Terminologie verwaltungsprivatrechtlich handelt. Hier gilt die Rechtsprechung des EuGH zur Direktwirkung nicht oder fehlerhaft umgesetzter Richtlinien gegenüber dem Staat.[1646] Eine individualschützende, hinreichend bestimmte und inhaltlich unbedingte Richtlinienregelung kann daher zur Entscheidung des Rechtsstreits unmittelbar herangezogen werden.

In der zweiten, den Regelfall bildenden Konstellation eines Verbrauchervertrags zwischen zwei Privatrechtssubjekten gewinnt der Streit um die Grenzen der richtlinienkonformen Auslegung Bedeutung. Nach herkömmlicher Auffassung müsste untersucht werden, wie diese Auslegungsgrenzen in dem jeweiligen Mitgliedstaat gesehen werden. Nach der auch hier vertretenen Gegenmeinung sind die nationalen Auslegungsgrenzen jedoch nur beachtlich, wenn der jeweilige Gesetzgeber zum Ausdruck gebracht hat, dass er eine bestimmte Richtlinienvorgabe bewusst nicht umsetzen wollte, die defizitäre Regelung also gleichsam Ausdruck eines Souveränitätsvorbehalts ist.[1647]

Im Regelfall wird ein Mitgliedstaat seine Umsetzungsverpflichtung schon wegen des drohenden Staatshaftungsanspruchs nicht verletzen wollen und man davon ausgehen können, dass der Gesetzgeber im Falle einer fehlenden Regelung den Transformationsbedarf übersehen bzw. nicht erkannt hat, dass eine Umsetzungsnorm das Richtlinienziel verfehlt. Die Herstellung eines richtlinienkonformen Ergebnisses auch gegen Wortlaut, Systematik oder entgegenstehendem Regelungszweck durch den Forumrichter greift daher auch nicht in die hoheitlichen Regelungsbefugnisse des anderen Mitgliedstaats ein.

Gerade im Zusammenhang mit dem Übergang vom lex fori-Prinzip zur innereuropäisch allseitigen Anknüpfung in Art. 29a Abs. 1 EGBGB zeigt sich der Vorteil dieses Verständnisses der richtlinienkonformen Auslegung. Anstatt den Ausgang des Rechtstreits von den jeweiligen in den Rechtsordnungen der Mitgliedstaaten herrschenden Auslegungsgrenzen abhängig zu machen, greift mit dem Souveränitätsvorbehalt eine gemeinschaftsweit einheitliche und zudem

---

[1645] So *Freitag/Leible*, EWS 2000, 342, 347; Palandt - *Heldrich*, Art. 29a EGBGB, Rdn. 5.

[1646] Vgl. oben 2. Teil D II 2. b); ferner *Grundmann*, RabelsZ 64 (2000), 457, 467.

[1647] Siehe oben 2. Teil D II 1. c) ; *Grundmann*, RabelsZ 64 (2000), 457, 467 f.

relativ leicht feststellbare Grenze ein. Dem Postulat einer einheitlichen Anwendbarkeit des Gemeinschaftsrechts unabhängig von nationalen Eigenarten[1648] trägt diese Sichtweise ebenso Rechnung wie sie gewährleistet, dass Art. 29a Abs. 1 EGBGB alle in EU- bzw. EWR-Staaten ansässigen Verbraucher im Hinblick auf unbewusste Unterschreitungen des Richtlinienstandards gleichbehandelt.

b) Unterschreitung des Richtlinienstandards aufgrund bewusst mangelhafter oder fehlender Umsetzung

Es verbleiben die Fälle, in denen tatsächlich ein Umsetzungsdefizit in einem Souveränitätsvorbehalt eines Mitgliedstaats begründet ist. Angesichts des Umstands, dass die Rechtsakte nach Art. 95, 251 EG bei entsprechender Mitwirkung des Europäischen Parlaments mit qualifizierter Mehrheit im Rat beschlossen werden, erscheint eine solche Vorgehensweise eines überstimmten Mitgliedstaats nicht von vornherein ausgeschlossen.

(1) Vertragsverletzung des säumigen Mitgliedstaats

In einem solchen Fall liegt zunächst eine Vertragsverletzung des säumigen Mitgliedstaats vor. Die Kommission oder ein anderer Mitgliedstaat können ein Vertragsverletzungsverfahren einleiten. Der Verbraucher kann die ihm entstandenen Nachteile über den gemeinschaftsrechtlichen Staatshaftungsanspruch gegenüber dem säumigen bzw. fehlerhaft umsetzenden Staat geltend machen.[1649]

Fraglich ist, ob auch der das defizitäre Umsetzungsrecht berufende Mitgliedstaat Anspruchsgegner sein kann. Grundsätzlich bildet ja die IPR-Norm zusammen mit der Sachnorm eine Gesamtnorm, die hier zu einem richtlinienwidrigen Ergebnis geführt hat. Jeder Mitgliedstaat hat dann grundsätzlich die Wahl, ob er den Verstoß auf der Ebene des Kollisions- oder des Sachrechts ausräumt. Nun schreiben die IPR-Klauseln allerdings nur vor, dass im Fall der Wahl eines Drittstaatenrechts sichergestellt sein muss, dass ein Vertrag, der einen engen Zusammenhang zum Gebiet der EU bzw. des EWR aufweist, dem Recht eines Mitgliedstaats unterliegt, soweit die drittstaatliche Regelung nicht ohnehin günstiger für den Verbraucher ist. Diesen Auftrag erfüllt der Umsetzungsgesetzgeber, wenn er – wie in Art. 29a Abs. 1 EGBGB – auf das Recht eines EU- bzw. EWR-Staats verweist. Der Gemeinschaftsrechtsverstoß liegt daher allein im Sachrecht des Mitgliedstaats, auf das Art. 29a EGBGB richtlinienkonform verwiesen

---

[1648] *Grundmann*, RabelsZ 64 (2000), 457, 461.

[1649] Vgl. *Freitag/Leible*, EWS 2000, 342, 347; *Staudinger*, RIW 2000, 416, 417; *Ders.*, ZfRV 2000, 93, 101; Palandt - *Heldrich*, Art. 29a EGBGB, Rdn. 5.

hat.[1650] Der Staatshaftungsanspruch richtet sich daher in den genannten Fällen nicht gegen die Bundesrepublik Deutschland.

(2) Keine „Heilung" des Umsetzungsverstoßes über Art. 29a EGBGB

Im konkreten Rechtsstreit gegenüber seinem Vertragspartner ist dem Verbraucher mit einem Staatshaftungsanspruch allerdings nicht geholfen. Da die Verbraucherschutzrichtlinien nach der hier vertretenen Auffassung keine Vorkehrungen dagegen verlangen, dass das richtlinienkonform berufene Mitgliedstaatenrecht nicht korrekt umgesetzt hat, scheidet – schon wegen der Bindung an die Anknüpfungsprinzipien des EVÜ – wie gesehen aber auch die Möglichkeit aus, über Art. 29a EGBGB auf ein anderes richtlinienkonformes Recht auszuweichen. Ob die Nichtumsetzungsproblematik über Art. 34 EGBGB oder andere kollisionsrechtliche Instrumente gelöst werden kann, erscheint ebenfalls sehr zweifelhaft.[1651]

c) Ergebnis

Unterschreitet das richtlinienkonform durch Art. 29a Abs. 1 EGBGB berufene Recht eines EU- bzw. EWR-Staats den Richtlinienstandard, kann ein deutsches Gericht dem allein durch die richtlinienkonforme Auslegung dieses Rechts helfen. Soweit kein Souveränitätsvorbehalt festzustellen ist, kann es dabei auch entgegen der nationalen Auslegungsmethodik zu einem den Anforderungen der Richtlinie entsprechenden Ergebnis gelangen. Ist die Unterschreitung der Richtlinienvorgaben hingegen auf einen solchen Vorbehalt zurückzuführen, hat der Mitgliedstaat seine Umsetzungspflicht also bewusst verletzt, so bleiben allein das Vertragsverletzungsverfahren und der Staatshaftungsanspruch. Im Rahmen des Art. 29a EGBGB kann das Gericht mithin auf die Nichtumsetzungsproblematik nicht reagieren.

VI. Verweisung (III) – Überschreitung des Richtlinienstandards durch das berufene Mitgliedstaatenrecht

Im Rahmen der Rechtsfolge des Art. 29a Abs. 1 EGBGB kann sich schließlich ein drittes Problem stellen, wenn ein Umsetzungsrecht berufen wird, das Schutzverstärkungen vorsieht, die über das gemeinschaftsrechtlich zulässige Maß hin-

1650 Ebenso *Freitag/Leible*, EWS 2000, 342, 347, allerdings mit der abweichenden Begründung, der Schwerpunkt des Verstoßes liege beim richtlinienwidrig handelnden Mitgliedstaat.

1651 Dazu 4. Teil H III.

ausgehen, indem sie eine Grundfreiheit verletzen.[1652] Dabei handelt es sich um eine Rangkollision zwischen einer sachrechtlichen Umsetzungsbestimmung und einer unmittelbar anwendbaren Grundfreiheit.

1. Schutzverstärkung im Anwendungsbereich der Richtlinie

Eine Schutzverstärkung, also eine gegenüber der Richtlinie strengere Regelung, die nur aufgrund der Mindestschutzklauseln überhaupt zulässig ist, wird als „Bestimmung zur Umsetzung“ einer einschlägigen Richtlinie von der Rechtsfolge des Art. 29a Abs. 1 EGBGB umfasst. Im Einzelfall kann eine solche schutzintensivere Regelung aber im Sinne der „*Keck*“-Rechtsprechung als diskriminierende Vermarktungs- bzw. als Produktregelung eine der Grundfreiheiten, wobei vor allem die Waren- und Dienstleistungsverkehrsfreiheit gem. Art. 28, 49 EG in Betracht kommen, beschränken, so dass sie nur dann gemeinschaftsrechtlich zulässig ist, wenn sie einem zwingenden Erfordernis des Allgemeininteresses – hier naturgemäß dem Erfordernis des Verbraucherschutzes – dient und dabei geeignet, erforderlich und angemessen ist.[1653]

2. Grundfreiheitenkontrolle

Im Kapitel über die europarechtlichen Grundlagen des Art. 29a EGBGB wurde dargelegt, dass der EuGH in Übereinstimmung mit der ganz herrschenden Literaturansicht privatrechtliche Regelungen der Grundfreiheitenkontrolle unterwirft. Da die Vertragsfreiheit als Prinzip von den Grundfreiheiten vorausgesetzt wird, stellen die Regelungen der Umsetzungsgesetze zu den Verbraucherschutzrichtlinien, die vor allem mit der Aufstellung von Informationspflichten und Vertragslösungsrechten in die freie Gestaltung der vertraglichen Beziehungen zwischen Anbieter und Verbraucher eingreifen, jedenfalls potentiell eine dem Anwendungsbereich der Art. 28, 49 EG unterfallende Handelsbeschränkung dar.

Wie gesehen, wird allerdings in weiten Teilen des von Art. 29a EGBGB abgedeckten Verbrauchervertragsrechts eine unzulässige Beschränkung einer Grundfreiheit nicht in Betracht kommen. Zum großen Teil sind die entsprechenden Regelungen als Vermarktungsregelungen im Sinne der „*Keck*“-Rechtsprechung anzusehen und daher nur dann im Rahmen des Art. 28 EG tatbestandsmäßig, wenn sie einen EU-Anbieter oder ein Produkt aus dem EU-

---

1652 Wie gesehen, sind Schutzergänzungen außerhalb des Anwendungs- und Regelungsbereichs der Richtlinie hingegen keine „Bestimmungen zur Umsetzung“ im Sinne des Art. 29a Abs. 1 EGBGB und scheiden daher von vornherein aus, vgl. 4. Teil C IV 3.

1653 Die Ansicht, wonach im Bereich der Mindestharmonisierung eine Durchsetzung solcher Schutzverstärkungen im internationalen binnenmarktinternen Sachverhalt von vornherein ausscheidet, ist abzulehnen, siehe oben 3. Teil C IV 3. b).

Ausland gegenüber inländischen Anbietern oder Produkten benachteiligen. In privatrechtlichen Rechtsstreitigkeiten hat der EuGH in diesem Zusammenhang mehrmals das Erfordernis einer spürbaren Beeinträchtigung aufgestellt.[1654] Da die Verbraucherschutzrichtlinien jedoch schon selbst ein recht hohes Schutzniveau etabliert haben, dem alle europäischen Anbieter genügen müssen, dürfte es nicht leicht fallen zu begründen, dass einer darüber hinaus gehenden Schutzverstärkung die Wirkung einer diskriminierenden Vermarktungsregelung zukommt. Im Bereich der Produktregelungen, namentlich für Versicherungsverträge, und im Dienstleistungssektor kommt der Grundfreiheitenkontrolle allerdings eine größere Bedeutung zu.

a) Produkt- oder vertriebsbezogene Regelung?

Nach der „*Keck*"-Rechtsprechung ist im Bereich des Warenverkehrs zwischen Vermarktungsregelungen und Produktregelungen zu unterscheiden. Informationspflichten stellen allgemein vermarktungsbezogene Regelungen dar.[1655] Gleiches gilt für die ebenfalls aus dem Informationsmodell abgeleiteten Vertragslösungsrechte.[1656] Soweit solche Bestimmungen auf in- und ausländische Produkte unterschiedslos anwendbar sind, bedarf es daher einer diskriminierenden Wirkung, um sie gleichwohl unter den Anwendungsbereich der Produktfreiheiten zu subsumieren. Die Bestimmungen über die Inhaltskontrolle von Vertragsbedingungen nähern sich hingegen dem Bereich der Produktregelungen an, je nachdem welche Phase der Vertragsdurchführung die zu kontrollierenden Klauseln betreffen.[1657] So fallen die Vorschriften zur Inhaltskontrolle von Versicherungsbedingungen unter die Produktregelungen.[1658] Im Dienstleistungsbereich ist hingegen bislang nicht von der Geltung der „*Keck*"- Formel auszugehen, so dass jede Beschränkung des Dienstleistungsverkehrs tatbestandsmäßig ist.

1654 Dazu oben 2. Teil A I.

1655 *Grundmann*, Schuldvertragsrecht, § 7, 4.02, Rdn. 26 Fn. 57 (zu den Informationspflichten nach der TimesharingRL).

1656 *Grundmann*, Schuldvertragsrecht, § 7, 4.02, Rdn. 26 Fn. 57 (zum Widerrufsrecht nach der TimesharingRL).

1657 Die sich aus der Inhaltskontrolle ergebenden Klauselverbote können jedenfalls Einschränkungen der Grundfreiheiten darstellen, vgl. Grabitz/Hilf - *Pfeiffer*, Bd. III, Vorbem. A 5, Rdn. 90; *Ders.*, a.a.O., Art. 8 RL, Rdn. 22. Implizit auch Wolf/Horn/ Lindacher - *Wolf*, Art. 1 RL, Rdn. 8-10.

1658 *Staudinger*, VersR 1999, 401, 411.

b) Diskriminierung EU-ausländischer Anbieter bzw. Produkte?

Eine diskriminierende Wirkung vertriebsbezogener Bestimmungen kann vor allem aus der Erhöhung von Transaktionskosten zum Nachteil EU-ausländischer Anbieter bzw. – im Falle des Vertriebs durch Inländer – derer Produkte abgeleitet werden. So müssen die Lieferverträge im Handel mit dem Verbraucher als Endkunden auf die je unterschiedlichen Umsetzungen der KlauselRL ausgerichtet werden, auch kann ein einzelnes Klauselverbot ausländische Anbieter stärker treffen. Entsprechendes gilt im Bereich des Timesharing und des Fernabsatzes. Der EuGH fordert allerdings im privatrechtlichen Bereich häufig eine spürbare Beeinträchtigung des Anbieters. Ist die zusätzliche Belastung nicht signifikant, spricht einiges dafür, dass die angegriffene nationale Bestimmung als diskriminierungsfreie Vermarktungsregelung nicht in den Anwendungsbereich der Grundfreiheiten fällt.

c) Rechtfertigung

Enthält ein nationales Umsetzungsgesetz eine Schutzverstärkung, die tatbestandlich unter eine der Grundfreiheiten fällt, so bedarf sie einer Rechtfertigung durch ein zwingendes Erfordernis des Allgemeininteresses, wozu der Verbraucherschutz gehört. Als legitimes Ziel der Maßnahme kommt der Schutz des Verbrauchers auf vertragsrechtlichem Gebiet in Betracht. Sodann muss die strengere Regelung geeignet sein, dieses Ziel zu verwirklichen. Es darf kein milderes, die Grundfreiheit weniger beschränkendes Mittel zur Verfügung stehen, insbesondere darf diesem Ziel nicht schon im Herkunftsstaat ausreichend Rechnung getragen worden sein. Eine Doppelkontrolle zum selben Zweck wäre nicht erforderlich. Sind diese Hürden überwunden, so bedarf es noch der Prüfung der Angemessenheit der strengeren Regelung. Die Auswirkungen der Schutzmaßnahme auf die Grundfreiheit sind gegen die Vorteile abzuwägen, die dem Verbraucher durch die geeignete und erforderliche Regelung zukommen.

3. Die Behandlung grundfreiheitenwidriger Schutzverstärkungen

Ist zweifelhaft, ob eine von Art. 29a Abs. 1 EGBGB berufene Norm eine der Grundfreiheiten verletzt, so muss das Gericht die Frage dem EuGH zur Vorabentscheidung vorlegen. Steht der Grundfreiheitenverstoß fest, ist wiederum fraglich, ob der Gemeinschaftsrechtsverstoß hier neben dem Mitgliedstaat, der die sachrechtliche Regelung getroffen hat, der Bundesrepublik Deutschland angelastet werden kann. Da das gemeinschaftsrechtswidrige Ergebnis erst durch das Zusammenspiel der Kollisions- mit der Sachnorm herbeigeführt wird, die grundfreiheitenwidrige Vorschrift des Umsetzungsgesetzes eines anderen Mitgliedstaats somit gar nicht relevant wäre, ordnete Art. 29a Abs. 1 EGBGB nicht ihre Anwendung an, ist dies zu bejahen.

a) Unterschied zur Unterschreitung des Richtlinienstandards

Der Unterschied zur bereits besprochenen Konstellation der Berufung einer den Richtlinienstandard unterschreitenden und daher gemeinschaftsrechtswidrigen Umsetzung liegt darin, dass die Grundfreiheiten auch zwischen Privatrechtssubjekten unmittelbar anwendbares Gemeinschaftsrecht darstellen, während die Verbraucherschutzrichtlinien im horizontalen Rechtsverhältnis keine unmittelbare Wirkung entfalten und nach hier vertretener Auffassung ihre Nichtgeltung infolge von Umsetzungsverstößen anderer Mitgliedstaaten nicht nur – insoweit unstreitig – im reinen Inlandsfall, sondern auch im grenzüberschreitenden Sachverhalt hinnehmen, mithin die Mitgliedstaaten nicht verpflichten, den Umsetzungsverstoß durch einen Verweis auf richtlinienkonformes Recht zu heilen.

Anders ist die Rechtslage bei grundfreiheitenverletzenden Schutzverstärkungen, die Art. 29a Abs. 1 EGBGB als Teil der Umsetzung einer Verbraucherschutzrichtlinie im Sinne des Abs. 4 beruft. Da die Grundfreiheiten im gesamten Gemeinschaftsgebiet unmittelbar wirken und ein Rechtsanwendungsergebnis, das eine unzulässige Beschränkung darstellen würde, ausschließen, kann hier ein Grundfreiheitenverstoß gleichermaßen in der Kollisionsnorm (Mitgliedstaat A) wie in der Sachnorm (Mitgliedstaat B) gesehen werden kann.[1659]

b) Konsequenzen

Das Gericht darf folglich die grundfreiheitenwidrige Norm nicht anwenden. Welche Regelung stattdessen zur Anwendung kommt, sagt das primäre Gemeinschaftsrecht nicht. Es mag die bloße Nichtanwendung der gemeinschaftsrechtswidrigen Norm schon ausreichen, es mag auch die entstehende Lücke durch eine andere Regelung zu füllen sein, die infolge der Nichtanwendung der an sich einschlägigen Bestimmung ersatzweise als „Umsetzung“ einer der Verbraucherschutzrichtlinien anzusehen ist und daher ebenfalls über Art. 29a Abs. 1 EGBGB Anwendung finden kann.

[1659] Offen bleiben kann, ob sich Mitgliedstaat B darauf berufen könnte, er wolle seine grundfreiheitenwidrige Sachnorm gar nicht angewendet sehen, da sein IPR ein anderes Umsetzungsrecht berufe. Denn aufgrund des gemeinschaftsweit geltenden EVÜ handelt es sich im Internationalen Schuldvertragsrecht aller Mitgliedstaaten generell um Sachnormverweisungen (Art. 15 EVÜ).

4. Ergebnis

Auch nach der „*Keck*"-Rechtsprechung kann den verbrauchervertragsrechtlichen Regelungen, die über die Standards der Verbraucherschutzrichtlinien hinausgehen, grundfreiheitenbeschränkende Wirkung zukommen. Beruft Art. 29a Abs. 1 EGBGB eine solche nationale Umsetzungsnorm und ist diese nicht anhand zwingender Erfordernisse des Verbraucherschutzes zu rechtfertigen, so greift der Anwendungsvorrang des unmittelbar wirkenden Gemeinschaftsrechts gegenüber widersprechendem Mitgliedstaatenrecht ein.

VII. Vereinbarkeit des Art. 29a Abs. 1 EGBGB mit dem Primärrecht

Die Vereinbarkeit der bisher geltenden Umsetzungskollisionsnormen in § 12 AGBG (1996) und § 8 TzWrG mit dem Primärrecht ist verschiedentlich in Zweifel gezogen worden. So sah man in dem Umstand, dass § 12 AGBG (1996) auch die Wahl des Rechts eines Mitgliedstaats beschränkte, einen Verstoß gegen das allgemeine Diskriminierungsverbot des Art. 12 EG (Art. 6 EGV).[1660] In der Berufung des AGBG bzw. des TzWrG trotz Anwendbarkeit eines mitgliedstaatlichen Rechts hat man ferner eine Verletzung der Waren- und Dienstleistungsverkehrsfreiheit erkannt[1661] bzw. zumindest einen Verstoß gegen die IPR-Klauseln und den Grundsatz der Gleichwertigkeit des angeglichenen Rechts gesehen[1662]. In den Stellungnahmen zu Art. 29a EGBGB ist hinsichtlich des Absatzes 1 von einer Diskriminierung bzw. Grundfreiheitenwidrigkeit hingegen nicht mehr die Rede. Das soll hier kurz begründet werden.

1. Art. 29a EGBGB und Art. 12 EG

Bisher griff die Rechtswahlbeschränkung des § 12 AGBG (1996) und des § 8 TzWrG ein, wenn der Vertrag *ausländischem* Recht unterlag. Das konnte nach einer in der Literatur vertretenen Ansicht faktisch zu einer Benachteiligung aufgrund der Staatsangehörigkeit führen, da die Sonderanknüpfung des deutschen AGBG in der Mehrzahl der Fälle allein andere europäische Anbieter daran hinderte, ein ihnen geeignet erscheinendes Mitgliedstaatenrecht zu wählen:

1660 *Staudinger*, 178; vgl. auch *Reich*, ERPL 1997, 165, 168.

1661 Hildenbrand/Kappus/*Mäsch*, § 8 TzWrG, Rdn. 32 ff.; *Staudinger*, 217; *Ders.*, VersR 1999, 401, 409 ff., 412; *Ders.*, IPRax 1999, 414, 415; für die österreichischen Regelungen in § 11 Abs. 2 TNG und § 13a Abs. 2 KSchG *Nemeth*, 71; *Czernich/Heiss*, Art. 5 EVÜ, Rdn. 83; für § 12 AGBG in der Fassung des Referentenentwurfs (abgedr. EWS 1995, 28) auch *v. Wilmowsky*, ZEuP 1995, 735, 760, anders offenbar zum Regierungsentwurf, *Ders.*, a.a.O., 760; a.A. Wolf/Horn/Lindacher - *Lindacher*, § 12 AGBG, Rdn. 6.

1662 *Sonnenberger*, ZEuP 1996, 382, 396.

Deutsche waren in der Regel nicht betroffen, weil entweder schon ein Fall des Inlandssachverhalts nach Art. 27 Abs. 3 EGBGB vorlag oder es bei Vertragsabschlüssen im Ausland an einem Bezug zum Gebiet der Bundesrepublik Deutschland fehlte.[1663] Ob in einem solchen Fall das allgemeine Diskriminierungsverbot oder die spezielleren Diskriminierungs- und Beschränkungsverbote der Produktfreiheiten eingreifen, ist wiederum fraglich.[1664] Dass der Vorwurf einer (mittelbaren) Diskriminierung EU-ausländischer Anbieter und Verbraucher jetzt entfallen ist, lässt sich aber unabhängig davon leicht nachvollziehen. Denn Art. 29a EGBGB ist nunmehr auf die von den IPR-Klauseln vorgesehene Funktion der Abgrenzung von Binnenmarkt- und Drittstaatenrecht reduziert worden, setzt sich also gegenüber der Wahl eines mitgliedstaatlichen Rechts nicht mehr durch.[1665]

2. Das Verhältnis des Art. 29a EGBGB zu den Grundfreiheiten

Die Frage nach dem Verhältnis des Art. 29a EGBGB zu den Grundfreiheiten stellt sich immer dann, wenn ein mitgliedstaatliches Umsetzungsgesetz über Art. 29a EGBGB auf einen Vertrag Anwendung finden soll, der die Grundlage eines grundfreiheitlich geschützten Vorgangs bildet. Nach der Rechtsprechung des EuGH sowie der überwiegenden Literaturansicht unterliegen Normen des Privatrechts auch nach „*Keck*“ der Grundfreiheitenkontrolle.[1666] Das gilt grundsätzlich gleichermaßen für Kollisions- wie auch für Sachnormen.[1667] Da im

---

1663 *Staudinger*, 167 f. Da § 8 Nr. 2 TzWrG bereits den Bezug des Vertrags zur EU genügen ließ, war hier wohl keine mittelbare Diskriminierung mehr gegeben, da deutsche und übrige europäische Anbieter von der Rechtswahlbeschränkung gleichermaßen betroffen waren. Allein die Annahme, dass deutsche Unternehmen in der Regel auch das deutsche Recht wählen werden (vgl. *Staudinger*, 167), reicht wohl nicht aus, einen besonderen Nachteil der anderen europäischen Anbieter zu begründen.

1664 Mit der Begründung, § 12 AGBG (1996) weise keinen unmittelbaren, spezifischen Bezug zu einer bestimmten Marktfreiheit auf, hält *Staudinger*, 165, den Art. 6 EGV (Art. 12 EG) nicht für verdrängt. A.A. *Seif*, JbJZivRWiss 1997, 225, 242.

1665 Auf die Frage, ob Art. 12 EG ein absolutes Diskriminierungsverbot enthält oder wenigstens eingeschränkten Rechtfertigungsmöglichkeiten unterliegt (vgl. *Roth*, RabelsZ 55 (1991), 623, 641), kommt es daher nicht an.

1666 *Staudinger*, VersR 1999, 401, 409. Siehe auch oben 2. Teil A I 4.

1667 Vgl. *Seif*, JbJZivRWiss 1997, 225, 242 f.; *v. Wilmowsky*, JZ 1996, 590, 591; speziell zu verbraucherschützenden Sach- und Kollisionsnormen, *Meerfeld*, 117; ferner oben 2. Teil A II 3. Die Einordnung der Kollisionsnorm unter das Begriffspaar Produkt- bzw. Vermarktungsregelung richtet sich danach, welchem Bereich die zwingend durchzusetzenden Bestimmungen zuzurechnen sind, vgl. *Sonnenberger*, ZVglRWiss 95 (1996), 3, 22. Art. 29a EGBGB betrifft sowohl die Durchsetzung von Produkt- wie auch von Vermarktungsregelungen. Möglich ist aber auch, dass eine Kollisionsnorm allein unter dem Aspekt der Doppelregelung eines Sachverhalts keine rechtlich wie tatsächlich gleichen Auswirkungen für in- und ausländische Produkte hat und die „*Keck*“-Ausnahme daher

Verbrauchervertragsrecht sowohl die Rechtswahlfreiheit beschränkt ist als auch die Sachnormen zwingend sind, gilt jedenfalls für Art. 29a EGBGB, dass einerseits allein die Beschränkung der Rechtswahlfreiheit[1668] durch zwingende Anknüpfung an eine bestimmte Rechtsordnung eine unzulässige Handelsbeschränkung darstellen kann, und zwar unabhängig vom Inhalt dieser Rechtsordnung. Soweit die Kollisionsregel unbedenklich ist, kann andererseits immer noch ein Grundfreiheitenverstoß in einer zwingenden sachrechtlichen Bestimmung begründet sein, die über Art. 29a EGBGB zur Anwendung kommt.[1669]

3. Grundfreiheitenkontrolle des Art. 29a Abs. 1 EGBGB

Im Folgenden geht es zunächst nur um die Rechtswahlbeschränkung des Art. 29a Abs. 1 EGBGB, die aufgrund des Vorrangs des Abs. 1 vor Abs. 3 auch für Timesharingverträge, die eine Rechtswahl zugunsten eines Drittstaatenrechts enthalten, gilt.[1670]

Einschränkungen der Parteiautonomie können ausländische Unternehmen stärker beeinträchtigen als inländische, denn ihnen wird so die Möglichkeit genommen, ihre Vertragsbeziehungen einem einheitlichen Recht zu unterstellen, was wiederum Transaktionskosten verursacht, die allein auf dem Inlandsmarkt auftretenden Unternehmen nicht entstehen.[1671] Zu prüfen ist daher, ob Art. 29a EGBGB in vor dem Hintergrund der Produktfreiheiten legitimen Anwendungsfällen die „richtige“, also den innergemeinschaftlichen Handel nicht unverhältnismäßig beschränkende Rechtsordnung „auswählt“.[1672] Da die Interessen des

---

nicht eingreift, vgl. *Remien*, RabelsZ 62 (1998), 627, 635, mit Beispielen aus dem Wettbewerbsrecht.

1668 Das gilt auch, soweit ein Drittstaatenrecht gewählt ist, vgl. *v. Wilmowsky*, RabelsZ 62 (1998), 1, 19.

1669 So allgemein zu zwingenden Anknüpfungen: *v. Wilmowsky*, ZEuP 1995, 735, 737; *Ders.*, RabelsZ 62 (1998), 1, 20. Vgl. auch den vorigen Abschnitt.

1670 Art. 29a Abs. 3 EGBGB ist daher nur im Rahmen der zwingenden objektiven Anknüpfung mitgliedschaftsrechtlich ausgestalteter Timesharingmodelle auf den Prüfstand der Grundfreiheiten zu stellen, vgl. unten 4. Teil D IV 3.

1671 Vgl. *Grundmann*, IPRax 1992, 1, 4; *Sonnenberger*, ZVglRWiss 95 (1996), 3, 24.

1672 Auch hier stieße die noch im Referentenentwurf vorgesehene lex fori-Anknüpfung auf Bedenken (so für den Fall, dass eine engere Verbindung zum Recht eines anderen Mitgliedstaats besteht, der korrekt umgesetzt hat, auch Grabitz/Hilf - *Pfeiffer*, Bd. III, A 5, Art. 6 RL, Rdn. 42). *Freitag/Leible*, ZIP 1999, 1296, 1300, haben die Nachteile der lex fori-Anknüpfung des Art. 29a EGBGB-E wie folgt zusammengefasst: Sie führe dazu, dass dem europäischen Verbraucher unter Umständen die Geltung eines günstigeren Umsetzungsrechts vorenthalten wird, obwohl der Sachverhalt keinen Bezug zum deutschen Recht hat. Darüberhinaus bürde man ihm so zusätzliche Informationskosten über das anwendbare Recht auf. Da ein Wechsel des Gerichtsstands auch zu einem Wechsel des anwendbaren Rechts führe, sei dieses für die Vertragsparteien nicht mehr vorhersehbar,

Verbrauchers regelmäßig auf ein höheres Schutzniveau, das heißt tendenziell auf Regulierung gerichtet sind[1673], während die Anbieter auf einen möglichst reibungslosen, regulierungsfreien Handel angewiesen sind, ist das Prüfungsschema insoweit vorgegeben. Der innergemeinschaftliche Handel ist am besten durch freie Rechtswahl gewährleistet. Wird er durch Abweichung von dieser Rechtswahl eingeschränkt, indem Verbraucherschutzfragen zwingend einer anderen Rechtsordnung unterstellt werden, hier derjenigen innerhalb der EU bzw. des EWR, zu der die enge bzw. engste Verbindung besteht, so muss die Geltung dieser Rechtsordnung geeignet, erforderlich und angemessen sein, um legitimen Verbraucherinteressen Rechnung zu tragen.[1674]

---

gemeinschaftsweiter Entscheidungseinklang könne nicht hergestellt werden. Vor diesem Hintergrund war Art. 29a EGBGB in der Fassung des Referentenentwurfs meines Erachtens als unverhältnismäßige Einschränkung der Rechtswahlfreiheit nicht primärrechtskonform.

1673 Eine Kollisionsnorm, die es dem Verbraucher unmöglich macht oder erheblich erschwert, auf einem EG-ausländischen Markt Waren und Dienstleistungen nachzufragen, wäre vor dem Hintergrund der „*GB-INNO*"-Rechtsprechung (o. Fn. 100) zur Nachfragerfreiheit bedenklich (vgl. *Höpping*, 231). Denkbar wäre eine solche Einschränkung der passiven Nachfragerfreiheit aber allenfalls, wenn durchweg das Recht am gewöhnlichen Aufenthalt oder Wohnsitz des Verbrauchers berufen würde, da es dem Verbraucher dann unmöglich wäre, Verträge unter Geltung der Rechtsregeln im Ausland abzuschließen, *Roth*, RabelsZ 55 (1991), 623, 658; *Kreuzer*, in: Müller-Graff (Hrsg.), 457, 510; *Heiss*, in: Reichert-Facilides (Hrsg.), 91, 99. Das ist aber in Art. 29a EGBGB nicht der Fall. Zur Nachfragerfreiheit siehe auch *Roth*, RabelsZ 55 (1991), 623, 657 f.

1674 Vgl. *v. Wilmowsky*, ZEuP 1995, 735, 740; *Kreuzer*, in: Müller-Graff (Hrsg.), 457, 510; *Sonnenberger*, ZVglRWiss 95 (1996), 3, 29; *Leible*, in: Schulte-Nölke/Schulze (Hrsg.), 353, 375. Fraglich ist, ob primärrechtliche Einschränkungen auch hinsichtlich des Trägers der Schutzmaßnahme bestehten, was z.B. anhand des Verbots des „cold calling" durch die Niederlande zum Schutz ausländischer Verbraucher erörtert wird, vgl. *Roth*, in: FS Fikentscher (1998), 723, 731. Nach *v. Wilmowsky*, ZEuP 1995, 735, 764 f.; *Ders.*, RabelsZ 62 (1998), 1, 24, obliegt die Beurteilung des kollisionsrechtlichen Schutzbedürfnisses allein dem Vertragsanbahnungsstaat. Hält dieser eine besondere Anknüpfung einzelner Verbraucherschutzgesetze für ausreichend, wäre es nach *v. Wilmowsky* nicht zulässig, wenn der Forumstaat nach seinem IPR der Rechtswahl überhaupt keine Folge leistet, wie es nach Art. 120 schweizer IPRG der Fall ist. In der Konsequenz dürfte dieser Forumstaat dann also Art. 15 EVÜ, der die Rück- und Weiterverweisung im Internationalen Schuldvertragsrecht ausschließt, in einem solchen Fall nicht anwenden. Die Frage, welcher Staat die kollisionsrechtliche Schutzmaßnahme anordnen darf, stellt sich aber für Art. 29a EGBGB nicht. Er sieht richtlinienkonform nur die besondere Anknüpfung der Umsetzungsgesetze zu den drei Verbraucherschutzrichtlinien, die IPR-Klauseln enthalten, vor und stellt kein Rechtswahlverbot auf.

a) Legitimes Schutzziel

Zunächst ist Voraussetzung einer Rechtfertigung, dass der mit der Abweichung von der Rechtswahl verfolgte Zweck überhaupt ein zwingendes Erfordernis des Allgemeininteresses im Sinne der *„Cassis de Dijon"*-Rechtsprechung darstellen kann.[1675] Die insoweit beachtlichen Rechtsgüter sind identisch mit denjenigen, die mit Mitteln des Sachrechts verfolgt werden dürfen, so dass auch der Verbraucherschutz im vertragsrechtlichen Bereich als Unterfall der sog. wirtschaftlichen Verbraucherinteressen in Betracht kommt.[1676]

Der EuGH misst dem nicht zu beruflichen oder geschäftlichen Zwecken im Rechtsverkehr auftretenden Vertragspartner eine typisierte Schutzbedürftigkeit zu.[1677] Nicht notwendig ist die im Einzelfall nachweisbare Unterlegenheit des Verbrauchers, vielmehr genügt das nichtkommerzielle Handeln als rollenbezogenes Element in Verbindung mit einem bestimmten situativen, die typischerweise bestehende Schutzbedürftigkeit belegenden Element.[1678] Im Bereich der Allgemeinen Geschäftsbedingungen gilt es aufgrund des Versagens eines Konditionenwettbewerbs zu verhindern, dass die einseitige Ausnutzung von Gestaltungsmacht durch den Anbieter als Verwender der vorformulierten Vertragsbedingungen zu einer Übervorteilung des Verbrauchers führt. Was Timesharingverträge angeht, hat sich bei typisierender Betrachtung erwiesen, dass regelmäßig Vertragsabschlusssituationen geschaffen werden, die die tatsächliche Entscheidungsfreiheit des Verbrauchers gefährden; hinzu kommt, dass der Timesharingvertrag generell aufgrund langer Laufzeiten und übermäßig hoher Kosten für den Verbraucher gefährlich ist. Im Distanzvertrieb ergeben sich schließlich Hindernisse für einen freie Entscheidungsfindung des Verbrauchers daraus, dass er den Vertragsgegenstand nicht einsehen und prüfen kann.

Gerade in den beiden letzten Bereichen, die zu einem großen Teil grenzüberschreitende Transaktionen betreffen, wird deutlich, dass der Verbraucherschutz nicht im nationalen Sachrecht Halt machen darf, sondern der Verbraucher auf kollisionsrechtlicher Ebene auch vor dem Verlust sachlicher Schutzstandards sowie der Anwendung einer ihm unbekannten Rechtsordnung infolge einer Rechtswahl zu schützen ist[1679], widrigenfalls der Rechtsangleichungseffekt wie

---

1675 Vgl. z.B. *Jayme/Kohler*, IPRax 2000, 454, 455.

1676 *v. Wilmowsky* RabelsZ 62 (1998), 1, 22; vgl. auch *Staudinger*, VersR 1999, 401, 411.

1677 EuGH, v. 19.1.1993, Rs. C-89/91 (*Shearson Lehman Huttoon*), Slg. 1993 - I, 139,187, Tz. 18 . Zum Verbraucherbegriff des Art. 29a EGBGB vgl. oben 4. Teil C I.

1678 Zur Theorie des vertragsrechtlichen Verbraucherschutzes vgl. MüKo - *Micklitz*, Vor §§ 13, 14, Rdn. 58 ff., inbs. Rdn. 66 (speziell zum europarechtlichen Ansatz, a.a.O, Rdn. 67 ff., insb. Rdn. 80; *Pfeiffer*, in: Schulte-Nölke/Schulze (Hrsg.), 21, 29).

1679 Die aufgrund der Rechtswahlfreiheit drohenden Nachteile, die es zugunsten der Verbraucher abzuwenden gilt, lassen sich unter den Stichworten des sachrechtlichen und des kollisionsrechtlichen Schutzbedürfnisses zusammenfassen; vgl. *Roth*, RabelsZ 55 (1991), 623, 654.

auch die Zuerkennung materieller Verbraucherrechte im internationalen Rechtsverkehr faktisch zur Disposition des „überlegenen" Unternehmers stünde. Die Erwägungsgründe zu den IPR-Klauseln[1680], die insoweit auch für Art. 29a EGBGB zu berücksichtigen sind, umreißen daher ein legitimes Schutzziel, wenn sie Maßnahmen fordern, die dem Verbraucher den Schutz der Richtlinie im Falle der Wahl eines Drittstaatenrechts erhalten sollen.

b) Geeignetheit der kollisionsrechtlichen Schutzmaßnahme

Im Regelungsbereich der Verbraucherschutzrichtlinien gilt – abgesehen vom Internationalen Gesellschaftsrecht unterstehenden Fragen im Zusammenhang mit dem Beitritt eines Verbrauchers zu einer Timesharinggesellschaft bzw. einem entsprechenden Verein oder einer Genossenschaft – grundsätzlich Rechtswahlfreiheit. Da bei typisierter Betrachtung die Gefahr besteht, dass der Anbieter seine stärkere Verhandlungsposition dazu ausnutzt, eine ihm günstige Rechtswahlvereinbarung durchzusetzen, liegt die nahe liegende und dem geltenden Recht entsprechende kollisionsrechtliche Schutzmaßnahme in der Einschränkung der Rechtswahl durch eine zwingende objektive Anknüpfung bestimmter verbraucherschutzrelevanter Fragen.[1681]

So verweist denn auch Art. 29a Abs. 1 EGBGB im Hinblick auf die von den Verbraucherschutzrichtlinien vorgesehenen Informationspflichten, Vertragslösungsrechte sowie die Inhaltskontrolle von Vertragsbedingungen auf das Mitgliedstaaten- bzw. EWR-Staatenrecht, zu dem der Vertrag die engste Beziehung aufweist, soweit der Verbraucher ansonsten mit einem schutzschwächeren Drittstaatenrecht konfrontiert wäre. Nach den obigen Ausführungen zur Konkretisierung der Verweisung in Art. 29a Abs. 1 EGBGB findet bei Beteiligung eines in der EU ansässigen Unternehmens grundsätzlich dessen Heimatrecht im Sinne des Art. 28 Abs. 2 EGBGB Anwendung.[1682] Auf den Staat des gewöhnlichen Verbraucheraufenthalts verweist das deutsche Internationale Verbrauchervertragsrecht in solchen „Binnenmarktfällen" nach wie vor nur, wenn die Voraussetzungen des Art. 29 Abs. 1 EGBGB vorliegen.[1683] Denn die IPR-

---

1680 Siehe oben 1. Teil A I - III.

1681 Zur Geeignetheit solcher besonderer Anknüpfungen – vorbehaltlich der Frage, welche Rechtsordnung als Ziel der besonderen Anknüpfung in Betracht kommt – vgl. *v. Wilmowsky* RabelsZ 62 (1998), 1, 22. Möglich wäre auch, den gesamten Verbrauchervertrag einer bestimmten Rechtsordnung zu unterstellen, der Rechtswahl also überhaupt keine Folge zu leisten. Diesen Weg ist der deutsche Gesetzgeber aber zu Recht in Art. 29a EGBGB nicht gegangen.

1682 Siehe 4. Teil C IV 2. c) (1).

1683 Die Anwendung des gewöhnlichen Aufenthaltsrechts des Verbrauchers stellt die kollisionsrechtlich optimale Schutzmaßnahme dar, vgl. *v. Wilmowsky*, ZEuP 1995, 735, 741. Nach der hier vertretenen Auffassung ist sie in Art. 29a Abs. 1 EGBGB aber nicht verwirklicht worden.

Klauseln regeln die gemeinschaftsinterne Auswahl der anwendbaren Rechtsordnung nicht und dispensieren damit den Umsetzungsgesetzgeber nicht von der Bindung an das EVÜ. Dieser Rechtslage trägt auch der (noch zu begründende[1684]) Vorrang des Art. 29 EGBGB vor Art. 29a EGBGB Rechnung.

Dieser Verweis auf das Mitgliedstaatenrecht am Sitz des Anbieters ist zum Schutz des Verbrauchers vor der Wahl eines Drittstaatenrechts geeignet. Denn jeder Mitgliedstaat ist verpflichtet, die Verbraucherschutzrichtlinien, um deren Durchsetzung es hier geht, zu transformieren. Damit ist prinzipiell gewährleistet, dass die Rechtswahlfreiheit nicht zur Umgehung der europäischen Verbraucherschutzstandards genutzt werden kann. Die Besonderheit des Art. 29a EGBGB gegenüber Art. 29 EGBGB besteht eben darin, dass sich das kollisionsrechtliche Schutzinteresse nicht auf die Geltung einer bestimmten nationalen Rechtsordnung, sondern nur auf die Wahrung des europäischen Schutzstandards in der Gestalt eines mitgliedstaatlichen Umsetzungsgesetzes richtet.

Die erste Umsetzung des Art. 6 Abs. 2 KlauselRL in § 12 AGBG (1996), wonach auch bei der Wahl eines anderen Mitgliedstaatenrechts stets das deutsche Umsetzungsrecht durchzusetzen war, lieferte demgegenüber ein Beispiel für eine jedenfalls in bestimmten Fällen ungeeignete Schutzmaßnahme: Es war ja ohne Weiteres denkbar, dass das gewählte Recht in Ausnutzung des Art. 8 KlauselRL strengere, mithin für den Verbraucher günstigere Vorschriften enthielt.[1685]

c) Erforderlichkeit der Schutzmaßnahme

Erforderlich ist eine kollisionsrechtliche Schutzmaßnahme, wenn sie von einem entsprechenden Schutzbedürfnis gedeckt ist[1686] und kein milderes, die Grundfreiheiten weniger einschränkendes gleichermaßen effektives Mittel vorhanden ist.[1687]

1684 Siehe 4. Teil H II.

1685 Dazu *Staudinger*, VersR 1999, 401, 412. Einem europäischen Verbraucher ist mit der Geltung der ihm fremden deutschen Rechtsordnung zudem in Fällen, in denen er hiermit mangels ausreichender Bezüge des Vertrags zu Deutschland nicht rechnen musste, nicht geholfen. Auch hier wäre die Geeignetheit der kollisionsrechtlichen Schutzmaßnahme daher zu verneinen (vgl. zu § 8 TzWrG Hildenbrand/Kappus/*Mäsch*, § 8 TzWrG, Rdn. 33).

1686 *v. Wilmowsky*, ZEuP 1995, 735, 741,

1687 Systematisch gehört hierher auch der Gesichtspunkt äquivalenter Verbraucherschutzstandards im gewählten Recht. Man könnte etwa daran denken, den Günstigkeitsvergleich als primärrechtlich geboten anzusehen, da eine kollisionsrechtliche Schutzmaßnahme nicht erforderlich sei, wenn das gewählte Recht gleichwertigen oder besseren Schutz für den Verbraucher biete (ein Rechtswahlverbot wäre dann primärrechtlich unzulässig, *Meerfeld*, 127 f. m.w.N.; a.A. *v. Wilmowsky*, ZEuP 1995, 735, 739 f.). Dem widerspräche allerdings der Umstand, dass dann nur das sachrechtliche Schutzinteresse entfällt, jedoch das kollisionsrechtliche Schutzbedürfnis unberührt bleibt. Letzteres kann auch allein Einschränkungen der Rechtswahlfreiheit erfordern. Der Günstigkeitsvergleich

Gem. Art. 29a Abs. 1 EGBGB besteht ein Schutzbedürfnis, wenn der Vertrag einen „engen Zusammenhang“ zur Gemeinschaft aufweist. Eine Auslegung, wonach allein der gewöhnliche Aufenthalt des Verbrauchers in der EU den Schutz des Art. 29a EGBGB auslöst, wäre in dieser Pauschalität nicht grundfreiheitenkonform, da ein Schutzbedürfnis nicht schon daraus erwachsen kann, dass man seinen gewöhnlichen Aufenthalt im Gemeinschaftsgebiet hat. Eine derartige Auslegung wurde hier aber bereits aus anderen Gründen verworfen.[1688] Probleme hat man daher hier bislang allein in dem Fall gesehen, dass der Vertrag in einem Drittstaat angebahnt wird: Schließe etwa ein deutscher Urlauber auf Zypern mit der dortigen Filiale einer englischen Versicherungsgesellschaft einen Versicherungsvertrag über sein Haus in Deutschland bei Wahl zypriotischen Rechts, so stelle es eine unverhältnismäßige Einschränkung des englisch-deutschen Dienstleistungsverkehrs dar, wenn die deutsche oder englische Umsetzung der KlauselRL durchgesetzt werde.[1689] Nach der hier vertretenen Auffassung kommt jedoch dem Erfüllungsort wie der Vertragsdurchführung allgemein durchaus Bedeutung bei der Bestimmung des „engen Zusammenhangs“ zu. Da im Fallbeispiel Versicherer, Versicherungsnehmer und der versicherte Gegenstand[1690] in der EU liegen, wäre ein „enger Zusammenhang“ meines Erachtens zu bejahen. Wenn das Gemeinschaftsrecht jedenfalls im Rahmen der Verbraucherschutzrichtlinien und in Erfüllung des Auftrags aus Art. 95 Abs. 3 EG die berechtigten Erwartungen des Verbrauchers auf die Geltung des europäischen Schutzstandards schützt und sich solche Erwartungen auch aus der Vertragsdurchführung ergeben können, kann dies keine Verletzung der Dienstleistungsfreiheit sein[1691], vorbehaltlich der noch zu prüfenden Frage, welche Rechtsordnung hier zum Schutz des Verbrauchers eingreifen darf.

Fraglich ist aber, ob ein milderes Mittel zur Verfügung steht, den Verbraucher vor der Wahl eines Drittstaatenrechts zu schützen. Zur Verwirklichung des kollisionsrechtlichen Verbraucherschutzziels sind dabei grundsätzlich nicht nur kollektive Maßnahmen rechtfertigungsfähig, sondern auch Eingriffe in das einzelne Vertragsverhältnis.[1692] Entsprechend der üblichen Abstufung der Eingriffsintensität von Verbraucherschutzinstrumenten und im Einklang mit dem im

ist daher nur sekundärrechtlich geboten (so zu Recht *Staudinger*, VersR 1999, 401, 406) und kann nach hier vertretener Auffassung in richtlinienkonformer Auslegung in Art. 29a EGBGB hineingelesen werden (dazu 4. Teil C IV 4.).

1688 Siehe oben 4. Teil C III 2. c) (6).

1689 Vgl. *v. Wilmowsky*, ZEuP 1995, 735, 759 Fn. 72.

1690 Wenn es sich um eine Diebstahlsversicherung für den gemieteten Pkw für die Dauer des Urlaubs auf Zypern handelt, soll aber nach *Rusche*, IPRax 2001, 420, 423, der „enge Zusammenhang“ abzulehnen sein.

1691 Ebenso Grabitz/Hilf - *Pfeiffer*, Bd. III, A 5, Art. 6, Rdn. 25.

1692 *v. Wilmowsky*, ZEuP 1995, 735, 738, unter Bezug auf EuGH, v. 30.4.1991, Rs. C-239/90 (*Boscher*), Slg. 1991 - I, 2023, 2039, Tz. 20.

Wettbewerbsrecht geltenden Transparenz- bzw. Informationsmodell des EuGH kann man hier etwa fragen, ob nicht die Information über die Folgen einer Rechtswahl das Schutzbedürfnis des Verbrauchers beseitigen kann.[1693] Man könnte den Verbraucher z.B. über Abweichungen im gewählten Recht von seinem Heimatrecht unterrichten. So ist jüngst im Zusammenhang mit dem internationalverfahrensrechtlichen Verbraucherschutz bei Internetgeschäften vertreten worden, man müsse auch in Verbraucherverträgen Gerichtsstandsvereinbarungen zulassen, wenn nur sichergestellt sei, dass der Verbraucher an ihrer Vereinbarung effektiv und in voller Kenntnis ihrer Tragweite mitwirkt.[1694]

Ob dies praktisch umsetzbar ist und ob auch der mündige Verbraucher mit derartigen Informationen nicht überfordert ist, lässt sich aber durchaus bezweifeln. Im Zusammenhang mit Rechtswahlvereinbarungen wäre zudem bereits die Bereitstellung ausreichender Informationen über die Folgen der Rechtswahl nicht mehr durchführbar und ökonomisch nicht sinnvoll. Eine solche Informationslösung käme gerade angesichts der durchaus anerkennenswerten Notwendigkeit, Massengeschäfte durch AGB rationell zu gestalten, einem materiellen Verweis auf die Rechtsvorschriften der betreffenden Rechtsordnung gleich. Das gewählte Vertragsrecht samt zugehöriger Erläuterungen müsste als AGB vereinbart werden, was an den Einbeziehungsvoraussetzungen regelmäßig scheitern dürfte.

Auch das Regelungsmodell des Gemeinschaftsgesetzgebers sieht eine Information über das gewählte Recht etwa im Vorschlag einer Richtlinie über den Fernabsatz von Finanzdienstleistungen – der Komplementärregelung zur FernabsatzRL – nur *neben* einer speziellen IPR-Klausel, also als lediglich zusätzliche Vorkehrung neben einer rechtswahlbeschränkenden Maßnahme an.[1695] Eine Beschränkung der besonderen Vertragsanknüpfung im Verbraucherrecht auf Fälle, in denen keine „reale" Rechtswahl vorliegt, ist abzulehnen. Die besondere Anknüpfung von auf EG-Recht beruhenden Verbraucherschutzvorschriften bei bestehendem engen Zusammenhang zum Gebiet der Gemeinschaft ist somit ein erforderliches Mittel, um den Verbraucher auf kollisionsrechtlicher Ebene im Falle der Wahl eines Drittstaatenrechts zu schützen.[1696]

1693 Zum Informationsmodell als milderem Verbraucherschutzinstrument zur Herstellung von Transparenz, vgl. Wolf/Horn/Lindacher - *Wolf*, Art. 8 RL, Rdn. 7.

1694 Vgl. *Buchner*, EWS 2000, 147, 154 f.; in diese Richtung für die Rechtswahlfreiheit schon *Roth*, RabelsZ 55 (1991), 623, 655:„ (...) man wird die Abwahl des „Verbraucherrechts" aber dann ermöglichen müssen, wenn der Verbraucher auf die Abwahl (...) in voller Kenntnis der damit verbundenen Risiken eingeht." Anders dann aber *Ders.*, a.a.O., 656.

1695 Art. 3. Nr. 1 lit. m des Geänderten Vorschlags (KOM (1999) 385 endg.).

1696 Vgl. zur Erforderlichkeit kollisionsrechtlicher Schutzmaßnahmen bei drittstaatlichem Statut auch *Staudinger*, VersR 1999, 401, 412.

d) Angemessenheit der Schutzmaßnahme

Aus Sicht der Grundfreiheiten ist es nicht gleichgültig, welcher Rechtsordnung die von den Richtlinien erfassten verbrauchervertragsrechtlichen Fragestellungen unterworfen werden. Auch nach der in diesem Bereich erfolgten Harmonisierung bestehen sachliche Unterschiede im nationalen Recht. Die Informationskosten und -risiken bezüglich anderer mitgliedstaatlicher Rechtsordnungen bestehen grundsätzlich weiter, da es nicht um die Anwendung des gemeinschaftsweit gleichlautenden Richtlinientextes selbst geht, sondern nur am angenähertes, aber immer noch national unterschiedliches Recht.

Auf dieser Stufe der Rechtfertigungsprüfung ist zu fragen, ob die geeignete und erforderliche Maßnahme zur Wahrung eines legitimen Schutzinteresses der Verbraucher nicht dennoch zu unterbleiben hat, da das betreffende Schutzinteresse hinter dem Interesse an einem beschränkungsfreien Verkehr von Waren und Dienstleistungen bzw. Kapital zurückstehen muss. Hier rückt die Position des Anbieters als Vertragspartner des Verbrauchers im Rahmen einer Abwägung der Rechtsanwendungsinteressen ins Blickfeld. Dabei geht es nicht darum, ob ein EU-Anbieter überhaupt ein berechtigtes Interesse daran hat, ein Drittstaatenrecht zu wählen. Die Parteiautonomie ist nicht nur partiell im Hinblick auf mitgliedstaatliche Rechtsordnungen grundfreiheitlich flankiert, sondern ohne Rücksicht darauf, welches Recht aus welchen Gründen die Grundlage für eine Binnenmarkttransaktion abgeben soll.[1697]

Am besten wäre der Anbieterseite mit einer schrankenlosen Zulassung der Rechtswahl gedient. Der EU-Anbieter, der einen Verbrauchervertrag kraft Rechtswahl einem Drittstaatenrecht unterstellt hat, muss gem. Art. 29a Abs. 1 EGBGB im Einklang mit der Wertung der IPR-Klauseln der Verbraucherschutzrichtlinien jedoch dann mit der Geltung europäischen Verbraucherschutzrechts rechnen, wenn der Vertrag einen engen Zusammenhang zur Gemeinschaft aufweist. Wird die Rechtswahl schon beschränkt, so liegt die für den Anbieter neben der schrankenlosen Rechtswahl zweitbeste Lösung in der Geltung seines Heimatrechts, was schon die Diskussion um die kollisionsrechtliche Bedeutung des Herkunftslandprinzips belegt.[1698] Aber auch mit der Geltung der Rechtsord-

---

[1697] Ein Interesse an der Wahl eines Drittstaatenrechts kann abgesehen davon auch im Bereich von Verbraucherverträgen bestehen. Man denke etwa an ein schuldrechtlich ausgestaltetes Timesharingmodell über einen flexiblen, auf Austausch angelegten Immobilienbestand, der wenigstens teilweise außerhalb der Gemeinschaft belegen ist bzw. möglicherweise nach einem Austausch von Immobilien sein wird. Hier kann es notwendig sein, die Verträge einem einheitlichen Recht zu unterstellen, das ebenso gut ein mitgliedstaatliches wie ein drittstaatliches sein kann. Man denke ferner an einen Internet-Versandhandel, der möglicherweise nur einen kleinen Teil seiner Produkte in EU- bzw. EWR-Staaten, im Übrigen aber vorrangig in Drittstaaten liefert.

[1698] *Basedow*, RabelsZ 59 (1995), 1, 28. Jeder Wirtschaftsteilnehmer hat grundsätzlich ein Interesse daran, dass seine Vertragsbeziehungen (wenn schon nicht dem gewählten

nungen solcher Mitgliedstaaten wird er noch rechnen müssen, zu denen er zurechenbare Verbindungen gesetzt hat, etwa indem er dort für sein Produkt geworben hat oder sonst geschäftlich tätig geworden ist.[1699]

Dem Verbraucher ist es umgekehrt regelmäßig klar, dass er seine gewohnte Rechtsordnung – hier genauer die europäischen Schutzstandards – nicht an jeden Ort der Welt „mitnehmen" kann.[1700] Der Verlust sachlicher Rechte und das Risiko, das mit der Anwendung fremden Rechts verbunden ist, ist ihm in gewissem Umfang zuzumuten; er wird damit unter bestimmten Umständen sogar rechnen. Ausgangspunkt sind die berechtigten Verbrauchererwartungen, die sich bei einem Vertrag mit engem Bezug zum Binnenmarkt auf die Geltung der europäischen Standards richten. Diese Erwartungen hinsichtlich der (für Verbraucherschutzfragen[1701]) anwendbaren Rechtsordnung werden maßgeblich durch die Umstände des Vertragsschlusses geprägt und weisen daher grundsätzlich auf die Maßgeblichkeit des Rechts, das im Vertragsanbahnungsstaat gilt.[1702] Nach einer Literaturansicht stellt die Anknüpfung an den Vertragsanbahnungsmarkt denn auch den vor dem Hintergrund der Grundfreiheiten bestmöglichen[1703] Schutz dar.

Recht) einem Recht unterliegen, das ihm vertraut ist, vgl. *Höpping*, 219; *Meerfeld*, 123. Das folgt schon aus der Notwendigkeit, alle Vertragsbeziehungen mit den Endkunden einem einzigen Recht zu unterstellen, wofür sich eben das vertraute Heimatrecht anbietet. Anders aber wohl *v. Wilmowsky*, ZEuP 1995, 735, 759 f. mit Fn. 72, wonach die Wahl eines Drittstaatenrechts allein durch das Anbahnungsrecht eingeschänkt werden darf.

1699 *v. Wilmowsky*, ZEuP 1995, 735, 742. Der Ort der Leistungserbringung erlangt demgegenüber keine entscheidende Bedeutung, auch wenn er nicht im Anbahnungsstaat liegt, wäre die marktbezogene Anknüpfung noch verhältnismäßig, *Ders.*, ZEuP 1995, 735, 750 f.

1700 Vgl. auch *Höpping*, 230.

1701 Aus Sicht der Grundfreiheiten wäre nach *v. Wilmowsky*, ZEuP 1995, 735, 739, auch ein totaler Ausschluss der Rechtswahlfreiheit möglich. Soweit es – wie bei Art. 29a EGBGB – aber nur um die Durchsetzung bestimmter, eng umgrenzter Regelungsbereiche zur Umsetzung von Verbraucherschutzrichtlinien geht, wäre ein darüberhinausgehendes Abweichen vom gewählten Vertragsstatut schon nicht mehr geeignet, dem Verbraucher die Richtlinienstandards zu erhalten.

1702 *v. Wilmowsky*, ZEuP 1995, 735, 741, 744 (auch, wenn Anbahnungs- und Aufenthaltsstaat nicht identisch sind, a.a.O., 744); zustimmend *Fischer*, in: FS Großfeld (1999), 277, 289, soweit es um Regelungen der Vertragsanbahnung wie Informationspflichten und Widerrufsrechte geht, bei typischerweise ortsgeprägten Leistungen soll aber Ort der Leistungserbringung relevant sein, soweit es um Regelungen der Erfüllung geht; a.a.O., 290.

1703 *v. Wilmowsky*, ZEuP 1995, 735, 744; a.A. Grabitz/Hilf - *Pfeiffer*, Bd. III, A 5, Art. 6 RL, Rdn. 25, wonach sich die Beschränkung auf das Vertragsanbahnungsrecht nur begründen ließe, wenn dem EU-Verbraucherschutzansatz allein das Informationsmodell zugrunde - liegen würde, was aber angesichts der Erweiterung um den Aspekt des Schutzes berechtigter Verbrauchererwartungen nicht der Fall sei. Da sich die Verbrauchererwartungen legitimerweise auch auf das am Ort der Leistungserbringung geltende Recht richten, hält *Pfeiffer* auch die Berufung des Rechts am (tatsächlichen) Leistungsort für möglich, der wiederum häufig am Aufenthaltsort des Verbrauchers liegen dürfte (allg.

Ihn schöpft Art. 29a Abs. 1 EGBGB als Folge seiner begrenzten Funktion, den Verbraucher nur vor der Geltung eines schutzschwächeren Drittstaatenrechts, zu bewahren, somit gar nicht aus, indem er nach hier vertretener Auffassung für reine Binnenmarkttransaktionen auf das Heimatrecht des EU-Anbieters verweist.[1704] Die dem Anbieter jedenfalls zumutbare Geltung seines Sitz- bzw. Niederlassungsrechts ist vom kollisionsrechtlichen Schutzbedürfnis des Verbrauchers unproblematisch gedeckt.[1705]

4. Ergebnis

Die den innergemeinschaftlichen Handel nach einer strengen Literaturansicht am stärksten beeinträchtigende noch zulässige Anknüpfung an das Recht des Vertragsanbahnungsstaats ist in Art. 29a Abs. 1 EGBGB, soweit grundfreiheitlich geschützte Binnenmarkttransaktionen betroffen sind, nicht vorgesehen. Aufgrund der insoweit unberührten Bindung an das EVÜ bleibt es dabei, dass bei Beteiligung eines EU-Anbieters allein Art. 29 EGBGB[1706] zur Anwendung des im Heimatstaat des Verbrauchers geltenden Umsetzungsrechts führen kann. Da bereits Art. 29 Abs. 1 EGBGB hinter dem zurückbleibt, was gemeinschaftsrechtlich zulässig wäre[1707], ist auch in Art. 29a Abs. 1 EGBGB keine Einschränkung der Grundfreiheiten zu sehen.

---

zum Aspekt der berechtigten Verbrauchererwartungen in der Verbraucherpolitik der EU, *Reich*, Bürgerrechte, 273; *Stuyck*, CML Rev. 2000, 367, 393 ff.).

1704 Dazu ist der Rechtsanwender nach hier vertretener Auffassung aufgrund der Bindung an das EVÜ bei Anwendung der weit formulierten Verweisungsregel des Art. 29a Abs. 1 EGBGB verpflichtet, siehe oben 4. Teil C IV 2.

1705 Soweit man Art. 28 EGBGB angesichts der Rechtswahlfreiheit gem. Art. 27 EGBGB überhaupt an den Grundfreiheiten überprüft, wäre dessen Gemeinschaftskonformität zu bejahen, vgl. *Höpping*, 234 (für die Warenverkehrsfreiheit).

1706 Zum Verhältnis des Art. 29 EGBGB zu Art. 34 EGBGB, vgl. oben 3 Teil E II 3. d).

1707 *v. Wilmowsky*, ZEuP 1995, 735, 753; *Roth*, RabelsZ 55 (1991), 623, 655; *Basedow*, RabelsZ 59 (1995), 1, 29; für die Unbedenklichkeit des Art. 5 Abs. 2 EVÜ auch *Höpping*, 225, 232.

D. Die Umsetzung des Art. 9 TimesharingRL in Art. 29a Abs. 3 EGBGB

Art. 9 TimesharingRL greift im Gegensatz zu den anderen IPR-Klauseln auch dann ein, wenn ein Drittstaatenrecht kraft objektiver Anknüpfung anwendbar ist, ferner umschreibt er den räumlichen Bezug des Timesharingvertrags zum Gemeinschaftsgebiet nicht mit einer Generalklausel, sondern allein mit dem Merkmal der Belegenheit der Immobilie. Aufgrund dieser Unterschiede lag es nahe, Art. 9 TimesharingRL in einem eigenen Absatz 3 des Art. 29a EGBGB umzusetzen.

I. Anwendbarkeit drittstaatlichen Rechts

Entsprechend dem weiteren Anwendungsbereich des Art. 9 TimesharingRL formuliert Art. 29a Abs. 3 EGBGB neutral (Hervorhebung nicht im Original):

> „Die Vorschriften (...) sind auf einen Vertrag, der nicht dem Recht eines Mitgliedstaats (...) *unterliegt*, auch anzuwenden (...).“

Ob dies aufgrund Rechtswahl oder objektiver Anknüpfung der Fall ist, spielt hier im Gegensatz zu Abs. 1 keine Rolle. Dass eine Immobilie in einem EU- oder EWR-Staat belegen ist, aber dennoch das Recht eines Drittstaats kraft objektiver Anknüpfung zur Anwendung kommt, ist auch durchaus denkbar: Zum einen greift die von Art. 28 Abs. 3 EGBGB aufgestellte Vermutung der engsten Verbindung am Belegenheitsort beim flexiblen Timesharing nicht ohne Weiteres ein, zum anderen gilt Art. 28 Abs. 3 EGBGB gem. Art. 37 S. 1 Nr. 2 EGBGB nicht für vereins-, genossenschafts- oder gesellschaftsrechtlich ausgestaltete Timesharingverträge, während Art. 9 TimesharingRL und entsprechend Art. 29a Abs. 3 EGBGB auch die genannten Modelle umfasst.[1708]

II. Lokalisierung des Timesharingvertrags anhand der Belegenheit der Immobilie

Kollisionsrechtlicher Verbraucherschutz nach Art. 29a Abs. 3 EGBGB ist nur dann vorgesehen, wenn der Timesharingvertrag eine Immobilie zum Gegenstand hat, die in einem EU- bzw. EWR-Staat belegen ist. Der räumliche Anwendungsbereich wird so im Einklang mit Art. 9 TimesharingRL definiert, was einerseits angesichts der zum EVÜ (Art. 4 Abs. 3 EVÜ, Art. 28 Abs. 3 EGBGB) in diesem

---

[1708] Ungenau daher Palandt - *Heldrich*, Art. 29a EGBGB, Rdn. 6, der offenbar keine praktische Bedeutung des Abs. 3 für objektiv angeknüpfte Timesharingverträge sieht.

Punkt gewahrten Konsistenz zu begrüßen ist. Der rein anlagenbezogen bestimmte räumliche Anwendungsbereich lässt andererseits aber auch erhebliche Schutzlücken.[1709] Auslegungsprobleme ergeben sich hier für Timesharingverträge, die einen Bestand mehrerer Immobilien, von denen ein Teil im Gebiet von Drittstaaten belegen ist, zum Gegenstand haben. Noch größere Schwierigkeiten bereitet es, wenn dieser Immobilienbestand im Zeitpunkt des Vertragsschlusses noch gar nicht endgültig feststeht.

1. Feststehender Bestand von Immobilien

Art. 29a Abs. 3 EGBGB stellt wie zuvor § 8 Nr. 1 TzWrG auf „das" Wohngebäude als Anknüpfungspunkt ab.

a) Alle Immobilien liegen in der EU bzw. im EWR

In Fällen, in denen der betroffene Immobilienbestand von vornherein feststeht, ist Art. 29a Abs. 3 EGBGB in teleologisch erweiternder Auslegung anwendbar, wenn der gesamte Immobilienbestand in der EU bzw. im EWR belegen ist, auch wenn es sich um verschiedene Mitglieds- bzw. Vertragsstaaten handelt, und umgekehrt nicht anwendbar, wenn der gesamte Bestand außerhalb dieses Gebiets liegt.[1710]

b) Nur teilweise in der EU bzw. im EWR belegener Immobilienbestand

Problematisch ist der Fall, dass nicht alle Immobilien im Europäischen Wirtschaftsraum belegen sind. Der Gesetzgeber der Vorgängernorm in § 8 TzWrG hat die Singularform bewusst verwendet, da er der Auffassung war, dass § 8 Nr. 1 TzWrG in Fällen, in denen sich der Vertrag auf einen Bestand von Immobilien bezieht, die teilweise außerhalb der EU bzw. des EWR belegen sind, nicht eingreife, sondern für solche Fälle § 8 Nr. 2 TzWrG geschaffen werde.[1711]

An die Stelle des § 8 Nr. 2 TzWrG soll nach dem Willen des Umsetzungsgesetzgebers nunmehr Art. 29a Abs. 1 EGBGB treten, doch kann die Neuregelung insoweit den aufgehobenen § 8 TzWrG nicht ganz kompensieren. Denn Art. 29a Abs. 1 EGBGB regelt objektiv angeknüpfte Verbraucherverträge

---

[1709] Dazu 3. Teil D II 2. d). Noch größere Schutzlücken bestehen im spanischen und italienischen Umsetzungsgesetz, das richtlinienwidrig die Belegenheit im eigenen Hoheitsgebiet voraussetzt. Vgl. Art. 11 des italienischen Umsetzungsgesetzes, abgedr. in NZM 1999, 1084, 1085; ferner die zweite Zusatzbestimmung zum spanischen Umsetzungsgesetz, abgedr. in NZM 1999, 344, 350 (positiv dazu *Schomerus*, NZM 1999, 329, 337; kritisch *Trejo/Vestweber*, RIW 1999, 516, 525).

[1710] So schon *Wegner*, 193, zu § 8 Nr. 1 TzWrG; a.A. z.B. *Jungkind*, 153 m.N.

[1711] Vgl. BT-Drs. 13/4185, 14; so auch Hildenbrand/Kappus/*Mäsch*, § 8 TzWrG, Rdn. 37.

generell nicht mehr. Der Hinweis des Gesetzgebers, es sei für Timesharingverträge, die einen Bestand an Immobilien, der teilweise außerhalb der Gemeinschaft liegt, betreffen, auf die marktbezogene Anknüpfungsregel des § 8 Nr. 2 TzWrG (jetzt Art. 29a Abs. 1 EGBGB) zurückzugreifen, ist daher für Timesharingverträge, die keine Rechtswahl enthalten, überholt.[1712] Im Bereich des gesellschaftsrechtlich ausgestalteten Timesharing droht hier bei in Drittstaaten ansässigen Anbietern eine Schutzlücke, da objektiv an den Gesellschaftssitz angeknüpft wird. Bliebe man bei der Auffassung des Gesetzgebers stehen, wäre der in diesen Fällen allein anwendbare Art. 29a Abs. 3 EGBGB leicht zu umgehen.[1713] Da dem Umsetzungsgesetzgeber dieser Punkt offenbar entgangen ist, steht einem Rückgriff auf insoweit abweichende Auffassungen zur Vorgängernorm des § 8 Nr. 1 TzWrG aber wohl nichts im Wege.

So haben manche Autoren schon bisher auf den räumlichen Schwerpunkt des Immobilienbestands abgestellt. Ist danach die Mehrzahl der betroffenen Immobilien im Gebiet der Gemeinschaft bzw. des EWR belegen, soll dies für die Anwendung des Art. 29a Abs. 3 EGBGB ausreichen. Nach anderer Ansicht soll es sogar genügen, wenn eine einzige der Immobilien in einem EU- bzw. EWR-Staat liegt, um insoweit Abgrenzungsschwierigkeiten zu vermeiden.[1714] Das erscheint mir auch vorzugswürdig, da dieser Weg der Rechtssicherheit dient und in praktikabler Weise dem Umstand Rechnung trägt, dass schon ein in der EU bzw. dem EWR belegenes Wohngebäude eine signifikante Beziehung zu diesem Rechtsraum schafft.

2. Flexibler Bestand an Immobilien

Diese Vorgehensweise scheidet aus, wenn der Timesharingvertrag von Anfang an auf Erweiterbarkeit, Austauschbarkeit oder auf einen sonst flexiblen Immobilien-Pool ausgerichtet ist, man denke etwa eine Timesharinggesellschaft, die in ihrer Satzung festlegt, dass jährlich ein sich in seiner Zusammensetzung ändernder Pool von Immobilien bereitgestellt wird, aus denen der Timesharingerwerber als Mitglied der Gesellschaft für mehrere Wochen im Jahr mehrere

---

1712 So auch *Neises*, NZM 2000, 1033, 1036. Daneben waren auch bisher schon richtlinienwidrige Schutzlücken denkbar, denn § 8 Nr. 2 TzWrG enthielt anders als Art. 29a EGBGB keine Generalklausel. War auch die vertragsanbahnungsbezogene Komponente des § 8 Nr. 2 TzWrG nicht erfüllt, wären flexible Timesharingmodelle unter Umständen richtlinienwidrig überhaupt nicht erfasst worden. Ähnlich *Wegner*, 194.

1713 So *Neises*, NZM 2000, 1033, 1036.

1714 *Wegner*, 195. So die französische Umsetzung in Art. L 121 - 74 Code de la Consomm., vgl. *Lagarde*, Rev. crit. dr. internat. privé 87 (1998), 741, 742; ferner der österreichische § 11 Abs. 1 TNG, vgl. *Czernich/Heiss*, Art. 5 EVÜ, Rdn. 70.

verschiedene Immobilien auswählen kann.[1715] In diesen Fällen bieten die bei Vertragsschluss bekannten Umstände nicht ohne Weiteres eine ausreichende Basis für das Vertrauen des Verbrauchers auf die Geltung europäischer Schutzstandards.[1716]

Da die Richtlinie aber trotz ihrer insoweit unzulänglichen Regelungen auch das flexible Timesharing erfassen will, bedarf es auch hier einer Lösung. Sie könnte etwa so aussehen, dass man auf den im Zeitpunkt des Vertragsschlusses in Aussicht genommenen Immobilienbestand abstellt und, soweit zumindest ein in der EU bzw. im EWR belegenes Wohngebäude darunter ist, das Belegenheitskriterium des Art. 29a Abs. 3 EGBGB bejaht. Dass im Zeitpunkt des Vertragsschlusses noch überhaupt keine Informationen über den Immobilienbestand vorliegen, erscheint unwahrscheinlich. Ist später tatsächlich eine in der EU bzw. im EWR belegene Immobilie vom Timesharingerwerber benutzt worden, wird man zudem mit einer Vermutung, dass diese Immobilie auch schon bei Vertragsschluss in Aussicht genommen war, helfen können.

III. Anwendbarkeit des Art. 29a Abs. 1, 2 EGBGB auf Timesharingverträge

Art. 29a Abs. 3 EGBGB ist vom Gesetzgeber zur Umsetzung des Art. 9 TimesharingRL geschaffen worden. Er umfasst wie gesehen sowohl objektiv als auch subjektiv angeknüpfte internationale Timesharingverträge. Fraglich ist, ob auf letztere daneben auch Art. 29a Abs. 1 EGBGB Anwendung finden soll, soweit sie eine Rechtswahl zugunsten eines Drittstaatenrechts beinhalten.

1. Art. 29a Abs. 3 EGBGB als nicht abschließende Regelung

Der Wortlaut des Abs. 3, wonach die §§ 481 ff. BGB „auch anzuwenden" sind, gibt meines Erachtens für die Lösung nichts her, da das Wörtchen „auch" nicht zwingend auf Abs. 1 hinweist.[1717] Das Verhältnis der beiden einschlägigen Absätze wäre im Übrigen einfach zu beschreiben, könnte man Art. 29a Abs. 3 EGBGB als im Rahmen des Art. 29a EGBGB abschließende Regelung internationaler Timesharingverträge ansehen. Der Widerspruch zwischen den Rechtsfolgen der beiden Absätze wäre zugunsten der lex fori-Verweisung in

---

[1715] Handelt es sich hingegen um eine separate Tauschpoolvereinbarung, stellt sich das Problem nicht, da solche Verträge gesondert anzuknüpfen sind, zumal der Tauschpool nicht unbedingt vom Timesharinganbieter selbst betrieben werden muss.

[1716] Hildenbrand/Kappus/*Mäsch*, § 8 TzWrG, Rdn. 37. Zur Behandlung flexibler Timesharingmodelle i.R.d. Art. 29a Abs. 1 EGBGB siehe oben C III 2. c) (2).

[1717] Vgl. demgegenüber *Neises*, NZM 2000, 1033, 1036; Staudinger - *Magnus* (2002), Art. 29a EGBGB, Rdn. 57.

Abs. 3 aufgelöst. Dafür könnte sprechen, dass Abs. 3, der keinen Unterschied zwischen subjektiver und objektiver Anknüpfung macht, die umfassendere Regelung darstellt. Ferner passt seine lex fori-Anknüpfung nicht zu Abs. 1, der dem Prinzip der engsten Verbindung folgt. Zudem definiert Abs. 3 den räumlichen Bezug enger als Abs. 1. Normstrukturell wäre es aufgrund der im Hinblick auf die Art der Anknüpfung umfassenderen Regelung in Abs. 3 bei gleichzeitig engeren Anforderungen an den räumlichen Zusammenhang somit durchaus möglich, die Regelung in Art. 29a Abs. 3 EGBGB als abschließend anzusehen.[1718] Schließlich ist mit dem Belegenheitskriterium auch der räumliche Anwendungsbereich des Art. 9 TimesharingRL erschöpft, die zusätzliche Anwendung des Abs. 1 ginge daher über die Regelungsvorgabe der Richtlinie hinaus.

Es lassen sich aber auch starke Gegenargumente anführen. Zunächst einmal bezieht sich die Verweisungskette über Art. 29a Abs. 1 und Abs. 4 EGBGB auch auf die TimesharingRL[1719] und der Begriff „Vertrag" in Abs. 1 umfasst nach dem Wortlaut ohne Zweifel auch Timesharingverträge. Zudem sieht der Gesetzgeber Art. 29a Abs. 1 EGBGB ausdrücklich als Ersatz für § 8 Nr. 2 TzWrG an[1720], der schon bisher – bewusst[1721] über die Vorgaben der Richtlinie hinausgehend – alternativ zur Belegenheit auf den Vertragsanbahnungsmarkt abstellte. Diesem gesetzgeberischen Willen kann mit der Anwendung des tatbestandlich weiter gefassten Abs. 1 auch Rechnung getragen werden. Da die Anwendung des Abs. 1 neben Abs. 3 zu einer Ausdehnung des kollisionsrechtlichen Verbraucherschutzes führt, steht diese Lösung auch im Einklang mit der vom Gesetzgeber verfolgten Grundtendenz. Gestattet man den Rückgriff auf Abs. 1, lassen sich auch flexible Timesharingmodelle, wenigstens soweit sie eine Rechtswahl enthalten, leichter bewältigen. Wie gesehen wirft Art. 29a Abs. 3 EGBGB hier Schwierigkeiten auf, indem er auf ein bestimmtes, im Zeitpunkt des Vertragsschlusses in der Gemeinschaft liegendes Wohngebäude abstellt.

Die Anwendbarkeit des Art. 29a Abs. 1, 2 EGBGB auf Timesharingverträge ist daher zu bejahen.[1722]

[1718] So in der Tat *Siehr*, IPR, 161: Abs. 3 EGBGB sei „lex specialis" zu Abs. 1 und 2.

[1719] *Lagarde*, Rev. crit. dr. internat. privé 89 (2000), 925, 927 Fn. 19.

[1720] Vgl. BT-Drs. 14/2658, 50; *Wagner*, IPRax 2000, 249, 253; *Freitag/Leible*, EWS 2000, 342, 348.

[1721] BT-Drs. 13/4185, 14, wo ausdrücklich darauf hingewesen wird, dass der Art. 9 TimesharingRL umsetzende § 8 Nr. 1 TzWrG bei Belegenheit der Immobilie in einem Drittstaat zum Schutz des Verbrauchers nicht ausreiche, weshalb zusätzlich § 8 Nr. 2 TzWrG geschaffen werde.

[1722] Palandt - *Heldrich*, Art. 29a EGBGB, Rdn. 6; *Staudinger*, RIW 2000, 416, 419; *Wegner*, VuR 2000, 227, 229; *Freitag/Leible*, EWS 2000, 342, 348; Staudinger - *Magnus* (2002), Art. 29a EGBGB, Rdn. 57; *Lagarde*, Rev. crit. dr. internat. privé 89 (2000), 925, 927; *Neises*, NZM 2000, 1033, 1036.

2. Kritik an der Regelung von Timesharingverträgen in Abs. 1, 2

Art. 29a Abs. 1, 2 EGBGB erweitert den kollisionsrechtlichen Schutz für die Erwerber von Teilzeitnutzungsrechten an Wohngebäuden wie auch die in ähnlicher Weise erfolgte französische Umsetzung in Art. L 121-75 Code de la Consommation[1723] sowie der österreichische § 11 Abs. 2 TNG[1724] über die Vorgaben des Art. 9 TimesharingRL hinaus. Da die bisherige „überschießende" Regelung in § 8 Nr. 2 TzWrG nur noch ein Regelbeispiel darstellt und zusätzlich die Generalklausel des Art. 29a Abs. 1 EGBGB auf Timesharingverträge grundsätzlich anwendbar ist, stellt dies zugleich eine nochmalige Erweiterung der deutschen Umsetzungskollisionsnorm im Vergleich zur Richtlinienvorgabe dar.[1725]

a) Partielle Sekundärrechtswidrigkeit

Auf die Mindestschutzklausel des Art. 11 TimesharingRL kann sich der deutsche Gesetzgeber dabei nicht stützen, da sie sich nur auf sachrechtliche Vorschriften bezieht.[1726] Es ist auch nicht möglich, Art. 29a Abs. 1 EGBGB in richtlinienkonformer Auslegung auf Timesharingverträge nicht anzuwenden. Dem steht nach der überwiegenden Meinung zu den Grenzen der richtlinienkonformen Auslegung wohl der Wortlaut entgegen, während nach hier vertretener Auffassung der vom Gesetzgeber geltend gemachte Souveränitätsvorbehalt greift.[1727] In der Gesetzesbegründung hatte er selbst darauf hingewiesen, sich der Grenzen des Art. 9 TimesharingRL bewusst zu sein, aber dennoch eine erweiternde Regelung schaffen zu wollen. Art. 29a Abs. 1 EGBGB verstößt daher, soweit er subjektiv angeknüpfte Timesharingverträge erfasst, gegen die TimesharingRL, die in Art. 9 dem Konzept der Vollharmonisierung folgt und deren Regelungsvorgaben in diesem Punkt daher nicht hätten überschritten werden dürfen.

b) Verletzung der Bindung an das EVÜ

Auch wenn man Art. 11 TimesharingRL mit einer starken Literaturmeinung als Erlaubnis zum Erlass kollisionsrechtlicher Schutzverstärkungen auslegt, könnte Art. 29a Abs. 1, 2 EGBGB immer noch als völkerrechtswidrig anzusehen sein.

Denn Vorschriften, die in Ausnutzung von sekundärrechtlichen Mindestschutzklauseln geschaffen werden, sind autonom gesetztes Recht und nehmen

---

[1723] Dazu *Brenner*, 321; *Lagarde*, Rev. crit. dr. internat. privé 87 (1998), 741, 742, 747 f.; *Neises*, NZM 1999, 338, 340.

[1724] *Czernich/Heiss*, Art. 5 EVÜ, Rdn. 78 f.

[1725] Kritisch daher *Wegner*, VuR 2000, 227, 228; *Staudinger*, IPRax 1999, 414, 415; *Ders.*, RIW 2000, 416, 418.

[1726] Siehe oben 2. Teil E IV. A.A. tendenziell *Wagner*, IPRax 2000, 249, 257.

[1727] Zu den Grenzen richtlinienkonformer Auslegung, oben 2. Teil D II 1. c).

daher am Vorrang des Gemeinschaftsrechts, wie er in Art. 20 EVÜ zum Ausdruck kommt, nicht teil.[1728] Dass die Kritik der Literatur an § 8 Nr. 2 TzWrG, die allerdings keineswegs als einhellig zu bezeichnen war[1729], vom Gesetzgeber nicht aufgenommen wurde, mag man sich mit der im Wesentlichen auf Randkorrekturen begrenzten Zielsetzung der Überarbeitung der bestehenden Sonderkollisionsnormen erklären.[1730] Zugleich ist daraus der Schluss zu ziehen, dass der Gesetzgeber hier die Öffnungsklausel des Art. 7 Abs. 2 EVÜ ausnutzen wollte, um die von der TimesharingRL nicht gedeckte Abweichung vom Anknüpfungssystem des EVÜ in Art. 29a Abs. 1, 2 EGBGB zu legitimieren.[1731]

Wer den Gesetzgeber für hierzu nicht berechtigt hält, weil dem Timesharingvertragsrecht der Charakter von Eingriffsrecht fehle[1732], muss an dieser Stelle die Völkerrechtswidrigkeit des Art. 29a Abs. 1, 2 EGBGB monieren. Der Grundsatz völkerrechtsfreundlicher Auslegung hilft angesichts des klaren Willens des Gesetzgebers nicht weiter. Der Völkerrechtsverstoß bleibt allerdings innerstaatlich sanktionslos, die Gerichte müssen Art. 29a Abs. 1, 2 EGBGB weiterhin anwenden.

c) Ergebnis

Art. 29a Abs. 1, 2 EGBGB ist im Ergebnis neben Abs. 3 auf Timesharingverträge anwendbar. Nach der hier vertretenen Auffassung ist Abs. 1 insoweit zwar partiell sekundärrechtswidrig, aber mangels unmittelbarer Anwendbarkeit des Art. 9 TimesharingRL dennoch anzuwenden.

Wer kollisionsrechtliche Schutzverstärkungen aus Sicht der Richtlinie für unbedenklich hält, kommt zum selben Ergebnis, indem man Art. 29a Abs. 1 EGBGB entweder als legitime Ausnutzung der Öffnungsklausel des Art. 7 Abs. 2 EVÜ ansieht oder – nach der Gegenmeinung – indem man auf den Grundsatz hinweist, dass die Nichtbeachtung der völkerrechtlichen Bindung aus dem EVÜ innerstaatlich folgenlos bleibt.

1728 *Freitag/Leible*, ZIP 1999, 1296, 1298;

1729 *Wagner*, IPRax 2000, 249, 257. Eine derartige Schutzergänzung hat z.B. *Mäsch*, EWS 1995, 8, 14, gefordert. Jedenfalls für unproblematisch hält dies *v. Wilmowsky*, ZEuP 1995, 735, 762 Fn. 78, wenn auf das Recht des Anbahnungsstaats verwiesen wird.

1730 So *Wagner*, IPRax 2000, 249, 257.

1731 Ausdrücklich beruft sich der Gesetzgeber für die Vorgängerregelung in § 8 Nr. 2 TzWrG auf Art. 34 EGBGB, vgl. BT-Drs. 13/4185, 14.

1732 So *Wegner*, VuR 2000, 227, 230. Der Einwand kann aber für vereins-, genossenschaftlich- oder gesellschaftsrechtlich ausgestaltete Timesharingverträge nicht eingreifen, da diese vom EVÜ nicht erfasst sind, vgl. Art. 1 Abs. 2 lit. e EVÜ (Art. 37 S. 1 Nr. 2 EGBGB).

3. Das Verhältnis von Art. 29a Abs. 1 zu Abs. 3 EGBGB

Tatbestandlich überschneiden sich Art. 29a Abs. 1 und Abs. 3 EGBGB, wenn ein Timesharingvertrag eine Rechtswahl zugunsten eines Drittstaatenrechts enthält und eine Immobilie betrifft, die in einem Mitgliedstaat der EU bzw. einem Vertragsstaat des EWR belegen ist. Ein Beispielsfall[1733] lässt sich leicht bilden:

> Ein spanischer Timesharinganbieter A schließt mit einem deutschen Verbraucher B in Spanien einen schuldrechtlich ausgestalteten Vertrag über ein Teilzeitwohnrecht an einer in Spanien belegenen Immobilie. Der Anbieter A verpflichtet sich in diesem Vertrag zu weitgehenden Serviceleistungen, deren Wert den des Wohnrechts bei weitem übersteigt. Der Vertrag enthält zudem eine Rechtswahl zugunsten eines Drittstaatenrechts.
> B möchte sich vom Vertrag lösen und verweigert die Zahlung. A verklagt B vor einem deutschen Gericht.

a) Inkompatibilität der Rechtsfolgen bei paralleler Anwendbarkeit

Die internationale Zuständigkeit der deutschen Gerichte ist hier gem. Art. 2 Abs. 1 EuGVÜ gegeben. Die ausschließliche Zuständigkeit der Gerichte am Ort der Belegenheit nach Art. 16 Nr. 1 EuGVÜ greift nicht ein, da maßgebliche Serviceanteile den Timesharingvertrag hier einem Dienstleistungsvertrag annähern.[1734]

Art. 29 Abs. 1 EGBGB greift hier jedenfalls mangels Vorliegen eines der abschließenden Tatbestände der Nr. 1-3 nicht ein. Auf die Frage, ob der konkrete Timesharingvertrag überhaupt sachlich erfasst ist bzw. ob nicht eine reine Auslandsdienstleistung im Sinne des Art. 29 Abs. 4 Nr. 2 EGBGB vorliegt, kommt es daher nicht an. Art. 29a Abs. 1 EGBGB führt zur Anwendbarkeit spanischen Timesharingvertragsrechts, das der Umsetzung der TimesharingRL dient. Der engste Zusammenhang richtet sich nach der Wertung des Art. 28 Abs. 3 EGBGB und besteht daher zum Belegenheitsstaat. Art. 29a Abs. 3 EGBGB verweist hingegen im vorliegenden Fall auf die §§ 481 ff. BGB. Angesichts des Mindestschutzcharakters der TimesharingRL ist dieser Unterschied für das Ergebnis des Rechtsstreits nicht von vornherein unbedeutend.[1735] Es bedarf daher der Klärung des Verhältnisses von Art. 29a Abs. 1 zu Abs. 3 EGBGB.

[1733] Weiteres Beispiel für den Wertungswiderspruch zwischen Abs. 1 und Abs. 3 bei *Staudinger*, RIW 2000, 416, 419.

[1734] Vgl. Hildenbrand/Kappus/*Mäsch*, § 8 TzWrG, Rdn. 70; auf überwiegende Dienstleistungselemente stellt auch der EuGH, o. Fn. 972 (*Travel Vac*), Slg. 1999 - I, 2195, 2226, Tz. 26, ab. Seit 1.3.2002 gelten die Art. 2 Abs. 1, 22 Nr. 1 der EuGVVO.

[1735] So sieht die spanische Umsetzung bei Verletzung bestimmter Informationspflichten nicht die Verlängerung der Widerrufsfrist, sondern sogar die Nichtigkeit des Vertrags vor, vgl. den Bericht der Kommission über die Anwendung der Richtlinie 94/47/EG, SEC (1999)

b) Vorrang des Art. 29a Abs. 1 EGBGB

Wie gesehen, ist die Anwendung des Abs. 1 auf Timesharingverträge richtlinienwidrig, aber vom Gesetzgeber gewollt. Auf den ersten Blick läge es nun nahe, den Sekundärrechtsverstoß durch eine ausschließliche Anwendung des Abs. 3 zu kompensieren. Da dessen lex fori-Anknüpfung leicht zur Anwendbarkeit des deutschen Umsetzungsrechts führen kann, ohne dass substantielle Bezüge zum deutschem Staatsgebiet bestehen, also vom Prinzip der engsten Verbindung, dem das EVÜ folgt, abweicht und nicht zuletzt die Primärrechtskonformität in Binnenmarktsachverhalten zweifelhaft ist[1736], hätte dies aber auch erhebliche Nachteile.

Für den in der Literatur überwiegend befürworteten Vorrang des Art. 29a Abs. 1 EGBGB[1737] sprechen dagegen in erster Linie vier Argumente: Zum einen ist so ein weitgehender Anknüpfungsgleichklang zwischen Verbraucherverträgen, die der Klauselkontrolle unterliegen bzw. im Fernabsatz geschlossen wurden und Timesharingverträgen zu erzielen. Eine unterschiedliche Behandlung ist aufgrund der identischen Schutzintention der IPR-Klauseln nicht zu rechtfertigen, da keine sachlichen Unterschiede zwischen den von Art. 29a EGBGB erfassten Vertragstypen ersichtlich sind, die im einen Fall eine Berufung deutschen Umsetzungsrechts, im anderen die Berufung des Rechts der engsten Verbindung begründen könnten.

Zum zweiten genügt das lex fori-Modell des Abs. 3 in vielen Fällen den berechtigten Rechtsanwendungsinteressen der Parteien nicht, da allein die internationale Zuständigkeit deutscher Gerichte nicht bedeutet, dass der Vertrag einen substantiellen Bezug zum Gebiet Deutschlands aufweist.

Drittens lässt sich durch die weitestmögliche Anwendung des Abs. 1 auf Timesharingverträge die unberechtigte, weil von den Richtlinien nicht gedeckte Abweichung von den Anknüpfungsprinzipien des EVÜ durch das lex fori-Modell des Abs. 3 relativieren. Schließlich steht nicht zuletzt in bestimmten Fällen ohnehin das Primärrecht der Anwendung des lex fori-Prinzips in Abs. 3 entgegen[1738].

Fällt ein Timesharingvertrag sowohl unter Abs. 3 als auch unter Abs. 1, also in allen Fällen, in denen der Vertrag eine bestimmte, in der EU bzw. dem EWR belegene Immobilie betrifft und durch Rechtswahl einem Drittstaatenrecht

---

1795 endg., 18. Zu weiteren teilweise sehr großen Unterschieden der Umsetzung der TimesharingRL in den Mitgliedstaaten, vgl. a.a.O. 6 ff.

1736 Siehe dazu 4. Teil D IV 3.

1737 *Freitag/Leible*, EWS 2000, 342, 348; implizit *Staudinger*, RIW 2000, 416, 418; *Wegner*, VuR 2000, 227, 229; *Dies*, NJ 2000, 407, 410; Staudinger - *Magnus* (2002), Art. 29a EGBGB, Rdn. 60; a.A. wohl Palandt - *Heldrich*, Art. 29a EGBGB, Rdn. 6.

1738 Zu den beiden letztgenannten Argumenten sogleich im 4. Teil D IV 3.

unterstellt ist, genießt daher Abs. 1 Vorrang.[1739] Aufgrund des Vorrangs des Abs. 1 vor Abs. 3 ist im obigen Beispielsfall somit spanisches Timesharingumsetzungsrecht und nicht die deutsche Umsetzung in den §§ 481 ff. BGB anwendbar.

IV. Verweisung – einseitige Durchsetzung der §§ 481 ff. BGB

Im Gegensatz zur Regelung des Art. 29a Abs. 1 EGBGB hat es der Gesetzgeber in Abs. 3 bei der umstrittenen lex fori-Anknüpfung belassen, während etwa der französische Umsetzungsgesetzgeber auf das Recht des Belegenheitsstaats verweist und nur, soweit dort eine Umsetzung fehlen sollte, auf die lex fori[1740]. Man war sich im Gesetzgebungsverfahren allerdings der Problematik durchaus bewusst, zumal der Bundesrat in seiner Stellungnahme eine Anpassung des Abs. 1 an Abs. 3 gefordert hatte. Die Bundesregierung verwies in ihrer Gegenäußerung selbst auf die Nachteile der alleinigen Anknüpfung an deutsches Umsetzungsrecht und stellte fest, dass daher umgekehrt eher an eine Anpassung des Abs. 3 an Abs. 1 zu denken gewesen wäre. Der Grund für die Übernahme der schon im Rahmen des § 8 TzWrG heftig kritisierten[1741] Regelung der Rechtsfolge mag denn auch allein darin gelegen haben, dass der Gesetzgeber in Erwartung einer Revision des EVÜ auf Gemeinschaftsebene tief greifende Änderungen der alten Rechtslage nicht bewirken wollte.[1742] Sollte dies tatsächlich die Intention des Gesetzgebers gewesen sein, wäre ihm allerdings Inkonsequenz vorzuwerfen, da ja auch die erste Umsetzung des Art. 6 Abs. 2 KlauselRL durch § 12 AGBG (1996) in der Neuregelung insoweit korrigiert wurde.

Die vollständige Abkehr vom lex fori-Prinzip in Art. 29a EGBGB wäre vor allem aus drei Gründen wünschenswert gewesen. Einmal beinhaltet die ausnahmslos angeordnete Anwendung der §§ 481 ff. BGB auf Timesharingverträge, die in anderen EU- bzw. EWR-Staaten belegene Immobilien betreffen, eine sachlich nicht gerechtfertigte Abweichung vom EVÜ, zweitens vermag sie auch unter dem Aspekt einer sinnvollen Abwägung der Rechtsanwendungsinteressen der Parteien nicht zu überzeugen und schließlich verstößt sie in einem

[1739] Dass der „enge Zusammenhang" nach Abs. 1 zu verneinen ist, obwohl die Immobilie in der EU bzw. dem EWR belegen ist, ist nicht denkbar, weil die Belegenheit als Konkretisierung des „engen Zusammenhangs" anzusehen ist, vgl. auch *Wegner*, NJ 2000, 407, 410; *Neises*, NZM 2000, 1033, 1036.

[1740] Art. L 121 - 74 Code de la Consommation beruft die Art. L 121 - 60 ff. also nur „ersatzweise", vgl. *Lagarde*, Rev. crit. dr. internat. privé 87 (1998), 741; dies verkennt *Brenner*, 321.

[1741] *Mäsch*, DNotZ 1997, 180, 206 f. ; Hildenbrand/Kappus/*Mäsch*, § 8 TzWrG, Rdn. 30; *Otte*, RabelsZ 62 (1998), 405, 428; *Jayme*, IPRax 1997, 233, 234; *Wegner*, 212 f.; Palandt - *Heldrich*, 59. Aufl., § 8 TzWrG, Rdn. 3.

[1742] Vgl. *Wagner*, IPRax 2000, 249, 258.

Teilbereich der Anwendungsfälle des Art. 29a Abs. 3 EGBGB auch gegen die Dienstleistungsfreiheit des EG-Vertrags.

1. Sachlich nicht berechtigte Abweichung vom EVÜ beim rein schuldrechtlichen und beim dinglich ausgestalteten Timesharing

Anwendungsvoraussetzung des Art. 29a Abs. 3 EGBGB ist die Belegenheit der Immobilie in der EU bzw. im EWR. Für das schuldrechtliche und das dinglich ausgestaltete (dem ja ein schuldrechtlicher Vertrag, an dem die Regelungen der Timesharingumsetzungsgesetze ansetzen, zugrunde liegt) Timesharing galt hier bislang Art. 28 Abs. 3 EGBGB, mithin waren solche Verträge dem Recht des EU-Staats unterstellt, in dem sich der Lageort der Immobilie befand. Ein Grund dafür, auf diese Verträge in Abweichung vom EVÜ ausnahmslos die §§ 481 ff. BGB anzuwenden, ist nicht ersichtlich und vom Regelungsprogramm des Art. 9 TimesharingRL nicht gedeckt.[1743] Die Anwendung der deutschen Umsetzung ist auch keine kollisionsrechtlich strengere Maßnahme, da mehrere mitgliedstaatliche Timesharingvertragsrechte wesentlich strenger ausgestaltet sind.[1744]

Die Abweichung vom EVÜ könnte allenfalls über Art. 7 Abs. 2 EVÜ gerechtfertigt werden. Kollisionsrechtlich ist diese Lösung denkbar, wenn man entweder verbraucherschützende Normen unter den Begriff der international zwingenden Normen fasst oder wenigstens die Vertragsstaaten des EVÜ als ermächtigt ansieht, die Öffnungsklausel des Art. 7 Abs. 2 EVÜ (Art. 34 EGBGB) auch für Normen, die von ihrem Charakter her ausschließlich dem Ausgleich privater Interessen dienen, auszunutzen.[1745] Auf Bedenken stößt die Durchsetzung eigener international zwingender Bestimmungen gegenüber anderen Mitgliedstaaten aber schon allgemein – wie der EuGH in seiner Entscheidung „*Arblade*“ deutlich gemacht hat[1746] – und insbesondere dann, wenn diese Normen auf Richtlinien beruhen, die in allen Mitgliedstaaten umzusetzen sind.

Ungeachtet einer möglichen Rechtfertigung der Rechtsfolge des Art. 29a Abs. 3 EGBGB über die Öffnungsklausel des Art. 7 Abs. 2 EVÜ ist jedenfalls zu bemängeln, dass die Anwendung der §§ 481 ff. BGB den Rechtsanwendungsinteressen der Parteien zuwiderläuft, wenn der Timesharingvertrag keine

---

1743 Kritisch in Bezug auf Art. 29a Abs. 3 EGBGB, *Freitag/Leible*, EWS 2000, 342, 349.

1744 Ebenso Grabitz/Hilf - *Pfeiffer*, Bd. III, A 5, Art. 6 RL, Rdn. 67 (zu Art. 6 Abs. 2 KlauselRL). Damit kommt es auf den Streit um die Bedeutung der Mindestschutzklausel des Art. 11 TimesharingRL für das Kollisionsrecht hier nicht an. Siehe dazu oben 2. Teil, E IV., 1. b).

1745 *Mäsch* sah den § 8 Nr. 2 TzWrG als von Art. 7 Abs. 2 EVÜ gedeckt an, vgl. Hildenbrand/Kappus/*Mäsch*, § 8 TzWrG, Rdn. 29.

1746 *Heiss*, in: Reichert-Facilides (Hrsg.), 91, 100; Jayme/Kohler, IPRax 2000, 454, 455; *Fallon*, Rev. crit. dr. internat. privé 89 (2000), 710, 727 ff. (beide zu EuGH, o. Fn. 121 (*Arblade*), Slg. 1999, I – 8453); *Martiny*, ZEuP 2001, 308, 329.

substantielle Verbindung zum Gebiet der Bundesrepublik Deutschland hat.[1747] Man denke etwa an einen Engländer, der ein Ferienwohnrecht an einer Anlage in Spanien von einem schweizer Anbieter erworben hat und nach einem beruflich veranlassten Umzug nach Deutschland an seinem neuen Wohnsitz verklagt wird.[1748] Obwohl nur das englische und spanische Recht relevante Bezüge zum Sachverhalt aufweisen, muss das deutsche Gericht gem. Art. 29a Abs. 3 EGBGB die §§ 481 ff. BGB anwenden. Eine Berufung auf Art. 7 Abs. 2 EVÜ (Art. 34 EGBGB) zur Rechtfertigung des lex fori-Modells gegenüber anderen Mitgliedstaaten wäre also weder vom kollisionsrechtlichen noch – da das sachnähere Mitgliedstaatenrecht strenger sein kann – vom sachrechtlichen Verbraucherschutzinteresse gedeckt.[1749]

Letztlich ist die kritikwürdige Beibehaltung des lex fori-Modells in Art. 29a Abs. 3 EGBGB aber in diesem Bereich in der Praxis kaum von Bedeutung. Enthält der Timesharingvertrag eine Rechtswahlklausel, so ist der vorrangige Abs. 1 anwendbar, der ja innereuropäisch allseitig verweist. Mangels Rechtswahl führt aber bereits Art. 28 Abs. 3 EGBGB bei in der EU bzw. dem EWR belegenen Immobilien zur Anwendung eines EU- bzw. EWR-Staatenrechts, so dass Art. 29a Abs. 3 EGBGB gar nicht zur Anwendung kommt.[1750] Hier zeigt sich, dass die Anwendbarkeit des Abs. 1 auf Timesharingverträge einerseits als Überschreitung der Richtlinienvorgaben zwar kritikwürdig ist, auf diese Weise aber andererseits Nachteile des lex fori-Modells des Abs. 3 ausgeglichen werden können.

[1747] Kritisch daher auch *Kropholler*, IPR, § 52 V 6., 464; *Martiny*, ZEuP 2001, 308, 323; *Siehr*, IPR, 161.

[1748] Beispiel angelehnt an Hildenbrand/Kappus/*Mäsch*, § 8 TzWrG, Rdn. 30; weiteres Bsp. bei *Siehr*, IPR, 161.

[1749] Allgemein kritisch gegenüber dem lex fori-Prinzip auch *Sonnenberger*, ZEuP 1996, 382, 396 f., wonach die Ignorierung eines engen Zusammenhangs zu einem anderen Mitgliedstaat der Interessenlage nicht gerecht wird und zudem gegen die Solidaritätspflicht zwischen EU-Mitgliedstaaten verstößt. Aus Sicht der spanischen Umsetzung ebenso: *Trejo/Vestweber*, RIW 1999, 516, 525.

[1750] Es bleiben daher theoretisch nur flexible Timesharingmodelle ohne Rechtswahl, in denen Art. 28 Abs. 3 EGBGB abzulehnen sein und die engste Verbindung zu einem Drittstaat bestehen kann, als Anwendungsfall des Art. 29a Abs. 3 EGBGB, der in richtlinienkonformer Auslegung auch hier Schutz gewähren muss. Allerdings sind flexibe Timesharingmodelle in aller Regel gesellschaftsrechtlich ausgestaltet, so dass eine Abweichung vom EVÜ, das das Internationale Gesellschaftsrecht gem. Art. 37 S. 1 EGBGB nicht regelt, ausscheidet.

2. Missachtung der beteiligten Rechtsanwendungsinteressen beim vereins-, genossenschaftlich- bzw. gesellschaftsrechtlich ausgestalteten Timesharing

Auch im Rahmen mitgliedschaftsrechtlich ausgestalteter Timesharingmodelle kann es zu einer Missachtung von Parteiinteressen kommen. Die Timesharing-RL erfasst ja bekanntlich alle auf den Erwerb eines Teilzeitnutzungsrechts an einer Immobilie gerichteten Verträge unabhängig von ihrer rechtlichen Konstruktion, also auch den Bereich des gesellschafts-, vereins-[1751] oder genossenschaftsrechtlich ausgestalteten Timesharings. Zulässigerweise setzt Art. 29a Abs. 3 i.V.m. Art. 37 S. 2 EGBGB den Schutz des Erwerbers daher gegebenenfalls auch insoweit durch.[1752]

a) Die kollisionsrechtliche Behandlung mitgliedschaftsrechtlich ausgestalteter Timesharingverträge

Das IPR der Timesharingverträge in mitgliedschaftsrechtlich ausgestalteten Modellen war verschiedentlich Gegenstand ausführlicherer Betrachtung in der Literatur[1753], so dass hier eine Beschränkung auf wesentliche Gesichtspunkte erfolgen kann. Grundlegend ist zunächst die Unterscheidung danach, ob das Nutzungsrecht an der Ferienimmobilie als Wertrecht aus der Mitgliedschaft selbst fließt oder ob dem Erwerber nur aus Marketinggründen eine Mitgliedschaft in einem Verein angeboten wird, das Nutzungsrecht aber davon unabhängig durch

---

1751 Es war vor dem Hintergrund des § 21 BGB streitig, ob das vereinsrechtliche Modell überhaupt nach deutschem Recht zu verwirklichen ist, vgl. *Gralka*, 110 ff. (ablehnend); kritisch auch *Mäsch*, DNotZ 1997, 180, 187; aA z.B. *Tonner*, Rdn. 179 ff. Denn sollte man den Timesharinganbieter als wirtschaftlichen Verein einstufen, bedürfte er zur Erlangung der Rechtsfähigkeit einer Konzession, die nur dann erteilt wird, wenn die Wahl einer anderen Rechtsform zur Verfolgung des wirtschaftlichen Zwecks nicht zumutbar ist. Vgl. zusammenfassend *Wegner*, 32 f. In § 481 Abs. 1 S. 2 BGB wird das Vereinsmodell ausdrücklich anerkannt.

1752 *Otte*, RabelsZ 62 (1998), 405, 423; *Freitag/Leible*, EWS 2000, 343, 349; *v. Wilmowsky*, ZEuP 1995, 735, 761; *Mäsch*, EuZW 1995, 8, 11. Folgerichtig ist in Art. 37 S. 2 EGBGB geregelt, dass Art. 29a EGBGB auch für international-gesellschaftsrechtliche Fragen Bedeutung erlangen kann.

1753 *Gralka*, 134 ff., 138; *Tonner*, Rdn. 514 f.; Hildenbrand/Kappus/*Mäsch*, § 8 TzWrG, Rdn. 25-27; *Wegner*, 86 f., 95 f.; *Böhmer*, Martin, Das deutsche Internationale Privatrecht des Timesharing, 1993.

einen weiteren Vertrag eingeräumt wird.[1754] Nur im erstgenannten Fall handelt es sich um „echtes“ mitgliedschaftsrechtlich ausgestaltetes Timesharing.[1755]

Dieses tritt wiederum in zwei Varianten in Erscheinung: Der Anbieter gründet eine Gesellschaft, der er die Ferienimmobilie(n) zur Verfügung stellt. Die Gesellschaft schließt mit den Erwerbern Aufnahmeverträge, durch die sie Mitglieder werden. Den hierfür eingenommenen Betrag bzw. den Gewinn leitet die Gesellschaft sodann an den Anbieter weiter (Variante 1). Abweichend hiervon kann der Anbieter auch Gesellschaftsanteile, die er zuvor von der Gesellschaft für die Zurverfügungstellung der Ferienimmobilie(n) erhalten hat, selbst an die Erwerber veräußern und die Mitgliedschaft so auf die Erwerber übertragen (Variante 2).[1756]

In Variante 2 liegt mit dem Kauf von Wertpapieren als Sach- bzw. Rechtskauf (in dem die Übertragung der Anteile versprochen wird) ein kausales Grundgeschäft vor, das vom Erwerb der Mitgliedschaft als organisationsrechtlichem Akt zu unterscheiden[1757] und nach den Art. 27 ff. EGBGB anzuknüpfen ist.[1758] Hier besteht also im Grundsatz Rechtswahlfreiheit, die durch Art. 29a Abs. 1 EGBGB beschränkt ist. Mangels Rechtswahl gilt Art. 28 EGBGB und gegebenenfalls ergänzend Art. 29a Abs. 3 EGBGB.

In Variante 1 liegt hingegen ein gesellschaftsrechtlich zu qualifizierender Aufnahmevertrag zwischen dem Erwerber und der Timesharinggesellschaft vor.[1759] Er unterliegt nach deutschem IPR dem Sitzrecht, wobei es sich um eine Gesamtverweisung handelt, das heißt, sollte das Sitzrecht der Gründungstheorie

---

[1754] *Wegner*, 29 f., 39. Ein Beispiel für „unechtes“ mitgliedschaftsrechtliches Timesharing findet sich bei *Hildenbrand*/Kappus/Mäsch, 1. Kap., Rdn. 81. Auch im aktienrechtlichen Modell wird in der Regel zusätzlich zum Aktienerwerb ein gesonderter Timesharingvertrag abgeschlossen, vgl. *de Sousa*, 205.

[1755] Im Folgenden soll stellvertretend für andere Organisationsformen von der Gesellschaft bzw. dem gesellschaftsrechtlichen Timesharing die Rede sein.

[1756] Vgl. *Wegner*, 30 f.; ferner *Gralka*, 128. In Variante 1 findet ein originärer, in Variante 2 ein derivativer Erwerb der Mitgliedschaft statt (dazu *K. Schmidt*, Gesellschaftsrecht, § 19 II 1, 550 f., § 45 II 3, 1313). Das typische Vereinsmodell beschreibt *Kappus* wie folgt: Der Timesharing-Interessent tritt dem das Nutzungsrecht an der Immobilie innehabenden Verein bei und zahlt dafür einen Aufnahmebeitrag, der wirtschaftlich dem Erwerbspreis bei anderen Timesharing-Modellen entspricht. Im Rahmen der Vereinssatzung darf das Mitglied die Immobillie(n) in einem periodisch wiederkehrenden Jahreszeitraum nutzen. Zusätzlich ist ein Jahresbeitrag für Instandhaltung und Serviceleistungen zu bezahlen. Vgl. *Kappus*, in: v. Westphalen (Hrsg.), Time-Sharing-Verträge, Rdn. 70. In diesem Fall erfolgt also unmittelbar der Vereinsbeitritt, die Ausgestaltung des Modells erfolgt in den Vereinstatuten. Entscheidend ist daher der Beitrittsvertrag, der ohne Weiteres vereinsrechtlich zu qualifizieren ist.

[1757] *Gralka*, 134; *Wegner*, 76; *Kappus*, in: v. Westphalen (Hrsg.), Time-Sharing-Verträge, Rdn. 34.

[1758] Vgl. *Gralka*, 137 (zur Rechtslage vor Inkrafttreten des EVÜ).

[1759] *Wegner*, 95; *Gralka*, 135.

folgen, so akzeptiert das deutsche IPR dies. Eine Rechtswahl ist hier hingegen nach ganz h.M. ausgeschlossen[1760], eine gleichwohl im Aufnahmevertrag enthaltene Rechtswahlvereinbarung unbeachtlich[1761].

Befindet sich der effektive Verwaltungssitz außerhalb der EU bzw. des EWR und nimmt das IPR des Sitzstaats die Verweisung an bzw. verweist es auf einen anderes Drittstaatenrecht, etwa das Gründungsrecht, weiter, ist nach deutschem IPR ein Drittstaatenrecht anwendbar. Gleiches gilt, wenn der Verwaltungssitz innerhalb der EU bzw. des EWR liegt, das maßgebliche IPR aber auf ein drittstaatliches Gründungsrecht weiterverweist. In diesen Fällen muss die Umsetzungskollisionsnorm nach Art. 9 TimesharingRL eingreifen, wenn die vertragsgegenständliche Immobilie in der EU liegt. Dem kommt Art. 29a Abs. 3 EGBGB durch Berufung der §§ 481 ff. BGB nach.[1762]

b) Beispiel für die Missachtung der Parteiinteressen

Angenommen eine in England ansässige, nach einem Drittstaatenrecht gegründete Timesharinggesellschaft nimmt nach dem gesellschaftsrechtlichen Modell der Variante 1 einen Erwerber aus Frankreich auf und räumt ihm so ein Nutzungsrecht an einer in Spanien belegenen Immobilie ein. Hier verweist das deutsche IPR (Sitztheorie) auf englisches Recht, das der Gründungstheorie folgt, so dass das drittstaatliche Gründungsrecht auf den Erwerb der Gesellschafterstellung anwendbar ist. Art. 29a Abs. 3 EGBGB greift ein und verweist auf das deutsche Umsetzungsrecht, obwohl der Sachverhalt ausschließlich Bezüge zu anderen Mitgliedstaaten aufweist, nämlich zu Frankreich (gewöhnlicher Aufent-

---

1760 Eine Differenzierung zwischen einem der Rechtswahl zugänglichen Innen- und einem zwingend objektiv anzuknüpfenden Außenverhältnis (*Böhmer*, 232 ff.) hat sich nicht durchgesetzt, vgl. Hildenbrand/Kappus/*Mäsch*, § 8 TzWrG, Rdn. 25.

1761 *Gralka*, 136.

1762 Ein nach dem auf den Vertrag anwendbaren Recht wirksamer Widerruf erfasst auch die Übertragung der Mitgliedschaft, denn wie sich aus Art. 2, 1. Spiegelstrich TimesharingRL ergibt, bezieht sich das Widerrufsrecht auf das Grund- und das Verfügungsgeschäft. Soweit deutsches Recht anwendbar ist, gilt dann Folgendes: Es muss zwischen dem originären und dem derivativen Erwerb der Mitgliedschaft unterschieden werden. Im letzteren Fall stellt sich lediglich das Problem, ob der Veräußerer oder der Erwerber der Gesellschaftsanteile Mitglied ist (*K. Schmidt*, Gesellschaftsrecht, § 6 V 2, 169 f.) Widerruft der Erwerber dieses Kausalgeschäft, so wird auch der der Erfüllung dieses Vertrags dienende Erwerb der Mitgliedschaft rückabgewickelt, wofür nach Art. 32 Abs. 1 Nr. 5 EGBGB ebenfalls das Vertragsstatut maßgeblich ist (*Kappus*, in: v. Westphalen (Hrsg.), Time-Sharing-Verträge, Rdn. 36). Beim originären Erwerb gelten hingegen die Grundsätze über fehlerhafte Gesellschaftsverhältnisse. Die infolge des Widerrufs fehlerhaft erworbene und in Vollzug gesetzte Mitgliedschaft kann ex nunc aufgelöst werden (*K. Schmidt*, Gesellschaftsrecht, § 6 V 1, 167, 6 III, 154 f.). Die entsprechende Austrittserklärung des Erwerbers wird man im Widerruf des Timesharingvertrags sehen können.

halt des Erwerbers), zu England (tatsächlicher Sitz der Gesellschaft) und zu Spanien (Belegenheit der Immobilie).

Betrachtet man wiederum die beteiligten Rechtsanwendungsinteressen gilt Ähnliches wie beim schuldrechtlichen Timesharing. Die Parteien werden ohne substantielle Bezüge der Vertragsanbahnung bzw. des Vertrags zu Deutschland von der Anwendung der §§ 481 ff. BGB auf den Erwerb der Mitgliedschaft überrascht. Auch in solchen Fällen ist die Regelung des Art. 29a Abs. 3 EGBGB unter dem Aspekt der sinnvollen Berücksichtigung der Rechtsanwendungsinteressen der Parteien daher unzureichend.[1763]

3. Primärrechtsverstoß des lex fori-Modells?

Im Rahmen grundfreiheitlich geschützter Transaktionen stellt sich darüber hinaus die Frage, ob es gemeinschaftsrechtlich zulässig ist, ein an sich sachnäheres mitgliedstaatliches Umsetzungsrecht nicht anzuwenden und stattdessen auf die deutsche Umsetzung zurückzugreifen.[1764] Da auf kraft Rechtswahl einem Drittstaatenrecht unterstellte Timesharingverträge der vorrangige[1765] Abs. 1 anzuwenden ist, dessen Vereinbarkeit mit Primärrecht oben festgestellt wurde[1766], besteht das Problem allerdings nur im Rahmen objektiv angeknüpfter Timesharingverträge. Hier ist wiederum zu unterscheiden:

a) Timesharingverträge, für die Rechtswahlfreiheit besteht

Der „*Alsthom Atlantique*"-Entscheidung des EuGH[1767], wonach privatrechtliche Regelungen dann keine Grundfreiheitenbeschränkung darstellen, wenn man ihnen durch Rechtswahl ausweichen kann, lässt sich entnehmen, dass nur in einer zwingenden objektiven Anknüpfung der §§ 481 ff. BGB ein Grundfreiheitenverstoß liegen könnte. Soweit für einen Timesharingvertrag Rechtswahlfreiheit besteht, also auch im Rahmen des mitgliedschaftsrechtlichen Modells nach obiger Variante 2, scheidet ein Grundfreiheitenverstoß danach aus. Denn hätten die Parteien von der Rechtswahlfreiheit Gebrauch gemacht, so unterläge der Vertrag gem. Art. 29a Abs. 1 EGBGB kumulativ zum gewählten Drittstaatenrecht der primärrechtskonformen Anknüpfung an das mitgliedstaatliche Recht, zu dem der engste Zusammenhang besteht.[1768]

1763 Für bedenklich hält das lex fori-Modell des Abs. 3 auch *Martiny*, ZEuP 2001, 308, 323.
1764 Die Frage hat *Mäsch*, DNotZ 1997, 180, 207, im Hinblick auf § 8 TzWrG aufgeworfen.
1765 Siehe 4. Teil D III 3. b).
1766 Siehe 4. Teil C VII.
1767 Vgl. o. Fn. 91.
1768 Ähnlich *Höpping*, 235, zu Art. 29 Abs. 2 EGBGB im Verhältnis zu Art 29 Abs. 1 EGBGB.

Allerdings wird die Aussage des EuGH zur Bedeutung der Rechtswahlfreiheit in der Literatur kritisiert, unter anderem, weil die Parteien der privatrechtlichen Belastung nur ausweichen können, wenn sie sich einig über die Rechtswahl sind.[1769] Folgt man dem, wäre ein Grundfreiheitenverstoß des Art. 29a Abs. 3 EGBGB, auch soweit die Parteien über die Rechtswahl zur Anwendbarkeit des Abs. 1 hätten kommen können, möglich.

b) Timesharingverträge, für die keine Rechtswahlfreiheit besteht

Auch wenn man aus „*Alsthom*" den Schluss zieht, dass Abs. 3 nur gegen die Grundfreiheiten verstoßen kann, wo keine Rechtswahlfreiheit besteht, lassen sich Konfliktfälle konstruieren. Im Anwendungsbereich des Art. 29a EGBGB ist die Rechtswahl für mitgliedschaftsrechtlich ausgestaltete Timesharingverträge nach obiger Variante 1 ja wie gesehen ausgeschlossen, der Direkterwerb der Mitgliedschaft richtet sich nach dem nicht wählbaren Gesellschaftsstatut[1770], das sich im deutschem IPR nach dem Recht des effektiven Verwaltungssitzes einschließlich dessen IPR (vgl. Art. 4 Abs. 1 S. 1 EGBGB) bestimmt.

Da manche EU-Staaten der Gründungstheorie folgen, ist es durchaus denkbar, dass der Sitzstaat einer Timesharinggesellschaft auf ein drittstaatliches Gründungsrecht weiterverweist und sich die Beurteilung der Lösung des Erwerbers von der Gesellschaft bzw. dem Verein somit nach einem Drittstaatenrecht beurteilt. Ist in einem solchen Fall eine in der Gemeinschaft belegene Immobilie Gegenstand des Vertrags, sind die Anwendungsvoraussetzungen des Art. 29a Abs. 3 EGBGB für eine den Grundfreiheiten unterstehende Transaktion eröffnet.[1771] Es lassen sich also Fälle denken, in denen das nicht frei wählbare

---

1769 Vgl. z.B. *Basedow*, 12 f.

1770 *Kappus*, in: v. Westphalen (Hrsg.), Time-Sharing-Verträge Rdn. 34. Damit scheiden aktienrechtliche Modelle aus der Betrachtung aus. Ihnen liegt ein Aktienkauf zugrunde (vgl. z.B. das HAPIMAG-Modell; dazu *Kappus*, in: v. Westphalen (Hrsg.), Time-Sharing-Verträge, Rdn. 60 ff.). Die GmbH ist als Organisationsrahmen ohnehin ungeeignet, vgl. *Kappus*, in: v. Westphalen (Hrsg.), Time-Sharing-Verträge, Rdn. 69. Aus deutscher Sicht bleiben daher letztlich nur Vereine oder Gesellschaften nach der oberen Variante 1 für die Betrachtung übrig.

1771 Um die Grundfreiheitenfrage stellen zu können, muss der Verein seinen Sitz also im EU-Ausland haben. Unterstellt, der Erwerber möchte den Timesharing-Vertrag widerrufen, ist weiter zu fragen, ob der Verein überhaupt Vertragspartner des Erwerbers werden konnte, was infolge der im deutschen IPR geltenden Sitztheorie zu verneinen ist, wenn der Verein nach dem Recht eines Staats gegründet wurde, der ebenfalls der Sitztheorie folgt und in dem sich nicht der effektive Verwaltungssitz befindet. Denn die Gründungsvorschriften sind dann regelmäßig nicht eingehalten. In solch einem Fall fehlt es an der Rechts- und damit Geschäftsfähigkeit des Vereins, ohne dass es auf die für natürliche Personen geltende Verkehrsschutzvorschrift des Art. 12 EGBGB ankäme. Ein Widerruf nach der TimesharingRL ist daher in einer solchen Konstellation nicht relevant. Aus prozessualer Sicht stellt sich das Problem allerdings bereits auf der Ebene der Zu-

Gesellschafts- bzw. Vereinsstatut durch Art. 29a Abs. 3 EGBGB korrigiert wird[1772] und so für die Beurteilung des Aufnahmevertrags das deutsche Umsetzungsrecht anwendbar ist. Zur Veranschaulichung soll folgender Beispielsfall dienen:

> Eine Gesellschaft A mit effektivem Verwaltungssitz in England ist nach dem Recht eines Drittstaats gegründet worden. Sie schließt mit einem französischen Verbraucher B einen gesellschaftsrechtlich ausgestalteten Timesharingvertrag über eine in Frankreich belegene Immobilie ab. Die Mitgliedschaft wird dabei direkt ohne kausalen Schuldvertrag erworben. Der Vertrag ist in Luxemburg angebahnt worden. B möchte sich von der Mitgliedschaft wieder lösen, die A verklagt ihn an seinem inzwischen nach Deutschland verlegten Wohnsitz auf Zahlung.[1773]

Das deutsche Internationale Gesellschaftsrecht spricht eine Gesamtverweisung auf das englische Recht aus, so dass infolge der dort geltenden Gründungstheorie das drittstaatliche Gründungsrecht für die Frage der Auflösung der Mitgliedschaft maßgeblich ist. Damit ist Art. 29a Abs. 3 EGBGB anwendbar, zugleich fällt der Timesharingvertrag, soweit er die Aufnahme in den Verein oder die Gesellschaft betrifft, in den Anwendungsbereich des EG-Vertrags. Die Frage der Primärrechtswidrigkeit der lex fori-Verweisung ist daher jedenfalls für diese Fallgruppe durchaus von Bedeutung.

c) Diskriminierung gem. Art. 12 EG

Die durchgehende Anwendung der §§ 481 ff. BGB könnte gegen das allgemeine Diskriminierungsverbot des Art. 12 EG verstoßen. Es gilt allerdings nur „unbeschadet besonderer Bestimmungen" des EG-Vertrags. Zu den besonderen Bestimmungen gehören auch die Grundfreiheiten, die daher in ihrem Anwendungsbereich Art. 12 EG vorgehen.[1774] Die Regelungen der TimesharingRL haben Transaktionen über Teilzeitwohnrechte zum Gegenstand und fallen daher grund-

---

lässigkeit der Klage, da gem. § 50 Abs. 1 ZPO die fehlende Rechtsfähigkeit das Fehlen der Parteifähigkeit als Prozessvoraussetzung nach sich zieht. Ein Aktivprozess der nicht rechtsfähigen Timesharing-Gesellschaft wäre also unzulässig, in einem Passivprozess könnte sie sich hingegen auf die fehlende Parteifähigkeit nicht berufen. Vgl. dazu den Überblick bei *v. Schwaller*, 181 f.; *Mankowski*, VuR 1996, 392, 395; *Mäsch*, DNotZ 1997, 180, 212 f.; Hildenbrand/Kappus/*Mäsch*, § 8 TzWrG, Rdn. 82. Zu den umstrittenen Fragen der Beweislast, vgl. *Jayme*, IPRax 1996, 87, 88; *Kappus*, in: v. Westphalen (Hrsg.), Time-Sharing-Verträge, Rdn. 45 f.

1772 Vgl. *Freitag/Leible*, EWS 2000, 343, 348.

1773 Solche „echten" gesellschaftsrechtliche Timesharingmodelle sind in Großbritannien selten, kommen aber doch vor (vgl. *Hildenbrand*/Kappus/Mäsch, 1. Kap., Rdn. 147; zur Ausgestaltung, siehe *Edmonds*, 54 f.).

1774 *Seif*, JbJZivRWiss 1997, 225, 242.

sätzlich unter den weiten Dienstleistungsbegriff des EG-Vertrags.[1775] Auch mitgliedschaftsrechtliche Modelle unterliegen regelmäßig nicht der Niederlassungsfreiheit, da der Erwerber nicht zu den Gründungsmitgliedern gehören wird. Es geht vielmehr um das aus der Mitgliedschaft fließende Nutzungsrecht an der Ferienimmobilie, so dass die über Art. 29a Abs. 3 EGBGB anwendbaren §§ 481 ff. BGB einen spezifischen Bezug zur Dienstleistungsfreiheit aufweisen.[1776] Für die Primärrechtskontrolle ist folglich allein auf Art. 49 EG abzustellen.

d) Die Überprüfung des Art. 29a Abs. 3 EGBGB anhand der Dienstleistungsverkehrsfreiheit

Soweit man eine handelsbeschränkende Wirkung des Art. 29a Abs. 3 EGBGB auch dort für möglich hält, wo im Grundsatz Rechtswahlfreiheit besteht, jedenfalls aber in Fällen wie dem unter b) dargestellten, könnte es infolge der Dienstleistungsfreiheit nach Art. 49 EG geboten sein, nicht auf die §§ 481 ff. BGB, sondern auf das sachnähere Sitzrecht oder das Recht des Anbahnungsstaats, soweit er der Gemeinschaft oder dem EWR angehört, zu verweisen.

Zu den sachlich von Art. 49 EG erfassten Beschränkungen der Dienstleistungsfreiheit gehören auch die über das IPR gesteuerten Einwirkungen des zwingenden Privatrechts.[1777] Eine zwingend objektive Anknüpfung etwa des Austrittsrechts des Timesharingerwerbers aus einer Timesharinggesellschaft an die deutsche lex fori müsste als aus Gründen des Verbraucherschutzes geeignete, erforderliche und angemessene Maßnahme anzusehen sein.[1778]

Wie gesehen ist aus Sicht des spezifisch europäisch ausgerichteten Verbraucherschutzes die Geltung einer jeden mitgliedstaatlichen Rechtsordnung geeignet, da alle Mitgliedstaaten zur Umsetzung verpflichtet sind und es im Richtlinien- und Umsetzungskollisionsrecht nicht um die Erhaltung gerade der heimischen Schutzstandards der europäischen Verbraucher geht. Aus Sicht der

---

[1775] A.A. *v. Wilmowsky*, ZEuP 1995, 735, 736, der die Kapitalverkehrsfreiheit für einschlägig hält.

[1776] Nach Art. 50 EG kommt der Dienstleistungsfreiheit Auffangcharakter zu. Das wesentliche Element einer Dienstleistung liegt hinter den materiellen Gegenständen, in denen sich die unternehmerische Leistung manifestiert (GTE - *Troberg*, 4. Aufl. 1991, Art. 60, Rdn. 1), hier also in dem know-how, Timesharingerwerber als Gesellschaft oder Verein zu organisieren und ihnen die Nutzung von Ferienimmobilien zu ermöglichen. Das notwendige grenzüberschreitende Element (dazu Dauses - *Roth*, Bd. 1, E I, Rdn. 102) liegt darin, dass die Gesellschaft zu diesem Zweck Timesharingkunden aus anderen Mitgliedstaaten aufnimmt. Für diese Zuordnung spricht auch, dass die Reisebranche generell der Dienstleistungsfreiheit unterfällt, vgl. Dauses - *Roth*, Bd. 1, E I, Rdn. 96. Für Gesellschaften als Begünstigte kommt die Dienstleistungsfreiheit über Art. 55, 48 EG zur Anwendung.

[1777] Dauses - *Roth*, Bd. 1, E I, Rdn. 105.

[1778] Zu den Anforderungen der Grundfreiheiten an das IPR, vgl. oben 2. Teil A II, C.

Richtlinie ist das lex fori-Modell nicht zu beanstanden. Geht es allerdings um einen Timesharingfall, der keinerlei Berührung zu Deutschland aufweist, ist einem im EU-Ausland ansässigen Verbraucher mit der Geltung der §§ 481 ff. BGB im Hinblick auf sein sachrechtliches Schutzbedürfnis dann nicht geholfen, wenn die Umsetzung eines sonst vom Sachverhalt berührten Mitgliedstaats strenger ist. Angesichts unterschiedlicher Umsetzungen in den Mitgliedstaaten kann Ähnliches für das kollisionsrechtliche Schutzbedürfnis gelten; dem Verbraucher sind seine Rechte zwar in Grundzügen bekannt, Informationskosten bzgl. des deutschen Rechts entfallen für ihn aber dennoch nicht. Es sind also Fälle denkbar, in denen der Verweis auf die §§ 481 ff. BGB bereits nicht geeignet ist, eine Rechtswahl zum Schutz des Verbrauchers einzuschränken.[1779]

Zweifelhaft ist auch die Angemessenheit der ausnahmslosen Geltung des deutschen Rechts gem. Art. 29a Abs. 3 EGBGB.[1780] Weder der englische Anbieter noch der französische Verbraucher werden im Beispielsfall mit der Geltung der §§ 481 ff. BGB rechnen, zumal die betroffene Immobilie ebenfalls in Frankreich belegen ist. Auch mit der Geltung der luxemburgischen Rechtsordnung könnte man den Anbieter noch konfrontieren, da dort die Vertragsanbahnung stattgefunden hat. Zur deutschen Rechtsordnung bestehen hingegen keine relevanten Bezüge. Der Anbieter konnte sich auf die Anforderungen der deutschen Umsetzung nicht einstellen und es war ihm dies mangels jeglicher Ausrichtung seiner Tätigkeit auf das deutsche Staatsgebiet auch nicht zumutbar. Als weitestmögliche noch zulässige Beschränkung der Dienstleistungsfreiheit wäre es anzusehen, wenn der Anbieter den Aufnahme- bzw. Beitrittsvertrag an den Anforderungen des englischen, des französischen oder des luxemburgischen Timesharingumsetzungsrechts anpassen muss. Indem Art. 29a Abs. 3 EGBGB auf keine dieser Rechtsordnungen verweist, stellt die Regelung somit einen Grundfreiheitenverstoß dar, wenn die übrigen Voraussetzungen nach Art. 49 EG vorliegen.

4. Rechtsfolge des Verstoßes und Ergebnis

Die lex fori-Anknüpfung des Art. 29a Abs. 3 EGBGB kann in eng begrenzten Ausnahmefällen die Dienstleistungsfreiheit eines in der EU ansässigen, mitgliedschaftsrechtlich organisierten Timesharinganbieters unzulässig beschränken. Aufgrund des Anwendungsvorrangs des Gemeinschaftsrechts muss Art. 29a Abs. 3 EGBGB dann auch entgegen seinem Wortlaut primärrechtskon-

[1779] Ähnlich, wenn auch zu pauschal: Hildenbrand/Kappus/*Mäsch*, § 8 TzWrG, Rdn. 33, mit Bsp. in Rdn. 47.

[1780] Hildenbrand/Kappus/*Mäsch*, § 8 TzWrG, Rdn. 33 a.E.; angedeutet auch bei *Jungkind*, 154 f. (beide zu § 8 TzWrG); *Roth*, RabelsZ 55 (1991), 623, 661 (zum Int. Versicherungsvertragsrecht).

form ausgelegt werden. Da das EVÜ das Gesellschaftsstatut nicht regelt, steht in solchen Fällen einer Anknüpfung an die den Verbraucher in noch primärrechtskonformer Weise am besten schützende Rechtsordnung nichts entgegen. Wie gesehen handelt es sich dabei regelmäßig um das Vertragsanbahnungsrecht, hat die Anbahnung des Vertrags in einem Drittstaat stattgefunden, wird man auf das Belegenheitsrecht abstellen müssen.[1781] Daher wäre im Beispielsfall das luxemburgische Umsetzungsgesetz auf die Frage des Austritts aus der Gesellschaft in gemeinschaftsrechtskonformer Auslegung des Art 29a Abs. 3 EGBGB anzuwenden.

V. Günstigkeitsvergleich

Art. 9 TimesharingRL setzt wie die anderen IPR-Klauseln voraus, dass der Verbraucher infolge der Anwendbarkeit des Drittstaatenrechts schlechter gestellt ist, als er es nach dem Umsetzungsrecht des Mitgliedstaats wäre, zu dessen Territorium der Sachverhalt die enge Verbindung aufweist.[1782] In richtlinienkonformer Auslegung des Art. 29a Abs. 3 EGBGB ist daher auch die deutsche Umsetzung nicht unbedingt zur Anwendung berufen, sondern nur, wenn das drittstaatliche Recht den Timesharingerwerber im Vergleich benachteiligt. Der Wortlaut des Abs. 3 steht dem mangels eines Souveränitätsvorbehalts des Umsetzungsgesetzgebers nicht entgegen.[1783]

VI. Formfragen

Ist Art. 29a Abs. 3 EGBGB anwendbar, so ist auch die Formvorschrift des § 484 Abs. 1 BGB einschließlich ihrer Sprachregelung[1784] erfasst und zugleich die Alternativanknüpfung nach Art. 11 Abs. 1 EGBGB ausgeschlossen, da sie den Schutzzweck des Art. 29a EGBGB unterlaufen würde. Insoweit ist Art. 29a Abs. 3 EGBGB wie Art. 29 Abs. 3 EGBGB eine Spezialregelung.[1785] Entsprechendes muss für Art. 29a Abs. 1 EGBGB gelten, der die jeweilige Umsetzungsvorschrift des vom Sachverhalt am engsten berührten Mitgliedstaats beruft. Fraglich ist, wie der Schutz des Timesharingerwerbers insoweit gewährleistet werden kann, wenn deutsches Recht als Gesellschaftsstatut oder gem. Art. 28 Abs. 3

[1781] Vgl. auch *v. Wilmowsky*, ZEuP 1995, 735, 762.

[1782] Siehe zu diesem Aspekt der Regelungsvorgaben oben 3. Teil D III 2. b).

[1783] Siehe insoweit die Ausführungen zu Art. 29a Abs. 1 EGBGB, 4. Teil C IV 4. A.A. *Jungkind*, 157 (zu Art. 29a in der Fassung des Referentenentwurfs); *Neises*, NZM 2000, 1033, 1037.

[1784] Zur Einordnung als Formvorschrift insoweit *Jungkind*, 114 f.

[1785] Hildenbrand/Kappus/*Mäsch*, § 8 TzWrG, Rdn. 55; *Jungkind*, 159 (beide zu § 8 TzWrG).

EGBGB anwendbar ist und § 484 BGB daher ohne „Umweg“ über Art. 29a EGBGB zur Anwendung kommt. Jedenfalls sind die deutschen Gerichte verpflichtet, den Schutz des § 484 BGB auch hier in richtlinienkonformer Auslegung sicherzustellen. Als Lösung ist beispielsweise vorgeschlagen worden, im Wege des erst-recht-Schlusses davon auszugehen, dass sich auch in diesen Fall die Alternativanknüpfung des Art. 11 Abs. 1 EGBGB nicht zu Lasten des Verbrauchers auswirken darf.[1786]

Schließlich setzt sich Art. 29a Abs. 3 EGBGB auch gegen international zwingende Formvorschriften für Timesharingverträge des Belegenheitsstaats im Sinne des Art. 11 Abs. 4 EGBGB durch, sollten sie § 484 BGB widersprechen und für den Verbraucher ungünstiger sein.[1787]

[1786] Hildenbrand/Kappus/*Mäsch*, § 8 TzWrG, Rdn. 56 (zu § 8 TzWrG).

[1787] Vgl. Hildenbrand/Kappus/*Mäsch*, § 8 TzWrG, Rdn. 58 a. E. (zu § 8 TzWrG).

E. Analoge Anwendung des Art. 29a Abs. 1 EGBGB auf Verbraucherverträge ohne Rechtswahlklausel?

Eine rechtspolitisch und systematisch unbefriedigende Schwäche der IPR-Klauseln mit Ausnahme des Art. 9 TimesharingRL liegt in der fehlenden Regelung von Verbraucherverträgen, die aufgrund objektiver Anknüpfung einem Drittstaatenrecht unterliegen. Im Zusammenhang mit Art. 6 Abs. 2 KlauselRL ist daher eine analoge Anwendung zur Schließung dieser Schutzlücke in Betracht gezogen worden.[1788] Unterlässt es ein Drittstaatenanbieter, in einen Vertrag mit einem europäischen Verbraucher eine Rechtswahlklausel zugunsten seines eigenen oder eines anderen Drittstaatenrechts aufzunehmen, so führt Art. 28 Abs. 2 S. 2 EGBGB aus dem Geltungsbereich des europäischen Verbrauchervertragsrechts hinaus, gerade weil eine Rechtswahl unterblieben und der Schutz des Art. 29 Abs. 2 EGBGB insoweit lückenhaft ist. Fraglich ist, ob man dieses schwer nachvollziehbare Ergebnis im Rahmen des Art. 29a EGBGB im Wege einer Analogie vermeiden kann.

I. Keine Regelungslücke

Voraussetzung einer Analogie wäre zunächst eine unbewusste Regelungslücke in Art. 29a Abs. 1 EGBGB. Der Gesetzgeber müsste den Fall, dass ein Verbrauchervertrag auch ohne Rechtswahl einem Drittstaatenrecht unterliegen kann, übersehen haben. Das ist nach der Gesetzgebungsgeschichte jedoch eindeutig zu verneinen.

Im Rahmen der ersten Umsetzung des Art. 6 Abs. 2 KlauselRL im Jahr 1996 hat sich der Gesetzgeber dafür entschieden, mit der Formulierung „Unterliegt ein Vertrag ausländischem Recht (...)“ auch die objektive Anknüpfung mit einzubeziehen. Der Bericht zur Beschlussempfehlung des Rechtsausschusses bezüglich des Entwurfs des AGB-Änderungsgesetzes nimmt die hierzu geäußerte Kritik der Literatur ausdrücklich zur Kenntnis.[1789] Das Problem war dem Umsetzungsgesetzgeber also von Anfang an bewusst.

In der Begründung des Referentenentwurfs zum Fernabsatzgesetz hat man sich dann zu einer Korrektur entschlossen[1790]:

> „Ferner ist die Sonderanknüpfung *nun den Richtlinienvorgaben entsprechend nur für den Fall der Rechtswahl vorgesehen*, der von § 12 AGBG noch erfasste

[1788] Grabitz/Hilf - *Pfeiffer*, Bd. III, A 5, Art. 6, Rdn. 33.

[1789] BT-Drs. 13/4699, 5: „Zum anderen erfasse § 12 des AGB-Gesetzes alle Fälle der Anwendung ausländischen Rechts, während die Richtlinie nur Fälle der Vereinbarung des Rechts eines Drittlandes regele.“

[1790] BMJ, Referat I B 2, 3240/12-4, 115 (Hervorhebung nicht im Original).

Fall der objektiven Anknüpfung fehlt, um eine Vereinheitlichung der erforderlichen Sonderanknüpfungen zu erreichen."

Dieser Punkt war im weiteren Gesetzgebungsverfahren nicht streitig.[1791] Der klare gesetzgeberische Wille schließt also schon nach nationaler Auslegungsmethodik eine analoge Anwendung des Art. 29a Abs. 1 EGBGB insoweit aus. Ergänzend soll aber noch geprüft werden, ob aus Sicht der IPR-Klauseln und des EVÜ eine Analogie überhaupt möglich wäre.

II. Sekundär- und völkerrechtliche Unzulässigkeit der Analogie

Die Auslegung der Art. 6 Abs. 2 Klausel- und Art. 12 Abs. 2 FernabsatzRL hat ergeben, dass der Gemeinschaftsgesetzgeber bislang bewusst auf einen ergänzenden kollisionsrechtlichen Schutz im Bereich der objektiven Anknüpfung verzichtet und daher das Regelungsprogramm auf Verträge mit Rechtswahlvereinbarungen beschränkt hat.[1792] Auf die Mindestschutzregel der Art. 8 Klausel- bzw. Art. 14 FernabsatzRL kann sich eine Analogie schon deshalb nicht stützen, weil die Anwendung des Art. 29a EGBGB auf objektiv angeknüpfte Verträge keine Schutzverstärkung, sondern als „aliud" eine Schutzergänzung wäre, nach hier vertretener Auffassung zudem deshalb nicht, weil die IPR-Klauseln im Gegensatz zum sachrechtlichen Teil der Richtlinien eine Vollharmonisierung bezwecken.[1793]

Wie gesehen weicht Art. 29a EGBGB vor allem im sachlichen und räumlichen Anwendungsbereich erheblich von Art. 5 EVÜ ab. Die Ausweitung auf objektiv angeknüpfte Verträge würde dem EVÜ weitere Materien entziehen bzw. Abänderungen der Anknüpfungsregeln hervorrufen, was nur im Konsultationsverfahren nach Art. 23 EVÜ zulässig wäre. Denn nach der hier vertretenen Auffassung sind die §§ 305 ff. BGB (Allgemeine Geschäftsbedingungen), §§ 312b ff. BGB (Fernabsatzverträge), §§ 481 ff. BGB (Timesharingverträge) sowie die §§ 474 ff. BGB (Verbrauchsgüterkauf) als maßgebliche Umsetzungsgesetze kein international zwingendes Recht im Sinne des Art. 34 EGBGB (Art. 7 Abs. 2 EVÜ). Die analoge Anwendung des Art. 29a EGBGB auf Verbraucherverträge, die kraft objektiver Anknüpfung einem Drittstaatenrecht unterstehen, verstieße daher auch gegen die völkerrechtlichen Bindungen der Bundesrepublik Deutschland und ist im Ergebnis abzulehnen.

[1791] Die Korrektur des § 12 AGBG (1996) wurde in der Begründung zum Regierungsentwurf nochmals bestätigt, vgl. BT-Drs. 14/2658, 50.

[1792] Siehe 3. Teil C III.

[1793] Dazu 2. Teil E IV.

F. Analoge Anwendung des Art. 29a Abs. 1 EGBGB auf Verbraucherrichtlinien ohne IPR-Klausel

Eine analoge Anwendung des Art. 29a EGBGB steht aber noch unter einem zweiten Aspekt im Raum, der durch eine neue EuGH-Entscheidung an Bedeutung gewonnen haben könnte. Fraglich ist nämlich, ob eine Ausweitung der Liste des Abs. 4 in analoger Anwendung auf andere Verbraucherrichtlinien wie etwa die HaustürgeschäfteRL in Betracht kommt. Der Gesetzgeber wollte einerseits bewusst nur die bisher in Kraft getretenen Verbraucherschutzrichtlinien, die eine IPR-Klausel enthalten, umsetzen. Es scheint daher auch hier an einer Regelungslücke zu fehlen.[1794] Andererseits könnten die Literaturstimmen, die auch den älteren Verbraucherschutzrichtlinien einen der Ausgestaltung der IPR-Klauseln im Verhältnis zu Drittstaaten entsprechenden räumlichen Geltungsanspruch zubilligen[1795], angesichts der jüngsten Rechtsprechung des EuGH zum internationalen Anwendungsbereich des Ausgleichanspruchs nach der HandelsvertreterRL neue Unterstützung erhalten.

Wäre ein solcher ungeschriebener kollisionsrechtlicher Geltungsanspruch gegeben, stünde der extensiven Handhabung des Art. 29a EGBGB auch die Bindung der Bundesrepublik Deutschland an das EVÜ nicht entgegen. Denn soweit ein (auch ungeschriebener) kollisionsrechtlicher Regelungsauftrag kraft Sekundärrechts besteht, kommt einer Richtlinie insoweit gem. Art. 20 EVÜ dispensierende Wirkung zu.

I. Die Rechtssache „*Ingmar*“

Die Entscheidung des EuGH vom 9.11.2000 in der Rechtssache „*Ingmar*“[1796] hat in der Literatur viel Aufmerksamkeit gefunden.[1797] Gegenstand des Verfahrens waren die Regelungen der Art. 17, 18 HandelsvertreterRL, die im deutschen Recht durch § 89b HGB umgesetzt sind. Danach hat der Handelsvertreter einen im Voraus unabdingbaren Anspruch gegen den Unternehmer auf Ausgleich von

---

1794 So *Coester-Waltjen/Mäsch*, 103; ablehnend auch Staudinger - *Magnus* (2002), Art. 29a EGBGB, Rdn. 55.

1795 Vgl. *Meerfeld*, 159 ff. m.w.N.

1796 EuGH, o. Fn. 487 (*Ingmar*), IPRax 2001, S. 225 (Tz. 18); ferner abgedr. in BB 2001, 10.

1797 Vgl. z.B. *Emde*, MDR 2002, 190, 196; *Schwarz*, ZVglRWiss 101 (2002), 45; Staudinger - *Magnus* (2002), Art. 34 EGBGB, Rdn. 42; *Bitterich*, VuR 2002, 155; *Nemeth/ Rudisch*, ZfRV 2001, 179; *Michaels/ Kamann*, EWS 2001, 301; *Freitag/Leible*, RIW 2001, 287; *Jayme*, IPRax 2001, 190; *Reich*, EuZW 2001, 51; *Kindler*, BB 2001, 11; *Martiny*, ZEuP 2001, 308, 330; *Idot*, Rev. crit. dr. internat. privé 90 (2001), 107, 112 ff.; *Freitag*, EWiR 2000, 1061; *Staudinger*, NJW 2001, 1974; *Großerichter/Rageade*, RIW 2001, 771, 780; schon vor Erlass des Urteils: *Jayme/Kohler*, IPRax 2000, 454, 455.

Nachteilen infolge der Vertragsbeendigung, insbesondere hinsichtlich noch nicht abgegoltener Markterschließungsleistungen.[1798]

Wie die im Rahmen der Frage nach der analogen Anwendbarkeit des Art. 29a EGBGB interessanten älteren Verbraucherschutzrichtlinien, etwa die HaustürgeschäfteRL, enthält auch die HandelsvertreterRL keine ausdrückliche kollisionsrechtliche Regelungsvorgabe. Der Vertrag des selbstständigen[1799] Handelsvertreters unterliegt mangels spezieller Regelungen damit gem. Art. 27 EGBGB der freien Rechtswahl, soweit kein reiner Inlandssachverhalt nach Art. 27 Abs. 3 EGBGB vorliegt. Ist drittstaatliches Recht gewählt, könnte dem Handelsvertreter der Ausgleichsanspruch nach § 89b HGB nur erhalten bleiben, wenn es sich dabei um eine international zwingende Norm handelt, die sich über die Öffnungsklausel des Art. 34 EGBGB (Art. 7 Abs. 2 EVÜ) gegen das gewählte Vertragsstatut durchsetzt. Ob dies der Fall ist, war bisher – mangels positiver gesetzlicher Regelung – umstritten, wurde aber von der herrschenden Auffassung verneint.[1800] Auch eine Durchsetzung über den ordre public-Vorbehalt des Art. 6 EGBGB schied aus.

Gerade die neuere Tendenz des Gemeinschaftsgesetzgebers, das durch Richtlinien angeglichene Privatrecht der Mitgliedstaaten durch ausdrückliche kollisionsrechtliche Vorgaben gegenüber Drittstaatenrecht abzugrenzen, wirft allerdings die Frage auf, ob es nicht unbefriedigend ist, wenn in der EU- bzw. dem EWR tätige selbstständige Handelsvertreter durch schlichte Rechtswahl um ihren Ausgleichsanspruch gebracht werden können. Ähnlich der Entwicklung im Internationalen Verbrauchervertragsrecht hat man deshalb diskutiert, ob nicht in Fällen, die allein Bezüge zu Mitgliedstaaten der Gemeinschaft aufweisen, der von der Richtlinie vorgesehene Standard gegenüber der Anwendung von Drittstaatenrecht abgesichert werden müsste.[1801]

1. Sachverhalt und Vorlagefrage

Ein reiner Binnenmarktsachverhalt lag der Rechtssache *„Ingmar"* allerdings nicht zugrunde. Vielmehr ging es um einen im Jahr 1989 geschlossenen Vertrag zwischen einem in Kalifornien, also einem Drittstaat, ansässigen Unternehmen und einem englischen Unternehmen über den Vertrieb von Produkten im Vereinigten Königreich und Irland. Der Vertrag unterlag aufgrund einer Rechtswahlklausel dem kalifornischen Heimatrecht des amerikanischen Unternehmens.

1798 *Freitag/Leible*, RIW 2001, 287, 288.

1799 Die HandelsvertreterRL bezieht sich nur auf selbstständige Handelsvertreter. Der unselbstständige ist in aller Regel ohnehin als Arbeitnehmer durch Art. 30 EGBGB ausreichend geschützt, vgl. *Freitag/Leible*, RIW 2001, 287, 295.

1800 Vgl. *Stötzel*, EWS 1999, 212, 216; *Martiny*, ZEuP 2001, 308, 331; *Michaels/Kamann*, EWS 2001, 301, 304; Staudinger - *Magnus* (2002), Art. 28 EGBGB, Rdn. 283.

1801 Vgl. *Freitag/Leible*, RIW 2001, 287, 289.

Nach Auflösung des Vertrags im Jahr 1996 verlangte die englische Gesellschaft aufgrund sec. 1 der Commercial Agents Regulations 1993, die die Art. 17, 18 HandelsvertreterRL umsetzen, eine Entschädigung.

Der mit dem Rechtsstreit befasste Court of Appeal legte dem EuGH daraufhin die Frage vor, ob die HandelsvertreterRL dahingehend auszulegen sei, dass in der Gemeinschaft tätige Handelsvertreter unabhängig vom auf den Vertrag anwendbaren Recht Anspruch auf den in der Richtlinie geregelten Ausgleich haben.[1802]

2. Die Entscheidung des EuGH

Der EuGH stellt zunächst fest, dass die Auffassungen darüber, unter welchen Voraussetzungen einer Rechtsnorm international zwingender Charakter zukommen kann, auseinander gehen[1803] und bejaht sodann die Vorlagefrage mit dem Ergebnis, dass es

> „ (...) der Zweck dieser Bestimmungen [Art. 17, 18 HandelsvertreterRL] erfordert (...), dass sie unabhängig davon, welchem Recht der Vertrag nach dem Willen der Parteien unterliegen soll, anwendbar sind, wenn der Sachverhalt einen starken Gemeinschaftsbezug aufweist, etwa weil der Handelsvertreter seine Tätigkeit im Gebiet eines Mitgliedstaats ausübt."[1804]

Dabei stützt er sich im Wesentlichen auf den Zweck der Richtlinie, den Handelsvertreter zu schützen, auf den zwingenden Charakter der betreffenden Richtlinienbestimmungen sowie insbesondere auf das Ziel der Richtlinie, Wettbewerbsverzerrungen abzubauen und die Niederlassungsfreiheit im Bereich des Handelsvertreterberufs zu stärken.[1805] Festzuhalten ist auch, dass es der

---

[1802] Zu Sachverhalt und Vorlagefrage, vgl. EuGH, o. Fn. 487 (*Ingmar*), BB 2001, 10; *Schwarz*, ZVglRWiss 101 (2002), 45, 47.

[1803] EuGH, o. Fn. 487 (*Ingmar*), BB 2001, 10, 11, Tz. 16. Der französische Kassationshof hat die Frage in einem Urteil vom 28.11.2000 verneint, der italienische sie zuvor bejaht, vgl. *Jayme*, IPRax 2001, 190 mit Fn. 2, 5; *Großerichter/Rageade*, RIW 2001, 771, 780; siehe zu weiteren Urteilen mitgliedstaatlicher Gerichte vor „Ingmar" *Schwarz*, ZVglRWiss 101 (2002), 45, 52 f. Ob der Fall in den zeitlichen Anwendungsbereich des EVÜ fiel, wird nicht ganz einheitlich beurteilt, ist angesichts des Vorrangs des Gemeinschaftsrechts gem. Art. 20 EVÜ aber auch unerheblich; offenlassend *Kindler*, BB 2001, 11; verneinend *Freitag*, EWiR 2000, 1061, 1062; *Freitag/Leible*, RIW 2001, 287, 294 Fn. 77; *Nemeth/Rudisch*, ZfRV 2001, 179, 181.

[1804] EuGH, o. Fn. 487 (*Ingmar*), BB 2001, 10, 11, Tz. 25. Die Passage ist auch insoweit gegenüber dem Leitsatz von Bedeutung, als die Rechtswahlfestigkeit des Ausgleichsanspruchs erst recht gilt, wenn ein in der EU ansässiges Unternehmen versucht, ihn durch Wahl eines Drittstaatenrechts zu umgehen, vgl. *Kindler*, BB 2001, 11, 13; *Freitag/Leible*, RIW 2001, 287, 294.

[1805] EuGH, o. Fn. 487 (*Ingmar*), BB 2001, 10, 11, Tz. 20 - 24.

EuGH als ausreichend für den international zwingenden Charakter der englischen Umsetzung ansieht, wenn ein „starker Gemeinschaftsbezug“ des Vertrags gegeben ist.

3. Stellungnahmen in der Literatur

Das Echo in der deutschen Literatur war nicht einheitlich. Soweit die Entscheidung kritisiert wurde, stellte man insbesondere die kollisionsrechtliche Schutzbedürftigkeit des Handelsvertreters in Frage. Die Annahme einer wirtschaftlich unterlegenen Position, die eine einseitige Inanspruchnahme der Rechtswahlfreiheit befürchten lasse, sei schon auf sachrechtlicher Ebene jedenfalls nicht typischerweise gerechtfertigt, insbesondere wenn der Handelsvertreter – wie auch im Fall „*Ingmar*“ – selbst als juristische Person auftrete.[1806] Erst recht sei dann die internationale Durchsetzung des Schutzes der Handelsvertreter fragwürdig, zumal der Schluss des EuGH vom intern zwingenden auf den international zwingenden Charakter der die Art. 17, 18 HandelsvertreterRL umsetzenden Bestimmungen nicht mit Ausführungen zur internationalprivatrechtlichen Interessenlage begründet worden sei.[1807] Auch das Argument des Abbaus von Wettbewerbsverfälschungen im Binnenmarkt trage letztendlich nicht, da zwar Wettbewerbsnachteile infolge höherer Kostenbelastungen für EU-Unternehmen gegenüber Drittstaatenunternehmen entstehen, diese jedoch auch auf anderen Wegen, etwa über höhere Provisionen wieder ausgeglichen werden könnten.[1808] Die Kritiker des Urteils halten also die Einschränkung der Parteiautonomie für ungerechtfertigt, da marktkonforme Mittel zur Erhaltung des Wettbewerbs ausreichen sollen.

Gegen den EuGH wird schließlich noch angeführt, dass nahezu alle privatrechtsangleichenden Richtlinien zumindest auch dem Abbau von Wettbewerbsverzerrungen dienen und die Einhaltung dieser Richtlinienbestimmungen EU-Anbieter in aller Regel gegenüber Drittstaatenanbieter mit höheren Kosten belasten könne, sollten sie nicht international auch gegenüber Drittstaatenanbietern

---

[1806] *Freitag/Leible*, RIW 2001, 287, 291; *Michaels/Kamann*, EWS 2001, 301, 305; *Schwarz*, ZVglRWiss 101 (2002), 45, 56 f.; ähnlich *Großerichter/Rageade*, RIW 2001, 771, 781.

[1807] *Freitag/Leible*, RIW 2001, 287, 292; kritisch auch *Michaels/Kamann*, EWS 2001, 301, 304; *Martiny*, ZEuP 2001, 308, 331.

[1808] *Michaels/Kamann*, EWS 2001, 301, 305; *Freitag/Leible*, RIW 2001, 287, 292. Die letztgenannten Autoren räumen allerdings selbst ein, dass Binnenmarktstörungen immerhin dadurch entstehen können, dass ein Mitgliedstaat A eine internationale Durchsetzung des Handelsvertreteranspruchs anordnet, ein anderer Mitgliedstaat B jedoch nicht. Drittstaatenunternehmen werden sich dann verstärkt an Handelsvertreter im Staat A weden, was die Gefahr eines „race to the bottom“ heraufbeschwört, *Dies.*, a.a.O., 293; kritisch auch *Freitag*, EWiR 2000, 1061, 1062.

durchgesetzt werden.[1809] Demnach drohe die Rechtswahlfreiheit erheblich an Bedeutung zu verlieren, wenn infolge des EuGH-Urteils sämtliche Harmonisierungsrichtlinien im Privatrecht einen international zwingenden Charakter des Umsetzungsrechts erfordern sollten.

Zustimmende Stellungnahmen erkennen demgegenüber die Begründung des EuGH, die Einschränkung der Parteiautonomie sei zur Herstellung einheitlicher Wettbewerbsbedingungen im Binnenmarkt erforderlich, an.[1810]

II. Folgerungen für das Internationale Verbrauchervertragsrecht

Es ist anzunehmen, dass das Urteil des EuGH auch für das Internationale Verbrauchervertragsrecht Folgen haben wird. Betrachtet man die eben dargestellte Kritik, wird nämlich deutlich, dass sie nicht auf den kollisionsrechtlichen Schutz europäischer Verbraucher übertragbar ist. Zum einen ist die sach- und kollisionsrechtliche Schutzbedürftigkeit des Verbrauchers nach dem geltenden EU-Verbraucherschutzkonzept nicht anzuzweifeln[1811], während die HandelsvertreterRL unter dem übergreifenden Aspekt des Schwächerenschutzes eher ein Fremdkörper ist. Zum anderen verfängt das Argument, marktkonforme Mittel werden zum Ausgleich eventueller Wettbewerbsnachteile von EU-Anbietern gegenüber Drittstaatenanbietern führen, hier eindeutig nicht. Der Verbraucher ist nicht in der wirtschaftlichen Position, sich den Verlust von sachrechtlichen Schutzstandards etwa über einen geringeren Preis kompensieren zu lassen. Der drohende Wettbewerbsnachteil für EU-Anbieter wird daher nicht dadurch ausgeglichen, dass Drittstaatenanbieter sich zwar einerseits nicht an den Verbraucherschutzstandard halten müssen, andererseits aber auch weniger Gewinn machen.

Hinzu kommt der Umstand, dass unabhängig von solchen Überlegungen schon allein die unter den Mitgliedstaaten abweichende Beurteilung der internationalen Durchsetzbarkeit ihrer Richtlinienumsetzungen zu unterschiedlichen Bedingungen und damit zu Wettbewerbsverzerrungen führt. All das spricht zunächst für die Übertragbarkeit des „*Ingmar*"-Urteils auf die Verbraucherschutzrichtlinien. Andererseits bedarf es noch näherer Überprüfung, ob auch die kollisionsrechtliche Ausgangslage im Handelsvertreter- und Verbraucherschutzrecht vergleichbar ist.

1809 *Freitag/Leible*, RIW 2001, 287, 292.

1810 *Kindler*, BB 2001, 11, 12; daneben auch dem Argument des Schutzes des Handelsvertreters zustimmend, *Reich*, EuZW 2001, 51; *Jayme*, IPRax 2001, 190, 191; schon vor Erlass des Urteils: *Jayme/Kohler*, IPRax 2000, 454, 455. Zustimmend auch *Staudinger*, NJW 2001, 1974, 1975.

1811 Vgl. dazu oben 3. Teil A II 1. c), 2. c).

1. Unterschiedliche kollisionsrechtliche Ausgangslage

Enthält der Handelsvertretervertrag keine Rechtswahlklausel, so führt die objektive Anknüpfung nach Art. 28 Abs. 2 EGBGB zu dem Recht, das am Sitz des Handelsvertreters gilt, da dieser die vertragscharakteristische Leistung erbringt.[1812] Der vom EuGH aufgestellte Grundsatz bedeutet also im Ergebnis nur eine Wiederherstellung der Rechtslage, die ohne Rechtswahlvereinbarung bestanden hätte.

Im Internationalen Verbraucherschutzrecht führt die objektive Anknüpfung bei Beteiligung von Anbietern aus Drittstaaten nach Art. 28, 29 Abs. 2 EGBGB hingegen in aller Regel auch zur Anwendbarkeit eines Drittstaatenrechts, wenn kein Tatbestand des Art. 29 Abs. 1 Nr. 1-3 EGBGB erfüllt ist. Der europäische Schutzstandard ist in solchen Fällen also schon durch das EVÜ nicht immer gewahrt.

a) Die Rechtssache „*Ingmar*" und die objektive Anknüpfung von Drittstaatenrecht

Der EuGH hat zu der Frage, ob die Art. 17, 18 HandelsvertreterRL auch in den Fällen die international zwingende Anknüpfung von Umsetzungsrecht verlangen, wenn kraft objektiver Anknüpfung ein Drittstaatenrecht berufen ist, naturgemäß keine Stellung genommen. Im zugrunde liegenden Sachverhalt war eine Rechtswahl gegeben, zudem führt die objektive Anknüpfung von Handelsvertreterverträgen mit Vertragspartnern, die ihren Sitz in der EU haben, gerade zu einem Mitgliedstaatenrecht. Das Problem stellte sich somit für den EuGH nicht.

Reich vertritt nun im Rahmen der Erörterung der Urteilsauswirkungen auf das Internationale Verbrauchervertragsrecht in der Tat eine Ausdehnung der Urteilsgrundsätze auf kraft objektiver Anknüpfung einem Drittstaatenrecht unterliegende Verträge.[1813] Dem ist zunächst zuzugeben, dass der mangelnde kollisionsrechtliche Schutz des Verbrauchers davor, dass die objektiven Anknüpfungsprinzipien des EVÜ aus dem europäischen Verbrauchervertragsrecht hinausführen, zu Wertungswidersprüchen führt und verbraucherpolitisch nicht zu rechtfertigen ist.[1814]

Eine Schließung dieser Schutzlücke ist meines Erachtens aber de lege lata nicht möglich. Der Gemeinschaftsgesetzgeber hat in den Verbraucherschutzrichtlinien, die Art. 29a EGBGB zugrunde liegen dreimal auf eine Regelung der objektiven Anknüpfung verzichtet und sie einmal – in der TimesharingRL –

[1812] Staudinger - *Magnus* (2002), Art. 28 EGBGB, Rdn. 280.

[1813] *Reich*, EuZW 2001, 51, 52. A.A. *Nemeth/Rudisch*, ZfRV 2001, 179, 183.

[1814] Das hat die Analyse des Regelungsprogramms der IPR-Klauseln der Richtlinien im Sinne des Art. 29a Abs. 4 EGBGB ergeben , dazu oben 3. Teil C II 3. c) und f), III 4. a).

berücksichtigt. Auch der Blick auf neuere Projekte des Gemeinschaftsgesetzgebers zeigt, dass ihm der Unterschied durchaus bewusst ist, eine einheitliche Regelung aber dennoch bisher nicht erfolgt.[1815] Eine analoge Anwendung der Art. 6 Abs. 2 Klausel-, Art. 12 Abs. 2 Fernabsatz- und Art. 7 Abs. 2 VerbrauchsgüterkaufRL im Hinblick auf objektiv angeknüpfte Verbraucherverträge dergestalt, dass die Mitgliedstaaten als verpflichtet anzusehen wären, ihre Umsetzungskollisionsnorm unabhängig davon, ob ein Drittstaatenrecht parteiautonom oder objektiv berufen ist, zur Anwendung zu bringen, ist daher oben abgelehnt worden.[1816] Es ist folglich nicht möglich, anderen Verbraucherschutzrichtlinien, die nicht einmal eine solche „unvollständige" IPR-Klausel enthalten, im Wege der Auslegung zu entnehmen, dass der Verbraucher auch vor einem Schutzverlust infolge der objektiven Anknüpfung nach dem EVÜ geschützt werden soll.

Damit bleibt es Aufgabe des Gemeinschaftsgesetzgebers, dem bisherigen unbefriedigenden Zustand durch ein stimmiges Regelungskonzept zur Abgrenzung des Binnenmarktrechts von drittstaatlichem Recht zu begegnen. Den bestehenden verbrauchervertragsrechtsangleichenden Richtlinien ist durch Auslegung maximal ein Schutz gegen die *Wahl* eines Drittstaatenrechts zu entnehmen.

b) Übertragung der Urteilsgrundsätze auf internationale Verbraucherverträge mit Rechtswahl zugunsten eines Drittstaatenrechts

Das Urteil in der Rechtssache „*Ingmar*" lässt sich mithin im Grundsatz zwar auf Verbraucherschutzrichtlinien, die keine eigene kollisionsrechtliche Regelungsvorgabe enthalten, übertragen[1817], aufgrund des lückenhaften, aber abschließenden Schutzkonzepts der Gemeinschaft jedoch nur im Rahmen der subjektiven Anknüpfung. Entscheidend ist, ob es der Zweck einer Verbraucherschutzrichtlinie ohne eigene IPR-Klausel gebietet, beispielsweise eine Umsetzungsbestimmung zu einem verbraucherschützenden Vertragslösungsrecht auch dann durchzusetzen, wenn der Vertrag aufgrund einer Rechtswahl drittstaatlichem Recht unterliegt und Art. 29 Abs. 1 EGBGB nicht einschlägig ist.

Das führt wieder zur im Rahmen der Isle of Man-Fälle viel diskutierten Frage nach dem Verhältnis von Art. 29 zu Art. 34 EGBGB und der Beeinflussung dieses Verhältnisses durch den Umstand, dass die Vorschriften, deren internationale Durchsetzung im Raum steht, auf Richtlinienrecht beruhen, zurück. Soweit ein der HandelsvertreterRL entsprechender räumlicher Geltungsanspruch einer Verbraucherrichtlinie ermittelt werden kann, wäre daher an eine internationale

---

1815 Siehe o. Fn. 22.

1816 Siehe 3. Teil C III. A.A. *Reich*, EuZW 2001, 51, 52 (zu Art. 12 Abs. 2 FernabsatzRL).

1817 Auch *Martiny*, ZEuP 2001, 308, 332, hält dies für möglich. Dezidiert dieser Ansicht *Staudinger*, NJW 2001, 1974, 1975 f.; ebenso *Nemeth/Rudisch*, ZfRV 2001, 179, 182.

Durchsetzung entsprechender Umsetzungsbestimmungen über Art. 34 EGBGB zu denken[1818] Da die Anwendung des nationalen Rechts jedoch nicht Sache des EuGH ist, wäre es ebenso gut möglich, den Anforderungen der Richtlinien über eine analoge Anwendung des Art. 29a Abs. 1 EGBGB Rechnung zu tragen.[1819] Aufgrund der Gleichartigkeit des Regelungsproblems sowie der Besonderheiten, die aus der spezifisch europäischen Sicht im Hinblick auf den Gemeinschaftsbezug sowie die Auswahl der einschlägigen mitgliedstaatlichen Rechtsordnung[1820] bestehen und die in Art. 29a EGBGB bereits berücksichtigt sind, wäre letzterer Weg jedenfalls vorzuziehen.

2. Räumlich-territorialer Anwendungsanspruch anderer Verbraucherrichtlinien

Fraglich ist nun noch, welche Richtlinien ohne eigene IPR-Klausel einen Schutz vor der Wahl von Drittstaatenrecht trotz engen Gemeinschaftsbezugs verlangen. *Freitag* und *Leible*[1821] haben zu Recht darauf hingewiesen, dass sich – auch außerhalb des Verbraucherschutzrechts – aufgrund der Weite der Formulierung der EuGH-Entscheidung insbesondere im Hinblick auf die Schutzbedürftigkeit von Gewerbetreibenden vielfältige Möglichkeiten bieten, die Wahl von Drittstaatenrecht unter Berufung auf „*Ingmar*" anzugreifen und dass auf diese Weise eine unkontrollierte Aushöhlung der Parteiautonomie droht. Der Einfluss der „*Ingmar*"-Entscheidung auf Art. 29a EGBGB ist jedoch auf das Verbrauchervertragsrecht beschränkt. Beispielhaft soll an dieser Stelle daher lediglich der räum-

---

1818 *Reich*, EuZW 2001, 51, 52; *Reich/Gambogi*, VuR 2001, 269, 275; *Jayme*, IPRax 2001, 190, 191.

1819 Ein weiterer Kritikpunkt war denn auch, dass der EuGH unnötigerweise von international zwingenden Normen gesprochen habe, während dem Richtlinienzweck ebenso eine zwingende objektive Anknüpfung der Umsetzungsnormen entspreche, *Freitag*, EWiR 2000, 1061, 1062; *Michaels/Kamann*, EWS 2001, 301, 307, verstehen das Urteil hingegen zu Recht so, dass Vorgaben, wie das Urteil umzusetzen ist, nicht gemacht wurden. *Freitag/Leible*, RIW 2001, 287, 295, schlagen insoweit eine richtlinienkonforme Auslegung des § 92c HGB (der bisher überwiegend nicht als Kollisionsnorm angesehen wurde) vor. *Michaels/Kamann*, EWS 2001, 301, 307, vertreten für reine Binnenmarktfälle eine Analogie zu Art. 27 Abs. 3 EGBGB, für Fälle mit Drittstaatenberührung die Anwendung der Art. 29, 29a EGBGB, a.a.O., 309. Wäre der Handelsvertreter nur im Vereinigten Königreich tätig gewesen, hätte man auch daran denken können, einen relevanten Auslandsbezug im Sinne des Art. 3 Abs. 3 EVÜ (27 Abs. 3 EGBGB) zu verneinen (vgl. *Schlechtriem*, in: FS Lorenz (2001), 565, 575) und so den Ausgleichsanspruch nach englischem Recht in direkter Anwendung des Art. 3 Abs. 3 EVÜ sicherzustellen.

1820 Dazu *Freitag/Leible*, RIW 2001, 287, 294. Erste Meinungsverschiedenheiten über die Konsequenzen des „Ingmar"-Urteils sind insoweit schon aufgetreten, vgl. *Schwarz*, ZVglRWiss 101 (2002), 45, 67 ff.

1821 *Freitag/Leible*, RIW 2001, 287, 292 f.

liche Geltungsanspruch der thematisch einschlägigen HaustürgeschäfteRL gegenüber dem Drittstaatenrecht untersucht werden, zumal sie in den Isle of Man-Fällen schon einmal entscheidende Bedeutung in diesem Zusammenhang erlangt hat.

a) HaustürgeschäfteRL

Aus dem Fehlen eines kollisionsrechtlichen Regelungsgebots in der HaustürgeschäfteRL schloss man bisher, dass sich der internationale Anwendungsbereich des (heutigen) § 312 BGB nach den allgemeinen Vorschriften zum Vertragsstatut richte.[1822] Dem konnte nach Ansicht des BGH auch nicht über Art. 34 EGBGB abgeholfen werden, wenn der nach Art. 29 Abs. 1 EGBGB erforderliche Inlandsbezug fehlte.[1823] Interessant sind hier also gerade die Fälle, in denen ein enger Gemeinschaftsbezug besteht, aber die Voraussetzungen des Art. 29 Abs. 1 Nr. 1-3 EGBGB nicht gegeben sind. Betrachtet man die Argumente des EuGH zur international zwingenden Geltung der englischen Umsetzung der Art. 17, 18 HandelsvertreterRL, so fallen keine wesentlichen Unterschiede zur HaustürgeschäfteRL auf.

Sie soll den Verbraucher vor den Gefahren einer Überrumpelung durch den Anbieter innerhalb seines privaten Bereichs schützen. Zugleich dient sie ausweislich der Erwägungsgründe der Beseitigung von Wettbewerbshindernissen durch Angleichung der nationalen Schutzstandards. Die Richtlinienbestimmungen sind wie die der HandelsvertreterRL gem. Art. 6 HaustürgeschäfteRL halbzwingend, dürfen also nicht zum Nachteil des Verbrauchers abgeändert oder abbedungen werden. Könnte man diese Bestimmungen durch schlichte Wahl eines Drittstaatenrechts umgehen, wäre der Angleichungserfolg ebenso gefährdet, wie dies der EuGH für die HandelsvertreterRL festgestellt hat. Das Urteil in der Rechtssache „*Ingmar*" ist mithin auf die HaustürgeschäfteRL übertragbar.[1824]

Man muss daher in Zukunft davon ausgehen, dass kraft eines ungeschriebenen sekundärrechtlichen Regelungsgebots das nationale IPR im Rahmen von Verträgen, die einen starken Gemeinschaftsbezug aufweisen, der Rechtswahl nur insoweit Folge leisten darf, als die Anwendung der Umsetzungsbestimmungen zur HaustürgeschäfteRL dadurch nicht verhindert wird, jeden-

---

1822 Vgl. *Lagarde*, Rev. crit. dr. internat. privé 89 (2000), 925, 928; *Siehr*, IPR, 155; Palandt - *Putzo*, Einf. HausTWG, Rdn. 2 a.E.

1823 Dazu oben 3. Teil E II 3. d).

1824 *Staudinger*, NJW 2001, 1974, 1977; *Reich*, EuZW 2001, 51, 52 (für die VerbraucherkreditRL); *Jayme*, IPRax 2001, 190 Fn. 4; *Michaels/Kamann*, EWS 2001, 301, 309: „alle Verbraucherschutzrichtlinien". Zur Bejahung eines ungeschriebenen zwingenden internationalen Geltungsanspruchs der HaustürgeschäfteRL, vgl. *Meerfeld*, 163-171 m.w.N.; allgemein für Verbraucherschutzrichtlinien *Fallon/Francq*, in: Basedow et al. (Hrsg.), 155, 171.

falls wenn das Drittstaatenrecht keinen entsprechenden Schutz bereithält. Das gilt sowohl bei Beteiligung von in Drittstaaten ansässigen Anbietern, als auch (erst recht) wenn der Anbieter seinen Sitz in der EU hat. Soweit sich der BGH daran bisher durch die völkerrechtliche Bindung an das EVÜ und den Grundsatz der einheitlichen Auslegung gem. Art. 36 EGBGB gehindert gesehen hat, ist dieses Hindernis durch das Urteil in der Rechtssache „*Ingmar*“ im Vernehmen mit dem Vorrang des Gemeinschaftsrechts nach Art. 20 EVÜ nunmehr ausgeräumt.[1825]

b) Analoge Anwendung des Art. 29a Abs. 1, 4 EGBGB

Es bleibt zu prüfen, wie dieser räumliche Geltungsanspruch des § 312 BGB und anderer mitgliedstaatlicher Umsetzungsgesetze im deutschen IPR sichergestellt werden kann. Wie gesehen wäre eine analoge Anwendung des Art. 29a Abs. 1 EGBGB gegenüber der Lösung über Art. 34 EGBGB i.V.m. der jeweiligen Sachnorm vorzuziehen. Die oben zitierte Formulierung des EuGH, mit der er den internationalen Anwendungsanspruch der Umsetzungsbestimmungen zu Art. 17, 18 HandelsvertreterRL umschreibt, ist wohl nicht zufällig stark an die schon existierenden IPR-Klauseln angelehnt.

Die Probleme, die sich daraus ergeben, dass einerseits ein Bezug zu einem anderen oder auch zu mehreren Mitgliedstaaten ausreicht, es andererseits aus Sicht des Sekundärrechts unerheblich ist, welche mitgliedstaatliche Umsetzung zur Anwendung kommt, sind zudem in Art. 29a Abs. 1 EGBGB richtlinien- und EVÜ-konform zu lösen. Der durch Auslegung zu ermittelnde internationale Anwendungsbereich anderer Verbraucherschutzrichtlinien als der in Abs. 4 genannten dürfte im Ergebnis nicht von dem abweichen, den der Gemeinschaftsgesetzgeber in den einschlägigen IPR-Klauseln der Klausel-, Fernabsatz- und der VerbrauchsgüterkaufRL definiert hat. Es erscheint daher unnötig, die kollisionsrechtliche Lösung bei einem Bezug eines vom Verbraucher widerrufenen Haustürgeschäfts zu Deutschland aus § 312 BGB selbst abzuleiten und so den Umweg über Art. 34 EGBGB zu nehmen. Der im Tatbestand des Art. 29a EGBGB verwendete neutrale Begriff „Vertrag“ erlaubt es zudem, etwaige abweichende Definitionen des Anwendungsbereichs einschlägiger Richtlinien zu übernehmen.

[1825] *Reich*, EuZW 2001, 51, 52; *Michaels/Kamann*, EWS 2001, 301, 309, halten die Entscheidung BGHZ 135, 124, daher insoweit zu Recht für überholt, als es um subjektiv angeknüpfte Rechtswahlverträge geht. In Fortentwicklung der BGH-Entscheidung muss jetzt nicht mehr der räumliche Zusammenhang des Art. 29 Abs. 1 Nr. 1-3 EGBGB vorliegen, sondern es genügt der „enge Zusammenhang“ nach Art. 29a Abs. 1 EGBGB, um weder von Art. 29 noch von Art. 29a EGBGB erfasste Verbraucherschutznormen durchzusetzen (vgl. auch *Coester-Waltjen/Mäsch*, 105 Fn. 31). Nach hier vertretener Auffassung ist das Problem aber nicht über Art. 34 EGBGB, sondern über Art. 29a EGBGB analog zu lösen.

Fraglich ist aber, ob eine richtlinienkonforme Auslegung des Art. 29a Abs. 1, 4 EGBGB dahingehend möglich ist, dass eine Rechtswahl zugunsten eines Drittstaatenrechts auch dann über Art. 29a EGBGB beschränkt wird, wenn dem Verbraucher dadurch der Schutz anderer als in Abs. 4 genannter Verbraucherrichtlinien entzogen würde und diese Richtlinien einen derartigen Schutzverlust wie die HaustürgeschäfteRL nicht erlauben. Der Wortlaut scheint insoweit eindeutig zu sein: Abs. 1 spricht von Verbraucherschutzrichtlinien, in Abs. 4 findet sich eine Legaldefinition dieses Begriffs, indem die Klausel-, Timesharing-, Fernabsatz- und die VerbrauchsgüterkaufRL aufgezählt werden. Vor dem Hintergrund, dass der Gesetzgeber mit Art. 29a EGBGB ausdrücklich die bisher in Kraft befindlichen IPR-Klauseln umsetzen wollte, scheint auch keine Regelungslücke vorzuliegen.

Andererseits stammt das Urteil des EuGH im Fall „*Ingmar*" vom 9.11.2000, ist also nach Inkrafttreten der Neuregelung in Art. 29a EGBGB (30.6.2000) ergangen. Die dadurch entstandene neue Rechtslage konnte der Gesetzgeber folglich noch gar nicht berücksichtigen. In der Liste des Art. 29a Abs. 4 EGBGB ist daher kein Souveränitätsvorbehalt gegen den räumlichen Anwendungsanspruch der HaustürgeschäfteRL oder anderer Verbraucherschutzrichtlinien zu sehen. Die Aufzählung in Art. 29a Abs. 4 EGBGB ist folglich in richtlinienkonformer Auslegung um weitere Verbraucherrichtlinien zu ergänzen, die zwar keine eigene kollisionsrechtliche Regelungsvorgabe enthalten, auf die aber die Aussage des EuGH zur Absicherung des angeglichenen mitgliedstaatlichen Rechts gegenüber Drittstaatenrecht zutrifft.[1826]

III. Ergebnis

Im Anschluss an die Entscheidung des EuGH in der Rechtssache „*Ingmar*" muss eine analoge Anwendung des Art. 29a Abs. 1, 4 EGBGB auf solche nationalen Gesetze erfolgen, die eine Richtlinie umsetzen, deren räumlich-territorialer Anwendungsanspruch dem der Klausel- und FernabsatzRL entspricht.

Der Umstand, dass im vom EuGH entschiedenen Fall eine objektive Anknüpfung des Handelsvertretervertrags zur Geltung der europäischen Standards geführt hätte und dies im Internationalen Verbrauchervertragsrecht jedenfalls bei in Drittstaaten ansässigen Anbietern nicht der Fall ist, steht dem nicht entgegen. Die beschriebene analoge Anwendung ist z.B. im Hinblick auf die HaustürgeschäfteRL geboten. Zugleich wird so die bisher zu Recht beklagte Zweispurigkeit[1827] der kollisionsrechtlichen Absicherung der Haustürgeschäfte- und der artverwandten FernabsatzRL beseitigt.

[1826] So auch *Staudinger*, NJW 2001, 1974, 1977.

[1827] *Lagarde*, Rev. crit. dr. internat. privé 89 (2000), 925, 928.

Eine Übertragung dieses Grundsatzes auf objektiv angeknüpfte Verträge erscheint hingegen zu weitgehend, zumal sich der Gemeinschaftsgesetzgeber über das notwendige Maß an kollisionsrechtlichem Verbraucherschutz über das EVÜ hinaus angesichts der in diesem Punkt divergierenden IPR-Klauseln offenbar noch nicht klar ist. Die ohne Frage notwendige Vervollständigung des EU-Verbraucherschutzansatzes in diesem Bereich obliegt dem Gemeinschaftsgesetzgeber und darf nicht durch eine zu weitgehende Analogie im Rahmen des Art. 29a EGBGB vorweggenommen werden, dies um so mehr, als der deutsche Gesetzgeber Art. 29a EGBGB als „Übergangslösung" ansieht und ausdrücklich die Reform des EVÜ auf Gemeinschaftsebene abwarten wollte[1828].

[1828] Siehe o. Fn. 1117.

G. Intertemporale Fragen

Im Hinblick auf intertemporale Fragen ist zwischen der Anwendung des Art. 29a EGBGB selbst und der Anwendung der berufenen mitgliedstaatliche Umsetzungsgesetze zu unterscheiden.

I. Intertemporale Fragen im Hinblick auf das Kollisionsrecht

Im IPR treten intertemporale Rechtsfragen dann auf, wenn eine Rechtsänderung zur Berufung eines anderen Rechts führt, als es nach der alten Rechtslage der Fall gewesen wäre.[1829] Schon aufgrund des Wechsels vom lex fori-Prinzip der §§ 8 TzWrG, 12 AGBG (1996) zur mehrseitigen Verweisung in Art. 29a Abs. 1 EGBGB sind solche Fälle denkbar. Soweit die Vorgängernormen des Art. 29a EGBGB nicht anwendbar sind, gilt Entsprechendes für Art. 29 EGBGB, der das gewöhnliche Aufenthaltsrecht des Verbrauchers beruft. Auf die intertemporale Abgrenzung zwischen den genannten Vorschriften soll daher kurz eingegangen werden.

Gem. Art. 12 S. 2 des Gesetzes über Fernabsatzverträge und andere Fragen des Verbraucherrechts (...)[1830] trat der neue Art. 29a EGBGB am 30. Juni 2000 in Kraft. Auf eine intertemporale Kollisionsnorm hat man verzichtet, so dass die Grundsätze des Art. 220 EGBGB herangezogen werden müssen.[1831] Art. 220 Abs. 1 EGBGB erklärt der Sache nach für abgeschlossene Vorgänge das bisherige IPR für maßgeblich. Das bedeutet, dass für solche vor dem 30. Juni 2000 abgeschlossene Vorgänge weiterhin § 12 AGBG (1996)[1832] und § 8 TzWrG anwendbar sind.

1. Maßgeblicher Zeitpunkt

Der für Art. 29a EGBGB entscheidende Vorgang ist das wirksame Zustandekommen eines vertraglichen Schuldverhältnisses, was sich nach dem von den bisher geltenden Regelungen[1833] in Art. 27, 29 EGBGB, § 12 AGBG sowie § 8 TzWrG berufenen Recht beurteilt, das in aller Regel Angebot und Annahme für das Zustandekommen eines Vertrags voraussetzen wird. Der Zeitpunkt des Vertragsschlusses ist auch dann allein entscheidend, wenn der Vertrag zum maßgeb-

---

1829 Vgl. MüKo - *Sonnenberger*, Art. 220 EGBGB, Rdn. 8.

1830 BGBl. 2000 I 897, 909.

1831 Begründung zum Regierungsentwurf, BT-Drs. 14/2658, 50; Palandt - *Heldrich*, Art. 29a EGBGB, Rdn. 1; *Staudinger*, RIW 2000, 416, 420.

1832 A.A. Ulmer/Brandner/Hensen - *Schmidt*, § 12 AGBG a.F., Rdn. 1.

1833 Staudinger - *Magnus* (2002), Vorbem zu Art. 27 - 37 EGBGB, Rdn. 47; MüKo - *Sonnenberger*, Art. 220 EGBGB, Rdn. 18; *Kaum*, IPRax 1987, 280, 285.

lichen Stichtag noch nicht vollständig abgewickelt war.[1834] Art. 29a EGBGB ist daher auf nach dem 30. Juni 2000 geschlossene Verträge anwendbar.

Sollten zum 30. Juni 2000 als maßgeblichem Zeitpunkt noch Widerrufsrechte im Raum stehen, gilt bei deutschem Vertragsstatut dasselbe, da sich auch das endgültige Nichtzustandekommen eines Vertrags nach dem Stichtag nach dem neuen Recht beurteilt und das deutsche Recht in § 355 Abs. 1 BGB vom Konzept der „schwebenden Wirksamkeit" des Vertrags bis zum Widerruf ausgeht. Das Widerrufsrecht ist daher ein Gestaltungsrecht[1835], das den Vertrag – wird es nach dem 30. Juni 2000 ausgeübt – nach Inkrafttreten der Neuregelung „zu Fall bringt". Der Vorgang ist aus Sicht des Vertragsstatuts daher noch nicht abgeschlossen. Dass die Vertragserklärungen vorher abgegeben wurden, steht dem nicht entgegen.[1836] Sollte also ein Timesharingvertrag, der eine Rechtswahl zugunsten eines Drittstaatenrechts enthält, vor dem 30.6.2000 geschlossen worden sein, aber mangels Belehrung noch ein Widerrufsrecht[1837] bestehen, so gilt das von Art. 29a Abs. 1 EGBGB berufene Recht der engsten Verbindung und nicht die lex fori-Anknüpfung des § 8 TzWrG.

2. Problematik der Timesharingverträge als Dauerschuldverhältnisse

Dauerschuldverhältnisse haben in Art. 220 EGBGB keine allgemeine Regelung erfahren, aus Abs. 2 lässt sich jedoch der Grundsatz entnehmen, dass für nach dem Stichtag eintretende Wirkungen das neue Recht gelten soll, soweit man zeitlich aufeinander folgende Teilwirkungen unterscheiden kann.[1838] Im Schrifttum ist allerdings umstritten, ob diese Grundregel auf vertragliche Dauerschuldverhältnisse übertragbar ist.[1839] Jedenfalls im Bereich des kollisionsrechtlichen Verbraucherschutzes, wo es um die Anknüpfung von Normen des „Schwächerenschutzes" geht, spricht meines Erachtens aber das Interesse des Staates an der Durchsetzung der neuen Rechtslage dafür, abgrenzbare vertragsrechtliche Fragen ab dem Stichtag dem neuen Recht zu unterstellen.

[1834] Vgl. Staudinger - *Dörner* (1996), Art. 220 EGBGB, Rdn. 61; Staudinger - *Magnus* (2002), Vorbem zu Art. 27 - 37 EGBGB, Rdn. 47.

[1835] *Bülow/Artz*, NJW 2000, 2049, 2052 (zu 361a Abs. 1 S. 1 BGB a.F.). Vgl. auch den Wortlaut des § 355 Abs. 1 BGB: „(...) so ist er an seine (...) Willenserklärung nicht mehr gebunden".

[1836] Soergel - *Schurig*, Art. 220 EGBGB, Rdn. 14.

[1837] Gestaltungsrechte gehören zur Weiterentwicklung des Vertragsprogramms, für die die neue Rechtslage gilt, vgl. Staudinger - *Dörner* (1996), Art. 220 EGBGB, Rdn. 62.

[1838] MüKo - *Sonnenberger*, Art. 220 EGBGB, Rdn. 22.

[1839] Bejahend z.B. MüKo - *Sonnenberger*, Art. 220 EGBGB, Rdn. 22; Staudinger - *Dörner* (1996), Art. 220 EGBGB, Rdn. 62; Staudinger - *Magnus* (2002), Art. 28 EGBGB, Rdn. 23; *Ders.*, a.a.O., Vorbem zu Art. 27 - 37 EGBGB, Rdn. 48; *Ders.*, JuS 1992, 456, 458; zu Art. 29a EGBGB: Staudinger - *Magnus* (2002), Art. 29a EGBGB, Rdn. 24; a.A. Soergel - *Schurig*, Art. 220 EGBGB, Rdn. 14.

II. Intertemporale Fragen im Hinblick auf das Sachrecht der deutschen Umsetzungen

Das AGBG ist im Zuge der Umsetzung der FernabsatzRL nur insoweit geändert worden, als eine Anpassung infolge der Aufhebung des § 12 AGBG (1996) notwendig war. Eine ausdrückliche Übergangsregelung findet sich hingegen in § 27 FernunterrichtsschutzG und § 11 S. 2 TzWrG, wonach auf Fernunterrichts- bzw. Timesharingverträge, die vor dem 30. Juni 2000 abgeschlossen worden sind, das FernunterrichtsschutzG bzw. das TzWrG in der bis dahin geltenden Fassung anzuwenden ist.[1840] Da es auf Sachrechtsebene somit allein auf den Zeitpunkt des Vertragsschlusses ankommt, ist ein Gleichlauf intertemporaler Fragen zwischen Sach- und Kollisionsrecht nicht mehr automatisch gewährleistet, eine Folge des Umstands, dass das Umsetzungskollisionsrecht nicht mehr als Annex in die sachrechtlichen Umsetzungsgesetze aufgenommen worden ist.[1841] Denn auf einen Timesharingvertrag, der vor dem 30. Juni 2000 abgeschlossen wurde, kann wie eben gesehen durchaus schon Art. 29a EGBGB anwendbar sein, während sachrechtlich das TzWrG in der alten Fassung anzuwenden ist, wenn Art. 29a Abs. 1 EGBGB auf deutsches Umsetzungsrecht verweist.

Zum 1.1.2002 sind die für Art. 29a EGBGB bei einem bzw. dem engsten Bezug des Vertrags zur Bundesrepublik Deutschland maßgeblichen deutschen Verbraucherschutzgesetze im Zuge der Schuldrechtsreform in das BGB integriert worden. Auf solche nach dem 31.12.2001 geschlossenen Verbraucherverträge sind gem. Art. 229 § 5 S. 1 EGBGB die §§ 305 ff., 312b ff., 474 ff., 481 ff. BGB anwendbar. Für Dauerschuldverhältnisse sieht Art. 229 § 5 S. 2 EGBGB hingegen eine Anpassungsfrist von einem Jahr vor, so dass hier das neue Recht erst ab 1.1.2003 gilt.[1842] Insgesamt haben sich im Vergleich zur bis 31.12.2001 gültigen Rechtslage im deutschen materiellen Verbraucherschutzrecht jedoch kaum Änderungen ergeben.

[1840] Die neuen Vorschriften des BGB zu Fragen des Verbraucherschutzes (vor allem §§ 13, 14, 361 a, b BGB) traten gem. Art. 12 S. 2 des Gesetzes über Fernabsatzverträge und andere Fragen des Verbraucherrechts sowie zur Umstellung von Vorschriften auf Euro ebenfalls am 30. Juni 2000 in Kraft. Da auf sie in FernunterrichtsschutzG und TzWrG Bezug genommen wurde, nahmen sie an deren Übergangsregelung teil. Die Änderungen des AGBG waren hingegen, was Art. 29a EGBGB angeht, nur von marginaler Natur, auch für sie galt der Stichtag 30. Juni 2000. Das neue FernAbsG fand gem. § 6 Abs. 1 keine Anwendung auf Verträge, die vor dem 30. Juni 2000 abgeschlossen wurden. Intertemporale Fragen traten hier nicht auf, da es bislang kein spezifisches Gesetz zu Fernabsatzverträgen gab. Zum Schuldrechtsmodernisierungsgesetz sogleich im Text.

[1841] *Staudinger*, RIW 2000, 416, 420. Staudinger - *Magnus* (2002), Art. 29a EGBGB, Rdn. 24, weist allerdings darauf hin, dass ein solcher Gleichlauf ohnehin nicht zu erreichen ist, da Art. 29a EGBGB die Verbraucherschutzrichtlinien in ihrer jeweils geltenden Fassung in Bezug nimmt.

[1842] Siehe *Däubler*, NJW 2001, 3729; eingehend *Heß*, NJW 2002, 253 ff.

H. Verhältnis des 29a EGBGB zu Art. 29, 34 EGBGB, zum ordre public-Vorbehalt gem. Art. 6 EGBGB und zum CISG

Das Verhältnis der bisherigen Umsetzungskollisionsnormen in § 12 AGBG (1996[1843]) und § 8 TzWrG insbesondere zu Art. 29 EGBGB war in der Literatur umstritten.[1844] Da ein automatischer Vorrang von Umsetzungskollisionsnormen weder aus Art. 3 Abs. 2 S. 2 EGBGB noch aus Art. 20 EVÜ folgt, handelt es sich hier um ein Problem der Auslegung des Art. 29a EGBGB. In diesem Zusammenhang ist zunächst die dogmatische Einordnung des Art. 29a EGBGB in das Anknüpfungssystem des EGBGB zu klären.

I. Die dogmatische Einordnung des Art. 29a EGBGB

Die Rechtsnatur des Art. 29a EGBGB ist nicht nur von dogmatischem Interesse. Wenn die Begründung zum Referentenentwurf die Neuregelung beiläufig als spezielle ordre public-Klausel einstuft[1845], so wäre als praktisch relevante Konsequenz etwa an eine Sperrwirkung gegenüber der allgemeinen ordre public-Klausel in Art. 6 EGBGB zu denken.[1846] Wenn sie andererseits von einer

---

[1843] In der alten Fassung war § 12 AGBG, wonach das AGBG nur „zu berücksichtigen" war, im Anwendungsbereich des Art. 29 EGBGB bedeutungslos, da letzterem aufgrund der weitergehenden Rechtsfolgenanordnung der Vorrang zukam, vgl. *Staudinger*, 139; *Ders.*, VersR 1999, 401, 404. Zur umstrittenen Rechtsnatur des § 12 AGBG a.F., Grundmann, IPRax 1992, 1, 2 f., einerseits und Ulmer/Brandner/Hensen - *Schmidt*, 7. Aufl., § 12 AGBG a.F., Rdn. 1, andererseits.

[1844] § 12 AGBG (1996) wurde weithin als Spezialregelung gegenüber Art. 29 EGBGB angesehen, vgl. *Heinrichs*, NJW 1996, 2190, 2195; *Sonnenberger*, ZEuP 1996, 382, 386; *Eckert*, ZIP 1996, 1238, 1240; *Borges*, ZIP 1999, 565, 572. Für Subsidiarität des Art. 29 EGBGB, *Staudinger*, 145. Nach *Mankowski*, BB 1999, 1225, 1230, war Art 29 EGBGB hingegen vor § 12 AGBG (1996) zu prüfen, da letzterer die ausschließliche Anwendbarkeit ausländischen Rechts voraussetzte, was sich nach Art. 27 ff. EGBGB beurteilten sollte. Für einen Vorrang des Art. 29 EGBGB aufgrund der Ergänzungsfunktion des Art. 6 Abs. 2 KlauselRL und damit auch des § 12 AGBG (1996) zu Art. 5 EVÜ (Art. 29 EGBGB) sprach sich auch *Rühl*, RIW 1999, 321, 326, aus.

[1845] Begr. zum Referentenentwurf (BMJ, Referat I B 2, 3420/12-4), 114. Ebenso *Pfeiffer*, NJW 1999, 3674, 3680.

[1846] *Staudinger*, IPRax 1999, 414, 418; *Ders.*, VersR 1999, 401, 403 zu § 12 AGBG a.F. und a.a.O., 406 zu § 12 AGBG; MüKo - *Sonnenberger*, Art. 6 EGBGB Rdn. 24. Die umgekehrte „Befürchtung" äußert jedoch *Mäsch*, 32, zu Art. 29 EGBGB: dessen Einordnung als spezielle ordre public-Klausel ermuntere dazu, außerhalb des Art. 29 EGBGB auf den allgemeinen ordre public-Vorbehalt auszuweichen. Das OLG Celle hat diesen Weg in der Tat beschritten: OLG Celle, v. 28.8.1990, 20 U 85/89, IPRax 1991, 334, 335. Vgl. auch LG Bamberg, v. 17.1.1990, 2 S 69/89, NJW-RR 1990, 694. Auch soweit § 12 AGBG als Sonderausprägung des Art. 6 EGBGB angesehen wurde, hielt man Art. 6 EGBGB für

Sonderanknüpfung ausgeht[1847], ist man geneigt, im Einklang mit der üblichen Terminologie von einer Durchsetzung bestimmter Rechtsnormen entgegen dem Vertragsstatut als international zwingendes Eingriffsrecht im Sinne von Art. 34 EGBGB bzw. Art. 7 Abs. 1 EVÜ (bei Verweisung auf ein anderes Mitgliedstaatenrecht) auszugehen, was wiederum Auswirkungen auf das Verhältnis des Art. 29a zu Art. 34 EGBGB haben könnte.[1848]

Diese Unsicherheiten belegt ferner die Tatsache, dass der Gesetzgeber die erste Umsetzung des Art. 6 Abs. 2 KlauselRL in § 12 AGBG (1996) als lex specialis zu Art. 29 Abs. 1 EGBGB angesehen hatte[1849], während nunmehr nach der Begründung des Regierungsentwurfs umgekehrt von einer vorrangigen Prüfung des Art. 29 EGBGB auszugehen sein soll und auf die Begriffe „Sonderanknüpfung" und „ordre public" ganz verzichtet wird.[1850]

1. Art. 29a Abs. 1 EGBGB als Sonderregelung des Vertragsstatuts

Auf den ersten Blick kommen drei Kategorien des Internationalen Schuldvertragsrechts für die Zuordnung des Art. 29a EGBGB in Betracht: Man könnte ihn als Konkretisierung des ordre public-Vorbehalts ansehen, man könnte ihm auch die Beschreibung des international zwingenden Anwendungsbereichs des Richtlinienumsetzungsrechts im Sinne des Art. 34 EGBGB entnehmen sowie schließlich von einer besonderen Anknüpfung bestimmter Normen des „Schwächerenschutzes", also einer Sonderregelung des Vertragsstatuts in Anlehnung an Art. 29 EGBGB, ausgehen. Die Zuordnung selbst hängt wiederum davon ab, wie man den Regelungsauftrag der IPR-Klauseln versteht.

a) Spezielle Ausprägung des ordre public-Vorbehalts?

Eine in der Literatur vertretene Auffassung, die (auch das auf Richtlinien basierende) Verbraucherschutzrecht – nach hier vertretener Auffassung zu Recht

---

anwendbar, sollte § 12 AGBG nicht eingreifen. Vgl. Staudinger - *Schlosser* (1998), § 12 AGBG, Rdn. 4.

1847 Begr. zum Referentenentwurf (BMJ, Referat I B 2, 3420/12-4), 112.

1848 Vgl. zum streitigen Verhältnis des Art. 29 zu Art. 34 EGBGB oben 3. Teil E II 3. d).

1849 Vgl. die Begründung zum Regierungsentwurf, BT-Drs. 13/2713, 6; ebenso Wolf/Horn/Lindacher - *Lindacher*, § 12 AGBG, Rdn. 11; vgl. auch *Rühl*, RIW 1999, 321, 324, die dem aber entgegentritt, indem sie Art. 6 Abs. 2 KlauselRL reinen Ergänzungscharakter im Verhältnis zum EVÜ zuweist, a.a.O. S. 325; ablehnend auch *Mankowski*, BB 1999, 1225 f.

1850 BT-Drs. 14/2658, 50. Vgl. *Staudinger*, RIW 2000, 416, 419. Vgl. zum Verhältnis von Art. 29 und Art. 29a EGBGB unten 4. Teil H II. Einigkeit dürfte jedenfalls darin bestehen, dass Art. 29a EGBGB ebensowenig wie Art. 29 EGBGB (angedacht hat dies *H. E. Kroeger*, 158f.) ein partielles Rechtswahlverbot aufstellt, vgl. *E. Lorenz*, RIW 1987, 569, 570.

– nicht als international zwingend im Sinne des Art. 34 EGBGB einordnet, „übersetzt" die kollisionsrechtlichen Regelungsvorgaben in einen ordre public-Vorbehalt. Ausgehend von der Prämisse, dass die IPR-Klauseln nur die Durchsetzung des Richtlinienstandards selbst verlangen und auch dies nur, wenn das gewählte Drittstaatenrecht diesen Standard nicht ohnehin erreicht oder überbietet, fordert man die Umsetzung der IPR-Klauseln über spezielle „europäisch geprägte" ordre public-Vorbehalte zur Abwehr schutzschwächeren Drittstaatenrechts.[1851]

Gegen die Einordnung als Konkretisierung des ordre public spricht aber, dass Art. 29a Abs. 1 EGBGB im Einklang mit den IPR-Klauseln die Durchsetzung von gegenüber dem Richtlinienstandard „strengerem" Recht durchaus zulässt.[1852] Es geht nicht nur um die Sicherung eines Minimalstandards, weshalb das genannte Verständnis der IPR-Klauseln als europäisch geprägte ordre public-Vorbehalte nicht der lex lata entspricht. Auch stehen keineswegs nur grundlegende Regelungsgedanken der *lex fori* in Frage. Als mehrseitige Kollisionsnorm beruft Art. 29a EGBGB vielmehr potentiell sämtliche Rechtsordnungen der EG oder EWR-Staaten.[1853] Auch der für die Anwendung des Art. 6 EGBGB geforderte Inlandsbezug kann fehlen, wenn etwa internationalprivatrechtlich relevante Verbindungen nur zu anderen Staaten der EG als dem Forumstaat bestehen.[1854] Könnte man dem noch mit dem Argument widersprechen, es gehe eben um eine „europäische" Ausprägung des ordre public-Vorbehalts, so steht einer solchen Einordnung des Art. 29a EGBGB jedenfalls entgegen, dass weder das deutsche[1855] noch das in den Richtlinien der Gemeinschaft enthaltene[1856] Verbraucherschutzrecht zu den tragenden Grundprinzipien gehört, die sich gegen die Anwendung von Drittstaatenrecht in jedem Fall durchsetzen müssen.

Ganz allgemein spricht auch der Ausnahmecharakter des ordre public-Vorbehalts dagegen, die generell notwendige Absicherung des harmonisierten Verbrauchervertragsrechts gegenüber Drittstaatenrecht hier einzuordnen. Es geht ja nicht nur um inhaltliche Schutzstandards, sondern auch ganz abgesehen davon um die Sicherung des Harmonisierungseffekts zum Wohle eines funktionierenden Binnenmarkts an sich.

1851 *Sonnenberger*, in: FS Fikentscher (1998), 283, 290, 296; im Ergebnis auch *Siehr*, IPR, 166.

1852 Dazu 4. Teil C IV 3. c).

1853 Zu diesem Argument *Mäsch*, 31 (zu Art. 29 EGBGB).

1854 Vgl. *Staudinger*, RIW 2000, 416, 420.

1855 *Staudinger*, RIW 2000, 416, 420; a.A. OLG Celle, v. 28.8.1990, 20 U 85/89, IPRax 1991, 334, 336.

1856 *Staudinger*, RIW 2000, 416, 420 Fn. 56.

b) Sonderanknüpfung international zwingenden Rechts?

In der Begründung zum Referentenentwurf, der noch dem lex fori-Modell folgte, wurde ausgeführt, dass eine Umsetzung der IPR-Klauseln auch vor dem Hintergrund des deutschen Vorbehalts gegen Art. 7 Abs. 1 EVÜ notwendig sei.[1857] Die Verfasser gingen also davon aus, dass es sich bei den deutschen Umsetzungsgesetzen um international zwingendes Recht handelt.[1858] Generell hat das noch in § 12 AGBG (1996), § 8 TzWrG enthaltene, in Art. 29a Abs. 1 EGBGB nunmehr aufgegebene lex fori-Modell mit seiner undifferenzierten Durchsetzung allein der deutschen Umsetzungsgesetze dazu geführt, dass man beide Normen häufig dem Art. 34 EGBGB zuordnete.[1859] Nach meines Erachtens zutreffender Auffassung ist jedoch (auch) das richtliniengeprägte Verbrauchervertragsrecht nicht zu den international zwingenden Normen im Sinne des Art. 34 EGGB (Art. 7 EVÜ) zu zählen.[1860]

Gegen die Einordnung des Art. 29a EGBGB als Eingriffsbefehl zugunsten international zwingender Normen im Sinne des Art. 7 Abs. 2 EVÜ sprechen zudem die Argumente, die schon im Zusammenhang mit den möglichen Umsetzungsvarianten dargestellt wurden. Der in Art. 29a EGBGB richtlinienkonform verankerte Günstigkeitsvergleich sowie die allein gegenüber Drittstaatenrecht angeordnete internationale Durchsetzung der Umsetzungsbestimmungen und letztlich auch der Umstand, dass Art. 29a EGBGB eine innereuropäisch allseitige Verweisung ausspricht, obwohl nach wie vor ein Vorbehalt gegen die Anwendung ausländischen Eingriffsrechts nach Art. 7 Abs. 1 EVÜ Bestand hat, passen nicht in den Regelungskontext des Art. 7 EVÜ.[1861]

Notwendig wäre eine Zuordnung zu Art. 7 EVÜ auch vor dem Hintergrund der Bindung an das EVÜ ohnehin nicht, da der Gesetzgeber insoweit aufgrund

---

1857 Begründung zum Referentenentwurf (BMJ, Referat I B 2, 3420/12-4), 115.

1858 So verstehen auch *Freitag/Leible*, ZIP 1999, 1296, 1299, die einschlägigen Ausführungen in der Begründung zum Referentenentwurf. Wie die Entwurfsbegründung auch *Roth/ Schulze*, RIW 1999, 924, 929; vgl. auch Staudinger - *Magnus* (2002), Art. 29a EGBGB, Rdn. 27.

1859 Siehe z.B. *Vischer/Huber/Oser*, Rdn. 767; *v. Hoffmann*, IPR, § 10, Rdn. 96; *Ahrens*, in: Karlsruher Forum 1997, 89, 93; *Reichert-Facilides*, in: Karlsruher Forum 1997, 93, 94. So Staudinger - *Magnus* (2002), Art. 34 EGBGB, Rdn. 39, für Art. 29a EGBGB.

1860 Vgl. oben 3. Teil E II 3. b); ferner *Freitag/Leible*, ZIP 1999, 1296, 1299. Autoren, die die Qualifikation von Verbraucherschutznormen als „Eingriffsrecht" im Sinne des Art. 34 EGBGB ablehnen, bringen konsequent das Umsetzungskollisionsrecht zu den IPR-Klauseln nicht mit Art. 34 EGBGB in Verbindung, vgl. *Mankowski*, BB 1999, 1225, 1228; *Sonnenberger*, in: FS Fikentscher (1998), 283, 290, 296; im Ergebnis auch *Wegner*, VuR 2000, 227, 230. Zur Notwendigkeit der Entwicklung und Verfeinerung besonderer Kollisionsregeln für ordnungsrechtliche Bestimmungen, insbesondere gemeinschaftsrechtlichen Hintergrunds, siehe *Schnyder*, in: Baur/Mansel, Systemwechsel, 89, 92, unter Hinweis auf Art. 29a Abs. 1 EGBGB.

1861 Vgl. oben 4. Teil A II 3.

des Regelungsauftrags der IPR-Klauseln dazu ermächtigt war, auch außerhalb der Öffnungsklausel des Art. 7 EVÜ im Regelungsbereich des Art. 5 EVÜ abweichendes Kollisionsrecht zu schaffen (Art. 20 EVÜ)[1862] und er in Art. 29a Abs. 1 EGBGB im Gegensatz zur alten Rechtslage nicht mehr über die Richtlinienvorgaben hinausgegangen ist. Vor diesem Hintergrund ist Art. 29a Abs. 1 EGBGB damit auch kein Fall der Sonderanknüpfung international zwingenden Rechts im Sinne des Art. 34 EGBGB.

c) Art. 29a EGBGB als weitere „besondere" Anknüpfungsregel

Art. 29a EGBGB entspricht dem bisherigen kollisionsrechtlichen Verbraucherschutzkonzept des EVÜ, nicht die Rechtswahlmöglichkeit selbst, sondern nur den Umfang der Anwendung des gewählten Rechts durch zusätzliche Anknüpfungen zu begrenzen. Die Wirkung der Rechtswahl wird insoweit eingeschränkt, als die in den Richtlinien geregelten Fragen sich jedenfalls nicht allein nach dem gewählten Drittstaatenrecht bestimmen, sondern alternativ die Umsetzungsgesetze zu den Verbraucherschutzrichtlinien berufen werden, die im vom Sachverhalt am engsten betroffenen Mitgliedstaat gelten. Zur Anwendung kommen diese Umsetzungsgesetze aber nur unter der Bedingung, dass sie günstiger sind als das gewählte Drittstaatenrecht.

Da das europäische Verbrauchervertragsrecht den Sachverhalt somit nicht ohne Rücksicht auf das auf den Vertrag anwendbare Recht zwingend regelt, sondern sich nur im Falle eines Verlustes sachlicher Schutzrechte international gegenüber Drittstaaten durchsetzt, finden sich eindeutige Parallelen des Art. 29a EGBGB zu Art. 29 EGBGB, die auch der Gesetzgeber durch die systematische Stellung der Umsetzungskollisionsnorm hinter Art. 29 als Art. 29a EGBGB zum Ausdruck bringt.[1863]

In der Zusammenschau mit den Gründen, die gegen eine Einordnung der Neuregelung bei Art. 6 oder Art. 34 EGBGB sprechen, muss man daher meines Erachtens Art. 29a Abs. 1 EGBGB als weitere Sonderregelung des Vertragsstatuts ansehen. Während in der Literatur zu Art. 29a EGBGB häufig schlicht von einer „Sonderanknüpfung" gesprochen wird[1864], erscheint es in terminologischer Hinsicht klarer, den Begriff „Sonderanknüpfung" allein für die Durchsetzung international zwingender Eingriffsnormen nach Art. 34 EGBGB zu ver-

1862 Mit rangkollisionsrechtlichen Argumenten wendet sich auch *Mankowski*, BB 1999, 1225, 1228, gegen die Einordnung des § 12 AGBG (1996) als Sonderanknüpfung im Sinne des Art. 34 EGBGB.

1863 Es hätte sich sonst die Einordung als Art. 34a EGBGB angeboten, vgl. *Wegner*, VuR 2000, 227, 230.

1864 *Pfeiffer*, NJW 1999, 3674, 3679; *Thorn*, IPRax 1999, 1, 6; *Wegner*, VuR 2000, 227, 228; Palandt - *Heldrich*, Art. 29a EGBGB, Rdn. 7. So auch die Begründung zum Referentenentwurf (BMJ, Referat I B 2, 3420/12-4), 112.

wenden und im Zusammenhang mit Art. 29a EGBGB wie auch des Art. 29 EGBGB von einer (bedingten) „besonderen" Anknüpfung zu sprechen.[1865]

2. Art. 29a Abs. 3 EGBGB als Sonderregelung des Vertrags- bzw. Gesellschaftsstatuts im Hinblick auf Timesharingverträge

Wie gesehen hat der Umsetzungsgesetzgeber die Regelung des § 8 TzWrG in einem entscheidenden Punkt in den neuen Art. 29a EGBGB übernommen, indem in Abs. 3 allein auf das deutsche Umsetzungsrecht abgestellt wird. Bislang hat man in § 8 TzWrG dementsprechend die Formulierung eines internationalen Geltungsanspruchs des TzWrG im Sinne des Art. 34 EGBGB gesehen.[1866] Nach der hier vertretenen Auffassung, ist jedoch trotz des Wortlauts, wonach die deutsche Umsetzung gleichwohl „anzuwenden" sei, eine richtlinienkonforme Auslegung dahingehend vorzunehmen, dass zunächst ein Günstigkeitsvergleich mit dem sonst berufenen Drittstaatenrecht zu erfolgen hat. Daher gilt im Ergebnis dasselbe wie für Art. 29a Abs. 1 EGBGB, das heißt, auch Abs. 3 ist als Sonderregelung im Verhältnis zu Art. 28 Abs. 3, 29 Abs. 2[1867] EGBGB bzw. zum Gesellschaftsstatut anzusehen.

3. Ergebnis

Art. 29a EGBGB regelt die bedingte besondere Anknüpfung von Verbraucherschutznormen, die auf europäischen Richtlinien beruhen, und ist nicht Ausdruck eines kollisionsrechtlichen Eingriffsbefehls im Sinne der Durchsetzung international zwingenden Rechts.[1868] Im Unterschied zu Art. 29 EGBGB sind die gesondert anzuknüpfenden Normen nicht durch ihre allgemeine Schutzfunktion zugunsten der „schwächeren" Vertragspartei, sondern grundsätzlich durch die in Art. 29a Abs. 1, 4 EGBGB bezeichneten Richtlinienumsetzungsgesetze, gegebenenfalls in analoger Anwendung erweitert um andere verbraucherschützende Richtlinien, definiert. Dieser Einordnung des Art. 29a EGBGB entspricht auch

---

[1865] Die Bezeichnung „besondere" Anknüpfung verwenden im Zusammenhang mit Art. 29 EGBGB z.B. *Mankowski*, VuR 1999, 140, 141 (zuvor „Sonderanknüpfung sui generis", *Ders.*, RIW 1994, 421, 422); *Rudisch*, RabelsZ 63 (1999), 70, 93.

[1866] *Jayme*, IPRax 1997, 233, 235; siehe zur Neuregelung auch Staudinger - *Magnus* (2002), Art. 29a EGBGB, Rdn. 27.

[1867] Nach der Entscheidung des EuGH in der Sache „*Travel Vac*" (o. Fn. 972), Slg. 1999 - I, 2195, 2226, Tz. 26, erscheint eine Einordnung eines Timesharingvertrags als Dienstleistungsvertrag in bestimmten Fällen nahe liegend, so dass Art. 29 EGBGB anwendbar ist, wenn der Ausschlussgrund des Abs. 4 Nr. 2 nicht eingreift. Die Frage war bislang umstritten, vgl. *Jayme*, IPRax 1997, 233, 235.

[1868] *Wegner*, VuR 2000, 227, 230; *Freitag/Leible*, ZIP 1999, 1296, 1299 (zum Referentenentwurf); *Mankowski*, BB 1999, 1225, 1228 (zu § 12 AGBG (1996)).

seine durch die IPR-Klauseln vorgegebene Funktion, den kollisionsrechtlichen Verbraucherschutz des Art. 5 EVÜ (nur) insoweit zu ergänzen als es die einheitliche Geltung der europäischen Verbraucherschutzstandards im Binnenmarkt erfordert.[1869]

II. Das Verhältnis des Art. 29a EGBGB zu Art. 29 EGBGB

Mit Art. 29 und Art. 29a EGBGB stehen zwei verbraucherschützende besondere Anknüpfungen nebeneinander zur Verfügung, deren sachlicher und räumlicher Anwendungsbereich sich teilweise überschneidet.[1870] Ein automatischer Vorrang des Art. 29a EGBGB aufgrund dessen gemeinschaftsrechtlicher Herkunft besteht nicht. Es ist vielmehr eine Frage der Auslegung, inwieweit Art. 29a EGBGB die bisherige Regelung des kollisionsrechtlichen Verbraucherschutzes im auf Art. 5 EVÜ beruhenden Art. 29 EGBGB verdrängen soll. Dabei steht wieder das den IPR-Klauseln zugrunde liegende Ziel, den Verbraucher bei Verträgen mit engem Bezug zum Gemeinschaftsgebiet zu schützen und zugleich Wettbewerbsverzerrungen im Binnenmarkt abzubauen, im Vordergrund, das im Rahmen der richtlinienkonformen Auslegung des Art. 29a EGBGB zu beachten ist. Die Problematik soll zunächst ein Beispielsfall[1871] verdeutlichen:

> Ein Verbraucher mit gewöhnlichem Aufenthalt in London schließt dort mit einem deutschen Verkäufer einen Vertrag, nachdem dieser sein Produkt von Deutschland aus in England beworben hatte. Vereinbart wird südafrikanisches Recht. Welches Recht gilt für die Klauselkontrolle?

Prüft man sofort Art. 29a Abs. 1 EGBGB, so unterliegt der Vertrag nach der hier vertretenen Auffassung aufgrund der bindenden Wertung des Art. 4 Abs. 2 EVÜ der deutschen Umsetzung in den §§ 305 ff. BGB, soweit nicht südafrikanisches Recht günstiger ist. Gem. Art. 29 Abs. 1 Nr. 1 EGBGB wäre hingegen zu prüfen, ob das englische Recht im Vergleich zum südafrikanischen Recht günstiger ist. Wäre das zu bejahen, so fände englisches Recht Anwendung, geht der Günstigkeitsvergleich zugunsten des südafrikanischen Rechts aus, bliebe es bei dessen Anwendbarkeit. In der letztgenannten Alternative kommen beide Normen zum selben Ergebnis, so dass ein Konkurrenzproblem hier nicht

---

[1869] Zur Ergänzungsfunktion des Richtlinien-IPR, vgl. Palandt - *Heldrich*, Art. 29 EGBGB, Rdn. 1, *Rühl*, RIW 1999, 321, 325; *Freitag/Leible*, EWS 2000, 342, 346.

[1870] Unproblematisch ist die Anwendbarkeit des Art. 29a EGBGB, wenn Art. 29 EGBGB sachlich (z.B. zum großen Teil Timesharingverträge, Mietverträge, einfache Kreditverträge) räumlich (Isle of Man-Konstellation, Art. 29 Abs. 4 Nr. 2 EGBGB) oder aufgrund des Art. 37 S. 1 EGBGB (z.B. Gesellschaftsrecht) nicht eingreift.

[1871] Nach *Staudinger*, IPRax 1999, 414, 419 Fn. 85.

auftritt.[1872] In dem Fall, dass das englische Umsetzungsrecht günstiger ist und damit durch Art. 29 EGBGB zur Anwendung berufen wird, stellt sich hingegen die Frage, ob daneben noch Art. 29a Abs. 1 EGBGB eingreift, der ja auf das deutsche Umsetzungsrecht verweisen würde. Die Rechtsfolgen, die Art. 29 und Art. 29a EGBGB im Beispielsfall bereithalten, stehen also nicht immer miteinander in Einklang[1873], so dass eine Normenkonkurrenz gegeben ist.

1. Art. 29a EGBGB als Spezialgesetz?

Art. 29a EGBGB könnte zunächst als Spezialgesetz zu Art. 29 EGBGB anzusehen sein[1874], wie es auch bisher überwiegend für § 12 AGBG (1996)[1875] und § 8 TzWrG[1876] vertreten wurde. Ein Spezialitätsverhältnis zwischen zwei Normen setzt voraus, dass der Tatbestand der spezielleren Norm alle Anwendungsvoraussetzungen der anderen Norm und zusätzlich mindestens ein weiteres Merkmal enthält.[1877] Art. 29a EGBGB ist jedoch im sachlichen und auch im räumlichen Anwendungsbereich weiter als Art. 29 EGBGB, indem er sich nicht

---

1872 Der Vertrag unterliegt im Hinblick auf die Klauselkontrolle zwar einem drittstaatlichem Recht, wie es der Tatbestand des Art. 29a Abs. 1 EGBGB fordert. Jedoch lässt nach der hier vertretenen Auffassung auch Art. 29a EGBGB günstigeres Drittstaatenrecht unberührt. Anders stellt sich der Fall hingegen für die Gegenauffassung dar, wonach Art. 29a EGBGB keinen Günstigkeitsvergleich zulässt. Käme Art. 29a EGBGB der Vorrang zu, so wäre das gegenüber englischem Recht günstigere südafrikanische Recht durch die §§ 305 ff. BGB verdrängt und damit die Rechtsfolge des Art. 29 Abs. 1 EGBGB korrigiert. Diejenigen, die einen Günstigkeitsvergleich ablehnen, gehen hier aber richtigerweise von einem Vorrang des Art. 29 EGBGB aus, vgl. *Freitag/Leible*, EWS 2000, 342, 346, *Staudinger*, RIW 2000, 416, 419; a.A. aber offenbar Palandt - *Heldrich*, Art. 29 EGBGB, Rdn. 1. Eine allein am Wortlaut ausgerichtete Anwendung des Art. 29a EGBGB würde in diesen Fällen unter Umständen eine mit seinem Regelungszweck nicht vereinbare Schutzverminderung gegenüber dem status quo ante, wie er sich aus dem EVÜ ergibt, bedeuten, was man dem Gesetzgeber als Regelungsabsicht nicht unterstellen kann. Zwar gilt kein Umsetzungsgesetz, jedoch verliert der Verbraucher auch keine in den Richtlinien vorgesehenen sachlichen Rechte, sondern erhält im Gegenteil eine bessere Rechtsposition.

1873 Zu diesem Aspekt einer Normenkonkurrenz, vgl. *Zippelius*, § 7 b), 38.

1874 So *Kegel/Schurig*, IPR, Nachtrag (2001), 4; *Thorn*, IPRax 2002, 349, 358; im Ergebnis auch *Schlechtriem*, in: FS Lorenz (2001), 565, 568: exklusiver Vorrang des Art. 29a EGBGB; ferner *Härting*, Rdn. 166. Seine Begründung überzeugt aber bereits deswegen nicht, weil die von ihm in Rdn. 164 f. gewählten Fallbeispiele die Wahl eines EU- bzw. EWR-Staatenrechts zugrunde legen und daher auf Art. 29a EGBGB, der nur bei Wahl eines Drittstaatenrechts gilt, nicht passen.

1875 So Palandt - *Heldrich*, 59. Aufl., § 12 AGBG, Rdn. 4, soweit sich die Anwendungsbereiche der beiden Normen decken, mit N. zur Gegenmeinung.

1876 Vgl. *Jayme*, IPRax 1997, 233, 235; *Jungkind*, 159.

1877 *Zippelius*, § 7 c), 39.

auf bestimmte Vertragstypen beschränkt und den erforderlichen Nähebezug des Vertrags durch eine Generalklausel beschreibt. Andererseits regelt Art. 29 EGBGB, dem ja die Kategorie des Drittstaatenrechts unbekannt ist, auch Verträge, die einem anderen Mitgliedstaatenrecht unterliegen, was wiederum für Art. 29a EGBGB nicht zutrifft. Ein Spezialitätsverhältnis zwischen beiden Normen kann somit methodisch nicht bestehen, weil Art. 29a EGBGB auch Fälle erfasst, die außerhalb des Anwendungsbereichs des Art. 29 EGBGB liegen und umgekehrt.[1878]

Soweit ein exklusiver Vorrang des Art. 29a EGBGB vor Art. 29 EGBGB damit begründet wird, dass aus Sicht des Gemeinschaftsrechts eine Durchsetzung des Aufenthaltsrechts des Verbrauchers gegenüber einem schutzschwächeren Mitgliedstaatenrecht nicht mehr zulässig sein soll[1879], gilt das oben zur These von der Nichtdurchsetzbarkeit von Schutzverstärkungen im Binnenmarkt Gesagte: Im Bereich der Mindestharmonisierung sind Rechtsunterschiede innerhalb der Grenzen der Grundfreiheiten auch nach Angleichung hinzunehmen.[1880] Verweist Art. 29 EGBGB auf eine strengere Richtlinienumsetzung als das gewählte Mitgliedstaatenrecht, ist dies gemeinschaftsrechtlich daher grundsätzlich nicht zu beanstanden.

2. Subsidiarität des Art. 29a Abs. 1 gegenüber Art. 29 Abs. 1 EGBGB

Eine ausdrückliche gesetzliche Regelung des Verhältnisses zu Art. 29 EGBGB hat der Gesetzgeber in Art. 29a EGBGB nicht getroffen, der Wortlaut hilft hier also nicht weiter. Seine diesbezügliche Absicht hat der Gesetzgeber in den Materialien allerdings klar dokumentiert: Art. 29 EGBGB sei vor Art. 29a EGBGB zu prüfen.[1881]

Diesen gesetzgeberischen Willen unterstreicht noch die systematische Stellung des Art. 29a EGBGB direkt hinter Art. 29 EGBGB. Vor dem Hintergrund des Zwecks, den Verbraucher kollisionsrechtlich in Ergänzung zu Art. 29 EGBGB zu schützen, erscheint die vorrangige Prüfung des Art. 29 EGBGB in der Tat zwingend. Denn wie gesehen ist der klassische, auf die Geltung des Heimatrechts des Verbrauchers ausgerichtete kollisionsrechtliche Schutz nicht Thema der IPR-Klauseln und damit auch nicht das des Art. 29a EGBGB. Von seinem Heimatrecht kann der Verbraucher daher nur bei Anwendbarkeit des Art. 29 EGBGB profitieren. Art. 29a EGBGB verweist nach der hier vertretenen

---

1878 Vgl. zu § 12 AGBG (1996), *Mankowski*, BB 1999, 1225, 1226, Rdn. 17; *Staudinger*, 144; *Ders.*, VersR 1999, 401, 406.

1879 *Schlechtriem*, in: FS Lorenz (2001), 565, 568, der damit im Ergebnis der These *Grundmanns* von der Nichtdurchsetzbarkeit von nationalen Schutzverstärkungen im Binnenmarkt folgt.

1880 Siehe oben 3. Teil C IV 3.

1881 So die Regierungsbegründung, BT-Drs. 14/2658, 50.

Auffassung in binnenmarktinternen Sachverhalten ohne Beteiligung eines Drittstaatenanbieters demgegenüber regelmäßig auf das Umsetzungsrecht, das am Ort der Niederlassung des EU-Anbieters gilt. Auch die Ergänzungsfunktion, die Art. 29a EGBGB im Einklang mit den IPR-Klauseln gegenüber dem EVÜ wahrnehmen soll, spricht dafür, in das Anknüpfungssystem des EVÜ und damit in Art. 29 EGBGB nicht einzugreifen, wenn schon ohne Anwendung des Art. 29a EGBGB den Vorgaben der IPR-Klauseln entsprechende Ergebnisse erzielt werden können. Die IPR-Klauseln fordern von den Mitgliedstaaten ja nur Maßnahmen, die „erforderlich" sind, um den Verbraucher vor dem Verlust des Richtlinienstandards bei Wahl eines Drittstaatenrechts zu schützen. Gewährt schon Art. 5 EVÜ bzw. Art. 29 EGBGB diesen Schutz, ist aber keine zusätzliche Maßnahme „erforderlich". In solchen Fällen dient Art. 29 EGBGB insoweit als Umsetzung der IPR-Klauseln und muss dies auch, da eine Abweichung vom EVÜ nicht zulässig wäre.

Im Beispielsfall bleibt es daher bei der Anwendung englischen Rechts gem. Art. 29 EGBGB, Art. 29a EGBGB ist als subsidiäre Vorschrift nicht mehr zu prüfen.

3. Das Verhältnis des Art. 29a Abs. 3 zu Art. 29 Abs. 2 EGBGB

Wie sich nicht zuletzt aus der Entscheidung des EuGH in der Rechtssache „*Travel Vac*" ergibt, ist es nicht ausgeschlossen, dass auch einmal ein Timesharingvertrag in den sachlichen Anwendungsbereich des Art. 29 EGBGB fallen kann.[1882] Nimmt dieser Vertrag auch die Hürde des Art. 29 Abs. 4 Nr. 2 EGBGB und enthält er keine Rechtswahlklausel, so unterliegt er nach Art. 29 Abs. 2 EGBGB insgesamt dem Aufenthaltsrecht des Verbrauchers. Liegt der gewöhnliche Aufenthalt des Verbrauchers in der EU- bzw. dem EWR – und nur solche Verbraucher schützt Art. 29a EGBGB ja –, so fehlt es mithin bereits an der Voraussetzung, dass der Timesharingvertrag einem Drittstaatenrecht unterliegt. Art. 29 Abs. 2 EGBGB ist daher entsprechend den Ausführung unter 2. vor Art. 29a Abs. 3 EGBGB zu prüfen.[1883]

[1882] EuGH, o. Fn. 972 (*Travel Vac*), Slg. 1999 - I, 2195, 2226, Tz. 26. Vgl. *Kohler/Knapp*, ZEuP 2001, 116, 134.

[1883] Das galt auch für § 12 AGBG (1996), der ja noch die objektive Anknüpfung von Verbraucherverträgen im Hinblick auf die Klauselkontrolle erfasste, vgl. *Mankowski*, BB 1999, 1225 f.

4. Folgerungen

Art. 29a EGBGB ist nicht schon dann anwendbar, wenn der Verbrauchervertrag infolge einer Rechtswahl einem drittstaatlichen Recht unterliegt. Die entsprechende Formulierung in Art. 29a EGBGB ist vielmehr dahin zu verstehen, dass der Vertrag gerade im Regelungsbereich der Richtlinien einem Drittstaatenrecht unterliegen muss. Schon aus dem Verweis auf die Verbraucherschutzrichtlinien in Art. 29a Abs. 4 EGBGB ergibt sich, dass es zunächst einmal darauf ankommt, dass keine Umsetzung der jeweils einschlägigen Richtlinie auf den Vertrag anwendbar ist.[1884] Beruft Art. 29 EGBGB eine solche Umsetzung als Heimatrecht des Verbrauchers, darf Art. 29a EGBGB daher nicht mehr geprüft werden, obwohl der Verbrauchervertrag im Übrigen ja dem gewählten Drittstaatenrecht unterliegt.

Fraglich ist aber, was in dem Fall gilt, dass zwar keine Richtlinienumsetzung zur Anwendung kommt, dies aber daran liegt, dass die Bedingung des Art. 29 Abs. 1 EGBGB, wonach das Heimatrecht des Verbrauchers günstiger sein muss als das gewählte Recht, nicht eingetreten ist. Nach dem Wortlaut müsste Art. 29a EGBGB eigentlich eingreifen[1885], er würde dann bei Beteiligung eines in der EU ansässigen Anbieters wie im obigen Beispielsfall zu einer gegenüber Art. 29 EGBGB abweichenden Rechtsfolge führen.

Gegen die Anwendbarkeit in solchen Fällen sprechen aber drei Argumente. Zum einen deutet aus nationaler Sicht nichts darauf hin, dass der Gesetzgeber die vorrangige Prüfung des Art. 29 EGBGB so verstanden hat, dass Art. 29a EGBGB dennoch herangezogen werden kann, wenn Art. 29 EGBGB zwar den erforderlichen Schutz gewährt, aber eben durch Berufung eines günstigeren Drittstaatenrechts. Zum zweiten wäre der Gesetzgeber bei dieser Auslegung unzulässigerweise vom EVÜ abgewichen, denn die kollisionsrechtliche Schutzmaßnahme ist in einem solchen Fall nicht „erforderlich" im Sinne der IPR-Klauseln. Schließlich würde im obigen Beispielsfall der Günstigkeitsvergleich zwischen dem englischen und dem südafrikanischen Recht (Art. 29 Abs. 1 EGBGB) lediglich durch den Vergleich zwischen deutschem und südafrikanischem Recht (Art. 29a Abs. 1 EGBGB) ersetzt, ohne dass hierfür ein sachlicher Grund ersichtlich wäre.

5. Ergebnis

Nach der hier vertretenen Auffassung kommt eine Konkurrenz der beiden Normen überhaupt nur in Betracht, wenn an dem konkreten Vertrag ein in der EU bzw. dem EWR ansässiger Verbraucher beteiligt ist, da andernfalls Art. 29a

[1884] *Freitag/Leible*, EWS 2000, 342, 346.
[1885] So offenbar Palandt - *Heldrich*, Art. 29 EGBGB, Rdn. 1.

EGBGB von vornherein ausscheidet.[1886] Ist das der Fall, so ist Art. 29 EGBGB vor Art. 29a EGBGB zu prüfen.[1887] Man kann hier von einem Subsidiaritätsverhältnis sprechen, denn soweit Art. 29 EGBGB Schutz bietet, scheidet die Anwendung des Art. 29a EGBGB aus. Das bedeutet: Ist Art. 29 EGBGB aufgrund Art. 37 S. 1 EGBGB nicht anwendbar oder ist sein sachlicher oder räumlicher Anwendungsbereich nicht eröffnet, so ist auf Art. 29a EGBGB zurückzugreifen. Sind die Voraussetzungen des Art. 29 Abs. 1 EGBGB hingegen gegeben, so ist Art. 29a EGBGB nicht mehr zu prüfen, unabhängig davon, ob der Verbraucher durch Anwendung des gewählten drittstaatlichen Schutzrechts oder durch das günstigere Aufenthaltsrecht geschützt wird.[1888]

III. Das Verhältnis von Art. 34 zu Art. 29a EGBGB

Außerhalb des „normalen“ Anknüpfungssystems für internationale Schuldverträge stehen solche Normen, die der Gesetzgeber ohne Rücksicht auf den Willen der Parteien oder den Sitz des Rechtsverhältnisses auf den Vertrag angewendet wissen will. Der deutsche Gesetzgeber ist auch im Anwendungsbereich des EVÜ aufgrund dessen Art. 7 Abs. 2 (Art. 34 EGBGB) befugt, solches international zwingendes Recht zu schaffen. Ob das Verbrauchervertragsrecht zu dem von Art. 7 EVÜ für nationale „Alleingänge“ geöffneten Bereich gehört, was dann von Bedeutung ist, wenn der internationale Anwendungsanspruch eines Umsetzungsgesetzes über die Vorgaben der IPR-Klauseln hinaus ausgedehnt werden soll, so dass nicht schon der Vorrang des Umsetzungsrechts vor dem Schuldvertragsübereinkommen (Art. 20 EVÜ) greift, ist allerdings heftig umstritten[1889].

Auch für Art. 29a EGBGB ist hier ein Konkurrenzproblem angesprochen, nämlich die Frage, ob man die deutschen Umsetzungsgesetze über Art. 34 EGBGB international durchsetzen kann, um Beschränkungen des Art. 29a EGBGB zu überwinden oder auf die Nichtumsetzung einer Richtlinie im das

---

[1886] Dazu oben 4. Teil C III 3. a).

[1887] *Freitag/Leible*, EWS 2000, 342, 346; *Staudinger*, RIW 2000, 416, 419; *Ders.*, ZfRV 2000, 93, 102; Palandt - *Heldrich*, Art. 29a EGBGB, Rdn. 7; *Hoeren*, 241; *Coster-Waltjen/Mäsch*, 102 Fn. 21; *Mankowski*, MMR - Beilage 7/2000, 22, 37; *Martiny*, ZEuP 2001, 308, 322; *Horn*, MMR 2002, 209, 214; einschränkend Staudinger - *Magnus* (2002), Art. 29a EGBGB, Rdn. 25 f., der über Art. 29a EGBGB auch gegenüber einem von Art. 29 EGBGB berufenen mitgliedstaatlichen Recht günstigere Richtlinienumsetzungen anwenden möchte. A.A. *Härting*, Rdn. 166. Zur Frage der Anknüpfung von Formvorschriften siehe oben 4. Teil D VI.

[1888] *Freitag/Leible*, EWS 2000, 342, 346; *Staudinger*, RIW 2000, 416, 419; *Ders.*, ZfRV 2000, 93, 102; ähnlich *Hoeren*, 241; a.A. offenbar Palandt - *Heldrich*, Art. 29 EGBGB, Rdn. 1.

[1889] Siehe dazu 3. Teil E II 3. b).

Vertragsstatut stellenden Mitgliedstaat zu reagieren. Da nach der hier vertretenen Auffassung Art. 29a EGBGB systematisch nicht als die Öffnungsklausel ausnutzende Sonderanknüpfung anzusehen ist, sondern in den Kontext der besonderen Anknüpfung des Art. 29 EGBGB gehört, ist ein Rückgriff auf Art. 34 EGBGB jedenfalls nicht von vornherein ausgeschlossen.

1. Übertragung der Rechtsprechung des BGH zum Verhältnis des Art. 29 zu Art. 34 EGBGB?

Das Verhältnis des Art 29 EGBGB zu Art. 34 EGBGB wurde bereits oben dargestellt. In der Praxis war bislang die Auffassung des BGH maßgeblich, wonach die Durchsetzung von Verbraucherschutznormen über Art. 34 EGBGB nur in Betracht kam, wenn ein räumlicher Bezug im Sinne des Art. 29 Abs. 1 Nr. 1-3 EGBGB vorlag, da man außerhalb des eigentlich zum kollisionsrechtlichen Verbraucherschutz geschaffenen Art. 29 EGBGB aus Gründen der Wertungsgleichheit keine geringeren Anforderungen an den räumlichen Bezug stellen wollte.[1890] Nunmehr fallen die deutschen Umsetzungsgesetze zur Klausel-, Fernabsatz-, Timesharing- und VerbrauchsgüterkaufRL aber sowohl unter Art. 29 EGBGB mit seinem eng umgrenzten Inlandsbezug, als auch unter Art. 29a EGBGB mit seinem weiter formulierten und zudem auf die EU abstellenden Inlandsbezug sowie möglicherweise unter Art. 34 EGBGB, der als ungeschriebene Voraussetzung nur einen „hinreichenden" Bezug zum Forum verlangt. Auf welchen Inlandsbezug soll es ankommen?

Überträgt man die Rechtsprechung des BGH auf Art. 29a EGBGB[1891], folgt daraus, dass etwa das im Rahmen von Fernabsatzverträgen gem. § 312b BGB bestehende Widerrufsrecht dann zusätzlich über Art. 34 EGBGB durchgesetzt werden könnte, wenn ein „enger Zusammenhang" zum Gebiet Deutschlands als Forumstaat vorliegt. Gegenüber den Tatbeständen des Art. 29 Abs. 1 Nr. 1-3 EGBGB läge darin eine erhebliche Erweiterung. Ist Art. 29a EGBGB z.B. deshalb nicht einschlägig, weil die §§ 13 f., 312b ff. BGB in bestimmten Regelungen einen weiteren persönlichen oder sachlichen Anwendungsbereich als die FernabsatzRL aufweisen – was auf Art. 29a EGBGB bekanntlich nicht durchschlägt[1892] –, so wäre beispielsweise das Widerrufsrecht nach § 312b BGB

[1890] Palandt - *Heldrich*, Art. 34 EGBGB, Rdn. 3a; vgl. 3. Teil E II 3. d). Zur Frage, ob diese Rechtsprechung infolge des EuGH-Urteils in der Rechtssache „*Ingmar*" überholt ist, 4. Teil F II 2. a).

[1891] Dafür *Coester-Waltjen/Mäsch*, 105 Fn. 31.

[1892] Siehe oben 4. Teil C I. Beispiele sind der erweiterte persönliche Anwendungsbereich im Hinblick auf Verträge zu einem nicht selbstständigen beruflichen Zweck sowie etwa die grundsätzliche Anwendbarkeit der §§ 312b ff. BGB auf Versteigerungsverträge entgegen der FernabsatzRL.

dennoch über Art. 34 EGBGB durchsetzbar, solange nur ein „enger Zusammenhang“ zu Deutschland besteht.

2. Art. 29, 29a EGBGB als abschließende Regelung

Die Literatur zu Art. 29a EGBGB äußert sich aber zu Recht überwiegend gegenteilig: Der Gesetzgeber habe den internationalen Geltungsanspruch der Umsetzungsgesetze im Sinne des Art. 29a Abs. 4 EGBGB abschließend festgelegt, für ihre Durchsetzung über Art. 34 EGBGB sei daneben kein Raum.[1893]

In der Tat spricht die Existenz zweier besonderer Anknüpfungsregeln für Verbraucherverträge dafür, von einer abschließenden Regelung des Internationalen Verbrauchervertragsrechts in Art. 29, 29a EGBGB in den betroffenen Regelungsbereichen auszugehen. Das gilt auch für die klassische Nichtumsetzungsproblematik, also die Wahl des Rechts eines Nichtumsetzerstaats. Angesichts der jahrelangen Diskussion über das Thema, wird anhand der hierzu schweigenden Neuregelung des Art. 29a EGBGB deutlich, dass der Gesetzgeber es offenbar nicht für seine Aufgabe hält, die Umsetzungsverstöße anderer Mitgliedstaaten über Art. 34 EGBGB zu heilen.[1894] Er war sich der Nichtumsetzungsproblematik ebenso bewusst, wie – angesichts der Aufsehen erregenden BGH-Entscheidungen aus den Jahren 1993 und 1997[1895] – der erheblichen Schwierigkeiten, die die Gran Canaria-Fälle den deutschen Gerichten vor allem Anfang der 90er Jahre gemacht haben.

Der internationale Anwendungsbereich der deutschen Umsetzungsgesetze zur Verbrauchsgüterkauf-, Fernabsatz-, Timesharing- und KlauselRL ist daher in Art. 29a (und Art. 29) EGBGB abschließend geregelt.[1896]

3. Folgerungen

Soweit ein Vertrag nicht in den sachlichen oder räumlichen Anwendungsbereich des Art. 29 EGBGB fällt, ist Art. 29a EGBGB zu prüfen. Bezüglich der dort erfassten Verbraucherschutzgesetze und infolge der möglichen analogen Anwendung auf Umsetzungsgesetze zu weiteren, in Abs. 4 nicht genannten

---

1893 *Schlechtriem*, in: FS Lorenz (2001), 565, 571 f.; Palandt - *Heldrich*, Art. 29a EGBGB, Rdn. 7; Ulmer/Brandner/Hensen - *Schmidt*, § 12 AGBG a.F., Rdn. 12; *Siehr*, IPR, 164; Staudinger - *Magnus* (2002), Art. 34 EGBGB, Rdn. 42; zu § 12 AGBG (1996) auch Wolf/Horn/Lindacher - *Lindacher*, § 12 AGBG, Rdn. 34: a.A. *Rauscher*, IPR, 2. Aufl. 2002, S. 257.

1894 Siehe dazu auch die Ausführungen zur zweiten Facette des Nichtumsetzungsproblems im Rahmen der Rechtsfolge des Art. 29a EGBGB, oben 4. Teil C V 2. b).

1895 BGHZ 123, 380; 135, 124.

1896 *Staudinger*, RIW 2000, 416, 417; Palandt - *Heldrich*, Art. 29a EGBGB, Rdn. 7.

Richtlinien wird Art. 29a EGBGB häufig eingreifen. So ist die typische Isle of Man-Konstellation nunmehr von Art. 29a EGBGB erfasst. Ein Rückgriff auf Art. 34 EGBGB ist nicht notwendig.

Fällt ein Vertrag weder unter Art. 29 EGBGB noch Art. 29a EGBGB, bleibt in Fortentwicklung der „herkömmlichen" Auffassung zum Verhältnis von Art. 29, 34 EGBGB jedenfalls dann ein Rückgriff auf ein deutsches Umsetzungsgesetz über Art. 34 EGBGB versperrt, wenn weder der Inlandsbezug des Art. 29 Abs. 1 Nr. 1-3 EGBGB noch der des Art. 29a Abs. 1, 2 EGBGB vorliegt.[1897] Darüber hinaus muss in solchen Fällen auch der „enge Zusammenhang" nach Art. 29a EGBGB außen vor bleiben, da die Regelung des Art. 29a EGBGB zur Vermeidung unnötiger Eingriffe in das EVÜ insoweit abschließend ist. Das bedeutet, dass auf Art. 34 EGBGB zur Ergänzung der Art. 29, 29a EGBGB auch dann nicht zurückgegriffen werden kann, wenn ein „enger Zusammenhang", nicht aber der von Art. 29 EGBGB vorausgesetzte Inlandsbezug vorliegt.[1898]

Über diese, einer Übertragung der vom BGH zum Verhältnis des Art. 29 zu Art. 34 EGBGB vertretenen Sichtweise auf Art. 29a EGBGB entsprechende, Aussage hinaus wird hier jedoch die Auffassung vertreten, dass der internationale Verbraucherschutz bezüglich der von Art. 29a EGBGB erfassten Umsetzungsgesetze nunmehr abschließend in Art. 29, 29a EGBGB geregelt ist und insoweit ein Rückgriff auf Art. 34 EGBGB überhaupt nicht mehr in Betracht kommt.

Das betrifft insbesondere den Fall objektiv an ein Drittstaatenrecht angeknüpfter Verbraucherverträge, die nicht unter Art. 29a Abs. 1 EGBGB fallen. Das insoweit unvollständige Regelungskonzept der EU kann daher nicht im Wege der Anwendung der deutschen Umsetzungsgesetze über Art. 34 EGBGB komplettiert werden.[1899] Auch soweit die deutschen Umsetzungsgesetze in sachlicher oder persönlicher Hinsicht über die Richtlinien hinausgehen, kommt – unabhängig von der Art des Inlandsbezugs – deren Durchsetzung über Art. 34 EGBGB nicht in Betracht. Ferner lassen sich Umsetzungsverstöße anderer Mitgliedstaaten, für die Art. 29a EGBGB keine Lösung bereithält, nicht über Art. 34 EGBGB „heilen".[1900]

1897 Ulmer/Brandner/Hensen - *Schmidt*, § 12 AGBG a.F., Rdn. 12; *Roth/Schulze*, RIW 1999, 924, 932 (zu Art. 29a EGBGB-E).

1898 A.A. offenbar Ulmer/Brandner/Hensen - *Schmidt*, § 12 AGBG a.F., Rdn. 12, wonach auch bei Vorliegen des Inlandsbezugs nach Art. 29a EGBGB ein Rückgriff auf Art. 34 EGBGB in Betracht kommen soll; ebenso wohl *Roth/Schulze*, RIW 1999, 924, 932 (zu Art. 29a EGBGB-E).

1899 A.A. *Reich/Nordhausen*, 118.

1900 So auch *Hoeren*, 242 (zu Art. 29a EGBGB); zu § 12 AGBG (1996) ebenso Wolf/Horn/Lindacher - *Lindacher*, § 12 AGBG, Rdn. 35; allgemein *Siehr*, IPR, 155 f.

IV. Verhältnis zum ordre public-Vorbehalt nach Art. 6 EGBGB

Schließlich ist die Möglichkeit, nationales Verbraucherschutzrecht über Art. 6 EGBGB durchzusetzen, zu überprüfen. Hier ergeben sich zwei Ansatzpunkte. Einerseits lässt sich seit der Bürgschafts-Rechtsprechung des BVerfG möglicherweise eine Grundrechtsrelevanz des Verbraucherschutzrechts vertreten, andererseits geht es hier nicht um isolierte Gerechtigkeitsvorstellungen des deutschen Gesetzgebers, sondern um gemeinschaftsweit in Richtlinien zum Ausdruck gekommene Wertungen der EU-Mitgliedstaaten. Nach der hier vertretenen Auffassung ist Art. 29a EGBGB auch nicht als spezieller ordre public-Vorbehalt anzusehen, weshalb der Rückgriff auf Art. 6 EGBGB grundsätzlich nicht versperrt ist.[1901]

Allerdings sind jedenfalls die deutschen Umsetzungsgesetze wie gesehen[1902] nicht als Kernbestand der deutschen Rechtsordnung im Sinne des ordre public anzusehen.[1903] Zudem steht der Durchsetzung von Verbraucherschutzrecht über den ordre public der abschließende Charakter der Art. 29, 29a EGBGB entgegen, wiederum auch im Hinblick auf die Nichtumsetzungsproblematik.[1904]

V. Das Verhältnis des Art. 29a EGBGB zum Wiener UN-Kaufrecht (CISG)

Das CISG enthält zwischen den Vertragsstaaten vereinheitlichtes Sachrecht. Damit stellt sich die kollisionsrechtliche Frage bei Vorliegen der Anwendungsvoraussetzungen des CISG nicht[1905], es sei denn, die Parteien haben es durch Vereinbarung ausgeschlossen, was ihnen Art. 6 CISG ermöglicht.[1906]

Ist das CISG auf einen in den Anwendungsbereich des Art. 29a EGBGB fallenden Verbrauchervertrag ausnahmsweise anwendbar, scheidet ein Rückgriff auf das nationale IPR und damit auch auf Art. 29a EGBGB aus, soweit das CISG Regelungen enthält. Es fragt sich daher, ob der kollisionsrechtliche

---

1901 *Staudinger*, RIW 2000, 416, 419; Palandt - *Heldrich*, Art. 29a EGBGB, Rdn. 7.

1902 Vgl. 3. Teil E II 6. a).

1903 *Schlechtriem*, in: FS Lorenz (2001), 565, 573; *Staudinger*, RIW 2000, 416, 419; Palandt - *Heldrich*, Art. 29a EGBGB, Rdn. 7.

1904 Vgl. *Siehr*, IPR, 155 f.; Staudinger - *Magnus* (2002), Art. 29a EGBGB, Rdn. 22; aus anderen Gründen ablehndend *Nemeth*, 108. Da nach der hier vertretenen Auffassung die Richtlinien selbst keine gemeinschaftsinterne Durchsetzung gegenüber säumigen Mitgliedstaaten über das IPR verlangen, ändert auch die „europäische" Dimension des ordre public hieran nichts.

1905 Der Anwendungsbereich kann allerdings auch erst über nationales IPR eröffnet werden, Art. 1 Abs. 1 lit. b CISG. Zu dieser sog. Vorschaltlösung und dem deutschen Teilvorbehalt hiergegen, vgl. *Reinhart*, Art. 1 Rdn. 6 - 10; *Piltz*, NJW 1989, 615, 618 ff.

1906 Staudinger - *Magnus* (1999), CISG, Vorb Art. 1 ff., Rdn. 1.

Verbraucherschutz des Art. 29a EGBGB leer laufen kann, das heißt, ob Fälle denkbar sind, in denen der Ausschlussgrund des Art. 2 lit. a) CISG zu verneinen, ein Verbrauchervertrag im Sinne des Art. 29a EGBGB hingegen zu bejahen ist.

1. Die Bedeutung der Rechtswahlvereinbarung für Art. 6 CISG

Vor dem Hintergrund, dass Art. 29a Abs. 1 EGBGB das Vorliegen einer Rechtswahlvereinbarung voraussetzt, ist vorab zu klären, ob dadurch nicht ohnehin gem. Art. 6 CISG die Anwendung des Übereinkommens ausgeschlossen wird, bejahendenfalls ein Konflikt mit Art. 29a EGBGB nicht auftritt.

Ob in der Wahl[1907] eines bestimmten Rechts ohne Bezugnahme auf das CISG ein Ausschluss des Letzteren zu sehen ist, ist durch Auslegung der Rechtswahlvereinbarung anhand des Art. 8 CISG zu bestimmen.[1908] Hier hat sich überwiegend folgende Regel durchgesetzt: Bei Wahl des Rechts eines Nichtvertragsstaats ist grundsätzlich ein Ausschluss des CISG anzunehmen.[1909] Bei Wahl des Rechts eines Vertragsstaats ist umgekehrt kein Ausschluss anzunehmen, da das CISG Bestandteil der gewählten Rechtsordnung ist.[1910] Lediglich bei Bezugnahme auf das unvereinheitlichte Recht eines Vertragsstaats kann wiederum ein

---

[1907] Ob die Rechtswahl an sich zulässig und wirksam ist, beurteilt sich als Gültigkeitsfrage im Geltungsbereich des EVÜ nach den Art. 27 Abs. 4, 31 EGBGB bzw. den entsprechenden EVÜ-Bestimmungen nach dem gewählten Recht, Schlechtriem - *Ferrari*, Art. 6 Rdn. 16. Ist die Rechtswahl in AGB enthalten, kommt das Problem hinzu, nach welchem Recht sich in einem solchen Fall das Zustandekommen der Ausschlussvereinbarung beurteilt (vgl. Staudinger - *Magnus* (1999), CISG, Art. 6 Rdn. 11: Regeln der Konvention maßgeblich; Schlechtriem - *Ferrari*, Art. 6 Rdn. 13; *Sieg*, RIW 1997, 811, 813.).

[1908] Schlechtriem - *Ferrari*, Art. 6 Rdn. 18; Staudinger - *Magnus* (1999), CISG, Art. 6 Rdn. 20 a.E.

[1909] Schlechtriem - *Ferrari*, Art. 6 Rdn. 20; Staudinger - *Magnus* (1999), CISG, Art. 6 Rdn. 23; Bianca/Bonell - *Bonell*, Art. 6, 2.3.2.; *Enderlein/Maskow/Strohbach*, Art. 6, 1.3.; .

[1910] Ulmer/Brandner/Hensen - *Schmidt*, Anh. § 2 AGBG, Rdn. 16; Schlechtriem - *Ferrari*, Art. 6 Rdn. 22 m. N. zur Gegenmeinung in Fn. 89; Staudinger - *Magnus* (1999), CISG, Art. 6 Rdn. 24 m. N. zur Gegenmeinung in Fn. 26 (beide unter Hinweis auf die Entstehungsgeschichte des Art. 6 CISG). Ferner BGH, v. 25.11.1998, VIII ZR 259/97, NJW 1999, 1259; Bianca/Bonell - *Bonell*, Art. 6, 2.3.3.; OLG Düsseldorf, v. 8.1.1993, 17 U 82/92, IPRax 1993, 412 m. Anm. *Magnus*, a.a.O., 390. A.A östOGH, IPRax 1995, 201. Kritisch auch *Karollus*, JuS 1993, 378, 381, der hier eine Missachtung des Parteiwillens moniert, da niemand mit „deutschem Recht" das UN-Kaufrecht meine. Diese Kritik ist aber zu relativieren, da es bereits zum Ausschluss des CISG genügt, wenn die Parteien nachträglich zu erkennen geben, dass mit ihrer Rechtswahl das unvereinheitlichte Recht eines Vertragsstaats gemeint war, Staudinger - *Magnus* (1999), CISG, Art. 6 Rdn. 33. Zur Frage, was gilt, wenn der Vertragsstaat, dessen Rechtsordnung gewählt ist, einen Vorbehalt nach Art. 95 CISG eingelegt hat, vgl. Schlechtriem - *Ferrari*, Art. 6 Rdn. 24.

Ausschluss zu bejahen sein.[1911] Demnach bleiben Konstellationen denkbar, in denen das CISG trotz Rechtswahl nicht gem. Art. 6 CISG ausgeschlossen ist.

2. Die grundsätzliche Unanwendbarkeit des CISG auf Verbraucherverträge

Sowohl das CISG als auch Art. 29a EGBGB erfassen internationale Kaufsachverhalte, was einen potentiellen Konfliktbereich eröffnet.[1912] Gem. Art. 2 lit. a) CISG sind jedoch diejenigen Kaufverträge vom Anwendungsbereich ausgenommen, die Waren für den persönlichen oder familiären Gebrauch betreffen, es sei denn der Verkäufer kannte diese Zweckbestimmung bei Vertragsschluss nicht und musste sie auch nicht kennen. Begründet wurde dieser Ausschluss zunächst damit, dass Verbrauchergeschäfte in der Regel Inlandsgeschäfte seien, was heute in dieser Form allerdings nicht mehr zutrifft.[1913] In erster Linie dient die Vorschrift dazu, einen Konflikt mit nationalen Verbraucherschutzbestimmungen zu vermeiden.[1914]

a) Ausschluss von Verbraucherverträgen durch Art. 2 lit. a) CISG

Der Ausschlusstatbestand des Art. 2 lit. a) CISG möchte im Prinzip Verträge aus dem nichtgewerblichen Bereich vom Anwendungsbereich des CISG ausnehmen, bedient sich hierzu aber nicht persönlicher oder das Geschäft objektiv beschreibender[1915] Kriterien, sondern stellt auf den Verwendungszweck der Ware ab.[1916] Maßgeblich ist daher die Zurechenbarkeit dieses Zwecks zur Privat-

---

1911 Staudinger - *Magnus* (1999), CISG, Art. 6 Rdn. 30; ähnlich Bianca/Bonell - *Bonell*, Art. 6, 2.3.3; Schlechtriem - *Ferrari*, Art. 6 Rdn. 21.

1912 Ebenso *Magnus*, in: Grundmann/Medicus/Rolland (Hrsg.), 79, 84 (für die VerbrauchsgüterkaufRL).

1913 Vgl. Bianca/Bonnelll - *Khoo*, Art. 2, 2.2.; Staudinger - *Magnus* (1999), CISG, Art. 2 Rdn. 2. Dieser aus der Zeit der Vorbereitung des Übereinkommens stammende Befund ist in Zeiten des *e*-Commerce überholt, wie schon die aktuelle Verbraucherpolitk der EG demonstriert, indem sie die reale Herstellung des Binnenmarkts durch den Verbraucher fördert.

1914 Bianca/Bonell - *Khoo*, Art. 2, 2.2; Schlechtriem - *Ferrari*, Art. 2 Rdn. 7; *Reinhart*, Art. 2 Rdn. 3. Angesichts der inhomogenen Anwendungsvoraussetzungen nationalen Verbraucherschutzrechts ist dies jedoch nicht vollständig gelungen (Schlechtriem - *Ferrari*, Art. 2 Rdn. 7; zu optimistisch daher *Enderlein/Maskow/Strohbach*, Art. 2, 2., die davon ausgehen, dass die nationalen Definitionen des Verbrauchervertrags bei allen Unterschieden im Kern den von Art. 2 lit. a. CISG ausgenommenen Verträgen entsprechen.).

1915 Vgl. zu Überlegungen, die im Rahmen der Vorarbeiten in diese Richtung gingen, Bianca/Bonnell - *Khoo*, Art. 2, 1.3., 1.4.

1916 *Enderlein/Maskow/Strohbach*, Art. 2, 2.; Staudinger - *Magnus* (1999), CISG, Art. 2 Rdn. 11.

sphäre.[1917] Entscheidender Zeitpunkt hierfür ist der Abschluss des Vertrags, spätere Änderungen in der Verwendungsabsicht sind unerheblich.[1918]

(1) Nichteingreifen des Ausschlusses bei scheinbar kommerziellem Geschäft

Die innere Willensrichtung des Käufers kann jedoch nicht über die Anwendbarkeit des CISG bestimmen. Art. 2 lit. a) HS 2 CISG fordert zusätzlich, dass der private Zweck dem Verkäufer bekannt oder erkennbar war. Ist dies nicht der Fall, so fallen auch Verbraucherkaufverträge unter das CISG.[1919]

Der Bereich der positiven Kenntnis der Verwendungsabsicht dürfte vor allem bei Fernabsatzverträgen kaum relevant sein, denn die Vertragsparteien werden in der Regel keinen ausdrücklichen Austausch hierüber halten. Der Käufer wird die „drohende" Anwendbarkeit des CISG nicht realisieren, der Verkäufer hat in der Regel kein Interesse an einer Nachfrage und ist hierzu auch nicht verpflichtet.[1920] Von größerer Relevanz ist somit die Frage, wann eine vorwerfbare Unkenntnis im Sinne des zweiten Halbsatzes vorliegt. Aus der Formulierung „n'ait pas su et n'ait pas été censé savoir" bzw. „neither knew nor ought to have known" wird zum Teil auf das Erfordernis grober Fahrlässigkeit geschlossen[1921], ein Argument, das schon dadurch an Überzeugungskraft verliert, dass das CISG an anderer Stelle zur Beschreibung grob fahrlässiger Unkenntnis die Formulierung „could not have been unaware of" verwendet.[1922] Erkennbarkeit im Sinne des Art. 2 lit. a) HS 2 CISG ist daher schon dann zu bejahen, wenn dem Verkäufer seine Unkenntnis nur überhaupt vorwerfbar ist. Das ist z.B. dann der Fall, wenn die Ware als Kaufgegenstand hinsichtlich ihrer Art oder Menge üblicherweise zu privaten Zwecken erworben wird.[1923]

1917 Staudinger - *Magnus* (1999), CISG, Art. 2 Rdn. 12.

1918 Schlechtriem - *Ferrari*, Art. 2 Rdn. 8; Staudinger - *Magnus* (1999), CISG, Art. 2 Rdn. 11; *Enderlein/Maskow/Strohbach*, Art. 2, 3.1.

1919 Staudinger - *Magnus* (1999), CISG, Art. 2 Rdn. 20; Schlechtriem - *Ferrari*, Art. 2 Rdn. 15; *Magnus*, ZEuP 1999, 642, 645; *Janssen*, VuR 1999, 324, 325. Umgekehrt wird das Übereinkommen angewendet, wenn der Kauf wie ein Verbraucherkauf aussieht, aber keiner ist, *Enderlein/Maskow/Strohbach*, Art. 2, 3.1.

1920 Schlechtriem - *Ferrari*, Art. 2 Rdn. 20; Staudinger - *Magnus* (1999), CISG, Art. 2 Rdn. 25.

1921 Vgl. die Nachweise bei Staudinger - *Magnus* (1999), CISG, Art. 2 Rdn. 22.

1922 Staudinger - Magnus (1999), CISG, Art. 2 Rdn. 22.

1923 Schlechtriem - *Ferrari*, Art. 2 Rdn. 17. Nach Staudinger - *Magnus* (1999), CISG, Art. 2 Rdn. 22 - 24 kommt Art. 2 lit. a CISG bei typischerweise privat verwendeten sowie neutralen Gegenständen mangels Vorliegens besonderer Umstände eine Vermutungswirkung dahingehend zu, dass auch im konkreten Fall ein Verbraucherkauf vorliegt. Ähnlich Soergel - *Lüderitz*, 12. Aufl., Art. 2 UN-Kaufabk, Rdn. 3. Wer sich dennoch auf die Anwendbarkeit des CISG beruft, muss sodann darlegen und ggf. beweisen, dass der Verkäufer trotzdem nicht von einem Verbraucherkauf ausgegangen ist und auch nicht ausgehen musste.

Daher werden vor allem im Bereich des Fernabsatzes nicht selten Umstände vorliegen, aus denen der Verkäufer den Schluss eines privaten Verwendungszwecks ziehen kann. Zum einen ist hier regelmäßig eine private Lieferadresse bekannt. Zum anderen sind die im klassischen Versandhandel sowie im *e*-Commerce typischerweise vertriebenen Waren häufig schon objektiv der privaten Sphäre zuzuordnen. Zu denken wäre hier etwa an Unterhaltungsliteratur, Computerspiele, Musik-CDs, mithin an den großen Bereich der Unterhaltungsgüter insgesamt.

Jedoch fällt es umgekehrt nicht schwer, ein Beispiel nicht vorwerfbarer Unkenntnis zu bilden: Man stelle sich z.B. einen Angestellten vor, der über einen Firmencomputer im Ausland branchentypische Waren zum persönlichen Gebrauch bestellt, sich aber nicht die Mühe macht, entsprechende Hinweise auf diesen Verwendungszweck zu geben und sich die Ware auch an die Firmenadresse liefern lässt.[1924]

(2) Beweislast

Die Frage der Beweislast für das Vorliegen des Ausschlussgrunds aus Art. 2 lit. a) CISG ist in den Einzelheiten umstritten. Einig ist man sich überwiegend in der Ablehnung der Auffassung, das CISG habe die Beweislast an dieser Stelle überhaupt nicht geregelt[1925], denn die Formulierung des Halbsatzes beginnend mit „es sei denn"[1926] sowie die Entstehungsgeschichte der Vorschrift steht dieser Ansicht entgegen.[1927] Im Übrigen lassen sich zwei Meinungsblöcke unterscheiden.

Eine Auffassung verteilt die Beweislast statisch in der Weise, dass dem Verkäufer der Beweis seiner fehlenden Kenntnis bzw. fehlenden Kennenmüssens des privaten Verwendungszwecks obliegt, während der Käufer die

---

1924 Vgl. auch die Beispiele bei *Mankowski*, RabelsZ 63 (1999), 203, 231 f.; *Junker*, RIW 1999, 809, 814 f.; *Hoeren*, 239; vgl. auch *Magnus*, in: Grundmann/Medicus/Rolland (Hrsg.), 79, 84 f.

1925 So Bianca/Bonell - *Khoo*, Art. 2, 3.2, 3.3.

1926 Die deutsche Textfassung ist allerdings nicht verbindlich. Die obige Aussage gilt jedoch z.B. auch für die (authentische) englische Fassung, die den Halbsatz mit den Worten „.... unless the seller ..." einleitet. A.A. aber Bianca/Bonell - *Khoo*, Art. 2, 3.2. unter Hinweis auf die Entstehungsgeschichte des Art. 25 CISG, der ebenfalls einen „unless"-Satz enthält. Dagegen spricht wiederum, dass bei den Vorarbeiten zu Art. 2 lit. a) CISG durchaus unter Anerkennung der Konsequenzen für die Beweislastverteilung darüber diskutiert wurde, anstelle des „unless" einen mit „if" eingeleiteten Nebensatz zu verwenden, *Jung*, S. 31 f.

1927 Vgl. Staudinger - *Magnus* (1999), CISG, Art. 2 Rdn. 28; Schlechtriem - *Ferrari*, Art. 2 Rdn. 22 und die Nachweise bei *Jung*, S. 31 Fn. 187. Zu den Beweisregeln als allgemeine Grundsätze des CISG im Sinne des Art. 7 Abs. 2 CISG, vgl. *Magnus*, RabelsZ 59 (1995), 469, 489.

Absicht privater Nutzung, also das Vorliegen eines Verbrauchervertrags im Sinne des CISG, nachzuweisen hat.[1928]

Der andere Meinungsblock differenziert hingegen danach, wer sich auf das Fehlen der Ausnahme bzw. auf die Anwendbarkeit des CISG beruft, denn man müsse auch dem Käufer erlauben, für dessen Anwendbarkeit zu plädieren, wenn ihm das CISG etwa günstigere Gewährleistungsvorschriften als das Vertragsstatut gewährt.[1929] Aufgrund des Charakters des Art. 2 lit. a) CISG als Ausnahmevorschrift vom grundsätzlich eröffneten Anwendungsbereich sowie des Grundsatzes, dass jede Partei ihr günstige Umstände auch beweisen muss[1930], ist meines Erachtens der letztgenannten Auffassung zu folgen.

Bestreitet der Käufer die Geltung der Konvention, so muss er den privaten Verwendungszweck beweisen, um den Anwendungsbereich der Ausnahmeregel zu eröffnen. Der Verkäufer kann dem wiederum nur entgehen, wenn er das Vorliegen der Gegenausnahme nachweist, diesen Zweck weder gekannt zu haben noch gekannt haben zu müssen. Beruft sich umgekehrt der Verkäufer auf die Nichtgeltung des CISG, so ist ihm auch der Umstand, dass ein den Anwendungsbereich eröffnender Verbrauchervertrag vorlag, günstig. Er muss in diesem Fall den gesamten Tatbestand des Art. 2 lit. a) CISG beweisen.[1931] Beruft sich hingegen nur der Käufer auf die Geltung der Konvention, so muss sich der Verkäufer durch den Nachweis wehren, es liege ein Verbrauchervertrag vor, während der Käufer dann die Unkenntnis bzw. das Nicht-Kennenmüssen dieses Umstands auf der Seite des Verkäufers nachweisen muss.[1932]

b) Vergleich mit Art. 29a EGBGB

Das CISG erfasst wie gesehen Verbraucherverträge, die als solche nicht erkennbar waren, wobei der Unternehmer die fehlende Erkennbarkeit beweisen muss, wenn sich der Verbraucher auf den Ausschluss des Art. 2 lit. a) CISG beruft.

1928 *Enderlein/Maskow/Strohbach*, Art. 2, 3.2.; tendenziell auch Bianca/Bonell - *Khoo*, Art. 2, 3.4., 3.5.

1929 In diesem Sinne Schlechtriem - *Ferrari*, Art. 2 Rdn. 23; Soergel - *Lüderitz/Fenge*, Art. 2 CISG, Rdn. 4.

1930 Zu diesen beiden Regeln als Bestandteil allgemeiner Beweisgrundsätze des CISG: *Magnus*, RabelsZ 59 (1995), 469, 489.

1931 So Staudinger - *Magnus* (1999), CISG, Art. 2 Rdn. 28. A.A. Soergel - *Lüderitz/Fenge*, Art. 2 CISG, Rdn. 4: der Käufer muss in diesem Fall die Unkenntnis bzw. Nichterkennbarkeit beweisen.

1932 Vgl. *Jung*, 199; kritisch aber *Schmelzer*, 146.

(1) Grundsätzlich klare Grenzziehung zwischen CISG und Art. 29a EGBGB

Die Richtlinien, deren Definition des Verbrauchervertrags auch für Art. 29a EGBGB gilt[1933], verzichten im Gegensatz dazu auf ein ausdrückliches Erkennbarkeitserfordernis, wenn sie darauf abstellen, dass eine natürliche Person „zu einem Zweck handelt, der nicht ihrer beruflichen oder gewerblichen Tätigkeit zugerechnet werden kann“.[1934] Zur Beurteilung der Verwendungsabsicht wird man sich aber nur auf objektiv erkennbare Umstände stützen dürfen, wobei nach allgemeinen Beweislastgrundsätzen der Erwerber auch hier das ihm günstige Vorliegen eines Verbrauchergeschäfts nachweisen muss. Im Gegensatz zur „geteilten“ Beweislast im Rahmen des Art. 2 lit. a) CISG trägt der Verbraucher damit auch die Beweislast für die Erkennbarkeit der privaten Verwendungsabsicht.[1935]

Das bedeutet, dass der Verbraucher den Ausschluss des CISG leichter erreichen kann als die Anwendbarkeit des Art. 29a EGBGB. Kann er das Vorliegen eines Verbrauchervertrags im Sinne des Art. 29a EGBGB beweisen, greift umgekehrt immer der Ausschluss des Art. 2 lit. a) CISG. Eine klare Grenzziehung zwischen dem CISG und Art. 29a EGBGB ist somit in aller Regel gegeben, da ein Verbrauchervertrag im Sinne des Art. 29a EGBGB ebenfalls nur aufgrund objektiv erkennbarer Umstände bejaht werden kann und gleichzeitig strengere Beweisanforderungen für den Verbraucher gelten.

(2) Erweiterungen des Verbraucherbegriffs in § 13 BGB für Art. 29a EGBGB unbeachtlich

Potentielle Überschneidungen ergeben sich aber, wenn ein nationales Verbraucherschutzgesetz im Gegensatz zum CISG nicht auf die Erkennbarkeit abstellt[1936], was als strengere Regelung im Bereich der Mindestharmonisierung zulässig wäre. Denkbar sind auch nationale Verbraucherschutzregelungen, die Tatbestände aus dem gewerblichen oder freiberuflichen Bereich erfassen, während Art. 2 lit. a) CISG auch Verträge mit einem Bezug zu unselbstständiger Erwerbstätigkeit zum geschäftlichen Bereich[1937] zählt.[1938] So hat Deutschland in § 13 BGB eine Erweiterung in den Bereich der unselbstständigen Erwerbstätigkeit hinein vorgenommen.

Da sich im sachrechtlichen Teil der Umsetzung vorgenommene Erweiterungen des sachlichen und persönlichen Anwendungsbereichs nach der

1933 Zur teleologischen Reduktion des Begriffs „Vertrag“, vgl. 4. Teil C I.
1934 Siehe oben 3. Teil B I 1.
1935 Oben 3. Teil B I 4.
1936 Schlechtriem - *Ferrari*, Art. 2 Rdn. 24.
1937 Vgl. *Faber*, ZEuP 1998, 854, 879; Staudinger - *Magnus* (1999), CISG, Art. 2, Rdn. 15.
1938 Schlechtriem - *Ferrari*, Art. 2 Rdn. 24.

hier vertretenen Auffassung nicht auf Art. 29a EGBGB auswirken, besteht jedoch auch insoweit keine Überschneidung des CISG mit Art. 29a EGBGB.

(3) Möglichkeit von Überschneidungen im Restbereich

Dennoch ist es nicht auszuschließen, dass im Einzelfall die Anwendbarkeit des Art. 29a EGBGB bejaht wird, man aber die Erkennbarkeit für den Unternehmer im Sinne des Art. 2 lit. a) CISG dennoch verneint. Immerhin setzt der Ausschluss des CISG bei tatsächlich privater Verwendungsabsicht zumindest eine fahrlässige Unkenntnis des Unternehmers voraus, während ein solches Verschuldenskriterium in Art. 29a EGBGB im Einklang mit den Richtlinienbestimmungen nicht existiert.[1939]

Weitere Kollisionsfälle können sich im Zusammenhang mit umstrittenen Fragen bei der Bestimmung des persönlich-sachlichen Anwendungsbereichs der Verbraucherschutzrichtlinien ergeben: So wird vertreten, dass die Richtlinien auch Verträge mit gemischter Zwecksetzung erfassen, während das CISG nur solche mit rein privater Zwecksetzung ausschließt.[1940]. Der Kauf eines Computers durch eine Lehrerin zum Zwecke der Unterrichtsvorbereitung kann also (nach umstrittener Auffassung) als dual use-Geschäft unter die Richtlinien, nicht aber unter den Ausschlussgrund des Art. 2 lit. a) CISG fallen. Die Anwendungsbereiche des CISG und des Art. 29a EGBGB überschneiden sich mithin jedenfalls nicht vernachlässigbar selten.[1941]

3. Überschneidungen im Regelungsbereich des CISG und der Richtlinien im Sinne des Art. 29a Abs. 4 EGBGB

Die Rangfrage wird praktisch nur relevant, wenn die Richtlinien Bestimmungen enthalten, die im Regelungsbereich des CISG liegen. Das CISG ist keine umfassende Kodifikation des Rechts der internationalen Warenlieferungsverträge[1942]. Die geregelten Rechtsbereiche ergeben sich vielmehr abschließend aus Art. 4 CISG: Umfasst sind der Abschluss des Kaufvertrags sowie die daraus erwachsenden Rechte und Pflichten der Vertragsparteien. Ausdrücklich ausgeschlossen ist die Frage der Gültigkeit des Vertrags, Art. 4 S. 2 lit. a) CISG. Der Begriff der Gültigkeit ist dabei autonom auszulegen, um die angestrebte

---

1939 Darauf weisen *Ernst/Gsell*, ZIP 2000, 1410, 1412, im Zusammenhang mit Art. 1 Abs 2 lit. a) der VerbrauchsgüterkaufRL hin.

1940 Zum Verbraucherbegriff der Richtlinien oben 3. Teil B I. Zu Art. 2 lit. a) CISG vgl. Staudinger - *Magnus* (1999), CISG, Art. 2, Rdn. 17.

1941 *Magnus*, in: Grundmann/Medicus/Rolland (Hrsg.), 79, 85, im Hinblick auf die VerbrauchsgüterkaufRL.

1942 Die TimesharingRL, die nur Immobilien betrifft, weist keine Berührungspunkte mit dem CISG auf, auch Dienstleistungsverträge scheiden allgemein aus.

Rechtseinheit nicht schon im Bereich der Anwendungsvoraussetzungen des CISG zu gefährden.[1943]

a) Verbraucherschützende Widerrufsrechte

Unter Gültigkeit im Sinne des Art. 4 CISG versteht man zunächst Fragen des materiell wirksamen Vertragsschlusses.[1944] Hierzu zählen auch gesetzlich eingeräumte Vertragslösungsrechte wie zum Beispiel Widerrufsrechte[1945], denn ob die Ungültigkeit des Rechtsgeschäfts aufgrund Gestaltungserklärung oder kraft Gesetzes eintritt, ist unerheblich.[1946] Insoweit findet daher keine Überschneidung mit Art. 29a EGBGB statt. Die Gültigkeitsfrage richtet sich – wie sich aus Art. 7 Abs. 2 CISG ergibt – nach dem durch das nationale IPR berufenen Recht[1947], auch wenn der Vertrag im Übrigen dem CISG unterliegt.

b) Einbeziehungskontrolle von Allgemeinen Geschäftsbedingungen

Der eben beschriebene Vorrang des nach IPR bestimmten nationalen Rechts gilt auch für die Inhaltskontrolle von AGB, nicht aber für Einbeziehungsfragen.[1948] Letztere betreffen den Abschluss des Vertrags und unterfallen damit dem CISG. Für die erörterte Frage des Spannungsverhältnisses zwischen Art. 29a EGBGB und dem CISG ist dieser Fall jedoch in der Regel unerheblich, denn die Einbeziehungskontrolle vorformulierter Klauseln fällt zum größten Teil nicht in den Anwendungsbereich der KlauselRL.[1949] Damit ergeben sich auch mit der KlauselRL regelmäßig keine Kollisionen.[1950]

[1943] Staudinger - *Magnus* (1999), CISG, Art. 4 Rdn. 11, 20.

[1944] Staudinger - *Magnus* (1999), CISG, Art. 4 Rdn. 20; *Schlechtriem*, Rdn. 34. Der Begriff „Gültigkeit" in Art. 4 CISG umfasst also lediglich solche Fragen nicht, die die Form oder den äußeren Konsens betreffen. Vgl. zu den Rechtsfragen, die Art. 4 CISG neben den hier wichtigen Vertragslösungsrechten dem durch das IPR berufenen internen Recht unterstellt, *Schlechtriem*, IPRax 1990, 277, 279.

[1945] Schlechtriem - *Ferrari*, Art. 2 Rdn. 25; Staudinger - *Magnus* (1999), CISG, Art. 4 Rdn. 21; Soergel - *Lüderitz/Fenge*, Art. 2 CISG, Rdn. 5.

[1946] *Schlechtriem*, Rdn. 35.

[1947] Vgl. Staudinger - *Magnus* (1999), CISG, Art. 4 Rdn. 19 und Art. 2 Rdn. 29.

[1948] Ulmer/Brandner/Hensen - *Schmidt*, Anh. § 2 AGBG, Rdn. 16a; *Schlechtriem*, Rdn. 34; Staudinger - *Magnus* (1999), CISG, Art. 4 Rdn. 24 f.; *Ders.*, ZEuP 1997, 823, 836; Honsell - *Siehr*, Art. 4 Rdn. 5; Wolf/Horn/Lindacher - *Lindacher*, Anh § 2 AGBG, Rdn. 75, 76.

[1949] Staudinger - *Schlosser* (1998), Einl zum AGBG, Rdn. 31 a.E.; *Grundmann*, Schuldvertragsrecht, § 5, 2.10, Rdn. 43; Wolf/Horn/Lindacher - *Wolf*, Art. 5 RL, Rdn. 1 a.E. Im Anhang Nr. 1 lit. i) verlässt die KlauselRL jedoch die strenge Trennung zwischen Einbeziehungs- und Inhaltskontrolle, vgl. Wolf/Horn/Lindacher - *Wolf*, Anh Nr. 1 lit. i Rdn. 121. Außerdem gilt gem. Art. 5 S. 1 KlauselRL das Gebot der Klarheit und Verständlichkeit, das die Mitgliedstaaten auch durch eine Regelung zur Einbeziehung

c) Informationspflichten nach der FernabsatzRL

Die Informationspflichten, die die FernabsatzRL dem Verkäufer auferlegt, eröffnen ebenfalls kein Spannungsfeld zwischen CISG und EG-Richtlinien. Da sie allein im Hinblick auf die Modifikation der Widerrufsfrist von Interesse sind, das Widerrufsrecht aber ohnehin nicht unter das CISG fällt, gehören sie sachlich zur Gültigkeitsfrage nach Art. 4 CISG.

d) Praktische Bedeutung des Problems im Zusammenhang mit der VerbrauchsgüterkaufRL

Seit 1.1.2002 erfasst Art. 29a Abs. 4 EGBGB jedoch auch die VerbrauchsgüterkaufRL, die aufgrund ihrer Regelungen zur Vertragsabwicklung erhebliche Überschneidungen mit dem CISG aufweist – man denke nur an die Rügeobliegenheit nach Art. 39 CISG[1951]. Die Frage, wie sich das CISG zu im vertragsrechtlichen Bereich ergangenen EG-Richtlinien verhält, kann daher nicht offen bleiben.

4. Das Verhältnis des CISG zu den EG-Verbraucherschutzrichtlinien

Da der EuGH in ständiger Rechtsprechung eine Direktwirkung von Verbraucherschutzrichtlinien[1952] im reinen Privatrechtsverhältnis ablehnt, geht es nicht um einen Vorrang der Richtlinienbestimmungen selbst. Fraglich ist vielmehr, ob das jeweilige nationale Umsetzungsgesetz dem CISG vorgehen kann.[1953]

a) Vorrang der EG-Richtlinien analog Art. 90 CISG?

In Analogie zum nach dem eindeutigen Wortlaut[1954] nur völkerrechtliche Übereinkünfte betreffenden Art. 90 CISG wird ein solcher Vorrang von nationalem Umsetzungsrecht in der Tat vertreten, während andere zwar Art. 90 CISG für

umsetzen können, Wolf/Horn/Lindacher - *Wolf*, § 2 AGBG, Rdn. 1; Art. 5 RL, Rdn. 1. Ebenso stellt die Präambel im 20. Erwägungsgrund darauf ab, dass der Verbraucher die Möglichkeit haben muss, von allen Klauseln Kenntnis zu nehmen, Ulmer/Brandner/Hensen - *Ulmer,* Einl., Rdn. 69.

1950 Dazu auch *Janssen*, VuR 1999, 324, 325.

1951 Vgl. *Magnus*, in: Grundmann/Medicus/Rolland (Hrsg.), 79, 86.

1952 Siehe oben 2. Teil D II 2.

1953 In diesem Sinne v. Caemmerer/Schlechtriem - *Herber*, CISG, 2. Aufl., Art. 90 Rdn. 12.

1954 Art. 90 CISG ordnet einen Nachrang des CISG zu anderen internationalen Vereinbarungen über dieselben Rechtsmaterien an, sofern die Parteien des zu beurteilenden Kaufvertrags ihre Niederlassung in Vertragsstaaten dieser anderen Übereinkommen haben (Staudinger - *Magnus* (1999), CISG, Art. 90 Rdn. 1; Schlechtriem - *Ferrari*, Art. 90 Rdn. 1.

nicht anwendbar halten, die Mitgliedstaaten aber infolge der Abgabe von Souveränitätsrechten an die EG daran gehindert sehen, in Kollisionsfällen ihre völkerrechtliche Bindung an das CISG zu beachten, was ebenfalls auf einen Vorrang von Umsetzungsrecht hinausläuft.[1955]

b) Argumente gegen die Analogie zu Art. 90 CISG

Eine Analogie zu Art. 90 CISG verbietet sich jedoch aus mehreren Gründen: Es fehlt zum einen aufgrund des bisweilen erheblichen Gestaltungsspielraums für den Umsetzungsgesetzgeber, zum anderen aufgrund des Charakters der Transformationsgesetze als nationales Recht an der Vergleichbarkeit mit rechtsvereinheitlichenden völkerrechtlichen Übereinkünften im Sinne des Art. 90 CISG.[1956] Gegen letzteres Argument wird zwar geltend gemacht, das Umsetzungsrecht sei nur formal betrachtet nationales Recht, materiell aber als Ausführung des Umsetzungsbefehls Gemeinschaftsrecht.[1957] Jedoch erscheint es zu weit hergeholt, zur Herstellung der Vergleichbarkeit auf den aus dem EG-Primärrecht als völkerrechtliche Grundlage der Gemeinschaft erwachsenden Umsetzungsbefehl abzustellen.[1958]

Dass der Inhalt verbraucherschützender Richtlinien erst durch nationales Kollisionsrecht (wie z.B. Art. 29a EGBGB) zur Anwendung berufen werden muss, das CISG diesen kollisionsrechtlichen Zwischenschritt in seinem Anwendungsbereich jedoch gerade überflüssig macht, spricht ebenfalls gegen einen Vorrang nationalen Umsetzungsrechts.[1959] Auch mit Art. 307 EG lässt er sich jedenfalls für die Verbraucherschutzrichtlinien im Sinne des Art. 29a Abs. 4 EGBGB nicht begründen, denn bei Entstehung der sie betreffenden konkreten Umsetzungspflichten war das CISG bereits von Deutschland ratifiziert worden, so dass es nach dem Sinn und Zweck des Art. 307 EG nicht hinter in diesem Sinne späteres Gemeinschaftsrecht zurücktreten soll.[1960]

[1955] Für Art. 90 CISG: Honsell - *Siehr*, Art. 90 Rdn. 7; *Herber*, MDR 1993, 105; v. Caemmerer/Schlechtriem - *Herber*, CISG, 2. Aufl., Art. 90 Rdn. 12; *Kuhlen*, 124; zum zweiten Ansatz Soergel - *Lüderitz/Dettmeier*, Art. 90 CISG, Rdn. 5. Der Spezialitätsgrundsatz und die lex posterior-Regel sind zur Lösung der Rangfrage jedenfalls nicht geeignet, vgl. *Janssen*, VuR 1999, 324, 326.

[1956] Ähnlich Staudinger - *Magnus* (1999), CISG, Art. 90 Rdn. 4; Schlechtriem - *Ferrari*, Art. 90 Rdn. 3; kritisch auch *Ernst/Gsell*, ZIP 2000, 1410, 1412; unter Hinweis auf die Entstehungsgeschichte ebenfalls zweifelnd *Wartenberg*, 45 f.

[1957] Vgl. *Brödermann/Iversen*, Rdn. 620 f. m. w. N.

[1958] A. A. *Herber*, MDR 1993, 105, 106. Im Ergebnis wie hier: Schlechtriem - *Ferrari*, Art. 90 Rdn. 3; *Otto*, MDR 1993, 306. Letzterer verweist auch auf die Entstehungsgeschichte des Art. 90 CISG, vor deren Hintergrund die Bedeutung des Art. 90 CISG nicht überinterpretiert werden dürfe.

[1959] *Magnus*, ZEuP 1999, 642, 647; *Otto*, MDR 1993, 306.

[1960] Zu dieser Argumentation, Schlechtriem - *Ferrari*, Art. 90 Rdn. 3. Die KlauselRL trat 1993 in Kraft, Deutschland hatte das CISG aber schon im Dezember 1989 ratifiziert.

Schließlich brächte die von der Gegenmeinung vertretene Auslegung des Art. 90 CISG erhebliche Rechtsunsicherheit bei der Anwendung des CISG mit sich, etwa hinsichtlich der Frage, ob und inwieweit eine Regelung als Umsetzungsbestimmung anzusehen und ob das CISG mit einer einschlägigen Richtlinienbestimmung unvereinbar ist und daher im konkreten Fall verdrängt wird.[1961] Angesichts der Möglichkeit für die Mitgliedstaaten, durch einen das CISG überlagernden Staatsvertrag oder durch eine Erklärung gem. Art. 94 CISG, der einen Vorbehalt zugunsten engerer regionaler Rechtsvereinheitlichung ermöglicht[1962], insoweit Klarheit zu schaffen, erscheint dies nicht hinnehmbar.[1963]

c) Ergebnis

Damit schlagen die Argumente, die für den Vorrang des CISG vor autonomem Verbraucherschutzrecht allgemein geltend gemacht werden, auch hier durch. Entscheidend ist danach ein Gegenschluss zu Art. 2 lit. a) CISG: Wenn Verbraucherverträge grundsätzlich insgesamt dem nationalen Recht unterfallen sollen, so liegt es nahe anzunehmen, dass im Falle eines von Art. 2 lit. a) CISG nicht erfassten Verbrauchergeschäfts das CISG ebenso umfassend seine eigene Geltung beansprucht.[1964]

Solange der betreffende Mitgliedstaat keine Erklärung nach Art. 94 CISG abgegeben hat, bleibt es daher dabei, dass der Gemeinschaftsgesetzgeber die Nichtanwendung des CISG gegenüber harmonisierten Rechtsbereichen in der EG nicht anordnen wollte und das CISG somit nationalem Verbraucherschutzrecht auch dann vorgeht, wenn es auf EG-Richtlinien beruht.[1965]

d) Auswirkungen für den Verbraucher

Die verbraucherungünstige Wirkung dieser Auslegung relativiert sich jedoch insoweit, als die Parteien bei ausnahmsweiser Anwendbarkeit des CISG auf einen Verbrauchervertrag vom Standard des CISG nicht durch Vereinbarung im

---

1961 *Wartenberg*, 48; *Magnus*; ZEuP 1999, 642, 647. Dies sieht auch *Herber*, der diese Bedenken im Ergebnis nicht für durchschlagend hält, weil eine möglichst völkerrechtskonforme Anwendung sowohl des CISG als auch des letztlich auf einem völkerrechtlichen Vertrag beruhenden Richtlinienrechts vorzuziehen sei, v. Caemmerer/Schlechtriem - *Herber*, CISG, 2. Aufl., Art. 90 Rdn. 12.

1962 Staudinger - *Magnus* (1999), CISG, Art. 94, Rdn. 1.

1963 Vgl. *Magnus*, ZEuP 1999, 642, 647; *Wartenberg*, 47; *Jannsen*, VuR 1999, 324, 327. Kritisch dazu aber *Ernst/Gsell*, ZIP 2000, 1410, 1412.

1964 Vgl. Staudinger - *Magnus* (1999), CISG, Art. 2 Rdn. 30.

1965 *Magnus*, ZEuP 1999, 642, 647; *Ders.*, in: Grundmann/Medicus/Rolland (Hrsg.), 79, 85 f. (für einen Vorrang des CISG vor der VerbrauchsgüterkaufRL); *Wartenberg*, 49; *Janssen*, VuR 1999, 324, 327; im Ergebnis auch *Ernst/Gsell*, ZIP 2000, 1410, 1412 f.

Vergleich zum nationalen Schutzrecht ungünstigerer Regeln abweichen[1966] können.[1967] Denn in diesem Fall verlassen sie selbst wieder den Regelungsbereich des CISG und unterstellen den Vertrag den Maßstäben des nationalen Rechts.[1968] Für den vom CISG abweichenden Teil der Vertragsbestimmungen gilt daher wieder das über den die kollisionsrechtliche Parteiautonomie begrenzenden Art. 29a EGBGB berufene zwingende EG-Verbraucherschutzrecht.

Soweit das CISG Wertungsspielräume offen lässt, etwa bei der Konkretisierung der Rügeobliegenheit, kann zudem der Umstand Berücksichtigung finden, ob eine Vertragspartei grundsätzlich als Privatperson oder wie ein Kaufmann zu behandeln ist.[1969] Im Übrigen erscheint es aber sachgerecht, die sich im grenzüberschreitenden Handel wie ein Geschäftsmann gerierende Partei auch entsprechend diesem geweckten Anschein zu behandeln.[1970]

5. Zusammenfassung

In aller Regel kommt es zu keiner Überschneidung zwischen Art. 29a EGBGB und dem CISG, da in Fällen einer nicht erkennbaren privaten Zwecksetzung häufig auch ein Verbrauchervertrag im Sinne des Art. 29a EGBGBG abzulehnen sein wird. Da der Vertragsbegriff des Art. 29a EGBGB jedoch kein ausdrückliches Erkennbarkeitserfordernis und insbesondere auch keinen Fahrlässigkeitsmaßstab kennt sowie aufgrund der strittigen Behandlung von dual-use-Fällen sind Überschneidungen auch nicht ganz ausgeschlossen. Das CISG geht dann vor, solange nicht ein Vertragsstaat nach Art. 94 CISG den Vorrang seines Umsetzungsgesetzes erklärt hat.

Die praktische Bedeutung des Problems könnte künftig zunehmen, da sich der Regelungsbereich der seit 1.1.2002 in Art. 29a Abs. 4 EGBGB aufgenommenen VerbrauchsgüterkaufRL mit dem CISG teilweise überschneidet. Sollte das CISG einmal tatsächlich in Konflikt zu einem Umsetzungsgesetz treten und es im konkreten Fall verdrängen, wird der Umstand, dass es sich bei einer Vertragspartei „eigentlich" um einen Verbraucher handelt, jedoch bis zu einem gewissen Grad innerhalb des CISG berücksichtigt werden können.

1966 Grundsätzlich ergibt sich die Möglichkeit, einzelne Bestimmungen abzubedingen oder abzuändern, aus Art. 6 CISG, Staudinger - *Magnus* (1999), CISG, Art. 6 Rdn. 48.

1967 Soergel - *Lüderitz/Fenge*, Art. 2 CISG, Rdn. 5; Staudinger - *Magnus* (1999), CISG, Art. 2 Rdn. 31.

1968 Staudinger - *Magnus* (1999), CISG, Art. 2 Rdn. 31.

1969 *Magnus*, in: Grundmann/Medicus/Rolland (Hrsg.), 79, 86.

1970 *Ernst/Gsell*, ZIP 2000, 1410, 1413.

I. Zusammenfassung des 4. Teils

Die Neuregelung des Art. 29a EGBGB hat einige wesentliche Schwächen der Vorgängernormen beseitigt und wirft zugleich selbst einige schwierige, aber nicht unlösbare Auslegungsfragen auf. Die Umsetzung der Art. 6 Abs. 2 Klausel-, Art. 12 Abs. 2 Fernabsatz- und neuerdings des Art. 7 Abs. 2 VerbrauchsgüterkaufRL ist als gelungen zu bezeichnen, insbesondere nunmehr sekundärrechtskonform, wenn auch bezüglich des Günstigkeitsvergleichs nur im Wege richtlinienkonformer Auslegung. Die Transformation des Art. 9 TimesharingRL weist in Art. 29a Abs. 1 und 3 EGBGB mit der Erweiterung der räumlichen Anwendungsvoraussetzungen und dem Festhalten am lex fori-Modell hingegen Schwachstellen auf, die aus der Vorgängernorm des § 8 TzWrG übernommen wurden. Die wesentlichen Ergebnisse der Untersuchung seien im Folgenden zusammengefasst:

Wahl eines Drittstaatenrechts
Der neue Art. 29a EGBGB setzt zunächst eine wirksame Rechtswahl voraus, was sich allein nach den Art. 27 Abs. 1, 4 i.V.m. Art. 31 EGBGB beurteilt. Die Rechtswahlvereinbarung muss sich auf ein Drittstaatenrecht beziehen, wobei Art. 29a EGBGB zulässigerweise die EWR-Staaten aus dem Kreis der Drittstaaten ausnimmt. In Übereinstimmung mit den Regelungsvorgaben der IPR-Klauseln muss diese Rechtswahl jedoch nicht kausal für die Geltung des Drittstaatenrechts in dem Sinne sein, dass im konkreten Fall ohne die Rechtswahl das Recht eines Mitgliedstaats anwendbar wäre. Die eine solche Abwahl eines Mitgliedstaatenrechts fordernde These vom kollisionsrechtlichen Schutzverlust würde zwar einen Gleichlauf mit dem EVÜ durch die vorgeschaltete Prüfung der Art. 3-5 EVÜ ermöglichen, ist mit Regelungszweck und Systematik der IPR-Klauseln jedoch nicht vereinbar.

Keine analoge Anwendung bei objektiver Bestimmung des Vertragsstatuts
Eine analoge Anwendung des Art. 29a Abs. 1 EGBGB auf Verträge ohne Rechtswahl scheidet aus, denn das insoweit (noch) lückenhafte Schutzkonzept der Gemeinschaft darf nicht im nationalen Alleingang zu Lasten des EVÜ korrigiert werden.

Die Auslegung des Begriffs „Vertrag"
Erst auf den zweiten Blick erkennbar ist die Bedeutung der Auslegung des Begriffs „Vertrag" in Art. 29a EGBGB. Denn aufgrund abweichender Definitionen des sachlich-persönlichen Anwendungsbereichs der Umsetzungsgesetze in den Mitgliedstaaten macht es durchaus einen Unterschied, ob man schon den Vertragsbegriff streng im Sinne der Richtlinienbestimmungen auslegt, oder zunächst alle Verträge unter Art. 29a EGBGB subsumiert und erst auf der

Rechtsfolgenseite die Einschlägigkeit der Umsetzungsgesetze prüft. Nach der letztgenannten Methode würden nationale Schutzverstärkungen in diesem Bereich auf die Ebene des Kollisionsrechts durchschlagen. Schon um die Einheit des Internationalen Verbrauchervertragsrechts in der Gemeinschaft nicht unnötig zu gefährden, ist die engere erste Auslegungsvariante vorzuziehen.

„Vertrag" im Sinne des Art. 29a EGBGB ist daher nur ein Verbrauchervertrag im Sinne der Richtlinien. Am Rande sei hier angemerkt, dass der kollisionsrechtliche Verbraucherschutz damit als Folge der Herausnahme der Umsetzungskollisionsnorm aus dem sachlichen Umsetzungsgesetz gegenüber § 12 AGBG (1996) und § 8 TzWrG in Details zurückgenommen wird, da nunmehr z.B. die zu Zwecken einer unselbstständigen Erwerbstätigkeit kontrahierende Vertragspartei aus dem Anwendungsbereich der Umsetzungskollisionsnorm herausfällt.

DIE GENERALKLAUSEL DES „ENGEN ZUSAMMENHANGS"

Den räumlich-territorialen Anwendungsbereich beschreibt Art. 29a EGBGB wie § 12 AGBG (1996) generalklauselartig als „engen Zusammenhang", konkretisiert durch ein Regelbeispiel. Wie schon zuvor in § 8 TzWrG hat der Gesetzgeber nunmehr durchweg beachtet, dass der Zusammenhang nur zum Gebiet *mindestens* eines Mitgliedstaats bestehen muss, auch wenn Art. 29a Abs. 1 EGBGB hier unklar vom „Gebiet *eines* dieser Staaten" spricht. Im Regelbeispiel hätte allerdings auf die „Öffentlichkeit" der Werbung sowie das Kausalitätserfordernis verzichten werden sollen, um die Kohärenz mit dem EVÜ und dem EuGVÜ bzw. seit 1.3.2002 der EuGVVO zu wahren.

In richtlinienkonformer Auslegung des Merkmals „enger Zusammenhang" ist der gewöhnliche Aufenthalt des Verbrauchers in der EU bzw. dem EWR notwendige, aber noch nicht ausreichende Voraussetzung für die Anwendung des Art. 29a EGBGB. Maßgeblich sind im Übrigen die Umstände des Einzelfalls, wobei nicht nur geographische, sondern auch wirtschaftliche, kulturelle und andere Bezüge relevant sein können. Die Kriterien des Art. 28, 29 Abs. 1 Nr. 1 - 3 EGBGB bilden dabei grundsätzlich eine „Evidenzschwelle", da der „enge Zusammenhang" ein Weniger gegenüber den dort aufgestellten Voraussetzungen eines hinreichenden Bezugs zum Gemeinschaftsgebiet darstellt.

EUROPÄISCH-ALLSEITIGE VERWEISUNG

Neu gegenüber den Vorgängernormen des Art. 29a EGBGB ist die Verweisungstechnik.

Abs. 1 enthält im Gegensatz zur lex fori-Anknüpfung der §§ 12 AGBG (1996), 8 TzWrG eine innereuropäisch allseitige Verweisung, wonach das Recht des Mitglied- bzw. EWR-Staats anwendbar ist, zu dem die enge bzw. engste Verbindung besteht. Diese offene Formulierung ist vorbehaltlos zu begrüßen, da sie die Wahrung der Kohärenz mit den Wertungen des EVÜ ermöglicht, während das lex fori-Prinzip unnötigerweise von diesen Wertungen abweicht, den Parteiinteressen nicht genügt und nicht zuletzt eine unzulässige Grundfreiheitenbeschränkung darstellen kann.

Im Einzelnen gilt Folgendes: Aus Sicht der Richtlinien genügt die Geltung irgendeiner mitgliedstaatlichen Rechtsordnung. Führen die Wertungen des EVÜ zu einer solchen Rechtsordnung, muss auch Art. 29a Abs. 1 EGBGB auf diese Rechtsordnung verweisen, insoweit findet keine Dispensierung von der völkerrechtlichen Bindung nach Art. 20 EVÜ statt.

Verträge mit EU-Anbietern unterliegen daher nach Art. 29a Abs. 1 EGBGB dem Anbieterrecht, während nach wie vor nur Art. 29 Abs. 1 Nr. 1-3 EGBGB zum Aufenthaltsrecht des Verbrauchers führen kann. Bei Verträgen mit Drittstaatenanbietern ist hingegen in Weiterentwicklung des Art. 29 Abs. 1 Nr. 1 EGBGB an den Vertragsanbahnungsmarkt, also an den Ort des Zusammentreffens von Vertriebsaktivität und Nachfrageverhalten, anzuknüpfen, soweit er in der EU bzw. dem EWR liegt. Mit dieser Regelung hält sich Art. 29a Abs. 1, 2 EGBGB auch unproblematisch im Rahmen der Vorgaben, die die Grundfreiheiten für nationale Einschränkungen der Parteiautonomie aufstellen.

Bestimmungen „zur Umsetzung“

Art. 29a Abs. 1, 4 EGBGB beruft die Bestimmungen des betreffenden Mitglied- bzw. EWR-Staats, die dort „zur Umsetzung“ der einschlägigen Richtlinie bestehen. Damit sind – vorbehaltlich der obigen Ausführungen zum Vertragsbegriff des Art. 29a EGBGB – auch Schutzverstärkungen, also strengere Regelungen, die eine systemkonforme Weiterentwicklung im Anwendungs- und Regelungsbereich der Richtlinie darstellen, erfasst. Denn der Gemeinschaftsgesetzgeber hat nur einen Mindeststandard aufgestellt und so Raum für die internationale Durchsetzung von Schutzverstärkungen auch innerhalb der EU geschaffen.

Analoge Anwendung auf nicht in Abs. 4 genannte Verbraucherschutzrichtlinien

Daneben kommt eine analoge Anwendung des Art. 29a EGBGB auf Umsetzungsbestimmungen zu Richtlinien, die in Abs. 4 nicht genannt sind, infolge der EuGH-Entscheidung in der Rechtssache „*Ingmar*“ in Betracht, wenn der Rechtsangleichungs- und Schutzzweck einer Richtlinie dies gebietet. Das ist beispielsweise für die HaustürgeschäfteRL zu bejahen.

Günstigkeitsvergleich

Entgegen dem Wortlaut des Art. 29a Abs. 1, 3 EGBGB („gleichwohl anzuwenden“) ist das jeweilige Umsetzungsrecht nicht unbedingt berufen, sondern nur, wenn es günstiger ist als das gewählte Drittstaatenrecht. Einer solchen richtlinienkonformen Auslegung steht nichts im Wege, da der deutsche Gesetzgeber mit der engeren Formulierung in Art. 29a EGBGB keinen Souveränitätsvorbehalt gegen den sekundärrechtlich angeordneten Günstigkeitsvergleich einlegen wollte.

Die Nichtumsetzungsproblematik

Verweist Art. 29a EGBGB auf defizitäres Umsetzungsrecht, ist also auch durch richtlinienkonforme Auslegung bis zur Grenze des nationalen Souveränitätsvorbehalts kein Ergebnis, das mit den Regelungsvorgaben der einschlägigen Richtlinie übereinstimmt, zu erzielen, so ist dies hinzunehmen. Die sog. Nichtumsetzungsproblematik ist in Art. 29a EGBGB weder auf Tatbestands- noch auf der Rechtsfolgenseite berücksichtigt.

Verweis auf grundfreiheitenwidriges Umsetzungsrecht

Enthält das berufene Umsetzungsrecht hingegen Schutzverstärkungen, die eine verbotene Grundfreiheitenbeschränkung darstellen, was auch nach dem „*Keck*"-Urteil des EuGH im Verbrauchervertragsrecht durchaus denkbar ist, so hat die betreffende Sachnorm gegebenenfalls unangewendet zu bleiben.

Mängel der Umsetzung des Art. 9 TimesharingRL in Art. 29a Abs. 3 EGBGB

An Art. 29a Abs. 3 EGBGB ist in erster Linie das Festhalten an der lex fori-Anknüpfung zu kritisieren. Sie führt unter Umständen zu einer Anwendung der deutschen Umsetzung in den §§ 481 ff. BGB, obwohl engere Bezüge zu anderen Mitgliedstaaten bestehen. Allerdings ist die praktische Bedeutung des Abs. 3 insofern gering, als Abs. 1 auf Timesharingverträge, die eine Rechtswahl zugunsten von Drittstaatenrecht enthalten, vorrangig anzuwenden ist. In dieser Anwendung des Abs. 1 liegt zwar eine Überschreitung der Richtlinienvorgaben, die gegenüber § 8 TzWrG sogar ausgeweitet wurde, da die dort abschließende Nr. 2 nunmehr durch die Generalklausel des „engen Zusammenhangs" ergänzt wird, allerdings lässt sich dies nicht im Wege richtlinienkonformer Auslegung korrigieren: der Gesetzgeber ist an dieser Stelle bewusst über Art. 9 TimesharingRL hinausgegangen.

Das Verhältnis des Art. 29a EGBGB zu Art. 29, 34, 6 EGBGB

Art. 29 EGBGB ist vor Art. 29a EGBGB zu prüfen. Kommt danach ein mitgliedstaatliches Umsetzungsrecht zur Anwendung oder kommt es nur deshalb nicht zur Anwendung, weil das drittstaatliche Recht günstiger ist, so greift Art. 29a EGBGB nicht mehr ein. Auch eine Durchsetzung der deutschen Umsetzungsgesetze über Art. 34 EGBGB kommt neben Art. 29, 29a EGBGB nicht in Betracht. Art. 6 EGBGB wird hingegen durch Art. 29a EGBGB nicht gesperrt, dürfte aber im Verbraucherschutzrecht keine praktische Bedeutung erlangen.

Das Verhältnis des Art. 29a EGBGB zum CISG

Überschneidungen im Anwendungsbereich des CISG und des Art. 29a EGBGB sind selten, aber nicht ausgeschlossen. In solchen Fällen geht das CISG vor, so dass der Verbraucher möglicherweise den Schutz der Richtlinien verlieren kann.

5. Teil Rechtspolitische Bewertung und Ausblick

Auf der europäischen Ebene existieren seit Anfang der 90er Jahre kollisionsrechtliche Regelungsgebote in Verbraucherschutzrichtlinien, die zumindest bis zu einer Revision des EVÜ relevant bleiben werden. Dementsprechend ist das Internationale Verbrauchervertragsrecht durch die Diskussion der Rechtsetzungsaufträge in Art. 6 Abs. 2 Klausel-, 12 Abs. 2 Fernabsatz-, 9 Timesharing-, 7 Abs. 2 Verbrauchsgüterkauf- und neuerdings Art. 11 Abs. 3 des Geänderten Vorschlags einer Richtlinie über den Fernabsatz von Finanzdienstleistungen[1971] geprägt. Eine rechtspolitische Bewertung des Art. 29a EGBGB ist daher in erster Linie eine Bewertung dieser IPR-Klauseln und erfolgt insoweit aus europäischer Perspektive.

[1971] Vgl. zu diesen Vorschriften den 1. Teil A, B.

A. Die rechtspolitische Legitimität der IPR-Klauseln

Die in den neueren Verbraucherschutzrichtlinien enthaltenen kollisionsrechtlichen Rechtsetzungsaufträge sind in Teilen der Literatur auf heftige Kritik gestoßen.[1972] Diese setzt ausgehend von den im EVÜ zum Ausdruck kommenden Grundsätzen des IPR zum einen an der einseitigen Regelungstechnik als Folge der Sachnormorientierung des Art. 6 Abs. 2 KlauselRL und seiner Nachfolger (1.), zum anderen an den zugrunde liegenden verbraucherpolitischen Wertungen (2.), an der Lückenhaftigkeit des EG-Verbraucherschutzkonzepts (3.) und schließlich an der vom Gemeinschaftsgesetzgeber heraufbeschworenen Gefahr einer erneuten Zersplitterung des Kollisionsrechts in Europa auf dem Gebiet der Verbraucherverträge (4.) an.

I. Statutarischer Ansatz

Die IPR-Klauseln verfolgen einen statutarischen Ansatz, denn sie gehen von dem in den Mitgliedstaaten umgesetzten Richtlinienstandard aus und ordnen dessen internationale Durchsetzung unter bestimmten Voraussetzungen an. Damit zielen sie auf mitgliedstaatliche Umsetzungskollisionsnormen, die nicht dem traditionellen Leitbild des IPR von der allseitigen Verweisungsnorm entsprechen. Kritisiert wird hieran, dass unter Missachtung der Kriterien internationalprivatrechtlicher Gerechtigkeit ein weltweiter Schutzstandard etabliert werde.[1973] Es zeige sich ein „Horror" vor dem Drittstaatenrecht.[1974]

Demgegenüber weist *Basedow* darauf hin, dass der Sachnormbezug im Wesen des Wirtschaftskollisionsrechts liege und Art. 6 Abs. 2 KlauselRL gerade daraus seine Existenzberechtigung beziehe.[1975] Die Analyse der rechts- und wirtschaftspolitischen Zielsetzung einer Harmonisierungsrichtlinie sei gerade Voraussetzung dafür, die Frage nach dem Anwendungsbereich der Richtlinie im Verhältnis zu Drittstaatenrecht beantworten zu können. Es sei offener und klarer, die hierzu gebildeten Überzeugungen nicht im Rahmen von Ausweich- oder Vorbehaltsklauseln, sondern in offen formulierten Kollisionsnormen zu verankern.[1976] Zudem könne man Art. 6 Abs. 2 KlauselRL als Fortentwicklung des Art. 3 Abs. 3 EVÜ ansehen, da die Richtlinienvorgaben eine innere Ver-

---

[1972] Siehe nur *Martinek*, in: Grundmann (Hrsg.), Systembildung, 511, 553 f.; ausführlich und sehr kritisch *Jayme/Kohler*, Rev. crit. dr. internat. privé (84) 1995, 1, 15 ff.

[1973] *Jayme*, in: FS Trinkner (1995), 575, 577; *Junker*, IPRax 1998, 65, 74: "Verheerend ist das archaische Streben nach Sonderanknüpfung (...).".

[1974] *Jayme*, in: Hommelhoff/Jayme/Mangold (Hrsg.), 35, 43.

[1975] *Basedow*, in: Schnyder/Heiss/Rudisch (Hrsg.), 11, 19, 29.

[1976] *Basedow*, in: Schnyder/Heiss/Rudisch (Hrsg.), 11, 30; ähnlich *Lurger*, in: FS Posch (1996), 179, 187. Dazu auch oben 4. Teil A II 3.b).

bindung zwischen den Umsetzungen schaffen, die es rechtfertigen, die EU als „einheitlichen" Rechtsraum anzusehen.[1977]

Die Existenzberechtigung von IPR-Klauseln wie Art. 6 Abs. 2 KlauselRL hat kürzlich auch der EuGH in der Rechtssache „*Ingmar*"[1978] implizit bestätigt, indem er ausführt, dass es

> „ (...) der Zweck dieser Bestimmungen [Art. 17, 18 HandelsvertreterRL] erfordert (...), dass sie unabhängig davon, welchem Recht der Vertrag nach dem Willen der Parteien unterliegen soll, anwendbar sind, wenn der Sachverhalt einen starken Gemeinschaftsbezug aufweist, etwa weil der Handelsvertreter seine Tätigkeit im Gebiet eines Mitgliedstaats ausübt."[1979]

Die Entscheidung ist wie gesehen auf Verbraucherschutzrichtlinien aufgrund ihrer ähnlichen Zielsetzung sowie der im Vergleich zum Handelsvertreter sogar noch eindeutigeren Schutzbedürftigkeit der Verbraucher im Grundsatz übertragbar. Die Ähnlichkeit der zentralen Formulierung des EuGH mit den IPR-Klauseln ist offensichtlich, den IPR-Klauseln eine legitime Marktabgrenzungsfunktion damit im Grundsatz nicht mehr abzusprechen.[1980]

Da das EVÜ keinen Unterschied zwischen Drittstaaten- und harmonisiertem EU-Mitgliedstaatenrecht kennt (vgl. Art. 2 EVÜ), kann es auf die zunehmende Entwicklung eines „einheitlichen" Rechtsraums der EU-Mitgliedstaaten nämlich nicht reagieren.[1981] Dementsprechend ist die Notwendigkeit, die Regelung, die Art. 3 Abs. 3 EVÜ für Inlandssachverhalte trifft, auf (reine) Binnenmarktsachverhalte zu erstrecken, heute überwiegend anerkannt[1982], so dass sich der Gemeinschaftsgesetzgeber in diesem Teilaspekt bestätigt sehen kann.

[1977] *Basedow*, in: Schnyder/Heiss/Rudisch (Hrsg.), 11, 31.

[1978] EuGH, v. 9.11.2000, Rs. C-381/98 (*Ingmar GB Ltd./Eaton Leonhard Technologies Inc.*), IPRax 2001, 225 (Tz. 18); ferner abgedr. in BB 2001, 10.

[1979] EuGH (o. Fn. 1978), BB 2001, 10, 11, Tz. 25. Die Passage ist auch insoweit gegenüber dem Leitsatz von Bedeutung, als die Rechtswahlfestigkeit des Ausgleichsanspruchs erst recht gilt, wenn ein in der EU ansässiges Unternehmen versucht, ihn durch Wahl eines Drittstaatenrechts zu umgehen, vgl. *Kindler*, BB 2001, 11, 13; *Freitag/Leible*, RIW 2001, 287, 294. Der EuGH stützte sich in seiner Entscheidung im Wesentlichen auf den Zweck der Richtlinie, den Handelsvertreter zu schützen, auf den zwingenden Charakter der betreffenden Richtlinienbestimmungen sowie insbesondere auf das Ziel der Richtlinie, Wettbewerbsverzerrungen abzubauen und die Niederlassungsfreiheit im Bereich des Handelsvertreterberufs zu stärken, EuGH (o. Fn. 1978), BB 2001, 10, 11, Tz. 20-24.

[1980] Zur Marktabgrenzungsfunktion vgl. schon *Basedow*, in: Schnyder/Heiss/Rudisch (Hrsg.), 11, 19; angedeutet auch bei *Sonnenberger*, JZ 1998, 982, 985; *Martinek*, in: Grundmann (Hrsg.), Systembildung, 511, 555; *Nemeth*, 5. Siehe auch oben 3. Teil A II 2.

[1981] Vgl. *Martiny*, ZEuP 2001, 308, 333; *Basedow*, CML Rev. 37 (2000), 687, 688.

[1982] Grundlegend *Basedow*, in: Schnyder/Heiss/Rudisch (Hrsg.), 11, 27 ff. Siehe auch die Reformvorschläge zum EVÜ unten B III 2. a) m.w.N.; *Staudinger*, Disharmony, 2; ferner *Großerichter/Rageade*, RIW 2001, 771, 780 Fn. 128: „sicherlich sinnvoll". Dazu, dass

Allerdings bleibt an der Vorgehensweise des Gemeinschaftsgesetzgebers jedenfalls zu kritisieren, dass Harmonisierungsrichtlinien, die nur punktuelle Bereiche des Vertragsrechts betreffen, mit einer je eigenständigen Kollisionsregel versehen werden und sich so letztlich ein einheitliches Prinzip in vielen verschiedenen Sonderkollisionsnormen mit einem jeweils relativ kleinen Anwendungsbereich wieder findet.[1983]

II. Übertriebener Verbraucherschutz?

Hingegen werden Art und Maß des notwendigen Verbraucherschutzes auf kollisions- wie auf sachrechtlicher Ebene immer Anlass zu Differenzen geben[1984], womit zugleich der nach wie vor rechtspolitisch kontroverse Aspekt der IPR-Klauseln angesprochen ist. Besteht ein substantieller Drittstaatenbezug, ist nämlich fraglich, in welchen Fällen dem in der EU ansässigen Verbraucher der EU-Schutzstandard erhalten bleiben soll. Die Austarierung der Rechtsanwendungsinteressen auf Verbraucher- und Anbieterseite findet maßgeblich in der Umschreibung der Anknüpfungsmomente statt. Welche Verbindungen zum Gebiet der EU müssen vorliegen, um die Anwendung des EU-Verbraucherschutzes zu rechtfertigen? Der EuGH hat diese Frage in seiner „*Ingmar*"-Entscheidung wohlweislich offen gelassen.[1985]

---

manche dem in analoger Anwendung des Art. 3 Abs. 3 EVÜ vorgreifen wollen, oben 3. Teil E II 2. a).

1983 Vgl. *Junker*, IPRax 1998, 65; *Basedow*, NJW 1996, 1921, 1926.

1984 Sehr kritisch im Hinblick auf die IPR-Klauseln *Junker*, IPRax 1998, 65, 74 („verheerend ist das archaische Streben nach Sonderanknüpfung"); *Jayme*, in: Hommelhoff/Jayme/Mangold (Hrsg.), 35, 49 („Irrweg"); *Ders.*, in: FS Trinkner (1995), 575, 583. Zur nach wie vor intensiven Diskussion auf sachrechtlicher Ebene vgl. *Schwintowski*, EWS 2001, 201, 206 ff., der die europarechtliche Zulässigkeit von Form- und Inhaltsbindungen in EG-Verbraucherschutzrichtlinien bezweifelt; (auch) rechtspolitische Kritik ferner bei *Kleindiek*, in: Hommelhoff/Jayme/Mangold (Hrsg.), 1995, 297 ff.; *Dreher*, JZ 1997, 167 ff.; *Medicus*, in: FS Kitagawa (1992), 471 ff.; *Schäfer*, in: Grundmann (Hrsg.), Systembildung, 559 ff.; *Martinek*, in. Grundmann (Hrsg.), Systembildung, 511 ff.; *Bülow*, in: FS Söllner (2000), 189 ff.; vgl. ferner *Reich*, in: Grundmann (Hrsg.), Systembildung, 481, 504 ff.; *Pfeiffer*, in: Schulte-Nölke/Schulze (Hrsg.), 21, 29 ff; *Wackerbarth*, AcP 200 (2000), 45 ff. (im Hinblick auf die Inhaltskontrolle von AGB); *Tonner*, JZ 1996, 533, 534 f.; *Damm*, VersR 1999, 129 ff.; *Henrich*, in: FS Medicus (1999), 199; *Drexl*, 282-543; *Grundmann*, JZ 2000, 1133, 1139 ff. (zur sekundärrechtlichen Ausgestaltung des Informationsmodells); *Canaris*, AcP 200 (2000), 273 ff.; *v. Hippel*, VuR 1998, 170 ff. (zu *Gärtner*, VuR 1997, 371 ff.).

1985 Er spricht von einem „starken Gemeinschaftsbezug", um dann – eingeleitet mit dem Wörtchen „etwa" – ein Beispiel zu nennen, vgl. EuGH, o. Fn. 1978 (*Ingmar*), BB 2001, 10, 11, Tz. 25, mit Anm. *Kindler*.

Im Kern geht es um die Aufgabe des kollisionsrechtlichen Leitbilds vom „passiven“ Verbraucher in Art. 5 EVÜ. Während der „aktiv“ seinen Heimatstaat zur Deckung seiner Bedürfnisse verlassende Verbraucher dort nicht als schutzwürdig, sondern vielmehr als autonome, selbstverantwortliche Person angesehen werde, verfolge das Richtlinienkollisionsrecht eine autoritäre Verbraucherschutzpolitik und dränge jedem Verbraucher seinen Schutzstandard auf.[1986] Eine Mitnahme heimischen Verbraucherschutzrechts im Reisegepäck sei als verbraucherpolitischer Exzess zu bezeichnen, wenn sich der Verbraucher aus eigener Initiative ins Ausland begeben habe.[1987]

Meines Erachtens verkennt diese Kritik jedoch wiederum die Marktabgrenzungsfunktion der IPR-Klauseln. Wenn der Verbraucher in einem anderen Mitgliedstaat Waren oder Dienstleistungen ordert, mag er sich des Schutzes seines *Heimatrechts* begeben. Er wird aber – soweit es um gemeinschaftsweit umzusetzende Richtlinien geht – erwarten dürfen, dass wenigstens das Recht des Mitgliedstaats gilt, zu dem der Vertrag sonst eine enge Verbindung aufweist, sei es das Recht des Anbahnungsstaats oder etwa das Heimatrecht eines EU-ausländischen Unternehmens. Es geht jedoch nicht an, ihn aufgrund des gemeinschaftsinternen Grenzübertritts schutzlos zu stellen, indem man dem Unternehmer ermöglicht, jegliche vom Sachverhalt berührte mitgliedstaatliche Rechtsordnung abzubedingen. In diesem Fall wäre der Mitgliedstaat für die Anbieterseite am interessantesten, der die Wahl eines Drittstaatenrechts im weitesten Umfang ermöglicht. Ein kollisionsrechtliches „race to the bottom“ wäre die Folge.[1988]

Die Einsicht, dass der Internationale Verbraucherschutz des EVÜ reformbedürftig ist, hat sich jedoch inzwischen analog der Entwicklung im Rahmen der Marktabgrenzungsfunktion der IPR-Klauseln durchgesetzt. So ist die Definition des sachlichen Anwendungsbereichs lückenhaft.[1989] Das Art. 5 EVÜ zugrunde

---

1986 *Jayme*, in: FS Trinkner (1995), 575, 579; *Ders.*, in: Hommelhoff/Jayme/Mangold (Hrsg.), 35, 46; ihm folgend *Junker*, IPRax 1998, 65, 71; kritisch auch *Sonnenberger*, ZEuP 1996, 382, 392.

1987 *Junker*, IPRax 1998, 65, 74. Dementsprechend lassen sich auch die Lager hinsichtlich der Frage einteilen, ob Art. 5 EVÜ infolge des Rechtsetzungsauftrags der IPR-Klauseln einer Ergänzung bedurfte. *Jayme* und *Kohler* verneinen dies und fordern die Konkretisierung des „engen Zusammenhangs“ anhand der Kriterien des Art. 5 Abs. 2 EVÜ bei Schließung verbleibender Lücken über Art. 7 EVÜ (*Dies.*, Rev. crit. dr. internat. privé (84) 1995, 1, 23, 28, 31); vgl. dagegen oben 3 Teil C II 3. und E.

1988 Vgl. in diesem Zusammenhang *Freitag/Leible*, RIW 2001, 287, 293, die der „*Ingmar*“-Entscheidung aber im Übrigen kritisch gegenüber stehen.

1989 Warum fällt etwa der einfache Kreditvertrag nicht in den Anwendungsbereich? Vgl. *Martinek*, in: Grundmann (Hrsg.), Systembildung, 511, 555; *Reich*, Verbraucherschutzrecht, 245; *Sonnenberger*, ZVglRWiss 100 (2001), 107, 118; *Czernich/Heiss*, Art. 5 EVÜ, Rdn. 4. Deutlich *Nemeth*, 34: „vielfach unsachgemäße Differenzierungen“; zu den rechtspolitischen Defiziten des Art. 5 EVÜ ferner a.a.O, 46.

liegende Konzept vom passiven Verbraucher ist durch die immer stärkere Verankerung des Verbraucherschutzes im Primärrecht sowie die Betonung der Bedeutung des Verbrauchers als notwendigem Glied zur Verwirklichung des Binnenmarkts überholt[1990] und daher von den Richtlinien zu Recht aufgegeben worden[1991], auch wenn sich hier Gegenstimmen erheben, die einen übertriebenen Verbraucherschutz monieren[1992]. Schließlich überzeugt die generelle Herausnahme von Auslandsdienstleistungen in Art. 5 Abs. 4 lit. b) EVÜ nicht.[1993] Auch in diesem Punkt kann man den IPR-Klauseln somit ein berechtigtes Regelungsanliegen nicht absprechen.[1994]

III. Inkonsequenz im Hinblick auf die fehlende Regelung der objektiven Anknüpfung

Es findet sich ferner der Hinweis, der Gemeinschaftsgesetzgeber habe offenbar übersehen, dass der Verbraucher nicht nur infolge einer Rechtswahl des Schutzes der Richtlinien verlustig gehen, sondern auch die objektive Anknüpfung des Vertrags gem. Art. 4 EVÜ zur Anwendung eines Drittstaatenrechts, das nicht dem Richtlinienstandard entspricht, führen könne.[1995] Diese Kritik trifft durchaus zu. Solange nicht sowohl die objektive als auch die subjektive Anknüpfung von Verbraucherverträgen an der Notwendigkeit der Marktabgrenzung gegenüber Drittstaatenrecht ausgerichtet ist, kann es zu erheblichen Wertungswidersprüchen kommen. So kann sich ein Unternehmen aus einem Drittstaat ohne EU-Niederlassung bisher schon dadurch dem berechtigten

---

1990 *Nemeth*, wbl 2000, 341 f.

1991 *Martiny*, ZEuP 2001, 308, 333. Insoweit wohl a.A. *Martinek*, in: Grundmann (Hrsg.), Systembildung, 511, 553 f. Vgl. aber die Gran Canaria- und die Isle of Man-Fälle, o. Fn. 14, 16, die Probleme bei Vertragsschlüssen über das Internet, 4. Teil C III 1. c) (1) sowie die Tendenz, allgemein an den Vertragsanbahnungsmarkt anzuknüpfen, die auch im neuen Art. 15 Abs. 1 lit. c) EuGVVO zum Ausdruck kommt.

1992 *Junker*, IPRax 1998, 65, 74; eine Überprüfung des Art. 5 Abs. 2 EVÜ zugrunde liegenden Verbraucherleitbildes mahnt auch *Sonnenberger*, ZVglRWiss 100 (2001), 107, 131 f., an.

1993 Dazu *Fischer*, in: FS Großfeld (1999), 277, 289; *Martinek*, in: Grundmann (Hrsg.), Systembildung, 511, 555; in Bezug auf elektronisch erbrachte Dienstleistungen auch *Sonnenberger*, ZVglRWiss 100 (2001), 107, 132.

1994 A.A. offenbar Grabitz/Hilf - *Micklitz*, Bd. III, A 3, Rdn. 120, der den Schutz des Verbrauchers durch die lex fori aus dem gemeinschaftsrechtlichen Diskriminierungsverbot ableitet und eine IPR-Regelung für überflüssig hält, soweit die Richtlinie umgesetzt ist. Vgl. dazu aber die Kritik am lex fori-Modell oben 4. Teil A II 4. a).

1995 *Jayme*, in: FS Trinkner (1995), 575, 578; *Roth*, IPRax 1994, 165, 169, spricht in diesem Zusammenhang von einem „Geburtsfehler“.

Anliegen etwa des Art. 6 Abs. 2 KlauselRL entziehen, dass es schlicht keine Rechtswahlvereinbarung in den Vertrag aufnimmt.

Es bleibt in diesem Fall bei Art. 3 Abs. 3 und Art. 5 EVÜ, die eine sachgerechte Abgrenzung gegenüber Drittstaatenrecht nicht gewährleisten. Auch wenn Bezüge zum Gemeinschaftsgebiet vorliegen, die für einen „engen Zusammenhang“ im Sinne des Art. 6 Abs. 2 KlauselRL ausreichen, gilt gem. Art. 4 Abs. 2 EVÜ das drittstaatliche Anbieterrecht. Kurios ist umgekehrt die Folge, wenn dasselbe Unternehmen die Wahl eines Drittstaatenrechts mit dem Verbraucher vereinbart. Denn gerade infolge der Abwahl des einen (Art. 4 Abs. 2 EVÜ) zugunsten eines anderen Drittstaatenrechts greift dann der Schutz des Art. 6 Abs. 2 KlauselRL wieder ein.[1996]

IV. Gefahr der Rechtszersplitterung auf dem Gebiet des Internationalen Verbrauchervertragsrechts

Schließlich, und das dürfte der zentrale Vorwurf sein, ermöglicht es der Gemeinschaftsgesetzgeber durch die unklaren Regelungsvorgaben in Art. 6 Abs. 2 KlauselRL[1997] und seiner Nachfolger sowie nicht zuletzt durch die Verwendung der Generalklausel des „engen Zusammenhangs“[1998] den Mitgliedstaaten, nicht nur vom EVÜ, sondern auch untereinander abweichende Sonderkollisionsnormen für internationale Verbraucherverträge zu schaffen.

[1996] Der „enge Zusammenhang“ besteht nicht nur, wenn ohne Rechtswahl das Recht eines Mitgliedstaats anwendbar gewesen wäre. Eine solche Akzessorietät der Abgrenzung des internationalen Anwendungsbereichs der Richtlinienumsetzungen zum EVÜ ist abzulehnen, weil auf diese Weise Art. 6 Abs. 2 KlauselRL auch in seinem originären Anwendungsbereich, der subjektiven Anknüpfung, leer liefe (str., wie hier *Freitag/Leible*, EWS 2000, 343, 345; *Fallon/Francq*, in: Basedow et al. (Hrsg.), 155, 169; implizit auch *Mäsch*, EuZW 1995, 8, 13: die Schutzvorschriften zugunsten des Timesharing-Erwerbers sollen „nicht durch Rechtswahl oder *andere kollisionsrechtliche Mechanismen*“ umgangen werden können (Hervorhebung nicht im Original). A.A. *Jayme/Kohler*, IPRax 1997, 385, 398; *Dies.*, IPRax 1998, 417, 426; *Baumert*, EWS 1995, 57, 67; *Cannada-Bartoli*, ERPL 1995, 347, 350; *Nemeth*, 88; *Siehr*, IPR, 157 f.; wohl auch *Castelli*, JbItalR 13 (2000), 147, 160 (zu Art. 12 Abs. 2 FernabsatzRL)). Siehe auch oben 3. Teil C II., 3.

[1997] Die unpräzisen Vorgaben rügen z.B. *Roth*, IPRax 1994, 165, 169; *Jayme/Kohler*, Rev. crit. dr. internat. privé (84) 1995, 1, 37. Vgl. etwa das u.a. von *Sonnenberger*, ZEuP 1996, 382, 387, dargelegte Problem um die Nichtumsetzungsproblematik sowie den von *Leible*, in: Schulte-Nölke/ Schulze (Hrsg.), 353, 381, hervorgehobenen Umstand, dass die Richtlinie kein bestimmtes Verweisungsziel vorschreibt. Es kommt hinzu, dass in verschiedenen Verbraucherschutzrichtlinien abweichende Formulierungen im Hinblick auf die kollisionsrechtliche Absicherung des Binnenmarktes verwendet werden, *Basedow*, NJW 1996, 1921, 1926.

[1998] Dazu *Jayme*, in: FS Trinkner (1995), 575, 578;

Dazu ist zu sagen, dass die Richtlinie in der Tat schon per se kein geeignetes Mittel zur Kollisionsrechts*vereinheitlichung* ist, da eine bloße Annäherung des Kollisionsrechts vor dem Hintergrund der wichtigen Aufgabe, die das IPR als Integrationsinstrument im Binnenmarkt wahrzunehmen hat[1999], nicht ausreicht.[2000] Das folgt schon aus der Gefahr, dass einzelne Mitgliedstaaten die IPR-Klauseln überhaupt nicht, zu spät oder inhaltlich fehlerhaft umsetzen[2001], zumal Verbraucherschutzrichtlinien im hier allein interessierenden genuin privatrechtlichen Rechtsverhältnis keine Direktwirkung zukommt. Aber auch wenn ein Mitgliedstaat bei der Umsetzung „guten Willen" zeigen möchte, sind die Vorgaben der IPR-Klauseln doch teilweise so ungenau, dass man die Regelung überspitzt formuliert durchaus als Appell an die Phantasie des Umsetzungsgesetzgebers[2002] (miss-)verstehen könnte. Eine Chance zu einer ersten Klärung des Inhalts von Art. 6 Abs. 2 KlauselRL durch den EuGH im Rahmen eines Vertragsverletzungsverfahrens gegen Italien ist verpasst worden, da die Kommission im Mai 2000 ihre Klage insoweit zurückgenommen hatte.[2003]

So ist eine so zentrale Frage wie das vom Gemeinschaftsgesetzgeber beabsichtigte Verhältnis zum EVÜ offen geblieben, was sich in Deutschland in einem Streit darüber ausgewirkt hat, ob Art. 6 Abs. 2 KlauselRL nur eingreifen soll, wenn die Rechtswahl ursächlich für die Geltung des Drittstaatenrechts war, also ohne Rechtswahl die Art. 4, 5 EVÜ zu einem mitgliedstaatlichen Recht geführt hätten. Es kommt hinzu, dass sich die auf der Richtlinienebene bestehenden Unsicherheiten in Auslegungsdivergenzen zwischen den Mitgliedstaaten auswirken können[2004] und zu erwarten ist, dass auch die nationalen Umsetzungskollisionsnormen erhebliche Schwierigkeiten in der praktischen Anwendung aufwerfen werden.

1999 Vgl. *Jayme*, in: Hommelhoff/Jayme/Mangold (Hrsg.), 35, 36; *Jayme/Kohler*, IPRax 1990, 353.

2000 Gegen die Verwendung von Richtlinien zur Harmonisierung des IPR sprechen sich etwa *Kreuzer*, in: Müller-Graff (Hrsg.), 457 ,521 , *Leible*, in: Schulte-Nölke/Schulze (Hrsg.), 353, 379 f., und *Junker*, IPRax 1998, 65, 71, aus.

2001 Diese Gefahr hat sich auch realisiert: So haben z.B. Belgien und Finnland Art. 6 Abs. 2 mit erheblicher Verzögerung umgesetzt (Bericht der Kommission über die Anwendung der Richtlinie 93/13/EWG, KOM (2000), 248 endg., 7 Fn. 10, 13.

2002 So *Jayme/Kohler*, IPRax 1997, 385, 389.

2003 Das Vertragsverletzungsverfahren Nr. 98/2026 war u.a. wegen unzureichender Umsetzung des Art. 6 Abs. 2 KlauselRL eingeleitet worden, vgl. *Castelli*, JbItalR 13 (2000), 147, 158 Fn. 43; *Alpa*, Rev. internat. d. dr. comp. 2001, 405, 419. Nach einer Änderung des Art. 1469-quinquies Codice Civile nahm die Kommission die Klage insoweit zurück, obwohl die Änderung nur den Fehler beseitigte, dass man sich bisher in der Umsetzungskollisionsnorm nur auf den Art. 1469-quinquies und nicht das ganze italienische Umsetzungsrecht bezogen hatte; vgl. zum Verfahren EuGH, v. 24.1.2002, Rs. C-372/99 (*Kommission/Italien*), Tz. 11.

2004 *Jayme*, in: FS Trinkner (1995), 575, 582.

Hinsichtlich des zweiten Kritikpunkts, der auf die Verwendung einer Generalklausel zur Beschreibung des notwendigen Gemeinschaftsbezugs eines Verbrauchervertrags zielt, steht Flexibilität gegen Rechtsklarheit. Man mag angesichts der seit Anfang der 90er Jahre immer wieder aufgetretenen Schwierigkeiten der Gerichte, den für angemessen erachteten kollisionsrechtlichen Schutz über das EVÜ durchzusetzen[2005] eine solche Regelungstechnik begrüßen[2006] oder aber das Zurückfallen hinter das Vereinheitlichungsniveau des EVÜ in diesem Punkt beklagen[2007]. Immerhin hat der EuGH bezüglich Art. 6 Abs. 2 KlauselRL im Gegensatz zu Art. 5 EVÜ die letztgültige Auslegungskompetenz und könnte auf diesem Weg für eine europäisch-autonome Auslegung sorgen[2008], wobei die genaue Reichweite dieser Kompetenz im Bereich sekundärrechtlicher Generalklauseln allerdings nicht unumstritten ist.[2009]

Inwieweit dem Vorwurf, der Gemeinschaftsgesetzgeber trage zur Zersplitterung des Kollisionsrechts auf dem Gebiet des Internationalen Verbrauchervertragsrechts bei, letztlich zuzustimmen ist, soll im Folgenden näher untersucht werden. Es bedarf hierzu einer Analyse der bisherigen Umsetzungen des Art. 6 Abs. 2 KlauselRL in den Mitgliedstaaten.

2005 Angesprochen sind die Gran Canaria- (*Nemeth*, 49 f.; *Lagarde*, 13 f.; o. Fn. 14) sowie die Isle of Man-Fälle (*Mäsch*, IPRax 1995, 371; *Lagarde*, 15; *Rauscher*, IPR, 237; o. Fn. 16), die sich dadurch auszeichnen, dass „findige" Anbieter den gemeinschaftsrechtlichen Schutz durch die Wahl des Rechts eines Mitgliedstaats, der die Richtlinie nicht umgesetzt hat, bzw. durch die Wahl eines Drittstaatenrechts ausgeschaltet haben. Zu den Lösungsvorschlägen siehe *Martiny*, ZEuP 1995, 67, 80 ff. und *Ders.*, ZEuP 1997, 107, 112.

2006 *Leible*, in: Schulte-Nölke/Schulze (Hrsg.), 353, 376; *Basedow*, in: Schnyder/Heiss/Rudisch (Hrsg.), 11, 28.

2007 *Jayme*, in: FS Trinkner (1995), 575, 582 f.

2008 Darauf weist *Leible*, in: Schulte-Nölke/Schulze (Hrsg.), 353, 377 f., hin. Die erste Chance hierzu wurde im Rahmen des Vertragsverletzungsverfahrens Nr. 98/2026 verpasst, nachdem die Kommission die Rüge der italienischen Umsetzung im Hinblick auf Art. 6 Abs. 2 KlauselRL zurückgenommen hatte, vgl. EuGH, v. 24.1.2002, Rs. C-372/99 (*Kommission/Italien*), Tz. 11.

2009 Dazu *Roth*, in: FS Drobnig (1998), 135 ff. Auch *Leible*, in: Schulte-Nölke/Schulze (Hrsg.), 353, 380, spricht das Problem an.

B. Die Erosion des EVÜ als Folge kollisionsrechtlicher Rechtsetzungsaufträge der Verbraucherschutzrichtlinien

Die Forderung, den „engen Zusammenhang“ anhand der Anknüpfungsregeln des EVÜ zu bestimmen, war von dem Bestreben getragen, die durch das EVÜ erzielte Einheit des Kollisionsrechts der Schuldverträge innerhalb der Gemeinschaft zu bewahren.[2010] Die IPR-Klauseln gefährden diese Einheit unter zwei Aspekten.

I. Entziehung von Regelungsmaterien zu Lasten des Art. 5 EVÜ

Mit dem Schlagwort der „Erosion des EVÜ“ ist zunächst gemeint, dass dem Übereinkommen Regelungsmaterien entzogen werden[2011], indem die IPR-Klauseln Umsetzungsnormen verlangen, die sich im persönlichen und sachlichen Anwendungsbereich mit dem bestehenden europaweit einheitlichen Recht in Art. 5 EVÜ überschneiden. Einerseits verliert das EVÜ auf diese Weise in den Mitgliedstaaten für das Internationale Verbrauchervertragsrecht an Bedeutung, andererseits entstehen Abgrenzungsprobleme zwischen den Umsetzungskollisionsnormen und dem EVÜ, die schon intern die einheitliche Anwendung des Art. 5 EVÜ (Art. 29 EGBGB) in Frage stellen. Zudem erscheint es unnötig kompliziert, einen Verbrauchervertrag zwei verschiedenen Sonderregelungen zu unterstellen, die gegebenenfalls auf verschiedene Rechtsordnungen verweisen und so die Anknüpfung des Vertrags weiter aufspalten[2012], zumal die Verbraucherschutzrichtlinien ja nur kleine Ausschnitte des materiellen Vertragsrechts regeln.

II. Rechtszersplitterung im Internationalen Verbrauchervertragsrecht am Beispiel des Art. 6 Abs. 2 KlauselRL

Zweifelhaft ist aber vor allem, ob die Verbraucherschutzrichtlinien der richtige Ort waren, um die Defizite des EVÜ anzugehen, was uns zum zweiten Aspekt der Erosionsproblematik führt und einen Blick über die Grenze auf die Umsetzungskollisionsnormen anderer Mitgliedstaaten notwendig macht. Angesprochen ist hier die dem Harmonisierungsinstrument Richtlinie immanente Gefahr, im Gegensatz zur Rechtsvereinheitlichung in Staatsverträgen oder EG-Verordnungen eine letztlich nur ähnliche, aber nicht identische Rechtslage

---

[2010] Dazu *Jayme*, in: FS Trinkner (1995), 575, 584; *Ders.*, in: Hommelhoff/Jayme/Mangold (Hrsg.), 35, 49; ebenso *Junker*, IPRax 1998, 65, 74; *Siehr*, IPR, 158; *Reimann*, 96 f.

[2011] Vgl. *Martinek*, in: Grundmann (Hrsg.), Systembildung, 511, 550, 552.

[2012] *Lagarde*, 27 f.

in den Mitgliedstaaten zu schaffen. Denn Richtlinien bedürfen erst der Umsetzung in nationales Recht und sind nur hinsichtlich ihres Ziels verbindlich, lassen die Wahl der Mittel aber dem Umsetzungsgesetzgeber. Die Umsetzungen werden jedenfalls zu verschiedenen Zeitpunkten erfolgen, zudem besteht die fünfzehnfache Gefahr der Nichtumsetzung bzw. der (irrtümlich) mangelhaften Umsetzung der Richtlinienvorgaben.[2013]

Für Art. 6 Abs. 2 KlauselRL, der den anderen IPR-Klauseln als Vorbild gedient hat[2014] und daher hier stellvertretend Gegenstand der Betrachtung sein soll, lässt sich denn auch sagen, dass sich all diese Nachteile der IPR-Harmonisierung durch Richtlinien verwirklicht haben: Trotz Ablaufs der Umsetzungsfrist am 31.12.1994, erfolgte die Umsetzung beispielsweise in Deutschland erst durch das am 25.7.1996 in Kraft getretene Gesetz zur Änderung des AGBG[2015], die Niederlande sehen bis heute von einer spezifischen Umsetzung mit der problematischen Begründung ab, dass Art. 6:247 Nieuw Burgerlijk Wetboek (1992) ausreichend sei[2016]. Schließlich hat die weite Formulierung des Art. 6 Abs. 2 KlauselRL eine Vielzahl verschiedener Umsetzungsmodelle hervorgebracht, so dass *Junker* eine „beliebige" Umsetzung der in Verbraucherschutzrichtlinien enthaltenen kollisionsrechtlichen Regelungsgebote konstatierte[2017], nachdem *Jayme* und *Kohler* kurz zuvor festgestellt hatten, dass manche Mitgliedstaaten die IPR-Klauseln als „Appell an die Phantasie des Gesetzgebers" verstanden haben[2018]. Im Jahr 1995 fanden sich bereits sechs verschiedene Umsetzungsmodelle.[2019] Seitdem haben weitere Staaten Art. 6 Abs. 2 KlauselRL umgesetzt, andere überarbeiten ihre Umsetzungskollisionsnormen bereits.[2020]

2013 *Kreuzer*, in: Müller-Graff (Hrsg.), 457, 521.

2014 *Jayme/Kohler*, Rev. crit. dr. internat. privé (84) 1995, 1, 19.

2015 Vgl. *Staudinger*, 41.

2016 Siehe *Lemmer*, 96.

2017 *Junker*, IPRax 1998, 65, 74; ähnlich kritisch *Sonnenberger*, JZ 1998, 982, 983; *Lagarde*, 27 f. Auch die Kommission zählt Art. 6 Abs. 2 in ihrem Bericht über die Anwendung der Richtlinie 93/13/EWG ausdrücklich zu den problematischen Vorschriften. Schwierigkeiten sieht sie insbesondere darin, dass die Mitgliedstaaten den internationalen Verbraucherschutz zusätzlichen Bedingungen unterwerfen oder allein auf das Wohnsitzkriterium abstellen, KOM (2000) 248 endg., 8, insb. Fn. 15.

2018 *Jayme/Kohler*, IPRax 1997, 385, 389; die kollisionsrechtlichen Rechtsetzungsaufträge der Verbraucherschutzrichtlinien seien fragmentarisch und unklar, *Dies.*, Rev. crit. dr. internat. privé 84 (1995), 1, 37.

2019 *Jayme/Kohler*, IPRax 1995, 343.

2020 So ersetzt der neue Art. 29a EGBGB in Deutschland die bisherigen §§ 12 AGBG, 8 TzWrG. Auch Griechenland hat seine Umsetzungskollisionsnorm im Gesetz Nr. 2741 v. 28.9.1999 überarbeitet, vgl. den Bericht über die Anwendung der Richtlinie 93/13/EG, KOM (2000), 248 endg., 8 Fn. 14.

Um sich einen Überblick über die verschiedenen Facetten der mitgliedstaatlichen Umsetzungen zu verschaffen, bietet sich eine Systematisierung anhand der zentralen Vorgaben[2021] des Art. 6 Abs. 2 KlauselRL an.

1. Die verschiedenen Umsetzungsmodelle[2022]

Mit Ausnahme der Niederlande, die den schon vor Erlass der KlauselRL geschaffenen Art. 6:247 Abs. 4 Nieuw Burgerlijk Wetboek (1992) als Umsetzung des Art. 6 Abs. 2 KlauselRL ansehen[2023], haben mittlerweile alle Mitgliedstaaten Umsetzungskollisionsnormen erlassen.

a) Regelung objektiv angeknüpfter Verbraucherverträge

Ein erstes Umsetzungsmodell regelt entgegen den Richtlinienvorgaben auch den Fall, dass ein Verbrauchervertrag aufgrund objektiver Anknüpfung einem Drittstaatenrecht untersteht. Ihm folgte ursprünglich der deutsche Gesetzgeber in § 12 AGBG (1996), der dafür heftig kritisiert worden war[2024] und den Umsetzungsfehler nunmehr in Art. 29a EGBGB korrigiert hat. Auch die spanische[2025], französische[2026], luxemburgische[2027] sowie die erste Umsetzung

---

2021 Keine Regelung der objektiven Anknüpfung; Schutz nur gegen die Wahl von Drittstaatenrecht; der enge Zusammenhang muss nur zum Gebiet der Gemeinschaft bestehen, wobei die Generalklausel zu übernehmen ist; die IPR-Klauseln lassen das Verweisungsziel offen, so dass die Bindung an die Wertungen des EVÜ zu beachten ist; die IPR-Klauseln verlangen einen Günstigkeitsvergleich. Vgl. den Überblick im 3. Teil F.

2022 Vgl. auch den Überblick bei *Martinek*, in: Grundmann (Hrsg.), Systembildung, 511, 552 f.; ferner *Bitterich,* ZfRV 2002, 123 ff. Im Folgenden wird für die jeweiligen Gesetzestexte zur Verdeutlichung Kursivdruck verwendet.

2023 Siehe *Lemmer*, 96.

2024 Dazu *Staudinger*, 148 ff., 157; *Junker*, IPRax 1998, 65, 71.

2025 Spanien: Art. 3 Ley 7/1998 sobre Condiciones Generales de la Contractación vom 13.4.1998 erklärt das spanische Gesetz auch dann für anwendbar, wenn der Vertrag ausländischem Recht unterliegt, sofern der Vertragspartner des Verwenders seine Vertragserklärung in Spanien abgegeben und er seinen Wohnsitz auf spanischem Gebiet hat. Vgl. *Fischer*, RIW 1998, 689, 690.

2026 Frankreich: Loi N° 95-96 dü 1.2.1995 concernant les clauses abusives et la présentation des contrats régissant diverses activités d´ordre économique et commercial (J.O. du 2.2.1995, S. 1755). Art. L 135 - 1: „*Ungeachtet jeder abweichenden Vereinbarung sind die Bestimmungen des Artikels L 132 -1 anwendbar, wenn der Vertrag dem Recht eines Staates unterliegt, der nicht der Europäischen Union angehört, und der Verbraucher oder Nichtgewerbetreibende seinen Wohnsitz in dem Gebiet eines der Mitgliedstaaten der Europäischen Union hat und dort das Vertragsangebot erfolgt oder der Vertrag geschlossen oder erfüllt wird.*" Siehe *Witz/Wolter*, ZEuP 1995, 885, 892; *Jayme/Kohler*, Rev. crit. dr. internat. privé (84) 1995, 1, 25.

Griechenlands[2028] schießen bzw. schoss insoweit über das Ziel hinaus. Zwar trifft es zu, dass ein Vertrag auch aufgrund objektiver Anknüpfung nach Art. 4, 5 Abs. 3 EVÜ einem drittstaatlichen Recht unterliegen kann, obwohl er einen engen Zusammenhang mit dem Gebiet der Gemeinschaft aufweist. Diese Lücke im Regelungskonzept des Gemeinschaftsgesetzgebers kann der einzelne Mitgliedstaat aber nicht eigenmächtig korrigieren.[2029]

b) Schutz nur vor der Wahl von Drittstaatenrecht

Auch die aus der Abgrenzungsfunktion der IPR-Klauseln zwingend resultierende Beschränkung des Schutzes auf die Fälle einer Wahl von Drittstaatenrecht ist teilweise übersehen worden.

(1) Sonderanknüpfung auch gegenüber einem mitgliedstaatsrechtlichen Statut

Nicht vom Richtlinienziel gedeckt ist es, eine Sonderanknüpfung von Umsetzungsgesetzen zur KlauselRL auch dann vorzuschen, wenn auf den Vertrag ohnehin das Recht eines Mitgliedstaats anzuwenden ist. Art. 6 Abs. 2 KlauselRL spricht ausdrücklich nur von drittstaatlichem Recht. Die Verdrängung eines mitgliedstaatlichen Vertragsstatuts, wie sie wiederum in § 12 AGBG (1996) sowie der ersten griechischen, der niederländischen[2030] und der portugiesischen[2031]

2027 Luxemburg: Hier dient offenbar die durch Gesetz vom 27.11.2000 (Mémorial 2000, 3014 (27.12.2000) in das Verbraucherschutzgesetz eingeführte Kollisionsnorm der Umsetzung: *„Lorsque la loi qui régit le contrat est celle d'État non membre de l'Union européenne, il sera impérativement fait application des dispositions de la présente loi, si le consommateur a sa résidence habituelle sur le territoire d'un État membre de l' Union européenne et que le contrat y est proposé, conclu ou exécuté."* Vgl. *Jayme/Kohler*, IPRax 2001, 501, 513 mit Fn. 152.

2028 Griechenland: Art. 2 Nr. 9 des Gesetzes Nr. 2251 v. 16.11.1994 über den Verbraucherschutz (Amtsblatt der Griechischen Republik, Erster Teil, Nr. 191 (16.11.1994):*„Die Bestimmungen dieses Artikels sind anwendbar, wenn der Abschluss- oder der Erfüllungsort des Vertrages in Griechenland liegt. Dies gilt auch, wenn auf den Vertrag nicht das griechische Recht anzuwenden ist.*" Vgl. dazu *Jayme/Kohler*, IPRax 1995, 343, 345; *Lemmer*, S. 90; *Alexandridou*, ERPL 1997, 173, 179. Griechenland hat seine Umsetzungskollisionsnorm aber mittlerweile im Gesetz Nr. 2741 v. 28.9.1999 überarbeitet.

2029 Dieser Umsetzungsfehler setzt sich bei Art. 12 Abs. 2 FernabsatzRL fort: Art. 7.1.9A.10 Abs. 3 Burgerlijk Wetboek sowie Art. 11 des luxemburgischen Umsetzungsentwurfs enthalten ebenfalls keine Einschränkung auf das gewählte Vertragsstatut, vgl. *Jayme/Kohler*, IPRax 2001, 501, 512 mit Fn. 142 f.

2030 Siehe *Lemmer*, 96; *Brinker*, 29.

2031 Portugal: Decreto-Lei No. 249/99 do 7.7.11999 modificando o Decreto-Lei 446/85 (Diario da Republica la Serie Nr. 156, S. 4202): Art. 23 Abs. 1: *„Unabhängig von dem durch die Parteien für die Regelung des Vertrags gewählten Recht sind die Normen*

Umsetzung vorgesehen war bzw. noch ist, ist darüber hinaus dem Vorwurf der Primärrechtswidrigkeit ausgesetzt, weil sie eine Diskriminierung im Sinne des Art. 12 EG darstellt[2032] bzw. gegen die Pflicht zur Anwendung von Eingriffsrecht anderer Mitgliedstaaten und den Grundsatz der Gleichwertigkeit angeglichenen Rechts verstößt[2033].

(2) Einbeziehung von Vertragsstaaten des Europäischen Wirtschaftsraums (EWR)

Eine unterschiedliche Behandlung finden ferner die Vertragsstaaten des EWR[2034], die nicht der EU angehören (dies sind Island, Liechtenstein und Norwegen) in den nationalen Umsetzungskollisionsnormen. Da die KlauselRL auch in den EWR-Staaten umzusetzen ist[2035], steht einer Gleichstellung von EWR- und EU-Staaten nichts im Wege. Sie ist z.B. von Deutschland, Dänemark, Finnland und Österreich vorgenommen worden, während etwa Belgien, Frankreich, Irland und Italien EWR-Vertragsstaaten als Drittstaaten behandeln. Ist norwegisches Rechts gewählt, greifen demnach in manchen Mitgliedstaaten die Umsetzungskollisionsnormen ein, in anderen nicht.[2036]

---

dieses Abschnitts immer dann anwendbar, wenn der Vertrag eine enge Verbindung mit dem portugiesischen Hoheitsgebiet aufweist. Abs. 2: *Weist der Vertrag eine enge Verbindung mit einem anderen Mitgliedstaat der Europäischen Gemeinschaft auf, sind die entsprechenden Vorschriften dieses Landes in dem Maße anwendbar, wie dieses [Land] ihre Anwendung bestimmt." Vgl. dazu Tenreiro/Karsten,* in: Schulte-Nölke/Schulze (Hrsg.), S. 253; *Jayme/Kohler* IPRax 2000, 454, 464 ; *Monteiro,* REDC 1999, 219; *Ders.,* in: Karlsruher Forum 1997, 121, 125.

2032 *Staudinger*, 178

2033 *Sonnenberger*, ZEuP 1996, 382, 396.

2034 Abkommen über den Europäischen Wirtschaftsraum v. 2.5.1992 (BGBl. 1993 II 267) in der Fassung des Anpassungsprotokolls v. 17.3.1993 (BGBl. 1993 II 1294) in Kraft getreten am 1.1.1994.

2035 Hier ist der in Art. 7 EWR-Abkommen verankerte Mechanismus zu beachten, wonach in den Anhängen zum Übereinkommen enthaltene Rechtsakte der EG für die Vertragsstaaten verbindlich sind, so dass für dort aufgeführte Richtlinien eine Umsetzungsverpflichtung besteht. Gem. Art. 72 EWR-Abkommen ist auf dem Gebiet des Verbraucherschutzes der Anhang XIX maßgeblich, der die Timesharing-, die Fernabsatz-, die Klausel- und die VerbrauchsgüterkaufRL aufführt. Vgl. dazu *Freitag/Leible*, EWS 2000, 342, 343 f.; *Jayme/Kohler*, IPRax 1995, 343, 344; speziell zur TimesharingRL, Grabitz/Hilf - *Martinek*, Bd. III, A 13, Art. 9, Rdn. 215. Kritisch zur Einbeziehung der EWR-Staaten, *Sonnenberger*, ZEuP 1996, 382, 393; ferner o Fn. 602.

2036 Kritisch dazu *Kessedjian*, in: Basedow et al. (Hrsg.), 329, 334.

c) Konkretisierung des engen Zusammenhangs anhand Art. 4, 5 Abs. 3 EVÜ

Die Verwendung einer Generalklausel zur Beschreibung des räumlich-territorialen Anwendungsbereichs von Art. 6 Abs. 2 KlauselRL wurde von der Literatur besonders kritisch betrachtet. Für die Umsetzung von zentraler Bedeutung ist hier die Frage, ob der Umsetzungsgesetzgeber die Generalklausel übernehmen muss oder eigene abschließende Anwendungskriterien verwenden darf. Hier haben sich in den Mitgliedstaaten drei Ansätze[2037] herausgebildet.

(1) Mitgliedstaaten, die der These vom kollisionsrechtlichen Schutzverlust folgen

Der erste Ansatz verwirklicht eine weitgehende Harmonie mit dem EVÜ, indem er einen „engen Zusammenhang" dann bejaht, wenn ohne Rechtswahl die Rechtsordnung eines Mitgliedstaats zur Anwendung auf den Verbrauchervertrag berufen gewesen wäre.[2038] Er entspricht der in der Literatur vertretenen Auffassung vom kollisionsrechtlichen Schutzverlust und lässt sich unter anderem durch den Gedanken rechtfertigen, dass sich der Anbieter nur dann einen ungerechtfertigten Vorteil verschafft, wenn er eine Rechtswahl durchsetzt, die ein sonst schutzbereites Umsetzungsgesetz „umgeht"[2039]. Allerdings ist dieser Weg meines Erachtens nicht richtlinienkonform, denn schon die Tatsache der Verwendung einer Generalklausel in Art. 6 Abs. 2 KlauselRL spricht gegen einen Verweis auf Art. 5 EVÜ mit seinen abschließenden Tatbeständen.[2040]

Belgien[2041], Dänemark[2042], Österreich[2043] Schweden[2044] und Finnland[2045], möglicherweise auch Irland[2046], folgen dieser Methode dennoch.

[2037] Ein vierter Ansatz bestand darin, allein Bezüge zum Forumstaat selbst für maßgeblich zu erkären und die Fallkonstellationen zu ignorieren, in denen Verbindungen des Sachverhalts zu anderen Mitgliedstaaten bestehen. Vgl. § 12 AGBG (1996) sowie die erste griechische Umsetzung. Kritisch hierzu z.B. *Fallon/Francq*, in: Basedow et al. (Hrsg.), 155, 166. *Lagarde*, 27, unterscheidet demgegenüber nur zwei Ansätze.

[2038] Zustimmend daher *Jayme/Kohler*, IPRax 1999, 401, 412 (zur finnischen Umsetzung).

[2039] Zur Missbräuchlichkeit der Rechtswahl in diesem Sinne *Staudenmayer*, in: Schulte-Nölke/Schulze (Hrsg.), 63, 71; *Ders.*, NJW 1999, 2393, 2397; *Rühl*, RIW 1999, 321, 324. Offen bleibt nach dieser Ansicht aber, worin der „Missbrauch" zu sehen wäre. Nur in der Abwahl des nach EVÜ anwendbaren Mitgliedstaatenrechts oder in der Wahl eines Drittstaatenrechts trotz engen Zusammenhangs mit dem Gemeinschaftsgebiet unabhängig vom EVÜ? Kritisch dazu auch *Krebber*; ZVglRWiss 97 (1998), 124, 151.

[2040] Siehe oben 3. Teil C II 3.

[2041] Belgien: Loi dü 3.4.1997 relative aux clauses abusives dans les contrats conclus avec leurs clients par les titulaires de professions libérales (Moniteur belge 1997, 14236), Art. 11: *„Eine Klausel, welche das Recht eines nicht der Europäischen Union angehörenden Staates auf den Vertrag für anwendbar erklärt, gilt als nicht geschrieben in bezug auf die in diesem Gesetz geregelten Materien, wenn ohne diese Klausel das Recht eines*

(2) Abschließende gesetzliche Definition des engen Zusammenhangs

Die übrigen Mitgliedstaaten sehen sich bei der Bestimmung des engen Zusammenhangs zu Recht nicht an das EVÜ gebunden. Dies entspricht der Sichtweise, die den Schutzverlust sachrechtlich beurteilt, also nicht darauf abstellt, ob der Verbraucher nach den objektiven Anknüpfungsregeln in den Genuss eines Umsetzungsgesetzes gekommen wäre, sondern zunächst nur verlangt, dass der sachrechtliche Schutz der Richtlinie im Ergebnis nicht besteht.

Mitgliedstaates der Europäischen Union anwendbar wäre und dieses Recht dem Kunden in den genannten Materien einen besseren Schutz verschafft". Vgl. dazu *Jayme/Kohler*, IPrax 1997, 385, 398.

[2042] Dänemark: Lov N° 1098 af 21.12.1994 om ændring af lov om aftaler og andre retshandler på formurettens område og visses andre love (Lovitende A, S. 6347), § 38d: „*Ist in einem Vertrag bestimmt, dass das Recht eines Staates außerhalb des Europäischen Wirtschaftsraums für den Vertrag Anwendung finden soll, so gilt eine solche Bestimmung nicht für Fragen hinsichtlich missbräuchlicher Klauseln. Dies gilt aber nur, wenn ohne eine solche Bestimmung das Recht eines Staates innerhalb des Europäischen Wirtschaftsraums für den Vertrag Anwendung findet oder wenn das anwendbare Recht dem Verbraucher einen besseren Schutz gegen missbräuchliche Klauseln gewährt.*" Vgl. *Jayme/Kohler*, IPRax 1995, 343, 345; *Dies.*, Rev. crit. dr. internat. privé (84) 1995, 1, 25 f.

[2043] Österreich: § 13a Abs. 1 Nr. 1 und 2 KSchG (öBGBl I 1998/119; I 1999/185 sowie I 2001/1019): „Haben die Parteien eines Verbrauchervertrags mit Auslandsbezug das Recht eines Staates gewählt, der nicht Vertragsstaat des EWR-Abkommens ist, so ist diese Rechtswahl für die Beurteilung 1. der Gültigkeit und der Folgen der Ungültigkeit eine Vertragsbestimmung, die nicht eine der beiderseitigen Hauptleistungspflichten festlegt, 2. der Folgen einer unklar und unverständlich abgefassten Vertragsbestimmung und 3. (...) insoweit unbeachtlich, als das gewählte Recht für den Verbraucher nachteiliger ist als das Recht, das ohne die Rechtswahl maßgebend wäre. Dies gilt nur, wenn ohne die Rechtswahl das Recht eines Staates anzuwenden wäre, der Vertragsstaat des EWR-Abkommens ist." Vgl. dazu Nemeth, S. 90; Czernich/Heiss, Art. 5 EVÜ, Rdn. 75; zur Umsetzung von Art. 7 VerbrauchsgüterkaufRL Jayme/Kohler, IPRax 2001, 501, 512 mit Fn. 146.

[2044] Schweden: Art. 13 des schwedischen Verbrauchervertragsgesetzes (Lag om avtalsvillkor I konsumentenförhållanden vom 15.12.1994 (1994:1512)). Vgl. *Jayme/Kohler*, IPRax 1996, 377, 378; *Lemmer*, 103.

[2045] Finnland: Laki kuluttajansvojalain 4 ja 12 luvun muuttamisesta N° 416, 18.12.1998 (Författningssamling 1999, S. 1043 - 1044), Kap. 4 § 5: „*Die Wahl des Rechts eines Staates, der nicht dem Europäischen Wirtschaftsraum angehört, als auf den Vertrag anwendbares Recht führt nicht dazu, die Bestimmungen über missbräuchliche Klauseln auszuschließen, welche in einem Staat des Europ. Wirtschaftsraums in Kraft sind, wenn diese Bestimmungen beim Fehlen einer Rechtswahl anwendbar wären und wenn sie dem Verbraucher einen besseren Schutz gegen missbräuchliche Klauslen gewähren als das für den Vertrag gewählte anwendbare Recht.*" Vgl. dazu *Jayme/Kohler* IPRax 1999, 401, 412; *Nemeth*, 90.

[2046] Dazu *Brinker*, 32.

Damit tritt die Umsetzungskollisionsnorm ergänzend neben Art. 5 EVÜ und kann dessen Lücken im Sinne des Verbraucherschutzes schließen. Fraglich ist dann aber, wie man den „engen Zusammenhang" konkretisiert.

Einige Mitgliedstaaten überlassen diese Definitionsaufgabe nicht den Gerichten, verzichten in ihren Umsetzungskollisionsnormen also auf die Flexibilität der Generalklausel. Bereits dies ist richtlinienwidrig, wenn man, meines Erachtens zutreffend, davon ausgeht, dass der Gesetzgeber einen gewissen Konkretisierungsspielraum an die Gerichte weitergeben muss.[2047]

So verlangte die erste griechische Umsetzung[2048], dass der Abschluss- oder Erfüllungsort in Griechenland lag und verkannte damit den Umstand, dass der enge Zusammenhang nur zum Gebiet der Gemeinschaft als solcher bestehen muss, sich also auch aus der Verbindung zu einem oder mehreren anderen Staaten als dem Forumstaat ergeben kann. Der französische Art. L 135-1 Code de la Consommation wie auch die luxemburgische Regelung stellen darauf ab, dass der Verbraucher seinen Wohnsitz in einem Mitgliedstaat hat und dort der Vertrag angebahnt, abgeschlossen oder erfüllt wird.[2049] Nicht ganz klar ist, ob der Wohnsitz mit einem der drei im letzten Halbsatz genannten Orte übereinstimmen muss, was richtlinienwidrig wäre.[2050] An dieser Umsetzung ist außerdem die Betonung der Bedeutung des Erfüllungsorts problematisch, die in der Literatur durchaus nicht einheitlich beurteilt wird.[2051]

(3) Übernahme der Generalklausel

Die verbleibenden[2052] Mitgliedstaaten übernehmen die Generalklausel, der deutsche Art. 29a EGBGB in Ergänzung durch ein Regelbeispiel. (Nur) die

[2047] Kritisch zur französischen Umsetzung aus diesem Grund *Freitag/Leible*, EWS 2000, 343, 345; ferner Grabitz/Hilf - *Pfeiffer*, Bd. III, A 5, Art. 6, Rdn. 60.

[2048] Obere Fn. 2028.

[2049] Siehe obere Fn. 2026 f. Vgl. dazu *Jayme/Kohler*, IPRax 1995, 343, 345; *Witz/Wolter*, ZEuP 1995, 885, 891; *Brenner*, 291; zur luxemburgischen Regelung *Jayme/Kohler*, IPRax 2001, 501, 513.

[2050] Vgl. oben 3. Teil C II 4. d).

[2051] Keine (wesentliche) Bedeutung hat er nach *v. Hoffmann*, ZfRV 1995, 45, 52; *Thorn*, IPRax 1999, 1, 7 f.; *Kapnopoulou*, 158. A. A. *Staudinger*, IPRax 1999, 414, 415; *Krebber*, ZVglRWiss 97 (1998), 124, 146 f.; *Roth/Schulze*, RIW 1999, 924, 930.

[2052] Portugal: siehe obere Fn. 2031; Großbritannien: Unfair Terms in Consumer Contracts Regulations of 22 July 1999 (Statutory Instruments 1999 N° 2083) revoking the Unfair Terms in Consumer Contracts Regulations of 1994; Sec. 7, Unfair Terms in Consumer Contracts Regulations 1994: „*Choice of Lax Clauses 7. These Regulations shall apply notwithstanding any contract term which applies or purports to apply the law of a non member State, if the contract has a close connection with the territory of the member States.*"; vgl. *Jayme/Kohler*, IPRax 1995, 343, 345; *Dies.*, Rev. crit. dr. internat. privé (84) 1995, 1, 26; *Wagner/Althen*, RIW 1995, 546, 548; *Fischer*, FS Großfeld (1999), 277, 283; Deutschland: Art. 3 Abs. 2 Nr. 1 des Gesetzes über Fernabsatzverträge und andere

letztgenannte Vorgehensweise vereint die Forderungen nach Rechtssicherheit und Flexibilität und ist daher vorzugswürdig. Allgemein dürfte die Übernahme der Generalklausel auch mehr dem Geist der Richtlinie entsprechen, da sie die Verstärkung des kollisionsrechtlichen Schutzes des Verbrauchers durch eine Ergänzung des Art. 5 EVÜ leichter ermöglicht. Italien ist hierbei allerdings ein Fehler unterlaufen, indem seine Umsetzungsbestimmung in Art. 1469-quinquies Codice Civile eine *engere* Verbindung zu einem Mitgliedstaat verlangt, während Art. 6 Abs. 2 KlauselRL ausdrücklich von einem „engen" Zusammenhang spricht.[2053]

d) Das Verweisungsziel

Die größte Unklarheit dürften die IPR-Klauseln dadurch geschaffen haben, dass sie das Verweisungsziel offen lassen. Resigniert stellen *Fallon/Francq* hierzu fest:

> „When referring to the territory of the Community (...) a directive makes it almost impossible for the State to implement it correctly."[2054]

Wiederum gilt allerdings, dass die Mitgliedstaaten, die der These vom kollisionsrechtlichen Schutzverlust folgen, hier keine Probleme haben, da sie folgerichtig auf das ohne Rechtswahl maßgebliche mitgliedstaatliche Recht abstellen. Die übrigen Mitgliedstaaten haben zwei Möglichkeiten:

Fragen des Verbraucherrechts sowie zur Umstellung von Vorschriften auf Euro, BGBl. 2000 I 897, 901, das einen neuen Art. 29a in das EGBGB eingefügt hat, siehe oben 4. Teil C V 2.; <u>Italien</u>: Art. 25 della Legge N° 52 vom 6.2.1996 (Gazetta Ufficiale della Repubblica Italiana No. 34, 1996), Art. 1469-quinquies Cod. civ. (geändert durch Art. 25 della Legge N° 526 vom 21.12.1999; Gazetta Ufficiale della Repubblica Italiana No. 13, 2000): *„Unwirksam ist jede Vertragsklausel, die das Recht eines nicht der Europäischen Union angehörenden Staates für auf den Vertrag anwendbar erklärt, wenn sie zur Folge hat, dass dem Verbraucher der durch diesen Titel gewährte Schutz vorenthalten wird und der Vertrag einen engeren Zusammenhang zu einem Mitgliedstaat der Europäischen Union aufweist.*"; vgl. dazu *Brinker*, 32 Fn. 137; *Cian*, JbItalR 10 (1997), 55, 65 f., 74.

2053 Ursache war offensichtlich ein Übersetzungsfehler im italienischen Wortlaut der KlauselRL, vgl. Grabitz/Hilf - *Pfeiffer*, Bd. III, A 5, Art. 6, Rdn. 63. Das von der Kommission gegen Italien eingeleitete Vertragsverletzungsverfahren Nr. 98/2026 (vgl. dazu o. Fn. 2003) hatte seinen Grund allerdings lediglich in dem Umstand, dass sich die italienische Umsetzungskollisionsnorm nur auf den „durch diesen Artikel [Art. 1469 Cod. civ.]" gewährten Schutz bezog und damit die anderen Umsetzungsvorschriften des einschlägigen Kapitels außen vor ließ. Die italienische Regierung kündigte an, den Fehler zu beseitigen, vgl. dazu *Alpa*, Rev. internat. d. dr. comp. 2001, 405, 418 f., was sie inzwischen auch getant hat (vgl. o. Fn. 2003).

2054 *Fallon/Francq*, , in: Basedow et al. (Hrsg.), 155, 165.

(1) Das lex fori-Modell

Einige Mitgliedstaaten nutzten den (teilweise nur vermeintlichen) Freiraum dazu, die Anwendung der eigenen Umsetzungsbestimmungen vorzusehen (sog. lex fori-Modell). Ihm folgen bzw. folgte die frühere griechische Umsetzung, ferner Frankreich, Großbritannien, die Niederlande und Irland.[2055] Da Art. 6 Abs. 2 KlauselRL zum Verweisungsziel keine Aussage macht und sich daher mit der Anwendbarkeit irgend eines mitgliedstaatlichen Rechts begnügt, ist diese Lösung aus sekundärrechtlicher Sicht nicht zu beanstanden. Da dem Richter die Arbeit durch die pauschale Verweisung auf das heimische Umsetzungsrecht erleichtert wird, ist das „Heimwärtsstreben" des Umsetzungsgesetzgebers auch leicht zu erklären.[2056] Allerdings führt diese Vorgehensweise unter Umständen dazu, dass auf einen Sachverhalt ohne relevante Beziehung zum Forumstaat dennoch dessen Rechtsordnung angewendet werden muss, was den Interessen der Parteien zuwiderläuft. Weist der Sachverhalt internationalprivatrechtlich relevante Bezüge zu einem anderen Mitgliedstaat auf, ist auch nicht ersichtlich, warum nicht die dort gültige Umsetzung der KlauselRL zur Anwendung berufen werden soll.[2057]

Soweit die im EVÜ zum Ausdruck gekommenen Wertungen zur Anwendbarkeit des Rechts eines vom Forum verschiedenen Mitgliedstaats führen, verstößt das lex fori-Modell zudem gegen die völkerrechtliche Verpflichtung der Vertragsstaaten, außerhalb des Art. 7 EVÜ ohne Konsultationsverfahren nicht vom EVÜ abzuweichen.

(2) Gemeinschaftsintern allseitige Verweisung

Den eben vorgetragenen Bedenken trägt eine Umsetzungsvariante Rechnung, die die Offenheit des Art. 6 Abs. 2 KlauselRL in diesem Punkt ausnutzt, um eine gemeinschaftsintern allseitige Kollisionsregel aufzustellen. Danach kommt das Recht desjenigen Mitgliedstaats zur Anwendung, zu dessen Territorium der Verbrauchervertrag eine enge bzw. die engste Verbindung aufweist. Diese Lösung, der Deutschland, Portugal und möglicherweise auch Italien folgen[2058], entspricht der Abgrenzungsfunktion des Art. 6 Abs. 2 KlauselRL, wonach die Gemeinschaft als Einheit dem Drittstaatenrecht gegenübersteht, die Auswahl der

---

[2055] Siehe o. Fn. 2028, 2026, 2052, zu den Niederlanden *Lemmer*, 96, zu Irland: *Brinker*, 32.

[2056] Im deutschen Gesetzgebungsverfahren hatte der Bundesrat in seiner Stellungnahme zum Entwurf eines neuen Art. 29a EGBGB mit eben dieser Begründung eine Rückkehr zum lex fori-Modell des § 12 AGBG (1996) verlangt, siehe BT-Drs. 14/2920, 7.

[2057] Kritisch zur Überdehnung des internationalen Anwendungsbereichs des Forumrechts auch *Fallon/Francq*, in: Basedow et al. (Hrsg.), 155, 166. Vgl. oben 4. Teil A II., 4. und D IV.

[2058] Siehe o. Fn. 2043, 2022; zu den in diesem Zusammenhang bestehenden Auslegungsproblemen bzgl. Art. 1469-quinquies Codice civile siehe *Cian*, JbItalR 10 (1997), 55, 66.

letztlich anwendbaren Rechtsordnung somit einer Frage des interlokalen Privatrechts ähnelt und nach dem im europäischen Kollisionsrecht anerkannten Grundsatz der engsten Verbindung erfolgen muss.[2059]

e) Günstigkeitsvergleich

Eine letzte Verzweigung im Strauß der mitgliedstaatlichen Umsetzungsvarianten betrifft die Frage, ob das drittstaatliche Recht auch dann unbeachtet bleiben soll, wenn es für den Verbraucher im konkreten Fall günstiger ist als das sonst berufene Umsetzungsgesetz zur KlauselRL. Nach einer verbreiteten und meines Erachtens zutreffenden Auffassung schreibt Art. 6 Abs. 2 KlauselRL selbst einen Günstigkeitsvergleich vor.[2060] Dennoch sehen die Umsetzungskollisionsnormen Portugals, Griechenlands, Frankreichs, Großbritanniens, Deutschlands und der Niederlande dem Wortlaut nach keinen Günstigkeitsvergleich vor[2061], während der Wortlaut der italienischen und der irischen Umsetzung nicht eindeutig ist[2062]. Belgien, Dänemark, Österreich, Schweden und Finnland ordnen den Günstigkeitsvergleich hingegen ausdrücklich an.

Soweit die Umsetzungskollisionsnorm wie in Deutschland eindeutig zu sein scheint – nach Art. 29a Abs. 1 EGBGB sind die entsprechenden Umsetzungen ungeachtet der Rechtswahl „gleichwohl anzuwenden" – stellt sich die Frage nach der richtlinienkonformen Auslegung. Zu dem Streit, ob die Richtlinie überhaupt von einem Günstigkeitsvergleich ausgeht, kommt daher bejahendenfalls das Problem hinzu, ob man hier die Auslegungsgrenze des äußersten Wortsinns überschreitet und dies entgegen der nationalen Methodenlehre im Rahmen der richtlinienkonformen Auslegung zulässig wäre.[2063]

Die Frage des Günstigkeitsvergleichs demonstriert mithin besonders deutlich, welche Rechtsunsicherheit sich auch noch auf der Ebene der Rechtsanwendung in die Bestimmung des auf einen Verbrauchervertrag anwendbaren Rechts einschleichen kann.

2059 Hierzu auch die Begründung des Regierungsentwurfs zu Art. 29a EGBGB, BT-Drs. 14/2658, 50.

2060 Siehe 3. Teil C IV 5.

2061 Siehe zu diesen Umsetzungen obere Fn. 2022, 2019, 2017, 2043 sowie im Text bei Fn. 2014.

2062 Dazu *Cian*, JbItalR 10 (1997), 56; *Brinker*, 33, bejahen dies für Art. 1469-quinquies Codice civile. Zur irischen Umsetzung *Brinker*, 32; *Jayme/Kohler*, IPRax 1995, 343, 345.

2063 Verneinend *Ehricke*, RabelsZ 59 (1995), 598, 610 f.; *Ders.*, EuZW 1999, 553, 554; *di Fabio*, NJW 1990, 947; *Jarass*, EuR 1991, 211, 217 f.; *Nemeth,* wbl 2000, 341, 349; *Dänzer-Vanotti*, RIW 91, 754; *Müller-Graff*, in: Ders. (Hrsg), 9, 52; a. A. *Lutter*, JZ 1992, 593, 605; *Staudinger*, VersR 1999, 401, 413; *Grundmann*, JZ 1996, 274, 281.

2. Zusammenfassung der wichtigsten Abweichungen der Umsetzungskollisionsnormen untereinander sowie vom EVÜ

Aufgrund ihres umfassenderen sachlichen Anwendungsbereichs korrigieren die nationalen Umsetzungen im Einklang mit Art. 6 Abs. 2 KlauselRL zunächst die Entscheidung des EVÜ, dem Verbraucher nur bei bestimmten Vertragstypen einen besonderen kollisionsrechtlichen Verbraucherschutz zuteil werden zu lassen.[2064]

Wie weit die Abweichung vom EVÜ im Hinblick auf die räumlich-territorialen Anforderungen, die den kollisionsrechtlichen Verbraucherschutz auslösen, geht, lässt sich hingegen nicht einheitlich beantworten. Manche Mitgliedstaaten verweisen hier auf das EVÜ, verweigern dem Verbraucher also einen gegenüber der bisherigen Rechtslage weitergehenden Schutz und belassen es im Ergebnis bei der Anpassung des sachlichen Anwendungsbereichs des Art. 5 EVÜ an die Anforderungen der KlauselRL. Insbesondere, weil auf diese Weise der aus eigener Initiative aktiv in anderen Mitgliedstaaten nachfragende Verbraucher nicht geschützt wird, können sich dann Schutzlücken ergeben.

Andere Mitgliedstaaten erweitern entsprechend dem Schutzzweck des Art. 6 Abs. 2 KlauselRL die räumlichen Kriterien im Vergleich zu den Tatbeständen des Art. 5 Abs. 2 EVÜ. Entweder übernehmen sie die Generalklausel des „engen Zusammenhangs“ oder sie definieren dieses Merkmal selbst in abschließender Weise. Die erste Lösung trägt erhebliche Rechtsunsicherheit in die Bestimmung des auf internationale Verbraucherverträge anwendbaren Rechts hinein, entspricht aber den Vorgaben der Richtlinie.

Wird der räumlich-territoriale Anwendungsbereich hingegen abschließend definiert, ist neben dem darin liegenden Verstoß gegen Art. 6 Abs. 2 KlauselRL die Chance auf einen einheitlichen kollisionsrechtlichen Schutz innerhalb der Gemeinschaft verbaut, denn es ist kaum zu erwarten, dass sich die Gerichte anderer Mitgliedstaaten etwa der in Art. L 135-1 Code de la Consommation zum Ausdruck kommenden französischen Auffassung vom „engen Zusammenhang“ vorbehaltlos anschließen werden. Die Befürchtung *Jaymes*[2065], dass „durch den unklaren Begriff des „engen Zusammenhangs“ nationalen Alleingängen und Auslegungsdivergenzen Tür und Tor geöffnet [wird].“, hat sich somit bestätigt.

Erhebliche Abweichungen der mitgliedstaatlichen Umsetzungen untereinander bestehen auch in der Frage, ob die EWR-Staaten als Drittstaaten zu be-

---

[2064] Zum sachlichen Anwendungsbereich der KlauselRL oben 3. Teil B I 2. Vgl. zu den Umsetzungen des Art. 2 KlauselRL in den Mitgliedstaaten die Länderberichte verschiedener Autoren in der Zeitschrift European Review of Private Law (ERPL) 1997, 135 ff.; ferner die Länderberichte im Dokument der Europäischen Kommission „The 'Unfair Terms' Directive, Five Years On, 2000, 221 ff.

[2065] *Jayme*, in: FS Trinkner (1995), 575, 582. Rechtsunsicherheit befürchtet z.B. auch *Staudinger*, IPRax 1999, 414, 417.

handeln sind, welches mitgliedstaatliche Umsetzungsrecht den Richtlinienstandard gegen das gewählte Drittstaatenrecht verteidigen soll und ob dies durch strikte Anwendung dieses Umsetzungsrechts geschehen soll oder nur, soweit letzteres für den Verbraucher im konkreten Fall günstiger ist.

3. Beispielsfall

Während die Rechtsunterschiede zwischen den Mitgliedstaaten etwa am Beispiel der Behandlung von EWR-Vertragsstaaten deutlich zu Tage treten, soll hier ein etwas „subtileres“ Beispiel zur Verdeutlichung der eingetretenen Rechtszersplitterung dienen.

> Der in Deutschland wohnende Verbraucher A reist nach Österreich, wo er auf die Produktwerbung eines schweizer Herstellers B stößt und anhand dessen Katalogs eine schweizer Uhr bestellt, die nach Deutschland geliefert wird. Der Vertrag enthält die Wahl schweizer Rechts. Unterstellt sei, dass die deutsche und die österreichische Rechtslage zur Klauselkontrolle günstiger ist als die schweizerische. Welches Recht ziehen die (international zuständigen) Gerichte der Mitgliedstaaten in diesem Fall für die Klauselkontrolle heran?

Da mangels Veranlassung der Reise durch B kein Fall des Art. 5 EVÜ vorliegt, würde mangels Rechtswahlvereinbarung hier gem. Art. 4 EVÜ schweizer Recht, also das Recht eines Drittstaats gelten. Alle Mitgliedstaaten, die den „engen Zusammenhang“ anhand des EVÜ bestimmen, wenden ihre Umsetzungskollisionsnormen zu Art. 6 Abs. 2 KlauselRL mithin nicht an, belassen es vielmehr bei der Anwendbarkeit schweizer Rechts, obwohl die Vertragsanbahnung im Territorium der EU stattgefunden hat.[2066] Die Niederlande und Spanien kommen zum selben Ergebnis, da ihre Art. 5 EVÜ ergänzenden Kollisionsnormen auf den Wohnsitz des Verbrauchers im jeweiligen Hoheitsgebiet abstellen und damit nicht einschlägig sind.

Die Voraussetzungen des französischen Art. L 135-1 Code de la Consommation sind erfüllt, da der Verbraucher seinen Wohnsitz im Gemeinschaftsgebiet hat und dort sogar alle drei weiteren alternativ zu prüfenden Verbindungselemente (Angebot, Vertragsschluss, Erfüllung) liegen. Frankreich folgt dem lex fori-Prinzip und wendet somit das französische Umsetzungsgesetz an. Entsprechendes gilt für Großbritannien, da die von sec. 7 der Unfair Terms in Consumer Contracts Regulations geforderte „close connection“ zum Gemeinschaftsgebiet besteht, wie auch für Luxemburg.

In Italien ist die Rechtslage kompliziert, da Art. 1469-quinquies Codice civile die Rechtswahl im vorliegenden Fall für unbeachtlich erklärt – der Zusammen-

---

[2066] So Belgien, Dänemark, Österreich, Schweden, Finnland und eventuell auch Irland, siehe o. Fn. 2041-2045, zu Irland *Brinker*, 32.

hang zu Österreich als Anbahnungsstaat ist enger als der zur Schweiz –, aber nicht sagt, welches Recht statt dessen zur Anwendung kommen soll. Nach der von *Cian*[2067] vorgeschlagenen Lösung kommt das Recht der „engeren" Verbindung, hier also österreichisches Recht zur Anwendung. Gleiches gilt für die deutsche Regelung in Art. 29a Abs. 1 EGBGB, die ausdrücklich auf den Staat abstellt, zu dem der enge Zusammenhang besteht.

Portugal verweist in Art. 23 Abs. 2 seines Umsetzungsgesetzes auf die Umsetzungskollisionsnorm des Mitgliedstaats, zu dem die enge Verbindung besteht, spricht also eine Gesamtverweisung aus. Hier ist § 13a des österreichischen KSchG berufen, der wie gesehen den engen Zusammenhang nach den Art. 4, 5 EVÜ bestimmt und daher nicht einschlägig ist. Auch Portugal belässt es daher im Ergebnis bei der Anwendung schweizer Rechts.

Je nachdem, wo in der Gemeinschaft Klage erhoben wird, findet auf den im Beispielsfall genannten Vertrag im Ergebnis das schweizer Recht, die französische, britische oder österreichische Umsetzung zur KlauselRL Anwendung. Die Unterschiede in den nationalen Umsetzungen können sich mithin gravierend auswirken[2068], das Harmonisierungsziel des Art. 6 Abs. 2 KlauselRL ist nicht erreicht.

4. Lösungsmöglichkeiten

Die Entwicklung zeigt, dass der Hinweis auf die drohende Erosion des im EVÜ erreichten Vereinheitlichungsniveaus berechtigt war. Die eingetretene Rechtszersplitterung[2069], das Labyrinth aus EVÜ, Richtlinien und verschiedenen Umsetzungen[2070], ist nicht nur rechtspolitisch bedenklich, sondern widerspricht insbesondere der Präambel zum EVÜ, wonach die künftigen Rechtsakte der Gemeinschaft ausdrücklich auf das im EVÜ Erreichte hätten Rücksicht nehmen sollen.

Jayme, der die oben beschriebene Entwicklung schon früh vorhergesehen hat, hatte vorgeschlagen, Art. 6 Abs. 2 KlauselRL als „narrative" Norm, die lediglich auf das bestehende kollisionsrechtliche Instrumentarium des EVÜ hinweist, zu verstehen und daher von einer Umsetzung abzusehen.[2071] Schutzlücken sollten über Art. 7 EVÜ geschlossen werden. Die Mitgliedstaaten sind dem jedoch nicht gefolgt, angesichts des Umstands, dass das Unterlassen der Umsetzung von Art. 6 Abs. 2 KlauselRL die Integrität des EVÜ aufgrund der dann notwendigen extensiven Anwendung der Öffnungsklausel des Art. 7 EVÜ nur scheinbar

2067 *Cian*, JbItalR 10 (1997), 55, 66.
2068 *Martinek*, in: Grundmann (Hrsg.), Systembildung, 511, 553.
2069 *Lagarde*, 28: „véritable éclatement".
2070 *Basedow*, CML Rev. 37 (2000), 687, 689.
2071 *Jayme*, in: FS Trinkner (1995), 575, 583. Dagegen *Lurger*, in: FS Posch (1996), 179, 186.

gewahrt hätte, auch zu Recht. Im Folgenden sind daher Möglichkeiten, wie man die eingetretene Rechtszersplitterung in ihren Auswirkungen begrenzen kann, zu diskutieren. Sie können allerdings die Notwendigkeit einer Überarbeitung des EVÜ unter Einbeziehung des bisher geschaffenen Richtlinienkollisionsrechts nicht in Frage stellen.

a) Lösungsansätze de lege lata

Aus Sicht des jeweiligen nationalen Rechtsanwenders bestehen vor allem drei Möglichkeiten, die negativen Auswirkungen des Umsetzungskollisionsrechts auf die Kollisionsrechtseinheit in der Gemeinschaft zu begrenzen.

(1) Subsidiarität der Umsetzungskollisionsnormen gegenüber Art. 5 EVÜ

Die erste liegt darin, die ergänzenden Sonderkollisionsnormen nur subsidiär anzuwenden, also immer erst dann, wenn nicht schon Art. 5 EVÜ zur Anwendung eines mitgliedstaatlichen Umsetzungsgesetzes zur KlauselRL bzw. eines günstigeren Drittstaatenrechts führt. Die ganz herrschende Meinung[2072] vertritt eben dies im Einklang mit dem Willen des Gesetzgebers[2073] für die deutsche Umsetzung in Art. 29a EGBGB, so dass wenigstens im sachlichen und räumlichen Anwendungsbereich des Art. 5 EVÜ weiterhin eine gemeinschaftsweit einheitliche Regelung besteht.

(2) Keine Anwendung der Umsetzungskollisionsnorm auf Drittstaatenverbraucher

Des Weiteren ist es vor dem Hintergrund des Zwecks der KlauselRL, die Nachfragerfreiheit der europäischen Verbraucher zu stärken, nicht angezeigt, einen „engen Zusammenhang" zu bejahen, wenn der am Vertrag beteiligte Verbraucher seinen gewöhnlichen Aufenthalt in einem Drittstaat hat. Man sollte daher eine ungeschriebene Tatbestandsvoraussetzung des Inhalts annehmen, dass der Verbraucher seinen gewöhnlichen Aufenthalt in der Gemeinschaft haben muss und es, soweit das nicht der Fall ist, bei der Anwendung des Art. 5 EVÜ belassen.[2074] Auch so kann für einen Teil der denkbaren Fälle das Anknüpfungssystem des EVÜ von „Störungen" durch Umsetzungskollisionsrecht freigehalten werden.

[2072] *Freitag/Leible*, EWS 2000, 342, 346; *Staudinger*, RIW 2000, 416, 419; *Ders.*, ZfRV 2000, 93, 102; Palandt - *Heldrich*, Art. 29a EGBGB, Rdn. 7; *Hoeren*, 241; *Coester-Waltjen/Mäsch*, 102 Fn. 21; *Mankowski*, MMR - Beilage 7/2000, 22, 37. A.A. *Härting*, Rdn. 166.

[2073] Siehe die Regierungsbegründung, BT-Drs. 14/2658, 50.

[2074] Offen lassend *Staudinger*, RIW 2000, 416, 418; a.A. im Hinblick auf Art. 6 Abs. 2 KlauselRL Wolf/Horn/Lindacher - *Wolf*, Art. 6 RL, Rdn. 13.

(3) Auslegung der Umsetzungskollisionsnorm im Einklang mit den Wertungen des EVÜ

Die Umsetzungskollisionsnormen werden nicht selten Interpretationsspielräume lassen, gerade was den „engen Zusammenhang“ oder aber auch die Auswahl der mitgliedstaatlichen Rechtsordnung, die den Schutz der Richtlinie im konkreten Fall garantieren soll, angeht. Hier sollten möglichst Kriterien Verwendung finden, die auch dem Anknüpfungssystem des EVÜ zugrunde liegen, namentlich die in Art. 4, 5 EVÜ beschriebenen Umstände.[2075] Solange die Ziele des Art. 6 Abs. 2 KlauselRL auf diese Weise verwirklicht werden können, gilt das Prinzip weitestmöglicher Schonung des EVÜ.[2076] Liegt ein Vertrag mit einem in der EU ansässigen Unternehmen vor, sind aber die Voraussetzungen des Art. 5 EVÜ nicht erfüllt, sollte es bei der Anwendung des Niederlassungsrechts (Art. 4 Abs. 2 EVÜ) bleiben. Denn es handelt sich um das Recht eines Mitgliedstaats und mehr verlangt Art. 6 Abs. 2 KlauselRL auch nicht.

b) Revision des EVÜ

Abgesehen von diesen – zugegebenermaßen relativ kleinen – Randkorrekturen, erscheint eine zufrieden stellende Lösung nur im Wege einer Revision des EVÜ möglich, die in der Literatur zunehmend gefordert[2077] und in der Kommission in Anschluss an den Amsterdamer Vertrag auch vorbereitet wird[2078] (sog. Rom I-

---

2075 *Staudinger*, RIW 2000, 416, 418; im Ergebnis ebenso *Otte*, RabelsZ 62 (1998), 405, 433 (beide zur Auswahl der mitgliedstaatlichen Rechtsordnung); eine solche für die Konkretisierung des „engen Zusammenhangs“ bedeutsame Wertung liegt nach *Thorn*, IPRax 1999, 1, 7, in der marktbezogenen Anknüpfung von Verbraucherschutzrecht.

2076 *v. Hoffmann*, ZfRV 1995, 45, 48 f., weist auf den gemeinschaftsnahen Charakter des EVÜ hin, das unmittelbar auf die Verwirklichung des Binnenmarktes ziele, weshalb das Kollisionsrecht der Gemeinschaft und das EVÜ ein möglichst kohärentes System bilden müssen, was auch die bereits erwähnte Gemeinsame Erklärung der Mitgliedstaaten zum Verhältnis von EG-Recht und EVÜ (ABlEG 1980 L 266/14) unterstreicht. *Kronke*, RIW 1996, 985, 992, leitet aus dem Prinzip der Einheit des Gemeinschaftsrechts und Art. 100a EGV (Art. 95 EG) ab, dass ein einmal erreichtes Vereinheitlichungsniveau nicht wieder verringert werden dürfe. Mit dem klarstellenden Zusatz, dass dies gilt, soweit nicht der Schutzzweck der Richtlinie zwingend eine Erweiterung und damit Abweichung vom EVÜ erfordert, ist dem zuzustimmen; in diese Richtung auch Grabitz/Hilf - *Pfeiffer*, Bd. III, A 5, Art. 8 RL, Rdn. 19. *Baumert*, EWS 1995, 57, 68, leitet in anderem Zusammenhang das Postulat des möglichst schonenden Eingriffs in das EVÜ aus Art. 20 EVÜ ab. Vgl. ferner oben 2. Teil E III.

2077 Vgl. *Martiny*, ZEuP 2001, 308, 333: „dringend notwendig“; *Kessedjian*, in: Basedow et a. (Hrsg.), 329, 334 ff., zur Reformbedürftigkeit auch *Junker*, IPRax 2000, 65 ff.; *Sonnenberger*, ZVglRWiss 100 (2001), 107, 118 ff.

2078 Vgl. den Aktionsplan des Rates und der Kommission zur bestmöglichen Umsetzung der Bestimmungen des Amsterdamer Vertrages über den Aufbau eines Raums der Freiheit, der Sicherheit und des Rechts vom 8.12.1998, ABlEG 1999 C 19/1 = IPRax 1999, 288,

Verordnung). Entsprechend den oben als rechtspolitisch begründet erkannten Regelungszielen der IPR-Klauseln ist sowohl eine Reform des Art. 3 EVÜ als auch des Art. 5 EVÜ angezeigt.

(1) Die Reform des Art. 3 EVÜ

Die Konsequenzen aus der Herausbildung eines „einheitlichen Rechtsraums" innerhalb der EU zieht z.B. die *Europäische Gruppe für IPR* [2079] mit folgendem Vorschlag eines neuen Art. 3 Abs. 3 EVÜ:

> „Le choix par les parties de la loi d'un pays tiers, assorti ou non de celui d'un tribunal d'un pays tiers, ne peut, lorsque les autres éléments de la situation sont localisés au moment du choix dans un ou plusieurs Etats membres, porter atteinte aux dispositions impératives qui trouvent leur origine dans des actes de la Communauté et qui sont applicables dans un Etat membre dont la loi aurait été applicable à défaut de choix."

Diese Regelung kann die Marktabgrenzungsfunktion der IPR-Klauseln in der Tat wahrnehmen, soweit keine substantiellen Drittstaatenbezüge vorliegen, da es nunmehr unschädlich ist, wenn Bezüge zu verschiedenen Mitgliedstaaten vorliegen. Konsequent löst sie auch das Problem, welche mitgliedstaatliche Richtlinienumsetzung Anwendung finden soll, indem auf die „abgewählte" Rechtsordnung abgestellt wird.

(2) Reformvorschläge zu Art. 5 EVÜ

Im Rahmen der Überarbeitung des Art. 5 EVÜ sind die Konsequenzen daraus zu ziehen, dass die sachliche Reichweite des kollisionsrechtlichen Verbraucherschutzes durch den „Verbrauchervertrag" im Sinne der Richtlinien zu definieren sowie der „enge Zusammenhang" im Sinne der IPR-Klauseln autonom „neu" zu bestimmen ist. Drei Vorschläge seien hier beispielhaft erwähnt: *Basedow* befürwortet die Ergänzung des Art. 5 EVÜ durch eine „unilaterale Sonderanknüpfung":

290, der bereits die Revision „einzelner Bestimmungen" des EVÜ vorsah. Mit einem Grünbuch hierzu ist in absehbarer Zeit zu rechnen, vgl. *Remien*, CML Rev. 2001, 53, 58; *Jayme/Kohler*, IPRax 2002, 461, 470; *Wilderspin*, in: Baur/Mansel, Systemwechsel, 77, 78.

2079 Die Reformvorschläge sind abgedruckt in IPRax 2001, 64 f., mit Erläuterung von *Jayme*, a.a.O., 65 f. (englischer Text: http://www.drt.ucl.ac.be/gedip/gedip-documents-10pe.html (26.1.2001); vgl. *Martiny*, ZEuP 2001, 308, 333; *Lagarde*, Rev. crit. dr. internat. privé 89 (2000), 925, 928 f. Ähnlich zuvor schon *Basedow*, in: Schnyder/Heiss/Rudisch (Hrsg.), 11, 34; ihm folgend *Leible*, in: Schulte-Nölke/Schulze (Hrsg.), 353, 383.

„Bei Verträgen, die eine Person, der Verbraucher, zu einem Zweck schließt, der nicht ihrer beruflichen Tätigkeit zugerechnet werden kann, darf die Rechtswahl nicht dazu führen, dass dem Verbraucher der durch die zwingenden Vorschriften der Europäischen Gemeinschaft gewährte Schutz entzogen wird, wenn der Vertrag einen engen Zusammenhang mit dem Gebiet der Mitgliedstaaten der Europäischen Gemeinschaft aufweist.“[2080]

Darin liegt jedoch kein wesentlicher – über die Rückgewinnung der Einheit des Internationalen Verbrauchervertragsrechts infolge der Regelung auf staatsvertraglicher Ebene – hinausgehender Fortschritt: Die objektive Anknüpfung bleibt unberücksichtigt, der „enge Zusammenhang“ wird nicht näher definiert und es bleibt bei einer im Verhältnis zu Drittstaaten einseitigen Kollisionsnorm.

Leible zielt auf eine allseitige Neuformulierung des Art. 5 EVÜ unter Einbeziehung aller Verbraucherverträge bei Anknüpfung an das Recht des Vertragsanbahnungsmarkts. Zugleich trägt er dem Interesse des Verbrauchers Rechnung, indem berücksichtigt wird, ob der Verbraucher den Eindruck gewinnen durfte, dass der Vertrag eine engere Beziehung zu einem anderen Staat aufweist[2081]:

„(2) Ungeachtet des Artikels 3 darf die Rechtswahl der Parteien nicht dazu führen, dass dem Verbraucher der durch die zwingenden Bestimmungen des Rechts des Staates, in dem der Vertrag angebahnt wurde, gewährte Schutz entzogen wird. Erweckt die Art der Absatztätigkeit des Unternehmers beim Verbraucher den berechtigten Eindruck, dass der Vertrag eine engere Beziehung zu einem anderen Staat als dem der Vertragsanbahnung aufweist, darf der durch dessen zwingende Bestimmungen gewährte Schutz nicht entzogen werden.
(3) Mangels einer Rechtswahl ist abweichend von Art. 4 für Verbraucherverträge das Recht des Staates maßgebend, in dem sie gemäß Absatz 2 angebahnt worden sind.“

Während der „berechtigte Eindruck“ ähnlich unbestimmt wie der „enge Zusammenhang“ ist, hat dieser Ansatz insbesondere den Vorteil, die besondere Anknüpfung von Verbraucherschutznormen allseitig zu regeln und gleichzeitig die Lücke des Regelungskonzepts der IPR-Klauseln im Hinblick auf objektiv angeknüpfte Verträge zu schließen. Das Kriterium des Anbahnungsmarkts ist zum Ausgleich der beteiligten Rechtsanwendungsinteressen auch geeignet, denn mit der Rechtsordnung des Staates, in dem Absatztätigkeit und Nachfrage-

2080 *Basedow*, in: Schnyder/Heiss/Rudisch (Hrsg.), 11, 34. Weitere Vorschläge machen *Baumert*, EWS 1995, 57, 66; *Lurger*, in: FS Posch (1996), 179, 202; *Kronke*, RIW 1996, 985, 991; *Sonnenberger*, ZEuP 1996, 382, 390 f.; *v. Hoffmann*, ZfRV 1995, 45, 54.

2081 *Leible*, in: Schulte-Nölke/Schulze (Hrsg.), 353, 385.

verhalten aufeinander treffen, werden die Parteien in aller Regel auch rechnen. Die *Europäische Gruppe für IPR* schließlich formuliert[2082]:

> „La loi applicable en vertu des articles 3, 4 et 9 ne peut priver le consommateur de la protection que lui assurent les dispositions impératives de la loi du pays dans lequel il a sa résidence habituelle au moment de la conclusion du contrat, à moins que le fournisseur établisse qu'il ignorait le pays de cette résidence du fait du consommateur.
> L'alinéa précédent n'est pas applicable:
> a) lorsque le consommateur s'est rendu dans le pays du fournisseur et y a conclu le contrat, ou
> b) lorsque le bien ou le service a été ou devait être fourni dans le pays où était siuté l'établissement en charge de cette fourniture,
> à moins que, dans l'un ou l'autre cas, le consommateur ait été incité par le fournisseur à se rendre dans ledit pays en vue d'y conclure le contrat."

Hier fällt auf, dass der Verbraucher u.a. im Rahmen von Auslandsdienstleistungen sowie in dem Fall, dass er sich aktiv an den Anbieter in dessen Heimatland gewandt hat, nur dann geschützt wird, wenn der Anbieter diesen Auslandsbezug des Vertrags selbst herbeigeführt hat, und zwar mit der Absicht, einen Vertragsschluss mit dem Verbraucher herbeizuführen. Damit greift die *Europäische Gruppe für IPR* meines Erachtens aber zu kurz, da sie nach wie vor das Konzept des „passiven" Verbrauchers zugrunde legt und das Schutzbedürfnis nach wie vor nur auf den gewöhnlichen Aufenthaltsstaat bezieht. Schon wer im Binnenmarkt bei einem Drittstaatenanbieter auf eigene Initiative nachfragt, ist nicht mehr geschützt – der von der *Gruppe* vorgeschlagene Art. 3 Abs. 3 EVÜ (siehe oben) hilft nicht weiter, da infolge der Niederlassung des Anbieters in einem Drittstaat kein reiner Binnenmarktsachverhalt mehr vorliegt.

Vorzugswürdig erscheint es daher, grundsätzlich an den Anbahnungsmarkt anzuknüpfen, aber zugleich Raum für Fälle zu lassen, in denen sich eine hinreichende Beziehung zur EU aus anderen Kriterien ergibt.

(3) Anpassung an den neuen Art. 15 EuGVVO

Fraglich ist, ob die genannten Vorschläge im Einklang mit der Neufassung der Verbrauchergerichtsstände in der Verordnung (EG) Nr. 44/2001 stehen. Art. 15 EuGVVO, der am 1.3.2002 in Kraft getreten ist, stellt nämlich maßgeblich auf die Ausrichtung der Unternehmertätigkeit auf das Gebiet der Gemeinschaft ab, bevorzugt also ein Merkmal von ähnlicher Weite wie der „enge Zusammen-

[2082] Siehe o. Fn. 2058.

hang“ der IPR-Klauseln. Auf eine Abstimmung des reformierten Art. 5 EVÜ mit Art. 15 EuGVVO wird jedenfalls zu achten sein.[2083]

III. Ausblick

Wann mit einer Neuregelung zu rechnen ist, bleibt unklar, zumal in letzter Zeit das Prozessrecht und die Anerkennung von Entscheidungen in den Vordergrund zu treten und die Frage des anwendbaren Rechts an Interesse zu verlieren scheint.[2084] Wie schon zur Zeit der Schaffung des EVÜ sorgt das Thema Verbraucherschutz innerhalb der Mitgliedstaaten für Kontroversen. Im Zusammenhang mit der Vorbereitung der Rom I-Verordnung wird bereits von „Grabenkämpfen“ zwischen den Vertretern der widerstreitenden Interessen der Verbraucher und Unternehmer berichtet[2085], bei denen es nicht zuletzt infolge der teilweise beklagten Tendenz des Art. 15 EuGVVO hin zu einem „diffusen <Bestimmungslandprinizp>“[2086] um die Frage gehen dürfte, inwieweit auch im Internationalen Vertragsrecht das Herkunftslandprinzip etabliert werden soll.

Bis zur Neuregelung der strittigen Fragen bleibt eine erhebliche „Erosion“ des EVÜ zu konstatieren, und zwar unter zwei Aspekten: Zum einen entzieht der Gemeinschaftsgesetzgeber wesentliche Teilgebiete des Internationalen Verbraucherschutzes dem Einflussbereich des Art. 5 EVÜ[2087], zum anderen treten an die Stelle der einheitlichen Regelung des Art. 5 EVÜ verschiedene Umsetzungsvarianten, so dass in den Mitgliedstaaten keine einheitliche Rechtslage mehr besteht. Beide Aspekte lassen sich anhand der Rechtslage, die die KlauselRL in den Mitgliedstaaten herbeigeführt hat, belegen.

Anhand der wesentlichen Punkte des kollisionsrechtlichen Regelungsprogramms der KlauselRL lassen sich nicht weniger als neun (!) Umsetzungsmodelle unterscheiden. Von einer Rechtszersplitterung auf dem Gebiet des Internationalen Verbrauchervertragsrechts zu sprechen, erscheint nicht

---

[2083] *Martiny*, ZEuP 2001, 308, 333; *Stone*, Information & Communications Technology Law 2000, 5, 11; *Moritz*, CR 2000, 65, 71.

[2084] Dazu *Jayme/Kohler*, IPRax 2001, 501. Auch eine stärkere Vereinheitlichung des materiellen Vertragsrechts auf breiter Basis erscheint künftig nicht ausgeschlossen, vgl. die Mitteilung der Kommission zum Europäischen Vertragsrecht v. 11.7.2001, KOM (2001) 398 endg.; dazu *Staudenmayer*, EuZW 2001, 485; *Sonnenberger*, RIW 2002, 489. *Jayme* und *Kohler*, die im Hinblick auf die Bestrebungen, das Sachrecht zu vereinheitlichen, bereits wieder Ernüchterung eintreten sehen, stellen jedoch mit guten Gründen die Vorzüge einer Vereinheitlichung des IPR in den Vordergrund, *Dies.*, IPRax 2002, 461, 462; ebenso *Sonnenberger*, RIW 2002, 489, 494 f.

[2085] *Staudinger*, IPRax 2001, 492.

[2086] *Heß*, IPRax 2000, 370, 372.

[2087] *Martiny*, ZEuP 2001, 308, 311.

übertrieben.[2088] Es ist nach der gegenwärtigen Rechtslage im Anwendungsbereich des Art. 5 EVÜ nicht mehr und im Übrigen weiterhin nicht gewährleistet, dass auf einen internationalen Verbrauchervertrag, der eine Rechtswahlvereinbarung zugunsten eines Drittstaatenrechts enthält, dieselbe Rechtsordnung für die Kontrolle von AGB herangezogen wird, gleich in welchem Mitgliedstaat Unternehmer oder Verbraucher Klage erheben.

Damit werden die Richtlinienziele insgesamt nicht erreicht: Die bestehenden Rechtsunterschiede in den Mitgliedstaaten behalten ihre Bedeutung und behindern den innergemeinschaftlichen Handel; das forum shopping bleibt weiter möglich; die Marktabgrenzungsfunktion des Art. 6 Abs. 2 KlauselRL kommt nicht effektiv genug zum Tragen, da der Anwendungsbereich des angeglichenen Rechts gegenüber drittstaatlichem Recht nicht einheitlich bestimmt wird; schließlich weiß der Verbraucher weiterhin nicht mit hinreichender Sicherheit, ob er als aktiver Nachfrager mit dem Schutz der Richtlinie rechnen kann, mit allen negativen Folgen für das Vertrauen des Verbrauchers in den Binnenmarkt.

Die derzeit von der Kommission vorbereitete Reform des EVÜ ist jedenfalls im Hinblick auf Art. 5 EVÜ dringend notwendig, um die Kollisionsrechtseinheit im Internationalen Verbrauchervertragsrecht wiederherzustellen. Man wird aber auch über das Schicksal der bisherigen IPR-Klauseln nachdenken müssen, die aufgrund ihrer sehr weiten Formulierung später einmal durchaus Anlass zu zweifeln geben könnten, ob eine künftig das EVÜ ersetzende Verordnung mit den sekundärrechtlichen Vorgaben übereinstimmt.[2089] Um hier Unklarheiten zu vermeiden, sollten die einschlägigen Bestimmungen in den Verbraucherschutzrichtlinien deshalb im Zuge der EVÜ-Reform gestrichen werden. Um bis zur Reform des EVÜ eine weitergehende Rechtszersplitterung zu vermeiden, wären (wenigstens) in künftigen Verbraucherschutzrichtlinien einige Klarstellungen wünschenswert: So sollte der „enge Zusammenhang“ zumindest beispielhaft definiert, der Ausschluss der Drittstaatenverbraucher, das Prinzip der Vollharmonisierung sowie der Günstigkeitsvergleich klargestellt und insbesondere eine Aussage zum Verweisungsziel getroffen werden.[2090]

[2088] Auch *Fallon/Francq*, in: Basedow et al. (Hrsg.), 155, 165, und *Kessedjian*, In: Basedow et al (Hrsg.), 329, 333 f., monieren die Unterschiedlichkeit der nationalen Umsetzungen.

[2089] Dazu, dass die Reform des EVÜ im Einklang mit den Verbraucherschutzrichtlinien stehen muss, *Sonnenberger*, ZVglRWiss 100 (2001), 107, 118. *Nemeth/Rudisch*, ZfRV 2001, 179, 182, weisen darauf hin, dass eine solche Verordnung dem Richtlinienkollisionsrecht nach den Grundsätzen der lex posterior bzw. lex specialis vorgehen würde.

[2090] Zu einigen dieser Forderungen vgl. *Staudinger*, Disharmony, 4.

C. Abschließende Bemerkungen zur Neuregelung des Internationalen Verbrauchervertragsrechts in Art. 29a EGBGB

Zum Schluss soll der Blick noch einmal zurück auf die nationale Ebene gerichtet werden.

Art. 29a EGBGB setzt die IPR-Klauseln in den Absätzen 1 und 2 mit Ausnahme des nicht ausdrücklich vorgeschriebenen Günstigkeitsvergleichs vorbildlich um, während die Vorgaben des Art. 9 TimesharingRL einerseits infolge der Anwendbarkeit des Art. 29a Abs. 1 EGBGB auf Timesharingverträge nach wie vor bewusst überschritten werden und andererseits die Beibehaltung des lex fori-Prinzips in Abs. 3 bedenklich ist.

Die leichte Einschränkung des sachlich-persönlichen Anwendungsbereichs gegenüber der alten Rechtslage infolge der Herausnahme der Umsetzungskollisionsnorm aus dem Kontext der sachlichen Umsetzungsgesetze, die dazu führt, dass sich insoweit Schutzverstärkungen im deutschen Recht nicht mehr auf den Vertragsbegriff des Art. 29a EGBGB auswirken können, ist im Interesse einer einheitlichen Geltung der Richtlinien hinzunehmen.

Die Ausrichtung von Tatbestand und Rechtsfolge des Art. 29a EGBGB am Gebiet der Mitgliedstaaten insgesamt und nicht nur dem der Bundesrepublik Deutschland ist gemeinschaftsrechtlich geboten und daher ebenfalls zu begrüßen, auch wenn die alleinige Anwendung der deutschen Umsetzungsgesetze für den deutschen Verbraucher bisweilen „angenehmer" wäre.

Aus Verbrauchersicht bleibt daher lediglich zu bemängeln, dass der Gemeinschaftsgesetzgeber mit Ausnahme des Art. 9 TimesharingRL die objektive Anknüpfung vernachlässigt, woran der Gesetzgeber bei der Schaffung des Art. 29a EGBGB gebunden war. Auch die äußerst problematische Behandlung flexibler Timesharingmodelle hat Art. 29a EGBGB aus dem Sekundärrecht übernommen.

Positiv ist hingegen die Entwicklung auf dem Gebiet der internationalverfahrensrechtlichen Absicherung des kollisionsrechtlichen Verbraucherschutzes, denn der neue Art. 15 EuGVVO bringt hier wesentliche Verbesserungen gegenüber der alten Rechtslage.[2091]

[2091] *Reich/Gambogi*, VuR 2001, 269, 270: „erhebliche Ausweitung des Anwendungsbereichs des Verbrauchergerichtsstands". Vgl. zur Neuregelung auch *Micklitz/Rott*, EuZW 2001, 325, 330 ff.

Andererseits sind die Rechtsverfolgungskosten angesichts der niedrigen Streitwerte in Verbrauchersachen auch innerhalb der EU immer noch als prohibitiv hoch anzusehen.[2092] Zu Recht liegt ein Schwerpunkt der derzeitigen verbraucherpolitischen Aktivitäten der Kommission deshalb im Bereich der außergerichtlichen Streitbeilegung.[2093]

[2092] Vgl. auch *Reich/Gambogi*, VuR 2001, 269, 272 f. Eine Studie kam 1996 für Streitwerte um 2.000 ECU zu dem Ergebnis: „A rational actor would not pursue a cross-border consumer claim within Europe in court.", *Feldtmann/von Freyhold/Vial*, 1. Das Ergebnis hat sich 1998 für Streitwerte bis 50.000 ECU bestätigt, a.a.O., 309; vgl. auch den Bericht des Europäischen Parlaments zum Kommissionsvorschlag einer EuGVVO, A 5-0253/2000, 32 f.; *European Consumer Law Group,* ECLG/157/98, Anhang II; *Mankowski*, MMR - Beilage 7/2000, 22, 32. Auch die durchschnittliche Prozessdauer von 30 Monaten (2 Instanzen) bis 110 Monate (alle Instanzen einschließlich möglicher Vorabentscheidungsverfahren) hält Verbraucher von Prozessen im Ausland ab, *Feldtmann/von Freyhold/Vial*, 309.

[2093] Siehe z.B. Dauses - *Lecheler*, Bd. 2, H V, Rdn. 124.

Aden, Menno, Rechtswahl und Schiedsklausel im Verbraucherschutz, RIW 1997, S. 723
Ahrens, Hans-Jürgen, Diskussionsbeitrag, in: Karlsruher Forum 1997, S. 89
Alexandridou, Elisa, Implementation of the EC directive on unfair contract terms in Greece, ERPL 1997, S. 173
Alpa, Guido, Clauses abusives et contrats des consommateurs. L´ expérience en Italie, Revue internationale de droit comparé 2001, S. 405
Armbrüster, Christian (Hrsg.), Privatautonomie und Ungleichgewichtslagen, Jahrbuch Junger Zvilrechtswissenschaftler 1995, Stuttgart, 1996, zit.: Verf., JbJZivRwiss 1995
–, Ein Schuldvertragsrecht für Europa? Bemerkungen zur Privatrechtsangleichung in der Europäischen Union nach „Maastricht" und „Keck", RabelsZ 60 (1996), S. 72

Backert, Wolfram, Kollisionsrechtlicher Verbraucherschutz im Mosaik der Sonderanknüpfungen des deutschen internationalen Schuldvertragsrechts. Eine Darstellung am Beispiel der „Gran Canaria-Fälle", München 2000, zit.: Backert
Balate, Eric, La mise en œuvre de la directive 93/13/ ce concernant les clauses abusives dans les contrats conclus avec les consommateurs en droit belge, ERPL 1997, S. 143
Bar, Christian von, (Hrsg.), Europäisches Gemeinschaftsrecht und Internationales Privatrecht, Tagung des Instituts für Internationales Privatrecht und Rechtsvergleichung des Fachbereichs Rechtswissenschaften der Universität Osnabrück am 6. Und 7. April 1990 in Osnabrück, Köln u.a., 1991, zit.: Verf., in: v. Bar (Hrsg)
–, Internationales Privatrecht, Erster Band: Allgemeine Lehren, München, 1987, zit.: v. Bar, IPR I
Basedow, Jürgen, et. al. (Hrsg.), Festschrift für Ulrich Drobnig zum 70. Geburtstag, Tübingen, 1998, zit.: Verf., in: FS Drobnig (1998)
–, et al. (Hrsg.), Private Law In The International Arena, Liber Amicorum Kurt Siehr, Zürich, 2000. zit.: Verf., in: Basedow et. al. (Hrsg.)
–, Europäisches Privatrecht für europäische Märkte (Zentrum für Europäisches Wirtschaftsrecht. Vorträge und Berichte, Nr. 62), 1996, zit.: Basedow
–, Wirtschaftskollisionsrecht – Theoretischer Versuch über die ordnungspolitischen Normen des Forumstaates, RabelsZ 52 (1988), S. 8
–, Der kollisionsrechtliche Gehalt der Produktfreiheiten im europäischen Binnenmarkt: favor offerentis, RabelsZ 59 (1995), S. 1
–, Europäisches Internationales Privatrecht, NJW 1996, S. 1921

–, Materielle Rechtsangleichung und Kollisionsrecht, Schnyder/Heiss/Rudisch (Hrsg.), S. 11
–, Über Privatrechtsvereinheitlichung und Marktintegration, in: FS Mestmäcker (1996) S. 347
–, Die Klauselrichtlinie und der Europäische Gerichtshof – eine Geschichte der verpassten Gelegenheiten, in: Schulte-Nölke/Schulze (Hrsg.), S. 277
–, The Communitarization of the Conflicts of Laws under the Treaty of Amsterdam, CML Rev. 37 (2000), S. 687
Baumert, Andreas J., Europäischer ordre public und Sonderanknüpfung zur Durchsetzung von EG-Recht – unter besonderer Berücksichtigung der sog. Mittelbaren horizontalen Wirkung von EG-Richtlinienbestimmungen, Frankfurt a. M. u.a., 1994, zit.: Baumert
–, Die Umsetzung des Art. 6 Abs. 2 der AGB – Richtlinie im System des europäischen kollisionsrechtlichen Verbraucherschutzes, EWS 1995, S. 57
–, Abschlußkontrolle bei Rechtswahlvereinbarungen, RIW 1997, S. 805
Baur, Jürgen F./*Mansel*, Heinz-Peter, Systemwechsel im europäischen Kollisionsrecht, Fachtagung der Bayer-Stiftung für Deutsches und Internationales Arbeits- und Wirtschaftsrecht am 17. und 18. Mai 2001, München, 2002, zit.: Verf., in: Baur/Mansel, Systemwechsel
Behrens, Peter, Die Konvergenz der wirtschaftlichen Freiheiten im europäischen Gemeinschaftsrecht, EuR 1992, S. 145
–, Gemeinschaftsrecht und juristische Methodenlehre, EuZW 1994, S. 289
Berger-Walliser, Gerlinde, Mißbräuchliche Klauseln in Verbraucherverträgen nach Inkrafttreten des code de la consommation und Umsetzung der EG-Richtlinie 93/13 in Frankreich, RIW 1996, S. 459
Bernhard, Peter, Cassis de Dijon und Kollisionsrecht – am Beispiel des unlauteren Wettbewerbs, EuZW 1992, S. 437
Bernstorff, Christoph Graf v., Ausgewählte Rechtsprobleme im Electronic Commerce, RIW 2000, S. 14
Beuthien, Volker et. al. (Hrsg.), Festschrift für Dieter Medicus zum 70. Geburtstag, Köln u.a., 1999, zit.: Verf., in: FS Medicus (1999)
Bianca, Cesare Massimo/*Bonell*, Michael Joachim, Commentary on the international sales law: the 1980 Vienna Sales Convention, Mailand, 1987, zit.: Bianca/Bonell - Bearb.
Bitterich, Klaus, Die analoge Anwendung des Art. 29a Abs. 1, 2 EGBGB auf Verbraucherschutzrichtlinien ohne kollisionsrechtlichen Rechtsetzungsauftrag – zugleich eine Besprechung von EuGH, v. 9.11.2000, Rs. C-381/98, VuR 2002, S. 155
–, Die kollisionsrechtliche Absicherung der AGB-Richtlinie (Art. 6 Abs. 2): Rechtszersplitterung statt Kollisionsrechtseinheit in Europa, ZfRV 2002, S. 123

Bodewig, Theo, Die neue europäische Richtlinie zum Fernabsatz, DZWiR 1997, S. 447

Boele-Woelki, Katharina, Internet und IPR: Wo geht jemand ins Netz?, http://cui.unige.ch/ ~billard/ipilec/BOELED1.htm (17.5.2000), zit.: Boele-Woelki

Böhmer, Martin, Das deutsche Internationale Privatrecht des Timesharing, Tübingen, 1993, zit.: Böhmer

Borges, Georg, Weltweite Geschäfte per Internet und deutscher Verbraucherschutz, ZIP 1999, S. 565

Brandner, Hans Erich, Beobachtungen und Lehren bei der Umsetzung von Verbraucherschutzrichtlinien in das deutsche Recht, in: Schulze (Hrsg.), S. 115

Brechmann, Winfried, Die richtlinienkonfome Auslegung – zugleich ein Beitrag zur Dogmatik der EG-Richtlinie, München, 1994, zit.: Brechmann

Breidenbach, Stephan (Hrsg.), Rechtsfortbildung jenseits klassischer Methodik, Jahrbuch Junger Zivilrechtswissenschaftler 1992, Stuttgart, 1993, zit.: Verf., JbJZivRwiss 1992

Brenner, Christoph, Die verbraucherschützenden Richtlinien im Bereich des Schuldrechts und ihre Umsetzung in Deutschland und Frankreich, München, 2000, zit.: Brenner

Brinker, Heike, Die Vereinbarkeit des 12 AGBG mit dem Art. 6 Abs. 2 der EG-Richtlinie über missbräuchliche Klauseln in Verbraucherverträgen, Bielefeld, 2000, zit.: Brinker

Bröcker, Marion, Verbraucherschutz im europäischen Kollisionsrecht, Frankfurt am Main u.a., 1998, zit.: Bröcker

Brödermann, Eckard, Europäisches Gemeinschaftsrecht versus IPR: Einflüsse und Konformitätsgebot, MDR 1992, S. 89

Brödermann, Eckard/*Iversen*, Holger, Europäisches Gemeinschaftsrecht und internationales Privatrecht, Tübingen, 1994, zit.: Brödermann/Iversen

Buchner, Benedikt, E-Commerce und effektiver Rechtsschutz oder: Wer folgt wem wohin?, EWS 2000, S. 147

Bülow, Peter, Der Grundsatz pacta sunt servanda im europäischen Sekundärrecht, in: FS Söllner (2000), S. 189

Bülow, Peter/*Artz*, Markus, Fernabsatzverträge und Strukturen eines Verbraucherprivatrechts im BGB, NJW 2000, S. 2049

Bunte, Hermann-Josef, Die EG-Richtlinie über mißbräuchliche Klauseln in Verbraucherverträgen und ihre Umsetzung durch das Gesetz zur Änderung des AGB-Gesetzes, DB 1996, S. 1389

Caemmerer, Ernst v./*Schlechtriem*, Peter, Kommentar zum einheitlichen UN-Kaufrecht: das Übereinkommen der Vereinten Nationen über Verträge über den internationalen Warenkauf; – CISG-Kommentar –, 2. Aufl., München, 1994, zit: v. Caemmerer/Schlechtriem - Bearbeiter, CISG, 2. Aufl.

Calliess, Christian/*Ruffert,* Matthias (Hrsg.), Kommentar des Vertrages über die Europäische Union und des Vertrages zur Gründung der Europäischen Gemeinschaft – EUV/EGV –, Neuwied, Kriftel, 1999, zit: Bearbeiter, in: Callies/Ruffert (Hrsg.)
Cannada-Bartoli, Luigi, A propos de l'art. 6.2 de la directive, ERPL 1995, S. 347
–, Questioni Di Diritto Internazionale Privato Relative Alla Direttiva Sulle Clausole Abusive Nei Contratti Stipulati Da Consumatori, Riv. di diritto internazionale 1995, S. 324
Canaris, Claus Wilhelm, Wandlungen des Schuldvertragsrechts – Tendenzen zu seiner „Materialisierung", AcP 200 (2000), S. 273
Castelli, André, Die Umsetzung der Fernabsatzrichtlinie (97/7/EG) in Italien, JbItalR 13 (2000), S. 147
Chrocziel, Peter, Die europäische Geltung des Gesetzes gegen Unlauteren Wettbewerb für EG-Ausländer, EWS 1991, S. 173
Cian, Giorgio, Europäisches Privatrecht aus italienischer Sicht: Die Umsetzung der EG-Richtlinie 93/13 über Verbraucherverträge in das italienische Recht, JbItalR 10 (1997), S. 55
Coester-Waltjen, Dagmar, Der Eskimo-Mantel aus Spanien – Ist der kollisionsrechtliche Verbraucherschutz zu kurz gestrickt?, in: FS Lorenz (1991), S. 297
Coester-Waltjen, Dagmar/*Mäsch*, Gerald, Übungen im Internationalen Privatrecht und Rechtsvergleichung, Berlin u.a., 2001, zit.: Coester-Waltjen/Mäsch
Consumers International, Should I buy? Shopping online 2001:
An international comparative study of electronic commerce, http://www.consumersinternational.org/CI_Should_I_buy.pdf, 2001, zit.: Consumers International
Czernich, Dietmar/*Heiss*, Helmut, EVÜ, Das Europäische Schuldvertragsübereinkommen, Wien 1999, zit.: Czernich/Heiss
–, Das Europäische Schuldvertragsübereinkommen: Neues internationales Vertragsrecht für Österreich, ÖJZ 1998, 681

Dänzer-Vanotti, Wolfgang, Die richtlinienkonforme Auslegung deutschen Rechts hat keinen rechtlichen Vorrang, RIW 1991, 754
Däubler, Wolfgang, Neues Schuldrecht – ein erster Überblick, NJW 2001, S. 3729
Damm, Reinhard, Privatautonomie und Verbraucherschutz, VersR 1999, S. 129
Dauses, Manfred A. (Hrsg.), Handbuch des EU-Wirtschaftsrechts (Loseblatt), 9. Aufl., München, 2000, zit.: Dauses - Bearbeiter, Bd. 1/2
Deinert, Olaf, Mittelbare horizontale Direktwirkung von EG-Richtlinien im IPR, JbJZivRwiss 1997, S. 257
Diamond, Aubrey, Diskussionsbeitrag , in: Lagarde/v. Hoffmann (Hrsg.), S. 141

Di Fabio, Udo, Richtlinienkonformität als ranghöchstes Auslegungsprinzip?, NJW 1990, S. 947
Domont-Naert, Françoise, Transposition de la directive 94/47/CE sur le timeshare – Loi dü 11 avril 1999, R.E.D.C. 1999, S. 170
Dougan, Michael, Minimum Harmonization and the Internal Market, CML Rev. 2000, S. 853
Drasch, Wolfgang, Das Herkunftslandprinzip im internationalen Privatrecht – Auswirkungen des europäischen Binnenmarktes auf Vertrags- und Wettbewerbsstatut, Baden-Baden, 1997, zit.: Drasch
Dreher, Meinrad, Der Verbraucher – Das Phantom in der opera des europäischen und deutschen Rechts?, JZ 1997, S. 167
Drexl, Josef, Die wirtschaftliche Selbstbestimmung des Verbrauchers – eine Studie zum Privat- und Wirtschaftsrecht unter Berücksichtigung gemeinschaftsrechtlicher Bezüge, Tübingen, 1998, zit.: Drexl
–, Verbraucherschutz im Netz, in: Lehmann (Hrsg.), S. 75
Drobnig, Ulrich, Gemeinschaftsrecht und internationales Gesellschaftsrecht. <Daily Mail> und die Folgen, in: v. Bar (Hrsg,), S. 185
–, Verstößt das Staatsangehörigkeitsprinzip gegen das Diskriminierungsverbot des EG-Vertrages? , RabelsZ 34 (1970), S. 636
Dutoit, Bernard, The Rome Convention on the Choice of Law for Contracts, in: v. Hoffmann (Hrsg.), S. 39

Ebke, Werner F., Schuldrechtliche Teilzeitwohnrechte an Immobilien im Ausland und kein Widerrufsrecht: Zum Ende der Altfälle - zu BGH, U. v. 19.03.1997 - VIII ZR 316/96 -, IPRax 1998, S. 263
–, Erste Erfahrungen mit dem EG-Schuldvertragsübereinkommen, in: v. Bar (Hrsg.), S. 77
Eckert, Hans-Werner, Europäisierung des Privatrechts: die Bedeutung der Richtlinien der Europäischen Union für die Schaffung einer einheitlichen Rechtsordnung, in: FS Söllner (2000), S. 239
–, Der Referentenentwurf zur Umsetzung der EG-Richtlinie über missbräuchliche Klauseln in Verbraucherverträgen, ZIP 1994, S. 1986
–, Das neue Recht der Allgemeinen Geschäftsbedingungen, ZIP 1996, S. 1238
–, Time-Sharing-Verträge nach dem neuen Teilzeitwohnrechtegesetz, ZIR 1997, S. 2
Edmonds, International Timesharing, 3. Aufl. 1991, zit.: Edmonds
Ehle, Bernd, Wege zu einer Kohärenz der Rechtsquellen im europäischen Kollisionsrecht der Verbraucherverträge, Frankfurt a.M. u.a., 2002, zit.: Ehle
Ehricke, Ulrich, Die richtlinienkonforme und gemeinschaftsrechtskonforme Auslegung nationalen Rechts, RabelsZ 59 (1995), S. 598
–, Die richtlinienkonforme Auslegung nationalen Rechts vor Ende der Umsetzungsfrist einer Richtlinie, EuZW 1999, S. 553

Emde, Raimond, Handelsvertreterrecht – Relevante Vorschriften bei nationalen und internationalen Verträgen, MDR 2002, S. 190

Enderlein, Fritz/*Maskow*, Dietrich/*Strohbach*, Heinz, Internationales Kaufrecht: Kaufrechts-, Verjährungs-, Vertretungs-, Rechtsanwendungskonvention, Berlin, 1991, zit: Enderlein/Maskow/Strohbach

Erman, Walter, Bürgerliches Gesetzbuch, hrsg. von Harm Peter Westermann, Band II, 10. Aufl. Köln, 2000, zit.: Erman - Bearbeiter

Ernst, Stefan, Verbraucherschutzrechtliche Aspekte des Internets, VuR 1997, S. 261

Ernst, Wolfgang/*Gsell*, Beate, Kaufrechtsrichtlinie und BGB, ZIP 2000, S. 1410

European Consumer Law Group, Jurisdiction and applicable law in cross-border consumer complaints, ECLG/157/98 - 29/04/98, zit.: European Consumer Law Group

Faber, Wolfgang, Elemente verschiedener Verbraucherbegriffe in EG-Richtlinien, zwischenstaatlichen Übereinkommen und nationalem Zivil- und Kollisionsrecht, ZEuP 1998, S. 854

Fallon, Marc, a protection internationale de l'acheteur sur l'interréseau dans le contexte communautaire, in: Stauder (Hrsg.), S. 241

–, Cour de justice des Communautés européennes, 23 novembre 1999 (*J.-C. Arblade, Arblade & fils SARL, B. et S. Leloup et Sofrage SARL)*, note, Rev. crit. dr. internat. privé 89 (2000), S. 710

–, /*Franq*, Stéphanie, Towards Internationally Mandatory Directives for Consumer Contracts, in: Basedow et al. (Hrsg.), S. 155

Feldtmann, Birgit/*von Freyhold,* Hanno/*Vial*, Enzo L., The Cost of Legal Obstacles to the Disadvantage of Consumers in the Single Market, 1998, zit.: Feldtmann/von Freyhold/Vial

Felke, Klaus, Internationale Konsumentenkredite: Sonderanknüpfung des VerbrKrG über Art. 34 EGBGB?, RIW 2001, S. 30

Fezer, Karl-Heinz, Europäisierung des Wettbewerbsrechts. Gemeinschaftsrechtliche Grenzen im Recht des unlauteren Wettbewerbs, JZ 1994, S. 317

–, Anmerkung zu: EuGH vom 13.10.1993 - C-93/92 -, JZ 1994, S. 623

–, /*Koos*, Stefan, Das gemeinschaftsrechtliche Herkunftslandsprinzip und die e-commerce-Richtlinie, IPRax 2000, S. 349

Fischer, Gerfried, Das Kollisionsrecht der Verbraucherverträge jenseits von Art. 5 EVÜ, in: FS Großfeld (1999), S. 277

Fleischer, Holger, Vertragsschlussbezogene Informationspflichten im Gemeinschaftsprivatrecht, ZEuP 2000, S. 772

Forstmoser, Peter, et. al. (Hrsg.), Der Einfluß des europäischen Rechts auf die Schweiz: Festschrift für Roger Zäch zum 60. Geburtstag, Zürich, 1999, zit.: Verf., in: FS Zäch (1999)

Franzen, Martin, Privatrechtsangleichung durch die Europäische Gemeinschaft, Berlin, New York, 1999, zit.: Franzen
–, Auslegung und Fortbildung von privatrechtsangleichenden Richtlinien, JbJZivRWiss 1997, S. 285
Freitag, Robert, Der Einfluss des Europäischen Gemeinschaftsrechts auf das internationale Produkthaftungsrecht, Tübingen, 2000, zit.: Freitag
–, Anmerkung zu EuGH, U. v. 27.06.2000 - Rs. C-240-244/98 -, EWiR 2000, S. 783
–, /*Leible*, Stefan, Von den Schwierigkeiten der Umsetzung kollisionsrechtlicher Richtlinienbestimmungen. Einige Anmerkungen zum Entwurf eines Art. 29a EGBGB, ZIP 1999, S. 1296
–, Ergänzung des kollisionsrechtlichen Verbraucherschutzes durch Art. 29a EGBGB, EWS 2000, S. 342
–, Internationaler Anwendungsbereich der Handelsvertreterrichtlinie - Europäisches Handelsvertreterrecht weltweit?, RIW 2001, S. 287
Fuchs, Andreas, Das Fernabsatzgesetz im neuen System des Verbraucherschutzrechts, ZIP 2000, S. 1273
Fumagalli, Luigi, Le Clausole Abusive Nei Contratti Con I Consumatori Tra Diritto Communitario E Diritto Internazionale Privato, Riv. di Dir. internat. priv. e proc. 1994, S. 15

Gebauer, Martin, Internationales Privatrecht und Warenverkehrsfreiheit in Europa, IPRax 1995, S. 152
Geimer, Reinhold, Internationales Zivilprozeßrecht, 4. Aufl. Köln, 2001, zit.: Geimer
Geimer, Reinhold/*Schütze,* Rolf A., Europäisches Zivilverfahrensrecht, München, 1997, zit.: Geimer/Schütze
Gierschmann, Sibylle, Die E-Commerce-Richtlinie, DB 2000, S. 1315
Giuliano, Mario/*Lagarde*, Paul, Bericht über das Übereinkommen über das auf vertragliche Schuldverhältnisse anwendbare Recht (BT-Drs. 10 / 503), S. 33, zit.: Giuliano/Lagarde
Gößmann, Christine, Electronic Commerce – Die EU-Fernabsatzrichtlinie und ihre Auswirkungen auf den Handel über neue Medien, MMR 1998, S. 88
Götz, Volkmar, Europäische Gesetzgebung durch Richtlinien, NJW 1992, S. 1849
Gottwald, Peter et. al. (Hrsg.), Festschrift für Dieter Henrich zum 70. Geburtstag, Bielefeld, 2000, zit.: Verf., in: FS Henrich (2000)
Gounalakis, Georgios/*Radtke*, Wolfram, Das Verhältnis des Internationalen Privatrechts zum Europäischen Gemeinschaftsrecht am Beispiel des Diskriminierungsverbots (Art. 6 EGV), der Niederlassungsfreiheit (Art. 52, 58 EGV) und des Kollisionsrechts der EG-Datenschutzrichtlinie, ZVglRWiss 98 (1999), S. 1

Grabitz, Eberhard/*Hilf*, Meinhard (Hrsg.), Das Recht der Europäischen Union, Band I, EUV / EGV, Band III, Sekundärrecht, München, 17. Erg.lieferung: Januar 2001, zit.: Grabitz/Hilf - Bearbeiter

Gralka, Peer, Timesharing bei Ferienhäusern und Ferienwohnungen, Köln u.a., 1986, zit.: Gralka

Groeben, Hans von der/*Thiesing*, Jochen/*Ehlermann*, Claus-Dieter, Kommentar zum EWG-Vertrag, 5. Auflage, Baden-Baden, 1997, zit.: Groeben/Thiesing/Ehlermann - Bearbeiter

Großerichter, Helge/*Rageade*, Jean-Philippe, Französische Gesetzgebung und Rechtsprechung zum Handels- und Wirtschaftsrecht im Jahr 2000, RIW 2001, S. 771

Großfeld, Bernhard et. al. (Hrsg.), Festschrift für Wolfgang Fikentscher zum 70. Geburtstag, Tübingen, 1998, zit.: Verf., in: FS Fikentscher (1998)

Gruber, Joachim, Vertragsschluß im Internet unter kollisionsrechtlichen Aspekten, DB 1999, S. 1437

Grundmann, Stefan, Europäisches Schuldvertragsrecht, Berlin, New York, 1999, zit: Grundmann, Schuldvertragsrecht

–, (Hrsg.) Systembildung und Systemlücken in Kerngebieten des Europäischen Privatrechts: Gesellschafts-, Arbeits- und Schuldvertragsrecht, Tübingen, 2000, zit.: Grundmann (Hrsg.), Systembildung

–, Richtlinienkonforme Auslegung im Bereich des Privatrechts – insbesondere: der Kanon der nationalen Auslegungsmethoden als Grenze?, ZEuP 1996, S. 399

–, Nationales Währungsrecht und EG-Kapitalverkehrsfreiheit, EWS 1990, S. 214

–, Europäisches Vertragsrechtsübereinkommen, EWG-Vertrag und § 12 AGBG, IPRax 1992, S. 1

–, Privatautonomie im Binnenmarkt, JZ 2000, S. 1133

–, Europäisches Schuldvertragsrecht – Struktur und Bestand, NJW 2000, S. 14

–, EG-Richtlinie und nationales Privatrecht, JZ 1996, S. 274

–, Binnenmarktkollisionsrecht – vom klassischen IPR zur Integrationsordnung, RabelsZ 64 (2000), S. 457

–, /*Bianca,* Cessare Massimo (Hrsg.), EU-Kaufrechts-Richtlinie, Köln, 2002, zit.: Verf., in: Grundmann/Bianca (Hrsg.)

–,/*Riesenhuber*, Karl, Die Auslegung des Europäischen Privat- und Schuldvertragsrechts, JuS 2001, S. 529

–, /*Medicus,* Dieter/*Rolland*, Walter (Hrsg.), Europäisches Kaufgewährleistungsrecht, Reform und Internationalisierung des deutschen Schuldrechts, Köln u.a., 2000, zit.: Verf., in: Grundmann/Medicus/Rolland (Hrsg.)

Günther, Andreas, Erwünschte Regelung unerwünschter Werbung? Zur Auslegung von Artikel 10 der Fernabsatzrichtlinie 97/7/EG, CR 1999, S. 172

Gundel, Jörg, Neue Grenzlinien für die Direktwirkung nicht umgesetzter EG-Richtlinien unter Privaten, EuZW 2001, S. 143

Hackspiel, Sabine, Opferentschädigung und Europäisches Gemeinschaftsrecht, NJW 1989, S. 2166

Hähnchen, Susanne, Das Gesetz zur Anpassung der Formvorschriften des Privatrechts und anderer Vorschriften an den modernen Rechtsgeschäftsverkehr, NJW 2001, S. 2831

Härting, Niko, Fernabsatzgesetz, Köln, 2000, zit.: Härting

Hakenberg, Waltraud, Der europäische zivilrechtliche Verbraucherschutz – Überblick und aktuelle Entwicklungen, AnwBl 1997, S. 56

–, Gemeinschaftsrecht und Privatrecht: Zur Rechtsprechung des EuGH im Jahre 1998, ZEuP 1999, S. 849

Hau, Wolfgang, Vorgaben des EuGH zur Klausel-Richtlinie, IPRax 2001, S. 96

Heinrichs, Helmut, Das Gesetz zur Änderung des AGB-Gesetzes. Umsetzung der EG-Richtlinie über mißbräuchliche Klauseln in Verbraucherverträgen durch den Bundesgesetzgeber, NJW 1996, S. 2190

–, Umsetzung der EG-Richtlinie über mißbräuchliche Klauseln in Verbraucherverträgen durch Auslegung - Erweiterung des Anwendungsbereichs der Inhaltskontrolle, NJW 1995, S. 153

–, Das Widerrufsrecht nach der Richtlinie 97/7/EG über den Verbraucherschutz bei Vertragsabschlüssen im Fernabsatz, in: FS Medicus (1999), S. 177

Heiss, Helmut, Verbraucherschutz im Binnenmarkt – Art. 129a EGV und die wirtschaftlichen Verbraucherinteressen, ZEuP 1996, S. 625

–, Formvorschriften als Instrument europäischen Verbraucherschutzes, in: Schnyder/Heiss/Rudisch (Hrsg.), S. 87

–, Die Europäisierung des Internationalen Schuldvertragsrechts. Grundlagen – Bewertung – Konsequenzen, in: Reichert-Facilides (Hrsg.), S. 91

–, Inhaltskontrolle von Rechtswahlklauseln in AGB nach europäischem Internationalem Privatrecht?, RabelsZ 65 (2001), S. 634.

–, /*Mayr*, Peter G., Neuerungen im österreichischen internationalen Verfahrens- und Vertragsrecht, IPRax 1999, S. 305

Helmberg, Monika, Der Einfluß des EG-Rechts auf das IPR, Wirtschaftsrechtliche Blätter 1997, S. 89 u. 137

Henrich, Dieter, Verbraucherschutz: Vertragsrecht im Wandel, in: FS Medicus (1999), S. 199

Hepting, Reinhard, Schwerpunktvermutungen im internationalen Vertragsrecht – zugleich ein Beitrag zur Beweislast bei der Konkretisierung von Generalklauseln, in: FS Lorenz (1991), S. 393

Herber, Rolf, UN-Kaufrechtsübereinkommen: Produkthaftung – Verjährung, MDR 1993, S. 105

Heß, Burkhard, Die begrenzte Freizügigkeit einstweiliger Maßnahmen im Binnenmarkt II – weitere Klarstellungen des Europäischen Gerichtshofs, IPRax 2000, S. 370

–, Das neue Schuldrecht – In-Kraft-Treten und Übergangsregelungen, NJW 2002, S. 253

Heß, Stefan, Die Umsetzung von EG-Richtlinien im Privatrecht, Frankfurt a.M. u.a., 1999, zit.: S. Heß

Hildenbrand, Thomas/*Kappus*, Andreas/*Mäsch*, Gerald, Time-Sharing und Teilzeit-Wohnrechtegesetz, Stuttgart u.a., 1997, zit. Hildenbrand/Kappus/Mäsch

Hilf, Meinhard, Die Richtlinie der EG – ohne Richtung, ohne Linie?, EuR 1993, S. 1

Hippel, Eike v., Reflexionen zum Verbraucherschutz, VuR 1998, S. 170

Höpping, Ulrike, Auswirkungen der Warenverkehrsfreiheit auf das IPR – unter besonderer Berücksichtigung des Internationalen Produkthaftungsrechts und des Internationalen Vertragsrechts, 1997, zit.: Höpping

Hoeren, Thomas, Skriptum: Rechtsfragen im Internet, Stand: September 2001; zit.: Hoeren

Hoeren, Thomas/*Oberscheidt*, Jörn, Verbraucherschutz im Internet, VuR 1999, S. 371

Hoffmann, Bernd v. (Hrsg.), European International Private Law, Nijmegen, 1998, zit.: v. Hoffmann (Hrsg.)

–, Internationales Privatrecht, 6. Aufl., München, 2000, zit.: v. Hoffmann, IPR; 7. Aufl. 2002, zit.: v. Hoffmann, IPR, 7. Aufl. 2002

–, Richtlinien der Europäischen Gemeinschaft und IPR, ZfRV 1995, S. 45

–, Inländische Sachnormen mit zwingendem internationalem Anwendungsbereich, IPRax 1989, S. 261

–, The Relevance of European Community Law, in: Ders. (Hrsg.), European Private International Law, 1998, S. 19

–, Sonderanknüpfung zwingender Normen im internationalen Deliktsrecht. Eine kollisionsrechtliche Skizze, in: FS Henrich (2000), S. 283

Hommelhoff, Peter/*Jayme*, Erik/*Mangold*, Werner (Hrsg.), Europäischer Binnenmarkt, Internationales Privatrecht und Rechtsangleichung – Beiträge und Diskussionen des Symposions 1994 in Heidelberg, Heidelberg, 1995, zit: *Verf.* in: Hommelhoff/Jayme/Mangold (Hrsg.)

Hommelhoff, Peter, Zivilrecht unter dem Einfluß europäischer Rechtsangleichung, AcP 192 (1992), S. 71

Hondius, Ewoud, Finding the Law and Harmonization of Private Law in Europe, in: Schulte-Nölke, Hans/Schulze (Hrsg.), S. 393

Honsell, Heinrich (Hrsg.), Berliner Kommentar zum Versicherungsvertragsgesetz, Berlin u.a., 1999, zit.: Berliner Kommentar zum VVG - Bearbeiter

Honsell, Heinrich (Hrsg.), Kommentar zum UN-Kaufrecht, Berlin u.a., 1997, zit.: Honsell - Bearb.

Horn, Christian, Verbraucherschutz bei Internetgeschäften, MMR 2002, S. 209
Howells, Geraint G., Interpretation of EC Consumer Law, in: Schulze (Hrsg.), S. 115
Hübner, Ulrich / *Ebke*, Werner F. (Hrsg.) , Festschrift für Bernhard Großfeld zum 65. Geburtstag, Heidelberg, 1999, zit.: Verf., in: FS Großfeld (1999)
Hüßtege, Rainer, Internationales Privatrecht, 3. Aufl., München, 1999, zit.: Hüßtege

Idot, Laurence, Anm. zu EuGH, v. 9.11.2000, Rs. C-381/98 (*Ingmar GB Ltd./Eaton Leonard Tecnologies Inc.*), Rev. crit. dr. internat. privé 90 (2001), S. 107
Immenga, Ulrich (Hrsg.), Festschrift für Ernst-Joachim Mestmäcker zum siebzigsten Geburtstag, Baden-Baden, 1996, zit.: Verf., in: FS Mestmäcker (1996)
Imping, Andreas, Die Neugestaltung des AGB-Gesetzes, WiB 1997, S. 337

Janssen, André, Kollision des einheitlichen UN-Kaufrechts mit dem Verbraucherschutzrecht am Beispiel der Richtlinie über den Verbrauchsgüterkauf und -garantien, VuR 1999, S. 324
Jarass, Hans D., Richtlinienkonforme bzw. EG-rechtskonforme Auslegung nationalen Rechts, EuR 1991, S. 211
Jayme, Erik, Haustürgeschäfte deutscher Urlauber in Spanien – Horizontale Wirkungen der EG-Richtlinien und internationales Vertragsrecht, IPRax 1990, S. 220
–, Zum Jahrtausendwechsel: Das Kollisionsrecht zwischen Postmoderne und Futurismus, IPRax 2000, S. 165
–, Der Gerechtigkeitsgehalt des Europäischen Gerichtsstands- und Vollstreckungsübereinkommens (EuGVÜ), in: Reichelt (Hrsg.), S. 33
–, Prozessuale Hindernisse für Timesharing-Anbieter in Auslandsfällen, IPRax 1996, S. 87
–, Neues Internationales Privatrecht für Timesharing-Verträge – zum Teilzeitwohnrechtegesetz vom 20.12.1996, IPRax 1997, S. 233
–, Europäisches Kollisionsrecht: Neue Aufgaben, neue Techniken, in: Hommelhoff/Jayme/Mangold (Hrsg.), S. 35
–, Inhaltskontrolle von Rechtswahlklauseln in Allgemeinen Geschäftsbedingungen, in: FS Lorenz (1991), S. 435
–, Klauselrichtlinie und Internationales Privatrecht – Eine Skizze, in: FS Trinkner (1995), S. 575
–, Tagungsbericht: Europäische Gruppe für Internationales Privatrecht. Vorschläge für eine Revision des Europäischen Schuldvertragsübereinkommens (EVÜ), IPRax 2001, S. 65

–, Europa: Auf dem Weg zu einem interlokalen Kollisionsrecht?, in: Mansel (Hrsg.), S. 31

Jayme, Erik/*Kohler*, Christian, Europäisches Kollisionsrecht 2002: Zur Wiederkehr des Internationalen Privatrechts, IPRax 2002, S. 461

–, Europäisches Kollisionsrecht 2001: Anerkennungsprinzip statt IPR?, IPRax 2001, S. 501

–, Europäisches Kollisionsrecht 2000: Interlokales Privatrecht oder universelles Gemeinschaftsrecht?, IPRax 2000, S. 454

–, Europäisches Kollisionsrecht 1999 – Die Abendstunde der Staatsverträge, IPRax 1999, S. 401

– , Europäisches Kollisionsrecht 1998 – Kulturelle Unterschiede und Parallelaktionen, IPRax 1998, S. 417

– , Europäisches Kollisionsrecht 1997 – Vergemeinschaftung durch „Säulenwechsel“, IPRax 1997, S. 385

– , Europäisches Kollisionsrecht 1996 – Anpassung und Transformation der nationalen Rechte, IPRax 1996, S. 377

– , Europäisches Kollisionsrecht 1995 – Der Dialog der Quellen, IPRax 1995, S. 343

– , Europäisches Kollisionsrecht 1994 – Quellenpluralismus und offene Kontraste, IPRax 1994, S. 405

– , Das Internationale Privat- und Verfahrensrecht der EG 1993 – Spannungen zwischen Staatsverträgen und Richtlinien, IPRax 1993, S. 357

– , Das Internationale Privat- und Verfahrensrecht der EG nach Maastricht, IPRax 1992, S. 346

– , Das Internationale Privat- und Verfahrensrecht der EG 1991 – Harmonisierungsmodell oder Mehrspurigkeit des Kollisionsrechts, IPRax 1991, S. 361

–, Das Internationale Privat- und Verfahrensrecht der EG – Stand 1989, IPRax 1989, S. 337

– , L'interaction des règles de conflit contenues dans le droit dérivé de la CE et des conventions de Bruxelles et de Rome, Rev. Crit. 1995, S. 1

Jung, Reinhard, Die Beweislastverteilung im UN-Kaufrecht : insbesondere beim Vertragsabschluss, bei Vertragsverletzungen des Käufers, bei allgemeinen Bestimmungen sowie bei gemeinsamen Bestimmungen über Verkäufer- und Käuferpflichten, Frankfurt aM u.a., 1996, zit.: Jung

Jungkind; Dagmar, Das Formstatut bei grenzüberschreitenden Timesharing-Verträgen im internationalen Privatrecht einschließlich der einbezogenen Rechtswahlklauseln, Frankfurt a.M., 2001, zit.: Jungkind

Junker, Abbo, Empfiehlt es sich, Art. 7 EVÜ zu revidieren oder aufgrund der bisherigen Erfahrungen zu präzisieren?, IPRax 2000, S. 65

–, Die freie Rechtswahl und ihre Grenzen – Zur veränderten Rolle der Parteiautonomie im Schuldvertragsrecht, IPRax 1993, S. 1

–, Internationales Vertragsrecht im Internet – Im Blickpunkt: Internationale Zuständigkeit und anwendbares Recht, RIW 1999, S. 809
–, Die einheitliche europäische Auslegung nach dem EG-Schuldvertragsübereinkommen, RabelsZ 55 (1991), S. 674
–, Vom Citoyen zum Consommateur – Entwicklungen des internationalen Verbraucherschutzrechts, IPRax 1998, S. 65
– Internationales Arbeitsrecht in der Praxis im Blickpunkt: Zwanzig Entscheidungen der Jahre 1994 – 2000, RIW 2001, S. 94

Kapnopoulou, Elissavet N., Das Recht der mißbräuchlichen Klauseln in der Europäischen Union. Das griechische Verbraucherschutzgesetz als Beitrag zum europäischen Privatrecht, Tübingen 1997, zit.: Kapnopoulou
Kappus, Andreas, EU-Time-Sharing-Richtlinie und deutsche Umsetzungsgesetzgebung, EWS 1996, S. 273
–, Überarbeitung der Time-Sharing-Richtlinie?, NZM 1999, S. 452
Kamanabrou, Sudabeh, Die Umsetzung der Fernabsatzrichtlinie, WM 2000, S. 1417
Karlsruher Forum 1997, Das Recht der Allgemeinen Geschäftsbedingungen nach der Umsetzung der EG-Richtlinie über missbräuchliche Klauseln in Verbraucherverträgen, Karlsruhe, 1998, Verf., in: Karlsruher Forum 1997
Karollus, Martin, Der Anwendungsbereich des UN-Kaufrechts im Überblick, JuS 1993, S. 378
Kaum, Markus, Zur Auslegung des Art. 220 I EGBGB, IPRax 1987, S. 280
Kegel, Gerhard/*Schurig*, Klaus, Internationales Privatrecht, 8. Aufl., München, 2000 (mit Nachtrag, 2001), zit: Kegel/Schurig, IPR
Kessedjian, Catherine, La Convention de Rome dp 19 juin 1980 sur la loi applicable aux obligations contractuelles - Vingt ans après, in: Basedow et al. (Hrsg.), S. 329
Keßler, Jürgen, European Consumer Law – zu den dogmatischen und didaktischen Konzepten des europäischen Verbraucherrechts, VuR 1999, S. 415
Kiendl, Doris, Gesamteuropäisches AGB-Recht. Neuerungen im AGB-Recht durch die Europäisierung des Verbraucherschutzes am Beispiel Deutschlands und Österreichs, JbJZRwiss 1995, S. 195
Kindler, Peter, Urteilsanmerkung zu EuGH, v. 9.11.2000, Rs. C-381/98 („*Ingmar GB Ltd./Eaton Leonhard Technologies Inc.*), BB 2001, S. 11
–, Rezension: Martin Gebauer, Grundfragen der Europäisierung des Privatrechts. Eine Untersuchung nationaler Ansätze unter Berücksichtigung des italienischen und des deutschen Rechts, Heidelberg 1998, in: AcP 199 (1999), S. 695
Klauer, Irene, Die Europäisierung des Privatrechts. Der EuGH als Zivilrichter, Baden-Baden, 1998, zit.: Klauer
Klauser, Alexander, EuGVÜ und EVÜ, Wien, 1999, zit.: Klauser

Kleindiek, Detlef, Aspekte gemeinschaftsweiter Privatrechtsangleichung: Ein Sonderprivatrecht für Verbraucher?, in: Hommelhoff/Jayme/Mangold (Hrsg.), S. 297

Klindt, Thomas, Die Zulässigkeit dynamischer Verweisungen auf EG-Recht aus verfassungs- und europarechtlicher Sicht, DVBl. 1998, S. 373

Klingsporn, Burkhard, Der Schutz des Verbrauchers im internationalen Privatrecht, WM 1994, S. 1093

Köbler, Gerhard (Hrsg.), Europas universale rechtsordnungspolitische Aufgabe im Recht des dritten Jahrtausends: Festschrift für Alfred Söllner zum 70. Geburtstag, München, 2000, zit.: Verf., in: FS Söllner (2000)

Koch, Harald/*Magnus*, Ulrich/*Winkler von Mohrenfels*, Peter, IPR und Rechtsvergleichung, 2. Aufl., München, 1996, zit.: Koch/Magnus/Winkler v. Mohrenfels

Köhler, Helmut, Die Rechte des Verbrauchers beim Teleshopping (TV-Shopping, Internet-Shopping), NJW 1998, S. 185

Köhler, Markus/*Arndt*, Hans-Wolfgang, Recht des Internet, 2. Aufl., Heidelberg, 2000, zit.: Köhler/Arndt

Kohler, Christian, Gemeinschaftsrecht und Privatrecht: Zur Rechtsprechung des EuGH im Jahr 1996, ZEuP 1997, S. 1030

–, /*Knapp*, Andreas, Gemeinschaftsrecht und Privatrecht: Zur Rechtsprechung des EuGH im Jahr 1999, ZEuP 2001, S. 116

Krämer, Ludwig, *Micklitz*, Hans-W., *Tonner*, Klaus (Hrsg.), Recht und diffuse Interessen in der Europäischen Rechtsordnung. Liber amicorum Norbert Reich, Baden-Baden, 1997, zit: Verf., in: Krämer/Micklitz/Tonner (Hrsg.)

Krebber, Sebastian, Die volle Wirksamkeit von Richtlinien in länderübergreifenden Sachverhalten. Der räumliche Geltungsanspruch von Richtlinien und seine Bedeutung für das internationale Privatrecht, ZVglRWiss 97 (1998), S. 124

Kreuzer, Karl Friedrich, Die Europäisierung des Internationalen Privatrechts – Vorgaben des Gemeinschaftsrechts, in: Müller-Graff (Hrsg.), 1999, S. 373

Kroeger, Helga Elisabeth, Der Schutz der „marktschwächeren“ Partei im Internationalen Vertragsrecht, Frankfurt a.M., 1984, zit.: Kroeger

Kronke, Herbert, Electronic Commerce und Europäisches Verbrauchervertrags-IPR. Zur Umsetzung der Fernabsatzrichtlinie, RIW 1996, S. 985

Kropholler, Jan, Europäisches Zivilprozeßrecht, 6. Aufl., Heidelberg, 1998, zit.: Kropholler, Europ. Zivilprozeßrecht

–, Internationales Einheitsrecht, Tübingen, 1975, zit.: Kropholler, Int. Einheitsrecht

–, Internationales Privatrecht, 4. Aufl., Tübingen, 2001, zit.: Kropholler, IPR

Kuhlen, Dydra, Produkthaftung im internationalen Kaufrecht. Entstehungsgeschichte, Anwendungsbereich und Sperrwirkung des Art. 5 des Wiener UN-Kaufrechts (CISG), Augsburg, 1997, zit.: Kuhlen

Lagarde, Paul, Loi du 27 juin 2000 relative aux contrats à distance ainsi qu'à d'autre questions dü droit des consommateurs et protant transposition de dispositions sur l'euro (Bundesgesetzblatt, année 2000, 1ère partie, n° 28 [29 juin 2000], p. 897, Note, Rev. crit. dr. internat. privé 89 (2000), S. 925
–, Contrats de jouissance d'immeuble à temps partagé – Timesharing, Rev. crit. dr. internat. privé 87 (1998), S. 741
–, Le consommateur en droit international privé, Boltmann Institut für Europarecht, Vorlesungen und Vorträge, Heft 4, Wien, 1999, zit.: Lagarde
Lagarde, Paul/*Hoffmann*, Bernd v. (Hrsg.), L'européanisation de droit international privé – Die Europäisierung des internationalen Privatrechts (...), Köln, 1996, zit.: Verf., in: Lagarde/v. Hoffmann (Hrsg.)
Lando, Ole, The EEC Convention on the law applicable to contractual obligations, CMLR 24 (1987), S. 159
–, The 1955 and 1985 Hague Conventions on the law applicable to the international sale of goods, RabelsZ 57 (1993), S. 155
Lang, Joachim, Die Freiheit des Warenverkehrs – Kontinuität und Wandel in der Rechtsprechung des EuGH, 1997, zit.: Lang
Langenfeld, Christine, Noch einmal – Die EG-Richtlinien zum Haustürwiderrufsgesetz und deutsches IPR, IPRax 1993, S. 155
Langner, Olaf, Das Kaufrecht auf dem Prüfstand der Warenverkehrsfreiheit des EG-Vertrages, RabelsZ 65 (2001), S. 222
Larenz, Karl/*Canaris*, Claus-Wilhelm, Methodenlehre der Rechtswissenschaft, 3. Aufl, Berlin u.a., 1995, zit.: Larenz/Canaris
Lehmann, Michael (Hrsg.), Rechtsgeschäfte im Netz – Electronic Commerce, Stuttgart, 1999, zit.: Verf., in: Lehmann (Hrsg.)
–, Electronic Commerce und Verbraucherschutz in Europa, EuZW 2000, S. 517
Leible, Stefan, Rechtswahlfreiheit und kollisionsrechtlicher Verbraucherschutz, JbJZivRwiss1995, S. 245
–, Kollisionsrechtlicher Verbraucherschutz im EVÜ und in EG-Richtlinien, in: Schulte-Nölke/Schulze (Hrsg.), S. 363
–, Die Rolle der Rechtsprechung des Europäischen Gerichtshofs bei der europäischen Privatrechtsentwicklung, in: Martiny/Witzleb (Hrsg.), S. 53
–, Richtlinienkonforme Auslegung vor Ablauf der Umsetzungsfrist und vergleichende Werbung, NJW 1998, S. 2507
–, Spanien: Gerichtsstandsvereinbarungen und EG-Klauselrichtlinie, RIW 2001, S. 422
–, Anm. zu EuGH, v. 10.5.2001 (Kommission/Niederlande), EuZW 2001, S. 438
–, /*Hoffmann*, Jochen, „Überseering" und das (vermeintliche) Ende der Sitztheorie, RIW 2002, S. 925

Lemmer, Sabine, Die EG-Richtlinie über mißbräuchliche Klauseln in Verbraucherverträgen und ihre Umsetzung in Deutschland und den anderen Mitgliedstaaten, 1998, zit.: Lemmer

Lenz, Carl Otto, Entwicklung und unmittelbare Geltung des Gemeinschaftsrechts, DVBl 1990, S. 903

Leser, Hans G. (Hrsg.), Festschrift für Zentaro Kitagawa: Wege zum japanischen Recht, Berlin 1992, zit.: Verf., in: FS Kitagawa (1992)

Lindner, Beatrix, Time-sharing-Richtlinie 94/47/EG verabschiedet, VuR 1995, S. 122

Lorenz, Egon, Die Rechtswahlfreiheit im internationalen Schuldvertragsrecht, RIW 1987, S. 569

Lüderitz, Alexander, Internationaler Verbraucherschutz in Nöten, IPRax 1990, S. 216

Lurger, Brigitta, Regulierung und Deregulierung im europäischen Privatrecht, Frankfurt a.M. u.a., 1997, zit: Lurger, Regulierung

–, Vertragliche Solidarität. Entwicklungschance für das allgemeine Vertragsrecht in Österreich und in der Europäischen Union, Baden-Baden, 1998, zit.: Lurger, Vertragliche Solidarität

–, Zur Umsetzung der Kollisionsnormen in Verbraucherschutzrichtlinien, in: FS Posch (1996), S.179

–, "Centros Revisited": Die österreichische Sitztheorie und die Niederlassungsfreiheit des EG-Vertrags. Anmerkung zu: LG Salzburg, Vorlagebeschl. v. 27.11.2000 - 2.4 Fr 13697/99v -, IPRax 2001, S. 346

Lutter, Marcus, Die Auslegung angeglichenen Rechts, JZ 1992, S. 593

Mäsch, Gerald, Rechtswahlfreiheit und Verbraucherschutz – eine Untersuchung zu den Art. 29 I, 27 III, 34 EGBGB, Berlin, 1993, zit.: Mäsch

–, Die Time-Sharing-Richtlinie – Licht und Schatten im Europäischen Verbraucherschutzrecht, EuZW 1995, S. 8

–, Das deutsche Time-Sharing-Recht nach dem neuen Teilzeit-Wohnrechte-Gesetz, DNotZ 1997, S. 180

–, Gran Canaria und kein Ende – Zur Sonderanknüpfung vorkonsensualer Elemente im internationalen Vertragsrecht nach Art. 31 Abs. 2 EGBGB, IPRax 1995, S. 371

Magnus, Ulrich, Zweispurigkeit im Binnenmarkt – Probleme des neuen Produkthaftungsrechts, JZ 1990, S. 1100

–, Deutsche Rechtseinheit im Zivilrecht – die Übergangsregelungen, JuS 1992, S. 456

–, Englisches Kündigungsrecht auf deutschem Schiff - Probleme des internationalen Seearbeitsrechts (zu BAG, 24.08.1989 - 2 AZR 3/89 -), IPRax 1991, S. 382

–, Internationales Seearbeitsrecht, Zweites Schiffsregister und der Europäische Gerichtshof (zu EuGH, 17.03.1993 - Rs. C-72/91, C-73/91 -), IPRax 1994, S. 178
–, Währungsfragen im Einheitlichen Kaufrecht. Zugleich ein Beitrag zu seiner Lückenfüllung und Auslegung, RabelsZ 53 (1989), S. 116
–, Wesentliche Fragen des UN-Kaufrechts, ZEuP 1999, S. 642
–, Das UN-Kaufrecht: Fragen und Probleme seiner praktischen Bewährung, ZEuP 1997, S. 823
–, Die allgemeinen Grundsätze im UN-Kaufrecht, RabelsZ 59 (1995), S. 469
–, Der Stand der internationalen Überlegungen: Die Verbrauchsgüterkauf-Richtlinie und das UN-Kaufrecht, in: Grundmann/Medicus/Rolland (Hrsg.,), S. 79
Maidl, Johannes,Ausländische AGB im deutschen Recht, München, 2000, zit.: Maidl
Mankowski, Peter, Zu einigen internationalprivat- und internationalprozessrechtlichen Aspekten bei Börsentermingeschäften, RIW 1996, S. 1001
–, Anm. zu OLG Düsseldorf, Urt. 14.1.1994, 17 U 129/93, RIW 1994, S. 421
–, Zur Analogie im internationalen Schuldvertragsrecht, IPRax 1991, S. 305
–, Das Internet im Internationalen Vertrags- und Deliktsrecht, RabelsZ 63 (1999), S. 203
–, Internet und besondere Aspekte des Internationalen Vertragsrechts (I und II), CR 1999, S. 512, 581
–, Aspekte des internationalen Verbraucherschutzes beim Time-Sharing-Geschäft, VuR 1996, S. 392
–, Strukturfragen des internationales Verbrauchervertragsrechts, RIW 1993, S. 453
–, Widerrufsrecht und Art. 31 Abs. 2 EGBGB, RIW 1996, S. 382
–, § 12 AGBG im System des Internationalen Verbrauchervertragsrechts, BB 1999, S. 1225
–, Timesharing-Verträge und Internationales Vertragsrecht, Anm. zu LG Düsseldorf Urt. v. 12.4.1994 – 10 O 513/93, RIW 1995, 515, RIW 1995, S. 364
–, Neues und Altes zum Internationalen Verbraucherschutz, insbesondere durch Sachwalterhaftung von Vermittlern, VuR 1999, S. 219
–, E-Commerce und internationales Verbraucherschutzrecht, MMR-Beilage 7 /2000, S. 22
–, Anm. zu KG, Urteil vom 21.1.1998, 11 U 6378/97, VuR 1999, S. 140
–, Zur Neuregelung der Widerrufsfrist bie Fehlen einer Belehrung im Verbraucherschutzrecht, JZ 2001, S. 745
–, Das Herkunftslandprinzip als Internationales Privatrecht der e-commerce-Richtlinie, ZVglRWiss 100 (2001), S. 137
–, Das Herkunftslandprinzip des E-Commerce-Rechts als IPR, EWS 2002, S. 401

Mansel, Heinz-Peter/*Rauscher*, Thomas (Hrsg.), Festschrift für Werner Lorenz zum 80. Geburtstag, München, 2001, zit.: Verf., in: FS Lorenz (2001)
Mansel, Heinz-Peter (Hrsg.), Vergemeinschaftung des Europäischen Kollisionsrechts, Köln u.a., 2001, zit.: Mansel (Hrsg.), Vergemeinschaftung
Martinek, Michael, Das neue Teilzeit-Wohnrechtegesetz – mißratener Verbraucherschutz bei Time-Sharing-Verträgen, NJW 1997, S. 1393
–, Verbraucherschutz im Fernabsatz – Lesehilfe mit Merkpunkten zur neuen EG-Richtlinie, NJW 1998, S. 207
–, Unsystematische Überregulierung und kontraintentionale Effekte im Europäischen Verbraucherschutzrecht oder: Weniger wäre mehr, in: Grundmann (Hrsg.), Systembildung, 2000, S. 511
Martiny, Dieter, Internationales Vertragsrecht zwischen Rechtsgefälle und Vereinheitlichung – zum Römischen Übereinkommen vom 19.6.1980, ZEuP 1995, S. 67
–, Das Römische Vertragsrechtsübereinkommen vom 19.6.1980, ZEuP 1993, S. 298
–, Internationales Vertragsrecht im Schatten des Europäischen Gemeinschaftsrechts, ZEuP 2001, S. 308
–, Europäisches Internationales Vertragsrecht – Erosion der Römischen Konvention, ZEuP 1997, S. 107
–, Europäisches Internationales Vertragsrecht – Ausbau und Konsolidierung, ZEuP 1999, S. 246
–, Gemeinschaftsrecht, ordre public, zwingende Bestimmungen und Exklusivnormen, in: v. Bar (Hrsg.), S. 211
–, Die Anknüpfung an den Markt, in: FS (1998), S. 389
Martiny, Dieter/*Witzleb*, Normann (Hrsg.), Auf dem Wege zu einem europäischen Zivilgesetzbuch, Berlin, u.a., 1999, zit.: Verf., in: Matiny/Witzleb (Hrsg.)
Medicus, Dieter, Wer ist Verbraucher?, in: FS Kitagawa (1992), S. 471
Mehrings, Josef, Internet-Verträge und internationales Vertragsrecht, CR 1998, S. 613
Meerfeld, Alexandra, Beschränkung der kollisionsrechtlichen Rechtswahlfreiheit durch verbraucherschützende Richtlinien, Aachen, 1999, zit.: Meerfeld
Meyer, Peter, Die Grundsätze der Auslegung im Europäischen Gemeinschaftsrecht, Jura 1994, S. 455
Meyer-Sparenberg, Wolfgang, Staatsvertragliche Kollisionsnormen, Berlin, 1990, zit.: Meyer-Sparenberg
–, Rechtswahlvereinbarungen in Allgemeinen Geschäftsbedingungen, RIW 1989, S. 347
Michaels, Ralf/*Kamann*, Hans-Georg, Europäisches Verbrauchervertragsrecht und IPR, JZ 1997, S. 601

–, Grundlagen eines allgemeinen gemeinschaftlichen Richtlinienkollisionsrechts – „Amerikanisierung“ des Gemeinschafts-IPR?, EWS 2001, S. 301
Micklitz, Hans-W., Legitime Erwartungen als Gerechtigkeitsprinzip des europäischen Privatrechts, in: Krämer/Micklitz/Tonner (Hrsg.), S. 245
–, Die Fernabsatzrichtlinie 97/7/EG, ZEuP 1999, S. 875
–, /*Reich*, Norbert, Umsetzung der EG-Fernabsatzrichtlinie. Im Blickpunkt: Referentenentwurf eines Fernabsatzgesetzes, BB 1999, S. 2093
– , Verbraucherschutz im Vertrag über die Europäische Union – Perspektiven für 1993, EuZW 1992, S. 593
–, /*Rott*, Peter, Vergemeinschaftung des EuGVÜ in der Verordnung (EG) Nr. 44/2001, EuZW 2001, S. 325
Möllers, Thomas M.J., Die Rolle des Rechts im Rahmen der europäischen Integration, Tübingen, 1999, zit.: Möllers
Monteiro, Jorge Sinde, Das portugiesische AGB-Gesetz und die Umsetzung der EG-Richtlinie über missbräuchliche Klauseln in Verbraucherverträgen, in: Karlsruher Forum 1997, S. 121
Monteiro, Anotónio Pinto, Modification du droit applicable aux clauses abusives – Adoption d´un décret-loi, REDC 1999, S. 219
Moritz, Hans-Werner, Quo vadis elektronischer Geschäftsverkehr, CR 2000, S. 61
Mülbert, Peter, Privatrecht, die EG-Grundfreiheiten und der Binnenmarkt – zwingendes Privatrecht als Grundfreiheitenbeschränkung im EG-Binnenmarkt, ZHR 159 (1995), S. 2
Müller-Graff, Peter-Christian (Hrsg.), Gemeinsames Privatrecht in der Europäischen Gemeinschaft, 2. Aufl., Baden-Baden, 1999, zit.: Verf., in: Müller-Graff (Hrsg.)
–, Gemeinsames Privatrecht in der Europäischen Gemeinschaft - Ansatzpunkte, Ausgangsfragen, Ausfaltungen, in: Ders. (Hrsg.), S. 9
Münchener Kommentar zur Zivilprozessordnung, hrsg. von Gerhard Lüke, Alfred Walchshöfer, München, 1992, zit.: MüKo - Bearbeiter
Münchener Kommentar zum Bürgerlichen Gesetzbuch, hrsg. von Rebmann, Kurt/Säcker, Franz Jürgen/Rixecker, Roland (Hrsg.), München, zit.: MüKo - Bearbeiter
–, Bd. 1: Allgemeiner Teil (§§ 1-240), AGBG, 4. Aufl. 2001
–, Bd. 2: Schuldrecht.Allgemeiner Teil (§§ 241-432), 3. Aufl. 1994
–, Bd. 10: Einführungsgesetz zum Bürgerlichen Gesetzbuche (Art. 1-38), Internationales Privatrecht, 3. Aufl. 1998
–, Bd. 11: Internationales Handels- und Gesellschaftsrecht. Einführungsgesetz zum Bürgerlichen Gesetzbuche (Art. 50-237), 3. Aufl. 1999
–, Ergänzungsband zur 3. Auflage, zit: MüKo - Bearbeiter, Ergänzungsband
–, Bd. 1: Allgemeiner Teil (§§ 1-240), AGBG, 3. Aufl. 1993, zit. MüKo - Bearbeiter, 3. Aufl.

Nassall, Wendt, Die Anwendung der EU-Richtlinie über mißbräuchliche Klauseln in Verbraucherverträgen – zugleich ein Beitrag zur Auslegung gemeinschaftsrechtlicher Generalklauseln, JZ 1995, S. 689
Neises, Reiner, Effizienter Verbraucherschutz durch § 8 TzWrG, NZM 1999, S. 294
–, Gesetzliche Neuregelungen für Time-Sharing durch das Fernabsatzgesetz, NZM 2000, S. 1033
–, Zur Umsetzung der Time-Sharing-Richtlinie in Italien, NZM 1999, S. 1078
–, Zur Umsetzung der Time-Sharing-Richtlinie in Frankreich, NZM 1999, S. 338
Nemeth, Kristin, Kollisionsrechtlicher Verbraucherschutz in Europa – Art. 5 EVÜ und die einschlägigen Verbraucherschutzrichtlinien, Wien, 2000, zit.: Nemeth
–, Kollisionsrechtlicher Verbraucherschutz in Europa, wbl 2000, S. 341
–, Urteilsanmerkung zu OGH, v. 15.7.1999, 6 Ob 123/99b, CML Rev. 2000, S. 1278
–, /*Rudisch*, Bernhard, EuGH 9.11.2000 Rs C-381/98 „Ingmar" – wichtige Klärungen im Europäischen IPR, ZfRV 2001, S. 179
Nettesheim, Martin, Auslegung und Fortbildung nationalen Rechts im Lichte des Gemeinschaftsrechts, AöR 119 (1994), S. 261
Nowak, Carsten/*S chnitzler*, Jörg, Erweiterte Rechtfertigungsmöglichkeiten für mitgliedstaatliche Beschränkungen der Grundfreiheiten, EuZW 2000, S. 627

Oppermann, Thomas, Europarecht, 2. Aufl., München, 1999, zit: Oppermann, Europarecht
Otte, Karsten, Anwendbares Recht bei grenzüberschreitendem Timesharing. Das neue Teilzeit-Wohnrechte-Gesetz strebt heimwärts, RabelsZ 62 (1998), S. 405
Otto, Dirk, Nochmals: UN-Kaufrecht und EG-Produkthaftungsrichtlinie, MDR 1993, S. 306

Palandt, Otto, Bürgerliches Gesetzbuch, 61. Aufl., München, 2002, zit.: Palandt - Bearbeiter; 59. Aufl., München, 2000, zit.: Palandt - Bearbeiter, 59. Aufl.
Paschke, Marian/*Iliopoulos*, Constantin (Hrsg.), Europäisches Privatrecht: Ein Studienbuch zum Privatrecht der Europäischen Gemeinschaft, Hamburg, 1998, zit.:Verf., in: Paschke/Iliopoulos (Hrsg.)
Pfeiffer, Thomas, Die Entwicklung des Internationalen Vertrags-, Schuld- und Sachenrechts 1997 – 1999, NJW 1999, S. 3674
–, Die Entwicklung des Internationalen Vertrags-, Schuld- und Sachenrechts in den Jahren 1995/96, NJW 1997, S. 1207
–, Der Verbraucherbegriff als zentrales Merkmal im europäischen Privatrecht, in: Schulte-Nölke/Schulze (Hrsg.), S. 21

Pfister, Bernhard/*Will*, Michael R. (Hrsg.), Festschrift für Werner Lorenz zum siebzigsten Geburtstag, Tübingen, 1991, zit.: Verf., in: FS Lorenz (1991)
Piltz, Burkhard, Internationales Kaufrecht, NJW 1989, S. 615
Pirrung, Jörg, Die Einführung des EG-Schuldvertragsübereinkommens in die nationalen Rechte, in: v. Bar (Hrsg.), S. 21
Pocar, Fausto, Das neue italienische Internationale Privatrecht, IPRax 1997, S. 145
Posch, Willibald, Judikative Rechtsangleichung: ein Weg zur Europäisierung des Privatrechts?, ZEuP 1998, S. 521
Pützhoven, Andreas, Harmonisierung des europäischen Verbraucherschutzrechts, EWS 1999, S. 447
Puttfarken, Hans-Jürgen, Grundrechte im internationalen Rechtsraum, RIW 1995, S. 617

Radicati di Brozolo, Luca G., Libre Circulation dans la CE et règles de conflit, in: Lagarde/v. Hoffmann (Hrsg.), S. 87
Radtke, Rolf, Schuldstatut und Eingriffsrecht – Systematische Grundlagen der Berücksichtigung von zwingendem Recht nach deutschem IPR und dem EG-Schuldrechtsübereinkommen, ZVglRWiss 84 (1985), S. 325
Rauscher, Thomas, Internationales Privatrecht, Heidelberg, 1999, zit.: Rauscher, IPR; 2. Auflage 2002, zit.: Rauscher, IPR, 2. Aufl. 2002
–, Internationales und Europäisches Zivilverfahrensrecht, Heidelberg, 1999, zit.: Rauscher, IZVR
–, Gran Canaria – Isle of Man – Was kommt danach?, EuZW 1996, S. 650
Reich, Norbert, Europäisches Verbraucherrecht – eine problemorientierte Einführung in das europäische Wirtschaftsrecht, 3. Aufl., Baden-Baden, 1996, zit.: Reich, Verbraucherschutzrecht
–, Bürgerrechte in der Europäischen Union, Baden-Baden, 1999, zit.: Reich, Bürgerrechte
–, Die neue Richtlinie 97/7/EG über den Verbraucherschutz bei Vertragsschlüssen im Fernabsatz, EuZW 1997, S. 581
–, Grundgesetz und internationales Vertragsrecht, NJW 1994, S. 2128
–, EG-Richtlinien und Internationales Privatrecht, in: Lagrade/v. Hoffmann (Hrsg.), S. 109
–, Anmerkung zu: EuGH, U. v. 09.11.2000 - Rs. C-381/98 -, EuZW 2001, S. 51
–, Verbraucherrechte als - unverzichtbare - subjektive Rechte passiver Marktbürger, in: Grundmann (Hrsg.), Systembildung, S. 481
– Zur Umsetzung der EG-Richtlinie über missbräuchliche Vertragsklauseln in Verbraucherverträgen 93/13/EWG vom 5.4.1993 in deutsches Recht, VuR 1995, S. 1
–, The implementation of Directive 93/13/EEC on unfair terms in consumer contracts in Germany, ERPL 1997, S. 165

–, /*Gambogi*, Ana Paula Carvalho, Gerichtsstand bei internationalen Verbrauchervertragsstreitigkeiten im e-commerce – Die EG-Verordnung 44/2001 vom 22.12.2000 und der Haager Konventionsentwurf über die gerichtliche Zuständigkeit und die Anerkennung und Vollstreckung ausländischer Entscheidungen in Zivil- und Handelssachen, VuR 2001, S. 269
–, /*Nordhausen*, Anette, Verbraucher und Recht im elektronischen Geschäftsverkehr (eG), Baden-Baden, 2000, zit.: Reich/Nordhausen
–, /*Rörig*, Ursula, Anm. zu EuGH, v. 13.12.2001, Rs. C-481/99 (*Heininger/Bayerische Hypo- und Vereinsbank AG*), EuZW 2002, S. 84
Reichelt, Gerte (Hrsg.), Europäisches Kollisionsrecht – die Konventionen von Brüssel, Lugano und Rom, 1993, zit.: Verf., in: Reichelt (Hrsg.)
Reichert-Facilides, Fritz, (Hrsg.), Recht und Europa, Band 2, Wien, 1998, zit.: Verf., in: Reichert-Facilides (Hrsg.)
–, Einführung in die Thematik „Internationales Verbraucherrecht“, in: Schnyder/Heiss/Rudisch (Hrsg.), 1995, S. 1
–, Diskussionsbeitrag, in: Karlsruher Forum 1997, S. 93
Reimann, M., Conflict of Laws in Western Europe: A Guide through the Jungle, New York 1995, zit.: Reimann
Reinhart, Gert, UN-Kaufrecht, Heidelberg, 1991, zit.: Reinhart
–, Zur einheitlichen Auslegung vereinheitlichter IPR-Normen nach Art. 36 EGBGB, RIW 1994, S. 445
Reithmann, Christoph/*Martiny*, Dieter (Hrsg.), Internationales Vertragsrecht – das internationale Privatrecht der Schuldverträge, 5. Aufl., Köln, 1996, zit: Verf., in: Reithmann/Martiny (Hrsg.)
Remien, Oliver, Einheit, Mehrstufigkeit und Flexibilität im europäischen Privat- und Wirtschaftsrecht, RabelsZ 62 (1998), S. 627
–, Grenzen der gerichtlichen Privatrechtsangleichung mittels der Grundfreiheiten des EG-Vertrages, JZ 1994, S. 349
–, European Private International Law, the European Community and ist emerging Area of Freedom, Security and Justice, CML Rev. 2001, S. 53
Rigaux, Francois, in: Lagarde/v. Hoffmann (Hrsg.), Diskussionsbericht, S. 141
Rittner, Fritz, Die gestörte Vertragsparität und das Bundesverfassungsgericht, NJW 1994, S. 3330
Rohe, Matthias, Binnemarkt oder Interessenverband? Zum Verhältnis von Binnenmarktziel und Subsidiaritätsprinzip nach dem Maastricht-Vertrag, RabelsZ 61 (1997), S. 1
Rosenfeld, Andreas, Anm. zu EuGH, v. 23.3.2000, Rs. C-208/98 (Berliner Kindl Brauerei AG/Siepert), EuZW 2000, S. 341
Roth, Birgit/*Schulze*, Götz, Verbraucherschutz im Electronic Commerce. Schutzmechanismen und grenzüberschreitende Geschäfte nach dem Referentenentwurf eines Fernabsatzgesetzes, RIW 1999, S. 924

Roth, Wulf-Henning, Die Angleichung des IPR durch sekundäres Gemeinschaftsrecht, IPRax 1994, S. 165
–, Das Allgemeininteresse im europäischen Internationalen Versicherungsvertragsrecht, VersR 1993, S. 129
–, Diskriminierende Regelungen des Warenverkehrs und Rechtfertigung durch die „zwingenden Erfordernisse" des Allgemeininteresses, WRP 2000, S. 979
–, Die Freiheiten des EG-Vertrages und das nationale Privatrecht – zur Entwicklung internationaler Sachnormen für europäische Sachverhalte, ZEuP 1994, S. 5
–, Verbraucherschutz über die Grenze, RIW 1994, S. 275
–, Der Einfluß des Europäischen Gemeinschaftsrechts auf das IPR, RabelsZ 55 (1991), S. 623
–, Zum Verhältnis von Art. 7 Abs. 2 und Art. 5 der Römer Schuldvertragskonvention, in: Schnyder/Heiss/Rudisch (Hrsg.), 1995, S. 35
–, Generalklauseln im Europäischen Privatrecht – Zur Rollenverteilung zwischen Gerichtshof und Mitgliedstaaten bei ihrer Konkretisierung, in: FS Drobnig (1998), S. 135
–, Europäischer Verbraucherschutz und BGB, JZ 2001, S. 475
–, Die Grundfreiheiten und das Internationale Privatrecht – das Beispiel Produkthaftung –, in: GS Lüderitz (2000), S. 635
–, Altruistische Interessenwahrnehmung im Binnenmarkt – eine Skizze, in: FS Fikentscher (1998), S. 723
–, Der Einfluss der Grundfreiheiten auf das internationale Privat- und Verfahrensrecht, in: Baur/Mansel, Systemwechsel, S. 47
Roth, Herbert, Das Fernabsatzgesetz, JZ 2000, S. 1013
Rott, Peter, „Heininger" und die Folgen für das Widerrufsrecht, VuR 2002, S. 49
Rudisch, Berhard, Europäisches Internationales Schuldvertragsrecht für Österreich: Zur Inkorporation des Römer Übereinkommens, Österreichisches und europäisches Wirtschaftsprivatrecht, hrsg. von H.-G. Koppensteiner, Teil 7 - Internationales Privatrecht, Wien, 2000, zit: Rudisch
–, Grenzüberschreitender Schutz bei Verbrauchergeschäften im Gefüge von internationalem Privatrecht und internationalem Verfahrensrecht, in: Schnyder/Heiss/Rudisch (Hrsg.), S. 191
–, Der Beitritt Österreichs zum Römer Schuldvertragsübereinkommen, RabelsZ 63 (1999), S. 70
Rühl, Christiane, Rechtswahlfreiheit und Rechtswahlklauseln in Allgemeinen Geschäftsbedingungen, Baden-Baden, 1999, zit.: Rühl
–, § 12 AGBG im System des internationalen Verbraucherschutzrechts, RIW 1999, S. 321
Rusche, Tim, Der „enge Zusammenhang" im Sinne des Art. 29a EGBGB, IPRax 2001, S. 420
Rüthers, Bernd, Rechtstheorie, München, 1999, zit.: Rüthers

Sachsen-Gessaphe, Karl August v., Der Rückgriff des Letztverkäufers – neues europäisches und deutsches Kaufrecht, RIW 2001, S. 721

Sack, Rolf, Art. 30, 36 EG-Vertrag und das internationale Wettbewerbsrecht, WRP 1994, S. 281

–, Das internationale Wettbewerbs- und Immaterialgüterrecht nach der EGBGB-Novelle, WRP 2000, S. 269

–, Die Berücksichtigung der Richtlinie 97/55/EG über irreführende und vergleichende Werbung bei der Anwendung der §§ 1 und 3 UWG, WRP 1998, S. 241

–, Marktortprinizp und allgemeine Ausweichklausel im internationalen Wettbewerbsrecht, am Beispiel der sog. Gran Canaria – Fälle, Anm. zu BGH, Urt.v. 15.11.1990 I ZR 22/89, IPRax 1992, S. 24

Sandrock, Otto, Die Bedeutung des Gesetzes zur Neuregelung des Internationalen Privatrechts für die Unternehmenspraxis, RIW 1986, S. 841

Schack, Heimo/*Horn*, Norbert (Hrsg.), Gedächtnisschrift für Alexander Lüderitz, München, 2000, zit.: Verf., in: GS Lüderitz (2000)

Schäfer, Hans-Bernd, Grenzen des Verbraucherschutzes und adverse Effekte des Europäischen Verbraucherschutzes, in: Grundmann (Hrsg.), Systembildung, S. 559

Schaub, Renate, Die Neuregelung des Internationalen Deliktsrechts in Deutschland und das europäische Gemeinschaftsrecht, RabelsZ 66 (2002). S. 18

Schauer, Bernd, e-commerce in der Europäischen Union, Wien, 1999, zit.: Schauer

Scherer, Josef/*Butt*, Marc Eric, Rechtsprobleme bei Vertragsschluß via Internet – Unter Berücksichtigung der EG-Fernabsatzrichtlinie, der Signaturrichtlinie und der geplanten E-Commerce-Richtlinie, DB 2000, S. 1009

Scherzberg, Arno, Die innerstaatlichen Wirkungen von EG-Richtlinien, Jura 1993, S. 225

Schlechtriem, Peter (Hrsg.), Kommentar zum einheitlichen UN-Kaufrecht: das Übereinkommen der Vereinten Nationen über Verträge über den internationalen Warenkauf; (CISG), 3. Aufl., München, 2000, zit: Schlechtriem - *Bearbeiter*

–, Internationales UN-Kaufrecht, Tübingen, 1996, zit: Schlechtriem

–, Das Wiener Kaufrechtsübereinkommen von 1980 (Convention on the International Sale of Goods), IPRax 1990, S. 277

–, Rechtswahl im europäischen Binnenmarkt und Klauselkontrolle – Überlegungen zu „zwingenden" Normen im EU-Binnenmarkt, in: FS Lorenz (2001), S. 565

Schmelzer, Michael, Der Konsumentenvertrag – Berücksichtigung des IPR und der europäischen Rechtsangleichung, 1995, zit.: Schmelzer

Schmidt, Karsten, Gesellschaftsrecht, 3. Aufl., Köln u.a., 1997, zit.: K. Schmidt, Gesellschaftsrecht

Schmidt, Marek, Privatrechtsangleichende EU-Richtlinien und nationale Auslegungsmethoden, RabelsZ 59 (1995), S. 569
Schnyder, Anton K./*Heiss*, Helmut/*Rudisch*, Bernhard (Hrsg.), Internationales Verbraucherschutzrecht – Erfahrungen, Tübingen, 1995, zit.: Verf., in: Schnyder/Heiss/Rudisch (Hrsg.)
–, „Zwingendes" Recht im internationalen Wirtschaftsrecht nach der neueren Rechtsprechung des EuGH, in: Baur/Mansel, Systemwechsel, S. 89
Schomerus, Andreas, Überlegungen zum Deutschen TzWrG und der Effektivität des Verbraucherschutzes vor allem bei Verträgen mit Auslandsbezug, ZMR 1998, S. 70
–, Das spanische Teilzeit-Wohnrechtegesetz, NZM 1999, S. 329
Schröder, Jochen/*Wenner*, Christian, Internationales Vertragsrecht – Das Kollisionsrecht der transnationalen Wirtschaftsverträge, Köln, 1998, zit.: Schröder/Wenner
Schulte-Nölke, Hans, Elf Amtssprachen, ein Recht? Folgen der Mehrsprachigkeit für die Auslegung von Verbraucherschutzrichtlinien, in: Schulze (Hrsg.), S. 143
Schulte-Nölke, Hans/*Schulze* R. (Hrsg.), Europäische Privatrechtsangleichung und nationale Privatrechte, Baden-Baden, 1999, zit.: Verf., in: Schulte-Nölke/Schulze (Hrsg.)
Schulze, Reiner, (Hrsg.), Auslegung europäischen Privatrechts und angeglichenen Rechts, Baden-Baden, 1999, zit.: Schulze (Hrsg.)
Schurr, Francesco A., Die neue Richtlinie 99/44/EG über den Verbrauchsgüterkauf und ihre Umsetzung – Chancen und Gefahren für das deutsche Kaufrecht, ZfRV 1999, S. 222
Schwaller, Christian von, Das Teilzeit-Wohnrechtegesetz, Aachen, 1999, zit.: v. Schwaller
Schwartze, Andreas, Anmerkung zu EuGH, Urteil vom 27.6.2000, Rs. C-240/98 u.a. (*Oceano Grupo Ed./Qzintero u.a.*), JZ 2001, S. 246
–, Die zukünftige Sachmängelgewährleistung in Europa – Die Verbrauchsgüterkauf-Richtlinie vor ihrer Umsetzung, ZEuP 2000, S. 544
–, Die Europäisierung des Privatrechts am Beispiel des Kaufrechts , in: Martiny/Witzleb (Hrsg.), S. 33
Schwarz, Simon, Das internationale Handelsvertreterrecht im Lichte von „Ingmar" – Droht das Ende der Privatautonomie im Gemeinschaftsprivatrecht?, ZVglRWiss 101 (2002), S. 45
Schwimann, Michael, Internationales Privatrecht, 2. Aufl., Wien, 1999, zit: *Schwimann,* IPR
Schwintowski, Hans-Peter, Freier Warenverkehr im europäischen Binnenmarkt: eine Fundamentalkritik an der Rechtsprechung des EuGH zu Art. 28 EGV, RabelsZ 64 (2000), S. 38

–, Vertragsschluss für Waren und Dienstleistungen im europäischen Verbraucherrecht: Form- und Inhaltsbindungen kontra Privatautonomie, EWS 2001, S. 201

Seif, Ulrike, Das Spannungsverhältnis zwischen Kollisionsrecht und Europarecht, JbJZivRwiss 1997, S. 225

Sieg, Oliver, Allgemeine Geschäftsbedingungen im grenzüberschreitenden Geschäftsverkehr, RIW 1997, S. 811

Siehr, Kurt, „False Conflicts", „lois d'application immédiate" und andere „Neuentdeckungen" im IPR, in: FS Drobnig (1998), S. 443

–, Drittstaatenklauseln in Europäischen Richtlinien zum Verbraucherschutz und die Schweiz; in: FS Zäch (1999), S. 593

–, Internationales Privatrecht, Heidelberg, 2001, zit.: Siehr, IPR

Soergel, Hs. Th.; neu hrsg. von *Siebert*, Wolfgang, *Baur*, Jürgen F., *Abraham*, Hans-Jürgen, Bürgerliches Gesetzbuch mit Einführungsgesetz und Nebengesetzen

–, Band 3, Schuldrecht – 2 (§§ 433 - 515); AGB-Gesetz, AkG, EAG, EKG, UN-KaufAbk, 12. Auflage, Stuttgart u.a., 1991, zit: Soergel - Bearbeiter, 12. Aufl.

–, Band 13, Schuldrechtliche Nebengesetze 2, Übereinkommen der Vereinten Nationen über Verträge über den internationalen Warenkauf (CISG), Stuttgart u.a., 2000, zit.: Soergel - Bearbeiter

–, Band 10, Einführungsgesetz, 12. Aufl., Stuttgart u.a., 1996, zit: Soergel - Bearbeiter

Sonnenberger, Hans Jürgen, Europarecht und Internationales Privatrecht, ZVglRWiss 95 (1996), S. 3

–, Die Eingriffsnorm: ein internationalprivatrechtliches skandalon? Beobachtungen und Betrachtungen, in: FS Fikentscher (1998), S. 283

–, Die Umsetzung kollisionsrechtlicher Regelungsgebote in EG-Richtlinien, ZEuP 1996, S. 382

–, Der Ruf unserer Zeit nach einer europäischen Ordnung des Zivilrechts, in: JZ 1998, S. 982

–, Das Internationale Privatrecht im dritten Jahrtausend – Rückblick und Ausblick, ZVglRWiss 100 (2001), S. 107

–, Privatrecht und Internationales Privatrecht im künftigen Europa: Fragen und Perspektiven, RIW 2002, S. 489

de Sousa, Maria Constança Dias Urbano, Das Timesharing an Ferienimmobilien in der EU, Baden-Baden, 1998

Spindler, Gerald, Internationales Verbraucherschutzrecht im Internet, MMR 2000, S. 18

–, E-Commerce in Europa, MMR - Beilage 7/2000, S. 4

Stabentheiner, Johannes, Probleme bei der Umsetzung zivilrechtlicher Richtlinien am Beispiel der Time-Sharing- Richtlinie, JBl 1997, S. 65

–, Die gesetzlichn Rahmenbedingungen für Time-Sharing in Österreich nach Umsetzung der einschlägigen EG-Richtlinie, ZMR 1998, S. 61
Staudenmayer, Dirk, Die EG-Richtlinie über den Verbrauchsgüterkauf, NJW 1999, S. 2393
–, Die Richtlinien des Verbraucherprivatrechts - Bausteine für ein europäisches Privatrecht?, in: Schulte-Nölke/Schulze (Hrsg.), S. 63
–, EG-Richtlinie 1999/44/EG zur Vereinheitlichung des Kaufgewährleistungsrechts, in: Grundmann/Medicus/Rolland (Hrsg.), S. 27
–, Die Mitteilung der Kommission zum Europäischen Vertragsrecht, EuZW 2001, S. 485
Stauder, Hildegard (Hrsg.), La protection des consommateurs acheteurs à distance, Zürich, 1999, zit.: Stauder
Staudinger, Ansgar, Art. 6 Abs. 2 der Klauselrichtlinie und § 12 AGBG. Der internationale Geltungsbereich der deutschen Klauselkontrolle auf dem Prüfstand des Europäischen Gemeinschaftsrechts, Baden-Baden, 1998, zit.: Staudinger
–, Die ungeschriebenen kollisionsrechtlichen Regelungsgebote der Handelsvertreter-, Haustürwiderrufs- und Produkthaftungsrichtlinie, NJW 2001, S. 1974
–, Disharmony under European Conventions by National Mandatory Rules, Vortrag im Rahmen des Symposiums „The application of the European Private International Law Conventions in an National Conext", The Hague, 18-20 May 2000, T.M.C. Asser Instituut, http://www.unimuenster.de/Jura.iwr/doerner/Vortraege/Staudinger/html/DearLadiesandGentleman.htm (31.10.2001), zit.: Staudinger, Disharmony
–, Internationales Verbraucherschutzrecht made in Germany. Im Blickpunkt: der neue Art. 29a EGBGB, RIW 2000, S. 416
–, Rom, Brüssel, Berlin und Amsterdam: Ciffren eines Europäischen Kollisionsrechts für Verbraucherverträge, ZfRV 2000, S. 93
–, Die Kontrolle grenzüberschreitender Versicherungsverträge anhand des AGBG, VersR 1999, S. 401
–, Anm. zu BGH v. 5.2.1998, I ZR 211/95, JR 1999, S. 198
–, Art. 29a EGBGB des Referentenentwurfs zum Fernabsatz, IPRax 1999, S. 414
–, Das Zusammenspiel von HaustürWG, VerbrKrG, TzWrG und AGBG bei verbundfinanzierten Timesharing-Verträgen im Binnenmarkt. Zugleich eine Besprechung von BGH, RIW 1999, 965, RIW 1999, S. 915
–, Anmerkung zu EuGH v. 27.6.2000, Rs C-240/98 bis C-244/98, DB 2000, S. 2058
–, Systemwechsel im europäischen Kollisionsrecht nach Amsterdam und Nizza: Internationales Wirtschafts- und Verfahrensrecht, IPRax 2001, S. 492
Staudinger J. v., Kommentar zum Bürgerlichen Gesetzbuch mit Einführungsgesetz und Nebengesetzen

–, Einführungsgesetz zum Bürgerlichen Gesetzbuche, Art. 27 - 37 (Internationales Vertragsrecht), Art. 10 (Internationales Namensrecht), 12. Bearbeitung, Berlin, 1998, zit.: Staudinger - Bearbeiter (1998); 13. Bearbeitung, Berlin, 2002, zit: Staudinger - Bearbeiter (2002)

–, Ergänzungsband: Wiener UN-Kaufrecht: (CISG), Neubearb. 1999 von Ulrich Magnus, zit: Staudinger - *Magnus* (1999), CISG

–, Internationales Wirtschaftsrecht (2000), Neubearb. 2000 von Karl-Heinz Fezer, zit.: Staudinger - *Fezer* (2000), IntWirtschR

–, Gesetz zur Regelung des Rechts der allgemeinen Geschäftsbedingungen (AGBG), 13. Bearb., Berlin, 1998, zit.: Staudinger - Bearbeiter (1998), AGBG

Steindorff, Ernst, EG-Vertrag und Privatrecht, Baden-Baden, 1996, zit.: Steindorff

–, Anmerkung zu EuGH, v. 02.08.1993, Rs. C-259, 331, 332/91 -, JZ 1994, S. 95

Stötzel, Ralf, Zur Abdingbarkeit des analog § 89b HGB entwickelten Ausgleichsanspruchs eines Vertragshändlers durch Vereinbarung eines Drittstaatenrechts, EWS 1999, S. 212

Stone, Peter, Internet Consumer Contracts and European Private International Law, Information & Communications Technology Law 2000, S. 5

Streinz, Rudolf/*Leible*, Stefan, Die Drittwirkung der Grundfreiheiten, EuZW 2000, S. 459

Stuyck, Jules, European Consumer Law after the Treaty of Amsterdam: Consumer Policy in or beyond the Internal Market, CML Rev. 2000, S. 367

Taupitz, Jochen, Kaffeefahrten deutscher Urlauber auf Gran Canaria – Deutscher Verbraucherschutz im Urlaubsgepäck?, BB 1990, S. 642

– Das internationale Produkthaftungsrecht im Zugriff der europäischen Warenverkehrsfreiheit, ZEuP 1997, S. 986

Tenreiro, Mario/*Karsten*, Jens, Unfair Terms in Consumer Contracts: Uncertainties, contradictions and novelties in a Directive, in: Schulte-Nölke/Schulze (Hrsg.), S. 223

Terlitza, Ulfried, *Schwarzenegger*, Peter, *Tomislav*, Boric, Die internationale Dimension des Rechts, Festschrift für Willibald Posch zum 50. Geburtstag, 1996, zit.: Verf., in: FS Posch (1996)

Thorn, Karsten, Verbraucherschutz bei Verträgen im Fernabsatz, IPRax 1999, S. 1

–, Das Centros-Urteil des EuGH im Spiegel der deutschen Rechtsprechung, IPRax 2001, S. 102

–, Entwicklungen des Internationalen Privatrechts 2000-2001, IPRax 2002, S. 349

–, Termingeschäfte an Auslandsbörsen und internationale Schiedsgerichtsbarkeit, IPRax 1997, S. 98
Thünken, Alexander, Die EG-Richtlinie über den elektronischen Geschäftsverkehr und das internationale Privatrecht des unlauteren Wettbewerbs, IPRax 2001, S. 15
Tonner, Klaus, Das Recht des Time-Sharing an Ferienimmobilien, München, 1997, zit.: Tonner
–, Die Rolle des Verbraucherrechts bei der Entwicklung eines europäischen Zivilrechts, JZ 1996, S. 533
–, Anmerkung zu: BGH, U. v. 19.03.1997 - VIII ZR 316/96 - (Rechtswahlklausel in Time-Sharing-Vertrag), VuR 1997, S. 399
–, Das neue Fernabsatzgesetz – oder: System statt „Flickenteppich", BB 2000, S. 1413
Trejo, Ricardo C./*Vestweber*, Ursula, Time-sharing in Spanien, RIW 1999, S. 516

Ulmer, Peter/*Brandner*, Hans Erich/*Hensen*, Horst-Diether/*Schmidt*, Harry, AGB-Gesetz: Kommentar zum Gesetz zur Regelung des Rechts der Allgemeinen Geschäftsbedingungen, 9. Aufl., Köln, 2001, zit.: Ulmer/Brandner/Hensen - Bearbeiter
–, 8. Aufl., Köln, 1997, zit.: Ulmer/Brandner/Hensen - Bearbeiter, 8. Aufl.
–, 7. Aufl., Köln, 1993, zit.: Ulmer/Brandner/Hensen - Bearbeiter, 7. Aufl.
Ulmer, Peter, Zur Anpassung des AGB-Gesetzes an die EG-Richtlinie über mißbräuchliche Klauseln in Verbraucherverträgen, EuZW 1993, S. 337

Vischer, Frank/*Huber*, Lucius/*Oser*, David, Internationales Vertragsrecht, Bern, 2000, zit.: Vischer/Huber/Oser
Vogenauer, Stefan, Richtlinienkonforme Auslegung nationalen Rechts, Entscheidung des House of Lords v. 19. Oktober 1995 (Webb vs. EMO Air Cargo [UK] Ltd.) [No. 2], ZEuP 1997, S. 158
de Vries/Prins/Hondius, Final Report Study on Consumer Law and the Information Society, 2000, zit.: de Vries/Prins/Hondius
Wachter, Thomas, Die Eurohypothek, WM 1999, S. 49
Wackerbarth, Ulrich, Unternehmer, Verbraucher und die Rechtfertigung der Inhaltskontrolle vorformulierter Verträge, AcP 200 (2000), S. 45
Wagner, Claire/*Althen*, Rolf, Umsetzung der Richtlinie des Rates über missbräuchliche Klauseln in Verbraucherverträgen im Vereinigten Königreich, RIW 1995, S. 546
Wagner, Rolf, Verfahrens- und internationalprivatrechtliche Fragen beim Teleshopping, WM 1995, S. 1129
–, Zusammenführung verbraucherschützender Kollisionsnormen aufgrund EG-Richtlinien in einem neuen Art. 29a EGBGB, IPRax 2000, S. 249

Wägenbaur, Rolf, Verbraucherschutz im EG-Recht und seine Bezüge zum internationalen Privatrecht, in: Lagarde/v. Hoffmann (Hrsg.), S: 129

Waldenberger, Arthur, „Alles schwebend unwirksam" – Distanzgeschäfte nach dem Referentenentwurf eines Fernabsatzgesetzes, K&R 1999, S. 345

–, Grenzen des Verbraucherschutzes beim Abschluss von Verträgen im Internet, BB 1996, S. 2365

Wartenberg, Konrad W., CISG und deutsches Verbraucherschutzrecht: Das Verhältnis des CISG insbesondere zum VerbrKrG, HaustürWG und ProdHaftG, Baden-Baden, 1998, zit.: Wartenberg

Weber, Christoph (Hrsg.), Europäisierung des Privatrechts: Zwischenbilanz und Perspektiven, Jahrbuch Junger Zivilrechtswissenschaftler 1997, Stuttgart, 1998, zit.: Verf., JbJZivRwiss 1997

Wegner, Heike, Internationaler Verbraucherschutz beim Abschluß von Timesharingverträgen: § 8 Teilzeitwohnrechtegesetz, Frankfurt a.M. u.a., 1998, zit.: Wegner

–, Internationaler Verbraucherschutz für Time-Sharing-Erwerber nach dem neuen Art. 29a EGBGB, VuR 2000, S. 227

Westphalen, Friedrich Graf von/*Sandrock* (Hrsg.), Otto, Festschrift für Reinhold Trinkner: Lebendiges Recht – Von den Sumerern bis zur Gegenwart, Heidelberg, 1995, zit.: Verf., in: FS Trinkner (1995)

Westphalen, Friedrich Graf von (Hrsg.), Vertragsrecht und AGB-Klauselwerke, München, 2001;– Vertragsrecht/Rechtswahlklauseln, S. 319, Stand: Juli 2000, bearb. von v. Westphalen, zit.: v. Westphalen, in: Ders. (Hrsg.), Vertragsrecht/Rechtswahlklauseln;

– Time-Sharing-Verträge, Stand: November 1995, Ergänzungsblatt Stand: Oktober 1998, bearb. von Kappus, zit.: Kappus, in: v. Westphalen (Hrsg.), Time-Sharing-Verträge

–, Die Novelle zum AGB-Gesetz, BB 1996, S. 2101

Wilderspin, Michael, The Rome Convention – Experience to date before the Courts of Member States, and Interpretation by the Court of Justice of the European Communities of the Brussels Convention and its possible impact on the interpretation of the Rome Convention, in: Lagarde/v. Hoffmann (Hrsg.), S. 47

–,/*Lewis*, Xavier, Les relations entre le droit communautaire et les règles de conflits de lois des États membres, Rev. crit. dr. internat. privé 91 (2002), S. 1

–, Die Vergemeinschaftung des internationalen Schuldrechts (Rom I, Rom II): Stand und Perspektiven, in: Baur/Mansel, Systemwechsel, S. 77

Willms, William H., Das Spannungsverhältnis von internationalem Wettbewerbs- und Vertragsrecht bei Ausnutzung eines Verbraucherschutzgefälles, Hamburg, 1997, zit.: Willms

Wilmowsky, Peter von, Europäisches Kreditsicherungsrecht: Sachenrecht und Insolvenzrecht unter dem EG-Vertrag, Tübingen, 1996, zit: v. Wilmowsky,

–, EG-Vertrag und kollisionsrechtliche Rechtswahlfreiheit, RabelsZ 62 (1998), S. 1

–, EG-Freiheiten und Vertragsrecht, JZ 1996, S. 590

–, Der internationale Verbrauchervertrag im EG-Binnenmarkt – Europarechtlicher Gestaltungsspielraum für kollisionsrechtlichen Verbraucherschutz, ZEuP 1995, S. 735

Witz, Claude/ *Wolter*, Gerhard, Frankreich: Die Umsetzung der EG-Richtlinie über missbräuchliche Klauseln in Verbraucherverträgen, ZEuP 1995, S. 885

Wolf, Manfred, Privates Bankvertragsrecht im EG-Binnenmarkt, WM 1990, S. 1941

Wolf, Manfred/*Horn*, Norber/*Lindacher*, Walter F., AGB-Gesetz: Gesetz zur Regelung des Rechts der Allgemeinen Geschäftsbedingungen; Kommentar, 4. Aufl., München, 1999, zit.: Wolf/Horn/Lindacher - Bearbeiter; 3. Auflage 1994 zit.: Wolf/Horn/Lindacher - Bearbeiter, 3. Aufl.

Zippelius, Reinhold, Juristische Methodenlehre, 7. Aufl., München, 1999, zit.: Zippelius

Zöckler, Markus C., Probleme der richtlinienkonformen Auslegung des nationalen Rechts, JbJZRwiss 1992, S. 141

Zuleeg, Manfred, Die gemeinschaftskonforme Auslegung und Fortbildung mitgliedstaatlichen Rechts, in: Schulze (Hrsg.), S. 163

INTERNATIONALRECHTLICHE STUDIEN
Beiträge zum Internationalen Privatrecht,
zum Einheitsrecht und zur Rechtsvergleichung

Herausgegeben von Ulrich Magnus

Band 1 Birgit Reimers-Zocher: Beweislastfragen im Haager und Wiener Kaufrecht. 1995.

Band 2 Lenja Vespermann: Schadensersatz bei Beeinträchtigung rechts- oder sittenwidriger Interessen im deutschen und französischen Recht. 1996.

Band 3 Peter Cypra: Die Rechtsbehelfe im Verfahren der Vollstreckbarerklärung nach dem EuGVÜ unter besonderer Berücksichtigung der Ausgestaltung in Deutschland und Frankreich. 1996.

Band 4 Brigitta Lurger: Regulierung und Deregulierung im europäischen Privatrecht. 1997.

Band 5 Uta Gutknecht: Das Nacherfüllungsrecht des Verkäufers bei Kauf- und Werklieferungsverträgen. Rechtsvergleichende Untersuchung zum CISG, zum US-amerikanischen Uniform Commercial Code, zum deutschen Recht und zu dem Vorschlag der Kommission zur Überarbeitung des deutschen Schuldrechts. 1996.

Band 6 Stefan Abel: Die Qualifikation der Schenkung. Zur Methode der Qualifikation im Internationalen Schuldvertragsrecht. 1997.

Band 7 Daniel Kötz: Verkäuferpflichten und Rechtsbehelfe des Käufers im neuen norwegischen Kaufrecht vom 13. Mai 1988 Nr. 27 im Vergleich zum UN-Kaufrecht vom 11. April 1980 (CISG). 1997.

Band 8 Olaf Beier: Grundsätze eines europäischen transportmittelübergreifenden Schadensrechts für den Gütertransport. Eine rechtsvergleichende Untersuchung unter besonderer Berücksichtigung der CMR, der ER/CIM 1990, des WA/HP und der HVR. 1999.

Band 9 Ulrich Krüger: Modifizierte Erfolgshaftung im UN-Kaufrecht. Die Haftungsbefreiung bei Lieferung vertragswidriger Ware gemäß Art. 79 CISG. 1999.

Band 10 Wolf-Henning Hammer: Das Zurückhaltungsrecht gemäß Art. 71 CISG im Vergleich zu den Kaufgesetzen der nordischen Staaten unter Einbeziehung transportrechtlicher Aspekte. Eine rechtsvergleichende Studie. 1999.

Band 11 Ulrich Quay: Der Consulting-Vertrag im Internationalen Privatrecht. 2000.

Band 12 Axel Halfmeier: Die Veröffentlichung privater Tatsachen als unerlaubte Handlung. Eine rechtsvergleichende Untersuchung. 2000.

Band 13 Stephanie Scholz: Lohngleichheit durch Verfahren. Eine Studie zur Förderung der Lohngleichheit durch verfahrensrechtliche Ansätze. 2000.

Band 14 Tarık Cebecioğlu: Stellung des Ausländers im Zivilprozeß. Eine rechtsvergleichende Untersuchung des türkischen und deutschen Rechts. 2000.

Band 15 Gunnar Straube: Sozialrechtliche Eingriffsnormen im Internationalen Privatrecht. 2001.

Band 16 Daniela de Lukowicz: Divergenzen in der Rechtsprechung zum CISG. Auf dem Weg zu einer einheitlichen Auslegung und Anwendung? 2001.

Band 17 Mohamed Hassan Fadlalla Ali: Das islamische Ehe- und Kindschaftsrecht im Sudan. Mit Hinweisen zu den Lehren der Islamischen Rechtsschule, der anwendbaren Familienrechtsvorschriften für Nichtmuslime im Sudan und im deutschen Familienrecht. 2001.

Band 19 Florian Schulz: Der Ersatzlieferungs- und Nachbesserungsanspruch des Käufers im internen deutschen Recht, im UCC und im CISG. Eine rechtsvergleichende Untersuchung unter Berücksichtigung der Schuldrechtskommission, der EG-Richtlinie 1999/44/EG und des Diskussionsentwurfs eines Schuldrechtsmodernisierungsgesetzes. 2002.

Band 20 Ingo Janert: Die Aufrechnung im internationalen Vertragsrecht. 2002.

Band 21 Armin Jentsch: Die Erhaltungspflichten des Verkäufers und des Käufers im UN-Kaufrecht im Vergleich zum US-amerikanischen Uniform Commercial Code und zum deutschen Recht. 2002.

Band 22 Martin Taschner: Arbeitsvertragsstatut und zwingende Bestimmungen nach dem Europäischen Schuldvertragsübereinkommen. Einheitliche Auslegung. 2003.

Band 23 Klaus Bitterich: Die Neuregelung des Internationalen Verbrauchervertragsrechts in Art. 29a EGBGB. 2003.

FSC
www.fsc.org
MIX
Papier | Fördert
gute Waldnutzung
FSC® C083411

Kolibri 360 GmbH
Ferdinand-Jühlke-Straße 7
99095 Erfurt, Deutschland
produktsicherheit@kolibri360.de

Druck:
CPI Druckdienstleistungen GmbH
im Auftrag der
Kolibri 360 GmbH
Ferdinand-Jühlke-Str. 7
99095 Erfurt